中国近代史学科体系的理论建构与学术反思

庆贺张海鹏先生
八十华诞暨史学研究 55 周年

—————— 上 册 ——————

中国社会科学院台湾史研究中心 ／主编

中国社会科学院近代史研究所台湾史研究室
山东大学历史文化学院 ／编辑
曲阜师范大学历史文化学院

社会科学文献出版社
SOCIAL SCIENCES ACADEMIC PRESS (CHINA)

目　录

·上　册·

在中国近代史学科体系的理论建构与学术反思研讨会

　　开幕式上致辞 ……………………………………………… 陈春声 / 1

在中国近代史学科体系的理论建构与学术反思研讨会

　　开幕式上致辞 ……………………………………………… 王建朗 / 4

在中国近代史学科体系的理论建构与学术反思研讨会

　　开幕式上致辞 ……………………………………………… 戚万学 / 6

中国近代史学科体系的理论建构与学术反思研讨会闭幕词 ……… 夏春涛 / 8

史学理论与方法

倾听历史：从史料史观之分到史论之合 …………………… 桑　兵 / 13

对当代中国新史学发展趋向问题的反思 …………………… 王先明 / 31

"碎片化的历史学"：理解与反省 …………………………… 章　清 / 44

方法的内外互补："中国史"学界的中国与西方 ………… 李金铮 / 54

历史合力论再检视 …………………………………………… 李红岩 / 70

中国近代史漫议（三题） …………………………………… 姜　涛 / 84

中国近代学术史研究的若干思考 …………………………… 李　帆 / 94

概念史方法与中国近代史研究 ……………………………… 黄兴涛 / 99

流动的思想

　　——中国近现代思想史研究方法刍议 ………………… 郭双林 / 106

从教学视角看中国近代史理论学习的重要性 …………… 赵立彬 / 116

"数据"与史学研究

　　——抗日战争与近代中日关系文献数据平台介绍

　　………………………………………… 罗　敏　姜　涛／124

从口述史视角回看当代史学史 ………………………… 李卫民／136

近代中国半殖民地半封建社会性质新解 ……………… 邱文元／149

近代中国社会性质理论史的"法权分析"阶段

　　——以"所有权与使用权"的分析为中心（1927—1930）…… 邱士杰／163

近代史研究回顾与反思

趋向与问题

　　——近四十年来的中国近代史研究 ……………… 迟云飞／183

关于晚清史研究的学科史考察 ………………… 崔志海／194

关于中华民国史研究对象与体系的思考

　　——从民国档案史料的刊行谈起 ……………… 吴景平／207

国史、国际关系史与全球史：晚清时期中外关系史研究的

　　三个视角 …………………………………… 吴义雄／221

近代中外条约研究的进程及趋向 ……………… 李育民／229

条约体系与多民族国家的构建

　　——国际化视域下的民国对外关系史 ……… 陈谦平／251

近代中琉历史关系研究探微 …………………… 谢必震／257

回顾与前瞻：清代海防史研究综述 ……………… 王宏斌／268

论加强近代边疆地理研究的重要性及边疆地理的复杂性 …… 吴松弟／290

中国历史地理学的形成过程及研究范式 ……… 张伟然／298

改革开放四十年来的中国近代思想史研究 ……… 郑大华／322

改革开放四十年来的中国近代思想文化史研究 …… 左玉河／334

中国近代社会史学科三十余年回望 ……………… 李长莉／383

关于开展中国近代交通社会史研究的若干思考 …… 江　沛／394

新中国成立以来史料学的理论探讨 ……………… 刘　萍／403

戊戌变法史研究七十年（1949—2019）述评 …………… 马忠文／419

孙中山民生主义学术研究概述 ……………………… 韩诗琳／457

20 世纪 50 年代以来中国大陆抗日战争前期中外关系

　　研究综述 ………………………………………… 张志勇／477

不能高估日本殖民统治对台湾经济发展的作用

　　——驳"殖民统治有益论" ………………… 程朝云／499

清代台湾历史、文学与文化研究的回顾与前瞻

　　——基于 2000—2017 年台湾各公私立大学博士论文的分析

　　………………………………………………………… 许毓良／509

·下　册·

专题研究论文

近代中国的政治逻辑 …………………………………… 马　勇／539

近代上海城市对于贫民的意义

　　——兼论传统关于近代中国工人叙事的缺陷 ………… 熊月之／553

清代选官之正途、异途述略 ………………………… 关晓红／574

日本拆解"宗藩体系"的整体设计与虚实进路

　　——对《中日修好条规》的再认识 ………… 韩东育／599

"东亚地中海"视野中钓鱼岛问题的产生 ………… 张　生／624

琉球"救国请愿书"的缘起和主要内容 ………… 孙晓光／639

史学研究中"现代性"认知先入为主的检讨

　　——从晚清厘金属性认识谈起 ………………… 刘增合／645

"求富"的契机：李鸿章与轮船招商局创办再研究 ……… 朱　浒／668

辛亥滦州兵谏新论 …………………………………… 朱文亮／684

"五四"前后期陈独秀对"封建"意涵的探索

　　——中共"反封建"话语的初步形成与发展 ………… 翁有为／700

《共进》、共进社与马克思主义在陕西的传播 ………… 黄正林／725

孔庙"庙产兴学"与文化权力的转移

　　——1928—1932 年河北省长垣县"圣庙"祭田纠葛一案透视

　　…………………………………………………… 李先明 / 756

张海鹏先生史学思想与贡献

学习张海鹏同志在马克思主义指导下论史议政

　　——从《追求集》《东厂论史录》谈起 ………… 周溯源 / 781

张海鹏先生与中国近代史学科理论体系的建构

　　——读《张海鹏集》的感想与收获 ……………… 张华腾 / 794

唯物史观指引下对近代中国发展规律的不懈探索

　　——试论张海鹏先生马克思主义史学思想与体系建构

　　……………………………………… 廖大伟　金峥杰 / 807

追求之境：张海鹏先生与中国近代史研究 ………… 李细珠 / 822

筚路蓝缕　书生本色

　　——张海鹏先生与新世纪中国大陆的台湾史研究 ………… 臧运祜 / 854

张海鹏先生对台湾历史与现实研究的贡献 …………… 冯　琳 / 876

张海鹏先生与义和团运动史研究 ……………………… 崔华杰 / 892

张海鹏先生与抗日战争史研究 …………… 柴　翔　徐　畅 / 906

"元宝形"轨迹下的近代中外关系嬗变

　　——读《简明中国近代史读本》 ……………… 黄仁国 / 918

论张海鹏先生对中国近代史宏大叙事的探索 ………… 李勇朋 / 929

其惟笃行：张海鹏先生与中国史学会 ………………… 赵庆云 / 953

中国近代史学科体系的理论建构与学术反思研讨会综述 ……郝幸艳 / 968

后　记………………………………………………………… 979

在中国近代史学科体系的理论建构
与学术反思研讨会开幕式上致辞

陈春声

尊敬的张海鹏先生，各位领导、各位同人、各位朋友，老师们、同学们：

在风和日丽、齐鲁大地一派盎然生机的初夏时节，我们聚集在孔老夫子的故乡，在国家历史文化名城曲阜，在具有优秀学术文化积淀的曲阜师范大学，举办中国近代史学科体系的理论建构与学术反思研讨会，庆贺张海鹏先生八十华诞暨从事史学研究 55 周年，总结中国近代史学科的发展历程，展望建设具有中国特色的历史学学科体系、学术体系和话语体系的长远目标，传承创新，继往开来，真的是一件具有重要意义的学术盛事。

我们都注意到，今年恰逢马克思诞辰 200 周年。马克思主义传入中国已经 100 多年了，百年间，中国马克思主义史学发展也走过了从筚路蓝缕到蔚为大观的令人难以忘怀的历程。中国近现代史学科，由于其研究对象与当代的政治生活、经济生活、文化生活和社会生活有着更加直接的因缘和承继关系，在唯物主义历史观与形形色色的理论流派的相竞与斗争中，展现了波澜壮阔且影响深远的学术风貌。在改革开放已经 40 周年，中国正在经历着人类历史上从未有过的快速与深刻变化的今天，在我们再次提到人类社会正处于"百年未遇之大变局"的时候，如何批判继承中国学术优秀传统，传承中国史学自己的价值理念与品格风范，在这个重要的学科领域中建设好中国自己的学术规范，"讲好中国故事"，让我们的研究成果具有更大的国际影响力和对话能力，对后起的学者有更长远而深刻的启迪，真的是极富学术魅力的课题。今天，我们在中国传统文化奠基人的故里来反思学术发展的过往旅程，讨论中国近代史学科体系理论建构的学术前路，我以为这样的安排，既具有某种象征的特质，又充分蕴含了激励各位同人和同学努力砥砺前行的实践意义。我这几天一直在阅读各位提交的论文，获益良多，感到信心满怀。

学术研究是一代代学者不懈奋斗、传承创新的永无止境的事业，作为历史学者，我们对自己所从事学科的这一特质天然地有更加深刻的体验。我们比其他学科更加关注学术史的回顾，更加重视对前辈学者学术贡献的阐扬，目的是启迪后者，为下一代的学者树立榜样。张海鹏先生是著名的马克思主义历史学家，也是新中国成立以来中国历史学界最重要的学术领导人之一，为我们国家历史学科的发展做出了卓越的贡献，特别是在中国近现代史学科建设中不懈耕耘，长期发挥着奠基开拓和中流砥柱的作用。我读过张先生的许多著作，也因为参加中国史学会等学术组织的活动而有许多向张先生当面请教的机会，真的是受教良深。这次有机会读到各位同人总结、研讨张先生学术思想与学术贡献的系列论文，更加体会到张先生学术造诣的博大精深和学术眼界之宏阔深邃。

我这次提交会议的发言提纲，以《略论制度史研究对台湾历史叙述的意义》为题，就是在张海鹏先生有关台湾史研究学术思想启发下，想向大家报告的有关台湾史研究方面的一点心得。本次会议的论文集收录有臧运祜先生的《筚路蓝缕　书生本色——张海鹏先生与新世纪中国大陆的台湾史研究》一文，系统阐释了张先生在台湾史研究领域的学术历程与重要贡献。本次会议的"参考选题"包括"台湾史研究的回顾与前瞻"一项，也应该是对张先生在这个学术领域辛勤耕耘的一个回响。我的研究也从张先生的论著，特别是《台湾史稿》和《书生议政——中国近现代史学者看台湾的历史与现实》两部著作，以及《关于台湾史研究中"国家认同"与台湾史主体性问题的思考》《60年来有关台湾通史的撰写及理论方法问题》等论文中得到许多启示。先生坚持台湾史是中国历史一部分的学术立场，影响深远。

我这次提交的发言提纲，想列举一些具体的例证，说明在以往台湾学者和国外学者关于台湾的历史叙述中，对国家典章制度不了解、不熟悉或有意忽视，是一个明显的"短板"或薄弱环节。若果对国家的政治制度、地方行政制度、赋税制度、礼仪规范、货币制度和其他社会经济制度有深刻的理解，通过对地方文献和民间文书的解读，自然就会理解到，承认千差万别的地方文化差异，是理解中国能够成为一个长期统一的伟大国家的学术起点；而从国家意识形态中寻求自己的合法性解释，是地方文化传统赖以长期延续的政治基础；中国历史上各个地方的地方性知识和地方性制度安排，常常成为国家意识形态的表达方式；若能辩证地在制度史层面上思考问题，许多乡村的故事实际上反映的是国家的历史。这些观念的形成，与学习张海鹏先生的台湾史研究论著的心得体会密切相关。

我想借这个难得的机会，祝愿尊敬的张海鹏教授福寿安康，学术青春永驻！

也衷心地感谢这次会议的主办单位——中国社会科学院近代史研究所台湾史研究室、山东大学历史文化学院、曲阜师范大学历史文化学院。感谢各位工作人员的奉献与辛劳。我是第一次到曲阜，没有诸位的精心安排，还不知道什么时候才能有机会拜访这个中国文化的圣地。

最后，祝中国近代史学科体系的理论建构与学术反思研讨会圆满成功，祝各位与会同人身体健康，学术进步。

谢谢诸位！

〔陈春声，中山大学党委书记、中国史学会副会长〕

在中国近代史学科体系的理论建构与学术反思研讨会开幕式上致辞

王建朗

尊敬的海鹏先生，尊敬的各位专家学者，各位同学：

大家上午好！

由中国社会科学院近代史研究所台湾史研究室、曲阜师范大学历史文化学院、山东大学历史文化学院联合举办的中国近代史学科体系的理论建构与学术反思研讨会正式开幕了。首先，请允许我代表会议主办方之一的中国社会科学院近代史研究所，向各位与会学者表示热烈的欢迎。

今天可称是高朋满座。我想，各位学者之所以踊跃与会，有两个原因。一个当然是此次会议主题的吸引，即对近代史学科体系的理论建构与学术反思的关注。近代史研究的起点在何时？大家有不同的说法，粗略地说，有百余年的研究历史。若从1949年开始算起，马克思主义占主导地位的近代史研究已经有七十年的历史了，发展到今天，应该说近代史研究已经有一个比较完整的体系。但是，任何的学科体系和任何的社会认识一样，都是随着时代的发展而不断发展的。所以说，是时代的发展对我们建构学科体系提出了新的要求。

近代史学科体系的发展是和我们的时代发展、我们的认识水平相适应的。新中国成立初期十几年，近代史学科体系和整个国家的发展制度是同步的。改革开放之后，近代史学科体系事实上发生了很大的变化。这也是与改革开放之后经济发展相关的，形成了更为开放的、更加关注经济建设和现代化建设的体系。今天，我们的国家发展进入一个新的阶段，我们称之为新时代。在这样一个高速发展的社会阶段，我们再回头来看中国近代史，看我们自己的历史，看其他国家的历史，相信我们会有一个新的认识。不一定都是更高的认识，但我们一定会有不同角度的认识。进入新时代之后，我们要构建新的学科体系、学术体系、话语体系，这不仅仅是有关部门提出的新要求，对学科发展来说，更是其本身发展的内在逻辑和需求。所以，大家非常关心这样一个议题。

我昨天翻了这次会议的论文，真的非常不错，有很多很好的见解，包括对中国近代史学科宏观体系的认识，对近代史上一些重大问题的研究，都是非常重要的。所以可以这样说，我们召开这一次会议，在中国近代史学科体系建构的过程中，是非常重要的。当然，建构体系不是一个简单的否定、继承或回归。近代史学科体系的建构过程，是本着尊重学术自由来充分讨论的一个过程，不是简单地以行政手段来将这个体系定于一尊。我想，关于这一方面在座各位深有体会，过去有非常成功的案例，当然也有不成功的案例。近代史学科体系的建构，一定要在学界有着充分讨论、形成共识的基础上来达成，讨论越充分，这个体系就越合理。这个体系的建构不是一劳永逸的，它会不断更新，随着时代的发展、社会的发展，而自然呈现出阶段性。

第二个原因，也是我们会议的另一个内容，即以我们的学术讨论向八十初度的海鹏先生表示我们的致意。海鹏先生长期担任中国社会科学院近代史研究所的所长，对近代史所的建设、全国近代史学科的建设以及全国历史学科的发展都做出了有目共睹的贡献。我们的学术讨论，也是对他八十华诞最好的敬意。许多同人赶来参加会议，这个会议的举办是对海鹏先生学术成就的充分肯定。

最后，感谢各位代表与会，同时祝海鹏先生健康长寿，继续为近代史研究的发展贡献能量。感谢我们共同的主办方曲阜师范大学、山东大学，给我们提供了一个非常好的机会，在曲阜这样一个历史文化名城来召开会议，是非常有意义的。

预祝研讨会圆满成功，也祝愿各位学者会议期间心情愉快。谢谢！

附记：本文根据会议现场录音整理，经作者确认。

〔王建朗，中国社会科学院近代史研究所所长、

中国史学会副会长兼秘书长〕

在中国近代史学科体系的理论建构
与学术反思研讨会开幕式上致辞

戚万学

尊敬的张海鹏先生，各位专家、各位来宾，老师们、同学们：

大家上午好！今日恰逢立夏，"槐柳阴初密，帘栊暑尚微"。在曲园最为宜人的时节，来自全国各地的120余名专家学者相聚曲阜，隆重举行中国近代史学科体系的理论建构与学术反思研讨会。东方圣城因各位的到来而生机盎然，曲阜师范大学因大家的光临而蓬荜生辉。在此，我谨代表曲阜师范大学近四万名师生，向会议的召开表示热烈的祝贺！向出席会议的各位领导、专家和来宾，表示诚挚的欢迎！

中国近代史是当代中国的昨天，是近代中国由"沉沦"到"上升"，走向凤凰涅槃、浴火重生的重要转折期。中国近代史研究作为中国历史学的重要分支，伴随着20世纪中国社会变迁和学术转型而兴起、发展，新中国成立后实现重要飞跃，历经几代学者的争鸣和长期探索，马克思主义指导下的近代史研究体系进一步树立，符合近代中国历史进程的科学的学科体系不断完善，对社会主义建设发挥了重要的理论指导和历史借鉴作用。改革开放以来，特别是1999年张海鹏先生主编的第一部以1840—1949年为断限的《中国近代史》正式出版，引领开启了中国近代史学科体系建构的历史新时期，近年来呈现群星璀璨、新著迭出、繁荣发展的生动局面，为新世纪中国历史学发展做出了重要贡献。

习近平总书记曾经指出，"明镜所以照形，古事所以知今"。在马克思诞辰 200 周年、中国特色社会主义进入新时代、改革开放 40 周年之际，中国近代史研究如何助力新时代中国特色社会主义发展和中华民族伟大复兴，是我们面临的重大课题和神圣使命。今天，近代史学界的众多重量级专家和中青年学者齐聚孔子故里，追本溯源，守正开新，在新的起点上探索近代史学科传承与创新发展之路，推进近代史学科话语体系的不断拓展，意义重大而深远，必将载入中国历史学发展的史册。

曲阜师范大学是一所文理并重、文史见长的山东省重点大学。建校 63 年来，学校秉承"学而不厌、诲人不倦"的校训精神，砥砺前行，创新进取，已经发展成为一所学科门类齐全、培养体系完整、师资力量雄厚、科研实力强劲、教育特色鲜明的山东名校。学校地处儒家文化发源地，传承弘扬孔子儒学是与生俱来的使命担当，经过一甲子的积淀，已成为国内外知名的孔子儒学研究的重镇之一。以孔子儒学研究为特色的中国史学科是山东省一流学科、山东省属高校中唯一的博士一级学科，建有山东省首批文化传承创新类协同创新中心"孔子与山东文化强省战略协同创新中心"，近年来，主动对接国家战略，建立了包容差异、协同创新、联合攻关的新型科研模式，在传统文化的现代转化、近现代史研究等领域，搭建了一批高层次平台，推出了一批标志性成果。

此次研讨会是中国近代史学科建设总结与展望的一次重要会议，更是一场思想的碰撞、学术的盛宴，对我校而言是难得的分享前沿学术研究成果、学习先进经验的重要机会，相信一定会极大促进学校历史学科的建设发展。会议之余，我们也恳请各位领导、专家在学校多走一走、看一看，感受曲师大人的热情和真诚，助力孔子家乡大学的建设和发展。

最后，预祝大会圆满成功！祝各位来宾在曲阜期间心情愉快、诸事顺遂！

谢谢大家！

〔戚万学，曲阜师范大学党委书记〕

中国近代史学科体系的理论建构
与学术反思研讨会闭幕词

夏春涛

尊敬的海鹏老师，尊敬的各位学者、各位朋友：

本次研讨会由中国社会科学院近代史研究所台湾史研究室、山东大学历史文化学院、曲阜师范大学历史文化学院联合主办，曲阜师范大学历史文化学院具体承办。共有一百多名学者参加会议，具有相当的规模。围绕中国近代史学科体系的理论建构与学术反思，有十位学者做了大会发言。今天上午，分四个小组进行讨论，48 位学者做了主旨发言。刚才，四个小组的代表就各自的讨论情况做了很好的归纳、介绍。

本次会议的另一个主题，是以学术研讨会的方式庆贺张海鹏老师八十华诞。海鹏老师是我院首批学部委员，担任过近代史所所长、中国史学会会长，为近代史所的发展，为近代史学科的发展，为中国史学会的工作，做出了突出贡献；在学术研究上，在培养青年学者上，有重大建树。大家以研讨会的方式向海鹏老师祝寿，表达对海鹏老师的感谢和敬意，送上一份祝福，是很有意义的一种方式。

今年是改革开放 40 周年。40 年来，在几代学者共同努力下，中国近代史研究硕果累累，气象万千，面貌一新。过去脸谱化、公式化、教条化的研究得到有效纠正，以唯物史观为指导进行学术研究走上正轨。对社会科学理论的借鉴、研究视野的拓展、新的研究领域的开拓、新史料的大量发现、日益开放的对外学术交流，极大地推动了中国近代史研究，推出了一大批有分量、具有前沿性的研究成果；研究梯队建设得到推进，青年学者十分活跃。我们对近代史的认识，无论是宏观层面，还是各专题研究，都远比过去丰富得多、深入得多。本所新设了台湾史研究室、社会史研究室，本所青年学者围绕法制史研究不定期举行学术沙龙，从一个侧面反映了这种发展变化。改革开放 40 年中国哲学社会科学的繁荣发展，中国近代史学界做出了应有的贡献，在座的学者都发挥了积极作用。

在改革开放 40 周年这个重要时间节点上，围绕中国近代史学科体系展开研讨，很有现实意义。中央提出要构建我们自己的学科体系、学术体系、话语体系，这方面还有大量的工作要做。这么多年来，关于中国近代史的主题、主线，除革命史线索外，学界又提出了新的视角，其中最具代表性的是现代化历程的视角。中国摆脱积弱积贫状况、摆脱贫困，走向现代化，这当然是一种进步取向。不过，革命史、现代化史这两条线索并非截然对立，而是相互关联的：现代化为中国革命提供了物质条件、酝酿了阶级基础，革命则是中国迈向现代化的必要前提。在处于半殖民地半封建社会的近代中国，要实现国家富强、民族振兴、人民幸福，首先必须实现国家统一、民族独立、人民解放，也就是进行中国共产党领导的新民主主义革命，否则，现代化终究是镜花水月。说到底，反帝反封建是中国近代史的主线，这是无可置疑的。40 年来，近代史研究不断丰富和深化，恰恰进一步印证了这一结论，而不是颠覆这一结论。

昨天下午，会议专门就海鹏老师与中国近代史研究进行了研讨。在我看来，庆贺海鹏老师八十华诞最好的方式，是学习、传承海鹏老师的好经验、好学风。对青年学者来说，尤其要着重学习、传承以下三点。

一是坚持以唯物史观为指导。两天前，习近平总书记在纪念马克思诞辰 200 周年大会上发表讲话，其中讲到，马克思创建了唯物史观，揭示了人类社会发展的一般规律。海鹏老师一以贯之地坚持唯物史观，同时又不是教条、僵化地理解唯物史观。海鹏老师主编的十卷本《中国近代通史》，以及新近出版的《简明中国近代史读本》，都体现了这一点。党的十九大报告在谈到文化建设时，明确提出"引导人们树立正确的历史观"。倘若按照历史虚无主义的套路，随意肢解、歪曲历史，否定鸦片战争以来历史发展的主线，否定中国革命的正义性、必要性，也就否定了中国共产党执政的合法性，否定了中国道路。这岂不是历史观、价值观的大颠倒？

　　二是担当和使命意识。读海鹏老师的论著，一个明显的感受是，他重视专题研究、细节研究，但不同于碎片化研究，通常是小处着手、大处着眼；重视考证，同时更注重宏观把握，重视研究的思想性、理论性。这体现了海鹏老师开阔的研究视野，体现了一种担当和使命意识。担任近代史所所长、中国史学会会长，培养学生，在时间、精力上颇多牵扯，需要做出牺牲，同样体现了担当和使命意识。而治学、做事是相辅相成的，有了大视野大格局，海鹏老师的学问也就显得大气。

　　三是严谨务实的学风。本所创始人范文澜前辈倡立严谨学风，强调学者要耐得住寂寞，甘坐冷板凳。罗尔纲前辈潜心治学60多年，提出治学要有"打破砂锅纹（问）到底"的精神。海鹏老师同样治学严谨。在时下有点浮躁的风气下，这一点显得难能可贵。

　　海鹏老师身体很好。记得有一次在人民大会堂开会，散会了我问他怎么回去，他说走回去。生活有规律，注重锻炼，这也值得我们学习。思想者不老，治学者长寿，衷心祝愿海鹏老师健康长寿，继续推出好的作品。

　　研讨会结束了，但研讨没有完成时，只有进行时。新时代，近代史学界应当有新作为、新气象。让我们共同努力，把近代史研究推向前进。

　　我的同事、本所台湾史研究室的同志，山东大学尤其是曲阜师范大学历史文化学院的同志，为本次会议顺利召开做了大量工作，付出了辛劳。我提议，让我们用掌声向他们表示感谢！

　　祝大家下午的参观活动有所收获。祝朋友们返程旅途愉快。

　　附记：本文据录音整理。

〔夏春涛，中国社会科学院近代史研究所原党委书记，
现任中国社会科学院历史理论研究所所长〕

史学理论与方法

倾听历史：从史料史观之分到史论之合

桑 兵

在史论分别、文白不一的情况下，治史如何把握求真与讲理，表达如何协调叙事与论述的关系，已经成为一大难题。鉴于此，有必要梳理一下这一聚讼纷纭的悬案发生衍化的渊源流变，进而探寻两全其美的解决之道，为后来者提供有效的取径和做法。

一 史与论

"文革"前十七年的史学界，出现过相当多引起普遍关注和广泛参与的学术争鸣，其中之一，便是史与论的关系。在所有学科都必须以理论为指导的认定下，史学自然不能例外。但是在学理上，史与论究竟是怎样的关系？在实践中，又应该如何处理二者的关系？对于这两个问题，却是聚讼纷纭，令人相当棘手。由于意见不一，无所适从，于是学界展开热烈而持久的讨论。这场争论从20世纪50年代后期开始，一直持续，中间虽经"文革"停顿，可是"文革"结束后再度接续，前后时断时续进行了30余年。讨论由"以论带史"引发出"论从史出""史论结合"，成为史论关系认识的三种基本取向，围绕这三种取向，在相互批评和争辩中，还出现了"以论代史"等衍生的变相。①

---

① 参见肖宏发《对"史与论关系"争论问题的逻辑考察与反思》，《广西社会科学》1995年第6期，第65—69页。

讨论莫衷一是，后来只能不了了之，相关的问题并未得到解决，直至今日，史论关系仍然困扰不少新进乃至成名学人。可是，无论意见如何分歧，一般而言，历史论著有无理论，俨然已经成为衡量水准高下、程度深浅的标尺。所争主要在于以什么为理论，或者说什么才是正确、恰当、具有说服力的理论。治史当然不能有论而无史，否则就不成其为史学，但如果被认为有史而无论，立意就不免等而下之。由此可以看出，尽管史论关系没有定论，尽管人们对于以什么为论实际上取法各异，言人人殊，却不仅大都并不否认论的重要，而且相对于史，似乎还显得更加看重。虽然人们习惯地声称事实胜于雄辩，可是在最应看重事实的史学领域，其实却是以雄辩为高明，事实只是基础初步。相较于史事不清、史料不足，没有理论或理论不足，更加备受诟病。

之所以出现这样的倾向，是因为历史论著的主要功能无形中已经由叙事转向说理。本来治史首要求真，可是误读一切历史都是自己心中的当代史，以为真相不在，不可求，或是碍于材料太多，头绪纷繁，剪不断理还乱，干脆宣布无法还原。尽管名义上还要求出真相，实际上却认为真相不会自动显现，只有符合一定之理的事实才是真。结果，类似于字还没有识完微言大义已出的情形日渐普遍，事实不详而认识层出不穷，在史学领域似乎已成常态。不要说思想史、学术史等领域多半向虚，所说大都是自己心中自以为是的历史，即使是研究人、事、机构等实而又实的题目，也将评判放在澄清还原之上，往往是发表一大通我认为的说理，实情究竟如何，还是让读者一头雾水。越来越多的历史认识变得众说纷纭，于是悬而未决的史论关系再度浮现，即使不再专门讨论，具体研究和写作时，还是会面临如何处理的棘手难题。

民国以后，治史尤其是研究中国近现代史，往往将材料与论述分别，引文单纯作为证据，支持引号之外作者表述的论点，从而形成一种普遍定式，引号中的征引文字多数情况下无形中成为单纯的史料，引号外的表述才是正论，代表作者想要表达的观点。更有甚者，即使所征引的材料已经说得很清楚，还是要用自己的话概述一遍。有一种说法叫作夹叙夹议，这也被不少人认为是史论结合比较好的体现形式。这与傅斯年等人将材料整理好以呈现史事的主张明显有别。

久而久之，便形成一种习惯，阅读时史与论是分离的，引号外的议即论，更加受到重视，而引文部分则是必须有却不大看，至少是不大留意，除非对议的部分有所疑虑，才会认真审视一下史料是否吻合论点或能否提供充足的支撑。在传统史书里，间中也会出现议，如《史记》的"太史公曰"和《资治通鉴》的"臣光曰"。只是《史记》本来未必是专门史书，《资治通鉴》也是写给治国平天下的君臣看。况且，他们的议与论从史出的论看似相近，却与后来主要所指理论的论，基本不是一回事。尤其是两位司马的"曰"毫无疑问是个人的议论，关乎对史的认识，却不会与史相混淆。

近代以来的史论结合，容易导致一种偏向，也就是史论分离的状况，并且进一步加剧了史论分离的趋向，使得历史本来的叙事功能大幅度下降。作为历史原声的史料，沦落到次要和从属的地位。人们往往关注论著的主要观点，而不大注意支撑这些观点的史料是否已经各种必不可少的复杂验证，更加不关注可否用这些史料准确重现历史。所写的历史，很大程度上是在谈作者个人对历史的认识，而又将五花八门的认识美其名曰见仁见智。至于所认识的历史究竟如何，反而变得相当模糊。

诚然，史家不妨对历史表达意见，不过前提应该是将史事述说清楚。而要将史事述说清楚，并非轻而易举之事，不能完全依靠自己的认识或意见，恰好要想方设法抑制自己的主观，以免任意驰骋，脱离事实约束。其主观能动作用应该体现于研究的过程中，应体现在如何最大限度地限制自己一定存在的主观不至于过度放任，而不是在表述的过程中频频走到前台亮相。正如文学形象的塑造是由其生动典型的言行呼之欲出，如果作者不时加注或旁白，就很是煞风景。

其实，史论关系问题，并非 20 世纪 50 年代才突然出现。它与清季以来中国史学革新变动所产生的新问题紧密关联。20 世纪开篇，梁启超在《清议报》发表《中国史叙论》，就石破天惊地提出"中国无史论"，不仅无史，就是想从中搜求材料，"亦复片鳞残甲，大不易易"。① 即使像《资治通鉴》这样"最称精善"的史书，"今日以读西史之眼读之，觉其有用者，亦不过十之二三耳"。② 以"今日"和"西史"的眼光看出来的中国无

---

① 《清议报》第 90 册，1901 年 9 月 3 日。
② 《新史学》，载梁启超《饮冰室合集·文集之九》，中华书局，1989，第 1—11 页。

史，当时已经引起争议，却并不影响中国古代只有史料没有史书的看法日趋普遍。

既然旧史书只是史料而非史，接下来的问题就是如何才能有史。当时主张的重要取径之一，就是用社会学的观念研究撰写民众的历史。梁启超认为：“自世界学术日进，故近世史家之本分，与前者史家有异。前者史家不过记载事实，近世史家必说明其事实之关系与其原因结果；前者史家不过记述人间一二有权力者兴亡隆替之事，虽名为史，实不过一人一家之谱牒，近世史家必探察人间全体之运动进步，即国民全部之经历及其相互之关系。”①也就是说，单纯记载事实，还不能称之为史，必须进而说明事实之间的关系及其因果，才有可能成为史。据此提出的创新史学的界说，就是叙述人群进化之现象而求得其公理公例，而社会进化观念、人类群体中心观念及以各种社会人文乃至自然科学为参照，则是达到上述目的的主要凭借。②

那时的章太炎同样举目西望，与梁启超心心相通，不谋而合，高度赞同梁启超的见解主张。章太炎早有修《中国通史》的志向，他受西方各种社会学书的启发，并且购求日本人译著的《史学原论》及亚洲、印度等的史书，“新旧材料，融合无间，兴会勃发”，欲将心理、社会、宗教诸学熔于一炉，进而宣称：“所贵乎通史者，固有二方面，一方以发明社会政治进化衰微之原理为主，则于典志见之；一方以鼓舞民气、启导方来为主，则亦必于纪传见之。”③

梁启超与章太炎关注史学的目的，首先都在政治，都想借此发明社会进化的公理公例。说得直白些，就是用中国的材料和史事，证明社会进化的一般性原理的普遍适用。其中关于史事因果联系的说法，后来梁启超基本放弃，承认历史事实并无因果关系。但史料与史学从此渐趋分离，最后导致民国时期学术界意见纷纭的史料与史观之争，史与论的关系即由此演化而来。有鉴于此，要认识史与论的关系，有必要重新检讨清季以来史料与史观分别的渊源流变，尤其是民国学术界关于史料与史观的各方意见。

---

①　《中国史叙论》，《清议报》第 90 册，1901 年 9 月 3 日。
②　参见桑兵《从眼光向下回到历史现场——社会学人类学对近代中国史学的影响》，《中国社会科学》2005 年第 1 期。
③　《致梁启超书》（1902 年 7 月），载汤志钧编《章太炎政论选集》上册，中华书局，1977，第 167—168 页。

二　史料与史观之分

中国史学发达甚早，经典史籍不胜枚举。虽然也有取材与著史的分别，但一般不会出现史料与史观的对立。历代间有好讲史法之人，一则所谓史法其实是编纂体例，并非后世的理论，二则有专讲史法者史学往往不好的风评，因此，史料与史学往往是一而二二而一之事。据清华国学院毕业的陈守实记：陈寅恪"师于史之见解，谓整理史料，随人观玩，史之能事已毕"。①这一观念，一定程度上与傅斯年史学就是史料学之说契合或近似。整理史料何以便能成为史，是因为所谓整理，就是比较不同的史料。比较整理的目的有二，一是近真，二是得其头绪，二者相辅相成，可以由整理史料不断接近史事本相，并据以叙事。

这样的讲法胡适也有所领悟，他说："我从前曾说：'文胜质则史'，史是'说故事'，如《国语》《左传》所根据的一些演史的故事，如晋公子重耳出亡一类的故事。'史之阙文'也应当如此说：孔子说，他还及见没有添枝添叶的记事史。"从《仪礼·聘礼》的"辞无常。孙而说。辞多则史，少则不达。辞苟足以达，义之至也"，胡适判断郑玄所注"史为策祝"是妄说，"合上三条看来，可知'史'是演义式的讲史"。并进而引申希腊文historia、拉丁文 historia、古法文 estorire、英文 history 即历史一词，与故事 story 一词都是出于同一来源。②

据此，历史本来的主要功能就是记事与叙事，后者与前者的分别在于文胜质，但是否演义，值得斟酌，至少与后世演义的小说家言本质不同。不能虚构或故意夸饰、掩盖等增减是必须遵循的原则。

不过，陈寅恪关于史学不止此一种说法，谈及民国学人的文化史研究，他曾说："以往研究文化史有二失：旧派失之滞。旧派所作中国文化史……不过抄抄而已。其缺点是只有死材料而没有解释。读后不能使人了解人民精神生活与社会制度的关系。新派失之诬。新派是留学生，所谓'以科学方法

---

① 陈守实：《学术日录（选载）·记梁启超、陈寅恪诸师事》，1928 年 1 月 5 日，载《中国文化研究集刊》第 1 辑，复旦大学出版社，1984。
② 曹伯言整理《胡适日记全编》（八），1951 年 12 月 7 日，安徽教育出版社，2001，第 151—152 页。

整理国故'者。新派书有解释，看上去似很有条理，然甚危险。他们以外国的社会科学理论解释中国的材料。此种理论，不过是假设的理论。而其所以成立的原因，是由研究西洋历史、政治、社会的材料，归纳而得的结论。结论如果正确，对于我们的材料，也有适用之处。因为人类活动本有其共同之处，所以'以科学方法整理国故'是很有可能性的。不过也有时不适用，因中国的材料有时在其范围之外。所以讲大概似乎对，讲到精细处则不够准确，而讲历史重在准确，功夫所至，不嫌琐细。"①

照此说法，单纯整理材料而不得法，也很难"合于今日史学之真谛"。若以经学为参照，则谨愿者止于解释文句，而不能讨论问题，夸诞者流于奇诡悠谬，而不可究诘，二者均偏于一端，不足取法。唯有材料丰实，条理明辨，分析与综合二者俱极其功力，才能达到"庶几宋贤著述之规模"。②

抗战期间，陈寅恪由于条件所限，不得已转而用常见材料研究中古制度的渊源流变，却大获好评，识者推许其为"异于时人所讥之琐碎考据，亦异于剪裁陈言纂辑成书之史钞，更大异于具有成见与含有宣传性之史论"。将对陈著的推举与其他几种常见的治史流弊相区分，所标举的重要原则就是陈寅恪所说既要具有统系又须不涉附会，这也是整理史料与研究史学相一致的关键。③

具有统系与不涉附会相辅相成，在陈寅恪眼中史料与方法并无轩轾。其应用比较语言学、比较宗教学以及比较史学等欧洲研究文史之学的正统取径方法，又与中国固有的合本子注、长编考异诸法相融会贯通，很少称引西说而尽得所谓西学的精妙。这也是王国维主张学不分中西新旧的旨意。不过，这样的理念未必所有人都接受，尤其是那些受了其他学科的观念影响，欲将中国历史推倒重来的学人，总想有一个现成的架构，可以将材料放进去且看起来井井有条。胡适的成功先例《中国哲学史大纲》，就是借用西式系统组装中国固有材料的典范。

思想史之外，社会学的影响更加广泛。清季用社会学治史的取向，两位

① 卞僧慧：《陈寅恪先生年谱长编（初稿）》，中华书局，2010，第146页。

② 陈寅恪：《陈垣〈元西域人华化考〉序》，载陈美延编《陈寅恪集·金明馆丛稿二编》，生活·读书·新知三联书店，2001，第270页。

③ 陈寅恪：《吾国学术之现状及清华之职责》，载陈美延编《陈寅恪集·金明馆丛稿二编》，第361页。

倡导者梁启超、章太炎并没有身体力行，而且后来还分别做了明确的修正。不过这样的取向，到民国时期一直延续。1926 年初，针对顾颉刚、钱玄同、柳诒徵等人关于古史的争论，魏建功撰写了《新史料与旧心理》一文，接续梁启超的理念，重提民史建树的方向。他说：

> 我的结论：中国的历史，真正的历史，现在还没有。所谓"正史"，的确只是些史料。这些史料需要一番彻底澄清的整理，最要紧将历来的乌烟瘴气的旧心理消尽，找出新的历史的系统。新历史的系统是历史叙述的主体要由统治阶级改到普遍的民众社会；历史的长度要依史料真实的年限决定，打破以宗法封建等制度中教皇兼族长的君主的朝代为起讫；历史材料要把传说、神话、记载、实物……一切东西审慎考查，再依考查的结果，客观的叙述出来。如此，我们倒不必斤斤的在这个旧心理磅礴的人群里为新史料的整理伴他们吵嘴，把重大工作停顿了！①

与民史建树的角度相辅相成，社会学的取向依然备受重视。只不过那一时代的所谓社会学，更加接近广义社会科学的意思。马克思的唯物史观，李大钊开始就认为是社会学的法则。他将史学分为记述历史和历史理论两部分，前者的目的是确定各个零碎的历史事实，而以活现的手段描写出来，这是艺术的工作；后者则是把已经考察确定的零碎事实合而观之，以研究其间的因果关系，这是科学的工作。另有历史哲学，从系统上讲，宜放置在哲学分类之下。② 过去的史书，在李大钊看来也只是资料而非历史，"历史学虽是发源于记录，而记录决不是历史。发明历史的真义的是马克思，指出吾人研究历史的任务的是希罗陀德"。研究历史的任务，一是整理事实，寻找其真确的证据；二是理解事实，寻出其进步的真理。③ 历史理论也就是史观，记录的事实是不变动的，但是解释史实的史观却是随时变化的。④

李大钊的贡献主要是在引进介绍理论学说方面，所说社会学的法则主

---

① 《北京大学研究所国学门周刊》第 15、16 合期，1926 年 1 月 27 日。
② 李大钊：《史学与哲学》，载《李大钊史学论集》，河北人民出版社，1984，第 181—182 页。
③ 李大钊：《研究历史的任务》，载《李大钊史学论集》，第 193 页。
④ 李大钊：《史观》，载《李大钊史学论集》，第 70—71 页。

要适用于社会发展史，随后继起者则逐渐将其应用于中国历史的研究。其时胡适等人提倡以科学方法整理国故，陈钟凡就认为，治学要工具齐备且先进，搜集材料、排比、评判，这种方法清人早已做过了。用杜威的论理学五段法治古书很可能得到新见解，可是于社会学上的贡献尚少。"我们所谓科学方法，乃是用科学研究事物得到确证，评判出那时社会状态和思想，而得到公理公例。如只以甲乙相较得丙，丙丁相较得戊，求同求异，同异交得辨证，终不切于事实的。但在思想史上自有他不可忽视的价值。"相比之下，郭沫若的《古代社会之研究》将上古史划分出阶段，为社会学上莫大的成功。①

　　不过，这样的看法显然不能为胡适、傅斯年等人所认同。他们对于郭沫若的古文字研究，认字及解说部分予以承认，但是对于他过度用来解释古代社会形态的，如《古代社会之研究》，则多有保留。② 对于社会性质与社会史大论战造成的史观的流行，傅斯年大不以为然，他认为："历史这个东西，不是抽象，不是空谈。古来思想家无一定的目的，任凭他的理想成为一种思想的历史——历史哲学。历史哲学可以当作很有趣的作品看待，因为没有事实做根据，所以和史学是不同的。历史的对象是史料，离开史料，也许成为很好的哲学和文学，究其实与历史无关。"③ 在《〈殷历谱〉序》中又说："今固不乏以综合自许者，不触类而引申，凭主观以遐想，考其实在，类书耳，教条耳。类书昔无持论之词，今有之矣。教条家苟工夫深邃，亦可有艺术文学之妙，若圣奥古斯丁及其弟子之论史是也。而今之教条家初于其辨证教条并未熟习，而强读古史原料以为通论通史，一似《镜花缘》中君子国之学究，读'求之与抑与之与'竟成'永之兴柳兴之兴'。是亦可以哗众取宠于无知之人，亦正为学术进步之障耳。"④

　　李大钊也认为历史哲学应当归于哲学而非历史，问题是如何具体把握史

---

① 陈钟凡：《求学与读书》，《读书月刊》第 2 卷第 1 期，1931 年 4 月 1 日。

② 牟润孙说："郭沫若尝引莫尔甘之说治钟鼎款识甲骨文，讨论古史问题，颇多新奇可喜之说。顾其立论好穿凿附会，往往陷于武断。"［《记所见之二十五年来史学著作》，载杜维运、黄进兴编《中国史学史论文选集》（二），华世出版社，1979，第 1127 页］这可以部分反映主流学人的一般看法。

③ 《考古学的新方法》，载欧阳哲生主编《傅斯年全集》第 3 卷，湖南人民出版社，2003，第 88 页。

④ 欧阳哲生主编《傅斯年全集》第 3 卷，第 343 页。

学理论与历史哲学的分际，恐怕至今仍是不小的难题。冯友兰觉得释古派使用材料先入为主，谈理论太多，不用事实解释、证明理论，而以事实迁就理论。钱穆更将革新派史学分为政治革命、文化革命、经济革命三期，对于此一派尤其不满。周予同虽然认为此说过虑，指出释古派也有进步，而且追求的目的在于把握全史的动态并深究动因，与钱穆所主张的"于客观中求实证，通览全史而觅取其动态"没有根本的冲突，但还是批评"国内自命为释古派的学人，每每热情过于理智，政治趣味过于学术修养，偏于社会学的一般性而忽略历史学的特殊性，致结果流于比附、武断"。① 也就是说，历史学的见异与社会学乃至社会科学的求同发生了严重冲突，难以协调。

由谭其骧撰写、顾颉刚修改的《禹贡·发刊词》则认为，治史须通舆地，本来是一般准则，后来却无人讲求，以至于学人很容易开口便错。"在这种现象之下，我们还配讲什么文化史、宗教史，又配讲什么经济史、社会史，更配讲什么唯心史观、唯物史观！"要"使我们的史学逐渐建筑在稳固的基础之上。……不能但凭一二冷僻怪书，便在发议论"。② 这一竿子打翻一船人，在当时的史学界，能够置身事外的恐怕为数不多。

20世纪30年代初，中国相继进行了社会性质和社会史两场大论战，这两场论战的本意，并不是讨论历史，而是要弄清楚中国革命的性质、任务、动力、前途等问题，以便正确决策，因此卷入其中者开始大都不是史家。可是随着论战的深入，一些学人相继加入战阵，以专业性的史学论著试图回答解决相关问题。而且论战的社会影响巨大，尤其是在青年学生中间，据陶希圣回忆，到30年代初，"五四以后的文学和史学名家至此已成为主流。但在学生群众的中间，却有一种兴趣，要辩论一个问题，一个京朝派文学和史学的名家不愿出口甚至不愿入耳的问题，这就是'中国社会是什么社会'"。③ 史观与史学的分歧，在特定背景语境下，居然造成了受众的社会性分离。

史学界认识的多样化以及取径做法的大异其趣，成为周予同关于新史学

---

① 《五十年来中国之新史学》，载朱维铮编《周予同经学史论著选集》增订本，上海人民出版社，1996，第558—559页。

② 《禹贡》第1卷第1期，1934年3月1日。关于谭其骧与禹贡学会，参见葛剑雄《悠悠长水·谭其骧前传》，华东师范大学出版社，1997，第67—75页；顾潮《历劫终教志不灰：我的父亲顾颉刚》，华东师范大学出版社，1997，第158—172页。

③ 陶希圣：《潮流与点滴》，传记文学出版社，1979，第129页。

派系划分的依据，他在 1936 年的《治经与治史》一文中写道："放眼中国现代的史学界，大致可分为二大派：一可称为'史料派'，注意于史料的搜集与整理；一可称为'史观派'，根据旧的或新的史料，对于中国史的全部或某一部门加以考证、编纂与解释。"在他看来，"史料派学者工作的本身是烦琐的、畸零的，而他的成绩是可感谢的，因为新的历史的著作需要新的史料作它的柱石呢！不过史料究竟只是史料而不是史，中国现代社会所企求于史学界的是新的史学的建立与新的史籍的产生，而决不仅仅满足于史料的零碎的获得"。并且特别指出左翼史学不以搜集、考证、编排史料为尽了史学的职责，进而要尝试解释史实。

周予同 1941 年撰写的《五十年来中国之新史学》，基本延续了上述分析，他说："所谓转变期的新史学，可分为两类：一是偏重'史观'及'史法'方面的，一是专究'史料'方面的。史法每原于史观，或与史观有密切的关系；为行文简便起见，前者可称为'史观派'，后者可称为'史料派'。换言之，中国现代的新史学家可归纳为两类，即'史观派'与'史料派'。"这种本来为图行文简便的派分，并未得到所指认的双方学人的普遍认可，却深深影响了后来学人的思维与眼界。尽管提出过种种批评或修正，也有不少学人根本反对用这样的观念来看待近代史学和史家，但还是有相当多的学人接受或基本认可这样的划分。① 尤其在史学史论著中，有的坚持用史料派与史观派的消长沉浮构成整个 20 世纪中国史学变动的观点作为基本叙事线索。②

也有学人不以派分的此疆彼界为然。1940 年 6 月，《史学季刊》创刊，顾颉刚所作《发刊词》为战前分歧争议甚大的史料与史观做了一辩证协调，认为二者在史学研究中相辅相成，"无史观之考据，极其弊不过虚耗个人精力；而无考据之史观，则直陷于痴人说梦，其效惟有哗惑众愚，以造成不幸之局而已"。③ 此说或有调和之意，但也指出考据与史观二者不可偏废。后来钱穆在《新亚学报》发刊词中，大体延续了这样的主旨，为民国时期的学术概括总结。不过，在史料整理得好的学人那里，二者本来就是一体，也

① 余英时：《中国史学的现阶段：反省与展望》，载杜维运、陈景忠编《中国史学史论文选集》（三），华世出版社，1980，第 517—524 页。
② 王学典：《近五十年的中国历史学》，《历史研究》2004 年第 1 期。
③ 顾潮：《历劫终教志不灰：我的父亲顾颉刚》，第 199—200 页。

就无须协调。通过整理比较，近真且得其头绪，可以叙事写史，无须预设史观，更不能用后出外来的史观驾驭取舍史料。否则，就很难避免牵强附会的梳理，重蹈越有条理系统去事实真相越远的覆辙。

三　文白与史论

史料与史观之争，主要是受中西学乾坤颠倒的影响，西式分科架构成为强制中学附从的预设，因而必然要以外来的系统学说条理解释中国的材料，只有经此解释后的史料才有可能变成史学。可是，尽管史观不少来自其他学科，但无论是史料还是史观，仍然是历史。史论关系说则将历史与理论并列相对，其中的理论，不仅限于历史领域，不但包括史学理论，还扩展及于历史哲学乃至一切社会科学。

史与论的并列使历史的叙事功能被压缩，说理功能则大幅度膨胀，并逐渐演变成用过去的事情讲自己心中的话。而书面语改文言为白话，则导致史与论的进一步分离并更加凸显论的重要地位。

中国的文字文体数千年一以贯之，历代修史，以记事叙事为主，无论是征引官书档案，还是私家著述，一般无须标示注明，能够与著史的文字浑然一体，阅读者也以一体视之，不必刻意分辨。史书虽然取材多源，却文气一贯，天衣无缝，有助于春秋笔法、比兴之类的特有间架施展。即使俗谚野语，也会予以雅化。好事者予以指证，实在是多此一举，所谓佛头着粪而已。

白话改文言，破坏了书面语的古今一致，大多数情况下，所征引的材料与作者的自述在文体形式上差异甚大，使全篇的文气不能贯通，即使没有阅读障碍，也不易在两种文体之间频繁转换。固有的史书被当成史料，历史论著的文白分别成了史与论的载体，在同文异体的情况下，受白话文教育成长起来的新进，自然会偏重于自幼习惯的语体文。文言改白话的重要理据之一，就是文言不利于说理。与史论关系的畸轻畸重相适应，用白话说理的论更加受到重视，文言呈现的史则相形见绌。随着时势的变化，史观史论越来越被看重，这又进一步加强了作为主要载体的白话部分的重要性。

古人著书，大都述而不作，隔膜者不知就里，以为抄袭。实则凡是圣贤所言，皆为天下公理，取入书籍，意在传道。官书正史，也是正统观念认定的实事至理。若是一家之言，仅此一说，何必征引，更无须注明。因此书写习惯，无须分别，即使是合本子注，也容易混入正文。在西学的强势作用下，出现所谓著作权、版权问题，国人面临两难选择。一方面，晚清以来，官方长期不肯加入版权同盟，以防输入新知遭遇障碍，作茧自缚；另一方面，大量以翻译为著述，引起各种抄袭说的坊间传闻，导致征引注释的不断规范化。由于制定与套用规范为不同语系，时至今日，任何"一统江湖"的努力仍然是揪着脖领想把自己提向天空的徒劳无功。

海通以后，中西学如何兼容并蓄，一直困扰着国人。纳科举于学堂，等于融中学于西学。而学堂已经西式分科教学，中学要见容于学堂，只能屈从于西学，中体西用事实上演变成西体中用。不仅如此，由于留学大热，留学生回国后各方争相迎聘，掌握话语权，在用人办事时，凸显作用。风气流被，傅斯年说修史必须留学生，胡适则作势同情未出国门的苦学者，让未留学者或背负保守的骂名，或勉强谈西学而授人以柄。只有陈寅恪敢云"群趋东邻受国史"为"神州士夫羞欲死"之事，且将官派留美学生与北洋军阀练兵并列为两大误国之事。

在不通西学即不知学问的时趋下，历史论著的体例随之改变，由传统编年、纪传、纪事本末体转向近代西式的章节体。章节体的广泛应用与写史必须征引注释相互作用，造成引文与行文相分离。这种情况在西文关于中国的著述中并不普遍，因为将文言对译成西文比较困难，所以多采取概括转述方式，而东文著述中则相当常见。近代中国的章节体史书，主要是受日本关于中国著述的影响。清季民初那些译著参半甚至以译为主的教科书或一般通史，形成了近代中国历史书写的基本体例和架构。

此外，史论关系意见分歧各方对于史料的看法具有一定的共通性，恰恰是这种共通性使史在与论的比对中处于下风。在形形色色的史观派看来，史料不是史学，只有将史料进行系统整理之后，才有可能成为史学。而能够将史料系统化的，主要就是史观。傅斯年对于用史观看历史不以为然，因为在他看来，史观属于历史哲学，与历史关系不大，而且欧洲的史观过于受基督教一元化观念的影响。他坚称史学就是史料学，整理史料就是比较不同的史料。可是他与史观派同样将所有传统史书视为史料，而且认为材料越生越好，凡是经过加工，就掺入了主观。这等于将所有材料都当作无意识的客观记述，完全忽视材料记录者尤其是史书撰写者的本意，也是历史的有机组成部分。

傅斯年的本意，或许在于整理材料的过程中应力求防止掺入主观，结果却导致史料在历史叙述中作为阅读元素的价值大幅度降低。在史论结合的形式下，史料往往是被从原有时空联系中抽离出来作为支撑论点的论据，在相当多的情况下，这导致史料的本意被断章取义或故意曲解。即使用于叙事，如果处置不当，经过名为整理实则主观取舍一遍的史料可能非但无助于重现史事，而且导致盲人摸象甚至看朱成碧。更有甚者，既然原来所有史书只是原始材料，必须在理论的条理解释或方法的梳理条贯之下才能升华为史学，则论不仅包含史，而且是更高层次的史，是由史料提升为史学的体现。照此逻辑，看重论而轻视史，当然是顺理成章之事。

尽管提倡新文学者认定文言不宜于说理，但近代主张整理材料以重现史事的学人还是好用文言。陈寅恪一生著文坚持不用白话，学术论著更是坚持全用文言；主张白话的新青年傅斯年虽然觉得文言会有词不达意的局限，特别是说理的部分，其史学论著还是多用文言。除了习惯使然，征引与自述的一贯，当是重要考量。尤其是比较整理材料以叙事，需要呈现材料之主人各自的意思，并将各人的表述按照原有时空位置及联系予以呈现，而不是综合判断后简单地变成自己的认识，并将这样的认识用史论参半、夹叙夹议的方式加以表达。

普遍而言，在以白话取代文言的情况下，史与论分离的情形进一步加剧，白话作为论的主要载体，所展示的今人意见在相当程度上被当成历史的事实。也就是说，今人所知的历史，尤其是教科书中的历史和一般通史，其实相当多的是后来对历史的认识，而不是历史本身。要想知道前事本相和前人本意，还需认真倾听历史的原声。这就要求阅史者改变原有的阅读习惯，将文白史论视为一体。

四　倾听历史的原声

学术界每每有些类似围城的悖反现象，譬如专业治史者觉得史学无用，不能影响社会，总想逃离，而不是研究历史的反而好讲历史，巧舌如簧，大受欢迎。前者喜欢说理，又并不擅长，引新知借别科，越说越不在理；后者专讲故事，不免添油加醋，杜撰太多，形同演义，已非历史，却栩栩如生。坊间喜其生动，无所谓真伪，一般而言也无伤大雅。或者痛心疾首，以为天塌地陷，实则《三国演义》与《三国志》并驾齐驱的情形由来已久，各司其责，无须划一，也无法统一。作为专业人士，倒是应该反省一味说理的流弊匪浅，事实说不清，道理讲不明，历史著述读来味同嚼蜡，坊间毫无兴趣，业内也不以为然。

相比求真的史学日益看重雄辩，新闻从业者则极力标榜让事实说话，唯恐别人认为主观。其实新闻能够披露出来的信息至多不过百分之一，无论貌似多么客观，取舍过滤仍是主观。只要不过于偏宕，倒也无伤大雅。而本应以叙事为基本的史家，却总是觉得材料和事实苍白无力，以为材料太多，说法各异，无由取信，无所适从，甚至误信域外浅学的谰言，以为事实不存在，不可求，反而觉得灰色的理论最有力量。历史哲学属于哲学的范畴，对史学或有借鉴作用，但不能替代史学方法，更无法指导处理材料。而行之有效的史学方法应该应用于研究过程，不是通常所见出现在表述阶段装潢门面。况且一般史书所讲道理，多为别家的常识、陈言或套话，不见精彩，不合实情。除了方便新进或懒人延续教科书式的解读历史，越是高明，越少烙印痕迹。

有的近代史著述喜欢自说自话，或代古人立言，至于前人前事的本意本相，往往隐藏甚至湮没在众说纷纭的讲理之中。治古代史的学人对近现代史著述征引文献的方式每每有所诟病，认为摘引只言片语容易断章取义，而概括称引又不免任意取舍，误会曲解，说是引述前人，实则强古人以就我。此说虽然逆耳，的确切中要害。近代文献，文辞看似浅近，因为涉及古今中外的方方面面，加之数量庞杂，又未经前人整理注疏，研究者限于学识，只能预设架构将能够读懂的部分抽取出来作为论据，其余则弃而不论。读书须掌握全篇本意的应有之义，更不要说对比参照所有相联相关的文本，前后左右通语境。姑不论舍去的其余或许更加重要，单就举证部分而论，抽离本来的时空位置，所指能指势必发生或隐或显的变异。

诚然，近代文献繁多，若是详细而全面举证，往往不胜其烦，编辑无法容纳，读者难以卒读。此事令以处理史料见长的史学二陈也颇为头痛。简单的排比罗列，形同堆砌材料，既不能深入问题，又影响文气贯通和意境呈现，的确不足取。可是，如果因噎废食，等于鼓励随意取证，纳入各种后出外来的观念系统之中，而美其名曰"史论结合"，久而久之，有违情理变成天经地义，不仅自行其是，而且裁量他人，俨然已成行规。但凡看见征引较多，即视为不加分析，没有理论，完全无视引文与行文具有不可分割的内在关联。

史学首重纪实与叙事。纪实的功能触碰公私各方的隐私，后来受到多方面制约，希望有所超越，于是还原史实成为修史的前提。叙事必须依据材料，史料的应用，在史论的架构中往往流于陪衬，片段摘引只是作为论点的论据，而在叙事的框架下，应当比较近真及得其头绪，并作为历史叙述的有机组成部分予以呈现。由此可以还原包括思想在内的历史本相及其发展演化的具体进程。史家不是以旁白的形式或者直接登台告诉观众历史是什么，而是用引述的方式使过往的人、事重新活动、活跃起来，像戏剧一样生动地重现于历史舞台之上，让观众看见、亲身感受。因此，修史首先应当尽可能复原历史的原声原貌，前提是尽可能多地保留史料的原汁原味，并以经过比较验证的史料构成史学的要素。

作为阅读者，应当积极调整阅读习惯，学会倾听历史的原声，不要把后来的认识与历史的事实相混淆，仔细体察、领会文本传递出来的前人本意，进而看出由史家拼合连缀而成的历史图像是否适得其所。不能迁就阅读习惯而跳过引文只看行文，因为这很可能是跳过事实依据去看认识结论。所谓本意，应该是全面的，不能盲人摸象、断章取义，应该是准确的，不能望文生义、凿空逞臆。摘取片段的征引往往是部分的意思，之所以被征引，未必是在文本史事中具有特别的重要性，只不过是征引者在自己预设的架构里想问题才觉得重要。望文生义的结果是误读错解，符合征引者的认识却常常有违事实。完整地倾听历史的原声，才能防止任意取舍史料以形成观点，甚至别有用心地隐讳、移位或曲解。心术不正的欺世盗名之徒滥用史论形式，混淆视听，易于得逞。理顺史论关系，让所有的材料与事实适得其所地回归时空原位，即使用于防闲，也有积极意义。

前人的文本都有各自独特的意涵，即使在记事的部分添枝加叶，添加的行为本身也是历史事实的组成部分。追究所记录的事实之时，所添加的枝叶或可剔除，但是如果追究其如何添加、为何添加，不仅是近真的必需，而且对于解读所记录的事实也颇有帮助。倾听当事人、亲历者述说他们各自的经历，通过罗生门式的言人人殊可以逐渐走进历史的现场，进而将对历史的认识通过叙事自然呈现，而不是用主观色彩很强的议论强加给读者。

老吏断狱、法官断案，先要详细听取两造的陈述、辩词及取证，了解案情，才能依据法理和律令进行审判，若是先入为主，想当然地据理援例，不知造成多少冤屈。同理，治史首先要竭泽而渔地网罗证据，透过表象的蛛丝马迹，揭示背后错综复杂的联系，进而究明事实本相及涉事各人的本意。所有分析的理论模式，旨在梳理证据、还原案情，而不能削足适履地照搬套用，将证据案情作为法理的注脚。况且治史较审案还原度要求更高，所谓铁案如山，后者只要关键证据过硬，前者必须全体水落石出。

由此可知，叙事并非不讲理，而是应在弄清事实的基础上再讲道理，或是在考史叙事的过程中呈现理之所在。而且所讲道理应源自事实，而不是简单地将事实当作别人所讲道理的注脚，甚至套用别人的道理来讲事实。今人模仿域外研究，不顾其模型学理并非生成于中国，也未必适用于中国，一概视为放之四海而皆准的公理，照搬套用，削足适履，以牺牲中国的历史为代价，所论不过证明其道理的普遍适用。一般而言，如果复杂的历史事实真的梳理清楚了，所蕴含的道理大都已经蕴含其中，不言自明。况且将思想还原为历史，究事实的同时也是在讲道理。这一切，都有赖于耐住性子倾听历史的原声，只有听，才能懂，不听则永远不可能懂。如果听不懂，应该提升能力，而不是因噎废食，放弃倾听。

史学的叙事与说理，应以前者为基本，而史事不能自动呈现，要借由史料才能重现，不同的史料关于同一史事的记述各异，必须比较而近真。前后几件史事彼此联系，也必须比较才能得其头绪。既然史事由整理材料而呈现，比较不同的史料也就成为叙事的凭借和重要环节，不能将史料与史学分离，更不宜将史学理解为说理，将论置于史之上。治史要有理论且凸显论的重要性，不无将说理置于史学功能的首位之嫌。此说源于研究历史的目的是发现历史规律，又误以为历史规律是求同而来，将史学混同于社会发展史。所谓规律，为事物之间的普遍联系。历史上的所有人、事均为单体，不可能完全重复，所以不能用一般科学原理来求，尤其不宜用逻辑的归纳法。历史规律是单体人、事前后左右无限延伸的普遍联系，这与史学首重叙事正好高度吻合。

认真倾听历史，放弃后来者自以为是的评判，不带成见、约束主观，才有可能最大限度地了解前人前事的本意本相，并尽可能完整恰当地将其呈现于读者面前。历史爱好者尤其是读书种子和专业人士，应调整改变固有的阅读习惯，将引文、行文视为一体，了解所陈述的史事和欣赏所释放的原音。虽然引文、行文仍有文白不一的驳杂，可是若统统改由转述，文体看似一贯，文字却难免烦琐，且容易变形走样。在不能两全其美的情况下，应尽可能保持原态，以免发生二次错误，从这一角度理解傅斯年材料越生越好的说法，不无可取之处。

倾听历史的原声，当然有不同的主题，因而也会有所取舍，并非完全随波逐流，堆砌罗列，既不能跟着前人讲言人人殊的故事，也不能无视历史意见侈谈自己的认识。近20年来，以集众的形式进行近代中国的知识与制度转型研究，同时展开近代中国史事编年系列的编撰，其间认真揣摩长编考异与比较研究的相辅相成，并尝试将思想还原为历史，为今后的研究奠定了取径与做法的重要基础。按照历史本来的顺序，在整体脉络之中展现各自在相应时空位置之上的相关言行，成为努力的方向。

或以为要想恰当理解历史上的物事及其指称，应当首先明确定义，以免各自任意，莫衷一是。实际上，从定义出发研究概念、认定事实，而不是还原历史以把握概念的所指能指，正是混淆时代意见与历史意见的典型表现。须知集合概念往往后出，而且经过约定俗成的演化。后来的定义虽有助于当下避免滥用（包括现时和历史两方面），却无论如何不可能涵盖历史上所有的文本和事实。即使是当时的概念，有此一说也不见得均如此说，除非详细论证，否则以偏概全的认定非但无助于解读材料史事，而且会妨碍准确地重现历史。没有现成框架就不知如何解读史料，没有先入为主的定义就无法认识事实，岂非本末倒置？遗憾的是，这样的本末倒置恐怕正是时下相当普遍的现实。长此以往，历史认识与历史事实之间势必越来越隔膜。如果不加分辨地将历史认识当作历史事实，将是非常危险的事。

倾听历史的原声，方知原来自以为熟悉的声音很可能已经过变声处理，回到真实自然的音响世界便显得很不协调。而选取一些异调拼合而成故意立异的所谓新说，弄不好也是妄人妄语。历史的原声，并没有那么多尘封已久的秘辛和匪夷所思的离奇，也并不都是精心设计的阴谋论和不可告人的见光死。凡此种种，反映了持论者的少见多怪。抛去那些稀奇古怪的翻案钩沉、刻板呆滞的说理套话，历史势将更加丰富多彩。无数的好材料，都是由于技艺不佳而索然无味。品尝者与其因此而丢掉食材，不如舍去以为增加含金量实则蹩脚拙劣的加工，直接品尝原汁原味的无穷精彩。

　　学会倾听历史的原声，学人和读者应当共勉。

〔作者单位：浙江大学历史学系〕

对当代中国新史学发展趋向问题的反思

王先明

　　新时期以来的史学发展是以"新史学"话语来诠释自己的时代价值的，它以不同以往的新领域、新视角、新理论、新方法甚至新话语等，标示了一个史学发展的新阶段。在这一时期，刻意求新的史学成果林林总总，难以确数，在张海鹏主编的《中国历史学30年（1978—2008）》（中国社会科学出版社，2008）和曾业英主编的《当代中国近代史研究（1949—2009）》（中国社会科学出版社，2014）等总结性史著中，分别已有一个基本状况的展示。从一定意义上说，新史学的开拓与建构是新时期史学所获功绩的主要方面。

　　"新史学"的内涵与外延极具争议性。学界据以讨论这一问题的时间与范围几乎可以涵盖近代以来历史学的大部；其释义之宽狭、内容界说之淆乱，因人因事而歧异纷呈。① 本文不拟纠结于概念本身之争，只是从问题的学术聚焦和学术讨论的可操作性出发，以两个视角来限定这一学术用语的基

---

① 它既用以指称20世纪之初梁启超的"新史学"及其传承的史学走向，也特指20世纪80年代以来史学发展的新走向、新态势，甚至还被用以指称21世纪以来的所谓"新社会史"、"新文化史"、"新革命史"乃至"生态环境史"、"医疗社会史"以及具有后现代主义特征的"新新史学"之类。如"在中国现阶段，社会史也好、文化史也罢，包括新兴的生态环境史、医疗疾病史、女性史、概念·文本·叙事的所谓'后现代史学'等，都是新史学的重要组成部分"。参见梁景和主编《中国社会文化史的理论与实践续编》，社会科学文献出版社，2015，第142页；夏明方《导论：历史的生态学解释——21世纪中国史学的新革命》，载夏明方主编《新史学（第六卷）：历史的生态学解释》，中华书局，2012，第2—3页。

本意涵：新时期以来史学演进的新走向或新态势。如此，20 世纪 80 年代以来相继出现的社会史、文化史、环境史、医疗社会史、区域史以及新社会史、新文化史、新革命史等，均可一概目为"新史学"之范围。

一　研究领域的新开拓：社会史与文化史

20 世纪 80 年代，当思想领域改革开放的春天出现后，史学界的理论思考也进入极为活跃的时期。学界对一些重大的理论问题，如马克思主义史学的历史命运、中国社会形态问题、中国传统社会的基本问题进行了深入讨论。学术思想的活跃与相对宽松的、开放的学术环境，共同创造了"多元化"理论与方法的学术生态环境。

"历史发展动力论"和"历史创造者"的大讨论，[①] 成为中国史学界思想、理论转向的一个重要风向标。在对"文革史学"批判的同时，人们也对以阶级斗争为主线、以"革命运动"为主导内容的史学理念提出了强烈质疑和进行了深刻反省。同时，面对"以经济建设为中心"的时代任务的提出，面对人们社会生活的新变动，中国历史学如何确立自己在新时期应有的地位和实现自身的学术价值等问题，已成为人们必须关注却又并非能够即刻解决的课题。只有在充满选择的时代，才能激发出富有思想意义的课题。正是在这种特定历史条件下，人们感受到了"史学危机"的存在和由此而生成的压力。

"在 1983—1988 五年间，'史学危机'成了史学界的一个主题词，其先，是由大学生和青年学者提出，继而，整个史学界都卷入了'是否存在史学危机？史学危机症结何在？'的讨论。"[②] 虽然人们对"史学危机"本身还难以完全取得认同，但不能不承认史学本身面临着不容回避的时代挑战和寻求新突破的巨大压力。各种试图冲破陈规旧矩的创新和努力，就在"史学危机"深沉的压力下萌动了。在这个大背景下检视新史学的发展走

---

① 1979 年 3 月，中国社会科学院在成都召开历史科学规划会议，与会学者提出了"历史发展动力问题的讨论"，随即，在全国学术界（已经超出历史学界而成为整个思想界的热点）出现了关于"历史动力论"的讨论潮。不久，关于"历史创造者"的讨论又掀起另一轮热潮。

② 邹兆辰、江湄、邓京力：《新时期中国史学思潮》，当代中国出版社，2001，第 35 页。

向，我们应当关注以下两点。

其一，"史学危机"无疑是新时期史学转向的历史前提。"于是，有关'史学危机'的讨论成为史学的自我反省和重新定位，成为对史学发展道路的探讨和预见。""与'史学危机'讨论同时兴起的，是'三论'热、历史发展合力论和'历史创造者'的争鸣"，是"'文化史'与'社会史'的倡导"。但社会史不过是当时众多含苞待放花蕾中较为独特的一枝而已。

其二，从整个20世纪发展长程来看，而不是局限于新时期的短程视野，社会史与文化史的兴起不能定位于新兴学科，也不是新开拓，准确地说是"复兴"。

（1）以社会史为题的专著，计有陶希圣《中国社会之史的分析》、熊得山《中国社会史研究》、朱其华《中国近代社会史解剖》、易君左《中国社会史》。还有关于社会史的各方面专题、断代的著作及史料集的出版，如邓拓《中国救荒史》、黄现璠《唐代社会概略》、北平研究院史学研究所编《社会史料丛编》、萧一山编《近代秘密社会史料》、瞿宣颖编《中国社会史料丛钞》等。

（2）1902年，梁启超继上年在《清议报》上发表《中国史叙论》之后，又在《新民丛报》上发表了著名的长文《新史学》。梁启超曾拟作《中国文化史》，其构想包括三部二十九篇，其中许多内容属于"社会史"研究的内容，尽管梁氏将其"结构"在"文化史"体系之内。尽管新史学体系中还没有提出"社会史"理论范畴，但其研究内容或研究视野体现着社会史的理念。民国时期文化史研究也达到了一个新的高度，如柳诒徵、梁漱溟、陈序经等人的相关研究。

以复兴的社会史和文化史来摆脱史学危机，借以刷新新时期的历史学，不仅有着现实的考量，也不仅是受到西方理论引入的冲击，更主要的是中国历史学学科内在发展的必然走向所致。

二　跨学科走向问题

近年学术界多提倡跨学科研究，不同学科间的交叉渗透似已成为一种惯性态势。其实任何一项研究单靠本学科的知识都有着极大的局限性。苏联社会学家米罗诺夫说，历史学与其他科学，特别是社会学、政治经济学、心理学、语言学等科学之间跨学科联系的迅速发展，是史学思维进一步发展的最重要要件。所有社会科学家都在呼吁打破各学科之间的传统隔阂。

"今日人文科学跨学科和跨文化的发展，已经导致任何理论创新都难以只在传统的学科范围内进行了。""没有充分的跨学科实践，新世纪历史理论无法形成。"① 虽然人们所关注的历史理论的学科来源并不一致。

从社会史经历的三次大的跨越或转向来看，无不得益于跨学科渗透与多元化理论的影响：首先，向社会学的跨越成就了早期社会史的开拓和学科地位的确立；其次，向历史人类学的跨越，拓展了社会史研究的视域和研究方法；再次，向生态、环境和医疗学的跨越，扩充和巩固了社会史的学科领地和地位。跨学科研究和理论方法的多元化，已经是当代学术发展的基本特征和主导趋势。

在跨学科研究的理念下，思想、文化与社会的交叉互动，成为近年史学理论研究的新热点。

引人关注并在史学实践中颇见成效的有以下几个方面。

1. 历史人类学的引入

其理论和方法及其范畴被广泛引入社会史研究实践，成为继社会学之后对历史学研究触动最大的学科，不仅出现了一些具有扎实功力的新成果，而且在方法论取向上建立了与国际学术界和相邻学科对话的平台。20 世纪 90 年代以后，中国社会史界出现的一个重大变化就是面临社会学、人类学方法的大规模渗透，特别是人类学界在田野调查的基础上开始把大量相关的地方文献引入研究过程，从而在原来较为平面化的共时考察中加入了历史的维度。有学者断言，"这一取向必将在未来数年内对中国社会史研究产生重大影响"。②

近年来被越来越多的人所称的历史人类学，却是一些社会史研究者追求的方向。历史人类学取向的社会史研究首先在华南学者圈中形成先声夺人之

---

① 李幼蒸：《"史学理论"芬兰行——"符号学和古代历史"芬兰讲演及网刊序言》，2007 年 8 月。

② 常建华：《中国社会史研究十年》，《历史研究》1997 年第 3 期。

势，其最主要的学者如陈春声、刘志伟、郑振满等人及其成果主要侧重于华南家族史和文化史、民俗之历史人类学的研究，"被学者认为是历史人类学的'工作坊'"。① 继起响应并形成自己研究特色的华北学者也不甘示弱，如杨念群、赵世瑜、秦晖等学者在专题研究和理论吁求上，也是尽展身手。这些学者关注的题目各不相同，所凭借的学术资源、学术背景也各有特色，但大体而言，"他们的工作方式都是田野工作与文献工作相结合……对于长期囿于文献的历史学家来说，则不能不说是一个突破"。② 历史人类学取向无疑是社会史在 21 世纪的新趋向之一。

2. 社会生态史与社会环境史的兴起

随着环境史和社会史研究的深入发展，两者逐渐对接和互渗。中外社会史学者逐渐将生态环境视为影响社会历史演变的一个重要变量，重视考量生态环境之于社会变迁的历史作用。越来越多的研究者认识到：社会史研究不仅需要考虑各种社会因素的相互作用，而且需要考虑生态环境因素在社会发展变迁中的"角色"和"地位"；不能仅仅将生态环境视为社会发展的一种"背景"，而是要将生态因素视为社会运动的重要参与变量，对这些变量之于社会历史的实际影响进行具体实证的考察。社会生态史以一种新的社会史学理念为基础，认为人类社会首先是一个生物类群，是地球生物圈内的一个特殊生命系统，与周围环境存在广泛的物质、能量和信息交流，始终受到生态规律的支配和影响。因此，社会的历史也就存在采用生态学理论方法加以考察的必要性与可能性。在国际史坛上，仅以 30 年的时间，它就实现了"由'边缘'走向'主流'"③ 的地位转换。进入 21 世纪以来，中国生态史（或称"环境史"）成果引人瞩目，预示着一个崭新分支——生态史学或环境史学正在逐步建立。

从上述研究现状来看，环境史主要侧重于自然（生态）史的取向。没有社会环境史的历史，将不是完整的社会历史；同样，没有社会环境史的内容，也建构不起真正完整的环境史学。

---

① 参见冯尔康《中国社会史概论》，高等教育出版社，2004，第 107 页。
② 赵世瑜：《狂欢与日常——明清以来的庙会与民间社会》，生活·读书·新知三联书店，2002，第 481 页。
③ 王利华主编《中国历史上的环境与社会》，生活·读书·新知三联书店，2007，前言，第 1 页。

环境是人类生存和活动的场所，是人类赖以生存和发展的物质条件，它包括自然环境和社会环境。真正的环境史学不能不包含这两个方面。在这里，环境史的自然史取向与社会史取向同样不可或缺。

将社会发展作为现代化进程中科学发展观的内容之一，当然也是基于对社会环境治理和建设的现实需要；没有良好、健康的社会环境，社会发展及其相关内容也就无从谈起。社会环境问题，是人类社会形成以来一直与人的生存、发展相关的重要主题之一，也是现代化进程中较为突出的问题之一。因此，日渐成为学术热点的环境史研究乃至历史学研究对于社会环境史的取向，既是以人为主体的历史学学科发展的内在要求，也是史学面对现代社会需求，实现其"学以致用"学科功能的重要体现。

3. 医疗（或医学）社会史的兴起

可以贯通科技史和社会史的医疗社会史，成为 2000 年以来新史学向纵深发展而产生的一门社会史分支学科。医疗社会史是最贴近大众的历史，它不仅关注大众的生命健康，而且关注大众的社会生活。

2000 年之际，梁其姿到南开大学做《医疗社会史研究的意义》《明清时期医学知识的普及》讲演，① 已经标示了医疗社会史的学科宗旨。其时，大陆学者的医疗社会史研究也已萌动欲发。

在医疗社会史发展历程中，2006 年无疑具有标志性意义。这一年的 8 月 11—14 日，南开大学中国社会史研究中心召开了题为"社会文化视野下的疾病医疗史研究"的国际研讨会。会议涉及的主题相当广泛：医疗社会文化史研究的问题与方法、殖民医学与中西医学文化交流、疾病医疗史的史料及其解读、中国历史上的疾疫与社会应对、中国近代卫生机制的演进及中国历史上的医生、医疗行为与药材等。在各种疾病医疗史研究取向中，尤为引人关注的有三个方面：一是梁其姿所提出的医疗史"多种现代性"的思考和探求"近代"以前的近代化因素；二是杨念群关于身体与政治、空间等关系的研究；三是余新忠等学者关于卫生史的研究。

医疗社会史的研究特色之一就是尤其注重"对于生命的关注"。这将是一个社会史、文化史、历史学间跨学科的研究，尤其能在历来为历史学忽视

---

① 冯尔康：《中国社会史概论》，第 69 页。

的医疗、卫生、健康等方面进行新的研究，拓展资料范围，从而更好地解释这些历史现象。此外，医学社会史是从社会史的角度，运用多学科的研究方法，通过对历史上人们医药活动的考察来认识社会（文化）的形态及其变迁的历史学分支学科；其研究对象包括历史上人们医药活动的共时性结构和历时性变迁；其研究方法要求做到传统史学方法现代化、西方史学方法本土化以及其他学科方法史学化；从学科价值上看，医学社会史的研究不仅可以丰富社会史的内涵，而且可以促使史学工作者重新审视历史学的对象和价值。

三　"求新"——构成新时期史学的主导诉求

"多学科方法引入历史研究，是 20 世纪 80 年代史学方法论研究的最大亮点。"① 30 多年来，伴随着新史学大幅扩展的就是新理论、新方法的不断涌现和植入。"大量翻译、引进了西方国家历史学领域的理论研究成果……所谓新康德主义、新黑格尔主义、西方马克思主义、自由主义、生命派的历史理论、分析的历史哲学等，所谓文化形态史观、现代化史观、全球化史观、环境生态史观，所谓实证主义史学、年鉴派史学、社会经济学、历史人类学、比较史学、计量史学、心理史学、社会史学，以及以系统论为代表的自然科学研究在史学研究上的应用，乃至后现代史学等。"② 80 年代，不仅是西方史学方法的广泛引入推介，甚至当代自然科学的系统论、控制论和信息论即"三论"也成为重新建构历史学的"'新的理论层次'、'新的历史精神'，并以之改造'唯物史观'重新构筑中国历史的解释体系，甚至重新改写中国通史"。一时间，"'三论'热潮以咄咄逼人的态势席卷了整个史学界，构成对既有历史研究模式的最大威胁"。③

90 年代后虽然在史学方法论方面相对沉寂，但有新的转向。口述史学及口述史学方法，被认为是亮点之一；相继而出的区域史理论与方法、历

---

①　李振宏：《当代史学平议》，社会科学文献出版社，2015，第 339 页。

②　张海鹏：《当代中国历史科学鸟瞰》，载张海鹏主编《中国历史学 30 年（1978—2008）》，中国社会科学出版社，2008，第 5 页。

③　邹兆辰、江湄、邓京力：《新时期中国史学思潮》，第 39 页。

史人类学理论与方法等①也成为新史学追求的新景象。

"衡定一个时代历史学的进步可以有多项标准……一个更为本质的大标准，这就是史学观念或史学思想。这是一种深刻的力量，任何一个时代的历史学都是通过观念和思想达成了自己所属时代的史学目标，并因此而形成了史学史上的起伏、变化和进步。"② 新史学在方向开拓和体系建构的进程中，对于理论与方法的热衷和努力已经留下了深深的印记。"可以肯定的是，在社会科学的研究中从来不缺少丰富的理论来了解和揭示自然和社会的关系。"③ 新近的环境史的兴起也如此，被视为"历史研究的新视野、新范式，也就是一种'新史学'"。有学者认为这将"催生出中国史学的新革命"，④甚至声称"21世纪的新史学，则以天、人合一肇其始"。⑤

问题在于，新时期以来历史学理论的基本态势在于"一味忙于求新，忙于引进，来不及消化、来不及思考"，"除了在史学理论界留下了思想的足迹之外，并没有引导中国史学产生一个实质性的改变"。⑥ 很多以新史学为名的史著，只是在既成的西方理论框架中添加中国史料，结构出一个所谓新的成果。这样的成果再多，也无助于史学的进步。正如严耕望所批评的那种史学取向："中国史书极多，史料丰富，拿一个任何主观的标准去搜查材料，几乎都可以找到若干选样的史料来证成其主观意念，何况有时还将史料加以割裂与曲解！"⑦ 更为突出的问题是："现在历史学的学位论文、学术论文和专著，动辄引用西方学者（哪怕是二流三流学者）的论点展开自己的论述，而不再引用马克思主义经典著作的论点，是新时期的一个特点，几乎成了新的教条主义。"⑧

---

① 李振宏：《当代史学平议》，第347页。
② 彭卫：《序》，载李振宏《当代史学平议》，第1页。
③ 杰森·摩尔：《现代世界体系就是一部环境史？——生态资本主义的兴起》，赵秀荣译，载夏明方主编《新史学（第六卷）：历史的生态学解释》，第5页。
④ 夏明方：《导论：历史的生态学解释——21世纪中国史学的新革命》，载夏明方主编《新史学（第六卷）：历史的生态学解释》，第2—3页。
⑤ 夏明方：《导论：历史的生态学解释——21世纪中国史学的新革命》，载夏明方主编《新史学（第六卷）：历史的生态学解释》，第21页。
⑥ 李振宏：《当代史学平议》，第344页。
⑦ 严耕望：《治史三书》，上海人民出版社，2008，第145—146页。
⑧ 张海鹏：《当代中国历史科学鸟瞰》，载张海鹏主编《中国历史学30年（1978—2008）》，第4页。

近代以来，在西学的强势引力作用下，"社会科学方法治史一经引进，就成为史学界的新动向！"① 晚近以来的史学发展多染此习尚，竟有束书高阁、游谈无根之流波。新时期以来，新社会史、新文化史、新革命史、新清史等试图回应史学的诉求，为我们画出了一条着意"求新"的当代史学演进轨迹。何谓"求新"？为何"求新"？又"新"在何处？在新的概念、新的名词、新的术语之外，有多少超越被视为"旧史学"的学理成果？这些仍然是值得深入思考的问题。

四 "求真"：史学的根本诉求

在"求新"的路程上，在新社会史、新文化史、新革命史、新清史之后，还会创造出什么新的方向和诉求？在刻意求新的路途上还能走多远？这是不得不反思的问题。

新时期的史学发展面相各异，理论与方法取向多元。在如此纷繁复杂的表象下，其实也有一个相对主导的诉求，即对以往史学体系或理论诠释框架的解构——当然，有些是"无意"的解构。已有学者深刻地指出："近年来，具有后现代色彩的'解构主义'充斥盛行，对一切事物都要下番'解构'的功夫……导致史学研究的'无形化'，即导致研究客体整体形态的支离破碎，以至消失。"因此，尽管"过去 30 年，学者在理论方法的追求上做足了功夫，西方各种人文社会科学的理论接踵而至，新的研究方法层出不穷，让人目不暇接"，② 甚至在不断解构的过程中，倡言以"新革命史"范式以取代"革命史"范式，"三十年来各路中国学者的不懈努力正是这一新革命潮流当然的组成部分"，③ 但其史学努力的实践效果并没有赢得学界的认同。一方面，"过去 30 年学界对西方新理论方法的追求，也大多仅仅借取了几个看似时髦的名词概念……'最新最好'的理论方法未学到手，近

① 严耕望：《治史三书》，第 147 页。
② 杨天宏：《系统性的缺失：中国近代史研究现状之忧》，载徐秀丽主编《过去的经验与未来的可能走向——中国近代史研究三十年（1979—2009）》，社会科学文献出版社，2010，第 120—121 页。
③ 夏明方：《中国近代历史研究方法的新陈代谢——新革命范式导论》，载徐秀丽主编《过去的经验与未来的可能走向——中国近代史研究三十年（1979—2009）》，第 30 页。

代新史学兴起以来形成的实证主义史学传统以及新中国成立头 30 年形成的马克思主义史学传统，却统统丢失"；① 另一方面，后现代范式"一定程度上又构成对新史学的反动。这与后来教条化的革命史如出一辙，只不过在后者的历史叙述中其精英的面孔换了一副新模样，即'革命精英'"。②

如何超越新史学发展中"系统性的缺失"，从而将"理论追求上的浅尝辄止与见异思迁"③ 的流风导向整体性观照与系统理论建构，无疑是新史学能够最终获得属于自己时代价值的方向性变革。对于一个时代的学术使命而言，学理诠释体系的建构，远比对以往体系的解构更为重要。

特别值得关注的是，21 世纪以来形成一个颇具声势的朝向：即新××史的相继推出画出了一条着意"求新"的当代史学演进轨迹。逐"新"风尚一路猛进，虽然其论证内容或有不同，但其思维方式和立论模式基本一致。从某种意义上说，它构成了 21 世纪以来史学演进的总体趋势。其中，的确有务实求真的创新性成果推出，为新时期史学的开拓、建构助力颇多；但也出现了一些逐新求异的流风，只是在既成的西方理论框架中添加中国史料，结构出所谓新的成果。

刻意标新的各种史学诉求层出不穷，在新××史的旗帜下一时蔚然成风。这与 20 世纪 80 年代社会史和文化史的崛起完全不同，它们毕竟有相对于政治、经济、军事、外交之外的特定研究领域或研究对象，尽管学者对其具体研究对象的内涵、外延有不同认识，但其中心内容是相对确定的——社会史研究社会的历史，文化史研究文化的历史，在这一点上不会有歧义。逐新流风所及的许多新××史，就研究对象、研究领域或者研究方向而言并无新异之处；其所谓的"新"，按其提倡者的论证，主要是研究方法、研究理论、研究视角或问题表述的"新"而已，甚至有些研究只是换了一套话语模式，使用新词、新语、新概念、新样式，却有新奇之效。

我们知道，一个新的学科或新的研究领域，以及新的研究方向的形成，

---

① 杨天宏：《系统性的缺失：中国近代史研究现状之忧》，载徐秀丽主编《过去的经验与未来的可能走向——中国近代史研究三十年（1979—2009）》，第 120—121 页。

② 夏明方：《中国近代历史研究方法的新陈代谢——新革命范式导论》，载徐秀丽主编《过去的经验与未来的可能走向——中国近代史研究三十年（1979—2009）》，第 27 页。

③ 杨天宏：《系统性的缺失：中国近代史研究现状之忧》，载徐秀丽主编《过去的经验与未来的可能走向——中国近代史研究三十年（1979—2009）》，第 120 页。

其前提是具有相对独立的研究对象存在。学术用语或范畴的形成要遵循语言的基本规则，否则会引起表义的不确切或导致意义的混乱。从提倡新××史的论证看，他们论定的"新"是基于研究理论、方法、视角，而这些构不成新学科、新领域、新方向的要件。就学术研究而言，新方法、新理论、新视角等是可以运用在几乎所有学科研究中的，如有学者特别提出的"向下看"视角、国家与社会理论以及"微观深描"等方法，并不是也不可能是新××史的专用学术范畴，它同样适用于政治史、经济史，乃至事件史（如太平天国史、洋务运动史、义和团运动史）研究，仅仅依凭研究理论和方法的趋新即推出一个新××史，不合乎学科发展的规则。今天研究太平天国、洋务运动、义和团运动等，其视角、理念或者话语方面已与传统研究大异其趣了，但即使如此也不应该刻意标举出新太平天国史、新洋务运动史、新义和团运动史研究领域或方向。学术概念和学术范畴应该在严谨、准确、规范和科学的前提下精确凝练。倘若从更为严谨的学理层面上推敲，这些问题是否值得三思呢？

当代史学风尚在刻意求新的过程中，似乎疏离了史学求真的学科特质。史学在其孕育形成之初就是以求真为宗旨的，正如刘家和教授所言："中西史学都是力求在'求真'与'致用'的张力中来确保自身的学术地位的。"求真乃史学的根本宗旨。概而言之，史学之求真可分为以下四个方面。

其一是考订史料之真实。史料是过往社会遗留下来的痕迹，是认识、解释和重构历史所必需的材料。史料可以分为直接史料和间接史料，或称为一手史料和二手史料。史料有真伪之别，亦常存真伪相混之事。人是利益的动物，与自身利益无关的历史，人们往往不会去有意伪造；而对于和自身利益相关的历史，又往往很难去除一己之私"意"而撰写出绝对客观真实的历史。单就主体之"意"而言，其对史料真伪的影响之大，不可不给予高度关注。历史研究的对象是已经过往的客观实在，史学工作者无法直接认识自己的研究对象，而只能通过历史资料（文献的或实物的）去获得对客观历史的认识。因此，历史研究的第一个前提，便是"只有靠大量的、批判地审查过、充分地掌握了的历史资料"才能展开自己的工作。

历史资料的形成非常复杂，其间冒名作伪、以假乱真者有之，传抄中笔误脱漏者有之，保存流转中错乱佚失者有之，历代传注者凭臆己断、妄改致误者有之……撇开历史资料所反映的历史真实性不谈，单就资料本身，要看清它的真实面目就已非常不易。这就催生了旨在求得史实之真的辨伪学、校勘学、辑佚学、版本学、考据学和史料学。

辨别史料之伪求得其真，是史学求真的根基。荣孟源在《中国国民党第一次全国代表大会宣言的真伪》考订中发现，真本中的"调正粮食之产销"与伪本的"调查粮食之产销"，虽仅一字之差，却致"意义全非"。因而，历史研究要求得历史之真，首先得辨析史料之真。

其二是揭示史实之真相。史料学只是历史科学中的一门学科，史料学不等于历史学。只搞史料的考订、编排，最多能把一个个的个别史实弄清楚，而不能找出各个史实之间的联系，发现历史真相。正如列宁所指出的那样，其至多是积累了片段的未加分析的事实。史实纷繁复杂，每一史实本身都牵涉到人们的利益关系，肯定或否定一个史实意味着揭示或掩盖一个真相。"史学应当实事求是"，"阐明历史真相"是历史学家的责任，这既是历史学的基本规范，也是中国史学秉笔直书的传统品格。史学研究在不同时期有着不同的学术流变，但揭示史实之真相是史学之所以为史学的基本特质。因而，无论是胡适所说"整理国故，必须以汉还汉，以魏晋还魏晋，以唐还唐，以宋还宋"，还是顾颉刚之《古史辨》的疑古辨伪，其要义都在于辨伪求真，"各还他一个本来面目"。

其三是构建史学之真知。"就其实质来说，事实与档案并不构建历史；它们本身也不为'历史是什么'这个烦人的问题提供现成的答案。"历史学在不断追求真知的过程中，将那些具有普遍意义的规律性知识和那些被千百次研究实践证明了的成功经验进行科学抽象，建构起史学的学识真知，以指导人们的认识活动和实践活动。"历史是一个选择的体系……他从大量的因果关系中抽绎出因果关系，也仅仅是这些因果关系才具有历史意义；历史意义的标准是：历史学家能使这些因果关系适合其合理说明与解释模式的能力。"史学研究建构历史的同时，也是史学知识体系的建构。"任何一种历史都要求相应的渊博学识。"人类社会历史的发展是错综复杂的，人们对它的认识受时代的制约和条件的限制，关于史学的知识体系和知识结构，只能是时代的产物。他们只能在他们所处的"时代的条件下进行认识"，"而且这些条件达到什么程度"，他们"便认识到什么程度"。就史学而言，每一次重大变革都意味着其知识体系的变革，也意味着史学知识体系在不断求真的过程中自我完善。不断扬弃和建构真知，是史学社会功能的体现。辨伪求真与实事求是，是史学学科知识体系建构的内在价值。

其四是洞悉历史之真理。处理史料以了解史实，须通过解释始能达成。历史如果没有解释功能就不成其为历史，而只是史料。史学研究的终极目标或者其学科魅力之所在，就在于对人类历史发展规律的不竭探求和获取。20世纪之初，梁启超就提出"新史学"应该超越"帝王家谱"式的旧史学，在叙述人群进化之现象中求得"公理""公例"；"新史学"应该立足于探求历史演进的学理之真。"历史进程是受内在的一般规律支配的"，历史学的终极追求就在于"发现这些规律"，所以马克思、恩格斯指出："我们仅仅知道一门唯一的科学，即历史科学。"

史学研究的唯一诉求是求真。正是在不断探求史料之真、史实之真、史识之真和史理之真的基石上，建构了史学的本质特征，奠定了"历史研究是一切社会科学的基础，承担着'究天人之际，通古今之变'的使命"的学科地位。

〔作者单位：南开大学历史学院〕

"碎片化的历史学"：理解与反省

章　清

　　"碎片化"在今日已成历史研究热议的话题，而且，明显是批评的声音居多。问题的存在，或许谁都难以否认，关键是成因为何？又该如何面对？依拙见，"理解"问题之由来，或是对此进行"反省"的必要前提。正是基于这样的考虑，我想略加说明的是，史学研究中所谓的"碎片化"问题，并非今日才发生，说"古已有之"，并不为过；晚清以降史学成长为"现代学科"的过程中，类似的问题更是使史家产生不小的困惑。之所以在中国近代史研究中问题尤为突出，则与当下史学的学科评估机制有着密切关联，如对"新材料"的迷信即是表现之一。相应的，值得检讨的重点当是史学的学科制度。

　　今日对史学研究"碎片化"倾向的批评，皆热衷于引述法国学者弗朗索瓦·多斯（Francois Dosse）撰写的《碎片化的历史学——从〈年鉴〉到"新史学"》。多斯指出其"最重要的断裂表现是对历史知识的解构，对整体观念的放弃，从而使历史从单数变成了复数"，甚至认为由此导致了史学学科"内部的重大裂痕"："一些人主张细碎的历史和照搬各种社会科学的方法；另一些人则主张全面的历史和在吸取社会科学成果的同时保持史学的根基，即追求总括的雄心。"[1] 年鉴学派作为 20 世纪史学发展的"权

---

① 弗朗索瓦·多斯：《碎片化的历史学——从〈年鉴〉到"新史学"》，马胜利译，北京大学出版社，2008，第 234、239—240 页。

势集团"，其经历的转向，确呈现当时史学发展的趋向，自值得加以检讨。不过可稍加补充的是，所谓"碎片化"，端赖如何去看，如果不是取狭义的标准，可以说类似的问题早已存在，不仅年鉴学派所标举的"整体史"或"总体史"的目标，难以为该学派的第二、第三代继承；作为中国史家楷模的司马迁所立下的"究天人之际，通古今之变"，也难为后代史家所承继。

"一部廿四史，何从说起？"这一困惑中国史家的问题，究其实质，正揭示出读史、治史不免面临如何选择的难题。梁启超即曾表示："历史范围极其广博，凡过去人类一切活动的记载都是历史。古人说：'一部十七史，何从说起？'十七史已经没有法子读通，何况由十七史而二十二而二十四呢？何况正史之外，更有浩如烟海的其他书籍呢？"他还以个人经验印证，"我年轻时曾经有此种野心，直到现在，始终没有成功。此刻只想能够在某部的专史得有相当成绩，便踌躇满志了"。据此他也提出，"我们应该在全部学问中划出史学来，又在史学中划出一部分来，用特别兴趣及相当预备，专门去研究它。专门以外的东西，尽可以有许多不知"。① 用不着特别指明，梁的"困惑"正是一般史家的共同感受，悠久的历史书写传统，无疑抬高了读史、治史的"门槛"，只有致力于通过新的书写样式化解所产生的"紧张"。

熟悉中国史学发展史的，都不难了解其中所经历的曲折。过去是"通史"与"断代史"的争辩，近代则表现为如何平衡"通史"与"专史"。过往对史书体例之思考，所争论的大致不出通史、断代二途；而且班固之后，断代为史，渐成正史之"通例"，也是不争之事实。刘知几言"通史"往往"劳而无功"，而"断代"之史"易为其功"，就揭示出对"通史"之体例，史家普遍视为畏途。② 当然，"断代为史"之流行也促成史家追求"会通"之旨趣，郑樵《通志·总序》即阐述了对此的思考："自《春秋》之后，惟《史记》擅制作之规模。不幸班固非其人，遂失会通之旨。……

----

① 梁启超：《中国历史研究法补编》，载氏著《中国历史研究法》，上海古籍出版社，1998，第160页。
② 刘知几著，浦起龙通释《史通通释》，"六家第一"，上海古籍出版社，1987，第15、16页。

由其断汉为书，是致周秦不相因，古今成间隔。"① 对于"通史家风"之流行，梁启超也有所解释，认为纪传体"贵在会通古今，观其沿革"，而各史既断代为书，乃发生两种困难："不追叙前代，则源委不明；追叙太多，则繁复取厌。"于是乎有"统扩史志之必要"。② 只是所"通"为何，却也只能说各有擅长，未必尽如人意。可以说，司马迁为后世史家奠立的"通古今之变"，发展到后世，由于材料愈积愈多，即面临如何"通"的难题，"三通""九通"之出现，既可视作化解这一难局之努力。

"通史"与"专史"则是影响至今的历史书写样式，滥觞于 20 世纪初年梁启超阐述"新史学"的几篇文字。问题的提出，紧扣的是对史学"新"的界说，即所谓的"欲创新史学，不可不先明史学之界说。欲知新史学之界说，不可不先明历史之范围"。之所以要重新界说"历史之范围"，乃是质疑"二十四史非史也，二十四姓之家谱而已"，亦即是"知有一局部之史，而不知自有人类以来全体之史"。强调"欲求人群进化之真相，必当合人类全体而比较之，通古今文野之界而观察之"。③ 如何拓展历史研究的范围，确可看作 20 世纪初年思考史学发展的重要趋向，马叙伦为此还阐述了"史学大同"的主张。在其看来，"若是推史，则何必二十四史而为史？何必三通、六通、九通而为史？更何必六经而为史宗？"换言之，"凡四库之所有、四库之未藏、通人著述、野叟感言，上如老庄墨翟之书，迄于水浒诸传奇，而皆得名之为史。于其间而万其名，则饮者饮史，食者食史，文者文史，学者学史，立一说成一理者，莫非史。若是观史，中国之史亦夥矣，而史界始大同"。④

问题的复杂性在于，历史范围不断拓展，甚至毫无边界可言，也增添了书写历史的难度，"专史"应运而生，部分原因正是试图解决此造成的新的困惑。我们也看到，撰写"通史"与"专史"构成了 20 世纪中国历史书写蔚为大观的一幕。在史学成长为现代学科的过程中，此亦构成大学史学科的课程主干，形成了研究方法、两门通史、断代史、专门史的架构，至今还鲜少改变。只是问题并未因此得到解决，如何才能担当"专史"的书写责任，

① 郑樵：《通志·总序》，中华书局，1995，第 5 页。
② 梁启超：《中国历史研究法》，第 21 页。
③ 梁启超：《新史学》，载《饮冰室合集·文集之九》，中华书局，1989 年影印本，第 7 页。
④ 马叙伦：《史界大同说》，《政艺通报》第二年癸卯第 16 号，1903 年 9 月 21 日。

又如何平衡"专史"与"通史"，史家围绕此的争辩似乎又在重复"编年"与"断代"之争的话题。

按照梁启超的设想，"历史上各部分之真相未明，则全部分之真相亦终不得见。而欲明各部分之真相，非用分功的方法深入其中不可"。换言之，"专门史多数成立，则普遍史较易致力"。[①] 何炳松也同样提出"各类历史联合之必要"，"专门家每以考证一己范围中之事实为限，此种单独考证之结果，必再有人焉为之权其轻重而综合之。此通史家之职务也。通史家必须明白各专门家研究结果之价值如何，然后方得评论其得失"。[②] 此似乎是有效的解决问题之道，然而，"撰史"时却未必容易抉择。柳诒徵谈到文化史之写作时，就表达了这样的看法，"凡陈一事，率与他事有连，专治一目者，必旁及相关之政俗，苟尽芟重复，又无以明其联系之因果，此纵断之病也"。[③] 在治学上"专"与"通"兼顾的钱穆，亦有这样的困惑："专题考证的具体结论和通史所需要的综合论断未必能完全融合无间。"[④]

略为勾画中国史学发展的旅程，不难看出的是，史学研究总是不断调整方向、调整视野，也不断在重塑"过去"。以此审视"碎片化"倾向的出现，值得强调的正是相似的出发点，那就是重新提出"历史是什么"的问题。不必讳言，对历史的看法，从来都寄托着现实的关怀，过去史家津津乐道于"以《禹贡》治河，以《洪范》察变，以《春秋》决狱，以三百五篇当谏书"，自是典型的事例；[⑤] 同样的，20世纪初年围绕"有史"与"无史"的争论，也须援据晚清同时发展的政治概念才能很好把握。[⑥] 史学研究中"碎片化"的出现，则可视作反思"现代性"的产物，重视对历史上的"失语者"（不入流者）的研究，将目光由"国家"转向"地方"，以及关注物质层面的历史，凡此种种，皆可归于以新的眼光看待历史，也拓展了历史的范围。而在历史范围不断拓展的情形下，"历史研究的单位"也需要重

---

① 梁启超：《中国历史研究法》，第38页。
② 何炳松：《通史新义》，商务印书馆，1930，第228—229页。
③ 柳诒徵：《弁言》，载《中国文化史》上册，正中书局，1947，第1—2页。
④ 余英时：《犹记风吹水上鳞——敬悼钱宾四师》，载《钱穆与中国文化》，上海远东出版社，1994，第14—15页。
⑤ 皮锡瑞：《经学历史》，中华书局，1959，第90页。
⑥ 王汎森：《晚清的政治概念与"新史学"》，载《中国近代思想与学术的系谱》，河北教育出版社，2001，第165—196页。

新选择。所谓"碎片化"，就其根本来说，即是将"历史研究的单位"缩小。就中国近代史来说，尽管"时段"并不算长，但其呈现的复杂性以及文献资料的丰富性，也不免走上这一步。

汤因比（Arnold Joseph Toynbee）提出"历史研究的单位"，是基于以"民族国家"作为历史研究的一般范围，大大限制了历史学家的眼界。由于"欧洲没有一个民族或民族国家能够说明它自己的问题"，因此，应该把历史现象放到更大的"文明"范围内加以比较和考察。① 很显然，这是着眼于拓展"历史研究的单位"，提醒历史学家不要沉湎于专门领域的研究而迷失方向，力主以全面的眼光看待人类历史。同样的，"历史研究的单位"也可以缩小，柯文（Paul A. Cohen）标举"中国中心观"，就主张把中国按"横向"分解为区域、省、州、县与城市，以开展区域与地方历史的研究；把中国社会再按"纵向"分解为若干不同阶层，推动较下层社会历史（包括民间与非民间历史）的撰写。② 这样的"取向"，很显然是将中国划分为更小的研究"单位"。这也算不上什么特别的"发明"，而是史家持续的努力，由最初的"南与北""沿海与内地"的二分，逐渐过渡到"复数"的"多个世界"。③

何以将近代中国的历史划分为更小的单位，其原因也并不难理解。最基本的，乃是面对近代中国复杂的状况，以"近代中国"为对象，任何立说都不免问题重重。而且，以往流行的"通史"与"专史"，也难以使史家安顿。实际上，所谓"通史"，所写的不过偏重于某一方面的"专史"，通常是偏重于政治与经济而成为"政治兴衰史"与"经济变迁史"。近些年出版的几部通史性著作，对于其普遍的批评即是"通史不通"，认为尚有不少该写而未写的内容。同样的，针对"专史"的"写法"也不乏检讨的声音。罗志田就注意到近年来各专门史的区分较以往更受关注，并致力于划清学科的"边界"，但他也明确表明，这些"边界"更多是人为造成并被人强化

---

① 汤因比：《历史研究》上册，曹未风等译，上海人民出版社，1986，第 1 页。
② 柯文：《在中国发现历史——中国中心观在美国的兴起》，林同奇译，中华书局，1989，第 165 页。
③ 参见罗志田《新旧之间：近代中国的多个世界及"失语"群体》，《四川大学学报》（哲学社会科学版）1999 年第 6 期，第 77—81 页；《见之于行事：中国近代史研究的可能走向》，《历史研究》2002 年第 1 期，第 22—40 页。

的。根本是史学本身和治史取径都应趋向多元，虽不必以立异为高，不越雷池不以为功；似也不必画地为牢，株守各专门史的樊笼。①

正是在这个意义上，史学研究中所呈现的"碎片化"倾向，完全可以理解为是对过去史学的"反动"。年鉴学派走向"新史学"，即有值得"理解"的一面，按照勒高夫（Jacques Le Goff）所强调的："新史学渴望建设一种从人体到生物、置于社会历史时段中的总体的人的历史。"② 但同时又要防止"总体的历史"被分割为许多个各行其是的"专门化部门"（经济史、思想史等）。正是因为看到从社会背景中抽离出来的"专门史""肯定会使人误入歧途"，缩小"历史研究的单位"，走向微观的研究，便成为题中应有之义。③ 同样的，似乎要为史学研究的"碎片化"承担主要责任的"新社会史""新文化史"，也主要体现在对"整体的历史"的追求，将多重因素都纳入对"专史"的审视上。如赵世瑜就强调"社会史是一种整体研究"，不应被误解为"通史"或"社会发展史"。④ 在这个意义上，显现所谓"碎片化"只是两难中不得已的选择，既然要写"全面的""整体的"的历史，势必会缩小"历史研究的单位"，走向微观的研究，舍此，似乎也没有更好的选择。

理解"碎片化"的成因，甚至抱持一定的"同情"，并不意味着回避由此所产生的问题。问题的存在，倒是提示我们注意今天的学科制度存在亟待解决的问题。在我看来，对于史学研究中的"碎片化"进行检讨，或可从两个方面展开。

其一，即便是个案的研究、微观的研究，同样可以区分为好的与不那么好的研究成果。关键在于，史学研究原本有超越所谓"宏观""微观"，以及所谓"理论"的标准，那就是是否增进了对"过去"的了解。所谓"好"的历史研究成果，也仍是有共识的，那就是提出有价值、有意义的问题，发掘新的史料进行研究或赋予史料新的解读，并且在前人研究的基础上阐述了个人独特的见解。甚至可以说，所谓"碎片化"其实与题目的大小

---

① 罗志田：《近代中国史学十论·自序》，复旦大学出版社，2003，第 12 页。
② 勒高夫：《新史学》，载勒高夫等主编《新史学》，姚蒙编译，上海译文出版社，1989，第 30—31 页。
③ 巴勒克拉夫：《当代史学主要趋势》，杨豫译，上海译文出版社，1987，第 55—56 页。
④ 赵世瑜：《再论社会史的概念问题》，《历史研究》1999 年第 2 期。

无关，重要的还是如何研究。微观研究中出现的诸如《蒙塔尤》《奶酪与蛆虫》等著作，就完全符合对好的研究的期待。"小题材有时也能写出好书，至少我们应希望如此。"① 重视微观研究者或许都应该有勒华拉杜里（Emmanuel Le Roy Ladurie）这样的信心。以写作《马丁·盖尔归来》而享有盛名的新文化史家娜塔莉·戴维斯（Natalie Zemon Davis）就指出，"一部微观史写得好的话，它应该是一部有着自身深厚内蕴的研究，但同时也会揭示出与在它之外的其他进程和事件的关联"，为此她也建议历史学家"应该在某个时期尝试进行不同模式的研究，这样就可以了解问题所在、了解地方性的和普遍性的框架之间的联想"。② 因此，透过细部的深度描绘，讲述精彩的"故事"，捍卫史学的"叙事性"传统，自也有其积极的一面。如能做到这一点，不仅谈不上"反对"，毋宁应积极鼓励。试想，在中国近代史研究中至今仍充斥着不少"天马行空"式的理论以及基于"宏大叙事"的著述，这未必是大家乐于见到的。

真正值得检讨的是，原本是基于"地方"的研究，却将问题上升到对"近代中国"历史的把握，史学所捍卫的"伟大的不确定性"因此也难以得到足够的尊重。而原本没有多少见解，却因为发掘出此前鲜少利用的所谓"新材料"，便在各种评价中容易获得积极的评价。之所以在中国近代史研究领域"碎片化"倾向更为普遍，即是因为近代历史所留存的材料，与此前的历史不可相提并论。而对"材料"的迷信，也促使所谓"新材料"成为引导学术的关键，甚至将"新材料"和好的研究等同起来。依拙见，这甚至可视作史学研究难以避免其"保守性"的一面，所谓"学无新旧"，同样可以说材料也无所谓"新旧"，甚至也无所谓第一手、第二手之优劣之分，以及档案资料和非档案资料的高下之别。材料不会说话，说话的是历史学家，因此，新史料是否有价值，仍需审视其是否能提出有意义的问题，增进对过去的理解。值得担心的正是，对此的迷信往往导致我们丧失对史学学科规范的把握，模糊好的研究与差的研究的界限。

其二，史学的训练与史学的研究成果本不是一回事，"碎片化"的出

① 勒华拉杜里：《蒙塔尤》，许明龙、马胜利译，商务印书馆，2007，序，第1页。
② 玛丽亚·露西娅·帕拉蕾丝－伯克编《新史学：自白与对话》，彭刚译，北京大学出版社，2006，第76页。

现当引发我们对学科制度的检讨。若此所产生的"误导"影响史学新人的培养，则问题更为突出。史学的"通"与"专"，未必有理想的解决之道，但努力寻求一种平衡，于学术新人的培养来说，自是应该加以重视的。欧美大学也面临同样的问题，但在博士生的培养上，其有不少值得借鉴的经验。其中对博士生"资格"的考察，就立足于让学生具备多个领域的"知识"（不仅仅是所谓的"近代史"，甚至"史学"，还包括更广的知识领域）；同时改变学生归属于单一导师的情况，以研究所作为培养的"机制"，使学生可接受更多教授的指导。总之，其为各学科、各领域的人才培养所设置的基本门槛，往往致力于解决学生偏重某一领域的知识导致的弊端。从中也不难看出，所强调的是史学当有的"训练"。而反观我们，很显然是重视"研究成果"的取得，"发表"成为必须完成的"任务"。

古人强调"述而不作"，不仅"读书绝不作著述想"，对"开笔"也谨慎有加，然而伴随近代出版业所发生的"革命性"转变（尤其是报章媒介的兴起），这样的学术生态却发生了改变。1918 年，张申府在一篇短文中即已道出"西土学者著作之方今古已有不同。古之学者毕一生之力，汇其所学，成一大典，以为不朽之业。今之学者学有所得，常即发为演讲，布诸杂志，以相讨论，以求增益"。[1] 这也是晚清以降中国读书人的写照。张本人曾列出其撰写的主要文字，由这个清单便不难看出，民国时期的读书人和期刊的关系是何等密切，投稿报刊构成了基本的生活形态。[2] 即便是"单行本书及小册子"，也主要汇集发表于期刊的文字，我们所熟悉的《独秀文存》《胡适文存》，便是如此。1923 年《晨报副镌》刊载的一篇文字，为此还愤愤表示："古人著书为传世，今人著书为卖钱。"[3]

所谓"今人著书为卖钱"，未必典型，但"今人读书为发表"，却是不可回避的问题。吾生晚矣，尤记得步入历史学门槛时，老一辈多少都会念叨所谓的"板凳要坐十年冷"，甚至告诫五十岁之前别想写文章的事。这样的训诫置于今天显然是"落伍"的，学术制度所鼓励的是"发表"。正是这样

---

[1] 张嵩年（申府）:《劝读杂志》,《新青年》第 5 卷第 4 号, 1918 年 10 月 15 日。
[2] 张申府:《所忆》, 载《张申府文集》第 3 卷, 河北人民出版社, 2005, 第 565—607 页。
[3] 臧启芳:《出版与文化》,《晨报副镌》1923 年 8 月 9 日, 第 1 版。

的学术制度，推动着史学研究"碎片化"愈演愈烈。这样的"碎片化"之所以值得高度警惕，原因在于这样的研究明显是由"发表"所推动的，而且是学科制度鼓励的结果。由此，史学研究必要的基本训练、应该掌握的基本知识，往往都让位于"发表"的驱动。1933 年，章太炎在一次演讲中批评这样的现象，"今之讲史学者，喜考古史，有二十四史而不看，专在细致之外吹毛求疵，此大不可也"。① 钱穆也曾指出历史研究的步骤，当"先对普遍史求了解，然后再分类以求。从历史的各方面分析来看，然后加以综合，则仍见此一历史之大全体"。② 这些意见，对照今日史学研究中所出现的种种不能令人满意的现象，可谓一语中的。进入史学研究，不用提"通人"这一目标，即便是进入某一个领域的研究，也要求对那个时代的基本史料、基本史事有初步的掌握，非三五年可为功。但在当下鼓励"发表"的制度下，这些或都被搁置在一边，进入的是"碎片"，出来的自然也是"碎片"。

学科是特定历史时空的形式，就史学来说，更呈现一代有一代之学的特色。这意味着，我们对于"过去"的看法并非牢固不变的。因此，今天引起史家关注的"碎片化"问题，细究起来也算老生常谈，或许也未必有理想的解决之道。甚至可以说，所谓"碎片化"实际是难以有所谓的标准的。由"通史"来看，"断代史""专门史"不免有"碎片"之嫌；而在"断代史""专门史"看来，"新文化史""新社会史"同样是"碎片"。如果了解其中原本存在的起伏，或许就不必为此揪心。每一代对"过去"的感受，本难求一致，相应的，延续"历史记忆"的方式也代有不同，难说什么样的书写体裁更为理想。所谓"史无定法"，从某种意义上来说也意味着，对"过去"的复原，选择任何的主题皆是可以被接受的。反过来看，任何史学书写样式，都不免存在问题。今日我们重视对"碎片化"的检讨，实际上，汤因比以一己之力完成皇皇巨著《历史研究》，所招致的批评，更是再尖锐不过。③ 在中国近代史领域，哪一位研究者撰写"通史"类的著作，哪怕是"专史"的著作，同样是很难获

---

① 章太炎：《历史之重要》，载马勇编《章太炎讲演集》，河北人民出版社，2004，第152—153 页。
② 钱穆：《中国历史研究法》，东大图书公司，1988，第15 页。
③ 巴勒克拉夫：《当代史学主要趋势》，第263—266 页。

得肯定的。既如此，对于宏观的、微观的研究，保持一种"了解之同情"或许就显得尤为必要。倒是"学科制度"中存在的问题，值得"学科共同体"共同面对。

〔作者单位：复旦大学历史学系〕

方法的内外互补："中国史"学界的中国与西方

李金铮

近代以来，中国几乎任何领域都笼罩着中西关系的问题。近些年，对这一问题的关注和讨论不仅没有减弱，反而愈益激烈起来。以学术界而言，就是中国学者如何面对西方的"中国学"以及中国本土的"中国学"；在史学领域，则是如何看待和认识西方的"中国史"学和中国本土的"中国史"学。所谓"中国史"学界，并非指中国的历史学界，而是指从事中国史研究的学界，这里面既有中国学者，也有西方学者。所谓西方，主要指欧美国家和地区，当然即便是欧美也不是铁板一块，不同国家的影响力是不一样的。西方学术是一个包罗万象的复杂形态，关于中国史的研究不过是"冰山一角"。我之所以拿此阐论，不过因为我是历史学者，再具体一点主要是中国近现代史学者，因此就以史学尤其是中国近现代史为例，表明我对西方和中国对中国史尤其是中国近现代史研究的看法。其中，我更关注的是研究方法。史学史表明，历史研究的发展取决于多种因素，但最重要的是史观、理论、方法、视野的突破，它们往往给学者以巨大启发，从而引领史学潮流，促进实证研究的进步。一切所谓学派形成的根由，正在于此。缘此，本文主要从"方法"的角度，来谈谈"中国史"特别是"中国近代史"学界里面西方与中国学者研究的关系，也为目前中西学术关系问题提供一个侧面的认识。

一　渴望学术"翻身"与排外情绪

中国社会各界尤其是学术界，近些年之所以对西方进行"大面积"的评说，与其说是因为西方发生了什么，毋宁说是中国的剧烈变化所导致的。随着中国经济持续的突飞猛进，连续跃升为世界第三大经济体、第二大经济体，国际地位日益提高，国人普遍产生了一个"软实力"也要翻身的要求，不仅文化上要翻身，形象上也要翻身，学术上更要翻身。特别是伴随着"中国奇迹""中国模式""中国道路"的讨论，增强中国国际影响力、争夺国际话语权的声音不断高涨。讲好"中国故事"，打造具有中国特色、中国风格、中国气派的学术话语体系，已成为哲学社会科学界的目标和追求。与其他学科一样，历史学界也不甘落后，号召历史学者不应做时代的看客，要转向"自主叙事"，要提出"中国式"的问题，要构建具有中国特色的史学话语体系。以上无论是"翻身""争夺"还是"自主"的表达，其实都是因为我们面对着西方这个"他者"，这个他者至今仍占据着国际学术话语权中的优势地位。正如习近平总书记所讲的，我国哲学社会科学"目前在学术命题、学术思想、学术观点、学术标准、学术话语上的能力和水平同我国综合国力和国际地位还不太相称"。[①]　正因为此，我们必须与强大的西方争锋，只有为人类社会做出更大的学术贡献，才能取得应有的国际学术地位。

应该说，经济发达了，国力上升了，国民的物质生活水平提高了，随之而争得软实力的国际话语权，原本就是相辅相成、顺理成章的事情。这一逻辑具有极其正面的意义，只要民族国家继续存在，只要人类社会没有实现世界大同，没有步入共产主义社会，就会发生相互之间的竞争。谁都想拥有国际话语主导权，这是完全可以理解的。尤其是中国问题、中国学术包括中国史学，更应该由我们自己立于权威地位，掌握解释权，这就如同西方人对西方问题、西方学术、西方历史拥有话语权一样。

不过，当我们为此振臂呐喊、付诸努力之时，也觉察到一丝隐忧。一些

---

① 习近平：《在哲学社会科学工作座谈会上的讲话》，《人民日报》2016 年 5 月 17 日，第 2 版。

人似乎偏离了正常的学术轨道，而落入排外的"民族主义"情绪的陷阱。以中国史研究而言，最显著者有如下几端①：

一是西方研究中国史的新理论、新方法，根本算不得新，在我们中国早就有了，甚至比西方先进了几百年；

二是中国学问、中国史学，只有中国学者才能进行真正的研究，西方学者不过是局外人，站在自身的立场上隔靴搔痒，以偏概全；

三是中国学者对西方学术情有独钟，唯洋是举，自轻自贱，甘于"边陲"，丢了人格和国格，甚至扮演了与帝国主义合谋的角色，危害了中国史学的自我安全；

四是中国史研究要发展，要写出本土化的历史，必须去"西方化"。

以上所持，不能说完全没有道理，但将其偏执化、情绪化就值得斟酌了。表面上似乎理直气壮，实际上仍是没有摆脱近代以来自卑情结的反映。先撇开事实，仅从逻辑而言就有些不通的地方。

许多理论和方法的发明，是谁的就是谁的，萌芽和结果不能当成一码事。这一比附的思维方式并不新鲜，晚清民国时期即有"西学源出中国说"，似乎都有点儿精神胜利法的味道。

本国的史学，本国人可以研究，外国人也可以涉足，正如男性可以研究女性史，女性也可以研究男性史一样。② 对此类现象，萨义德的一句话具有启发性："我不相信只有黑人才能书写黑人，只有穆斯林才能书写穆斯林之类不无偏狭的假设。"③ 西方人以自己的角度研究中国史也不难理解，正如中国人研究西方史不可能脱离我们自己的角度一样。我们不能一方面提倡本土化的视角，另一方面又否定人家的本土化视角。要求西方人研究我们国家的历史没有任何的隔膜、没有一点欠缺，是不现实的。

更要注意的是，将少数学者的盲从西方上升为整体现象，既不符合实际，也贬低了中国学者的辨别能力。

所谓只有去"西方化"才能发展中国史学，更是将西方与中方二元对

---

① 此处只列举现象，不一一点名，请谅。

② 外国学者研究中国问题、中国史学应是好事，至少可以增加外国人对中国的理解。如果外国学者不研究中国问题、不研究中国史，中国学者倒是掌握了话语权，但它到底是促进还是阻碍了学术研究，这应该是不难明白的道理。

③ 爱德华·W. 萨义德：《东方学》，王宇根译，生活·读书·新知三联书店，1999，第414页。

立到了难以想象的地步。在当今全球化时代，中西之间如何彻底分离，我们能自己提着耳朵离开地球吗？其实不管在哪个国家和地区，不管在哪个学术领域，一切所谓"去××化"基本上是故作惊人、哗众取宠或者是别有用心之语。这种口号式的情绪化表达，如果扩大到所有领域，到底是促进还是阻碍了人类社会的和平相处，应该是不言而喻的。可以设问，当今学术包括历史学，如果完全摒弃西方学者创立的规则和概念，还能够写出文章吗？事实上，那些主张去"西方化"的学者并没有也不可能兑现自己的宣言，他们还不是经常抱着西方的著作读，而且有意无意地使用众多的"西方术语"。

我还要强调的是，西方的理论方法和概念也包括我们特别熟悉的马克思主义，而这一点恰恰被一些人排斥在外和二元对立化了。如果对中国马克思主义史学家的著作有所了解，就不难看出这些著作使用了大量的西方概念，诸如奴隶制、封建主义、地主阶级、帝国主义、资本主义、社会主义等都是产生于西方学者包括马克思主义学者的著作。① 当然，中国马克思主义史学家在使用各种概念的过程中，可能会有不同的理解，这恰恰形成了带有中国特色的马克思主义。不过，对同一个概念的理解，总有相同之处，完全不同是不可能的，否则就是两个概念了。

二　学术前沿中"西强中弱"的格局

头脑发热的情绪化想法，不仅无助于中国学术、中国史学的进步，反而有害于中国学术、中国史学话语权的争夺。冷静、理性的梳理和分析，是正确判断事物的基本前提。当下我们最先需要做的，就是回溯历史，了解西方学术和中国学术之短长，然后才能制定前进的、可行的方略。

在古代中国，经济发达，国势强盛，中华文化蔚为大观，曾引来东亚乃至西方欣羡的目光和求学之士。中国史学也是赓续不绝，成就卓著。这一切的确让我们骄傲和自豪。然而，由于不同国家和地区的往来稀疏，中西之间尚未形成交流和对话的渠道，尤其是"天朝大国"的地位和心态，

---

① 譬如著名的马克思主义史学家、中国近代史权威胡绳的《从鸦片战争到五四运动》（上下册，人民出版社，1981），就是如此。

使其重心内倾，并不太关注他国如何看待自己，从而不可能形成话语权意识，更没有主动将中国事实上已经存在的话语权推广到其他国家。历史没有给我们提供机会，导致有关中国的信息、形象反而是通过西方来者传播出去的。

　　人类社会是在不平衡中演进的。当西方冲出黑暗的中世纪，经过了文艺复兴、启蒙时代之后，资本主义列强开疆拓土，纷纷崛起，科技、文化、学术等都实现跨越式的发展。历史的天平由东方、由中国开始偏向西方，西方利用先进的研究成果，掌握了自然科学、人文社会科学各个领域的国际话语权，影响了整个世界。西方由原来的仰慕中国变成了鄙视中国，将中国视为一个停滞不前的国度，中国形象发生了历史性逆转。到了晚清民国时期，尤其是科举制度废除之后，随着新式学校的建立，西方的现代学科涌入中国，极大地影响乃至替代了中国的传统学术。关于中国的研究，也是主客翻转，西方汉学愈益把持了中国知识的叙述，中国史研究成了西方史学规范、理论、方法和概念的天地。法国、英国、德国、美国等国家的史学流派轮番登场，中国学者被迫亦步亦趋，惶赶不及，诚可谓"吾国学术之伤心史也"。①尽管梁启超提出了"新史学"，胡适、傅斯年、陈垣、陈寅恪、顾颉刚等大师发出将汉学、中国史研究中心夺回中国的呐喊，也成就了民国时期中国史研究的繁荣，但在理论方法上仍是跟从者，西方始终独霸着汉学和中国史学的话语权。当然，必须辩证地看待西方的史学理论和史学研究方法，以上诸位史学大家正是学习和使用了这些新理论、新方法，辅以新史料的发现，才取得了显著的成就。还不能忘记，这一时期马克思主义史学家郭沫若、范文澜、侯外庐等，同样在中国史研究上取得了令人瞩目的突破，他们更多的也是学习、接受和使用源自西方的马克思主义理论方法。以上新的史学实践都表明了一个问题：即便在中国史领域，我们在国际学术界也缺乏理论方法的话语权。

　　新中国成立后前三十年，马克思主义唯物史观占有主导地位，在此指导之下中国史学者讨论了一些宏大问题，取得了一定的成就。在"文革"之前，对民国时期那些不具有马克思主义倾向的优秀史学著作也并未一笔

---

① 陈寅恪：《陈垣敦煌劫余录序》，载《陈寅恪集·金明馆丛稿二编》，生活·读书·新知三联书店，2009，第267页。

抹杀。不过，就总体而言，这一时期中国与西方世界少有来往，学术上与西方学界鲜有交流，受到西方新思潮的影响自然也就很少了。改革开放以来，随着现代化建设的全面展开，各行各业与国际接轨的愿望愈益强烈。学界大量译介西方的学术成果，引入西方的理论和方法，因此也就如同民国时期一样，中国的自然科学、人文社会科学几乎成了西方尤其是美国话语的战场。受此影响，中国学者的研究成果大大增加，水平也明显提高，在国际学术界也有了一些声音，但依然很少产生原创性的理论、方法和概念，仍没有改变近代以来中国是西方的跟从者的地位。中国学者的中国史研究是成绩最为显著也最占优势的学科之一，理应成为国际学术论坛的权威，但事实上我们并未取得完全优势地位。欧美的年鉴学派、现代化理论、心态史学、计量史学、新文化史、后现代史、全球史观等掀起一轮又一轮波澜，远远超过我们自己研究的影响。具体到中国近代史，同样能看到欧美学者尤其是美国学者的强烈冲击力。从费正清的“冲击—反应”论，到柯文的“中国中心观”，再到赛尔登的“延安道路”、黄宗智的“过密化论”、杜赞奇的“权力的文化网络”，以及柯娇燕、罗友枝的“新清史”等，不断搅动着中国近代史学者的思维。欧美著名学者出版的每一部近代史名作，即便是20世纪六七十年代的成果，一旦被译为中文出版，几乎都能在中国近代史学界引起震动。仅以我熟悉的中国近代社会经济史与革命史为例，就可以举出一系列作品：彭慕兰的《大分流：欧洲、中国及现代世界经济的发展》，黄宗智的《华北的小农经济与社会变迁》《长江三角洲小农家庭与乡村发展》，杜赞奇的《文化、权力与国家——1900—1942年的华北农村》，施坚雅的《中国农村的市场和社会结构》，高家龙的《中国的大企业——烟草工业中的中外竞争》，白吉尔的《中国资产阶级的黄金时代》，王笛的《街头文化：成都公共空间、下层民众与地方政治（1870—1930）》《茶馆：成都的公共生活与微观世界（1900—1950）》，周锡瑞的《义和团运动的起源》，裴宜理的《华北的叛乱者与革命者：1845—1945》，赛尔登的《革命中的中国：延安道路》，胡素珊的《中国的内战：1945—1949年的政治斗争》等。在这里面，包括从中国赴欧美留学，经过思维转变而取得重要成就的学者。尽管西方也不少质量粗劣之作，而且从总体上仍不能说西方的中国近代史研究超过了中国学者，但不能不承认，如果将双方最优秀的著作进行比较，中国学者的近代史研究著作又有多少像以上著作那样引起学界的极大关注呢?[1] 还值得注意的是，即便是用马克思主义的理论和方法研究中国近代史，我们一些学者的研究水准也很难说超过了西方具有明显马克思主义倾向的著作，这是颇值得深思的现象。

学术圈子经常有人讲，中国史学科达到"中国一流"，就一定是"世界一流"了。其不言自明的意思就是说，中国史终究是中国学者说了算，外国学者无法与我们争高低。此言虽有一定道理，但不可盲目乐观，即便在中国为一流，能否站到世界一流，还真是不一定的，上面所举的著作就证明了此言不虚。[2] 仅仅用一些人所谓"崇洋媚外""外国的月亮比中国圆"的说法，是无法解释这一现象的。盲目崇拜西方学者的情况是有的，但我不认为多数中国学者竟然到了好坏不分、简单盲从的地步，而宁愿相信其有辨别能力，确实从西方学者的研究中受到了多方面（尤其是方法论）的启发。[3] 中国近代史尚且如此，中国学者对外国史研究的差距更是有目共睹的。尽管经过改革开放几十年的努力，中国的外国史研究者（尤其是海外留学、受过西方训练的年轻学者）的成果已经引起了西方学者的注意，在不少问题上已经具备与西方学者对话的能力，差距正在逐步缩小，但仍不能不扪心自问：我们的外国史研究能有多少像西方学者研究中国近代史那样，超过了西方学者研究西方国家历史的水平？

由上可见，近代以来，西方学术一直维持着话语霸权地位，即便在中国史尤其是中国近代史这样的领域，其影响也是相当之大，不可忽视。正是在此意义上，我们依然处于民国时期的延长线上，依然面临着胡适、傅斯年、陈寅恪那一代学者的"翻身"问题。根本不同的是，那是一个内忧外患、国破民穷的旧时代，今天则是一个独立富强、国势日隆的新时代。也正因为

---

[1] 　绝不否认部分中国学者的论著在国内外学界产生了很大影响，但与西方学者的论著在中国所产生的影响相比，也不能不承认中国学者的成果在西方所产生的影响的确要小得多，我们还很少听到欧美学者说他们学习和借鉴了中国学者研究的方法而进行研究，反之却颇为常见。

[2] 　完全属于中国传统、外国学者很少介入的领域除外，如甲骨文。

[3] 　西方学者（包括华裔）研究中国近现代史的特色、优势，可参考笔者对高家龙和王笛的著作进行的评论。参见《问题、结构与阐释：〈中国大企业〉的方法论意义》，《中国社会经济史研究》2015 年第 1 期；《小历史与大历史的对话：王笛〈茶馆〉之方法论》，《近代史研究》2015 年第 3 期。

此，我们现在更有理由赶超西方，摆脱控制，实现争得国际学术话语权的目标。尤其是中国史、中国近现代史学科，我们没有理由不站在研究的制高点上。问题是，我们应该通过什么途径来实现这一目标？如何正确地理解并超越西方学术？

三　以"外向与内向"视角的互通赶超西方学术

在中国史的资料方面，我们无疑是有优势的，但学术话语权主要不是"资料"权，而是学术体系、学术规范、学术规则的制定权和推广权，以及在此基础上的具体问题的解释权、提炼概念的能力。职是之故，大概可以从外向和内向两个角度来思考这一问题。

1. 外向视角

"外向视角"就是国际视角，在国际学术体系之内，遵守国际学术规范，以高超的学术水平和学术成果得到世界的承认，从而争得国际话语权。

尽管国际学术体系、学术规范主要是由西方制定、推广和垄断的，但实际上已成为国际学术界普遍遵行的学术规则，至少是迄今为止影响力最大的学术规则。我再次强调，这个国际学术规则也包括马克思主义的理论方法，不可将之排除在外。既然现代学术规则为国际学界所拥有，就已经有了相对独立的地位和意义，在此情况下，就不一定非要强化"西方"意识、西方独占不可。我以为，只要有利于中国学术、中国史学的发展，我们就应该承认这个规则、运用这个规则，甚至还要修正和发展这个规则。简单地排外、图嘴上的痛快，是没有意义的。[1]

以最基本的学科体系而言，现代历史学、文学、哲学、经济学、政治学、法学、教育学、管理学等，这些都是我们古代传统学术中没有明确划分的，但对于学术研究显然是有必要的，那么是否因为是西方发明的，我们就拒绝呢？[2]

又以最基本的学术规范为例，为了提出有价值的问题，要进行学术史的

---

① 鲁迅在 80 年前即说过："即使并非中国所固有的罢，只要是优点，我们也应该学习。即使那老师是我们的敌人罢，我们也应该向他学习。"鲁迅：《从孩子的照相说起》（1934 年 12 月），载《鲁迅全集》第 6 卷，人民文学出版社，2005，第 217 页。

② 自然科学如数学、物理、化学、生物学等，就更是如此了。

梳理和分析；引用资料要做注释，以便明了资料来源；引用其他人的成果也要做注释，以显示自己的研究与他人的区别和贡献。对此，同样应做如上观。

再如前面所述西方学界包括马克思主义的各种史学流派，每一种都深刻影响了世界史学的发展。诸此也都是我们古代传统史学所没有的，但对于历史研究同样是必要的，那么是否因为是西方发明的，我们就置之不理呢？果真如此，就只会导致自说自话、无人理睬，还奢谈什么话语权？

事实上，我们现在从事学术研究，谁敢说可以完全离开西方所创立的学术体系和学术规范？既然如此，我们最需要做的，就是全盘了解西方和国际学术话语系统，将中国学术主动纳入国际学术共同体之中，与西方处在一个平台上进行交流和对话。近些年来，中国各个学术领域都在加强"国际化"的宣传和实践，恰恰证明了这一认识的重要性和必然性。当然，必须警惕的是，在遵守国际学术体系和学术规则的同时，不能将西方人在对中国研究包括中国史研究中提出的解释生搬硬套，代替中国学者自己的研究。有的学者为了显示博学，通篇文章都在讲西方学者的话，却很少有自己的解释，这恰恰是没有学术贡献的反映，是应当反对和避免的。在今天，对中国学者最大的挑战是，能否在世界认可的国际学术平台上讲出道理、提炼概念，通过一系列的原创性成就，争取自己的地位和话语权。

民国时期史学大师的做法，为我们提供了某种借镜。胡适、傅斯年、陈寅恪等都企图将汉学、中国史学的中心夺回国内，但他们并不是另起炉灶，而是在默认西方所控制的国际学术潮流之下进行研究的。1928 年，傅斯年创立中央研究院历史语言研究所，提出"要科学的东方学之正统在中国"的口号，显然就有承认西方的"科学的东方学"之意味，只是认为其正统应该在中国而非西方。1930 年，陈寅恪提出的"预流"，也指的是"今日世界学术之新潮流"，或者说就是西方的汉学。在当时的历史条件下，这是头脑极为清醒的认识。傅斯年尤其是陈寅恪正是运用与西方基本同步的理论、方法和工具，提出问题、研究问题，取得了令国际学术界瞩目的史学成就。尽管还达不到突破西方话语权的地步，但已经让西方看到了中国学者的能力。很难相信，陈寅恪如果不是掌握了多国语言，使用当时比较先进的历史比较语言学的方法，怎么可能取得如此成就?① 除此以外，即便是最基本的国际学术规范，他也是特别强调的。1936 年 6 月，陈寅恪在清华大学一篇史学毕业论文上有这样的批语："凡经参考之近人论著，尤宜标举其与本论文之异同之点，盖不如此，则匪特不足以避除因袭之嫌，且无以表示本论文创获之所在也。"② 但不客气地说，时至今日，我们的史学研究又有多少人严格遵守了这一学术规范呢? 如果连这一点都做不到，还谈什么学术成就，谈什么话语权。

　　站在民国大师的肩膀上，我们现在应该继续遵守国际规则，拿出更加权威性的成果。一是对中国问题、中国历史做出比西方更加符合实际的、更有信服力的解释，提出新的概念，赢得国际学术界的尊敬。几乎可以肯定地说，改革开放以来，中国史研究所取得的重大成果几乎都是在国际通行的规则下完成的。二是在同样的国际规则和已有理论方法的基础上，提出新的理论方法，这点更加重要。如前所述，西方学者在史学领域提出了一个又一个新的理论和方法，我们不能总是"冲击—反应"式地跟着走，而是要树立"领着走"的雄心，提出新的理论方法，为国际史学提供一个新的研究维度，赢得国际学术界的话语权。即便是在马克思主义史学理论和方法上，我们同样要立足于国际学术视野，与国外马克思主义史学进行竞争，做出自己的贡献。在此方面，我们不妨借鉴其他学科领域的做法，譬如前些年我国政府及时接受了亚洲开发银行提出的"包容性增长"理念，提出了"人类命运共同体"、新型大国关系等命题和主张，如果我们的史学能从这些新的角度来审视人类的或中国的历史，就有可能提出新的史学理论和研究方法。

　　总之，中国学者的自信必须首先在国际学术规则之下做出成绩之后才能建立。但可以肯定地说，目前我们所取得的建树还不足以受到世界学界的特别关注。

---

① 其他学科也是如此。譬如 20 世纪三四十年代费孝通对中国农村提出"差序格局"的概念，在国际人类学界影响很大。但这一本土化的概念，是在遵循西方人类学、社会学的理论与方法之下实现的。也可以说，是由中国学者通过中国农村研究得出来的"国际化"概念。这一概念与中国农村传统的术语、说法不是一码事。如果只是使用苏南当地土语，可以肯定不可能引起国际学界的关注。此例提示我们，即便在西方或国际学术规则之下，同样能做出独到的贡献。就如同西方人发明的国际足球的规则，一个球队 11 人上场参加比赛，进球、手球、越位、点球等皆有规则，各国包括中国都可以在此规则下进行竞争并取得成绩。不能说成绩不好，就否定这个规则。

② 陈寅恪：《张以诚大学毕业论文唐代宰相制度批语》（1936 年 6 月），载《陈寅恪集·讲义及杂稿》，第 459 页。

2. 内向视角

所谓"内向视角"，就是中国学者在运用西方所创立的行之有效的国际规则的同时，要从中国本土寻求历史资源，进一步修改、发展乃至创立一套与此有所不同的新规则、新概念，变为国际学术界所认可的新规范。只有如此，才能改变长期以来中国"缺席"和"本地信息提供者"地位，确立国际学术话语权，实现"领导者"的目标。可以用一个比喻来说明这一理念，按照以往国际规则，我们最多只能成为中国的"纽约"、中国的"伦敦"、中国的"巴黎"，今后我们要努力变为美国的"北京"、英国的"北京"和法国的"北京"。如果说以前是"洋为中用"，今后我们要做到"中为洋用"，将中国学者创立的规则国际化，西方乃至全世界学者都可以将之运用于学术研究之中。这一套规则越是与已有的国际规则不一样，其贡献也就越大。可以说，何时能实现这一愿望，何时才能说中国学者真正为世界学术做出了独特的贡献，这其实亦是中国学者最焦虑之处也最为渴望的目标。

在民国时期，陈寅恪等史学大家主张遵行西方规则研究历史，但实际上并不甘心于西方的控制，而是仍念念不忘"本来民族地位"，努力创造一个中国学者独立的局面。① 在当时的历史条件下，这个独立局面还不可能实现，但已经显示了中国学者的一种追求。近些年来，一些学者强调中国学术的民族性、存在感，呼吁从传统文化遗产中寻找中国史学的思想资源，以便编纂出本土化的、原汁原味的中国史。在我看来，这种原汁原味的中国史更多还是史学内容上的一种追求，而更重要的，应该是通过挖掘中国传统文化的"DNA"，来寻求和提炼出对历史研究有用的理论、方法和概念。应该说，中国古代的确拥有丰富的史学遗产，有的具有理论方法的价值。正如瞿林东先生所言："其中有关观点、思想和理论方面的遗产占有突出地位……就史学理论而言，关于史书与时代之关系的认识，史书之社会功用的认识，

---

① 一个署名培心的学者指出："民族之生存实以学术独立为其基础，数十年来，中国在学术方面完全过借贷的生活，根本谈不上什么自己的学术，这是一件非常危险的事，近年民族运动高涨，学术亦受其影响，而向独立之途走去，这的确是中华民族前途之一线曙光。"培心：《几件关于学术的事》，《国立清华大学校刊》1929 年 11 月 8 日，第 4 版，转引自葛兆光《〈新史学〉之后——1929 年的中国历史学界》，《历史研究》2003 年第 1 期，第 93 页。

历史撰述之历史价值的认识,'实录'与'信史'的观念,才、学、识之'史才三长'的思想,以史经世的理论,史实、褒贬、文采之历史撰述三原则的理论,撰述内容与史书体裁之关系的理论,史书'未尝离事而言理'的理论,以及'六经皆史'的理论,'史法'与'史意'相区别的理论,'史论'之重要性的观点,史书体裁之辩证发展的理论,知人论世的史学批评方法论原则,'欲知大道,必先为史'的见解等等,历代史家也都各有论述。"① 以上也可以说是中国传统史学的"根",对于其中所涉及的理论和方法,中国学者一直也没有脱离,而且运用到了历史研究之中。我们身上流着中华民族文化的血液,我们的研究渗透着传统文化遗产,我们的表述方式也应该有自己的风格,由此一定会体现出与西方学术、西方中国史研究的区别和独立性。②

但问题不止于此,关键是我们能否在此基础上创立出一套具有中国特色的史学话语体系、规则和概念,并为世界各国学者所接受。就像西方学者创立了学术体系、规则和概念之后,能为世界各国学者所接受一样。当然,要创立出一套新的东西谈何容易,我们还需要付出巨大的艰辛和努力;而且,创立之后要想得到国际学界的承认和使用,也将是一个长期的过程。

与此同时,还必须清醒的是,即便人类学术发展的进程仍有创立新的体系、规则和概念的空间,但也不能盲目乐观。以史学而言,至少可以肯定,我们仅仅通过挖掘中国古代传统史学遗产,从而创立一套与已经通行的国际学术有所不同的体系、规则和概念,难度是非常大的。

其一,中国古代传统史学与西方史学、国际史学在体系、规则和概念方面并非完全对立,而是在许多方面是会通的。既然是会通的,就不容易创立一套新的东西。

其二,在现代史学中,有一些规范和方法是中国古代传统史学所没有

---

① 瞿林东:《关于当代中国史学话语体系建构的几个问题》,《中国社会科学》2011 年第 2 期,第 23 页。

② 外国文学史领域有一个成功的事例。乐黛云教授回忆:1983 年,北大英国文学教授杨周翰去美国伯克利讲学,"讲莎士比亚的《暴风雨》。我担心这个题目在美国不会受到欢迎,可他完全用中国方式,讲中国生死观、道家、孝道、家庭关系,用庄子观点来讲,效果特别好,挺轰动的,到处都请他去讲莎士比亚的生死观,就是用中国的观念,讲他哪一点是进步的,哪一点是有缺陷的"。乐黛云:《中国比较文学的历史使命》,载王东亮等主编《新中国 60 年外国文学研究》第 6 卷,北京大学出版社,2015,第 232 页。

的，是无法由传统史学替代的。我们不可能原封不动地用传统史学遗产来研究历史。学术研究与传统的画山画水、吟诗作赋有所不同，它更讲究共同的学术规范。

其三，现代史学研究与相关学科的理论、方法具有不可分割的密切联系，而这些相关学科也是中国古代所没有的。也就是说，即便是研究中国古代史，也不能仅仅用古代文化遗产来解释，而必须运用现代学科的理论和方法。

尤其是中国近现代史，近代以来中国早已融入世界格局，中国的现代化过程就是与西方互动的过程，那么，如何完全用中国古代的史学遗产来研究中国近现代史呢？[①] 事实上，我们几乎不可能"以中解中"，也很难找到完全用中国古代史学方法来研究历史尤其是近现代史的著作了，我们都是将国际学术规则和中国传统史学方法结合起来进行研究。

此外，在现代社会，要想提出完全独立的"中国式"规则、"中国式"问题和"中国式"解释是很困难的。因为中外、中西之间，除了区域之间、国家之间的区别，实际上在经济、社会尤其是文化、思想、观念、生活方式上已经很难完全划分开来，经常是你中有我、我中有你的关系。就此而言，太过强调独特很可能导致普遍性、一般性的丧失，从而很难推广为全球化的方法。

尽管困难如此之多，但仍不能放弃发掘中国古代传统资源的努力，尤其要寻找某些传统遗产的开创性价值。退一步讲，即便不能依此单独创立理论方法，但也不意味着置之不理，是否将此作为一个重要的维度来思考学术发展的方向是大不一样的。

还要特别提出的是，所谓传统资源，在时间上恐怕不能仅仅理解为古

[①] 如果进一步扩大言之，西方历史也是中国学者研究的对象，那么又如何用中国古代传统史学方法来研究呢？学术研究与小说、诗歌的写作不同，尽管小说、诗歌也有评价标准，但更强调个性和唯一性。而学术研究，尽管也强调个性，但衡量标准相对客观。再举一个不一定恰当的例子，飞机、汽车、计算机、电视、冰箱、电灯、电话等都是现代西方的产物，也成为我们以及整个人类社会共享的成果。我们总不能因为要与西方区别开来，就将中国退回到原始的大刀、长矛上去吧？我们要做的是，赶超国际先进水平，提高技术含量，拿出高质量的产品，为中国产品赢得国际话语权。如前所述，国际足球赛有其规则，遵守规则是进入这一赛事的基本门槛。也不是不可以另立一套规则，问题是别人是否认可这套规则，不认可还如何进行比赛？或许只有在中国的经济、政治和文化强大到其他国家不得不与中国交往、不得不尊重乃至服从中国的规则时，才能实现。

代，近代以来经过多年的中西融合，其实际上已经形成新的传统。当然，这个新的传统究竟是什么，还需要研究和讨论。我以为至少有一点是可以断言的，中国化马克思主义已经成为中国学术研究的新传统，中国化马克思主义史学理论已经成为中国史学研究的新传统。尽管与西方马克思主义在名义上有相同之处，但实质上已有极大区别。将以上古代传统和新传统结合起来，共同构成我们研究学术、研究历史的内向视角，就更有可能开辟出新的境界。

总之，以上所谓外向视角与内向视角、中国传统资源与既有国际学术传统并不是矛盾的，更不是对立和替代的关系。中国学者即便遵守国际学术规则，也不可能完全失去中国学者的思维方式；即便保持中国学者的视角，也不可能完全背离现代社会和摆脱国际学术规则的制约。将二者对立化、极端化，是错误的和有害的想法。只有将二者结合起来，既遵守国际规则，又最大限度地体现中国传统、中国特色、中国风格和中国气派，才有可能创立中国学术话语体系，争取国际话语权。甚至可以这样说，无论采取什么规则、理论和方法，只要是中国人做出了最先进的原创性成果，有益于人类社会的良性发展，就能赢得国际学术话语权。中国历史学者无论研究中国史、中国近现代史还是外国史，只要提出了新的问题、新的理论、新的方法、新的解释、新的概念，就会成为国际学术界绕不过去的成果，引起国际学术界的关注和讨论，就可以引领国际史学的发展，自然也会赢得国际史学的话语权。

四　任重而道远

我们还要明白，要想突破西方，取得中国学术、中国史学研究的国际话语权，还需要诸多外部条件的助力。

譬如，在西方，几乎所有的学科包括中国史学都有其他相关学科的强大支撑。他们之所以能够不断提出新理论、新方法，主要就是受到相关学科的学者、思想家的启发。而在中国，本土相关学科的研究为历史研究所提供的支撑还不能和西方相比。我们无论是老师还是学生，在使用理论和方法上往往力不从心就是明证。

又如，与西方的学术传统相比，我们由于受到诸多历史与现实因素的制约，自主追求学问和开拓创新的空间还不够充分，意识还不够足，"制造"论文的压力往往高于学术创新的动力，由此限制了提出新问题、新理论和新方法的能力。当然，必须承认，改革开放以来我们已经取得了显著的进步，只是希望更上层楼、取得更大突破而已。

再者，英语是国际学术界最具强势的语言，影响力最大的期刊都是英文期刊，中文期刊的影响力有限，这也影响了中文发表者的声望。① 当然，在这背后仍然是经济实力、国家整体实力的问题，"软实力只有建立在硬权力的基础上才成其为权力"。② 只有当中国傲视群雄乃至处于中枢之位时，中国学者才真正可以让西方向我们靠拢，正如我们曾经向他们靠拢一样。

登高必自卑，看到自己的不足才会知道今后努力的方向。要想实现中国学术、中国史学的国际话语权的目标，的确是任重而道远！

归根结底，我们不仅要做爱国的历史学者，更要成为具有世界一流学术水平的历史学者，这才是根本中的根本。从民族国家的角度来理解，中国学术、中国史学要改变跟从西方的趋势，要抗衡西方、超越西方，就要尽可能地以中国学术、中国史学话语体系引领现代学术方向，在研究思维方法和问题解释上占领国际学术话语权，这就是通常所讲的"你无我有"，此为中国学术发展的最重要的目标，也是获得学术自信的根本之路；然而，从全球化、国际化的视角来理解，又须将中国学术作为全球学术、国际学术的一部分，淡化中西分界，③ 突破一国意识、封闭意识，学术研究既不是完全向西方靠拢，也不是完全向中方靠拢，而是开放胸襟、博采众长、互相竞争，真正做到"你有我强"，共同向更高的现代学术水平迈进。后一理念的实现非常难，但也不是没有可能，历史发展过程虽有国家、地区之别，问题也有国

---

① 中国高校奖励全英文授课，这一方面加强了国际化，但同时是否也进一步降低了中文学术的话语权？

② 塞缪尔·亨廷顿：《文明的冲突与世界秩序的重建》，周琪等译，新华出版社，1999，第89页。

③ 早在1911年王国维为《国学丛刊》写序时就指出："今之言学者，有新旧之争，有中西之争，有有用之学与无用之学之争。余正告天下曰：学无新旧也，无中西也，无有用无用也。凡立此名者，均不学之徒，即学焉，而未尝知学者也。"（王国维：《观堂集林（外二种）》下册，河北教育出版社，2001，第875页）学术研究的最高目标是超越地理的、民族国家的界限，建立世界学术共同体，即学术不分中西，只有一个世界学术，大家竞争的是个人和学派而非哪个国家和民族的话语权，一切取决于谁提出的问题、概念、理论和方法更富有启发性。这一目标也许是个乌托邦，但令人向往，值得追求。

家、地区之别，但研究方法可以是共同的。对同一国家和地区的历史，只要允许自由解释，就有逐渐形成共识的空间。

最后我要强调的是，历史和信念决定未来。人类学术发展史证明，学术发展的过程与学术体系、规则和概念的变化相始终，学术前进的步伐不可能就此止步，甚至有令人难以想象的前景。正是在此意义上，中国学者仍有为人类学术做出独特贡献、实现创始价值的空间。我们以前没有做到这一点，并不意味着现在和今后也不能做到。西方人能做到的事情，中国人也有能力、有信心做到，这是我们必须坚持的信念。

〔作者单位：南开大学历史学院、中国社会史研究中心〕

历史合力论再检视

李红岩

历史发展动力问题是历史理论的重大命题，在中国马克思主义史学思想的理论系统之内，尤其占有重要位置。关于这个问题，原本不存在争议，因为马克思主义经典作家对此做过明确解答。但是，20 世纪 80 年代后，却形成比较广泛的争鸣与讨论场面，其中最引人注目的议题，是围绕"历史合力"展开的。重新检视这场争鸣和讨论的情况，对于在新时代发展马克思主义历史理论，是有意义的。

一　恩格斯的历史合力思想

众所周知，马克思主义经典作家明确指出，阶级斗争是阶级社会历史发展的直接动力。这一重大思想与观点，在经典作家那里既是明确的，也是始终坚持、从未改变的。如果说马克思主义经典作家某些方面的观点并不那么明确、不那么容易理解、还存在争议的话（例如关于亚细亚生产方式），那么，关于阶级斗争是阶级社会历史发展直接动力的观点，显然不在其中。

早在 1848 年 1 月的《共产党宣言》中，马克思和恩格斯就明确提出："至今一切社会的历史都是阶级斗争的历史。"40 年后，恩格斯对这句话做了补充，指出这是指"有文字记载的全部历史"。《共产党宣言》所讲的就是有文字记载的历史，因此，恩格斯的补充对宣言所阐明的基本原理没有影响。继《共产党宣言》具体分析历史上的压迫者与被压迫者对立和斗争的形式与演变过程之后，经典作家不仅在许多著作中运用阶级斗争观点与阶级分析方法，而且以命题形式，对阶级斗争的历史作用做过明确定性。比如1894年10月，恩格斯写道："自从原始公社解体以来，组成为每个社会的各阶级之间的斗争，总是历史发展的伟大动力。这种斗争只有在阶级本身消失之后，即社会主义取得胜利之后才会消失。"① 这是《共产党宣言》发表半个世纪之后所说的话。此后不到一年，恩格斯便逝世了。所以，阶级斗争动力论是马克思和恩格斯坚持了一辈子的思想。这方面的文献，中国学者非常熟悉，不必再列举。

事情既然如此清楚，何以又会出现一场"合力论"争论呢？这是因为1890年9月21日，恩格斯在伦敦给德国出版商、《社会主义月刊》编辑约瑟夫·布洛赫（Joseph Bloch）写了一封信。在信中，恩格斯涉及了历史合力的思想。20世纪80年代，有学者据此提出，经典作家的历史动力思想，应归结为历史合力论。因此，怎样解读恩格斯这封信，便成为问题的症结所在。

第一，恩格斯在信中确实提及了历史合力思想，但它是有前提的，是在前提下展开的。脱离这一前提，孤立地看历史合力思想，违背恩格斯的本意。前提是什么呢？恩格斯说："根据唯物史观，历史过程中的决定性因素归根到底是现实生活的生产和再生产。"恩格斯说，"经济状况是基础"、"是决定性的"，这是"主要原理"和"主要原则"。这便是恩格斯论及历史合力的前提，是该信明确表达的第一主题思想。这里需特别注意恩格斯采用的字词，他用的全是"决定性因素""归根到底""主要原理""主要原则"这样的"硬字眼"。谈及历史合力，当然应该时刻记着这些"硬字眼"。一旦忘记，便违背历史合力论的第一原则。

第二，恩格斯提及历史合力，是有强烈针对性的。换言之，有具体语境。脱离具体语境，抽象地看，同样违背恩格斯的本意。恩格斯所针对的，是"青年们""有时过分看重"的经济因素唯一决定论。出现这种情况，符合事物发展及思想传播的规律。一方面，信仰唯物史观的人越来越多，这是好事；另一方面，出现了简单化、教条化的问题，这是坏事。简单化最突出

① 《马克思恩格斯文集》第4卷，人民出版社，2009，第505页。

的表现，是经济因素唯一决定论。他们认为，只要抓住经济这个唯一因素，便掌握了唯物史观的全部。恩格斯告诉人们，天下没有这么便宜的事情。他说："根据唯物史观，历史过程中的决定性因素归根到底是现实生活的生产和再生产。"但是，不能据此就认为"经济因素是唯一决定性的因素"；诚然，"经济状况是基础"、"是决定性的"，但除这个"主要原理"和"主要原则"之外，还有别的因素。这些别的因素，虽然不起决定性作用，但"也起着一定的作用"。恩格斯的历史合力思想，就是针对经济因素唯一决定论发出的告诫，目的是消解对唯物史观的简单化理解。

第三，恩格斯提及历史合力，是为了说明非决定性因素的作用。既然非决定性因素也起一定作用，那么，这些作用是什么？又是怎样起作用的呢？于是，恩格斯带出了历史合力思想。恩格斯的论述非常深刻，不但值得学习，而且具有值得深刻阐述与引申发挥的价值。不过，就思想层次而言，它是在确定决定性因素的前提下展开的，所以，它具有开放性。换言之，它容许修正、补充、完善。非决定性因素所起的作用，是不是如恩格斯所说的那样？除了恩格斯所说之外，还有没有其他形式？这些是可以进一步思考的。

第四，历史合力思想，是在平均值意义上提出的。恩格斯说："历史是这样创造的：最终的结果总是从许多单个的意志的相互冲突中产生出来的，而其中每一个意志，又是由于许多特殊的生活条件，才成为它所成为的那样。这样就有无数互相交错的力量，有无数个力的平行四边形，由此就产生出一个合力，即历史结果，而这个结果又可以看做一个作为整体的、不自觉地和不自主地起着作用的力量的产物。"这就是说，"许多单个的意志"都参与、汇聚到了历史创造当中。尽管它们都是"意志"，"最终的结果"却不以任何一个意志为转移，因此，历史就仿佛没有任何"意志"参与过，"像一种自然过程"；但实际情况是，单个的意志并不等于零。"相反，每个意志都对合力有所贡献，因而是包括在这个合力里面的。"①

上述论断，便是恩格斯历史合力思想的基本内容。它给我们的强烈感觉，是充满唯物辩证法精神。唯物辩证法精神既在观察视角的不断转换中体现出来，也在关于"单个的意志"与"最终的结果"像"自然过程一样"

---

① 《马克思恩格斯选集》第4卷，人民出版社，2012，第604—606页。

无意志的辩证关系阐述中体现出来。所谓"像一种自然过程一样"，就是历史规律。在规律面前，每一个人都很渺小，渺小到其意志可以忽略不计。但是，正是这些渺小的人，汇集成历史的整体场面和最终结果。因此，恩格斯这里表述的是一个平均值思想。但即使在表述这个整体平均值的时候，当恩格斯将视角聚焦于单个意志时，也不忘记它是由某个东西所决定的，这个东西就是文中点明的"特殊的生活条件"。

第五，立足于平均值意义上的历史合力思想，不允许脱离"归根到底"的"决定性因素"或曰"主要原理""主要原则"来进行理解。所谓"平均值"，归根到底是"决定性因素"之下的"平均值"。专注于"平均值"却忘记"决定性因素"，就会破坏恩格斯论述的完整性、系统性，最后只能是断章取义。

我认为，要正确地理解恩格斯的历史合力思想，必须将上述五个方面紧密结合起来，不可相互脱离。一旦脱离，必然陷入片面理解、误解乃至肢解。如果说恩格斯用历史合力思想代替了历史动力思想，那又如何解释他在逝世前一年还在强调阶级斗争是历史发展的动力呢？阶级斗争非但"是"历史发展的动力，还"总是"历史发展的伟大动力，这难道不是恩格斯的最终意思吗？

恩格斯致布洛赫的这封信，既不神秘，也不难理解。它无非是要人们辩证地、全面地理解唯物史观，不要犯机械的单一经济决定论的错误。既不能以决定性因素去否定其他因素，也不能以其他因素去否定决定性因素。在把握决定性因素的前提下，要认真研究历史全要素，不能以为只把握住决定性因素就万事大吉了。恩格斯深刻地告诫人们，历史过程既是有意志的，也是无意志的。就不以人的意志为转移的最终结果而言，历史就像自然过程一样，可以看作没有意志的。就人们自己创造自己的历史而言，每个人的意志都是客观存在的。恩格斯告诉人们，这些意思本是唯物史观的题中自有之义，可现实中总是有"许多最新的马克思主义者"，觉得只要把握唯物史观的"主要原则""主要原理""决定性因素"就足够了。面对这类诚心实意的愚人，马克思和恩格斯又"不是始终都有时间、地点和机会"来做解释，这不免令人烦恼。所以，恩格斯通过给布洛赫写信，告诫人们，除"主要原理"外，在"描述某个历史时期"的时候，必须重视"其他参与相互作用的因素"，不然就会犯"错误"，甚至造成"惊人的混乱"。

在信的末尾，恩格斯特意提醒布洛赫，要"根据原著来研究这个理论，而不要根据第二手的材料来进行研究"。为此，他开列了四本参考书，依次是马克思的《路易·波拿巴的雾月十八日》《资本论》以及他本人的《反杜林论》《路德维希·费尔巴哈和德国古典哲学的终结》。对恩格斯这个特别重要的提醒，中国学者似乎并没有给予应有的重视。它明确告诉我们，要准确理解马克思和恩格斯的完整意思，仅仅看一封信是不行的。而一旦联系马克思、恩格斯的其他著作，就会发现，出现最多的是"动力的动力""动力的动因""表面动机和真实动机"一类不那么"合力"的思想与字眼。

二　两种历史合力说

历史发展动力是新时期最早受到关注并广泛讨论的史学理论话题之一。1979 年 3 月，中国历史学规划会议在成都召开。会上，戴逸做了题为《关于历史研究中阶级斗争理论问题的几点看法》的发言，提出在阶级社会中，阶级斗争不是唯一的历史内容，还有生产斗争、民族斗争、科技发展等非常丰富的内容，因此不能用阶级斗争代替一切。但他肯定阶级斗争是阶级社会发展的伟大动力，不过不是唯一的，同时提出推动社会历史前进的直接的主要动力是生产斗争。刘泽华、王连升则在会上做了《关于历史发展的动力问题》的发言，提出生产斗争是历史发展的最终动力。由此开始，在全国范围内展开了关于历史发展动力的讨论。

同年 11 月下旬，四川社会科学院主办的《社会科学研究》杂志专门组织成都、重庆、南充的学者讨论这一问题。当时的情况是，党的十一届三中全会决定停止实行以阶级斗争为纲，把工作重点转移到以经济建设为中心上来。这是顺应党心、民心和时代要求的英明举措，受到包括史学界在内的全国人民的衷心拥护。史学工作者热情澎湃，积极主动地运用历史学的智慧来为国家的现代化建设服务。他们联系江青集团无限夸大阶级斗争作用、客观上败坏阶级斗争理论、给史学发展造成极大伤害的沉痛教训，希望恢复马克思主义的科学要义，用真正的马克思主义指导历史研究。因此，关于历史发展动力的讨论，既有现实背景，也有良好动机，成绩也很大。但是，由后来讨论的情况看，又发生了以一种倾向掩盖另一种倾向的问题。

讨论所形成的基本状态，是"阶级斗争唯一论"不再有人坚持，但"阶级斗争真正动力论"在许多学者那里得到了坚持。同时，出现了生产斗争根本动力论、生产力根本动力论、适合生产力的生产关系根本动力论、生产力和生产关系矛盾动力论、社会基本矛盾根本动力论、物质经济利益根本动力论、人民群众原动力论、社会各种矛盾运动的合力动力论、直接地或归根结底促进生产力发展的人的实践活动动力论、改良也能成为动力的观点等。① 在这些主张中，最引人注意的是所谓"合力论"或"合力说"。刘大年先生称它是"动力问题的争鸣、讨论中别开生面的一种主张"。②

最早提出"合力论"的，大概是伍宗华和冉光荣。他们在《社会科学研究》编辑部主办的会议上提出："当我们运用唯物辩证法研究历史动力时，必须坚持从作用于历史的一切因素间的相互联系、相互冲突中，从它们之间多种多样关系的全部总和中去考察，即必须如实地把它们看作既相联系、又相矛盾的统一体，不是其中任何一种因素，而是所有这些因素的综合，它们在复杂的交互作用和矛盾冲突中融合而成的那个总的'平均数'、总的合力，决定着社会发展的方向，构成为历史演变的直接动力。"③

值得注意的是，他们没有提到恩格斯，而是引用了列宁关于人类社会是"一个十分复杂并充满矛盾但毕竟是有规律的统一过程"的论断。同时，他们也不否认存在"根本原因"或"起决定作用"的东西。但是，"合力"与"起决定作用"的东西之间的关系，他们未予论述。列宁关于阶级斗争是"历史的真正动力"的明确论断，他们也未予引用。所以，这篇文章虽然提出了"合力"直接动力论，实则未能进行深入论证。

1982 年，有学者提出李自成、多尔衮、郑成功形成了历史合力的观点。④ 对此，有学者提出批评，认为恩格斯所说的"合力"和"力的平行四边形"，都是从物理学上借用来的，而合力论者把物理学意义上的合力照搬到史学领域，混为一谈，将造成十分混乱的历史观。什么历史的是非功过，

① 参见龚延明《关于历史发展动力问题讨论综述》，《杭州大学学报》1979 年第 4 期；艾力云《历史发展动力问题讨论述评》，《史学月刊》1980 年第 1 期。

② 刘大年：《说"合力"》，《历史研究》1987 年第 4 期。

③ 伍宗华、冉光荣：《谈谈历史发展的"合力"》，《社会科学研究》1980 年第 1 期。

④ 孔立、李强：《李自成·多尔衮·郑成功——历史的"合力"之一例》，《光明日报》1982 年 8 月 16 日。

一概在所不计。这绝不符合历史唯物主义基本原理。因此，应该区分物理合力与历史合力、历史规律与历史事件、历史合力与前进动力。① 此后，关于历史合力是不是历史直接动力的讨论，便在史学界开展起来。

1987年，刘大年在《历史研究》第4期发表《说"合力"》一文。这是一篇有代表性的文章，客观上将讨论带入了高潮。刘大年的基本观点是，"合力"不是历史前进的动力，恩格斯没有"合力"就是动力的意思。

刘大年首先辨析了"合力"与"动力"的关系，指出"动力"对应事物的性质，"合力"对应事物的数量。性质与数量不能分开，但混淆不得。讲历史发展动力，就是确定动力的性质，不是突出它的数量。假如立足于数量来确定动力问题，则"不成其为一种主张"。刘大年的这一观察与辨析，是非常敏锐的。

因为混淆了性质与数量的关系，刘大年认为，"合力说"的主张者陷入了一连串矛盾。首先，它使动力成为一种抽象的没有质的规定性的东西；"大家辩难、聚讼不休的阶级斗争、人的本性等等的界限，就成为可以泯灭的，或只需要从数量上加以区别的东西了"。其次，照"合力说"的逻辑，动力会出现接近于零的情况。换言之，对抗阶级的利害差距越大，斗争越激烈，历史前进的动力越小，这反而说明"合力"不成为其动力了。再次，依照"合力说"的逻辑，会出现拉车向前与拉车向后没有区别的荒诞局面，如将日本军国主义看作中国取得抗战胜利的力量的一部分，等等。最后，将等于零的合力当作动力，等于说无就是有，零就是力，无力正是有力。

刘大年提出，恩格斯讲合力，实际是在打比喻。比喻即使非常切合，也不能与实事同等看待。而且，恩格斯讲的是唯物史观里面一个小范围的问题，只能归于唯物史观的一个子系统之中，并不反映这个学说的整体系统。他认为，"合力说"并没有揭示出阶级斗争动力说的"缺陷"；既然揭示不出来，那就无法代替它，"显然不具备竞选的资格"。他表示，历史前进的动力是生产力的发展，生产力与生产关系的矛盾，在阶级社会表现为这种矛盾的阶级斗争。

刘大年其实提出并勾画了他所理解的"合力说"。这种合力说的本质在

---

① 王启荣：《李自成、多尔衮、郑成功能形成历史的"合力"吗？——与孔立、李强二同志商榷》，《华中师院学报》1983年第4期。

于不承认阶级社会历史前进的动力是阶级斗争。仅仅在这样的意义上，他才认为"合力说""不具备竞选的资格"。如果说"合力说"根本就没有否定阶级斗争动力说的意思，那么，显然就不属于刘大年的论旨所在了。至于在肯定阶级斗争动力说的前提下又该如何看待"合力说"，当然也不是刘大年的论旨所在，但他在文章中还是做了提示，即一方面肯定恩格斯的信函具有深刻意义，另一方面指出："平行四边形法则这个比喻，是最正确、贴切呢，还是有缺陷，没有找到最好的语言来表达？关于这一点，不妨进一步讨论。"表明他完全认可讨论的必要。

在与刘大年商榷的文章中，实际又提出并勾画出了第二种"合力说"，即承认阶级社会历史前进的动力是阶级斗争的"合力说"。这样，便出现了两种"合力说"，一种承认阶级斗争动力论，一种不承认。承认阶级斗争动力论而又赞成"合力说"的那些商榷文章，虽然围绕刘大年的文章而展开，却不是"针对"刘大年的核心观点进行立论，因而在客观上，毋宁说是对刘大年文章的深化与细化。

比如一篇著名的商榷文章提出，恩格斯的论断"使我们在坚持唯物史观的经济决定论、阶级斗争理论等基本原理的同时，注意到社会主客体运动的有机统一；在坚持研究的全面性、整体性的同时，注意到研究的重点和动态"。这样的意思，显然符合恩格斯的原意，[①] 同时不违背刘大年的论旨。这篇文章认为，刘大年关于历史动力的总观点，"重申了唯物史观基本原理，摒弃了阶级斗争是唯一动力的错误，是科学的"，这就在根本点上与刘大年完全一致了。不过，该文作者对"合力说"做了不同于刘大年的界说，即它"没有否定唯物史观基本原理，更没有否定阶级斗争动力说"。既然"没有否定"，那当然也就重叠在刘大年的基本论点上了。重叠之后，作者又深化了刘大年的观点，即认为"历史合力论分析了历史动力理论各部分之间的联系层次和作用方式，更加具体地阐明了阶级斗争在动力理论中的地位，指明了阶级斗争动力说的适用范围"。"合力说"能够将阶级斗争的地位与作用更加清晰化，那当然是好事。但无论怎样清晰化，回到论题的出发

[①] 　在致布洛赫的信件末尾，恩格斯特别提到"原则"或"原理"与"应用"的关系，要人们在"应用"时必须格外小心。比如在"描述某个历史时期"的时候，仅仅掌握主要原理是绝对不行的。

点，作者还是得承认，确实也写下了这样的话："阶级斗争是阶级社会中社会基本矛盾的集中体现。"阶级关系在阶级社会中是"人们相互关系中的主导因素"，阶级斗争因此而"成为历史运动中的根本动力或直接动力"。"以资本主义社会为例，它从产生、发展到衰亡的全部过程，都贯穿着阶级斗争。而且，由于社会化大生产的发展，阶级结构简化，阶级斗争也相应公开化、激烈化，阶级斗争作为历史动力的伟大作用，比任何私有制社会都更为明显。"这样的话语，与刘大年有丝毫区别吗？所以，作者提出，刘大年"关于历史动力问题的基本观点是正确的"，"目前史学研究中也确实存在着一种贬抑乃至否定马克思主义阶级斗争理论的倾向，这其实是从一个极端走向另一个极端，难以令人信服"。并提出"必须划清历史合力与折衷主义、相对主义的界限"，① 这样的见解无疑是正确的。

我们看到，在"商榷"的名目下，一是基本观点与刘大年一致，二是对刘大年观点进行了深化与细化。究其原因，就在于该文作者提出了另一种与刘大年核心观点并不对立的"合力说"。或者说，把唯物史观的基本原理，冠上了"合力说"的帽子。这样做是否合适？我认为不合适。道理很简单，既然论者以为"合力说"与唯物史观的基本原理全部相合，那又何必命之为"合力说"，而不继续叫唯物史观基本原理呢？

如此看来，至少一部分学者与刘大年的所谓"商榷"，实质上并不名副其实。因为，阶级斗争是历史发展直接动力的根本观点毕竟得到了维护。如果说"商榷"就是指在这一前提下做更深入的讨论，当然值得鼓励，因为它可以促进对唯物史观进行更深入的理解和把握。我认为，在坚持阶级斗争动力论前提下的历史合力讨论，其积极的正面价值，也正在于此。但是，无论在怎样的界定意义上，我都不赞成将马克思主义的历史发展动力理论，概括为历史合力论。无论怎样抠字眼，无论怎样坚持阶级斗争动力说，都不应将马克思主义历史发展动力理论命名为"合力论"。

在另两位作者合写的文章中，作者提出，恩格斯信函中"第二"所讲的"运动规律""归根到底仍然是经济的必然性"，而各种意志、愿望的活动表现为偶然性，为经济的必然性所支配；"第二"是在"第一"的基础上所做的深层次的论述。作者写道："合力的方向，总是比较靠近力量大的一

---

① 吴廷嘉：《"合力"辨——兼与刘大年同志商榷》，《历史研究》1988 年第 3 期。

方。当革命的进步的阶级战胜反动的落后的阶级时，合力的方向就会靠近历史发展的正确方向；当反动阶级得势的时候，合力的方向就会背离历史发展的方向；而当革命力量和反动力量处于均衡状态时，合力等于零，但这毕竟是暂时的现象。所以，合力的方向取决于各种意志的性质及其力量对比，它体现了合力的性质。"① 如果说这属于"合力说"的基本原理，那么，岂不更是马克思主义社会发展史所阐明的基本道理？对这些基本道理，必欲命之为"合力论"，有什么意义呢？

历史发展动力理论涉及的问题很多，也很复杂。比如怎样看待农民战争的历史作用，怎样确认历史的创造者与历史的主人，怎样看待历史发展过程中的"相互作用与终极原因"，历史动力理论是不是属于历史决定论或逻各斯中心主义？等等，都属于历史发展动力范畴内的问题。在这些议题上，理论应对工作很繁重。我认为，将马克思主义的历史发展动力理论归结为"合力论"，无法胜任这一应对工作。正确的做法，应该是遵照经典作家的提示，从他们那里汲取理论智慧。

三　马克思、恩格斯的实践

前文已言，恩格斯给布洛赫开列了四本参考书。恩格斯特别指出，马克思的《路易·波拿巴的雾月十八日》是"运用这个理论的十分出色的例子"。所谓"这个理论"，是指"历史唯物主义"。② 因此，有必要依照恩格斯的提示，看看马克思是怎样具体运用历史唯物主义的，在运用中又是怎样处理动力与合力的关系的。

首先，在直接动力的意义上，马克思娴熟而鲜明地运用了阶级分析方法。在概括这部著作的总特点时，马克思说他所要证明的局势和条件，是由法国阶级斗争"造成"的。他的写作目标，就是将"怎样造成"的过程揭示出来。对此，恩格斯1885年为第三版写的序言明确指出："正是马克思最先发现了重大的历史运动规律。根据这个规律，一切历史上的斗争，无论是

---

① 陈孔立、施伟青：《〈说"合力"〉质疑》，《历史研究》1988年第3期。
② 联系恩格斯的上下文，所谓"这个理论"是指"历史唯物主义"，而不是单指"平行四边形"那段话。换言之，"平行四边形"云云，位于"历史唯物主义"下面与里面。它们不是平行或平列关系，而是隶属关系。

在政治、宗教、哲学的领域中进行的，还是在其他意识形态领域中进行的，实际上只是或多或少明显地表现了各社会阶级的斗争。"①

需要强调的是，马克思使用阶级分析方法，总是与具体的历史环境、历史背景紧密结合，不放弃分析每一个历史要素，从而表现为一种历史的具体呈现，而非观念的演绎推演。他不仅细致入微地分析每一个阶级和阶级集团，而且对阶级集团的内部构成也全力予以揭示。仅巴黎流氓无产阶级，马克思就揭示出它不仅包含一些生计可疑和来历不明的破落放荡者、资产阶级中的败类和冒险分子，还包含流氓、退伍的士兵、释放的刑事犯、脱逃的劳役犯、骗子、卖艺人、游民、扒手、玩魔术的、赌棍、皮条客、妓院老板、挑夫、下流作家、拉琴卖唱的、捡破烂的、磨刀的、补锅的、叫花子。② 如此细腻的爬梳与揭示，对于我们科学地运用阶级分析方法，无疑具有示范作用。显然，运用阶级分析方法，并不意味着去除掉鲜活的历史血肉。历史上阶级的构成不仅是复杂的，而且处于变化或分化之中，这就要求阶级分析方法的运用过程也必须紧密地与历史实际相结合，绝非仅仅贴一个标签了事。

其次，在根本动力的意义上，马克思科学而具体地贯穿了唯物史观的根本原则。马克思指出，古代阶级斗争同现代阶级斗争在物质经济条件方面存在根本区别。恩格斯在上面所引述的那段话后面，紧接着写道："而这些阶级的存在以及它们之间的冲突，又为它们的经济状况的发展程度、它们的生产的性质和方式以及由生产所决定的交换的性质和方式所制约。这个规律对于历史，同能量转化定律对于自然科学具有同样的意义。"可见，在阶级斗争这一直接动力背后，还隐藏着更深刻的根本动力。这一根本动力，只能到人们的物质关系、生产关系、所有制关系中去寻找。

我们看到，在充分揭示与分析直接动力的时候，马克思总是在文字可以有机衔接的地方揭示根本动力。在论述秩序党中两个大集团彼此分离的原因时，马克思指出，造成它们分离的原因，"是由于各自的物质生存条件，由于两种不同的财产形式；它们彼此分离是由于城市和农村之间的旧有的对

---

① 《马克思恩格斯文集》第2卷，人民出版社，2009，第469页。
② 《马克思恩格斯文集》第2卷，第523页。

立，由于资本和地产之间的竞争"。① 关于所谓"拿破仑观念"，马克思在深入分析其产生的物质原因之后指出，那"都是不发达的、朝气蓬勃的小块土地所产生的观念"。② 将对社会观念的考索最终归结到土地关系上，这正是所谓思想史研究与社会史研究相结合的要义所在。

再次，在物理合力的意义上，马克思全面而圆满地揭示了历史演变过程中的全要素。马克思说，他要证明"法国阶级斗争怎样造成了一种局势和条件，使得一个平庸而可笑的人物有可能扮演了英雄的角色"。③ 要达到这一目的，就要在历史根本动力、直接动力的前提下，对历史全要素进行充分展示，揭示它们之间的合成关系。

马克思在揭示出秩序党两大集团分离的根本原因之后，并没有止笔，而是继续写道："当然，把它们同某个王朝联结起来的同时还有旧日的回忆、个人的仇怨、忧虑和希望、偏见和幻想、同情和反感、信念、信条和原则，这有谁会否认呢？在不同的财产形式上，在社会生存条件上，耸立着由各种不同的、表现独特的情感、幻想、思想方式和人生观构成的整个上层建筑。"凡此种种，都是构成历史合力的要素。这样的要素，还包括"宪法、国民议会、保皇党、蓝色的和红色的共和党人、非洲的英雄、讲坛的雷鸣声、报刊的闪电、整个著作界、政治声望和学者的名誉、民法和刑法、自由、平等、博爱以及1852年5月的第二个星期日"，④ 等等。可见，对于历史要素的揭示，马克思主义经典作家是从不吝惜笔墨的。那种认为马克思主义史学不重视揭示历史要素从而不重视历史的丰富性与复杂性的观点，完全站不住脚。

在自然科学的意义上，历史要素只能是"无穷无尽的表面的偶然性"。借恩格斯的话讲，它们只是"外部必然性的形式"。20世纪70年代以来，全球史学界的一个共同趋向，是越来越重视对历史要素的描述与揭示。这样做并没有什么不好，但是，如果它脱离历史根本动力与直接动力的前提，成为一种无前提的自我本体性学术活动，那就必然会造成"碎片化"的局面。事实证明，必须重视揭示历史要素，但是，必须遵循马克思指示的路径、领

---

① 《马克思恩格斯文集》第2卷，第498页。
② 《马克思恩格斯文集》第2卷，第572—573页。
③ 《马克思恩格斯文集》第2卷，第466页。
④ 《马克思恩格斯文集》第2卷，第475页。

域和方法去揭示历史要素。

马克思有一个重要思想，就是特别强调充分揭示历史条件。这个思想在他的著作中处处都有体现。他有一段名言："人们自己创造自己的历史，但是他们并不是随心所欲地创造，并不是在他们自己选定的条件下创造，而是在直接碰到的、既定的、从过去承继下来的条件下创造。"① 马克思在思考跨越所谓"卡夫丁峡谷"时，着眼点就是实现它的各种历史条件。对历史条件的追问、梳理与揭示，就是阐明历史要素，也就是展示历史合力。

最后，马克思的历史动力与合力思想，是在动态考察和分析历史演进的过程中展开的。根本动力处在第一层次，直接动力处在第二层次，物理合力处在第三层次，它们相互结合，构成有机整体，同时在考察历史变化的进程中予以点题、呈现，实现思想方法与研究方法的统一、研究过程与叙述过程的统一。

我们知道，《路易·波拿巴的雾月十八日》采用了编年史分阶段的叙事模式，依照事件演变的自然行程来夹叙夹议。这样处理题材的好处，是不仅尊重历史对象的完整性，而且体现了其动态性。正是在动态性的考察中，马克思依照根本动力、直接动力、物理合力的逻辑秩序，不仅科学揭示了"时代的总的性质"，而且揭示了各种历史要素的能动性。它既避免了像雨果那样由于单纯注重能动性从而忽视了根本动力与直接动力，也避免了像蒲鲁东那样由于过度注重"历史发展"的必然性从而忽视了历史人物的能动性。马克思的实践验证了恩格斯关于历史动力与历史合力思想辩证的科学的价值，是人们正确体悟、理解历史合力论的科学参照。而恩格斯在《路德维希·费尔巴哈和德国古典哲学的终结》等著作中，虽侧重点有所不同，但实践的过程、表达的思想与马克思都是完全一致的。

在汉语中，"合"字既有聚合、汇合、扣合、闭合之义，也有整体与全部之义。而"力"字则"象人筋之形"。于此可见，汉语的"合力"概念本身就既包含汇聚而合成的各种分别的力，又包含具有统合作用的核心之力（如同人筋）。这是一个统一性与多样性相互扣合的概念。出于具体语境的需要，恩格斯所强调的，是"合力"的聚合性与汇合性。恩格斯认为，马克思的《路易·波拿巴的雾月十八日》以及《资本论》第 1 卷第 24 章，均

---

① 《马克思恩格斯文集》第 2 卷，第 470—471 页。

是揭示聚合性的典范之作，因为它们的着眼点都是"特殊作用"。但是，恩格斯又不断强调，这些特殊作用"一般依赖于经济条件的范围内"；伟大的发展过程是在相互作用的形式中进行的，但相互作用的力量很不相等，"其中经济运动是最强有力的、最本原的、最有决定性的"。恩格斯说，我们把经济条件看作归根到底制约着历史发展的东西，它构成一条贯穿始终的、唯一有助于理解的红线。"通过各种偶然性来为自己开辟道路的必然性，归根到底仍然是经济的必然性。"因此，既不能把唯物史观当作不研究历史的借口，而是必须重新研究全部历史，必须详细研究各种社会形态的存在条件；同时，时刻不能忘记，即使对哲学，经济发展也具有"最终的至上权力"。经济虽然并不重新创造任何东西，但是它决定着现有思想材料的改变和进一步发展的方式。谈到"相互作用"，恩格斯总是将之与"形式""偶然性"之类概念连类。很明显，恩格斯的思想既充满辩证法精神，也是有重点的。对此，恩格斯在一封信中提出，不要过分推敲他所说的每一句话，而应该"把握总的联系"，亦即领会精神实质，得意忘言。这显然同样是需要我们注意的。

总之，我认为，历史根本动力、直接动力、物理合力三个层次相互区隔又紧密联系的观点，既符合马克思、恩格斯的原意，也符合他们的实践。马克思和恩格斯均高度重视历史的物理合力，但他们从来不忘记提醒人们去探究"那些隐藏在——自觉地或不自觉地，而且往往是不自觉地——历史人物的动机背后并且构成历史的真正的最后动力的动力"。[①] 而谈到动力，在马克思、恩格斯笔下无非是两条：一是阶级斗争，二是所有制关系。

〔作者单位：中国社会科学院大学〕

---

① 《马克思恩格斯文集》第 4 卷，第 304 页。

中国近代史漫议（三题）

姜　涛

在张海鹏教授八十华诞之际举办中国近代史学科体系的理论建构与学术反思的研讨会，是一件很有意义的事。海鹏老师在中国近代史学科体系的理论建构上有突出的建树，且身体力行，不仅主持编写了多卷本的《中国近代通史》，还撰写或主持编写了数种堪称"微缩版"的中国近代史读本，给我们以诸多启迪。借此机会，我想谈一谈有关中国近代史的三个问题，兴会之际，随手写出，因并非严格遵照学术论文的写法，姑且名之曰"漫议"。

一　近代史最根本的属性：近

有关中国近代史的相关问题，以前我曾论述过。[①]　这里简单地再说一下。

中国近代史之生发为学科意识，迄今还不到百年的时间；而其正式形成学科体系，应是在 20 世纪 50 年代，也即中华人民共和国成立以后。其间，中国科学院近代史研究所（今隶属中国社会科学院）的建立（1950 年），起了相当重要的作用。以至于数年后，在台北的中研院，虽然已经有了历史

[①]　相关论述主要见姜涛《中国近代史的再认识》，《安徽史学》2004 年第 2 期；姜涛《刘大年与〈评近代经学〉》，载中国社会科学院近代史研究所编《近代中国与世界——第二届近代中国与世界学术讨论会论文集》第 3 卷，社会科学文献出版社，2005，第 472—497 页；李卫民《处处有路透长安——姜涛研究员访谈录》，《晋阳学刊》2009 年第 2 期，第 3—18 页。

语言研究所，但为争取中国近代史的话语权，还是相应地建立起近代史研究所（1955 年筹备，1965 年建立）。

关于中国近代史的上下限，曾经有过几种不同的看法。50—60 年代，学者们大多赞成以 1840—1919 年（也即旧民主主义革命时期）的历史为中国近代史，1919—1949 年（也即新民主主义革命时期）的历史为中国现代史。其分期的基本依据，体现在毛泽东于 1949 年 9 月 30 日为人民英雄纪念碑起草的如下碑文中：

> 三年以来，在人民解放战争和人民革命中牺牲的人民英雄们永垂不朽！
>
> 三十年以来，在人民解放战争和人民革命中牺牲的人民英雄们永垂不朽！
>
> 由此上溯到一千八百四十年，从那时起，为了反对内外敌人，争取民族独立和人民自由幸福，在历次斗争中牺牲的人民英雄们永垂不朽！

"文化大革命"以后，尤其是进入八九十年代以后，人们更多地赞成以 1840 年、1949 年为中国近代史的上下限。而从社会性质上，则认为这 110 年都属于半殖民地半封建社会。海鹏老师主持的《中国近代通史》乃至数种中国近代史读本，都坚持了这一分期。

但我想说的是，110 年的分期之所以能够"战胜"80 年的分期，并不完全是"学理"（比如，将整个 110 年都定性为半殖民地半封建社会）的原因，而更多的应归结于时间的推移。

110 年的中国近代史，也即所谓半殖民地半封建社会的历史，只是一段特定时期的历史，是近代中国由治到乱，又从乱到治这样一个过渡时期的历史。在《中国大百科全书·中国历史》分卷（1992 年 4 月第 1 版）中，这一段历史已被很聪明地改称作"清史（下）"〔相对于 1840 年以前的"清史（上）"而言〕以及"中华民国史"。

进入 21 世纪以来，尤其是 2019 年我们迎来了中华人民共和国成立 70 周年，从晚清到民国的 110 年，已经渐行渐远。如果说我们现在还可以勉强地将这段仅包含 110 年的历史称为"中国近代史"的话，那么再过 30 年，

2049 年中华人民共和国成立 100 周年的时候，再将这一小段日益远去的历史称作"中国近代史"就说不过去了。这需要我们回过头来对近代史的根本属性予以切合实际的探讨。

愚以为，近代史最根本的属性，实际上完全可以归结为一个字：近。稍详一些，或可用一个四字成语加以补充说明：与时俱进。

中国传统时代的"二十四史"，说白了，实际上都可以看作各相关时代的近代史。司马迁的《史记》虽向前追溯久远，但其最基本的论述范围仍不出"所见所闻所传闻"的"三世"，其主体依然是近代史。其后，《汉书》《后汉书》及以下的断代史当然更是。

但"二十四史"作为断代史与近代史多少还是有所不同。《史记》等"二十四史"作为具有绝对年代的断代史，是由古及今、由远及近，出发点是在古代或是相关王朝建立之初。而属于相对史范畴的近代史，其出发点则是在眼前或当下，是从现在看过去。不过，出发点在眼前或当下的近代史，离眼前或当下还是应该保持适当的距离。人们都有这样的经验：用两眼观察事物，放在鼻尖上反而看不清。必须稍稍离远一些，也即保持适当的距离之后才能看清。对生活在当下的人们来说，新近发生的事件，毕竟离得太近了，因而都只能算是"新闻"（有些或已可称作"旧闻"）。事件的来龙去脉，其发展过程的"始衷终"（也即开始怎样、后来怎样、最后怎样），还来不及凝化成"史"。人们，甚至训练有素的历史学家，对于相关事件仍往往处于"不知始、不知衷、不知终"的"三不知"状态。[①] 当下的事件，还不足以成为史家笔下的近代史。

因此，我认为：近代史的下限离当下至少应保持三十年的距离，也即大约一个世代的间隔。[②] 这也是包括中国在内的许多国家的档案法所规定的档案解密年限。[③]

至于近代史的上限，不必统得过死。1840 年的鸦片战争，只是近代

[①] 早在春秋时代，古人就提出要"始衷终皆举之"，反对一问"三不知"（即不知始、不知衷、不知终）。语出《左传·哀公二十七年》："文子曰：'吾乃今知所以亡。君子之谋也，始衷终皆举之，而后入焉。今我三不知而入之，不亦难乎？'"

[②] 汉字之"世"，其本义即三十年。许慎《说文解字》卷 3《卅部》"世"字条："三十年为一世。"

[③] 如 1987 年 9 月公布的《中华人民共和国档案法》第十九条规定："国家档案馆保管的档案，一般应当自形成之日起满三十年向社会开放。"

政治史的上限。其他专史，如科学技术史、人口史等，完全可以各有其不同的上限。但一般说来，中国的近代还是到 1840 年以后，事件才逐渐增多起来。

很有意思的是，苏联科学院齐赫文斯基院士主编的《中国近代史》①，其上限是从清王朝建立之初算起。其理由也不无道理，那就是要和世界的近代史保持一致。但细读其书，鸦片战争前的内容所占分量甚薄，叙事的主体依然是在 1840 年以后。

二　中国近代的基本问题：走向世界、融入世界

中国近代的基本问题，是近代史学科各领域的研究都须面对的问题。近代史的下限随着时间的推移而延伸之后，这一"基本"问题更值得我们去深入探讨。

以前是将 1840—1949 年的历史定性为"半殖民地半封建社会"的历史，这从原则上说并没有错。② 中国近代的基本问题，或中国近代社会的主要矛盾，前人也有过很多相应的论述。

还是在 1939 年，也即抗日战争的初期，毛泽东在《中国革命和中国共产党》一书中即说过：

> 帝国主义和中国封建主义相结合，把中国变为半殖民地和殖民地的过程，也就是中国人民反抗帝国主义及其走狗的过程。从鸦片战争、太平天国运动、中法战争、中日战争、戊戌变法、义和团运动、辛亥革命、五四运动、五卅运动、北伐战争、土地革命战争，直至现在的抗日战争，都表现了中国人民不甘屈服于帝国主义及其走狗的顽强的反抗精神。

---

① 齐赫文斯基主编《中国近代史》，生活·读书·新知三联书店，1974。
② 人们对"半殖民地半封建社会"的争议，在相当大程度上还是纠结于中国传统时代是否可以被称作"封建社会"。如果我们不去争论传统时代是否"封建"的名实问题，只当其是姑妄言之、姑妄听之的一个"外号"，那么，"半殖民地半封建社会"的定性应该是可以接受的。

他又说：

> 中国人民，百年以来，不屈不挠、再接再厉的英勇斗争，使得帝国主义至今不能灭亡中国，也永远不能灭亡中国。[①]

这也是迄今为止将1840—1949年的中国社会定性为半殖民地半封建社会的基本依据。但仔细辨析，中国在1895年《马关条约》签订前，虽有部分主权和领土丧失，但还未沦落为所谓的"殖民地、半殖民地"，而在1945年抗日战争胜利以后，即已废除了帝国主义强加于中国的各种不平等条约。因此，严格说来，中国沦为"殖民地、半殖民地"的历史前后仅五十年左右。半殖民地半封建社会的定性，不能囊括整个1840—1949年的历史。

90年代，刘大年提出了"两个基本问题"说。他不止一次地强调：

> 中国近代社会历史的基本问题、主要矛盾斗争，一是民族丧失独立，要求从帝国主义侵略压迫下解放出来；二是社会生产落后，要求实现工业化、现代化。[②]

在新的认识基础上重新整合和统一起来的中国近代社会"两个基本问题"说，是大年先生对中国近代社会性质认识的深化，也是对中国近代史认识的进一步发展。

"两个基本问题"说的第二个问题，实际上已经突破了1840—1949年的时间界限。因为这一问题，也即"社会生产落后，要求实现工业化、现代化"的问题，在中华人民共和国成立以后相当长的时间里并没有真正得到解决。

而从世界史、全球史的角度看，中国的近代史，我们毋宁说是中国走向世界、融入世界的过程史。是的，在此之前的中国，其本身就已经是个世

---

① 《毛泽东选集》第2卷，人民出版社，1991，第632页。
② 刘大年：《评近代经学》，载朱诚如、王天有编《明清论丛》第1辑，紫禁城出版社，1999，第1页。

界，是在前人所谓"天下"的体系之内不断发展、完善。但自西方新老殖民主义者东来、中国被迫打开国门起，中国就开始了走向并融入新的更大的世界的过程，这一过程迄今仍在演进之中。或者说，迄今仍有若干新的走向世界和融入世界的待解决的课题。如果说，冷战结束前，中国曾经融入的是社会主义阵营，充其量只是"半球化"甚或"小半球化"（而且融入的过程本身也并不那么"融洽"）；现在所要融入的对象已是整个世界，是所谓的"全球化"问题了。

所以这一走向世界、融入世界的问题，不仅是中国过去一百多年的基本问题，也依然是中国当下的基本问题。英国19世纪最伟大的作家狄更斯曾说：

> 那是最美好的时代，那是最糟糕的时代；那是个睿智的年月，那是个蒙昧的年月；那是信心百倍的时期，那是疑虑重重的时期；那是阳光普照的季节，那是黑暗笼罩的季节；那是充满希望的春天，那是让人绝望的冬天；我们面前无所不有，我们面前一无所有；我们大家都在直升天堂，我们大家都在直下地狱——简而言之，那个时代和当今这个时代是如此相似，因而一些吵嚷不休的权威们也坚持认为，不管它是好是坏，都只能用"最……"来评价它。[①]

世界的近代，包括中国的近代在内，就是这么一个充满矛盾的时代。而当下依然是这样。

三 主旋律：人的解放，自由的旗帜高高飘扬

中国的近代史和世界的近代史一样，其主旋律，不仅是所谓资本主义的形成和发展，更是人的解放，是自由的旗帜高高飘扬的过程史。[②]

法国大革命时期所形成的"自由、平等、博爱"口号，并不仅仅属于

---

① 狄更斯：《双城记》，宋兆霖译，中国戏剧出版社，2005，第3页。
② 按：自由和解放，在英语中分别为liberty和liberation（法语为liberté和libération），两词同源，意思相关。在其源头的拉丁语中，作解放、释放讲的liberō，其本义即是指使奴隶获得自由，而作为自由讲的libertās，其第一释义即为自由权。

资产阶级。马克思 1849—1850 年写作的《1848 年至 1850 年的法兰西阶级斗争》一文，热情讴歌了于 1848 年二月革命中推翻了奥尔良王朝的巴黎无产阶级，正是由于他们的坚持，临时政府被迫宣布成立共和国：

> 两小时的期限未满，巴黎的各处墙壁上就已出现了具有历史意义的夺目的大字：
> 法兰西共和国！自由，平等，博爱！①

当篡夺了革命胜利果实成为法兰西共和国总统的路易·波拿巴为当皇帝而不惜修改宪法规定的总统任期，继而又指使军队发动武装政变时，马克思又愤慨地予以揭发和谴责，一针见血地指出：路易·波拿巴及其拥戴者们所把持的所谓"共和国"，

> 为要显出自己的真面目来，只缺少一件东西——使议会的休会继续不断，并把共和国的"自由，平等，博爱"这句格言代以毫不含糊的"步兵，骑兵，炮兵！"②

中国进入自己的近代虽然要晚得多，但其主旋律，同样也是人的解放。所高高扬起的，同样也是自由的旗帜。

鸦片战争前夕，思想家龚自珍和魏源已经在为即将到来的新时代而呐喊。

太平天国运动时期，憧憬着建立地上天国的农民造反者们则互称"兄弟姊妹"。如为君的洪秀全是"二兄"，为臣的杨秀清等人是"小弟"等。这一朴素的平等称呼，贯穿了太平天国运动的始终。

曾国藩曾写有著名的《讨粤匪檄》。在这篇"义正词严"的檄文中，曾氏回避了太平天国反抗清王朝的问题，但对太平天国的所谓天下之人皆为兄弟姊妹的说法大张挞伐，将其曲解诬蔑为违反人伦而必须加以讨伐的滔天大

---

① 马克思：《1848 年至 1850 年的法兰西阶级斗争》，载《马克思恩格斯选集》第 1 卷，人民出版社，1995，第 383 页。
② 马克思：《路易·波拿巴的雾月十八日》，载《马克思恩格斯选集》第 1 卷，第 622 页。

罪，并认为孔子、孟子也要为此痛哭于九原。具有讽刺意味的是，曾氏发表这篇檄文的 80 多年后，也即日本帝国主义发动全面侵华战争的时期，日本侵略者在其占领区大肆宣讲鼓吹曾国藩虽功高权重但无意于反清，因而"主张抗日者必遗臭万年"，又下令各学校向学生详细解释曾氏的《讨粤匪檄》，以此作为对坚持抗战的国共两党的声讨。①

太平天国事业的继承者、发动辛亥革命的孙中山等人，不管是在辛亥革命之前还是在中华民国建立以后，也都以"兄弟"相称。② 孙中山和他的战友们以推翻君主专制、建立民主共和为职志。这一有着平等意味的称呼，与清王朝等级森严的君臣关系（满臣以称"奴才"为荣，汉臣欲称"奴才"而不可得）适成鲜明的对照。③

中华民国的建立，不仅推翻了清王朝，更一举结束了延续 2000 多年的帝制，自由、平等的观念开始渐入人心。孙中山后来干脆将其三民主义，用林肯的"民有民治民享"予以表述。"自由"的呼声越来越高。在清华大学任教的陈寅恪，即以"独立之精神，自由之思想"相标榜。同样为"人的解放"做出贡献的，还有五四运动的健将，如陈独秀、胡适以及鲁迅等人。

匈牙利诗人裴多菲（1823—1849）的《自由与爱情》一诗，殷夫（左联作家，1910—1931）将其译为"生命诚可贵，爱情价更高。若为自由故，两者皆可抛"。虽不甚准确，但朗朗上口，传播甚广。④

抗日战争全面爆发后更是自由呼声高涨的时期。抗战时的歌曲，如

---

① 参见雯雯《一个"良民"在沦陷区的见闻与感受》（2018 年 4 月 12 日），"抗战文献数据平台"，https：//mp. weixin. qq. com/s/HPiOe_ wM08Kyl3KVZGss0A。

② 翻检孙中山的各种文集，孙氏在当选中华民国临时大总统之后，行文自称"文"，或谦称"弟""仆"等。而在革命前后的公开演讲中，都很干脆地自称"兄弟"如何如何。

③ 清王朝满汉有别。"向来奏折，满洲率称奴才，汉官率称臣"，但一些汉臣因"奴才"之称显得与皇帝更亲近些而改称奴才，乾隆帝针对此类"无知之人"的"献媚"之举曾专门发布上谕。参见《清高宗实录》卷 946，乾隆三十八年十一月戊午"上谕"。

④ 据说是最忠于原诗的英译："Liberty，love! /These two I need. /For my love I will sacrifice life，/for liberty I will sacrifice my love."其汉译应是："自由，爱情，这两者都是我所需要的啊！为爱情我可献祭自己的生命，为自由我可献祭自己的爱情。"参见黎日工《七种文字下的裴多菲诗》，http：//hx. cnd. org/2009/05/09/% e9% bb% 8e% e6% 97% a5% e5% b7% a5% ef% bc% 9a% e4% b8% 83% e7% a7% 8d% e6% 96% 87% e5% ad% 97% e4% b8% 8b% e7% 9a% 84% e8% a3% b4% e5% a4% 9a% e8% 8f% b2% e8% af% 97/，最后访问日期：2009 年 5 月 9 日。

著名的《八路军进行曲》（公木词、郑律成曲），其歌词中即有"自由的旗帜高高飘扬"。① 同样脍炙人口的歌曲《在太行山上》（桂涛生词、冼星海曲），歌词中也有"红日照遍了东方，自由之神在纵情歌唱"等句。

于 1945 年 4 月，也即抗战胜利前夕召开的中国共产党第七次全国代表大会上，提出了建设一个"独立、自由、民主、统一与富强"的中国的号召。② 这在会议所发表的毛泽东的政治报告《论联合政府》，朱德的军事报告《论解放区战场》及刘少奇修改党章的报告《论党》中，都有提及。如毛泽东《论联合政府》最后的结束语是这样的：

> 成千成万的人民的与党的先烈，为着人民的利益，在我们的前头英勇地牺牲了，让我们高举起他们的旗帜，踏着他们的血迹前进吧！
> 一个独立、自由、民主、统一与富强的中国不久就要诞生了，让我们迎接这个伟大的日子吧！
> 打倒日本侵略者！
> 中国人民解放万岁！③

抗日根据地之所以被称作解放区，人民抗日武装之所以被称作人民解放军，也正是贯彻落实这一号召精神的具体反映。

看过孙犁的《荷花淀》吗？这是其著作《白洋淀纪事》中最为特立独行的一篇。它最初发表于中共七大召开前后的延安《解放日报》。《荷花淀》所着力刻画描写的，是敌后抗日根据地也即解放区青年男女的精神风貌。在孙犁的笔下，解放区的人民是那样地充满了活力，蓬勃向上。他们的精神风貌不仅与敌占区，也与"大后方"国统区的人民截然不同。《荷花淀》不仅

---

① 《八路军进行曲》现已改名为《中国人民解放军军歌》。此句歌词，据部队的老人回忆，曾有过"朱德的旗帜高高飘扬"等改动，最后则被改定为"毛泽东的旗帜高高飘扬"。

② 中共中央于中华人民共和国成立后的第一个年头，也即 1950 年发布的《庆祝五一劳动节口号》第 26 条中，重申了"努力建设独立、自由、民主、统一与富强的新中国"的号召。在此之前，中共中央于 1948 年发布的"五一口号"中，虽未明确提出这一号召，但多次重申了自由、解放的主题，其最后一条更是"中华民族解放万岁！"

③ 毛泽东：《论联合政府》，苏北出版社，1945，第 64 页。后来收入《毛泽东选集》第 3 卷中的《论联合政府》对相关字句有较多的改动。

是对解放区的诗意描画，也是对未来社会的美好憧憬。

当然，历史还在走着曲折的路。"人的解放"的旋律，仍须继续奏响。"自由的旗帜"，仍须继续高扬！

〔作者单位：中国社会科学院近代史研究所〕

中国近代学术史研究的若干思考

李 帆

近些年来，学术史的研究成了学界的一个热点，相关著述一再问世，讨论的问题也越发宽泛，触角深入不少领域，甚至大有取代传统思想史研究之势。中国近代学术史的研究，尤其如此。

关于学术史何以会在近些年勃兴，一些学者做过探讨。有学者从 20 世纪 80 年代的文化史热入手，认为从关注文化史到关注学术史，"有其逻辑的必然性"，"当年人们关注文化问题，是多年激烈的政治动荡之后的反省有以促成之；而今日之关注学术史，则又是多年的文化热之后的反思有以促成之"。① 也有学者以晚清时人对学术史的关注为参照系，认为当时学者之所以热衷梳理学术史，"大概是意识到学术嬗变的契机，希望借'辨章学术，考镜源流'来获得方向感。同样道理，20 世纪末的中国学界，重提'学术史研究'，很大程度也是为了解决自身的困惑。因此，首先进入视野的，必然是与其息息相关的'二十世纪中国学术'"。② 这样的结论，大体是考量学术发展的内在理路与外在环境而得出的。的确，从文化史到学术史，是学术逻辑演化的必然；而 20 世纪末的时代情境、跨世纪的特殊氛围，恰好强化了这一逻辑，当时各类学术刊物（如《历史研究》）连篇累牍地回顾和总结 20 世纪学术历程的情形，即可证明此点。也就是说，世纪之交，借

---

① 左玉河：《从四部之学到七科之学》，上海书店出版社，2004，耿云志序，第 1 页。
② 陈平原：《中国现代学术之建立》，北京大学出版社，1998，第 1—2 页。

学术史的研究"辨章学术，考镜源流"，反思和检讨走过的路，以使中国学术在新的历史条件下更成熟地走向未来，不失为一种非常好的思路和做法。这与百年前章太炎、刘师培、梁启超等人关注于自身学术所得出的有清三百年学术史的总结，颇有异曲同工之妙。当然，正由于今日学者更多关注的是近百年的学术史，所以中国近代学术史的研究在整个学术史研究中居于显赫地位。

谈到中国近代学术史，自然不能仅以近百年为界。众所周知，近百年来的中国学术实际是中西交融的产物，一方面承继中国古典学术传统，另一方面接受欧风美雨的冲击，中、西学术相激相荡、相融相合，铸就当今的学术风貌。这是个剧烈变化的过程，其源头早已超出百年。王国维曾以"国初之学大，乾、嘉之学精，道、咸以降之学新"来概括有清三百年学术。① 他所谓"道、咸以降之学新"固然是指道光、咸丰以来之经、史、地理之学不同于乾隆、嘉庆时的专门之学，"务为前人所不为"，但如将其意扩展开来，也可用其指代道、咸以来一切学术新变化。实际上，这些新变化在嘉、道之际已显露端倪，即随着作为清学表征的乾嘉考据学逐渐走下坡路，而今文经学、理学、诸子学等相对趋于显赫，学术出现多元化局面，为此后的学术转型奠定了包容性的基础。如果说近代学术之所以为"近代"，是以其有不同于古代学术的面貌，那么对中国而言，所谓"近代"学术即指中西学术交融互释所带来的学术新貌，而其前提就是学术的多元化与包容性。至于道、咸之后西学的传播，则是直接促成学术转型的最关键因素。谈及西学进入，不能不强调甲午战争时期这个重要时间点。1840 年的鸦片战争固然是王朝命运变化的一个标志，但对晚清读书人来说，甲午战争中老大帝国败于蕞尔小国的结局，则是对其心灵和精神的更大冲击，《马关条约》签订后，亡国灭种的危机感和再难立足于世界的耻辱感，笼罩在他们的心头。有识之士已经认识到甲午战争是中国历史的一个重大转折点，"吾国四千余年大梦之唤醒，实自甲午战败割台湾、偿二百兆以后始也"。② 这样的认识，表明中国人的民族意识被迅速唤醒。民族意识的觉醒，必然带来民族主义的勃

---

① 王国维：《沈乙庵先生七十寿序》，载《王国维文集》第 1 卷，中国文史出版社，1997，第 97 页。

② 梁启超：《戊戌政变记》，载《饮冰室合集》第 6 册，中华书局，1989，《饮冰室专集》之一，第 1 页。

兴。知识界中的先进分子在强敌树立的成功样板前，开始反思自己的思想、学术立场。于是，变被动为主动，以敌为师，敞开胸襟，积极吸纳致使日本成功的西方思想、学术精髓，自觉地以西学来改造中学。这样，道、咸之后在中国传播开来的西学发生突变，不再是缺乏章法地缓慢进入，而是有章法地大举拥入，成建制、成体系，并以人文社会科学著述为主，谈西方的思想、学术、政治制度，谈民主、自由理念等。读书人中的多数已经意识到中国固有的学术是存在问题的，必须加以改进，建立起"近代"的学术，而改进的样板自然是西学。此后，一系列因素促成中国思想学术系统的改变。在这方面，制度建设起了很大作用，因为仅靠一两个人呼吁而没有制度建设是无法奏效的。京师大学堂的设立、新学制的颁布和实施、科举的废除等，都是学术系统改变的重要推手。这样的改变，即中国古典学术向现代的转型，一般认为是经过了从戊戌到五四的两代人才得以完成，差不多前后三十年。可以说，戊戌前后学术主体形态开始变为中西交汇的学术，进入民国后变为西方形态，五四之时基本固定下来。由此可知，民国初期是中国学术发展的重要时期，是中国固有的以"经、史、子、集"为代表的"四部之学"，最终转向包括"文、理、法、商、农、工、医"在内的"七科之学"的时期。从此，中国学术按照这一分科体系走上新的发展道路，进而形成延续至今的新传统。这里尤为关键的是，五四新文化运动前后，以北京大学为代表的现代大学体制建立、各类西式分科基本固化以及用"整理国故"方式研究传统学问成为共识，中国现代学术才算真正建立起来。所以五四时期似应作为中国近代学术史的下限，如此，中国近代学术的过渡性特征才得以凸显。总之，研究中国近代学术，嘉道之际、甲午战争时期、五四时期三个时间点的把握至为关键。

　　笼统来说，中国近代学术史是中国近代文化史的重要组成部分，具有文化史研究的共有特征。但学术之为学术，自有其不同于文化、思想的独立特征，所以中国近代学术史的研究对象应与文化、思想史的研究对象有所区别。追根溯源，"学术"一词中国古已有之，一般泛指学问、道术（据《辞源》），但"学"与"术"不同。《说文》释"学"曰"觉悟也"，释"术"曰"邑中道也"。"觉悟也"更多的是在"发蒙"或"学习"的意义上释"学"，故言"古教、学原为一字，后分为二"；"邑中道也"讲的是"路径"或"手段"。前者渐渐引申为学说、学问，后者渐渐引申为技能、技艺

（段玉裁《说文解字注》说"引申为技术"），而且有了形上、形下之分。形上之"学"备受士人重视，甚至皓首以穷之；形下之"术"则被看作雕虫小技，向遭冷遇。这种状况持续千年以上，直到西学进入中国。对西学，人们先以形下之"术"来格义，认为"西艺"（工艺技术）能包孕西学的全部内容。到清末，随着认识的深化，已知道西学亦有其根本，遂以中国之"学术"来格义它，如严复所说："学者，即物而穷理……术者，设事而知方。"[①] 刘师培也说"学指理言，术指用言"，[②] "学为术之体，术为学之用"。[③] 学与术不可分，共同构成科学系统，促进西方的进步。反观中国，学与术分离，言学不言术（日常所说"学术"仅指"学"），以此，学术无由进步，国家亦无法振兴。以西学为参照系对中国学术所做的反思与批判，必然使得一些有识之士对中国学术进行追根溯源的探讨，力求从其发展脉络中找寻失误之原。这正是当时学术史走上学术前台并成为显学的现实依据。相较而论，今日中国学术史研究的时代环境与当时有很大不同，但所面对的研究对象无根本差别，同样需要以西学为参照系，探讨有"学"有"术"、有"体"有"用"的中国学术发展历程。当然，学术与思想紧密相关，二者常常合而为一，所以直到今天，学术与思想或学术史与思想史的界限问题，仍是尚未厘清的问题，有思想的学术与有学术的思想咸为学者所追求的目标。也许不必刻意区分学术史与思想史的领地，同一研究对象，切入的角度不同，便会显示学术史与思想史的差异，如康有为的《新学伪经考》，思想史的研究会赞赏它对戊戌维新运动的巨大推动作用，学术史的研究则会孜孜于该书内容的学理探讨，从而不会对它做出很高评价。一个是强调作用于人的精神，震撼人的心灵，引发人的思考；一个则强调是否合于学理，论据是否充分，论证是否严密。理路的不同，带来结论的差异。如果不强分畛域，面对思想史或学术史的不同课题时，依据具体情况，或侧重思想史视角，或侧重学术史视角，采两者之长灵活运用之，也许研究成效会更理想。

在学术史的研究中，思想史的视角固然非常重要，文化史的视野也必不可少。思想二字从"心"，集中在人的心灵、精神层面，较为空灵；学术虽

---

① 严复：《政治讲义》，载王栻主编《严复集》第 5 册，中华书局，1986，第 1248 页。

② 刘师培：《古学出于史官论》，《左盦外集》卷 8，载《刘申叔先生遗书》，江苏古籍出版社，1997，第 1478 页。

③ 刘师培：《国学发微》，载《刘申叔先生遗书》，第 480 页。

也有精神层面的东西，但更重求真求实，强调脚踏实地；文化则具有包容性，精神、物质两个层面都在其中。较之思想的超越古今、天马行空，学术的步伐相对笃实，而且对外在环境依赖较大，近代学术尤其如此。近代中国，社会空间扩大，学术也越来越脱离国家、政府的控制而走向独立，不过这种独立是需要条件保障的，如软环境方面的观念形态，硬环境方面的制度建设、物质保障等。要研究中国近代学术史，学科、学人、学术著述等自然是主要对象，但对保障学科发展、学人能够独立从事研究的观念形态、制度建设、物质条件等因素也不能弃置不顾，这些甚至是近代学术得以成立的前提。广义而言，这几方面都在文化史视野之内，无论是属于精神上的，还是属于物质上的，都是文化史研究题中必有之义。所以，学术史的研究离不开文化史的视野，中国近代学术史应以中国近代文化史为基本依托。

〔作者单位：北京师范大学历史学院〕

概念史方法与中国近代史研究

黄兴涛

一 "概念史"的内涵与特质

所谓"概念史"（conceptual history），与其说是将概念作为特定研究领域的一门专史，或者说思想文化史的一个分支，不如说它是一种认知转型期整体历史的独特视角或方法。

"概念史"假定，每一个具有转型特点的历史时期，都存在凝聚那个时期丰富的历史信息、反映和塑造那个时代社会历史特征的重要的政治和文化概念。因此，历史学家不仅需要对这些概念的内涵演变进行专门探讨，同时需要关注，甚至更为关注这些概念的历史运用，也即重视它们与当时政治、社会和文化发展变迁之间深刻微妙的互动与关联。换言之，"概念史"着眼的是"概念"，关注和究心的却是"历史"，它试图通过对历史上某些特色或重要概念的研究，来丰富和增进对于特定时期整体历史的认知，因此，也有人将其视为一种历史研究的范式。

"概念史"最早是一个德国术语（begriffsgeschichte），黑格尔已曾使用。它在德国正式成为一种较为明确而自觉的历史研究方法，大体出现于20世纪六七十年代，后来得到持续发展。其标志性成果，为两大德语巨著的持续编纂和出版，即8卷本《历史的基本概念——德国政治和社会语言历史词典》和15卷本《1680—1820年法国政治和社会基本概念手册》。

这两部著作，代表着德国概念史研究的水准。其核心主编，分别为史学家柯史莱克（Reinhart Koselleck）及其弟子赖夏特（Rolf Reichardt）。柯、赖二人堪称德国最为杰出的概念史研究者，尤其是前者，属于概念史研究的象征性人物。[①]

在柯史莱克看来，社会转型时期的重要概念和基本概念，既是对社会历史现实之语言反映，可以充当认知变化中社会结构的"指示器"，也参与了对社会的建构和影响，即成为历史发展的"推助器"。凝聚此一理念的概念史方法之精髓在于：经由社会史的视野考察概念，复通过概念的研究来透视社会。对柯史莱克来说，概念史最初不过是社会史的"新开展"，是不满于古板、僵硬的传统社会经济史轻忽观念、思想特别是语言（以概念为核心）之社会建构作用而做出的史学努力；同时也是对传统思想史研究对思想观念的"社会性"和"历史性"缺乏足够重视的一种史学变革。这两者，都体现了新时代人文社会科学研究领域里"语言转向"的影响和精神。

与德国的柯史莱克同时或稍后，英国剑桥学派的斯金纳（Quentin Skinner）等人，也展开了自己带有概念史特征的研究（尽管他本人并不以"概念史"自称）。如果说柯史莱克等人出身于"社会史"，那么，斯金纳等人则是专业的政治思想史学者。但"概念史"有别于西方世界此前的传统思想史和观念史[②]，一方面，它不满于后者轻忽观念和思想的"社会化"维度、只拘囿于精英思想观念和经典文本分析的不足，这与葛兆光所谓的"一般思想史"追求有相通之处。另一方面，它又不满于后者归根结底的"哲学"式路径，批评其不重视思想观念的"历史性"、不去做社会历史语境分析的缺失。在这方面，斯金纳等剑桥学派人物对洛夫乔伊（Arthur

---

① 除了《历史的基本概念》之外，柯史莱克关于概念史的理论和实践的代表作还有他主编的《历史语义学和概念史》（*Historische Semantik und Begriffsgeschichte*，1979），以及他个人论集的英译本《概念史的实践》（*The Practice of Conceptual History*，Stanford University Press，2002）等。

② 在西方，思想史和观念史之间似不存在明显的界限。可参见里克特（Melvin Richter）《政治和社会概念史研究》（*The History of Political and Social Concepts*，Oxford University Press，1995），张智译，华东师范大学出版社，2010，第 7 页注释。不过更准确地说，20 世纪 30 年代兴起的"观念史"（history of ideas）研究，与此前传统的简单地追踪思想体系的哲学史还是有所区别，它注重作为思想环节、具有连贯性的较小"观念单元"。"概念史"出现以前，此种观念史主导着西方思想史。里克特是在英语世界推介德国概念史的最有力人物之一。

O. Lovejoy）等人的美国观念史之严厉批评，具有某种典型意义。

洛夫乔伊是美国著名的《观念史杂志》的创办人，他认为在人类的思想发展过程中，总存在一些独立的、具有连贯性的"观念单元"（unit ideas），它们因应着人类社会政治生活中的"永恒问题"，构成思想演进的"伟大环节"；聚焦于这些"观念单元"，揭示和阐释这些关键环节，就是观念史的主要任务。而斯金纳等人却不以为然。他们认为根本不存在所谓连贯不变的"观念单元"，只存在不同的人在不同的时空使用不同的概念和语言来表达思想的历史。思想观念史研究，应该关注重要概念的构成、变化及其具体的"历史语境"，也就是不同的主体在不同的时空，对重要概念采取目标不同的使用。概念的意义维度，始终与"言语行动"（speech acts）联系在一起，因此要了解其真实含义，只能进行必要的"概念分析"。

相对而言，以柯史莱克为代表的德国概念史学派，特别是它的早期，似乎更重视概念与社会结构的历史关联，而以斯金纳为代表的剑桥学派，则更在意"概念如何被使用"，尤其是主体的语言修辞问题。由于概念史方法对认知政治观念、政治思想和政治文化及其相关历史特别"给力"，它在剑桥政治思想史学派那里受到一定青睐，实在是不足为怪的。

概念史家不仅重视概念的历史性、变异性、实践性和政治性，也强调概念内涵的多歧性和竞争性，由此出发，他们通常喜欢区别"语词"和"概念"。如柯史莱克就认为，语词的含义一般较为明确，可以被精确地界定，而概念的内涵则往往模糊、多义，只能被阐释。这种模糊和歧义的特点，恰是概念具有内在含义竞争性，并进而能够被选择服务于不同政治目标的缘由所在。不难发现，在这点上，"概念"与福柯所强调的作为"漂浮的'能指'"的"话语"特性，有相通之处，它与福柯式的"话语分析"方法发生某种"交集"，并引起部分后现代学者的共鸣与声援，亦非无因。这也使得"概念史"与传统所谓"关键词"研究，部分地区别开来。此类研究，特别是对政治宏大概念的历史研究，通过对其多种选择性内涵富于竞争性的叙述与剖析，往往带有某种解构传统概念神圣性、反思现代性知识和观念的鲜明特征，能够彰显历史研究服务于人类不断进行自我反思需要的人文精神。

不过，柯史莱克等对语词和概念所做的区分似乎过于简单化，对概念模糊性的强调也过于绝对化了一些。已有学者对此提出质疑和批评。实际上，概念与语词不仅密不可分，它本身也有具体概念、抽象概念等多种不同类型的分别，即便是带有较强政治性的抽象概念，其内涵也通常有确定同一层面、多义歧义层面和模糊含混层面的不同，难以简单绝对化地一概而论，需要进行具体分析。当然，可以肯定的是，注重那些带有政治性的抽象复杂概念的含义之模糊层面、歧义层面及其思想实践意义，对于丰富我们的历史认知仍然是必要的，尤其对探讨现代概念与社会政治之间的复杂互动，是相当有益的。

二　概念史方法对于认知中国近代史的特殊价值

对于中国近代史研究来说，概念史方法具有特别积极而重要的意义。

如前所述，概念史研究特别适用于概念发生重大或整体性变革的社会政治转型时期，尤其是从传统社会向现代社会转型的这一特定过渡时期。概念史创始人柯史莱克将此种过渡时期称为"鞍型期"。他的有关研究，主要就是探讨德国现代概念体系的建立问题，寻求德国"现代性"得以建立的概念基础。其所主持的《历史的基本概念》涉及的主要时间范围，为1750—1850 年，恰好是德国现代社会的酝酿形成阶段。在柯史莱克看来，与这一过渡社会的交通和媒体大发展、民主潮流、政党政治的出现等社会政治特点相一致，现代概念往往具有时代化、政治化、民主化、可意识形态化等突出特征。这就不难理解，何以就整体而言，这一时期的许多概念对社会政治的实际影响要格外凸显，其与社会关系的复杂性也要超越前代。

中国近代正是传统社会向现代社会转型的历史过渡时期。概念系统的整体而深刻的变化，与社会政治的重大变革互为表里、彼此互动，其实在性、生动性和复杂性，丝毫也不亚于西方各国。这就决定了关于近代中国的概念史研究，不仅大有可为，而且可以期待它能有效地丰富人们对中国近代史的认知。

具体一点说，我认为概念史研究对于深化认知中国近代史的意义，至少表现在以下三个方面。

首先，通过概念史研究，实现对近代中国重要概念、基本概念乃至一般概念本身的个案和系统清理，对于认知近代中国思想的演变、透视思维方式和价值观念的变革，意义重大。近代中国出现了大量新名词、新概念，其数量之多，在中国历史上是十分少见的。仅从日本传来的汉字形新名词、新概念，就不下于1000余个。可以说，晚清以降特别是清末民初，现代概念体系已经在中国全面建立起来，它们实际上起到了一种"搭建'现代思想平台'"的重要作用。①

值得注意的还在于，近代中国出现了大量的新式词典，它们对新旧名词集中进行定义、界说和阐释。这件事情本身，也是中国思想史上前所未有的历史现象。可惜至今这些新式词典基本上仍被忽略，其思想文化史意义，还远没有得到应有的重视和揭示。

晚清民初的新名词和新概念，借助现代媒体的流播，不只是丰富了中国语言而已，还由此多方面深刻而微妙地影响了中国人的思维方式和价值观念。比如，现代意义上的"政治""经济""社会""文化"概念，就具有某种基础性的思想史部件的意义，它使人们在经常性使用中，习惯于按照这种分类来认识和对待世间诸事而不自知，这难道不是思维方式一个值得注意的变化吗？若再加上对它们彼此之间关系的某种模式化理解的形成、流行，其流播就不仅具有思维方式变革的意义，还自然携带有关价值观转换的内涵。所以我曾声称，现代意义的"政治"、"经济"、"文化"和"社会"概念的形成和流行，以及对它们彼此之间关系的认知，特别是对其关系的唯物主义理解，乃是中国人思想方式和价值观念近代变革的基本内容之一，或者说是中国近现代"一般思想史"的基础部分。② 现在，我依然坚持这样的看法。

以往，传统的中国近代思想史研究，主要重视政治思潮，以及像进化论、辩证唯物主义这样重要的哲学思想，而对于那些沟通精英与大众的一般社会政治和文化概念，则基本忽略。相比之下，概念史实践似可以提供一种值得期待的补充，至少有助于部分实现葛兆光所谓"一般思想史"的目标。

其次，概念史研究，通过对影响近代中国人的社会生活、指导政治和文化重大变革的新式核心概念，像自由、平等、民主、科学、立宪、共和、革命、改良、阶级、军阀、民族主义、封建主义、资本主义、帝国主义、社会

---

① 可参见黄兴涛《近代中国新名词的思想史意义发微——兼谈对"一般思想史"之认识》，《开放时代》2003年第4期；《清末民初新名词新概念的"现代性"问题——兼论"思想现代性"与现代性"社会"概念的中国认同》，《天津社会科学》2005年第4期。
② 黄兴涛：《"概念史"视野与五四研究》，《中国社会科学院报》2009年4月16日。

主义、共产主义、无政府主义等重要概念的形成、传播、认同和使用的深入探讨，特别是对它们与社会政治互动的途径与机制等的揭示，将无疑有助于提供和呈现政治、经济、思想文化相互交织的立体化历史图景，有效地改变以往近代史研究中政治史、经济史、思想文化史和社会史彼此割裂的认知格局，帮助人们具体而深刻地洞悉与把握近代历史发展演变的复杂动力，从而丰富和深化对中国近代史的认知。

以近代中国历史中最为重要而活跃的内容之一"民族主义"研究为例，概念史的视角就能显示某种独特的认知优势。在中国近代，民族主义不仅是一种思想原则，并表现为多姿多彩的观念形态，而且是一种普遍存在的情感取向，甚至是一种合法而强势的意识形态，同时还构成各种现实的政治、经济、文化运动和社会实践。这种带有强烈政治性的综合性历史现象，也为概念史的透视提供了可以施展的条件。

比如，我们可以通过对"民族"、"种族"和"国族"、"民族主义"、"爱国主义"和"国际主义"等新式概念内涵的形成、演变，以及它们在被各种政治势力实际使用的过程中彼此交叉互援、矛盾冲突的多方面揭示，来把握近代中国民族主义的特质；可以通过对"主权"概念群（治外法权、领事裁判权、路权、矿权等）、"列强"、"殖民地（主义）"、"帝国主义"、"不平等条约"、"文化侵略"、"危机"、"瓜分"等概念的引入或生成、运用，多方探析其内涵和功能，由此认知近代中国民族主义的正式形成、发展以及民众动员的特点等；可以通过对"东亚病夫""睡狮""黄祸""黄色""鬼子"等名词概念的透视，来了解近代中国民族主义复杂的内在情感机制；也可以通过对"国语""国学""国画""国术""国剧"等类似概念的流播使用，来检视近代中国文化民族主义的特征；通过对"汉奸""黄帝子孙""少数民族"等概念的研究，来认识近代中国民族主义内在的矛盾与张力；等等。

实际上，近些年已有不少学者在尝试类似的研究，并对我们认知民族主义做出了贡献，尽管他们未必都有明确的概念史自觉，尤其是运用概念史方法整体把握近代中国民族主义的自觉。

最后，研究近代中国历史，并不仅为一般性地弄清真相，概念史研究亦然。通过对近代中国进行概念史研究，特别是对那些影响格外巨大、至今仍然延续的神圣名义、特色概念及其政治文化实践的历史脉络与内涵进行清理和审视，可以增强人们对现代性知识和观念的历史反思性，更好地发挥近代史研究的人文资鉴和反思功能。

不过，概念史研究大不易，研究近代中国的概念史尤难。在近代中国，众多的新概念往往来自西方和日本，并与中国传统的相关概念发生不同程度的碰撞，从而形成了不少"中国特色的现代概念"，这一方面增加了中国近代概念史研究的魅力，丰富了其内涵，同时也对研究者的语言能力、学术视野和思想能力提出了很高的要求。毋庸讳言，对于许多概念史研究者来说，这无疑都将是一个长期的、严峻的挑战。

几年前，《新史学》集刊编委会开始在国内提倡概念史研究时，编委会成员贺照田先生曾担心"橘逾淮而为枳"，他提醒人们不要照猫画虎地引进概念史方法：因为在近代西方重要的概念，不一定在近代中国也重要；在今天人们关注的概念，可能在近代中国却无足轻重。① 这一提醒无疑是必要的。我们在进行近代中国的概念史研究时，必须精心选择那些深深打上了近代中国烙印，又反过来切实影响过近代中国发展的概念。这种选择，实际上既是概念自身的历史性所决定的，也是概念史方法所内在要求的。

当然，概念史研究者对概念的选择、对概念内涵的把握和开掘高明与否，还将取决于研究者的眼力、智慧和学养。

〔作者单位：中国人民大学历史学院〕

---

① 参见贺照田《橘逾淮而为枳？——警惕把概念史研究引入中国近代史》，《中华读书报》2008 年 9 月 3 日。同时刊载于此报的孙江《近代知识亟需"考古"——我为何提倡概念史研究》一文，也可一并参看。

流动的思想

——中国近现代思想史研究方法刍议

郭双林

人们常说，历史像一条河流。我认为，历史像海洋、天空，更像空气。就字面意义看，似乎历史的存在形态呈液体或气体状。其实不然。说历史像一条河流，是形容其一去不复返的特性；说历史像海洋、像天空，是形容其博大；说历史像空气，是形容其无所不在的弥漫性。所以，无论是说历史像河流，还是说像海洋、天空，抑或是说像空气，只是从一个维度去形容其特点，并非说其存在形态呈液体或气体状态。其实，过往人类活动的历史，不仅是一去不复返的、博大的、无处不在的，而且是立体的、流动的、变化的。同样，作为人类思维活动的思想，也是立体的、流动的、变化的。需要说明的是，本文所说的"流动"（flowing），主要指思想变动不居的特性，而非意味着其存在形态为液体或气体状态。这一点和齐格蒙特·鲍曼所说的"流动"（liquid）不同。① 既然思想是流动的，那么只有在流动中才能把握其内涵，揭示其意义。

任何学术研究都是以前人的研究成果为基础的，前人研究的终点，恰是我们的起点。讨论如何在流动中把握思想的内涵，揭示其意义这一问题，至少以下几位先行者的研究可供我们借鉴。

---

① 齐格蒙特·鲍曼：《流动的现代性》，欧阳景根译，中国人民大学出版社，2018，第23页。

一　昆廷·斯金纳的"意图"与"语境"

作为剑桥学派政治思想史研究的代表，昆廷·斯金纳（Quentin Skinner）在研究方法上令人印象最深的，是强调"意图"和"语境"。1969 年，斯金纳在《历史与理论》杂志发表《观念史中的意涵与理解》一文，其中对当时思想史研究领域盛行的多种明确的或暗含的理论预设予以猛烈抨击，并在此基础上提出了自己的理论纲领，其中写道："理解文本的前提在于掌握文本试图传达的意涵，以及希望这一意涵怎样被理解。为了理解一个文本，我们至少必须理解考察对象的意图，以及与之相伴随的意欲的沟通行动（intended act of communication）。这样，我们在研究这些文本时需要面对的问题在于：这些文本的作者身处特定的时代，面对特定的读者群，他们通过自己的言论实际是要传达到什么。因此，在我看来，最好从一开始就对通常在特定时刻的特定言论的传达对象予以说明。接下来的第二步应当是考察特定言论与更为广泛的语境（linguistic context）之间的关系，以揭示特定作者的意图……任何言说必然是特定时刻特定意图的反映，它旨在回应特定的问题，是特定语境下的产物，任何试图超越这种语境的做法都必然是天真的。"①

斯金纳的这一思想很明显来自柯林伍德（Robin G. Collingwood）的"问答逻辑"，对此他曾多次提到。如在 1997 年就任英国剑桥大学钦定近代史讲座教授时所做的演讲中，斯金纳就提到："我始终记得在我第一次阅读 R. G. 柯林伍德《自传》时的深刻印象。在这本书里，柯林伍德争辩道：所有哲学分支学科的历史都缺少一个固定的论题，因为问题以及回答不断在变化。"②1998 年他在接受玛丽亚·露西娅·帕拉蕾丝-伯克采访时再次提到："我还在上中学时，我的老师约翰·艾尔就让我念柯林伍德的《自传》，我开始做研究的时候，又回头来看这本书……我深心服膺于柯林伍德的核心概念——那原本是从他的美学中推引出来的——也即，一切艺术作品（包括哲学和文学著作）都是

---

①　昆廷·斯金纳：《观念史中的意涵与理解》，任军锋译，载丁耘、陈新主编《思想史研究》第 1 卷，广西师范大学出版社，2005，第 76—77 页。

②　昆廷·斯金纳：《自由主义之前的自由》，李宏图译，上海三联书店，2003，第 72 页。

有其意图的物品，并且因此要想理解它们，我们就必须力图还原和领会潜藏于它们之中的种种意图。这些意图绝不会就写在它们的表面，然而发现它们却是解释学的任务的一部分。这种研究取向通过将我们从表层引向意图，表明我们要想达成我们所寻求的理解，就必须考察各种直接的语境。"①

　　与此相类似，任何思想都是主体在外来刺激下经过思维活动而产生的结果，目的是回应外来的挑战。单纯的刺激不产生思想，简单的条件反射也不成其为思想。换句话说，任何思想都是具体的，都是为了回应或解决当时社会现实提出的问题。在人类历史上，不存在无意图的思想，也不存在一以贯之的思想。不过，过分强调思想的历史性，可能会导致对其普遍性的忽略。经典之所以成为经典，不仅仅在于其对具体问题做出了回答，更重要的是其回答对解决普遍性的问题也具有指导意义，或者说具有超时空性，否则就不成其为经典。同样，过分强调意图，还可能会导致对效果的关注不够。其实任何一种思想，其意义往往是在解决问题的过程中显现出来的。斯金纳特别强调意图、语境，而不太重视效果，他甚至认为："对思想史家来说，能够挖掘和展现常被我们遗忘的思想遗产的瑰宝就已经足够了。"② 这可能也与柯林伍德有关。柯林伍德在论及"问题逻辑"时虽然强调："在我的构想中，问题与答案之间是严格相关的，这一点必须牢牢记住。"但他强调的是答案的唯一性，而非有效性："某个命题所回答的问题不能再由其他命题来回答，否则这一命题便不会是对那个问题的正确回答。一个高度明确和特定的命题必须蕴含这样一个答案，它的问题不是模糊的，也不是泛泛的，而是一个与命题本身一样明确和特定的问题。"③

二　汉斯·罗伯特·姚斯的"接受理论"

　　与斯金纳强调意图与语境，而不太重视效果不同，德国现代接受美学的创始人汉斯·罗伯特·姚斯（Hans Robert Jauss）特别强调效果，而不太重视意图和语境。1967 年，姚斯在被聘为德国康斯坦茨大学教授的就职典礼上发表了一个名为《研究文学史的意图是什么？为什么？》的演说，引起轰

---

① 玛丽亚·露西娅·帕拉蕾丝 - 伯克编《新史学：自白与对话》，彭刚译，北京大学出版社，2006，第 278 页。
② 昆廷·斯金纳：《自由主义之前的自由》，第 82 页。
③ 柯林武德：《柯林武德自传》，陈静译，北京大学出版社，2005，第 34 页。

动，后来这篇演讲稿发表时更名为《文学史作为向文学理论的挑战》。一般认为，这篇演讲稿是接受美学的诞生宣言。在该文中，姚斯鉴于以往文学史只写作者与作品，而不关注读者，特别强调了读者在文学史上的地位，指出："一部文学作品，并不是一个自身独立、向每一时代的每一读者均提供同样的观点的客体。它不是一尊纪念碑，形而上学地展示其超时代的本质。它更多地像一部管弦乐谱，在其演奏中不断获得读者新的反响，使本文从词的物质形态中解放出来，成为一种当代的存在。"① 在他看来："在这个作者、作品和大众的三角形之中，大众并不是被动的部分，并不仅仅作为一种反应，相反，它自身就是历史的一个能动的构成。一部文学作品的历史生命如果没有接受者的积极参与是不可思议的。因为只有通过读者的传递过程，作品才进入一种连续性变化的经验视野。"② 后来姚斯（又译耀斯）在为《审美经验与文学解释学》一书中文版撰写的"前言"中再次指出："为了使一部过去曾经有过权威的文本来满足始终变化的现实的需要，就必须不断地通过解释和再解释来更新其意义。"他甚至表示："我期望读者在我的书中读到我所不知道的东西。然而，我只能期望那些愿意读他们还不知道的东西的读者做到这一点。"③ 在他看来，这最后一段话概括了"接受理论"的精髓。

在这里有一个问题需要解决，即能否将姚斯的这一美学理论运用到历史学或思想史研究上来？如果理解得不错的话，姚斯的"接受理论"源自其导师汉斯–格奥尔格·伽达默尔（Hans-Georg Gadamer）。伽达默尔在《真理与方法——哲学诠释学的基本特征》一书中论及"效果历史原则"时写道："历史学的兴趣不只是注意历史现象或历史传承下来的作品，而且还在一种附属的意义上注意到这些现象和作品在历史（最后也包括对这些现象和作品研究的历史）上所产生的效果，这一点一般被认为是对那类曾经引发出许多有价值历史洞见的历史探究［例如从赫尔曼·格林的《拉菲尔》到贡多尔夫及其后来的其他人］

---

① H. R. 姚斯、R. C. 霍拉勃：《接受美学与接受理论》，周宁、金元浦译，辽宁人民出版社，1987，第 26 页。
② H. R. 姚斯、R. C. 霍拉勃：《接受美学与接受理论》，第 24 页。
③ 耀斯：《审美经验与文学解释学》，顾建光、顾静宇、张乐天译，上海译文出版社，1997，作者中文版前言。

的一种单纯的补充。"① 姚斯的成功之处，在于把伽达默尔在研究历史学时使用的这一方法应用到美学研究上，并将其从"一种附属的意义""一种单纯的补充"提高到"一种当代的存在"。因此，将姚斯的"接受理论"应用于思想史研究，完全是可行的。

三　雷蒙·威廉斯的"关键词"研究

文本也好，观念或理论也罢，不是只有开始的写作意图和最终被接受，还有中间的演变和传播，前者是讲在时间维度中的变异问题，后者是讲在空间维度中的位移问题。其实在这些方面，也有学者做过研究。

从 1950 年以后，英国马克思主义批评家、文化研究的奠基人之一雷蒙·威廉斯（Raymond Williams）就开始关注和研究观念和理论的演变问题。1958 年，他在美国哥伦比亚大学出版社出版《文化与社会：1780—1950》一书，其中写道："从 18 世纪最后几十年到 19 世纪初的上半叶这段时间里，一些现在来看非常重要的词汇首次进入英语常用语的行列，或者原本已经普遍使用的词汇在此时期获得了新的重要意义。事实上这些词汇有一个总体变化范式，可以把这个范式看作一幅特殊的地图，借助这张地图我们可以看到那些与语言变化明显相关的生活和思想领域所发生的更为广阔的变迁。"他认为有五个词语对于绘制这份地图至关重要，即工业（industry）、民主（democracy）、阶级（class）、艺术（art）、文化（culture）。"它们在这一关键时期用法的改变见证着我们在思考公共生活问题时特有思维方式的总体变化，也就是说，在思考社会、政治和经济体制，其创立目的以及如此种种与我们的学习、教育及艺术活动呈现何种相关性等问题时，我们的思维方式发生了重要转变。"② 与此同时，雷蒙·威廉斯还写成《工业革命期间英语的演变》一文，原本计划作为《文化与社会：1780—1950》的附录出版，后来他在此基础上写成《关键词：文化与社会的词汇》一书，1976 年由伦敦丰塔纳出版社出版。在该书"导言"中，雷蒙·威廉斯一再强调："这本书不

---

① 汉斯-格奥尔格·伽达默尔：《真理与方法——哲学诠释学的基本特征》（修订译本），洪汉鼎译，商务印书馆，2010，第 424 页。
② 雷蒙·威廉斯：《文化与社会：1780—1950》，高晓玲译，吉林出版集团有限责任公司，2011，第 1 页。

是词典发展史的一串注脚，也不是针对许多语词所下的一串定义之组合。它应该算是对于一种词汇质疑探询的纪录；这类词汇包含了英文里对习俗制度广为讨论的一些语汇及意义——这种习俗、制度，现在我们通常将其归类为文化与社会。""我所做的不只是收集例子、查阅或订正特殊的用法，而且是竭尽所能去分析存在于词汇内部——不管是单一的词或是一组习惯用语——的争议问题……在文化、社会意涵形成的领域里，这是一种纪录、质询、探讨与呈现词义问题的方法。"① 雷蒙·威廉斯使用的研究方法和诸多深刻洞见，对我们理解观念或理论在时间维度中的变异有着重要的参考价值。

四 爱德华·萨义德的"理论旅行"和刘禾的 "跨语际实践"

1982 年，美国学者爱德华·萨义德（Edward Said）在《拉里坦季刊》（*Raritan Quaterly*）发表《理论旅行》（"Traveling Theory"）一文，该文于次年被收入其在哈佛大学出版社出版的论文集《世界、文本、批评家》中。文章探讨了理论和观念在不同时空的位移问题，并提出理论和观念旅行的四个阶段性形态："首先有个起点，或看上去像起点的东西，标志某个概念的产生，或标志某个概念开始进入话语的生产过程。其次，有一段距离，一段旅程，一段概念从此至彼地移动时的必经之路。这段旅程意味着穿越各种不同语境，经受那里的各种压力，最后面目全新地出现在一个新的时空里。第三，移植到另一时空里的理论和观念会遇到一些限定性的条件。可称之为接受条件，也可称为拒绝条件，因为拒绝是接受行为不可分割的组成部分。这些条件使人可以引进和容忍外来的理论和观念，不论那些理论看起来多么怪异。第四，这些充分（或部分）移植过来的（或拼凑起来的）概念在某种程度上被它的新用法，以及它在新的时间和空间中的新位置有所改变。"② 在该文中，萨义德以匈牙利哲学家格奥尔格·卢卡奇（Georg Lukacs）为例，考察了其提出的物化理论从法国文艺理论家吕西安·戈德曼（Lucien

---

① 雷蒙·威廉斯：《关键词：文化与社会的词汇》，刘建基译，生活·读书·新知三联书店，2005，导言。

② 转引自刘禾《语际书写——现代思想史写作批判纲要》，上海三联书店，1999，第31—32页。

Goldmann）到英国文化批评家雷蒙·威廉斯的传播和变异。[①] 十多年后，萨义德在《理论旅行再思考》一文中，再次以卢卡奇为例，考察了其物化理论从德国法兰克福学派西奥多·阿多诺（Theodor W. Adorno）的新音乐理论到法国黑人作家弗朗兹·法农（Frantz Fanon）的暴力理论的传承与变异。[②]虽然萨义德在上述文章中也曾提到观念和理论在时间维度中的变异，但总体上说，他主要是从空间位移的角度来思考问题的。

　　因萨义德忽视翻译这个重要媒介，其"理论旅行"变成了一个抽象概念。有鉴于此，旅美学者刘禾教授提出"跨语际实践"这一重要概念。1995 年，其力作《跨语际实践》（*Translingual Practice*）一书由美国斯坦福大学出版社出版（此书中文版 2002 年由生活·读书·新知三联书店出版），在西方学术界引起广泛关注。同年，书中关于个人主义一章以《跨语际的实践：往来中西之间的个人主义话语》为名，在《学人》第七辑公开发表。1999 年，上海三联书店出版了其撰写的另一部重要著作《语际书写——现代思想史写作批判纲要》。在该书中，她明确指出："我所要考察的是新词语、新意思和新话语兴起、代谢，并在本国语言中获得合法性的过程，不论这过程是否与本国语言和外国语言的接触与撞击有因果关系。也就是说，当概念从一种语言进入另一种语言时，意义与其说是发生了'转型'，不如说在后者的地域性环境中得到了（再）创造。"她希望"跨语际实践"的概念"可以最终引生一套语汇，协助我们思考词语、范畴和话语从一种语言到另一种语言的适应、翻译、介绍，以及本土化过程（当然这里的"本土化"指的不是传统化，而是现代活生生的本土化），并协助我们解释包含在译体语言的权利结构之内的传导，控制，操纵，及统驭模式"。[③] 在这里，"当概念从一种语言进入另一种语言时"的"再创造"过程实际上涵盖了姚斯所说的"接受"过程。

五　"意图"、"动力"和"谱系"

　　现在的问题是：能否将斯金纳的"历史语境主义"方法、雷蒙·威廉斯

---

① Edward W. Said, "Traveling Theory," in *The World, the Text, and the Critic* (Cambridge：Harvard University Press, 1983).

② Edward W. Said, "Traveling Theory Reconsidered," in *Reflections on Exile and Other Essays* (London：Granta Publications, 2001).

③ 刘禾：《语际书写——现代思想史写作批判纲要》，第 35—36 页。

的"关键词"研究、萨义德的"理论旅行"和刘禾的"跨语际实践"、姚斯的"接受理论"一气打通。这里所说的"一气打通",是指在研究中国近现代思想史时,不仅要追问每一种思想发生的"意图"和"语境",还要考察各该思想在时空间流转过程中内涵的变异,更要考察其在被接受过程中所遭到的排斥和改造等情况。我认为是可以的。至于说如何打通,肯定不能机械地"接受",而必须在"接受"或"借鉴"过程中予以"再创造"。

在此,有一个问题需要解决,何谓思想?或者说思想有几种存在形态?对此,可以说言人人殊。相对而言,我比较认同彭明和程歗等人的表述,即"社会的变动,首先总是在覆盖面极广的社会心理的层次上得到最直接和最迅速的表达,形成人们关怀或参与社会活动的某种动机、需要、情感、态度、理想及其对社会变动过程和结局的感受……当某种普遍的、流行的社会心理趋向被认识主体加以综合和归纳时,往往就产生了特定的人文观点或倾向……而理论意识形态,包括哲学的、政治学的、史学的或美学的等等,则是思想家们依托于一定的社会存在、文化资源并凭借当时的社会心理和人文观点所构筑成的理论体系"。[①] 也就是说,从发生学的角度看,思想一般包括社会心理、人文观点、理论体系三种形态,而且彼此间呈递进关系。既然如此,我们在考察思想的发生时,就不再是笼统的,而是具体的,我们对一种思想发生"意图"和"语境"的追问,就变成了对一种社会心理、人文观点或理论体系发生"意图"和"语境"的追问。

当然,这还远远不够。卢卡奇在讨论阶级意识的发生时指出:"恩格斯在他对历史唯物主义的著名论述中,是下面这一点出发的:尽管历史的本质就在于'凡是发生的东西总是有一个意识目的和一个预期的目标',但是要理解历史这还是不够的。这是因为,一方面,'在历史上活动的许多个别愿望在大多数场合下所得到的完全不是预期的结果,往往是恰恰相反的结果,因而他们的动机对全部结果来说同样地只有从属的意义。另一方面,又产生了一个新的问题,在这些动机的背后隐藏着的又是什么样的动力?在行动者的头脑中以这些动机的形式出现的历史原因又是什么?'"[②] 也就是说,

---

① 彭明、程歗主编《近代中国的思想历程（1840—1949）》,中国人民大学出版社,1999,第3—4页。

② 卢卡奇:《历史与阶级意识——关于马克思主义辩证法的研究》,杜章智、任立、燕宏远译,商务印书馆,2009,第101页。

我们在考察一种思想的发生时，除了要考察其"意图"和"语境"外，还要考察其背后隐藏的动力。

除此之外，我们还要特别小心，以免落入福柯所说的"起源"陷阱，即认为"事物在其诞生之际最为珍贵，最为本质"，并把起源"当作是真理所在的地方"；而应"紧盯着伴随着开端的细枝末节和偶发事件"，"一丝不苟地注意它们的小奸小恶"，"等待着它们……以它者的面目出现"，以便"说明开端、返祖和遗传"。①

六　在流动中把握思想的内涵，揭示其意义

雷蒙·威廉斯说："语言的活力包含了引申、变异及转移等变化层面。"② 思想又何尝不是如此。不变的思想是僵化的，不动的思想是死的。思想的活力就体现在其流动性上。既然思想主要表现为社会心理、人文观点、理论体系三种形态，那么随着时间的流逝和在空间维度中的传播，它们的内涵或多或少在发生着变化。对社会心理、人文观点、理论体系特别是观念或理论在时空维度中的变异和传播，我们除了要借鉴雷蒙·威廉斯的"关键词"、萨义德的"理论旅行"和刘禾的"跨语际实践"等研究方法外，还应关注观念或理论在同一语言文化圈内的传播及变化。这种传播至少包括两种模式：一种是同层内传播，另一种是异层间传播。所谓同层内传播，是指观念或理论在同一语言文化圈内不同地区的同一阶层（如精英阶层）内的传播。由于中国地土辽阔，即使在汉语言文化圈内，也存在诸多次级文化圈，处在同一时代不同文化圈内的人，对同一种观念或理论的认知和接受在程度上存在相当的差异。所谓异层间传播，是指一种观念或理论在同一语言文化圈内不同阶层间的传播。中国传统社会呈金字塔形，究竟是包括五个阶层还是六个阶层甚至更多，各人看法不同，但大致将其分为上层统治阶级、中间社会精英和下层民众三层，想来不会有太大分歧。同一时期不同阶层间对同一种观念或理论的认识存在相当差异，这一点应该是不言而喻

---

① 福柯：《尼采·谱系学·历史学》，苏力译，载刘北成、陈新编《史学理论读本》，北京大学出版社，2006，第120—121页。

② 雷蒙·威廉斯：《关键词：文化与社会的词汇》，导言。

的。所以对某种观念或理论的内涵，只有在流动中才能把握。

　　对一种观念或理论的"接受"或"再创造"既是一个理论问题，也是个实践问题。一种观念或理论的价值固然要受其对客观事物的认识深度的影响，但其意义的大小要在实践中检验。当然，这里所说的实践，并非仅指过去和当下的实践，同时也应该包括未来的实践。柯林伍德说过："历史的过程不是单纯事件的过程而是行动的过程，它有一个由思想的过程所构成的内在方面；而历史学家所要寻求的正是这些思想过程。一切历史都是思想史。"① 这固然有其道理。但是我们不能说：一切思想史都是历史。因为每一种观念或理论虽然都具有构成"历史的过程"或"行动的过程"的可能性，但也仅仅是可能而已。一种思想是否真正构成"历史的过程"或"行动的过程"，要受内外多方面因素的影响。一些观念或理论构成了"历史的过程"或"行动的过程"，另一些观念或理论则止步于可能，而且永远无法变为现实。即使是构成"历史的过程"或"行动的过程"的各种观念或理论，有些最终止步于孔飞力所说的"'根本性议程'或'建制议程'（constitutional agenda）"，② 有些则直接参与了制度的建构，成为某种现实制度的思想渊源甚至存在的理论依据。哪种观念或理论止步于可能性？其为什么未能构成"历史的过程"或"行动的过程"？哪种观念或理论构成了"历史的过程"或"行动的过程"，但最终止步于"根本性议程"或"建制议程"？哪种观念或理论参与了现实制度的建构？构成"历史的过程"或"行动的过程"的观念或理论是最合理的吗？合理的观念或理论都构成了"历史的过程"或"行动的过程"吗？这里都有一个为什么的问题。所有这些，均为动态的而非静态的。因此，一种观念或理论，只有在流动中，或者说将其置于不断的实践中，才易于揭示其意义。

〔作者单位：中国人民大学历史学院〕

---

① 柯林武德著，扬·冯·德·杜森编《历史的观念》（增补版），何兆武、张文杰、陈新译，北京大学出版社，2010，第212页。
② 孔飞力：《中国现代国家的起源》，陈兼、陈之宏译，生活·读书·新知三联书店，2013，中文版序言。

从教学视角看中国近代史理论学习的重要性

赵立彬

在历史学专业本科生、研究生中国近代史基础课程中，中国近代史基本理论的学习和与之相联系的宏观思维能力的训练，本是课程学习的重要内容，但近年来显得相对薄弱。这一方面反映了近代史学界近期研究风气的影响，另一方面也显示了初学者专业学习上可能隐藏的危机。

一　历史学专业初学者的学习现状及理论缺失之弊

本文所指的"专业初学者"，指一般意义上的历史学本科生、硕士生、博士生。在 20 世纪 80 年代和 90 年代初期，中国近代史的分期问题、中国近代史的基本线索问题和中国近代发展规律等问题，不仅是学术界讨论热烈的课题，也是青年学生在学习时比较感兴趣的问题。对中国近代史基本理论的学习和宏观思维能力的训练，在相当大程度上促进了近代史学术的繁荣，也推动了对国家民族整体命运和当代出路的思考和探索。

但是近 20 年来的情况，正如陈春声先生所指出的，20 世纪 90 年代以后，史学研究中理论探索的热情明显下降，曾经让诸多前辈和同行悬梁刺股、殚思竭虑的许多所谓理论问题，似乎已不再让更多的史学家激动。大家好像更愿意回归到另一个被重塑过的学术传统中去，罕见或珍稀资料的收集整理、具体的个案或人物研究以及自以为传承自民国时代某些知名学者的若干问题与课题，吸引了众多年轻而聪颖的头脑的关注。20 余年间，中国历史学博士论文的选题出现了明显的追求"小题大做"的趋势。① 陈春声先生对这一现象的客观评价是："这是一个必然性与片面性兼具的进步。"②

这种情况不仅在博士生中存在，时至今日，从本科生、硕士生中国近代史课堂学习的情况来看，目前学生的学习兴趣也发生了明显的转移。中国近代史基本理论等问题，越来越不易于引起学生的兴趣。从中山大学历史学系某届本科生"中国近代史"课堂的课程论文选题来看，学生的学术兴趣主要集中在：新文化史中的所谓"新"问题、零碎的社会现象、与田野工作相关的地域性问题、一些猎奇性的问题。这些趋向，当然在相当大的程度上推动了历史学的基本训练和提高了学生专业研究的技能，但从学习的角度看，其潜在的问题也值得关注。

对于历史学专业的本科生、硕士生甚至博士生而言，中国近代史基本理论学习和宏观思维能力训练的缺失，具有明显的弊端。一是影响正确和正常的思考方向，容易产生偏颇的历史观，影响对历史发展深层原因及历史发展客观规律的探寻，从而无法也无力回答学术上和现实中的重大问题。二是损害了辩证思维的能力，不利于专业基础知识的全面掌握，导致不能全面地、客观地、历史地看待问题，有意或者无意地把某些历史现象的实际影响做不合理的夸张，同时对原本重要的历史过程，又有意或无意地降低甚至抹杀其历史意义。三是片面强调趣味，迎合猎奇心理，舍难求易，降低了历史解释的能力和减少了研究者的人文关怀，进而降低了学术水准。对于低年级的初学者而言，这些弊端更为明显。

二 关于中国近代史基本理论中的"革命"

"革命"和关于"革命"的历史解释，是中国近代史教学过程中回避不开的一个问题。而这恰恰是一些青年学生抵触的一个问题，在中国近代史基本理论诸问题中，这可以说是一个具有典型性、代表性的问题。

许多青年学生觉得难以理解，认为"革命"这一已经存在的现象，实

---

① 陈春声：《新一代史学家应更关注"出思想"》，《史学月刊》2016 年第 5 期，第 16 页。
② 陈春声：《新一代史学家应更关注"出思想"》，《史学月刊》2016 年第 5 期，第 16 页。

际上是近代史上必然出现的现象。金冲及先生引述任继愈先生的感慨：
"只有历尽灾难、饱受列强欺凌的中国人，才有刻骨铭心的'翻身感'。经
过百年的奋斗，几代人的努力，中国人民终于站起来了。这种感受是后来
新中国成长起来的青年们无法体会得到的，他们认为中国本来就是这样
的。"① 一些青年学生对中国近代史上的"革命"的认识，经常也处于这样
一种状况。

　　学习中国近代史，无论各自研究的具体课题如何丰富多彩，但需要重
点理解的是：中国近代史最重要的特征是什么？最重大的变迁是什么？这
便需要重点关注中国近代史上的"革命"问题。而近代"革命"的理论方
面，普遍得到讨论的是"革命史观"与"现代化史观"。在中国近代史教
学中，透彻地从历史的角度来理解"革命"这一现象在近代史上的地位，
理解"革命"与"现代化"的关系，对于培养学生宏观历史思维，至关重
要。

　　其实只要从基本的史实出发，回答为什么在中国走向现代国家的历程
中，"革命"成为不约而同的选择，就可以在史观层面上获得比较合理的解
释。一部中国近代史昭示，19 世纪中叶开始的应变，历经波折，最终促成
了中国思想观念、知识、制度的根本转型，彻底改变了传统中国的发展轨
迹。辛亥革命发生时，"革命"或者仅仅是一种可能的选择；而辛亥革命
后，"革命"成为中国政治和社会发展的"常态"，甚至被认为是"正态"，
成为推动中国现代化的首要手段，被现代中国各种政治势力加以选择，致使
20 世纪的中国历史革命高潮迭起。中国共产党及其领导的新民主主义革命
即在此历史潮流中发生、发展。各种对于新中国理想的支流，也在"革命"
洪流中最终汇合。理解了"革命"在近代史上的位置，才能真正理解 1949
年在中国近代史上（或者说在中国成为现代国家的历史上）的意义，也才
能理解当代中国的方向和现象。② 作为历史的亲历者和历史学家的黄仁宇，

---

① 见金冲及先生为《简明中国近代史读本》所作的序，载张海鹏、翟金懿《简明中国近代史
读本》，中国社会科学出版社，2018，序言二，第1—2页。
② 张海鹏先生十分强调"1949 年这个年代的极其重要性"（参阅张海鹏《60 年来中国近代史
研究领域有关理论与方法问题的讨论》，《近代史研究》2009 年第 6 期；张海鹏：《〈中国
近代史〉教材（"马工程"系列）编写的有关问题与思考》，《史学月刊》2014 年第 6 期）。
这是在对中国近代史基本理论、基本线索，以及对近代史上的革命高潮问题有深邃思考的
基础上提出的重要命题，指示了对于近代史上"革命"与"近代化"问题的辩证认识。

在对中国近代史的论述中，使用了"大历史"（macro-history）的概念，以长达百年的历史眼光来审视中国的进步历程。指出中国过去150年内经过的革命，使中国从一个闭关自守的国家蜕变为一个现代国家，影响到10亿人口的思想信仰、婚姻教育与衣食住行，其情形不容许我们用寻常尺度衡量。而以"大历史"的尺度来衡量的话，必然看到，一个古老帝国要变成现代国家，必须组织一种运动，透过政治、经济、法律、思想和社会诸部门，使全体人民一体卷入。上面要重新创设高层结构，下面要翻转低层结构，中间还要新订上下之间法制性的联系，这样的改造少则三五十年，多则近百年或超过一个世纪。① "革命"正是这个长期过程中起到杠杆作用的客观存在。张海鹏先生指出："任何学理的分析，都只能基于历史实践。脱离了历史实践的分析，都是书生之见，是靠不住的。近代中国的新民主主义革命，它的历史实践是什么呢？它正是基于对中国社会性质的正确认识和分析，才制定出新民主主义革命的战略、策略，才能明确革命对象、明确革命力量、明确革命前途。中华人民共和国的成立、社会主义道路的选择，都是这个历史实践的结果。"② 中国近代史的教学，至少应支撑这样一种思考和对话，揭示这一客观存在的历史实践并从而达到科学、客观的认识。

三　关于细节研究与知识基础

如果说突破中国近代史重大理论问题的认识，可以推动近代史研究深入的话，这种状况实际上在20世纪80年代就已经出现了。但是突破理论，并非由于近代史研究不存在主流或有全局影响的事件和进程，而是当时的理论过于狭隘，不足以概括或解释历史的全部内容，因而束缚了近代史的研究。在当时特定的语境下，突破所谓反帝反封建"一条红线"、近代历史"八大事件"，或者"三次革命高潮"，是为了还原近代历史的丰富性、复杂性，突破的成果，恰恰推动了中国近代史重大理论问题的深入认识。如近代中国

---

① 参见黄仁宇《中国大历史》，生活·读书·新知三联书店，2007，序，第8页；《蒋介石的历史地位》，载《现代中国的历程》，中华书局，2011，第205页；《为什么威尼斯？》，载《地北天南叙古今》，生活·读书·新知三联书店，2007，第176—177页。

② 张海鹏：《60年来中国近代史研究领域有关理论与方法问题的讨论》，《近代史研究》2009年第6期，第77页。

社会的性质、主要矛盾、基本线索、发展脉络等重大的理论性问题，都在20世纪80年代末取得了丰硕成果。

而在当下，不仅中国近代史的基本理论、基本线索等问题已经难以引起学习者的兴趣，而且学生的关注点，甚至有意远离历史主流事件。这里有两个重要的背景，一是研究条件的影响。近代史料的急剧增多，特别是近现代史，各种公私档案、报刊旧籍不断被发现，而且其公开、利用已经基本摆脱了地理的障碍，即使是远在天涯海角的偏僻史料，在网络上也唾手可得，检索手段更便利了相关史料的查找和发现，以及建立史料间的联系。这些条件的改善，在推进个案研究、细节研究的同时，却大大增加了宏观把握的难度，许多学生知难而退。二是学术时尚的引导。社会史的兴起、对下层群众和地方性知识的重视、后现代主义和新文化史的影响，方兴未艾。学生重考证，而轻思辨；对个别小问题津津乐道，而对"大历史"则缺乏认识。在学习上，片面强调局限在个别问题中的史料，热衷于个别知识"点"（甚至个别田野现场）的孤立史料，却不读基本史书，没有对中国近代史的整体认识，也不理解这些整体认识变迁的来龙去脉。正如章开沅先生所说，"把原本已清晰完整的历史撕裂成为碎片，然后又给以随心所欲的所谓'解构'"。①

近年来中国近代史学界关于研究"碎片化"的争论，② 在学生的学习中有相当热烈的反映。本来，细节研究的深入，有一定的合理性，也有推进学术深化的功能，但应该是在具有宏观视野，对整体观念、历史趋势和规律有一定认识的前提下，进行细致研究，而不是对历史意义的回避。如果刻意回避的话，对于历史学的初学者而言，反而因为理论的缺失和功力的不足，在阐释和叙述上受到局限，影响学习的效果和收获，这在一定程度上反而人为造成学习上的自我阻碍。细节研究对于理论水平和宏观思维能力，并不是不需要，而是要求更高。要对具体个案问题及其史料有准确的解释，必然要有对中国近代史基本线索、基本理论的基本理解。历史本身既不是杂乱无章而无从把握规律的，也不是随心所欲建立起联系和做出阐

---

① 章开沅：《重视细节，拒绝"碎片化"》，《近代史研究》2012年第4期，第5页。
② 关于中国近现代史研究的"碎片化"问题，《近代史研究》发表过专门的笔谈，对此有深入的讨论，各方意见请参阅《近代史研究》2012年第4、5期。

释的。而本科生、硕士生、博士生阶段正是为将来从事史学研究"打基础"的重要时期，基本理论的基础没有打好，将对今后的学习和研究产生不利的影响。

四　在教学中贯穿理论学习与思维训练的尝试

在历史学专业学习中，忽视对中国近代史基本理论的学习与宏观思维能力的培养，其弊端正如陈春声先生指出的，"由于理论思考不足，读书不够，结果容易出现'小题'的背后欠缺大的问题意识的情形，许多个案研究、专题研究、人物研究的著作实际上是在自言自语。由于年青一代学者步入学术之门时，许多是在从比较缺乏问题意识、理论思维背景和学术史背景相对薄弱的个案的、地域的、微观的研究开始的，目前中国史学的发展，带有'终极关怀'意义的方向感实际上已经相当薄弱，即使是在相当具体的研究领域内部，为数不多的研究者们也常常是在自说自话，缺乏共同的问题与理论取向。新的学术世代如何在研究选题'碎片化'的趋势之下，拥有超越学科、地域、学术圈子和个人生活经验的共同的问题意识，如何通过解构的、碎片的研究，辩证地培养起把握整体的'中国文明'或'人类文明'的意识和雄心，是这一代人终究要直接面对的沉重的问题"。[①] 章清先生也提出，"史学的'通'与'专'，未必有理想的解决之道，但努力寻求一种平衡，于学术新人的培养来说，自是应该加以重视的"。[②] 本文主要从本科生基础课程教学的角度，对中国近代史基本理论的学习和宏观思维能力的训练，提出一些思考。

以近年中山大学历史学系（珠海）的本科生基础课"中国近代史（下）"为例，该课程讲授范围为1919—1949年的中国近代史部分，总计36课时，教材使用张海鹏、杨胜群、郑师渠任首席专家的《中国近代史》编写组编的《中国近代史》（高等教育出版社、人民出版社，2012）。在这一课程中，试图贯彻中国近代史基本理论的学习和宏观思维能力的训练，主要尝试有以下四点。

---

① 陈春声：《新一代史学家应更关注"出思想"》，《史学月刊》2016年第5期，第16页。
② 章清：《"碎片化的历史学"：理解与反省》，《近代史研究》2012年第5期，第11页。

　　首先，从教学大纲体现基本理论。分别从三个层次规定了学习目标：一是牢固掌握中国近代历史发展的基本脉络、基本规律和中国共产党领导新民主主义革命的基本史实，学习用马克思主义的立场、观点和方法来分析中国近代史上的各阶级、政党政派、团体和人物对中国革命和中国社会发展的不同主张；二是掌握中国近代史上各阶级、阶层、政党、集团的政治主张和政治活动，理解历史事件间纵向和横向的联系，总结历史的经验教训；三是了解历史事件的背景知识，了解历史人物的思想和活动。

　　其次，注重宏观视野和全面的基础知识。除教材外，在教学参考书方面，向学生推荐张海鹏先生主编《中国近代通史》（江苏人民出版社，2016）、中国社会科学院近代史研究所主编《中华民国史》（中华书局，2011）等各卷（当然各专题学习时还会推荐更多的专门著作）。在课程中注重介绍关于中国近代史基本线索、基本理论问题的主要观点及其发展，介绍各种史观及国内外各种新论点及其讨论，使学生能够初步了解从传统的"革命史观"到"现代化史观"、"新革命史"以及包括"中国中心观"、"后现代主义"、"新文化史"在内的各种解释体系和理论观点，从而进行比较鉴别，增强理论思维的能力。

　　再次，注重"大纵"与"大横"，强调"点""面"关系。因为课时有限，每章节内容实际上只能较为详细地讲授两三个知识点，但通过事件前后的历史关联和中国史与世界史知识的关联，引导学生拓宽视野，了解历史事件间的联系。如关于五四运动和中国共产党的成立，从"世界革命与中国新政治力量的崛起"的角度，使学生具备贯通的视野；关于中国共产党早期的各种斗争史实，从"中国共产党的阶级基础和早期活动"的角度，使对具体史实的认识上升到理论探讨；关于解放战争和中华人民共和国的成立，从"国际格局与中国新民主主义革命的胜利"的角度，对历史规律和历史的实际影响因素进行综合分析。

　　最后，鼓励提升思辨能力。结合基本技能训练，如检索、解读史料，了解、总结前人研究，从当代的学术条件（如技术手段的进步，"E考据"的开展）出发，思考、提出新的课题，注重具体事件与历史主题、普遍性问题的关联，以及历史事件之间的相互联系。这些联系恰恰需要足够多的知识积累，方能如实地建立起来。反过来，只有深入了解这些实际存在的联系，才能真正解释具体的历史细部。如对于孙中山相关史事的综合研究，所谓综合研究，主要包括两个方面：一是有关孙中山的某一个具体事件要联系其前因后果及各种关联，从多方面进行综合性的考察；二是有关孙中山一生的思想活动要联系整个社会发展，从总体上进行综合评论。[①] 这样，即使是具体的事件，其在中国近代历史发展中的意义，也易于得到揭示。

总而言之，中国近代史基本理论的学习和与之相联系的宏观思维能力的训练，不仅对中国近代史学科的发展、研究的繁荣具有重要意义，而且在中国近代史的课程教学和青年学生的专业学习中，也是不可忽视的重要方面，甚至是需要特别加强的方面。张海鹏先生明确指出："在学术领域多元多变的情况下，有远见的历史学者在注意吸收各种有价值的西方史学理论的时候，不能放弃马克思主义的方法论和世界观。立志在中国近代史领域做出贡献的历史学者，可以借鉴后现代史学的积极因素，却不能被碎片化选题牵着走，否则，史学研究的价值是要大打折扣的。"[②] 在这个意义上，前辈们已经取得的理论成果和这些成果所反映的对国家民族命运关注、对真理执着求索的精神，以及不断提高理论水平、提高理论思维能力的学术追求，是后辈青年学者的榜样、财富和学习的基础。

〔作者单位：中山大学历史学系〕

---

① 茅家琦：《孙中山研究中值得注意的几个问题》，《江苏社会科学》1999 年第 1 期，第 85—89 页。

② 张海鹏：《六十年来中国近代史学科的确立与发展》，《历史研究》2009 年第 5 期，第 15 页。

"数据"与史学研究

——抗日战争与近代中日关系文献数据平台介绍

罗 敏 姜 涛

历史学是一门高度依赖材料（sources）的学问。近代中国著名学者胡适就曾说过："有几分证据，说几分话。"① 扼要地道出了"史学"与"史料"的关系。不过，胡适此言针对的是史学研究中缺乏直接证据的空谈，并非为束缚住史家的手脚，使研究者为史料所困；相反，正因为材料极其重要，研究者更要尽可能地去扩充材料，甚至要有"上穷碧落下黄泉"的穷尽可获取史料的精神。

不可否认的是，随着近十几年电子计算机、信息化技术的高速发展，史料的载体不再拘泥于纸本与实物，各类形态不一的电子资源与数据库日渐成为学者们著书言说的材料基础。"找材料"这一过程也相应发生了改变。相较十多年前，研究者现如今更多的是在电脑前动动鼠标，在自己的硬盘或是各类商业、公益数据库中找寻相关材料，而花大部分时间在图书馆的某个角落里爬梳积灰发霉纸书的学者已经变得越来越少。可以说，专业数据库俨然已成为研究者的"第二图书馆"。

"抗日战争与近代中日关系文献数据平台"（以下简称"数据平台"，www.modernhistory.org.cn）从设想、规划到启动建设，再到上线试运行已近两年（数据库在体量与质量上仍在不断提高）。身为团队中的一分子，笔

---

① 罗尔纲：《师门辱教记》，图南出版社，出版时间不详，第54页。

者在工作以及与团队成员的交流中，对"数据平台"的缘起、宗旨以及目前的优点与不足有了一定的认识。而且，通过参与数据平台的建设，笔者不仅粗浅了解了与数据库搭建相关的信息技术，并且对新时代下史学研究与"数据"的关系也有了新的体认。故借此机会对"数据平台"做一初步介绍，以期与学界同人及广大平台用户分享经验。

一 "数据平台"之缘起与宗旨

最初提出建设"数据平台"设想的是中国社会科学院近代史研究所已故前任所长步平先生。与一般商业数据库不同的是，步先生构想的"数据平台"不是由出版社或数据库公司，而是由研究机构直接主持，旨在尝试突破既有的数据库商业模式，更好地为研究人员提供数据资源服务。除了由研究机构直接策划、建设大型专业数据库这一新兴模式外，步先生还反复强调这一新数据平台需秉持"公益""共享"的理念，从而使史料数据真正成为"学术之公器"，进一步推动整个近代史学科的发展。自"数据平台"推出以来，步先生提出的由专业研究机构主导，走"共享""公益"路线一直是其两大突出特点。

2016年5月，步所长在与病魔斗争期间亲自修订了"数据平台"的相关申报材料，在生命最后阶段还为史学研究的未来贡献力量。2016年6月，"数据平台"建设作为国家社科基金课题"抗日战争研究专项工程"正式立项。在全国哲学社会科学规划办公室领导下，平台由中国社会科学院、国家图书馆和国家档案局合作筹建，中国社会科学院副院长李培林研究员主持项目。近代史研究所则具体负责平台建设，百度公司提供技术支持和维护。

由"抗日战争与近代中日关系文献数据平台"这一命名可知，"数据平台"是以抗日战争相关文献为核心。以抗战与近代中日关系资料为平台的一个亮点，主要有如下考虑。

首先，近代以来，中日关系错综复杂又极为重要，甲午战争、抗日战争等标志性事件都深刻地影响了中日两国的发展，挖掘保存抗日战争与中日关系史料的意义也就尤为重大。其次，就学术层面而言，抗日战争史与近代中日关系史是中国史学科中的重要组成部分，能够衍生出不可胜数的研究课题。抗日战争作为中华民族的宝贵历史记忆，越来越得到国人的重视。无论是政府层面还是研究机构，抑或民间团体，都在努力抢救、保有这份重要的民族记忆。而这段历史更亟待让全世界各国人民了解与熟知，因而更需要一个整合性的公益开放的资源平台，而不单单是一个受众面窄的纯学术数据库。

再者，相对而言，国内近代史研究中，抗日战争史、近代中日关系史的研究尚属薄弱，其中一个最主要的原因就是研究资料的获取与使用非常不便。抗战时期的图书、期刊、报纸、档案等分散于全世界各地，且战时生成的文献史料由于纸张和印刷质量往往较差，现在的保存状态也十分堪忧。多种主客观因素导致史料传播与挖掘比较滞后。目前，作为当时侵略国的日本，实际上早已推出了免费开放了近3000万页档案图像的亚洲历史资料中心（アジア歴史資料センター，网址：https：//www.jacar.go.jp），而作为战胜国的中国还难有与之相匹敌的抗战文献数据库，实为憾事。因此，打造一个能够涵盖海内外有关抗战与近代中日关系的综合性文献共享平台与学术交流平台，具有巨大的学术价值与现实意义。

不过，需要强调的是，抗战与中日关系文献只是平台主打的特色资源，整个数据平台从推出伊始便旨在全力囊括19世纪末至1949年中国的文献史料，并不限于抗战或中日研究本身。抗战史、近代中日关系史不可能独立于近代中国的时空存在，而是与晚清民国时期息息相关，收集抗战、中日关系文献自然也要放宽眼光，将整个近现代中国文献纳入进来。同时，如果自设樊篱，仅收集"抗战文献"而不顾其余，"数据平台"则仅为一专题库，发展的空间有限，也很难跟上大数据时代的潮流。因此，它不局限于抗战与中日关系，整个晚清民国时期的重要文献资料都尽力搜集、整合、上传，呈现给海内外的读者。

就文献类型而言，"数据平台"除搜集整合晚清民国时期的公开出版品（图书、期刊、报纸三大类）外，还着力汇集1949年以后整理产生的各类档案、研究文献、影像资料、史料集等（见图1）。1949年以后，在海峡两岸，以及日本、美国等海外中国近代史研究重镇中，不少档案馆、研究机构都曾花大力气整理出版大量近代史料文献汇编。其中，不少汇编资料价值极大，至今在研究中有相当高的利用率。"数据平台"收录1949年至今整理出版的部分资料集，不仅为方便研究者使用，而且避免了重复劳动，提高了资料收集的效率。

图1　"抗日战争与近代中日关系文献数据平台"界面

资料来源："抗日战争与近代中日关系文献数据平台"首页，http://www.modernhistory.org.cn，最后访问日期：2018年8月1日。

"数据平台"将搜集到的材料进行分类、整理、编目、数位化的转制与修复，整个过程由有历史学、信息技术等相关专业背景的研究生负责，以更有效地降低错误率，提高数据质量。而后，团队再与百度公司对接，将所有处理完成的史料文献呈现在"数据平台"上，免费向全球开放。使用"数据平台"的用户，不用注册便可轻松浏览全部公开的高清图像（150dpi），如需下载300dpi图像，则只要注册一个免费账号即可，每个账号每月可下载2000页图像。

与目前世界上几个较大的在线数字典藏库相比，"数据平台"虽然仍在起步阶段，但优势与特色十分明显。为方便比较，此处需要简要介绍一下海内外若干与近代中国历史相关的数据库。

目前，无论在体量还是在开放程度上，最出类拔萃的在线数据平台之一，仍是前文提及的亚洲历史资料中心。亚洲历史资料中心于20世纪末开始筹划，2001年作为日本国立公文书馆的一个部门正式成立。该中心在线免费开放国立公文书馆、外务省外交史料馆、防卫厅防卫研究所图书馆收藏的部分电子化资料。这些档案史料的时间跨度是从明治初期到太平洋战争结束为止，内容主要与亚洲有关。据该中心推测，现有资料以图像数据计算，已超 2800 万个图像，并且还在陆续更新上传新近扫描的档案（参见 https：//www. jacar. go. jp/about/outline. html）。亚洲历史资料中心不仅涵盖几个机构的档案资料，在线免费开放阅览、下载高清图像，而且做到了档案卷宗的细化，每卷档案拆分为若干个文件，每个文件都有摘要说明，摘要内容在搜索时亦可命中，用户使用体验良好。美中不足的是，该在线资料中心仅整合了公文档案，同时期相关图书、期刊、报纸、影像等付诸阙如。

另一家与中国近代史密切相关、以档案免费开放为目标的大型数据平台，则是台湾地区的"国史馆档案史料文物查询系统"（https：//ahonline. drnh. gov. tw/index. php？act = Archive）。该系统自 2017 年改版以来，正式向全世界免费开放在线浏览；2018 年伊始又开放下载，尤为便利研究者。"国史馆"主要典藏"中华民国""总统""副总统"史料，"行政院"各部档案等，囊括了民国时期以及迁台后国民党政府的各类公文档案。不过，该在线数据库同样是单一档案类而非综合性的平台，且目前公开档案约在 300 万页，相较亚洲历史资料中心，在体量上仍略显单薄。

以上两个在线数据平台都是官方主导的公益、免费的数据资料库，"抗日战争与近代中日关系文献数据平台"同样旨在将没有版权限制与纠纷的史料、档案无偿地开放给全世界的读者，但是"数据平台"的资源更具有多样性，并不限于档案，特别是在晚清民国书籍、期刊、报纸上颇具特色。

提及晚清民国期刊，上海图书馆推出的"晚清民国期刊数据库（1833—1949）"（http：//www. cnbksy. com/）是目前全世界范围内中国近现代期刊数据库中的领头羊。自 2009 年正式上线以来，基于上海图书馆馆藏文献，"晚清期刊数据库（1833—1911）"已收录期刊 520 余种，53 余万篇文章，"民国时期期刊数据库（1911—1949）"则收录了 25000 余种期刊，1000 余万篇文章，涵盖了晚清、民国时期出版的绝大部分期刊，其收录文献数据堪称巨量。不过，首先该数据库是商业开发的收费数据库，目前仅部分经济条件许可的大型研究机构与高校图书馆购买了此库，而且绝大部分只是部分购买，这就大大限制了受众。该数据库将期刊文献按上线先后顺序分为若干辑，据笔者有限的观察，绝大部分用户机构可能仅从中挑选几辑购买使用，很难做到全部购买。其次，该数据库隶属于上海图书馆"全国报刊索引",除期刊外,上海图书馆确在致力于近代报刊的数据库开发,但目前规模似不如期刊类,晚清民国时期图书的数位化也较为滞后。与"抗日战争与近代中日关系文献数据平台"相较,文献多样性上存在劣势。

近期,国家图书馆出版社也推出了整合性较高的"中国历史文献总库"(http://mg.nlcpress.com/library/publish/default/Login.jsp),虽然目前可供阅览的文献仍以民国时期图书为主,但在数量上具有绝对优势,该数据库中已有18万种民国图书,总计3200余万页。其中,不少还是孤本与珍稀文献。遗憾的是,"中国历史文献总库"同样是收费数据库,且目前只供研究机构购买使用,绝大部分研究者短期内恐难以受惠。

综上言之,"数据平台"因刚刚推出试用不久,在数据体量上与海内外大型数据库相较,目前可能仍不占绝对优势,但是作为一个多类型文献的整合型数据库,如果稳步发展,其未来前景必定优于单一类型的数据库,可称得上是"大数据"运用在文科研究型数据库中的先声。此外,"数据平台"有别于商业收费数据库,始终秉持互联网时代"公益""共享"的宗旨,向全世界读者承诺永久免费浏览与下载;不仅现在如此,即便将来数据量日益提升,网页不断改进,"数据平台""公益""共享"的追求是不变的。

二 "数据平台"的优势与现状

上节笔者从宏观角度重点介绍了"数据平台"的缘起与宗旨,本节则从相对微观的层面来呈现平台的优势(见图2)与现状。

截至2019年6月,"数据平台"已经上线的晚清民国时期报纸有830种,期刊突破2300种,图书有23000余册,此外还包括图片等资源,如以图像数据计算,总数已超过1500万页。近期,"数据平台"建设团队主要将重心放在近代报纸的数位化与线上公开上,力求先在报纸上突出亮点。

"数据平台"目前公开的报纸文献,兼具著名大报与地方小报。从报纸内容与类别言,近代中国的四种"大报"——《申报》、《大公报》、《益世报》与《民国日报》均已上线,近代上海出版的各类小报、画报,包括《福尔摩斯》《金刚钻》等也已经可以在线阅览下载。此外,"数据平台"还推出了中国共产党发行的《红色中华》《解放日报》《晋绥日报》等20余种重要党史文献,而国民党及其他党派的重要报刊,如《中央日报》《民吁

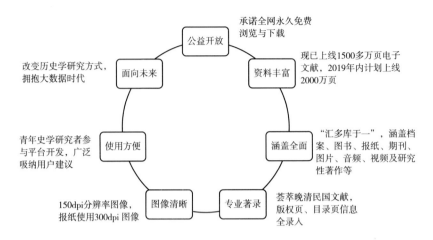

图2　"抗日战争与近代中日关系文献数据平台"的优势要素

日报》《醒狮》《青年中国》等也能在"数据平台"中找到。伪满洲国与华北、华中、华东沦陷区的各种日伪报刊，平台也在努力收集、整合，上线了近30种。

从报纸地域分布言，上线的近代报纸的出版地基本涵盖了中国的主要省份，包括北京、上海、天津、安徽、福建、广东、河南、黑龙江、湖北、湖南、吉林、江苏、江西、辽宁、山东、山西、陕西、四川、云南、重庆、香港等20多个省市。"数据平台"还收录了几份海外的华文报纸与国内出版的西文报刊，如《大汉公报》、《诚报》与《北华捷报》、《字林西报星期刊》等。地方报纸的大量上线，是"数据平台"报纸库的一大特色。这些地方报纸分布在中国中小城市，而非省会城市，更能体现地域性与市民生活的面相，例如《徽州日报》（安徽屯溪）、《嘉陵江日报》（四川巴县）、《新民日报》（河南许昌）、《新民日报》（安徽贵池）等。这些地方报纸的上线，为深化近代中国地域史、社会史研究提供了极具价值的史料来源。另外，平台尚有诸多贴近社会、日常生活与介绍专门技术的报纸，涵盖电影、戏曲、儿童、妇女、经济、军事、文教、宗教、科学、无线电、航空、医疗卫生等方面，类型繁多。

在开放使用的过程中，平台上传了多种期刊，至2018年上线期刊已突破2300种。期刊的数位化制作与上传，不仅在数量，而且在种类与地域分布上亦可与上线的报纸相媲美，甚或在个别方面有所超越。例如，"数据平台"在上传期刊时，将期刊篇目完整录入，以便于更细致地搜索。这一点看似与上海图书馆"晚清民国期刊数据库（1833—1949）"相比，无甚亮点，但是，上海图书馆的数据库在处理期刊时，是将篇目与刊物的关联打破，在关键词搜索时，仅显示命中的篇目，如若进行二次筛选，进入某个特定刊物，其卷期顺序同样是散乱的，仅以命中率高低为唯一标准，其实无意中隐去了不少潜在的关联性与时间性，成为一个纯粹关键词检索导向（key word search oriented）的篇目数据库。"数据平台"则是将篇目与刊物关联，保留其中的历史感。例如，在期刊类下，以"持久战"为关键词进行搜索，"数据平台"首先呈现的并非命中关键词的篇目，而是所有包括相关篇目的期刊（如《解放》《解放周刊》《全民抗战》《中国农村》等刊物）；然后，再进入各期刊中找寻带有关键词的具体篇目，篇目仍是在其所在卷期中呈现，做到便于关键词检索的同时，尽量保持历史文献的原貌。

此外，平台近期上传的书籍、稿本中，最突出的是中国近代藏书家刘承幹的《求恕斋日记》。《求恕斋日记》起于 1900 年，止于 1962 年，跨越半个多世纪，详细地记录了一位近代中国士绅对于辛亥革命、北伐、抗日战争与新中国成立的观察与思考，并为研究近代中国的学术、思想、文化、经济、政治与社会提供了许多鲜活的细节性资料。这里值得一提的是，所有晚清民国图书的著录都录入了完整目录，并导入了"数据平台"的关键词检索库中。

总之，"数据平台"的所有图书、期刊支持文献基本信息与完整目录的关键词检索。因规模巨大，全文检索在短期内可能难以实现，但上述内容全字段检索已突破现有大多数历史学数据库检索"粗放"的局限性。截至 2018 年，中国社会科学院、北京大学、中共中央党校、南京大学、武汉大学、山东大学、复旦大学、东北师范大学、南加州大学、乔治·华盛顿大学等 20 余所海内外院校及地方公共图书馆网站陆续收录了"数据平台"，提供访问链接。可以预见的是，偏远地方院校与公共图书馆将是使用平台的主力之一，"数据平台"公益免费的属性将大大促进学术资源的公平配置，消除地域性的障碍。

此外，"数据平台"有一个有待未来进一步开发的特色——发展以研究专题为核心的用户导向的（researcher-oriented）"研究型"数据库。在这一思路指导下，平台正在开发并初具规模的是"红色文献"专题版块。

该专题集中展示了从 1919 年到 1949 年有关中国共产党的各种文献资料。"红色文献"不是一个独立的史料类型版块，而是在一个主题下汇集不同种类文献的总和，这是平台向"研究型"数据库探索的初步尝试——给史料文献进行简单的标注。如果说"数据平台"汇集大量可视化文献，是从"数据"向规模化的"数据集"迈进，那么标注文献便是将"数据集"进一步开发为结构性的"数据集"。可以预计的是，将来能呈现更多的诸如南京大屠杀、平型关战役、滇缅战场等不同专题。并且，平台努力的方向是让每一个使用者都能定制自己感兴趣的专题库，成为真正互动性的个性化研究数据库。

"数据平台"建设至今略有遗憾的是，版权问题一直是困扰其进一步发展壮大的因素。虽然"数据平台"的绝大部分文献是过了版权保护年限的公版文献，但是取得国家图书馆、社会科学院图书馆、各档案馆等单位授权的文献占比仍然不少，目前仍有大量未能公开上线，只在平台内部暂做著录整理工作。如近代史研究所档案馆典藏的胡适档案、顾维钧档案等，档案史料价值极高，但由于版权与相关协议限制，暂不能公开发布。因而，"数据平台"公开档案类文献目前仍是空白。此外，随着项目的开展，今后需要大规模购买各类已出版的档案文献、资料汇编等成果。这部分文献基本是由各级政府财政资金资助出版，但是编者、出版社拥有出版权。所有这些文献史料的开放只能有待时日。

三 大数据时代下的史学研究与"数据"

2015 年 12 月，《中国史研究》编辑部与上海大学历史学系联合主办的"传承与开启：大数据时代下的历史研究"国际学术研究会在上海召开。[1] 2016 年 11 月 4—6 日，南开大学历史学院与《史学月刊》编辑部联合主办了"首届新史学青年论坛：大数据时代的史料与史学"。[2] 两次主题类似、关怀一致的会议颇具迎接新兴互联网时代的热情与主动性。两次会议提交的

---

[1] 会议论文集已出版：舒健主编《大数据时代的历史研究》，上海译文出版社，2018。
[2] 会议论文集已出版：《史学月刊》编辑部主编《大数据时代的史料与史学》，人民出版社，2017。

论文基本涉及"大数据与历史学问题的具体结合""数据库、电子资源建设""大数据在史学研究领域的优势与缺陷"等多个命题。

首先，令人惊喜的是，近几年已涌现多个历史学相关的研究型数据库，不仅数据体量颇大，而且个别数据库还突破了单纯为学者提供储存与检索的功用，朝着提供问题主导的结构化数据发展。[①] 当然，会上介绍的绝大多数数据库是单一类型史料库，或者是纯粹问题导向的个性化数据库，真正与大数据时代意义相吻合的整合性数据库仍有待来者。不过，数据的结构化处理，以及与研究问题意识相关联，这些做法本身便在史学领域具有跨时代的意义，也是大数据理念的部分反映。

其次，作为近年来国内讨论"大数据"对史学研究影响的大型会议，其基调实际上仍是一种平衡的中间路线。一方面，多数与会学者认可"大数据"对史学研究有一定促进作用，但仍有"警惕"的声音，对"大数据"的意义持"谨慎的乐观"（cautiously optimistic）态度。部分研究者提交的论文的字里行间流露出大数据时代可能使史学研究者过度依赖"数据"，坠入数据的陷阱之中的担忧。[②] 必须承认，从某种程度上说，人文学者谈论的"大数据"与技术领域中的"大数据"仍有较大的差距。"大数据"最初的定义是"传统数据处理应用软件无法有效处理的巨量而繁杂的数据集"，而现如今更意指"趋势分析"、"用户行为分析"或是"其他高级数据分析方法"。[③] 技术领域中的大数据强调的是先进的分析手段，而人文学科争论的实质大多仍是聚焦"资料的收集"方式。乐观者倾心于便利的资料索取，谨慎者担忧各类数据库搜索结果的有效性与代表性，担心过度依赖数据检索会使人文学者疏于文本分析。无论是乐观者还是谨慎者，实际似乎都误判了"大数据"在人文研究领域的趋势前景与未来性的意义，未能着眼于数据本身的分析、结构化处理等具有的潜在研究范式转换的意义。

毋庸置疑，数字技术对人文学科的渗透已有相当之程度，不仅技术上改变了资料找寻与研究写作的模式，而且已经悄然改变人文学者的思考方式与

---

① 赵思渊：《地方历史文献的数字化、数据化与文本挖掘——以中国地方历史文献数据库为例》，载舒健主编《大数据时代的历史研究》，第66—79页。

② 从论文集整体把握，《大数据时代的历史研究》相较《大数据时代的史料与史学》更为积极地看待数据在史学研究中的意义。

③ 维基百科，https：//en. wikipedia. org/wiki/Big_ data。

思维模式，① 单纯为人文学科的纯粹性与数据的有效性而拒斥数字技术与信息科学在史学领域的运用，似已无必要，而仅将数字技术视作便捷的储存方式与检索技巧也只是其中最为基础的一步。

事实上，在史学领域，中国古代史学科在追赶大数据时代潮流中已领先一步。中国历代人物传记资料库（China Biographical Database Project，简称CBDB）即是代表。中国古代史学者借助 GIS（Geographic Information System）、SQL（Structured Query Language）等基本技术，已经从史料单纯的"电子化"向结构性的"数据化"——对数据的特殊性、研究性的分析——迈进。中国近代史领域，由于史料的几何式增加，基础性史料的电子化似仍"前途漫漫"。对"大数据"的隐忧不应让我们"因噎废食"，恰恰是"数据"（电子化的史料）积累的不够才使人文学者产生对"数据"的不信任感。

中国近代史领域为迎接大数据时代的到来，首先要做的是史料的巨量收集与电子化，使之构成值得分析的"数据集"。也有学者认为大数据时代，第一步是形成混杂的大规模数据集（messy big data），第二步便是努力由问题意识出发，向小而精的数据集（clean small data）推进。② 由第一步向第二步推进并不是某些论调认为的抛弃人文传统，弱化辨析思维，研究者通过必要的技术辅助与研究型数据库的支持，使数据具有某些内在的逻辑联系与结构，这一过程本身与传统的人文思维是并行不悖的。譬如，中国历代人物传记资料库（CBDB）在改进过程中，逐步增加了复杂检索的功能，包括亲属关系、人群之间社会关系、空间属性等，这种人物资料库中复杂关系网络的呈现，看似简单，但实际上是历史学、社会学等学科问题意识、思维路径与信息技术共同努力的成果。单纯依赖技术而没有人文学者提出问题导向的使用需求，研究型数据库是无法诞生的，但若只有问题而无信息技术的辅助，研究者便只能回到翻阅卡片的年代，穷尽一生都可能无法看出现如今鼠标点击数次即可呈现的史料间的隐秘关联。

"抗日战争与近代中日关系文献平台"便是朝着最初的一步努力前行。

---

① Katherine Hayles，"How We Think：Transformation Power and Digital Technologies，" in Daivd Berry，ed.，*Understanding Digital Humanities*（Palgrave Macmillan，2012），pp. 42 – 66.

② Christof Schöch，"Big? Smart? Clean? Messy? Data in the Humanity，"*Journal of the Digital Humanities*，Vol. 2，No. 3（2013），pp. 1 – 13.

尽管史料的大量汇集与电子化仍是平台当前阶段的重点，但"大数据"与"大数据"技术在史学领域的应用与融合，是平台的最终关怀。目前阶段是数据检索细化到目录，加上时间与关键词等筛选。此后，"数据平台"借助日益先进的光学识别技术（Optical Character Recognition，简称 OCR）与平台合作方百度的先进计算能力，在不远的将来真正实现"电子化"向"数据化"的跨越并非不可能。届时，"数据平台"也许能进一步为史学研究带来新视角与新生命。

〔作者单位：中国社会科学院近代史研究所〕

从口述史视角回看当代史学史

李卫民

  口述历史，人们早已司空见惯，不少读者对口述历史作品津津乐道。不过，口述历史作品的数量固然是在不断增多，但是，关于口述历史的深度研究，却并未随之出现明显突破。对于口述历史的研究，即关于口述历史的理论与方法体系的研究，内容很多，有些问题，研究者已经注意到并已有一些研究成果，如口述历史的界定、口述历史的性质等，当然，对这些问题的研究，也只是处于起步阶段，另外还有一些问题，则尚未展开研究，如"口述历史的阐释"。如此一来，很多学者曾经期待的，开展口述历史能够带来新的史学研究方法，呈现新的史学研究文本，目前来看，似乎仍然只是美好的期待。可以说，人们对口述历史的认识，亟待深化，口述历史并未真正走入学术研究领域，为此，口述历史的研究者应该推出更具深度的研究成果，让口述历史的性质、地位和作用更明显地凸显。

  本文即是力图进行口述历史的深度研究。本文的研究对象是我十余年来所做的20余份史学学者访谈，研究的目的，是对这些访谈进行深度阐释。至于阐释的方法，文本细读之外，还特别重视理论阐释。本文的理论思考，有对既有口述历史理论的反思，亦有与口述历史有关的其他学科的理论引入。在深度分析之下，口述历史的特点更充分地展示出来了，对口述历史的驾驭、应用，也就更准确、更有效了。

一　关于"口述历史"

学者访谈，当然属于口述历史。何谓"口述历史"，目前还缺乏权威性解释。我在十余年的口述历史工作（在从事史学学者访谈之前，曾先后参与《山西抗战口述史》和《口述大寨史》的采写编研）中，开始进行口述历史的理论探索并有专著问世，与此同时，我对口述历史的认识也在不断深化，有些心得体会，应该向读者做一汇报。

目前，在国内影响较大的还是英美学者的观点。美籍华人学者唐德刚的《文学与口述历史》是国内学者比较熟悉的文献。唐先生认为，欧美现代史学的社会科学性质不断增强，有些资料性工作已无须人工，计算机亦可代劳，历史学家的地位有下降的趋势，但历史学家还是可以利用文学的力量，通过口述历史施展才能。唐先生以"文学"来定位口述历史，站位极高，也能自圆其说，但是，他的观点逐渐不被国内学者提起。

目前受到国内学者重视的，是以下几位学者的观点。路易斯·斯塔尔的观点是，"口述历史是通过有准备的、以录音机为工具的采访，记述人们口述所得的具有保存价值和迄今尚未得到的原始资料"。唐纳德·里奇认为，"口述历史就是通过录音访谈来搜集口头回忆和重大历史事件的个人评论"。保罗·汤普森的看法是，"口述历史是关于人们生活的询问和调查，包含着对他们口头故事的记录"。[1] 相较而言，里奇的观点比较全面，突出了口述历史的基本技术条件——录音设备，以及两个方面的基本内容：事件和个人观点。定宜庄、汪润主编的《口述史读本》，在导言中就是按照里奇的论断来界定"口述历史"的内涵。人类学家王铭铭教授也高度认可里奇的看法。[2] 不过，与斯塔尔、汤普森一样，里奇的解释颇嫌笼统，缺乏深度阐释，也不够全面，实有重予研讨的必要。

此外，关于口述历史的性质、功能，近年也有外国学者的论述被介绍进来。譬如，"口述史学可以填补重大历史事件和普通生活经历等没有文字记

---

[1]　杨祥银：《与历史对话：口述史学的理论与实践》，中国社会科学出版社，2004，第5页。
[2]　王铭铭：《口述史·口承传统·人生史》，载《四川民主改革口述历史论集》，民族出版社，2008，第25页。

载的空白，至少弥补其不足"。① 这样的判断是借鉴美国学者而来，杜鲁门图书馆的菲利普·布鲁克斯就指出，"口述历史是一种补充的方法——而不是代替，它补充文献记录、信件、日记与档案等任何可能已经存在的资料……对于我们来说，口述历史是搜集历史证据的方法"，历史学家小阿瑟·施莱辛格"也认为口述历史的价值在于它本质上是一种补充的证据"。②此种看法，固然有可取之处，但揆诸口述历史的实践进展，这样的认知与判断确有提升的空间。

现在，有必要在评析、反思国外学者的观点的基础上，对口述历史的定义、性质等问题展开新的研讨与论述。口述历史非常复杂，它包括个人的口述历史和社会共同体的口述历史，应该分别研讨。以下的论述，围绕个人的口述历史展开。

首先，斯塔尔和里奇都强调录音机的重要地位，而口述历史是人文学科，突出科技条件、物质手段是否必要？回答应该是肯定的。事实上，现代录音设备的引入强化了口述采访的独立地位。无论是在西方还是在中国，文学家、历史学家早已熟知口述采访，不少文史名著（如司马迁的《史记》、希罗多德的《历史》）都被认为具有明显的口述历史特点。现代口述历史确有其古代的渊源。但是应该看到，现代录音设备的使用让口述历史的自足性、独立性得到极大加强。一方面，录音设备使口述采访的完整性获得切实保证，口述采访的容量得到有效扩充，由此，口述历史工作，成为有一定时间长度的、内容比较丰富的有较大学术潜力的工作，口述历史文本的价值也有了很大提升。另一方面，录音设备的使用促使口语的地位有明显提升。口述采访的现场录音，对口述文本的整理有决定性的作用。文本整理之时，会有若干文字修饰，但是，定稿后的口述文本必须与口述采访录音保持总体一致，由此，口述文本成为一种口语化倾向非常浓厚的史学文本。不难发现，录音设备的使用让口述历史开始成为一种独立性的、自足性的工作。由此也可见，口述历史并不是处于"补充"的地位。

如果进一步探讨口述历史的内容的特点，对口述历史的自足性、独立性

---

① 杨祥银：《与历史对话：口述史学的理论与实践》，第 26 页。
② 杨祥银：《当代美国口述史学的主流趋势》，《社会科学战线》2011 年第 2 期。

会有更中肯的认识。就个人的口述史而言，它是"受访者在采访者的引导下，回顾、讲述个人平生经历兼及个人的见闻，并有人生、生活、社会、人际等方面的感受、感悟、评议的表露与抒发，事、理、情有机融合，不仅能提供史料，也能给予读者多方面的启示"。① 质言之，从内容来看，口述历史是可以自足的。

还必须指出，口述历史既然是一种口语化特征非常突出的文本，现在是语言学转向的时代，研治口述历史就不能忽视语言学视角。总体来看，与一般的历史学学术论文相比，口述历史已非常接近文学性随笔。现代随笔，源自法国的蒙田，其文章的妙处在于"他的可爱的闲扯的特点"。② 当代中国学者刘锡庆等人的散文研究，非常引人注目，他们提出了"艺术散文"的概念，即"用第一人称的手法，以真实、自由的笔墨，主要用来表现个性、抒发感情、描绘心态的艺术短文，即谓之散文"。③ 很明显，个人口述史是比较接近艺术散文的。散文创作的"主体"自然是作家，对此，他们认为："人生阅历不足，知识储备不够，艺术素养不佳，语言功力不深，倒是散文创作的真正'大忌'。特别是作家的个性、气质、人格力量怎样，对散文这一'文体'的自觉意识、清醒把握怎样，这更是创作'主题'素质如何的一个重要方面。"④ 这段论述用于口述历史研究，似乎也无不当。

必须强调的是，口述历史文本虽然呈现口语化特点，但并不缺乏意义，口述历史也具有一定深度。口述历史固然是"个人讲述"，其中大量存在"口语化表达"，也"不能避免抒情"，但是，口述历史也具有相当深度。此种深度，来自受访者在理智与情感方面的多年沉淀。具体而言，口述采访过程中，历史当事人、知情者追述往事，但他们的回忆、讲述已是历经多年之后的追忆，时过境迁，人的认知、感受、感情在不断沉淀，而且，此种沉淀是一种往复、深化的过程，其间，个人的感悟会越来越多、越来越深。故此，受访者对所要回忆的事件会有较前更深刻的体验，在回忆、口述之时，一方面，评说、议论必然会占有较大比重，另一方面，郁积于心中的情感亦会自然流露。此种由深刻体验带来的抒情、议论，当然有其主观性，不过，

---

① 李卫民：《一部意蕴深厚的口述史著作》，《史林》2018 年增刊。
② 毛姆：《毛姆随想录》，俞亢咏译，百花文艺出版社，1992，第 91 页。
③ 刘锡庆、蔡渝嘉编《当代艺术散文精选》，北京十月文艺出版社，1994，序。
④ 刘锡庆、蔡渝嘉编《当代艺术散文精选》，序。

由于时间的推移，受访者可以进行深入思考，其表述的客观性也是不容忽视的。故此，口述历史应该是主观性与客观性相结合的产物（不同口述历史作品，主观性因素和客观性因素所占比例各有不同，两者结合的方式也是各有不同）。质言之，口述历史具有一定深度，此种深度是主观因素、客观因素有机融合的产物。

在此，还需补说几句。但凡谈到口述历史，人们总会提及"记忆"。不过，国内学者对"记忆"的研究尚嫌简单，有些学者只是将"口述历史"与"记忆"等同起来，缺乏更深层次的研讨。由上文的论述亦可看出，对"记忆"的研讨，应多从动态的角度，从内容的生成与发展变化的角度来研讨。不难发现，虽然记忆的重心是曾经历过的往事，但是，这些事情总会引发理智的思考与情感的波动。随着时间推移、社会环境变化，个人也在经历不同的生命阶段，理智与情感亦不会停滞，由此，人们对往事会有新的认识，感慨、感悟逐渐增多，对过往有新的评断，在接受采访之时当然会按照此时的理智状态与情感状态展开讲述。有不少人议论过记忆的"选择性"，现在看来，"选择性"的出现实是正常现象，不应苛求。当然，针对"记忆"的动态形成过程，研究者有必要做出深度阐释。

综上所述，口述历史是一种独立性、自足性很强的工作。口述历史文本内容丰富，文体风格突出，虽然具有口语化倾向，但是有受访者记忆的特点，口述历史文本也具有不容置疑的深度。

二　呈现受访者的自身意义体系

口述历史的一个重要特点，是可以展示受访者的"自身意义体系"。此一概念，采自王铭铭先生的论文《口述史·口承传统·人生史》。① 不过，王先生对这一概念未做解释。我认为，这一概念值得重视，对深入把握口述历史的本质有很大意义。我结合自己的研究经验对这一概念略做解析。自身意义体系，是指受访者的个性特征，包括受访者的思维、行动、待人接物的内在逻辑，以及决定他的命运走向的特点及其深层成因。受访者在口述过程中，在追述过往之时，也是受访者持续展示自我的过程。读者阅览口述历史

① 王铭铭：《口述史·口承传统·人生史》，载《四川民主改革口述历史论集》，第 38 页。

文本，对受访者的了解、理解、认知、把握，自会越来越全面、中肯、细致、深刻。这一过程，会促发读者的形象思维与抽象思维。一方面，在阅读口述历史文本的过程中，用心的读者会逐渐形成对受访者的人格形象，对受访者的整体认识会有明显提升。另一方面，阅读口述历史也会刺激读者的抽象思维，为读者从思维、心理、习性、偏好等方面深入分析受访者，提供了资料、线索、路径。当然，这两种思维模式的展开皆有一定难度，但并非不可达成。唐德刚先生整理完成《李宗仁回忆录》后，于该书中对李宗仁之个性、人格、才具等以较大篇幅展开点评，持论有故，足供参考，现征引一段性格描写，以见一斑："李德公'名将'之外，也是一位容貌宽厚，而心志精明的政坛高手。论人品，论事功，他和'外宽内深'的公孙弘，与'混混而有机心'的黎元洪，大致是同一流的历史人物罢。"① 还可举出一例，戏剧研究专家董健在通读《曹禺访谈录》后，对曹禺的一些自我表白："胆子很小"，"怕事"，"连我自己都不满意自己"。有些时候，他不敢表态了，曹禺甚至也认为自己"可悲、可怜"。董健先生指出，这是曹禺的一种深深的感慨。董先生的读后感，题目是《接近曹禺的灵魂》。②

我采写整理的史学学者访谈，均能清晰展示受访专家的自身意义体系。以下列举两例以见端倪。

杨天石先生的史料功夫非常过硬，这是众所周知的。事实上，杨先生有自己的史料观，并身体力行。他认为，搜集史料要有长远规划，一是要有耐心，不怕耗费时间，而且不能局限于本国资源，域外相关资料也应设法获取。他的史料观，与他的史学思想直接相关。杨先生史学思想中最突出的一点是寻求历史的谜底，"追求到底"，"不追到底，你的工作就没有到家"。③为将史料搜集齐全，杨先生在国内外的所到之处处处留心，不止如此，他还委托友人帮助查找，日积月累，他在蒋介石研究、黄遵宪研究等领域的历年积累所得，国内堪称独步，但他仍在访谈中表达了遗憾。他的外语能力有一定欠缺，他指出，"在近代史所工作，最好懂两门、三门外语，英语、日

---

① 李宗仁口述，唐德刚撰写《李宗仁回忆录》，华东师范大学出版社，1995，后记。
② 董健：《接近曹禺的灵魂》，载《曹禺访谈录》，百花文艺出版社，2010，第 352 页。
③ 李卫民：《全力以赴，让研究成果逼近真相——杨天石研究员访谈录》，《晋阳学刊》2008年第 6 期。

语、俄语，如果再攻一门法语，那最理想"，"外语不好，我感到在搜集使用资料上，受到很大局限"。① 应该承认，杨天石先生对待史料的态度令人印象深刻。他执着地全力以赴，从而打开了通向成功的大门，不断取得丰硕的收获。

张海鹏先生致力于宏观史学研究。在 20 世纪 80 年代，他就发表多篇文章，进入 90 年代，他仍在继续探索。但是，学术界的情形引发了他的忧虑，"在 1990 年代之后，我也写了好几篇文章，没有回应，感到孤寂。学术探讨，就是要彼此争辩、反驳，当然不能感情用事。别人的反驳就要促使你思考，他反驳我，他的理由有哪些，需要思考，他的思考也会促进我进一步思考，这样就能推动学术的进步。我感到学术界太冷漠。有朋友对我说，你是学术界的领导，我们都是跟着你走。但是，很多问题，还没有得到解决，还需要讨论。这说明，大家对宏观问题，或者说对马克思主义理论问题，对历史唯物主义，很冷淡。我认为，不能要求历史学界的每一个学者都思考宏观理论问题，但是，应该有一些人在思考这些问题"。② 这段感情色彩浓厚的文字，令人印象深刻，从"自身意义体系"角度分析，可有以下几点结论：一是张先生长期从事宏观史学研究，并且是以马克思主义为指导的宏观史学研究；二是虽然身居高位，但张先生仍然是以探索者的姿态在对真理进行不懈追求，为了促进自己的研究，他期盼同行回应，却少有应声，令他感到苦恼；三是张先生慎重对待别人的批评意见，拒绝感情用事，深入思考其他研究者的论证过程，其思维方式与在美国学术界大行于世的"批判性思维"颇有类同。可见，张海鹏先生是一位有思想深度、理论修养很深的宏观史学研究者。

应该说，自身意义体系的研究，就是由近及远，将受访者自身的特点以及他的这些特点的意义与影响，揭示出来。

三　展示史学学者的生命历程

生命历程理论，是一个新兴社会学理论，源自 20 世纪 60 年代的美国，

---

① 李卫民：《全力以赴，让研究成果逼近真相——杨天石研究员访谈录》，《晋阳学刊》2008 年第 6 期。
② 李卫民：《深入钻研马列主义，提高宏观史学研究水平——张海鹏研究员访谈录》，《晋阳学刊》2011 年第 3 期。

90 年代末，生命历程理论被介绍过来。所谓"生命历程"，用该理论的创始人埃尔德的话说，"个体在一生中会扮演不同的社会规定的角色和事件，这些角色或事件的顺序是按年龄层次排列的"。① 对于这一定义，李强等人的解读比较中肯，"生命历程大体是指在人的一生中随着时间的变化而出现的，受到文化和社会变迁影响的年龄及角色和生命事件序列。它关注的是具体内容、时间的选择，以及构成个人发展路径的阶段或事件序列"。② 质言之，生命历程理论的旨趣，乃在于寻找个人发展与社会变迁的结合点，明确个人发展中的社会性因素与个体。一般而言，生命历程理论的基本框架由四条原理组成：一定时空中的生活（个体生命嵌入于其所经历的历史时间和特定地域，并为这一历史时空塑造）；人的能动作用和自我选择过程对于理解生命历程具有重要意义（个体能在已有的社会建制中能动地选择自己的行为，从而对社会结构产生影响）；相互联系的生活，即互动着的社会生活，就是人在一生中建立的各种关系网；生活的时间性，即生命历程中变迁所发生的社会性时间，社会性时间是指角色的发生、延续和后果，以及相关的年龄期望和信念，在这方面，也要注意突发事件对人的重要影响。③

　　口述历史与生命历程理论关系密切。有影响的生命历程理论研究论文《生命周期与社会保障——一项对下岗失业工人生命历程的社会学探索》，其基本材料即是在东北采访多位下岗工人的访谈记录。回看自己采写的学者访谈，与生命历程理论还是多有契合的。口述历史文献编研，一般采用"人生史"模式。这一模式，用王铭铭教授的话说，就是不要用"一个外在于被采访人的事件框架作为'切割人生'的手段，让被采访者谈他在某个大事件中的经历与看法……这样做的话，口述史研究就容易忽视事情的另一面——大事件中的经历，不过是人物的人生史的一个部分……我以为，口述史亟待纠正其'切割人生'的错误，亟待对于'口述者'的人生史整体来

---

①　包蕾萍、桑标：《习俗还是发生？——生命历程理论视角下的毕生发展》，《华东师范大学学报》（教育科学版）2006 年第 1 期。

②　李强、邓建伟、晓筝：《社会变迁与个人发展：生命历程研究的范式与方法》，《社会学研究》1999 年第 6 期。

③　本段内容根据李强、邓建伟、晓筝《社会变迁与个人发展：生命历程研究的范式与方法》（《社会学研究》1999 年第 6 期）和郭于华、常爱书《生命周期与社会保障——一项对下岗失业工人生命历程的社会学探索》（《中国社会科学》2005 年第 5 期）写成。

展开研究"。① 不难发现，所谓"人生史"研究模式，就是让受访者完整讲述其人生经历。可见，"人生史"与生命历程理论有比较明显的区别，生命历程理论更具有理论探索的深度，更多的是强调对个人的一生展开有深度的分析。不过应该看到，两者之间也有密切联系，"人生史"模式的口述历史，将受访者的人生经历较为完整地呈现出来，信息量较大，可以成为生命历程理论研究的良好基础。

现在，就利用生命历程理论对已整理完成的史学学者的口述历史略做分析。

这方面，我印象最深的是程中原先生的口述历史。在访谈一开始，他就描画了对自己的个人发展有重大意义的时空环境，"这要从我们这一代解放后培养起来的知识分子的特点说起。我是 1955 年进的大学，在进大学之前，当过 3 年小学教师。我们这一代人的特点，就是'党叫干啥就干啥'，需要干什么就干什么。你说是受了刘少奇'驯服工具'论的影响也好，还是像雷锋那样甘当螺丝钉也好，这是我们这一代人的共同特点"。"你问我为什么搞张闻天，用一句话说，就是为了完成领导交给的任务，为了吸引人才要办一个刊物，但又要让刊物避免厚古薄今，开设了一个专栏，请人帮忙，选题不太全，为补缺，我就开始研究张闻天。"② 当然，程先生个人的能动作用也是非常突出的。为了搜集张闻天的资料，他专程去南京、上海查阅老报刊，拜访张闻天子女，返校不久就形成了高水平论文。值得指出的是，由于学术成果影响越来越大，作为张闻天研究知名专家的程先生，他的交往对象也逐渐发生了变化。张闻天夫人刘英和邓力群同志等，都与他有了较多接触，特别是邓力群同志，对他多有指点和指导，对他后来的学术之路产生了重要影响。的确，口述历史主要是展示受访者个人的人生经历，但是，利用生命历程理论来分析，更见人的发展的底蕴，更有拨云现日的韵味。

改革开放之后，中国迅速融入世界，中国人生活与工作的国际化、全球化程度越来越高。在这一时期从事学术研究的学者，与在此之前就从事研究

---

① 王铭铭：《口述史·口承传统·人生史》，载《四川民主改革口述历史论集》，第 37—38 页。
② 李卫民：《30 年党史国史研究的回顾——程中原研究员访谈录》，《晋阳学刊》2008 年第 3 期。

的学者相比，其所处的时空环境以及受时空环境的影响与塑造，都有了很大不同。定宜庄女士感叹，"拿我们这一代来说，原来和外界隔绝了那么久，在改革开放之前，对于外界的、西方的东西，都是持一种否定的、批判的态度，有很多东西是想当然，非常隔膜，也有许多是误解"。90年代中期，定女士有机会到美国访学，接触到了现代妇女史和社会性别史的学术成果，因之她写出了《满族的妇女生活与婚姻制度研究》，她还谦虚地说："我虽然也在努力接触和学习西方妇女史的理论和方法，但毕竟只是了解一些非常肤浅的皮毛，谈不到将人家的理论和方法拿来付诸实践，所以我做的，只能说是以妇女为研究对象的一部史学著作。"定女士后来又研治口述历史，这也是受境外学者的影响，她曾陪同台湾中研院近代史研究所的游鉴明研究员在上海采访一些民国时期的老运动员，这直接促使她投身口述历史事业。她回忆当时的想法是："她（指游鉴明）到大陆来，我陪着她去采访了当年在上海当过运动员的人，就算是我跟她实习吧。当时我就想，既然我掌握有那么多做口述的人脉、资源，何不自己把口述史做起来呢。"[①] 应该承认，就认真学习、借鉴国外社科理论成果而言，定宜庄教授是比较突出的一位。她的开拓创新意识很强，不愿墨守成规，推出不少有新意的成果。她的不断创新，当然不是无因而至，与诸多海外学者的近距离接触、亲身感受、认真学习，有效促进了她的治学理念和方法的革新。探讨定宜庄教授的成功经验，着重于她与海外学者的互动是应该的，但这又与改革开放之后新的时空环境直接相关。从定宜庄教授访谈中，还可看出她的积极进取精神，正是这种进取精神，让她把时空环境所带来的机遇把握住了，并进一步建构了新的社交网络，进一步推动了她的研究工作更上一层楼。李金铮先生口述历史中，说及的一个实例与定宜庄教授的口述，有异曲同工之妙。李先生特别提到，美国学者顾琳研究河北高阳的纺织业，"改革开放后，她有机会来高阳调查，20多年来，先后访问不下十几次"，"可以说，她几乎将文献资料、口述资料、问卷调查资料等搜罗殆尽了。经过几十年时间，直到2006年她的研究成果《中国的经济革命：20世纪的乡村工业》才在美国出版"。李先生参加过顾琳1995年的一次调查。顾琳扎实的研究

---

① 李卫民：《做有现代感的古代史研究——定宜庄研究员访谈录》，《晋阳学刊》2010年第6期。

工作，带给李金铮先生很多启示，他也一直坚持在资料搜集方面尽量做到"竭泽而渔"。①

　　话到此处应该多说几句，生命历程理论是一个整体，但是，同处相同时空环境之下，个人的努力是一个重要因素，就此还可以做更深入的分析。克劳森对个人能动性的解释非常深刻，"成功的人生往往源于具有如下品质的人，他们能够恰如其分地评价人生的努力，确认自己的目标；能够详实地理解自我、别人和可供选择的事物；并具有追求既定目标的恒心和毅力。具有上述品质的人无论是在工作中还是在日常生活中都表现杰出，他们充分发挥了人的能动作用，在生命历程中更能得到满意感，更能充分地自我实现"。②克劳森的解析给人很多启发。我整理完成的 20 多份学者访谈，都可供分析。这方面的分析比较简单，此处暂从略。

　　综上所述，根据生命历程理论分析资深历史学者的口述历史可以看出，研讨著名学者的成功经验，必须返回他（她）所处的时空环境，从个人发展与社会变迁的结合点上来研讨促使他（她）成功的多种力量。这方面的研讨，很能走向深入。

四　关于史学资深学者的人际网络

　　近年，国内史学界开始关注人际网络研究，成果不断增多。口述历史与人际网络研究也有密切关系。通览国内的口述历史作品可以发现，受访者讲述自己的人生经历，其具体的展开方式和其中的重要内容，往往就是他的人际网络。这涉及口述历史的独特视角。前已述及，口述历史的重心为"叙事"，而就"事件"来说，其创意发端、积极推进、演变结局等，都与特定人士的言行密不可分。故此，在采访过程中，受访者进行深度讲述总是要借助人际网络，谈到具体的人，说清楚这些人的作用，当然也会表明对人对事的评价。质言之，通过人际网络的讲述，口述历史显得更具体，也更有深度了。

---

① 李卫民：《追求更具解释力的乡村社会史学——李金铮教授访谈录》，《晋阳学刊》2010 年第 2 期。
② 李强、邓建伟、晓筝：《社会变迁与个人发展：生命历程研究的范式与方法》，《社会学研究》1999 年第 6 期。

　　我完成的访谈当中，章开沅先生的访谈纯然是以人际网络展开的。犹记访谈开始之时，我明确向章先生表示，此次就是进行一些口述历史的工作。在此前的采访中，不少专家提及北大邵循正先生，他们都称赞邵先生的水平高、影响大，我请章先生介绍一下他所了解的邵先生。章先生记忆力过人，不仅讲述了不少邵先生的情况，还讲述了范文澜、胡绳、刘大年、陈庆华、黎澍等人的情况。可以看到，章先生在谈及某一位师长（或朋友）时，也是从人际网络的角度展开。譬如，在回忆刘大年先生的时候，章先生还提到了"文化大革命"前刘大年的同事黎澍和李新，并简要介绍了三人之间的微妙互动。人是一种社会性存在，讲清楚人的特点与命运走向，难度很大，从人际网络着眼，把某个人的人际网络讲清楚，将他与这个网络之间的互动讲清楚，对了解这个人当然是有很大帮助的。

　　当然，人际网络对一个学者的影响是很大的。

　　先谈积极的影响。陈红民先生是国内较早从事人际网络研究的学者，他的专著《函电里的人际关系与政治：读哈佛－燕京图书馆藏"胡汉民往来函电稿"》出版于2003年9月，是国内这一领域的拓荒之作。而陈红民先生的口述历史，展现出他的人际网络与他的学术进展之间的关系。他回顾往事时说："我很幸运，在学术生涯的关键点上，有贵人相助。"这是指著名历史学家李新先生。在审读了陈先生的硕士论文之后，李新先生大加赞赏，认定此文在国民党右派人物的研究上取得了突破，遂将此文推荐到《历史研究》发表。到了90年代中期，陈先生接触到了收藏在哈佛－燕京图书馆的"胡汉民往来函电稿"，在为怎样深入研究这批资料而踌躇之时，哲学家杜维明向他提示，可以用这些材料来建构胡汉民的人际网络。还需一提的是，陈红民先生目前主持浙江大学"蒋介石与近代中国研究中心"，陈先生回忆，近10年来，著名实业家、浙江恒励集团董事长张克夫，一直在资助该中心，让该中心得到了很好的发展助力。陈红民先生的口述回忆，凸显了他的人际网络，以及这个网络对他的学术事业的有力支撑。①

　　但是，有些学者的人际网络却并未产生积极作用。刘大年先生晚年倾力写成《评近代经学》，日本学者将此书译成日文出版，但是，这部书在国内

----

①　李卫民：《追求开放与有公信力的史学研究境界——陈红民教授访谈录》，《晋阳学刊》2017年第1期。

学术界没有什么反响。刘先生的入室弟子姜涛先生就此指出："每个人都有自己的学术影响范围。汤志钧先生，还有姜义华、朱维铮他们，都是研究经学的。大年先生是直到晚年才重新进入这个领域，有些观点，看问题的视角，甚至于表达的方式，和他们也不一样。他们对大年先生，还是很尊重的，但在学术上是否听他的，认同他的，那就很难说了。"姜涛先生的回忆点出了经学研究领域的人际网络，引人深思的是，这一人际网络的存在，令《评近代经学》在国内未能产生很大影响。①

从上面的分析可以看出，通过口述历史，可以研究学者的人际网络，使学术史研究、学者研究向学术社会史过渡，研究的内容会更为丰富，解释框架会更为精密，也会促使研究向更深层次迈进。

结　语

口述历史，自身即拥有很高的价值，它的多重意蕴有待研究的深度开掘。口述历史是一个开放性的平台，从受访者的自身意义体系、生命历程到人际网络，都可得到较充分的展示。对口述历史的钻研，能够更好地走向一种新形态的整体史。

〔作者单位：山西省社会科学院〕

---

① 李卫民：《处处有路透长安——姜涛研究员访谈录》，《晋阳学刊》2009 年第 2 期。

近代中国半殖民地半封建社会性质新解

邱文元

自党的十八大提出道路自信，特别是习近平新时代中国特色社会主义思想写入宪法成为中国走向伟大复兴的指导思想以后，我们对持续了170多年中华民族复兴道路探索的历程就有了一个清晰的图像，也为我们从中国历史发展的路径依赖上对近代中国半殖民地半封建社会性质的理解提供了条件。

近代以来，受中国复兴道路探索历史特定阶段条件的限制，中国共产党人对近代中国半殖民地半封建社会性质的认识和对新民主主义革命前途的认识还存在严重的缺陷。这些缺陷导致了新中国成立后关于巩固新民主主义制度和不失时机进行社会主义改造的争论，也导致了80年代以后关于如何建设社会主义市场经济的争论。

这些争论围绕着近代中国是否已经走上了资本主义发展道路和新民主主义革命是不是要为资本主义发展开辟道路的问题展开。前者是事实问题，就是近代中国是否已经产生了资本主义，是否已经走上了资本主义发展道路的问题。新民主主义革命理论关于中国半殖民地半封建社会性质的认识，断然否定了托派的错误判断——近代中国已经成为资本主义社会，并以此正确认识为基础指导中国革命走向胜利。后者是方向问题，即中国新民主主义革命胜利后，中国是否要补课走资本主义发展道路的问题。在毛泽东的新民主主义革命理论中，对这个问题还没有清楚认识。这表现在，那时的毛泽东还不时谈论新民主主义革命要为资本主义发展开辟道路的话题。1953 年，党内还存在以刘少奇为代表的巩固新民主主义秩序观念的时候，毛泽东发动了社会主义改造运动，可见毛泽东对于方向问题有了新的思考。在苏联式的计划经济模式的弊端暴露出来以后，特别是在改革开放以后建立中国特色社会主义市场经济体制的探索过程中，关于中国要不要补资本主义发展的课的争论再度爆发出来。

今天，中华民族复兴道路的探索已经进入了新时代，中国特色社会主义道路已经呈现在世人面前。这样，解答一百多年来近代中国社会性质（事实问题和方向问题）争论的历史条件也成熟了。

习近平在十二届全国人大一次会议闭幕会上发表重要讲话指出："实现中国梦必须走中国道路。这就是中国特色社会主义道路。这条道路来之不易，它是在改革开放 30 多年的伟大实践中走出来的，是在中华人民共和国成立 60 多年的持续探索中走出来的，是在对近代以来 170 多年中华民族发展历程的深刻总结中走出来的，是在对中华民族 5000 多年悠久文明的传承中走出来的，具有深厚的历史渊源和广泛的现实基础。中华民族是具有非凡创造力的民族，我们创造了伟大的中华文明，我们也能够继续拓展和走好适合中国国情的发展道路。全国各族人民一定要增强对中国特色社会主义的理论自信、道路自信、制度自信，坚定不移沿着正确的中国道路奋勇前进。"[①]

习近平新时代中国特色社会主义思想，不仅指明了中华民族复兴道路未来发展的方向，而且对我们认识中华人民共和国史，认识近代以来 170 多年中华民族发展史，乃至 5000 多年中国文明史有重大的指导意义。中国特色社会主义道路，要求我们把中国近代社会性质的认识置于中华民族 5000 多年文明传承和发展的历史脉络中进行，从而彻底摆脱西方中心主义和民族虚无主义的干扰。这样，我们就可以认识清楚近代中国没有产生资产阶级和不存在资本主义发展的事实，对新民主主义革命的前途即根植于 5000 多年文明史的中国特色社会主义获得自觉的认识。

---

① 习近平：《在第十二届全国人民代表大会第一次会议上的讲话》，《人民日报》2013 年 3 月 18 日，第 1 版。

一　革命范式、现代化范式对近代中国社会性质的不同理解

革命范式认为近代中国社会性质是半殖民地半封建社会，其中的半殖民地和半封建是统一不可分的。半殖民地是指中国政府还没有丧失主权，却实际上不能独立。半封建是指中国已经产生了资本主义因素，却不能向资本主义社会发展。究其根本原因，就是帝国主义和中国本土的宗法地主阶级、割据军阀这些封建势力勾结在一起，扶持和维护后者的腐朽统治，以阻止中国资本主义发展和进步力量的壮大，最终实现变中国为其殖民地的目的。

对中国近代半殖民地半封建性质认识的革命范式，是在中国共产党人领导中国革命实践的进程中逐步形成的。早期，列宁关于东方殖民地理论和斯大林与托洛茨基关于中国革命问题的争论，对中国共产党人形成中国革命性质和国情的认识产生了深远的影响。中国共产党人从第二次代表大会以后，开始借助于列宁东方殖民地理论来认识中国社会的"半殖民地"性质。大革命失败后，斯大林和托洛茨基的中国革命问题的争论，直接影响了中共对中国社会性质问题的探讨。"而中共承继了斯大林、布哈林的线路，将'封建残余优势说'逐步修正为'半殖民地半封建说'。"[①] 1928 年 6 月至 7 月，党的六大决议案指出："中国经济的特点，土地关系的特点，很明显地是半封建制度。""农村的封建关系之余孽，还有帝国主义压迫半殖民地的制度维持它。""帝国主义对于半殖民地的中国的剥削，阻碍着资本主义的发展。"帝国主义和封建势力联合在一起，阻碍了资本主义的发展，因而中国革命的任务就是反帝反封建而为资本主义开辟道路。这样，半殖民地半封建社会的概念就已经呼之欲出了。随后在"新思潮派"马克思主义学者和"动力派"托洛茨基派以及国民党改组派的"新生命派"之间展开的中国社会性质论战、中国社会史论战和中国农村性质论战，就把近代中国半殖民地半封建社会性质的概念确定了下来。

毛泽东在 1939 年 12 月发表的《中国革命和中国共产党》中，不但确定地使用了"半殖民地半封建社会"这一完整概念，而且系统地论述了这

---

① 李洪岩：《半殖民地半封建理论的来龙去脉》，载《中国社会科学院近代史研究所青年学术论坛（2003 年卷）》，社会科学文献出版社，2005，第 1—24 页。

一社会的形成过程及其特点。他说："自从一八四〇年的鸦片战争以后，中国一步一步地变成了一个半殖民地半封建的社会。自从一九三一年九一八事变日本帝国主义武装侵略中国以后，中国又变成了一个殖民地、半殖民地和半封建的社会。"毛泽东在文中还提出了中国近代历史发展的两个过程的观点："帝国主义和中国封建主义相结合，把中国变为半殖民地和殖民地的过程，也就是中国人民反抗帝国主义及其走狗的过程。"① 两个过程的观点指导了马克思主义学者对近代中国历史的研究，成为中国近代史研究的基本线索。

中国社会性质认识上的革命范式，即近代中国半殖民地半封建社会性质的认识，是中国共产党人在领导中国革命的历史进程中用鲜血和生命的代价换来的正确认识，指导中国革命走向胜利的毛泽东新民主主义革命理论就建立在这个正确的国情认识基础上。但是，这个理论认识本身也存在严重的问题。

毛泽东虽然否定了近代中国资本主义在事实上的发展，却对中国社会是否需要经历一个资本主义发展过程的问题存在疑问。在 40 年代末期，毛泽东说新民主主义革命的使命就是为资本主义发展开辟道路。但是，到了1953 年，毛泽东就批评了刘少奇巩固新民主主义秩序的观点，发动了社会主义改造运动。

中国探索中国特色社会主义道路并走向伟大复兴的历史进程表明，新民主主义革命为中国资本主义发展开辟道路的论断存在历史局限性。近代中国半殖民地半封建社会性质的概念包含着对近代中国社会性质的深刻认识，满足了指导中国革命走向胜利的理论需要。但是，对于近代中国有没有产生资本主义发展，以及中华民族复兴道路是否需要一个资本主义发展阶段这两个问题还存在模糊认识。

80 年代出现的现代化范式，就是随着对半殖民地半封建社会概念新解的面貌出现的。现代化范式就是针对革命范式在近代中国资本主义的现实存在和未来发展认识上的不足而发问的。

李时岳、胡滨提出，"两半"之间没有必然的联系，二者可以分开来

---

① 毛泽东：《中国革命和中国共产党》，载《毛泽东选集》第 2 卷，人民出版社，1991，第 632 页。

看。半殖民地指的是国家政治地位，不能规定社会性质。马克思主义是从社会生产方式来规定社会性质的，因此只有"半封建"的概念指示了中国社会性质。这里的"半封建"显然意味着"半资本主义"，是封建社会向资本主义社会的过渡阶段。李时岳提出的对"两半"的现代化范式新解，肯定了近代中国资本主义的存在和发展。他说，就中国近代变成半殖民地国家而言，中国近代史上存在向下沉沦的线索，而就中国半封建社会意味着资本主义发展的过渡阶段而言，中国近代史上又存在一个资本主义发展所代表的上升的线索。

李时岳提出半殖民地和半封建之间不存在必然联系的同时，还提出近代中国成为半殖民地和半封建社会的时间也是不同的。李时岳认为，1901 年《辛丑条约》的签订，标志着中国半殖民地地位的确立。"义和团战争失败后《辛丑条约》的订立，是中国半殖民地地位确立的标志。中国在形式上还是个独立的国家，而在实际上遭受着帝国主义在政治上经济上的残酷统治。1907 年的《日法协定》、《日俄协定》等，在公开的协定里都写着'尊重中国的独立与完整'，而在秘密换文中则确定各自的势力范围及特殊权益，就是这种半殖民地地位的绝好说明。"① 李时岳认为洋务运动是中国资本主义发展的开端，康有为的资产阶级改良运动和孙中山领导的资产阶级革命运动就是在资本主义有了一定发展程度的基础上发生的，1912 年的辛亥革命成为近代中国进入半封建社会的时间点。中华民国"形式上是资产阶级共和国，实际上封建剥削制度和封建专制统治仍然保持着，并占据优势。中国没能进入资本主义社会，而是进入了半封建社会"。②

在李时岳《从洋务、维新到资产阶级革命》一文提出了对"两半论"的现代化范式的新解之后，中国近代史研究就展开了持续三十多年的争论，一步步深化了对近代中国社会性质的认识。

二　现代化范式在近代中国社会性质认识上的错误

从 80 年代起，汪敬虞、张海鹏就对李时岳的现代化范式新解提出了批

① 李时岳：《关于"半殖民地半封建"的几点思考》，《历史研究》1988 年第 1 期。
② 李时岳：《关于"半殖民地半封建"的几点思考》，《历史研究》1988 年第 1 期。

评，认为近代中国不存在资本主义发展形成的半封建社会，半殖民地、半封建是统一整体的两个方面，外国侵略势力和封建地主阶级及其代表的腐败政权和割据军阀相互勾结，阻碍了资本主义的产生和发展。他们的观点，被论辩的对手称为"沉沦论"的代表。汪敬虞提出，在强势的外国资本和腐朽的官僚资本的双重压迫下，"先天不足，后天失调"的民族资本主义根本不能独立发展，更谈不上造成资本主义发展的形势。到了90年代，陈金龙、李曙新、李洪岩开始梳理半殖民地半封建社会概念的形成和演化的历史，把"两半论"形成的历史背景和理论渊源揭示了出来。近代中国半殖民地半封建社会性质理论，虽然理论上来源于对中国国情不能有深入认识的马克思主义经典作家，却在中国共产党人结合中国国情的基础上中国化为符合中国革命需要的理论。

我们在把马克思主义中国化推进一步的同时，将近代中国社会和中国革命的性质问题置于5000多年文明史和近代中国伟大复兴的历程中，可以有更深切的理解。

近代中国不存在资本主义发展，全局而言是中国经济和社会的"沉沦"。现代化范式不能根本推翻革命范式关于近代中国半殖民地半封建社会性质的论断，反而为我们深入理解论述近代中国性质的"两半论"提供了深入讨论的契机。由于现代化范式的错误是从革命范式对中国近代社会性质理解的盲区中产生的，因此，现代化范式的显性错误也是革命范式的隐性错误。这样展开对现代化范式的批评，也是加深和充实近代中国半殖民地半封建社会性质认识的有效途径。

我们的批评从两个层次上展开，一个是从近代中国社会的实际认识上展开，另一个是从形成近代中国社会性质的理论来源的审查上展开。

从近代中国社会的实际认识上展开，就是要从事实上确认近代中国并没有产生资本主义发展。近代中国的外国资本、国家资本、民间资本都不是资本主义性质的资本。何以见得？我们首先要搞清楚什么是资本主义。

很长一段时间人们误以为蒸汽机就是资本主义，这个看法是不正确的。一定的生产力发展水平和一定的生产关系存在关联，这是不错的，但不是绝对的。资本主义主要是一个生产关系的范畴，它是私人资本垄断经济发展的一种社会制度。这个概念由布罗代尔提出在前，又被中国改革开放以后的实践所接受。有了这样一个对资本主义的新认识，我们才可以提出社会主义市场经济的概念来。现在看来，中国早期的马克思主义史学实际上是混淆了社会主义市场经济和资本主义市场经济的概念，误把市场经济等同于资本主义了。如果我们的前辈一开始就提出，反帝反封建的近代中国革命不是为资本主义，而是为中国特色社会主义市场经济的发展扫除障碍，那么，我们就不会在新中国成立后探索中国发展道路的问题上经历那么多曲折了。

欧洲资本主义的发展壮大了资产阶级的力量，使得资产阶级能够发动政治革命，成为政治和经济上的领导阶级。近代中国的资产阶级，却没有能力冲破帝国主义侵华资本和官僚资本的联合统治，反而必须依附到外国资本和官僚资本的身上，才能苟且偷生和勉强存活。

对于近代资本主义的实际，汪敬虞先生有深入的研究，他说："出现在近代中国土地上的资本主义，是一个什么样的局面呢？概括地说，它是已经进入垄断阶段的外国资本主义在整个中国资本主义经济中的优势和统治，是官僚资本主义，也就是'买办的封建的国家垄断资本主义'在本国的优势和统治，是先天不足、后天失调的中国民族资本主义的未老先衰。先天不足，指的是：它的发生，不是中国封建社会内部资本主义萌芽的直接发展；后天失调，指的是：在它的发展过程中，经常承受着外国资本主义和国内封建主义、官僚资本主义的压力；未老先衰，指的是：它有所发展，但又不能顺利地、充分地发展。中国民族资本主义的发展和不发展，这才是贯串于中国近代历史的一条红线。如果把和帝国主义、国内封建主义、官僚资本主义处于对立地位的民族资本主义看作是中国资本主义，那么中国近代历史的一条红线，或者说基本线索，就是中国资本主义的发展和不发展。"①

从对民族资本主义和外国资本主义、官僚资本主义的对比研究出发，汪敬虞先生断言中国没有进入资本主义社会。"中国资本主义现代企业发展到国民党统治中期的 1933 年，究竟是一个什么样的局面呢？现代工业生产，除去外国在华工业的产值，只占国民生产总值的 6%，现代矿业生产，加上土法生产在内，一共只占国民生产总值的 1.2%，其中绝大多数又是在外国资本控制之下。这和一个正常的资本主义国家是无法比拟的。中国没有进入资本主义社会，这是事实。"②

---

① 汪敬虞：《近代中国资本主义的发展和不发展》，《历史研究》1988 年第 5 期。
② 汪敬虞：《近代中国社会和中西关系的实质问题》，《近代史研究》1990 年第 1 期。

外国资本在中国资本中占据绝对优势。在重工业方面，外国资本1936 年控制了煤产量的 55.2%，新法采煤量的 77.4%；掌握石油工业的99%，发电量的 77%。1937 年掌握冶铁工业的 95%。在交通运输方面，外国资本 1936 年掌握铁路总长度的 88%，早在 1930 年就已掌握外洋航运和中国航运吨位的 81.2%，航空业基本上由外国人经营管理。在轻工业方面，外国资本在 1935 年掌握烟厂产值的 63% 以上；1936 年已掌握纱锭的 48.2%，织布机的 56.3%（东北日本纱厂尚未计入）。到抗战前夕，在中国现代工业和运输业中，外国资本占到了 1.6%。[①] 在银行方面，外国银行 1936 年的在华资产也要比华商银行多 1/3。这就是说，外国资本不仅垄断了中国的重工业和交通运输业，而且控制了中国的财政、金融以及若干重要的轻工业。

在国内资本中，官僚资本又占有绝对优势。"在官僚资本极端膨胀的国民党统治后期，一些重要的工矿业生产，几乎全部或相当大一部分控制在官僚资本的手里。大体上以一九四七年为准，处在官僚资本控制之下的工矿产品在全国工矿产品中所占的比重：石油和钨、锑、锡等有色金属几乎占100%，电力占 90%，钢占 80% 以上，水泥占 40%，煤炭占 33%，轻工业中，棉布占 73%，棉纱占 39%，毛织品占 50%，食糖占 65%，纸张占30%。生产上的垄断，这是官僚资本垄断性质的最直接的表现。"[②]

近代中国民族资本主义（民间资本）由于力量弱小，不得不依附于外国资本和国家资本（被外国资本支配的封建性的国家资本最终受制于外国资本），"两半论"正确地认识了近代中国经济的实际。在外国资本和国家资本（官僚资本）的缝隙中，民间资本有所发展，但是没有也不可能产生资产阶级；国家资本破产蜕变为官僚资本，成为外国资本压迫和掠夺中国的帮凶。

汪敬虞先生不仅从对比中看到了中国民族资产阶级的弱小和后天失调，还探讨了它的先天不足。汪敬虞等近代经济史学家的研究表明，中国民族资产阶级（应该称之为民间资本投资人）的软弱和依附性几乎是与生俱来的，也就是它出生的方式就注定了后来的命运。中国民族资本不是通过"资本

---

① 吴承明：《帝国主义在旧中国的投资》，人民出版社，1955，第 94—106 页。

② 汪敬虞：《再论中国资本主义和资产阶级的产生》，《历史研究》1983 年第 5 期。

主义萌芽"生长出来的，没有经历手工业到手工业工场再到大机器工业的发展演化历程。在近代历史上，几乎不存在精明能干的手工业者发财致富成为资本家的途径，不仅如此，近代工业的不发达也伴随着手工业产值在工业产值中的绝对优势地位。中国近代民族资本，只能在对外国资本和官僚资本的依附中产生——这才是中国民族资本依附性和革命动摇性、两面性的病根所在。

我们把汪敬虞对近代民族资本的研究扩展到一个更广阔的历史背景中来进行，就会发现，中国历史有自己的特殊性。即从文明起源时起，中国历史和文明的发展就走上了连续性路径，后来的历史发展都受到了这个起源路径的影响，通常称之为"路径依赖"。中国连续性文明路径的发展过程，积淀为中国经济和社会的连续性结构。在先秦，这个连续性结构就是宗法封建制度的家国一体，秦汉以后产生了移孝为忠的家国同构。不管是家国一体还是家国同构，都在接受一定程度上的贫富分化和等级分化的前提下，保留和维系了国有或王有形式的公有制经济的主体地位，借以维护家国（社会）的安定与和谐。秦汉以后 2000 多年，尽管反复出现中央集权政府的崩溃瓦解，但是中国社会基本的连续性结构并没有改变，即在中国每一个王朝后期都会出现的市场经济繁荣过后，就会历经动荡和战争，重建起一个国家（资本）主导的连续性结构来。

近代中国没有从"资本主义萌芽"（应该叫作中国特色市场经济萌芽）中产生资本主义，就是因为近代中国的连续性结构还没有根本破产，准确一点说，中国社会阻止两极分化和私有制出现的连续性结构没有被改变，只是在帝国主义侵略下走向了整体破产——李大钊认为整个中华民族成了一个无产阶级民族。在这个前提条件下，近代中国就没有私有制发展逻辑上的资本主义原始积累，像马克思的《资本论》在欧洲近代早期发现的那种劳动者和劳动条件的分离。不错，近代中国的劳动者也破产了，但是他们没有成为自由劳动者（工业无产阶级）。而且，劳动者的破产不但没有促使资本主义原始积累和资产阶级的诞生，反而加剧了外国资本和帝国主义对中国的侵略和剥削——为了更好地、高效地侵夺中国，外国资本把一部分赃物留给了割据军阀和官僚地主（资本）。正是由于这个缘故，中国近代民族资本在其"出生证明"上不得不打上了买办或官督商办的烙印。

拥有 5000 多年文明发展演化历史的、在近代拥有占世界人口 1/4 的 4.5

亿人（截至 2019 年末已突破 14 亿人）的中华民族，有着深厚的历史积蕴和只要团结起来就会有的不可战胜的伟大力量。中国革命胜利和中国走向复兴的事实表明，西方资本主义列强对中国军事、政治、经济、文化的入侵，不足以改变中国历史发展的既定道路，只是中华民族再度走向伟大复兴的一个契机而已。

为了论证近代中国已经资本主义化，20 世纪 30 年代中国社会性质论战期间，托派"动力派"把帝国主义外国资本在中国经济上的统治地位看作资本主义经济在国民经济中拥有优势地位。李时岳为了论证近代中国已经走向了资本主义，发展成为半资本主义社会，也犯了类似的错误。他把洋务运动、北洋军阀和南京国民党政府的官僚资本也看作了中国资本主义的构成成分。

三　打破教条使马克思主义进一步中国化

受到历史条件的限制，马克思没有能够获得对中国道路的认识，误认为资本主义发展是中国历史发展和走向共产主义必不可少的过程和环节。马克思主义中国化的深入展开，就是要打破这些教条的束缚。

马克思的东方社会理论，特别是亚细亚生产方式的理论，是需要打破的第一个教条。

亚细亚生产方式的概念最早出现在《〈政治经济学批判〉序言》中，在文中马克思说，"大体说来，亚细亚的、古代的、封建的和现代资产阶级的生产方式可以看作是经济的社会形态演进的几个时代"。[①] 1853 年马克思阅读了贝尔尼埃的《大莫卧儿、印度斯坦、克什米尔王国等国游记》之后，致信恩格斯说："贝尔尼埃正确地看到，东方（他指的是土耳其、波斯、印度斯坦）一切现象的基础是不存在土地私有制。这甚至是了解东方天国的一把真正的钥匙。"[②] 在这里，亚细亚生产方式的概念被进一步规定，即具有土地国有、农村公社和专制主义的三个基本特征。这些特征导致亚细亚生产方式的社会长期处于循环停滞，所以马克思说中国存在"世代相传的愚

---

①　马克思：《〈政治经济学批判〉序言》，载《马克思恩格斯选集》第 2 卷，人民出版社，1995，第 33 页。

②　《马克思恩格斯文集》第 10 卷，人民出版社，2009，第 112 页。

昧状态","与外界完全隔绝曾是保存旧中国的首要条件,而当这种隔绝状态通过英国而为暴力所打破的时候,接踵而来的必然是解体的过程,正如小心保存在密闭棺材里的木乃伊一接触新鲜空气便必然要解体一样"。① 对于19世纪英国在印度的暴行,马克思说,"如果亚洲的社会状态没有一个根本的革命,人类能不能实现自己的命运? 如果不能,那么,英国不管干了多少罪行,它造成这个革命毕竟是充当了历史的不自觉的工具"。②

马克思毕竟生活在19世纪的欧洲,尽管他是资本主义文明最激烈的批判者,却不得不因为历史和文明传统的限制,不自觉地接受了带有西方中心主义的东方偏见。这也是为什么斯大林拒绝接受亚细亚生产方式理论。亚细亚生产方式的概念,把东方社会包括俄罗斯打入了专制主义和历史停滞发展的泥坑中。马克思曾经警告他的追随者不能把他关于欧洲的资本主义发展的认识用到其他文明身上,但是,斯大林还是把对欧洲主要是西欧历史发展的认识提升为人类历史的普遍发展规律。这就是人类社会都要经历原始社会、奴隶社会、封建社会、资本主义社会最终走向共产主义的五大阶段论产生的理论背景和主观动机。在20世纪90年代,中国学人否定了中国社会存在奴隶制和封建制的发展阶段之后,又有一些学人重新以马克思亚细亚生产方式的概念来解释中国不能产生资本主义的原因。有一些学者甚至借助马克思亚细亚生产方式的概念,把中国5000多年的文明发展贴上专制主义的标签一棍子打死,走向了历史虚无主义和民族虚无主义的泥坑。

我们要打破的第二个教条是,至今影响了中国近代史研究的资本主义发展普遍性的教条。在引述马克思对英国在印度的殖民主义暴行的谴责和评价后,中国的学者无论如何要在近代中国找到资本主义的发展,即使在近代中国找不到私人垄断资本主义的发展和形成,也要把私人资本称为民族资本主义,并将其当作近代经济和社会变迁的主角来叙述。

中国复兴道路的艰苦探索到了应该树立起道路自信的新时代,我们对中国历史发展的连续性路径有自觉的认识,近代中国的外国资本不是中国资本主义,近代中国的官僚资本(变质的国家资本)也不是资本主义,近代中

① 马克思:《中国革命和欧洲革命》,载《马克思恩格斯选集》第1卷,人民出版社,1995,第692页。

② 马克思:《不列颠在印度的统治》,载《马克思恩格斯选集》第1卷,第766页。

国的民族资本（只是应该叫作民间资本）也不是资本主义。中国文明发展的连续性路径积淀为连续性结构，在这个连续性结构中存在居主导地位的国家资本或公有制经济，它能够在王朝更替的危机中自我恢复，并经过这种危机和恢复，消化和吸收游牧部族和外来的文化。

四　复兴范式对中国近代社会性质的新解：中国历史发展的连续性路径和近代中国国家资本的曲折发展

　　要准确地认识近代中国的半殖民地半封建社会性质，就需要我们把近代中国置于中华民族伟大复兴的进程中来认识，把近代中国看作5000多年中国文明史进程的一个环节来认识。

　　中国文明的连续性路径造成了中国独特的国家资本占主导地位的社会经济连续性结构，这个连续性结构并没有在西方的冲击下彻底瓦解，而是经历了沉沦和低谷走向了伟大复兴。近代洋务运动和民国时期的国家资本在资本主义列强的侵略下走向破产，不能起到主导和协调民间资本发展的作用，从而导致了民间资本和整个国民经济的破产。在中华人民共和国成立后，经济上占主导地位、政治上体现国家主权的国家资本能够节制和利用外国资本，扶持和调节民间资本，使中国在改革开放的40年间建立起社会主义市场经济，在经济总量上成为仅次于美国的第二大经济体。

　　即使没有西方资本主义的侵略，中国也不会自发地走向资本主义。唐宋转变产生的市场经济以及明清之际的市场经济萌芽不是资本主义萌芽，应该是国家资本主导的市场经济的萌芽。近代中国经济虽然遭到了外国资本的蹂躏，国家资本也不能起到辅助支撑和协调国民经济发展的作用。但是，国家资本仍然顽强地存在，中国社会科学院"从古代到当代国家资本企业在经济结构中的作用"研究课题组成员朱荫贵指出："今天，当我们在回顾中国经济的这段发展历程时，我们可以清楚地观察到其中的一个明显轨迹——国家资本企业在其中占据的主导地位和作用：中国近代机器大工业的发端是晚清政府兴办的官办和官督商办企业，其后历经中华民国北平政府和南京政府，国家资本企业不仅一直存在，而且呈现逐渐增强的趋势，以至于到20世纪中叶时，其在国家经济结构中特别是在体现经济现代化程度的重工业部门中占据了绝对的优势地位。""近年来，尽管越来越多的学者赞成将国家兴办和国家掌控性质的企业称为国家资本企业，但对其在近代中国占据主流统治地位的必然性及其地位作用，涉及的仍然很少。"他认为："第一，这种国家资本企业在近代中国社会经济结构中占据统治地位的现象是历史发展的必然；第二，对国家资本企业在近代中国社会经济生活中发挥的作用应给予适当地肯定。"①

这样，我们对"两半"的理解就可以摆脱西方中心主义的错误，把中国近代史置于5000多年历史的延续和发展过程中来看待。这个诠释和理解有如下特点。

其一，人类走向大同理想的道路有多种路径，有西方文明的破裂式路径，也有中国历史的连续性路径。中国秦汉以来即存在的土地自由买卖、由汉代的选举制发展而来的隋唐以后的科举制、儒家民本主义思想这三大文明要素，阻止了封建化进程，也堵上了从封建制向资本主义过渡的大门。近代中国的经济结构是由国家资本、官僚资本、民族资本组成的且国家资本占主导地位的经济结构，在这种结构中，不仅国家资本不是资本主义，官僚资本、民间资本也不是资本主义。它们是传统中国的连续性社会结构的现代重构，能够在国有资本主导的社会主义市场经济的框架下健康发展，而在外国资本控制下，只能成为外国资本掠夺中国的买办环节。近代中国以及当代中国不存在资本主义的发展，也不可能和没有产生资产阶级对国民经济的领导。近代的"官僚资产阶级"和"民族资产阶级"都不是能够领导资本主义发展的资产阶级。汪敬虞先生的研究表明，若以中国资本主义发展为线索考察近代中国，只能得出发展和不发展的悖论。悖论的产生是错误的前提所致，因此不存在中国资本主义发展的历史实际。

其二，经历资本主义来实现大同理想是一条走不通的路。西方文明到当代的发展演化证明了这个真理。

其三，半殖民地半封建的统一理解，不是对应于期待中的中国资本主义发展，而是对应于中国复兴道路的历史发展。半殖民地指的是殖民侵略导致了中国主权的缺失，半封建指的是中国大一统国家解体造成的军阀割据。半封建不含有中国资本主义发展的内容，只是相对于中国大一统政治秩序的解体，走出半封建状态的途径不是发展资本主义，而是走向国家独立和大一统

---

① 朱荫贵：《如何评价近代中国国家资本企业》，《学术月刊》2006年第8期。

国家在新形态下的发展——迥异于资本主义发展的中国复兴道路的发展。半殖民地和半封建是一体两面。大一统中央集权为军阀割据所取代，国家不能集中一切资源与帝国主义列强竞争和抗衡，因而导致了帝国主义的殖民侵略，从而使中国陷入半殖民地状态。由于帝国主义的殖民侵略是通过扶持割据军阀的途径实现的，所以帝国主义侵略造成的半殖民地境地固化了军阀割据的封建化局面。李时岳一派观点之所以站不住脚，就是因为半封建不是半资本主义，这里的封建不是西方历史范畴的封建，而是和大一统国家的郡县制相对的封建制意义上的封建，在近代中国就是军阀割据。我们不可以把半封建等同于资本主义发展造成的没有彻底摆脱封建的半资本主义。

其四，中国历史发展的历史路径依赖，而不是资本主义列强的殖民侵略，主导了中国近代历史的变迁。资本主义列强的侵略和中国历史上的少数民族入主中原一样，是在中国历史发展自我更新过程中不可避免的王朝更替循环的条件下发生的。汉唐之后，每个朝代间都有一个由分到合的历史演化和发展。近代西方资本主义的殖民入侵，只能和历史上少数民族入主中原一样，为中国历史连续性发展提供外在的契机，不能根本改变中国历史的连续性路径发展。

〔作者单位：曲阜师范大学历史文化学院〕

近代中国社会性质理论史的"法权分析"阶段

—— 以"所有权与使用权"的分析为中心（1927—1930）

邱士杰

引 言

指导中国革命走向胜利的半殖民地半封建社会论是今日史学界界定"近代中国（1840—1949）"社会性质的主要依据。目前为止，多数关于近代中国社会性质分析理论史的研究都集中于作为关键词的"半殖民地"和"半封建"概念如何在革命过程中出现。①虽然这种以关键词搜寻为方法的研究较难呈现半殖民地半封建社会论的内在脉络和形成过程，却充分显示"半殖民地""半封建"的概念和相关理论不是任何个人在特定时空内忽然发想出来的成果，而是许多革命理论工作者在 1919—1949 年一步一步共同完成的结晶。

正如卢卡奇沿着马克思的思路而引申出的判断："每一种历史的认识都是一种自我认识。只有当现在的自我批判能以适应的方式进行时，'只有它的自我批判在一定程度上，所谓在可能范围内准备好时'，过去才能变得显

---

① 可着重参考以下讨论：陈金龙《"半殖民地半封建"概念形成过程考析》，《近代史研究》1996 年第 4 期，第 227—231 页；陶季邑《关于"半殖民地半封建"概念的首次使用问题——与陈金龙先生商榷》，《近代史研究》1998 年第 6 期，第 221—225 页；张庆海《论对"半封建""半殖民地"两个概念的理论界定》，《近代史研究》1998 年第 6 期，第 226—234 页。

而易见。"① 半殖民地半封建社会论既是对"近代中国"的自我批判，也是这个社会的自我认识。尽管这样的自我批判和认识直到 1919—1949 年才发展起来，却也因此体现出 1840—1949 年的中国历史确实表现为连续且统一的"近代中国"。

本文试图在既有研究基础上介绍一个出现在近代中国社会性质理论史的最初期，却未曾为人所注意的"法权分析"阶段。所谓法权分析阶段，指的是苏联和中国马克思主义理论家以所有权和使用权所体现的法权关系定义"半封建"概念的短暂时期。这个阶段虽短，但脉络清晰，可以为近代中国社会性质理论的形成史提供侧面的理解。

一　封建和亚细亚生产方式：为论证中国农民的被剥削地位而引入的两个概念（1927）

瞿秋白（1899—1935）曾说：五四的时候大家都在谈社会主义，五卅之后却都在谈阶级斗争。② 大革命失败之后他又说：现在的中国正在面临社会大破裂的局面，各阶级之间的斗争打破了社会的整体性。③ 瞿秋白指陈的社会内部分裂表现为多方面，除了国共之间的斗争、国民党内的左右对立，以及国共共同（或各自）与各地军阀之间的矛盾之外，最引人注目的就是广东、湖南等地农民在 1926 年前后为了反对地主士绅而掀起的大规模运动。④ 农民运动展现的巨大力量不但让以毛泽东为代表的先觉者发现了中国革命的关键动力，也吸引了共产国际从远方投向中国的目光。由于以蒋介石为代表的右派蠢蠢欲动，共产国际在 1926 年之后多次提出中共应通过土地革命发动农民，然后借由农民对地主的反抗来抵制国民党右派的进攻。虽然

---

① 卢卡奇：《历史唯物主义的功能变化》，载氏著《历史与阶级意识：关于马克思主义辩证法的研究》，杜章智等译，商务印书馆，1996，第 322 页。

② 瞿秋白：《国民革命运动中之阶级分化：国民党右派与国家主义派之分析》，（上海）《新青年》第 3 号，1926 年，第 23 页。

③ 秋白（瞿秋白）：《中国社会的大破裂》，（上海）《布尔塞维克》第 1 卷第 3 期，1927 年，第 64—68 页。

④ 可参见王奇生关于北伐的武装斗争刺激了各地农民运动的分析。王奇生：《革命的底层动员：中共早期农民运动的动员参与机制》，载徐秀丽、王先明编《中国近代乡村的危机与重建：革命、改良及其他》，社会科学文献出版社，2013，第 273—309 页。

中共和国民党左派曾在 1927 年的"四一二"到"七一五"之间共同组织"土地委员会",提出以大地主为对象的"政治性的没收",① 但"政治性的没收"只是从头到尾未付诸实践的象征性举动,不是土地革命。也就是说,直到中共召开"八七会议"真正落实土地革命之前,土地革命始终未能在国共合作框架下展开。

为了分析中国现实生活中的"地主-农民"矛盾,20 世纪 20 年代的理论家尽力寻找合适概念以凸显农民的被剥削地位。第一个得到引入的概念就是今日已经和"封建"经常相互对译的 Feudalism。"封建"的汉语本义乃指以周代为典型的"封邦建国",即在上层建筑的角度描述地方割据政权的广泛存在。因此"封建"二字最初就是在这个意义上被建党初期的 20 年代革命者用来描述军阀对中国的瓜分割据。正如德里克(Arif Dirlik)所言:"尽管革命者们对封建势力的定义相差甚远,但他们都认同封建势力是由军阀和官僚组成的。"② 虽然以陶希圣为代表的国民党左派论者始终顽固地在整个 20 年代"将'封建势力'归于政治上层建筑",③ 但各地农民运动所体现的"地主-农民"矛盾还是让"人们对'封建'一词的理解发生了变化",④ 于是原生的"封建"概念(= 封邦建国)逐渐转化为依据"中国社会经济结构,或生产关系的根本特征"⑤ 而定义的汉译"封建"概念(= Feudalism = "地主-农民"矛盾)。⑥ 为了行文方便,本文以下提到"封建"的地方,均为 Feudalism 之对译词。

---

① 关于"土地委员会"的土地政策可参见《土地委员会第三次扩大会议纪录(1927 年 4 月 22 日)》原件影像,中国国民党党史馆;《土地问题议决案》(1927 年 4 月 27 日—5 月 9 日),载中共中央党史研究室、中央档案馆编《中国共产党第五次全国代表大会档案文献选编》,中共党史出版社,2015,第 8—12 页;蒋永敬:《鲍罗廷与武汉政权》,传记文学出版社,1972,第 276—310 页。

② 阿里夫·德里克:《革命与历史》,翁贺凯译,江苏人民出版社,2005,第 48 页。

③ 阿里夫·德里克:《革命与历史》,第 61 页。

④ 阿里夫·德里克:《革命与历史》,第 49 页。

⑤ 阿里夫·德里克:《革命与历史》,第 61 页。

⑥ 直到今天,"封建"是否适合用于对译 Feudalism 仍然饱受争议。这方面的争论可着重参见李根蟠的理论史梳理(李根蟠:《中国"封建"概念的演变和"封建地主制"理论的形成》,《历史研究》2004 年第 3 期,第 146—172 页),并可参考以下两本论文集所收的论争文字:中国社会科学院历史研究所等编《封建名实问题讨论文集》,江苏人民出版社,2008;叶文宪、聂长顺编《中国"封建"社会再认识》,中国社会科学出版社,2009。以及广受讨论的冯天瑜《"封建"考论》,武汉大学出版社,2007。

　　除了封建概念，"亚细亚生产方式"（Asiatische Produktionsweise/Asiatic Mode of Production，早期汉译为"亚洲式的生产方法"）也能凸显农民处于被剥削的地位。亚细亚生产方式是马克思在《〈政治经济学批判〉序言》、《政治经济学批判大纲》（即 1857—1858 年手稿）、《资本论》，以及关于印度问题等著作中先后涉及的课题，并在日后的争论中逐渐形成由以下要素所共同构成的形象：手工业与农业在家内的结合、土地国有（土地私有制的缺乏）、专制主义（despotism）、农村公社、地租与赋税的统一，以及大型水利工程的存在。在 20 世纪的论争中，一些论者倾向于将亚细亚生产方式等同于"五阶段论"的某一阶段，另一些论者则主张这个概念应独立于"五阶段论"之外。① 虽然论者间的争论还在进行，但农民在亚细亚生产方式勾勒的历史形象中属于无可置疑的被剥削者，而拥有全国土地所有权的国家主权者则是剥削者。因此，虽然亚细亚生产方式可以因为农民被设定为被剥削者而引入中国革命现场，但就其侧重分析"国家－农民"矛盾而非"地主－农民"矛盾而言，远不及封建概念适合中国革命。

　　受共产国际指派赴华而在 1927 年下半年与瞿秋白共同指导中共中央的罗明纳兹（В. В. Ломинадзе，1897－1935），是把亚细亚生产方式论引入中国革命现场的先驱。罗明纳兹赴华的主要任务是扭转 1927 年大革命失败后的局势，并主持和参与了史称"八七会议"的中共中央紧急会议。"八七会议"决定中共完全放弃国民党旗帜、正式开展土地革命和武装斗争，并由瞿秋白代替陈独秀的领导职务。②

　　罗明纳兹与瞿秋白指导中共中央期间曾经提出一份《中国共产党土地问题党纲草案》（以下简称《草案》，作者"立夫"③）。这份《草案》从亚细亚生产方式论者经常提到的水利工程、专制国家以及手工业与农业的家内

---

① 关于亚细亚生产方式的争论可参见ソヴェート・マルクス主義東洋学者協会編『アジアの生産様式に就いて』東京、白揚社、1938。此书是 1931 年苏联亚细亚生产方式讨论会速记记录唯一的亚洲译本。此外还有郝镇华编《外国学者论亚细亚生产方式》，中国社会科学出版社，1981；翁贝托・梅洛蒂《马克思与第三世界》，高铦等译，商务印书馆，1981；李根蟠《亚细亚生产方式再探讨》，《中国社会科学》2016 年第 9 期。国际上的最新研究可参见福本勝清『アジアの生産様式論争史：日本・中国・西欧における展開』東京、社会評論社、2015。

② 中共中央党史征集委员会、中央档案馆编《八七会议》，中共党史资料出版社，1986。

③ 有论者称"立夫"即笔名"斯特拉霍夫"的瞿秋白，但目前没有任何版本的瞿秋白著作集收录此文。

结合等方面分析中国社会性质，并判断"中国这样的社会经济制度——就是马克思列宁所称为'亚洲式的生产方法'制度"。① 因此，《草案》一般也被视为党史上空前绝后的亚细亚生产方式纲领。比如，日本著名历史学家石母田正（1912—1986）就如此看待这份《草案》，并称赞 1928 年的中共六大以充分的能力和洞见将这份《草案》果断抛弃，从而超越了许多把亚细亚生产方式定义为停滞论并以此规定中国社会性质的日本历史学者。②

尽管一些日本学者确曾将中国定义为停滞的亚细亚社会，但并不能将《草案》理解为纯粹的亚细亚生产方式纲领。因为亚细亚生产方式论者经常关心的土地国有、国家对农民的剥削以及赋税和地租的统一等问题在《草案》的叙述里完全缺席。相较于上述核心关怀的缺乏，通篇没有"封建"二字的《草案》反而着重分析了中国的"地主－农民"矛盾，并追加强调地主与商人、官僚之间的复杂关系。因此，当时的党内评论者甚至只看到《草案》对"地主－农民"矛盾的分析而无视其亚细亚生产方式论。③

《草案》的论述策略可能与匈牙利出身的亚细亚生产方式论者马札亚尔（Л. И. Мадьяр，1891－1937）有关。马札亚尔曾在 1926—1927 年由苏联外交人民委员会派往苏联驻上海领事馆，研究中国问题。④ 返苏之后，马札亚尔即于 1928 年完成了其研究中国社会性质的代表作《中国农村经济研究》（Экономика сельского хозяйства в Китае），并在 1931 年推出修订版。由于罗明纳兹曾自称抢先阅读尚未出版的马札亚尔著作（应即《中国农村经济研究》），⑤ 因此罗明纳兹很可能沿着马札亚尔的思路开展他在中国的工作。

---

① 立夫：《中国共产党土地问题党纲草案》（1927 年 11 月 28 日），（上海）《布尔塞维克》第 1 卷第 6 期，1927 年，第 155 页。

② 石母田正：『歴史と民族の発見—歴史学の課題と方法』東京、平凡社、2003、頁 65—70。

③ 比如李平心（1907—1966）对《草案》的评论就仅仅围绕着"地主－农民"矛盾而展开，《草案》的亚细亚生产方式论色彩对他来说似乎只是修辞般的存在。参见李平心《中国土地问题与土地革命——读了立夫同志的〈土地问题党纲草案〉以后》，载《平心文集》第 1 卷，华东师范大学出版社，1985，第 86—106 页。该文原载于 1927 年发行的《布尔塞维克》杂志。

④ ソ連科學アカデミー極東研究所編『中国革命とソ連の顧問たち』東京、日本国際問題研究所、1977、頁 157—172。

⑤ 罗明纳兹：《中国革命的新阶段和中国共产党人的任务》（1928 年 2 月），载中共中央党史研究室第一研究部译编《共产国际、联共（布）与中国革命文献资料选辑（1927—1931）》上册，中央文献出版社，2002，第 63 页。

1928 年，首先以两种汉译版的形式传入亚洲，其中一种版本甚至自称参考了 1928 年版的某种"草本"（可能指马札亚尔在内部发行的先行版）。① 在汉译本的基础上，才又进一步出现再行转译的日译本。② 汉译先于日译以及中国译者获得"草本"的现象，体现出苏联在 20 世纪 20 年代成为中国学生留学新选项的时代特征。直到马札亚尔推出 1931 年修订版，日本译者才首次直接根据俄文日译此书。③

1928 年版的最大特点就是突出中国农民的被剥削地位，并主张中国的社会性质可用亚细亚生产方式解释。吊诡的是，主张亚细亚生产方式的 1928 年版非但不讨论"国家－农民"矛盾是否存在于中国，反而和《草案》一样，把更多篇幅用于彰显"地主－农民"矛盾。因此，1928 年版的理论与实证之间实际上存在深刻的内在矛盾。正如另一名亚细亚生产方式论者瓦尔加（E. Varga，1879－1964）所言，当他"读了'亚细亚生产方式'的热诚拥护者马加尔的著作后，我赋予亚细亚制度以比过去小得多的意义，而赋予封建因素以比过去大得多的意义。该书在理论上特别强调亚细亚生产方式的意义，但几乎没有完全相应的具体资料，这两者之间的矛盾是此书的弱点。作者认真收集了有关某些省分的租佃条件的材料，从这些材料……清楚看出，中国的现实情况在很多方面同欧洲中世纪的生活条件相似"。④

1928 年版的内在矛盾直到始终没有汉译的 1931 年版才获得解决。由于亚细亚生产方式在《中国农村经济研究》初版发行之后遭到苏联学术界批判，因此 1931 年版干脆直接删掉 1928 年版涉及亚细亚生产方式的所有段落，尤其是详谈此概念的"导论：亚细亚生产方式与帝国主义"（Введение. Азиáтский спóсоб произвóдства и империализма）以及"第八章：中国土地私有制的性质与形式"（VIII. Формы и характер земельной собственности в Китае）的

---

① 该书 1928 年版的两部汉译本分别是：马嘉《中国农村经济之特性》，宗华译，北新书局，1930；马札亚尔《中国农村经济研究》，陈代青、彭桂秋译，神州国光社，1930。

② 根据汉译本再行转译的日译本为：マデアール『中国農村経済研究』上、プロレタリア科学研究所中国問題研究会譯、東京、希望閣、1931。

③ 直接译自 1931 年俄文原版的日译本则是：マヂャール『支那農業経済論』井上照丸譯、東京、學藝社、1935；マヂヤル『支那の農業経済』早川二郎譯、東京、白揚社、1936。

④ 苏联《真理报》，1929 年 6 月 1 日，转引自郝镇华编《外国学者论亚细亚生产方式》下册，第 39 页。

"I. 初步说明"（I. Предварительные замечания）。① 当论及亚细亚生产方式的部分被删除，书中关于"地主－农民"矛盾的分析便完全符合封建概念界定的阶级对立，并使1931年版成为合乎苏联学术标准的"中国封建土地关系论著"。

　　虽然《中国农村经济研究》提供的实证材料更有利于证明"地主－农民"矛盾的广泛存在和封建概念的适用性，但马札亚尔还是努力以迂回的方式为亚细亚生产方式的实存提供证据。最显著的例子是：亚细亚生产方式关注的土地国有制意味着资产阶级土地私有权的缺乏，但《中国农村经济研究》无法证明土地国有制存在于中国，于是把今日史学家视为封建土地所有制的"永佃权"等前近代的多重地权现象作为中国缺乏资产阶级土地私有权的证据。（这可能也是《草案》同样特别重视永佃权和"共有田地"的原因。②）虽然《中国农村经济研究》的迂回论证过于牵强，但其通过多重地权找寻亚细亚生产方式身影的思路却有重大的理论意义。由于亚细亚生产方式预设国家是最高的地主，因此国家以下的各阶层民众势必只能在没有土地所有权的前提下与土地发生关系。比如一些人可能拥有土地使用权，一些人可能拥有土地占有权，而另一些人则可能拥有土地用益权，或者这些权利之间又产生某种重叠，等等。正如马克思所言：

---

① 参见 Людвиг Мадьяр, *Экономика Сельского Хозяйства В Китае*, Москва- Ленинград：Государственное издательство，1928，pp. 5 – 22，120 – 123，以及 Людвиг Мадьяр, *Экономика Сельского Хозяйства В Китае*, Москва- Ленинград：Государственное социально-экономическое издательство，1931。另外，1928年版关于亚细亚生产方式的论述亦曾被摘录为期刊论文的形式在中日期刊上发表，比如，马迪亚：《中国的农业经济》，（上海）《新生命》第2卷第8号，1929年（译自1928年版的德译版）；マデアール「アジアの生産方法」（上海）『満鉄支那月誌』第7卷第9号、1930年。

② 《草案》关于前近代多重地权的论述如下："在中国中部各省（江、浙、皖、赣等），租佃关系之中有所谓'共有田地'：地主有田底，佃农有田面。这种情形大半由重利盘剥而来的，或者是由于佃农代垦地主荒地而来的。中国永佃权的存在以及'共有田地'的制度，很明显的证明中国农村之中并非资产阶级式的私有制度占优势。直到最近，地主方才开始用全力夺取那个'共有田地'的所有权，要想使旧式的'共有田地'，变成完全地主所有的田地。""地主竭力要想取消有碍于剥削的旧式的永佃权及收租时的旧习惯（荒年照例减租，每年只收一次收获的租，贫民可以自由检拾稻场上遗落的稻梗等等）；地主要想变更旧式的亚洲式的土地所有制度，使成为比较现代式的资产阶级的私有制度。然而农民的倾向，却是要使地主的土地，变成农民所有。"参见立夫《中国共产党土地问题党纲草案》（1927年11月28日），（上海）《布尔塞维克》第1卷第6期，1927年，第158—159页。

　　同直接生产者直接相对立的，如果不是私有土地的所有者，而是像在亚洲那样，是既作为土地所有者同时又作为主权者的国家，那么，地租和赋税就会合为一体，或者不如说，在这种情况下就不存在任何同这个地租形式不同的赋税。在这种状态下，对于依附关系来说，无论从政治上或从经济上说，除了面对这种国家的一切臣属关系所共有的形式以外，不需要更严酷的形式。在这里，国家就是最高的地主。在这里，主权就是在全国范围内集中的土地所有权。但因此在这种情况下也就没有私有土地的所有权，虽然存在着对土地的私人的和共同的占有权和用益权。[1]

　　无论是使用权、占有权，还是用益权，都是所有权的派生权能，而这些概念所构成的法权分析与亚细亚生产方式论相当亲和。因此，虽然《中国农村经济研究》和《草案》没能成功地将中国社会性质论证为亚细亚生产方式，但法权分析却因此引入中国社会性质的研究。比如 1928 年版的《中国农村经济研究》就指出，帝国主义与资本主义侵蚀殖民地半殖民地的过程"并不是依照其纯粹的形式……所以我们能在殖民地半殖民地观察到土地所有权（землевладение）和土地使用权（землепользование）的新旧形式如色彩斑斓的拼布那样存在"。[2] 但所有权及其派生的各种权能尚未在当时中国取得公认的规范译法，便导致这些互有异同的汉译词语（如私有权、使用权、占有权、领有权……）构筑起难解的汉语译著，如《中国农村经济研究》的陈代青与彭桂秋汉译本就是这种难以理解的典型。

二　从法权分析获得定义的"半封建"（1928）

　　由于《草案》以亚细亚生产方式解释中国社会性质的论述策略存在前述各种缺陷，因此一推出就遭到各种反对。首先，米夫（П. А. Миф，1901－1939）在 1927 年 12 月召开的联共（布）十五大上对罗明纳兹展开了强烈的质疑：

---

① 马克思：《资本论》第 1 卷，载《马克思恩格斯全集》第 46 卷，人民出版社，2003，第 892—894 页。

② Людвиг Мадьяр, Экономика Сельского Хозяйства В Китае, с. 123，马札亚尔的这段话在 1931 年版中被删去。

罗明纳兹：要把中国农村存在的那种类型的社会关系称作封建主义，只能是相对的，并需补充说明：这种类型的社会关系同欧洲的中世纪很少相似之处。独特的中国封建主义残余（这种封建主义最好像马克思那样称之为亚细亚生产方式）是引起农村极为尖锐的阶级斗争的原因。①

……

米夫：我对封建制度的问题讲两句。罗明纳兹同志试图把封建制度与亚细亚生产方式对立起来。

罗明纳兹：这是马克思对立起来的！

米夫：马克思没有把封建制度和亚细亚生产方式对立起来过！

罗明纳兹：这说明你不懂马克思主义！

米夫：马克思把亚细亚生产方式理解为封建制度的变种之一，同时还说明，这里同一般的封建制度在实质上没有任何区别，而有的只是一些表面上的、一部分是历史和法律上的次要区别。……十分清楚，中国的这种封建制度有其特点。……再者，中国目前没有纯粹的封建制度，因为这种制度不仅与商业资本，而且与资本主义的最高形式——外国金融资本勾连结合在一起，因为这种封建制度与外国资本勾连结合在一起，它在许多方面就成为外国资本在中国进行经济统治的传动带。②

不久之后，中共六大（1928 年 6 月 18 日至 7 月 11 日）全面批判了亚细亚生产方式论。李立三认为亚细亚生产方式论容易给人一种中国早已土地国有化的错误印象，而这种错误印象将让人以为土地革命可以轻易接收已经国有的所有土地，进而忽略掉地主的现实存在。③ 李立三的反省刚好折射出

---

① 向青：《共产国际和中国革命关系史稿》，北京出版社，1988，第 125 页。

② 米夫：《在联共（布）第十五次代表大会上的发言》（1927 年 12 月），载王福曾等编《米夫关于中国革命言论》，人民出版社，1986，第 46—47 页。

③ 李立三：《关于农民土地问题的报告》（1928 年 7 月 1 日），载中共中央党史研究室、中央档案馆《中国共产党第六次全国代表大会档案文献选编》上卷，中共党史出版社，2015，第 419 页。类似的批判还有"如果承认中国有'亚洲式生产方法'残余的存在及其统治，那么，便与主要的政治口号——土地国有相矛盾了。因为在亚洲式生产方法之下，土地已经国有化了"。参见米夫《中国共产党第六次大会上的土地问题》，（上海）《布尔塞维克》第 2 卷第 7 期，1929 年，第 49 页。

当时的中国革命非常需要一个确切概念去突出"地主－农民"矛盾。尽管罗明纳兹驻华时期推出的《草案》也努力突出这样的矛盾，但《草案》中不断出现的亚细亚生产方式词语显然容易产生李立三担心的误导作用。

中共六大为了制定全新的土地纲领而召开了连续九天的会议。首先，李立三所主持的"农民土地问题讨论"（7月1日至2日）集中论证中国资本主义（在国民党统治下的）的发展困难；其次，评估农民运动的可能性。此外，共产国际执行委员会东方书记处组织了苏联专家马札亚尔、米夫、沃林（М. Волин，1896－?）、约尔克（Е. С. ИОЛК，1900－1937）、弗雷耶尔（Б. С. Фрейек，1897－?）、修卡里（М. И. Щукарь，1897－?），以及中国代表苏兆征、向忠发等人，共同起草了中共的土地纲领草案。① 在这份草案的基础上，李立三先后向代表做了《关于农民土地问题的报告》《农民土地问题讨论的结论》《关于农民土地问题讨论的总结发言》三次报告，其间还有十六位代表发言反馈意见。最后在7月9日定稿为《土地问题议决案》。

六大土地纲领的新认识表现为两方面。（1）六大全面考察了各种可能促使中国资本主义化的途径，如国民党政权本身的治国能力、租佃地主向经营地主的转化（地主直接雇佣农业工人务农）、富农成为农村资本主义的主体，以及外国资本对农村的投资。但认为上述途径在半殖民地的中国必然是半途而废的死路，只有共产党领导的土地革命才能开辟资本主义的发展道路。② （2）既然半殖民地的中国还需资本主义化，就表示当时的中国社会仍然处在前资本主义阶段。但因亚细亚生产方式不适合界定中国社会性质，便有必要提出新的定义。对此，六大使用了"半封建"概念。

六大的"半封建"概念与此前各种场合偶有提及的"半封建"不同。六大所称的"封建"指的是"地主－农民"矛盾，尤其特指地主对农民进行的剥削，而"半"则是从法权分析的角度把握土地所有权和土地使用权的二元对立（因为"土地所有制与土地使用关系是土地问题的中心"③）。

---

① 米夫：《米夫给斯大林等的信》（1928年6月14日），载《中国共产党第六次全国代表大会档案文献选编》上卷，第112页。

② 《土地问题议决案》（1928年7月9日），载《中国共产党第六次全国代表大会档案文献选编》下卷，第867—876页。

③ 《土地问题议决案》（1928年7月9日），载《中国共产党第六次全国代表大会档案文献选编》下卷，第868页。

在一般熟知的意义上，这两种权利的二元对立指的是土地所有权垄断在地主之类的少数人手中，而大多数的农民只拥有使用权。但六大对这两种对立权利的把握，却是判断封建因素只在土地使用权的范围里存在而土地所有权已然资本主义化。也就是：

资本主义商品买卖（土地所有权）＋封建剥削（土地使用权）＝半封建

在土地所有权和使用权的对立中定义"半封建"的思路可能来自起草六大土地纲领的苏联专家，如马札亚尔以及同样熟悉法权分析的米夫。① 虽然"半封建"因此获得党史上空前绝后的独特定义，却充满问题。首先，土地所有权的自由买卖未必等于土地关系的资本主义化。其次，资本主义因素和封建因素的关系因为法权分析而呈现为简单且无机的静态描写，两种因素各自拥有一块互不干预且彼此平等的单纯领域。这样的静态描写不但无法表现六大预测的动态趋势——资本主义不可能在土地革命之外获得发展——反而容易让人以为中国正如过去的西欧国家一样处于"从封建过渡到资本主义"（the transition from feudalism to capitalism）的正常发展轨道，从而在认识上架空理应凸显的中国半殖民地地位。

法权分析的上述缺点并非孤立现象。实际上，六大后实际主持中共中央工作的李立三觉得资本主义仍然可能在土地革命之外获得发展，这导致他屡次做出与六大路线相违的判断。首先，李立三认为中国的民主主义革命应该争取富农特别是具有资本主义性质的富农，并因此认为土地革命的阶级形势应该是包含富农的全体农民反对全体地主的斗争。② 因此李立三反对当时主张无条件打倒富农的蔡和森。③ 然而，李立三的观点很快在1929年夏季遭到了瞿秋白起草的《共产国际执行委员会与中国共产党书》（1929年6月7

① 米夫的法权分析，可参见米夫《中国共产党第六次大会上的土地问题》，（上海）《布尔塞维克》第2卷第7期，1929年，第41—56页。
② 李立三主持中共中央工作时反对无条件反对富农的文件，即《中央通告第二十八号——农民运动的策略（一）》（1929年2月3日），载中央档案馆编《中共中央文件选集》第5册，中共中央党校出版社，1990，第17—22页。
③ 李立三：《李立三自述（1940）》，载中共中央党史研究室第一研究部编《李立三百年诞辰纪念集》，中共党史出版社，1999，第592页。

日）的批评。瞿秋白认为，富农实际上是民主革命必须反对的、不太运用雇佣劳动的"半地主"，因此他批评"某几个负指导责任的同志"（即李立三）"在解决农民问题的时候，还犯有严重的错误"。① 而李立三中央也在接受批评之后提出以下检讨："中国的土地关系，在土地所有关系上，地主与农民的界限并不森严（即是说富有的农民很易变为地主），但在土地使用关系上，农民与地主阶级的对立却非常尖锐……中国农民的上层分子（富农）一般的说不是纯粹的乡村资产阶级，而是兼有或多或少之半封建半地主的剥削。"②

除了富农，李立三还关心国民党政权能否推动中国资本主义的发展。当国民党内部爆发蒋介石和新桂系之间的战争（即蒋桂战争，1929 年 3 月至 6月）时，李立三主导的《中央通告第三十三号——军阀战争的形势与我们党的任务》（1929 年 3 月 15 日）干脆把这场战争描绘成进步的"新兴的民族资产阶级"（蒋介石）和反动的"封建地主买办"（新桂系）争取领导权的斗争。③ 瞿秋白知道《中央通告第三十三号》的观点源于李立三，便致信李立三提出批评："如果说，资产阶级派的军阀战胜了，就会打击封建势力、改良农民生活、实行关税自主等了，那么，这次蒋桂战争之中蒋如果胜了，那就中国资产阶级的稳定和发展就开始了。——虽然你的立论及中央三十号通告④不至如此，然而简单化之后，必然如此的。"⑤ 也就是说，瞿秋白认为蒋桂战争只是半封建军阀阵营的内斗，无关乎中国资本主义的发展。

已经变成托洛茨基派的陈独秀也批判李立三的判断，但理由不同。陈独

---

① 《共产国际执行委员会与中国共产党书》（1929 年 6 月 7 日），载《中共中央文件选集》第5 册，第 688—699 页。并收录于瞿秋白：《共产国际执行委员会就农民问题给中国共产党中央委员会的信》（1929 年 6 月 7 日），载《瞿秋白文集·政治理论编》第 6 卷，人民出版社，2013，第 352—364 页。

② 《中央关于接受共产国际对于农民问题之指示的决议》（1929 年 8 月），载《中共中央文件选集》第 5 册，第 447、450 页。

③ 《中央通告第三十三号——军阀战争的形势与我们党的任务》（1929 年 3 月 15 日），载《中共中央文件选集》第 5 册，第 57—58 页。持同样观点的文件还有《中央通告第三十号——目前政治形势的分析与党的主要路线》（1929 年 2 月 8 日），载《中共中央文件选集》第 5册，第 44—54 页。

④ 《中央通告第三十号——目前政治形势的分析与党的主要路线》（1929 年 2 月 8 日），载《中共中央文件选集》第 5 册，第 44—54 页。

⑤ 瞿秋白：《致李立三的信》（1929 年 4 月 4 日），载《瞿秋白文集·政治理论编》第 6 卷，第 318 页。

秀在 1929 年写给中共中央的信中判定中国历史上已经存在资本主义因素，甚至认为 1925—1927 年的大革命彻底打开了中国资本主义的发展道路，国民党政权成为推动资本主义发展的主体。虽然陈独秀并不认为国民党政权能走基马尔道路，却认为国民党政权已经为中国资本主义奠定了普鲁士或斯托雷平式的发展方向，也就是与封建因素相妥协的资本主义发展道路。由于陈独秀完全肯定国民党政权的资产阶级性质，因而判定蒋桂战争只是"资产阶级新政权之内部冲突"。①

三　从"半封建"到"封建"，再从"封建"到
"畸形的资本主义"（1930）

连续遭到内外不同批评的李立三很快修正了自己的看法，并在 1930 年 3 月发表的《中国革命的根本问题》中提出全新论述。② 李立三不再讨论富农能否代表资本主义发展的趋势，也不再探讨蒋介石政权能不能代表资产阶级的利益。他认为，在帝国主义和国内"封建势力"勾结的格局下，"中国终不能有资本主义的发展"。又由于"经济结构"的本质由"剥削方式"所决定，而"封建剥削"至今犹存，因此中国仍然处在封建社会阶段——尽管他补充声明"纯粹的封建制度"已在秦统一六国之后消失：

> 我们分析每个社会的经济结构的时候，首先要弄清楚这个时代的社会关系是建筑在哪一剥削形式——生产方法上，并且要把他的主要的条件与次要的条件分别清楚；因此这个时期仍然是封建社会制度，绝不能称他为资本主义的社会制度。
>
> ……土地所有者从独立生产者——农民身上用超经济的方法，以榨取其剩余劳动。故凡此种剥削方式，就叫做封建剥削方式，维护此种剥削方式的制度，就叫做封建制度。"封建式的所有权……凭之以建立社

---

① 陈独秀：《独秀同志关于中国革命问题致中共中央信》，载中国共产党中央政治局等编《中国革命与机会主义》，民志书局，1929，第 90—96 页。

② 立三（李立三）：《中国革命的根本问题》，（上海）《布尔塞维克》第 3 卷第 2—3 期，1930 年，第 37—83 页；立三（李立三）：《中国革命的根本问题（续）》，（上海）《布尔塞维克》第 3 卷第 4—5 期，1930 年，第 151—171 页。

会组织，其中对立的直接生产阶级，不是古代的奴隶，而［是］小农奴式的农民。"（马克思文汇卷一）这就是马克思对于封建制度的定义。极明显的，马克思对于封建剥削的说明是从他的剥削方式上立论，而不根据他的剥削的目的与剥削者的出身。

现在中国经济的结构主要的基础，完全适合于马克思对于封建剥削，和封建制度的定义。①

六大以后的李立三先是致力于分析中国资本主义发展的各种可能性，遭到国际批评之后，才又一百八十度转而强调封建因素在中国的顽强存在。这两种看似对立的观点其实都是"半封建"被定义为资本主义因素和封建因素的有机结合而合理产生的后果。不过，此时的李立三进一步放弃了法权分析定义的"半封建"概念。在《中国革命的根本问题》中，李立三不再认为土地的自由买卖具有资本主义性质，因为"中国土地的所有关系也不是纯粹资本主义形式的，还带有很深的封建的宗法社会的色彩"。为了强调中国经济的封建性，他甚至尽力回避"半封建"一语。综观整篇论文，"半封建"只出现三次。因此，德里克把李立三这篇文章当成"半封建"概念获得确立的代表文献并不正确。② 不如说，这篇文章实乃判定近代中国仍是封建社会的"封建论"。

《中国革命的根本问题》发表后没多久，同年 6 月就进入著名的"立三路线"时期。李立三认为新的革命高潮已经来临，中共有可能取得一省乃至数省的胜利。为了配合上述计划，李立三企图以全国红军之力大规模地攻打中心城市，并取消党、青年团、工会之间的分野，悉数合并为各级行动委员会。7 月 16 日，中共中央总书记向忠发命令武汉、南京举行暴动，上海发动总罢工。7 月 27 日，红三军团攻占湖南省省会长沙，却旋于 8 月 6 日撤退，计划中的暴动也全告流产。9 月召开中共六届三中全会之后，李立三离开了领导职务。

李立三的"封建论"影响了同时进行的中国社会性质论战，特别是

---

① 立三（李立三）：《中国革命的根本问题》，（上海）《布尔塞维克》第 3 卷第 2—3 期，1930 年，第 60—63 页。

② 阿里夫·德里克：《革命与历史》，第 61 页。

"新思潮派"。"新思潮派"得名于 1929 年 11 月 15 日创刊的《新思潮》杂志。《新思潮》是中共在上海秘密发行的理论刊物，可以说是中共理论战线的前卫，其发行经历了几个阶段。第一个阶段是批判主办《新生命》杂志的陶希圣，从创刊号到第 4 期未曾断绝批评。第二个阶段则是试图扩大批判面并挑起论战，可以 1930 年 2 月 28 日发行的第 4 期为开端，因为这期特别登出了征稿启事："中国是资本主义的经济，还是封建制度的经济？"由于李立三在 3 月正式发表其"封建论"，因此《新思潮》以"封建制度的经济"（而非"半封建制度的经济"）提出的征稿题目显然与"封建论"存在一定联系。虽然后来有些论者批评这个题目只是形式逻辑的提问，非此即彼，[①] 但恰恰是这样的形式逻辑说明了"封建论"正是"新思潮派"在"立三路线"时期的论证目标。

　　"新思潮派"的理论进攻在 1930 年 4 月发行的《新思潮》杂志第 5 期——"中国经济研究专号"上正式展开。当时的论者以"集了他们底理论的大成"评价第 5 期的《新思潮》。[②] 虽然关于中国社会性质论战的起讫时间未有定论，但《新思潮》第 5 期所组织起来的理论攻势无疑是论战进入激化阶段的关键事件。

　　王学文在《新思潮》第 5 期发表的《中国资本主义在中国经济中的地位其发展及其前途》是这期的代表性论文。他指出，"中国的主要经济形态是一个封建的半封建的经济"。[③] 何幹之（1906—1969）对此评价说："虽然这不是极严谨的定义，但中国社会性质的特点，在此可说已具有一个雏形。所谓帝国主义支配下的半殖民地半封建社会的定义，在此已有了一个雏形。"[④] 为何何幹之认为王学文的观点只是"雏形"？显然何幹之意识到王学文的论点存在问题，而这个问题就是何幹之没有点名批评的李立三"封建论"。

---

① 可参见严灵峰《"中国是资本主义的经济，还是封建制度的经济"？》，（东京）《新台湾大众时报》第 2 卷第 3 号，1931 年，第 28—31 页；严灵峰《"中国是资本主义的经济，还是封建制度的经济"？》，（东京）《新台湾大众时报》第 2 卷第 4 号，1931 年，第 48—64 页。

② 王宜昌：《中国社会史论史》，（上海）《读书杂志》第 2 卷第 2—3 期，1932 年，第 22—23 页。

③ 王昂（王学文）：《中国资本主义在中国经济中的地位其发展及其前途》，《新思潮》第 5 期"中国经济研究专号"，1930 年，第 17 页。

④ 何幹之：《中国社会性质问题论战》，生活书店，1937，第 62 页。

　　王明（1904—1974）的一段话可以证明此时的李立三与王学文有着相近的理论观点。他说，李立三"在1930年7月间的中央工作人员政治讨论会上，公开地拥护'中国经济主要的只是封建经济和半封建经济'的理论"。① 显然李立三拥护的正是王学文和他自己共有的观点。也就是说，他们的论点存在明显的互文关系。除此之外，具有托派色彩的国民党理论家郑学稼（1906—1987）也指出了"新思潮派"与李立三"封建论"之间的关系："'新思潮派'对中国社会性质的观点，不是如何幹之所说，开始就是'半殖民地半封建社会'，而是'半殖民地封建社会'。要到李立三路线垮台，才改为'半殖民地半封建社会'。"②

　　尽管郑学稼敏锐地认识到"新思潮派"的论述方向及其转变与李立三"封建论"的开始和结束有关，但郑学稼所注目的"半殖民地半封建社会"论并没有在"立三路线"结束之后确立起来。事实上，当时取代李立三而起的王明为了批判过度无视资本主义因素的"封建论"，反而把自己的论述拉到了过度强调资本主义因素的另一端：

　　　　立三同志对中国经济性质问题的认识，完全代表着对殖民地半殖民地经济认识的另一种有害而且危险的观点，即是根本否认殖民地半殖民地有相当的畸形的资本主义发展的事实。他在1930年7月间的中央工作人员政治讨论会上，公开地拥护"中国经济主要的只是封建经济和半封建经济"的理论，他不了解他这一经济分析的危险是否认了帝国主义侵入中国的事实，否认了中国资产阶级与无产阶级的存在，否认了乡村中阶级分化（农民分化为富农、中农、贫农和雇农）的过程……

　　　　李立三同志等所讲的中国是"封建经济"或"半封建经济"，与斯大林同志共产国际所讲的根本不同。第一，李立三等不了解中国经济系统的复杂性，简单地笼统地以"封建经济"或"半封建经济"等名词来说明中国经济性质，无论在理论上实际上都是错误的。第二，李立三同志等在所谓中国是"封建经济"或"半封建经济"，这种笼统定义之

---

① 王明：《为中共更加布尔塞维克化而斗争》（1930年秋冬），载《王明言论选辑》，人民出版社，1982，第128—129页。

② 郑学稼：《社会史论战简史》，黎明文化事业股份有限公司，1978，第136页。

下，实际上走到根本完全否认中国资本主义关系畸形发展的事实……①

仔细分析王明著名的《为中共更加布尔塞维克化而斗争》（写于1930年秋冬）全文，将发现"封建"出现43次，其中8次是"半封建"。但这8次的"半封建"又有7次是王明的抨击对象。显然，王明这样的理论倾向不可能为郑学稼所说的"半殖民地半封建社会"论提供发展的有益资源。

虽然王明对"封建论"的批判有一定理由，但因其过度强调资本主义因素在中国的存在（即其所谓"中国资本主义关系畸形发展的事实"），于是又走到了另一个极端。《关于若干历史问题的决议》称王明"夸大资本主义在中国经济中的比重，夸大中国现阶段革命中反资产阶级斗争、反富农斗争和所谓'社会主义革命成分'的意义，否认中间营垒和第三派的存在"。这样的评价，大致可由王明自己的言论所印证。

结　论

1927—1930年依据法权分析而定义的"半封建"概念和相关论争构成了20世纪中国社会性质讨论的"法权分析"阶段。这样的尝试不但试图为土地革命所关注的"地主-农民"矛盾提供理论支持，也试图取代此前没能成功说明中国"地主-农民"矛盾的亚细亚生产方式论。但法权分析定义的"半封建"概念不能说明资本主义因素和封建因素在半殖民地条件下的有机联系，导致李立三先是过度重视资本主义因素在中国的存在，然后又矫枉过正强调封建因素在中国的顽存并干脆推出一个近乎全面否定资本主义因素的"封建论"。尽管"封建论"旋即被后起的王明批判，但王明又因此走到了过度重视资本主义因素的另一端。

实际上，只要资本主义因素和封建因素间的关系被抽象地当成某种"结构"来把握，两种因素在半殖民地条件下的有机联系就必然因为"结构"所需的静态书写而被割裂，从而不可能得到动态的说明。就此而言，毛泽东的《中国革命和中国共产党》（1939）有效克服了这些缺点并获得明

---

① 王明：《为中共更加布尔塞维克化而斗争》（1930年秋冬），载《王明言论选辑》，第128—129、198页。

显突破。这篇从周秦封建社会讲到帝国主义入侵近代中国的论文不但赋予半殖民地半封建社会以结构性的静态书写，也提供了长时段的历史动态叙述。从而，"半封建"概念被毛泽东成功地重新勾勒为半殖民地条件下遭到外国资本主义因素扭曲而畸形化的封建结构。也就是说，"半封建"并不以半资本主义为自身的另一半，因为外国资本主义因素既阻碍明清资本主义萌芽和民族资本主义的发展道路，也不会让中国资本主义化。畸形化的封建结构仍然是中国社会性质的本质，但资本主义因素不是。毛泽东的分析不但克服了法权分析平等看待两种因素的弱点，也纠正了李立三和王明的上述偏见。

更重要的是，《中国革命和中国共产党》的历史叙述还包含了毛泽东对近代中国革命运动的反思与检讨。革命经验的积累让《中国革命和中国共产党》的历史叙述产生了强烈的肯定感，进而使毛泽东对两因素间的有机联系提出了有说服力的陈述。因此，半殖民地半封建社会论显然必须先是历史论才可能是结构论，两因素在半殖民地条件下的有机联系只能通过有结构书写的历史叙述才可能真正表达出来。

虽然以法权分析定义"半封建"的取径只存在很短时间，却刚好体现"近代中国"的自我认识和自我批判在1927—1930年仍然处于起步阶段。也就是说，这早夭的"半封建"定义恰恰是中国革命在1927—1930年所处之"这个社会阶段的结果"，并且是同这种"在其中产生而且只能在其中产生的那些未成熟的社会条件永远不能复返这一点分不开的"。①

〔作者单位：厦门大学人文学院历史系〕

---

① 马克思：《〈政治经济学批判〉导言》，载《马克思恩格斯全集》第30卷，第53页。

近代史研究回顾与反思

趋向与问题

——近四十年来的中国近代史研究

迟云飞

1978 年初，笔者上大学开始学习历史，那时笔者是刚过 20 岁的小青年，而后读研、任教，成为史学工作者。四十年过去，如今笔者已过"耳顺"之年。近四十年中国近代史研究的变化和发展趋势，笔者可谓真正的亲历者。所以，本文既是对中国近代史研究发展历程的讨论，也是笔者所要谈论的亲身感受。又，凡此类宏观整体的研究回顾及评述，非功力深厚者实难为之，笔者惭愧，绝不敢自命功力深厚，但亲身经历和感受，颇有可以记述和谈论的内容，或可以为学界特别是青年学人参考，也可作为学术史的资料。不当之处，敬请读者指正。又，本文讨论的，限于中国大陆的中国近代史研究。

一 解放思想，走出僵化与封闭

"文革"中，中小学教学秩序被打乱，笔者中学时代①并没有上过历史课。如果说笔者在偏僻乡村有历史知识启蒙的话，那就是"批林批孔"运动。在这场"运动"中，笔者半懂不懂读过不少"梁效"、"罗思鼎"以及

---

① 笔者生于 1957 年，1972 年 1 月"高中"毕业。"高中"之所以打上引号，是因为彼时中小学采混乱的"九年一贯制"。所谓高中毕业生，学得好的可以抵今日初中毕业，学得不好的等于文盲。

中山大学杨荣国先生的文章，这让笔者知道了历史上法家的、儒家的许多人物、事迹，并阴差阳错能够背诵《论语》中的一些句子。有此缘故，上大学之初，笔者头脑中全是"文革"期间被灌输的僵化观念。比如一部中国史要么是儒法斗争的历史（春秋战国以后），法家皆进步，儒家皆反动，要么是农民起义和阶级斗争的历史；而中国近代史上，曾国藩、李鸿章、左宗棠之类是镇压人民起义的刽子手，也是反动儒家，洪秀全是"反孔英雄"；凡说到资产阶级的作为，比如戊戌变法、辛亥革命，简单说功绩后，要用"但是"，之后用更大篇幅述说康有为、孙中山（当然，今天看来，他们未必是资产阶级）等的局限和问题，叫作对资产阶级"立足于批"；至于历代统治者，都是一个模子的反动、腐朽、无能、卖国，统治者中没有差异，也没有变化；等等。即使在我们上大学之初，僵化观念仍在延续，包括笔者的一些老师。期末考试，我们找到"规律"：凡是论农民起义的原因，都可以说是地主阶级的残酷剥削和残暴统治；凡论农民起义的意义，都可写沉重打击了地主阶级的腐朽统治，推动了历史发展；凡论某个朝代灭亡，都可以写地主阶级愈趋腐朽，阶级矛盾日益尖锐；近代史上，凡论对外战争失败，都可以写清政府腐败无能、投降卖国；等等。再加上少许史事"论证"，宛若八股，却总可得分甚至得高分。

总之，用一句话概括，彼时的中国近代史研究大多不是学理上的，与外界也无法对话。改革开放前，中国大陆史学界与国外同行几乎没什么联系，著作（一些书如果算是学术著作的话）、论文所用语言、概念、思维方式、问题意识与外界几乎完全不同，彼此各说各话而已。

不过，就在70年代末，学界开始发生变化，进入80年代，变化更加深入。刚学历史的笔者恰好赶上了这个变化。变化是从批判"文革"、重新评价历史和历史人物开始的，是随着改革开放、思想解放大潮进行的。

中国近代史领域，太平天国政权性质、洋务运动评价、维新运动评价、义和团的盲目排外，都是争论的热点。比如关于太平天国，有不少学者指出，太平天国从西方找来的并不是先进的思想和理论，而是取基督教的某些教义，再糅合中国传统的专制主义作为自己的指导思想；太平天国领导人建立的并非真正的农民政权，而是与历代王朝无大差别的封建专制政权；而且洪秀全比不上刘邦和朱元璋，他没有推翻旧王朝建立新一代王朝的能力；等等。今天看来，当年的讨论存在很多问题，比如，如何判定一个政权的性质，涉及多重因素。即以历代王朝而论，关乎皇权、官僚集团、社会精英、下层民众各阶层或集团之间的复杂关系。至于尚未建立稳定政治体系和政权结构的太平天国，就更加难以判断。不过，当时的讨论还是有着重要意义，对于经历过讨论的我（当然主要是学习）这一代学人，恐怕是思想、思维回归正常、回归常识的必经阶段。当时往往称拨乱反正，今日可以称之为走出僵化，或者叫回归正常学术研究、回归正常人类思维运动，如果可以称作运动的话。

比笔者年长 30 岁左右的老师辈，是这场回归正常学术研究运动的主要引领者。那时学术杂志并不多，《历史研究》、《光明日报》和刚创刊的《近代史研究》等杂志报纸，每发表一篇争论文章，笔者必读。读研以后，对学术热点关注更多，甚至我们研究生中经常会自发讨论。

80 年代，洋务运动是中国近代史学界关注和争论的最热点，而随着对洋务运动研究和争论的深入，自然发展到对整个中国近代史发展线索的讨论。笔者记忆，最初是李时岳先生的论文《从洋务、维新到资产阶级革命》①，引发了学界对近代中国发展道路和趋向的讨论。李时岳先生最初似并未明确提出中国近代史发展线索问题，但他的洋务运动、维新运动、辛亥革命三个阶梯的说法，确实提供了与过去"三大高潮""八大事件"不同的理解中国近代史的路径。

自此以后，学界逐渐自觉意识到这其实是如何理解整个中国近代史走向的问题，于是有革命史线索和现代化线索或革命史观和现代化史观的讨论和争议。争论后期，有学者指出，革命与现代化并不矛盾，而是互相促进的过程。今日看来，无论是革命史线索还是现代化线索，都有简单化的问题。中国近代发生的实际变革，显然要复杂得多、丰富得多。单纯的线索视角，遮蔽了很多需要多角度多面相考察的问题。传统政治—社会的崩溃与现代国家的重建，城市与乡村，沿海与内地，政治与经济社会思想文化，以及中国社会有的阶层淡出以至消亡，有的阶层产生乃至成为社会的中坚，等等，都需要多角度观察研究，才能接近事实的真相。近年来，学界更多用"转型"一词概括近代中国的特点，"转型"一词虽然笼统，但更能包容近代中国发生的各种各样的事情。无论如何，关于中国近代史发展线索的争论，对于我

---

① 原载《历史研究》1980 年第 1 期。

们深入理解和研究中国近代史还是很有意义的。

90年代以后，原来的争论逐渐平静，也很难有近代史学界几乎人人参与或关注的争论论题。有学者指是思想淡出、学术凸显。更有学者主张，与其争论那些宏大但空洞的理论、线索等问题，不如多做具体的实证研究。对历史的宏观理解，要建立在对具体问题和真相的了解的基础之上。笔者个人倒是感觉，比起20世纪80年代，90年代到现在的变化更具革命性，虽然这变化是悄然发生的。

记得读大学的时候，学校图书馆所藏的中国近代史著作，我都读过（当然那时书不多），但似没有多少国外以及中国港台学者的著作，偶尔能找到的，是当年作为批判参考翻译过来的西方著作，多标示"内部出版"。硕士二年级的时候，我在林增平先生指导下阅读台湾张朋园、张玉法二位先生关于晚清立宪运动的著作，又听章开沅先生介绍到美国参加两岸学者辛亥革命七十周年讨论会的情况，觉得新鲜、震撼。当年读台湾学者的著作，并无原本，是辗转复印的，同学之间传阅，视如珍宝。今日二张及许多台湾学者的著作，已在大陆印行，而大陆学者的著作，也可以在台湾出版。思之真如隔世。

随着对外学术交流的频繁，我国学者走出去、海外学者请进来已几如家常便饭，更有国外青年来中国留学。

大量国外学者著作被翻译介绍过来。笔者阅读最多的，是江苏人民出版社出版的"海外中国研究丛书"，已出版170余种。笔者粗略浏览书目，与中国近代史有关的，当占近一半。除了翻译介绍，中外学者合作的研究项目也令人瞩目，中日韩三国学者联合编写历史教科书就令笔者印象深刻。

在中国本身，学术道路、训练差异很大的海峡两岸学者，更能经常在一起讨论问题，交换见解，近年更合作编纂《两岸新编中国近代史》。

写到这里，要总结改革开放以来中国近代史研究的最大收获，我觉得可以用一句话概括：回归学术，与世界接轨。

二　研究时段的下移

从20世纪50年代起，直到笔者读硕的80年代前期，历史学界所称的中国近代史实指 1840 年到 1919 年的中国历史，即学界一般说的旧民主主义革命时代。1919 年以后，则被称为中国现代史。而到那时为止学界研究的，主要是 1840 年到 1919 年这段历史。1919 年以后的历史，一则离当时太近，一则事涉敏感，学界罕有问津。犹记同门同届硕士四人选择硕士论文题目，分别是：二次革命、端方与清廷立宪（笔者）、进步党、辛亥革命前湖南手工业。我们压根就没有考虑时段更靠后一些的选题。

随着时间的推移，人们理解的近代的范围下移，而社会的不断开放和宽容，使人们可以涉足过去较为敏感的课题，民国史研究顺理成章进入了学界视野。我的下一届同门（1984—1987），论文选题就有过去十分敏感的胡适。

进入 90 年代以后，情况发生了更大的变化。民国史研究变热，晚清史研究则相对变冷。专门以民国研究命名的研究所、研究室，据笔者所知，至少就有三家，包括中国社会科学院近代史研究所民国史研究室、南京大学中华民国史研究中心以及中国人民大学民国史研究所，而浙江大学更有专门的蒋介石与近代中国研究中心。但专以晚清史命名的研究所或研究室似乎一家也没有。中国社科院近代史所政治史研究室的同行多研究晚清史，笔者记得，多年前他们曾讨论干脆更名为晚清史研究室，但至今并未改名。近年博硕论文选题，也多为民国时段的。

带有标志性的还有关于民国的大型通史的出版。以笔者所知，即有已故李新先生主编的 12 卷本《中华民国史》、朱汉国教授主编的 10 卷本《中华民国史》、张宪文先生等著的 4 卷本《中华民国史》。其中李新主编的《中华民国史》起步虽在改革开放之前，并且是笔者读硕时的必读书之一，但大部分完成在 80 年代以后；而另两部《中华民国史》都是在 21 世纪完成的。若没有各部分及具体问题的基础研究，编著通史其实是很难的，所以从另一个角度看，通史的完成，意味着民国史研究的成就。

当然，这种下移也是相对的、有限的。以民国而论，南京国民政府时期研究较多，而北京政府时期研究相对较少。又比如，中华人民共和国已成立七十年，早已应该成为历史研究的对象。但现在只有少数学者艰难耕耘，与这一时段的时长和影响太不相称，而且与国外比，许多问题的研究似也落后了。

三　多角度、多领域的探究

　　至少在 20 世纪 80 年代中期以前，在中国近代史研究中占统治地位的，是政治史研究。但是几乎整个学界都在关注政治问题，由此可能会忽略历史发展的丰富性、多样性和复杂性。事实上，从 80 年代起，学界就已开始尝试多个角度观察和理解近代中国的变化。

　　笔者记忆中，最先引人注目的，是文化热和现代化研究。

　　关于文化的讨论，从 80 年代发生并持续到 90 年代，人文学界几乎人人关注乃至直接参与。以笔者的理解，文化热首先来自对"文革"的反思，进而思考中国文化的出路。中国近代史学界也曾召开数次关于近代中国文化的讨论会。龚书铎先生指导的硕士、博士，多以文化史为研究方向，成就斐然，形成近代史学界的一个特色。笔者当年连西方文化、中国文化的基本路径尚未清楚，就大胆写了《西方文化与近代中国》，文章稚嫩且有有意无意仿效前人的痕迹，但在阅读、撰写和思考的过程中，加深了笔者对历史的理解。相信当年的青年学者不少有和笔者大致的经历。当年的文化热虽已基本过去，但对于学界多角度和更深入理解中国的历史乃至近代中国的变化，会有很大帮助。90 年代以后，文化史的研究结合了西方传来的新社会史、新文化史，进入新的阶段和层次，更有力地推进了中国近代史的研究。笔者同事梁景和教授，是倡导社会文化史研究的学者之一，他和他所带的学生及青年教师团队，研究近代中国的女性、婚姻、家庭、性伦文化等问题，成果蔚为大观。笔者虽研究政治史，与梁景和等社会文化史学者交流探讨，近水楼台先得月，思路、视野开阔不少。

　　几乎在文化热兴起的同时，现代化研究广为学界关注。中国的现代化（以往多称近代化）从 19 世纪 60 年代起步，一路蹒跚，直至改革开放前仍左右徘徊。当我们再次打开国门，中外巨大的差距令国人震惊，因此，学界关注现代化问题自是题中之义。笔者所知，有两位学者所带团队影响最大：一位是已故北京大学罗荣渠先生，一位是华中师大章开沅先生。罗荣渠先生原治世界史，美洲史、史学理论皆所擅长，所以他的现代化研究，以理论分析和宏观概括见长。其所著《现代化新论》笔者曾熟读，受益良多，对于笔者拓宽视野，进一步摆脱以往狭隘观念有很大作用，所以后来笔者指导研究生时，又将其作为研究生的必读书。章开沅先生则主持一套现代化比较丛书，笔者至少读过其中的中印比较、中日比较两本书。

另一个引人瞩目的，是近年关于国家民族认同、民族主义以及中国现代民族国家形成的讨论和研究。民族主义是近代中国最具影响力的思潮之一，而传统王朝体制的崩溃和现代民族国家的建构，是近代中国最有影响的事件，贯穿其中的，便是现代民族意识和民族主义的兴起。因此，民族问题及民族主义很早即为中国学者所重视。世纪之交，本尼迪克特·安德森的《想象的共同体——民族主义的起源与散布》先后在中国台湾、大陆出版并引起学界的重视。还有一部杜赞奇的《从民族国家拯救历史》也引起了学界关注。何为中国？中国是什么时候形成的？中国人什么时候认识到自己是中国人？怎样认识和理解中国人？等等。这些在过去本不成问题的问题，现在得到学界的广泛关注和讨论。进一步，在近代中国的社会政治变革以及国家统一的过程中，民族主义和国家认同到底起到了什么样的作用？民族主义与社会主义有何关系？这些都引起人们的深入思考。近年有黄兴涛的《重塑中华：近代中国"中华民族"观念研究》出版，而中国社科院近代史所也组织过关于近代中国民族主义的专题讨论会。相对而言，研究中国古代史的学者，会较多强调漫长的历史在国家认同和中华民族塑造过程中的影响；而研究中国近代史的学者，则更多感受到与列强侵略的抗争对民族意识和国家认同形成的催化作用。近年美国"新清史"学者的著作被译介到中国，也引发了中国学者的热烈讨论。这些问题，没有也不必要有完全一致的认识和结论。要之，中国或东方国家民族的形成与欧洲国家民族的形成差异巨大，既不可完全将欧洲的经验套用到东方，也不能完全用东方的经验来验证西方——差异正好体现了人类历史丰富多彩的特性。

近二十年来，除了思想史、中外关系史等传统领域外，社会史、文化史（包括社会文化史）、区域史、乡村史、城市史、生态环境史、口述史等研究日趋兴盛，而面向下层、面向基层社会也成为学界潮流。再加上社会、经济的发展支撑起学术队伍的逐渐扩大，中国近代史的研究真可谓异彩纷呈。

与前述变革的同时，中国学界的宏观视野和实证研究水准都得到了很大提高。

90年代中期以后，中国近代史学界不再有几乎全体学者都关注甚至参

与的热点和争论，似也不再像以前那样关注宏观和理论问题，学界同行大多
在各自的领域做更深入扎实的专题研究。但是实际上，随着中国人对各国学
术、思想了解的加深，随着改革开放带来的对整个人类文明认识的深入，笔
者以为，学界宏观视野进一步扩大，问题意识增强，研究方法得到明显的改
进。这一切与80年代的思想解放相比，仿佛是悄悄进行的，但比80年代的
变革更深入、更具有革命性。我们只要简单比较一下80年代与今日各学术
期刊发表的文章，就会发现无论是问题意识、关注的课题、所用概念术语、
话语体系，都有极大的不同。我们可以称之为"悄悄的革命"。

　　还有一个引人注目的，是实证研究的提倡和成就。鉴于"文革"时期
空洞的教条、随意歪曲历史的教训，不少学者认为，与其空谈大而无当的理
论和规律，不如扎扎实实做实证研究。傅斯年先生那句"只是要把材料整
理好，则事实自然显明了。一分材料出一分货，十分材料出十分货，没有材
料便不出货……材料之内使他发思无遗，材料之外我们一点也不越过去说"
得到不少人的认同。在近代史学界，笔者至少注意到两位熟悉的学者提倡实
证研究，一位是与笔者年龄相近的桑兵，一位是年轻一些的李细珠。这二位
都在实证研究方面做出了令人瞩目的成就。尤其是桑兵教授，不仅本人，其
指导的博士学位论文也都严谨扎实，读来印象深刻。而近二十年中国近代史
界的博士学位论文，也尽可能做到资料充分、论证严谨，满足实证的要求。
或者说，作为导师，我们要求学生关注域外的学术研究，并尽可能从中吸取
营养，但我们自己的研究仍要保持中国特色。另外，实证研究与宏观探讨并
不矛盾，桑兵教授与李细珠研究员都有很好的宏观视野，相信学界会有同感。

四　几个问题的思考

　　第一是政治史研究的问题。

　　在眼光向下、面向基层社会的潮流之下，近代政治史尤其是晚清政治史
的研究则颇不景气。笔者重点研究20世纪初的历史，注意到以前曾是热门
的辛亥革命研究，虽难说变成冷门，但确是研究者尤其是年轻的研究者不
多。而笔者仍在做晚清民初政治史研究，颇有同道零落之感。窃以为政治是
人类的基本活动之一，它对经济、社会、文化乃至日常生活的影响是不言而
喻的。所以，笔者觉得，在历史学家的目光深入社会、深入基层的同时，不

应忽略政治史的研究。大家都做政治史不好，但忽略政治史也不好。尤其晚清虽仅七十年，中国传统政治体制轰然倒塌，而这体制至少延续了两千年。王朝体制到底是怎样覆亡的？为什么会覆亡？这虽然不是靠实证研究可以完全解答的，但史学界应该研究、思考并给以自己的解答。

但是，怎样进行政治史研究，却是非常值得探讨的问题。在我看来，至少有两个问题值得思考，一个是研究什么问题，一个是怎样进行研究。

20世纪50年代以迄80年代末，就中国近代史来说，中国大陆学者致力的主要是重大政治事件和人物的研究。这些研究又有两个特点，一是注重人物事件的评价，二是注重革命和阶级斗争。所以，彼时的近代史研究，几乎等同于革命史研究，而研究的内容主要就是革命，方法主要是阶级分析、人物事件评价，而其他问题，基本没有纳入学界的视野。

90年代以后，随着社会史、文化史的活跃，政治史的研究也有了一定的变化。内容方面，统治者的改革、制度的演进、过去被视为反动的人物及群体，都被纳入研究视野。尤其是大众被纳入政治史研究范围，有人直称为中国的"新政治史"。即使是革命斗争包括共产党人的革命，也有了不同于过去视角的成果。方法上，学界也不满足阶级分析方法。有的特别强调实证，笔者前面已经谈过，有的则特别强调问题意识、理论、方法、框架。同时，史学家也在努力学习政治学、法学、社会学、人类学、心理学等学科的理论、方法。

在笔者看来，关注上层、精英，或放眼下层、普通民众，是政治史研究的不同选择。无论是重大或突发政治事件，还是长时段的缓慢变革，都是精英和民众互相影响、互相渗透、共同参与的结果。一般来说，在平常年代，由于上层和精英所具有的优势，其思想、行为会更多地影响到普通民众。但是，在动荡的特殊年代，普通民众的愿望、要求就会比较突出显现。而精英阶层为了动员民众，更会提出一些迎合下层社会的口号，中国历代王朝末期的起义者大都如此。因此，一方面是政府及其官员、重要政治人物及其思想、精英，另一方面是普通民众，两者都要研究。要认识中国的政治史，两者缺一不可，缺了哪一方面都不完全。所以，虽然近二十年史学界兴趣和趋重有极大改变，但研究政府、上层、精英，仍有不可替代的价值。

第二是理论关注不足的问题。

如前所述，四十年来，中国近代史的研究取得了巨大的、革命性的进展，但总觉得还有一些不足之处，那就是中国的史学研究如何既融入人类文明、人类思想的发展潮流，又能有中国的特点和贡献。此中最要紧的，是理论。翻阅近年发表的论文、出版的著作，以及博硕士生论文的选题，很容易注意到一个现象，即多为对具体问题的实证研究，而理论关注明显不足。历史学界常有一个说法，叫以小见大，但是近些年的不少成果，小则小矣，见大却不多见。

这些年，美国及西欧的理论和方法对中国史学界的影响，可谓不言而喻。从早期的冲击与反应，到"在中国发现历史"、市民社会、加州学派、施坚雅、后现代主义，再到近十年的"新清史"等，我们都是被动地做出反应。域外的理论以及他们提出的问题，我们不见得同意，但影响了中国史学界，开阔了我们的视野，这一点，笔者相信大多中国史学家会认可。反观中国本土，却似没有足以影响世界的解释中国近代历史发展的理论。笔者并不排斥域外来的理论，但常常觉得，西方的理论是在西方的历史文化背景下总结西方社会文化的发展而产生的，而东方国家有自己的历史文化传统，社会的发展虽有与西方国家共同的规律，但也有自己的特点，从近世向现代社会的转型，更与西方国家有着不同的境遇和特点。中国史学家理应根据自己国家的历史经验，总结出更符合东方国家的理论及规律。

然而，关注理论和理论水准的提高，以及新方法的提出，却远不是轻而易举的事情。一要长期的思考，一要与其他学科互相渗透，更要社会给予较大的宽容度。另外，中国独特的理论和方法，绝不能像"文革"中那样自我封闭、自说自话，且离学理差了十万八千里，而是要在拥抱人类文明的过程中创建。

第三是缺少足以影响世界的成果。

如前所述，近四十年的中国近代史研究取得了前所未有的成绩，且在世界上的关注度越来越高。但是，我们也不得不承认，与理论的不足相应，这些年，中国近现代史的研究缺少足以影响国际史学界的成果。中国的中国近现代史研究是世界历史学研究的一部分，中国学者既是研究的主体，也是最大的研究群体，但是，本应由中国学者引领和主导世界的中国近现代史研究，目前还没有做到，反倒是西方特别是美国的研究影响了中国，不能不是一个遗憾。

　　总的来说，近四十年的中国近代史研究取得了巨大的令人瞩目的成绩。尽管现状仍不能让人完全满意，但对未来我们有理由乐观。从 20 世纪初新史学发端，再到改革开放后我们重新融入世界学界发展的潮流，至少从整个人类文明史的角度观察，时间都不算长，而我们已经取得了很多成就。学术的发展，学术队伍的培养，需要几代人的不懈努力，相信不远的将来，我们一定会有贡献给全人类的更多优秀成果和足以影响世界学界的大师。

　　附记：在本文修改过程中，河北科技大学潘鸣、笔者同事秦方提供了帮助，谨此致谢。

〔作者单位：首都师范大学历史学院〕

关于晚清史研究的学科史考察

崔志海

从学科史角度来说，1840 年鸦片战争之后的晚清史，既是断代史清史研究的一个自然组成部分，也是中国近代史研究的一个基本组成部分，迄今没有形成一个独立的学科。对清朝灭亡以来晚清史研究在清史和近代史两个学科底下所走过的历程，做一比较扼要宏观的回顾，对于我们今天更好地认识晚清史学科的独特性，建立一个与断代史清史和中国近代史两个学科既有联系又有区别的独立的晚清史学科体系，或许不无启发。

一 新中国成立之前的晚清史研究

作为通论性的晚清史研究，自 1912 年清亡之后就被国内学界纳入两个不同的学科之下：一是作为断代史清史研究的一个组成部分；二是作为中国近代史研究的一个组成部分。

在断代史清史研究学科体系之下，这一时期的晚清史研究，大致又可分三个流派。一派为清朝遗老派，以《清史稿》为代表。他们站在逊清的立场上，于 1914 年开始编纂，借修史报答先朝皇恩，在内容选择和措辞上多方为清朝歌功颂德，如在撰修过程中，对于清朝统治者的残暴行径，以及有损清室帝王尊严、后妃名誉的事件，或避而不谈，或轻描淡写；而在忠义、列女等传的安排上，则不惜篇幅，褒扬铺张；在撰修帝纪中，对清朝皇帝也多溢美之词，"至勤""至明""至仁"等词处处可见，并不惜违背传统断代史修史体例，为许多生于清而死于民国的忠于清朝的遗民立传。另外，《清史稿》对清代的反清革命活动则尽量少写，甚至不写，如对兴中会与同盟会的建立、《民报》的出版以及孙中山领导的许多次武装起义，《清史稿》全都没有记载；孙中山作为推翻清朝统治的领袖，《清史稿》仅在光绪三十年五月慈禧太后下旨赦免戊戌党人时一见其名，将他与康、梁一道列为大逆不赦之人。同样，对于存在 14 年之久的太平天国政权，《清史稿》也不按传统修史惯例设"载记"以记其事，仅以设《洪秀全传》草率应付。并且，凡是记载反清活动，《清史稿》都以"倡乱""谋乱""谋逆"等词称之，等等。《清史稿》这种"内清而外民国"的修纂立场，直接反映了逊清遗民对民国正统地位的拒斥心理，结果于 1929 年 12 月遭南京国民政府封禁。

另一派为民族革命派，以许国英、汪荣宝合撰和合编的《清史讲义》（1913 年初版）和《清鉴易知录》（1917），刘法曾的《清史纂要》（1914），黄鸿寿编《清史纪事本末》（1915 年初版），陈怀的《清史要略》（1931），萧一山的《清代通史》上、中、下册（1923、1928、1934）等为代表。这一派的学者与清朝遗老派相对立，他们秉承民族革命史观，奉民国为正统，将清朝统治看作"异族"统治多加抨击和批判，认为有清一代的历史，是清人据中原统治中国的历史，也是以汉族为主的中国民族革命的历史，清朝的灭亡是由民族压迫和专制统治所致，对清代的反清革命活动都做正面论述和评价。

第三派为学术派，以孟森的《清史讲义》（成书于 20 世纪 30 年代，1947 年初版）为代表。这一派学者主张清史研究应秉持客观的学术态度，既痛斥清朝遗老编纂《清史稿》存在隐讳涂饰之病，表示"此非学人治历史者之本怀"[①]，也严厉批评民族革命史观"承革命时期之态度，对清或作仇敌之词"，"乃军旅之事，非学问之事"，是"浅学之士"之所为，不符合修史任务，表示"史学上之清史，自当占中国累朝史中较盛之一朝，不应故为贬抑，自失学者态度"，"若已认为应代修史，即认为现代所继承之前代。尊重现代，必并不厌薄于所继承之前代，而后觉承统之有自。清一代武功文治，幅员人材，皆有可观。明初代元，以胡俗为厌，天下既定，即表章

---

① 孟森：《清朝前纪》，中华书局，2008，叙言，第 1 页。

元世祖之治，惜其子孙不能遵守。后代于前代，评量政治之得失以为法戒，乃所以为史学"。① 主张清史研究以传信存真、"列清史为学科之意"为宗旨。此一学派的学术研究，后来多被国内清史学界所继承。

在近代史学界，晚清史的研究要稍晚于清史学界，虽然始于 20 世纪 20 年代，但主要盛行于三四十年代，并形成两个影响深远的学派。一派为资产阶级学者，以陈恭禄的《中国近代史》（上、下册，1935 年初版，后又多次再版）和蒋廷黻的《中国近代史》（1938 年初版）为代表，构建起晚清史研究的现代化叙事模式。他们认为 1840 年鸦片战争之后中国历史的主题是近代化，即中国如何借鉴西方现代思想、技术和制度，建立近代民族国家，实现近代化的过程。并且，他们接受西方资产阶级学者的"挑战－回应"模式，认为中国近代化的最大障碍是中国的各种"民族惰性"和落后的传统。因此，他们在看待晚清中国与列强关系上，强调帝国主义列强对中国冲击所产生的积极作用，将帝国主义列强与中国的关系看作进步与落后的关系，看作两种不同文化、不同制度、不同文明的冲突，因而对中国人民的反侵略斗争持消极或否定评价。对于晚清中国内政，他们认为改良道路比较符合推进中国近代化和建立民族国家的目标，因此，对晚清洋务运动和洋务派、戊戌变法和维新派、清末新政和清廷改革派、立宪运动和立宪派，大体做正面论述。同时，站在资产阶级和民国的立场上，他们也肯定辛亥革命的积极意义。但他们认为农民起义不符合近代化和民族建国目标，因此，对晚清历史上的太平天国农民起义和义和团运动，多加否定。

另一派是马克思主义学者，以李鼎声的《中国近代史》（1933 年初版，后多次再版）、范文澜的《中国近代史》上编第一分册（1947 年初版）和胡绳的《帝国主义与中国政治》（1948 年初版）为代表，构建起晚清史研究的革命叙事模式。这一派学者认为，1840 年鸦片战争之后的近代中国历史是"帝国主义和中国封建主义相结合，把中国变成半殖民地和殖民地的过程，也就是中国人民反抗帝国主义及其走狗的过程"。因此，反帝反封建才是中国近代历史主题。根据这一认识，他们在看待晚清中国与列强关系上，着重揭露列强对中国的侵略和给中国社会带来的深重灾难，对中国人民

---

① 吴俊编校《孟森学术论著》，浙江人民出版社，1998，第 4 页。

的各种反侵略斗争给予充分肯定。对于晚清中国内政，他们推崇革命，不但批判清朝统治阶级阻碍历史进步，也批判晚清各种改良主义道路不符合历史发展方向。

需要指出的是，在民国时期，虽然清史学界和近代史学界都将晚清历史纳入研究对象，但晚清史研究在这两个学科中的地位还是有所不同的。比较而言，近代史学科对晚清史的重视和研究深度及影响要高于清史学界。对于近代史学界而言，民国时期的历史只有二三十年，因此，晚清七十年历史自然就成了近代史的主体，他们撰写的中国近代史著作，无不以晚清七十年为主要内容，民国部分只是最后附带论述。而对于清史学界而言，晚清七十年只占清代历史的1/4，并且，受资料条件和学术积累及政治等各种因素的影响，清史学界的研究重心和学术贡献主要集中在清前期和中期史，对晚清史的研究则显薄弱。这种情况也影响了后来中国学界的清史和晚清史研究。

二　20世纪50—80年代的晚清史研究

1949年新中国成立之后，根据马克思主义对中国社会性质的分析，1840年鸦片战争之后的晚清历史，进一步被归入中国近代史学科范畴。并且，受现实政治的影响，现代化叙事模式被当作资产阶级学者观点遭受批判，被摒弃，革命叙事成为晚清史研究的唯一模式，并进一步完善和细化，代表性著作如林增平的《中国近代史》上、下册（1958），戴逸的《中国近代史稿》第1卷（1958），郭沫若主编的《中国史稿》第4册（1962），翦伯赞主编的《中国史纲要》第4册（1964），刘大年主编的《中国近代史稿》第1、2、3册（1978、1984），胡绳的《从鸦片战争到五四运动》（1981），以及苑书义、陈振江、胡思庸、邱远猷等编著的《中国近代史新编》上、中、下册（1981、1981、1988）等。

这些中国近代史著作构建的晚清史叙事体系的共同特点是，根据毛泽东阐述的"两个过程"理论，以阶级斗争为主线，揭示晚清中国半殖民地化和半封建化过程，突出人民群众反帝反封建斗争的历史地位和作用，并以"三次革命高潮"和"八大事件"为具体内容。所谓"三次革命高潮"，第一次为太平天国农民起义，第二次为义和团反帝运动，第三次为辛亥革命。

所谓"八大事件"，即两次鸦片战争、太平天国运动、洋务运动、中法战争、中日战争、戊戌变法、义和团运动、辛亥革命。在这一体系之下，有关"八大事件"尤其是"三次革命高潮"的研究受到学界超乎寻常的重视，成为中国历史研究中的显学，并取得丰硕成果，相关论著汗牛充栋，数不胜数。

另外，清史学界则根据新中国成立之后历史学科的设置，进一步主动将晚清史排除在清史之外，只研究鸦片战争之前的清前期和中期史。如60年代初，郑天挺先生给中央党校讲授清朝历史，就只讲鸦片战争之前清朝的政治、经济和文化，明确指出鸦片战争之后的清朝历史属于近代史范畴，不在清史讲授范围。他说："清朝的统治一直继续到一八四〇年以后，直到一九一一年才被推翻。但是从一八四〇年中英第一次鸦片战争之后，中国一步一步变成了半殖民地半封建社会，社会性质发生了变化，所以在通史里清朝的历史结束于一八四〇年。一八四〇年以后的七十多年的历史则放在近代史部分去讲，我们讲清代历史的就不谈了。"[1] 80年代伊始，戴逸先生主编的《简明清史》考虑到鸦片战争以后的晚清历史属于近代史研究范畴，也只写到1840年鸦片战争之前，指出"鸦片战争以后，中国进入了近代历史时期，社会性质和革命性质开始发生巨大的变化，根本不同于清代的前期和中期。目前已出版了各种比较详细的中国近代史著作，在基本内容上，本书结束之后，可以和这些近代史著作相衔接"[2]。直至90年代初，陈生玺、杜家骥先生著《清史研究概说》[3] 在对清史研究进行的学术史回顾中，重点也是介绍清前期和中期史的研究，几乎未将近代史学界的晚清史研究列入其中，这正反映了新中国成立以来清史学界普遍将晚清史划归中国近代史学科范畴的现实。

需要指出的是，晚清史与清史研究相分裂的状况是不利于推进学术的，致使清史与中国近代史两个学科之间产生巨大隔阂：研究晚清中国近代史的不问清史学界的研究；研究清史的不知近代史学界的晚清史研究。一个明显的例子是，70年代末清史学界酝酿启动清史编纂工程时，虽然有意将晚清

---

[1] 郑天挺：《清史简述》，中华书局，1980，第1—2页。
[2] 戴逸主编《简明清史》，人民出版社，1980，第2页。
[3] 陈生玺、杜家骥：《清史研究概说》，天津教育出版社，1991。

历史重新纳入清史范畴，计划以鸦片战争为界，分上、下编撰写，但由于不了解国内近代史学界在晚清史方面所取得的成绩和研究队伍，或出于学科壁垒，认为"国内研究鸦片战争以前清代历史的人员较多，机构也比较充实，目前先搞出上编的规划，待取得一定经验之后，另行组织力量，制定下编的规划"。① 显然没有将近代史学界的晚清史研究和学者看作清史研究的一个组成部分。

清史学界与中国近代史学界存在的这种学科壁垒，甚至在 21 世纪初国家清史编纂工程刚启动之际仍在影响着清史编纂工作。中国史学会原会长、知名中国近代史研究专家张海鹏先生曾在一篇文章中回忆道："国家清史编纂工程即将启动之际，我参加一个座谈会，一个研究清史的著名学者开出一个清史著作书目，竟都是嘉庆以前的，我问道光以后的算不算清史，那位先生无以应对。还是在那个时候，一位今天在清史编纂工程中担任重要任务的学者，说自己并不适合在清史工程中担任职务，基本理由是自己的专业是研究中国近代史。可见，在那个时候，中国近代史与清史之间是存在壁垒的，在研究者的心目中，是划有界限的。"②

同样，中国近代史学科构建的晚清史革命叙事体系存在的欠缺也是显而易见的。在中国近代史学科底下，一部晚清史被浓缩为一部反帝反封建的政治事件史，不但严重忽视对晚清经济、军事、外交、制度和社会及思想文化的研究，而且严重忽视对清朝及相关重要人物和制度的研究，不同程度割断与鸦片战争之前清朝历史的联系。进入 80 年代之后，尽管学界试图对这一革命叙事体系加以修正，有的提出"四个阶梯"说，有的提出"双线"说，有的提出"民族运动"说，但它们基本上只是在"两个过程""三个高潮"的架构下进行一些修修补补的工作。在革命叙事体系之下，晚清研究不可能出现重大的根本性改变。

---

① 清史编纂规划起草小组：《清史编纂规划（草案）》（1978 年 11 月初稿、1979 年 2 月修改），载国家清史编纂委员会体裁体例工作小组《清史编纂体裁体例讨论集》下册，中国人民大学出版社，2004，第 1188—1189 页。

② 张海鹏：《晚清政治史研究的理论和方法问题》，载中国社会科学院近代史研究所政治史研究室编《晚清政治史研究的检讨：问题与前瞻》，社会科学文献出版社，2014，第 1 页。

三　20 世纪 90 年代之后的晚清史研究

进入 20 世纪 90 年代，中国近代史学科虽然依然继续保留革命叙事模式，但在学术研究领域，受改革开放进一步扩大和西方学术思潮的影响，国内的晚清史研究开始明显突破中国近代史学科的革命叙事体系。

首先，就近代史学界来说，受 80 年代以来中国改革开放及西方现代化理论的影响，现代化范式重新受到重视，90 年代以后国内出版多本研究中国近代现代化史的著作，如章开沅、罗福惠主编的《比较中的审视：中国早期现代化研究》（1993），胡福明主编的《中国现代化的历史进程》（1994），许纪霖、陈达凯主编的《中国现代化史》（1995），虞和平主编的《中国现代化历程》第 1 卷（2001）等。本人也曾撰文指出，中国近代史研究应以近代化为主题，以工业化、民主化、国家独立化和人的近代化为四条基本发展线索。① 与此同时，主张革命范式的学者，也部分修正自己的观点和主张，如胡绳、刘大年等学者认同近代化和民族独立也是中国近代历史的主题，认为这些历史主题与他们构建的革命叙事模式及他们所使用的阶级分析观点和方法并不矛盾，对晚清历史上有利于近代化和民族独立的历史和人物，不再单一用革命的标准，一概否定。②

其次，受西方新社会史、新文化史、后现代主义史学和中国中心观等影响，国内学界还明显加强了对晚清社会史、经济史、文化史和地方史的研究，开拓了许多新的研究领域，诸如妇女史研究、贱民和戏子研究、日常社会生活史研究、家族史研究、宗族社会研究、秘密社会研究、宗教与民间信仰研究、灾荒史研究、医疗卫生史研究、城市史研究、报刊史研究、出版史研究、广告史研究等。即使是在晚清政治史研究领域，革命史也不再是学界的主要研究对象，进入 90 年代之后，研究革命对立面论著的数量远远超出研究革命史论著的数量，学界明显加强了对晚清制度史、晚清边政史、晚清

---

① 崔志海：《关于中国近代史主题和线索的再思考》，《学术研究》1992 年第 5 期。

② 胡绳：《〈从鸦片战争到五四运动〉再版序言》，《近代史研究》1996 年第 2 期；《社会主义和资本主义的关系：世纪之交的回顾与前瞻》，《中共党史研究》1998 年第 6 期；《毛泽东的新民主主义论再评价》，《中共党史研究》1999 年第 3 期。刘大年：《中国近代历史运动的主题》，《近代史研究》1996 年第 6 期。

中外关系史、晚清改革史、晚清满汉关系史、晚清军事史、晚清人物与政局等的研究。总之，近代史学界对晚清史的研究不再局限于"八大事件"，而是转向全方位研究，趋于多元化。

再次，伴随国家清史编纂工程的启动和推进，从事近代史研究的学者积极参与其中，加强对清史的学习与研究。如为配合国家清史编纂工程，作为国内近代史研究重镇的中国社会科学院近代史研究所，于2003年将晚清史研究列入中国社会科学院"重点学科建设工程"，具体由政治史研究室负责落实，实现由近代史研究向晚清史研究的转向。为推动晚清史研究，政治史研究室除每年举行小型学术会议外，还于2006年、2007年、2009年、2010年、2012年、2014年、2016年先后组织举办七届"晚清史研究国际学术研讨会"，会议主题依次为"晚清国家与社会""晚清改革与社会变迁""湘淮人物与晚清社会""清代满汉关系研究""政治精英与近代中国""清末新政、边疆新政及清末民族关系研究""晚清制度、思想与人物研究"，并在国际学术研讨会的基础上，出版系列会议论文集《晚清史论丛》。可以说，近代史所政治史室的研究转型，只是近年国内近代史学界的一个缩影。事实上，近年近代史学界积极参与清史学界有关"新清史"问题的讨论，也从一个侧面反映了两个学科之间的交汇。

最后，进入90年代之后，清史学界也开始改变以往不谈晚清史的消极态度，主动将晚清史纳入清史研究领域，强调晚清史是清史研究的一个有机组成部分，不可割裂，"要研究清代的全史"。如由王戎笙先生主持的十卷本《清代全史》的最后四卷讲的就是晚清历史，内容涉及晚清政治、经济、思想和文化。著名清史研究专家李文海先生则在1999年撰文，批评清史学界将鸦片战争之后的晚清史排除在清史研究之外的做法，"极大地阻碍了清史学科的建设"，大力疾呼清史研究"应该全面地、完整地对从清朝开国到王朝覆亡的历史作出系统的认识和说明"，指出"研究近代社会，如果不了解清前期历史，就会对很多问题弄不清来龙去脉。研究清史，如果不把后期清史包括在内，就犹如鲁迅所说的'断尾巴蜻蜓'，说不清事物的发展变化。所以，使清史从清前期历史的狭隘领域内走出来，成为真正意义上的贯通前后的清代通史，应该是一件刻不容缓的任务"。①

---

① 李文海：《清史研究八十年》，《清史研究》1999年第1期。

2002 年国家清史编纂工程启动之后，由著名清史专家戴逸教授领衔的国家清史编委会，从一开始就打破清史学界与中国近代史学界多年存在的学科壁垒，吸纳大量研究近代史的专家和学者参与其中，将晚清史列为清史编纂工程的一个重要组成部分。同时，国内学界出版的无论是中国通史著作还是断代史的清史著作，都将 1840 年鸦片战争之后的晚清历史纳入其中。中国通史著作如蔡美彪主编《中国通史》第 11—12 册（人民出版社 2007 年版），白寿彝主编《中国通史》第 11 卷（上海人民出版社 2004 年版）；断代史清史著作如李文海主编《清史编年》第 8—12 卷（中国人民大学出版社 2000 年版），戴逸、李文海主编《清通鉴》第 14—20 卷（山西人民出版社 2000 年版），朱诚如主编《清朝通史》第 11—14 分卷（紫禁城出版社 2003 年版），郑天挺主编《清史》下编（天津人民出版社 2011 年版）等，莫不如此。

总之，进入 20 世纪 90 年代之后，晚清史依然是中国近代史的一个重要组成部分；但就学术研究层面来说，则呈现回归清史学科的趋势，其中一个明显标志是，晚清史研究不但摆脱了近代史学科的革命叙事体系，同时也不被现代化史范式所囿，更加重视从清朝视角研究鸦片战争之后的七十年中国历史。

四　对晚清史研究的几点期待

过去的一百多年里，晚清史研究在清史学科与近代史学科的共同推动下，业已取得令人瞩目的成就。然而，从学科史角度如何进一步推动晚清史研究，使之成为一门独立学科，仍有待学界做进一步的思考和探索。

首先，有必要进一步探索近代史和清史两个学科在内容和形式上的有机融合。在晚清史研究中，近代史与清史两个学科之间的学科樊篱虽然逐渐消除，出现了可喜的两者相互融合的趋向，但同时我们必须清醒认识到的是，作为断代史清史学科底下的晚清史与中国近代史学科体系底下的晚清史，它们两者之间固然有重合之处，但在研究的出发点和研究重心上还是有很大区别的。清史的研究任务和目标是要阐明清朝从崛起到发展、鼎盛再到衰败和灭亡的过程，同时展现有清一代政治、经济、军事、思想、文化和社会生活等各方面的演变，始终是以清朝为主线。而中国近代史的主要任务和目标，用李鼎声的话说，"就是要说明国际资本主义侵入中国以来，中国社会、经济、政治所引起的重大变化，中国民族的殖民地化的过程，以及在此过程中所发生的社会阶级之分化与革命斗争的发展起落"。其主线是近代化和反帝反封建。因此，李鼎声在著作《中国近代史》的前言中就明确排斥在晚清史研究中以清朝为主线，提出不但"那种以帝王、圣贤、英雄为中心，专门记载朝代兴亡治乱的历史体系，要从新历史学的领域中排除出去，即使那种偏重于人类文化生活的记载，而不能说明文化兴衰递嬗的全过程的历史编制，亦不能合理地存在了"。可以说，中国近代史学科所构建的晚清史这一叙事模式一直被国内学者继承。因此，在编著晚清史过程中，如何将清史和中国近代史这两个既有联系又有区别的学科有机地结合起来，仍然是一个值得清史学界和中国近代史学界共同切磋的问题。

其次，有必要客观理性看待百年来各研究流派和研究范式在推动晚清史研究方面所做的学术贡献及存在的问题，批判性地加以吸纳和整合。在中国史的研究中，可以说迄今未有哪个朝代的历史像晚清史那样，出现各个流派竞相争艳的局面，诸如逊清派与民族革命派、革命范式与现代化范式、挑战–回应范式与"中国中心观"、清史学派和"新清史"学派、后现代主义史学派等。对于这些流派和范式在推动晚清史研究中的长短得失，我们应以一种学术的态度，客观地加以总结和反思。以逊清派与民族革命派的研究来说，前者站在清朝遗老的立场上，肯定清朝在中国历史上的独特地位及其贡献，应该说有其一定历史依据，满族以一个少数民族统治中国近三百年，实现大一统，在中国历史上确有其独特地位，但他们为清朝专制统治和民族压迫辩护，无视和贬低反清革命，显然不是一种客观的学术态度；而后者持民族革命史观，揭示清朝专制统治和民族压迫，以及人民反对和推翻清朝统治，无疑也是清朝历史真实的一面，但因此无视清朝在中国历史上的贡献，全然否定，同样也不是一种客观的学术态度。以革命范式与现代化范式来说，前者集矢于革命，固然遮蔽了历史的其他一些层面及主题，在评价上也存在偏颇，但它所叙述的历史无疑是真实的，是不容否认的，革命确乎是中国近代历史的一个主题；现代化范式固然可补革命范式之不足，但以之取代或否定革命范式，同样也是有违历史的；事实上，这两个范式在很大程度上是可以互为补充、不相排斥的。以挑战－回应范式与"中国中心观"范式来说，前者突出和强调近代西方对中国的冲击和影响，有其一定的历史根据，晚清历史与以往中国历史的不同之处就在于鸦片战争之后的中国被强行卷入国际资本主义体系之中，但挑战－回应范式体现出来的西方中心论偏向及传统与现代、中学与西学的二元对立观，严重忽视或遮蔽了中国历史内部的活力和影响，这是有其局限的；"中国中心观"作为挑战－回应范式之否定，提倡从中国内部和中国角度考察晚清和近代中国历史，应该说具有一定的纠偏意义，但因此忽视西方冲击对近代中国的影响，显然矫枉过正，同样也是不可取的。又如，最近被学界热议的所谓美国"新清史"学派，一定程度上可看作"中国中心观"的一个发展，它在清史研究中主张重视利用满文档案和其他民族的文字，主张重视满族的主体性和满族认同及满族在创建清朝中国中的贡献，提倡从满族视角看清朝历史，这对以往学界只讲满汉同化和贬低满族、清朝历史有一定的纠偏意义，具有其学术价值，与国内清史和晚清史学界的研究并无本质分歧和矛盾，但"新清史"学派因此否定满族汉化的历史事实，否认中华民族共同体的形成，以满族认同否认清朝的中国国家认同，这显然在方法论上犯了只见树木不见森林的片面症，不是一种实事求是的科学态度。再如，后现代主义史学批评根据近代西方启蒙思想和马克思历史唯物主义所构建的中国近代史或晚清史宏大叙事模式，是一种线性历史观，严重意识形态化，只注重民族国家、社会结构和社会变迁等重大问题，强调历史的进步性，遗漏了这些主题之外的许多历史，同时忽视了历史叙事中的一些语言学问题及个人情感和历史审美问题，呼吁和提倡加强对非主流社会群体和一些地方性历史的考察和研究，强调加强对历史文本的解读。这些主张其中不无合理之处，对于破除历史研究中的西方中心论倾向，丰富和深化我们的历史研究，不无启示意义，但后现代主义史学由此滑向历史相对主义和历史虚无主义，否定历史发展规律和历史研究的客观性和科学性，主张以他们所提倡的微观研究取代历史研究的宏观叙事，甚至混淆历史学与文学的界限，将历史编撰看作一种诗化行为，这只能降低我们对历史的认识，导致历史研究的随意化、娱乐化和碎片化。总之，这些学派和研究范式对晚清史的研究和解读，各有其可取和真实的一面，但同时也各有不足和局限，有待我们站在马克思历史唯物主义和历史辩证法的高度，批判地加以吸收。

　　再者，尚须努力寻求政治与学术的有机统一。清朝作为中国封建统治的最后一个王朝，经历了由古代国家向近代国家的转变，特别是1840年鸦片战争之后的晚清历史，蕴含极为丰富的历史内容，与我们今天的历史在许多方面有着密切联系，因此它受到后人的特别重视，但同时有关这段历史的研究也深受政治的困扰：既受国内国际局势的影响，也受研究者政治立场的影响。可以说，百年来晚清史研究中产生如此之多的学术流派和歧见，多少与政治因素有关。历史研究作为一门社会科学，要做到学术与政治完全分离，既不现实，也不可取。但只要我们在晚清史研究中坚持马克思历史主义态度，是可以做到政治与学术的有机统一的。在这方面，马克思和恩格斯已为我们树立了很好的榜样。他们在分析人类社会发展过程中，并没有因为阶级分析观点，站在无产阶级立场上，对历史上的奴隶社会、欧洲中世纪社会和近代资本主义进行简单的痛斥和否定，而是以历史辩证法的观点，在揭示其必然让位于更高历史发展阶段的同时，充分肯定其历史合理性和进步性，指出"一切依次更替的历史状态都只是人类社会由低级到高级的无穷发展进程中的暂时阶段。每一个阶段都是必然的，因此，对它发生的那个时代和那些条件说来，都有它存在的理由；但是对它自己内部逐渐发展起来的新的、更高的条件来说，它就变成过时的和没有存在的理由了；它不得不让位于更高的阶段，而这个更高的阶段也要走向衰落和灭亡"。①

　　马克思历史主义的一个基本观点是，人类社会历史是一个自我发展、自我完善的有规律的客观过程，因此必须要以联系、变化和发展的观点去考察历史现象和社会问题，必须把历史事件、历史人物放到当时具体的历史条件和具体的历史背景中去分析、去评价。根据马克思历史主义的这一基本原理，我们在晚清史研究中既要反对用现代的标准去衡量历史是非，也不能以清朝统治者或革命者的观点看待和评价晚清历史，而只能以联系、变化和发展的观点看待晚清历史，把晚清历史事件和人物放到当时具体的历史条件和具体的历史背景下加以考察和评价。只有这样，我们的晚清史研究才有可能走出学术与政治二元对立的怪圈，不再为政治所困扰，真正做到实事求是，使晚清史研究成为一门科学，践行恩格斯的那句名言："科学越是毫无顾忌

---

① 《马克思恩格斯选集》第4卷，人民出版社，2012，第223页。

和大公无私，它就越符合工人的利益和愿望。"①

总之，在晚清史研究走过百余年历程之后，如何在前辈研究的基础上，吸收各派之长，聚学界集体之力，以马克思历史主义态度和方法，创造性地撰写一部代表学界最新研究成果、与清史和近代史两个学科既有联系又有区别的通论性的晚清史著作，这应是未来学界的一个期待。

〔作者单位：中国社会科学院近代史研究所〕

---

① 《马克思恩格斯选集》第4卷，第265页。

关于中华民国史研究对象与体系的思考

——从民国档案史料的刊行谈起

吴景平

改革开放四十年来，得益于学术环境和条件的极大改善，中华民国史研究取得了长足的进步：一方面，问世的各种论著难以胜数；另一方面，史料工作成绩斐然，尤其是档案史料的开放刊行，成为整体意义上民国史研究的先行部分、支撑部分。

笔者从事中华民国史的教学研究和相关档案史料收集整理工作多年，目睹了民国档案史料开放刊行是如何促进民国史学科发展的。尤其应当指出，1979 年起中国第二历史档案馆编的《中华民国史档案资料汇编》各辑各卷陆续问世，这是迄今为止唯一公开出版且明确冠名民国史档案的资料集。这套资料选编出版前后的二十余年，正是中华民国史研究由初步发展走向全面繁荣的关键阶段。《中华民国史档案资料汇编》等民国档案史料的刊行，不仅为诸多民国史研究论著的撰写提供了便捷查阅和征引的档案史料，也有助于学界对于中华民国史研究对象和体系的再思考，而近年来民国档案史料刊行和开放的新局面，无疑将有助于民国史学科发展提升至新的境界。

一

中国大陆地区关于民国时期史料的整理刊行，可以追溯到 20 世纪 50 年代《中国现代政治史资料汇编》初稿的编辑工作。这套资料汇编是由中国第二历史档案馆的前身——中国科学院历史研究所第三所南京史料整理处，在著名历史学家范文澜和田家英等学者及档案界老一辈领导的支持帮助下，于 1956—1959 年编成的。① 所收入的档案史料内容自 1919 年至 1949 年，在采行国内革命战争分期的框架和标题之下，共编为 4 辑 224 册，2000 余万字。收入《中国现代政治史资料汇编》各辑各册的档案史料，均注有全宗和案卷号，确确实实属于民国史档案。但限于各种因素，这套资料汇编仅竖排油印 100 套，供少数机构单位内部查阅。由于未公开刊行，印数少，印制质量较差，对于改革开放以来完成学业的民国史研究者而言，甚少有直接查阅使用该套资料的经历。笔者于 20 世纪 80 年代攻读硕士学位期间，因编写抗战初期大事记的需要，在导师的介绍之下，曾前往上海社科院某研究所查阅过这套资料。从 1990 年起笔者在复旦大学历史系任教，虽然系资料室有完整的一套《中国现代政治史资料汇编》，但因为《中华民国史档案资料汇编》已经陆续出版，除了在研究生课程上需要向学生介绍之外，在实际的研究工作中，并未直接使用过这套资料集。

　　至于中国第二历史档案馆编辑并陆续公开出版的《中华民国史档案资料汇编》，则是在《中国现代政治史资料汇编》（1919—1949）初稿的基础上加以修订，并补充 1919 年五四运动以前的档案资料而编成的。② 如果进行比对，从相当部分档案资料的文本来看，《中国现代政治史资料汇编》可以视为《中华民国史档案资料汇编》的直接底本。90 年代初，笔者曾在江苏古籍出版社的某编辑办公室，亲见一段段直接剪自《中国现代政治史资料汇编》的褐黄色文稿，粘贴在统一的文稿纸上，有待作为《中华民国史档案资料汇编》编成稿进行审校处理。毋庸赘言，《中华民国史档案资料汇编》凝聚着包括《中国现代政治史资料汇编》选编者在内的几代档案史料工作者的艰辛努力，应得到中华民国史研究者的感谢和敬意。

　　与《中国现代政治史资料汇编》以各次国内革命战争时期分辑不同，《中华民国史档案资料汇编》的 5 辑，分别是《辛亥革命》、《南京临时政府》、《北洋政府》、《从广州军政府至武汉国民政府》和《南京国民政府时

---

① 方庆秋：《档史结合的硕果　珍贵的百卷巨帙——〈中华民国史档案资料汇编〉编后絮语》，《民国档案》2000 年第 4 期。

② 《中华民国史档案资料汇编》第一辑，江苏人民出版社，1979，说明。

期》，各辑的出版情况如下。

《中华民国史档案资料汇编》第一辑《辛亥革命》，江苏人民出版社1979 年出版，全书共 16.4 万余字。①

两年后的 1981 年，江苏人民出版社出版了《中华民国史档案资料汇编》第二辑《南京临时政府》，共 36.2 万字。

1986 年，在学界的关切和期盼中，《中华民国史档案资料汇编》新编就的专题——第四辑《从广州军政府至武汉国民政府》上、下两册，由自江苏人民出版社分立出来的江苏古籍出版社出版了，共 126.9 万字。

五年之后的 1991 年，恰逢辛亥革命八十周年纪念，迎来了《中华民国史档案资料汇编》编辑出版的一个高潮，主要是该资料汇编的第三辑《北洋政府》出版了。该辑按照政治、军事、财政、金融、农商、工矿、外交、教育、文化、民众运动等不同专题独立分卷，共 17 册，1000 余万字。

也就在 1991 年当年，此前由江苏人民出版社出版的《中华民国史档案资料汇编》第一辑《辛亥革命》和第二辑《南京临时政府》，合并为一册，改以江苏古籍出版社的名义出版；1986 年出版的《中华民国史档案资料汇编》第四辑上、下两册，也于 1991 年改为（一）、（二）两册出版。是年，江苏古籍出版社版《中华民国史档案资料汇编》一至四辑，按照统一的深蓝色布面精装版式，分 20 册一并展示在研究者面前。

与前四辑不同，《中华民国史档案资料汇编》的第五辑《南京国民政府时期》，由于跨越年份长，呈现不同时期的差别性，待刊行的史料数量甚多，遂按照前后不同时期分为三编，共 70 册，在 90 年代陆续出版。其中，第五辑第一编（1927—1937）由江苏古籍出版社于 1994 年出版，共 25 册，1200 万字；第五辑第二编（1937—1945）由江苏古籍出版社在 1997—1998年出版，共 27 册，1667 万字；第五辑第三编（1945—1949）由江苏古籍出版社于 1999 年至 2000 年出版，共 18 册，1214 万字。

上述《中华民国史档案资料汇编》共 5 辑 90 册，总篇幅 5000 余万字，是中国大陆地区已刊各种涉及民国时期档案史料集中、体系最为全面系统、

①　江苏人民出版社 1979 年 10 月版《中华民国史档案资料汇编》第一辑全书共 218 页，版权页只有出版日期和印数，并无字数或印张说明；1981 年 5 月版的《中华民国史档案资料汇编》第二辑全书共 480 页，版权页注明的字数 36.2 万字。由此，折算出《中华民国史档案资料汇编》第一辑的字数为 16.4 万字。

篇幅最大的。

不仅如此，为了便利读者全面掌握《中华民国史档案资料汇编》各辑、各编、各册的内容，2010 年中国第二历史档案馆编辑出版了《中华民国史档案资料汇编总目索引》两册，包括《中华民国史档案资料汇编》的分册索引、类目索引和总目录，对目录中因原编校者疏漏而呈现的错字、别字、漏字及衍文等情况，在核查档案原件的基础上予以纠正。

《中华民国史档案资料汇编》各辑的刊行，极大地便利了民国史研究者，为诸多民国史研究著述的撰写提供了便捷查阅和征引的档案史料。

迄今为止，诸多公开发表的民国史研究论著对于《中华民国史档案资料汇编》的征引确切情况，已难以胜计，我们可以看一下冠名"中华民国史"的代表性著作中的体现。

中华民国史研究起步较早，但直到改革开放之后，"1979—1984 年，可以说是中华民国史研究的初步发展阶段"。[①] 中华民国史研究标志性的成果，当首推李新先生任总主编的中华书局版多卷本《中华民国史》。这部著作的第一编（全一卷）于 1982 年由中华书局出版，其参考文献中便列有 1979 年出版的《中华民国史档案资料汇编》第一辑。而 1987 年出版的《中华民国史》第二编第一卷和第二卷，分别属于北洋袁世凯政府和皖系时期，在这两卷的撰写期间，《中华民国史档案资料汇编》的北洋政府部分尚未出版。

正如民国史学界所指出的，"1984 年以后，民国史研究走上了繁荣的阶段"。[②] 在中华书局版多卷本《中华民国史》尚未编写完成的情况下，1985 年问世的《中华民国史纲》，可以视作中国大陆地区第一本为民国史"提供了一个较完整、系统的概貌"的著作，全书共 6 编 19 章，55.6 万字，其中"运用大量第一手史料特别是档案文献"，[③] 但只是在第一编的第一章"辛亥革命——中华民国成立"中，直接征引了业已出版的《中华民国史档案资料汇编》第一辑、第二辑中的多段档案史料，其余各编各章所需要查找的档案，只能花费更多的时间和精力来查找，这无疑是一大缺憾。显然，民国

---

① 张宪文主编《中华民国史》第一卷，南京大学出版社，2005，导论，第 3 页。
② 张宪文主编《中华民国史》第一卷，导论，第 5 页。
③ 张宪文主编《中华民国史》第一卷，前言。

史研究要实现繁荣，呼唤着民国史档案的整理刊行推出新的成果。

随着《中华民国史档案资料汇编》后续各辑的出版，这套资料汇编为民国史著作的撰写提供查阅和征引档案史料来源的作用日益凸显。2005 年南京大学出版社出版的四卷本《中华民国史》（张宪文主编，共 250 余万字），则得以把业已全部出版的《中华民国史档案资料汇编》第一辑至第五辑，均作为直接征引来源和参考文献。而 2011 年即辛亥革命一百周年之际全套出齐的《中华民国史》共 12 卷 16 册中，《中华民国史档案资料汇编》各辑也同样成为征引来源而被列入参考文献。

"30 年来，《中华民国史档案资料汇编》因其资料内容翔实全面、学术标准规范、史证性强，成为中华民国史学界必备的资料参考，并被各大专院校、科研院所的图书馆、资料室所典藏。"[1] 这是《中华民国史档案资料汇编》为推进民国史学科发展起到的最为根本性的作用。

二

除了提供内容各异、数量丰富的档案史料之外，《中华民国史档案资料汇编》有力地说明了中华民国史作为一门相对独立的断代通史学科的必要性和可能性，尤其是在民国史的研究对象和体系这两个基本问题上。

中华民国史的研究对象，自然就是民国时期的历史；而 1979 年问世的《中华民国史档案资料汇编》第一辑实际上已经涉及民国史对象的内容及其体系问题。该书的编者指出："这一套历史档案资料，第一辑为《辛亥革命》（1911 年），第二辑为《南京临时政府》（1912 年），第三辑开始，按北洋政府和南京国民政府两个时期的政治、军事、经济、外交、文教、群众运动等大类分为若干辑，每辑分为若干册。"虽然该编者说明称《中华民国史档案资料汇编》是在"《中国现代政治史资料汇编》（1919—1949 年）初稿的基础上"加以修订补充而进行编辑的，[2] 但《中华民国史档案资料汇编》自一开始就表明其对象或主要内容并不限于政治领域，也没有采行

---

① 中国第二历史档案馆编《中华民国史档案资料汇编总目索引》（上），江苏古籍出版社，2010。

② 《中华民国史档案资料汇编》第一辑，说明。

《中国现代政治史资料汇编》的国内革命战争史的框架结构，而是以民国的产生和中央政府的替代为经，以各政府时期"政治、军事、经济、外交、文教、群众运动"诸领域的同步展开为纬，定义了民国史的对象并展示其体系构想。

可与《中华民国史档案资料汇编》最初的体系构想相比较的，是中华书局版《中华民国史》第一编序言中的表述："中华民国有它的创立时期（1905—1911），民国成立以后又可以分为南京临时政府时期（1912 年 1 月—1912 年 3 月）、北洋政府时期（1912—1928）和国民党政府时期。我们编写的《中华民国史》，把中华民国创立时期的历史和南京临时政府时期的历史合在一起，作为第一编；把北洋政府时期的历史作为第二编；把国民党政府时期的历史作为第三编。"这一序言落款的日期为 1980 年 10 月，其中提到的分期，与 1979 年出版的《中华民国史档案资料汇编》第一辑编者说明的表述实际上是一致的。

以后陆续出版的《中华民国史档案资料汇编》各辑的主要内容和框架结构如下。

《中华民国史档案资料汇编》第一辑《辛亥革命》，全书按照辛亥革命从酝酿到发动的历史进程，分为四个部分：一是各地人民反抗斗争和武装起义；二是清政府预备立宪；三是四川保路运动；四是武昌起义及各省响应。

《中华民国史档案资料汇编》第二辑《南京临时政府》，与第一辑的"革命史"体系构成不同，分为政治、军事、财政金融、教育四大专题。

《中华民国史档案资料汇编》第三辑《北洋政府》，按照不同专题独立分册，即政治（2 册）、军事（4 册）、外交、财政（2 册）、金融（2 册）、工矿、农商（2 册）、教育、文化、民众运动等，共 17 册。

《中华民国史档案资料汇编》第四辑《从广州军政府至武汉国民政府》分两册，包括政治、军事、财政经济、外交、文化教育五大专题。

《中华民国史档案资料汇编》第五辑《南京国民政府时期》分为三编，各编按专题分册如下。

第五辑第一编《南京国民政府的建立与十年内战》，包括政治（5 册）、军事（5 册）、外交（2 册）、财政经济（9 册）、教育（2 册）、文化（2 册），共 25 册。

第五辑第二编《第二次国共合作与八年抗战》，包括政治（5 册）、军

事（5 册）、外交（1 册）、财政经济（10 册）、教育（2 册）、文化（2
册）、附录（2 册），共 27 册。

第五辑第三编《蒋介石发动全面内战与南京国民政府的覆灭》，包括政
治（5 册）、军事（2 册）、外交、财政经济（7 册）、教育（2 册）、文化，
共 18 册。

与最初按照辛亥革命—南京临时政府—北洋政府—南京国民政府的顺序
分辑的构想不同，《中华民国史档案资料汇编》增加了独立的一辑，即第四
辑《从广州军政府至武汉国民政府》。在笔者看来，对于中华民国史对象的
确立和体系的构建而言，把南方军政府（从广州军政府至武汉国民政府）
赋予相对独立的地位，实在是很有见地。这一安排，彰显了自 1917 年至
1927 年的南方政权，即孙中山南下护法之初成立的中华民国军政府（护法
军政府，孙中山任大元帅）、1921 年组织的中华民国政府（孙中山任非常大
总统）、1923 年的陆海军大元帅大本营（孙中山任大元帅）、孙中山去世之
后由大元帅大本营改组成立的广州国民政府、北伐开始之后的武汉国民政
府，与当时的中央政权——北洋政府之间处于对峙关系而非从属关系，与通
常意义上的地方政府不同，其是有着特定时空范围的。虽然单从时间维度上
看，可以把南方政权划入北洋政府时期，但南方政权并不属于北洋政府，是
北洋政府体制之外的特殊政治实体；南方政权与此前的南京临时政府之间，
以及与嗣后的南京国民政府之间，在理念与主义、政治实体与组织架构、主
导性人物等方面，有着本质属性的相同面，更多的是承继而非替代关系。

至于中华书局版《中华民国史》实际出版显示的体系，继第一编（全
一卷）之后，确实推出过属于北洋时期的第二编第一卷、第二卷和第五卷，
以及属于南京国民政府时期的第三编第一、二、五、六卷。然后，2011 年
出齐的 12 卷共 16 册的中华书局版《中华民国史》的体系中取消了"编"，
而是统一按照时间顺序分卷：

第一卷（1894—1912，2 册）

第二卷（1912—1916，2 册）

第三卷（1916—1920）

第四卷（1920—1924）

第五卷（1924—1926）

第六卷（1926—1928）

第七卷（1928—1932）

第八卷（1932—1937，2 册）

第九卷（1937—1941，2 册）

第十卷（1941—1945）

第十一卷（1945—1947）

第十二卷（1947—1949）

最后统一出齐的中华书局版《中华民国史》各卷，在书名之下只注卷数和起止年份，没有特定的分期注明，但我们大体可以看出是按照辛亥革命与南京临时政府时期（第一卷）、北洋政府时期（第二卷至第七卷）和南京国民政府时期（第八卷至第十二卷）排列的。下面是第二卷至第六卷对各自研究对象的表述，以便与《中华民国史档案资料汇编》比较。

第二卷（1912—1916）："本卷主要论述袁世凯统治时期的历史。从时间上说，就是从 1912 年到 1916 年 6 月。……本卷书重点是写政治史，同时对与政治有密切关系的经济、财政问题也进行了探讨。"① 第二卷共有十章，从第一章"北京临时政府的建立和国内政局"到第十章"全国一致迫袁退位和袁的败亡"，绝大部分属于政治领域，只有第三章"帝国主义列强对中国边疆的侵略和善后大借款"和第七章"中日'二十一'条交涉和袁世凯称帝"带有外交的内容，第五章"民国初年的社会经济和财政状况"属于财经领域。

第三卷（1916—1920）："本卷叙述的内容，是北洋军阀皖系统治时期的中国政治斗争与变化过程。时间从 1916 年 6 月袁世凯败亡后，段祺瑞上台，皖系军阀开始控制北京中央政权，到 1920 年 7 月直皖战争，直胜皖败为止，前后正好四年。"② 第三卷共八章，从第一章"袁世凯死后的国内政局"到第八章"直皖战争"，均属于国内政局演变的领域；除了第三章"西南军阀的纷起"和第四章"孙中山南下护法和南北战争"之外，其余六章均可视为"皖系统治"的范围。

第四卷（1920—1924）："本卷研究的是 1920 年到 1924 年北洋直系控制北京政府时期的历史。……本卷仍然以政治史为记述的中心内容，旁及军

---

① 《中华民国史》第二卷，中华书局，2011，前言，第 1、5 页。

② 《中华民国史》第三卷，前言，第 1 页。

事、外交、经济、社会层面的叙述。其利在线条清晰，着重阐释历史的政治演进及其大格局，而其弊在忽略了历史的多样化及其互相影响的关系。或许留待今后，我们可以更从容的心态与更多元的思考，探究历史的多样化面相。"① 第四卷共七章，除了第七章"20 世纪 20 年代的经济"之外，其余六章均为政局变动方面的内容；而涉及孙中山的南方政权的有第一章"动荡中的南北政局"、第二章"西南的联省自治与军阀混战"、第三章"孙中山的奋斗与转向"。

第五卷（1924—1926）："本卷的论述乃从当时的北京政治运作入手。"② 第五卷共七章，除了第五章"北伐前中外关系格局的演变"属于外交外，其余六章均为政治及军事领域；涉及南方政权的则为第三章"初期国共合作"和第七章"南北军政格局的攻守势易"。

第六卷（1926—1928）："本卷所述，大略从 1926 年 5 月北伐先遣队入湘，到 1928 年 6 月北伐军进入天津，时间约两年多。其间，国共两大政治力量由并肩对敌到彼此刀兵相见，盛极一时的北洋军阀由撑持半壁江山到终于覆灭收场。"第六卷共五章，均以国民党军政举措为中心，分述与中共关系的嬗变及与北洋军阀的进退较量，没有经济等其他领域的专章。

至此，我们可以看出，围绕民国史的对象和体系问题，《中华民国史档案资料汇编》各辑与中华书局版《中华民国史》各卷有着两方面的差别。

第一，《中华民国史档案资料汇编》突破了最初的构想，把南方政权（第四辑）视作有别于北洋政府（第三辑）和南京国民政府（第五辑）之外具有独立和并列地位的部分。中华书局版《中华民国史》体现的是南京临时政府与北洋政府之间、北洋政府与南京政府之间的法统地位替代关系；虽然也述及了南方政权的主要史事，但分列入第三卷至第六卷即北洋政府时期的若干章中，在对象和体系层面都无法显示出南方政权的相对独立性。中华书局版《中华民国史》的安排有其必要性与合理性，而《中华民国史档案资料汇编》的处理既有《中华民国史》的必要性与合理性，也促使学界进行新的思考。

第二，中华书局版《中华民国史》的研究对象系以政治领域为主要内

---

① 《中华民国史》第四卷，前言，第 1、4 页。
② 《中华民国史》第五卷，前言，第 1 页。

容，在北洋时期的 5 卷共 37 章中，只有两卷分别设有与外交领域（3 章）
和财经领域（2 章）相关的专章，关于政治领域（含主要政治实体之间的军
事较量）的专章则为 32 章。我们再来看看最初问世的《中华民国史》中的
如下阐述："《中华民国史》主要地是写民国时期帝国主义在中国的势力怎
样由扩大、深入而逐渐被赶走和被消灭；封建主义如何由没落而走向灭亡；
官僚资本主义如何形成、发展和被消灭；民族资本主义又怎样在受压迫、排
挤中得到发展，民族资产阶级怎样由领导中国旧民主主义革命、几经挫折和
反复动摇而最后接受中国共产党的领导。这些力量的消长兴亡以及它们之间
的互相关系，就构成民国史的主要内容。"① 这是在民国史对象问题上非常
明确的以政治领域占主导地位和以政治变迁为基本内容的表述。与此直接相
关，中华书局版《中华民国史》的主要叙事仅在政治领域有较明晰的连续
衔接展开，其他领域的制度、体制、重大政策和事件等没有体现出连续性，
甚至缺失；而在体系上除了单一按时间排序之外，别无其他选择。毫无疑
问，中华民国史当然应当关注"三座大山"的兴起与覆亡、各政治实体的
兴衰、中央政权的兴替及其主要的史事，但相关兴衰的体现、兴替的缘由和
影响，除了政治、军事、外交之外，可以忽略财经与其他社会领域吗？更何
况，1912 年以来，中国的财经体制和基本制度转型、社会各领域发生重大
变迁，这些转型和变迁是与政治领域的重大变化并行发生，与政治领域之间
互相影响，但不是简单的从属关系。

　　与此形成对照的，是《中华民国史档案资料汇编》除了第一辑《辛亥
革命》之外，其余四辑的内容选定，力求政治领域和政治变迁与军事、外
交、财经等领域的并列。第二辑《南京临时政府》和第四辑《从广州军政
府至武汉国民政府》把各领域分别按专题出版的情况下，各专题领域必须
有排列先后，政治部分作为第一专题领域，或许较易显示出主要性和重要
性；在《中华民国史档案资料汇编》的主体部分即第三辑《北洋政府》和
第五辑《南京国民政府时期》各编中，均按政治、军事、外交、财经、文
化、教育等领域分为不同的分册，并无先后排序。在这两辑的体系中，政治
的重要性没有削弱，所占比例大体与军事持平，但明显小于财经专题；如果
把政治与军事、财经与教育文化作为比较的双方，应当说是并重的。这就告

诉我们：研究民国时期的历史，不是仅有政治、军事和外交等领域档案史料，财经等领域的研究处于无米之炊；而是各领域都有着极为丰富的档案史料资源。

进而言之，《中华民国史档案资料汇编》不仅提供了超越已有民国史著作述及的档案史料文献，也促使读者更客观、更全面地理解民国史研究对象和体系构建。这不是说在中华民国史研究对象和体系中，政治领域和政治变迁不应占主要和主导地位，而是说为了尊重历史和全面客观地理解这段历史，中华民国史研究对象的内容不应局限、偏重某一领域，与此相应的其体系构架不应只体现时序的单一维度，而应当体现各不同领域的运作变迁之间的同时性、交互性和并重性。

以上所述，还可以引述出中华民国史在中国通史中的担当问题。1911（1912）—1949年中国的历史，是否应当视作一个与前后时期不同的独立时期，具有与明史、清史大致相等的断代史地位？如果是，这一断代史的名称无疑非"中华民国史"不可，其对象的内容则应涵盖各主要社会领域、区域和对外关系。这些都不是革命史、中共党史、国民党史、军阀史等所能承当的，而其起止时间的准确无歧义性，也不是中国近代史、近现代史等所能比拟的。中华民国史作为断代通史不应只是某一领域的专门史，各领域具有全局意义的记事和变迁，应当都有体现并得以阐释。

三

《中华民国史档案资料汇编》各辑陆续出版的同时，该汇编中各时期所收入档案史料数量的不平衡也就凸显出来了，大体上南京国民政府时期的第五辑数量最多，北洋时期的第三辑次之，其他三辑即辛亥革命、南京临时政府和南方政府时期较薄弱。这与中国第二历史档案馆实际收藏各时期档案数量和整理情况的差别直接相关。另外，《中华民国史档案资料汇编》基本上是"见事而罕见人"，甚少见有关于民国史上诸多重要人物的档案史料文献，这对民国史学科发展颇为不利。

可喜的是，2011年即辛亥革命百年之际，凤凰出版社出版了中国第二历史档案馆编《南京临时政府遗存珍档》，为该馆整理北洋政府档案时新发现的700余件档案，主要包括临时大总统府文件、大总统电报房来电和南京临时政府外交部文书三大类，均系首次公布，有助于填补或印证已刊辛亥革命档案史料，并补充完善南京临时政府开国档案史料。

另外，在《中华民国史档案资料汇编》第三辑共 17 册出版之后，中国第二历史档案馆从其所藏北洋政府档案全部 64 个全宗中，精选 21600 余件史料，共 12 万余页，于 2016 年由中国档案出版社以《北洋政府档案》为名，分 188 册影印出版，另编有目录 8 册一并出版，档案内容涉及北洋政府时期的政治、军事、外交、经济、财政、金融、交通、教育、社会、文化、司法、监察、民族、地方行政等各方面。《北洋政府档案》的问世，无论对北洋时期相关专门领域还是整体性的研究，都将起到重要推进作用。

《中华民国史档案资料汇编》属于综合性体例，对于有关特定历史事件和历史问题的档案文件，无法较完整地收入。为了弥补这方面的不足，1980 年以来，中国第二历史档案馆另行编辑了《中华民国史档案资料丛刊》（1912—1949），按照重要历史事件、历史问题、历史人物以及企事业机构等，出版了近百种专题档案史料集，这些史料集对相关的专题研究极具价值。如《中华民国史档案资料汇编》第四辑的第一部分《政治》下虽然设有"国民党改组和国共第一次合作"、"国民党'二大'及查办西山会议派"和"国民党二届三中全会"等专题，但作为《中华民国史档案资料丛刊》一种的《中国国民党第一、二次全国代表大会会议史料（上、下）》（江苏人民出版社 1986 年版），共刊行了 65 种档案文件，共 106 万余字，其中绝大部分会议记录是第一次公开刊行。如《中国国民党第一次全国代表大会会议录》收入了 1924 年 1 月 20 日至 30 日各日的会议记录第 1 号至第 17 号，共 77 页；《中国国民党第二次全国代表大会会议录》收入了 1926 年 1 月 4 日至 19 日的会议记录第 1 号至第 26 号，共 268 页；《中国国民党中执会常委会会议录》收入了 1926 年 2 月 1 日至 10 月 30 日共 66 次会议记录，共 251 页；《中国国民党第二届中执会第三次全体会议速记录》收入 1927 年 3 月 10 日至 17 日的会议记录，共 70 页；该书还收入了中国国民党中执会二届常委会共 15 次扩大会议的速记录（1927 年 3 月 19 日至 6 月 10 日），以及《中国国民党中执会政治委员会会议录》（1927 年 3 月 14 日至 28 日）共 23 页，《中国国民党中执会政治委员会会议速记录》（1927 年 3 月 30 日—8 月 15 日）共 345 页；等等。这些会议记录、速记录为研究 1924—1927 年国民党和国民政府的运作、北伐、国共关系等重大问题，提供了十分翔实的第一手档案史料。

《中华民国史档案资料丛刊》业已出版的其他专题档案史料集主要有《国民党政府政治制度史档案史料选编（上、下）》（安徽教育出版社 1994 年版），《中华民国金融法规档案资料选编（上、下）》（档案出版社 1990 年版），《中国银行行史资料汇编·上编（1919—1949）》（档案出版社 1991 年版），《交通银行史料第一卷（1907—1949）》（中国金融出版社 1995 年版），《民国外债档案史料》（12 册，档案出版社 1992 年版），《中德外交密档（1927—1947）》（广西师范大学出版社 1994 年版），《中华民国工商税收史料选编》（4 辑，南京大学出版社 1996 年版），《四联总处会议录》（64 册，广西师范大学出版社 2003 年版），《中国近代兵器工业档案史料》（4 册，兵器工业出版社 1993 年版），涉及多个重要领域。有的专题史料还有增订版，如《抗日战争正面战场》（上、下）先由江苏古籍出版社于 1987 年出版，待到 2005 年凤凰出版社出版的《抗日战争正面战场》（上、中、下）篇幅有较大扩充，新增有海军、空军抗战等史料。

此外，中国第二历史档案馆主办和发行的《民国档案》（季刊），自 1985 年 5 月创刊以来，便成为诸多民国史研究者最为关注的期刊之一。迄今为止，《民国档案》是全国唯一专门刊载民国历史档案和民国史研究论文的国家级史学期刊，尤其是每期均按专题公布民国档案资料，为学界及时提供新近发现和整理的民国档案史料。《民国档案》创办 33 年以来，已出刊 130 余期，刊登档案史料 1200 多万字；而自 2000 年《中华民国史档案资料汇编》五辑出齐以来，《民国档案》出刊已有 70 多期，换言之，已经新刊发 600 万字以上的民国史档案史料。

作为集中典藏中华民国时期历届中央政府及直属机构的中央级国家档案馆，中国第二历史档案馆藏档总量为 225 万余卷，约 4500 万件，2 亿 2000 万页。与如此丰富浩瀚的典藏相比，业已出版的《中华民国史档案资料汇编》、各专题档案资料集以及刊行的各期《民国档案》，固然是中国大陆地区民国档案史料工作的基础性重要成果，但民国史研究不能停留在已有的水准上，拓展研究领域并深化研究层次，是海内外民国史研究者的共同要求。民国档案史料的整理开放和刊行工作任重道远，尤其是加快民国档案的数字化进程，根本改善民国档案史料的查阅方式，提高利用效率，诚为当务之急。据了解，至 2017 年底的五年间，中国第二历史档案馆在档案整理、扫描、缩微拍摄、破损档案修裱等方面取得了重大进展。而近年来民国档案史料刊行和开放的新局面，包括档案史料的种类、数量、利用方式等方面极大的进展，无疑将有助于民国史学科发展提升至新的境界。可以想见，在档案史料部门和研究者的共同关心和努力之下，民国史研究将迎来新的发展时期。

如果把视野拓展到中国第二历史档案馆藏档之外的档案文献的整理开放刊行状况，包括我国台湾地区和海外，那么如何弥补《中华民国史档案资料汇编》的不足甚至缺憾，已经是推进中华民国史研究十分重要和迫切的问题。如上所述，《中华民国史档案资料汇编》第一辑《辛亥革命》的篇幅较为单薄，第一部分"各地人民反抗斗争和武装起义"完全没有与兴中会、同盟会等革命团体直接相关的史料。而原中国国民党党史委员会编辑出版的《革命文献》中，就有《中国同盟会史料》（《革命文献》第二辑）、《兴中会史料、胡汉民自传》（《革命文献》第三辑）等。又如，美国斯坦福大学胡佛研究所档案馆所藏蒋介石日记及宋子文、孔祥熙的个人档案，美国哥伦比亚大学善本图书馆所藏顾维钧、陈光甫等民国重要人物的个人档案，台湾地区"国史馆"藏蒋介石档案、国民政府及下属机关的档案等，在拓展民国史的研究领域和丰富完善民国史体系方面所能引发的思考，将大大超出本文论及的几个方面。这是需要另外撰文论述的题目。

〔作者单位：复旦大学历史学系〕

国史、国际关系史与全球史：晚清时期中外关系史研究的三个视角

吴义雄

当"中国近代史"作为一个学术领域出现时，晚清时期的中外关系是其最重要的内容之一。中国近代史研究兴起于民国时期民族主义运动方兴未艾之际。在这一宏大背景下，从鸦片战争开始的国难、屈辱、沉沦和与之相伴的"近代化"变迁，构成20世纪中国近代史研究的主要内容。时至今日，晚清中外关系的重大事件和演进历程，仍然支撑着大学中国近代史教科书的基本框架。但是，近二三十年来，在国内史学界，晚清中外关系史的研究似乎渐趋沉寂，除少数专题外，未出现堪称重要的学术进展。或许可以从社会环境的变迁、近代史研究范围的拓展、研究方法和学术观念的多元化等方面，来解释出现这一状况的原因。不过，笔者认为，我们不需要为晚清时期中外关系史研究领域是否具有某种"地位"而担忧，应该思考的是，这个领域是否还有可供开拓的学术空间，如何在当代治学条件和学术环境下对此领域的学术问题进行更具深度和广度的探索。笔者见识有限，对国外学者研究之状况，不敢妄评，以下仅结合国内学界相关研究之现状，谈一些粗浅的想法。

一 国史视角

如上所述，晚清时期中外关系史上的重大事件，构成中国近代史的主要

框架。两次鸦片战争、中法战争、中日战争、义和团运动与八国联军侵华战争、影响重大的历次教案、条约制度、列强在华特权与利益等，都是数以百种计的"中国近代史"或类似名称论著的重点章节。也就是说，这些事件、制度等构成了我们国史上的重要内容。

也许从"国史"的角度看待晚清中外关系史显得比较"老套"，但晚清中外关系史当初就是因国史撰述的需求而得到重视的。正因为如此，在近百年中，近代史学者致力于这些问题的研究，发表众多论著。他们所做的很多基础性工作，今天的研究者仍从中受益。除清朝官修的《筹办夷务始末》外，民国时期开始直至晚近面世的各种外交史料，都成为我们研治史事不可或缺的历史文献。相关的重要史实、制度、人物、约章等，也都得到了比较清楚的整理、论述和阐释。迄今为止学术界在此领域做出的努力，为近代国史的重新书写奠定了坚实基础。

但也要看到，晚清中外关系史研究还存在较大空间。首先，史实研究方面有待继续努力。我们经常会发现，如果要详细了解有关事件的具体过程，依靠已有的著述确难以达成目标。在此可略举一例，大家都知道领事裁判权是鸦片战争后基于不平等条约的一项制度，但这种制度最初是如何建立的？其具体实践受到哪些因素的影响？在近百年的时间里如何演变？这项制度在各口岸的实施有何异同？像这样貌似简单的问题，要得到一个准确而完整的答案其实并不容易。其次，国内学者的研究在关于中外战争和交涉的叙述方面，往往主要依靠清方记载或时人记述，缺乏对方记载的参照，故难以做到完整细致地再现历史的具体场景，在客观性方面也有待提高。更重要的是，除少数者外，多数有关晚清中外关系史的论著在对史实的阐释方面缺乏深度，对于这些重大事件和制度变迁在近代史演变过程中的作用或意义的分析，容易流于笼统或简单化，能够引领学界趋向的作品尤为罕见。像茅海建先生《天朝的崩溃——鸦片战争再研究》那样既有细致的史实研究，又有透彻的、富有启发性的分析和阐释的优秀著作，是很少见的。

还有一个值得注意的现象是，近二三十年来，与中国近代史研究的其他领域相比，晚清中外关系研究处于相对萧条的状态。关注这个领域的学者人数不多，有分量的论著相应较少，真正具有原创学术价值者更少。这个领域可以说尚未得到真正的精耕细作，现在甚至也无法与民国时期中外关系史研究所取得的成就相提并论。晚清史是一个整体，这个时期的中外关系与政治、经济、社会、文化等方面密切相连，相关的研究本当协同共进、同步发展，但不得不说，中外关系史方面的研究相对滞后。史学研究整体的进步使人们对这个领域能够提供的知识和思想产生了较以往更高的期待，但它要满足这种需求尚有待时日。

从国史研究的角度看，晚清中外关系史研究的重要性是毋庸置疑的。我们如何利用近年出现的有利条件来对这一研究领域加以推进？研究者首先应该加以利用的一个重要条件，就是晚清史研究整体上的进展所带来的知识、理念和方法上的动力，因为这些进展，我们在史实考证、阐释诸方面具备了更坚实的基础和更广泛的视野。应当善加利用的另一个有利条件是，近年来数量庞大的原始档案不断被出版或公布，在近代史料学上具有独特价值的近代报刊，也不断以数据库等形式得到整理，使得晚清中外关系史研究的史料基础大为扩充。这些史料数量庞大，其研究价值多未得到充分发掘。除清朝档案外，数量更大的海外文献也以缩微和电子化的形式快速面世，有些可以免费使用。这些第一手文献，为我们解决上述问题提供了极为丰富的资料，使我们能够在更广阔的视野下更深入地认识那些决定了近代国史走向的重要史实。[①] 笔者近年对条约体制与鸦片战争前中英关系的研究，除使用各种清代文献外，也使用数量较大的英国外交部档案，以及西人在广州创办发行的早期英文报刊。当然，以往大家比较熟悉的基本史料，也仍然值得我们加以深耕细作。清朝所编的《筹办夷务始末》，20 世纪我国学术机构编撰出版的多种外交史料及综合性史料，多年积累下来，数量极为可观，成为研究近代史的必读文献。真正将其吃透，做精细的研读，同样可以取得真正的学术进展。[②]

二　国际关系史视角

晚清中外关系史的另一个层面是国际关系史。虽然近代中外关系史经常

---

① 例如，王宏斌利用国家清史工程新开发的清代档案，就清代内外洋划分的问题进行了细致分析，揭示了清代海域管理的理念和机制。见王宏斌《清代内外洋划分及其管辖问题研究》，《近代史研究》2015 年第 3 期。

② 李育民及其带领的研究团队近年在条约体系方面取得了很好的成绩。他们对各种已刊文献的精细研读为众多的学术成果奠定了基础。

被当作中国近代史学科的一个分支，但近代中国与各国之间发生的国家间关系，无疑是近代国际关系的组成部分；而各国在华相互之间发生的双边或多边关系、国际组织在华活动、中国在国际关系体系中的地位、中国因素对近代国际关系的影响等问题，理所当然属于国际关系史研究范围。著名国际关系史学家王绳祖先生主编的 12 卷本《国际关系史》，设立专门章节，将两次鸦片战争、19 世纪 80—90 年代中国周边国际关系、中法战争、中日战争、义和团、20 世纪初远东国际关系演变等内容纳入其中。① 这说明在国际关系史学者看来，近代中外关系史是国际关系史的组成部分。

多年来，中国学者在研究近代中国与外国国家间关系方面做出了很多努力。可以说与中国发生过交往的国家，基本上被纳入了研究范围。据笔者管见所及，凡 20 世纪对中国影响越大的国家，其与中国的关系得到的研究就越充分，如中美、中日、中俄（苏）关系史，论著最多，研究也最广泛深入。传统上与中国关系密切的周边国家与中国的关系，也是学者们关注的重点，如中朝、中越、中琉（球）及中国与东南亚其他国家的关系等。大量的论著使我们可以了解历史上中国与各国关系的基本面貌。有不少著作撰著于冷战时期，政治色彩浓厚。但当年从事著述的学者功底深厚、学识渊博，不少作品今天看来仍有较大学术价值。

但如果要从推进国际关系史研究的角度提出更高的要求，则晚清中外关系史研究还有明显的不足有待于弥补。首先要提到史实研究方面存在的薄弱环节甚至盲点。从时间上看，由于 20 世纪的国际关系更为贴近现实，故最受研究者重视，相比之下，晚清及以前的历史时期得到的关注明显较少，缺憾较多。从区域上看，20 世纪对中国影响相对较小的国家与中国的关系，也比较不受重视，但在全球化时代的今天，这些国家与中国关系日益密切，而史学界能够提供的双方或多边关系史的研究成果却远远不能满足需要。甚至曾经对中国影响重大而在晚近的影响相对减弱的国家与中国的关系，也存在研究不足的问题。这方面有一个明显的例子：英国和美国可以说分别是19 世纪、20 世纪对中国影响最大的国家，但中英关系史的研究成果在数量上与中美关系史研究根本不成比例。后者有一个较为庞大的研究队伍，有专门的学会，而研究晚清中英关系史的学者却屈指可数。考虑到英国对近代中

① 见王绳祖主编《国际关系史》第 2、3 卷，世界知识出版社，1995。

国的实际影响，以及英国在当时国际关系体系中的首要地位，这种情况显然是不合理的。此外，各国在华相互之间发生的双边或多边接触、协调、交涉、冲突，多国代表或多国成员组成的组织与清政府或中国地方政府之间发展的关系、形成的冲突等，与晚清史上诸多事件具有密切联系，但相关学术成果更少。例如，晚清时期中国西北边疆危机和新疆建省前后的历史，涉及中、英、俄、土等多方交涉、相互竞争，倘若只从国史角度予以观察、论述，而对中亚地区"大博弈"的历史在此过程中的影响不予关注，则对这段历史的认识很难全面。国际组织的活动也属中外关系史的内容，国际组织在华或中国参与国际组织的历程，都是研究者需要关注的。在晚清时期，有些国际组织如红十字会、基督教青年会、万国禁烟会等，均在中国活动。这些方面的历史，近年也有学者进行研究，特别是在甲午战争、八国联军侵华战争期间的国际交涉方面，出现了一些值得重视的新成果。还有不少其他方面的问题成为学位论文的题目，吸引了年轻一代学者的注意力。但总体来看，相关的研究可以说还处于起步阶段。

在此不得不提到相关研究存在的一个明显短板，就是外文史料运用不足。由于国际关系史层面的中外关系史研究涉及两个或两个以上的国家或国际组织，在研究中应充分运用所涉及国家或组织在交往中形成的各种文字的史料，以对既往历史进行完整的叙述和公正的评价。历代学者都意识到外文史料的重要性，也在力所能及的范围内努力收集、运用。青年一代历史学者外语水平迅速提高，有些人还具备使用多种外语的能力。但总体来看，具备熟练使用外文史料能力的学者仍然不多。长期以来，获取外文资料的渠道不畅，甚至一些基本外文史料也难以运用，近年方有较大改观，这些因素使中国研究者在运用外文史料及其他海外学术资源研究中外关系史方面还难以尽如人意。因为如此，中国学术界迄今尚未在晚清中外关系史方面产生具有重大价值和具有国际影响的代表性学术成果。美国学者马士所著《中华帝国对外关系史》出版虽已过百年，但至今仍为了解和研究晚清中外关系史的主要参考书。这是因为它的确是一部杰出的史著，但它也并非毫无瑕疵。该书使用中文文献甚少，作者的身份也在很大程度上影响他观察和评论历史的客观性。然而，一百多年过去了，这部3卷本的著作仍是晚清史研究者必备的参考书，要了解中外关系史上的很多具体问题，大家首先想到的还是这部著作。这是因为国内学者在西文史料的使用方面还无法达到该书的水平。

在中国国力迅速增强、国际地位持续上升的情况下，无论是为了维护国家和国民的海外利益，还是为了更好地承担国际责任，都需要我们全方位更加深入细致地了解中国与外国交往的历史，以形成明智、理性、有效、具有前瞻性的策略和整体战略。"一带一路"倡议提出后，我国对相关史学成果的需求很大，这说明存在很强的对中外关系史研究的现实驱动，实际上也给学术界带来了强大压力。

三　全球史视角

全球史是近数十年在美国、欧洲等地发展起来的研究领域和方法，其兴起显然与我们正处于其中的全球化进程密切相关。这一进程使往昔历史蕴含的与全球化相关的意义得以彰显。全球史研究的代表性人物、美国学者杰里·本特利说，全球史（他称为"世界史"）"实际上就是把全球化现象放到了广阔的历史背景之中，让我们对当下全球化现象的认识有了更丰富的内涵"。①

国内外学界对全球史的含义、全球史研究方法进行过很多论述和介绍。大家都认同的观点是，全球史研究者关注跨越国家或民族界限的历史现象，强调历史上不同区域人们的相互接触、相互交流、相互影响及其重要意义。正如另一位美国学者布鲁斯·马兹利什所说："全球史关注世界史中涉及的一种全球进程，即随时随地都在发生的日渐增进的相互联系和彼此依赖。"②美国学者柯娇燕在《什么是全球史》一书中讨论作为宏大叙事的全球史，应进行分流（历史现象从单一起源到不同时空下的多样化分化）、合流（不同的、分布广泛的事物随时间推移呈现相似性）、传染（事物跨越边界并急剧改变其动态）和体系（相互改变的互动结构）等多方面的研究。③ 英国牛津大学詹姆斯·贝利奇（James Belich）等几位全球史学家提出，全球史研

---

① 杰里·本特利、赫伯特·齐格勒：《新全球史》（上），魏凤莲等译，北京大学出版社，2017，《致中国读者》，第Ⅲ页。

② 布鲁斯·马兹利什：《世界史、全球史和新全球史》，载刘新成主编《全球史评论》第2辑，中国社会科学出版社，2009，第14页。

③ 柯娇燕：《什么是全球史》，刘文明译，北京大学出版社，2009，导言，第9页。

究有三个进路：（1）全球化（globalization，分为次全球化、半全球化和泛全球化）研究，从接触、互动、传播和整合等层面考察不同层次全球化范围内各"世界"之间相互联系的程度，通过传播、超越、散布、扩张、吸引等"矢量"观察各大"世界"以及将它们连接起来的全球化体系；（2）比较（comparisons）研究，根据不同的情况进行不同类型的比较；（3）联系性（connectedness）研究，包括贸易、移民、交通网络、口岸城市、网络关键节点等的研究。[①] 中国学者刘新成也提出了全球史研究的十个重要方面。[②]

　　笔者认为在一定范围内或一定层面上，可以探索运用全球史研究的上述理念和方法来促进晚清中外关系史研究。以上所述国史视角和国际关系史视角的中外关系史，大体上侧重于以国家为主体的政治、军事、外交等范畴，但在此之外，中外关系还有着丰富的内容，这些内容大多可在全球史框架内予以进一步论述。在"中"和"外"之间发生的很多事情原本不是以"国家"为单位的；有些事情以国家为单位来思考是合理的，但它们同时在更广大的体系中也具有意义。要全面阐述这个问题非有限的篇幅可以完成，亦非笔者能力所及。这里仅据笔者的粗浅理解略举数端。

　　我国古代与外部世界交往的西域、南海两大通道，现在一般被称为"丝绸之路"和"海上丝绸之路"。这两大分别通往欧亚大陆和东南亚乃至印度洋的通道，无疑是上述贝利奇等学者描述的"次全球化"范围的重要网络。在晚清时期，这种原本以中国为出发点的商业–文化网络在遭遇欧洲殖民主义东进的浪潮后，如何调整或如何被后者整合进新的世界体系，并在其中发挥怎样的作用？要回答这样的问题，就要求以全球史的眼光做更恰当的分析。这样做至少可以在现有"一带一路"历史研究框架之外获取新的视角。

　　鸦片战争前后，广州是东亚地区国际贸易–文化网络最重要的口岸城市，但到晚清时期，香港和上海迅速取代了它的地位。这些国际网络中的"关键节点"的全球意义是什么？它们在比中国甚至亚洲更大的"体系"内

[①] James Belich, John Darwin and Churis Wickham et al. , *The Prospect of Global History*（Oxford University Press, 2016）, "Introduction," pp. 3 – 21.

[②] 刘新成：《互动：全球史观的核心概念》，载刘新成主编《全球史评论》第2辑，第9—12页。

扮演的角色到底是怎样的？在另一个方向上，外在影响（全球体系）如何通过晚清通商口岸对中国内部产生影响？回答这些问题，同样可能促进重要的学术发展，例如目前颇为兴盛的城市史研究在地方史取向之外获得了更大的空间。

移民是晚清中外关系史上学者长期注意的问题。如果说鸦片战争前中国向东南亚的移民是跨国现象，五口通商后则成为跨文明现象。长期持续的移民现象在中国社会内部产生了跨国乃至跨文明的意义。全球史视角或许能使晚清中国的海外移民研究超越华侨华人史研究而取得进展。近代外国人在中国的居留是另一种移民现象。从全球史的眼光来看，研究近代中国的外国移民显然是有意义的。在长达百余年的时间里，数十个通商口岸，特别是租界、租借地的外国居民，为数不少，研究他们在中国的生活，在国际商业和文化网络中的地位与影响，可以在中外关系史研究中拓展出一片很大的天地。

类似的问题还有不少。晚清中西文化交流研究是一个很受重视的领域，迄今为止的研究堪称方法多元、成果丰富，"西学东渐"是大家特别熟悉的话题。但在知识输入、制度引进这些较为"上层"的现象外，外来的物质文明和精神文明如何逐渐改变了普通百姓的生活形态，使我们这个民族缓慢地进入全球化的进程？在这个过程中，基督教传教士作为一个特殊的群体，对于他们在两种文明之间的生活如何运用新的方法加以分析？晚清以来中国的疾病、灾害和环境变迁，如何在全球史视野下得到更有解释力的阐述？这都是值得我们考虑的问题。

〔作者单位：中山大学历史学系〕

近代中外条约研究的进程及趋向

李育民

作为近代中国的一个基本问题，中外条约具有极为重要的地位，它不仅体现了中国社会性质的变化，而且对其他各个层面产生了不可低估的影响。同时，中外条约在中外关系中又属于法律规范的范畴，这一独具的特殊性，更呈现了这一研究领域的相对独立性。正由于其所具有的重要地位，中外条约的研究日益受到学术界的重视，逐渐形成新的局面。新中国成立后，随着国际国内形势的变化，中外条约研究经历了逐步发展的过程。可以改革开放伊始的 1979 年为界，分为两个大的阶段：此前三十年，由于特殊的历史背景，这一研究领域受到种种限制，尚处于起步阶段；此后近四十年，改革开放为学术繁荣提供了良好的条件，更兼其他因素，这一研究领域也不断发展并出现了欣欣向荣的势头。经过初步兴起和全面发展之后，到 21 世纪该领域的研究体系逐渐走向成熟，并产生了新的研究趋向。对此做一疏理，可了解新中国成立后中外条约研究的学术历程和发展趋向，深入把握近代中国的这一基本问题，由此了解学术发展与国家地位和社会发展密切相关的重要规律，以及这一新的研究趋向的必然性、必要性和可行性；同时，对深化近代中外关系史和中国近代史研究，亦不无裨助。

一　配合反帝斗争的主体取向

新中国成立至 1979 年以前，中外条约研究尚处于起步阶段，且与国际国内形势的变化密切相关。在当时的时代背景下，中外条约研究的主体取向，是通过阐释中外关系中的一些重大问题，配合国家反帝斗争的需要。这一趋向，主要揭示了不平等条约的侵略性质，取得了一些学术成果。

这一取向是在当时国际政治的大环境下产生的。新中国成立，以美国为首的帝国主义国家不予承认，采取封锁、孤立、包围和敌视的政策，妄图扼杀新生的共和国政权，国际上也形成了社会主义和帝国主义两个相互敌对的阵营。这一国际政治格局，对中国的学术研究不能不产生重要的影响，尤与中外关系领域有着直接的关系。在这一形势下，20 世纪 50 年代至 60 年代初，帝国主义侵华史成为中外关系领域的研究主题，而不平等条约则是其中的重要内容。这个时期出版的不少著作，[1] 基本上以揭示帝国主义对中国的侵略、在华攫取各种权益为主题，或以某国为题，或作整体探讨，或陈述某次侵华战争，或披露彼此在华争夺，等等。这些著作的主要目的，在于揭露和批判帝国主义的侵华罪行，纠正过去中外资产阶级学者的错误观点。丁名楠等著《帝国主义侵华史》，"对百年来帝国主义压迫中国，反对中国独立，阻碍中国社会进步的历史比较全面和系统地加以综合叙述"。"就是站在中国人民的立场上，暴露帝国主义侵略中国的事实，揭发帝国主义侵略的罪恶，力求恢复历史的本来面目。"其他著作亦是如此，其研究旨趣，正体现了该时期中外关系和中外条约研究的基本思想。

因此，有关中外条约的研究，着眼于不平等条约，立足于批判帝国主义的侵略。如有关列强侵华史著作着眼于《南京条约》《望厦条约》《黄埔条约》《烟台条约》《中法新约》《马关条约》，以及抗战胜利后美国与蒋介石政府所签订的各种条约、协定对中国主权的侵害。这些著作虽然旨在揭露帝国主义的侵略，但其中不少注重以史实说话，力求客观，具有较强的学术性。有关条约的专题文章，主体倾向也是揭露帝国主义的侵略，尤其是批判美国的侵华罪行。内容主要有三类：一是不平等条约，二是条约特权和战争赔款，三是反对不平等条约的斗争。关于不平等条约，包括总体论述和各国条约研究两类。关于条约特权研究，也是着眼于外国侵略，涉及通商口岸、

---

① 如刘大年《美国侵华史》（人民出版社，1951），卿汝楫《美国侵华史》第 1、2 卷（生活·读书·新知三联书店，1952、1956），丁名楠等《帝国主义侵华史》第 1 卷（科学出版社，1958），等等。

租界及租借地、铁路和经济权益、航权和引水权，以及列强招收华工的条约权利等。此外，新中国成立初期，党和政府进行了清理传教特权的斗争，与之相适应，发表了不少这方面的文章。关于战争赔款尤其是庚子赔款，也发表了一批文章。另有一些揭露列强侵略中国的论文，也涉及相关约章。此外，有关修约交涉的某些事件，亦是从帝国主义侵略的角度置论。关于反对不平等条约斗争研究，包括各阶级、各阶层对不平等条约的认识和态度。

这个时期的文章，有的属于通俗性的简介，或只是历史知识性质的问题解答，谈不上学术研究。其中有部分文章有较强的学术性，且有一定的深度。如有的专题论文，对不平等条约及其特权的内容，对晚清时期各阶级、各阶层的认识及其斗争，做了初步探讨，阐述了自己的见解；或对不平等条约这一概念做了界定，并提出该领域研究的几个问题；或对某一条约特权如引水权的丧失，做了较为深入的专题论述；等等。

"文化大革命"开始后，学术研究处于停顿状态，中外条约领域也没有什么成果。而由于国际政治因素，中俄关系史的研究获得重要发展，相应的，有关中俄条约研究也格外受到关注，并取得了重要成果。新中国初期采取"一边倒"的外交政策，与苏联结盟，不愿意提起中俄历史上不愉快的往事，有关论著内容多是两国友好交往。有文章披露中俄《瑷珲条约》和《北京条约》签订后中俄东段疆界发生变化的真相，被指责为"反苏"，又在"反右"斗争的浪潮中受到批判。随着中苏关系的恶化，苏联政府于1963年完全否认19世纪中叶以后中俄边界条约的不平等性质。在这一背景下，史学界自1964年起便真正开展了中俄关系史研究，然而由于"文化大革命"又停顿下来。60年代末70年代初，苏联在中苏边境陈兵百万，1969年又发生珍宝岛事件。该年，苏联政府发表声明，重申不承认中俄边界条约的不平等性质，甚至声称：中国北部边界应是柳条边、长城，西部边界不超过甘肃省，等等。这样，在学术界尚未复苏之时，中俄关系史暨中俄条约的研究却因国际政治斗争的需要而迅速开展起来。除了沙俄侵华史涉及中俄条约之外，还出版发表了一批以此为专题的论著。这些论著，虽有些属于普及历史知识的通俗读物，但其中不少是严谨的学术著作。通过严密的论证，从不同角度驳斥了苏联学者为沙俄侵占中国领土进行辩护的种种谬论，对相关边界条约做了有说服力的解析。除了有关中俄边界条约的研究取得重要进展之外，在条约介绍和反对不平等条约斗争等方面也有一些成果。

与此同时，这个时期开始了近代中外条约与相关文献资料的编选整理工作，包括外文著作的翻译。这些为研究中外条约提供了基本的文献史料，或有重要的参考价值。尤值得指出，王铁崖编《中外旧约章汇编》3 册（生活·读书·新知三联书店，1957、1959、1962）为条约研究奠定了重要的资料基础。该汇编收录了"自中国开始对外订立条约起到 1949 年中华人民共和国成立止所有中国对外订立的条约、协定、章程、合同等"，其目的"在于供给研究中国对外关系史的参考，特别对于帝国主义侵略中国史的研究"。该汇编的编辑出版，对中外条约的研究具有极为重要的意义。尽管由于约章范围很广而不免有遗漏，但该汇编收录了新中国成立之前主要的中外条约和章程、合同，且编排原则和方法严谨科学，不仅保证了所搜约章的准确可靠，而且为深入研究提供了极大的方便，迄今仍为中外条约研究不可或缺的基础史料。

总之，新中国成立至改革开放之前的三十年，中外条约研究的主要取向，基本上是为了配合反帝斗争，以及批驳苏联维护旧俄不平等条约的行径。在新生的共和国被资本主义世界敌视，面临着极大压力的背景下，这是必要的。这个时期取得了一些重要的学术成果，在中俄不平等条约研究方面尤为显著。此外，这个时期的研究成果，力图用马克思主义历史观分析近代中外关系，对于清除殖民主义的影响，充分揭露帝国主义对中国的侵略，产生了积极作用。

由于各种因素，这个时期的中外条约研究还存在种种局限性：一是真正专题学术研究的文章数量不多；二是研究范围狭窄；三是缺乏必要的理论分析，问题探讨有欠深入，结论简单化和公式化；等等。这些局限，很大程度上是因为"左"倾思想的束缚。例如，1958 年出版的丁名楠等著《帝国主义侵华史》第 1 卷，体现了可贵的学术追求，但在政治运动中遭到"左"倾思潮的批评。出版后不久，恰逢席卷全国的"大跃进"运动，意识形态领域发生了强烈的震动，批判资产阶级学术思想风靡一时，它"在一定范围内正巧成了靶子"。有人指责这部书犯了方向性的严重错误，"说它使我们自己的脸上无光，断言解放了的中国人民需要的是'扬眉吐气史'，而不是'挨打受气史'"。在"左"倾思潮的冲击下，研究组被撤销，"编写工作由此中断"。又如，有研究者认为某些地主阶级知识分子和一些不当权的下层官吏，发出微弱的反对不平等条约呼声，"这种呼声，实际上是在广大的人民反帝斗争的影响下发生的，因而也在某种程度上反映了人民的意见"。这些局限在当时的条件下，是不可避免的，也说明"左"倾思潮使学术研究不能正常进行，更谈不上获得较快的发展。显然，从整体而言，中外条约的学术研究尚未真正开展起来，只能说是处于起步阶段。

二　专题研究的兴起和展开

十一届三中全会之后，中国进入了改革开放的历史新时期，思想理论战线上拨乱反正，学术研究开始走向繁荣，给中外条约研究带来了新格局。自1979 年开始，在 80 年代，作为中外关系史的重要领域，中外条约研究开始摆脱侵华史的局限和各种因素的影响，出现了专题性学术研究广泛兴起和多视角展开的局面。

这个时期，整个学术界逐渐打破了"左"倾思想的束缚，中外关系和中外条约领域走向正常研究，真正开始了更为严谨和客观的学术探讨。一是体现了客观研究的科学精神，摆正学术与现实的关系。例如，"文革"结束后，先前遭遇厄运的《帝国主义侵华史》重新上马，于 1986 年出版了第 2卷。由于实行对外开放政策，有人担心帝国主义侵华史一类著作，不利于中外人民友好关系的发展。研究组摒弃了这种看法，认为"这种过虑是不必要的"，主张客观地揭示历史真实，指出"叙述几十年、百余年前真实的历史情况，只会加深外国人民对中国的理解，具体体会到蕴藏在中国人民内心深处的真实的思想感情，使得中外人民的友谊建立在坚实的基础上。它不仅不妨碍中外人民之间的友谊，而且是发展彼此间的平等互利、互相了解的一个重要的必要的条件"。二是克服以往的成见，开始客观评价反动政府的对外态度。例如，关于清政府的对外态度，在"左"倾思想的影响下，学术界历来予以否定，尤其是认为它在《辛丑条约》签订之后已"彻底投降"。现在对这一与史实不符的传统观点提出了质疑，认为"'彻底投降'论者是既无视了一些历史事实"，也忽视了一些"浅显的道理"。[①] 这一看法，反映了学术研究，尤其是在非常敏感的中外关系领域，开始摆脱"左"倾思想的影响，走向健康发展。三是打破过去对某些论题避而不谈的局限，客观研

①　张振鹍：《清末十年间中外关系史的几个问题》，《近代史研究》1982 年第 2 期。

究涉及条约的各种问题，如废约史。近代中外条约的研究，也因此逐步克服"侵华史"的局限，内容更为全面广泛，评析也更趋向客观准确。

各种思想束缚的解除，为中外条约研究的展开创造了条件，扩大了研究范围，较为全面地开始了这一领域的专题学术研究，填补了某些空白，取得了一批重要成果。内容主要涉及该研究领域的基本范畴，包括不平等条约及其特权，以及废约史研究等方面。

关于条约研究，包括整体研究和个案研究。整体方面，出版了一批通俗性著作和专题论文。个案研究的范围较广，涉及各个条约，除第一批不平等条约之外，还包括中俄、中日、中葡、中法、中墨等条约，以及20世纪初的商约交涉和平等新约之后的中俄、中美条约。① 关于条约特权，学术界较为关注租界和通商口岸特权、协定关税和经济特权，以及海关行政特权等。关于租界和通商口岸特权，出版了相关专著和不少论文。海关和关税问题，相关论著也做了全面深入探讨。其他如航运、租借地、鸦片贸易、传教等问题，亦引起学术界的重视，出版发表了一批论著，均论及相关条约特权。其中有些文章注意到某些特权对中国近代化所产生的积极影响。

关于废约史，打破了过去避而不谈的局面，开启了这一领域的研究。例如，民国时期修、废约交涉取得重要成效，但此前很少论及，现为研究者所注意。② 这些成果，对民国政府修、废约交涉予以了肯定。相应的，关于清政府为维护国家权益所做努力，研究者也予以一定的注意。另外，收回中俄条约特权问题，③ 以及中东路、松黑航权等问题的交涉，亦受到关注。民众和进步势力的废约斗争，引起研究者的关注，获得重要进展。其中，清末反洋教斗争尤为研究者所重视。另有不少论文，或叙述某省教案概况，或论述少数民族的反洋教斗争，或探讨某具体教案，或剖析其中的各种关系，等

---

① 如熊志勇《从〈望厦条约〉的签订看中美外交上的一次交锋》（《近代史研究》1989年第5期）、崔丕《中日〈马关条约〉形成问题研究》（《近代史研究》1987年第4期）、沙丁等《中国与墨西哥的首次立约建交及其影响》（《历史研究》1981年第6期）。

② 如李光一《论抗日战争时期国民党政府的废除不平等条约》（《史学月刊》1985年第4期）、习五一《论废止中比不平等条约》（《近代史研究》1986年第2期）、韩渝辉《中国是怎样得以在抗战时期实现废约的》（《近代史研究》1986年第5期）、王淇《一九四三年〈中美平等新约〉签订的历史背景及其意义评析》（《中共党史研究》1989年第4期）。

③ 如方铭《关于苏俄两次对华宣言和废除中俄不平等条约问题》（《历史研究》1980年第6期）。

等。研究者还探讨了广州反入城、收回矿权等斗争，并提出了新的见解。关于民国时期的废约运动和各种斗争，发表了一批文章，其中对收回汉口、九江英租界问题提出了不同意见。其他如收回旅大运动、国民会议运动和五卅运动等，资产阶级代表人物对不平等条约的认识和态度，也引起了注意和重视。

此外，与条约密切相关的国际法传入中国问题，也开始引起研究者的关注，并发表了相关论文。这些论文虽尚未用国际法来分析条约问题，但对于条约研究的理论探讨无疑具有积极意义。

除了上述专题研究之外，这个时期出版了一批相关著作，涉及近代中外条约，主要有以下两方面：一是中外关系史、外交史和帝国主义侵华史的专著，均涉及中外条约问题；① 二是其他方面的著作，如中华民国史、五四运动史、武汉国民政府史、经济史、人物研究等，从不同角度和层面做了探析。诸如此类的著作，难免有种种欠缺，其中某些甚至存在错误之处，但对中外关系、中外交涉和相关问题的整体透视，有助于从另一层面了解有关条约的背景和内涵。因此，这些探讨对中外条约尤其是不平等条约的深入研究，做了有意义的辅助工作。

资料方面，除了重印王铁崖编《中外旧约章汇编》之外，整理出版了一批与条约研究密切相关的中外关系和外交史文献，还出版了一批中外人物回忆录和文集，翻译了一批外文研究著作和资料文献，这些均含有大量中外条约的内容。另有一些工具书的出版，为中外条约研究提供了方便。此外还召开了相关的学术讨论会。

这个时期的中外条约研究，研究趋向和思路较之以前有了重大变化，反侵略已不是唯一的思维模式，而是研究视角开始多样化，具有新的特点。其一，反侵略研究不再停留在感情层面，而是具有了更深刻的学术内涵。揭露外国列强对中国的侵略，仍是这一研究领域责无旁贷的使命，这是一个曾遭受深重压迫的民族所必要的历史回顾。不同的是，这个时期虽没有也不可能完全脱离感情的因素，但更注重学术上的探讨，从而更为客观也更为有力地

---

① 如刘培华编著《近代中外关系史》上、下册（北京大学出版社，1986），顾明义编著《中国近代外交史略》（吉林文史出版社，1987），王绍坊《中国外交史（鸦片战争至辛亥革命时期1840—1911）》（河南人民出版社，1988），丁名楠等著《帝国主义侵华史》第2卷（人民出版社，1986）。

揭示了历史的真实。曾一枝独秀的中俄关系史暨中俄条约研究，在原有基础上更有了新的进展，通过扎实的学术探讨而揭示的客观史实，更具有说服力。其二，研究领域和范围更为扩大、更为全面，涉及各个方面。由于打破了各种片面倾向的束缚和影响，中外条约领域较为全面地开始了真正的学术研究。条约的专题研究，以及相关的中外关系史和外交史研究，在充分揭示列强侵华罪行的同时，又不同程度地跳出纯粹侵略史的窠臼，注重更客观地从各个角度和各个层面解析中外条约和中外关系的种种问题。其三，条约研究中的价值判断趋于客观，开始克服机械的阶级分析方法。例如，此前在革命观下似被视为禁区的论题，也不再回避。清政府和民国政府，以前被视为反动政府，往往忽略它们在反对不平等条约方面所起的作用，现在它们所做的努力得到了相应的肯定。其四，在思想认识上与时俱进，研究主题和思路有新的扩展，明显地反映了开放时代的观念。例如，不少论著注意到中外条约及其特权在客观上对中国社会产生的积极影响，有关通商口岸和租界问题的探讨与中国的近代化进程紧密联系起来。诸如此类，反映了改革开放之后中外条约研究的新趋向。

必须看到，这个时期的中外条约研究虽然取得了重要进展，但仍存在各种局限。其一，理论探讨严重不足，影响这一领域的深入研究。例如，对条约本身的理论问题未能进行探讨，再则未与国际法的理论和知识结合起来。其二，对条约的整体认识不够全面，仍主要限于不平等条约范畴。其三，从条约研究本身而言，还停留在微观或中观的层面，尚缺乏宏观的视野。其四，对近代中外条约缺乏纵向研究，尚无一部条约史或条约关系史研究著作。其五，对条约与近代中国社会的关系，即对条约的横向联系，尚缺乏足够的认识和必要的研究。其六，条约与国际政治格局的关系，即与国际秩序的关系，尚未引起重视。由于这些局限，研究的广度和深度仍不尽如人意，还有待进一步加强。但是，从这个时期开始，中外条约专题研究初步兴起，学术空气愈趋浓厚，相关学科如国际法研究取得的进展亦为研究在理论上的深化提供了一定的条件，相关资料不断整理出版，等等，为这一领域的发展奠立了基础。

三　进一步发展中的全面推进

至 90 年代，中外条约研究进入一个新的发展时期。在这一时期，随着改革开放的扩大，进一步摆脱"左"倾思想的束缚，学术研究更为繁荣。在这一大环境之下，也由于香港、澳门回归这一伟大历史事件的推动，中外条约研究出现新气象，在中外关系领域脱颖而出。在 80 年代学术积累的基础上，这个时期又获得进一步发展，形成各个领域全面推进的态势。

中外关系和中外条约研究，涉及中国近现代史的一些基本问题，需要科学的理论引导，在具体研究中克服一些有害的倾向。90 年代，学术界尤注意在中外关系领域克服两种倾向，以保证近代中外关系和中外条约研究的健康发展。一是纠正肯定帝国主义侵略的倾向。随着西方学术论著的引入，殖民主义思想再度抬头，对中国学术界造成了影响，出现了附和或掩盖、美化帝国主义侵略的倾向。这一倾向引起学术界的注意，并一再予以辨正。如余绳武撰文指出："《剑桥中国晚清史》不但对鸦片战争起因作了歪曲的解释，而且竭力掩盖这次侵华战争的直接后果——南京及其续约的不平等性质。"[1]李文海指出："不同的立场就会有不同的感情，谁也回避不了。"谴责侵略行径和对殖民主义感恩戴德，均是一种"感情"，"究竟哪一种更加接近历史的真实，这实在不是靠自我的标榜，而要经受历史实际的检验"。[2] 张海鹏批评否定反帝斗争的"糊涂认识"，"显然是无视近代中国历史发展基本事实的"，"反帝斗争是近代中国社会进步的力量源泉之一，是近代历史留给中国人民的宝贵精神财富"。[3] 二是继续克服"左"倾思想的影响。长期以来，在反对外国侵略的同时，又片面地看待西方的东西，对随侵略而来的某些对中国社会发展有益的事物，也一概否定。学术界更进一步清除这种"左"的倾向，张振鹍撰文指出："资本、帝国主义侵华的情况是严重的，但这并不是说这些国家在华活动或对华关系的每一件事都是侵略，或者它们来中国的每一个人都是侵略者。不平等条约造成一种外国在华的侵略机制，而由外国与中国间国交的建立中又产生一种相互正常交往的机制，两者同时运行，其总和构成全部近代

---

① 余绳武：《殖民主义思想残余是中西关系史研究的障碍》，《近代史研究》1990 年第 6 期。

② 李文海：《晚清历史的屈辱记录——〈中国近代不平等条约书系〉前言》，《清史研究》1992 年第 2 期。

③ 张海鹏：《不能否定近代中国人民的反帝斗争》，《高校理论战线》1996 年第 6 期；张海鹏：《近年来中国近代史研究中的若干原则性争论》，《马克思主义研究》1997 年第 3 期。

中外关系。"①

在不断矫正各种片面倾向的过程中，中外条约研究向全面化迈进，专题研究更为广泛、更为深入，在各个方面取得重要进展。部分学者以条约为研究旨趣，明显产生了一种新的研究取向。

其一，不平等条约整体研究新格局的出现。这个时期出版发表的相关论著，②从不同角度对不平等条约做了整体研究，相应形成了具有理论意义的研究框架。如《不平等条约与近代中国》一书，分为条约体系、领土主权、政治主权、经济主权、典型个案、废约斗争六章，对不平等条约的各项内容分门别类做了阐述，在此基础上探讨了中国反对和废除不平等条约的斗争历程。《近代中国的条约制度》一书共十二章，从国际法和制度的角度，从宏观和微观的结合，对不平等条约做了全面系统的整体、综合研究。该书对"条约制度"概念的含义做了理论探析，又把它放在资本主义的"世界国家秩序"的大背景下，考察它的产生、形成和发展，具体探讨了领事裁判权、通商口岸和租界、协定关税、外籍税务司、最惠国待遇、沿海内河航行、宗教教育、租借地和势力范围、驻军和使馆区、路矿及工业投资、鸦片贸易、"苦力贸易"和自由雇募等各种不平等条约特权制度的起源变化和内容特质，并论述了条约制度与国际法的关系、对中国社会的复杂影响，以及被废弃的大致过程。

其二，条约个案和条约特权研究的深化。在条约个案研究方面，中英条约尤其是《南京条约》受到研究者特别关注，发表了一批文章。研究者未停留在内容介绍上，而是对其相关的各个问题进行探讨，更为细微具体。或剖析对中国社会的影响，③或论及列强在华领事及香港问题，或揭示士大夫的反应，或从语言学的角度，或探讨清末中英商约谈判，等等。其他还论及中美商约、中葡订约和中日《马关条约》等，以及相关条约对清末法制改革的影响。这些论文不同程度地深化了已有研究，或揭示了新的问题。中俄所订不平等条约，如中俄间第一个不平等条约和边界问题，平等新约签订之

---

① 张振鹍：《近代中国与世界：几个有关问题的考察》，《近代史研究》1990年第6期。
② 如李育民《近代中国的"条约制度"论略》（《湖南师范大学社会科学学报》1992年第6期）、《近代中国的条约制度》（湖南师范大学出版社，1995），郭卫东《不平等条约与近代中国》（高等教育出版社，1993）。
③ 如戚其章《〈南京条约〉与中国近代化的启动》（《民国档案》1997年第2期）。

后的中苏条约及其相关问题等，仍为研究者所关注，做了更深入的探讨。

对条约特权的研究也取得了重要进展，范围更广，内容更具体，触角更深入。尤值得指出的是，对某些特权制度做了系统的深入探讨，出版了相关专著。① 其中对通商口岸和租界的研究，尤为研究者所重视，包括有关城市史研究的专著和通俗读物。此外，还有不少专题论文，从各个角度做了探讨，或对通商口岸做整体研究，或探讨某城市租界。其他特权制度如协定关税、海关行政、领事裁判权、最惠国待遇、传教、驻军等，也对其做了新的探讨，并注意到某些特权对中国社会的刺激而在客观上产生的积极影响。此外还论及赔款、鸦片贸易和华工招募等特权问题。

其三，废约史研究取得重要进展。除了总体论述②之外，还有大量论文从不同方面做了具体探讨，涉及收回香港、澳门主权的斗争，以及某一特权的废弃及其交涉。此外，废止旧俄不平等条约问题，仍为研究者所关注，并有新的推进。关于废约斗争的其他问题，如民众斗争、反入城斗争、收回汉口九江租界，以及政府交涉如南京国民政府初期的修约交涉、平等新约等，均做了新的探讨。③ 此外还考察了华侨在废止中比条约中的斗争、清政府对不平等条约的态度，或提出新的见解，或探讨新的问题，或深化已有研究。

其四，平等条约和平等条款研究的起步。以往对近代中外条约的研究，均限于不平等条约。这个时期，研究者突破这一局限，对平等条约和平等条款等做了探讨，④ 开始了这一领域的研究。

其五，与国际法理论的结合。尤值得指出，条约与国际法的关系问题，更引起了重视。除了前述"条约制度"等论著之外，其他相关论著亦从不同角度论及条约与国际法的关系，涉及对外交涉中的国际法问题、中国外交与国际法以及国际法输入及其影响。⑤

---

① 如费成康《中国租界史》（上海社会科学院出版社，1991）、陈诗启《中国近代海关史》（晚清、民国）（人民出版社，1993、1999）。

② 如王建朗《中国废除不平等条约的历史考察》（《历史研究》1997 年第 3 期）。

③ 如申晓云《南京国民政府"撤废不平等条约"交涉述评》（《近代史研究》1997 年第 3 期）、吴景平《中美平等新约谈判述评》（《抗日战争研究》1994 年第 2 期）。

④ 如欧阳跃峰《李鸿章与近代唯一的平等条约》［《安徽师范大学学报》（哲学社会科学版）1998 年第 2 期］、苏全有《晚清时期中外条约内容都是不平等的吗》［《河南师范大学学报》（哲学社会科学版）1998 年第 4 期］。

⑤ 如张海鹏《试论辛丑议和中有关国际法的几个问题》（《近代史研究》1990 年第 6 期）、程道德主编《近代中国外交与国际法》（现代出版社，1993）。

其六，条约史实和概念的考证、补充、辩误及其评析。中外条约研究涉及概念和史实的准确认定，在相关问题的探讨中，研究者做了相应的考证和辩误，其中对某些问题存在不同看法并引起争论。① 对这些问题的探讨，除了弄清史实之外，还关涉条约研究的基本概念和理论，有助于深化认识，推动研究。

其七，对其他问题的研究，包括日本修约和中日比较，以及人物与中外条约等问题。后者范围更为广泛，除关注的重点李鸿章之外，还涉及其他人物，晚清如道光帝、肃顺、叶名琛、何桂清、曾国藩、曾纪泽、奕䜣、马建忠、王韬、郭嵩焘等人，民国如顾维钧、伍廷芳、陆徵祥、颜惠庆、王正廷、宋子文、陈友仁、孙中山、王世杰等，均与条约有关系。此外，外国人物也为研究者所注意，如赫德等。

其八，不平等条约研究与爱国主义和国情教育的结合。由于改革开放后思想领域出现了各种新问题，党和国家提出了加强思想政治教育的要求，编写和出版有关不平等条约的通俗性著作得到高度重视，以不平等条约为题的通俗读物纷纷出版。其中的精品力作，不仅通俗易懂、生动形象，还做了学术性探讨，颇有价值。

这个时期出版了一批有关中外关系和外交史的著作，均论及中外条约问题。在中外关系方面，国别研究如中英、中俄、中苏、中法等。其他方面，或整体论述，或以某时期为研究范畴。在外交史方面，或为整体研究，或做国别研究，或以鸦片战争和列强侵华为主题，或涉及边界问题。② 另外，有关外交体制和机构的研究，也涉及中外条约。其他方面，如近代通史、清史和中华民国史以及国民革命史和中共党史等方面的著作，也论及中外条约以及反对不平等条约的斗争等问题。

资料方面，改革开放之后，又影印出版了清政府编辑的条约集以及其他相关资料，此外还有相关的人物文集，如李鸿章全集的整理等。此外，学术界还翻译了一批相关的外国文献资料和研究著作，出版了各种研究综述和工具书，既反映了研究的进展，又为进一步研究提供了便利。其他还有国际

---

① 如茅海建《第一次中比条约的订立时间及其评价》（《近代史研究》1994 年第 2 期）。
② 如吴东之《中国外交史（中华民国时期 1911—1949）》（河南人民出版社，1990）、杨公素《晚清外交史》（北京大学出版社，1991）、石源华《中华民国外交史》（上海人民出版社，1994）。

法、民国史、中共党史等辞典，均涉及条约问题。

中外条约是中国近现代史的基本问题之一，中国近现代史的研究与此有着不可分割的关系。正唯如此，随着学术研究环境的不断改善，这一研究领域受到了各方面的重视，推动了研究的发展。更多的研究者投入条约或废约史研究中，逐渐形成了一支以此为主攻方向的研究队伍。多所高等院校和科研机构将此作为硕士、博士的培养方向，已发表了一批与此相关的硕士、博士学位论文。同时，条约和废约问题研究受到了相关学科的专家和政府社科规划部门的重视，开始被纳入国家社科基金项目指南，给予了有力的支持。这个时期还召开了相关的学术讨论会。

由于各方的努力和重视等因素，90年代中外条约研究有了重要发展，出版发表了一大批论著，扩大和深化了前一阶段的研究，初步形成了该领域的研究体系，研究内容和范围更加全面广泛，研究框架进一步完善，研究理论也受到关注。在具体研究中，提出了不少新的论题，拓展了研究领域；已有研究进一步深入，并开展学术争鸣阐述不同见解，在各方面取得了重要的突破和进展。总之，在这个时期，中外条约的研究获得全面发展，走向了初步繁荣，其研究体系也有了一个基本的雏形。但总体来看，还存在种种不足之处，主要体现在：一是废约史研究尚停留在专题论文阶段，缺乏整体性研究，尚无系统完整的学术著作；二是理论研究仍较薄弱，对条约本身及其与国际法的关系缺乏系统的探讨；三是对条约的影响，尤其是与近代中国社会的关系，研究有欠深入；四是其他条约及特权研究、条约交涉等，亦有进一步探讨的空间。

四　整体研究框架和体系的基本成型

进入21世纪以来，中外条约研究取得了更为显著的成绩，在诸多方面有重要的进展和突破。作为中外关系史中的一个重要分支，条约研究在全面发展中越来越显示出它的相对独立性。各主要分支取得重要进展，其整体研究框架基本成型，为构建完整系统的研究体系奠立了基础。

其一，进入21世纪，废约史研究取得了重大进展，产生了一大批成果。尤其是出版了一批废约史专著，即王建朗著《中国废除不平等条约的历程》（江西人民出版社2000年版）、李育民著《中国废约史》（中华书局2005年版）、徐文生编著《中华民族废除不平等条约斗争史》（西南交通大学出版社 2008 年版）、唐启华著《被"废除不平等条约"遮蔽的北洋修约史（1912—1928）》（社会科学文献出版社 2010 年版）。这些专著的出版，说明这一研究从零散个案转向了整体，在广度和深度上均取得了重大进展，近代中外条约研究领域也由此更为完整全面，具有系统性或体系性的特点。

民国时期的废约斗争研究，为研究者所重视，除了前述几部专著做了系统研究之外，专题研究也有显著的创获。例如，中俄（苏）间的废约问题，北京政府时期的废约运动及其修约交涉的研究等，取得了一批重要成果，或从各个角度探讨了民众废约斗争，或对北京政府的修约尝试及其交涉做了探讨，①或关注废约斗争中的国民外交，以及废约运动与民国政治的关系。②关于南京政府的修约交涉，亦做了具体探讨，或对抗战时期不平等条约的基本废除分国别做了专题研究。③

其二，相关概念和理论的探讨受到极大关注，并趋于深化，取得了显著成绩，是这一研究领域逐渐走向成熟的重要体现。针对 20 世纪末提出的条约概念问题，21 世纪初研究者进行了尖锐的争论，提出了不同意见。关于条约研究的相关概念和理论问题，包括中外条约关系的基本理论、基本形态，战争与其关系，以及马克思主义史学理论的指导意义和不平等条约的评判标准等，亦做了全面梳理和系统解析。④ 此外，其他如各阶级、各阶层对条约及不平等条约的认识和理解，以及废除不平等条约的思想理论，包括废约主体的思想主张、理论策略等方面，也从各种角度做了有意义的探析。上述成果和探讨，从不同层面揭示并充实了这一领域的理论内涵，为今后进一

---

① 如杨天宏《北洋外交与"治外法权"的撤废》（《近代史研究》2005 年第 3 期）和《北洋外交与华府会议条约规定的突破》（《历史研究》2007 年第 5 期）。

② 如李斌《废约运动与民国政治》（湖南人民出版社，2011）。

③ 如葛夫平《抗战时期法国对于废除中法不平等条约的态度》（《抗日战争研究》2003 年第 3 期）、张龙林《美国在华治外法权的终结——1943 年中美新约研究》（中山大学出版社，2012）。

④ 如李育民《近代中外条约相关概念和理论研究述略》（《近代史研究》2011 年第 5 期）、《马克思主义史学理论与近代中外条约研究》（《红旗文稿》2017 年第 5 期）、《晚清中外条约关系的基本理论探析》（《中国高校社会科学》2016 年第 5 期）、《晚清中外条约关系的基本形态论析》（《史林》2016 年第 4 期），侯中军《近代中国的不平等条约——关于评判标准的讨论》（上海书店出版社，2012）、《近代中国不平等条约及其评判标准的探讨》（《历史研究》2009 年第 1 期）。

步拓展和深化研究提供了重要的支撑，由此也反映了近代中外条约的研究体系正走向成熟。

条约属国际法的范畴，研究条约问题不能忽视这一基本理论。如前所述，自 20 世纪 80 年代起，研究者开始关注国际法问题，但少有具体的探讨。进入 21 世纪之后，有关国际法在近代中国的传入及运用的研究形成热潮，或对国际法的传入做了系统阐述，并论及清政府运用国际法进行条约交涉及其得失，同时也揭示了"国际公法"多面与多层次的复杂性，① 或对中日甲午战争这一重要事件做了国际法的解析，或运用国际法理论剖析废约及其交涉，或介述有关人物的国际法观念，或剖析对外交涉中的国际法实践以及对中国的影响，或探析不平等条约及其特权与国际惯例和国际法的关系，或考析国际法传入和研究中的具体问题，等等。此外，国际法本身的研究也多与近代中外条约结合起来。历史学和国际法学的紧密结合，已成为一种普遍性的取向，进一步扩展了相关的概念和理论的探讨，由此深化了中外条约的研究。

其三，开启了一个新的研究领域或范畴，即条约关系研究。作为一个成长中的学科领域，研究者又不断探索和开辟新的研究视角和范畴，在探讨条约制度和条约体系的同时，条约关系的概念亦提了出来。进入 21 世纪之后，研究者对此展开了更明确和更为深化的专题探讨，提出了新的研究视角或范畴，并相应产生了一批成果。② 这是近代中外条约研究的新趋向，将这一领域的研究引向一个新的重要阶段。关于这一趋向的具体体现及其基本内容，下面详述，这里不赘。

从这个时期中外条约的具体研究来看，热点和视角均有新的变化，以往研究过的问题也更为深化。

其四，关于清政府对条约的立场、态度，与条约的关系的研究等，更为全面和深化。以往研究中较为薄弱的问题取得了重要进展，如关于清政府应对条约关系的思想观念，以及为维护和挽回主权所做谋划和交涉等问题，研究者做了种种新的探讨。或从不同的角度探讨其立场和态度，以及在与列强

---

① 如田涛《国际法输入与晚清中国》（济南出版社，2001）、林学忠《从万国公法到公法外交》（上海古籍出版社，2009）。

② 著作如胡门祥《晚清中英条约关系研究》（湖南人民出版社，2010），李育民《近代中外条约关系刍论》（湖南人民出版社，2011）、《晚清中外条约关系研究》（法律出版社，2018）。

的冲突中所做的努力。① 或对自开商埠问题做了全面系统的探讨，从这一侧面揭示了清政府抵制条约特权所做的努力。

其五，条约关系运作中的外交及其体制研究受到关注。在条约关系之下，中国的外交格局发生了根本性变化，除了半殖民地的趋向之外，还逐渐向近代转型。研究者对此做了更进一步的探讨，从各个角度揭示了条约制度的复杂影响，或探讨某些具体问题。与此相关，新的中外关系模式，或者说，新的国际秩序如何形成，与中国传统的对外体制有何联系等问题，引起了研究者的关注，先前出版的相关著作对此做了一定的探讨。进入21世纪以来，这一问题得到了较多研究者的重视，进一步探讨了朝贡制度与条约制度的转换。研究者又从国际秩序的角度，对晚清中外条约关系与朝贡关系的主要区别做了比较研究。② 此外，研究者对鸦片战争前的中外关系做了专题研究，从不同角度考察近代中外条约关系的背景，有助于深入认识这一关系的形成。

其六，近代中外条约的影响及其综合研究亦受到重视，包括政治、经济、思想文化等。学术界开始予以全方位的探讨，组织编撰相关丛书，从更宏观的视野探析中外条约问题。宏观问题如中外条约与近代中国、条约关系等，具体论题如领水主权、医疗事业、国际公约，以及与政治、经济的关系等。③ 这一成果反映了该研究领域的拓展和深化，在宏观上开辟了新的领域，提出某些具体的研究课题，表明这一研究体系的进一步完善。此外还有不少论文涉及这一广泛影响，涉及文化、法律、社会、政治、对外关系等。④

其七，中国共产党和新中国的废约斗争研究取得重要进展。或总体论述，或从新的视角探讨中苏修约，或考察中共维护领水主权的斗争，或探讨

---

① 如崔志海《试论1903年中美〈通商行船续订条约〉》（《近代史研究》2001年第5期），李永胜《清末中外修订商约交涉研究》（南开大学出版社，2005），李育民《晚清时期条约关系观念的演变》（《历史研究》2013年第5期）、《论清政府的信守条约方针及其变化》（《近代史研究》2004年第2期）、《晚清改进、收回领事裁判权的谋划及努力》（《近代史研究》2009年第1期），戴东阳《日本修改条约交涉与何如璋的条约认识》（《近代史研究》2004年第6期）。

② 见李育民《晚清中外条约关系与朝贡关系的主要区别》，《历史研究》2018年第5期。

③ 见李育民主编《中外条约与近代中国研究》丛书（共12册，湖南人民出版社，2010—2011）。

④ 如罗志田《帝国主义在中国：文化视野下条约体系的演进》（《中国社会科学》2004年第5期）、李育民《中外条约关系与晚清法律的变化》（《历史研究》2015年第2期）。

中共早期废约斗争，更为全面地探讨了这一此前关注不够的课题。①

其八，研究领域或视角的扩展与老问题的深入。中外条约研究中的一些最基本问题，如条约及其特权，也取得了显著进展。研究者的观察视野更为宽广，或提出新的论题，或从新的角度和层面进行探讨。如条约与语言、翻译问题，② 或从来往照会函件的角度探讨条约交涉，③ 或从国家利益和民族情感的角度分析条约交涉中的冲突矛盾，④ 或从教会医疗事业的角度探讨传教特权以及各届政府的态度。⑤ 其他或做条约或特权制度的比较研究，或从条约的视角考察香港问题，或剖析重大历史事件与不平等条约，或挖掘新的文献和考析条约史实，或具体探讨某条约或某条约规定，等等。还有研究者探讨了他国所订条约，对其与中国的外交和条约等关系做了剖析，如关于领水主权和中英贸易、小国立约、中日等国比较研究等问题，⑥ 以及重要条约条款的考辨，尤其是涉及中国领土主权问题的相关规定等。此外，有的问题20世纪均有所涉及，这个时期更引起研究者的关注和讨论，如日朝《江华条约》与清政府的对朝政策，以及清政府加入国际公约和国际组织、融入国际社会等。⑦

以往做过研究的一些问题更为深入，如边界条约，⑧ 以及引水特权、租借地特权、通商口岸、势力范围特权、传教特权、协定关税、领事裁判权、租界特权等问题，均有新的创获。⑨ 此前稍有涉及的"准条约"问题，亦在

① 如李育民《中国共产党反对不平等条约的历史考察》（《中共党史研究》2003年第5期）、刘利民《民主革命时期中共维护领水主权的思想认识与斗争实践》（《中共党史研究》2011年第3期）。

② 如季压西等《来华外国人与近代不平等条约》（学苑出版社，2007）、屈文生《早期中英条约的翻译问题》（《历史研究》2013年第6期）。

③ 如张建华《中法〈黄埔条约〉交涉》（《历史研究》2001年第2期）等。

④ 如沈志华《中苏条约谈判中的利益冲突及其解决》（《历史研究》2001年第2期）、杨奎松《中苏国家利益与民族情感的最初碰撞——以〈中苏友好同盟互助条约〉签订为背景》（《历史研究》2001年第6期）。

⑤ 如李传斌《条约特权制度下的医疗事业》（湖南人民出版社，2010）。

⑥ 如刘利民《不平等条约与中国近代领水主权问题研究》（湖南人民出版社，2010），曹英《晚清中英内地税冲突研究》（湖南师范大学出版社，2008）、《不平等条约与晚清中英贸易冲突》（湖南人民出版社，2010）。

⑦ 如尹新华《晚清中国与国际公约》（湖南人民出版社，2011）。

⑧ 如吕一燃主编《中国近代边界史》上、下册（人民出版社，2007）。

⑨ 如郭卫东《转折——以早期中英关系和〈南京条约〉为考察中心》（河北人民出版社，2003）、李传斌《基督教与近代不平等条约》（湖南人民出版社，2011）、刘利民《列强在华租借地特权制度研究》（湖南人民出版社，2011）、康大寿等《近代外人在华治外法权研究》（四川人民出版社，2002）。

理论和史实上做了较为系统的考察。① 人物与条约的研究也有新的进展，李鸿章仍为研究者所关注，② 其他人物还有黄恩彤、肃顺、冯桂芬、马建忠、薛福成、郑观应、郭嵩焘、奕䜣、丁日昌、曾纪泽、何如璋、陈树棠、康有为、黄遵宪、袁世凯、孙中山、黄荣良、蒋经国等，其中多以条约为研究主题，或直接论述其对条约的认识、态度及活动，或探讨其外交思想或交涉活动时有所论及。此外，还有研究者探讨了外国人与条约的相关问题，涉及蒲安臣、赫德及海关洋员等；或探讨了驻外公使，涉及相关的条约问题。

中外关系史和外交史研究，仍是热门课题，出版了一大批著作。除了整体研究之外，还有不少论著从国别、地域和时期的角度做了探讨，其中涉及中外条约的各个问题，如条约的签订过程、条约特权的内容和后果，以及中国的修约和废约交涉等。还有一些专题性的著作，或通过对蒲安臣使团的研究，探讨了相关的条约；或通过系统论述中俄国界东段的交涉过程，阐释各个时期的边界条约，并做国际法的理论分析；或剖析中国的外交文化以及与国际体系变化的关系。这些论题在不同程度上有助于认识近代中外条约问题。张海鹏主编《中国近代通史》10 卷（江苏人民出版社 2006—2007 年版），涉及各个时期中外条约的主要问题，如各不平等条约的签订及废除等。还有中华民国史、中共党史、共产国际等方面的著作，以及一些通俗读物，均涉及近代中外不平等条约问题。

相关资料的整理出版也取得了显著成绩。如条约汇编，有海关总署编《中外旧约章大全》2 册（中国海关出版社 2004 年版）、郭卫东编《中外旧约章补编》（上、下册，中华书局 2018 年版）等。另还有档案文献等各种资料汇编、人物文集和各种资料集，以及相关工具书。尤值得指出，改革开放为海外资料的利用提供了更有利的条件和可能，并日益受到研究者的重视。台湾出版的一批有关近代中外条约和外交史的研究著作及系列资料，陆续在大陆出版，各处所藏中国近代外交史档案资料，以及外文资料如英、美、日等国外交档案和苏联解密档案等，为越来越多的研究者所运用。

这个时期还召开了几次以条约或某条约特权为基本议题的国际学术研讨会，反映了中外条约研究对现实发挥了重要的资鉴作用，尤与当今的改革开

---

① 见侯中军《企业、外交与近代化——近代中国的准条约》（中国社会科学出版社，2016）。
② 如王瑛《李鸿章与晚清中外条约研究》（湖南人民出版社，2011）。

放有着紧密的关系。此外，自2006年以来连续举行的六届中外关系史国际学术讨论会以及其他相关会议，近代中外条约均为重要议题之一。2017年在长沙举行了第一次"中外条约与近代中国国际学术讨论会"，以中外条约为会议主题。这些会议的召开，极大地推进了近代中外条约的研究，反映了这一研究领域的繁荣。

综上所述，新中国成立以来，中外条约研究取得了显著成绩和长足发展。尤其是改革开放之后，由于宽松的学术环境、思想解放带来创新力的舒展，以及资料条件的极大改善等因素，这一研究领域出现了欣欣向荣的景象，进入21世纪，更呈加速推进的势头。研究内容越来越丰富，研究视野和思路越来越开阔，趋向于更为广泛的领域。研究理论和体系越来越清晰和多样化，从单纯的反侵略进而引入国际法等学科的理论及知识，等等，实证研究与规范性研究更紧密地结合起来。研究框架也越来越趋于系统化，从单调的不平等条约概念进而提出条约制度、条约体系和条约关系。同时，随着研究的推进，考察视点也越来越具体、细致，挖掘了不少以前被忽略的论题。研究越来越趋于多元，从条约本身进而转向其他层面，如文化、国家利益等。研究队伍也越来越扩大，出现了多学科参与的趋向，历史学学科中以中国近现代史为主体，其他世界史、经济史、思想史等学科均有研究者涉猎这一领域。此外，法学尤其是国际法学科也有不少研究者，或从历史的角度探讨中国国际法学的发展，或在理论研究中注入近代条约例案；还有外国语学科的参与，从语言学的角度对近代中外条约做出阐释。多学科参与和融合，给这一领域的研究增添了活力，积蓄了进一步发展的潜势。这些均说明，中外条约领域的研究体系和格局基本成型，正在走向成熟。

五　结语：条约关系研究的新趋向

纵观新中国成立后尤其是改革开放以来中外条约的研究历程，取得了巨大成绩，出现了可喜的繁荣局面，反映了这一领域的学术进步和发展。在这一发展和进步中，逐渐产生了新的思考和趋向，并在此基础上逐渐凝结为一个具有概括性和规范性的领域或范畴，这就是条约关系的研究取向。这一取向由政论趋向学术，由主体趋向完整，由直观趋向理性，由单向趋向多元，由零散趋向系统，由分离趋向统合，由此构筑相对独立的体系，成长和形成一个新的领域或范畴。在这一领域已取得系列成果，既有宏观的概述，又有国别的和具体问题的论析；既有理论的探讨，又有史实的阐释。同时，这一新领域的研究得到学术界的认同和国家社科基金的有力支持，其中《近代中外条约关系通史》获准立为重大项目，研究正在进行之中。可以说，条约关系研究领域或范畴的提出并付诸实施，以及撰述一部尚付阙如的通史，正是这一发展趋向的势在必然和水到渠成。

简单地说，所谓条约关系，是国际法主体之间以条约这一法律形式表现出来的一种国际关系。"条约成为国际法公认的一个制度，被赋予法律的拘束力。"① 条约的法律性质，决定了条约关系是一种法律关系，属于广义国际关系的一部分，在整个国际关系中具有重要的地位。"在国际范围内，条约必须用作几乎每种法律行为或交往的手段。"② 国家与国家之关系，"无条约则不明确。国际关系，譬如人身，条约乃其骨干，其地位之重要，无俟烦言"。③ 在国际法中，条约也占有特别重要的地位，作为"硬法"，"有助于国际关系的稳定和国际秩序的维持，是国际社会不可缺少的上层建筑"。④ 它与各种国际关系的各个方面都有联系，但不能完全代替它们。

条约关系是以法律形式表现出来的国际关系，是一种高度规范性的关系，具有特有的质的规定性。具体而言，条约是国家间所缔结并受国际法支配的国际书面协定，条约关系是国家以条约为形式和根据，以权利、义务为内容，具有特殊强制性、差异性和可变性的法律范畴的国际关系。其一，条约关系构成的基本要素是各种形式的条约，条约是条约关系产生和存在的前提和依据。作为国际法律关系，条约关系是通过各种途径，以国际法律规范进行调整所形成的国际关系。其二，条约关系以国际法承认的国际法主体为主体，以涉及缔约国利益的义务为客体。其中国家是具有完全缔约能力的国际法主体，因此条约关系的主体是国家。其三，条约关系的基本内容，是国际法律意义上的权利义务关系。条约关系中的权利义务，属于国际关系中的权利义务，而且赋有国际法律意义。其四，条约关系的强制性规范具有特殊性，与一般国内法存在差异，体现了国际法权的局限和性质。其五，条约关

---

① 周鲠生：《国际法》下册，商务印书馆，1976，第590页。
② 斯塔克：《国际法导论》，赵维田译，法律出版社，1984，第343页。
③ 吴昆吾：《条约论》，商务印书馆，1931，第1页。
④ 《条约、非条约和准条约》，载《李浩培文选》，法律出版社，2000，第575页。

系具有差异性和可变性，即某一国家与各国建立不同的条约关系，以及因时而发生的变化。

作为条约关系中的一种类型，近代中外条约关系亦秉具上述属性和内涵，但其实质性内容又不能与主权国家之间正常的条约关系一概而论，而具有种种特殊的性质。它是传统国际法时代的产物，具有这一特定时期的特殊性质或特征。它所呈现的内涵，与主权国家之间正常的条约关系不同，与其本应具有的性质大相径庭，更主要反映了西方列强的强权政治，以及用暴力与中国建立不平等的新关系。同时，这一新的关系一方面在内容上使中国的主权受到侵害，蒙受不平等的耻辱；另一方面又从形式上给中国带来了近代国际关系的新模式，是一种将强权政治与近代交往形式融于一体的畸形关系。显然，条约关系具有极为重要的地位，成为近代中国的基本问题。

其特殊性质主要包括：第一，中外条约关系的建立是通过战争迫使清政府接受的，体现了西方列强的强权政治；第二，近代中外条约关系的主体是不平等的，但包含平等的内容；第三，由于这一关系与国际关系尤其是与外交、战争等存在密切的联系，又由于中国近代的特殊性，条约关系又具有宽泛的外延，需放在与此相关的范畴中进行解析；第四，近代中外条约关系的变动，经历了从不平等到基本平等的转变，并伴随着中国传统国际秩序从打破到衰微，最后走向崩溃，其中又各有不同阶段；第五，条约关系具有极为重要的地位，是中外关系乃至近代历史的枢轴。纵观鸦片战争之后的中国历史，条约关系所体现的中外关系是导致或促使社会发生重大变化的基本因素。中外条约既是列强侵害中国主权、对华行使"准统治权"的依据，又蕴含着某些有助于中国摆脱落后、与先进文明接轨的因子。正唯如此，中外条约对中国的历史发展产生了重大而又复杂的影响，各种重大事件，包括政治、经济、文化在内的社会变迁，都与彼有着不可分割的联系。

这一新的研究趋向，奠立在近代中外条约研究既有成果的基础之上，适应了这一领域进一步发展的需要，有助于推进中国近代史的研究。作为近代中国的一个基本问题，中外条约包含着时代变迁的诸多复杂因子，而条约关系视域将其涵盖其中，突破了以往仅关注某一方面的局限。这不仅可以使我们对中外条约本身包括理论和史实的了解趋于完整、系统，而且可进而对与之相关联的重大问题有更深入的认识。从近代中国的社会形态来看，其所具半殖民地性质的内涵，正体现在中外不平等条约之中。将条约关系作为研究范畴，对这一问题做全面深入研究，可从法律的层面在理论上和史实上深化对中国近代半殖民地性质的认识。同时，中国近代社会的半封建性质与中外条约亦有着密切的关系，从条约关系的视角进行探讨，可更深入了解其变化的路径及其内容。从国际关系的角度来看，作为中外关系中的新的模式，条约关系取代了历朝历代所实行的朝贡体系，构成中外间新的国际秩序的基本形式。这一递嬗既是西方列强对华实行霸道主义和强权政治的体现，又反映和折射了中国对外交往形式由传统到近代的过渡和异变。显然，这一新的趋向具有重要的学术内涵和意义，它进而推引着近代中外条约关系通史研究的展开，并相应构建其基本理论和研究框架，揭示其产生形成和发展演化的历程及规律，阐释两种国际秩序的冲突碰撞和交替转换的复杂格局，梳理其中的各种重大变化，由此进一步深化对这一领域和近代中国的认识。

〔作者单位：湖南师范大学历史文化学院〕

条约体系与多民族国家的构建

——国际化视域下的民国对外关系史

陈谦平

朝贡体系、条约体系与殖民体系都是国际关系的主要模式之一。朝贡体系是西方学者对清以前存在于东亚地区的、以中原皇朝为核心的等级制政治秩序的一种理论概括。费正清（John King Fairbank）将朝贡体系放在中西冲突的文化背景下进行考察，建立了以"冲击－回应"理论为核心的理论体系，并使之成为西方学者研究中国古代皇朝统治时期中外关系的主流分析范式。[①] 自清雍正元年（1723）禁教、禁海开始，中国的大门对西方关闭了一个多世纪。闭关锁国的中国，既无法学习西方的先进生产力和技术，更无法融入世界的近代化潮流，因而逐渐衰落。西方列强通过侵略战争打开中国门户，强迫中国签订不平等条约，并将自己的法则和制度强行引入中国，中国因此被纳入所谓条约体系。不平等条约为西方政治制度和经济生活方式引入中国提供了政治和法律基础，包括治外法权、通商口岸、外国租界和租借地、协议关税、沿海与内河航行权和最惠国待遇。

费正清晚年在谈到民国年代国际化程度时指出："外国商品、观念和习惯进入中国达到了前所未有的程度，比中国历史上任何一个时期都更加全面、深刻。"他分析了英、美、苏、日这四个大国对民国时期中国现代化进程的影响：英美主要通过非官方的私人渠道帮助政府实施改革；苏俄（联）

---

① John King Fairbank, "On the Ch'ing Tributary System," *Harvard Journal of Asia Studies*, Vol. 2 (1941).

则通过援助国共两党来支持暴力的社会革命；而日本 1931—1945 年对中国侵略，改变了中国的历史进程。[1] 而大国正是通过条约体系来对中国构建现代多民族国家施加影响。

英国与辛亥革命　1911 年爆发的辛亥革命，开启了中国由传统皇朝向现代化国民国家转型的历程。但在中国学者对辛亥革命的研究中，往往忽略西方列强和不平等条约体系对新生的中华民国的影响。他们只关注于革命派、立宪派、汉族旧官僚在建立民国过程中的作用，而无视条约体系和西方列强在南北和谈、清帝退位等重大事件中所扮演的重要角色。剑桥大学教授方德万（Hans van de Ven）利用收藏于中国第二历史档案馆的海关档案和英国国家档案馆（T. N. A.）档案，发现英国在促进南北和谈、建立中华民国政府的过程中发挥了非常重要的作用。他在其著作《与过去决裂：海关与中国现代性的全球开端》（*Breaking with the Past*：*The Maritime Customs Service and the Global Origins of Modernity in China*）一书中指出：南京临时政府成立后，英国驻华公使朱尔典（John N. Jordan）奉命斡旋南北关系，他多次敦促袁世凯与南京临时政府进行和平谈判。英国政府也向清廷施压，寻求权力的和平过渡。英国为什么要这样做？方德万认为英国主要是从其在华政治和经济利益考虑的。[2]

《辛丑条约》签订后，清政府的财政已经破产。在英国政府的运作下，由汇丰银行出面，以英国控制的中国海关关税为担保，随即在伦敦金融市场发行债券，以维护清王朝的稳定。这些外债计有沪宁铁路、津浦铁路、广九铁路、沪杭甬铁路等借款，总额达 1570 万英镑。[3] 而辛亥革命爆发和南京临时政府的建立，中国爆发内战的概率极高。英国无法承受南北内战所带来的政治混乱和其在华经济利益严重受损。中国的内战对于英国来讲，就是伦敦金融债券市场的崩盘。更严重的是，南北政府的对立会导致英国失去对中国海关税收的控制。在此背景下，朱尔典同袁世凯频繁磋商：英国答应支持

---

① John King Fairbank, *China*, *A New History*（Harvard University Press, 1994）, p. 255.

② 参见 Hans van de Ven, *Breaking with the Past*：*The Maritime Customs Service and the Global Origins of Modernity in China*（New York：Columbia University Press, 2014）, pp. 133 – 135, 162 – 171。

③ 参见财政科学研究所、中国第二历史档案馆编《民国外债档案史料》第 1 卷，档案出版社，1990，第 96—99 页。

袁世凯建立政府，而袁世凯则希望英国提供进一步的财政援助。方德万因此在书中提出了"债券市场赢得了辛亥革命"的论断，颇值得中国学者思考。①

不平等条约体系与五族共和多民族国家的建立　从孙中山开始，南京临时政府就受到不平等条约体系的约束。1911年11月，孙中山发表通告各国书，宣布愿"与各友邦共结厚谊"，承认武昌起义前各国同清政府订立的条约、清政府所欠的外债，以及保全各国在华租界、保护在华外国侨民的财产安全等。②1912年1月5日，孙中山在就任临时大总统后发表的"对外宣言"中明确宣布，中华民国愿同各国建立友好关系，阐述了南京临时政府的对外政策，表明了希望获得列强承认的愿望。③孙中山甚至一度将"列国承认临时政府"作为让位于袁世凯的条件。④中华民国建立后面临的国际环境对民国政府十分不利，英、俄、日等国在承认北京政府问题上所提出的严苛条件以及在西藏、外蒙古和满洲问题上向袁世凯施加的外交压力，几乎使新政权处于崩溃的边缘。尽管美国和德国相继承认民国政府，打破了列强间的一致，但中国政府在外蒙古和西藏问题上向俄、英的妥协，导致中国边疆不断出现少数民族的分离和界务危机，并始终困扰着中国政府。这就是说，中华民国政府以继续承认清政府与列强签订的不平等条约所规定的列强在华特权和侵略战争所掠得的赔款为代价，试图换取西方列强所构建的国际条约体系对中华民国继承清朝疆域版图的承认。

当然，对于条约体系对中国的负面影响，我们不能一概而论。随着第一次世界大战爆发后日本试图独占中国，美国构建的华盛顿体系就是以约束日本侵略中国为目的的。第一次世界大战结束后，德国、奥地利等战败国在中国丧失了治外法权、特许权和租借权，它们在庚子赔款中所享有的份额也被取消。新建立的苏维埃政府放弃了俄国在中国的一切不平等的条约权利。但日本要求继承德国在胶州湾租借地、胶济铁路和所有特权，导致中国国内民族主义情绪高涨，并为北京政府的垮台增添了砝码。华盛顿会议和华盛顿体

---

①　Hans van de Ven, *Breaking with the Past：The Maritime Customs Service and the Global Origins of Modernity in China*, p. 162.

②　广东省社会科学院历史研究室、中国社会科学院近代史研究所中华民国史研究室、中山大学历史系孙中山研究室编《孙中山全集》第1卷，中华书局，1981，第545页。

③　中国社会科学院近代史研究所中华民国史研究室、中山大学历史系孙中山研究室、广东省社会科学院历史研究室编《孙中山全集》第2卷，中华书局，1982，第10页。

④　张忠绂编著《中华民国外交史》，正中书局，1945，第31页。

系对于中国构建多民族国民国家，对于 20 世纪 20 年代中国民族主义的崛起，无疑具有重要影响。

不平等条约体系与国民政府对外政策的转向　以 1925 年五卅运动为契机，中国的民族主义运动蓬勃兴起。在苏联的支持和援助下，北伐战争于次年开始。国民革命是在一个非常复杂的国际背景下产生的，由于日本在中国采取了币原外相制定的对华不干涉政策，英国成为受到打击的主要对象。随着北伐军攻城略地，最终攻下杭州、南京和上海，推进到最富裕的长江三角洲流域，革命阵营内部的分裂亦愈加明显。南京惨案的发生使西方列强干预国民革命的可能性倍增，同时也加剧了国民政府的分裂。

日本成为国民革命运动的最大赢家。在南京惨案发生以后，尽管日本官民在南京遭受了巨大的生命财产损失，但日本拒绝参与英美军舰炮击南京城的联合军事行动。同时，日本努力说服英美不要向蒋介石施加压力，并坚持认为南京惨案是武汉政府内的过激派策动的，其目的是要"使蒋陷入困境，促使蒋下台"。① 币原向英美保证蒋介石会采取行动来维护"自己的颜面"。② 日本的支持使蒋介石一度对日本抱有高度信任感，为此，他于 1927 年 11 月 5 日在东京拜会田中义一，希望日本对国民革命军的继续北伐给予支持。但田中义一明确告诉蒋介石"应该专心致志于南方一带的统一"，"日本的希望只在于满洲的治安得到维持"。③ 1928 年发生的济南惨案彻底击碎了蒋介石对日本的幻想。二次北伐期间，由于国民革命军仍然存在危害欧美侨民生命和财产的"暴行"，欧美列强不仅在济南惨案的态度上倾向日本，最终还同日本取得协调：张作霖军队撤回关外，阎锡山率所部进驻京津地区，而将蒋介石和冯玉祥的军队拒之门外。由此可见，二次北伐阎锡山接收京津的格局是列强协调的结果，并非蒋介石个人的安排。

由于南京惨案的影响，国民政府一直无法同英美建立亲密的外交关系。1927 年，蒋介石在南京建立国民政府并实施反苏反共政策后，英国开始同

① 《关于缓和南京事件要求条件以避免共产派推动蒋介石下台一事币原外务大臣致中国公使芳泽电》（1927 年 3 月 30 日），载日本外务省编《日本外交文书·昭和期 I 第 1 部第 1 卷》，东京，1989，第 529—530 页。

② Sir J. Tilley to Sir. Austen Chamberlain, Tokyo, April 7, 1927, BDFA, Vol. 32, doc. 278. F4281/1530/10.

③ 《田中义一与蒋介石会谈记录》，李华译，载《近代史资料》总 45 号，中国社会科学出版社，1981，第 218—224 页。

南京政府和解。蒋介石发动的清党运动扫除了笼罩在上海英商心中的阴霾，上海英商公会高兴地指出："友谊只能存在于那些目标相似的人之间。现在共产党已经被从国民党中驱逐出去……这为持续了许多年的中英友好关系留下了发展空间。"① 英国驻华大使蓝普森（Sir Miles Lampson）专程来到上海，他向英国商人保证："英国和中国都在为相互间的关系寻求一个新的基础。我们同意，一旦条件允许，现存的条约制度应该进行彻底的检查，以便使之适应于中国现今的时代特征。"② 南京国民政府最终与英国达成了妥协，英国在上海的利益得以维持和发展。英国放弃了在中国的一些租界和租借地，其中包括威海卫的海军基地，免除了庚子赔款中应享有的份额。

1928 年以后，列强陆续同意国民政府恢复关税自主，这一举措对中国经济发展产生了积极影响。南京国民政府成立之初，曾经打算收回上海的公共租界和法租界，从而一度引起中外工商界的恐慌，因为他们担心来自中国政府的干预会削弱上海的安全性和免干扰力。英美商人和中国民族资产阶级都害怕国民政府会采取限制措施，使商人和企业主在借贷方面的金融便利受到危害，担忧上海的进出口贸易因此受到影响，忧虑上海制造业和工业的发展速度也会放慢。不过，国民政府后来暂时放弃收回上海租界，而采取同英美政府以及租界管理当局密切合作的政策，制定包括公司法、商标法在内的一系列法律和法规来保障工商界的合法权益，取得了积极的成效。

雅尔塔密约与战后中国版图的确定　1943 年 1 月 11 日，中美、中英新约签订，标志着不平等条约体系在中国的终结。不平等条约的废除是对中国人民抗日斗志的激励。由于中国落后的科技与经济、低下的国际地位，还不可能完全消除不平等条约所带来的影响和后遗症。但国民政府并不认为废除不平等条约是盟国给予的恩惠，而认为是完成了国民革命的一项主要目标。美国政府当时力促英、苏同意中国参与主导国际事务。1943 年 3 月 27 日，罗斯福向英国外相艾登（A. Eden）重申了美国政府的观点，即"中国必须包括在四大强国之中"。同年 10 月，美、英、苏在莫斯科举行外长会议。由于美国的坚持，中国驻苏联大使傅秉常获得授权，代表中国政府在四国宣

---

① "Sino-British Friendship," *British Chamber of Commerce of Journal*, Vol. XIII, No. 3（March 1928），p. 1.

② Ibid.

言上签字，遂"将中国提高与英、美、苏同处于领导世界政治地位"，[①] 为战后中国在联合国安理会常任理事国地位奠定了基础。

此时的中国虽然是四强之一，但国际地位事实上很低。雅尔塔密约则体现出中国国家利益再次被出卖的窘境。在美国政府的坚持下，蒋介石和国民政府最终同意《雅尔塔协定》中有关外蒙古、旅顺、大连和中东铁路的安排。《中苏友好同盟条约》于 8 月 14 日在莫斯科签订，标志着中国接受了雅尔塔密约对中国领土主权的分割，这是美英对中国利益的出卖。

也就是说，抗战胜利以后，尽管不平等条约已被废除，但中国依然面临严重的边疆危机和民族危机。通过《雅尔塔协定》，宣布"独立"的外蒙古实际上已经完全被苏联控制。在新疆，由苏联幕后控制的三区革命动摇了国民政府抗战后期在新疆建立的稳固统治。此外，在香港和西藏问题上，美国也采取了模糊的政策。美国在中英关于香港的矛盾上，最终支持英国，迫使国民政府放弃战后对香港恢复行使主权的战略；国民政府战后收回西藏主权的战略也被迫搁置。但作为第二次世界大战战胜国和联合国安理会常任理事国的中国，遵照《开罗宣言》和《波茨坦公告》，收回了被日本侵占的中国东北四省、台湾、澎湖列岛和南海诸岛，重新确立了中华民国的版图。这是第二次世界大战后联合国和同盟国赋予中国的权利，更是中国依据战后国际秩序所享有的权利。

〔作者单位：南京大学历史学院〕

---

① 秦孝仪主编《中华民国重要史料初编——对日抗战时期》第 3 编《战时外交》（2），中国国民党中央委员会党史委员会，1981，第 813 页。

近代中琉历史关系研究探微

谢必震

由于非常典型的历史发展过程，中琉历史关系研究这一课题特别引人瞩目。近年来国际形势跌宕起伏，琉球的历史问题与现实问题交织在一起，亚洲宗藩体制和东亚国际秩序问题，都使中国与琉球历史关系的研究成为学界瞩目的热点话题。为此，本文拟从以下几个方面对这一研究的学术史加以阐述。

一　中国大陆地区的中琉历史关系研究动态

早在清末，中国学者就开始注重琉球历史的研究及档案资料的收集。1891 年，清人王锡祺编纂了《小方壶斋舆地丛钞》，收有张学礼撰《使琉球记》《中山纪略》，徐葆光撰《中山传信录》，李鼎元撰《使琉球记》，黄景福撰《中山见闻辨异》，钱莲溪撰《琉球实录》，姚文栋译《琉球说略》，王韬撰《琉球朝贡考》《琉球向归日本辨》等。关于日本吞并琉球时期的中日交涉史料也被吴汝纶编入《李文忠公全集》。这些都可视为清代学者开始注意琉球历史、中琉关系史的研究。

20 世纪 30 年代，学者们撰写了许多关于日本吞并琉球的文章，这些文章虽然涉及琉球，但多是政论性的文章，对中琉关系的学术研究并无多大影响。随着二战的结束，有关琉球王国及中琉历史关系的研究开始升温。1948

年，著名历史学家傅衣凌先生调查了福州的琉球馆，并撰写了《福州琉球通商史迹调查记》。亦有学者胡焕庸编写了《台湾与琉球》（京华印书局，1945）、吴壮达编写了《琉球与中国》（正中书局，1947）。

新中国初创，百业待兴，人们无暇顾及中琉历史关系的研究，历次运动又逼迫学界对中琉关系的研究噤若寒蝉，无人问津。福建师范大学地处通琉球旧地，学者们撇开运动的干扰，延续傅衣凌先生历史研究重视社会调查的方式，在20世纪60年代，由刘蕙孙先生率领年轻学者，开始了福州地区琉球墓及其资料的调查研究，从而保留了一些与中琉关系研究有关的资料，为福建师范大学学者们的研究开辟了道路。直到20世纪80年代，中琉关系的研究才迎来了改革开放的春天。一批批学者、一摞摞资料、一堆堆成果推开了中琉关系研究的大门。1981年，福州与日本冲绳那霸建立了友好城市关系，从而使中琉关系的研究蓬勃发展起来。

1985年5月，在福建师范大学召开了由中日学者共同举办的"福建-冲绳学术研讨会"，这次会议加强了福建学者与冲绳学者的合作研究关系。继福州之后，1988年，泉州与日本冲绳浦添亦缔结为友好城市关系，在冲绳浦添又举办了相关的学术会议，使中日学者关于中琉关系的学术研究，犹如脱缰的骏马，一发不可收。福建师范大学的刘蕙孙、徐恭生、王耀华等相继推出了中琉关系的研究著作：刘蕙孙《中国与琉球的交往开始远在明代以前》（《福建师范大学学报》1987年第1期）；徐恭生《中国·琉球交流史》（日本南西出版社，1991）；王耀华《琉球·中国音乐比较论》（日本那霸出版社，1987）。泉州海外交通史博物馆馆长王连茂、泉州学者陈泗东在泉州与琉球的海上交通方面也都发表了相关的学术论文。中国大陆关于中琉关系研究的真正起步，是从清代中琉关系档案的编纂和中琉历史关系国际学术会议的举办发轫的。

从1990年8月开始，福建师范大学与中国第一历史档案馆开始了清代中琉关系档案的整理及出版工作，在冲绳银行的资助下，1993年出版了《清代中琉关系档案选编》（中华书局），其后陆续出版了续编和各编，一共推出7编，收入中琉关系档案4000多件。同时，中国第一历史档案馆也整理出版了《清代琉球国王表奏文书选录》。这批珍贵的故宫档案资料主要包括以下几方面内容：第一，清朝历代皇帝对琉球国王的册封；第二，琉球国王派遣各类使团到中国进行朝贡、接贡、请封、谢恩、庆贺等活动的情况；

第三，清廷官员接待琉球使臣入京及护送回国等情况；第四，琉球国在国子监官生及福州勤学生的学习生活情况；第五，中琉两国朝贡贸易、册封贸易及文化交流活动的情况；第六，中琉两国对双方漂风难民的救助、抚恤及遣返护送情况；第七，清廷惩治违法官员及打击危害琉球贡使的海盗情况等。珍贵档案资料的出版，催生了中国大陆学者对中琉历史关系的研究。这一时期的研究者主要有福建地区的福建师范大学的学者、福建社会科学院的研究者、福州的文博人员、泉州海外交通史博物馆研究人员、厦门大学的学者；北京以中国第一历史档案馆的学者为主，他们占据资料的优势，撰写了一批颇有见地、质量上乘的学术论文。此外，还有天津以南开大学日本研究见长的学者，以米庆余先生为代表。

中国学者的研究不仅因为档案的发掘、整理出版起到推动的作用，而且由于举办了几次中琉历史关系国际学术会议而产生了蝴蝶效应。1994 年，由福建师范大学举办了"第五届中琉历史关系国际学术会议"，参会的学者来自中国、日本、法国，收到的论文有 70 余篇。这次会议得到了时任福州市委书记习近平同志的支持。习近平同志还主持重修了福州的琉球馆，这些举措使福州的中琉历史关系的学术研究更上一层楼。1996 年，中国第一历史档案馆在北京举办了"第六届中琉历史关系国际学术会议"。1995 年 12月 15 日，福建师范大学成立了中琉关系研究所，2002 年，中琉关系研究所承办了"第九届中琉历史关系国际学术会议"。2009 年，中国海洋大学承办了"第十二届中琉历史关系国际学术会议"。此后，福建师范大学又先后承办了第十三届和第十六届中琉历史关系国际学术会议。在此期间，中国第一历史档案馆与日本冲绳教育委员会共同举办了十多届中琉历史关系学术会议。学术会议的召开，使中国涌现一批研究中琉关系的学术论文，相应的专著、论文集也相继问世。与此同时，一批以中琉关系研究为主题的硕士学位论文、博士学位论文产生，一拨研究中琉关系的年轻学者应运而生。

这一阶段，研究专著相继出版，有丁锋的《琉汉对音与明代官话音研究》（1995）、《日汉琉汉对音与明清官话音研究》（2008），谢必震的《中国与琉球》（1996）、《明清时期中琉航海与贸易研究》（2004）、《中琉关系史料与研究》（2010），米庆余的《琉球的历史》（1997），刘富琳的《中国戏曲与琉球组舞》（2001），何慈毅的《明清时期琉球中国关系史》（2002），王耀华的《琉球御座乐与中国音乐研究》（2003），赖正维的《康

熙时期的中琉关系》（2004）、《清代中琉关系研究》（2011），丁春梅的
《清代中琉关系档案研究》（2008），徐斌的《明清士大夫与琉球》（2011），
徐晓望的《台湾：流求之名的失落——关于琉球与台湾历史的一种假说》
（2011），陈硕炫的《琉球闽人家谱资料研究》（2014），孙清玲的《明清时
期中琉友好关系历史遗存考》（2015），杨邦勇的《琉球王朝 500 年》
（2018）等。

中琉历史关系研究的资料工作也备受重视，除了清代中琉关系档案资料
的整理外，历史文献资料的整理出版也如火如荼。有国家图书馆整理出版的
7 册《国家图书馆藏琉球资料汇编》（2000—2006），有鹭江出版社出版的
《传世汉文琉球文献辑稿》（30 册，2012），有上海复旦大学编的《琉球王
国汉文文献集成》（36 册，2013），有方宝川、谢必震主编的《琉球文献史
料汇编》（2 册，2014）。

在中琉历史关系研究方兴未艾之际，中外学术交流的规模和力度大大加
强了。中日之间互派学者交流、学生交换顺利进行。一批年轻的日本学者来
到福建师范大学从事中琉历史关系的学习与研究，中国的学者与学生也通过
各种途径前往日本访学。学术交流活动日趋频繁，中琉文化交流、经贸交流
的学术考察活动也此起彼伏、应接不暇。所有的这些学术活动，对中国大陆
的中琉历史关系研究产生了积极的影响。

二　中国台湾地区的中琉历史关系研究动态

20 世纪 60 年代，台湾学者组织编纂了《台湾文献丛刊》309 种，计
595 册，其中收集了诸多琉球史料。1972 年，台湾大学影印出版了日本学者
小叶田淳收集的 1424—1867 年琉球王国外交文书《历代宝案》（15 册）。该
资料共分三大集、一别集、一目录，合计 270 册（卷），绝大部分是中琉间
有关册封、朝贡、留学及护送海上漂风难民等的往来文书，亦有少量琉球与
朝鲜、东南亚诸国、法国、美国往来的外交文书。《历代宝案》无疑是琉球
王国史及中琉关系史研究最基础、最珍贵的源文件资料之一。

琉球资料的梳理，使这一时期有关琉球史、冲绳史的研究备受关注。台
湾学者陆续推出一批专著，如陈大端的《雍乾嘉时代的中琉关系》（1956），
梁嘉彬的《琉球古今见闻考实》（1960）、《琉球及东南诸海岛与中国》

（1965），杨仲揆的《琉球历史地理之研究》（1971）、《中国·琉球·钓鱼台》（1971）、《琉球古今谈：兼论钓鱼台问题》（1990）、《现代中琉关系》（1997），陈纪滢的《了解琉球》（1971），吴霭华《明清两代之中琉关系》（1974），吴幅员的《琉球历代宝案选录》（1975），徐玉虎的《明代琉球王国对外关系之研究》（1982），许洋生的《明实录中所见之中琉封贡关系》（1989），陈舜臣的《琉球之风》（1994），张启雄的《琉球认同与归属论争》（2001），张希哲的《中琉关系的突破》（2003）等。

1986年，由台湾"中琉文化经济协会"倡议轮流举办两年一次的中琉历史关系国际学术会议，日本琉球大学亦参与其中。1992年，第四届会议在冲绳召开，大陆学者首次应邀参加会议。此后，中国大陆也承接举办了这两年一次的中琉历史关系国际学术会议，每次学术会议的论文都被集结成册，这使得中琉历史关系的研究逐步深入。与此同时，台北"故宫博物院"正在编辑出版《清代琉球史料汇编》，其中包括宫中档朱批奏折、军机处档奏折录副以及其他档册中之琉球史料辑录，并在2015年编辑出版了由陈龙贵主编的《清代琉球史料汇编——宫中档朱批奏折》（2册）。琉球资料的出版，大大促进了中琉关系史的研究。

近年来，台湾局势发生了重大变化，台湾当局密切关注与冲绳地区的经贸往来，而疏于加强学术方面的交流，随着陈捷先、徐玉虎、张存武、曹永和等老一辈研究者的淡出，台湾地区的中琉历史关系研究似乎也到了徘徊不前的境地。

三　日本学界关于中琉历史关系的研究动态

日本学界研究琉球历史的多是冲绳人，因为这是他们自己故乡的历史，尤为用心。有着"冲绳学之父"称号的伊波普猷早年在担任冲绳图书馆馆长一职时，就注重收集琉球研究的资料，并撰写了《古琉球》（1911）一书。他的研究领域和主要收藏集中在琉球语言、民俗、艺术等方面，留有《琉球人种论》和《南岛方言史》等著作。

日本研究琉球历史的另一位权威人物是东恩纳宽惇先生，他曾是东京都立大学、法政大学和拓殖大学教授，主要研究琉球王府外交文书《历代宝案》，著有《黎明时期的海外交通史》、《南岛风土记》、《南岛通货志》、

《琉球的历史》、《冲绳史概说》和《尚泰侯实录》等，他的主要学术成果辑录在《东恩纳宽惇全集》10卷本当中。

真境名安兴乃琉球王府五大贵族之一毛氏的后裔，福建人之后裔。其任职于《琉球新报》和冲绳《朝日新闻》等媒体，在从事记者工作期间致力于乡土历史的研究和资料收集。晚年还出任冲绳县立图书馆第二代馆长，他在琉球文学、民俗和艺术方面的论著丰富，著名的《冲绳女性史》（1919）、《冲绳一千年史》（1923）、《冲绳现代史》（1936）是当代冲绳研究的经典读物。

小叶田淳教授以收集琉球《历代宝案》而闻名于世，他的《中世南岛通交贸易史的研究》是研究琉球对外贸易的重要著作，他的研究影响了一代人。

岛袋源七也是早期琉球历史研究的重要人物，他是冲绳民俗问题研究专家，在冲绳北部地方风土人情及习俗方面做了大量的田野调查工作，留有论著《冲绳的民俗与信仰》《冲绳的古神道》《山原的土俗》等。

近年来，日本学界更加关注琉球历史的研究，他们投入了大量的物力和人力组织了许多重大的研究项目。如日本学术振兴会设立的"福建琉球列岛交涉史研究"项目（比嘉实，1990），日本文部科学省设立的"琉球中国文化交流史研究"项目（上里贤一，1998），以琉球（冲绳）为研究中心的"人口移动与21世纪全球化研究"（高良仓吉，2007）等。在这一背景下，日本学者推出了许多成果，诸如滨下武志的《近代中国的国际契机》，纸屋敦之的《幕藩制国家之琉球》，高良仓吉的《亚洲视域中的琉球王国》《琉球王国的架构》，西里喜行的《清末中琉日关系史研究》，赤岭守的《琉球王国》，丰见山和行的《琉球·冲绳史的世界》等。这些成果围绕琉球国如何与中国建立宗藩关系、如何开展朝贡外交与贸易、如何吸收儒家文化和生产技术以资发展国内经济文化等方面进行了很好的研究。

在资料整理研究方面，日本更是殚精竭虑，不惜血本，斥巨资修撰琉球《历代宝案》，不仅要整理出版点校本，还要出版日文本和英文本。这项工作始于1988年，计划20年完成，然而到了2008年尚未结束，现在依然在进行。值得注意的是，日本学者已将这项原始资料数字化，这为学术研究创造了无比便利的条件。同样，由中国出版的清代中琉关系档案，日本学者也将其数字化。将现代先进的科技手段使用在人文社会科学的研究工作中，日本人已得心应手，这是值得我们借鉴的。

此外，在中国香港、韩国、加拿大、美国等地，也有一些学者研究琉球的历史，尤其是美国夏威夷大学，收藏有许多琉球的历史资料。我们知道，阪卷·宝玲文库是英国人弗兰克·霍利（Frank Hawley）收集的资料。20世纪30年代，他任职于日本高校和英国时报社，这些资料就是那时在日本收集的，其中有不少内容涉及琉球历史和文化。这批资料后来分别被日本天理大学图书馆和美国夏威夷大学图书馆购买和收藏。夏威夷大学图书馆所藏宝玲文库的绝大部分资料就是这些资料，因此在美国亦有学者围绕这些资料展开研究，并时常举办相关的学术会议，颇具影响。

四　中琉历史关系研究的思考

客观地说，中琉历史关系的研究确实是一个不断完善且不断深化的过程。由于地域不同、学术环境不同、研究资料应用的不同，以及学术视野的差异，当前中琉历史关系的研究有一个从粗浅到深入、从片面到全面、从微观到宏观的走势。

1. 中琉历史关系学术研究的不足

中国大陆学者与台湾学者乃至日本学者三方面的研究，各具千秋，褒贬不一。

就中国大陆学者而言，前期的研究由于环境的影响和历次运动的干扰，难有深入的研究，有影响力、有分量的研究成果并不多见。总体而言，关于中国与琉球历史关系的研究起步较晚，究其原因有以下几个方面。首先，相当多的原始资料尚未被发掘、利用。多年来，中国大陆学者未能有机会赴海外各地查阅资料，对于海外学者的研究成果不能掌握，也无交流切磋的管道。许多珍贵的琉球资料，也是近些年才被大陆的出版机构整理出版，为学者所用。其次，中国大陆学者大都存在学科结构上的欠缺，研究中琉关系的课题，史学研究者往往缺少语言方面的优势，对于许多日文资料不能充分地利用。而有一批学者，日语水平相当了得，但对于史学研究而言，他们学科基本功又远远没有达到应有的水平。这些都使得中琉历史关系问题的研究，有不尽如人意的地方。

从具体的研究来看，研究中国册封琉球的史实的论文相对多，诸如方宝川《明清册封琉球使及其从客的历史作用》（《福建师范大学学报》1989年第3期）、朱淑媛《新发现的明代册封琉球国王诏书原件》（《历史档案》1995年第2期）、米庆余《明代中琉之间的册封关系》（《日本学刊》1997年第4期）、曲金良《萧崇业出使册封琉球的历史贡献》（《第十二届中琉历史关系国际学术会议论文集》，北京图书馆出版社，2010）、吴怀民《清代中国对琉球的册封》（《福建师范大学学报》1992年第3期）等。这些研究仅就其一，不及其余，未能就册封体制研究与宗藩关系的发展联系起来，也未能与琉球之外的其他属国加以比较，就册封论册封，略显不足。

在中琉贸易关系的研究方面，应该说学者们充分利用了中文、日文、官方、民间的各种史料，将中琉贸易之间的诸多细节分析得入木三分，不可谓不深刻。但是，中琉贸易在国际贸易圈的地位，中琉贸易对中国社会经济的影响，中琉贸易对同时期其他国家的影响，中琉贸易与中国和安南的贸易、暹罗的贸易、朝鲜的贸易之间的关联如何，相关的文章确实很少。因为通过这些比较，我们可以从中发现问题，阐释这一贸易关系的异同，可以弄清楚中琉贸易的特征和发展规律。

同样的问题也出现在中琉文化交流的研究方面。学者们十分重视中国文化对琉球社会的影响，涉及的内容也很全面、宽泛。但优秀的中华文化为什么没有拯救走向亡国的琉球？有优秀的中华文化武装的琉球为什么在残暴的倭寇面前束手就擒？先进的中华文化为何在近代西方文化、日本文化的挑战中呈现颓势？这是值得我们深思的。

还有许多问题诸如闽人移居琉球、琉球留学生来华学习、中日琉三国之间关系的演变、琉球王府政治发展与中国对琉球政策的变化、日本吞并琉球对东亚国际秩序的影响等，各种问题之间都有逻辑上的关联，而解决这些问题不是一两篇论文就可以勾勒清楚的。

就中国台湾地区的中琉历史关系研究而言，由于所处的社会环境不同，我们清楚地看到，研究中琉历史关系的学者，基本上是留学日本的，因此他们有语言方面的优势。然而台湾的社会环境又使这些研究者没有清晰的目标，受日本学界研究模式的影响，他们喜欢研究细致、具体的历史问题，诸如辛德兰《基隆社寮岛的石花菜与琉球人村落（1895—1945）》（《第十一届中琉历史关系国际学术会议论文集》，2008）、徐玉虎《明代册封琉球"航海针路"之诠释》(《政治大学边政研究所年报》第9期，1978年)、梁嘉彬《琉球古今见闻考实》(《东海学报》第2卷第1期，1960年)、陈捷先《清代琉球使在华行程与活动略考》(《第二回琉中历史关系国际学术会议论文集》，1989)、陈信雄《遗留在琉球的中国古外销陶瓷》(《历史博物馆馆刊》第2卷第12期，1992年) 等。从台湾学者的研究中我们知道，台湾学者的中琉关系研究很少有整体宏观视角的研究，考释的文章居多。相当多的台湾学者不承认冲绳这一地名，坚持用琉球称呼冲绳，他们认为琉球是一个独立的国家，甚至认为琉球国原本属于中国，这种想法始终贯穿在他们的学术研究中。

就日本学者的研究而言，他们站在自己的角度，研究琉球历史的较多。虽然他们心知肚明，琉球社会的发展进步离不开中国对它的帮助，但是绝大多数的研究者对此不感兴趣。他们专心研究琉球国自身的发展。就传统的研究方法而言，日本学者也是以考证见长，不过他们整理收集史料的功夫是一流的，许多鲜为人知的历史事实，凭借日本学者挖地三尺的执着而得以大白天下。这倒是为我们系统地研究中琉关系通史提供了很大的帮助。

2. 中琉历史关系研究的拓展

中国与琉球的历史关系极其特殊，由于琉球是一个岛国，海洋发展成为琉球王国社会发展的第一要事。围绕着海，中琉历史关系的研究演绎出许多耀眼夺目的篇章。

(1) 中琉航路问题在今天仍然是重要的话题。中琉航路究竟是谁开辟的？中琉航路又是何时开辟的？这些问题至今尚未有明确的答案。探究中琉航路的开辟极其重要。

(2) 中琉关系的发展建立在中琉航海的基础上，册封琉球、来华进贡、贸易往来、文化交流都与航海脱不了干系。中琉航海使中琉关系的建立发展成为可能。通过对中琉航海的探讨，我们能够完整地考释古代中国的造船机制、封舟形制、造船工艺、航海管理、造船费用等，同时还可以对航海组织、航海技术、航海禁忌、航海习俗有一个完整的了解。

(3) 中琉航海的过程铸就了中国的海洋文化。研究中国与琉球的关系史，我们可以对海洋文化有比较深刻的认识。通过对中琉航海过程的研究，我们了解到古代中国航海信奉的海神有几十种之多；我们还能通过中琉关系通史的研究，还原古代中国人祭祀海神的诸种仪式，并对古人信奉海神的精神与心理有一个比较清楚的认知。

（4）研究中琉航海的过程，我们能够深刻地了解古代中国人的航海生活。在漫漫的航海途中，古人在船上吃什么？如何预防疾病？如何打发寂寞？诸多的疑惑，让我们在研究中琉关系通史中，超越学科，超越领域，走向完美。

（5）中琉航海的过程诠释了古代中国海上贸易的全景。从史料记载来看，中琉贸易物品的种类有上千种之多。中琉贸易对双方社会的影响、贸易制度的演变、贸易数量的增减、贸易与中国册封的关系，都是值得进一步探讨的。此外，我们还发现中琉贸易往来的商欠案，这一现象与国际贸易、市场网络不无关系。探究这些问题，无疑使我们对中国海商的经营方式、市场聚散的法则、贸易安全的保障有一个比较客观的认识。

（6）中琉航海促成了闽人三十六姓移居琉球。从1392年明朝赐姓给琉球，到今天已经过去了600多年。如果你仔细地打探，你会惊奇地发现，岁月时光并没有磨灭移居琉球闽人的记忆，他们今天在异国他乡，依然有宗亲组织，时刻记得自己是福建人的后代。原因何在？探究这一历史现象，你会发现，这一切都源于那本破损的家谱。这让我们肃然起敬，由此想到家谱的重要价值。

（7）我们研究中琉历史关系，就能将各个时段的人物活动联系起来，充分了解琉球来华留学生与琉球王府政治的关系。琉球王朝的更替，并非简单的自然更替。通过大量的档案文献资料、民间文献资料，我们对琉球王府政治的发展演变及其影响，有比较中肯的评说。

（8）在亚洲宗藩体制的发展演变中，琉球国——一个与中国有着特殊关系的国家，居然成了宗藩体制的牺牲品，这是令人匪夷所思的问题。探究这一问题，无疑对宗藩体制的演变，对中琉关系发展的变化，能有比较令人信服的答案。

（9）琉球王朝500年，最后落了个无可奈何花落去的悲惨境地，繁荣逝去，谁解其中味？中琉历史关系的研究，就是要探究琉球国与中国密切关系的发展中，落下了多少与国际社会格格不入的毛病。除了过度的依赖性、民族脆弱性，还有哪些因素在作祟？这值得我们进一步探讨。

结　语

虽然琉球国已经不复存在，但是中琉历史关系仍值得学界深入地研究，因为历史的发展尚有许多难解之谜：为什么中国史籍中有"大琉球""小琉球"之分？历史上究竟有没有赐闽人三十六姓给琉球？琉球闽人三十六姓有哪些姓氏？移居琉球闽人的家谱为什么与福建祖谱不能对接？葡人笔下的琉球"Guores"究竟是谁？日本吞并琉球时中国为什么不出手相救？琉球方言借用了哪些福州方言？琉球料理就是古代的福建菜吗？宗藩制度最为得宠的琉球王国为什么会亡国？开罗会议上蒋介石为什么没有接受琉球归属中国？……

当然，历史会给今日留下诸多的谜团，留下许多的遗憾！从这一点出发，中琉历史关系还有许多问题值得研究。我们相信，在中外学者的共同努力下，中琉历史关系的研究将会出现更加辉煌的成就。

〔作者单位：福建师范大学〕

回顾与前瞻：清代海防史研究综述

王宏斌

一 问题的提出

由于近代西方列强对中国的入侵大都是从海上发动的，因此，建立强大的海军，建筑海防的钢铁长城，是 1840 年以来中华民族梦寐以求的强国目标。晚清中国的海防建设与海军兴衰问题始终是一个充满活力的重大历史研究课题，尤其是海防建设的现实发展需要为该课题的深入研究提供了永久的动力。

海防危机、海防建设与海防史的研究始终紧密联系在一起。第一次鸦片战争后，魏源的《海国图志》《道光洋艘征抚记》，夏燮的《中西纪事》，梁廷枏的《夷氛闻记》等著作相继问世。第二次鸦片战争后，关于海防建设的奏折和文章大量出现。甲午战后，人们沉痛反思中国海军失败的教训，发表了许多文章，也出版了一些著作，如姚锡光《东方兵事纪略》。20 世纪 30 年代，《汉纳根向北洋大臣报告公文》《中日海战史料》《中日黄海海战纪略》《中日威海海战纪略》等海战史料相继刊登在《清华学报》、《大公报》和《海事》杂志上，引起了人们研究的兴趣。但总的来说，由于连续的国内政治动荡分散了人们的注意力，高水平的海防史和海军史专著在中华人民共和国成立之前很难见到，不尽如人意。

中华人民共和国成立后，学术研究同其他事业一起有计划展开，中国史学会主编的《中国近代史资料丛刊》的出版，一批档案资料的相继公布，为研究者提供了极大便利，加快了研究步伐。尤其是1977年以来，学术界经过长期积累，出版了一批质量颇高的海军史专著，成就喜人。1977年，中华书局（台北）出版了包遵彭的《中国海军史》；1981年，山东人民出版社出版了戚其章的《北洋舰队》，黑龙江人民出版社出版了孙克复等人的《甲午中日海战史》；1983年，山东教育出版社出版了戚其章的《中日甲午战争史论丛》，辽宁人民出版社出版了张玉田等人的《中国近代军事史》；1984年，台湾文史哲出版社出版了王家俭的《中国近代海军史论集》；1989年，海军出版社出版了张墨等人的《中国近代海军史略》，解放军出版社出版了吴杰章等人的《中国近代海军史》；1990年，人民出版社出版了戚其章的《甲午战争史》，大连出版社出版了胡立人、王振华的《中国近代海军史》，厦门大学出版社出版了驻闽海军军事编纂室编著的《福建海防史》，国防大学出版社出版了鲍中行的《中国海防的反思》；1991年，上海交通大学出版社出版了姜鸣的《龙旗飘扬的舰队——中国近代海军兴衰史》；1994年，海潮出版社出版了海军司令部《近代中国海军》编辑部编著的《近代中国海军》；1995年，生活·读书·新知三联书店出版了茅海建的《天朝的崩溃——鸦片战争再研究》，人民出版社出版了戚其章的《晚清海军兴衰史》，解放军出版社出版了海军军事学术研究所中国军事科学学会办公室编著的《甲午海战与中国海防》；2002年，社会科学文献出版社出版了王宏斌的《清代前期海防：思想与制度》；2003年，社会科学文献出版社出版了许毓良的《清代台湾的海防》；2004年，天津古籍出版社出版了王家俭的《洋员与北洋海防建设》，中华书局（香港）有限公司出版了钱刚的《大清海军与李鸿章》；2005年，商务印书馆出版了王宏斌的《晚清海防：思想与制度研究》，海洋出版社出版了杨金森的《中国海防史》，福建人民出版社出版了刘传标的《中国近代海军职官表》；2006年，中国海洋大学出版社出版了刘仲民的《中国近代海防思想史论》；2008年，生活·读书·新知三联书店出版了王家俭的《李鸿章与北洋海军》；2009年，辽宁大学出版社出版了高新生的《中国海防散论》，山东画报出版社出版了陈悦的《北洋海军舰船志》；2010年，中山大学出版社出版了罗欧的《广东海防史》；2011年，军事科学出版社出版了王士强、高新生等编著的《中外海防发展比较研究》；2012年，中国社会科学出版社出版了王宏斌的《晚清海防地理学发展史》，广东人民出版社出版了张建雄的《清代前期广东海防体制研究》，厦门大学出版社出版了韩栽茂的《厦门海防百年》，齐鲁出版社出版了戚海莹的《北洋海军与晚清海防建设》，宁波出版社出版了张亚红的《宁波明清海防研究》。国外的研究成果，诸如1974年出版的欧·邦尼波恩的《甲午中日战争中国政策形成的背景》，1991年出版的萨缪尔等人合编的《李鸿章和中国的早期现代化》。

从上述国内外出版的著作情况可以看出，1995年以前的专著主要集中在北洋海军的研究上，此后主要集中在近代中国海防问题上。尽管以上这些著作质量有高下优劣之别，但是反映了一个不争的事实，就是海防史的研究特别受到重视，并且成果十分丰富。同时还可以看到，2012年之后，该领域呈现强弩之末之势，亟须开拓新的研究领域。

二　学术史回顾

历史研究的对象，无论是人物、事件，还是政策、制度，作为长时段的问题都必须关注其历史的因果关系。笔者在研究晚清海防问题时，发现晚清对于海防危机的应对措施，大都与前期的海防思想、政策和制度存在某些内在联系。于是，不得不寻根求源，研究1840年以前的海防问题。清代的海防问题显然是一个错综复杂的不可割裂的系统。将清代整体历史拆分为1840年前、后两个时段，从事断代分工研究，久而久之，不仅各个学科壁垒森严，而且前、后两个时段相互隔绝。仅仅就晚清海防问题开展研究，显然不利于宏观历史认识水平的提升。整体性原则是系统论的一个非常重要的原则，要求人们在研究历史问题时，要牢固地树立全局观念，把研究对象看作一个有机的整体。"中国近代"或"晚清"的概念已成为制约该学科发展的瓶颈，应当适时加以调整，回归"清代"这一相对整体性的概念。

在此需要说明的是，史学界关于清代海防问题的研究大致可以分为六个方面：海防思想、海防政策、海防制度、海防地理、海防军队和海防战争。由于40年来研究成果累累，故在一篇文章中难以全面胪述。又由于著作内容丰富，无法用三言两语涵盖。笔者认为，在各种报刊上公开发表的论文，大致可以代表该学科的主要观点和基本水平。因此，本文综述学界研究成果，侧重于海防思想、海防政策和海防制度三个方面的学术论文。

（一）关于海防思想的研究成果

第一次鸦片战争以后，西方列强依靠其"船坚炮利"突破了中国的海防要塞，打开了中国的门户。清朝一些有识之士，开始为中国海防担忧，并结合当时的具体情况，提出了许多精辟的见解，冲击了以往传统、落后的海防观念，对中国近代的海防建设产生了深刻影响。对清代海防思想史的研究，大致从两个方面同时展开，一是探讨海防人物的思想，二是关于海防思潮的宏观把握。

1. 关于人物个体的研究成果

觉罗满保从康熙末年至雍正初年先后任福建巡抚、闽浙总督达 14 年之久。在任期间，曾大力加强沿海防务。孟繁勇认为满保加强海防的措施虽然有一些消极作用，但从总体上看，其功绩还是主要的。[①]

夏燮是中国近代著名历史学家，面对英军的入侵，他提出的御敌之法比较保守，即"善战不如善堵，堵则船欲小而不欲大，水勇贵少不贵多，炮务近而不务远"。[②]

1978 年以前，关于林则徐的研究成果已有不少。改革开放之后，对林则徐海防活动展开研究的有程镇芳、李才垚、戚其章和吴大康等人。[③] 他们一致认为，林则徐在广东查禁鸦片期间，曾经大力整顿海防，是中国近代史上第一位杰出的民族英雄。针对林则徐在广东采取的海防措施，有的学者认为是成功的，有的学者认为是失败的。例如，李英铨、吴迪认为，林则徐的海防措施存在多方面的欠缺，他不能正视自己的缺陷，不能充分地动员和利用广大民众的力量，使他的自卫反击战处于劣势。林则徐和清军的失败并非全因为缺乏先进武器，而是有更深层的原因。[④] 对此，施渡桥、戚其章和王

---

① 孟繁勇：《清代督抚满保与东南海防》，《社会科学战线》2009 年第 9 期。
② 王宏斌：《晚清海防：思想与制度研究》，商务印书馆，2005，第 34 页；贾光华：《夏燮的海防思想》，《鸡西大学学报》2009 年第 6 期。
③ 程镇芳：《林则徐与广东的海防建设》，《福建师范大学学报》（哲学社会科学版）1982 年第 4 期；李才垚：《林则徐与关天培的友谊——兼论两人对广东海防的部署》，《岭南文史》1985 年第 1 期；戚其章：《论林则徐整顿海防》，《齐齐哈尔大学学报》1985 年第 4 期；吴大康：《林则徐的海防思想》，《安康师专学报》1997 年第 2 期。
④ 李英铨、吴迪：《林则徐海防建设失败原因分析——回答日本学者田中正美的问题》，《汕头大学学报》（人文社会科学版）2014 年第 5 期。

家俭等人不予认同。在他们看来，林则徐与魏源等人的海防思想不是消极的，而是积极的，并且蕴含着朴素的海权思想。[①]

关天培在鸦片战争时期作为广东水师提督，对广东省的海防做出了杰出贡献，最终悲壮地牺牲，英名长存。一些学者认为，关天培主张分层防御、层层控制的海防策略，将海上攻击与岸上防御相结合，具有海陆兼防的色彩。[②]

第二次鸦片战争以后，曾国藩海防思想逐渐形成。他率先提出"师夷智"以造船制炮，并且在购买军舰问题上提出了"权自我操"的基本原则。曾国藩海防思想形成的原因有三：一是经世逻辑的发展；二是倔强刚毅的内在性格；三是回应海上侵略冲击。[③]

同治、光绪之际，总理衙门大臣文祥是重要国防政策的决策人之一，他既主张重视海防建设，也力挺左宗棠西征。闫存庭探讨了文祥的海防思想。[④]

毫无疑问，李鸿章是晚清海防方面最重要的人物。1992 年，袁伟时以回答友人的方式明确指出：在 1874—1875 年的海防讨论中，左宗棠主张收复新疆，无疑是正确的；李鸿章主张放弃西征，则是错误的；但不能因此把这两种观点上升为爱国与卖国的对立。"因为卖国就是背叛国家或为了个人小集团的私利出让国家权益的严重罪行。它应该有严格的界说，不能随意混淆。"[⑤] 在史滇生看来，从 19 世纪 70 年代开始，李鸿章受命督办北洋海防长达 20 余年之久，北洋海防建设不仅是李鸿章后半生最重要的活动，也是清末中国海防建设的缩影。[⑥] 施渡桥对李鸿章的功过是非进行了评价。他认

---

① 施渡桥：《林则徐、魏源的海防战略思想是消极的吗》，《军事历史》1992 年第 4 期；戚其章：《魏源的海防论和朴素海权思想》，《求索》1996 年第 2 期；王家俭：《魏默深的海权思想——近代中国倡导海权的先驱》，《台湾师范大学历史学报》第 21 期，1993 年。

② 张德顺：《悲情式的民族英雄——关天培》，《淮阴师范学院学报》2011 年第 5 期；潘家谕：《关天培的海防思想》，《剑南文学》2013 年第 4 期。

③ 成赛军：《曾国藩海防思想简论》，《军事历史研究》2010 年第 3 期；成赛军、贺进财：《曾国藩与晚清海防述论》，《湖南人文科技学院学报》2011 年第 4 期。

④ 闫存庭：《文祥与近代中国的海防和塞防》，《伊犁师范学院学报》（社会科学版）2007 年第 4 期。

⑤ 袁伟时：《李鸿章与海塞防之争——晚清思潮与人物新探之一》，《开放时代》1992 年第 6 期。

⑥ 史滇生：《李鸿章和北洋海防》，《安徽史学》1992 年第 3 期。

为李鸿章以"自强""御侮"为目的展开的一系列海防建设活动，对国防近代化做出了积极贡献。但是，李鸿章在甲午战争中所奉行的"保船制敌"之策，实质是保船避战的战略方针，毫无疑问是消极的，造成的恶果也是显而易见的。① 当然，也有人坚持认为，李鸿章的"海防和戎"路线，不仅没有给中国打下"求富求强"的政治基础，实际上还产生了维护半殖民地半封建之中国、保持大清国残局的影响。②

在晚清历史上，左宗棠既重视塞防也重视海防。1985 年，杜经国、张克非和杨东梁等人一致认为，左宗棠对来自海上的外敌入侵保持着高度的警惕，为捍卫民族尊严、国家独立进行了不懈斗争，做出了贡献。③ 有的学者对李鸿章和左宗棠这两位重要人物的海防思想进行了比较，认为他们两人既有许多共同之处，也有不同之点。④

丁日昌在晚清海防思想上较为理性。1987 年，赵春晨、陈绛、丁焕章和马鼎盛等人对丁日昌的海防思想展开研究。他们认为，丁日昌为加强海防建设提出了种种建议与构想，尤其是首先提出在中国建设北洋、东洋、南洋三支海军，很有见地。⑤

在晚清历史上，沈葆桢对海防建设起到了非常重要的作用。杨彦杰、苏读史等人探讨了沈葆桢在创办福州船政局、建造近代化舰船、筹划购买铁甲舰和部署福建海防军队方面做出的杰出贡献。⑥ 卢建一对左宗棠、沈葆桢、丁日昌和刘铭传等人的海防思想做了比较研究，认为他们的海防思想中心是"师夷长技以制夷"。⑦ 有的学者认为，正是沈葆桢经略海防的独特视野和锲

① 施渡桥：《李鸿章的练兵制器与海防建设思想初探》，《军事历史研究》1993 年第 3 期；施渡桥：《论李鸿章海防战略思想的变化》，《近代史研究》1993 年第 4 期。
② 于海君：《试论李鸿章的"和戎"与"海防"路线》，《东疆学刊》1996 年第 2 期。
③ 杜经国、张克非：《左宗棠在两江的海防建设》，《史学集刊》1985 年第 2 期；杨东梁：《试析左宗棠的海防思想与实践》，《福建论坛》1985 年第 3 期。
④ 史滇生：《李鸿章左宗棠海防思想比较》，《安徽史学》1996 年第 2 期。
⑤ 马鼎盛：《丁日昌对台湾防务的贡献》，《近代史研究》1987 年第 4 期；赵春晨：《从〈海防条议〉看丁日昌的洋务思想》，《汕头大学学报》1987 年第 1 期；陈绛：《丁日昌与晚清海防论》，《军事历史研究》1987 年第 3 期；丁焕章：《评丁日昌筹办海疆防务的思想主张》，《社会科学》1987 年第 3 期。
⑥ 杨彦杰：《沈葆桢与台湾海防》，《福建论坛》1982 年第 1 期；苏读史：《沈葆桢近代海防思想探讨》，《军事历史》2000 年第 4 期。
⑦ 卢建一：《清代闽台海防一体化思想的发展与实践》，《福建师范大学学报》（哲学社会科学版）2001 年第 4 期。

而不舍的追求，奠定了近代中国海军根基，对近代中国海防建设和发展产生了重要影响。① 有的学者认为，沈葆桢的海防和海军建设思考主要是在总理船政、渡台办防、督办江防时期逐渐形成的，具有时代性、爱国性、进步性和实践性特征。②

彭玉麟是晚清海防建设的重要人物之一，他在长江水师提督任内，提出了"江海相表里"的防务思想。中法战争时期，他奉诏赴粤布防，力主以守为战。彭玉麟的海防思想较为保守，在实践中难免有缺陷，诸如排斥西洋事物、缺乏领海意识等。③

曾国荃曾长期担任两广、两江总督，致力于海防建设，不仅参与创办造船工业，而且提出了扼要设防、有备无患、固结民心、以变求通、先固本基等一系列海防思想。饶怀民、郝幸艳认为这是一份宝贵遗产。④

1875 年，郭嵩焘奉旨条议海防事宜，认为海防与塞防"未可偏重"，主张学习"西洋政教"，以为中国自强"本源之计"。⑤

香港浸会大学历史系林启彦将王韬海防思想的形成与发展划分为三个时期，分析了这种演变与中外关系格局变化之间的联系，指出王韬海防思想中具有"以战为守"的特点。⑥

在筹议近代海防、组建阿思本舰队时，赫德即开始影响中国海防建设。他一度控制着购船大权，并图谋指挥中国舰队。这一图谋失败后，他又企图通过扶植琅威理掌握中国海军大权。不过，客观地说，他对中国海军的创建和发展起了一定推动作用。⑦

张之洞是继李鸿章之后倡导近代海防建设最有力的人物。他在中法

① 覃寿伟：《从筹办铁甲船看沈葆桢的近代海防经略思想》，《长春工业大学学报》（哲学社会科学版）2009 年第 5 期；祝太文、张海林：《沈葆桢海防建设的思想与实践》，《求索》2013 年第 10 期。

② 郑剑顺：《沈葆桢海防和海军建设思考及其实践》，《福建史志》2017 年第 6 期；林少骏、谢必震：《沈葆桢与"台湾事件"》，《福州大学学报》（哲学社会科学版）2017 年第 5 期。

③ 陶旭佳：《彭玉麟的海防思想及其实践》，《衡阳师范学院学报》2017 年第 1 期；朱迪光：《彭玉麟江防、海防之事功及其方略述论》，《船山学报》2017 年第 2 期。

④ 饶怀民、郝幸艳：《曾国荃的海防思想及实践》，《湖南城市学院学报》2009 年第 2 期。

⑤ 张良俊：《论郭嵩焘〈条议海防事宜〉的思想价值》，《江西社会科学》1994 年第 4 期。

⑥ 林启彦：《王韬的海防思想》，《近代史研究》1999 年第 2 期。

⑦ 郭剑林：《略论赫德对晚清海防的影响》，《集美大学学报》（哲学社会科学版）1999 年第 1 期；王宏斌：《赫德爵士传》，文化艺术出版社，2012，第 155—186 页。

战争之后提出了一系列主张，有力地促进了中国海防建设。史滇生等人着重讨论了张之洞在担任两广、两江总督期间对海防建设和海防教育所做的贡献。①

郑观应主张建立近代化海军，实行海陆配合、外洋与海口并重、分区设防、重点防御的战略方针。这一思想突破了重陆轻海、重道轻器的传统观念，体现了一种进步的国防观。②

马建忠作为早期维新代表人物，对西方国家海军有较多了解，因而他的海防思想比较系统完整。王如绘从思想、制度、教育和管理四个层面探讨了马建忠的海防思想。③

刘铭传一生建树，重在"事功"，而非"理论"。他虽然也就海防及其相关问题有过论说，但其认识水平较为一般。尽管如此，刘铭传加强台湾海防的初衷和措施是值得肯定的。④ 李细珠考察了刘铭传的台海防御观，认为刘铭传的海防观是在日本等西方列强武力侵略的刺激下，立足台湾地区，观照中国东南海疆，应对外敌入侵的积极防御观。⑤

2. 关于晚清海防思潮的总体性探讨

思潮是某一时期具有群体特性的思想倾向，反映了某一时期民众的普遍心理和思想文化观念。因此，以思潮史构建近代海防思想史具有突破性的意义。随着个体思想史研究的深入，思潮史的研究必定成为新的研究方向。

过去，人们在研究晚清海防问题时，比较看重1874年日军侵台事件在清朝政府内部引发的海防大讨论，是因为此次讨论参与的官员最多，争论最为激烈。实际上，晚清每发生一次海防危机，会随之出现一次新的海防思潮，不仅在清朝政府内部有讨论，在社会上也有相关争论。戚其章将中国近

① 史滇生：《张之洞的海防思想》，《军事历史研究》1999年第1期；黎仁凯：《张之洞的海防思想与海防教育》，《保定师专学报》2000年第3期。
② 李文娟、陈群雄：《试论郑观应的海防思想》，《华南理工大学学报》（社会科学版）2000年第1期。
③ 王如绘：《试论马建忠的海防思想》，《东岳论丛》2003年第1期。
④ 苏小东：《刘铭传的海防思想与实践——兼论台湾在中国海防中的战略地位》，《安徽史学》2007年第1期；马骐：《刘铭传的对日防御思想与实践》，《合肥学院学报》2015年第1期。
⑤ 李细珠：《略论刘铭传的台海防御观》，《安徽史学》2016年第3期。

代海防思潮分为五个时期，即萌发（1840—1861）、重倡（1861—1874）、趋实（1874—1879）、深化（1879—1884）和高潮（1884—1894）。①

王宏斌按照海防思潮发生发展、起伏跌宕情况，将晚清海防划分为六次高潮，即第一次海防大讨论（1842）、第二次海防大讨论（1866）、第三次海防大讨论（1874—1875）、第四次海防大讨论（1879）、第五次海防大讨论（1885）、第六次海防大讨论（1895年以后）。从纵向来说，每一次海防思潮讨论的内容尽管与前一次都有所联系，但主题在不断发生变化。从横向来讲，每一次海防问题都引起程度不同的争论，个体思想观念无论是激进还是保守都显示了中国人对于海防安全的认真思考。②

李国华将近代中国海防发展置于世界海军海洋理论发展的大背景之下分析。在他看来，苏伊士运河开通，欧亚间的航程大大缩短，东西方贸易发生巨变，引起世界市场震动。正是在这一背景下，清末海军建设和海防观念经历着复杂变化。③

何平立认为海防思想对于晚清的海防战略既有正面影响也有负面影响。中国近代海防思想的产生，既是对西方海上挑战的直接反应，也是军事国防必须近代化的大势所趋。④晚清海防观念从陆防为主发展为陆防、海防并进，再到最终成型，使海军变为一支独立兵种。但由于晚清政府之腐败没落，政治体制僵化低效，军事思想发展缓慢，与世界总体趋势难以接轨，最终海防事业彻底失败。⑤

晚清海防建设的历史教训是沉痛的。有的学者认为，晚清海防建设在观念上有三个误区：以自我为中心的海防安全观、非国家至上的战争利益观和浮于表面的局部改革观。⑥

3. 关于外国军事思想输入与影响的研究

德国人希理哈的《防海新论》可能是近代输入中国的第一本外国军事

①　戚其章：《洋务思潮勃兴与近代海防论的发展》，《烟台师范学院学报》1996年第3期；戚其章：《晚清海防思想的发展及其历史地位》，《东岳论丛》1998年第5期。
②　王宏斌：《晚清海防：思想与制度研究》，第1—255页。
③　李国华：《清末海洋观与海军建设》，《历史研究》1990年第5期。
④　何平立：《略论晚清海防思想与战略》，《上海大学学报》（哲学社会科学版）1992年第3期。
⑤　胡博实：《晚清海防观述论》，《黑龙江教育学院学报》2009年第1期。
⑥　张芳：《论晚清海防建设观念的三大误区》，《军事历史研究》2010年第2期。

理论著作。由于这本著作所探讨的内容正切合中国海防建设的现实需要，故而引起清廷一部分官员的高度重视。他们在1874—1875年的海防大讨论中，一方面吸取了两次鸦片战争中国被动挨打的经验教训，另一方面接受了希理哈的海防观念，提出了比较先进的海防建设计划。此次海防讨论虽然最终未能达成共识，但我们仍应肯定希理哈《防海新论》译介到中国后所产生的积极影响。①

在北洋海军的创建与发展过程中，无论创办之初还是成军之时，洋员对北洋海军的建设和加速发展均做出了贡献。特别是他们在参与反对日本侵略的战争中，或牺牲，或负伤，与中国将士并肩作战。戚海莹认为，恪尽职守的洋员为数不少，不应该忘掉他们的功绩。② 王家俭探讨了英国海军军官琅威理在北洋海军的活动。③

"海权"与"海防"二者之间虽然只是一字之差，但内涵有很大区别。从林则徐、魏源到左宗棠、李鸿章、丁日昌，这些关键人物具有海防观念，但不能说他们具有海权意识。在晚清的典籍中海权有两种含义：一是指"制海权"；二是指"海洋权益"。许多人在考察晚清海防问题时，不免混为一谈，对此应当加以研究。

王家俭很早就注意到中国的海权意识问题。④ 有的学者认为，缺乏海权意识乃晚清海防建设衰败的一个重要原因。⑤ 李强华认为，以李鸿章为代表的晚清有识之士极力发展海上运输、加强海上防御、建立强大的海军等一系列的自强举措，表征了近代国人对海权的强烈追求。⑥

近代是中美两国开展海权实践的重要历史时期，在这个历史过程中，由于受到各自文化传统和历史现实的影响，两国海权实践走过了不同道路，形成了迥异的风格，对后世产生深远影响。汤凌飞首先比较了中美海权思想产

---

① 王宏斌：《〈防海新论〉与同光之际海防大讨论》，《史学月刊》2002年第8期。
② 戚海莹：《洋员与北洋海军的创建和发展》，《学术研究》2010年第8期。
③ 王家俭：《琅威理之借聘来华及其辞职风波》，《台湾师范大学历史学报》第2期，1974年。
④ 王家俭：《近代中国海权意识的觉醒》，中研院近代史所编《近代中国维新思想研讨会论文集》，1978。
⑤ 杨东梁：《晚清海权观的萌发与滞后》，《社会科学战线》2010年第10期；唐纯立：《论晚清海权思想与海防建设》，《科技信息》2010年第6期。
⑥ 李强华：《晚清海权意识的感性觉醒与理性匮乏——以李鸿章为中心的考察》，《广西社会科学》2011年第4期。

生的背景。① 马汉的海权思想传入中国后，与中国传统海防思想相结合，传统海权思想中的自卫防御特质仍然得到保留。②

（二）关于海防政策调整的研究

1. 关于1840年以前海防政策的研究

关于清代海疆政策与开发方面，学术界已对清代海疆总体政策、海权、海防、海洋贸易、海洋移民、海疆产业开发、盗匪和海盗等问题进行了研究，取得了众多成果。但不足之处也很显著，表现为割裂清前期与清中后期，较忽略清代世界历史背景下民间因素在海疆开发中的重要作用，海疆政策与海疆开发实践之间的差异未能得到充分展示，政策研究与开发实践研究存在明显断裂，对外文文献的整理、翻译仍显不足。王日根认为，在今后的研究中，应对清代海疆政策中的进步性和局限、清代海疆政策对此前海疆政策的继承与更新等问题展开深入研究。③

2. 关于19世纪50年代海防政策调整的研究

1850年3月，咸丰帝继位登基未久，英国驻华公使文翰（S. G. Bonham）派翻译麦华陀（W. H. Medhurst）往天津，呈送英国首相兼外交大臣巴麦尊（H. J. T. Palmerston）致清大学士兼首席军机大臣穆彰阿、大学士耆英的信。这一事件引起朝廷一场虚惊，立即谕令沿海各省督抚，"各就紧要处所，悉心察看，预为筹防"。茅海建对这一事件的起因和经过进行了初步探讨。④

3. 关于1874—1875年海防政策调整的研究

对于此次海防政策的调整，史学界十分重视。前期的研究注重其性质的探讨，后期的研究比较重视相关内容的研究。赵春晨认为，1874—1875年的海防大讨论是"清政府中的洋务派与顽固派"之间的一场激烈争论，既是洋务运动推行过程中双方又一次大的交锋，又是左宗棠和李鸿章所各自代表的湘淮系集团之间争权夺利的斗争。⑤ 明立志认为，此次筹办海防是洋务

---

① 汤凌飞：《近代中美海权实践之比较研究》，《人文杂志》2013年第7期。
② 高月：《近代中国海权思想浅析》，《浙江学刊》2013年第6期。
③ 王日根：《清代海疆政策与开发研究的回顾与展望》，《华中师范大学学报》2014年第3期。
④ 茅海建：《论十九世纪五十年代初清海防奏议》，《贵州社会科学》1985年第9期。
⑤ 赵春晨：《1874—1875年清政府的"海防议"——兼谈对洋务运动和洋务派的几点看法》，《西北大学学报》（哲学社会科学版）1983年第2期。

运动重要活动之一。尽管是洋务派勾结外国资本主义借用"洋枪洋炮"镇压人民反抗的产物，也兼有"自强""御侮"，抵抗西方列强侵略的性质。[①]陈在正则认为，在此次海防大讨论中，沿海各省督抚关于台湾战略地位的认识有所提高。[②] 以上三篇论文是在洋务运动讨论热的背景下产生的。牟安世也参与了上述讨论，在他看来，此次海防大讨论的性质是一场爱国者与卖国者之间的争论。前者以陕甘总督左宗棠为代表，后者以直隶总督兼北洋通商大臣李鸿章为代表。"这场争论是处于半殖民地半封建社会形成时期的中国，对于列强侵略到底是应该采取抵抗自卫政策还是采取投降妥协政策的根本问题。"[③] 这一定性在史学界影响很大，有一段时间影响了许多教科书的编写。

对于牟安世的定性，一些学者提出异议。在杨策看来，此次海防大讨论是正常的国防政策的调整，无所谓海防与塞防之争。[④] 黄顺力和杨光楣认为，将光绪初年"海防"与"塞防"之争，视为以李鸿章为首的淮系军阀与以左宗棠为首的湘系军阀之间的矛盾，视为"爱国与卖国之争"，这些看法有些偏颇。[⑤] 季云飞也参与了此次讨论，在他看来，此次"海防议"在中国近代史上，尤其是中国国防建设发展史上的地位，是不能低估的。[⑥] 陈贞寿、谢必震、黄国盛、陶用舒和易永卿也不赞同将此次海防与塞防之争看作对于列强侵略到底是应该采取抵抗自卫政策还是采取投降妥协政策的争论。[⑦]

中国是陆海复合型国家，兼具海陆地理特点，国防战略不能不受这一特点的制约。有的学者则从地缘政治角度考察此次海防大讨论，认为海防与塞

① 明立志：《海防筹议述论》，《山东师范大学学报》（哲学社会科学版）1984年第2期。
② 陈在正：《1874—1875年清政府关于海防问题的大讨论与对台湾地位的新认识》，《台湾研究辑刊》1986年第1期。
③ 牟安世：《论中国近代史上的"塞防"与"海防"之争》，《河北学刊》1986年第5期。
④ 杨策：《论所谓海防与塞防之争》，《近代史研究》1987年第4期。
⑤ 黄顺力：《重议海塞防之争》，《福建论坛》1988年第6期；杨光楣：《也谈清代同光年间"海防"与"塞防"之争的性质》，《铁道师院学报》1990年第1期。
⑥ 季云飞：《同光之交"海防议"中若干问题辨析》，《学术界》1992年第3期。
⑦ 陈贞寿、谢必震、黄国盛：《晚清"海防"与"塞防"论争新探》，《福建师范大学学报》（哲学社会科学版）1993年第1期；陶用舒、易永卿：《左、李塞防与海防之争新论》，《安徽史学》2004年第4期。

防之争使中国传统的以塞防为主的国防战略开始转向以海防为主的国防战略。① 从地缘政治的角度看，塞防的根本问题是确保陆权，海防的根本问题是发展海权，必须正确处理确保陆权与发展海权的关系。从国防整体战略角度考察，无论是海防还是塞防都是不容忽视的，最后清廷采取海防、塞防并重的国防政策是正确的。② 不过，也有学者认为，在当时的特定情境中，海防当属重要、紧急之事，塞防则属于紧急但非重要之事。③

4. 关于 1885 年海防政策调整的研究

1885 年，中法战争结束，清廷旋即谕令沿江沿海督抚大员就加强海防建设各抒己见。季云飞率先对此次海防大讨论的内容进行了研究。④

5. 关于 1895 年以后海防政策调整的研究

史学界对于中国近代海防史的研究，大多集中于 19 世纪洋务运动发端至中日甲午战争北洋海军覆灭这一时期，而对甲午战后海军的建设和发展，则鲜有论及。鉴于上述情况，黄乘矩利用档案和报刊资料对甲午战后的海防问题进行了初步探讨。⑤

6. 关于中日海防政策的比较研究

在步入近代社会之前，中国和日本都是处于闭关锁国状态。从 1840 年开始，中日两国被欧美列强叩关惊醒。不平等条约的签订、主权的丧失，使中国和日本陷入空前的民族危机之中。两国的有识之士加强了对海防理论的研究和海防政策的筹划，力求在欧美列强日益严重的海上侵略面前，筑起一道海上防线。但由于主客观条件相差甚远，中日两国选择的海防理论和政策不同，导致了不同的命运。李强华比较了中日两国海权战略形成，在他看来，日本的海权战略发生于明治维新之际，发展于甲午战争和日俄战争之时，发达于两次世界大战期间。中国近代海权战略萌芽于鸦片战争之后，觉醒于甲午战争之后，成熟于辛亥革命之际。中日两国近代海权理论发展的这

① 刘新华、秦仪：《略论晚清的海防塞防之争——以地缘政治的角度来考察》，《福建论坛》（人文社会科学版）2003 年第 5 期。
② 杨东梁：《论中国近代的海防与塞防》，《军事历史》1990 年第 6 期。
③ 周云亨：《"海防与塞防之争"与当前中国地缘战略选择》，《江南社会学院学报》2007 年第 4 期；宋汝余、沈威：《晚清海防战略败局教训及启示》，《军事历史研究》2012 年第 2 期。
④ 季云飞：《光绪乙酉年间"海防筹议"述论》，《学术界》1994 年第 4 期。
⑤ 黄乘矩：《甲午战后的海军建设和海防思想》，《中国边疆史地研究》1994 年第 4 期。

种非对称性，决定了两国在海防战略、海军发展战略、制海权战略等方面的分野，并直接导致了中国在甲午战争和抗日战争两次海战中的受挫。[①] 鞠海龙认为，晚清海防以本土安全为目标，以分区设防为特征，强调海军的防御功能，严格将海防范围锁定在本国海岸和沿海一带。日本海权以俄国、中国为假想敌，强调海军攻势战略，将朝鲜半岛和中国领土视为利益所在之地。由于日本海权目标直指中国领土，而中国仅以沿海为前沿阵地，因此，战略提出之际，中国已处劣势。[②]

7. 关于中外技术交流在海防中的作用研究

在晚清海防事业的发展中，留学生建立了不朽的功勋。他们是晚清海防事业近代化的先驱和中坚力量，在海防教育、舰船制造、海军建设以及对外反侵略战争等方面做出了巨大贡献，大大推动了中国海防近代化的进程。[③] 清朝早期驻外使节是晚清官僚阶层较早走向世界的新型群体。19世纪70年代中期至90年代中期，正是晚清海防近代化最为兴盛时期。早期驻外使节积极参与其中，不仅在派遣、管理海军留学生方面扮演了重要角色，而且提出了许多积极的海防主张。[④]

8. 关于海防经费筹措与使用问题的研究

海防经费筹措与使用体现着国家海防政策的贯彻执行情况。关于晚清海防经费的筹措与支出备受中国近代史学界的重视。1984年，邹兆琦率先对慈禧挪用海军经费建造颐和园一事进行了探讨。在他看来，慈禧及其帮凶曾经挪用大笔海军经费，但是，"筹款三千万"，是指海军衙门九年中所收海军常年经费的总和，并非慈禧挪用海军经费的数目。[⑤] 1986年，姜鸣根据已经出版的档案和其他史料，对北洋海军经费重新进行了研究。在他看来，北洋海军经费主要来源于关税厘金的协拨，即"海防经费"，以后又包括海防捐输、淮军协拨等。[⑥] 对这一问题继续进行研究的是周育民。在他看来，1875—1884年西征和塞防军事支出达8000万两，占10年间整个国家财政

---

① 李强华：《历史与现实：中日海权战略之比较》，《太平洋学报》2012年第5期。
② 鞠海龙：《晚清海防与近代日本海权之战略比较》，《中州学刊》2008年第1期。
③ 刘一兵：《留学生与晚清海防事业的近代化》，《徐州师范学院学报》1996年第4期。
④ 祖金玉、闾夏：《早期驻外使节与晚清海防近代化》，《社会科学辑刊》2010年第2期。
⑤ 邹兆琦：《慈禧挪用海军费造颐和园史实考证》，《学术月刊》1984年第5期。
⑥ 姜鸣：《北洋海军经费初探》，《浙江学刊》1986年第5期。

支出的 1/10。1875—1894 年这 20 年间，海防经费总共筹款约 4200 万两，其中一半以上用于北洋海军建设，约 1000 万两为宫廷所挪用，主要用于修建颐和园。而中法战争的军费支出总额在 3000 万两以上。在西征军费和中法战争军费中，债务收入占 1/3，反映了这一时期清朝战时财政对于内外债的依赖程度。①

近年来，陈先松在前人研究的基础上，继续开展关于海防协拨经费的研究。他进一步指出，尽管 1874 年海防大讨论确定了筹措大宗海防专款的办法——总理衙门虽标榜海防专款每年约 400 万两，但最初拨款数额仅 350 余万两，而且没有解决此后财源问题，自划拨伊始就已种下拖欠的恶果②——但根据江南筹防案、江南机器局造轮船经费清单等档案资料，此后 20 年间海防总额仅 1973 万余两。③ 1886 年以后，北洋海防专款改归海军衙门统筹收支之后，清廷借用海军衙门大修颐和园。究竟建筑颐和园与挪用海防经费有何关系？20 世纪 80 年代，一些学者对此加以考订，得出的结论是修建颐和园挪用海防经费 500 万两到 1000 万两。由于将海军衙门经费混同于海防经费，而忽略了对挪用海防专款的数额辨析，此结论值得商榷。对此，陈先松再次进行了考证。④

（三）关于海防制度方面的研究成果

1. 关于清代前期海防制度的研究

有清一代，海患问题不断出现，历经康熙、雍正、乾隆和嘉庆四代皇帝的经营，建立了比较严密的海防制度。例如，乾隆、嘉庆时期广东海防的重点在东路，这在有些学者看来，与该时期的海盗活动存在紧密的联系。⑤

关于鸦片战争失败的原因，论者可以举出诸如社会生产力落后、武器装备陈旧、封建政治腐败、军事指挥不灵等因素，见仁见智，均有灼见。然而，事实上在这些原因之外，黄顺力认为还有一个应该值得重视的原因，就

---

① 周育民：《塞防海防与清朝财政》，《上海大学学报》（哲学社会科学版）2001 年第 1 期。
② 陈先松：《海防经费原拨数额考》，《中国社会经济史研究》2010 年第 3 期；陈先松：《晚清海防专款筹议述论》，《社会科学》2018 年第 3 期；陈先松、莫世亮：《第二次海防大讨论（1885 年）与海防经费的筹措》，《历史档案》2011 年第 2 期。
③ 陈先松：《甲午战前 20 年南洋海防经费收数考》，《中国社会经济史研究》2012 年第 4 期。
④ 陈先松：《修建颐和园挪用"海防经费"史料解读》，《历史研究》2013 年第 2 期。
⑤ 曾小全：《清代前期的海防体系与广东海盗》，《社会科学》2006 年第 8 期。

是传统心态对中国人的思想束缚，影响了清朝统治者去正确客观地认识变动着的世界，而且在失败之后还不思改革进取，不得不继续吞下连连败绩的苦果。① 王宏斌认为，鸦片战争中中国失去海上作战能力，乃清代前期造船制度不良导致的。②

2. 关于海防建设成效的研究

首先是关于近代海防建设迟滞原因的探索。第一次鸦片战争后 20 年间，中国的海防建设迟迟未能启动。为什么会出现这种奇怪的现象？王宏斌从地理位置角度分析了前后方将领和知识分子的心态，认为鸦片战争时期，前线将帅在与英军接仗以前，都对以众击寡、以逸待劳、以主待客等古老战略战术原则和战争形势充满胜利信心，只是在经过战场较量之后他们对于英军"船坚炮利"才有了真实体验，大多改变了看法，主张仿造西方船炮，"师夷长技以制夷"。而后方官绅缺乏战场体验，在战后多数仍然停留在战前的认识水平上，他们把清军的失败完全归咎于前线将帅指挥无能和军队缺乏训练，未能正确估价武器装备对战争结局的影响，不愿坦然承认落后挨打的事实。由于"师夷制夷"主张未能得到朝野确认，军事工业近代化因此迟迟不能启动。③

在 1864 年开始的长达 30 多年之久的洋务运动中，近代海防工业建设得到长足的发展，建立起一系列军事工业，组建了一支近代海军。中日甲午战争的爆发和北洋水师的全军覆没，使中国近代海防工业遭受沉重打击，陷入停顿、萎缩的困境。④ 从 1875 年开始，海防建设才真正成为中国国防建设的重点。清廷在进行海防建设过程中，对北洋海防实行优先发展的政策，采取了许多措施着重加强北洋海防。北洋海防建设情况是清末海防建设的缩影。史滇生、李少莉等人着重探析了北洋海防建设的成败得失，认为洋务官

---

① 黄顺力：《鸦片战争时期传统海防观的影响与扬弃》，《厦门大学学报》（哲学社会科学版）1992 年第 2 期。

② 王宏斌：《论清代海上机动作战能力的丧失》，《史学月刊》1997 年第 5 期；《鸦片战争中清军海上机动作战能力丧失的原因》，《光明日报》1997 年 11 月 25 日，理论版。

③ 王宏斌：《鸦片战争后中国海防建设迟滞原因探析》，《史学月刊》2004 年第 2 期。

④ 陈明端、张毅东：《中国近代海防工业建立与发展的历史教训》，《军事历史》1991 年第 1 期；《晚清海防工业畸形发展的历史教训》，《国防》1991 年第 4 期。

员的海防建设，在抵抗外侮方面起到了一定积极作用。①

　　与洋务运动兴衰命运一样，近代福建船政经历了从萌芽、发展、短暂兴盛到衰亡的历程。船政近代化的历程显示，任一事物近代化的指导思想必须是先进的、成熟的。海防思想本身的不成熟，最终导致船政近代化的断裂。②

3. 关于各个海区建设情况的研究

　　关于海区战略地位的研究。1840年以后，海洋方向的防御日益成为清王朝整个国防战略的重要组成部分，而中国有18000公里漫长海岸线，又使海防布局问题成为晚清政治家们所关注的焦点。

　　关于广东海防制度的研究。道光时期，广东官员主张"以守为战"，这标志着中国"近海防御重心"的确立。道光后期，鉴于英军已经占领香港，当局吸取第一次鸦片战争失败的教训，力图重整海防武备，开始着力加强中路海防工程建设。以九龙城寨为代表的一系列海防工程反映了那个时代的炮台建筑特点，体现了清廷对英国入侵所采取的应对举措。③

　　关于福建海防体系的研究。清代前期，朝廷对福建和台湾的战略地位非常重视，采取了一系列措施，重点加强其海防。④ 第一次鸦片战争后，厦门开始构建近代海防体系。经过多年建设，形成了一定规模的海防力量。但厦门海防建设主政者的思维还停留在以陆为主的传统基调上，以致厦门并未建成严格意义上的近代海防。

　　关于台湾海防建设问题的研究。清初统一台湾后，台湾作为沿海数省之门户，其海防战略地位得以确立。清朝统治者开始重视台湾的海防建设，在台湾驻兵之多、设防之周密，均史无前例。在卢建一看来，自清初统一后到鸦片战争前的一个多世纪，台湾海防曾对东南海疆安定发挥过积极作用。⑤ 1874年，日本出兵侵犯台湾。沈葆桢提出移驻巡抚、添设郡县、开山"抚番"、招垦开禁、整顿营务、充实军备等一系列加强海防的措施。1875年，

---

① 史滇生：《论清末北洋海防建设》，《军事历史研究》1991年第2期；李少莉：《论清末洋务派的海防建设》，《辽宁师范大学学报》1992年第5期。
② 赵勇：《近代中国海防思想与船政近代化研究》，《广西社会科学》2012年第4期。
③ 巢娟：《清道光后期（1840—1847）广东中路海防建设——以九龙城寨兴筑为中心》，《海洋史研究》2015年第2期。
④ 王宏斌：《清代前期关于福建台湾海防地理形势的认识》，《史学月刊》2001年第2期。
⑤ 卢建一：《论清初统一后的台湾海防》，《福建论坛》（人文社会科学版）2003年第3期。

丁日昌继任，提出购铁甲船、练水雷军、造炮台、练枪炮队、购机器、开铁路、建电线、开矿开垦等加强台防的具体措施。1883 年，刘铭传被任命为福建巡抚、督办台湾事务大臣，遵旨整顿海防，加强台北防务。陈在正认为上述三人对于台湾海防建设有重要贡献。[①]

关于浙江海防建设问题的研究。刘庆对清前期浙江的海防战略地位做了初步研究，勾勒出明清浙江海防战略地位演变的主要轨迹。[②] 在方堃、张炜看来，浙江战略地位在清廷海防战略中渐次弱化，它折射出晚清海防战略的本质及其基本走向。[③] 清代前期，浙江海防制度主要有巡洋会哨制度、海禁制度与保甲制度。廖玉原认为，这三个制度构成了一个全方位、多层次的浙江海防体系。[④]

关于江苏的海防建设问题。清前期，绿营水师是江苏江海防体系的中坚力量，八旗、绿营陆师是江海防力量的协防力量，沿海沿江各口岸炮台和水师战船是江海防体系的重要保障。历经康、雍、乾等朝，清廷逐步在江苏建立起水陆相维、岛岸相依的陆基江海防体系。[⑤]

关于山东海防建设问题。第一次鸦片战争后，山东巡抚托浑布在道光帝的督促下，提出了山东海防的建设方案。这一方案主要包括五个方面：改造船炮，增加水师兵额，加强水师训练，修筑炮台，建设军储仓。尽管这一方案具有保守性和滞后性，但从某种意义上说，它是对晚清山东海防建设的探索。[⑥] 中法战争时期，山东海防出现了新气象，但仍未跳出以岸为守的传统布防窠臼。[⑦]

4. 关于清代海防机构的研究

关于海军衙门的研究。晚清海军机构的近代化演进经历了在总理衙门下辖海防股、建立海军衙门以及成立海军部等三个阶段，海军机构始正式与国际惯例接轨。晚清海军机构的近代化历程与清末政局变化息息相关，历程曲

① 陈在正：《中法战争前后的台湾海防》，《台湾研究集刊》1992 年第 4 期。
② 刘庆：《明清（前期）浙江海防战略地位的演变》，《军事历史研究》2009 年第 3 期。
③ 方堃、张炜：《晚清浙江海防战略地位的弱化及原因透视》，《历史档案》1996 年第 1 期。
④ 廖玉原：《清前期浙江的海防制度》，《黑龙江史志》2014 年第 5 期。
⑤ 谢茂发：《清前期江苏江海防体系考略》，《军事历史》2015 年第 5 期。
⑥ 赵红：《论两次鸦片战争期间的山东海防建设》，《鲁东大学学报》（哲学社会科学版）2006 年第 3 期。
⑦ 赵红：《论中法战争中的山东海防》，《兰台世界》2012 年第 6 期。

折，是当时社会急剧变化的缩影。①

关于海防同知的研究。王宏斌重点考察了广州府海防同知，认为该机构是在虎门和澳门受到英国、西班牙等国兵舰威胁情况下设立的。自1744 年 4 月被批准设立之日起至 1849 年 8 月葡萄牙人"钉关逐役，抗不交租"止，广州府海防同知对于澳门的行政管理起了非常重要的作用，权责十分明确，有效地捍卫了中国主权。而从 1849 年到 1887 年，该海防同知尽管从法理上仍然拥有对澳门民番事宜的行政、司法管理权以及对进出口澳门港船只的稽查权，实际上已经无法履行其职责，名不副实。从1887 年到 1911 年，该海防同知完全丧失了对澳门的控制权，只有一些兼辖事务，形同虚设。② 厦防同知是在台湾被纳入清朝版图后设立的。吕俊昌认为厦防同知的主要职责是管理台运船只，转运在台官兵骸骨、饷银，以及传递公文、递解犯人等。③

关于其他机构的研究。浙江巡检司设置与该省海防形势变化、海防政策的推行、沿海水陆师驻地的调整等密切相关，颇受沿海经济社会发展的影响。④ 祝太文认为，清代中国东南沿海行政区划调整，具有与海防形势变化相随的阶段性特征。例如，定海县、玉环厅、石浦厅、南田厅的设立，都着重考虑了相应区域的海防因素。⑤ 乾嘉年间浙江沿海诸道参与打击海盗活动。鸦片战争期间，浙江沿海诸道督办军需，监管海防建设，招募水勇，参与了对英交涉。⑥

5. 关于清代炮台建筑技术的研究

清代海防工程主要表现为两个方面：一是城堡的非军事化趋向；二是炮台取代城堡居于海防一线地位。从军事工程学角度考察炮台在规模、筑材、布局、附设、选址等方面的技术问题，有助于拓宽明清海防研究的领域。⑦梁增剑探讨了厦门炮台建筑技术，认为厦门炮台建设存在严重局限性，在英

---

① 王双印：《晚清海军机构的筹设及其近代转型》，《学术研究》2013 年第 7 期。
② 王宏斌：《简论广州府海防同知职能之演变》，《广东社会科学》2012 年第 2 期。
③ 吕俊昌：《清代前期厦防同知与闽台互动关系初探》，《社会科学辑刊》2014 年第 1 期。
④ 祝太文：《清代浙江沿海巡检司的驻防地理及其海防意义》，《绍兴文理学院学报》2016 年第 11 期。
⑤ 祝太文：《清代浙江省行政区划变动的海防因素》，《求索》2015 年第 3 期。
⑥ 祝太文：《清代浙江沿海诸道海防活动考论》，《嘉兴学院学报》2017 年第 9 期。
⑦ 唐立鹏：《从城堡到炮台：清初广东海防工程嬗变考略》，《地方文化研究》2016 年第 4 期。

军攻击下不堪一击。① 参照第二次鸦片战争期间的相关实战经历，佐证第一次鸦片战争大沽口军事布防的合理性。唐立鹏探讨了鸦片战争时期天津大沽口炮台的建设情况。② 叶祖珪《沿江沿海各省炮台图说》绘制于 1899 年末至 1900 年初，有的学者对此做了研究，认为该图具有近代军事史研究价值。③ 大炮在炮台上摆放位置的变化标志着炮台技术的进步。刘鸿亮、刘怡萍认为，从清初到清末，中国江海地区炮台里的大炮摆放经历了从墙头到地面再到半地下的三步演变；建筑材料从条石墙体，到内为砖石和外覆三合土的墙体，再到进口的水泥和钢板材质的墙体；炮台形制从城堡式再到炮洞式再到明台暗道式的西式建筑，经历了复杂演变。④

6. 关于内外洋问题的探讨

王宏斌对清代前期内外洋的划分进行了研究，认定清代将接近大陆海岸和岛岸的海域划分成三个部分：一是内洋，这部分海域由于靠近大陆海岸或岛岸，以一些小岛为标志，由沿岸州县和水师官兵共同负责管辖；二是大洋、深水洋或黑水洋，这部分海域无边无际，"非中土所辖"，类似于现代的公海；三是介于二者之间的一条洋面，清人称其为"外洋"，这部分海域通常以距离中国海岸、岛岸最远的岛礁为标志，由于超出了文官的管辖能力，主要委派水师官兵巡阅会哨。⑤ 王宏斌对清代沿海各省的海洋疆界进行了考察，明确指出，清初，朝廷将沿海水域划归各省管辖。盛京管辖的海域包括辽东半岛三面，北以鸭绿江口与朝鲜比邻，西以山海关老龙头和直隶为界。直隶管辖的海面，分别以老龙头和大口河与盛京、山东为界。山东所辖海面西自大河口，东达成山外洋，南以赣榆县车牛山与江南为界，北以北隍城岛与铁山之间的中线与盛京为界。江南管辖崇明至尽山一带海域，北以赣榆县车牛山、南以大衢山分别与山东、浙江为界。浙江所辖海面分别以大衢

---

① 梁增剑：《论第一次鸦片战争时期厦门的海防要塞建设》，《宿州教育学院学报》2018 年第 1 期。

② 唐立鹏：《鸦片战争时期天津大沽口炮台的建设及其作用》，《工程研究》2017 年第 8 期。

③ 贾浩：《〈沿江沿海各省炮台图说〉与叶祖珪的海防思想》，《中国国家博物馆刊》2016 年第 8 期。

④ 刘鸿亮、刘怡萍：《鸦片战争前后中国江海"炮台"技术研究》，《自然辩证法通讯》2017 年第 3 期。

⑤ 王宏斌：《清代内外洋划分及其管辖问题研究——兼与西方领海观念比较》，《近代史研究》2015 年第 3 期。

山、沙角山与江南、福建为界。福建管辖的海域包括福建沿海、台湾、澎湖列岛周围海域，南以巴士海峡与菲律宾为邻，北以沙角山为标志与浙江分界，西南以南澳岛中线与广东为界。广东管辖的海域包括本省大陆海岸和环琼州岛岸的所有海面，东以南澳岛为标志与福建分界，西以亚婆山、亚公山西南洋面为标志与越南分界。[①]

雍正、乾隆时期，朝廷谕令各省划分了内外洋管辖范围，基本原则是：凡靠近海岸或县厅治所岛岸的岛屿和洋面均划入内洋；反之，凡远离海岸或县厅治所岛岸的岛屿和洋面均划入外洋。例如，浙江划分内洋是以海岸或县厅级衙门所在岛岸为基点向外划分的。"内洋"大致限制在距离海岸或设立县厅治所岛岸 5 公里以内的洋面。"外洋"以海道为外缘，与海岸和岛岸之间没有固定的距离。"外洋"的宽度少则 50 公里，多则 110—180 公里。[②]广东、福建、江苏、山东、直隶和奉天无不如此划分。例如广东，凡是靠近海岸或府厅治岛岸的岛屿和洋面均划入内洋，凡是远离海岸或府厅治岛岸的岛屿和洋面均划入外洋。[③]

三　存在的问题与努力的方向

综观 40 年来清代海防史研究成果，我们看到史学界出版了一批专著，发表了数百篇论文，不仅从数量上远远超过了以往，而且在质量上远远优于以往的成果，取得了长足的发展。不过从学术发展的需要来看，清代海防史的研究还存在一些问题，有待于加强和完善。

第一，清代海防史资料的整理有待加强。研究历史必须有丰富的历史资料。专题性的研究需要专题性的历史资料。清代资料极其庞大纷繁，在数量上远远超过古代史，并且很分散杂乱，给史学研究者带来不少困难。中国史学会主编的《鸦片战争》《第二次鸦片战争》《太平天国》《洋务运动》《甲

① 王宏斌：《清代前期广东内外洋划分与水师职能》，《红旗文稿》2015 年第 23 期。
② 王宏斌：《清代前期浙江划分内洋与外洋的准则和界限》，《社会科学辑刊》2016 年第 2 期。
③ 王宏斌：《清代前期广东内外洋划分准则》，《广东社会科学》2016 年第 1 期；王宏斌：《清代前期台湾内外洋划分与水师辖区——中国对钓鱼岛的管辖权补证》，《军事历史研究》2017 年第 3 期；王宏斌：《清代前期江苏的内外洋与水师巡洋制度研究》，《安徽史学》2017 年第 1 期；王宏斌：《清代直隶的内外洋划分与天津水师的四度兴废》，《河北学刊》2017 年第 6 期。

午战争》《戊戌变法》《辛亥革命》等历史档案资料，极大地促进了各个学科大发展。就清代海防史来说，笔者所看到的重要资料汇编仅有两种：一是卢坤、邓廷桢主编，王宏斌等校点的《广东海防汇览》（河北人民出版社，2005）；二是张侠主编的《清末海军史料》（海洋出版社，1982）。没有充足的史料发掘，考镜源流，重建历史就是一句空话。事实上，清代海防史资料非常丰富，不仅中国第一历史档案馆藏有大量关于海防的谕旨和奏折，而且在沿海各省的地方志书中保存有大量海防实践的资料。整理出版此类资料，将会大大推动清代海防史研究的深入发展。

第二，清代海防史研究有待于深化。海防思想的研究属于海防史的重要内容，历来受到学者的重视。总的来看，对于1840年以后的人物探讨多一些，有许多重复性的劳动，而对于这之前的海防人物（诸如施琅、蓝鼎元、姜宸英、陈伦炯、高其倬、张甄陶、严如煜、沈起元、汪志伊、阮元和陶澍等人）则甚少关注。就海防思潮来说，不仅晚清海防思潮的研究尚不充分，而且尚未触及清代前期的海防思潮，尤其是对于有清一代历次海防思潮兴衰轨迹缺乏系统的把握。康熙、雍正和乾隆时期已将中国近海划分为内外洋，加以行政和军事的管辖，这一管辖权在晚清有哪些变化？与西方国家的领海观念有何异同？这些问题显然需要史学界给予明确的答复。

〔作者单位：河北师范大学历史文化学院〕

论加强近代边疆地理研究的重要性
及边疆地理的复杂性

吴松弟

值此中国近代史研究著名学者张海鹏先生八十华诞之际，谨撰此文，深表祝贺，并向张先生和近代史研究学者，汇报本人研究近代经济地理的一点心得，并求指教。

本人和团队成员探讨中国近代经济地理，主要从沿海口岸入手，探讨港口城市与其腹地的经济变迁及其形成的区域联系和地理格局。在此过程中，深感以前的研究侧重沿海口岸及其腹地，少有沿边口岸及其腹地的研究，势必影响我们对近代中国的经济变迁与经济地理得出比较全面的看法。我们总结研究实践，逐渐加深了对近代边疆经济地理的理解。近代边疆经济地理是近代边疆地理研究的重要组成部分，笔者以为，近代边疆地理之于近代中国研究，具有特别的重要性、复杂性和紧迫性，亟须加强。

一 近代边疆地理研究的重要性

中国地域广袤，相当于一个欧洲，既是海洋大国，更是陆地大国，与十多个国家和地区交界，有着长达2.2万公里的陆地边界线。近代以来，与中国交界的国家，或本身为列强，或沦为列强的殖民地，或受到列强的控制，成为列强从各个方向侵入中国的基地，形成强敌环伺的局面。列强不仅图谋在中国的政治经济利益，甚至掠取大片国土，并从边疆进一步向内地扩张。

因此，近代边疆地理是中国近代政治、经济、文化活动空间展开的重要部分，在近代地理研究中占有极其重要的地位。

中国作为统一的多民族国家的形成，经历了漫长的过程，近代是其中一个不可忽略的重要阶段。中国历史上的统一，基本上围绕着国家版图扩大、中央政府对各地的有效控制加强和各区域经济文化联系日趋密切三个主要方面展开。近代主要由于俄罗斯帝国的鲸吞，中国版图范围比以前有一定的收缩，就有利于中国统一的条件而言，近代时期却完全不同于古代时期。

第一，近代沿边地区普遍设省或相当于省一级的政区，表明明清以来中央政府加强沿边地区行政管理的趋势得到进一步加强，之前长期存在的设立羁縻府州的有限控制，几乎成为历史。

第二，汉族向边疆移民的全面展开，将以往的以少数民族为主的区域，变为少数民族和汉族杂居，而且相当多地区以汉族为主。

第三，这种民族结构的改变，使边疆以往的多民族经济文化共存的松散格局，变为以经济相对先进的民族为核心，既具有凝聚力，又呈多样性的经济文化格局。

第四，这种格局的形成，不仅有利于各民族经济文化交流的扩大，也有利于中央政府有效控制边疆地区。

以上四个方面表明研究近代边疆在我国统一的多民族国家发展进程中的重要性，是不言而喻的。

谭其骧先生指出，"从18世纪50年代到19世纪40年代鸦片战争以前这个时期的中国版图"，是"我们历史时期的中国范围"，此后由于列强的入侵，中国的版图才发生了改变。[①] 就中国版图形成发展的历史而言，各段国境线的确立、改变乃至纠纷的形成，大多发生在近代。

由于边疆在国土面积中占有相当大的比例，且又多是生态环境脆弱、敏感之区，在近代中国的生态环境变迁中，边疆也占有重要的地位。

近代内地汉族向边疆地区的大规模迁移，极大地提高了边疆大部分地区的人口数量，促进了相关区域的经济开发。就近代经济史而言，如果忽略了边疆地区的开发，将无法反映中国区域开发的新格局，忽略边疆状况的中国

---

① 谭其骧：《历史上的中国和中国历代疆域》，载《长水集续编》，人民出版社，1994，第2页。

经济史是残缺的经济史。我们不妨以东北为例，说明近代经济开发的重要性。

受地理环境的制约，两千多年来东北比较稳定的农业区主要集中在南部辽河流域和辽西走廊；在北部的松花江流域以及东南部长白山山区，平原区的居民以原始农业为主，山区居民则在森林中过着以狩猎为主的生活。在扶余国、渤海国以及辽、金、元、明、清初的某些阶段，北部和东南部一些地方曾兴起一定水平的农业，但往往仅维持数十年便因民族外迁转趋衰落。直到近代尤其是 1860 年以后，逐渐形成关内向东北的移民潮，东北人口迅速增长。19 世纪 60 年代东北人口只有 400 万人左右，1930 年已达到 2900 万余人，内地汉族的移民潮改变了东北的经济面貌。加之近代俄国和日本争霸东北，在此进行殖民式交通和工业建设，东北结束了原先的相对原始的经济状态，发展为我国工农业生产的重要经济区。中华人民共和国成立以后，东北进一步发展为我国的重工业基地，林业和农业在全国也占有重要地位。无论是从区域开发的角度，还是从经济发展的角度，东北开发都是中国近代经济发展史上的一件颇具意义的大事。

岂止东北，近代西北、西南、蒙古高原以及宝岛台湾等边疆地区经济面貌的改变，虽然大部分区域的速度和力度逊于东北，但它们的开发对所在区域乃至对全国的经济发展，都具有重要意义。边疆各区域的开发，是中国广袤的国土在近代后期除了少量自然条件极差的区域，绝大部分区域得到开发的集中体现。

进出口贸易是外力导致近代中国早期经济变迁的首要途径，广泛存在于沿海沿边地区的通商口岸，使得中国传统经济向近代经济变迁的空间进程，不仅存在"自东向西"，即自东部沿海口岸向位于中西部地区的腹地推进，也存在"由边向内"，即自边疆口岸向其腹地的推进。如果忽略了沿边区域的变化，势必难以正确解释中国近代经济变迁的空间进程。

总之，无论从哪一个角度而言，近代边疆地理都是中国近代地理研究的最重要部分之一。

二　近代边疆地理的复杂性

中国区域众多，各区域在地理条件、区域位置、民族分布、经济文化乃至政治方面都存在一定的差异，差异最显著的无疑是边疆地区。在我国的四大高原中，除黄土高原以外的三大高原，即蒙古高原、青藏高原和云贵高原，都位于边疆地区。笔者在《无所不在的伟力——地理环境与中国政治》一书中，基于历史发展和自然地理状况，提出中国古代存在六大区域社会这一概念，其中的五个区域社会即以上三大高原和天山以南、白山黑水，都分布在边疆地区，第六个便是内地农耕社会。长期以来，边疆地区主要是少数民族的居住地区，到了明清时期，尤其是近代汉族移民大批涌入后，才转变为汉族和其他民族杂居的地区。这一点使得广大边疆地区的历史发展具有不同于内地地区的显著特点，近代同样如此。近代汉族移民的迁入对边疆人口构成、产业结构、政治状态以及文化现象都产生了重大影响，由此出现了既不同于汉族地区，也不同于边疆古代社会的复杂且多变的现象。

近代边疆的复杂性，不仅表现在边疆地区与内地地区在政治、经济、文化上具有极大差异，还表现在不同的边疆地区，甚至同一个省区内部，也有着较大的差异。云南就是这样，20 世纪 50 年代的民族调查显示，云南省在同一个时期的不同地方，甚至同一座高山不同高度的区域，同时存在原始氏族社会末期、奴隶社会、封建社会、资本主义社会等四个社会发展阶段。简言之，在 1950 年以前的云南省，马克思主义所讲的人类社会的五个发展阶段，除了社会主义有待于几年之后来临外，其他四个发展阶段无不具备。

要探讨近代边疆的经济开发，离不开从较大的空间探讨来自外区域的影响因素。近代经济地理变迁的空间进程研究表明，"港口—腹地"状况不仅制约了区域之间经济、文化、政治的差异，也制约了区域之间的联系。穿过同一块"港口—腹地"内部的巨川大河或陆路主要交通线，与大致上位于河口或重要交通枢纽的口岸城市，是塑造"港口—腹地"系统的两大主要因素。塑造我国大部分地区的"港口—腹地"系统的河流，除了东北的河流主要自北向南流之外，其他区域的河流大都自西向东流入大海。这种"港口—腹地"系统，基本上位于我国境内。唯独广大的边疆，其靠近国境线的相当大的区域，仅仅中国的口岸大多位于边境，而作为人流和物流通道的大河或交通线主要自边疆通向境外国家，位于大河河口或交通线终端的港口城市则在国外的沿海，这种"港口—腹地"系统可以说港口位于国外，联通腹地的河流或交通线的主要部分在国外，位于我国境内部分只是其腹地的尾部而已。这种"港口—腹地"系统在我国的边疆并不少见。[①]

1889 年蒙自开埠，不久思茅、腾越相继开关，云南形成了以蒙自为主、三关并立发展的局面。蒙自的主要贸易对象是香港，物资先经过越南的红河到港口海防，再转香港。由于香港是中国南部贸易中心，这一路线不仅将云南和越南、香港连接起来，也将云南和世界各地连接起来。1910 年滇越铁路通车后，从昆明经越南海防直达香港全程仅需四天，以海防为出海口、中转香港的商道在云南贸易交通中地位更加突出。除了蒙自，腾越和思茅是云南的另两个口岸。在它们开埠之前，缅甸已建起以仰光为起点，内通其国内各枢纽，外与印度、新加坡、我国香港等处连接的现代化交通网。开埠之后，腾越可通过伊洛瓦底江和铁路便利地到达仰光，从而成为仰光贸易网络在云南的一个重要节点。思茅本是一个偏僻的小镇，清代随着茶叶贸易的兴起而繁盛，从贸易联系的角度看，思茅也应视作仰光贸易网络在云南的一个节点。[②] 可见在云南存在两个以境外国家为主、延伸到中国边疆的"港口—腹地"系统。对于蒙自、腾越、思茅三个沿边口岸而言，尽管它们腹地主要在云南以及四川、贵州的邻近地区，但由于进出口物资的主要部分通过作为起点的外国港口城市吐纳或中转，国外尤其是交界国家的政治经济状况，必定影响着这三个口岸的腹地的贸易和经济发展。

东北的"港口—腹地"系统与云南有同也有不同，它同时存在完全属于国内和由境外延伸到国内这样两种类型的"港口—腹地"系统。东北在 1898 年至 1935 年的 38 年间，南部的营口、大连、安东三港完全属于国内的"港口—腹地"系统，而作为东北北部物资主要输出入港的符拉迪沃斯托克（海参崴）及其连接腹地的中东铁路—乌苏里铁路，则属于由境外延伸到国内的"港口—腹地"系统。直到 1935 年苏联将中东铁路出售给日本，东北北部进出口不再经符拉迪沃斯托克（海参崴），才结束了两种"港

---

① 参见吴松弟《"自东向西，由边及里"——中国近代经济变迁的空间进程》，载复旦大学历史地理研究中心主编《海洋·港口城市·腹地：19 世纪以来的交通和东亚社会变迁论文集》，上海人民出版社，2015。

② 参见张永帅《空间视角下的近代云南口岸贸易研究（1889—1937）》，中国社会科学出版社，2017，第六章。

口—腹地"系统并存的局面。位于东北中部的长春，曾是"大连港口—腹地系统"和"海参崴港口—腹地系统"的交界地带，自然是日本和俄国（苏联）两国经济势力拉锯的区域，长春在开发的早期阶段区域经济的发展就是在日俄（苏）争夺贸易圈的斗争中展开的。①

在我国各区域近代经济变迁的早期进程中，外来因素起了重要的推动作用，这种推动作用不仅表现在沿海地区，还表现在边疆地区。在一些边疆地区的开发过程中，外来因素与区域内部因素相结合，形成自己鲜明的特点。笔者曾指出，近代东北的开发，情形至为复杂，从大的方面观察，至少具有如下几个鲜明的特点。②

第一，东北的开发主要由经过长距离迁移的关内移民完成，关内移民是东北开发的主力军。

第二，在通商贸易和迅速发展的现代交通的推动下，在地广人稀、土地肥沃、人均耕地数量较多的背景下，东北农业一兴起便走上市场化、外向化的道路。1932 年东北大豆、小麦的商品化率达到 80% 左右，玉米、高粱等在 40% 左右，全部农产品的商品化率平均在 53%。③ 类似关内农村那样的以自给自足为目的的小农经济，在东北未必能得到充分的发育。

第三，日本和俄国（苏联）基于殖民目的而进行的交通和工业建设，客观上使东北这方面的建设速度快于国内的其他区域。

第四，由于刚进入区域开发阶段，行政管理系统建立相对滞后，而且缺乏传统农村社会的稳定因素（主要通过家族、村庄、地方等不同社会组织构成的农村地域社会结构），加之局势复杂，民间武装纷纷出现，甚至纠结成控制不同区域的大小军阀。

以上所提到各点，可以概括为边疆地区民族和人群的复杂性、国内外影响的多样性、传统经济文化的落后性，以及移民大批迁入和列强侵略导致的社会动荡，都使得近代边疆地理不仅极不同于内地，而且各个边疆地区又有

---

① 姚永超：《国家、企业、商人与东北港口空间的构建研究（1861—1931）》，中国海关出版社，2010，吴松弟序《近代东北开发的意义与特点》。

② 姚永超：《国家、企业、商人与东北港口空间的构建研究（1861—1931）》，吴松弟序《近代东北开发的意义与特点》。

③ 满史会编著《满洲开发四十年史》上册，东北沦陷十四年史辽宁编写组译，1987 年油印本，第 565 页。

各自的特点。简言之，近代边疆地理远比近代内地地理复杂，研究者必须对此予以高度重视。

三　加强近代边疆地理研究的迫切性

改革开放以来，全面深入地研究边疆历史地理，不仅是加快发展边疆经济文化、缩小与东部发达地区经济差距的迫切需要，也是事关中华民族统一、和谐和领土完整的迫切需要。总体而言，投入边疆研究的人员比研究其他地区的人员要少得多，而历史地理学界长期以来对近代地理研究不足，许多重要问题有待研究。

如上所述，列强的入侵，改变了中国的版图。我国当代已解决或未解决的领土争端，无不源自近代，可见研究近代边疆在解决近当代领土争端中具有重要地位。

既然近代的开发奠定了中华人民共和国各区域经济的基础，探讨各区域经济发展规划和生态平衡问题乃至政治、文化的发展问题，就不能只讨论当下，而必须进行长时段的综合性研究，至少要回到近代边疆的开发及对后世的影响，才能得出可资参考的观点。

我们也提到，近代边疆地理远比近代内地地理复杂，这就提示我们治理边疆的做法应不同于治理内地，必须通过近代边疆地理研究弄清边疆各个区域的特点，才能做到因地制宜。

例如，在近代进出口贸易方面，中国通过陆地沿边口岸的出口往往大于边外国家的进口，处于出超的地位。武堉干分析 1930 年以前的中国与苏联（俄国）的陆路贸易："惟陆路贸易素缺统计，无数字可供稽考。但就大势而观，如对俄陆路贸易，我国历来即占出超的地位；对朝鲜、安南、缅甸等国之边境贸易，亦以出超情形居多。"[①] 与此同时，沿海口岸的进出口贸易却大相径庭，多数年份处于逆差的地位。为什么沿边、沿海两类口岸在进出口方面会有如此大的差异？是经济原因还是其他方面的原因？这值得研究。

在传统经济向近代经济的转型方面，总体而言边疆地区落后于东部沿海

---

① 武堉干编《中国国际贸易概论》，上海书店，据商务印书馆 1932 年版影印，第 196 页。

地带，但又必须看到一些靠近口岸的边疆地区传统经济的转型并不比沿海地区落后多少。例如，位于东北边疆的哈尔滨近代发展为东北北部的重要工商业中心。云南边疆的一些地方在 20 世纪头十年已建立了一些资本主义的工业企业，省会昆明企业最多，当时有玻璃、造币、火柴、帽鞋、制革、烟草、罐头、面粉、水电、印刷、制茶、机具等工厂以及采矿企业共 18 家；而蒙自、个旧、建水、昭通、东川、宣威等地，在采矿、火柴、纺织或火腿生产方面也建立了近代工业。① 在西部边疆的一些城市，同样有电灯、电话、洋货、洋楼等代表现代生活方式的用具自西方传入。如何评价近代东部沿海与广大边疆地区的经济文化差异？为什么在总体存在差距的前提下仍有一些地方并不比沿海地区落后多少，个别地方甚至同样先进？政府部门在为缩小东西部经济差距制定规划时，不可不注意近代的经验。

近代边疆地理的状况提醒我们，由于沿边口岸对边疆地区经济发展和文化交流的重要作用，由于沿边口岸位于边疆地区，自边疆地区前往沿边口岸的地理距离比前往沿海口岸更为近便，国家和地方的相关部门在制定边疆地区的经济文化发展规划时，自应将通过口岸的进出口贸易、对口岸以外国家的经济联系和文化交流，视为与我国东部沿海地区的经济文化联系同等重要的大事。

"一带一路"是 2013 年以来党中央和国务院极力倡导的区域合作平台，我国的西部边疆和西南边疆是历代对外陆路交通的必经之地，近代也不例外，而且近代对外交通的规模和重要性远远超过古代。如果要借鉴历史经验，首先要借鉴的不是相对遥远的古代，而是近在咫尺的近代。

显然，研究近代边疆地理不仅具有重要的历史意义，也具有重大的现实意义，近代边疆地理的研究值得加强，希望有更多的学者投入对近代边疆地理的研究。

〔作者单位：复旦大学中国历史地理研究所〕

---

① 参见谢本书等《云南近代史》，云南人民出版社，1993，第 160—162 页，表 5 - 10《1889—1910 年云南工业企业创办情况》。

中国历史地理学的形成过程及研究范式

张伟然

历史地理学是现代地理学向后的一部分。它在时间轴上介于古地理学与现代地理学之间，主要研究人类历史时期的地理事象及其分异变迁规律。

学界普遍将 1934 年禹贡学会成立当作中国历史地理学的发端。但事实上，禹贡学会只是提出了将中国传统的沿革地理改造成历史地理学的学术理想，而从学术理想到成为学术现实，这中间经过了曲折的历程。本文不揣谫陋，对历史地理学的形成过程稍加阐述，并尝试从个人理解，对目前为止历史地理学的学科贡献稍事梳理。

一 历史地理学概念在中国的形成与演变

作为一个学科体系，中国当代的地理学是清末由西方通过日本传入中国，经过几代人的努力而逐步发展起来的。但作为一种关系到民众日常生活、政府行政管理、时空信息定位的知识体系，中国很早就形成了具有强烈自身特色的中国传统地理学。

"地理"在中国古代是个多义词，它最先见于《易·系辞上》："仰以观于天文，俯以察于地理"。孔颖达疏："地有山川原隰，各有条理，故称理也。"[①]

[①] 王弼、韩康伯注，孔颖达等正义《周易正义》卷 7《系辞上》，载《十三经注疏》上册，中华书局，2009，第 160 页。

这一阐释较为含糊，大略可以理解为山川形势。因而地球表面具有地域差异的事象在古代均可以"地理"二字表达。如《汉书·郊祀志下》称："三光，天文也；山川，地理也。"① 这指的是自然环境要素。《汉书·王莽传下》载："予制作地理，建封五等。"② 这大体指一种地缘政治形势。由此引申的还有《博物志》卷1所言"地理广大，四海八方"，③ 简直是指整个地表范围；而《京本通俗小说·碾玉观音》称"写了他地理角色与来人"，④ 这又具体指地址以及行走线路。

中国传统的地理学自先秦时期的《禹贡》《山海经》发轫，到汉代出现了以"地理"名篇的专门著作《汉书·地理志》。两千余年间，形成了多种研究范式，有自《禹贡》以降的区域地理范式，有以《山经》、《水经》及《水经注》为代表的地理考察记录范式，有以《梦溪笔谈》为顶峰的地理分析范式。其中，居于核心地位的是自《汉书·地理志》以降，历代相承的沿革地理范式。沿革地理以历代的疆域政区变迁为中心，兼及户口、水道、都邑等内容，留下典籍除历代正史16部《地理志》外，唐宋时代又出现《元和郡县志》《太平寰宇记》等全国地理总志。元代以后，发展为元、明、清《一统志》。

清末学制改革以后，西方地理学输入中国，传统的沿革地理学也进入大学课堂，先是民国初年张相文在北京大学讲授"中国地理沿革史"，其后顾颉刚在燕京大学、北京大学和辅仁大学三校开设"中国疆域沿革史"。

"历史地理"这一概念，是1901—1904年随着对日本学制的介绍而传入中国的。1904年颁布《奏定学堂章程》（癸卯学制），其中《奏定大学堂章程》列举文科大学中国史学门主要科目，有"中国历代地理沿革略"和"中外今地理"两门；而中外地理学门科目中，第七种即为"历史地理"。关于"中外今地理"，解释道："曰今地理者，所以别于沿革地理及历史地理也。现在中国今地理、外国今地理，外国人皆著有成书，名目不一，中国人亦有新译本，宜择译合于教法者讲授。"⑤ 在这一组概念中，所谓"今地

① 《汉书》卷25下《郊祀志第五下》，中华书局，1962，第1266页。
② 《汉书》卷99下《王莽传第六十九下》，第4149页。
③ 张华撰，范宁校证《博物志校证》卷1，中华书局，1980，第9页。
④ 《京本通俗小说》，中国古典文学出版社，1954，第11页。
⑤ 舒新城编《中国近代教育史资料》，人民出版社，1981，第585页。

理"显然指现代地理；而同时罗列"沿革地理"与"历史地理"，可见当时对于这两个概念的关系还不是很清楚。

进入民国后，日本历史地理研究会自1899年开始发行的《历史地理》杂志源源不断地输入中国。1923年，张其昀摘译法国著名学者布伦汗（今译为 J. 白吕纳）与克米尔合著的《历史地理学》一书，在《史地学报》第2卷第2期上发表。终于到20世纪30年代，历史地理概念在中国深入人心。

1934年，顾颉刚、谭其骧先生发起成立禹贡学会，出版《禹贡》半月刊，提出要将中国传统的沿革地理改造成现代的历史地理学。这是中国第一个以研究历史地理为宗旨的学会。从此，中国传统地理学便逐渐与西方输入的现代地理学合流。1936年，张其昀在《中国地理修学法》一文中将地理学分为10门分支学科，其中就将历史地理学与地球物理学、地文学（即自然地理学）、气候学、水理学（即水文学）、海洋学、生物地理、人类地理、经济地理、政治地理并列。

然而在此后相当长一段时间里，"沿革地理"的概念在史学界仍然顽强地留存。这一概念被彻底取代，侯仁之先生起到了关键作用。1950年春，教育部颁布的大学历史系选修课程中列有"中国沿革地理"，侯先生当即发表《"中国沿革地理"课程商榷》①一文，大声疾呼该课程应更改为"历史地理"。侯先生指出，以往的"中国沿革地理"课程，主要讲授中国历代疆域的消长和地方行政区划的演变，而比这更重要的，是对过去地理状况的复原。他提出，这门课"应该从先史时期开始，举凡每一时期中自然和人文地理上的重要变迁，如气候的变异、河流的迁移、海岸的伸缩、自然动植物的生灭移动以及地方的开发、人口的分布、交通的状况、都市的兴衰等等"，都应该包括在内，换句话说，"必须是从根本的立场观点与方法上把这门课程彻底改造过来"。这一意见产生了深远的社会影响。1953年院系调整后，"中国沿革地理"这一课程终于消失。

1961年11月28日，中国地理学会在上海召开学术讨论会，其中有一场历史地理专业学术讨论会。在该会上，中国地理学会宣布成立历史地理专业委员会。这个二级学会的成立，成为历史地理学发展过程中又

---

① 侯仁之：《"中国沿革地理"课程商榷》，《新建设》第2卷第11期，1950年7月。

一个重要的里程碑。此后，特别是 1979 年以后，历史地理学界全国性乃至国际性的学术活动，都是在中国地理学会历史地理专业委员会的引领下开展的。

二　历史地理学的四个发展阶段

从 1934 年禹贡学会成立以来，中国历史地理学的发展历程可以分为四个阶段。

（一）草创时期（1934—1953）

1934 年 2 月 4 日，顾颉刚先生与谭其骧先生在北平商量发起成立禹贡学会，出版《禹贡》半月刊，提出要将传统的沿革地理改造成现代的历史地理。这是历史地理学在中国开始发展的第一个里程碑。

顾、谭两位先生在《禹贡》杂志的发刊词中，提出了禹贡学会的研究计划。其中关于地理沿革的有四项：一是把沿革史中间的几个重要问题研究清楚，整理出一部中国地理沿革史；二是将研究结果用最新式的绘制法，绘成若干种详备精确而又合用的地理沿革图；三是搜罗中国历史上的所有地名，一一加以考证，编成一部精确而又详备的中国历史地名辞典；四是把每一朝代的地理志都加以一番详密的整理。此外，还计划将各种地理书籍中包含的文化史料、经济史料、移民史料辑录出来，做各种专题的研究，并且提出一些与自然地理有关的问题与科学家进行共同探讨。

这些工作都是中国历史地理学形成和发展的不可或缺的学术基础。若能逐一实施，应该很快就能出现一个良好的局面。但是，《禹贡》出刊才三年半，就因全面抗战开始而停止。1938 年，顾颉刚、史念海合著的《中国疆域沿革史》出版，[①]算是完成了上述计划的第一项，其他各项没来得及实现。

《禹贡》出版了 7 卷，共 82 期，包括东北、后套水利调查、南洋研究、康藏、回教、古代地理、察绥等 7 个专号，共发表 376 位作者的论文 696 篇，其中主要是一些沿革地理的研究，以及对边疆史地、民族、文化的探

---

① 顾颉刚、史念海：《中国疆域沿革史》，商务印书馆，1938。

讨。

除了国势不昌导致工作无法继续，当时另一个限制性因素是在禹贡学会这一群体中，地理学思想资源相当缺乏。顾先生自己也清醒地意识到，禹贡学会虽然正式使用了中国历史地理这个名称，但内容较自《汉书·地理志》以来的沿革地理并未能有所变动。他很不满足于这门学科继续限于沿革地理范畴，提出要用地理的变化说明。考虑到绝大多数禹贡学会会员是历史学者，顾先生积极主张要努力学习地理学。

1950 年，从英国学成归来的侯仁之先生在《"中国沿革地理"课程商榷》一文中分析历史地理与沿革地理的区别，呼吁道："目前我们这一类的专题研究还作得很少，要想立时开一门合乎理想的'中国历史地理'，也还不很容易，但是我们不应该不即刻开始向这方面努力，而只是把我们自己局限在传统的'沿革地理'的圈子里跳不出来。"① 这反映了当时历史地理学发展的总体状况。

禹贡学会承接了清末舆地学的传统。在国势日蹙的时代背景下，特别重视对边疆史地以及移民史、文化史的研究。这些学术传统对后来产生了深远的影响。

（二）形成时期（1954—1978）

1949 年中华人民共和国成立以后，历史地理学很快就出现了新气象。1950 年春，北京市成立"首都计划委员会"，侯仁之先生作为委员之一参加北京城市历史地理的专题研究，这是前所未有之事。1952 年全国高校院系调整，侯先生担任北京大学地质地理系主任。谭其骧先生也于 1951 年从浙江大学调到复旦大学。但这都还只是微风起于青萍之末，真正的变化发生，已经到了 50 年代中叶。

1954 年，史念海先生调入陕西师范大学，从此形成北大、复旦、陕西师大三强鼎立的局面。也正是在此年，毛泽东主席指示改编杨守敬《历代舆地图》，中国科学院为此成立专门委员会，决定聘请谭其骧先生主持编图任务。以此为契机，中科院历史所逐渐聚集了一批历史地理研究学者。由此，复旦历史系、中科院历史所先后设立历史地理研究室，历史地理研究的

---

① 侯仁之：《"中国沿革地理"课程商榷》，《新建设》第 2 卷第 11 期，1950 年 7 月。

开展得到了组织机构的支撑。与此同时，中科院地理所陆续调入一些历史地理学者。至1961年中国地理学会历史地理专业委员会成立，整个学科的面貌焕然一新。从此，历史地理学真正进入一个实质性的发展阶段。

首先，在学科理论方面取得了长足进步。禹贡学会时期虽然提出了历史地理这一学科概念，但对它的研究对象、学科性质和研究方法认识很有限。经过侯仁之先生的不断阐述，主流学者对于历史地理学的学科属性有了空前清晰的认识，对于它作为现代地理学的组成部分基本上达成了共识。黄盛璋先生对于历史地理的学科性质虽然持有保留意见，认为它是历史学和地理学之间的边缘学科，但对于历史地理的研究对象、任务和范围，却并不含糊。他提出：历史地理应该包括历史自然地理、历史人文地理、历史区域地理和历史地图学，其中，历史人文地理又大致可分为历史居民地理、历史经济地理、历史政治地理和历史军事地理。[①] 尽管这一意见并未获得广泛认同，但其对地理学的了解程度较民国时期的同行已不可同日而语。

其次，地理学的研究方法得到了广泛而自觉的运用，野外考察已被公认为历史地理研究不可或缺的主要研究方法之一。侯仁之先生为研究北京城市历史地理，足迹遍及北京市。20世纪60年代，他又以实地考察为基础，开展了对西北沙区的历史地理研究。史念海先生得黄土高原之地利，不仅经常踏察黄河中下游，足迹还遍及大江南北，直到80年代，他还经常带研究生开展实地考察。谭其骧先生为探讨黄河故道、古云梦、古彭蠡，也做了不少野外工作。在他们的言传身教下，年轻一辈的历史地理学者不仅广泛地开展实地考察，还能娴熟地运用孢粉分析、沉积相分析、遥感、卫片判读等新技术手段。

有理论的指引，又有新的方法和技术手段，相对于沿革地理，历史地理学的知识体系发生了明显变化。历史自然地理，这一块以前是完全没有的。沿革地理里面虽然偶尔也有点水道的内容，但那主要是资料排比，基本上没有多少科学内容。到了历史地理学里面，历史自然地理如历史气候（这一块主要是竺可桢先生和中科院地理所的团队推动起来的）、沙漠变迁、河道与湖泊、海岸线、珍稀动物和植被变迁等内容，都成了极为重要的内容，而

---

① 黄盛璋：《论历史地理学一些基本理论问题》，载中国科学院地理研究所编《地理集刊》第7号"历史地理学专号"，科学出版社，1964。

且是可以直接为国民经济建设决策提供参考的部分，因而很受重视。这些研究成果，集中地展现在 1978 年定稿的《中国自然地理·历史自然地理》①一书里。这本书的出版，标志着中国历史自然地理的学科架构已基本上成型。

其实，在历史人文地理方面，研究领域也较以往开阔了很多。历史经济地理，如史念海先生关于黄河流域的区域经济研究；历史城市地理，如侯仁之先生引领的北京历史地理研究，以及随后出现的对西安、天津、南京、开封、广州、上海、杭州、绍兴等大中城市的历史地理研究；历史交通地理，如对水陆交通线路及交通设施的研究。这些工作在以往的沿革地理时代，基本上是没有的。

不仅研究领域大大开拓，研究目标和技术标准也发生了重大改变。沿革地理时代，主要是排比资料，加以断按，基本上属于现象描述。研究历史地理则需要探讨规律、分析原因。比如同样研究黄河变迁，谭其骧先生《何以黄河在东汉以后会出现一个长期安流的局面》一文，由黄河下游的安流追溯到中游的水土流失，由水土流失联系到植被，由植被而推论土地利用方式的变化。谭先生自己评论说：“我自以为这才是一篇够得上称为历史地理学的研究论文。”②关键就是其中有分析，有原因和规律层面的探讨。

这一时期关系到整个学科的基本建设工作，除上述《中国自然地理·历史自然地理》外，还有《中国历史地图集》③，这也是目前为止历史地理领域投入人力和协作单位最多、耗时最长的一项重大研究成果。1954 年工作启动时，本来是计划对杨守敬的《历代舆地图》进行重编改绘，将“杨图”上的历史数据移植到现代底图上。负责此事的谭其骧先生在工作过程中发现，“杨图”上有不少内容需要重新考证，如果仅仅重编改绘，完全不符合时代要求，由此，“杨图委员会”决定调动南京大学、云南大学、中央民族学院、民族研究所等单位的相关科研力量进行全国大协作，编纂一套全新的《中国历史地图集》。此项工作前后有上百人参与，全图共 8 册，20 个图组，304 幅图，反映的时代上起原始社会，下至晚清，反映的

---

① 中国科学院《中国自然地理》编辑委员会编《中国自然地理·历史自然地理》，科学出版社，1982。
② 谭其骧：《长水集》上册，人民出版社，1987，第 10 页。
③ 谭其骧主编《中国历史地图集》第 1—8 册，中国地图出版社，1982—1987。

空间范围不仅包括历代中原王朝辖境，也包括边疆民族政权管辖的地区。内容以疆域政区为主，收录了全部可考的县级地名和县级以上的行政单位及界线，还收录了县级以下部分重要地名。此外，山岭、长城、关寨、关津等要素和重要交通道路，历代河流、湖泊和海岸的变迁，均以尽可能科学的方法予以表示，登载的地名达 7 万多个。这部大型历史地图集到 1974 年才出版内部版，1980 年修订公开发行，直到 1987 年才全部出齐，前后绵延 30 余年。

由于研究中国历史文化离不开对历史地名的精确定位，《中国历史地图集》出版后，在与中国历史相关的人文社会科学领域产生了极为深远的影响，被评价为 1949 年以后历史学界与标点二十四史并列的最重大科研成果之一。

（三）兴盛时期（1979—1999）

1979 年是个重要年份。该年底，中国的人文地理复兴，地理学的知识结构发生重大变化，之前将地理学分为自然地理学、经济地理学两大部类的苏联模式恢复到自然地理与人文地理两分的欧美模式。而早在该年 6 月，历史地理学界就在西安召开了全国历史地理专业学术会议。自此，面向国际的中国历史地理学术研讨会基本上每两年召开一次，成为惯例。在西安召开的会议上，中国地理学会历史地理专业委员会决定创办历史地理专业刊物；次年，由谭其骧先生任主编，侯仁之先生、史念海先生为副主编，历史地理专业委员会主任侯仁之先生撰写《发刊词》的《历史地理》研究辑刊便由上海人民出版社正式出版。该辑刊起先为年刊，自 2013 年起改为半年刊，至 2019 年共出版 38 辑，俟后成为《历史地理研究》期刊。1981 年，史念海先生又单独创办《中国历史地理论丛》，由陕西人民出版社出版，该刊自 1988 年起成为期刊。这两份刊物在国际学术界有着良好的声誉。

1978 年全国恢复研究生招生，谭其骧、侯仁之、史念海三位先生成为第一批博士生导师。1980 年，侯、谭两位先生当选为中国科学院地学部委员（后改称院士）。1978 年，谭先生招收 5 名硕士研究生，侯先生招收 3 名硕士研究生。1982 年，史先生招收 3 名硕士研究生。1983 年，谭先生培养出 2 名历史地理专业的博士，成为新中国首批文科博士；继之，侯、史两位先生也都开始培养历史地理专业博士研究生。此外，中山大学地理系、中国科学院地理研究所、华南师大地理系、杭州大学地理系、武汉大学历史系、湖南师大地理系等单位也陆续开始招收历史地理专业研究生。

全国性的专业委员会恢复活动，学术交流渐趋频繁，专业研究辑刊出版，研究队伍通过研究生培养的方式陆续得到补充，种种迹象表明，从1979年开始，历史地理学步入了一个前所未有的兴盛时期。

受到前一阶段大型基础建设工作《中国历史地图集》《中国自然地理·历史自然地理》的影响，进入80年代后，历史地理学界首先出现了一个学科综合的趋势。大型协作科研项目不断上马。除《中国历史地图集》继续修订公开发行之外，《中华人民共和国国家大地图集·历史地图卷》也于1982年正式启动。此图集由中国社会科学院副院长张友渔任编委会主任，谭其骧先生任副主任兼总编辑，侯仁之、史念海两位先生均为副主任。图集计划包含政区、自然、经济、文化、军事、宗教、人口、城市等20个图组，1300多个图幅；主要工作于80年代后期至90年代前期完成，2012年出版第1卷。①

除了全国性的历史地图集，一些省份也开始编绘当地的历史地图集。其中特别重要，即参与人数多、延续时间长、牵涉方面广、能反映学科水平的当推侯仁之先生主编的《北京历史地图集》和史念海先生主编的《西安历史地图集》。《北京历史地图集》从1979年开始启动，到1988年由北京出版社出版。② 内容以北京市范围的历代政区演变为主，同时包括城镇和居民点的变化，特别是从辽南京至1949年北京历代城市及所属郊区的发展演变。之后又将工作铺开，于1997年出版主要反映自然环境变迁的第2卷。到将3卷全部出齐，分别称为第1卷《政区城市卷》、第2卷《自然环境卷》、第3卷《人文社会卷》。③

《西安历史地图集》包括16个图组，89幅图。④ 内容涉及西安及关中地区自石器时代以来历代自然环境的演变，历代政区沿革、城市变迁、郊区陵寝及园林等诸多方面。各朝代城市平面布局尤为引人注目，其中包含许多

---

① 国家地图集编纂委员会编《中华人民共和国国家历史地图集》第1卷，中国地图出版社，2012。
② 侯仁之主编《北京历史地图集》，北京出版社，1988。
③ 侯仁之主编《北京历史地图集》第1—3卷，文津出版社，2013。
④ 史念海主编《西安历史地图集》，西安地图出版社，1986。

编制者通过野外考察获取第一手资料而得出的研究成果，被同行称为西安与关中地区历史地理研究的集大成之作。

受到学科综合思潮的激荡，这一时期陆续出现了一些教材性质的概论，其中影响较大的有马正林《中国历史地理简论》①、王育民《中国历史地理概论》②、史念海《中国历史地理纲要》③、邹逸麟《中国历史地理概述》④。这些教材较好地起到了向社会普及历史地理知识的作用。

与此同时，历史地理的学科前沿出现了强烈的进一步专业化的趋势。在历史自然地理领域，历史气候、历史地貌（沙漠变迁、河流与湖泊演变）、历史动物地理的研究得到较快发展；而在历史人文地理领域，以往较为薄弱的历史农业地理、历史人口地理、历史文化地理成为新兴的热点领域，传统较为深厚的历史政区地理、历史农业地理、历史城市地理也焕发出新的生机，讨论的精细化程度较以往提高了很多。

各个领域的专业化，导致一些相关的学科概念也不断地分化出来。如研究地名规律的"地名学"，研究古都以及其所在城市变迁发展的"古都学"，研究《水经注》的"郦学"，甚至还有人将《徐霞客游记》的研究称为"徐学"。其中，地名学和古都学都成立了学会，出版期刊，单独开展学术活动。在之前，这些都是历史地理学者擅长的领域。

在一片欣欣向荣的气象中，历史地理的发展方向却发生了一个重要转变。在中国的人文地理学复兴十年之后，历史地理的研究也提出了要重视历史人文地理的口号。1990 年 11 月，在复旦大学召开的中国历史地理国际学术研讨会上，谭其骧先生做了《积极开展历史人文地理研究》的主题报告。该报告先分析道："建国以后将近三十年，人文地理遭受冷落，大致和社会学、法律学等学科一样，长期废而不讲。我们历史地理学也受其影响，只注重历史自然地理，忽视历史人文地理，除了历代的疆域政区不能不讲外，对人文地理的其他方面，绝少有人肯花力气去钻研。"考虑到"最近几年地理学界的人文地理队伍已日益壮大，并取得了不少研究成果。历史地理学方面，也相应把部分的力量转移到了历史经济、人口、城市、文化等历史人文

①　马正林：《中国历史地理简论》，陕西人民出版社，1986。
②　王育民：《中国历史地理概论》（上、下册），人民教育出版社，1987、1990。
③　史念海：《中国历史地理纲要》，山西人民出版社，1991。
④　邹逸麟：《中国历史地理概述》，福建人民出版社，1993。

地理领域。但是总的说来，历史人文地理的发展还是很迟缓的，还远远不足以阐明我们这个历史悠久、广土众民国家的历史时期人文地理的发展过程"。因此，谭先生认为："积极开展历史人文地理的研究，不仅对历史地理说来十分必要，对整个地理学界说也具有重大意义。"在对比分析历史自然地理和历史人文地理的学科特性、资料特点以及研究意义后，谭先生为历史人文地理的发展描绘出一番愿景："历史人文地理将是中国历史地理研究领域中最有希望、最繁荣的分支。在中国实现现代化的过程中，历史人文地理研究必将作出自己的贡献，这是其他学科所无法替代的。"①

谭先生的这个报告，迅即产生了巨大影响。正值此时国务院学位委员会办公室颁布《第四批博士和硕士学位授权学科、专业名单》，将历史地理学一律归口在历史学。从此，地理学单位的历史地理专业受到限制，不能以历史地理专业培养人才；老一辈学者退休之后，新的人才难以补充。历史自然地理研究的衰落趋势非常明显。1994 年，华南师范大学历史地理研究室编辑出版《历史自然地理研究》，次年出版第 2 辑之后便难以为继。与此相对比的是，历史学单位的历史地理专业蒸蒸日上。谭先生希望历史人文地理比历史自然地理更兴旺的愿望，居然是令人遗憾地以历史自然地理相对低落的方式获得了部分实现。

（四）转型时期（2000 年以来）

正当中国历史地理学界渐渐地面临一些严峻挑战的时候，世纪之交，历史地理学获得了新的生机。

早在 20 世纪末，教育部就开始了人文社会科学重点研究基地的建设。复旦大学和陕西师范大学的历史地理学在这次跨世纪的学科建设中双双成为教育部重点研究基地、国家重点学科，稍后复旦大学的历史地理学科又成为国家哲社创新基地（"985"平台），极大地提振了历史地理学界的士气。受此激励，很多高校的历史院系加快了历史地理的学科建设。其中特别引人注目的是暨南大学、中山大学、中国人民大学、上海师范大学、厦门大学，通过人才引进的方式，其历史地理研究队伍迅速崛起。暨南大学、中山大学都成立了历史地理研究中心，还都出版了专业辑刊。暨南大学历史地理研究中

---

① 谭其骧：《长水集续编》，人民出版社，1994，第 201—225 页。

心编辑的《中国历史地理研究》从 2005 年开始出刊，到 2014 年已出到第 6 辑；中山大学历史地理研究中心也于 2015 年编辑出版了《南岭历史地理研究》第 1 辑。其他一些从 20 世纪 90 年代兴盛起来的历史地理研究单位，如武汉大学、云南大学、西南大学、四川大学，其研究力量都得到了加强。西南大学历史地理研究中心还编有两种专业辑刊：《中国人文田野》，从 2007 年开始出刊，到 2016 年已出至第 7 辑；《西南史地》，从 2009 年开始出版，至 2013 年出版第 2 辑。

这些都是外部条件，而更令人振奋的是，在历史地理学内部，研究手段发生了一次革命性的变化。

由于大多数历史地理学者并非出身于地理专业，以往的历史地理研究特别是历史人文地理研究，对于地理学的需求较低。一般采取文献描述的手段，没有受过计量革命的洗礼，这就导致历史地理研究的精度有限，其结果往往很难被其他领域的学者直接利用。90 年代末，由于 GIS 技术的应用，历史地理的研究手段从计量革命以前的状态一跃而进入电脑运算的大数据时代，让这个古老的学科重新焕发出青春活力。

对历史地理学来说，GIS 最大的威力是自动制图。编绘历史地图，一直是历史地理学者孜孜不倦的追求。在《中国历史地图集》以前，中国所有的历史地图都只有笼统的朝代概念，没有进一步的具体年代概念。由于不能精确到某个时间点，以往的历史地图都是将不同年代的行政区划在同一张地图上拼起来，所反映出来的行政建置实际上从来不曾存在过。谭其骧先生主编《中国历史地图集》，坚持认为历史地图必须严格反映历史上某个时期的真实情况；因此，他坚持对每个朝代设"标准年代"。这样编绘出来的地图，在科学性、准确性方面较前人出现了质的提升。但是历史政区不断在变，纸质媒体篇幅有限，不可能将历史政区的变化过程连续地反映出来。如果读者想了解的情况与图集中的标准年代不吻合，只好自己去加以考证。对于历史地理学者，这一点并不是很难，而对于行外读者，则颇多不便。应用 GIS 技术以后，通过数据库支撑，可以很便捷地通过计算机自动制图反映出地理事象的连续变化。

基于这一技术支撑，从 2000 年起，复旦大学中国历史地理研究所与美国哈佛燕京学社合作开发了一个"中国历史地理信息系统"（CHGIS），试图建立一套中国历史时期政区连续变化的基础地理信息库。这项工作极为浩繁，其主体部分已于 2010 年告一段落，部分数据已经发布在复旦大学中国历史地理研究所主办的"禹贡网"（http：//www. yugong. fudan. edu. cn/），为学术研究用途提供免费下载。

继之，其他单位的历史地理学者也都纷纷采用 GIS 技术制作各种历史地图。如北京大学承担的中国历史农业地图集、中国人民大学承担的清史地图集、陕西师范大学承担的丝绸之路信息系统、复旦史地所的中国行政区划基础信息平台建设（1912—2013）等。这些工作都是在新技术条件下，中国历史地理研究的基本建设。复旦大学中国历史地理研究所、陕西师范大学西北研究院还都建立了空间分析实验室。

除了制图，GIS 在具体研究工作中的推动作用也十分巨大。对于历史地理学研究，GIS 不仅仅是一门技术。作为一种全新的技术体系，GIS 在相当大程度上改变了历史地理史料的概念，极大地扩大了史料范围。图像资料，特别是古旧地图，在以前手工作坊时代，一般只是将它们当作文献，从中提取的信息非常有限。应用 GIS 以后，可以将这些资料的利用程度提升到立体、多维，也可以借助于一些代用指标。历史地理的研究方法出现了革命性的创新。

例如，研究城市的空间扩展，过去只能复原出一些地标如城墙的位置，而这些地标并不能完整地反映城市"建成区"的扩展过程。近代以来，由于史料记载趋于丰富，研究者可以运用 GIS 技术，将道路、公用设施的覆盖范围作为城市建成区的代用指标，这就不难动态地展现一个城市建成区的空间扩展过程。这样的工作，改变了历史城市地理的一些问题意识，也让结论的分辨率大幅度提升。

目前，GIS 在历史地理研究中的应用越来越广泛。无论是历史自然地理领域的气候变迁、全球变化，还是复原水道、地貌以及模拟水文特征，借助于 GIS 技术，都出现了原来意想不到的效果。以往研究历史时期水道变迁，只能进行定性描述，只能揭示大势、描述过程、说明原理，很难落实到地图上。即使画图，也只能示意，不可能精确。应用 GIS 技术，借助于高分辨率的卫星遥感数据，以及大比例尺旧地图，可以进行定量分析，研究精度得到大幅度提升。至于历史人文地理领域，如历史城市地理、历史文化地理、历史经济地理、历史交通地理等专题研究，由于数据的量化、标准化难度较大，GIS 的运用还需进一步探索，但应用的范围越来越广泛，对传统的研究手段造成了强烈冲击，研究的内容和手段均已大非昔比。

除了 GIS 这一技术手段，近年相关学科的交叉影响，也对历史地理研究产生了很大的刺激。历史学、考古学、文化人类学等学科的新近进展，也都对历史地理的研究形成了新的支撑。在研究时段上融汇古今，在研究内容上兼涉文理，学科理念、研究手段与时俱进，研究成果的渗透力越来越强，古老的历史地理学已经进入一个新的时代。

三　中国历史地理学的学科特色

中国传统地理学的一大特色是它的人文性。中国古代的地理学家虽然很早便对自然环境产生了强烈兴趣，早在春秋战国时代，就形成了以山脉、水系为区划指标的研究范式；但相较之下，他们对于人文环境的兴趣要浓厚得多。不妨说，中国传统地理学家所关注的自然其实都是人文化的自然。唯其如此，在《水经注》这种以水道为纲，通过山水而连带叙述其他地理事象的经典名著中，作者的主要兴趣其实在于行政建置、交通设施、城郭、聚落、古迹、地名等人文方面，虽然有不少山水、动植物等自然方面的描写，但也往往充满了人文情怀。"九州有时而移，山川千古不易"[1]，在郦道元笔下，与其说山水是一个研究对象，不如说是空间定位的坐标体系。

因为有这样一个特点，中国古代的地理知识并不完全是客观冷静的科学知识，而是充满了人世的温情。《禹贡》记载"岷山导江"，其含义是以岷江为长江正源。当时囿于认知水平，形成这样的知识并不奇怪。在《汉书·地理志》以后，历代学者均已认识到金沙江才是长江的正源，但考虑到《尚书》作为儒家经典的地位（《禹贡》是其中一篇），对《禹贡》"岷山导江"之说均不做辩驳。明末徐霞客对此未做了解，跑到云南后，居然以为是他发现了长江正源在金沙江。这在过往的地理著作中其实已是公开的秘密。

可以说，中国古人对于纯粹的地理知识并不感兴趣。因此，中国古人很早就有一些关于自然地理的观察和发现，例如，唐初就发现了大气中的水分

---

[1] 郑樵：《通志》，中华书局，1987，总序，第 2 页。

循环，唐后期就注意到垂直的地域分异现象，北宋沈括观察到海陆变迁、地表的侵蚀与堆积，等等，但这些观察和发现都没有走上科学的轨道。中国古人用自己的文化理解自然地理现象，收到了与科学异曲同工、殊途同归的效果。

基于自身的文化特点，中国古代形成了自成体系的地理学传统，其中的核心是沿革地理。《四库全书总目》解释其对史部地理类的编录及分类原则："首宫殿疏，尊宸居也；次总志，大一统也；次都会郡县，辨方域也；次河防，次边防，崇实用也；次山川，次古迹，次杂记，次游记，备考核也；次外纪，广见闻也。"这中间分为十类，除了将宫殿疏编次最先是出于象征意义外，接下来最重要的便是总志、都会郡县两类，[①] 这两类地理著作从资料信息量来说是属于百科全书式的，但就其组织骨架来说，无疑是以沿革地理为基础的。

沿革地理的内容以人文为主，其目标则是经世致用。研究疆域政区，从学术上当然也有价值，但从根本上来说，还是为了现实中的行政管理，为了治国平天下。上引《四库全书总目》对此表达得很明白，研究地理的意义在于"崇实用""备考核""广见闻"，而这一切都是为了"大一统"。由此可见，中国古代的地理学其实是一门应用科学，至少是一种应用基础研究。

作为从沿革地理发展而来的历史地理学，虽然在学术视野、问题意识、研究方法、技术标准、学科规范等各方面都发生了革命性变化，但有几个特点则一脉相承。

其一，特别注重实证研究，较少开展理论探讨。特别不鼓励脱离实证的纯理论演绎，这一点可谓利弊相兼：有利的一面是其研究不尚空谈，言之有物；不利的一面就是缺乏理论层面的提升。到目前为止，历史地理学领域的成果已经形成丰厚的积累，但这些积累基本上偏于实证层面；在理论层面对其他领域有足够辐射力的贡献还相当薄弱，尚未形成对整个地理学有足够影响力的独特学说，应该说与这一特点深有关系。

其二，对人文地理要素特别重视。虽然在沿革地理向历史地理的转化中，历史自然地理的出现是一个关键因素，但就研究内容来说，历史人文地理无疑占了较大的比重。这里面有资料的因素，历史自然地理的史料相对偏少。

---

① 永瑢等：《四库全书总目》，中华书局，2003，第594—609页。

例如，关于土壤的记载历来不多，尽管可以用自然地理学的一些方法加以探讨，但要像一些历史人文地理部门那样推进到一个很精细的程度，建立起类似于政区变化那样的时空序列数据，无论如何是一件不可能之事。1990 年谭其骧先生呼吁积极开展历史人文地理研究，其很重要的一个出发点就是基于这一考虑。历史人文地理资料多、现象复杂，客观上确实存在更多的研究课题。

其三，与历史学关系十分密切。在传统的知识分类中，地理是史部的一个门类。历史上，每一个地理学家基本上都是历史学家，越高明的学者越是如此。传统的地理学与历史学不存在壁垒，沿革地理研究基本上是由一些历史学家承担的。发展成历史地理学以后，虽然知识结构发生了重大变化，研究手段也有了革命性的提高，但无论如何离不开历史文献考证。因而，历史地理与历史学的关系，一如它与地理学，几乎可以说是后者范围中一个地位特殊的部分，完全无法分割。

事实上，历史地理学不仅与历史学关系密切，它与其他相关学科的关系也比现代地理学来得更密切。地理学研究的是空间序列，历史学研究的是时间序列，任意一个历史地理学专题都构成一个至少三维的思维框架。例如，研究历史政治地理，牵涉到地理学、历史学、政治学；研究历史文化地理，需要建立在地理学、历史学、文化学三个知识体系的基础之上。以此类推。由于历史地理学比现代地理学更重视时间序列，因而它相对更需要相关知识体系之间的支撑。各个知识体系之间是互相支撑、缺一不可的关系。比如，在历史方言地理的研究中如果缺乏对语言学的研究，或者缺乏对时间序列的考虑，得出的任何结论都将毫无意义。

其四，特别注重本土。现代地理学作为一门科学，很注重全球化，注重一些普遍原理的探讨；其提问方式往往是从一些普遍存在的现象出发，研究其在各种地理环境中的变化。历史地理学有不少问题也是这样提出来的，受现代地理学启发，然后追溯到历史时期。与此同时，也有不少问题完全是本土原生的问题，是历史地理学者从原始资料的爬梳整理中独立地提出来的。这些问题根植于本土的地理经验，不一定具有全球的普适性，反映了中国本土文化的某些特色。当然，这些问题是否具有更大尺度的适应性还需进一步提升、凝练，并进一步开展不同地域的比较研究。

以上四个方面，大体可以反映历史地理学区别于中国地理学其他分支领域的特异之处，也是历史地理学之所以能做出独特贡献的学理基础所在。

四　中国历史地理学的研究范式

个人私见，中国历史地理学领域目前为止最高层次的学科贡献，是形成了一套独特的研究范式。这套范式虽然在很多方面受到相关学科研究方法的刺激，包括对相邻学科研究方法的借鉴和吸收，但同样运用这些方法，历史地理学者往往也能形成一些独到之处。从本质上讲，这些独到之处就是相关学科研究方法与历史地理研究方法相结合的产物，得到了更多学科理念的支撑。目前对历史地理学这套研究范式还没有从科学史、科学哲学的高度加以总结提升，在此从三个方面进行一些初步阐述。

（一）历史地理学的实地考察

地理观察是地理知识最原始的来源，因而，实地考察是地理学最经典的一种研究方法。中国古代的地理观察活动非常发达，相关的记述也十分丰富，但是，传统的地理学者，特别是一些从事沿革地理研究的学者，并没有自觉地将野外考察当作一种必不可少的研究方法。以《水经注》而名垂青史的郦道元在《水经注》自序中写道："余少无寻山之趣，长违问津之性。"就是说，他对野外考察根本就没有兴趣，他的工作方法只是"辄述《水经》，布广前文"，① 即以文献考证为主。像明末徐霞客那样注重野外考察的地理学家，在古代是为数不多的特例，而且其著作在当时并不受重视。《四库全书总目提要》称其"没后手稿散逸，其友季梦良求得之，而中多阙失"，四库馆臣虽然肯定《徐霞客游记》"以耳目所亲，见闻较确"，特别是"黔滇荒远，舆志多疏"，认为此书"尤为有资考证"，但对该书的总体评价并不高，不过是"《山经》之别乘，舆记之外篇矣"，将该书予以收录只是为了"存兹一体，于地理之学未尝无补也"。②

顾颉刚、谭其骧、侯仁之、史念海诸位先生在将传统的沿革地理发展成现代的历史地理学的过程中，一个很重要的支点便是自觉地吸收、运用现代地理学的研究方法。其中最先运用、高度重视的便是去野外做实地考

---

① 郦道元著，王先谦校《合校水经注》，中华书局，2013，第21页。
② 永瑢等：《四库全书总目》，第629页。

察。可以说，如果不开展野外考察，要建设现代意义的历史地理学是不可想象的。

历史地理学的野外考察与现代地理学的野外考察相同的是，需要观测地理事象的现状，获取第一手观察资料；同时二者也有很明显的不同，那便是历史地理学观察的往往是研究对象的遗迹，因此它还有一些独特的内容，包括验证事先从文献中得到的各种信息，在现场观察地理变迁的过程、规律及原因，同时还要探索、搜集当地的资料，包括地方文献和当地人的地方性知识。这样，就需要借鉴一些考古学、历史学以及其他相关学科的研究方法，需要在独立观察的基础上开展一些人类学的调研。这些工作早已成为历史地理研究必不可少的学科基础。

以历史河流地貌研究为例。张修桂先生将其工作方法总结为包括室内和室外两个方面，依次分为六个部分：（1）历史文献资料的收集与分析，包括正史、历代河渠水利专著、历代总志和方志、古代笔记和游记，研读其中各种直接和间接的相关信息；（2）当代文献资料的收集与分析，其中特别重要的是文物考古资料；（3）地图资料的收集与分析，包括古地图和当代地图，着重要结合历史文献释读，绘制出历史地貌地图；（4）地貌野外综合调查，包括地表地貌观察、地下沉积相分析以及座谈访问；（5）遥感和测年技术的应用；（6）地理环境综合分析。[①] 与现代地貌学研究相比，这套工作方法中的历史地理学特征十分明显。事实上，历史地理学各专题研究都形成了一些类似的工作规程，在此不赘述。

（二）历史地理学的文献考证

史料考证是历史学的基本功夫，在历史学研究中，史料收集与考证具有第一等的重要地位，由此形成了一整套严密的科学方法。历史学的考证方法，在晚清以前，主要是基于文献考证，其中所用到的版本、目录、校勘、音韵、文字、训诂知识现在都各自发展成了专门学问。1899 年以后，由于殷墟甲骨的大量出土，王国维在研究过程中将纸上遗文（传统文献）与地下材料（考古资料）相结合，形成了二重证据法。之后更有人在此基础上提出三重证据法，以人类学、民族学资料与前两者互证。这些方法在历史地

---

① 张修桂：《中国历史地貌与古地图研究》，社会科学文献出版社，2006，第 9—16 页。

理研究中基本上有其用武之地。

但历史地理学研究仅仅运用历史学考证方法还远远不够。

早在现代学术体系形成之前，作为传统史部学问之一，沿革地理的文献考证就有一些独到之处。作为一种学术文献，自《汉书·地理志》以降，沿革地理著作就有一些独特的编撰体例和叙事方式，并陆续形成了一套独特的术语。只是这些体例和术语的专门化程度还不是很高，并不存在行外学者难以理解之处，因而并没有引起足够的重视。

现代历史地理学在其草创时期（1934—1953），研究方法与传统的沿革地理相比并没有出现质的变化。20世纪50年代中叶以后，随着历史自然地理研究的兴起，受到地理学研究内容、研究方法的刺激，历史地理学的研究手段开始朝专业化的方向发展。大致到70年代，具有历史地理学特色的文献考证方法基本上形成。

历史地理学的文献考证可以分为四种类型。第一种类型是文献描述的数据化，从历史文献的记载中解析出一些科学数据。这方面一个典型例证是史念海对于陕县故城附近黄河河岸高度的考证。陕县故城为秦汉时期的陕县治所，北边濒临黄河。汉末资料记载其岸高10余丈，这个数据并不详细。《三国志》卷6《魏志·董卓传》注引《献帝纪》称，汉献帝在此渡河时，由于河岸高陡，当时有位宫人带了10匹绢，用这10匹绢"连续为辇"，系住献帝，由高处缒下，才得以上船。史念海先生从《汉书·食货志》查到汉代以4丈为匹，如此，10匹绢共长40丈；所谓"连续为辇"，意指用两股绢绳系着，每股得5匹，长20丈。用5匹绢连接起来，除过结头，剩下只有十六七丈，以17丈计，折合39.44米。[①]这样，通过两段史料互证，经过基于历史制度和常识的换算，就将文献中模糊的语言描述转换成了相对准确的数量概念。

第二类，科学信息的实地化。从实际的地理形势出发，对古代的文献描述进行科学解读，得出具有现代科学意义的结论。例如，张修桂对长江葛洲坝分汊河道的论证。为了证明该分汊河道在史前即已形成，历史时期一直稳定，他先征引《水经·江水注》的4段记载："江水出峡，东南流径故城洲，洲附北岸。洲头曰郭洲，长二里、广一里，上有步阐故城。""故城洲

---

① 　史念海：《黄土高原历史地理研究》，黄河水利出版社，2001，第95—121页。

上，城周一里，吴西陵督步骘所筑。""江水又东径故城北，所谓陆抗城也。城即山为墉，四面天险。""北对夷陵县之故城。城南临大江，秦令白起伐楚，三战而烧夷陵者也。"然后阐释道："秦汉至南朝的夷陵故城，在今宜昌市区东南，南临大江，已如《水经注》所说。其在江南对岸的所谓陆抗城，即在今宜昌市长江南岸的磨鸡山上，因雄踞江边磨鸡山顶，故'四面天险'。由此可见，在夷陵城与陆抗城之间长江上游方向的故城洲，无疑应即今之西坝洲，而作为故城洲头的郭洲，显然就是今天的葛洲坝，'郭'、'葛'音近，而且所处位置形势皆合。郭洲上的步阐故城和故城洲上的步骘故城，已分别于1958年和1968年在葛洲坝和西坝上发现，同时发现的还有战国、西汉的不少墓葬。"

出示上述证据后，张修桂分析道："郭洲被《水经注》视为故城洲头，一方面说明故城洲是该分汊河段的主体沙洲，其面积自然比郭洲大得多；另一方面，洲头的郭洲，其长度与宽度尚可度量，说明它基本上还是一个独立的江心洲。其与故城洲之间显然存在着汊道，但在枯水期就与下方的故城洲相连，因此才被视为故城洲的洲头。郭洲与故城洲之间的这种关系，完全符合今天葛洲坝与西坝之间的相互关系。因此，郭洲与故城洲之间枯水期断流的汊道，自然就是今天的二江河道。而故城洲'洲附北岸'，由说明此洲是以依附北岸为主，但还存在暂时性的分洪道，因此才仍然被作为'洲'的形态记载下来。其与北岸之间所形成的分洪汊道，就是今天西坝与宜昌市之间的三江河道。"[①]

这中间，既用到了《水经注》的文献记载，又用到了当代的考古发现，更主要是结合了实际的地理形势，并加以地理科学的论证。它既是文献考证，又完全不同于历史学的文献考证，同时也大有别于现代河流地貌的研究。

第三类，判读指标的科学化。通过对科学原理的把握，在文献本身缺乏直接记载的情况下，将一些零散却有关联的片断资料连缀起来，得出合乎客观规律的结论。这方面的典型例证，如谭其骧先生《〈山经〉河水下游及其

---

① 张修桂：《长江宜昌至城陵矶段河床历史演变及其影响》，载《历史地理研究》第2辑，复旦大学出版社，1990，第12—65页。

支流考》①。此前研究黄河变迁的学者，在讲到汉代以前黄河河道时，都只知道有一条见于《禹贡》记载的河道，谁也不知道还有其他记载。谭先生将《北山经》中注入河水下游的支流，一条一条加以考证、排比，确定各支流的具体位置；再以《汉书·地理志》、《水经》和《水经注》时代的河北水道予以印证；如此，积点成线，将这条黄河故道在地图上标示了出来。结果显示，这是一条与《禹贡》所载不同的黄河故道。考虑到这条河道已不为汉人所知，可见其时代较《禹贡》河道更早。就是说，这应该是见于史籍最早的一条黄河故道。

关于西汉以前的黄河下游河道，20 世纪 80 年代以前，研究者或根据史籍所载"定王五年（前 602）河徙"，认为这是汉以前唯一的一次改道；或者不信这条记载，认为汉以前根本没有改过道。谭其骧先生根据黄河的河性，认为黄河下游在战国筑堤以前，决溢改道是屡见不鲜的事。他通过对历代城邑聚落位置的考察，发现从新石器时代历经商周到春秋时期，河北平原中部一直存在着一片极为宽广的空白地区。在这一大片土地上，没有发现这些时期的文化遗址，也没有任何见于可信历史记载的城邑或聚落。由此他认为，在战国筑堤以前，黄河下游的改道应该发生过很多次；河北平原中部这片宽广的空白地区，就是当时黄河故道所经。②

这两个结论都是基于文献考证而得出的，结论本身在史籍中没有直接记载，都是在科学思维的引领下，对传统历史文献加以历史地理学解读。显而易见，这是将地理学思维有机地与传统史学考证相结合的结果。

第四类，地理信息的统计化。历史学研究重视人文差异，史学范畴的文献考证首先讲究穷尽史料，在此基础上，会注意区分各种史料的不同背景及形成特点，但研究过程中一般只注重个案实证，不习惯于运用抽样统计。因此，既较少采用统计学方法，对史料中的统计资料也缺乏敏感。历史地理学者在进行文献考证时，受到地理学理念的影响，对于这一点可谓高度重视。

早在 1956 年，谭其骧先生在解读《汉书·地理志》时，就指出其中的户口以及盐、铁工官等资料都来自当时的统计资料。③ 他采用列表的方式对

---

①　谭其骧：《长水集》下册，人民出版社，1987，第 39—55 页。

②　谭其骧：《西汉以前的黄河下游河道》，载《长水集》下册，第 56—86 页。

③　谭其骧：《汉书地理志选释》，载侯仁之主编《中国古代地理名著选读》，科学出版社，1959，第 55—96 页。

此予以复原。更典型的一个例证是辛德勇关于秦郡的考证。自清中叶考据学兴起以后，关于秦郡的设置成为沿革地理的重要问题，很多学者对此进行过考证。据《史记·秦始皇本纪》记载，始皇二十六年（221）初并天下，"分天下以为三十六郡"。[①] 但无论《史记》还是《汉书》都没有明确列出这三十六郡的名目，后世学者只好试图将始皇二十六年实际存在的秦郡逐一考证出来，以此来复原三十六郡。但由于史料记载不全，考证结果，只有三十三郡获得公认；其余三郡，言人人殊，可选项达到十一郡之多。即使经过王国维、谭其骧先生的推进，问题也未能最终解决。辛德勇先生注意到，西晋司马彪在作《续汉书·郡国志》时，对秦郡做出了与班固《汉书·地理志》不同的叙述；之后南朝刘宋裴骃在作《史记集解》时，就上引三十六郡给出了一个详细的郡名清单，与《续汉志》颇为相近。于是辛先生意识到，裴骃解释三十六郡时所据的资料，应当是一份系统性的史料，司马彪所据也是这份系统性史料，只不过这份史料的内容与《汉书·地理志》有所抵牾，作为一位修史者而非研究者，司马彪在面对彼此矛盾的资料时，采取了杂糅折中的做法。据此，辛先生对秦始皇三十六郡给出了一个全新的解释。[②] 由于这一结果高度重视史料的系统性，与以前依赖零星史料的考证结果相比，其可信度得到大幅度提高。

（三）历史地理学的数据和模型

在相当多的情况下，现代地理学研究可以充分利用各部门、各行业已有的统计资料，据此设计出一些数理模型，对数据加以处理、分析，然后就可以开展研究工作，无须研究者本人去生产数据。而对于历史地理研究来说，最大的困难和挑战是基本上没有现成直接可用的数据，需要自己钩稽史料，加以统计，生成具有科学意义的可用的数据。

当然，传世史料中并非不存在统计资料。例如，历代关于人口、土地、财政的记载，这些数据就其形成过程来说，应该都是统计形成的。但是，古代中国作为一个人文传统深厚的国家，其官僚体系中产生的统计数据，往往受到其制度与文化的制约，而制度与文化又具有极强烈的地域性，因而，那

---

① 《史记》卷6《秦始皇本纪》，中华书局，1982，第239页。
② 辛德勇：《秦汉政区与边界地理研究》，中华书局，2009，第3—92页。

些统计绝非现代科学意义上的统计，数据所呈现的往往与客观事实存在较大差距。很多时候，那些数据甚至毫无意义。以人口资料为例，史载从周宣王三十九年（前789）开始就有人口统计，《汉书·地理志》中保存了一份完整包含全国各郡国和部分重要县份的元始二年（2）的户口资料，之后历代对此都十分重视，相关资料浩如烟海。但是，中国古代统计人口并非纯粹为了统计，其目的在于作为税收依据，因此，统计所得的人口数量绝非客观的人口总数，而只是纳税人口，谓之户口。既然如此，这中间就有很多变数。当为了显示政绩，或通过户口数以获得某种资源，数字就会被地方官人为地夸大；而当其意欲减轻课税负担，户口数就会被隐匿、缩减。这两种情况因时代、地域而异。因此，要想了解较准确的历代人口地理数据，非根据具体的社会发展状况、统计制度的设计及贯彻执行情况来加以具体的分析考证不可。直到清初废除人头税之后，人口统计数据才与实际人口状况比较接近。[1]

　　史籍中类似于户口统计的数据是很多的。可以说，绝大多数情况下史籍中的数量记载都是如此：有数据，但不能直接用。要经过细致入微的考证分析，然后才能将史料记载转化为有意义的可用的资料。

　　相对来说，在历史地理学的研究中，类似于人口统计资料的分析、处理还不是最麻烦的。因为人口的发展，毕竟有一定的科学规律可循，对制度和执行情况的分析，也有一定的情理可依。更麻烦的情况是，事物的发展并无简明的客观规律，史料中根本就不存在当时的统计资料，需要研究者根据存世资料设计指标，自行加以统计，进行分析。例如，要对历代移民进行数量描述，遇到的困难就要大得多。这里面首先表现在，移民问题本身比较复杂，除了一些官方组织的移民，历史上大多数移民是民间自发的，不可能有详细、精确的统计。而且，移民从迁出地到迁入地的过程中，以及在迁入地安顿以后，遇上何种状况无法预知，即使这中间存在一些数量记载，也不可能因此而得出一些线性的结论。中古以前，史籍中常有从某地迁移人口若干到某地的记载，这些人口到达迁入地后，状况如何，一般不可知。明清以来的移民研究，大多数学者在利用族谱、方志里的资料，这样做只能考察移民的影响，无法据此复原移民发生时面上的状况。无论哪一环节，收集资料并

---

　　① 葛剑雄：《中国人口发展史》，福建人民出版社，1991。

将其数据化的过程都相对要复杂得多。

　　更复杂的是对一些历史人文现象的研究。例如，要描述某地文化发达的程度，这就牵涉对人文指标进行量化。应该说，这是一个很难有时甚至无法很理想地解决的问题。职是之故，历史人文地理研究有时仍不得不采取定性描述的手段。

　　既然需要根据史料自行加以统计，这就不可避免地带来一种可能：文化越发达的地区，存世史料越多，统计所得的数量自然就越大。例如，从历代史料中搜集地震的次数加以统计，显然很容易得出这样的结论：在文风鼎盛的东部地区，无论地震发生的次数还是因此而受灾的程度，都远远甚于西部地区。而事实却是，因为东部地区文人多、存世史料多，文人笔下又擅长抒情、描述，同样的自然现象，在东部地区更容易留下记载，而且更容易获得夸张的效果。这就需要运用数学手段，设计出模型，以消除这种因文献记载的差异而带来的影响。[1]

　　目前，在历史自然地理领域，特别是在气候变迁以及土地覆被变化的研究中，运用数学手段、建立分析模型的做法已越来越普遍。其他专题领域，受制于问题及资料状况，对于数学手段的需求相对没有那么强烈，但近年来在 GIS 技术的引领下，通过对资料的挖掘以及标准化处理，建立数据库、数据集，在此基础上进行分析讨论，以及进一步开发应用，已经成为业内主流。不言而喻，随着新型技术手段、分析工具的日渐普及，历史地理学界将生产出越来越多对行外学者和社会各界切实可用的专业数据。

〔作者单位：复旦大学中国历史地理研究所〕

---

[1]　满志敏：《用历史文献物候资料研究气候冷暖变化的几个基本原理》，载《历史地理》第 12辑，上海人民出版社，1995，第 22—31 页。

改革开放四十年来的中国近代思想史研究

郑大华

  笔者曾把中华人民共和国成立以后迄今的中国思想史研究，划分为四个时期：第一个时期，中华人民共和国成立后十七年间（1949—1966），这是中国近代思想史研究的奠基阶段；第二个时期，所谓"文化大革命"的十年（1966—1976），这是中国近代思想史研究的困顿与挫折阶段；第三个时期，从改革开放到80年代末，这是中国近代思想史研究的恢复与发展阶段；第四个时期，从90年代初到现在，这是中国近代思想史研究不断走向繁荣的阶段。我们这里讲"改革开放四十年来的中国近代思想史研究"，实际上包括了第三个和第四个时期。由于这两个时期是中国近代思想史研究的恢复与发展和不断走向繁荣的阶段，其内容十分丰富，要在短短的10000字内对这两个时期的中国近代思想史研究进行全面回顾是根本不可能的，因此，我们只能采取抓大放小的原则，粗线条地将其脉络勾勒出来，这样挂一漏万，就在所难免，希望广大作者、读者理解和批评指正。

一

  "文革"结束尤其是十一届三中全会以后，中国知识界迎来了"科学的春天"，中国近代思想史的研究也随之进入恢复与发展的新时期。在80年代的思想解放和"文化热"中，李泽厚的《中国古代思想史论》、《中国近代思想史论》和《中国现代思想史论》，耿云志的《胡适研究论稿》，黎澍对封建主义的批判，王元化倡导的"新启蒙"等，都对学术界尤其是中国近代史学界的思想解放发挥了举足轻重的作用。改革开放初期的思想解放，同时也促进了中国近代思想史研究的深入与开拓。学者们冲破"左"倾思想的影响与教条主义的束缚，并纠正了局限于革命话语与阶级定性的简单化倾向，在继续以革命和进步为主线来构建中国近代思想史研究框架，继续从政治革命立场、反帝反封建的视角评判中国近代史上的思想运动与思想人物的同时，也开始尝试从思想启蒙的角度、学术史的角度、中西思想和文化碰撞与融合的角度来解读中国近代史上的思想运动与思想人物。梁启超、鲁迅、陈独秀等思想家的中西文化观、文化哲学纷纷成了学者们的研究对象，对过去"立足于批"的洋务思想、立宪思想、改良思想以及曾国藩、李鸿章等思想人物给予了新的一定的肯定评价，以往被视为研究禁区的领域，在80年代却成了学术新的生长点，如耿云志、易竹贤等人对胡适的研究，方克立、郭齐勇等人对现代新儒学的研究，钱理群、舒芜等人对周作人的研究，都具有引领学术风尚的开拓性意义。

80年代出现的"文化热"对中国近代思想史的研究所产生的影响也是巨大的。当时"文化热"的思想主题与基调有两个：一是与官方"清除封建主义思想遗毒"的提法相适应，批判中国传统思想文化，即后来概括的"反传统"；二是与对外开放的大环境相适应，提倡借鉴和学习西方先进的思想文化。受此影响，近代史上的反传统思想、启蒙思想和西化思想受到学者们的格外关注，一些学者全盘否定传统，力主西化，而另一些学者则肯定中国传统文化的价值，提出"中国文化复兴"论、"儒学复兴"论，双方围绕电视纪录片《河殇》的评价，展开了激烈论战。

这一时期也是中国近代思想史学科学术队伍承上启下的重要阶段。梁漱溟、冯友兰、侯外庐、蔡尚思、冯契等老一辈学者，继续发挥着重要的作用，进行着各自的总结性的工作，冯友兰的《中国哲学史新编》，侯外庐的《中国近代哲学史》和《中国思想史纲》，冯契的《中国近代哲学的革命进程》，蔡尚思的《中国近现代学术思想史论》等相继出版；陈旭麓、李泽厚、王元化等一批中华人民共和国成立后逐渐成长起来的出生于20世纪二三十年代的中年学者成了学科的中坚力量，在当时整个学术界、文化界和思想界都有很大的影响力；一批改革开放后逐渐成长起来的出生于40年代的新锐学人开始崭露头角。高校纷纷开设了"中国近代政治思想史""中国现代政治思想史"等本科课程，还招收了相关方向的硕士、博士研究生。

"文革"结束到 80 年代末，多种中国近代思想史通史性质的教材、著作相继出版。此类著作多以"政治思想史"命名，时间上、下限为 1840—1919 年的叫"近代政治思想史"，时间上、下限为 1919—1949 年的叫"现代政治思想史"。"近代政治思想史"的教材、著作主要有：邵德门的《中国近代政治思想史》（法律出版社，1986），桑咸之、林翘翘的《中国近代政治思想史》（中国人民大学出版社，1986），朱日耀的《中国近代政治思想史》（吉林大学出版社，1990），姚凤莲、郑裕硕的《简明中国近代政治思想史》（甘肃人民出版社，1986）。"现代政治思想史"教材、著作主要有：林茂生、王维礼、王桧林主编的《中国现代政治思想史》（黑龙江人民出版社，1984），严怀儒主编的《中国现代政治思想史简编》（北京出版社，1985），彭明的《中国现代政治思想史十讲》（河南人民出版社，1986），高军、王桧林、杨树标主编的《中国现代政治思想评要》（华夏出版社，1990），王金铻、李子文的《中国现代政治思想史》（吉林大学出版社，1991），陈旭麓主编的《五四以来政派及其思潮》（上海人民出版社，1987），李世平的《中国现代政治思想史》（四川人民出版社，1985）。除上述这些著作外，80 年代还出现了三本以"思想史"命名、论述近代思想史的论著，即王永康的《简明中国近代思想史》（湖南人民出版社，1986）、张锡勤的《中国近代思想史》（黑龙江人民出版社，1988）和李华兴的《中国近代思想史》（浙江人民出版社，1988）。

80 年代还出版了一批专门思想史通史性著作，如赵靖、易梦虹重新修订的《中国近代经济思想史》（中华书局，1980），张晋藩的《中国近代法律思想史略》（中国社会科学出版社，1984），胡逢祥、张文建的《中国近代史学思潮与流派》（华东师范大学出版社，1991），郭朋的《中国近代佛学思想史稿》（巴蜀书社，1989），熊月之的《中国近代民主思想史》（上海人民出版社，1986），叶易的《中国近代文艺思想论稿》（复旦大学出版社，1985）等。

对思想家或思想人物的思想研究是思想史研究的永恒主题。"文革"结束到 80 年代末的近代思想史著作基本上是以思想家或思想人物的思想为主线来架构的。这一时期，学术界对思想家或思想人物的研究取得了重要进展，主要表现在以下五个方面：一是之前一些被批判、被完全或基本否定的人物，如中共党史上的陈独秀、瞿秋白、张闻天，洋务运动时期的曾国藩、李鸿章，五四时期的胡适、梁漱溟，都得到了较为全面、实事求是的重新评价，体现了学术上的"拨乱反正"；二是强调把对思想家的认识和研究建立在尊重史实、掌握大量第一手资料的坚实基础上，思想家文集与其他史料因而得以大量整理和出版；三是思想人物的研究内容得到了拓展，除政治思想外，还注意到他们的哲学思想、文化思想、经济思想、人生观等各个方面，其中与80年代的"文化热"相适应，思想家的文化思想格外受到重视；四是对人物评价避免简单化的定性，而注意以发展的、多元的、多把尺子的综合衡量；五是进入研究视野的思想人物有了显著增加，如鸦片战争时期的徐继畬、包世臣，洋务运动时期的刘锡鸿、张树声等过去未被注意的人物，相继有人开展了研究，并取得了成果。

　　"文革"结束到80年代末对中国近代思想进程的研究，一方面是在恢复"文革"前建立起来的基本框架的基础上回归学术研究，基本结构还是政治思想史，基本线索还是以进步思潮为主，依次论述鸦片战争时期地主阶级的社会改革思想、太平天国的革命思想、戊戌时期资产阶级改良主义思想、清末资产阶级和小资产阶级革命思想、民国初年的新文化运动、五四运动后新民主主义革命思想等，但去掉了政治性的标签与教条式的语言；另一方面，在"解放思想、实事求是"的方针指导下，在思想观点和研究对象上多有创新，如对洋务思想、立宪思想的认识有了较大的调整，尤其是以前很少涉及的三四十年代中间派别的思想开始为学者们所关注，顾关林的《论中间派的历史性转折》（《近代史研究》1986年第3期）和沙健孙的《论全国解放战争时期的中间路线》（《北京大学学报》1987年第2期）就是这方面代表性的研究成果。

二

　　进入90年代后，受1989年政治风波、苏东事件和学术自身发展规律的影响，中国近代思想史的研究重心发生变化，从80年代研究思想启蒙到90年代研究保守主义，从80年代研究思想家到90年代研究学问家，从80年代研究革命进步思想和运动到90年代对革命进步思想和运动的批判，即所谓反激进主义，并出现了所谓"思想家淡出，学问家兴起"的局面。与此同时，随着西方观念史、新文化史、社会史等研究理论和方法的引入，21世纪初，越来越多的学者把他们的研究兴趣和精力转到了观念史、新文化史、社会史和思想史视野下的新闻报刊史的研究上，并取得了丰硕成果。关于思想史学科自身的理论建设在进入21世纪后也日益引起学术界的重视，相继发表了一大批讨论中国近代思想史的研究对象、研究方法、逻辑起点、历史分期、发展动力等问题的文章，在某些问题上学者们取得了一些共识。这一切推动了中国近代思想史研究在80年代恢复与发展的基础上开始走向繁荣。

这一时期，梁漱溟、冯友兰、侯外庐、蔡尚思、冯契等老一辈学者先后退出了中国近代思想史的研究队伍；陈旭麓、李泽厚、王元化等一批为80年代中国近代思想史研究的恢复和发展做出过巨大贡献的学者，同样为这一时期中国近代思想史研究走向繁荣做出了巨大贡献，其中陈旭麓、王元化等先生因积劳成疾，先后辞世，这无疑是中国近代思想史学界的重大损失，健在的李泽厚等先生至今仍然笔耕不辍，发挥着重要的影响力；一批80年代已崭露头角的出生于20世纪40年代的学者，以及比他们年轻十岁到二十岁，出生于五六十年代的学者成了这一时期中国近代思想史研究的中坚力量，他们在某种程度上引领着中国近代思想史研究的潮流；一些以中国近代文学史、中国近代哲学史和西方近代哲学史为专业的学者在这一时期（或某一时段）也先后加入了中国近代思想史研究的队伍行列，并以他们的跨学科优势，丰富了中国近代思想史的研究内容。

具体来说，在资料整理方面，文集、日记、年谱、学术史资料等各种文献大量出版，魏源、李鸿章、张之洞、康有为、孙中山、蔡元培、胡适、李大钊、梁漱溟等重要思想家的全集纷纷面世，尤其是文献资料的数字化，为研究者利用资料与掌握研究动态提供了便捷的途径。宏观体系的构建有了新的探索，与80年代以前的通论性教材、论著多以"政治思想史"命名不同，进入90年代尤其是21世纪以后，通论性教材、论著则多以"思想史"或"思想史论"命名，如许纪霖等主编的《20世纪中国思想史论》，王尔敏的《中国近代思想史论》和《中国近代思想史论续集》，汪荣祖的《从传统中求变——晚清思想史研究》，黄顺力的《中国近代思想文化史探论》，汤奇学的《中国近代思想文化史探索》，郑大华的《晚清思想史》、《民国思想史论》和《民国思想史续论》，朱小玲的《中国近现代思想史论》，汪学群、武才娃的《清代思想史论》，启良的《20世纪中国思想史》，雷广臻的《中国近代思想史论》等，这反映了学者们试图匡正以往思想史偏重于政治思想，或者说思想史与政治史学科界限不清的缺陷或不足。

随着思想史研究的深入，学术界在80年代已有研究的基础上，对近代思想家或思想人物的思想研究取得了两方面的显著进步。第一，在思想家的选择上，研究者的视野越来越开阔，许多过去没有或少有人关注的思想家，尤其是那些所谓保守型、落后型的思想家，如倭仁、张之洞、林纾、梁漱溟、林语堂、杜亚泉、章士钊、张君劢、张东荪、罗家伦、傅斯年、吴宓、陈序经、储安平等，开始进入研究者的视野，并取得了显著成果。如郑大华的《张君劢传》（中华书局，1997）和《梁漱溟传》（人民出版社，2001），高力克的《杜亚泉思想研究》（浙江人民出版社，1998），左玉河的《张东荪传》（山东人民出版社，1998），李细珠的《倭仁思想研究》（社会科学文献出版社，2001），邹小站的《章士钊社会政治思想研究：1903—1927年》（湖南教育出版社，2001），刘集林的《陈序经文化思想研究》（天津人民出版社，2003），谢泳的《储安平与〈观察〉》（中国社会出版社，2005），高旭东的《梁实秋与中西文化》（中华书局，2007）、张世保的《陈序经政治哲学研究》（人民出版社，2007）等。第二，对过去研究较多的思想家的研究进一步深化、细化，并提出了许多新的观点。思想家的思想是多方面的，除了对学术、政治、文化有自己的见解外，其对生活、交友、待人接物、家庭婚恋等也有自己的认知，这些认知是其思想的重要组成部分。除了对学界与政界等有影响外，思想家还可能因为自己的社会活动与社会渠道渗透到民间社会，探寻精英思想是通过什么方式和渠道渗透到民间社会以及他们的思想与民间的互动关系，这也是进入21世纪以来思想家研究的一个重要思路。例如，尤小立的《胡适的婚姻及其新婚时的心态》（《民国档案》2005年第1期）、徐希军的《角色冲突：胡适思想多歧性的一个社会学解释》（《安徽大学学报》2005年第1期）、李建军的《"多党民主"与"国民党自由分化"：胡适的"大胆假设"与"小心求证"》（《安徽史学》2006年第2期）以及胡明的《胡适思想与中国文化》（广西师范大学出版社，2005）等在对胡适的文学思想、政治思想、哲学思想、文化思想细致而又具体的研究上，对胡适的心态变化、家庭婚恋、人际交往等进行了关注，展现了一位更加立体和生动的胡适。

在中国近代思想进程的研究方面，90 年代以来，学术界在 80 年代已有研究成果的基础上，或从宏阔的视野出发，对思想进程展开新的研究，如对洋务思想，涉及鸦片战争前后洋务思想的萌芽、甲午战争后洋务思想的发展、反洋务思想的兴起等多个方面；或从新的角度分析、评论近代思想进程，如从近代社会转型、近代思想转型和近代学术转型的角度来讨论嘉（庆）道（光）年间经世思潮的发展和影响，从传播西方政治思想、动员人民参加社会运动的角度重新评价清末的立宪思想和革命思想；或从史实考订入手，对一些思想史上的文化事件进行考订、厘清，如有的学者对是否真发生过作为戊戌思潮兴起的标志性事件——"公车上书"提出了质疑，并引发了学术界的热烈讨论，赞成者有之，反对者亦有之；或根据从时代发展获得的灵感，对近代思想进程做多元的解读、全新的阐释，如对五四新文化运动的兴起原因、发展进程以及历史意义的多重解读。

三

近代以来，中国思想发展的一个重要特征就是思潮风起云涌，但此前的研究以思想家个案为主，思潮研究的成果非常有限，然而从 20 世纪 90 年代开始，思潮研究越来越引起学术界的重视，近代思想史著作也更多地以社会思潮来构架，如吴剑杰的《中国近代思潮及其演进》，吴雁南主编的《中国近代社会思潮》（4 卷本），戚其章的《中国近代社会思潮史》，胡维革的《中国近代社会思潮研究》，黎仁凯的《近代中国社会思潮》，高瑞泉主编的《中国近代社会思潮》，郭汉民的《晚清社会思潮研究》和《中国近代思想与思潮》，周积明、郭莹的《震荡与冲突——中国早期现代化进程中的思潮和社会》，丁守和的《中国近代思潮论》，郑师渠的《思潮与学派：中国近代思想文化研究》，董德福和史云波的《回首五四——百年中国思潮和人物》，龚鹏程的《近代思潮与人物》，丁伟志的《中国近代文化思潮》等。彭明、程歗主编的《近代中国的思想历程（1840—1949）》，虽然没有用"思潮"命名，但就内容来看也是"一本反映近代中国百年思潮演变发展的著作"。与此同时，一些重要思潮，如民族主义、社会主义、自由主义、激进主义、文化保守主义、国家主义、无政府主义、三民主义、西化思潮、现代新儒学等的专题研究也取得了丰硕成果，出版了一大批这方面的著作。思潮是某一时期具有群体特性的思想倾向，反映了该时期普遍的民众心理和思想文化的发展方向，以思潮史构架近代思想史的研究框架无疑具有突破性的学术意义。随着研究的发展和深入，思潮史研究也由宏观研究向更为具体的专题研究拓展，这为我们更好地把握近代中国思想史演化的轨迹提供了更广阔的视角和空间。可以说，思潮史研究的异军突起并取得丰硕成果，是 90 年代以来尤其是 21 世纪以来中国近代思想史研究走向繁荣的标志之一。

除了思潮史研究的异军突起外，20 世纪 90 年代以来，尤其是 21 世纪以来，中国近代思想史研究逐步走向繁荣的另一标志，是学术思想史研究热的兴起，并渐成显学。这股学术史研究热在兴起之初便显示出了强劲的势头，直到今天，仍然有其强大的生机与活力，除了一批重要的学术典籍，如上海书店出版社的《民国丛书》、东方出版社的《民国学术经典文库》、河北教育出版社的《中国现代学术经典》、北京图书馆出版社的《20 世纪中华学案》、湖南教育出版社的《民国学案》、浙江人民出版社的《近人学术述林》，以及大量学者的著作、文集或全集重新出版或整理出版，从而为学术史研究提供了宝贵的文献资料外，又先后推出了张岂之主编的《中国近代史学学术史》、李学勤主编的《中国学术史》（多卷本）、朱杰勤主编的《中国学术思想史》、陈平原主编的《学术史研究丛书》等一批学术史著作，以及研究中国近代史上著名学者，尤其是那些长期以来由于各种非学术原因被有意无意忽略了的或没有受到应有重视的学者的系列成果，其中由江西百花洲文艺出版社出版的《国学大师丛书》和北京图书馆出版社出版的《二十世纪中国著名学者传记丛书》影响较大。

20 世纪 90 年代以来，特别是 21 世纪以来，中国近代思想史研究逐步走向繁荣的又一标志是，越来越多的学者把他们的兴趣和精力转到了观念史研究、思想文化与社会转型研究、近代中国知识分子研究、新文化史与思想史结合研究以及报刊史研究等领域，并取得了丰硕成果。第一，在观念史研究方面，先后发表和出版了一大批研究"民族""国家""民主""自由""科学""国民""公民""个人""社会""革命"等中国近代新名词、新词语的成果，如陈建华的《"革命"的现代性——中国革命话语考论》，冯天瑜的《"封建"论考》，金观涛、刘青峰的《观念史研究：中国现代重要政治术语的形成》，黄兴涛的《"她"字的文化史——女性新代词的发明考证与认同研究》。第二，在思想文化与社会转型研究方面，学术界改变了过去的那种非新即旧的"二元对立"的思维模式，开始关注"新中有旧、旧中有新"的社会与思想的复杂关系，并通过对新旧变迁的社会格局当中"权势转移"的讨论，将思想史与社会史有机联系在一起。2008 年出版的"近代中国文化转型研究丛书"（耿云志主编），是这一时期研究思想文化与社会转型的标志性成果。该丛书由九种既相互联系又各自独立的著作组成，它们从不同方面论述了中国近代思想文化转型中的一系列重大的理论问题，比如耿云志在《近代中国文化转型研究导论》中提出，"世界化"和"个性化"是"近代中国思想文化发展的两个主要趋势"：所谓"世界化，就是以开放的文化心态处理中华文化与世界文化的关系"；所谓"个性化，是指解放人，解放人的个性，解放个人的创造精神"。第三，在近代中国知识分子研究方面，除关注作为个体的知识分子外，这一时期学术界还特别重视对知识分子群体的研究。与此同时，其研究也不再仅仅局限于知识分子的政治思想、学术思想、伦理道德观念，而是涉及他们的生活趣味、朋友交际、家庭婚恋、情感心态、意志品质、价值抉择等方方面面，知识分子的形象栩栩如生。第四，在新文化史与思想史结合研究方面，受新文化史研究理念的影响，从对象到方法，从视野到理念，这一时期中国近代思想史研究发生了明显变化：从研究社会上层的精英人物，到研究社会下层的小老百姓；从研究政治思想、哲学思想和文化思想，到研究民间（或大众）文化和社会心态；从研究社会改良、革命和政权变更，到研究节庆仪式、公共空间以及庙会、医疗、身体、性别和物质文化。第五，在报刊史研究方面，学者们在继续推进对《民报》《新民丛报》《新青年》《独立评论》等报刊研究的同时，也开始了对《大公报》《时务报》《申报》《益世报》《观察》《努力周报》《改造》《甲寅》《太平洋杂志》《现代评论》《再生》《时代公论》《今日报》等报刊的研究。这些研究一方面表现了思想史研究领域的扩大及细化的发展趋势，另一方面显示了当今学术界打通社会史与思想史的努力。学者们除了运用传统思想史研究方法对报刊进行解读外，不少人还试图引入西方社会学中关于公共空间与市民社会的研究范式对其进行新的解读。

四

新中国成立以来，尤其是改革开放以来，中国近代思想史研究取得了丰硕成果。如何在现有研究成果的基础上进一步深化中国近代思想史研究，这是大家比较关心、常要考虑的问题，笔者近几年也一直在做这方面的思考。现借此机会，将自己一些不成熟的想法提出来，供大家批评。

第一，要继续加强中国近代思想史学科的"学科意识"、学科理论建设，为中国近代思想史研究的进一步深化提供理论引领。中国近代思想史学科是五四以后随着中国现代学术体系的建立而逐步形成的，已有近百年历史。虽然中国近代思想史学科的历史不短，但学术界一直缺乏理论上的自觉，缺乏对中国近代思想史学科自身理论的研究，学者们对思想史究竟应该写些什么没有统一的认识，许多思想史著作写进了哲学史的内容，甚至以哲学史为主，学科界限混淆不清。进入 21 世纪以来，中国近代思想史学科自身理论的研究已引起越来越多的学者的关注，并取得了一些成果，但我们要推动中国近代思想史研究的进一步深入，必须继续加强对中国近代思想史学科自身理论的研究，就中国近代思想史的研究对象（或内容）、开端和分期、研究方法等问题展开深入讨论，通过讨论以求得共识。因为只有这些重大的思想史学科自身理论问题的研究取得重大突破，中国近代思想史研究的进一步深入才有可能。

第二，要继续扩大研究的领域和视野，为中国近代思想史研究的进一步深化拓展新的生长空间。回顾新中国成立以来，尤其是 20 世纪 90 年代以来中国近代思想史的研究历程，中国近代思想史研究之所以能够不断取得发展和进步，与其研究领域和视野的不断扩大分不开。如从思想史研究以思想家个案为主，到思潮史研究的异军突起，近代思想史著作越来越多地以社会思潮为主线；近代学术史流变中的传统学术思想的近代走向和现代学术之建立等问题为越来越多的学者所关注；受西方社会史研究理论和方法的影响，中国近代思想史研究视线下移；等等。既然研究领域和视野的扩大，是中国近代思想史研究能够不断取得发展和进步的重要因素，那么，进一步深化中国近代思想史研究，继续扩大研究领域和视野，寻找新的增长点，就非常必要。根据目前的研究状况，我们可以推测中国近代思想史研究的未来趋向：（1）思想家研究仍是重点；（2）思潮史研究将向专题研究方向发展；（3）学术思想史研究会继续得到加强；（4）思想史与其他学科的会通是学科发展的必然趋势；（5）中国近代思想史学科的自身建设将得到进一步的重视。

第三，要继续坚持唯物史观的指导，但同时要摒除对唯物史观的教条主义理解和运用，加强对思想家个人的生活经历、生存状况和生活环境的研究。进一步深化中国近代思想史研究，首先要继续坚持唯物史观的指导，要搞清楚某一思想或思潮赖以产生的思想渊源和社会历史背景，考察思想家与其时代、思想的产生与物质生产之间的相互关系。当然，我们在坚持唯物史观的同时，更要摒除对唯物史观的教条主义理解和运用。实际上，马克思主义讲的社会存在，是广义的社会存在，除生产力与生产关系、经济基础与上层建筑的矛盾运动外，还包括思想家的生活经历、生存状况和生活环境。在同一历史时代和社会背景之下之所以会产生不同类型或性质的思想家，这与思想家们个人的生活经历、生存状况和生活环境的不同有着密切的关系。我们在研究某一位思想家的思想时，除要研究他生活的时代背景和社会背景外，还应加强对他的生活经历、生存状况和生活环境的研究，看他有过什么样的生活经历，到过哪些地方，经历过哪些事件，经济状况如何，有什么样的社会地位，喜欢和哪些人交往，其亲朋师友尤其是师友的思想是怎样的，对他产生过哪些影响等。

第四，要继续引进西方的研究理论和方法，但要加以"中国化"或"本土化"，避免对西方的研究理论和方法的生硬套用。近年来，随着西方社会史研究的理论和方法的传入，已有越来越多的学者借用西方社会史研究的理论和方法来研究中国近代思想史，并取得了不少成果。思想史研究中引用西方社会史研究的理论和方法，这对推动中国近代思想史研究具有十分重要的意义：首先，扩大了文献资料的使用范围；其次，非文献资料和口述资料得到重视和利用；再次，改变了中国思想史的书写方式。当然，这只是问题的一个方面；问题的另一个方面，我们也应看到，西方社会史以及西方其他社会科学研究的理论和方法的传入，也给研究者带来了一些问题与困惑：其一，对史料与理论关系形成颠倒的错误认知；其二，阐释的"过度"与概念的"滥用"。在今后的研究中，我们要继续引进西方的研究理论和方法，但在引进西方的研究理论和方法时，我们要立足于中国的研究实际，将西方的研究理论和方法"中国化"或"本土化"，从而建立本土化的中国思想史研究的理论、方法和范式。

〔作者单位：中国社会科学院近代史研究所〕

改革开放四十年来的中国近代思想文化史研究

左玉河

尽管中国思想文化史研究在五四以后开始起步并取得了不少成果，但它的真正繁荣则是在 1978 年中共十一届三中全会后，在解放思想、实事求是的思想路线指导下逐步实现的。在 20 世纪 80 年代兴起的"文化热"影响下，中国近代思想文化史研究重新起步，政治思想史首先受到关注，然后逐步拓展到近代经济思想、法律思想、宗教思想、军事思想、文学思想、伦理思想等专门领域，思想家个案研究及思潮史研究蔚然成风，近代社会文化史逐步兴起，新文化史日益活跃，出版了大批有分量的学术著作。现分别将 40 年来中国近代思想史与中国近代文化史研究的基本线索、研究状况、研究热点加以阐述，① 进而展望中国近代思想文化史研究发展的基本趋向及理论思考。

一 政治思想史及思想家个案研究的新进展

改革开放 40 年来的中国近代思想史研究，依据研究重心的变化，大致

---

① 本文所谓"中国近代"，是指广义上的中国近代历史，即从鸦片战争到中华人民共和国成立（1840—1949）的历史，包括了所谓狭义的中国近代（1840—1919）和狭义的中国现代（1919—1949）；90 年代中期以后，广义上的"中国近代"逐渐被学术界接受并流行。故本文所谓的中国近代思想文化史，指 1840—1949 年的中国近代思想文化演变史。

可以分为三个阶段：一是1978年到80年代末，研究重点集中于思想家个案及政治思想史方面；二是80年代末到90年代末，研究重心逐渐转变为社会思潮史及思想家个案；三是90年代末以来，研究重心集中于学术思想史和观念史研究领域。正是在研究重心逐渐转移过程之中，中国近代思想史研究的广度不断拓宽，研究深度亦渐次深化，研究成果不断推出。

1978年出版的侯外庐主编的《中国近代哲学史》（人民出版社1978年版），实际上仍偏重于政治思想史，注重从哲学角度探求近代人物的思想根源，说明其思想变化的轨迹，并注意揭示每个时期的思想与当时社会历史的联系，说明各个时期思想产生的原因及其特征。该著关注近代西方哲学社会思想的输入对中国思想界所产生的影响，尤其是对辛亥革命前后西方哲学的输入及其影响做了重点阐述，较全面系统地介绍了近代各时期的落后反动思想，论述了它们和进步思想的斗争情况。尽管该书对人对事的某些评价有简单化的倾向，但对中国近代思想史的研究产生了积极影响。

随后，学术界相继出版了多种冠以中国近代政治思想史的著作，其中比较重要者，有邵德门的《中国近代政治思想史》（法律出版社1983年版），桑咸之、林翘翘和宝成关的《中国近代政治思想史》（中国人民大学出版社1986年版）等十余部。张锡勤的《中国近代思想史》（黑龙江人民出版社1988年版）、李华兴的《中国近代思想史》（浙江人民出版社1988年版）等著作也以政治思想史为主，并集中于狭义的中国近代（从鸦片战争到五四运动，1840—1919）。至于论述中国近代政治思想及相关人物政治思想的论文，则数量众多。

这些论著主要揭示了从鸦片战争到五四运动时期政治思想发展的历史过程及总趋势，将反侵略的爱国主义思想确定为近代政治思想史发展的主线，着力于对中国封建主义国家观及维护这种国家观的君权神授说和三纲五常伦理道德观念的批判，同时也注意考察资产阶级国家观形成并经过实践最终失败的历史。这些论著认为，中国近代政治思想具有两个明显特点：一是纷繁复杂，在很短的时间内走过了欧洲几百年的思想历程，社会政治思想从封建主义跃进到社会主义，各个政治派别纷纷提出自己的政治主张，有继承传统的，有借鉴外来的，有糅合中西的，呈现缤纷异彩、五光十色的特色；二是肤浅粗糙，中国近代政治思想是针对迫切的救亡图存的政治问题而提出的，现实斗争的紧迫性没有给思想家们留有足够的条件来构筑他们的理论体系，往往是在解决现实问题的政治方案已经形成之后才去找哲学的支撑点来建立自己的思想体系。这些论著对近代政治思想的评价较为客观和实事求是，对过去一概否定的无政府主义、改良主义等思想流派，既指出其消极作用，也能肯定其在特定历史条件下所具有的反专制主义和批判封建文化的贡献。

从五四运动到新中国成立前，是所谓狭义上的中国现代史（1919—1949），此时期出版的几部有代表性的现代思想史论著同样以政治思想史为主。其中比较重要者，有林茂生、王维礼、王桧林主编的《中国现代政治思想史》（黑龙江人民出版社1984年版），陈旭麓主编的《五四以来政派及其思想》（上海人民出版社1987年版），高军、王桧林、杨树标主编的《中国现代政治思想评要》（华夏出版社1990年版），彭明的《中国现代政治思想史十讲》（河南人民出版社1986年版），李泽厚的《中国现代思想史论》（东方出版社1987年版），王金铻、李子文的《中国现代政治思想史》（吉林大学出版社1991年版）等。林茂生等人主编的《中国现代政治思想史》，是一部较系统论述中国现代政治思想史的著作。该书认为，五四以后的新民主主义革命时期，政治思想的核心是建国问题，各种建国纲领和方针的提出及它们之间的斗争，构成了中国现代政治思想史的基本内容。该书以大地主大资产阶级、民族资产阶级和无产阶级三种建国理论与主张的相互关系与斗争为基本线索，系统论述了五四以后的主要政派及其政治思想。王金铻、李子文的《中国现代政治思想史》在撰写体例上有了较大突破，主要按照思想出现的先后，重点论述了三民主义、新民主主义、自由主义和封建买办法西斯主义等四种主要思想，将中国现代政治思想的主体比较完整地显示出来，并由此进行了深层次的研究。高军等人主编的《中国现代政治思想评要》也在撰写体例上有所创新，主要以纪事本末的编辑体例，重点阐述了五四以后30年间有影响的二十余种政治思想产生、发展的过程，并做了深入分析和客观评价，提出了许多新观点，在学术界产生了较大影响。

思想家是思想史的主体，理当成为思想史研究的重点。故当中国近代思想史研究起步之初，便格外注重对龚自珍、魏源、林则徐、康有为、梁启超、孙中山、章太炎等著名思想家的研究。李泽厚的《中国近代思想史论》（人民出版社1979年版）阐述了9位有代表性的思想人物的思想，把代表人物的思想与社会思潮的演进结合起来，对推动近代中国发展的太平天国、改良派、革命派三大进步思潮做了重点论述，明确提出了中国近代反动阶级的思想同样值得研究的新见解。其另一部著作《中国现代思想史论》，则主要阐述了五四以后一些重要人物的政治思想，内容拓展到了文化论战、文艺思想等过去较少涉及的领域，提出了一些颇有争议的新观点。如其所提出的"救亡压倒启蒙"命题，就引起了学术界的激烈争论。批评者认为这种说法不符合近代思想演进的历史实际，如果从中国近代思想发展的脉络来看，恰恰是救亡推进了启蒙，而不是救亡压倒了启蒙，每次救亡运动的高潮总能唤起一次伟大启蒙运动的到来。戊戌维新运动、辛亥革命、五四运动、"一二·九"运动等均是如此。

20世纪80年代有关近代思想家研究的论著数量很多，除了人物传记涉及思想方面外，专门研究康有为、孙中山、章太炎等人思想的著作也相继问世。其中比较重要者，有杨慎之等编的《魏源思想研究》（湖南人民出版社1987年版）、邝柏林的《康有为哲学思想研究》（中国社会科学出版社1980年版）、肖万源的《孙中山哲学思想》（中国社会科学出版社1981年版）、姜义华的《章太炎思想研究》（上海人民出版社1985年版）、张磊的《孙中山思想研究》（中华书局1991年版）、韦杰廷的《孙中山民生主义新探》（黑龙江教育出版社1991年版）等。这些论著突破了过去以唯物主义与唯心主义斗争为主线的研究框架，纠正了以阶级成分决定思想状况的简单化倾向，认为唯心主义在近代进步思想界长期占主导地位，也是进步思想家进行政治斗争的思想武器。研究者逐步认识到同一阶级不同阶层、利益集团的思想倾向的差异，开始从其个人的经历、思想渊源等多方面具体考察人物思想，在注意思想家共性的同时，更加关注其个性特色。

90年代以后，与中国近代社会思潮史研究的兴起相联系，学术界对中国近代思想家的研究有了长足进步。这主要表现在两个方面：一方面，在思想家的选择上，已改变了先前只注意主要的进步思想家而对许多次要的或所谓反面人物关注不够的倾向，研究者的视野越来越开阔，许多过去很少有人关注的人物，如曾国藩、倭仁、张之洞、梁漱溟、林语堂、杜亚泉、章士钊、张君劢、罗家伦、傅斯年、吴宓、陈序经等进入了研究者的视野，并取得了显著成果。如马勇的《梁漱溟评传》（安徽人民出版社1992年版）、张海林的《王韬评传》（南京大学出版社1993年版）、郑大华的《张君劢传》（中华书局1997年版）、高力克的《杜亚泉思想研究》（浙江人民出版社1998年版）、左玉河的《张东荪传》（山东人民出版社1998年版）、李细珠的《晚清保守思想的原型——倭仁研究》（社会科学文献出版社 2000 年版）、沈卫威的《情僧苦行：吴宓传》（东方出版社 2000 年版）、邹小站的《章士钊社会政治思想研究》（湖南教育出版社 2001 年版）等，填补了这方面研究的空白。另一方面，对过去研究较多的思想家的研究进一步深化、细化，并提出了许多新的观点。如对戊戌时期康有为的研究，已经不再停留在泛泛谈论康有为的贡献、局限、历史地位等表层问题上，而是深入剖析康有为思想主张的细节，分析其思想形成的原因及其内在变化；戊戌变法后到辛亥革命期间，梁启超思想深受当时日本思想的影响，郑匡民的《梁启超启蒙思想的东学背景》（上海书店出版社 2003 年版）对梁启超所受的日本思想的影响进行了细致梳理，深化了人们对梁启超思想的认识。

二　思潮史研究蔚然成风

中国近代思想发展的重要特征是社会思潮风起云涌、潮起潮落。但此前的研究对此关注不够，虽然一些学者如王忍之、徐宗勉、侯外庐、金冲及等曾提出过应当研究近代社会思潮，但学者们的研究仍以思想家个案为主，思潮研究的成果比较少。那些以"中国近代思想史"命名的著作，基本上是各个时期一些主要思想家思想的汇编。早在 1984 年，金冲及就提出，中国近代思想史研究应该从四个方面进行突破：一是把近代各种社会思潮的发展演变和它们之间的相互关系作为重点来研究；二是在时间上应该重点研究从甲午战争到五四运动的 20 多年，因为这 20 多年是思想浪潮汹涌澎湃的时期；三是深入探索中国近代哲学思想和政治思想的关系；四是研究西方近代社会政治思想和哲学思想的各种重要流派对中国近代思想的影响，更要研究日本近代思想界对中国的影响，因为当时的日本对中国思想界影响巨大。[①]这些见解引起了学术界的重视，促进了中国近代思想史研究重心的转移。20世纪 80 年代末期以后，近代思潮史研究异军突起，蔚成风尚，中国近代思想史著作越来越多地以社会思潮为研究主线。

较早以"思潮"命名来阐述中国近代思想史的著作，是吴剑杰的《中

---

①　金冲及：《中国近代思想史研究中的几个问题》，载《中国文化研究集刊》第 1 辑，复旦大学出版社，1984，第 265—286 页。

国近代思潮及其演进》（武汉大学出版社 1989 年版）。作者认为，以往有关中国近代思想史的专著和教材存在不足，即"依时期、分派别重点地论述各个有代表性的思想家及其代表作，似难以揭示出近代政治思想潮流兴衰替嬗、发展演进的基本线索和规律性"，故该书主要以近代史上出现的几种进步性思潮而不再以人物思想为线索，论述了鸦片战争时期地主阶级改革派的社会批判思想、太平天国农民革命思想、19 世纪后半期的洋务思潮、戊戌时期的维新思潮、辛亥革命时期的社会思潮及马克思主义传入等。虽然还存在只写几种进步思潮是否就能全面反映近代中国思想发展演进的线索和规律性等问题，但这种尝试无疑是有益的。

此后，以"社会思潮"命名的研究著作日益增多，如吴雁南等主编的《清末社会思潮》（福建人民出版社 1990 年版）、戚其章的《中国近代社会思潮史》（山东教育出版社 1994 年版）、胡维革的《中国近代社会思潮研究》（东北师范大学出版社 1994 年版）、黎仁凯的《近代中国社会思潮》（河北人民出版社 1996 年版）、高瑞泉主编的《中国近代社会思潮》（华东师范大学出版社 1996 年版）、朱义禄等人的《中国近现代政治思潮研究》（上海社会科学院出版社 1998 年版）、郭汉民的《晚清社会思潮研究》（中国社会科学出版社 2003 年版）及冯契主编的《中国近现代社会思潮研究丛书》（上海人民出版社 1991 年版）等。这些著作多以社会思潮为主线，对近代诸思潮做分类阐述。如吴雁南等主编的《清末社会思潮》一书，虽然只限于甲午战争后到辛亥革命前，但中国近代思想史上的重要思潮基本包括在内，其对近代社会思潮的归类颇有特色。

胡维革的《中国近代社会思潮研究》在撰写结构上较有特色。它不限于对社会思潮进行逐次阐述，还将这些思潮作为近代中国社会思潮的重要内容来处理，着重探讨了三方面问题：一是关于中国近代社会思潮的开端、主线、流程和终结；二是关于西方文化、传统文化、社会意识、知识分子群体、思想巨人与中国近代社会思潮的关系；三是关于几种重大社会思潮的起因、内容、演变及影响。这样的论述，深化了对近代社会思潮演变史的认识。高瑞泉主编的《中国近代社会思潮》，重点阐述了近代影响较大的 11 种思潮：人道主义思潮、进化论思潮、实证主义思潮、唯意志论思潮、自由主义思潮、文化激进主义思潮、汉宋学术与文化保守主义思潮、无政府主义思潮、民族主义思潮、佛教复兴思潮与中国的近代化、基督教传教与晚清

"西学东渐"。这些思潮虽以政治思潮为主，但已经涉及哲学和文化思潮，拓展了近代思潮史研究的领域。

彭明、程歗主编的《近代中国的思想历程》（中国人民大学出版社 1999 年版），虽然没有用"思潮"命名，但就内容来看也是一部反映中国近代思潮演变发展的著作。与其他著作多以思潮为线索、分类撰述不同，该书将思潮看作由从低到高的认识序列互相联结而成的精神体系，并以此为基础，根据时代主导意识的变化提出了颇有新意的划分阶段的见解。它将中国近代思潮划分为四个阶段加以撰述：一是从中英鸦片战争到中日甲午战争，是多种改革思潮的萌动时期；二是从甲午战争到辛亥革命，是对传统思想的否定时期；三是从五四运动到 20 世纪 30 年代中期，是思想界重新调整思考方向和发生深刻的分化组合时期；四是从 30 年代中期到 1949 年新中国成立，是新民主主义思想体系开花结果时期。这样，中国近代思潮的演化线索在该书中得到了较好阐述，并得出了"一部中国近代思潮史，本质上是中国人自我发现、自我觉醒和自我选择民族生存方式的认识史"的结论。这样的结论是符合历史实际的，也是颇有新意的。

吴雁南等主编的 4 卷本《中国近代社会思潮》（湖南教育出版社 1998 年版），是目前中国近代思想史研究领域篇幅最长、规模最大的研究近代社会思潮的著作。该著围绕救亡图存、改造中国、振兴中华的时代主旋律，对近代中国起伏跌宕、异彩纷呈的社会思潮做了比较系统的论述，体现了中国近代社会思潮发展变化的多样性以及曲折复杂的特点，从广阔的视野探索了中国近代社会思潮的发展轨迹，剖析了各种思潮之间的矛盾、斗争、渗透和影响。其特点主要有二：一是比较系统地展示了中国近代社会思潮的多样性、完整性及其演变发展的轨道，把握了中国近代社会思潮的主流和方向，揭示出救亡图存、振兴中华、改造中国、走近代化道路是近代社会思潮的中心，爱国主义则是这些社会思潮的原动力，而科学社会主义在各种社会思潮中最终取得主导地位；同时顾及了中间和反动的思潮，并把它们同当时的社会环境和民众心理的嬗变联系起来考察。二是从文化的角度来考察社会思潮。近代社会思潮的发展演变是与中西文化的冲突与融合交织在一起的，只有科学地认识中西文化才能正确地解决中国文化发展的方向，故该著以较多的篇幅来评述文化领域中的思潮演变及其文化论争。

与此同时，对近代中国影响深远的社会思潮如民族主义思潮、无政府主义思潮、启蒙思潮、国粹主义思潮的研究，也取得了丰硕成果。民族主义不仅是一股重要的社会政治思潮，而且表现为一次次前后相继的实践运动，甚至是各种政治力量手中的重要招牌，其地位之重要不言而喻，故引起了学术界的广泛关注，并出版了一些重要成果。其中重要者有唐文权的《觉醒与迷误：中国近代民族主义思潮研究》（上海人民出版社 1993 年版）、陶绪的《晚清民族主义思潮》（人民出版社 1996 年版）和罗福惠主编的《中国民族主义思想论稿》（华中师范大学出版社 1996 年版）等。这些著作对中国民族主义思想的形成、特点及其存在的缺陷做了一定的探讨，对中国民族主义的特点和缺点也形成了比较一致的看法。唐文权拓展了民族主义思想研究的范围，认为中国近代民族主义思想不仅是政治的，而且还有经济的和文化的民族主义思想。陶绪在书中考察了传统民族观念及其在晚清的变化，较系统地阐述了传统民族观念在近代历史条件下所发生的变化，认为晚清民族主义思潮的重要来源是西方近代民族主义思想，直接原因是中国民族危机的加剧和资本主义发展的需要。罗福惠在书中论述了太平天国运动、反洋教斗争和义和团运动中中国乡村民众民族意识的觉醒，以及对近代民族斗争的巨大影响。

2005 年 8 月，中国社会科学院近代史研究所思想史研究室联合多个单位举办了关于"近代中国民族主义"的国际学术研讨会，对中国近代民族主义的历史作用、基本特征及与儒学的关系等问题展开了深入讨论。中国近代史上的民族主义既有积极的一面，也有消极的一面，应该具体问题具体分析。关于中国近代民族主义的历史作用，李文海认为，对于被侵略被奴役的国家来说，民族主义往往能激发整个民族的忧患意识和自强意识，提高民族自尊心和自信心，增强民族的凝聚力和战斗力，因此中国近代民族主义主要起着积极的作用；但它并非没有产生过消极的作用和影响，它在处理对内和对外民族关系上也存在着较大的局限性，并非尽善尽美。[①] 关于中国近代民族主义的历史特征，史革新将其概括为三个方面：一是反对民族压迫，以争取民族独立为职志；二是始终与民族主义、爱国主义相结合；三是不断克服狭隘民族情绪，理性民族主义占主流地位。[②] 李喜所认为，现代性是民族主

① 李文海：《对"民族主义"要做具体的历史的分析》，《史学月刊》2006 年第 6 期。
② 史革新：《中国近代民族主义特征之我见》，《史学月刊》2006 年第 7 期。

义与生俱来的特征，中国近代民族主义发芽、生根的历史过程与中国社会由传统向现代过渡的客观进程是紧密相连的，中国现代化的深度决定着民族主义普及的广度，民族主义与世界主义并不构成悖论；只要中国的现代化没有完结，现代性就永远是民族主义的灵魂。①

中国近代无政府主义思潮是受到研究者高度关注的社会思潮。除了系统的中国近代政治思想史、社会思潮史著作中均辟专章论述外，还出版了一些专门研究无政府主义思潮的重要著作。其中比较重要者有徐善广、柳剑平的《中国无政府主义史》（湖北人民出版社 1989 年版），路哲的《中国无政府主义史稿》（福建人民出版社 1990 年版），蒋俊、李兴芝的《中国近代的无政府主义思潮》（山东人民出版社 1991 年版），汤庭芬的《中国无政府主义研究》（法律出版社 1991 年版），胡庆云的《中国无政府主义史》（国防大学出版社 1994 年版），李怡的《近代中国无政府主义思潮与中国传统文化》（华中师范大学出版社 2001 年版）等。这些论著在对中国近代无政府主义思潮发展线索的认识上虽稍有差别，但基本上是一致的，即认为 19世纪末 20 世纪初为传入时期，1907 年至五四运动前后为形成发展时期，1923 年到 1941 年为破灭时期。蒋俊、李兴芝的《中国近代的无政府主义思潮》是按照无政府主义思想从传入到尾声的发展变化线索顺序撰述的，脉络清晰，比较系统。作者认为，中国无政府主义主要是一个以小资产阶级社会主义与民主主义相结合为特点的思想派别，它不仅提出了防止资本主义的口号，而且发表了许多反封建和要求民主的言论，在不同历史时期有着不同的作用，不能简单地否定。这种以历史事实为依据，坚持实事求是原则的态度是可取的。而汤庭芬积数年研究而成的《中国无政府主义研究》，则着重从横向上分析了中国无政府主义思潮，具有明显的专题性研究性质。

中国近代伦理思想史方面的专著，有张锡勤等撰写的《中国近现代伦理思想史》（黑龙江人民出版社 1984 年版），随后有徐顺教等主编的《中国近代伦理思想研究》（华东师范大学出版社 1993 年版）和张岂之、陈国庆的《近代伦理思想的变迁》（中华书局 1993 年版）。前两部书着重于人物伦理思想研究，所论包括新民主主义革命时期资产阶级和无产阶级人物的

---

① 李喜所：《关于民族主义现代性的宏观思考》，《史学月刊》2006 年第 6 期。

伦理思想。后一部书的下限至五四运动，在体例上有所突破，兼顾对社会伦理思潮和著名思想家的论述。作者对近代伦理思想发展的脉络做了清晰的阐述，明确提出中国近代伦理思想产生于洋务运动，在戊戌维新、辛亥革命、五四新文化运动的历史进程中发展，并认为，"近代中国始终没有建立起兼采中西伦理道德精华的、具有中国特色的伦理思想体系。而且由于民族生死存亡始终为最急迫的问题，这就决定了伦理思想的建设不能成为主题"。书中还就一些理论性较强、难度较大的问题提出了自己的见解。如中国近代以来的伦理道德思想体系应当如何建构，它应当是怎样的理论形态，中国传统伦理道德与西方近代伦理学说中的精品怎样结合等问题，的确值得探讨，它的提出对于近代伦理思想乃至近代思想史的深入研究都是有助益的。

中国近代启蒙思潮是学术界关注的重要社会思潮。丁守和主编的《中国近代启蒙思潮》（社会科学文献出版社1999年版）是一部值得重视的研究近代启蒙思潮的资料性著作。该书按时间顺序分为三卷，第一卷从1840年的鸦片战争前后到1915年《新青年》创刊之前，第二卷从《新青年》创刊到1923年底"科学与人生观论战"的基本结束，第三卷从1924年到1949年中华人民共和国成立。每卷之始，有该卷编者撰写的前言；每卷之中，按内容分为若干专题，每个专题之前有介绍本专题的说明文字。此外，中国近代社会思潮史研究的专题性著作，还有唐明邦主编的《中国近代启蒙思潮》（江西人民出版社1993年版）、彭平一的《冲破思想的牢笼——中国近代启蒙思潮》（湖南师范大学出版社2000年版）、喻大华的《晚清文化保守主义思潮研究》（人民出版社2001年版）、江沛的《战国策派思潮研究》（天津人民出版社2001年版）、周积明等人的《震荡与冲突——中国早期现代化进程中的思潮和社会》（商务印书馆2003年版）、张世保的《西化思潮的源流与评价》（华东师范大学出版社2005年版）、赵立彬的《民族立场与现代追求：20世纪20—40年代的全盘西化思潮》（生活·读书·新知三联书店2005年版）、麻天祥的《晚清佛学与近代社会思潮》（河南大学出版社2005年版）等。社会思潮是近代中国具有群体特性的思想倾向，反映了近代中国民众的普遍心理和思想文化发展的趋向，学术界将研究重心集中于社会思潮问题上，并以社会思潮为线索构架中国近代思想史，显然是对近代思想史研究的重大突破。

三　学术思想史研究渐成热点

改革开放以后，中国近代思想史的研究范围空前广泛，各个专门思想领域研究的深度和广度不断拓展，几乎涵盖了近代思想领域的各个方面，出现了一批专门思想史领域的研究成果。如经济思想方面有赵靖、易梦虹重新修订的《中国近代经济思想史》（中华书局 1980 年版）等多种著作，法律思想方面有张晋藩的《中国近代法律思想史略》（中国社会科学出版社 1984年版）及《中国法律的传统与近代转型》（法律出版社 1997 年版）等，哲学思想方面有冯契的《中国近代哲学史》（上海人民出版社 1988 年版）等，史学思想方面有胡逢祥、张文建的《中国近代史学思潮与流派》（华东师范大学出版社 1991 年版）和陈其泰的《中国近代史学的历程》（河南人民出版社 1994 年版）等，佛学思想方面有郭朋的《中国近代佛学思想史稿》（巴蜀书社 1989 年版）等，军事思想方面有田震亚的《中国近代军事思想》（商务印书馆 1992 年版）、吴信忠等人的《中国近代军事思想和军队建设》（军事科学出版社 1990 年版）等，新闻思想方面有胡大春的《中国近代新闻思想史》（山西教育出版社 1996 年版），民主思想方面有熊月之的《中国近代民主思想史》（上海人民出版社 1986 年版）、徐宗勉主编的《近代中国对民主的追求》（安徽人民出版社 1996 年版）、耿云志主编的《西方民主在近代中国》（中国青年出版社 2003 年版）等，文艺思想方面有叶易的《中国近代文艺思想论稿》（复旦大学出版社 1985 年版）、刘增杰的《中国现代文学思潮研究》（河南大学出版社 1996 年版）等。大体上说，从 90 年代末到现在的中国近代思想史研究，其研究领域拓展了，专门思想史研究得到了迅速发展，其中尤其以学术思想史研究最为突出。

学术与思想之间有着极为密切的关联。中国近代史上的许多思想家同时是著作等身的学者。以前的思想史研究对于思想家的政治思想、文化思想关注较多，而对其学术思想则相对关注较少。随着 90 年代以来思想史研究的深入，学术思想史研究逐渐成为中国近代思想史研究的热点，越来越多的学者在注意研究中国传统学术思想流变之际，逐渐关注晚清及民国学术史研究，逐渐形成了"思想家淡出，学术家凸显"的新格局。

人们研究晚清及民国学术史之重点，主要集中在两个方面：一是对清末民初著名学者（如龚自珍、魏源、康有为、梁启超、严复、章太炎、王国维、胡适、赵元任、陈寅恪、陈垣、傅斯年、顾颉刚、吴宓、钱钟书、范文澜等）学术思想的个案研究。这方面较有代表性的集中成果，是百花洲文艺出版社出版的《国学大师丛书》和北京图书馆出版社出版的《二十世纪中国著名学者传记丛书》。后种丛书由中国史学会前任会长戴逸主编，自1999 年推出后，先后出版了《张君劢学术思想评传》（郑大华著）、《严复学术思想评传》（马勇著）、《梁漱溟学术思想评传》（郑大华著）、《熊十力学术思想评传》（丁为祥著）、《冯友兰学术思想评传》（宋志明著）、《钱穆学术思想评传》（汪学群著）、《张东荪学术思想评传》（左玉河著）、《赵元任学术思想评传》（苏金智著）、《顾颉刚学术思想评传》（刘利娜著）、《郭沫若学术思想评传》（谢保成著）、《金岳霖学术思想评传》（王中江著）、《吕振羽学术思想评传》（朱政惠著）、《翦伯赞学术思想评传》（王学典著）、《牟宗三学术思想评传》（颜炳罡著）、《范文澜学术思想评传》（陈其泰著）等 20 多部著作，在国内学术界产生了较大影响，并受到海外学术界的广泛好评。此外，胡适在近代学术史上的地位备受研究者重视，并取得了丰厚的研究成果。如耿云志的《胡适与五四后中国学术的几个新趋向》、章清的《重建范式：胡适与现代中国学术的转型》、罗志田的《大纲与史：民国学术观念的典范转移》等文，为此方面研究的重要成果。

二是对清末民初的重要学术流派进行专题研究，包括晚清经学、理学及民国新史学派、古史辨派、唯物史观派等。这方面的成果有陈其泰的《清代公羊学》（东方出版社 1997 年版）、罗检秋的《近代诸子学与文化思潮》（中国社会科学出版社 1998 年版）、陈少明的《汉宋学术与现代思潮》（广东人民出版社 1995 年版）、史革新的《晚清理学研究》（商务印书馆 2007 年版）、郭双林的《西潮激荡下的晚清地理学》（北京大学出版社 2000 年版）、罗志田的《国家与学术：清季民初关于"国学"的思想论争》（生活·读书·新知三联书店 2003 年版）及刘大年的《评近代经学》等。与此同时，近代学术史上的其他重要问题，如学术分科、整理国故等也受到研究者的关注，有人开始尝试用新理论、新方法和新视角来研究近代中国学术转型问题。陈平原的《中国现代学术之建立》（北京大学出版社 1998 年版）、罗志田的《权势转移：近代中国的思想、社会与学术》（湖北人民出版社1999 年版）、桑兵的《晚清民国的国学研究》（上海古籍出版社 2001 年版）、麻天祥等人的《中国近代学术史》（湖南师范大学出版社 2001 年版）、左玉河的《从四部之学到七科之学——学术分科与近代中国知识系统之创建》（上海书店出版社 2004 年版）、罗检秋的《嘉庆以来汉学传统的衍变与传承》（中国人民大学出版社 2006 年版）等是这方面的代表性著作。

其中桑兵对于近代学术史上学派的由来及其研究路径与方法的探讨，颇值得关注。他认为，中国思想学术史上的派分与道统论渊源甚深。晚近学人好以学派讲学术，并且奠定了学术史叙述的基本框架。而判定流派的标准，包括宗师、学说、方法、师承与传人的谱系化、流变以及地缘关系等，大抵是他人或后人的指认。在他看来，按照学派来探寻学术发展变化的渊源脉络，固然有简便易行的好处，但存在看朱成碧、倒叙历史、以偏概全等弊端。因此，治学须超越学派，只有如此，方能更好地理解古往今来学术发展的渊源脉络和趋向。①

四　观念史研究的新气象

21 世纪以来中国思想史研究的新趋向，是近代社会观念史研究的兴起。伴随着近代中国社会的剧烈变动，民众社会观念也发生了嬗变，学术界对中国近代社会观念史研究呈现新的气象。

方维规对近代中国的“文明”和“文化”观念进行了追踪式考察，揭示了西方观念输入中国而为中国人接受的复杂历程，是近代观念史研究中一个较为成功的例子。② 刘慧娟对中国近代“国家”观念的形成做了考察，认为近代“国家”观念的形成，大致经过了传统国家观念的打破及近代新国家观念的萌芽、近代各种国家观念及其主流的产生、近代国家观念的基本确立等三个阶段。③ 蔡永明则通过考察近代中国“外交”观念的演变，认为随着中西交往的日益频繁，洋务思想家的外交观念也发生了变化；这些思想家通过对主权观念的认识、对使节制度的建言、对交涉之道的探讨以及对国际外交准则的分析，提出了一套较为系统的“外交”理念，形成了他们近代

---

① 桑兵：《中国思想学术史上的道统与派分》，《中国社会科学》2006 年第 3 期。
② 方维规：《论近现代中国“文明”、“文化”观的嬗变》，《史林》1999 年第 4 期。
③ 刘慧娟：《论中国近代国家观念的形成》，《宝鸡文理学院学报》2000 年第 1 期。

式的"外交"观念；这种新式"外交"观念的形成，推动了晚清外交观念的近代化。① 李华兴等人的《中国近代国家观念转型的思考》②，以及梅琼林等人从西方文化传播对中国文化观念变异的影响入手，探寻文化传播对近代中国"国家"和"民族"观念形成的作用。他们认为，西方文化传播所带来的影响，不仅在于掀起了向西方科学知识、政治制度学习与借鉴的热潮，还在于这种学习与借鉴在潜移默化地改变延续了几千年的封建传统观念，政治观念上由"朝代国家"到"民族国家"的演进，为中国的近代化历程乃至其后的现代化历程准备了思想观念层次的变革基础。③

"谶谣"是一种利用隐晦而通俗的语言形式表述预言的神秘性谣歌。董丛林认为，太平天国时期的谶谣主要是围绕清朝与太平天国争斗事体者。这与当时战乱之下社会动荡、人心惶惑、迷信氛围浓烈的环境密不可分。④ 与太平天国时期相似，清末新政期间各地"讹言繁兴"并逐步汇合为强大的反对新政的社会舆论，最终以暴力形式表现出来。黄珍德认为，这种社会现象的出现与普通民众的社会心理有着相当大的联系。由于当时社会的急剧变动、普通民众的落后意识和清末新政给普通民众带来沉重的捐税负担，趋利避害的社会心理驱使普通民众视清末新政为"病民之政"，因而不断信谣传谣，乃至掀起反对新政的武装斗争，冲击了新政的深入开展。⑤

王宏超关注了反教事件中的谣言，指出：晚清以降的诸多教案就是因这些谣言而起，其中流传最广的谣言就是传教士会对中国人进行挖眼剖心。挖眼剖心类似于中国古代的采生折割巫术，因其主要实施的对象是妇女、儿童等弱势群体，因而在民众中产生了极大的恐慌和愤怒情绪。在这些谣言中，关于挖眼用途的说法有炼金、制药等，后来逐渐把挖眼与成像的功能结合起来，慢慢形成了一种新的流行说法，即挖眼是为了制作照相药水。把"挖眼"和照相术联系起来，在某种意义上反映了当时中国民众对于外来宗教以及与之相关的新技术的恐惧与排拒。⑥

① 蔡永明：《论晚清洋务思想家的近代外交观》，《厦门大学学报》2000 年第 4 期。
② 李华兴、张元隆：《中国近代国家观念转型的思考》，《安徽大学学报》2005 年第 1 期。
③ 梅琼林、曾茜：《地图与近代国家观念的形成》，《重庆大学学报》2005 年第 1 期。
④ 董丛林：《有关太平天国的谶谣现象解析》，《安徽史学》2003 年第 1 期。
⑤ 黄珍德：《论清末新政时期的谣言》，《华南师范大学学报》2004 年第 1 期。
⑥ 王宏超：《巫术、技术与污名：晚清教案中"挖眼用于照相"谣言的形成与传播》，《学术月刊》2017 年第 12 期。

　　金普森等人以 1933—1935 年的"国货年"运动为中心，试图探究国货运动与经济发展的关联性，分析社会崇洋观念对国货运动的重大影响。作者认为，以上海为中心的"国货年"运动未获预期效益，民众的崇洋心态构成了民族产品市场的重大阻力之一；而此种心态的形成，与洋货物美价廉的路径依赖式影响、上层社会的消费示范作用以及消费风尚借商品广告和人员流动而广播蔓延密切相关。①

　　西医东渐对近代中国各社会阶层产生了微妙的心理冲击。统治者历经矛盾与反复，最终产生认同感并完成了医疗体制上的变革；知识分子群体从救国保种的高度，积极倡行发展西医；中医界则以平和的心态研究和比照西医，寻求中国医学的发展路径；普通民众对西医的态度从畏疑、迷惑发展到接受和信赖，表现出空前的热情。② 中国朝野的社会文化观念为什么会发生如此大的变化？董丛林以清末大儒吴汝纶医药观的变化为例做了探讨。他认为，吴汝纶的医药观明显地表现为对西医西药的笃信、热衷乃至迷信，对中医中药的非信、排拒乃至诋毁，呈现极端化、绝对化、情绪化的偏执；这种医药观典型地表现为是西而非中、褒西而贬中、扬西而抑中，以及情绪化、绝对化、极端化的情状。③ 丁贤勇从江南近代社会变迁的角度，对轮船、火车、汽车等新式交通工具对人们时间意识的影响做了初步探索。他指出，新式交通改变了人们生活中的时间节奏，使分钟观念走进人们的生活，"时间就是金钱"成为新的时间价值观念，人们逐渐走出原先那种日出而作、日落而息的生活图式，开始步入近代快节奏的现代生活世界。④

　　近代中国的社会观念在东西文化冲击交汇下，呈现多重面相，学者们给予深入分析。金观涛、刘青峰的《观念史研究：中国现代重要政治术语的形成》（法律出版社 2009 年版）一书，通过对中西现代观念差异的比较研究，总结出不同于史学界公认的另一种划分中国近代、现代和当代的思想史分期方案。特别是数据库的应用，突破了过往思想史研究以代表人物或著作为分析依据的局限，开启以例句为中心的观念史研究新方法。杨念群的《何处是"江南"——清朝正统观的确立与士林精神世界的变异》（生活·

---

①　金普森、周石峰：《"国货年"运动与社会崇洋观念》，《党史研究与教学》2004 年第 4 期。
②　郝先中：《晚清中国对西洋医学的社会认同》，《学术月刊》2005 年第 5 期。
③　董丛林：《吴汝纶医药观的文化表现及成因简论》，《安徽史学》2005 年第 4 期。
④　丁贤勇：《新式交通与生活中的时间：以近代江南为例》，《史林》2005 年第 4 期。

读书·新知三联书店 2010 年版），探研清朝"正统观"建立的复杂背景及其内容，并考察江南士人在与清朝君主争夺"道统"拥有权的博弈过程中，如何逐渐丧失自身的操守，最终成为建构"大一统"意识形态协从者的悲剧性命运。马敏的《商人精神的嬗变——辛亥革命前后中国商人观念研究》（华中师范大学出版社 2011 年版）一书，则关注了近代商人观念及法律意识、政治意识等演变。

魏光奇的《选择与重构——近代中国精英的历史文化观》（中国社会科学出版社 2015 年版），主要论述西方传统的"世界历史"观念和中国观、中国传统的历史观念和文化观、选择与重构——近代中国人构建历史文化观的新模式等主题。罗福惠的《辛亥革命时期的精英文化研究》（华中师范大学出版社 2011 年版）则关注传统文化、政治文化与新式知识分子文化。许纪霖的《家国天下：现代中国的个人、国家与世界认同》（上海人民出版社 2017 年版）一书，从传统的天下观念遭受现代性冲击入手，讨论了儒家、晚清立宪派与革命派、晚清的地方认同和个人认同、五四的"世界主义"、文明与富强之间的竞争、民族主义等中国近现代思想革命中的尝试，最后提出了"新天下主义"的认同模式。李育民研究近代排外观念后指出，近代民族主义是从"排外"产生的。辛亥时期，国人对传统"排外"做了具有近代性质的扬弃和更新，为转向近代民族主义奠立了基础。"排满"的理论基点是"排外"，是"排外"的一种特殊形式，是近代民族主义的初始形态。正是借助"排外"理念，"排满"鼓荡了民族主义。"排满"在某种程度上适应了"攘夷"意识的需要，又贯注了反对外国侵略的"排外"精神，并具有国家独立、平等主权等近代民族主义内涵。[①]

郭双林考察了辛亥革命知识界平民意识后指出，当时知识界人士，特别是革命党人，不仅尊崇、同情平民，而且贬抑绅士与贵族，公然声称他们所进行的革命是"平民革命"，革命的目标是建立"平民政治"。但是，革命非但没有使中国实现平民化，反而造就了一批新贵。然而历史是连续的，辛亥革命时期知识界平民意识的广泛传播，为五四时期平民主义思潮的澎湃做了思想上的准备，并构成近代中国社会平民化进程中不可或缺的一环。[②]　许

---

①　李育民：《"排外"观念与近代民族主义的兴起》，《史林》2013 年第 1 期。
②　郭双林：《论辛亥革命时期知识界的平民意识》，《近代史研究》2012 年第 3 期。

纪霖还关注了近代知识分子的士大夫意识，指出传统中国的士大夫精英意识在晚清"四民社会"解体之后，虽然一度被平等的国民意识取代，但国民内部智性和能力的不平衡，使梁启超等人产生了"既有思想之中等社会"这一新的士大夫意识；而到五四启蒙运动，个人观念的崛起又进一步在意志和理性上强化了知识分子的精英意识，其合法性基础也从个人的德性转变为现代的知识。人民固然是国家的主人，但政治和舆论的操盘者，应该是具有现代知识和政治能力的知识分子。①

罗检秋关注了知识界对"文明"的认知，指出近代中国人对西方的认识经历了复杂演变，19 世纪中期以"夷""洋"标志的西器西俗，至清末则成为文明的象征。"文明"引领都市社会的生活时尚，也成为思想领域的价值尺度，可谓蕴含复杂的近代话语。但清末民初知识界对"文明"的认知和思辨值得注意：他们试图纠正文明潮的物质化偏颇，而彰显了制度和精神文明；他们辨析了奢侈与文明的本质区别，而重视道德修养；同时摒弃了西方文明观隐含的殖民主义意识，体现了多元化的文明观念。②

李恭忠考察了晚清的"共和"表述后认为，晚清时期"Republic/共和"概念的输入与接受，既是知识领域的跨文化互动问题，也是政治领域的现实行动选择问题。以梁启超和孙中山为代表，分别形成了两种竞争性的"共和"表述。前者侧重于知识和学理探讨，主张缓行共和；后者强调实际行动，主张跨越式速行共和。知识领域的问题与政治领域的问题相互交织，使西方共和概念的输入呈现为实与名的疏离。民初，"共和"成为耳熟能详的新名词，但制度移植的效果未能符合预期，以至于逐渐遭到质疑和批判。③

学术界还讨论了中华民族观念与复兴问题。黄兴涛的《重塑中华：近代中国的中华民族观念研究》（北京师范大学出版社 2017 年版）一书，将传统的精英思想史与"新文化史"的有关方法结合起来，对现代中华民族观念的孕育、形成、发展及其内涵，做了系统深入的整体性考察和阐释。俞祖华考察了近代中华民族复兴观念演变，指出中华民族是饱经历史沧桑的、

---

① 许纪霖：《"少数人的责任"：近代中国知识分子的士大夫意识》，《近代史研究》2010 年第 3 期。
② 罗检秋：《清末民初知识界关于"文明"的认知与思辨》，《河北学刊》2009 年第 6 期。
③ 李恭忠：《晚清的共和表述》，《近代史研究》2013 年第 1 期。

生生不息的命运共同体。近代哲人习惯于以生命机体的角度去体认中华民族这一共同体，把她看成具有顽强生命力、具有充沛文化血脉的社会有机体。他们还把民族复兴看成再生、复活，看成再现朝气蓬勃的生命气象，看成生命体的重新自我修复，并以人生意象"少年中国""青春中国"，动物意象"东方睡狮""凤凰涅槃"，植物意象"老根新芽"等，比喻古老中国的"旧邦新命"、中华民族的涅槃重生。①郑大华等人指出，19 世纪末，孙中山提出"振兴中华"口号，这是"中华民族复兴"之观念的最初表达；20世纪初，梁启超提出"中华民族"一词，这对"中华民族复兴"之观念的形成起了重要的推动作用；五四前后，李大钊提出"中华民族之复活"思想，这是"中华民族复兴"之观念基本形成的重要标志；到了九一八事变后，"中华民族复兴"之观念最终形成并成为具有广泛影响力的社会思潮，当时的知识界围绕中华民族能否复兴和中华民族如何复兴这两个问题展开了热烈讨论。推动"中华民族复兴"之观念形成的根本原因是，日益严重的民族危机促进了中华民族的觉醒。②

《近代史研究》2014 年第 4 期推出《中国近代民族复兴思潮》笔谈，郑大华、金冲及、黄兴涛、罗志田、郭双林、王先明、郑师渠、荣维木等撰文分别从不同角度进行了讨论。特别是郑大华的《中国近代民族复兴思潮研究：以抗战时期知识界为中心》上、下册（中国社会科学出版社 2017 年版），以抗战时期的知识界为中心，首次对中国近代民族复兴思潮做了全面的研究，具体包括"民族复兴思潮的历史考察""民主政治与民族复兴""经济建设与民族复兴""学术研究与民族复兴""民族文化与民族复兴"等部分。

五　"文化热"中起步的近代文化史研究

改革开放以来中国学术界最引人注目的现象之一，是文化史研究的复兴。文化史研究的复兴是 20 世纪 80 年代初期的思想解放运动直接引发的。

---

① 俞祖华：《"少年中国"·"睡狮猛醒"·"老根新芽"：近代中华民族复兴观念的文化意象》，《东岳论丛》2016 年第 9 期。
② 郑大华、张弛：《近代"中华民族复兴"之观念形成的历史考察》，《教学与研究》2014 年第 4 期。

人们从思想解放和现代化建设的需要出发对文化问题进行反省，对中国传统文化、近代以来的新文化及西方文化的关系进行思考，由此在 80 年代初出现了一股强大的"文化热"。正是在这种文化反思热潮引发下，中国近代文化史研究重新起步。1982 年 10 月在成都召开"中国近代科学落后原因"学术讨论会，提出从文化传统探索近代中国科学落后原因的命题。同年 12 月，由中国社会科学院近代史研究所文化史研究室与复旦大学历史系共同发起的"中国文化史研究学者座谈会"，呼吁大力开展中国文化史研究以填补这一巨大空白，决定主办新中国成立以来第一份文化史研究刊物《中国文化》研究集刊。随后，刘志琴在《光明日报》上发表《关于文化史研究的初步设想》①，在新中国成立以后首次公开提出了开展文化史研究的倡议。此后，中国文化史研究蓬勃开展起来，逐渐成为学术界的热门学科。

80 年代初兴起的"文化热"，突出了中国传统文化与现代化的问题。传统文化与现代化的关系、近代以来中西文化关系等问题，成为当时学术研究的热点，出版了一些比较重要的文化史著作，如姜义华等编《港台及海外学者论近代中国文化》（重庆出版社 1987 年版），龚书铎的《中国近代文化探索》（北京师范大学出版社 1988 年版），中华近代文化史丛书编委会编的《中国近代文化问题》（中华书局 1989 年版），冯天瑜主编的《东方的黎明：中国文化走向近代的历程》（巴蜀书社 1988 年版），张岱年、程宜山的《中国文化与文化论争》（中国人民大学出版社 1990 年版）等，并发表了数量众多的有关中国近代文化史学术论文。据不完全统计，从 1983 年到 1989 年共发表学术论文 600 多篇。这些论著关注的论题，主要集中于以下两个方面。

一是重新认识中国文化近代化历程中的敏感问题，如对洋务运动及其思潮的重新认识，如对"中体西用"论的重新评价，如对五四精神的重新审视等。学术界从文化近代化进程的角度，肯定了洋务思潮对传统文化的冲击作用，肯定了"中体西用"论对减弱学习西方的阻力，便于吸收西学以实现中国文化自我更新的积极作用，重新反省了五四民主与科学精神，肯定了其思想启蒙价值。

二是传统文化特性及其与现代化的关系成为研究热点，提出了多种新见

---

① 刘志琴：《关于文化史研究的初步设想》，《光明日报》1983 年 9 月 28 日。

解。既有力图从传统文化中发掘具有现代意义的因素，以谋求现代化的"儒学复兴"说，也有认为在西方文化冲击下，作为文化核心的观念形态必须重建的"文化重建"说；既有认为在抨击传统中有害因素的同时，可以适当地对传统的符号和价值系统进行重新解释与建构的"创造性的转化"说，也有主张以多元开放的心态，建立以中国为本位的"中西文化互为体用"说；等等。由于近代中国社会变迁的激烈与反复，传统文化走向现代化的争议经常出现弘扬传统与彻底否定传统的两极对峙，在这两极之间又存在众说纷纭的歧见和程度不同的折中，从而使讨论具有更为复杂纷繁的内容。

进入 20 世纪 90 年代以后，"文化热"虽然有所退潮，但近代文化史研究的领域逐步拓宽了，并向纵深发展。学术界对近代知识分子、社会风俗风尚、中西文化关系等领域的研究逐渐深化了，并出版了许多研究成果。

知识分子是文化传承的载体，知识分子的近代化与传统文化的近代化有紧密的联系。钟叔河的《走向世界——近代知识分子考察西方的历史》（中华书局 1985 年版），通过多侧面的研究，再现了早年出国的人们在认识、介绍世界方面所经受的误解、屈辱、痛苦和走过的坎坷道路。吴廷嘉的《中国近代知识分子》（人民出版社 1987 年版）、王金铻的《中国现代知识分子的历史轨迹》（吉林教育出版社 1989 年版）对近代知识分子的成长历程及命运做了宏观阐述。李长莉的《先觉者的悲剧——洋务知识分子研究》（学林出版社 1993 年版）则对洋务知识分子的产生及特性做了分析，对他们致力于引进西方科技文化而又受到旧体制的约束和传统士人排斥的悲剧命运做了揭示，认为其悲剧反映了中国文化推陈出新的艰难历程。许纪霖的《智者的尊严：知识分子与近代文化》（学林出版社 1991 年版）、《中国知识分子十论》（复旦大学出版社 2003 年版）则通过对近代若干重要人物的分析，揭示了知识分子群体对中国近代文化发展的深刻影响。章开沅的《离异与回归——传统文化与近代化关系试析》（湖南人民出版社 1988 年版）则通过对开创新制度的近代思想先驱的分析，揭示了他们对于传统文化所存在的离异与回归两种倾向，深化了人们对近代知识分子特性的认识。

由于极左思潮的影响，有些在近代文化史上起过重要作用的人物成为批判的对象，评论有失公允。耿云志的《胡适思想论稿》（四川人民出版社 1985 年版）是第一部突破胡适研究禁区的学术著作。此后，从文化近代化的视角重新评价近代人物成为研究的热点，像郭嵩焘、章太炎、辜鸿铭、康有为、梁启超、梁漱溟、瞿秋白、张东荪、曾国藩、李鸿章、杜亚泉、陈序经等都引起了学术界的研究兴趣，并发表了众多的学术论文，出版了不少研究论著。其中比较重要者，有马勇的《梁漱溟文化理论研究》（上海人民出版社1991年版）、易新鼎的《梁启超和中国学术思想史》（中州古籍出版社1992年版）、郑师渠的《晚清国粹派文化思想研究》（北京师范大学出版社1993年版）、耿云志和崔志海的《梁启超》（广东人民出版社1994年版）、姜义华的《章太炎评传》（百花洲文艺出版社1995年版）、左玉河的《张东荪文化思想研究》（中国社会科学出版社1998年版）、高力克的《杜亚泉思想研究》（浙江人民出版社1998年版）、刘集林的《陈序经文化思想研究》（天津人民出版社2003年版）等，对深化中国近代文化史研究有重要作用。

　　"体用之争"是贯穿中国近代文化史的重要问题，当时把中国文化与西方文化称为"中学"与"西学"，对于二者的关系在较长时期内有所谓"中学为体，西学为用"的说法。丁伟志、陈崧的《中西体用之间——晚清中西文化观述论》（中国社会科学出版社1995年版）和丁伟志的《中国近代文化思潮（下卷）·裂变与新生：民国文化思潮述论》（社会科学文献出版社2011年版）等，利用丰富史料对中学和西学的冲突与交融及其文化观的萌生、形成、嬗变、分解进行了详细考察，对鸦片战争到辛亥革命前后的"中西体用"思潮做了细致的梳理和深刻的阐发，详细论述了晚清、民国时期的文化曲折与多样发展的真实面貌，堪称学界专门研究近代中国东西文化观念演进问题的力作。

　　此外，社会风俗、宗教、教育、科技、新闻、出版等近代文化的诸多领域也进入了研究者的视野，并出现了众多的研究成果。严昌洪的《西俗东渐记——中国近代社会风俗的演变》（湖南出版社1991年版）和《中国近代社会风俗史》（浙江人民出版社1992年版）两著，对中国近代社会风俗，特别是西方文化影响及社会变迁所引起的社会风俗的变迁做了综合性论述，是有关中国近代风俗文化史的开拓之作。此后关于近代风俗史的著作，还有李少兵的《民国时期的西式风俗文化》（北京师范大学出版社1994年版），岳庆平的《中华民国习俗史》，梁景和的《近代中国陋俗文化嬗变研究》（首都师范大学出版社1998年版），李少兵、左玉河等人撰著的《民国百姓生活文化丛书》（包括《衣食住行》《婚丧嫁娶》《节日节庆》三卷，中国文史出版社2005年版）等。继顾长声的《传教士与近代中国》（上海人民出版社 1981 年版）后，杨天宏的《基督教与近代中国》（四川人民出版社 1994 年版）、顾卫民的《基督教与近代中国社会》（上海人民出版社 1996 年版）及陶飞亚的《边缘的历史：基督教与近代中国》（上海古籍出版社 2005 年版）等，是中国近代基督教史研究的重要成果。至于近代教育史、新闻报刊史、出版史及藏书史方面的研究，更有多种著作问世。关于上海、天津、武汉等城市史及江浙、湖湘、岭南、燕赵等地域文化史研究也开始起步，出版了像忻平的《从上海发现历史——现代化进程中的上海人及其社会生活》（上海人民出版社 1996 年版）、李长莉的《晚清上海社会的变迁——生活与伦理的近代化》（天津人民出版社 2002 年版）等重要研究著作。专门文化史领域的拓展，成为 80 年代"文化热"之后中国近代文化史研究日趋深入的重要标志。

正是在各文化专门史研究深入的基础上，全面反映中国近代文化发展风貌的综合性文化通史著作陆续出现。其中比较重要者，有史全生主编的《中华民国文化史》（3 卷本，吉林文史出版社 1990 年版），马勇的《近代中国文化诸问题》（上海人民出版社 1992 年版），龚书铎主编的《中国近代文化概论》（中华书局 1997 年版），郑师渠主编的《中国文化通史》（10 卷本，中央党校出版社 1999 年版），张昭君、孙燕京主编的《中国近代文化史》（中华书局 2012 年版），龚书铎主编的《中国文化发展史》（山东教育出版社 2013 年版），汪林茂的《晚清文化史》（人民出版社 2005 年版）等。其中由史革新主编的《中国文化通史》（晚清卷）和黄兴涛主编的《中国文化通史》（民国卷）吸收了国内学术界 10 多位专家共同研究，充分吸收了近年来近代文化史研究的成果，在体例、观点上有了较大的突破，成为中国近代文化史研究领域较有权威、影响较大的通史性著作。

近代中国社会处于转型期，文化也同样处于转型的过程中。在近代文化问题的研究中，尽管有不少论著有所涉及，但真正系统地研究中国近代文化转型问题，是中国社会科学院 2000 年立项、由耿云志主持的"近代中国文化转型研究"课题。经过 7 年多的努力，该课题成果以"近代中国文化转型研究"系列由四川人民出版社于 2008 年集中出版。这套著作分为 9 卷：《近代中国文化转型研究导论》（耿云志著）、《社会结构变迁与近代文化转型》（郑大华等著）、《中国人的生活方式：从传统到近代》（李长莉著）、《西学东渐：迎拒与选择》（邹小站著）、《西学的中介：清末民初的中日文化交流》（郑匡民著）、《近代中国思维方式演变的趋势》（王中江著）、《人的发现与人的解放：近代中国价值观的嬗变》（宋惠昌著）、《中国近代学术体制之创建》（左玉河著）、《中国近代科学与科学体制化》（张剑著）。这套著作紧紧扣住近代文化转型的主题，从多学科、多视角、多层面比较立体地展现出近代中国文化转型的进程，比较清晰地勾勒出近代文化转型的基本轨迹，既显现其总体演变的轨迹，又显现若干具体领域文化转型的轨迹，并提出了许多新见解，如社会公共文化空间形成的意义、近代学术体制化的趋势、政治与文化互动的复杂关系等，为中国近代文化史研究提供了新的起点，也成为研究中国近代文化史必备的参考书。

五四新文化运动为学界研究较多的问题。2015 年的《史学月刊》《北京大学学报》等刊物推出了纪念新文化运动一百周年的专栏文章，刊发了耿云志、李捷、许纪霖、张宝明的文章。安徽大学出版社 2016 年推出了"新文化运动与百年中国"丛书 6 卷本，展示了新文化运动时人们关于政治、文化、思想等方面变革的思考及争论。杨剑龙的《"五四"新文化运动与基督教文化思潮》（上海人民出版社 2012 年版），吴静的《〈学灯〉与五四新文化运动》（中国书籍出版社 2013 年版），姬蕾的《"五四"新文化运动中的个人主义话语流变》（人民出版社 2015 年版），陶东风等主编《新文化运动百年纪念文选》（中国社会科学出版社 2017 年版），张宝明主编《〈新青年〉与 20 世纪中国：纪念〈新青年〉创刊 100 周年高层论坛论文集》（社会科学文献出版社 2017 年版），也从不同侧面关注了新文化运动。左玉河则研究了五四新文化运动与现代文化建构，指出五四新文化运动对中国现代新文化建构的奠基作用，主要体现在四个方面：一是国人对西方文化认识逐渐深化，确定了全面效法西方以建构中国现代新文化的方向和"再造文明"的目标；二是摧毁了以儒家思想为代表的中国固有文化体系，动摇了中国传统的核心价值观念，确定了以民主与科学为中国现代新文化建构的核心价值；三是提出了以个性主义为建构中国现代新文化基石的思路；四是提出了以研究问题、输入西学、整理国故来建构中国现代新文化的途径。①

此外，包括京派文化、沪派文化、湖湘文化等在内的近代区域文化史得到了学术界的重视并取得了丰硕研究成果。既有像袁行霈等主编的《中国

---

① 左玉河：《五四新文化运动与中国现代新文化之建构》，《教学与研究》2015 年第 8 期。

地域文化通览》（中华书局 2013—2014 年版）那样的宏观性著作，也有像陈伯海主编的《上海文化通史》（上海文艺出版社 2011 年版）、曲彦斌主编的《辽宁文化通史》（大连理工大学出版社 2009 年版）、刘硕良主编的 4 卷本《广西现代文化史》（广西师范大学出版社 2016 年版）、金海主编的《从传统到现代——近代内蒙古地区文化史研究》（内蒙古人民出版社 2009 年版）、卞利主编的《徽州文化史·近代卷》（安徽人民出版社 2015 年版）、朱汉民的《湖湘文化通史》（岳麓书社 2015 年版）等地方文化史著作。抗战时期区域文化史研究受到关注，出版了诸如孟国祥的《抗战时期中国的文化损失》（中共党史出版社 2010 年版）及《烽火薪传——抗战时期文化机构大迁移》（商务印书馆 2015 年版），文天行主编《20 世纪中国抗战文化编年》（四川辞书出版社 2015 年版）及其《抗战文化运动史》（中国文联出版社 2015 年版），李仲明的《抗日战争时期的中国文化》（团结出版社 2015 年版）等著作，区域文化史研究出现了迅猛发展的势头。

对近代文化史的新旧交织、中西共存的丰富内涵进行深入解读的著作，颇值得关注。黄兴涛的《文化史的追寻——以近世中国为视域》（中国人民大学出版社 2011 年版）对文化史的理论方法研究路径进行了深入辨析，并结合个案解读了近代中国文化史上的重要问题。赵立彬的《西学驱动与本土需求：民国时期"文化学"学科建构研究》（社会科学文献出版社 2014 年版）则分析了民国时期"文化学"的学科建构，以学术史的问题形式展现近代文化思想变迁的多维面相。王东杰的《国中的"异乡"：近代四川的文化、社会与地方认同》（北京师范大学出版社 2016 年版）则从社会文化史的角度，对近代四川的区域认同、学术源流与文化想象进行了深入的勾勒。瞿骏的《天下为学说裂：清末民初的思想革命与文化运动》（社会科学文献出版社 2017 年版）通过对学生生活、教科书、"排满"革命等问题的细腻考察，重塑了清末民初读书人的群体形象。

在近代的民族、国家认同方面的研究上，黄栋的《塑造顺民：华北日伪的国家认同建构》（社会科学文献出版社 2013 年版）以华北日伪政权的国家认同建构为研究对象，重点对其在文化认同方面的建构进行了探索。李帆、邱涛的《中国近代民族国家建设》（商务印书馆 2015 年版）以近代中国的民族国家认同历程和政权建设问题为研讨主题，将观念层面的思想史和制度层面的政权建设结合起来论述。许小青则关注了辛亥革命与近代民族国家认同，指出辛亥革命最大的贡献之一，是在政治上初步完成中国由传统的帝国向近代民族国家转型。任何传统社会在谋求现代化时都必然要经历传统国家观念的解体和建构民族国家，从而在国际政治秩序中明确自己位置的过程。这种民族国家的建构过程，意味着对传统社会内部关系与价值取向的重大调整，因而会引起种种文化和心理上的波折与困扰，从社会思想意识角度可将此种调整过程中的波折与困扰视为认同问题。① 张运君关注了抗战中教科书的民族认同，指出在抗日战争时期，为了更好地教育和动员民众、宣传抗战、激发民族精神，中国的民族主义知识分子以历史教科书为武器，从不同角度来书写其对民族认同的认识：确立黄帝是中华民族先祖和国家统一开创者的形象，叙述中华民族形成、演进、融合的辉煌历史，叙说中华民族抗击日本侵略的历史，书写危急存亡之际的民族复兴，以激发全民族持颠扶危的决心。②

学术界对中国近代宗教信仰与文化的研究，涉及主题比较广泛。何建明的《中国近代宗教文化史研究》（北京师范大学出版社 2015 年版）主要关注近代中国社会中传统的儒、释、道三家文化与外来的基督宗教、进化论、科学思潮、社会主义等西方文化和新生的三民主义等近代中国文化之间的互动关系，从相遇、冲突到交流、对话，后到融合与共存，探寻近代中国宗教文化的基本特点。李俊领的《天变与日常：近代社会转型中的华北泰山信仰》（社会科学文献出版社 2017 年版）一书从区域社会与日常生活的角度，探讨了近代华北泰山信仰的演进及其境遇。刘永华的《仪式文献研究》（社会科学文献出版社 2016 年版）一书则关注近代民间信仰，是从民间发现的仪式文献出发，结合文献解读和田野调查，探讨中古仪式文献与晚近民间发现仪式文献之间的关系，考察仪式专家群体在仪式文献传承中扮演的重要角色。

李天纲的《金泽：江南民间祭祀探源》（生活·读书·新知三联书店2017 年版）一书，则是一部借用文化人类学方法从上海青浦金泽镇研究近代江南祭祀制度及民间信仰的专著。罗检秋考察了清末民初宗教迷信话语，指出近代宗教与迷信的分野，主要是由权力来界定和完成的，与其说宗教迷

① 许小青：《辛亥革命与近代民族国家认同》，《史学月刊》2011 年第 4 期。
② 张运君：《抗战时期中国历史教科书中的民族认同书写》，《甘肃社会科学》2016 年第 4 期。

信话语起源于启蒙思潮，毋宁说是国家意识形态和权力渗透的结果，反映出清末民初政权参与、控制民众社会的强化路径。[①] 张景平等对龙王庙信仰考察后认为，1949 年之前，数量庞大的龙王庙在河西走廊灌溉活动中扮演着重要角色。河西走廊特殊的自然环境使民众对龙王的敬畏实际有限，但特殊的社会环境使他们对国家认同度则较高；明、清两代，国家通过引入、扶持龙王信仰与修建龙王庙，保持了对灌溉活动的适度介入，龙王庙作为灌溉活动中国家权威的代表符号受到重视。[②] 郁喆隽的《神明与市民：民国时期上海地区迎神赛会研究》（上海三联书店 2014 年版）一书，以民国时期上海地区的庙会和迎神赛会为切入口，较为全面地梳理了这一时期该地区民间庙会和赛会文化的兴衰，并探讨了其对当时社会文化的影响。

六　社会文化史研究的兴起

20 世纪 90 年代以后中国文化史发展的新趋势，是社会文化史研究的勃然兴起。文化史主要研究社会的精神领域，社会史主要研究社会生活领域，二者各有侧重，又互相补充，成为新时期历史学复兴的两翼。但随着文化史和社会史的持续发展，一些问题逐渐显露。如文化史研究往往只注意精神层面，特别是精英思想层面的研究，而忽视大众观念及与社会生活之间的联系；而社会史研究又多注重社会结构和具体社会问题的描述而或显空泛，或显细碎，缺乏对人这一社会主体的关注及与观念领域的联系。所以，一些学者开始思考文化史与社会史相互结合、相互补充的可能。

首先提出文化史与社会史相结合问题者，是中国社会科学院近代史研究所的刘志琴。她在 1988 年发表《社会史的复兴与史学变革——兼论社会史和文化史的共生共荣》，其中指出："文化史是从文化的要素、结构和功能上认识文化现象，融合社会、思想和文化人类学的成果，揭示社会文化的形态和特质；社会史则从社会的构成和生活方式上认识社会现象，融合文化和社会学的成果，揭示社会文化的形态和特质。社会史和文化史从不同的方位

---

① 罗检秋：《清末民初宗教迷信话语的形成》，《河北学刊》2013 年第 5 期。
② 张景平、王忠静：《从龙王庙到水管所——明清以来河西走廊灌溉活动中的国家与信仰》，《近代史研究》2016 年第 3 期。

出发，实际上是沿着同一目标双轨运行的认知活动。"① 她在这篇文章中虽然没有明确提出"社会文化史"这一学科概念，但致力于社会史与文化史的相互结合，以及将"社会文化特质"和"民族文化心理"作为研究的重心的基本思路已经形成。

此后，在刘志琴领导下的中国社会科学院近代史研究所文化史研究室，开始明确提出以社会史和文化史相结合的"中国近代社会文化史"为以后一个长时期的主攻方向，并组织编撰多卷本的《近代中国社会文化变迁录》。1990 年，在成都召开的中国社会史第三届年会上，李长莉明确提出了"社会文化史"这一学科概念，并引入文化学的方法，对这一新学科概念做了比较完整的解说，对社会文化史的研究对象、研究方法和意义以及与文化史和社会史的区别等做了集中论述，提出社会文化史主要研究历史上人们的社会生活方式与思想观念之间的相互关系，其重心是对历史上某一时期社会的整体精神面貌做出描述和解释。② 1993 年，刘志琴进一步提出以社会史的方法来研究中国文化问题的思路，并指出："伦理价值通过物质生活和精神生活的双重作用积淀到民族文化心理的最深层，成为群体无意识的自发意识，这样的文化才真正具有在各种波澜曲折中得到稳定传承的内在机制。"③经过十余年的讨论，学术界初步形成了一些基本共识，并对社会文化史做了基本的界定：它是一门社会史和文化史相结合的新兴交叉学科，是要综合运用历史学、社会学、文化学、文化人类学、社会心理学等人文社会科学方法，研究社会生活、大众文化与思想观念相互关系变迁历史的史学分支学科。

"社会文化史"在学术界的兴起，并不是孤立的现象，而是国际史学发展的趋势。法国年鉴学派明确批判传统史学重上层、重叙事的弊病，提倡总体史、社会史，标明了关注下层平民及注重分析综合的方法论取向。欧美学术界新兴起的"新文化史"学派同样强调思想史与社会史的结合，出现了以"社会与思想互动"为特征的观念史、语境论研究方法，英国学者彼

---

① 刘志琴：《社会史的复兴与史学变革——兼论社会史和文化史的共生共荣》，《史学理论》1988 年第 3 期。

② 李长莉：《社会文化史：历史研究的新角度》，载赵清主编《社会问题的历史考察》，成都出版社，1992。

③ 刘志琴：《从社会史领域考察中国文化的历史个性》，《传统文化与现代化》1993 年第 5 期。

得·伯克致力于民众态度和价值观念研究的"新文化史"路向①，美国学者艾尔曼致力于打通思想史与社会史的"新文化史"路向②，德国学者罗梅君讨论北京民俗所反映的中国社会现代化变迁的研究路向③，与中国兴起的"社会文化史"路向是一致的。这种关注社会与观念的互动、民众生活与观念的互动，可以视为国际史学界致力于史学深入发展中不约而同选择的一个重要路径。

"社会文化史"学科概念被提出后，社会文化史的学科理论建设和研究实践逐渐展开，并取得了一系列研究成果，吸引了越来越多的研究者，特别是年轻研究者的兴趣，使这一新学科日渐发展成熟。刘志琴主编的3卷本《近代中国社会文化变迁录》（浙江人民出版社1998年版），是中国近代社会文化史学科的基础之作。它以大众文化、生活方式和社会风尚的变迁为研究对象，探索百年来人民大众在剧烈的社会变革中，生活方式、风俗习惯、关注热点和价值观念的演变和时尚。该著提出世俗理性、精英文化的社会化、贴近社会下层看历史以及上层文化与下层文化相互渗透等问题，引起学术界的广泛兴趣。

刘志琴主编的3卷本《近代中国社会文化变迁录》出版后，长期无人问津或受人冷落的中国近代社会文化史研究领域，如近代科技文化、民间宗教、民间意识与观念、文化心态、公共空间、新词语与观念变迁、历史记忆、身体性别史、社会风俗等，受到学术界的广泛关注，并出现了许多有分量的研究成果。中国社会文化史研究的基本路向，是打通社会史与文化史，以文化视角透视历史上的社会现象，或用社会学的方法研究历史上的文化问题。其研究的重点集中于社会与文化相互重合、相互渗透、相互交叉的领域，如社会生活（日常生活、生活方式）、习俗风尚、礼仪信仰、大众文化（大众传播、公共舆论）、民众意识（社会观念）、社会心理（心态）、集体记忆、社会语言（公共话语、知识）、文化建构与想象、公共领域（公共空间）、休闲（娱乐）文化、身体文化、物质文化、区域文化等。

---

① 其代表作《历史学与社会理论》和《制造路易十四》的中译本，分别由上海人民出版社2001年、商务印书馆2007年出版。

② 其代表作《从理学到朴学》《经学、政治和宗族——中华帝国晚期常州今文学派研究》的中译本，分别由江苏人民出版社1995年、1998年出版。

③ 其代表作《北京的生育婚姻和丧葬》的中译本，由中华书局2001年出版。

　　首先，对近代市民社会与公共空间的关注。近代中国市民社会问题，是20 世纪 90 年代以后中国学术界关注的热点，一些学者运用西方"市民社会"和"公共空间"理论，对中国近代社会变迁进行分析，提出了一些具有创见的观点。学术界对中国市民社会研究主要有两种途径：一是从中西文化比较角度出发，在掌握市民社会有关理论及西方学者关于近代中国市民社会研究成果的基础上，辨析近代中西市民社会和公共领域的差异，概括近代中国市民社会的状况和特点，循此途径从事研究的学者可称为"文化派"，以萧功秦、杨念群等人为代表；二是运用公共领域和市民社会理论框架对中国近代史做实证研究和探讨，主要在商会史研究的基础上，论证具有中国特色的近代中国"公共领域"或"市民社会"，依此途径从事研究的学者可称为"商会派"，以马敏、朱英等人为代表。尽管两派差异较大，但都认为近代中国的市民社会与国家之间是一种良性互动关系，与强调国家与社会二元对立的欧洲近代市民社会有着根本区别。

　　关于中国公共领域的研究，是学术界关注的另一热点。许纪霖从中国政治合法性的历史演变研究入手，以上海为例分析了近代中国公共领域形成的思想本土渊源、历史形态和舆论功能，并通过与哈贝马斯的公共领域观念的比较，探讨近代中国公共领域的普适性和特殊性。[①] 他的著作《近代中国知识分子的公共交往，1895—1949》（上海人民出版社 2008 年版）则主要研究了 1895—1949 年中国知识分子的人际交往、私人脉络、团体组织以及与城市公共媒体的关系。祝兴平则将公共媒介作为观察文化和意识形态系统的重要窗口，对近代中国大众传播媒介的大众化、世俗化、社会化的发展方向做了揭示。[②] 张敏将学会、报纸作为公共领域的重要角色，对辛亥革命前十年间上海报刊市场做了较系统的考察。[③] 罗福惠以梁启超、章太炎、谭嗣同为中心，对其在学会背景下进行的学术文化活动的内容、特点做了考察。[④]

　　近代茶馆、公园、剧院等城市公共空间的研究，引起了学术界的高度重视。学术界开始将过去所忽略的公园这一"场所"与公共空间联系起来进

---

① 许纪霖：《近代中国的公共领域：形态、功能与自我理解》，《史林》2003 年第 2 期。
② 祝兴平：《近代媒介与文化转型》，《湖北师范学院学报》2002 年第 2 期。
③ 张敏：《略论辛亥时期的上海报刊市场》，《史林》2003 年第 2 期。
④ 罗福惠：《梁启超、章太炎、谭嗣同与近代文化社团》，《华中师范大学学报》2004 年第 5 期。

行研究，力图揭示近代中国社会史中的现代性因素。史明正的《从御花园到大众公园：20 世纪初期北京城区空间的变迁》和熊月之的《晚清上海私园开放与公共空间的拓展》较早开始研究公园与城市空间及公共空间发展的问题，以后陆续有学者撰文论述广州、成都公园的兴起和对社会生活的影响以及公园里的社会冲突。李德英选择近代传统城市成都为例，以城市公园这种新兴的公共空间为载体，通过对公园的开辟、管理以及以公园为舞台而产生的社会冲突现象的观察与讨论，探讨近代城市公共空间与社会变迁的互动关系。① 陈蕴茜主要考察了清末民国时期公园作为近代旅游娱乐空间的变化，尝试从一个新的视角揭示近代中国社会由传统走向现代的本质特征，认为公园的兴起与发展直接映射出中国近代旅游娱乐空间在场所意义及文化内涵层面的拓展。② 她还全面考察近代西式公园的引入与华人公园的发展，透视殖民主义与民族主义的撞击及中国民族国家通过公园建设在日常生活层面的民族主义建构。③ 戴海斌对北京的中央公园与民初北京社会做了考察后认为，中央公园不仅是一个放松身心的休闲场所，而且是集娱乐、教育、商业、文化和政治多种内容于一身的社会公共空间，在这个空间里流淌着市民日常生活的细流，也孕育了社会变迁的种子。④

瞿骏的《辛亥前后的上海城市公共空间研究》（上海辞书出版社 2009 年版）一书，围绕清末民初上海的开放私园、街头、店铺、茶馆、戏园、车站、码头、会馆等城市公共空间展开，研究范围包括舆论中的"革命"、形塑革命中的舆论变迁、新革命英雄谱系、革命烈士的生成、追悼会的现实情境、革命形象在生意中的呈现与流变、革命后的上海城市乱象与城市控制、民众日常生活等。王敏等编《上海城市社会生活史：近代上海城市公共空间》（上海辞书出版社 2011 年版）一书，选取了 1843—1949 年上海城市公共空间的几种典型类型，如公园、戏园、电影院、游乐场、咖啡馆、跑马场等，叙述其沿革兴衰的历史过程，着重探讨其与上海城市社会生活之间

---

① 李德英：《公园里的社会冲突——以近代成都城市公园为例》，《史林》2003 年第 1 期。
② 陈蕴茜：《论清末民国旅游娱乐空间的变化——以公园为中心的考察》，《史林》2004 年第 5 期。
③ 陈蕴茜：《日常生活中殖民主义与民族主义的冲突——以中国近代公园为中心的考察》，《南京大学学报》2005 年第 5 期。
④ 戴海斌：《中央公园与民初北京社会》，《北京社会科学》2005 年第 2 期。

的关系。王笛的《茶馆——成都的公共生活和微观世界》（社会科学文献出版社 2010 年版）一书，试图再现成都的公共生活方式和文化形象，勾画在公共生活的最基层单位上日常文化的完整画面，并通过挖掘在成都茶馆中所发生的形形色色的大小事件，建构茶馆和公共生活的历史叙事和微观考察，从而以一个新的角度观察中国城市及其日常文化。他的另外两部著作《街头文化：成都公共空间、下层民众与地方政治》（商务印书馆 2013 年版）及《走进中国城市内部——从社会的最底层看历史》（清华大学出版社 2013 年版），则着力关注底层的大众文化，对下层民众公共空间与日常生活关系进行了细致入微的分析。

其次，文化心态史研究的开端。把社会心理确认为社会存在的一种反映方式，可以启迪史学研究者通过社会风尚的演变，考察人们在日常生活和相互交往中形成的普遍意识，以便更准确地描述历史的场景。受法国年鉴学派的影响，近代社会心态史逐渐为研究者注意，并出现了众多研究成果，如乐正的《近代上海人社会心态》（上海人民出版社 1991 年版）、周晓虹的《传统与变迁：江浙农民的社会心理及其近代以来的嬗变》（生活·读书·新知三联书店 1998 年版）、王跃的《变迁中的心态：五四时期社会心理变迁》（湖南教育出版社 2000 年版）、韩进廉的《无奈的追寻：清代文人心理透视》（河北大学出版社 2001 年版）等。义和团教民的信仰状态，同样可以折射出 19 世纪末民众的社会观念及复杂心态。程歗等人讨论了 1900 年中国基层社会天主教教民的信仰状态及其文化含义有其独特的学术价值。作者认为，只有将考察的视野从文本解析下沉到普通信徒的心态和行动领域时，才可能更深切地把握他们那种鲜活的跳动着的文化脉搏。这种由灵魂意识、神功崇拜和身体观念所表达的信仰状态，具有基督教教义和中国乡土文化诸要素交错互动的特色。①

赵泉民通过考察晚清知识分子对义和团运动的态度，揭示了他们对义和团运动的心态：惧乱、媚外的敌视心理；中立裁判者的心态；同情赞赏之态度。② 郑永华用社会心理学的方法对辛亥时期会党的社会心态进行分析，认

---

① 程歗、谈火生：《灵魂与肉体：1900 年极端情境下乡土教民的信仰状态——以直隶为中心的考察》，《文史哲》2003 年第 1 期。

② 赵泉民：《试析晚清新知识分子对义和团运动的心理》，《华东师范大学学报》2000 年第 3 期。

为会党的社会心态有这样几个特点：寻求新领导成为多数会党的共识；联合起来共同革命受到会众的欢呼；民主共和得到了会党先进分子的认可；会党反教排外心态的变化明显。^① 白纯通过考察台湾光复后的民众心态变化，揭示了"二二八"起义爆发的深层原因。^② 孔祥吉依据北洋水师营务处总办罗丰禄的数十封家书，分析了北洋水师上层人物在中国交战时的精神状态和内心活动，认为当时弥漫于北洋上下的畏惧、自私、不负责任的心理状态，是清廷在与日军较量中惨败的重要原因。^③ 这样的研究思路，给人以耳目一新之感。居阅时在《论社会心态对北洋历史进程的影响》一文中指出，北洋时期的社会心态主要有"接受"、"回归"和"再选择"三种主流表现，这三种心态在北洋时期建立民国、复辟倒退和维护革命成果的三大主题中，与政治、经济、文化等因素一起构成推动历史运动的合力，共同影响着北洋历史的进程。^④

社会心态是人类群体、民族、团体及个人受一定社会环境影响在意识行为上的反映和表现，其表现形式较政治、经济难以把握，也容易为人们所忽视。黄庆林对近代知识分子的社会心态做了分析，认为在近代中国这样一个由传统向近代转型的特殊社会环境下，知识分子所展现出的与现实社会的隔膜，造就了他们的文化失落感，在历经洋务运动、戊戌变法、辛亥革命等诸多努力后仍未能改变其屈辱命运之时，信仰破灭，或遁入空门，或自杀以求解脱；具有强烈忧患意识的先知先觉者与麻木不仁的普通大众有极深的思想隔阂。近代知识分子的文化失落心态，反映出社会转型时期思想界的纷繁芜杂和社会急剧变动对知识分子的深刻影响。^⑤ 傅以君对抗日战争胜利后民众社会心态的作用和影响做了认真剖析，认为战后向往和平、渴望民主是民众普遍的社会心态，国民党由于没有利用好自身的优势，政治举措忤逆了民众对和平民主的要求和渴望，终被浩浩荡荡的民主自由的时代潮流吞没，共产党则由于始终代表着人民的利益，因而理所当然地得到人民的支持。国统区

---

① 郑永华：《辛亥时期会党社会心态之变化》，《清史研究》2000 年第 1 期。
② 白纯：《台湾光复后的民众心态与"二二八"事件》，《民国档案》2000 年第 3 期。
③ 孔祥吉：《甲午战争中北洋水师上层人物的心态——营务处总办罗丰禄家书解读》，《近代史研究》2000 年第 6 期。
④ 居阅时：《论社会心态对北洋历史进程的影响》，《史学月刊》2002 年第 4 期。
⑤ 黄庆林：《近代中国知识分子的文化失落心态》，《山西师大学报》（社会科学版）2005 年第 4 期。

民众对南京政府由拥护到失望再到反抗的心态变化，反映了国民党逐渐失去人心，失去广大民众的支持，预示着南京国民政府的崩溃已不可避免。①

孙燕京则在研究了清末立宪派的政治心态后指出，清末立宪布局宏大，雄心勃勃。在主持改革与力挺宪政的政治群体中，趋新少壮亲贵思想开明，行为激进，敢于任事，招贤纳士，优容革命党人。他们急功近利、贪大求洋，试图在几年内完成"强盛国家"大业，而在国势衰微、焦虑失衡、人心瓦解、缺乏强人的时代，却是一步险棋。民族民主思潮及现代性思想感染着少壮亲贵，尽管其立场、目的与进步青年根本不同，但他们容易接受新事物、新思想，在困境中容易焦虑、浮躁，不免急进。他们所思所想突破了旧体制和专制的惯常思维，反映了一定的现代性追求。②

最后，近代新词语研究的兴盛。清末民初之际，伴随着西学东渐力度的加大，作为西学表征的新词语以汹涌之势进入中国。近代中国的新名词问题，长期以来是语言学的研究范畴。但随着社会文化史的兴起，史学界开始关注这个领域并将新名词与新思想联系起来进行考察。黄兴涛从新名词与思维方式、价值观念变革的关系入手，尝试揭示近代中国新名词形成、传播之丰富微妙的思想史意义。他认为，数以万计的双音节以上新名词的出现和活跃，词语的概念意义、规范"界说"的社会认同与实践，以及与之相随的新式词典的编撰和流行，增强了汉语语言表达的准确性，有效地增进了中国人思维的严密性和逻辑性；大量出现的近代新名词提供了众多新的"概念工具"和"思想资源"，极大地扩展了中国人的思想空间、运思的广度和深度，为构筑中西会通的新思想体系奠定了重要的思想基础。③ 冯天瑜对清末民初中国人对新语入华的反应做了初步考察，认为近代中国话语世界呈现两极状态：一方面是人们普遍使用"大半由日本过渡输入"的新名词；另一方面则是"由日本贩入之新名词"构成一种强势的话语霸权，冲击着传统的话语系统，激起部分国人的反感与抗拒，在或迎或拒的表象之下，新名词逐渐渗入汉语词语系统，并归化为其有机组成部分。④ 李怡对"世界"一词做了词源学上的考证，并对该词在留日学生中接受情况及传入中国的情况做

---

① 傅以君：《论社会心态对战后国共斗争的影响》，《南昌大学学报》2005 年第 6 期。
② 孙燕京：《清末立宪中少壮亲贵的政治心态》，《史学月刊》2016 年第 7 期。
③ 黄兴涛：《近代中国新名词的思想史意义发微》，《开放时代》2003 年第 4 期。
④ 冯天瑜：《清末民初国人对新语入华的反应》，《江西社会科学》2004 年第 8 期。

了考察，说明了晚清从日本传入的关键词语与关键思想兴起与变化的互动关系。①

与此相似，清末"国民"与"奴隶"这组词的内涵也发生了转化，并迅速流行起来。郭双林等人考察了"国民"与"奴隶"二词的渊源及其在清末从古典意义向近代意义的转化过程，分析了当时围绕"国民奴隶"与"奴隶"根性问题的讨论情况，并探讨了二词内涵在当时转化与流行的原因及对近代中国社会变迁的积极意义。② 刘学照就清末上海报刊舆论、话语转换与辛亥革命的关系做了论述，认为 20 世纪初的上海革命舆论中出现并传播前所未见的新话题和新话语，如时代、革命主义、帝国主义、民族主义、民族帝国主义、民族建国主义、专制主义、君主专制、专制民贼、"排满"革命、种族革命、共和主义、民权革命、平等主义、平均人权、人道主义、自由主义、社会主义、共产主义、马克思主义、国粹主义、国学、君学、国粹、欧化、共和、祖国等，这些新话语的传播、连接、辐射，开阔了人们的眼界，改变了人们的观念，孕育了全国的政治气候，推动了武昌起义的到来。③

现代释义的"封建"话语，是解读中国近现代百年历史文化发展轨迹的"关键词"之一。薛恒从历史语言考察和语言解释学的角度，对这一概念在中国近代的提出、兴起和含义变化的过程进行探讨，以揭示在这一过程中因其意义处境化而与马克思主义原生语义的错离和其中的原因，客观地评价这种表述所起的历史作用和存在的理论得失。他认为，"封建"话语在中国近代从历史语言的边缘走向中心，与当时的社会变革息息相关；它与其说是一个学理话语，不如说是一个社会政治话语；它在服务现实需要的同时又接受现实反馈，带来了处境化的变异，其具体内容已经难以栖身于原来的理论架构中。④ 章清从近代中国思想演进的脉络探讨"自由"观念，认为中文世界对于"自由"的阐述较为突出其负面意义，所以在晚清中国各种"主义"大行其道之际，"自由"却难以成为"主义"，"自由主义"只能让位

---

① 李怡：《关于"世界"的学说》，《徐州师范大学学报》2003 年第 4 期。
② 郭双林、龙国存：《"国民"与"奴隶"——对清末社会变迁过程中一组中坚概念的历史考察》，《中国文化研究》2003 年第 1 期。
③ 刘学照：《上海舆论、话语转换与辛亥革命》，《历史教学研究》2002 年第 2 期。
④ 薛恒：《中国近代"封建"话语的兴起及其指义处境化》，《江海学刊》2003 年第 2 期。

于"民族主义"或者"国家主义"。①

　　徐时仪从语义学和传播学角度出发，考辨"民主"的成词及其词义，探讨西学新词对于中国思想文化和社会发展的影响。在他看来，"民主"由古典转换成现代新词，经过了五种词义变化现象，这个过程可以帮助了解中国近现代一些重要观念的起源和演变，揭示其中蕴含的关涉思维方式、价值观念等的思想文化意义。②刘集林对晚清"留学"一词进行词源考察，认为经过"出洋肄业"、"游学"到"留学"的发展，表现出近代人学习西方文化逐步深化的一个侧面。③柯继铭分析清季十年思想中的"民"意识，认为"民"在思想界的地位出现了前所未有的提升，但是现实中对于"民"的怀疑又十分深重，思想言论中"民"的形象呈现理想和现实割裂的名实不符状态。在另一篇文章中，他认为上层社会的"保国"方式遭到质疑，从"民"的指谓变化反映出清季十年对不同群体的认知呈现中下层趋向。④侯旭东则从思想史的角度，对近代中国流行的"专制"词语及其"中国古代专制说"产生、传播的历史及后果加以分析，指出"中国古代专制说"并非科学研究的结果，而是西方人对东方的偏见，这种未经充分论证的说法的流行，严重妨碍了学术界对帝制中国统治机制的研究。⑤

　　黄兴涛的《"她"字的文化史：女性新代词的发明与认同研究》（北京师范大学出版社2015年版）一书，为"她"字作"传"，构思巧妙，讨论深入，材料新颖，集历史叙事、史实考辨、分析评论于一体，从语言、文学、性别、观念及文化交流等角度，对"她"字的现代性与社会认同进行了详细解读，堪称学界有关新名词研究的代表作。黄兴涛、陈鹏考察了近代中国"黄色"词义变化，指出"黄色"由代表高贵、尊严的民族象征色彩词，转成与色情淫秽之指代并列共存、具有内在含义矛盾的词，是近代中西文化交汇与现实中国社会政治互动的产物。作为负面贬义的"黄色"，表现

---

① 章清：《"国家"与"个人"之间——略论晚清中国对"自由"的阐述》，《史林》2007年第3期。

② 徐时仪：《"民主"的成词及其词义内涵考》，《上海师范大学学报》2007年第4期。

③ 刘集林：《从"出洋"、"游学"到"留学"》，《广东社会科学》2007年第6期。

④ 柯继铭：《理想与现实：清季十年思想中的"民"意识》，《中国社会科学》2007年第1期；柯继铭：《走向中下层：清季十年对不同社会群体的认知与"民"的指谓变化》，《社会科学研究》2007年第2期。

⑤ 侯旭东：《中国古代专制说的知识考古》，《近代史研究》2008年第4期。

出传统词义的一种变态，在社会环境演变和语境变量中，因经历所指和能指的开张组合、伸缩变化，与西方语词"黄色新闻"等概念中的黄色原义也有脱离。①

邵建考察了近代上海的新名词传入，指出中国近代的口岸城市，在城市规模、城市形态、社会经济结构、社会生活方式等方面受外来文化影响甚深。大量新的词语进入人们日常语言交流中，在一定程度上代表了时尚与流行，一些词沿用至今，成了汉语的新元素。作为口岸城市的代表，近代上海的城市用语受外来文化的影响尤为显著，这些用语随着上海本身的辐射效应，有的扩散到中国其他城市，继而深刻影响了其他城市和地区城市用语的更新和变化，上海也因之成为传播新的城市用语的集散地。② 张帆考察了"科学"一词含义，指出19世纪、20世纪之交，"科学"一词在中国初现，虽与教育相关，却不特指分科教育。新政时期，中国朝野皆以日本教育为汲取"科学"的管道，使晚清新教育与日本"科学"紧密结合，从而形成教科书意义上的"科学"概念。这种"科学"概念的生成体现了朝野各方"以日为师"方向上的同一性，但"科学"意义之上负载了不同的政治理想。教科之"科学"的生成是"科学"概念在教育领域泛化的结果，它在学术与政治两方面动摇了清政府的专制统治。③

对于区域概念，桑兵考察了近代"华南"一词演变，指出今人习以为常的"华南"区域概念始于1895年，与来华西人尤其是欧美报纸的报道和传教士的翻译有关。相应的，日本方面的"南清"之说，也被译成"华南"。民国时期，因为地域差异和政治分裂，体育界采取分区方式组队参加远东运动会，华南为分区之一。国民政府统一后，分大区进行的模式被其他社会活动乃至政府组织仿效，华南的用法日渐扩张。而日本实行南进政策以及国民政府加强珠江流域各省的建设，使华南的指称更加流行。不过，华南一词的使用虽然逐渐增多，其含义却有广、狭两种：广义即南华；指中国南

①　黄兴涛、陈鹏：《近代中国"黄色"词义变异考析》，《历史研究》2010年第6期。

②　邵建：《新生活·新观念·新名词——以近代上海城市用语变迁为考察线索》，《学术月刊》2011年第6期。

③　张帆：《晚清教科之"科学"概念的生成与演化（1901—1905）》，《近代史研究》2009年第6期。

方；狭义指以珠江流域为主的若干省份。① 郭卫东则对"北洋"一词进行了分析，指出"北洋"在中国近代史上是一个习见名词，内涵数变。其源头古意仅是地域名称，第二次鸦片战争后转成官职概念。北洋大臣的设置是清朝外交从地方到中央的转变，从南到北位移的过渡，在李鸿章之手，天津的屏障外交作用得以充分发挥。到袁世凯的"北洋"，含义再变，此前侧重外交和洋务的意味淡去，而更多地具有了军事政治派系的命意，进而成为中国主要统治集团的称谓。② 学界对近代新名词的分析，均着力发掘新名词背后的政治、文化内涵，展现了文化分析的独特魅力。

总之，这些研究的基本路向，打通社会史与文化史，探索将二者结合起来进行交叉研究，基本上是从社会史与文化史相结合的交叉视角，以文化视角透视历史上的社会现象，或用社会学的方法研究历史上的文化问题。

七　新文化史研究的活跃

在中国社会文化史兴起之际，国际学术界出现了所谓"文化转向"，新文化史在西方学界悄然兴起。新文化史家着力从文化的角度解读历史，正如伊格尔斯在《二十世纪的历史学：从科学的客观性到后现代的挑战》中所云："文化不再被理解为是精神阶层所专享的知识和审美的领域，而是全民都在经历的体验生活的方式。"③ 作为一种新方法和新视角，文化研究可以运用到历史学的诸多领域，一切历史现象均可以从文化的角度加以审视，都可以用文化分析方法加以解释。意义、话语、叙述、表象、文本、语境等，成为新文化史研究的工具。新文化史家强调的一切历史都是文化史，一切历史都可以做文化分析的核心理念，必然导致文化史研究范围的空前扩大。日常生活、物质生活、性别、身体、形象、记忆、语言、符号、大众文化等，均被纳入文化史研究的视野而受到学界的高度关注。

西方新文化史引入中国并与社会文化史研究趋向结合后，出现了从传统文化史向社会文化史及新文化史转向的新趋势，产生了许多颇具新意的新文

---

① 桑兵：《"华南"概念的生成演化与区域研究的检讨》，《学术研究》2015 年第 7 期。

② 郭卫东：《释"北洋"》，《安徽史学》2012 年第 2 期。

③ 格奥尔格·伊格尔斯：《二十世纪的历史学：从科学的客观性到后现代的挑战》，何兆武译，山东大学出版社，2006，第 54 页。

化史学术论著。如湛晓白的《时间的社会文化史——近代中国时间制度与观念变迁研究》（社会科学文献出版社 2013 年版）一书，把时间制度与观念的演变置于晚清民国社会近代化整体变迁的过程中去考察，梳理了以公历、星期制、标准时、时刻分秒计时制等为主要内容的近代时间体制在中国传播和建立的历程，以及近代时间为历法所赋值、为节庆礼仪所演绎、为政治文化所形塑的种种丰富的历史形态，并努力解读了所内蕴的政治和文化意义。

张仲民的《出版与文化政治：晚清的"卫生"书籍研究》（上海书店出版社 2009 年版）一书，从书籍史和阅读史的角度切入，研究晚清生理卫生特别是生殖医学书籍的出版与传播，进而探讨人们生理卫生观念、生殖观念乃至性观念的变化。他的另一部著作《种瓜得豆：清末民初的阅读文化与接受政治》（社会科学文献出版社 2016 年版），则重点关注了清末民初中国的阅读文化建构及与之相关的"接受政治"问题，以及来自欧美与日本的新知识在中国如何再生产的问题及其产生的派生意义与社会效果。黄东兰主编的《新史学》第 4 卷《再生产的近代知识》（中华书局 2010 年版）及张仲民、章可编《以教科书为中心：近代中国的知识生产与文化政治》（复旦大学出版社 2014 年版）等著作，着重探讨近代以来国人业已熟知的各类知识是如何生产出来的，即知识的建构性，内容涉及历史、地理、生活、语言、医学、社会等多个方面。而傅荣贤的《中国近代知识观念和知识结构的演进》（知识产权出版社 2016 年版）一书，则在历时性分析近代知识观念与知识结构的总体演化轨迹及其谱系变革的动态特征的基础上，探讨了知识与社会文化的互动关系。

医疗社会史是新文化史研究的重要领域，学术界出版了诸如杨念群的《再造"病人"：中西医冲突下的空间政治（1832—1985）》（中国人民大学出版社 2013 年版），余新忠的《清代江南的瘟疫与社会：一项医疗社会史的研究》（北京师范大学出版社 2014 年版），胡成的《医疗、卫生与世界之中国：跨国和跨文化视野之下的历史研究》（科学出版社 2013 年版），马金生的《发现医病纠纷：民国医讼凸显的社会文化史研究》（社会科学文献出版社 2016 年版），梁其姿的《面对疾病——传统中国社会的医疗观念与组织》（中国人民大学出版社 2012 年版）及《麻风：一种疾病的医疗社会史》（商务印书馆 2013 年版）等有代表性的著作。

梁其姿考察医学知识的建构与传播、医疗制度与资源的发展、疾病观念的变化与社会的关系，试图发掘医疗史与近世中国社会和文化息息相关的历史，她还将中国关于麻风病的历史经验和公共卫生的大历史以及西方医学权力体制联系起来，从中探索中国对待疾病的中西视野中的文化和政治含义。胡成则关注日常生活史意义上的底层社会、普通民众的医疗卫生史，并重点讲述权力在身体层面的现代性布控和运作，以及普通民众面对不断加强的控制，为争取、捍卫生命权利和生命尊严所做出的不懈努力。马金生以民国时期医讼的凸显为切入点，在医学史、社会史、法制史的框架下，借助对医生、病人、社会、国家间互动关系的探讨与呈现，进而揭示国人生命、法制与权利观念在现代国家形成的过程中逐渐转型的历史轨迹及其与相应制度架构之间的关联性。李彦昌则关注了近代注射知识的传播，指出近代注射知识与实践是西方医学传入的重要内容之一。晚清与民国时期，来华传教士、医学界及医药业等采用多种手段与途径传播注射疗法。社会大众在疗效的对比中，对注射疗法的态度总体经历从怀疑到认可的转变过程，兼有既接纳又排斥的复杂面相。注射疗法兼具表层文化的工具性和深层文化的价值性，其在华传播经历了由治病而攻心、由技术而观念的过程，体现了技术进步、大众观念、社会制度之间的复杂互动关系。① 余新忠、杜丽红主编的《医疗、社会与文化读本》（北京大学出版社 2013 年版）一书，通过选取医疗社会史方面代表文章，强调将社会史的分析和文化史的诠释结合起来，不仅还原和描绘医疗史实演变的具体过程，而且要挖掘这些现象背后的社会关系、权力关系及其特定的文化含义。

大众文化是近代以来通俗文化、传播文化、消费文化、商业文化的复合体，是新文化史研究的重点之一。《史学月刊》2008 年第 5 期推出了马敏、姜进、王笛、卢汉超、周锡瑞等参与的《近代中国城市大众文化史研究笔谈——让城市文化史研究更富活力》。姜进、李德英主编的论文集《近代中国城市与大众文化》（新星出版社 2008 年版）主要论述了城市空间的建构，城市与地缘社会，城市生活、休闲与情感，革命、战争与大众文化等问题。何一民等指出，大众文化是近代以来通俗文化、传播文化、消费文化、商业

---

① 李彦昌：《由技术而观念：注射知识与实践在近代中国的传播》，《近代史研究》2017 年第 3 期。

文化的复合体。自鸦片战争以降，中国开始了工业化、城市化历程，中国的大众文化于此时初现端倪。然而，由于中国近代社会特殊的发展历程，大众文化仅限于在少数开埠城市中发展。此一时期的大众文化已经初具商业性、娱乐性、媚俗性和技术性等特征。① 王笛考察了成都的娱乐空间与大众文化后指出，晚清民国时期的茶馆、戏园，作为公共空间为大众提供娱乐，从中除了可以了解人们在茶馆、戏园的日常生活外，还可以看到改良精英和地方政府竭力改革戏曲作为控制大众娱乐的一部分，把他们的政治思想灌输在表演的节目之中，把他们所认为的"新的""进步的"情节加入传统戏曲中，以"教育"民众。精英和国家对茶馆、戏园的改良和控制揭示了大众文化与精英文化之间、地方文化的独特性与国家文化的同一模式之间的斗争。② 姚霏等关注了上海的大光明电影院后指出，创建于 1928 年的上海大光明电影院，以好莱坞电影和西方现代主义的建筑装饰，迎合并引领上海民众推崇西方娱乐方式和文化，带动电影院成为近代上海摩登生活的文化地标。大光明电影院对好莱坞文化的传播刺激着上海社会对好莱坞元素的消费和再生产；同时，近代上海社会的民族主义、族群意识甚至政治风云也影响着人们对电影的评价和对影院空间的态度。③

张英进编著的《民国时期的上海电影与城市文化》（北京大学出版社 2011 年版）将上海电影纳入民国文化史的视野中加以讨论，从不同角度讨论了民国时期中国电影的丰富面相，以及上海的电影文化和城市文化特质。姜进等著《娱悦大众——民国上海女性文化解读》（上海辞书出版社 2010 年版）对 20 世纪上海都市文化和现代城市公众空间的性别和阶层问题做了深入探讨，着重考察女性对上海通俗演艺市场的介入是如何影响了这一市场的形成和发展，而女性又是如何通过参与营造这一都市的公众空间而提升了自身的社会地位和身份的。叶文心著《民国时期大学校园文化（1919—1937）》（中国人民大学出版社 2012 年版）以民国时期的大学为研究对象，

---

① 何一民、庄灵君：《城市化与大众化：近代中国城市大众文化的兴起》，《湘潭大学学报》2008 年第 1 期。

② 王笛：《茶馆、戏园与通俗教育——晚清民国时期成都的娱乐与休闲政治》，《近代史研究》2009 年第 3 期。

③ 姚霏、苏智良、卢荣艳：《大光明电影院与近代上海社会文化》，《历史研究》2013 年第 1 期。

主要探讨京、沪两地大学不同的办学风格、校园文化及其与上海经济、民国政治、国民政府教育政策的互动关系。赵世瑜的《狂欢与日常——明清以来的庙会与民间社会》（中国社会科学出版社 2017 年版）则从帝制晚期的民间庙会这一大众生活空间向外延伸，通过地域个案探索明清社会转型时期的民众生活与大众文化。

符号、仪式与节日纪念是新文化史特别关注的领域，同样引起了中国学界的关注并出现了许多成果。郭辉的《民国前期国家仪式研究（1912—1931）》（社会科学文献出版社 2013 年版）一书，以政权合法性建设为论旨，以个案形式考察民国前 20 年间国家仪式的操演状况，进而探讨国家仪式本身及背后所蕴藏的政治文化内涵和意义，系统深入探寻国家仪式与合法性建构之间的复杂关系、国家仪式举办的主观动因和客观功用。他在考察了抗战时期的民族扫墓节纪念后指出：国难当头，为应对民族危机，国民党和国民政府制定民族扫墓节，作为传统清明节的变体，既继承清明节某些传统，也融合中国古代传统其他元素。民族扫墓节的国家典礼包括祭祀黄陵、周陵、茂陵、昭陵等先圣先贤陵墓，此后还加入明太祖孝陵。抗日战争时期民族扫墓仪式的举行被赋予了深刻内涵，即凝聚民族精神，提高民族自信力，为争取抗战的胜利提供精神动力，但实际效果有限。[1] 何卓恩等人通过对国民党"双十节"纪念的分析，认为"双十节"是武昌首义的纪念日，纪念"双十节"也是人们延续和重构辛亥革命历史记忆的重要方式。在民国初年，"双十节"的内在意涵并不十分确定，具有解释权力的北京政府和国民党，对此节日有着不同的理解和定位。以"共和"相诠解的北京政府随着掌权者的日益孤立，"双十"话语趋于衰微；以"革命"相定义的国民党随着继续革命的声势，逐渐将"双十节"的内涵直接与党的系谱相联系。二者节日叙事的背后，隐伏的是强烈的政治暗示。[2]

陈金龙、李军全对中共节日纪念及中共节庆中肖像政治的研究，李恭忠、陈蕴茜等人对民国政治符号的解读，均有新意。李军全在对中共根据地的春节纪念研究后指出，在春节期间，中共通常会通过刊发宣传要点来

---

[1]　郭辉：《抗战时期民族扫墓节与民族精神的建构》，《史学月刊》2012 年第 4 期。

[2]　何卓恩、周游：《"共和"与"革命"：民初"双十节"诠释之演变》，《社会科学研究》2011 年第 1 期。

规整宣传内容，通过拓展宣传途径来生产宣传效益，通过实施宣传监管来保持宣传导向，最终实现了较好的宣传效能。乡村节庆与政治传播的结合扩张了战争时期中共的宣传资源，也为政治宣传的有效性提供了便利，这或许是中共的政治宣传异于其他政治力量的一个鲜明特征，也是这场现代革命身处传统乡村所衍生的一项政治优势。①他还指出，基于政治生存环境的变化，中共在根据地、解放区的节庆活动中借助领导人肖像建构革命政权的权力象征。基于塑造政权合法性的思虑，中共适时地引进了本属国家话语系统中的孙中山等领导人肖像，并且在根据地节庆活动中频繁地使用；出于宣扬政权独立性的考量，中共在节庆中有意识地凸显自我领导人肖像，最终将毛泽东像视为革命政权最高象征在各种政治和社会生活中使用。②

政治符号解读视角新颖，学者关注颇多。李恭忠的《中山陵：一个现代政治符号的诞生》（社会科学文献出版社 2009 年版）一书，从陵墓、葬礼和纪念仪式等方面考察了孙中山身后形象的塑造过程，并将之与国民革命和"党治国家"体制建立过程结合起来分析，展现了现代中国政治文化变革进程当中一个相对隐晦的侧面。陈蕴茜的《崇拜与记忆：孙中山政治符号的建构与传播》（南京大学出版社 2010 年版）一书，关注了孙中山政治符号的建构，认为孙中山崇拜既是中国传统文化中权威崇拜的遗存和延续，又是国民党政权在构建现代民族国家过程中刻意制作政治象征符号，借以整合社会、巩固其威权统治的一大创制。赖德霖的《民国礼制建筑与中山纪念》（中国建筑工业出版社 2012 年版）一书，通过考察民国早期礼制建筑及纪念物、南京中山陵的设计、中山纪念堂等问题，重新认识了中山纪念建筑作为政治符号和文化象征符号的深刻意义。此外，武洹宇对黄花岗七十二烈士墓骸骨符号的释读，李俊领对民国时期泰山政治文化建构的探究，均注意发掘文化事物背后的政治内涵和文化意义，充分展示了新文化史研究的趋向和特质。

历史记忆与政治活动及社会生活的关联，是新文化史研究的新趋向。孙

---

① 李军全：《节庆与政治传播：中共华北根据地的春节宣传（1937—1949）》，《中共党史研究》2017 年第 4 期。

② 李军全：《肖像政治：1937—1949 年中共节庆中的领导人像》，《抗日战争研究》2015 年第 1 期。

江主编的《新史学》第8卷《历史与记忆》，从唤醒的空间、记忆之殇、记忆中的历史、殖民与后殖民记忆等方面探讨历史记忆问题。杨琥编《民国时期名人谈五四——历史记忆与历史解释（1919—1949）》（福建教育出版社2011年版）及忻平主编《历史记忆与近代城市社会生活》（上海大学出版社2012年版），均关注近代历史记忆与政治活动、社会生活问题的关联。罗福惠等主编的《辛亥革命的百年记忆与诠释》（华中师范大学出版社2011年版）一书，以民国以来各级政府、辛亥革命参与者、民间组织、学术界对辛亥革命的记忆与诠释为研究对象，以期加深对辛亥革命本身的研究，并透过百年来对辛亥革命的记忆与诠释，加深对近现代国家与社会的理解。马建标关注了一战国耻记忆并对其进行政治文化阐释，认为由巴黎和会外交失败而凸显的民族危机与国内激烈的派系竞争纠缠在一起，国耻记忆扮演着对普通民众进行救亡启蒙的社会角色。在这一国耻记忆形成与演变的背后，蕴含着时人关于如何救亡的集体潜意识，即加强民族内部团结，才是自我拯救之路。[1]

　　侯杰等关注赛金花的集体记忆问题，指出不同的文本通过对赛金花的叙说阐明了战争以暴力手段对原有社会秩序不断颠覆、修正与调适的属性。这不仅改变了民族的命运，而且对战前中国固有的性别关系造成了巨大的冲击，迫使女性在更加复杂多变的性别关系中做出调整，其"热爱和平"的天性也遭到一定的扭曲和变形。在特定历史时期，性别身份的建构是个人选择和社会选择双向互动的结果。[2] 孙江考察了南京大屠杀的历史记忆后指出，随着南京大屠杀事件研究的"记忆转向"，记忆伦理这一基础理论问题的重要性愈发明显。他截取了两个断面进行探讨，即死者的记忆与伤者的记忆。死者的记忆是生者代理表象的产物，伤者则可以借助自身的回忆和"共享记忆"来证明受害事实。由于关于死伤者的事件不在场，加上事后回忆或他者表象的局限性，特别是历史修正主义对历史书写的暴力，所谓死伤者的记忆，于是转化为历史学之外为何记忆/忘却、谁在记忆/忘却之间

---

[1]　马建标：《历史记忆与国家认同：一战前后中国国耻记忆的形成与演变》，《近代史研究》2017年第2期。

[2]　侯杰、王晓蕾：《记忆·文本·性别——以20世纪30年代赛金花为中心》，《郑州大学学报》2011年第3期。

题。① 此外，王先明从绅权角度考察了历史记忆与社会重构问题，郭辉、罗福惠还提出了"中共记忆史"设想等，都是值得关注的中国近代记忆史研究的重要成果。

近代社会生活纷繁复杂，自然引起近代史学界的高度关注。上海辞书出版社陆续推出的"上海城市生活史"丛书二十余部，包括唐艳香和褚晓琦的《近代上海饭店与菜场》（2008）、施扣柱的《青春飞扬：近代上海学生生活》（2009）、叶中强的《上海社会与文人生活：1843—1945》（2010）、葛涛的《唱片与近代上海社会生活》（2009）、马军的《舞厅·市政——上海百年娱乐生活的一页》（2010）、马学强和张秀莉的《出入于中西之间——近代上海买办社会生活》（2011）、葛涛和石冬旭的《具像的历史：照相与清末民初上海社会生活》（2011）等，涉及近代上海城市生活的诸多方面。胡俊修的《民国武汉日常生活与大众娱乐》、熊月之的《异质文化交织下的上海都市生活》、忻平主编《城市化与近代上海社会生活》、李长莉等著《中国近代社会生活史》等著作，对近代的衣食住行、社会生活、风俗习尚、文化娱乐等诸方面的变迁轨迹做了多方面的考察，并力图揭示近代社会生活变迁的文化意义。姜进的《诗与政治：20 世纪上海公共文化中的女子越剧》（社会科学文献出版社 2015 年版）一书，则关注了上海公共文化中的女子越剧，以演员和观众的访谈及越剧戏目的研究为基础，重新构建一个对于演员和观众充满意义的越剧的世界。韩晓莉的《被改造的民间戏曲：以 20 世纪山西秧歌小戏为中心的社会史考察》（商务印书馆 2012 年版）一书，以秧歌小戏为关注焦点，在北方农村社会百年变迁的大背景之下，展现民间戏曲的生存状态，尤其重点关注国家对民间戏曲加以改造的过程及其背后含义。

性别与身体史解读也是新文化史关注的热点问题。杨兴梅关注中国近代知识分子对反缠足的呼吁，认为国家权力对缠足的干预与控制呈逐渐增强之势，但这并不是由于官方的主导，而是主要出自知识分子的要求。② 侯艳兴的《上海女性自杀问题研究》（上海辞书出版社 2008 年版）一书，力图揭

---

① 孙江：《唤起的空间——南京大屠杀事件的记忆伦理》，《江海学刊》2017 年第 5 期。
② 杨兴梅：《以王法易风俗：近代知识分子对国家干预缠足的持续呼吁》，《近代史研究》2010 年第 1 期。

示近代上海社会转型背景之下女性自杀的社会性别意义。曾越的《社会·身体·性别——近代中国女性图像身体的解放与禁锢》（广西师范大学出版社 2014 年版）一书，考察缠足由盛转衰（倡导"天足"）、提倡"天乳"与"曲线"的革命、女体的公开、近代女性服饰的选择，以及女性与家庭的关系等问题。王雅娟的《权力话语下的身体规训与社会变革》（中国社会科学出版社 2017 年版）一书，从近代中国社会特殊的国情出发，借助权力和规训等新文化史理论，以身体之服饰、辫发、缠足为三个思考维度，通过一些重大的历史事件，探讨近代以来"身体"与国家命运之间的关联。

八 存在的问题与理论反思

改革开放 40 年来的中国近代思想史研究取得了丰硕成果，但仍然存在不少偏向，需要加以克服。这些偏向主要体现在四个方面。

首先，存在明显的非历史主义倾向。如有人批判五四新文化运动激烈反传统，但他们从来没有对五四新文化运动为什么会激烈反传统做过认真分析，没有考察过辛亥革命后复辟与反复辟、尊孔与反尊孔的政治与文化斗争，因而难以正确地理解五四新文化运动激烈反传统的历史合理性及其意义。五四新文化运动的激烈反传统，与袁世凯的复辟帝制和康有为的孔教运动有着直接关系，不批判袁世凯的复辟帝制和康有为的孔教运动而指责激烈反传统的新文化运动，不是一种历史主义的科学态度。

其次，照搬海外学者的观点。有人批评五四新文化运动是激进的反传统主义，并把它与"文革"相提并论，这种观点最早是美籍华裔学者林毓生在其《中国意识的危机——"五四"时期激烈的反传统主义》一书中提出的。他认为陈独秀、胡适、鲁迅等人"全盘反传统"，使中国文化出现了"断裂"现象，并把"五四"与"文革"联系起来考察，认为它们的特点都是要对传统观念和传统价值采取全盘否定的立场。① 余英时将"五四"视为激进主义的重要阶段，认为从"五四"到"文革"再到 80 年代的"文化

---

① 林毓生：《中国意识的危机——"五四"时期激烈的反传统主义》，贵州人民出版社，1986。

热"，中国现代思想史经历了一个"不断激进化的历程"。① 这种观点被一些学者视为"新观点"而接受，反映了部分学者以追随海外学者的某些学术观点为"风尚"的学术偏向。

再次，矫枉过正、翻案之风比较流行。受极左思潮影响，学术界在较长一段时间内对一些思想人物、思潮和流派以进步或落后、革命或反动为褒贬标准而加以评价，有失公允。但改革开放以后的近代思想史研究中出现了另外一种情况，凡过去被认为是进步或革命的人物、思潮和流派则加以贬斥，凡过去被认为是落后或反动的人物、思潮和流派则加以褒扬，存在褒改良而贬革命的偏向。

最后，褒保守而贬激进的偏向比较突出。如有人在评价五四时期以陈独秀、胡适为代表的"新文化派"，以及以杜亚泉、梁漱溟为代表的"东方文化派"和以梅光迪、吴宓为代表的"学衡派"时，对前者严厉批判，而对后者大加肯定。以前忽略东方文化派、学衡派、玄学派在学理上的贡献固然是片面的，但由此走到另一个极端而极力贬低新文化派，抬高东方文化派、学衡派，同样不是正确的评价思想人物的态度。②

根据目前中国近代思想史研究的状况，中国近代思想史研究发展的趋向大致有四。一是思想人物的个案研究仍将是中国近代思想文化史研究的重点，研究对象会进一步从主要人物扩展到一般的思想文化人物，研究会更深入、更理性、更细致，对近代思想文化人物进行认真比较会成为深化近代思想文化史研究的重要路向。二是学术思想史研究将继续受到关注，会有更多的学者走进研究者的视野，并将重点关注中国传统学术的转型与现代学术的建立问题。三是中国近代思想文化史上的若干重大问题，如革命与改良、激进与保守的分野与对比、中西文化的冲突与融合、近代中国文化转型中传统因素与外来文化的作用及其相互关系，中国近代社会文化思潮及马克思主义中国化等问题，仍然继续成为学术界关注的热点。四是近代观念史将成为学术界研究的热点之一。

改革开放 40 年来中国近代文化史研究的基本趋向，是传统文化史的复

---

① 余英时：《中国近代思想史上的激进与保守》，载氏著《钱穆与中国文化》，上海远东出版社，1994，第 201 页。

② 参见郑大华、贾小叶《20 世纪 90 年代以来中国近代思想史研究的回顾与展望》，《教学与研究》2005 年第 1 期。

兴、社会文化史的兴起及新文化史的活跃。改革开放初期复兴的传统文化史，是与经济史、政治史并列的以文化现象为研究对象的历史学分支学科。它有特定的研究对象、研究领域，并以史学研究方法为主。传统文化史研究坚持历史学的求真宗旨，着力弄清近代文化发展的基本历程及其情况，进而揭示文化发展与社会变迁的关系。传统文化史研究所采用的方法，主要是历史学的方法，尤其重视历史考证法，偏重于"描述性研究"而不重视"解释性研究"，所采用的解释框架主要是社会经济对文化影响的因果式关联性框架。复兴后的传统文化史研究领域、广度和深度都得到发展，但正因偏重于"描述性研究"而忽视"解释性研究"，这种传统式的研究理念及研究方法并没有得到较大突破，故传统文化史意义上的中国近代文化史研究显得比较平稳。

真正激荡起近代文化史研究高潮并促使其向纵深发展的，是社会文化史及新文化史研究的兴起。社会文化史虽然提倡从自下而上的新视角审视文化现象，但在是否仍然将其视为一门独立的史学分支学科问题上有较大分歧。部分学者仍然将社会文化史研究对象确定为特定的文化现象并将其作为一门新兴学科加以建设，并不否认文化史作为独立学科的存在，所不同的仅仅是研究领域的扩大和研究方法的变化。但更多的学者不赞同将社会文化史视为一门独立的史学分支学科，而是将其视为一种新的视角和新的方法。作为新视角和新方法意义上的社会文化史，实际上与西方新文化史理念基本相同。新文化史翻转了学界对传统文化史的认知，不再将文化史视为具有特定研究对象的史学分支学科，而是将其视为历史研究的一种新视角和新方法。在新文化史看来，一切历史都是文化史，一切历史都可以从文化的角度加以审视，这样便出现了文化史研究范围的空前扩大和研究方法的突破。

社会文化史的兴起和新文化史的日趋活跃，改变了中国文化史研究的格局，推进了中国近代文化史研究的深化，但也带来了文化史学科属性与研究方法的困扰。传统文化史将文化史视为有研究对象、研究范围的一门历史学的分支学科。作为学科的文化史有特定的研究对象和范围，以求真为目标，以历史学的实证方法为主要研究方法，这是改革开放以来中国文化史研究及作为学科建设的文化史的主流。但存在的弊端是研究深度不够、研究方法陈旧，以实证的方法研究文化史，可以弄清"是什么"的问题，但无法进而弄清文化现象"为什么"的问题，偏重于"描述性研究"而不重视"解释性研究"，文化史研究缺乏必要的深度，文化分析的方法难以运用。新文化史将文化史研究视为一种新视角和方法，一切历史都是文化史，都可以进行文化分析，弥补了传统文化史研究方法成就和分析的不足，但研究领域广泛，不再称文化史为一门独立的学科，根本否定了文化史的学科属性，文化史研究丧失了起码的研究领地。这样，文化史研究出现了因学科属性差异而导致的方法困惑，出现了传统文化史重学科属性而忽视方法属性、新文化史重方法属性而否认学科属性的两难问题。传统文化史研究范式与新文化史范式在文化史的学科属性和方法属性上存在的根本分歧，困扰着 21 世纪以来的中国文化史研究。

传统文化史与新文化史两者之间能否协调，能否取长补短？这实际上关涉中国文化史研究发展的方向性问题。实际上，两者是完全可以折中调和的。调和之道在于以下两个方面。

首先，文化史研究的对象和范围，仍然以传统文化史所确定的对象和范围为限，不能像新文化史那样将一切历史都视为文化史研究的对象，而是仍然限定于文化现象及其发展情况，不能无限扩大文化史研究的范围。这就是说，仍然将文化史视为一门学科（历史学的分支学科），承认其有独立的学科属性和学科地位，不能将文化史一概视为一种视角和方法而不承认其有特定的研究领域，而是首先将其视为一门独立的学科并有特定的研究对象和范围。作为一门历史学的分支学科，它首先采用的方法仍然是历史学的方法，注重实证性研究，以历史的求真为目的，充分重视其"描述性研究"的特性，在重建史实，在史实层面上弄清文化史"是什么"的问题，发挥其实证科学的特性。

其次，文化史要采用新文化史的视角、理念和方法，对传统文化史研究对象和范围进行深度的文化解释，用新文化史所强调的文化分析、文化解释来研究被限定的文化现象（对象），主要发掘文化事项的内涵及意义，充分重视新文化史"解释性研究"的特性，将其作为解释科学加以重视，在历史学重建史实的基础上，注重文化解释，重点解决"为什么"的问题，对文化现象做深度解释。概括起来说就是：采用传统文化史的研究对象和方法重建文化史实，采用新文化史的视角和方法来进一步解释文化史实。这样，便将传统文化史与新文化史结合起来，以新文化史的视角和方法，深入研究传统文化史的内容，既弄清"是什么"的史实，又着力于"为什么"的文化解释。将求真的历史学方法与求解的文化分析结合起来，将历史叙述与历史解释结合起来，将"白描"与"深解"结合起来。

为此，新文化史观照下的文化史研究必须注意三个基本层面：第一个层面，是用白描（浅描）的方法，将社会生活（文化事项）的表象呈现出来，回答并解决"是什么"的问题；第二个层面，要用浅层解释的方法，说明社会生活表象的直接原因和表层意义，回答并解释"为什么"的问题；第三个层面，要用深度解释的方法，揭示社会生活现象背后隐藏的文化内涵及文化意义，回答并解释"怎么样"的问题。既要关注社会生活，因为这是文化史研究的对象和立足点，更要揭示生活背后隐含的文化意义，这是新文化史研究的要求。采用新文化史所强调的深度解释并着力于发掘文化事项背后的意义，是文化史研究值得探索的可行途径。[①]

总体上看，改革开放以来的中国近代文化史取得了丰硕成绩，但目前的中国文化史研究还处于"白描"及"浅释"层面，缺乏"深解"的理论自觉。文化史研究从"白描"阶段提升到"浅释"阶段，进而发展到"深解"阶段，是从传统文化史研究深化到新文化史研究的要求。为此，必须将"寻求意义"作为文化史研究的根本目标，从"深度解释"入手寻求历史活动的深层意义。深度解释，是深化中国近代文化史研究的有效途径。作为学术界研究的热点之一，社会文化史及新文化史必将在较长时期内成为史学新观念和新方法的重要生长点，多学科、跨学科的研究将会加强，思想史与社会史、思想史与文化史、思想史与观念史的结合研究将进一步受到重视。学界同人已经有了许多年的探索实践并做了初步思考，创建有中国气派和中国风格的社会文化史理论体系的条件逐渐成熟。

〔作者单位：中国社会科学院历史理论研究所〕

---

① 左玉河：《寻求意义：深度解释与社会文化史研究的深化》，《河北学刊》2017 年第 2 期。

中国近代社会史学科三十余年回望

李长莉

中国近代社会史学科自 20 世纪 80 年代中期复兴，迄今已经走过 30 余年，从非独立学科，至今已经发展成为中国近代史领域与政治史、经济史、思想文化史并立的成熟学科，且仍呈现繁荣发展、方兴未艾之势。但社会史研究实践中还存在一些缺陷，这成为其深入发展的瓶颈。笔者近年对 30 余年来中国近代社会史学科发展概况、研究方法及研究范式等专题分别做过评述，[①] 在此予以概括介绍并对学科当前发展存在的瓶颈及未来发展趋向提出一些新思考，以供讨论。

一 学科发展总体趋势

在新中国成立前就有一些对社会史的初步研究，新中国成立后直至 20 世纪 80 年代中期以前，社会史不被视为一门独立学科，相关研究内容附属于政治史、经济史和思想文化史等学科内。1986 年第一届中国社会史研讨会召开，标志着社会史学科的复兴，中国近代社会史也是其组成部分，

---

① 如《中国近代社会史研究三十年发展趋势与瓶颈》（《南京社会科学》2017 年第 1 期）、《近三十年中国社会史研究方法的探索》（《南京社会科学》2015 年第 1 期）、《三十年来中国近代社会史研究范式之转换》（《河北学刊》2018 年第 2 期），另参见李长莉、唐仕春、李俊领、吕文浩合著《当代中国近代社会史研究》（中国社会科学出版社，2017）。

此后研究成果开始增多。但是，在中国近代史领域内，社会史作为独立学科得到认可，时间还更延后。作为中国近代史研究权威学术期刊的《近代史研究》，自创刊起便在每年末期（后为第 5 期）附刊上一年度国内发表的论著目录，并分类编排。在 1991 年之前，目录分类是以政治史专题为主，如分为鸦片战争、太平天国、中法战争、洋务运动、中日战争、戊戌变法、义和团运动、辛亥革命、北洋军阀、五四运动—第一次国内革命战争时期、第二次国内革命战争时期、抗日战争时期、第三次国内革命战争时期等 13 个专题，再以经济史、文化史、中外关系、人物等作为补充门类，而没有"社会史"这一独立门类，其相关内容附于各专题之内。直至 1991 年度的论文目录，才开始首次单独设立"社会史"门类，与经济史、文化史、中外关系等并列，作为政治专题分类的补充。此举可以说标志着"近代社会史"作为一个独立的学科门类，得到了中国近代史学术权威平台的认可；也表明由于社会史方面的论文数量增多，形成了一定规模，目录编选者感到有必要将其分出列为独立门类。

自 20 世纪 80 年代中期至今 30 余年间，中国近代社会史研究论著的数量，呈现持续大幅增长态势。据《近代史研究》附刊 1991—2013 年（此后论著目录停刊）的论著目录统计，"社会史"门类共发表论文 4788 篇，出版著作 899 部。各时间段年均发表论著数量大体也呈递增态势，请看表 1。

表 1　1991—2013 年《近代史研究》附刊各时段年均发表论著数量

时间段	年均发表论文（篇）	年均出版著作（部）
1991—1995 年（五年）	31	14
1996—2000 年（五年）	111	25
2001—2004 年（四年）	208	89
2005—2008 年（四年）	326	86
2009—2013 年（四年）（2010 年缺）	485	—

随着论著数量的快速增多，社会史在中国近代史领域内的学科分量也明显提升。《近代史研究》附刊的论著目录自 1997 年起，废止了此前以政治史专题为主要分类的模式，改为八大门类：总论、政治（后来加上法

律）、军事、经济、社会、思想文化、中外关系、人物。政治类内容也大大缩减，原来一些附属于政治类的其他专题内容，被划归各相应专题门类之内。这八大门类的分类法一直延续至 2013 年附刊目录终止。除"人物"之外以研究领域划分的七大门类中，社会史论著数量的排序持续大幅上升。下面将 1992—2013 年（2010 年缺）以四年为一单位划分为五个时间段，将这五个时间段内七大门类论文数量的增减情况用坐标图显示（见图1）。

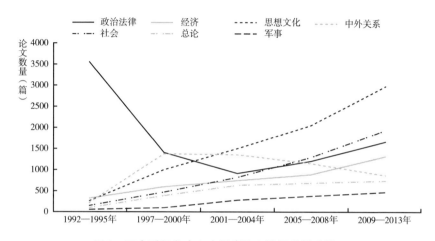

图1　五个时间段内七大门类论文数量的增减情况

从这一图示中可以看到，社会史论文数量由 1992 年刚刚起步，此后持续增长，经过 20 年，到第五时间段已经跃居第二位，呈现持续走高态势。20 世纪 90 年代以后，中国近代史学界也形成了新的一般分类法，即把中国近代史分为政治史、社会史、经济史、思想文化史、中外关系史五大门类。如按此分类，将军事门类并入政治法律门类后，其论文总数略高于社会门类。即便如此，社会史也仍堪称一个"大门类"。可见，中国近代社会史经过 30 余年的持续快速发展，已经从一个新兴边缘学科，发展成为论文数量位居前列的大分支学科，稳居中国近代史五大门类之一。

二　研究范式转换

本文所谓"研究范式"（或称"理论分析框架"），指在史学研究实践中，基于某种核心理论而形成的带有一定趋向性和导向性的研究路径、中心问题、认知范畴及分析框架，且具备一定的规模性影响。

回顾中国近代社会史 30 余年来的研究实践，其相继形成了"现代化""本土现代性""社会与国家""社会治理"等影响比较大的"研究范式"，在不同阶段形成了广受关注的热点，产生了一定的导向性和规模性影响，成为许多研究成果或显或隐的主导路向和特征。对于这几个"研究范式"的相关内容，以往的一些学术综述中也有所涉及，但有的并非从"研究范式"或"理论框架"这一宏观层面做考察，有的只是对某个"研究范式"的专题评述。本文尝试将 30 余年间出现的几个"研究范式"联系起来做总体考察、集中梳理，并对其转换逻辑做一探讨。

1."现代化"范式

社会史研究复兴于 20 世纪 80 年代中期，从反省现代化起步，最终成为学科复兴时期的主题。以"现代化"范式研究中国近代社会史主要表现为以下理路：以西方现代化模式为标准，为中国近代社会发展预定目标，按照现代化元素和模型，对照品评中国社会的长短优缺，查找中国社会的对应元素及发展状况。在这种解释框架下，中国近代社会的发展是由中国传统农业社会向西方式现代工业化社会转变的过程，这一转变的快慢、相像与否，成为评判历史进步与否的标准。

在社会史复兴初期，研究者在"现代化"范式的主导下，对中国近代社会状况、传统与现代化的关系、现代化的曲折与不成功、与西方现代化相比的缺失等展开研究，做出了一批不同于以往政治史"革命史"范式而令人耳目一新的研究成果，开启了中国近代社会史研究的新方向，奠定了中国近代社会史研究的基础。[①]

"现代化"范式在 20 世纪 80—90 年代社会史复兴时期是主流的解释理论，为中国近代社会史学科奠定了基础，并推动学科的初期发展，其价值主要体现为以下三点。

一是研究重心"回归社会"。将中国近代社会发展目标确立为现代化，取代政治革命，成为核心价值，并由此探索、反省了中西比较下中国社会现

---

① 乔志强、行龙：《中国近代社会史研究中的几个问题》，《史林》1998 年第 3 期。文中对中国社会近代化变迁的过程、特征和阶段做了比较全面集中的概括。

代化变迁的缺陷、障碍与艰难曲折。使研究重心由以往的政治斗争、革命运动转向社会本身，重点研究社会结构、社会阶层、社会状况等各社会要素的现代化程度及其与现代化变革的关系。

二是研究视角"眼光下移"。鉴于现代化是社会全面性、整体性的变革，因而"现代化"范式将研究领域扩展到社会各个方面，研究视角和关注重心由以往的集中在上层精英阶层转向社会与民众，研究领域大大扩展。

三是理论方法更新。在"实证"这一史学基本方法的基础上，借鉴社会学、人类学、政治学等社会科学的理论方法，提高了历史分析力与解释力，使历史研究得到理论方法上的提升。重视理论反省与方法更新，也成为社会史不同于以往史学的一个学科特征。

"现代化"范式研究实践在经过一段时间的发展后，显现出一些缺陷，对此学界已有反省与共识，归纳起来主要有三：一是"西方中心"的一元现代化论，生搬硬套西方模式，而忽视了中国社会发展的本土特性和内在逻辑；二是用传统向现代的单线性、目的论概括中国近代社会变迁过程，过于简单化，而忽视了社会变迁的丰富性与复杂性；三是以"传统—现代""中国—西方""落后—进步"的二元对立价值论划分及评判社会现象，失之于概念化。由此，学界开始力求克服这些缺陷，寻求超越"现代化"范式的新突破。

2. "本土现代性"范式

进入 20 世纪 90 年代后，在中国社会变革的大环境下，国内社会史研究者对历史的思考也在加深。在反省现代化思潮的影响及学术内在反省的双重作用下，一些学者开始对"西方中心"的"现代化"范式进行反省与矫正，在研究实践中转向立足本土考察中国近代社会本身的状况，重在研究本土社会文化资源与近代化社会变迁的关系，注重探索传统与现代的连续性，以寻求中国社会现代化经验的地方性与普遍性的统一。这种立足中国本土探索中国社会现代化变迁的理论框架，可称为"本土现代性"范式。其主要理路，是以世界现代化的一些普遍特征，如工业化、市场化、城市化、政治民主化、文化世俗化、观念理性化等为基本指标，从中国本土出发探索其内在的社会文化资源及由此形成的中国特色现代化道路。其主要认识思路，是注意传统与现代的连续性，注重传统内在的、与现代化元素相契合或能够发生创造性转化的元素及形式。

"本土现代性"范式在具体研究实践中，主要特征是由宏观渐入微观，由笼统走向具体，出现了两个新兴的研究路向。

一是区域史的兴起，即以一定地域范围内的地方性社会状况及社会各元素之间的关系为研究对象，考察地方社会结构、关系网络、制度运作等。一般以行政区划、自然环境、文化传统等形成的具有某种共同性的区域为研究单位。区域史研究在20世纪90年代中期兴起，形成研究热点，此后成为一直兴旺发展的一个重要领域，对此已有学者做过综述。①

二是微观史、个案研究的兴起。研究者关注的重心从宏观建构转向微观研究，表现为研究论题由宏大叙事转向个案研究。越来越多的研究者开始选取具有一定代表性和典型性的个案，如某个城市、村庄、团体、家族、个人、事件、现象、载体等，进行具体、深入、细致的考察与剖析，或称之为"深描"，以求探索其特殊性与普遍性的特点。②

区域史和微观史研究在20世纪90年代兴起后，渐渐成为普遍流行的研究路向，反映了"本土现代性"范式的研究取向。这一新研究范式是对反省基础上的"现代化"范式的深化与超越，体现了研究重心回归本土，立足于中国本土社会实际进行研究，注意发掘本土传统与现代化的连续性，探索地方经验。许多成果虽仍然在普遍现代性的价值框架下来评述中国近代社会的变迁，但不再停留在贴着现代化标签的空泛、西化的概念上，而是回归本土实际；也不再用西方现代化标签来概括中国社会元素，而是直接呈现中国社会的本真面貌，还原中国社会的实态。研究方法趋向微观化、具体化，力求深入、细致地观察中国社会内部的各个方面，甚至日常生活的细枝末节。

但随着研究成果的积累、研究领域的拓展，"本土现代性"研究范式也显现出一些缺陷，主要集中体现为以下三点。

一是这些区域史或微观史研究的重心虽然回归中国、立足本土，但往往其隐含的现代性价值标准仍然是西方现代化模式，是一种隐性的"西方中心"，没有提出本土内在的理论解释。

---

① 行龙：《二十年中国近代社会史研究之反思》，《近代史研究》2006年第1期。
② 关于微观史与个案研究，笔者在《近三十年中国社会史研究方法的探索》（《南京社会科学》2015年第1期）一文中做过讨论。

二是往往偏重"深描"、还原具体史实，而缺少宏观观照和理论分析，有"平面化"之弊。

三是有些个案研究过于细碎、零散，缺少整体性观照与普遍联系，因而缺乏普遍性价值，呈现"碎片化"现象。《近代史研究》2012年第4、5期开辟了"中国近代史研究中的'碎片化'问题笔谈"专栏，多位学者对社会史研究中的"碎片化"问题做了分析反省，提倡应将微观研究与宏观研究相结合。

3. "社会与国家"范式

到20世纪90年代中期，在反省"本土现代性"范式的缺陷、探索新的研究路向时，西方政治社会学的"市民社会""公共领域"理论被引入中国近代社会史研究领域，形成"社会与国家"研究范式。这一理论将基于个人权利的"市民社会"视为现代化的重要元素，研究基于公共权力的国家干预与基于个人权利的社会自治之间的互动关系。

中国近代社会史运用"社会与国家"理论的研究，集中在"市民社会""公共领域""国家与社会互动"等论题上，主要研究领域是城市史、区域社会史、社会生活、民间组织、救灾慈善、法律等。自20世纪90年代中期以后，越来越多的研究者借鉴这一理论来考察分析中国近代社会变迁的相关问题，如研究近代城市形成的商业、社区、公园、娱乐场所等"公共空间"，研究行会、商会、学会、民间组织等"公共领域"，研究公共交通、公共卫生、慈善等"公共事业"，研究城市商业生活及大众娱乐生活的"公共生活"，研究报刊、集会、演讲等"公共舆论"，等等。这些因研究对象的差异而出现的"公共空间""公共领域""公共事业""公共生活""公共舆论"等概念，都是以"社会与国家"理论作为研究框架，逐渐成为中国近代社会史领域的一个流行理论的。这些概念虽然仍然具有作为政治社会学意义的"公共领域"的基本含义，但在多数研究者的具体使用中，已经更加贴近中国本土历史的实际状况，并力求探索中国近代史上民间社会各种"公共性"的具体形态及特性。虽然研究者对中国近代社会的"公共领域""公共空间""市民社会"等具体内涵的认知和界定有所不同，但"公共领域"理论被越来越多的研究者运用，表明这些学者认为运用这一理论认识和分析中国近代社会具有一定的有效性。作为践行这一理论的代表性学者，朱英于2006年发表了《近代中国的"社会与国家"：研究回顾与思考》①一文，对这一理论的研究状况做了比较全面而深入的总结和评述。文中还对一些批评观点做了辨析，如有批评认为"市民社会"理论带有"西方中心"价值取向，不适合作为分析近代中国社会的理论工具；还有批评指出运用这一理论的研究仅限于大城市市民的"中产阶级公共领域"，而无法揭示中国广大农村地区错综复杂的"社会与国家"的关系。这些批评指出了"社会与国家"研究范式经过了早期发展，尚有待完善的地方与深入拓展的方向。

从研究范式转换的角度来看，"社会与国家"理论对"本土现代性"范式下研究的平面化、碎片化倾向有所矫正，注意探讨"社会与国家"的联系与互动，以及不同社会力量之间的权力关系，对近代社会状况及其变迁做出了理论层面的解释，使中国近代社会的研究达到了一定的理论高度。对中国社会的"公共领域""民间力量"的研究，实则是对"本土现代性"的深化，是挖掘现代性的本土基础和资源，探索"本土现代性"的实际状况、社会力量及具体形态。"社会与国家"的关系，揭示了中国近代社会中蕴藏着的现代性内在元素及能动性，这种研究方向指向了探索中国道路的内在特性。因此，这一理论至今仍然是中国近代社会史领域中被广泛运用的一个热门理论。

4."社会治理"范式

在"社会与国家"理论框架下，深入思考社会与国家的权力互动关系，最终指向的是社会效果。而如果从社会效果着眼观察的话，则不仅有国家与社会的权力关系发生的作用，还有其他多种因素参与下的综合作用。考察何种因素参与了社会、以怎样的方式综合发生作用，以及形成了怎样的社会效果，由此探索如何取得最佳的社会效果，形成良治社会，概括这一过程的一个理论概念就是"社会治理"。

"社会治理"也是一个政治社会学概念，是在多元现代性观念基础上，深入探索不同社会良性发展的理论路向。进入21世纪以后，中国经济和社

---

① 朱英：《近代中国的"社会与国家"：研究回顾与思考》，《江苏社会科学》2006年第4期。文中用的是"社会与国家"，大概意在突出以社会为重心的学科视角。除此文外，还有其他相关综述文章，如张志东《中国学者关于近代中国市民社会问题的研究：现状与思考》，《近代史研究》1998年第2期；徐松如、潘同、徐宁《关于国家、民众、地方相互关系的理论与研究概述》，《上海师范大学学报》（哲学社会科学版）2002年第6期；邓京力《"国家与社会"分析框架在中国史领域的应用》，《史学月刊》2004年第12期；闵杰《近代中国市民社会研究10年回顾》，《史林》2005年第1期。

会急剧转型，引起社会结构及利益格局变动，社会问题丛生，对政府治理能力形成严峻挑战。理论界及现实中"社会治理"问题凸显，也引起中国近代社会史研究者的关注。大约在 2005 年以后，一些研究者开始从"社会治理"视角选择切入点，将"社会治理""社会管理""社会控制""社会秩序"等相关系列概念作为研究论题或中心问题，形成了以"社会治理"为中心的新理论框架和研究范式。

近十年来，从"社会治理"视角研究中国近代社会史的成果逐渐增多，渐成规模，开始形成引起关注的新研究路向。① 研究论著的论题，集中反映了其研究的中心问题。笔者利用多个期刊、书籍网络数据库，以"社会治理""管理""控制""秩序"等关键词检索中国近代史论著，搜到标题中有这些关键词的论著有几十篇（部），多为 2005 年以后出现的成果，尤以近年比较集中，而在 20 世纪 90 年代以前则几乎没有，这反映了"社会治理"研究是近十年来才兴起的新趋向。此外还有一些成果虽然标题中没有这些关键词，但实际内容属于这一范畴或与此相关，这类成果数量更多，难以统计。综观这些研究成果，比较集中在乡村治理、城市治理、制度治理、问题治理几个领域。②

"社会治理"范式下的研究与"社会与国家"范式相比，在三个方面有所深化：一是关注点从"社会与国家"的权力互动关系，转向这些互动作用对社会产生的实际效能与效果；二是从"社会与国家"的二元互动关系，扩展为更加多元、多层、细化、复杂因素的综合作用关系及其对社会生活的实际影响；三是不再以"传统与现代"二元对立价值观评判参与社会治理的社会因素，而是以无分传统与现代、既有传统也有现代的现实多元因素的综合作用，来分析社会治理的效果与能力，即从价值评判转向综合效能评估。

上述四个研究范式，在中国近代社会史复兴 30 余年来，先后相续，交汇转换，步步深化，推动着中国近代社会史研究不断走向新的高度与深度，一步步使我们对中国近代社会变革的认识趋近实际和本质。

---

① 黄超：《近二十年来国内近代中国社会治理研究发展概述》，《现代交际》2016 年第 10 期。文中对近代中国社会治理的研究成果做了比较宽泛的概述，但界定不够清晰，评述也比较简略，可参考。

② 对这几方面的分别评述参见李长莉《三十年来中国近代社会史研究范式之转换》，《河北学刊》2018 年第 2 期。

三　学科发展瓶颈与未来展望

回顾 30 余年来中国近代社会史学科的成长历程，虽然其已经取得了十分可喜的成绩，但仍然存在一些深入发展方面的瓶颈。

第一，研究成果虽数量增多，但同质化现象严重。许多研究成果的选题、主旨、思路、方法、框架、文风，甚至结论，多有雷同，同质性个案研究太多，只是具体论述内容的载体略有不同。因此有不少属于重复性研究，对于学术创新和深入推进价值不大。

第二，研究论题碎片化。许多研究论题日趋细化、碎化，或为缺乏社会意义与历史价值的细枝末节，或为缺乏社会历史联系的零散碎片，难以形成系统化、条理化的社会史研究成果链。

第三，多史实描述而缺少理论思考，更缺少理论创新。许多研究成果仅止于对某种社会现象的具体描述、机械式还原，只运用历史学实证方法描述、还原社会现象的原貌，满足于"讲故事"，而没有社会理论的解释与剖析，缺乏"讲道理"的层面，这使研究成果缺乏深度。

第四，研究视野狭窄，往往局限于论题所限的具体事项、地域，就事论事，缺乏国家、社会整体，特别是全球化视野的宏观观照，使得"地方性经验"难以上升到"普遍性意义"。

上述缺陷阻碍了学科的深化与提升，成为学科进一步发展的瓶颈，对此近年来学界多有批评与改进的呼吁，但迄今似乎尚未见有明显改观。

中国近代社会史未来应向什么方向寻求发展与突破？现在此提出几点思考。

第一，从学术内在发展脉络、提升学术质量方面：首先，研究论题应避免填空式、零碎化，避免简单同质化和碎片化的个案研究，超越"分头挖坑、遍地栽树"的拓荒式研究模式，而要充分梳理以往研究成果链条中的各个环节，寻找学术链的缺环和薄弱环节，并由此入手，使论题的研究成果与前人成果形成系统、全面的知识链，并发掘知识链条中关键环节的独特价值，由此促使中国近代社会史形成比较系统、立体、多元的知识体系；其次，避免平面化叙述，跨越纯实证性研究，而在丰富的实证研究成果的基础上致力于更加深入性、概括性的理论解释与归纳，针对中国近代社会变革各方面的问题提出不同层次的解释理论；最后，力求在学科理论、研究范式和研究方法上有更多创新与突破，形成多元开放、适应多层面研究中国近代社会变迁历程的研究范式和学术流派。

第二，从回应现实挑战、增强学科生命力方面：中国近代社会史作为与当今社会转型变革联系紧密的学科，研究者不应回避时代责任，要在一只眼瞄准学术内在发展的同时，另一只眼瞄准现实需求；从面临的现实社会问题着眼选择论题，从学科的独特角度，力求针对中国近代社会转型和发展道路提出多层面的解释理论，并能得到学科内外的认可，为解决当今中国乃至人类发展面临的问题，提出本学科的有效知识和本土理论，特别是针对当今困扰国内外思考者的"中国道路"这一难题，充分发挥本学科的优势，做出全面系统的知识阐述与坚实可信的理论解释。

第三，当今全球化趋势加强及"全球史"兴起，我们需开阔视野，将近代以来的"中国道路"和"社会治理"等课题，放到全球视野和坐标中予以考察，更多地进行国际比较、世界各国不同社会元素及治理方式的比较。特别是中国近代社会本身就是对世界开放的，在社会变革中有世界多种元素的交互作用。在这种世界坐标中考察，更能凸显中国特色及中国社会的本质特性，这应是中国近代社会史的时代课题及未来需努力的方向。

〔作者单位：中国社会科学院近代史研究所〕

关于开展中国近代交通社会史
研究的若干思考

江　沛

引　言

人类生活空间，长期受制于地理空间及自然条件。生活空间狭小会限制人类的生活、生产、文化诸种交流，约束人类获得各种生活资源的能力，影响人类视野的拓展、知识甚至想象力的丰富程度。同时，人类生活空间的大小也是人类能否相识相知，能否构建人类共同体的关键。而拓展空间的关键所在，一是借助于交通工具"压缩"空间距离展开交流；二是借助于通信手段进行信息交流。

古代人类生活的空间，受制于旧式交通工具的简陋及传统交通体系的落后，而使人类无法达成真正的自在生活状态。庄子曾有《逍遥游》，称自北冥南迁的大鹏，"怒而飞，其翼若垂天之云。……鹏之徙于南冥也，水击三千里，抟扶摇而上者九万里。去以六月息者也。野马也，尘埃也，生物之以息相吹也。天之苍苍，其正色邪？其远而无所至极邪？"[①] 其想象力不可为不丰富，羡慕与无奈之情溢于言表。受制于交通落后，古人要想远足，只能"适百里者，宿舂粮；适千里者，三月聚粮"。[②] 直至清末，曾国藩从湖南赴

---

① 陈鼓应注译《庄子今注今译》，中华书局，1983，第1—3页。
② 陈鼓应注译《庄子今注今译》，第7页。

京应试，水陆并用仍需费时三月之久。出行处处受制，极度不便，古人何来"逍遥"？难以克服地理局限的人类，只能局促于一地，坐井观天。从这个意义上讲，世界古代的历史，基本是各地域、单独的历史发展进程，难称人类文明融合的真正意义上的世界历史。

古代人类交流信息，除利用飞鸽传书外，多需借力牲畜（如驿运）、水运或靠人的行走传递信息。同样受制于交通工具的落后，信息交流十分不便，唐代诗圣杜甫曾有"烽火连三月，家书抵万金"的慨叹；宋代赵蕃也有"但恐衡阳无过雁，书筒不至费人思"的感怀；宋代陆游更有"东望山阴何处是？往来一万三千里。写得家书空满纸！流清泪，书回已是明年事"的无奈。

人类自18世纪始渐入近代社会，随着工业技术飞速发展、工业化规模生产及市场化的需求，以机械为动力的现代交通运输业应运而生。限制人类交流、沟通的地理空间，因现代交通及信息技术的发达日益缩小，人类活动的地理及文化空间大增。庄子当年浩叹的大鹏飞行距离，现在人类也可实现。在现代交通体系下，普通的民航飞机、高速列车均以小时为单位前进，对于航天飞机而言则是以分钟计算飞行距离。显然，人类借助于现代交通工具摆脱了农业社会地理空间的羁绊，拓展了自己的生存空间，虽然未至自由王国，但自在状态已大大提高。

人类社会在人、信息与物的交流上发生的这一重大变化，得益于英国工业革命后以铁路、公路、航空、通信为表征的现代交通体系的建立及其日益成熟。它不仅使世界各国间经济一体化，市场贸易体系真正世界化，使得不同地域间各民族对于异文化的了解成为可能，极大丰富了其各自的知识体系，拓宽了视野，也使得人类社会在逐渐相知相识的基础上互相学习、取长补短、摆脱偏见、渐趋大同。也只有在这一基础上，我们才能谈及"地球村"、全球化的可能性。由此，我们应该对现代交通体系与人类社会发展间的重要关系有一个清晰的认识。

一　在与世界比较中产生的问题意识

众所周知，英国工业革命在推动人类克服自然限制、开发资源、提高生产能力与效率的同时，也拉开了真正意义上的世界近代历史进程的大幕。工业技术的日益成熟及工业生产效率的大大提高，一方面促使交通运输能力逐渐成熟，另一方面也需要交通技术的支撑，现代交通体系的完善使工业化向全世界扩展，使欧美国家迈开了向现代化转型的步伐。工业造就了近代世界，工业也改变了人类历史进程。工业化与欧美国家现代化发展间的重要关系，得到了普遍认可。

当眼光转向近代中国历史进程时，在关于工业化与近代中国社会变革进程间关系的认识上，我们的思考与面对世界时的差异极大。一方面，自鸦片战争至1949年，近代中国饱受西方列强包括日本的武力侵略及政治、经济上的掠夺，形成了极为强烈的民族主义情感，追求国家与民族独立成为近代中国一股强大的思潮。另一方面，在世界现代化进程中处于领先地位的西方国家，在侵略中国的过程中又不自觉地向中国持续输入以工业生产、国际贸易、革命思想、民族及人权观念、民主共和体制为特征的现代性思潮，马克思曾言英国对中国进行侵略就是在不自觉地充当推动中国进步的工具。马克思、恩格斯还认为，资本主义经济"首次开创了世界历史，因为它使每个文明国家以及这些国家中的每一个人的需要的满足都依赖于整个世界，因为它消灭了以往自然形成的各国的孤立状态"。① 吊诡的是，侵略中国的西方列强同时是中国现代性的倡导者和引入者，中国人既要反对西方对中国主权的干预又要不断学习西方的现代化，尽管"国学"理念的提出，旨在强调中华民族的特性及儒学文化的特性，但以传统儒学为核心的本土资源显然无法提供抗拒西方现代化进程中的思想资源。以魏源、林则徐、薛福成、王韬、郭嵩焘、曾国藩、慈禧、张之洞、李鸿章、袁世凯、孙中山等为代表的清末民初重要人物，无论政治倾向如何，在面对世界现代化进程中国如何抉择的重大课题时，对于西方的双重性特别是现代性均会陷入欲迎还拒的窘态。这种意识在日本侵略时期、冷战时期持续强化，演变成一种面对西方时不自觉猜测其"阴谋论"的自卑心态，极大影响着我们看待世界现代化进程的角度及思维。

受此影响，在世界现代化进程中处处影响巨大的现代交通体系，却在中国近代史的研究中呈现了极不正常的研究意识及学术状态。当铁路、航运进入近代中国时，我们正确地看到了西方国家开拓中国市场时对于政治、经济

---

① 《马克思恩格斯全集》第3卷，人民出版社，1960，第68页。

利益的贪婪追求，但基本停留于此，没有进一步讨论现代交通体系在清末民初构建时的艰难及其经济功能对于中国经济转型、城市化进程甚至人们思想的开放所具有的重要价值和深层次的影响，没有去思考近代中国对外开放的规律性，对于近代港口及航运、铁路运输如何改变近代中国的经济结构和贸易走向、经济中心变革与城市格局、农村人口向城市流动甚至跨区域流动的影响、交通运输（包括电政）推动信息传播与改变地方主义、家族意识间关系、交通及信息传播与近代中国国族认同之间的重大关联性等，均缺少从世界经济体系视野展开的认真而有逻辑性的思考与研究。显然，对中国近代交通社会史的讨论，是对 60 余年来侧重展示近代中国反帝反封建运动的革命正当性及道德正义性的一个重要补充，也有助于理解被纳入世界经济体系的近代中国社会所呈现的新旧杂陈、变与不变的历史复杂性，更有助于思考这种历史复杂性背后实际发生的从传统向现代转型的社会发展主旋律及其深刻的社会影响。

二　技术与经济：近代中国转型的根本动力

在这一由欧美国家主导的全球现代化进程中，中国并不能自外于源自"西方"的这一发展趋势。近代中国历史的发展特征显示，中国文化与历史的内在能量强大，如美国学者柯文（Paul A. Cohen）所言，不能只从西方出发去考察近代中国的变化，要"在中国发现历史"；但近代中国至今几乎所有的制度变革、经济变革、生活变化等重大事件，是在以现代技术、外贸为主导的经济体系变革和西方体制冲击下产生的，这是不争事实。只有具备国际视野，才能真正理解近代中国历史与社会变革的根本动力所在。

以轮船、铁路为主导的现代交通体系，其知识系统是在 19 世纪 20—40 年代传入中国的。据樊百川先生考证，中国有由火力推动的轮船驶入，是在 1828 年。1830 年，一艘属于英国麦尼克行（Magniac & Co.）的名为"福士"（Fobers）的轮船，抵达珠江口。直至第一次鸦片战争失败后中国开放五口，英轮开始陆续进入中国内河航运业。1870 年 4 月，清廷准许英国大东公司（Eastern Extension, Australasia and China Telegraph Co.）开设沪港航线，但 3 月丹麦大北公司（Great Northern Telegraph Co.）开设的沪港线未经允许即已完工。1865 年，英商杜兰德在北京宣武门外造小铁路 1 里许，试行小火车，是为铁路输入中国之始；此后，英人于 1875 年在上海建造连接吴淞码头与县城的淞沪铁路 15 公里，营运不久即被清廷收购并拆毁。中国真正意义上的第一条铁路，是 1881 年李鸿章主导下修建的由唐山至胥各庄煤矿的轻便铁路——唐胥铁路，该线持续延伸到天津。此后，随着开埠通商范围逐渐扩大，以及外贸、行政控制、国防与垦边的需要，也由于俄、日、英、德对在华利益的争夺与瓜分，缺少水运条件和拥有政治中心的华北地区，以及东北地区率先在港口同时发展起来了京汉、津浦、胶济、北宁、陇海、南满、中东等诸条铁路；华东地区修筑了沪宁路；华南地区也有粤汉路。这些铁路线路不仅与港口联通，形成了原料、农产品出口与工业品进口的重要通道和经济腹地，强化了区域间的经贸往来，也成为清末民初中国行政管理的重要通道和国防运输线，构成了今天中国铁路网络的基本格局。以铁路、港口为骨干，公路、水路、驿运互为关联而形成的这一现代交通体系，对于近代中国从自然经济向现代经济转型、区域城市成长、工矿化生产与相关产业生长、农业产业化种植等，具有前所未有的重要推动作用，以之为基础，电信业日渐发达、邮政业崛起、新闻媒体业快速成长，区域间人员流动大增，对于国防、军事甚至防疫也有重要作用。这些现代性因素，对于近代中国"民族—国家"意识的形成，对于中华民族凝聚力、认同感的形成，也是意义非凡的。从今天来看，作为一个产业和经济发展基础的现代交通体系，在近代中国社会变动中的作用是举足轻重的，正体现了工业技术体系对于现代经济与社会发展的引导性与基础性，但这些却因为学界基于传统史观、过于强调社会变革中政治、人文因素的重要性而有所忽略。毕竟如马克思所言，是物质决定意识、是生产力决定生产关系而非相反。

　　因此，中国近代交通社会史的研究，要力求在宏大的国际视野下考察近代中国经济与社会变动，要立足于现代交通体系引发区域变革的切入点，希冀形成相关的系列研究成果，以弥补过去对于现代交通体系推动经济与社会变革所具有重要价值认识的不足，这有助于学界在新的视野下重新审视近代中国社会变革的规律性和动力问题。

三　中国近代交通社会史研究的主要范畴

　　关于中国近代交通社会史的研究，首先要对其学科性的基本要素进行分析，在强调其与以技术特性为出发点的交通史研究旨趣相异的同时，特别要注重对现代交通体系与近代中国社会变动间关系的思考与考察。

1. 对近代中国交通体系基本形态进行考察

主要是对诸如铁路、港口、内河水运的规划方案、管理机制、规章及实施效果的考察，特别是对于一个现代交通体系整体的建设，历届政府都是基于何种原因进行定位和规划的，其建设方案优劣及实际效果。深入探讨现代交通体系形成的诸种因素，特别是政治、外交、经济、民生间的诸种复杂关系，摆脱非正即反的思维，这有助于既从现代化进程也从中国近代社会转型的特点上把握现代交通体系的个性，以及其多方面的影响。从纯技术性层次考察现代交通体系的功能与效率，是过去较少展开但又不容忽视的分析视角，诸如规划线路更改、铁路轨距、车厢大小、整车运输能力、车站功能等，以及港口的选址、迁移及扩展，相关配套企业的设立，港口与铁路连接等问题，都是理解现代交通技术在商贸经济、军事、城市空间扩展等方面的重要影响所不可缺少的，也可以由此透视现代交通体系在近代中国不断发展与完善的艰难历程。现代交通体系的管理部门、规章制度、管理阶层、线路维护、联运制度、价格制定、诸种交通方式间的衔接情况等，也是影响现代交通体系能否顺利发生作用的重要因素。管理的效率是经济发展的生命线，也是提升经济效率不可缺少的重要环节。

2. 对诸种交通方式间关系进行考察

现代交通体系是在传统运输体系的基础上转型而来的，铁路、水运、港口的三位一体，逐步压缩畜力、人力运输的空间，这也是导致内河水运日益衰落的主因。然而这种趋势并非一蹴而就。在清末、民国时期中国地域广大、地理条件复杂、交通体系落后的整体背景下，诸种交通方式间的竞争与互补关系，共同构成了交通体系向现代转型的有机整体性、过渡性和复杂性。如各铁路线间有连接、互补的关系，联运制度便是最好的例证。在货源相对紧张时，各线路均以降低运价、减少税收为吸引力，其竞争也是十分激烈的。作为铁路运输网络的诸环节，在统一协调下共同发展，是清末、民国时期各届政府努力的目标。在铁路与河流并行的地区，水运在与铁路的竞争中势头良好，在铁路与河流逆向的地区，水运与铁路形成了自然的互补关系。想象中的铁路一出、水运立衰的状况并未出现，铁路与水运的协调发展，是20世纪前半叶的主流。港口作为近代外贸的终极市场，其与铁路的有机连接，是现代交通体系的主要形态。海运的迅猛发展，不仅使港口不断扩大、港口城市空间扩张、工商业日益发达，也使铁路运输日益发展。但港口对于铁路线的依赖明显，没有铁路线扩大港口的腹地，港口衰落就是必然。烟台与青岛间此消彼长的格局，是一个生动的例子。在20世纪前半叶，由于技术及设备的需求较高、价格过高，汽车运输的普及难以做到，公路运输在各地商贸运输体系中只占3%左右的运输量，位列铁路、水运、人力运输之后，但在一些大城市周边的特定地区，少数公路与铁路还是形成了一定的互补关系。当现代交通体系发展起来后，人力、畜力运输由于成本过高逐步减少，甚至被取代，但在偏远的乡村和山区，人力、畜力的运输仍是主力。

3. 对"港口—铁路"体系与经贸网络重构进行研究

近代交通体系的规划及建设原因颇多，甚至国防、军事、行政管辖等因素更为突出，但交通线路完成后其服务经济的基本性质却从未改变。[①] 以北京为中心的华北区域铁路建设，最终却成就了天津的华北最大贸易与工业中心地位，要因在于天津具有持续扩张吞吐量的良港。在外贸拉动下，津浦、津京、京汉、京奉（北宁）、胶济铁路与天津、青岛等港口形成了东西向的新的商贸走势及网络，东部的率先开发与工业中心的建立，是经济发展的自然选择。以上海为中心的"港口—腹地"关系，决定了长江流域以水运为中心的经贸运输体系，但此时华东地区的铁路系统则受经济不发达的限制而建设缓慢。这些探讨对于重新认识近代中国开发的世界因素、思考近代中国东西部差距形成的诸种原因及现代交通体系与腹地开发的关系具有重要价值。以港口为终极市场、以铁路为主干的近代交通体系的构建，其基本功能在于获得丰富的物资及客流，因此腹地的开发是至关重要的。腹地开发既要沿袭商贸传统网络，也会因现代交通体系的运转而重新构建，以铁路枢纽为依托的中级市场是腹地开发的关键所在，腹地范围愈大，表明现代交通体系参与经济与社会发展的辐射能力愈强。现代交通体系具备运量大、运速快、运距长、安全性好的特征，不仅促进了商贸网络的延伸，更是催生现代工业的媒婆，诸如传统运输体系条件下难以大量开采的铁矿、煤矿，引入近代技术可以大量生产的工业制造中心都赖此兴起，两者相互依存与互补，甚至一些城市完全依赖现代交通体系而生，在成为新的工业中心后地位日升并逐渐

---

① 、江沛：《清末华北铁路体系初成诸因评析》，《历史教学》（下半月刊）2011年第14期。

演变为新的政治中心。华北区域的传统商贸网络，多以行政中心及沿官道、河流而设的城市为中心，也有如经张家口展开的边贸固定路线。近代交通体系兴起后，因外贸需求刺激，以港口为终极市场的新商贸网络不可避免地展开，传统商路以南北向为主，此时则一变而东西向；以往以行政中心为中心的商贸网络，此时发生重构，铁路交叉点或铁路与港口的连接点成为新的商贸中级市场或终级市场，而交通枢纽的变更导致中级市场或地域经济中心的此兴彼衰，是由现代交通体系引发的商贸格局变化的必然。

4. 关注现代交通体系与产业转型的关系

现代交通体系本身既是一个物流、人流与信息流的运输系统，也是一个工业部门、一个经济领域，其成长对于传统社会难以发展、扩张的工业、矿业的刺激是非常明显的。华北区域的一些地方如焦作、唐山、阳泉、博山等地，即因现代交通体系的成长催生出工矿业的发展。由于需求旺盛，不少工矿业迅速引入先进技术，大大提高了劳动生产率和产品质量。为保证工业原料的供应，一些地方如胶济沿线广种烟草、河南许昌地区烟草与棉花也开始了产业化种植、高阳土布业的产销形成了规模化生产，农产品商业化趋势大增，石家庄城市则是在铁路转运业的刺激下成长起来的，这一形态的变化构成了华北区域经济的近代转型进程。现代交通体系的完善，方便了出行，刺激了客流量的增长。20 世纪前半叶，不少区域的旅游业发展快速，各条铁路均出版了旅行指南，一些偏远地区的自然及人文景观不断受到关注，相应的产业也有所发展。据统计，客运收入在各条铁路总收入中均占约三分之一的份额。现代经济发展的核心是产业分工导致的生产率提高，是劳动与资本分离，机器的使用大大增加了企业的固定资本，流动资本愈益增多，区域经济的互补性因交通而得以实现，现代经济制度逐步形成。[①] 这一变化，若离开现代交通体系的运作则难以为继。

5. 考察现代交通体系与社会变动间的关系

以现代交通体系为纽带，商贸市场网络、工业体系、农业产业化体系渐次形成。巨量商品流通，不仅使经济利益增长，更促进了工农业的发展、人们生活水平的提高，特别是这种经贸网络的日益紧密，大大加快了区域经济的分工与整合进展，改变了人们大而全、小而全的经济与生活理念。由于现

---

① 保尔·芒图：《十八世纪产业革命》，商务印书馆，1983，第 21—22 页。

代交通体系推动了产业化发展、贸易运输的快速发展，市场竞争带来了产业、贸易内部及外部环境的利益分歧及重新分配，于是传统社会较为缺少的社会组织应运而生，诸如各个层次的商会、产业工会、员工协会逐步产生并发展，成为协调利益、保护工人、理顺产业内部机制的重要组织和手段，带动了新职业的兴起和就业机会的增加，对于市场的有序运作具有重要作用。现代交通体系的建立和发展，大大加快了城市化进程。交通枢纽的建立，是近代经济中心所必需的，也是市场链式扩张的需要，由此，不少地区因交通线路所经而完成了城市化的进程。哈尔滨、长春、营口、石家庄、郑州、张家口、平地泉、徐州、兰州、宝鸡、武汉、镇江、上海、重庆等地的崛起，都是极好的例证。当然，如保定、开封则是因失去交通枢纽地位而渐次衰退的城市。此时多数城市人口数量有限，但各区域的城市格局及经济格局由此而变，影响至深且巨。对现代交通体系与行政管理、移民、救济、疾病传播、犯罪、工人运动、军事、现代时间观念形成之间关系的探讨，是考察现代交通体系特征及功能不可缺少的。由于现代交通体系的建立，人员流动大增，信息产业增加，邮政、电话、电报、报刊业在清末民初高速发展。长期以来，因国土广阔、山河相隔的区域、内地与边疆间都得以联通，一体化进程使工业时代的政治、文化、风俗、理念得以广泛传播，国人间的文化认同、民族认同、国家认同有了实现的前提及可能性，这是民国以来社会运动风起、社会动员得以实现的必要技术条件。"中华民族""中国"等概念在20世纪上半叶渐次形成，除外来侵略的强化作用外，一个很重要的条件是现代交通体系包括媒体传播手段的日益完善，在共同信息影响下的民众心态及社会思潮渐次形成，作为现代民族国家意义上的新中国的成立成为可能。

综合而言，开辟对中国近代交通社会史的研究，具有扩大中国近代史研究范围的功能，对于细化近代中国从传统向现代转型的过程而言十分必要，有助于从国际化和世界历史的视野去理解近代中国变动的起因及动力；此外，从现代技术与经济变革的角度切入，研究中国近代交通社会史也具有方法论和价值观上的启示意义，近代中国社会变革的动力及走向，是一个亟待重新认识的学科基础性问题，是一个有助于深化理解中国近代历史规律及特征的重要课题，更是一个如何理解与运用历史唯物主义史观的问题。

〔作者单位：南开大学历史学院〕

新中国成立以来史料学的理论探讨

刘　萍

　　新中国成立后，随着历史学研究的展开，史料作为历史学研究的基础，受到学界的高度重视，史料学也是史学界最早提出需要从历史学中分离出来，独立建设发展的一门学科。经过 70 年的发展，史料学取得了不菲的成就，不仅搜集、整理、出版了大量种类繁多、内容丰富的学术史料，为新中国历史学的建立和发展做出了巨大贡献，而且在学科建设及理论研究上也有了长足的进展，史料学已经发展成为一门独立的学科。近年来，随着计算机及信息技术的发展，史料的存储、保管、呈现及检索都发生了根本性的变化，在数字化技术的冲击下，传统史料学面临巨大挑战。受此影响，进入21 世纪后，史料学研究相对沉寂。故总结史料学的发展历程，重新认识或重提史料学，积极应对挑战，具有重要的学术意义。本文着重从史料学学科体系及理论研究方面，对新中国成立以来史料学研究进行综合考察。①

一　新中国成立以来史料学研究的四个阶段

　　新中国成立后，学术界虽然高度重视史料学研究，并提出要建立独立的史料学学科的主张，但受国内政治形势及学术思潮的影响，同其他学科一

---

① 本文所指的史料学，仅指中国史史料学，对于其他学科，如哲学史史料学、文学史史料学均不涉及。由于篇幅所限，对于具体的史料整理研究的理论和方法也不讨论。

样，史料学研究也经历了一个曲折发展的过程。从时间发展上大致可分为新中国成立初期的起步、"文革"时期的停滞、改革开放至 1999 年的重新兴起和繁荣、2000 年至今的沉寂四个阶段。

新中国成立初期，即 1949—1966 年，为新中国史料学研究的起步阶段。新中国成立后，随着大规模史料整理工作的展开，为了为历史研究提供更多有价值的史料，有学者提出，要培养一批专门的史料工作者，并建立独立的史料学学科的主张，史料学学科意识萌发。随着 1958 年"史学革命"的兴起，史料与史观在历史研究中的关系问题成为学界讨论的热点，虽然在讨论中确立了以唯物史观作为史料学研究的指导思想，但由于突出强调史观的指导作用，史料的重要性被弱化，并出现了史料学不能成为一门独立学科的观点。这一时期，虽然有论文涉及史料学的理论问题，但没有出版一部以"史料学"命名的理论专著。

"文革"时期，即 1966—1976 年，为国内史料学研究停滞时期。这一时期，受"左"倾思想的影响，不仅新中国成立后已经启动的一些史料搜集整理工作遭受重创、被迫中断，在学术方面，也没有一篇关于史料学理论研究的论著发表。

改革开放至 1999 年，为国内史料学研究重新兴起和繁荣阶段。"文革"结束后，随着史学研究走上正轨，史料搜集、整理、考订作为史学研究的基本功而受到学界重视，一些高等院校的历史系，恢复或新开设了史料学或历史文献学课程，并尝试着编写教材。1983 年，北京出版社出版了由陈高华、陈智超等著的《中国古代史史料学》一书。该书是新中国成立后第一部以"史料学"命名的著作。至 1999 年，共出版了近 10 部史料学专著，发表论文数百篇。同一时期出版或发表的史学概论、历史文献学、史学研究法等方面的著作或论文，也不同程度涉及史料学学科理论问题。随着史料学课程的恢复，以及大量史料的整理出版，建立史料学的学科体系问题逐步引起学者的重视，并展开了初步探讨。1992 年，中国近现代史史料学学会成立，成为新中国成立后第一个从事史料学研究的专业学术团体，为学者提供了深入探讨和交流学术的平台。至今，该学会共召开了 21 届大型学术研讨会和 40 余次小型学术研讨会，以及两次国际学术研讨会，出版 9 部学术论文集。

2000 年至今，为史料学研究的沉寂期。这一时期，与史料的大规模出版形成鲜明对比，史料学学科理论研究较为冷清，虽然出版了数部史料学的专著，研究也更为细化，以专史命名的史料学著作增多，如《唐史史料学》（黄永年著，上海书店出版社 2002 年）、《先秦秦汉史史料学》（王晖、贾俊侠著，中国社会科学出版社 2007 年）、《青海史史料学》（姚继荣、丁宏著，西苑出版社 2007 年）等，但有关史料学理论研究方面的论文仅有数十篇，学者们关注的问题也较为分散，缺乏讨论和交锋。

二　新中国成立初期学科意识的强化与指导思想、研究方法的确立

史料是史学研究的基础，没有史料就没有史学。史料学的任务即搜集史料并加以整理考订，为历史研究提供史料基础。一般认为，史料学是中国古老的一门学科，是伴随着历史学而产生的，自从有了历史学，就诞生了史料学。但中国传统史料学在发展过程中，长期与历史学辖辎在一起，傅斯年的"史学即史料学"，某种程度上也是基于中国传统史学的特征而有感而发。直至 20 世纪二三十年代，受西方学术思想的影响，近代意义的专门学科开始出现，史料学学科意识才逐步萌发。这一方面是适应学科分野的发展趋势，另一方面也是在马克思主义历史学者批判"史学即史料学"错误史观的基础上产生的。

中国传统史学虽然对于史料的研究具有悠久的历史，但在理论的阐发方面较为薄弱。近代以来，随着西方史学理论和研究方法的传入，一些资产阶级史学家，开始从学术的角度总结史料学的理论方法。如梁启超在《中国历史研究法》中，详细论述了史料的范围、类别，搜集、鉴别史料的各个环节。五四运动后，随着马克思主义的传入，一些马克思主义学者运用历史唯物主义观点，对中国传统史料学的理论和方法进行总结。如翦伯赞撰写了《略论搜集史料的方法》《史料的搜集与辨伪》《略论中国文献学上的史料》等著作。不过，这一时期，史料学的学科意识还较为淡薄。

新中国成立后，史料学的学科意识开始加强，一些学者明确提出了建立"独立"的史料学学科的主张。随着 1949 年中华人民共和国成立，中国近代史研究受到学界的高度重视。为了为近代史研究提供史料基础，新成立的中国史学会开始筹划出版以《中国近代史资料丛刊》为代表的有关近代史

研究的系列资料，随即调集各方学术力量，开展大规模的史料整理编辑工作。同时，受苏联的影响，一些综合性院校的历史系开始仿效苏联教学模式，开设史料学课程，苏联有关史料学理论也为中国学界所了解并接受。受此影响，史料学的特性及其与历史学的关系被学界更为深入认识和了解。这一时期，在批判资产阶级史学的过程中，马克思主义史学工作者在强调唯物史观对于历史学的指导意义的基础上，对于史料学的特性及其与历史学的关系问题进行了更为明确的阐述，进一步提出了建立"独立"的史料学学科、培养专门的史料学研究者的主张。1956 年，胡绳在《社会历史的研究怎样成为科学——论现代中国资产阶级唯心主义历史学在这个问题上的混乱观念》一文中，一方面对"史学即史料学"的观点进行了批判，另一方面又强调史料考订对历史研究的重要意义，并且肯定了传统史学家的成绩，认为："许多中国的史学家们继承了清朝的'汉学家'们的工作，并且利用了从现代欧美传来的各种科学知识和比较精密的逻辑观念，而在史料的考订上，取得了不少成绩。他们的这种工作，现在看来，并不是做得太多，而是做得太少了。他们的工作成绩和工作经验不应当被抹煞而应当加以接受，加以发扬。"并指出："由于史料工作的繁重和需要各种辅助性的专门知识（如古文字学、年代学、古文书学、古文献学、历史地理学、版本学、印鉴学等等），所以有一批专门的人来负担这种工作是必要的，他们就是史料学家。史料学家是整个史学家队伍中一个重要的组成部分。"他进一步呼吁："今后我们还应当有计划地进行史料的搜集、整理、考订、注疏、翻译（译成现代普通话）等等工作，并且使史料学成为有系统的科学。"① 这一史料学的"独立"意识，不完全是基于政治立场的表述，一定程度上也是学科发展的要求，反映了历史学从粗疏杂糅到精密细化的基本发展规律。一些传统的历史学家也提出了同样的主张。如顾颉刚提出，应当在"以书籍为主体"的传统考据学基础上"正式建立起史料学来"。1954 年，郑天挺在南开大学尝试开设"史料学"课程，受苏联史料学理论的影响，注意"史料学"和"历史编纂学"的区别，并提出应把"史料学"从"历史研究法""史

---

① 胡绳：《社会历史的研究怎样成为科学——论现代中国资产阶级唯心主义历史学在这个问题上的混乱观念》，《历史研究》1956 年第 11 期。

学方法论"中明确独立出来。① 但是关于史料学如何从历史学中独立出来，以及史料学学科属性及其与相关学科的关系等理论问题，尚未有学者做进一步的研究。

1958 年，随着"史学革命"的兴起，关于史料学"独立"问题的讨论被打断。史观与史料的关系问题成为史学界争论的焦点，突出强调史观对于史学研究的重要意义，以马克思主义理论指导史料搜集和整理工作，逐渐成为学界倡导的主流意识。刘大年认为："马克思主义研究任何问题都必须详细占有资料，严格审查资料。……近代史研究根本不存在要不要史料考证的问题，只存在一个用什么观点从事史料考证的问题。"② 有学者认为，在历史研究中，观点比史料重要，如果脱离了马克思主义理论观点的指导，历史学不仅会降低成为单纯的史料整理，甚至会成为少数旧式学者养性怡情的古董玩物。③ 有学者在论述史料与史观的关系时认为，史料是由史观驾驭的，世界上根本不存在什么纯客观的史料，运用史料必须以马克思列宁主义理论为指导。④

而以马克思主义理论为指导，具体而言就是要坚持阶级分析方法，承认史料具有阶级性。1950 年，荣孟源率先发表《史料的阶级性》一文，强调阶级社会的一切史料均具有阶级性，无产阶级处理史料的方法是实事求是，即不仅要详细占有材料，而且要有计划、有意识地抓住典型，用阶级分析的方法处理材料。而实事求是的科学方法，也就是辩证唯物主义与历史唯物主义的方法。⑤ 这一观点，得到学术界普遍赞同。阶级分析法的确立，是史料学学科理论建设中的一件大事，在史料研究中坚持阶级分析观点成为马克思主义史料学与旧的史料学的重要区别。

史观与史料关系问题的讨论，为马克思主义历史学的建立奠定了重要的理论基础和舆论基础。但这一时期的讨论，带有较浓的意识形态色彩，在批

---

① 参见陈峰《文本与历史：近代以来文献学与历史学的分合》，《山东社会科学》2010 年第 1 期。
② 刘大年：《中国近代史诸问题》，《历史研究》1963 年第 3 期。
③ 章开沅：《读书与求解（学史偶记）——史料与史学的关系》，《理论战线》1959 年第 7 期。
④ 余子道、金冲及、胡绳武、吴瑞武：《历史科学必须为无产阶级政治服务》，《复旦学报》（社会科学版）1960 年第 1 期。
⑤ 荣孟源：《史料的阶级性》，《人民日报》1950 年 1 月 10 日。

判资产阶级历史观的同时，不可否认也出现了一些忽略或轻视中国史学实证主义传统的倾向。由于突出强调史观的指导作用，史料学的重要性被大大降低。1961 年 1 月，在广东省历史学会年会上，许多学者认为，"因为历史学是从事历史规律的科学研究，而史料学只是把一个个的个别历史事实弄清楚"，所以不能片面地夸大史料学的意义，"史料学只是一门重要的学科，……不可能成为一门科学"。① 这实际上否认了史料学可以成为一门独立的学科。同时，在讨论中也出现了一些"左"的言辞，将正常的学术讨论上升为立场问题。1962 年，刘节发表《谈史料学和史学史》一文，探讨史料学、历史编纂学和历史哲学在史学中的地位问题，认为史料学的内容，首先是史料的搜集，其次是史料搜集的方法，再次是史料的分类。② 这一观点立即遭到了批判，认为其没有突出史观的指导作用，世界观存在问题。③此后，学界基本停止了对史料学学科属性的探讨。

　　不过，这一时期，王可风的《史料学应成为一门科学》一文值得关注。该文虽然未正式发表，但实际上是新中国成立后第一篇从理论和实践角度对史料学学科属性进行较为深入探索的论著。④ 文中，针对史料学是否可以成为一门科学的争论，王可风从史料学的研究对象、范围和特点，史料学的发展历史，史料与史学研究的关系等方面，论证了史料学可以成为一门科学。作者认为，第一，"史料学是以研究社会发展遗留下来的各种史料为对象，包括实物史料和文字史料"。史料学的主要任务是处理"如何将大量的复杂的历史资料能科学的提供利用的问题，也就是社会历史已成过去，现在如何将过去遗留下来的史料，进行搜集、整理、考证、鉴定，为历史学家提供丰富、完全、可靠的史料"。这是史料学区别于自然科学及社会科学中的其他学科的标志。第二，史料学是综合利用各种科学知识从事研究的一门科学，因此，史料学具有科学性。第三，史料学的产生和利用具有规律性，即史料学是随着社会生产斗争和政治斗争的发展变化而产生的，史料学在社会历史

---

① 《广东省历史学会年会讨论史料与史学等关系问题》，《人民日报》1961 年 1 月 18 日。

② 刘节：《谈史料学和史学史》，《文汇报》1962 年 6 月 14 日。

③ 参见朱永嘉《论史料学、历史编纂学与历史哲学的关系》，《学术月刊》1963 年第 5 期。

④ 王可风：《史料学应成为一门科学》，载施宣岑、华明编《王可风档案史料工作文集》，档案出版社，1989，第 277—288 页。根据文中内容及所引资料考证，该文应写于 1962 年前后，"文革"期间又略做修改。该文未能发表，可能与当时的政治形势有关。

发展的各个阶段中，总是为生产斗争和政治斗争服务的；史料具有阶级性，不同的阶级产生不同的史料，不同的阶级利用不同的史料；史料有完整的信息，才能考察其使用价值，方便利用，反之则不便利用。王可风认为，史料学是随着社会的发展与历史学的进步、科学的分工愈细密愈专门而形成的。"社会史料的大量存在，过去史料工作经验需要总结，这就是史料学产生的客观条件。所以它和一般科学的产生一样，并没有什么不同。"建立科学的史料学体系也是新中国史学发展的需要。

三　"史料"及"史料学"概念的界定

史料学是以史料为研究对象的一门学科，首要的任务是对史料这一基本概念进行科学定义和阐释。"史料"一词虽然是个古老的概念，但长期以来却缺乏明确的定义。新中国成立后有关史料学的著述，对"史料"的定义大都忽略不谈，或以史料的种类、作用代替史料定义。目前所见到的史料学著述中，仅有零星的几本（篇）对史料一词进行了定义。较早对"史料"进行定义的是白寿彝。他认为，"史料"是"人类社会历史在发展过程中遗留下来的痕迹"，包括"史迹遗存与文字记录或历史文献两类"。[①] 李良玉在《史料学片论》中认为："史料就是人类在自己的社会实践活动中残留或保存下来的各种痕迹、实物和文字资料。"[②] 这一定义，与白寿彝对史料的定义基本同义。

近年来，已有学者开始重视对"史料"的定义问题。其中，张连生《重新审视"史料"的定义问题》一文，值得关注。作者不仅呼吁应对"史料"这一史料学学科最基本的概念进行科学定义，提出在操作时应避免"定义过狭"或"定义过宽"的趋向，并对有关"史料"定义的优劣进行了评析。作者认为将"史料"定义为"历史遗迹"或"历史痕迹"，虽然强调了史料的"过去性"，但认为"史料"必须是人类历史的直接遗存的观点，容易把由后人记述的像《二十四史》《资治通鉴》之类的间接性材料都排除在史料之外，定义范围过于狭窄。与之相反，另一种观点，把"史料"

---

① 白寿彝：《史学概论》，宁夏人民出版社，1983，第4页。
② 李良玉：《史料学片论》，《福建论坛》（文史哲版）2000年第5期。

简单地解释为"历史资料"，这种认为史料就是"研究和编纂历史所用的资料"的观点，不仅把各种各样的事实材料，如历史文献、实物、口碑材料包括在内，也容易把各种理论材料如史学理论观点、研究动态、研究成果，甚至一些通俗历史读物材料等列入"史料"之中，定义范围又过宽。作者进一步提出了定义"史料"的两个原则，一是要能够概括可以作为历史研究的证据来使用的全部事实材料，二是要能够排除不能作为研究某一历史现象的证据来使用的某些事实材料。作者进一步将"史料"表述为"是指反映某一特定历史事实的原貌的材料"，认为这一表述既可以把当时历史遗留下来的材料（即直接材料，如实物）和后期记叙性的材料（即间接材料，如正史）都包括在内，又可以把作为历史研究证据的"史料"（事实材料）和各种历史研究成果（理论材料）以及普通历史读物等区分开来。① 作者这样的表述是否精当，还有进一步讨论的空间。

　　任何一门学科的建立，需要对其内涵、对象、任务、作用以及与相关学科的关系等问题进行界定。从新中国成立至今，对于史料学的研究对象，学者的观点一致，即都认为史料学是以史料为研究对象的一门学问。不过在史料学的具体定义和内涵上差距较大。一种观点是以张宪文、葛懋春等为代表，认为史料学就是研究搜集、整理史料的学问。张宪文提出，史料学"是专门考察史料，研究史料的源流、价值和利用方法的一门学问"。史料学的任务，"是在历史唯物主义理论的指导下，对史料进行搜集、整理、校勘和考订工作。它要考订史料的真伪，确定史料的年代、作者、版本和来源，辨明史料的价值，以做到求实，求真，从而为历史研究提供丰富的、可靠的史料"。② 葛懋春也认为，"如何搜集、整理、审查资料，阐明史料的研究和利用方法，就构成史料学这样一门专门的学问"。③ 一种观点是以陈高华等为代表，认为史料学虽然是研究史料的搜集、鉴别和运用的科学，但又主张将之区别为两类：一类是通论性史料学，即研究搜集、鉴别和运用史料的一般规律和方法；另一类为具体的史料学，即具体研究某一历史时期或某一史学领域史料的来源、价值和利用。④ 根据这一观点，有学者主张，应将

---

① 张连生：《重新审视"史料"的定义问题》，《河北学刊》2007年第2期。
② 张宪文：《中国现代史史料学》，山东人民出版社，1985，第1—2页。
③ 葛懋春主编《历史科学概论》，山东教育出版社，1985，第268页。
④ 陈高华、陈智超等：《中国古代史史料学》，北京出版社，1983，前言。

具体的史料搜集、整理、考订工作与史料学区分开，前者只是史料学产生的实践基础，史料学是研究"史料的搜集、考证、整理和利用的理论和方法的历史学科"，是具体的史料搜集、考证、整理和利用的理论总结，即主张史料学是通论性史料学。①

对于将史料学分为通论性史料学和具体的史料学，学者间是存有异议的。有的学者认为，二者在内容上没有区别，"运用史料和利用史料是同义的，而鉴别史料和研究史料的来源与价值又几乎同义"。② 也有学者认为，史料学通论与具体史料学研究的问题"是不能截然分开的"，史料学应包含通论性史料学和具体的史料学两方面；史料学的任务既包括确定史料的来源、可靠性、价值，也包括对史料进行分析批评和说明史料的利用方法。③

四　史料学的学科属性及学科体系等问题

界定史料学的学科属性及其与相关学科，特别是与历史学的关系问题，是建立史料学学科体系的前提。关于史料学的学科属性主要有三种不同的观点：第一种观点认为史料学是历史学的辅助学科，第二种观点认为史料学是历史学的基础学科，第三种观点则认为史料学不必成为独立的学科。而持上述观点的学者中，各自论述的视角又存在差异。

较早将史料学定位为历史学辅助学科的是王可风。他在"文革"前撰写的《史料学应成为一门科学》一文中，吸收苏联历史学家捷列普宁等人的观点，赞同史料学是历史学的辅助科目，但又认为，史料学不仅是历史学的辅助科目，同时"又是历史科学领域中一门独立的科学"。改革开放后，随着学术思想的转变，史料对于历史学的重要性重新得到历史学界的肯定，史料学与历史学的关系问题也成为学界讨论的热点。有学者认为，史料学对于详细地占有可靠的历史资料，起着不可缺少的作用。但是，掌握大量史料只是说明历史发展规律的前提条件，是达到历史研究目的的一个必要步骤。

①　张注洪：《中国近现代史史料学研究的回顾与展望》，《北京联合大学学报》（人文社会科学版）2003 年第 1 期。

②　李良玉：《史料学的内容与研究史料的方法》，《安徽大学学报》（哲学社会科学版）2001 年第 1 期。

③　冯尔康：《清史史料学》，沈阳出版社，2004，第 1、19—21 页。

马克思主义学者重视史料在历史研究中的作用，但是反对把历史学降低为史料学。所以，"史料学是历史科学的辅助科目，史料的搜集、考订、整理应从属于历史科学的基本任务"。① 荣孟源从历史学和史料学的不同分工和任务方面进一步加以说明，认为历史科学的任务是研究和介绍历史发展的规律，史料学的任务是搜集史料、研究史料和编辑史料，为历史科学服务，两者是不能分离的；但是"历史科学和史料学是两个不同的概念，担负着不同的任务，是不能混淆的。搜集、研究、编辑史料并不是史学"。他指出：在具体的工作中，"史料学有自己的任务，有自己的特点，和历史科学有所区别，可以成为独立的学科"，但史料学是辅助历史科学来搜集、研究、编辑史料，为历史科学服务，所以，史料学是历史科学的辅助科目。② 也有学者认为，史料学是研究搜集、鉴别、整理和利用史料的学问，属于历史研究法范畴，故是历史学的辅助学科，是史学基本训练的一种。③ 冯尔康研究了史料学与历史文献学、目录学、史源学的关系，认为史料学的研究范围应包含这些学科的内容，但其自身又有不同于这些学科的特点，"它以把握图书的基本情况为出发点，以阐明其史料价值和利用方法为任务和归宿，而古典文献学、目录学、史源学都没有史料批判的任务"。他还从史料学的功能上，进一步说明史料学与历史学的关系："史料学说明历史文献，以此为历史研究服务，它是历史学的一个辅助学科。历史科学要阐明人类历史的进程和发展规律，不用说这是史料学所不能完成的使命。所以史料学把它自身视作为历史学服务的学科，而不是历史学本体。"④

张宪文则认为，史料学是历史科学的一个基础学科，是历史学的一个重要组成部分，他从二者的不同任务方面做了进一步论述：历史科学是在占有丰富史料的基础上，运用科学的史学理论和方法，也包含其他学科的理论与方法，对史料进行解剖、分析、综合，得出科学的结论，以阐明历史的发展规律；而史料学的任务则不同，它是对史料进行搜集、整理、校勘和考订，它要考订史料的真伪，确定史料的年代、作者、版本和来源，去伪存真，辨明史料的价值，从而为历史研究提供丰富的、可信的、价值大的原始材料。

① 葛懋春：《论史论结合中的几个问题》，《文史哲》1982 年第 2 期。
② 荣孟源：《史料和历史科学》，人民出版社，1987，第 11—13 页。
③ 王桧林主编《中国现代史》，高等教育出版社，1988，第 1—2 页。
④ 冯尔康：《清史史料学》，第 22 页。

因此，"从这个意义上说，史料学是历史学的基础"。对于强调史料学是历史科学的"辅助科目"的观点，张宪文认为这显然对史料学的学术评价还不够充分。① 张注洪从史料学的学科内涵方面强调，不能把搜集、研究、编撰史料的具体成果作为史料学本身，史料学除研究具体史料的性质、特点、价值和利用外，还应有理论上的综合研究，包括征集史料、阐明史料源流、考证史料、评价史料、编纂史料、提供史料、利用史料等七个方面的理论和方法，并由此衍生了文献学、版本学、校勘学、考据学、辨伪学、辑佚学、史源学等研究史料的学科。因此史料学的任务除了具体的史料搜集、整理外，还应探讨搜集史料、分析史料、考证史料、评价史料、编撰史料、提供史料的理论、规律、方法和经验，故史料学有固定的研究对象、任务和方法，因此是一门独立的科学。②

有学者从史学研究的规律性方面，不赞同史料学可以建立独立的学科体系的观点。李良玉认为，首先，研究史料学的目的在于提高史学研究的水平，而研究人员的史料学水平恰恰融合于他的史学水平中，二者是统一的。其次，史料学的内容许多方面与历史学有同一性。不仅史料学与历史学有同一性，史料学与历史文献学在具体的操作层面上，如史料学对史料文本的考订，对史料的解读，对前人收集、整理史料的文字成就的重视，与历史文献学采用的实证、解释和整序的思想与方法，均可以互为借鉴。因此，"史料学与历史学的同一性，与历史文献学的相通性，证明了历史学的基本知识和方法无论在本学科的不同领域，还是相近学科相近领域，都有普遍的意义"。从上述原因出发，作者反对把学科细化，认为从把史料学的建设专门化、进行更为细致的学术训练这个意义上讲，可以把史料学作为历史学的一个领域，但不一定非要强调是一个专门的学科。③ 这一思路实际上又回到传统历史学与史料学鏊輵的状态。针对上述观点，有学者对历史研究和史料学中对于考订史料的任务进行了区分，认为"史料学的任务是从总体上确定

① 张宪文：《史料与史料学研究》，载乔万敏、俞祖华、李永璞主编《中国近现代史史料学国际学术讨论会论文集》，新华出版社，2005，第2页。
② 张注洪：《关于建立中国近现代史史料学科学体系问题》，《烟台师范学院学报》（哲学社会科学版）1988年第3期。
③ 李良玉：《史料学的内容与研究史料的方法》，《安徽大学学报》（哲学社会科学版）2001年第1期。

历史文献的可靠性，至于史书中每一个具体内容是否真实，那是历史研究过程中史学工作者考订的工作，不是史料学所能完成的。"具体来说，史料学是要弄清史料是在什么时候、由什么人编写的，材料依据是什么，同时从写作目的、态度等方面确定史料的可靠性。①

有的学者对史料学的定义及内涵持不同的观点，因此否定史料学可以成为单独的一门学科。乔治忠在分析史料学、历史文献学、史学史研究对象及内涵的基础上，认为"史料学"以"史料"为学，而史料的范围几乎无所不包，所谓中国历史的"史料学"，实际上是从研讨一定范围的历史问题的需要出发，汇总相关的、可能利用的各种资料，予以排列、介绍和分析，"其本质上体现的是对已知历史文献及历史遗存从利用角度的提取与组合"。史料学、历史文献学与史学史有各自的内涵与学术特色，在治史中，单一的"史料学"眼光会造成严重的学术偏差，文献史料的运用，要建立在历史文献学深入研究的基础之上。因此"所谓的'史料学'，不能自成一学，不可依赖"。此外，从学科知识的"组合序列"看，因为史料学是以史料利用的眼光组合已知的资料与知识，这些知识或来自历史文献学研究，或来自考古学、文物学等学科的研究，但它却不能将提供知识的学科包括进来，其知识的组合不成序列。历史文献学的宗旨与视角是要深入认识具体文献的形式、内容和性质，并且按不同类别或不同方法组织成知识序列，如目录学的序列、版本学的序列、辨伪学的序列等，这无疑是优于史料学的学科概念。②这事实上涉及史料与历史文献、史料学与历史文献学的界定问题。白寿彝认为，"历史文献指的是有重要历史意义的书面材料"，历史文献学应包含目录学、版本学、校勘学、辑佚学、辨伪学等学科。③ 而史料的含义较文献为广。目前学术界对于史料的界定一般均认为包含文字记载、实物、口碑、影像四种类型，故史料学应包含文献学。

不过，无论是认为史料学是历史学的辅助学科，还是强调史料学是历史学的基础学科，甚或不承认史料学可以自成一学，学界在以下两点上均较为一致：认为任何历史研究必须在占有大量的史料的基础上进行；史料学不等

---

① 冯尔康：《清史史料学》，第20页。
② 乔治忠：《对"史料学"、历史文献学与史学史关系的探析》，《学术研究》2009年第9期。
③ 白寿彝：《谈历史文献学——谈史学遗产答客问之二》，《史学史研究》1981年第2期。

于历史学，更不能代替历史学。

史料学的建设，首要是其科学的学科体系的建设。关于史料学的学科体系问题，虽然史料学界对该问题已经开始重视，但总的来看，真正进行深入研究的著述不多，仅在 20 世纪 80 年代末期发表了屈指可数的几篇论文，对一些概念性的内容进行了简单论述，尚未形成较为成熟系统的观点。之后进入沉寂期，整个 20 世纪 90 年代至今，鲜见有关于史料学学科体系的论著发表。

张宪文在《中国现代史史料学的任务体系和研究方法初探》一文中，认为体系必须能够反映出这一学科的本质，体现学科的指导思想、发展规律和内在各种因素的密切联系，构筑起严密的"理论网络"。而史料学的体系，绝不是呆板地堆砌一大批史料，或是简单地叙述史料、介绍史料，"必须把这些史料分类整理，构筑成一个严密的整体，同时体现出学科内部以及史料之间的相互联系和制约"。具体来说，就是既要完整地反映历史的基本史料，也要充分运用史料学的研究方法去考察史料、分析史料，史料学的体系必须将两者有机地结合起来。①

李永璞在《史料学体系问题之我见》中，提出了史料学体系应具体包含以下七个方面：史料学的概念，包括史料学的对象、地位、任务、定义；史料学的内容，包括阐述研究史料的一般原则和具体方法、评介古今中外史的具体史料；史料的分类；史料的搜集；史料的考证；史料的整理；史料工作者的素质。②

传统史料学尚未有古代、近代之分。史料学的分期概念，是随着新中国成立后中国近代史学科的发展，以及对中国近代史分期问题的讨论而出现的。1960 年，戴逸在中国人民大学开设"中国近代史料学"课程，陈恭禄在南京大学开设"中国近代史史料介绍"课程，介绍的史料范围均限定于1840 年至 1949 年这一时段。改革开放后，史料学的著作开始涉及"古代""近代""现代"之分。古代史料学在时段上基本无歧义，一般将 1840 年以前划为古代。如陈高华等在《中国古代史史料学》中将该书涉及的"古代"范围明确限定为"上起有文字史料的商代，下迄鸦片战争前的清代前期，

---

① 张宪文：《中国现代史史料学的任务体系和研究方法初探》，《烟台师范学院学报》（哲学社会科学版）1988 年第 3 期。

② 李永璞：《史料学体系问题之我见》，《烟台师范学院学报》（哲学社会科学版）1988 年第3 期。

即中国的奴隶社会和封建社会时期"。"近代""现代"史料学，大致有三种分期。一是以 1840—1949 为近代，如荣孟源的《史料和历史科学》、陈恭禄的《中国近代史资料概述》、张革非等的《中国近代史料学稿》、张注洪的《中国近现代史史料学述论》等。其中，张注洪将 1840—1919 年划分为近代，将 1919—1949 年划分为现代。二是以 1919—1949 年为现代，如张宪文的《中国现代史史料学》、何东的《中国现代史史料学》。三是将 1919 年至今划分为现代，如陈明显的《中国现代史料学概论》。以上划分，基本反映了学术界关于中国近代史分期问题讨论的各种观点。

五　史料分类问题

史料分类是史料学学科建设中的基础问题之一，但在相当长的一段时间内，除个别学者对史料分类的标准、分类的依据、各种分类法的优劣以及对历史研究的影响等进行过探讨外，多数史料学著作主要是从方便介绍史料的角度而对史料进行了简单的分类，忽略了对理论依据的探讨。进入 21 世纪后，随着出版的史料逐渐增多，分类问题已经引起一些学者的重视。有学者从历史研究的角度认为："恰当地给史料分类，是迅速、有效地搜集和利用史料的前提。因为史料的类型反映史料的分布规律，指示史料的搜寻线索。"[①] 更有学者从学科建设的角度认为："弄清楚史料分类的依据、各类史料的属性及其交叉性质，有利于建立科学的史料学体系，也有利于认识各种史料的意义价值及其在使用中应注意的问题，提高利用史料的科学性。"[②]

20 世纪 80 年代，荣孟源在《史料和历史科学》中，对史料的分类法进行了深入研究，在学界影响较大。作者在总结前人经验的基础上，提出了史料分类的四个方法，即分别按照史料形式、性质、版本、内容进行分类，而每一种类下又可分为若干细目。作者进一步指出，按照史料形式的特点分类，是史料学中传统的主要分类方法，也是最方便的分类方法。但每一种分类法都不是孤立的，而是经纬纵横交织在一起不可分割的，是相互联系、相互制约的。各种史料分类法都有其特点，分类法的重复交叉也是难免的。在

---

① 赵兴彬：《口碑史料厘定》，《史学史研究》2004 年第 2 期。
② 李良玉：《史料学片论》，《福建论坛》（文史哲版）2000 年第 5 期。

具体的史料工作中，应根据具体条件来具体分类。①

近年来一些学者针对史料的分类问题也提出了一些新的见解。李良玉提出了依据史料的社会属性进行分类的标准，即"根据史料的起源及其所反映的是何种社会力量从事的何种性质的社会活动，根据此种活动的社会功能及其对于史料价值的实际规定，来确定史料的分类"。根据史料的社会属性，他认为史料大致可以分为八种：文献，档案，报刊，回忆录，前人著述，声像资料，遗址、遗迹，器物。这八种史料有三个不同点，即史料的起源、属性、对历史的影响力均不同，而相互之间又互为交叉。② 可以看出，李良玉提出的分类法，在很大程度上仍然继承了中国传统的按照史料形式分类的方法。

张秋升从史料产生的主观性角度出发提出了"无意史料"与"有意史料"的概念，将史料作者的目的作为"鉴别史料可靠性的首要尺度"，并将史料分为"有意""无意"两类，认为"无意史料"与"有意史料"相对应，是人们无意间留存下来的。作者在文中回顾了人们对"有意""无意"史料的认识过程、"无意史料"在历史研究中的价值，进一步认为，"有意史料"和"无意史料"并不是截然对立的，而是涵容并存的，是相对的，因此，不能仅从史料形式上做简单判定。③

赵兴彬提出，以"信息载体质料的不同及其发展趋向作为分类标准"，并根据这一标准，把史料分为四大类，即文献、实物、口碑、声像。④ 这种分类方法，实际仍然是按照史料形式进行分类，其方法继承了梁启超的史料分类法，只是把口碑史料独立出来，又增加了新的史料形式即声像资料。

20 世纪 80 年代以来，受西方"新史学"的影响，传统史料观念发生了较大改变，史料范围及类别都有了拓展。徐善伟在《当代西方新史学与"史料之革命"——兼论中国新史学史料体系的重构》一文中，深入探讨了"新史学"对中国传统史料学在史料观、史料之类别等方面的冲击和影响。他提出，应重新界定史料之内涵与体系，将口述和田野调查资料、文学艺术资料、影像与媒体资料、"生成数据"资料（即"新史学"家依据计量方法

---

① 荣孟源：《史料和历史科学》，第 17—36 页。
② 李良玉：《史料学片论》，《福建论坛》（文史哲版）2000 年第 5 期。
③ 张秋升：《论无意史料与历史研究》，《四川师范大学学报》（社会科学版）2014 年第 5 期。
④ 赵兴彬：《口碑史料厘定》，《史学史研究》2004 年第 2 期。

对众多原始数据进行加工处理而生成的新数据）纳入史料体系之中，构建一种"理想的史料体系"。这个体系包括：一为书面史料，包括档案文献、"生成数据"资料、文学资料；二为实物（遗物、遗迹、遗址）与有形史料（图像、影像及传媒资料）；三为口述资料与田野调查资料。① 这同样是按照史料形式进行的归类。

综上所述，国内史料学研究经过70年的发展，取得了长足的进展，学科意识不断强化，在学科理论方面也展开了全面的探讨。但比之于新中国成立后历史学的发展水平，差距仍然较大，与史料的大规模整理出版相较，也不适应，不仅缺乏有深度的、系统性的理论著作，在诸多理论问题上也缺乏思想交锋，自说自话、缺乏共识。特别是对计算机及信息技术给传统史料学带来的挑战及发展机遇，鲜有学者进行分析和研究；对于目前史料整理、出版及数字化中出现的问题也较少有学者揭露，更缺乏如何将传统史料学与现代化技术相结合的探讨。总之，近代意义的史料学学科目前尚未真正建立起来，中国史料学的发展和推进，尚有待于学界开展更广泛、更多样的理论探讨和史料学实践。

〔作者单位：中国社会科学院近代史研究所〕

① 徐善伟：《当代西方新史学与"史料之革命"——兼论中国新史学史料体系的重构》，《史学理论研究》2010 年第 2 期。

戊戌变法史研究七十年（1949—2019）述评

马忠文

在中国近代史的叙述体系中，戊戌变法从时间上通常是指 1895 年春甲午战争结束、《马关条约》签订到 1898 年 9 月戊戌政变爆发为止，这三年多的历史。这个阶段的历史主题是变法维新，在一场政治改革兴起的同时，也伴随着一次规模空前的思想启蒙运动，并引起了剧烈的社会震荡。可以说，从洋务运动到辛亥革命期间，戊戌变法是一个重要的转折点。1949 年新中国成立以来，学界对戊戌变法史的研究可谓硕果累累。从 20 世纪 50 年代在唯物史观指导下的马克思主义史学研究，到 80 年代拨乱反正、恢复唯物史观科学研究方法，再到 90 年代后研究视角和史学方法的多元化，70 年来史学界对戊戌变法史的研究，从内容到形式都有明显变化，一定程度上呈现了当代史学发展衍化的基本脉络。

一　研究概况

（一）新中国成立至"文革"爆发时期（1949—1966）

1949 年中华人民共和国的成立是中国历史的重要分水岭，不仅在政治、经济上如此，学术、文化上也是如此。就史学研究来说，20 世纪上半叶，中国史学的主流是近代实证史学；下半叶的主流则是以唯物史观为指导的马克思主义史学。① 1949 年新中国成立后，唯物史观逐步为大多数学者所学习和接受，对戊戌变法史的研究基本上是在这个指导思想下展开的。在唯物史观指导下研究近代史，使学界拥有了共同的尺度和评判标准，有了一致的立场、观点和方法。

事实上，1947 年刊行的范文澜所著的《中国近代史》上册，作为第一部近代史领域的马克思主义通史著作，在学术界已经很有影响。它以中国人民的反帝反封建斗争为主要线索，给予戊戌变法以正面的评价。在唯物史观的指导下，学界对戊戌变法史的研究，开始超越单纯宫廷派系斗争的层面，将其置于整个近代中国社会发展的大背景下，作为一个重要环节来研究，开始探讨这些历史现象背后的经济因素，并用阶级斗争理论对戊戌变法史予以解释。新中国成立后的戊戌变法史研究正是承续了这些理论和观点。

1953 年，中国史学会主编的《中国近代史资料丛刊·戊戌变法》4 册由神州国光社出版，这是史学家翦伯赞与一批学养深厚的专家从大量公私藏家所集有关戊戌变法的中外历史资料中精选而成的，包含 173 种文献。这套资料是迄今为止最为详备的有关戊戌变法的基本史料。内容包括少量官方档案史料、外国传教士回忆录及外国政府外交文件，以及康有为、梁启超等当事人的政论、奏议、回忆录等（不过，对于康有为在戊戌年的变法奏议，这次编辑直接采信康有为及其门人在日本编辑的《戊戌奏稿》）。1958 年，中华书局又出版了由国家档案局明清档案馆选编的《戊戌变法档案史料》，按照举荐新政人才、添裁机构与官制改革、文武科举改制、办学堂、编练新军、开矿筑路、设报馆等类别，选录了戊戌变法期间京内外各级官员及举贡生监等所上的折件、条陈，以及清廷对各项改革建议的讨论、辩驳情况，内容远远超过《中国近代史资料丛刊·戊戌变法》选录官方档案的数量，弥补了过去以当事人的追忆和私家著述为主进行研究的缺憾，为研究者提供了可靠的第一手资料。

研究工作也在推进。1958 年 9 月，科学出版社出版了侯外庐主编的《戊戌变法六十周年纪念集》，收录张岂之、李学勤、杨超等学者撰写的《康有为的变法思想》《论谭嗣同》《关于康有为"大同书"思想实质的商榷》等文章。该书对与戊戌变法相关的思想和人物做了比较具体的探讨，

---

① 林甘泉：《二十世纪的中国历史学》，《历史研究》1996 年第 2 期。

肯定"戊戌维新变法运动是中国近代革命史的一页里程碑。百日维新的领导人物——康有为、梁启超、谭嗣同等是近代中国人民向西方寻求'真理'以谋维新中国的先进者。他们代表了中国自由派资产阶级的利益，从历史的、社会的、政治的以及哲学的各个角度，表白了这个阶级的态度、理想、观点。他们的爱国主义思想曾经起过觉醒人民的作用，他们是十九世纪末叶中国杰出的思想家、政治家"。[①] 这个结论大体反映了当时学界对戊戌变法史研究的基本看法。同时，北京学界举行学术讨论会，纪念戊戌变法60周年。吴玉章、范文澜、刘大年、戴逸、邵循正等学者撰写的论文，分别发表在《人民日报》、《光明日报》和《历史研究》等重要报刊上，后汇编为《戊戌变法六十周年纪念论文集》出版（中华书局1958年版）。这次讨论会，再次肯定了戊戌变法是旧民主主义革命时期中国资产阶级在政治上所做的第一件大事，虽然是属于改良主义范畴，但在当时的历史条件下，仍然代表了社会发展的趋势，具有进步性质。

戊戌变法60周年前后的资料编纂和学术讨论对戊戌变法史研究起了巨大的促进作用。从20世纪50年代到1966年"文革"爆发为止，先后出版的有关戊戌变法史研究的著作有汤志钧《戊戌变法史论》（群联出版社1955年版）、《戊戌变法史论丛》（湖北人民出版社1957年版）、《戊戌变法简史》（中华书局1960年版）、《戊戌变法人物传稿》（中华书局1961年版），胡滨《戊戌变法》（新知识出版社1956年版）、《中国近代改良主义思想》（中华书局1964年版），王栻《严复传》（上海人民出版社1957年版），李泽厚《康有为谭嗣同思想研究》（上海人民出版社1958年版）等，这些著述代表了新中国成立后戊戌变法史研究的最新学术成果。

（二）戊戌变法史研究的停顿时期（1966—1979）

众所周知，"文革"十年，由于极左路线的干扰，整个学术思想界万马齐喑，处于病态的沉寂之中。极左理论禁锢了学术自由，戊戌变法史研究也处于停滞状态。不仅如此，既有的研究也遭到了粗暴的否定。1967年4月1日，戚本禹在《人民日报》上发表《爱国主义还是卖国主义？——评反动影片〈清宫秘史〉》，称"《清宫秘史》是一部所谓历史题材的影

---

① 侯外庐主编《戊戌变法六十周年纪念集》，科学出版社，1958，序言。

片，写的是清代末年戊戌变法运动和义和团斗争。它公开站在帝国主义、封建主义和反动资产阶级的立场上，任意歪曲历史事实，美化帝国主义、病态化封建主义和资产阶级改良主义，歌颂保皇党，污蔑革命的群众运动和人民反帝、反封建的英勇斗争，宣扬民族投降主义和阶级投降主义"。文章以批判影片《清宫秘史》为手段，以达到实现政治阴谋的目的，这是当时的特定环境所决定的。文章称戊戌变法的代表人物"本身就是剥削压迫劳动人民的统治者"，支持变法的光绪皇帝"崇帝、亲帝、恐帝"，而实行变法的目的是"阻挡人民革命运动，把革命消灭于无形之中"。这些披着学术外衣的论断是片面的，历史学的正常研究状态就此中断，学者们的科研活动也无法进行，历史研究被"儒法斗争"等影射史学所取代，戊戌变法史研究自然也跌入了低谷。

（三）戊戌变法史研究的繁荣时期（1979—2000）

"文革"时期的历史研究是非颠倒、黑白不分，影射史学大肆流行，严重影响了历史学的科学性和声誉。中共十一届三中全会的召开，给学术领域也带来了勃勃生机。学界也开始拨乱反正，批判极左思潮，倡导"解放思想，实事求是"，贯彻"百花齐放，百家争鸣"的学术方针，史学研究出现了空前的繁荣景象。20世纪80年代戊戌变法史研究成果丰硕，专家辈出，研究达到了前所未有的高峰阶段。

随着改革开放的深入和推进，社会现实对学者们转换视角，更新观念，从不同层面、不同主题切入，重新认识戊戌维新的历史价值和现实意义，也起了至关重要的启发作用。受其影响，戊戌变法史研究的对象、领域也随之发生了变化，学者们开始从近代民族觉醒、民族国家与近代化、思想启蒙、近代文化转型等不同角度，对戊戌变法进行多层次的研究；同样，对康有为经学、儒教、孔教思想的研究也都跨越了康氏变法活动理论基础的界限，进入了一个更深厚的学术史研究领域。因而，20世纪90年代的研究状况已有所起伏，特点也有所变化。

首先，学术组织活动有力促进了戊戌变法史研究的开展和深入。广东省是戊戌变法领袖康有为、梁启超的家乡，也是改革开放的前沿地区。1983年，为纪念戊戌变法85周年，广州举行了"纪念戊戌维新运动85周年和康、梁思想研究学术讨论会"；1988年戊戌变法90周年之际，在南海、新会举行了第二次"戊戌变法研究国际学术讨论会"，会议主题是"戊戌维新与中国近代化"；1993 年 11 月在广州举行"戊戌后康有为梁启超与维新派国际学术研讨会"，研讨戊戌变法失败后康梁和维新派的政治活动和思想发展；1998 年又举办了"康有为与戊戌变法"学术研讨会。连续几次大型学术会议后都有文集出版。① 特别是 1998 年纪念戊戌变法 100 周年之际，各地学界有不少学术活动，前身为京师大学堂的北京大学联合中国史学会举办了纪念戊戌变法 100 周年的大型国际学术研讨会，使得学界对戊戌变法的会议研讨达到了顶峰。会后出版了王晓秋主编的《戊戌维新与近代中国的改革——戊戌维新一百周年国际学术讨论会论文集》。② 纪念性质的学术会议连续举行，为学界建立了可以就共同话题展开讨论的平台，同时扩大了戊戌变法史研究的学术影响力。

其次，资料文献的整理出版成绩斐然。从 1979 年到 2000 年，一些历史人物的函电、书牍、笔记、日记、年谱、回忆录得到整理梓行，为戊戌变法史的研究提供了丰富的文献支持。史料是史学研究的基础保障，新材料的发现和出版是研究深入的重要动因之一。

1981 年，中华书局出版了汤志钧编的《康有为政论集》上下册，选收反映康有为政治、学术思想的重要论文、信函、序跋、诗歌等，约 86 万字。上海市文物保管委员会从康有为后人捐赠的遗稿中选出部分未刊手稿和抄件，编辑出版了"康有为遗稿"系列之《康有为与保皇会》、《戊戌变法前后》、《列国游记》及《万木草堂诗集》（上海人民出版社 1982—1996 年版），还影印了《康有为〈大同书〉手稿》（江苏古籍出版社 1985 年版），为研究康有为生平及其政治活动与思想提供了更完善的资料。1984 年至 1992 年，中华书局陆续推出由楼宇烈整理的"康有为学术著作选" 10 种，包括《论语注》《孟子注》《礼运·中庸注》《长兴学记·桂学答问·万木草堂口说》《诸天讲》《康子内外篇·实理公法全

---

① 这 4 册文集是：广东康梁研究会编《论戊戌维新运动及康有为、梁启超》，广东人民出版社，1985；李时岳、方志钦主编《戊戌维新运动研究论文集》，广东康梁研究会，1988；广东康梁研究会编《戊戌后康梁维新派研究论集》，广东人民出版社，1994；方志钦、赵立人、林有能主编《康有为与戊戌变法学术研讨会论文集》，学术研究杂志社，1999。

② 王晓秋主编《戊戌维新与近代中国的改革——戊戌维新一百周年国际学术讨论会论文集》，社会科学文献出版社，2000。

书·民功篇》《春秋董氏学》《康南海自编年谱（外二种）》等，这套丛书编选精审，翔实可信，有很高的史料价值。中山大学出版社出版了《康有为早期遗稿述评》（1988 年版），第一次将《杰士上书汇录》以及《日本变政考》序跋、按语等整理刊布，使广大研究者看到了这些第一手资料。由姜义华、吴根樑编校的《康有为全集》也出版了前 3 卷（上海古籍出版社 1987—1992 年版）。成书于 20 世纪 30 年代的梁启超《饮冰室合集》在 1987 年再次由中华书局重印，为研究者提供了便利条件。20 世纪 30 年代丁文江所编《梁任公先生年谱长编初稿》（未刊油印本），经赵丰田补充后，也于 1983 年由上海人民出版社印行。此外，还有李国俊《梁启超著述系年》（复旦大学出版社 1986 年版）、王栻主编《严复集》（中华书局 1986 年版）等。

　　1991 年，中华书局陆续影印出版了戊戌变法时期的一些著名的报刊——《强学报》《时务报》《昌言报》《集成报》《实学报》《清议报》；《知新报》则由上海社会科学院出版社于 1996 年影印出版。这些报刊的集中出版对于研究戊戌变法启蒙思想和近代社会史、新闻史都有极大的促进作用。1995 年，中华书局出版了《光绪朝朱批奏折》120 册，1998 年，广西师范大学出版社出版了《光绪宣统两朝上谕档》，连同 20 世纪 50 年代出版的《戊戌变法档案史料》，有关戊戌变法的上谕、奏折等官方文献基本上搜罗殆尽。1998 年，朱育和、蔡乐苏、王宪明主编的《戊戌变法文献资料系年》也由上海书店出版社出版，该书逐日排比史事，裁剪精当，通过史料系年的方式揭示了涵盖广泛的戊戌变法的背景。

　　此外，夏晓虹编的《追忆康有为》《追忆梁启超》对康梁传记文献做了考辨和选择；[①] 陈义杰整理的《翁同龢日记》第 5 册、第 6 册，也在戊戌变法 100 周年之前出版；[②] 同年，由翁同龢后裔、旅美学者翁万戈辑录的翁同龢文献第 1 编《翁氏家藏文献·新政变法》也由台北艺文印书馆出版，该书集中收录与戊戌维新关系密切的一些未刊文献，诸如翁同龢所录康有为《第一书》之原件，引起学者的关注。此外，戊戌变法中的重要人物张荫桓

---

① 夏晓虹编《追忆康有为》《追忆梁启超》，中国广播电视出版社，1997。
② 陈义杰整理《翁同龢日记》第 5、6 册，中华书局，1997、1998。

的《戊戌日记》，经收藏者王贵忱注释整理，在澳门出版。①

最后，研究著作和人物传记大量出版。王栻的《维新运动》（上海人民出版社 1986 年版）是中国最早的一部全面论述戊戌维新的论著，肯定了戊戌维新是在帝国主义掀起瓜分中国狂潮的背景下发生的一场爱国救亡运动。汤志钧的《戊戌变法史》（人民出版社 1984 年版）是作者多年研究成果的集中体现，比较全面地展示了作者的主要学术观点。吴廷嘉的《戊戌思潮纵横论》（中国人民大学出版社 1988 年版）着重以维新救亡向西方寻求真理为标志的社会思潮为研究对象，并把它概括为"戊戌思潮"，同西方启蒙思潮以及日本明治维新进行比较，提出了一些与传统看法不同的观点，是戊戌维新研究的新收获。郑海麟的《黄遵宪与近代中国》（生活·读书·新知三联书店 1988 年版）把黄遵宪的思想和活动置于近代中国剧烈变动的大背景下，对其早年的外交经历、变法活动、著书立说以及在近代诗歌革命中的突出作用，都进行了扎实缜密的论述。1994 年，费正清、刘广京编的《剑桥中国晚清史》中译本出版，介绍了海外学界研究晚清政治史（包括戊戌变法）的基本看法。② 1998 年，蔡乐苏、张勇、王宪明所著的《戊戌变法史述论稿》③，关注到维新变法方案的多样性以及百日维新时期中央高层、地方士绅与维新志士三者之间的分化、结合、排斥的复杂关系。王晓秋、尚小明主编的《戊戌维新与清末新政——晚清改革史研究》（北京大学出版社 1998 年版）将戊戌维新放在晚清三次改革高潮中进行考察，同时把戊戌维新放在中西改革的多角度比较中进行定位，无疑为戊戌变法史研究提供了新的视野。

20 世纪 90 年代后，一些前辈学者也相继推出了自己的新作和旧作修订本。汤志钧出版了文集《乘桴新获——从戊戌到辛亥》及《维新·保皇·知新报》，前者收入了作者根据在日本、新加坡等地新发现的资料所做的最新研究成果。④ 1997 年，石泉的《甲午战争前后之晚清政局》出版，这本

---

① 王贵忱注释《张荫桓戊戌日记手稿》，尚志书社，1999。
② 费正清主编《剑桥中国晚清史》，中国社会科学院历史研究所编译室译，中国社会科学出版社，1994。
③ 蔡乐苏、张勇、王宪明：《戊戌变法史述论稿》，清华大学出版社，2001。
④ 汤志钧：《乘桴新获——从戊戌到辛亥》，江苏古籍出版社，1990；汤志钧、汤仁泽：《维新·保皇·知新报》，上海社会科学院出版社，2000。

完成于 1948 年的研究生论文，当年系由著名史学家陈寅恪指导，历经沧桑，得以重新发现并出版。① 该书将戊戌变法放在晚清政局变迁的历史进程中予以研究，虽史料条件与认识水平都不免有时代的局限，但其治史传统和优良学风对学界的启迪尤不可小视。此外，台湾前辈学者王树槐、黄彰健等人研究戊戌变法的力作《外人与戊戌变法》与《戊戌变法史研究》也在大陆先后出版，② 这无疑对戊戌变法史研究大有助益。

这一阶段研究的特点是人物传记出版多。仅康有为的传记就有林克光的《革新派巨人康有为》（中国人民大学出版社 1990 年版）；萧公权著、汪荣祖译的《近代中国与新世界：康有为变法与大同思想研究》（江苏人民出版社 1997 年版）；董士伟的《康有为评传》（百花洲文艺出版社 1994 年版）；何一民的《维新之梦——康有为传》（四川人民出版社 1995 年版）。新的传记很大程度上采用了新资料，吸收了最新的研究成果。有关梁启超的传记，主要有孟祥才的《梁启超传》（北京出版社 1980 年版）；李喜所、元青的《梁启超传》（人民出版社 1994 年版）；耿云志、崔志海的《梁启超》（广东人民出版社 1994 年版）；杨天宏的《新民之梦——梁启超传》（四川人民出版社 1995 年版）；勒文森的《梁启超与中国近代思想》（刘伟等译，四川人民出版社 1986 年版）；张灏的《梁启超与中国思想的过渡（1890—1907）》（崔志海、葛夫平译，江苏人民出版社 1993 年版）等。这些人物传记同样是了解和研究戊戌变法史的重要组成部分。

（四）21 世纪的戊戌变法史研究（2000—2019）

进入 21 世纪后，戊戌变法史研究仍然呈现繁荣的景象。2003 年，汤志钧的《戊戌变法史》修订本出版，③ 作者吸收了在海外访察获得的新材料，重申了自己在某些问题上的见解，是对 50 年戊戌变法史研究的一次总结。2007 年，张海鹏主编的《中国近代通史》出版，其中马勇所著第 8 卷《从戊戌变法到义和团运动》吸收了近年的新成果，为近年研究戊戌变法的一部力著。郑大华等主编的《戊戌变法与晚清思想文化转型》（社会科学文献

---

① 石泉：《甲午战争前后之晚清政局》，生活·读书·新知三联书店，1997。
② 参见王树槐《外人与戊戌变法》，上海书店出版社，1998；黄彰健《戊戌变法史研究》，上海书店出版社，2007。
③ 汤志钧：《戊戌变法史》，上海社会科学院出版社，2003。

出版社 2010 年版）则汇集了从思想史和文化史视角研究戊戌变法的最新成果。人物研究与传记的新成果包括：廖梅的《汪康年：从民权论到文化保守主义》（上海古籍出版社 2001 年版）；钟家鼎的《李端棻评传》（海南出版社 2004 年版）；贾维的《谭嗣同与晚清士人交往研究》（湖南大学出版社 2004 年版）；郑海麟的《黄遵宪传》（中华书局 2006 版）；左鹏军的《黄遵宪与岭南近代文学论丛》（中山大学出版社 2007 年版）；赵立人的《康有为》（广东人民出版社 2012 年版）；王莲英的《张荫桓与晚清外交》（光明日报出版社 2011 年版）；王夏刚的《戊戌军机四章京合谱》（中国社会科学出版社 2009 年版）；李提摩太的《亲历晚清四十五年——李提摩太在华回忆录》（李宪堂、侯林莉译，天津人民出版社 2005 年版）；李春馥的《戊戌时期康有为议会思想研究》（人民出版社 2010 年版）等。同时，随着国家清史工程的启动，汪叔子、张求会编《陈宝箴集》（全 3 册，中华书局 2004—2005 年版）；谢俊美编《翁同龢集》（上下册，中华书局 2005 年版）；陈铮编《黄遵宪全集》（上下册，中华书局 2005 年版）；姜义华、张荣华编校《康有为全集》（全 12 册，中国人民大学出版社 2007 年版）；赵德馨主编《张之洞全集》（全 12 册，武汉出版社 2008 年版）；顾廷龙、戴逸主编《李鸿章全集》（全 39 卷，安徽教育出版社 2007 年版）；杨琥编《夏曾佑集》（上下册，上海古籍出版社 2011 年版）相继出版。此外尚有任青和笔者整理的《张荫桓日记》（上海书店出版社 2004 年版）；汪林茂编校的《汪康年文集》（浙江古籍出版社 2011 年版）；《清代维新变法档案——〈校邠庐抗议〉百官签注》（全 30 册，线装书局 2011 年版）。这些文献的整理出版，为推动戊戌变法史研究的深入提供了坚实的基础。

纵观 20 世纪 90 年代以来的戊戌变法史研究，学者的兴趣差异越来越大，或从政治史角度入手，或从思想史研究的层面出发，不仅视角各异，方法也有别。因此，反映在研究的新进展方面很不平衡，而且显得零散。但是，在戊戌变法史研究中，原始材料的发掘和利用、史实的辨析、文献形成的历史都成为研究的热点，相反，一些理论性较强的话题渐渐冷却下来。这些特点在最近 10 多年更是明显，比较引人瞩目的是茅海建近年的相关研究，以及他与孔祥吉、房德邻等学者的多次学术商榷。他们的研究和争鸣，也在很大程度上拓宽了人们的视野，更加凸显了实证方法在戊戌变法史研究中的地位。

二　维新派与维新运动研究

（一）康有为的评价问题

康有为是维新派的领袖。康有为历史评价问题自 20 世纪 50 年代起，学界就有争论。但通常是将其早年的维新活动与民国初年的复辟活动关联起来说的，评价颇为复杂；而且康梁在革命成为时代主题后，其落后性不言而喻。也有论者主张分阶段评价康有为。[①] 不过，20 世纪 90 年代的研究已经大大推进了一步，用更加实证的方法对这个问题展开了新的讨论，在当时颇具影响。

一般论者认为康在戊戌新政中有举足轻重的地位：康的奏议成为变法上谕的张本，康本人更是左右朝政达百日之久。康氏门生徐勤更是将康比拟成王安石，将光绪帝比拟为宋神宗，将戊戌变法比拟为熙宁变法。邝兆江对这种戊戌变法史研究中流行的以康有为为中心的解析提出了质疑。他认为，康氏在戊戌年只是六品主事，在朝的地位根本不能与入朝拜相的王安石比；康有为奏议与变法上谕的关系，也不能仅从内容的相似性去分析，还应注意到清廷处理公文和制定决策的程序，康的建议经过军机处和总署大臣的复议，是否还能完全视为康的主张，何况，有些主张早已是戊戌时期具有革新思想的人士的共识，未见得出现在康的条陈中，就是康氏的创始建议；而康有为替杨深秀、宋伯鲁、徐致靖等人代拟奏折的做法，也增加了问题的复杂性。此外，光绪帝对康有为是否已经到了言听计从的地步，也是可以再讨论的；历来认定光绪帝与康有为紧密合作的看法，其实包含不少推想、假设的成分。当然，上述意见并不是否定康对戊戌变法的贡献。在甲午战争后掀起的变法活动中，康有为代表了一股来自既有权力构架外缘的动力，他们试图开辟途径，直达当政的光绪皇帝，以实现自己的政治理想，为此，康党甚至采取了操纵言官等超越常规的举措，并导致敌对势力的反扑，后来文悌、许应骙参劾康有为、杨崇伊，吁请慈禧重行训政正是沿着这条线索发展而来的。因此，邝兆江认为，康有为与百日维新不可分割的关系，不表现于他身膺高位、统筹变法，也没有确凿的证据说明光绪帝要大用他。但康氏的言论和活

---

① 汤志钧：《论康有为和保皇会》，《近代史研究》1981 年第 3 期。

动与戊戌新政的进程及政变的发生确实都有直接关系。康有为在政变后逃往香港，得到了英国人的营救，实由当时的环境促成，与康氏在百日维新期间的活动无关，更非出于对康的偏袒或好感。外国人对康的态度都基于一个假定，即康在新政期间曾是皇帝的亲信谋臣，终因位高势危，遭到顽固派、亲俄派的倾轧。遭到通缉的康有为正是利用外国人对中国内情的不甚了解，极力树立自己皇帝近臣、流亡政要的形象。康有为从吴淞口被英人营救的一刻开始，便急于整理出一套有关中国政情的解释，用以说服英人以换取他们的信任和继续庇护，从奉诏求救的说辞到保皇宗旨的确立，康有为找到了他日后政治活动的基本方向，这也是他得到华侨捐款并游历列国、周旋于国家元首及政要中间的原因。① 邝兆江还以康有为《请开制度局折》的议复过程为例，说明康氏只是在外围利用上书、人事关系等途径，试图影响清廷的最高决策，然而成功与否，却不是他能够预知和掌握控制的。百日维新一定程度上可以说是康派与清廷的行政及权力结构接触、相互作用的结果。康的积极活动不应是戊戌维新唯一重要的线索。②

　　汪荣祖批评邝兆江受到黄彰健的影响而对戊戌变法所做的翻案的观点。对邝氏观点逐一予以反驳。首先，他认为戊戌年的康有为官职虽小，并不妨害其开风气之先，成为戊戌变法的精神领袖，仅此即可与熙宁变法中的王安石相比拟；康氏未居高位，除了体制约束、保守派的阻力，以及光绪权力不足外，还因康在新政前已是极具争议的人物，涉及非圣（反孔）与以夷变夏等文化层面的纷争。其次，再次强调《戊戌奏稿》不能视为伪作，从康氏思想的整体性和一贯性看，即使是戊戌年的奏折原件也不能完全反映康的变法思想。一贯主张民权的康氏，在戊戌年为了推行变法，不得不强调君权，暂时不谈议院，这是一种务实的策论运用，到辛亥年编辑《戊戌奏稿》时回到民权主张，也是顺理成章之事。奏稿对于康氏变法思想研究之价值并未"锐减"。作者又批评"光绪对康的态度还嫌暧昧不清"的说法，认为光绪派康办《时务报》是为了政局紧张的情况下令其脱离险境，是出于保护康氏的考虑。基本而言，作者仍维护传统的看法，认为戊戌政变后康成为第

---

① 邝兆江：《戊戌政变前后的康有为》，《历史研究》1996 年第 5 期。

② 邝兆江：《〈上谕档〉戊戌史料举隅》，载中国第一历史档案馆编《明清档案与历史研究》下册，中华书局，1988，第 1118—1122 页。

一号政治流亡分子与其政变前官位的高低、身份的尊鄙毫不相干，而与其对戊戌变法及政变的重要性相应。①

　　房德邻也对邝兆江"重新评估康作为戊戌变法核心人物的历史形象"的观点提出异议。坚持康氏是戊戌变法的核心人物，认为虽然新政来自多源，"绝非康有为一派所能垄断"，但强调那些不出洋务范畴的新政诏令是否出于康氏没有什么特别新鲜之处，而康有为提出的先开制度局以变法律这种政治层面进行的变革才是贯穿变法始终的一条主线。无论建议开设制度局，还是议政处、议政院、立法院，或懋勤殿，虽名目不同，实质则一，都是从权力分立角度设计的议政机构；而光绪皇帝对这种可以引用信任、摆脱慈禧"懿旨"和守旧大臣"议复"束缚的机构，表现出异乎寻常的热情。自康有为提出开制度局的建议后，新旧斗争的焦点就集中在他身上，他也就成为戊戌变法的核心人物之一。而康通过上章奏和进呈所著书籍，为皇帝统筹变法大局，影响了变法的步骤和进程，甚至影响了皇帝的思想和性格。虽然不能说光绪皇帝的变法思想都来自康的影响，也不能说他对康言听计从、全无分歧，但比较而言，他受康有为的影响最大、最深，对康的意见最为重视。光绪帝是变法的主持者，康则是他的主要顾问。房德邻认为，康氏维新派领袖的地位及其影响在变法时期已经形成，并获得社会的承认，即使政变发生时也将康作为"结党营私、莠言乱政"的祸首，可见政变后康在海外活动时产生的"流亡政要"的影响并非偶然，康的作用和地位是历史形成的，不能全数归结于康利用（改窜、假造的）密诏在海外宣传的结果。②

　　近年来，贾小叶从"康党"这个群体及概念指涉的变化出发，研究了以往人们视为维新派的这个复杂群体。作者认为，"康党"指认对象与判分标准在戊戌政变前后都经历了复杂的流变。"康党"最初是指康门师徒，时人判分"康党"的标准主要是康门师徒由"公羊"学而来的变法理论（时人称之为"康学"或"康教"）及其结党做派；随着康门师徒影响力的扩大，"康党"的指认对象逐渐向康门师徒的支持者扩张。戊戌政变后，"康党"的判分标准与指认对象再度发生变化，政变初政治上的"谋逆"与否，成为清廷判定是否为"康党"的主要依据。并出现"康党"与"新党"混

---

① 汪荣祖：《也论戊戌政变前后的康有为》，《历史研究》1999 年第 2 期。
② 房德邻：《论维新运动领袖康有为》，《清史研究》2002 年第 1 期。

同的现象。① 作者认为戊戌时期引起新派内部学术纷争的核心人物是康门师徒，即时人所谓的"康党"，主线则可用"康学""康教"及其党人做派来概括。② 这个研究视角较之维新派的概念更多反映了历史复杂性的一面。

张海荣则关注到政变后逃离京城、长期隐姓埋名的"康党"成员宋伯鲁在庚子事变后被捕的情况。庚子事变后，重返故里的宋伯鲁受到政治清算，陕西按察使樊增祥矫诏捕宋，设计陷害，最终怂恿陕西巡抚升允密奏，推动清廷重翻旧案，判宋"永远监禁"。此事反映了清末新政初期乍暖还寒的政治氛围，以及受党禁影响，政治投机恣意蔓延的官场风气。中外各界对宋的普遍同情和广泛声援则表明了舆情的正义力量，迫使清政府不得不对戊戌党禁做重新考量。③

（二）关于"公车上书"的争论

发生于光绪二十一年的"公车上书"，一直被认为是戊戌变法史上的重大事件。自 1998 年以来，围绕"公车上书"的真伪等问题，学界屡有争论。1999 年 7 月，《光明日报》发表了姜鸣的《真有一次"公车上书"吗》一文，该文根据黄彰健、孔祥吉、汪叔子、王凡等质疑康有为发动"公车上书"问题的研究成果，指出当时举人上书也未受到阻碍，康有为所说都察院拒收其万言书不实，康有为根本没有去递上，而且当时反对《马关条约》的官员才是反对马关议和有影响力的主体。因而作为历史事件的"公车上书"并不存在。④ 同年 12 月，汤志钧针对姜鸣的观点，引用《汪康年师友书札》、天津《直报》等材料，指出当时确有康有为领导举人进行"公车上书"一事。⑤ 2003 年，汤志钧出版《戊戌变法史》（修订本），对于"公车上书"，坚持自己在初版本中的观点，认为都察院以清政府已在《马关条约》上签字、无法挽回为由，拒绝接受康有为的上书。2006 年，姜鸣

① 贾小叶：《"新党"抑或"逆党"——论戊戌时期"康党"指涉的流变》，《近代史研究》2015 年第 3 期。
② 贾小叶：《戊戌时期学术政治纷争研究——以"康党"为视角》，《近代史研究》2017 年第 5 期。
③ 张海荣：《"宋案"重翻：戊戌党祸之余波》，《安徽史学》2018 年第 6 期。
④ 姜鸣：《真有一次"公车上书"吗》，《光明日报》1999 年 7 月 24 日。
⑤ 汤志钧：《公车上书答客问》，《光明日报》1999 年 12 月 14 日。

的《天公不语对枯棋》出版，① 仍然不同意汤志钧的观点，坚持认为康有为发动"公车上书"是一场大骗局的观点。

2005 年，茅海建在分析黄彰健、孔祥吉、汪叔子、王凡、姜鸣、欧阳跃峰等研究的基础上，发表了《"公车上书"考证补》，利用中国第一历史档案馆所藏的档案文献，从政治决策的角度，对"公车上书"的背景、运作过程及其影响重新进行了考察，认为当时的"公车上书"可以有两种理解。一种是由政治高层发动的、文廷式等京官组织的上书，上呈的折件达31 件，签名的举人有 1555 人次，且上书已达御前，对政治决策有所作用；另一个是由康有为组织的 18 行省举人的联名上书，那是一次半途而废的上书活动，对当时的政治并未产生实际的影响。只是后来康有为混淆视听，将后一种意义上的"公车上书"夸大，将自己描述成上书活动的领袖，才造成了不少误解。② 2007 年，房德邻撰文对此做出有针对性的辩驳，认为茅文所说的翁同龢、李鸿藻等高层人物通过向外泄露消息鼓动京官和举人上书反对议和、利用舆论逼迫皇帝拒和再战的观点，并没有直接的史料支撑；"公车上书"也非京官策动和组织的，第一批举人上书系由康有为鼓动而起，时间比其他京官大规模上书略早，后康又联络 18 省举人上书，故康是"公车上书"当之无愧的领袖；康氏到都察院上书被拒是有可能的，都察院曾有拒收上书的记录，而拒绝康氏的理由可能是万言书言辞过激。③ 贾小叶也根据刘坤一、王文韶的电奏提出了与茅文不同的见解。④ 对此，茅海建又撰文回应，从史料的主观解读与史家的价值判断的角度，引用《退想斋日记》《康有为自写年谱手稿》等材料再次申说，坚持自己的观点。⑤

（三）关于强学会、强学书局与京师大学堂的关系

强学会、强学书局、京师大学堂与北京大学有着直接的渊源关系。在1998 年北大校庆 100 周年之际，学者们对这个问题的探讨又深入了一层。

---

① 姜鸣：《天公不语对枯棋》，生活·读书·新知三联书店，2006。
② 茅海建：《"公车上书"考证补》，《近代史研究》2005 年第 3、4 期。
③ 房德邻：《康有为与公车上书——读〈"公车上书"考证补〉献疑》，《近代史研究》2007 年第 1、2 期。
④ 贾小叶：《也谈刘坤一、王文韶的两件电奏》，《近代史研究》2007 年第 3 期。
⑤ 茅海建：《史料的主观解读与史家的价值判断——复房德邻先生兼答贾小叶先生》，《近代史研究》2007 年第 5 期。

间小波从各类文献的异同出发，梳理了强学会成立前后名称的变化及原因。在光绪二十一年七八月间康有为倡议设立强学会时，拟议中称为"会"，但是其他京官唯恐有干禁令，极力避免称"会"，待康有为出京南下，十月正式成立时称强学书局，以译书、办报为主。但康梁后来的文字中仍称强学会，而不提"局"，故"会"的影响更为广泛。康有为受张之洞支持在上海设立变法组织，直接称上海强学会，正反映了康的本来意图。后来强学书局被查封，官书局正是接续强学书局而恢复的机构。因此，从官书局和戊戌年梁启超奉旨办理的译书局并入京师大学堂的事实，可以看出北京大学的源头所在。① 汪叔子研究了文廷式与京师强学书局成立的关系，指出文氏虽居副董之位，实为强学书局的实际领袖。书局仿照近代股份制公司制度，又采取西方议院"公举""公议""择众而从"的原则，以政治维新为宗旨，拟建立集博物院、图书馆、译著局、学校、报馆于一体的文化企业，招集股友，以京官为主，同时不拘官生，股友除了通信议事外，可以到局看书、观器，参加会课、讲求学问，书局已经具备了政治社团的意义。② 王晓秋分析了甲午战败后维新派呼吁变法、兴学校、育人才的社会思潮及其影响，对京师大学堂从酝酿倡议到创办的历史过程进行了梳理，强调了康有为、梁启超等维新志士对创办京师大学堂的重要作用。③ 巴斯蒂通过对创办大学堂的奏折、大学堂章程中给予科学的地位，以及大学堂实际的科学教学活动的考察，指出京师大学堂的科学教育中，科学并不与西学相等同；科学被当作同属中学和西学、本身不能分割的一门学问；而且教学实行专业分科，每科内部又实行基础知识与应用技术的结合。这些反映了近代中国人求知目的与知识标准的一次彻底变革。④ 此外也有学者对孙家鼐、李盛铎与京师大学堂的关系进行了专门考察。⑤

（四）有关保皇会的研究

对康梁在戊戌政变后的政治活动尤其是保皇会研究的深入是 20 世纪 90

---

① 间小波：《强学会与强学书局考辨——兼议北京大学的源头》，《北京社会科学》1999 年第 1 期。

② 汪叔子：《京师强学书局之性质》，《江西社会科学》1999 年第 11 期。

③ 王晓秋：《戊戌维新与京师大学堂》，《北京大学学报》（哲学社会科学版）1998 年第 2 期。

④ 巴斯蒂：《京师大学堂的科学教育》，《历史研究》1998 年第 5 期。

⑤ 参见孔祥吉《李盛铎与京师大学堂》，载氏著《晚清史探微》，巴蜀书社，2001。

年代戊戌变法史研究的一大特点。既往对保皇会的研究大多从政治层面予以评判，对于其内部运作及分歧关注不够。90 年代，由保皇会成员谭良保存下来的有关康梁与保皇会活动的资料的刊布，改变了这种情况。由谭氏后人谭精意提供的这批资料，先由《近代史资料》发表部分内容，[①] 后由方志钦、蔡惠尧编辑为《康梁与保皇会——谭良在美国所藏资料汇编》（天津古籍出版社 1997 年版）出版。[②] 他们还依据上述资料，研究了康有为在美洲利用华侨捐款进行保皇政治活动的同时投资实业、经商营利的活动，如谭良负责经营的琼彩楼及欧榘甲、叶恩等负责的振华公司即保皇会名下的商务机构。但是，由于康梁师徒、党徒渐为利欲所迷，钱财纠纷接二连三发生，在内讧外患困扰之下，康有为和保皇会在海内外华人心目中的声望江河日下，其逐渐落后于时代潮流，最后蜕变为时代的落伍者。[③] 谭精意则研究了流亡海外的康梁筹措经费，派遣保皇会子弟出国留学，以培养将来改革中国的领导力量的宏图远虑，并具体考察了保皇会会员动用各种资源，安排学生出国、办理移民、择校、选择专业的各个环节，虽然少数学生担负着暗杀慈禧与"贼党"的秘密任务，但总体上保皇会派遣留学生的进步意义是可以肯定的。[④]

迟云飞考察了康梁在"己亥建储"事件中与地方实力派人物李鸿章、张之洞、刘坤一等人的联络，在预备立宪过程中与清廷大臣端方、戴鸿慈、善耆、溥伦等人的联络，在倒袁斗争中与少壮亲贵集团成员载涛、载洵等人的联络。过去的研究认为，康梁等人与清政府官员的关系，是他们在政治上倒退和堕落的标志。迟云飞认为实际上并非如此。他们与清廷官员的联络，基本上是为了促进维新、推动改革，加快实行立宪和开设国会的步伐，这种联络对清末政局、清政府的政策以及某些官员的政治态度都产生过一定影响。[⑤]

---

① 谭精意供稿，阮芳纪、黄春生、吴洁整理《有关保皇会十件手稿》，载《近代史资料》总第 80 号，中国社会科学出版社，1992。

② 该书修订本于 2008 年由香港银河出版社出版。

③ 方志钦、蔡惠尧：《评康有为的商务活动》，《广东社会科学》1997 年第 2 期；蔡惠尧：《试论保皇会失败的内部原因》，《近代史研究》1998 年第 2 期；蔡惠尧：《康有为、谭张孝与琼彩楼》，《历史档案》2000 年第 2 期。

④ 谭精意：《关于保皇会派学生出国留学的运动——以谭良档案为中心》，载王晓秋主编《戊戌维新与近代中国的改革——戊戌维新一百周年国际学术讨论会论文集》，第 473—485 页。

⑤ 迟云飞：《戊戌后康梁与清廷官员的联络活动》，载广东康梁研究会编《戊戌后康梁维新派研究论集》。

三　相关人物研究

（一）翁同龢开缺原因

翁同龢在百日维新开始后不久被开缺回籍，这对戊戌政局影响巨大，但是，究竟翁氏开缺是慈禧还是光绪决定的一直有所争论。谢俊美根据翁氏家藏文献中所藏翁斌孙撰《翁同龢列传》及王崇烈《翁文恭公传书后》，指出翁同龢开缺的主要原因是援引维新派、支持光绪帝变法，其次为刚毅衔怨报复。[①] 在1994年纪念甲午战争100周年之际，学界在关注翁同龢与甲午战争研究的同时，也对戊戌年四月翁氏遭到开缺的原因进行了讨论。戴逸撰文，对萧一山据翁同龢日记的记载，认为翁氏开缺出于光绪帝旨意的说法提出异议，以为证据不充分。除了翁氏日记曾经删改的因素，翁氏与其他后党重臣关系不洽也是事实。因此，翁同龢开缺仍是由于后党排斥和遵循慈禧的旨意。俞炳坤也认为，罢黜翁同龢是慈禧一手策划和决定的。当戊戌年三四月间光绪帝向慈禧摊牌索权，慈禧表示"不内制"后，康梁发动保国会活动，引起顽固守旧势力的反扑，并将矛头指向同情维新派的翁同龢、张荫桓。因此，翁氏开缺代表了慈禧的旨意，光绪帝颁发朱谕是无奈之举，是慈禧用以欺世惑众的计策；选择在翁氏生辰这天将其罢官，更是后党的卑劣伎俩。侯宜杰则提出了不同的看法，认为翁氏开缺是由多种因素促成的，不能仅仅归结于举荐康有为，或归咎于刚毅陷害。其实，翁与康在思想认识上原有差距，翁并不认同康派激进的政治主张，戊戌年四月翁氏屡次抗命，不遵旨意，并遭到中外官员参劾，光绪帝出于政治上的考量，才将翁氏开缺。[②] 孔祥吉、村田雄二郎则根据日本外交档案中所存张荫桓与日本公使矢野文雄的密谈记录，研究了翁氏开缺的内幕，认为导致翁氏被开缺的原因是甲午主战，以及随后办理内政外交活动中的种种失误，翁氏的"专权骄恣"引起了其他官员的反对；在接待德国亲王访华过程中反对皇帝与外人握手等礼

[①]　谢俊美：《有关翁同龢开缺革职的三件史料》，《近代史研究》1992年第3期。

[②]　参见戴逸《戊戌变法时翁同龢罢官原由辨析》、俞炳坤《翁同龢罢官缘由考辨》、侯宜杰《略论翁同龢开缺原因》，载常熟市人民政府、中国史学会合编《甲午战争与翁同龢》，中国人民大学出版社，1995，第163—208页。

节，表现出守旧的态度，也引起了皇帝的不满。[1] 杨天石也认为，不能从一种固定的思维模式出发认定慈禧是守旧的，便认定翁氏开缺是出于慈禧的决定。其实，慈禧并非从一开始就处心积虑地反对变法，只是后来维新活动超越了她许可的底线，触犯了满洲贵族集团的利益和慈禧的权威，才导致慈禧的干预。晚清文献中有关翁氏开缺出于慈禧旨意的各类记载，多出于传闻或猜测，并无确据。相反，由于翁氏在办理借款及中德交涉中举措不当遭受官员弹劾，舆情不洽，而积极变政的光绪皇帝也觉得翁同龢过于持重，故将其开缺，并得到了慈禧太后的批准。[2]

（二）袁世凯告密问题

由于与政变相关的直接证据很少，相关记载往往彼此矛盾，学者对于政变发生的真正原因各有解释。相比而言，政变因袁世凯告密而起的观点由来已久，并成为评价袁世凯历史功过的重要依据。直到 20 世纪六七十年代，台湾学者吴相湘、黄彰健提出与传统说法不同的观点，认为政变的发生与袁告密无关；房德邻、孔祥吉、林克光等大陆学者也认为在袁世凯告密之前，因御史杨崇伊呈慈禧太后的密折，慈禧一派已经开始行动，而刘凤翰仍坚持旧说。90 年代后，大陆学者又针对此问题展开了激烈讨论。

骆宝善认为，八月初六日政变起于袁世凯告密有悖于史实。慈禧训政经过了周密的部署，政变借八月初三杨崇伊疏请训政为契机而发；引发政变的导火线并非袁世凯告密，但袁的自首作为硬证据，坐实了维新党人的罪状，在深层意义上改变了政变的性质。袁世凯《戊戌日记》的内容基本可信。[3] 赵立人则重申袁世凯告密是慈禧训政、政变发生的原因，不能过于相信袁世凯的《戊戌日记》。[4] 戴逸认为，袁世凯在变法期间一度倾向维新派，通过徐世昌与维新派保持联系，与闻和支持他们的密谋，并且做出了使用兵力的承诺，当形势紧迫时又不敢做杀荣禄、围

---

① 孔祥吉、村田雄二郎：《翁同龢为什么被罢官——张荫桓与日本公使矢野文雄密谈理读》，《光明日报》2003 年 10 月 14 日。

② 杨天石：《翁同龢罢官问题考察》，《近代史研究》2005 年第 3 期。

③ 骆宝善：《袁世凯自首真相辨析》，《学术研究》1994 年第 2 期；《再论戊戌政变不起于袁世凯告密——兼与赵立人先生商榷》，《广东社会科学》1999 年第 5 期。

④ 赵立人：《袁世凯与戊戌政变关系辨析》，《广东社会科学》1996 年第 2 期。

颐和园、劫持慈禧太后的冒险举动。八月初五日回津尚未告密，初六日晚听到杨崇伊带来的政变发生的消息，袁世凯以为事情败露，为保全自己遂和盘端出围园劫持太后的密谋，致使事态扩大，大批维新派被捕，六君子被杀。袁的告密是被动告密。[①]

2002年，郭卫东发表文章，提出慈禧太后八月初四日从颐和园回西苑发动政变，是由袁世凯告密所引起，并推测袁世凯告密地点不在天津而是在北京，时间是八月初四日。[②] 刘路生则认为，袁世凯八月初四日没有在北京告密的必要与条件，徐世昌初四日告密说也没有根据。奕劻亦非接受袁世凯告密之人，荣禄才是告密的最佳人选。袁世凯并未党附维新派，光绪帝对袁世凯的知遇之恩远早于维新党人，而保全光绪帝，是袁世凯保全自己的必然选择。袁氏后来的飞黄腾达，正是慈禧对其告密的酬劳。[③]

2000年，房德邻发表了《戊戌政变之真相》，提出对戊戌政变原因和过程认识的一个重要思维，即“政变经历了一个过程”。[④] 茅海建利用档案材料，精确地考证出慈禧决定离开颐和园是八月初三戌时（晚上八点半至九点之间）。[⑤] 笔者认为这是在收到杨崇伊奏折后做出的决定。而此前，慈禧已知道八月初五光绪帝将在西苑接见伊藤博文，而且在礼部六堂官事件发生后，太后对皇帝是否会再一次做出越格的事情——聘请伊藤博文为顾问官，实在没有充分的把握，只有亲自回宫坐镇，她才能放心。可以断定，慈禧不仅决定初四日回宫，也认为宣布训政的时机已经成熟，初五日伊藤博文觐见光绪帝的外事活动一经结束，初六日慈禧便宣布训政，并下密令逮捕康有为、康广仁兄弟。可以断论，训政上谕与逮捕康有为兄弟的密旨也不会是初六日才起草的，训政的理由与康有为的罪名很早就已经是慈禧及后党人物关注的问题了。总之，政变是在充分准备后发生的。[⑥]

以往研究戊戌政变到庚子事变期间袁世凯的活动，多注重于“告密”

① 戴逸：《戊戌年袁世凯告密真相及袁和维新派的关系》，《清史研究》1999年第1期。
② 郭卫东：《再论戊戌政变中袁世凯的“告密”问题》，《清史研究》2002年第1期。
③ 刘路生：《戊戌政变袁世凯初四告密说不能成立——兼与郭卫东先生商榷》，《清史研究》2005年第1期。
④ 房德邻：《戊戌政变之真相》，《清史研究》2000年第2期。
⑤ 茅海建：《戊戌变法史事考》，生活·读书·新知三联书店，2005，第87页。
⑥ 马忠文：《戊戌政变研究三题》，《福建论坛》（人文社会科学版）2005年第10期。

疑案、练兵及其在山东的"剿拳保教"政策，对这个时期朝局中袁氏政治境遇的关注还不够。笔者根据己亥年荣禄致袁世凯的亲笔书信，对袁氏在应对山东危局过程中与毓贤的分歧和纠葛进行了考察，认为除政见异同，从侧面也反映出了军机大臣荣禄与刚毅之间的权力较量，这是以往研究经常忽略的问题。①

（三）梁启超、黄遵宪、严复的办报活动

甲午战后维新运动的兴起与近代报刊的诞生和发展是息息相关的。近年有关《时务报》《国闻报》及维新派办报活动与政局的关系，都得到了关注。

崔志海针对既往研究突出梁启超、黄遵宪在《时务报》办报过程中的重要作用，而有意无意贬低汪康年地位的做法提出商榷意见。认为汪氏作为报馆名副其实的总理，在募集款项、物色人才、确定体例，乃至文字宣传方面都做了大量工作，所谓"投间伺隙、窃取权力"的说法并不公允，不足为凭。汪康年虽然是张之洞的幕僚，但与张在改革思想和社会政治问题上有很大分歧，并非属于洋务派阵营，而是维新派的一员。《时务报》内部的汪梁之争属于维新派内部因地域和门户之见的权力之争。② 黄升任研究了黄遵宪在《时务报》创办、发展以及汪康年、梁启超之争中的作用与影响，认为黄氏开始与汪梁全面合作对报纸的开办至关重要。后来由于理念不同，在报馆管理上与汪康年产生严重分歧。黄遵宪有意将三权分立的法治理念应用到报馆管理中，提议设立董事，议政、行政分开，以图报馆的长久发展。但汪康年误以为是要夺取其总理的职权，终于导致《时务报》内部分裂，梁启超离沪前往湖南时务学堂任教，戊戌年康梁又请将《时务报》改为官报，维新阵营彻底分化，这折射出晚清倡导变法维新的知识群体自身的矛盾性和悲剧性。③

马勇认为，《时务报》创刊伊始黄遵宪以政界大员的身份掌控大局；汪康年协调内外，负责经营和运作；梁启超则以笔端常带感情的如椽之笔负责

---

① 马忠文：《戊戌政变后至庚子事变前袁世凯的政治境遇》，《广东社会科学》2017 年第 5 期。
② 崔志海：《论汪康年与〈时务报〉——兼谈汪梁之争的性质》，《广东社会科学》1993 年第 3 期。
③ 黄升任：《黄遵宪与〈时务报〉》，《学术研究》2006 年第 6 期。

政论文字，三人堪称最佳组合。然而，随着戊戌变法政治进程的展开和《时务报》的声名鹊起，黄、汪、梁三人的处境开始变化，丢弃了共患难的创业精神，这导致他们的关系发生逆转，最终分道扬镳，刊行两年的《时务报》也就此结束。从维新运动的宏观进程观照《时务报》创立、发展及消亡的历史，可以折射出近代中国知识分子的一些基本特征。①

　　黄旦、詹佳如也从报刊史的角度展开研究，认为《时务报》创刊之时即由不同群体共同参与，且各有打算。康有为师徒较之汪康年等人更具有自己的身份认同和鲜明的政治主张，始终有借助报纸宣扬康学的意图，康门弟子试图将《时务报》变为党派宣传工具的做法，最终危及了同人合作。《时务报》的悲剧是"文人论政"型的同人报刊因部分成员政治派别角色凸显导致内部分裂的典型案例。② 也有论者对吴德潇、吴樵父子与《时务报》的关系进行了专门探讨。③ 潘光哲则从《时务报》读者群体的反应方面予以考察，注意到每位读者在阅读报刊时个人关怀的不同与思想立场的差异，以及《时务报》与读者之间的互动，提出《时务报》作为传播媒介而引发的读者的喜恶乐怒，其实质是思想观念体系/价值系统在公共场域里的趋同或冲突。晚清以降中国"公共空间"的打造、"公共论域"之形成，传成中国国族的"想象共同体"之过程，正是以《时务报》为重要的起点。④

　　孔祥吉、村田雄二郎则利用日本外务省藏外交档案，研究了《国闻报》由严复等维新派出资创办，到被迫挂上日本人旗号，再到最后完全卖给日方的曲折历程。同时，说明清朝统治者与新闻自由格格不入，以及日俄在中国的争斗对《国闻报》的影响，其中揭示了以往很少注意到的细节。⑤ 段云章则研究了新加坡华人维新志士邱菽园在新加坡创办《天南新报》，与国内维新人士相呼应，宣传维新救亡思想，以及政变后批评顽固派、同情康梁，以

---

①　马勇：《近代中国知识分子的悲剧——试论〈时务报〉内讧》，《安徽史学》2006年第1期。

②　黄旦、詹佳如：《同人、帮派与中国同人报——〈时务报〉纷争的报刊史意义》，《学术月刊》2009年第4期。

③　高茂兵、刘伟航：《吴氏父子与〈时务报〉》，《玉林师范学院学报》2006年第4期。

④　潘光哲：《〈时务报〉和它的读者》，《历史研究》2005年第5期。

⑤　孔祥吉、村田雄二郎：《从中日两国档案看〈国闻报〉之内幕》，《学术研究》2008年第7、8期。

及参与支持唐才常勤王起义的活动。指出《天南新报》不仅对研究戊戌变法史有所助益，而且对于研究海外华人报刊史也具有重要意义。① 贾小叶认为，百日维新期间《国闻报》始终追随康梁，政变后复杂的局面迫使其报道方针几经转变，终因对清廷的新政承诺化为泡影而再次改弦更张，公开袒护康梁一派，《国闻报》与清廷关系由合到离的转变正是当时诸多趋新士人与清廷关系变化的缩影。②

四　研究中的实证特点

（一）对清宫档案的系统整合与利用

自从 20 世纪 50 年代《中国近代史资料丛刊·戊戌变法》《戊戌变法档案史料》出版后，有关戊戌变法的基本档案已经被提供出来，可惜，在当时的环境下大陆学界并未认真利用。台湾学者黄彰健 1972 年出版的《戊戌变法史研究》以确凿的证据指出，康有为 1910 年出版《戊戌奏稿》有编造的嫌疑，强调使用档案研究戊戌变法的重要性。沿着这个思路，80 年代，大陆学者孔祥吉在中国第一历史档案馆和故宫博物院图书馆发现了康有为《上光绪帝第三书》及《杰士上书汇录》等珍贵文献，推动利用档案研究戊戌变法进入了新的阶段。房德邻也是这一时期利用档案研究戊戌变法的学者之一。③ 90 年代后期，茅海建开始对戊戌变法进行研究。他不仅将中国第一历史档案馆所藏甲午战争至戊戌政变期间的清宫档案做了全面梳理，还利用了台北故宫博物院及台北中研院近代史所藏的清代档案，彼此参照，实现了先前学者无法做到的档案整合工作。正是在此基础上，从 2001 年至 2008 年，他先后完成了《戊戌政变的时间、过程与原委——先前研究各说的认知、补证、修正》④、《戊戌变法期间光绪帝对外观念的调适》⑤、《日本政府对于戊戌变法

---

① 段云章：《戊戌维新在新加坡的反响——以〈天南新报〉与邱菽园为中心》，载王晓秋主编《戊戌维新与近代中国的改革——戊戌维新一百周年国际学术讨论会论文集》，第 457—472 页。

② 贾小叶：《〈国闻报〉与戊戌—己亥政局的变动》，《天津社会科学》2016 年第 3 期。

③ 胡绳武：《戊戌维新运动史论集》，湖南人民出版社，1983。

④ 茅海建：《戊戌政变的时间、过程与原委——先前研究各说的认知、补证、修正》，《近代史研究》2002 年第 4、5、6 期。

⑤ 茅海建：《戊戌变法期间光绪帝对外观念的调适》，《历史研究》2002 年第 6 期。

的观察与反应》（与郑匡民合作）①、《戊戌变法期间的保举》②、《救时的偏方：戊戌变法期间司员士民上书中军事外交论》③、《"公车上书"考证补》④、《京师大学堂的初建——论康有为派与孙家鼐派之争》⑤ 等一系列论文，后收入《戊戌变法史事考》与《戊戌变法史事考二集》。⑥ 这些文章以翔实的档案文献，重新考订旧说，研究戊戌年政治改革的环境、康梁与各派政治力量的关系、清廷高层内部的决策程序、帝后关系，以及光绪试图摆脱传统外交束缚、拓展自己权力的努力等。由于材料的扩充和细化，戊戌变法史研究的面相得以扩大，相关细节得以澄清。

此外，康有为及其活动仍然是茅海建研究的重心。作者利用档案文献和其他私家著述及康有为自编年谱的不同抄本，对藏于国家博物馆的康有为《我史》（即康有为自编年谱）手稿本进行了细致的鉴注。⑦ 这本著作同样体现了材料丰富、考辨细致的特点。康有为的变法奏疏也是学者始终关注的对象。关于康氏奏疏的真伪以及代拟条陈的问题，黄彰健编有《康有为戊戌真奏议（附康有为伪戊戌奏稿）》（台北中研院近代史研究所专刊之一，1974 年版）；孔祥吉编有《救亡图存的蓝图：康有为变法奏议辑证》⑧，后来又出版了《康有为变法奏章辑考》⑨ 一书；茅海建结合自己的发现和对该问题的研究提出自己的不同看法。⑩ 概言之，这个时期研究者对清宫档案的研究更加系统、全面，像内务府档案和军机处随手登记档、早事档等小种档案都得到充分使用。

① 茅海建、郑匡民：《日本政府对于戊戌变法的观察与反应》，《历史研究》2004 年第 3 期。
② 茅海建：《戊戌变法期间的保举》，《历史研究》2006 年第 6 期。
③ 茅海建：《救时的偏方：戊戌变法期间司员士民上书中军事外交论》，《近代史研究》2005 年第 1 期。
④ 茅海建：《"公车上书"考证补》，《近代史研究》2005 年第 3、4 期。
⑤ 茅海建：《京师大学堂的初建——论康有为派与孙家鼐派之争》，《北大史学》第 13 辑，北京大学出版社，2008。
⑥ 茅海建：《戊戌变法史事考》《戊戌变法史事考二集》，生活・读书・新知三联书店，2005、2011。
⑦ 参见茅海建《从甲午到戊戌：康有为〈我史〉鉴注》，生活・读书・新知三联书店，2009。
⑧ 孔祥吉编《救亡图存的蓝图：康有为变法奏议辑证》，联合报系文化基金会，1998。
⑨ 孔祥吉编著《康有为变法奏章辑考》，北京图书馆出版社，2008。
⑩ 茅海建：《康有为与"真奏议"——读孔祥吉编著〈康有为变法奏章辑考〉》，《近代史研究》2009 年第 3 期；《康有为、梁启超所拟戊戌奏折之补篇——读宋伯鲁〈焚余草〉札记》，《近代史研究》2011 年第 5 期。

（二）国外新史料的发掘与应用

首先是对日本档案文献的系统发掘。这一时期学界利用的国外新史料主要是日本外务省外交史料馆馆藏档案以及日本政治家的私藏文献。其中，日本外务省外交史料馆馆藏未公开出版的史料中存有不少涉及中日关系及戊戌变法的材料。中日学者合作，将这些日文材料与中国史料互证，取得了令学界瞩目的新成就。

2004 年，茅海建和郑匡民合作发表《日本政府对于戊戌变法的观察与反应》一文，对 1896 年《中俄密约》签订后，日本政府为对抗俄国，开始与华"修好"，关注清朝内部各政治力量的消长，注重培养联日、亲日力量，尤其注重联络实力人物和新派人物等情况做出深入探讨。认为当时的改革派，无论是主张激进改革的康有为及其党人，还是主张渐进改革的张之洞等官员，思想上都有很大变化，大多倾向于联日。

在研读日本外交文献的基础上，邱涛、郑匡民认为，甲午战后至戊戌政变发生前夕，日本联华势力在中国展开了多方活动，其内部各支力量在华联结活动及其工作对象之间虽存在区别，但也有交流、协作和整合；中国维新力量在呼应日本联华活动中也存在异同，并逐步形成一个颇为广泛的、复杂的日中结盟的组织圈。以此为核心开展的日中结盟活动，在中国的改革问题上形成针对现行体制的激烈指向，中日结盟观对光绪皇帝产生影响并为其所接受，以及维新势力与日本关系的互动与演变等情况，日益引起慈禧及清政府部分官员的警惕，对戊戌政变的发生产生影响。①

孔祥吉和日本学者村田雄二郎合作，利用日本外务省外交史料馆所藏的《清国兵制改革》《清国亡命政客渡来之件》、中岛雄所著的《随使述作存稿》等文献，研究了刘学询受命前往日本暗杀康梁的种种内幕；戊戌变法期间光绪帝联合日本大举新政及外交政策的确立情况；翁同龢被罢官的原因；戊戌变法前后的张之洞、康有为、梁启超与日本的关系演变等问题。其中有不少是日本驻华使馆给东京的各类报告，直接反映了当时日本外交官对

---

① 邱涛、郑匡民：《戊戌政变前的日中结盟活动》，《近代史研究》2010 年第 1 期。

中国政局的判断。①

此外，德国学者费路利用德国外交档案研究了戊戌变法期间及政变后德国外交官对中国政局的观察。指出德国公使海靖对中国的改革有自己的判断，他认为戊戌年最重要的两个奏折是关于"创办京师大学堂"和"成立京师路矿局"的，并将两个上谕翻译后寄回国内。又要求京师大学堂必须有三名德国教员。在德国人看来，中国改革派的主要人物都是广东人，他们头脑中形成了一种"欧洲化的自由主义"，这个强有力的广东帮的首领到政变发生时可能一直是张荫桓。不过，海靖对改革派的态度与英、日外交官不同，当英、日公使希望他一起干预中国人处死张荫桓的行动时，遭到了他的拒绝。英国人营救康有为、干涉张荫桓的死刑判决，表明张荫桓就是英国人在清政府中的代理人。②

崔志海通过研究有关美国外交档案，发现戊戌变法期间美国驻华公使对康梁并不重视，直到政变后才开始关注他们。美国人对清廷内部改革派与守旧派的划分也不是依据帝党与后党的分野，而是依据各类官员对外国人的实际态度。面对帝后之间的权力斗争，美国公使无意公开干涉，始终持静默态度。虽然对戊戌变法的观察很有限，且带有个人色彩，但联系到后来他们对光绪、慈禧之死的看法，美国驻华官员的观察和分析在不少方面还是揭示了戊戌变法与清朝最后十余年间政局的历史连续性。③

（三）私家档案的利用

茅海建根据中国社会科学院近代史研究所图书馆所藏"张之洞档案"，对甲午至戊戌时期的史实进行了系列研究。这批档案共计492函，2000多册，作者将其中关于戊戌变法的文献进行了系统梳理和研究，力图展示戊戌变法的另一个侧面。其研究成果包括以下几方面。①通过考察档案中所藏张之洞之子张权，侄子张检、张彬由京中发来的密信，以及张之洞发出的密电底稿，揭示了戊戌变法中的许多鲜为人知的核心机密。②根据档案所藏电

---

① 孔祥吉、村田雄二郎：《罕为人知的中日结盟及其他——晚清中日关系史新探》，巴蜀书社，2004。

② 费路：《德国对戊戌变法的反应》，载王晓秋主编《戊戌维新与近代中国的改革——戊戌维新一百周年国际学术讨论会论文集》，第427页。

③ 崔志海：《美国驻华公使对戊戌变法的观察》，《史林》2018年第4期。

报、信件，全面考察了张之洞与杨锐之间的关系，揭示了光绪二十一年三月
至戊戌年八月，杨锐即常住北京充当张之洞的"坐京"，为张提供政治情
报、办理各种交代事务的详情。同时指出孔祥吉发现的"百日维新密札"
的作者并非李焜瀛（符曾），而是杨锐。③根据档案中所藏往来电报，考察
了张之洞戊戌变法前后搜集政治情报的情况，奉命或受雇为他提供各类情报
的，除了杨锐，还有在京的至亲至朋，以及部分入京的湖北官员。其亲信赵
凤昌则坐镇上海，搜罗各类情报。由此不仅可见当时的政情与舆情，也可见
作为地方督抚的张之洞行政决策的一个面相。④围绕《时务报》《昌言报》
对张之洞与汪康年、黄遵宪等的关系，以及康梁争夺《时务报》前后的情
况进行了钩沉。因为利用了"张之洞档案"中的机密电报、书信，所以还
原了不少内幕，展示了许多以往不清楚的细节，并说明黄遵宪政治地位的盛
衰与张之洞甚有关联。⑤考察了戊戌变法时期张之洞与陈宝箴的交谊，认为
二人不仅是志同道合的政治盟友，学术、政治思想也大体一致。在干预
《湘学报》及湖南维新运动事件中，陈宝箴与张的立场是一致的。两人共同
上奏了"废八股"的科举改制奏折，有抵制康有为学说之意。① 上述研究以
张之洞应对时局的视角，通过机密电报、家书等珍贵文献，披露了诸多鲜为
人知的内情，丰富了学界对戊戌变法史的认知。

　　汤志钧先生则利用新加坡邱菽园家藏文献研究了戊戌政变后康有为在新
加坡展开保皇活动的一些细节。② 茅海建又据"张之洞档案"，分析了光绪
二十六年至二十七年新加坡侨领邱菽园与康有为决裂的原因，指出张之
洞通过清朝驻英公使罗丰禄、驻新加坡领事罗忠尧、两广总督陶模对邱
菽园进行了劝说。迫于压力，邱菽园被迫选择纳金免灾的办法，公开登
报与康有为决裂。③ 吉辰、笔者利用近代史研究所档案馆所藏鹿传霖家书及

---

① 参见茅海建《戊戌变法期间张之洞之子张权，之侄张检、张彬的京中密信》《张之洞与杨
　锐的关系——兼谈孔祥吉发现的"百日维新密札"作者》《戊戌政变前张之洞与京、津、
　沪的密电往来》《张之洞与〈时务报〉、〈昌言报〉——兼谈张之洞与黄遵宪的关系》《张
　之洞与陈宝箴和湖南维新运动》，上述文章作为"'张之洞档案'阅读笔记"系列，连载于
　《中华文史论丛》2010 年第 3、4 期及 2011 年第 1、2、3 期。另有《戊戌前后诸政事》（上
　下），系作者对"张之洞档案"中其他相关资料的解读，见《中华文史论丛》2011 年第 4
　期、2012 年第 1 期。
② 汤志钧：《自立军起义前后的孙、康关系及其他——新加坡丘菽园家藏资料评析》，《近代
　史研究》1992 年第 2 期。
③ 茅海建：《张之洞策反邱菽园》，《四川大学学报》（哲学社会科学版）2012 年第 1 期。

顾肇新家书对戊戌前后的朝局与政情也做了探讨，对一些问题的细节研究有所深入。[1]

（四）史料文献考订的主要成果

这个研究特点也是从 20 世纪 90 年代的研究延续而来的。有关文献的版本、形成过程、删改、窜改以及价值评判，都成为研究的课题，涌现了不少有分量的论著。

1.《戊戌政变记》

梁启超的《戊戌政变记》是研究戊戌维新经常引用的资料，事实上也是第一本对戊戌维新从整体上进行描述的著作，他当事人的身份，更容易使这本书受到重视。这个以康有为的活动为主线展开的维新运动宏观叙述，迄今已经得到学界的普遍认同，主要观点也被近代史教材和相关专著所承袭。不过，很早就有论者对《戊戌政变记》的记载产生过质疑。为此，学界针对这部著作的形成过程进行了细致的研究。

日本学者狭间直树研究了《戊戌政变记》从报章连载到成书印制的复杂过程。梁启超在《清议报》开始连载《戊戌政变记》的部分篇章时，又在《东亚时论》第 1 号至第 4 号登载相关内容，彼此内容不尽相同，时间大致相同。后因康有为离日问题，梁启超与东亚同文会的部分会员之间发生摩擦，加之文章重复交错，遂停止在《东亚时论》登载。1899 年 5 月下旬，9 卷本的《戊戌政变记》出版，其中第 5 卷"政变后论"的部分内容，采用了《东亚时论》创刊号登载的梁启超的寄稿，并删去了在《清议报》上连载时攻击、谩骂慈禧等人的语词。《戊戌政变记》9 卷本曾有小的修订，一直到 1906 年夏季《新民丛报》停刊后不久，才由广智书局出版 8 卷本的《戊戌政变记》，新版本删去了 9 卷本的第 5 卷，这部分内容恰恰曾发表在《东亚时论》创刊号。这些请英国和日本对控制慈禧和满洲守旧派的俄国予以抵制的言论，在日俄战争后显然不合时宜；而称满洲人不具备改革能力、慈禧破坏变法的记述也被删去，因为 1906 年清政府已经派出五大臣考察欧洲宪政，8 卷本的改订一定程度上可以看作梁向清政府"靠拢"的一个隐讳

---

[1]　参见吉辰《鹿传霖未刊家书中所见戊戌前后时局》，《文献》2017 年第 6 期；马忠文《从顾肇新家书看戊戌前后的朝局与政情》，《福建论坛》（人文社会科学版）2017 年第 9 期。

的证明。①

　　戚学民则解释了《戊戌政变记》初版 9 卷本的成书过程，重点考察了该书两个组成部分（新政"本末"与政变"原委"）的主要观点或基本结构的形成、变化和定型过程，证明此书与康梁师徒 1898 年末至 1899 年初流亡日本时的政治活动密切相关，书中有关戊戌变法的宏观陈述框架和关键细节在形成过程中受到了作者政治活动和当时舆论的影响。《戊戌政变记》不过是以局内人身份申说戊戌政变真相的形式，帮助康梁达到争取外援、反击舆论等现实目的一个政治工具。② 作者还对《戊戌政变记》从 9 卷本变为 8 卷本的时间及背景进行了考察，认为梁启超之所以删削该书，与 1908 年光绪、慈禧先后去世及袁世凯被罢官后的政治形势有关。当时康梁上书摄政王载沣，谋求"赦罪复出"，故将戊戌"围园"密谋隐讳不言，全部归罪于袁世凯的虚构，指陈一切所谓的阴谋全部是袁世凯为自保而虚构的。而删去的内容多为批评慈禧和攻击满洲人的言论，与此背景也是吻合的。③

　　汤志钧也比较了《东亚时论》与《清议报》所载《戊戌政变记》的篇目、编次、章节之异同，《东亚时论》作为日文报刊，在发表梁文时，将攻击慈禧、刚毅等人的词句用空格代替，以避免引起清廷的争议；并对梁启超在出版单行本之前匆忙刊布《戊戌政变记》的动机进行了分析，强调近代史研究要注意版本校勘和档案资料的意义。④

　　2. 《康有为自编年谱》

　　关于康有为自编年谱的成书时间，学界通常认为撰写于 1899 年初，康氏自己还有起稿于乙未年（1895）的说法。笔者撰文认为，所谓从乙未年开始撰写年谱的说法应不可靠，年谱的主体内容撰写于 1899 年初，大致无疑问，但需要说明的是，此后康氏对年谱仍有修订和增删，将其视为康逝世前的定稿，可能更为合理一些。把年谱看作 1927 年时康氏内心世界与思想

---

① 狭间直树：《梁启超〈戊戌政变记〉成书考》，《近代史研究》1997 年第 4 期。
② 戚学民：《〈戊戌政变记〉的主题及其与时事的关系》，《近代史研究》2001 年第 6 期。
③ 戚学民：《〈戊戌政变记〉八卷本作年补证》，《史学月刊》2003 年第 3 期。
④ 汤志钧：《近代史研究和版本校勘、档案求索——〈戊戌政变记〉最早刊发的两种期刊》，《历史档案》2006 年第 2 期。

状态的反映，应该是相对准确的。定位于此，更易于把握该年谱的价值。①

茅海建在对康有为《我史》手稿本进行笺注的基础上，对《我史》的书名、写作时间及其各抄本与刊本的关系进行了考订，确定其写作时间为光绪二十四年，认定各抄本、刊本在文字上与"手稿本"并无大的差异，通过对"手稿本"上康有为本人修改手迹的辨认，发现《我史》已经过康有为事后的修改，内容有不小的变化，其中《民苏篇》应写于光绪十三年，《人类公理》《公理书》属后来的添加，而大同思想、《诸天讲》的思想也属后来的添加。②

3. 《诡谋直纪》

《诡谋直纪》是 20 世纪 80 年代发现于日本外交档案中的一篇关于戊戌政变的重要文献，是日本驻上海领事小田切万寿之助给外务省寄来的毕永年所写的《诡谋直纪》，涉及戊戌政变时维新党人是否有过"兵围颐和园捕杀西太后"的密谋问题。

逃亡海外的康有为、梁启超对此毫不承认，而维新党人毕永年的《诡谋直纪》中却详细记录了康有为劝其带兵围园的内情。房德邻经过研究认为，其实，毕永年所记并不是很可靠的，围园密谋仍有进一步讨论的必要。③ 最早发现该文献的汤志钧则对房德邻的观点提出了反驳意见，认为这篇文献反映的情况是可信的。④

有鉴于此，孔祥吉、村田雄二郎对日本外务省外交史料馆所藏毕永年戊戌政变日记，从字体入手进行全面考察，说明《诡谋直纪》既不是像小田切万寿之助所称系毕永年本人"记述"，也不是由毕永年本人提供草稿，再由日本驻上海领事馆代为誊录，而是由日本人根据与毕永年的谈话整理而成的一篇文献。小田切万寿之助向日本外务省呈递《诡谋直纪》的目的则是受张之洞的请求，丑化康梁等维新派在政变过程中的形象，以图迫使康有为早日离开日本。把维新派在万般无奈的情况下策划对付慈禧等人的活动称作"诡谋"，可证实此文之作者及代递者的不客观立场，故不可简单视之为信史。⑤

---

① 马忠文：《康有为自编年谱的成书时间及相关问题》，《近代史研究》2005 年第 4 期。

② 茅海建：《"康有为自写年谱手稿本"阅读报告》，《近代史研究》2007 年第 4 期。

③ 房德邻：《维新派"围园"密谋考——兼谈〈诡谋直纪〉的史料价值》，《近代史研究》2001 年第 3 期。

④ 汤志钧：《关于〈诡谋直记〉》，《清史研究》2002 年第 2 期。

⑤ 孔祥吉、村田雄二郎：《对毕永年〈诡谋直纪〉疑点的考察——兼论小田切与张之洞之关系及其进呈〈诡谋直纪〉的动机》，《广东社会科学》2008 年第 2 期。

4.《翁同龢日记》与袁世凯《戊戌纪略》

《翁同龢日记》是研究戊戌变法的重要文献，但是历来因翁氏生前曾经删改日记的问题，所以学界对该日记的史料价值将信将疑。孔祥吉、村田雄二郎将已刊翁氏日记与现藏美国的翁氏日记原稿本进行了比对，对于翁氏自己挖补、修改之处，20世纪20年代影印者出于为尊者讳的目的对部分内容的遮盖和删节之处，都分别做了细致研究。他们认为翁氏对有关康有为的记载做过一些改动，但都是只言片语，而且非常有限，对整个日记的价值影响并不大。①

另一种极具争议的文献是袁世凯的《戊戌纪略》。因为袁世凯并无记日记的习惯，论者对袁氏仅有的日记性质的《戊戌纪略》的可靠性极为怀疑。日记中对戊戌年八月初三日谭嗣同夜访袁世凯的情节有细致记述，且与梁启超的《戊戌政变记》有所不同。以往由于袁世凯属于被否定的历史人物，这份写于光绪二十四年八月十四日的文献虽然离政变发生相隔不远，但还是不如《戊戌政变记》那样更为世人所相信。杨天石研究后认为，其实，袁氏的《戊戌纪略》所记载的内容更符合事实。②

五　主要的理论争鸣与讨论

（一）早期关于戊戌变法评价与性质的争论

新中国成立初期戊戌变法史研究的目标集中在对戊戌变法的整体评价上，即对戊戌变法性质、历史作用等理论问题的具体评价。戊戌变法代表着时代发展的方向，是进步和爱国的，这一点上，学界并无分歧。但是在具体表述方面，学界也有细微差别，产生了相应的学术争鸣。

对于戊戌变法的性质，邵循正认为是资产阶级改良主义运动，因为维新派虽然主张在政治上进行资产阶级性质的一些改革，却不触及封建统治阶级的政治基础，形式上基本采取和平的、自上而下的方式进行逐渐变革。因

---

① 孔祥吉、村田雄二郎：《〈翁文恭公日记〉稿本与刊本之比较——兼论翁同龢对日记的删改》，《历史研究》2004年第3期。
② 杨天石：《袁世凯〈戊戌纪略〉的真实性及其相关问题》，《近代史研究》1998年第5期。

此，"它是地主阶级中由一部分人企图使自己转化为资产阶级这一事实而发生的政治运动。他们企图在封建主义的基础上，利用原有的政权力量来发展资本主义。因此，就其本质上看，它只能是资产阶级改良主义运动"。① 黎澍则强调，"当时中国农村中已有许多征象足以表明农民革命运动可以再起，但维新派是站在反对农民革命立场上的，他们的全部希望寄托在皇帝一人身上，这正是改良主义思想的必然表现"。② 汤志钧在分析了戊戌变法时清朝统治阶级内部各派系的主张和动态后，也认为甲午战后统治阶级出现分化，由顽固派和洋务派形成的后党把持着政权，而光绪帝身边则聚集了一些没有实权的官僚形成帝党。维新派要求进行从上而下的改革，遂与帝党结合，主张在皇帝的独断下改革某些弊政，基本上还是拥护封建制度的。但是，"从本质上看，这是改良主义运动，他是向封建专制要民主，他的目的是要达到君主立宪"。③ 刘大年从维新派的阶级基础和政治构成出发，论证了戊戌维新是改良主义运动的根源。在他看来，维新派的成员是从地主官员转化而来的资产阶级的代表者，他们"主要是半封建、半资本主义的知识分子，国内新式企业的创办者，不满现状的中小官吏和地方绅士"，他们不是当权派，又要求发展资本主义，与封建主义有千丝万缕的联系，没有革命的要求，因此，只能选择"在他们看来是最可行的改良主义道路"。④ 尽管诸位学者的表述各有侧重，但改良主义的定性是一致的。

另一个讨论得较为激烈的问题是康有为《大同书》的成书年代及其评价问题。李泽厚认为，《大同书》"通过乌托邦的方式比较集中和没有掩盖地表达了康有为前期反封建的资产阶级进步思想"。⑤ 汤志钧则认为李泽厚的评价过高，指出该书成书年代较晚，大约在1901—1902年，反映的是康

---

① 邵循正：《戊戌维新运动的积极意义》，载吴玉章等《戊戌变法六十周年纪念论文集》，中华书局，1958，第41页。
② 黎澍：《关于近代中国历史上的改良主义》，载黎澍《近代史论丛》，学习杂志社，1956，第73页。
③ 汤志钧：《戊戌变法时清朝统治阶级内部各派系的分析》，载汤志钧《戊戌变法史论丛》，湖北人民出版社，1957，第26—27页。
④ 刘大年：《戊戌变法六十年》，载吴玉章等《戊戌变法六十周年纪念论文集》，第13—14页。
⑤ 李泽厚：《论康有为的"大同书"》，《文史哲》1955年第2期。

氏晚年"反对民族民主革命""主张保皇复辟的理论基础"。① 为此，李泽厚写了反驳文章，继续申述自己的见解。② 这反映出当时学界平等而热烈的争鸣气氛。这个时期其他理论问题的讨论在 20 世纪 80 年代后又有延续（详后）。

（二）20 世纪 80 年代新的理论争鸣

20 世纪 80 年代初期，学者们回到唯物史观的立场，坚持实事求是的态度，揭露"文革"中颠倒是非的错误做法，倡导恢复历史本来面目。同时，对于"文革"前研究中所存在的忽略中国历史自身的特殊性，将马克思主义理论简单化、公式化，过于强调阶级斗争的分析方式，动辄给历史人物"贴标签"的非历史主义倾向，以及庸俗化地理解阶级斗争的历史作用，夸大太平天国运动、义和团运动等农民起义和战争的历史作用等问题进行了全面反思和总结。正是在这样的背景下，80 年代对戊戌变法的性质、历史作用这些老问题的讨论和争鸣又有了新的高度。

一方面，学者们纷纷撰文，反对强加给戊戌维新以"改良主义"的恶谥，力主肯定戊戌变法的积极作用，充分肯定戊戌变法对封建专制主义的猛烈冲击，认为戊戌变法是中国近代史上的一次救亡爱国运动，也是中国近代史上的一次资产阶级思想启蒙运动。林增平认为，把戊戌变法定性为"资产阶级的改良主义"很不妥当，导致人们对其评价偏低。其实，称戊戌变法为改革、改良均可，称作改良主义则是错误的。③ 陈旭麓也认为，改良主义是 19 世纪西方社会主义运动中"一种很不光彩的政治思想和政治流派"，维新派实行改革，虽然没有发动群众，也没有触动旧的社会基础，却要求做较大的社会革新，这与改良主义迥然不同，他们遭到封建顽固派的镇压也可说明这一点。④ 叶林生也认为，改良主义是马克思主义对社会主义运动中的机会主义的一种"恶谥"，用这个概念硬套戊戌变法和维新派，同样违背了历史唯物主义。何况，维新派策划杀荣禄、围颐和园等行动多少带有阶级斗

---

① 汤志钧：《关于康有为的"大同书"》，《文史哲》1957 年第 1 期。
② 李泽厚：《"大同书"的评价问题与写作年代》，《文史哲》1957 年第 9 期。
③ 林增平：《近代中国资产阶级论略》，载《中华学术论文集》，中华书局，1981，第 374 页。
④ 陈旭麓：《中国近代史上的革命与改良》，《历史研究》1980 年第 6 期。

争的性质，具有明显的进步意义。① 另一方面，汤志钧、苑书义等学者，坚持认为将戊戌变法确定为改良主义是适宜的，称其为改良主义也不意味着会贬低其进步作用；况且，改良主义也非专指工人运动中以不触犯资本主义制度基础的少许改良来代替无产阶级革命的政治潮流，列宁对改良主义特征的论述对研究中国的戊戌变法也有指导意义。②

李时岳的评价更鲜明一些。他认为百日维新"是资产阶级夺取政权的初次尝试。维新派和守旧派的斗争，实质是新兴资产阶级和封建顽固势力之间的阶级斗争"。把半殖民地半封建的中国，变为独立的、民主的、资本主义的中国，具有明显的反封建主义性质，绝非改良主义。③ 杨立强也提出，戊戌变法要求的君主立宪，已经是资本主义的政权形式了，将变法说成仅仅要求改变旧事物的某些枝节方面，显然不符合历史实际。尽管维新人士有过无意从根本上推翻旧制度的言论，但事实上变法过程中激烈的斗争已经昭示了它是"一场真真实实的资产阶级社会变革运动"。④ 更有论者认为"戊戌维新的中心内容是要向封建顽固派夺权，实质是资产阶级向地主阶级夺权，是辛亥革命的一次预演"。⑤ 对此，陈锡祺表示异议，认为可以给予戊戌维新以较高的评价，但称之为"资产阶级革命"还不能令人信服。从理论准备和当时的国情分析，其都不具备通常我们所理解的"革命"的意义。⑥ 上述讨论在当时颇为热烈。

对于戊戌维新的历史作用及评价问题，20 世纪 50 年代学界普遍认为，维新派指望光绪皇帝自上而下进行变法来摆脱封建主义的束缚，实在近乎幻想，而百日维新自身的彻底失败更加证明"改良主义的破产"不可避免。⑦ 到了 80 年代，仍有类似的评价，而且表述更为严谨全面。胡绳指出，维新派要求变法，要求上层建筑发生某些有利于资产阶级的变革，但其对于封建

---

① 叶林生：《戊戌变法是"改良主义"运动吗?》，《人民日报》1980 年 7 月 10 日；《关于戊戌变法的评价问题》，《群众论丛》1981 年第 1 期。

② 汤志钧：《戊戌变法与改良主义》，《学术月刊》1982 年第 1 期；苑书义：《论近代中国的进步潮流》，《近代史研究》1984 年第 2 期。

③ 李时岳：《从洋务、维新到资产阶级革命》，《历史研究》1980 年第 1 期。

④ 杨立强：《民族觉醒的一块里程碑》，《复旦学报》（社会科学版）1979 年第 5 期。

⑤ 钟珍维：《坚持马克思主义，重新研究维新运动》，《学术研究》1982 年第 3 期。

⑥ 陈锡祺：《关于戊戌维新与辛亥革命》，《中山大学学报》（哲学社会科学版）1983 年第 4 期。

⑦ 参见郭沫若主编《中国史稿》第 4 册，人民出版社，1962，第 134 页；《中国近代史稿》第 3 册，人民出版社，1984，第 108 页。

制度的批判是肤浅的，也不是站在封建制度的对立面进行批判，恰恰相反，维新派面对封建制度的灭亡，抱着一种"无限悼惜的心情"，唱着"绝望的挽歌"。可见，戊戌维新运动客观上起到了促进资本主义发展的作用，但主观上不过是想为旧制度注入新的"生机"而已。① 与此相比，李时岳的观点有所不同，他将戊戌维新与太平天国运动、洋务运动、辛亥革命并列在一起，作为中国近代史基本线索的四个阶梯，认为戊戌维新的历史意义"不在于'特殊的历史条件下'的'客观作用'，更不在于它的失败'证明了改良主义道路走不通'，而在于它点燃了爱国、民主的火炬，召唤着一代仁人志士为救国救民的真理而献身，召唤着资产阶级革命的到来"。② 相比而言，李时岳对戊戌变法的评价似乎更高一些。

关于戊戌变法与洋务运动的关系，20 世纪 50 年代的基本看法是二者不存在承继关系，因为，洋务运动是反动的，推行的是半殖民地半封建的近代化路线，与具有进步意义的戊戌变法不可相提并论。③ 到了 80 年代，随着对二者的重新评价，资产阶级的历史地位得到提升，学界开始认为，洋务运动与戊戌维新、洋务派与维新派之间，存在既否定又肯定的继承关系；二者是前后交错、互相联系的两个阶段，代表了历史前进的方向，是近代中国学习西方、实现资本主义生产方式不同阶段的代表。李时岳、陈旭麓、徐泰来等先后撰文对此进行了新的阐释。④ 同样，对于戊戌变法与辛亥革命的关系，以前过于强调彼此对立的一面，而其相通之处未能引起足够的重视。从运动的性质来看，二者有鲜明的继承关系，同属于资本主义范畴，只是程度不同而已。⑤

有关戊戌维新与帝国主义的关系，20 世纪 50 年代普遍一边倒地认为维新派对帝国主义抱有幻想，对如何摆脱帝国主义侵略无计可施，没有把帝国

---

① 胡绳：《从鸦片战争到五四运动》，人民出版社，1980。
② 李时岳：《从洋务、维新到资产阶级革命》，《历史研究》1980 年第 1 期。
③ 参见王其榘《戊戌变法在近代革命史上的贡献》，《历史教学》1953 年第 2 期；汤志钧《洋务运动与戊戌变法》，载氏著《戊戌变法史论》，群联出版社，1955，第 91—100 页。
④ 参见李时岳《从洋务、维新到资产阶级革命》，《历史研究》1980 年第 1 期；陈旭麓《中国近代史上的革命与改良》，《历史研究》1980 年第 6 期；徐泰来《戊戌变法与洋务运动》，《史学集刊》1983 年第 1 期。
⑤ 刘曜：《中国近代史研究中的几个问题》，《社会科学战线》1980 年第 6 期；方志钦：《从"变法"的演变看维新运动》，《学术研究》1983 年第 3 期。

主义视为造成中国贫困的最大根源，相反却把这种侵略活动看作可以刺激中国“奋发图强的一剂良药”，最终导致变法的失败。① 这些结论与抗美援朝前后高涨的反帝斗争气氛是有直接关系的。当然，这样的分析不免存在片面之处。80 年代后，学界主张具体分析问题，在一些学者看来，帝国主义当时并未公开反对变法，有些言论还是有利于维新派的；无论其主观动机如何，客观上也还有利于维新运动。即使外国人中也有外交官、传教士的区别，所以评价也要具体研究，不宜泛泛而论。② 至于戊戌变法时期传教士在西学宣传和中西文化交流方面的积极作用，也不可一概抹杀。③

　　关于维新派的政治纲领问题，20 世纪 80 年代学界也有过讨论。刘大年认为，“设议院”“兴民权”“立宪法”是戊戌年四月以前维新派的政治纲领，实际上百日维新中康梁等改良派争取到接近光绪帝的机会后，就抛弃了建立“立宪政体”的政治理想，背弃了自己的政治纲领。④ 宋德华则认为“背弃”一说有失公允，维新派其实一直坚持“革弊政、变成法、去尊隔、通下情、改官制”的政治纲领，其核心是“立制度局以议宪法”，试图依靠君权来推行变法，而非“尊君权”。⑤ 房德邻重申“兴民权、设议院、立宪法”作为维新派的政治纲领不容置疑，康有为提出的“设议郎”可视为近代议院的初阶；维新派不提“开议院”而提出“设制度局”是因为受到阶级力量薄弱条件的限制，与“开国会、定宪法”的目标相比，只是在实行立宪步骤的迟速上不同而已，不可说维新派“背弃”了自己的政治纲领。⑥ 上述讨论虽然立论各异，却明确了康梁曾调整政治纲领和目标的实际情况。

---

① 参见王崇武《戊戌变法与英帝国主义》，《历史教学》1953 年第 6 期；沈镜如《戊戌变法与日本》，《历史研究》1954 年第 6 期；林树惠《戊戌变法前后英帝在华人员的操纵干涉》，《历史教学》1952 年第 10 期；李文海、罗明《戊戌时期维新派如何认识帝国主义》，《新建设》（哲学社会科学版）1964 年第 5、6 期。

② 参见王栻《维新运动》，上海人民出版社，1986，第 379 页；徐泰来《戊戌变法与洋务运动》，《史学集刊》1983 年第 1 期；叶林生《关于戊戌变法的评价问题》，《群众论丛》1981 年第 1 期；等等。

③ 参见梁碧莹《美国传教士与近代中西文化交流》，《中山大学学报》（哲学社会科学版）1989 年第 3 期。

④ 刘大年：《戊戌变法的评价问题》，《近代史研究》1982 年第 4 期。

⑤ 宋德华：《戊戌维新派政治纲领的再探讨》，《历史研究》1985 年第 5 期。

⑥ 林克光：《戊戌政变史事考实》，《近代史研究》1987 年第 1 期；房德邻：《维新派政治纲领的演变》，《历史研究》1989 年第 6 期。

此外，自 20 世纪 80 年代末，起源于文化评价中的"保守主义"思潮，逐渐渗透到史学研究领域。有学者一反学界对戊戌变法的积极评价，认为戊戌时期乃至整个近代中国，"救亡压倒了启蒙"，因而延误了本来可以正常发展的中国现代化进程，对戊戌变法的激进主义倾向提出了批评。到底是救亡唤起启蒙，还是救亡压倒启蒙，金冲及以为，恰恰是前者而不是后者，这是近代中国国情所决定的。他认为，"救亡不是启蒙的对立物。如果没有救亡这种燃眉之急的强烈推动，中国的民主启蒙运动要在全国范围内达到如此广泛的程度，可能还要经过漫长得多的路程"。[①] 本来，随着研究的深入，学界已认识到"革命"与"改良"二者既能互相兼容，又可彼此牵动，基本上已经抛弃了关于戊戌变法是保守主义与改良主义的评判，予以了实事求是的评价。不料，又出现了视其为"激进主义"的观点。马洪林认为，对同一个历史事件，前有"保守反动"的恶谥，后有"激进主义"的鞭挞，这种反差现象说明，仅仅用现代观念去解释戊戌变法，很容易偏离历史真实、历史文献和学术规则，这种研究方法是不可取的。不可用简单化、绝对化的"保守"与"激进"来概括戊戌变法。[②]

与上述理论争鸣同样引起关注的还有康有为奏稿的篡改问题。20 世纪 70 年代，台湾学者黄彰健将《戊戌变法档案史料》与康有为的著述进行比对研究后，推断康有为在戊戌年并非主张"开国会、行宪法"，现在看到的 1910 年出版的《戊戌奏稿》中的相关奏折内容被篡改过。[③] 黄先生的观点得到了大陆学者的响应和重视。80 年代，果然在北京故宫博物院发现的《杰士上书汇录》、《日本变政考》进呈本、《列国政要比较表》以及《波兰分灭记》进呈本，都是康有为戊戌年间奏折与呈书的原本或原始抄件。陈凤鸣认为，《戊戌奏稿》所载部分奏稿都不是康有为当时呈递的真折，"其中有的可能是当时的草稿，或后来根据当时的提纲、摘记等追记重写的，有的则是后来适应新的形势伪作的"。[④] 稍后，孔祥吉又在中国第一历史档案

---

① 金冲及：《救亡唤起启蒙——对戊戌维新运动的一点思考》，《人民日报》1988 年 12 月 5 日。
② 马洪林：《略谈戊戌变法的"保守"与"激进"》，《文史哲》1998 年第 5 期。
③ 黄彰健：《戊戌变法史研究》，台北中研院历史语言研究所专刊，1972。
④ 陈凤鸣：《康有为戊戌条陈汇录——故宫藏清光绪二十四年内府抄本〈杰士上书汇录〉简介》，《故宫博物院院刊》1981 年第 1 期。

馆发现了康有为《上光绪帝第三书》的原折。为此，孔祥吉参酌中国第一历史档案馆光绪二十四年军机处档案和《杰士上书汇录》等原始资料，考订异同，认为《戊戌奏稿》"在许多地方有原则性的改篡，不能反映维新派在变法时期的政治主张"。康有为在《戊戌奏稿》中加进了"制定宪法，立行立宪"的内容，将维新派的政治纲领由"开制度局"改为"开国会"，并竭力掩饰其尊君思想，不能代表戊戌变法时期康有为政治思想的真实面貌。① 这是对戊戌维新运动史研究的一次重大突破，成为 80 年代近代史研究的一大亮点。孔祥吉在此基础上写成了《康有为变法奏议研究》② 一书，进一步澄清了康有为刊布《戊戌奏稿》这桩学术公案的原委，以康氏多次向清廷上书为主要线索，深入探讨了戊戌维新的曲折进程。林克光、房德邻也就戊戌政变发生的时间等问题进行了探讨。③ 此后，充分利用档案文献成为戊戌变法、戊戌政变研究的重要方向，康有为"作伪"的内情逐步得到澄清。

教科书作为历史教育和历史表述的载体，最能反映人们对历史事件和人物的认识和评价。李帆通过对民国时期历史教科书的全面梳理，发现这些教材对于戊戌维新及康有为的叙述经历了由隐至显的变化过程。清季尚属敏感话题的戊戌变法，在书中很少提及或简单带过；民初虽突破禁区，予之以正面评价，但史实层面并未有过多扩展；直到 1922 年学制改革后，教科书对戊戌变法的叙述才在篇幅上大幅超越以前，对史实的把握和价值的判断也为后世所取法。尽管 20 世纪 20 年代后的戊戌变法叙述，在总体框架和宏观架构上较为一致，但也非千篇一律，具体内容表述，特别是对康有为等人物和事件，有丰富的细节描绘和学术考辨。民国历史教科书编者所构建的戊戌维新史实、塑造的康有为形象，客观上仍规范乃至影响了当时和后来的戊戌变法史研究。④ 可见，从体系形成的层面梳理人们对戊戌变法的认识和评价也是推动研究深入的重要方面。

结　语

从 1949 年新中国成立至 2019 年为止的 70 年，是中国社会主义建设和

---

① 孔祥吉：《〈戊戌奏稿〉的改篡及其原因》，《晋阳学刊》1982 年第 2 期。
② 孔祥吉：《康有为变法奏议研究》，辽宁教育出版社，1988。此外，还有《戊戌维新运动新探》（湖南人民出版社，1988）一书。
③ 胡绳武主编《戊戌维新运动史论集》，湖南人民出版社，1983。
④ 李帆：《民国历史教科书中的戊戌维新及康有为》，《广东社会科学》2018 年第 4 期。

改革迅速发展的时期。以 1979 年为界，又分为两个明显不同的历史时期。史学研究也不可避免带有了鲜明的阶段性特征。就戊戌变法史研究而言，80年代及 80 年代以前学界的讨论集中在戊戌变法的性质、历史作用、历史地位，以及主要历史人物的评价等问题上，理论色彩强，问题讨论集中，形成了激烈的学术争鸣；90 年代后，这种活跃的氛围已经很少，研究热点比较分散，学者关注的研究对象往往很具体细微，缺乏理论关怀，考据与实证研究更加受到推崇。这种现象也到了值得反思的时候。尽管我们对历史细节的了解增多了，并且纠正了不少既往的谬误，但对整体戊戌变法史的宏观思考可能削弱了，对于目前戊戌变法叙述体系存在的偏颇缺乏反思。究其原因或许在于，既有研究对康梁在戊戌变法中的实际影响有夸大的嫌疑；相反，对于清政府在甲午战后的整体改革评价过低。将康梁的变法思想及活动与清政府的改革进程协调起来，找到其中的契合点和区别，反映一个改革时代真实全面的历史场景应是今后戊戌变法史研究努力的方向之一。

〔作者单位：中国社会科学院近代史研究所〕

孙中山民生主义学术研究概述

韩诗琳

在近代中国发展历程中，孙中山为民族独立、社会进步和人民幸福做出了巨大努力，是近代史上一位伟大人物。他的思想，以三民主义为代表，对近代中国的发展产生了巨大影响，百年来一直是人们关注的热点。其中，有关民生主义的探讨特别受到研究者的重视。正如张海鹏先生评价的那样，"民生主义是三民主义的归宿，也是三民主义思想中最具特色的部分"。[①] 针对民生主义的讨论从它诞生之日起就开始了，历经了民国时期、新中国成立初期、改革开放至今几个不同的历史阶段，经过诸多学人的不懈努力，研究不断向前推进，对孙中山思想的认知不断深入，对理解他和理解近代中国发展道路都有了更为清晰、客观的认识和评价；在研究累积性的过程中，时代赋予了每个阶段的研究以不同的共性和特点。

一　民国阶段

1949 年以前，关于孙中山的书籍就出版了 1780 余部，[②] 涉及范围广泛，包括孙中山全集、选集、年谱传记、画册和对孙的研究著作等。这一时期的

[①]　张海鹏：《试论孙中山"民生主义"的真谛》，《中国社会科学院研究生院学报》1996 年第 5 期。

[②]　尚明轩：《民国时期的孙中山研究》，《学术月刊》2003 年第 4 期。

研究主要呈现四个特点：从数量上来看，以整理孙中山资料、著述和其他个人作品为主；从论著的题材来看，论者往往将民生主义视为三民主义的一部分，从三民主义的整体观念视角进行研究；从研究立场上来看，一些政治集团内部的论者出于对自身利益的考虑，研究立场不尽客观；从研究内容和观点评价来看，一些论者对部分三民主义内容放大、忽视，对孙中山存有过高评价，有失真实性和客观性之嫌。

有关孙中山个人的传记，最早可以追溯到 20 世纪初，他的友人宫崎寅藏（又名宫崎滔天）著有《三十三年之梦》①（1902），章士钊（笔名黄中黄）从宫崎的书中摘录了孙中山的革命事迹，编辑出《大革命家孙逸仙》（1903）一书。1926 年，美国林百克著、徐植仁译有《孙逸仙传记》。这一阶段，关于孙中山的传记很多，这里就不一一罗列了。

关于民生主义的论著，最早则可以从梁启超发表在《新民丛报》上的几篇文章开始算起，如《开明专制论》、《杂答某报》和《再驳某报之土地国有论》。民国时期有黄旭初《民生主义概要》、吴曼君《民生史观研究》等；但多半有关民生主义的探讨是放在三民主义中一起考察的。有关三民主义的研究，民国时期具代表性的有胡汉民《三民主义与中国革命》（中兴学会 1935 年版）、戴季陶《孙文主义之哲学的基础》（广州民智书局 1925 年版）、周佛海《三民主义之理论的体系》（上海《新生命月刊》1928 年）等，尚明轩认为，这些著述"几乎都把孙中山打扮成尧舜禹汤、文武周公、孔子以来的继承者，其为反共、反马克思主义服务的意图则是一致的，因而在中国思想界曾产生过消极的不良影响"；②对于孙中山晚年的思想和革命实践，在这一时期的研究多有略过或歪曲事实的姿态。

马克思主义历史学者在这个时期也有研究成果，较有代表性的有侯外庐的《三民主义与民主主义》，胡绳的《孙中山革命奋斗小史》，张闻天等人的《三民主义与共产主义》等，从历史唯物主义的角度，分析孙中山的实践活动，对新中国成立后的孙中山研究有一定程度的影响。林家有认为，这一时期的研究者，除了运用历史唯物主义观点去研究孙中山政治思想外，其

---

① 宫崎滔天：《三十三年之梦》，林启彦译注，广西师范大学出版社，2011。
② 尚明轩：《民国时期的孙中山研究》，《学术月刊》2003 年第 4 期。

他人对三民主义的解读主要是出于当时政治斗争的需要，未能给孙中山合理的历史定位。①

二　共和国初期阶段

1949 年以后，大陆学界对孙中山思想的研究主要是在哲学和史学两个学科内进行。在 1949—1978 年时段里，学者对民生主义的研究主要是将其作为三民主义的一部分，对它们产生的时代背景、思想来源和阶级实质进行论述，以宏观定性分析为主。研究课题集中在孙中山一生的革命实践，孙中山哲学思想——特别是新旧三民主义形成和发展的过程、内涵和现实意义，与孙中山密切相关的人物思想和历史事件等范畴，对三民主义在历史上的作用和地位给予了充分肯定。

1956 年，毛泽东写作了一篇名为《纪念孙中山先生》的文章，对孙中山研究起到了很大的指导作用。学界普遍赞同毛泽东对三民主义的评价，即认为它是中国近代史上第一个比较系统的资产阶级民主革命纲领，要分新旧两个阶段进行研究。几篇重量级的学术文章的发表时间都集中在 1955—1957 年。

在这一时段，国内编纂出版了《孙中山选集》（两卷本）、《国父全集》、《国父年谱长编》、《孙中山先生的史料与史学》、《孙学体系新论》、《孙中山的哲学思想》等书籍。最早以民生主义为主要研究对象发表的论文是李时岳的《孙中山"平均地权"政纲的产生与发展》和《论民生主义——近代中国民主革命派对资本主义的批判及其预防资本主义祸害的主观社会主义》。其后，研究论文较有代表性的有张磊的《论孙中山的哲学思想》和《略论孙中山的社会历史观点》、侯外庐的《孙中山的哲学思想及其同政治思想的联系》、李泽厚的《论孙中山的"民生主义"思想》等。

关于民生主义的定性，主要有三种观点：二元论、历史唯心主义和主观社会主义。张磊、李泽厚认为，孙中山的哲学思想总体来看是唯物主义，它的特点是"原始形态的西方经验科学的科学基础和资产阶级民主派的阶级

---

① 林家有：《孙中山研究评述》，《人民日报》2001 年 4 月 28 日，第 6 版。

性格"，① 由于现实的局限，尚未形成完整体系，在具体的认识论问题上，如对"精神"的理解和看法有唯心主义成分，对实践的理解也存在不足。在民生史观问题上，张磊认同毛泽东的看法，指出"民生史观"的特点是"二元论"，"虽然包含有唯物主义的因素，但其体系则是唯心主义的"。② 他认为"民生史观"基本内容的主要缺陷在于孙脱离了社会的实际发展，抽象地理解民生问题，不能摆脱阶级调和的唯心史观，未能认清人民群众在社会历史发展中的决定性作用。侯外庐认为，孙氏的理论体系虽然不完整，在诸多方面表现为二元论的形式，但他"合理的核心思想则是紧紧地接近唯物主义"，③ 并在他的革命实践中起重大作用；孙氏基于"事实"得到的结论既有正确的部分，也有不正确的部分，原因在于孙中山思想中经验论的因素，经验论有好的一面，但在某些社会问题上，这种方法论容易导致孤立地从复杂现象里抽取"事实"作为论据。杨荣国认为，"民生""人类求生存"是一种"主观要求的精神因素"，因此把民生问题看作"决定社会进化和历史发展的第一性的东西"，是唯心主义。④ 李时岳认为，近代中国的客观现实决定了孙中山无法认清真正的社会主义内涵，也无法认清革命主张和改良主张之间的根本对立，因此他的"社会主义"只能是主观空想。⑤ 李泽厚认为，民生主义是"孙中山和当时整个小资产阶级资产阶级革命民主主义思潮的一个最鲜明的时代特征和阶级标志"。⑥ 文章指出民生主义所主张的"集产社会主义"并不是社会主义，但孙氏的思想"由自发到自觉地愈来愈靠近了马克思主义，而终于与马克思主义在革命实践中，结成了牢不可破的伟大的联盟"。

这一阶段较为偏重理论研究，具体实证研究较少。对民生主义的研究主要可以分为三类：一是把三民主义作为一个整体进行评价，做以定性分析；二是对民生主义内容的研究，关注点基本一致，即"平均地权""核定地价""照价纳税""集产社会主义""反对垄断"等；三是针对民生

---

①　张磊、李泽厚：《论孙中山的哲学思想》，《科学通报》1956 年第 6 期。

②　张磊：《略论孙中山的社会历史观点》，《学术研究》1963 年第 1 期。

③　侯外庐：《孙中山的哲学思想及其同政治思想的联系》，《历史研究》1957 年第 2 期。

④　杨荣国主编，李锦全、吴熙钊编著《简明中国哲学史》，人民出版社，1973，第 477 页。

⑤　李时岳：《论民生主义》，《史学集刊》1956 年第 1 期。

⑥　李泽厚：《论孙中山的"民生主义"思想》，《历史研究》1956 年第 11 期。

主义的思想动机、思想来源各抒己见，① 特别是"平均地权"思想，尽管具体侧重点有所不同，但学者们基本认同孙中山受到了国内国外的双重影响，比较有代表性的观点如太平天国的土地纲领和西方学者亨利·乔治的单税论，② 从防止垄断和为农民利益考虑的角度出发，构建出了"平均地权"的思想内涵。研究集中在"文革"以前，1966—1976 年研究基本停顿。

对比上一时期，学者对孙中山的研究主要有三个特点：一是学习运用辩证唯物主义和历史唯物主义的方法和概念对孙的思想和行动进行解读和分析；二是研究成果主要是在列宁、毛泽东同志对三民主义有关论述的指导下取得的；三是在肯定他的伟大贡献的同时，也指出他的缺点和错误，评价较上一时期要客观中肯。

三　改革开放后的研究阶段

改革开放后，以"孙中山和辛亥革命学术讨论会"（1979）和"纪念辛亥革命 70 周年学术研讨会"（1981）为复苏的开篇，孙中山研究日益繁荣，特别是在 1980—1995 年这个时段，学术界举办了多次海内外学术研讨会，在研究内容、研究思路方面有了很大进展和突破；全国和地方性孙中山研究学会相继成立。2000 年以前，与民生主义密切相关的资料和研究类书籍有《孙中山全集》③、《孙中山年谱长编》④、《孙中山研究论文集（1949—1984）》⑤、《孙中山经济思想》⑥、《孙中山的民生主义研究》⑦、《孙中山思

---

① 具体文章有夏东元《论清末革命党人关于土地问题的思想》和《论"平均地权"》，苑书义《同盟会时期孙中山的三民主义》，李时岳《论民生主义》和《孙中山"平均地权"政纲的产生和发展》，李泽厚《论孙中山的"民生主义"思想》，王凤举《谈谈孙中山的民生主义》，来新夏《同盟会及其政纲》等。

② 论及亨利·乔治影响的有李泽厚的《论孙中山的"民生主义"思想》（《历史研究》1956 年第 1 期）和李时岳的《孙中山"平均地权"政纲的产生和发展》（《光明日报》1955 年 10 月 27 日）。

③ 中国社会科学院近代史研究所中华民国研究室等合编《孙中山全集》，中华书局，1981。

④ 陈锡祺主编《孙中山年谱长编》，中华书局，1991。

⑤ 金冲及主编《孙中山研究论文集（1949—1984）》，四川人民出版社，1986。

⑥ 胡显中：《孙中山经济思想》，上海人民出版社，1985。

⑦ 刘枫、曹均伟：《孙中山的民生主义研究》，上海社会科学院出版社，1987。

想研究》①、《孙中山民生主义新探》②、《孙中山与中国民主革命》③、《孙中山经济改革论》④ 和《孙中山哲学思想研究》⑤ 等。比较具有代表性的学术会议有"回顾与展望——孙中山研究述评国际学术讨论会"（1985），"孙中山和他的时代"国际学术讨论会（1986），"孙中山与亚洲"国际学术讨论会（1990），"孙中山与近代中国"国际学术研讨会（1994）等；亦有多本会议论文集出版，如《孙中山研究的回顾与展望》、《孙中山和他的时代》和《孙中山与中国近代化》等。

同前一阶段相比，国内外交流、往来频繁，研究成果突出的论文呈现数量剧增、涉及学科层面较广、研究问题深入细化的特点。民生主义作为一个主体研究对象，从三民主义的总体研究中独立出来，笔者按照研究的具体内容进行分类，归纳成为民生主义哲学思想、思想来源、内容、内在矛盾性等四大类。

（一）民生主义哲学思想

1. 哲学思想的属性

民生史观是孙中山在 1924 年做三民主义讲演时提出的。承接上个时段，很多学者认同"民生史观"属于二元论或唯心论的学术观点，肯定了其中唯物主义元素的进步作用。考察的侧重点有所不同。有论者认为二元论产生的原因是，孙中山试图摆脱唯心主义的影响，寻找新的社会历史观点作为他的理论基础，但他未能理解和接受历史唯物主义的根本观点，因而形成了二元论的社会史观；并且认为民生是社会历史发展的根本动力，这是民生史观的第一个根本观点。⑥ 有人具体论述了孙中山民生主义思想中哪些属于唯物主义，哪些属于唯心主义，认为唯物主义是孙中山关于宇宙发展的基本思想，但二元论和唯心论是他唯物主义不彻底的部分。"民生史观"是指不应单纯从"道德心和感情作用"去理解民生问题，而必须从"经济问题"去解

① 张磊：《孙中山思想研究》，中华书局，1981。
② 韦杰廷：《孙中山民生主义新探》，黑龙江教育出版社，1991。
③ 李时岳、赵矢元：《孙中山与中国民主革命》，辽宁人民出版社，1981。
④ 姜旭朝：《孙中山经济改革论》，团结出版社，1989。
⑤ 韦杰廷：《孙中山哲学思想研究》，湖南人民出版社，1981。
⑥ 韦杰廷：《孙中山哲学思想研究》。

决民生问题，这表明它具有唯物主义思想因素；但孙中山认为解决民生问题的最好办法是经济调和，他害怕未来社会主义革命在中国出现，所以想以"互助论"代替社会阶级斗争，这是唯心史观的证明，也是他的阶级局限之处。①

也有学者持不同意见，认为它是唯心主义或具有多维性。有的认为，孙中山是"把社会历史的发展归结为人类求生存的努力，这实际上是把社会历史的重心从物质、经济的客观领域转移到求生欲望和本能的主观领域"，"陷入了历史唯心主义"。② 有的认为，孙中山对民生主义的多种解释赋予了它多种属性，因此民生主义具有多维性，是在公有主导下，允许私有经济成分存在的非单一所有制形式。③

2. 民生主义与社会主义的关系

对二者关系的讨论是此阶段民生主义研究的一个热点，很多学者在这一问题上发表了中肯的意见。讨论主要是围绕民生主义是不是社会主义，是什么样的社会主义，它如何产生，实质是什么，它跟科学社会主义的差别在哪里等问题进行。

胡绳认为，孙中山的革命是在赞成社会主义的旗帜下，进行资产阶级民主革命，具有名义上要社会主义，实际上是发展资本主义的主观社会主义特征；在孙中山看来，民生主义就是社会主义，但他并不打算在中国实行社会主义革命，因此，民生主义是避免社会主义革命的社会主义。在资本问题上，他认为由私人资本兴办各项事业，即使难免，但不可取，还是要由国家经营。而在当时的时代背景下，孙思想上产生主观社会主义的原因有二：一是个人角度，他试图兼得"图工商业的发达"和"图工人经济生活的安全幸福"的鱼熊两利；二是历史背景，孙既要为争取自己的生存和发展斗争，又害怕将来可能发生的社会主义革命。④

张海鹏先生厘清了孙中山使用的"社会革命"同"民生革命"和"民生主义革命"等提法之间的共通和差异。指出孙氏多次使用了"社会革命"这一提法，但概念的内涵不尽一致，需要结合具体语境进行分析。根据张先

---

① 吴熙钊、严石、王乐夫：《论孙中山的唯物主义宇宙发展观》，《中山大学学报》（哲学社会科学版）1979 年第 4 期。
② 侯外庐主编《中国近代哲学史》，人民出版社，1978，第 412 页。
③ 黄明同：《孙中山民生主义性质的再研究——论民生主义的多维性》，载广东省社会科学院孙中山研究所编《辛亥革命与孙中山：纪念辛亥革命八十周年论文集》，广东人民出版社，1991，第 222 页。
④ 胡绳：《论孙中山的社会主义思想》，《历史研究》1987 年第 1 期。

生整理的史料和他的说明，"社会革命"在某些情况下有与"社会主义革命"相近的含义，但与马克思主义"社会革命""社会主义革命"的概念含义有差异；也有使用该词来说明民生主义社会设计的解释，此时其与马克思主义"社会革命""社会主义革命"的概念含义完全不同，民生主义是用来防止或避免社会主义革命的。①

杨天石认为，孙中山的民生主义是中国革命特殊矛盾的产物，是小资产阶级的主观社会主义空想和资产阶级民主主义经济纲领的结合体，前途应该是社会主义。② 有论者也认同"前途是社会主义"的观点，认为最大限度地发展国家资本主义才是孙中山经济纲领的实质；他晚年设想的国有化道路存在发展成为社会主义趋势的可能。③

有的论者从界定民生主义属性、给孙中山思想定性的角度发表了不同意见。有的认为其思想虽然有别于科学社会主义，但孙中山是中国科学社会主义确立、马克思主义与中国工人运动结合起来之前最伟大的社会主义思想先驱。④ 有的认为，孙中山的"社会主义"思想性质是"主观社会主义"或"空想社会主义"。⑤ 有的认为，孙中山在 1919 年前，是空想的、主观的社会主义者，其后是民主主义社会主义者。⑥ 有的认为孙中山的社会主义是属于近代小资产阶级的社会主义。⑦ 还有的认为，孙中山的早期社会主义思想，具有新民主主义的性质，已接近科学社会主义。⑧

在"孙中山和他的时代"国际学术讨论会上，学者们就民生主义和社会主义关系的问题进行了集中讨论。有的认为，孙中山的民生主义是避免社会革命的主观社会主义，实行"平均地权"是为了使中国像西方国家那样发展经济和产业，又不至于造成大资本家垄断、贫富悬殊的情况。中国没有

---

① 张海鹏：《孙中山"社会革命"说正义》，《近代史研究》1993 年第 3 期。

② 杨天石：《孙中山与中国革命的前途》，《北京社会科学》1987 年第 1 期。

③ 沈骏、古堡：《孙中山与社会主义》，《华中师院学报》（哲学社会科学版）1981 年第 4 期。

④ 黄彦：《社会主义现实与孙中山的社会主义思想》，《广东社会科学》1993 年第 3 期。

⑤ 沈骏、古堡：《孙中山与社会主义》，《华中师院学报》（哲学社会科学版）1981 年第 4 期；王功安：《论孙中山的经济思想》，《经济研究》1982 年第 4 期。

⑥ 何振东：《评孙中山的社会主义学说》，《徐州师范学院学报》（哲学社会科学版）1981 年第 4 期。

⑦ 姜义华：《论近代中国的小资产阶级社会主义》，《复旦学报》（社会科学版）1980 年第 1 期。

⑧ 吕明灼：《孙中山早期社会主义思想的历史发展》，《齐鲁学刊》1983 年第 2 期。

发展到发达资本主义的阶段，因而容易产生主观社会主义的思想。有的认为，孙中山是在国民党"一大"后重点谈及民生主义和共产主义的关系，他是站在自己的立场上理解和阐释这个问题，在他看来，共产主义的目标和民生主义的目标是一致的，但他相信只有实行他的民生主义（集产社会主义）才能解决当时中国的问题。有学者不赞同这种看法，认为孙的民生主义不主张消灭剥削，而是主张调和，这与科学社会主义不同，不能说它的前途就是社会主义。上述观点均发表在《孙中山和他的时代》会议论文集中。

（二）民生主义的思想来源

一般认为，民生主义的诞生受到了东西方思想文化的共同作用，来源的多元化是较为一致的见解；但是如何作用的，以哪种思想为主，大家有不同的看法。有的认为，平均地权的主张就是吸收了亨利·乔治的单税论，并参照中国古代土地公有学说后形成的，在提出民生主义后至新三民主义前，该思想"始终以乔治的土地国有和单税论为基本内容"。[①] 有的认为，"节制资本"思想来源于马克思《资本论》。[②] 有的认为，"中国古代经济制度（如井田制）也在孙中山的社会经济思想中得到反映"。[③] 有的认为，孙中山把大同思想当作他的民生主义思想。[④] 有的认为，孙中山是站在资产阶级的立场上对儒家思想进行批判、扬弃和继承，使其中的合理因素成为他经济思想的一部分。[⑤] 有的认为，儒家经济伦理与民生主义思想有密切的继承关系。[⑥]

这个问题受到了很多学者的重视，在学术讨论会上提交了多篇相关论文。在"孙中山和他的时代"国际学术讨论会上，有学者认为，民生主义学说主要是仿效美、法，继承中国传统文化居于次要地位。有的将孙的思想与卢梭的民约论和亨利·乔治的单税论进行比较，分析西方学说对孙的巨大影响。有的认为，孙氏对传统文化的态度是反思、吸收和运用。也有人认为，孙中山的理论基础与传统儒学是两种不同社会意识形态的对立，他从中

[①] 夏良才：《亨利·乔治的单税论在中国》，《近代史研究》1980 年第 1 期。
[②] 姜旭朝：《〈资本论〉对孙中山"节制资本"思想的影响》，《文史哲》1987 年第 4 期。
[③] 张磊：《孙中山思想研究》，第 125—126 页。姜义华在《论近代中国的小资产阶级社会主义》中也持这样的观点。
[④] 杨文质：《略论孙中山的民生主义》，《河北师范大学学报》1981 年第 2 期。
[⑤] 姜旭朝：《孙中山民生主义思想的来源》，《齐鲁学刊》1988 年第 6 期。
[⑥] 胡成：《儒家经济伦理与孙中山民生主义思想的建构》，《史学月刊》1997 年第 6 期。

国实际出发，对传统儒学做了批判性的吸收和改造。在"孙中山与近代中国"国际学术研讨会上，学者们就儒家思想对孙中山民生主义的影响，展开了一系列讨论。有学者认为儒家民本思想，特别是"养民""恤民"思想对孙中山的民生观影响较大。有的认为，儒家大同思想可与孙的民生主义相联系。有的认为近代岭南形成的开放性、融通性、功利性的岭南文化在孙的经济思想中都有所反映；[1] 并认为孙的经济思想主要来源于中国传统经济观念和西方近代经济理论。以上会议中所提观点均在该学术会议论文集中发表。

张海鹏先生系统介绍和评说了多位学者有关这个问题的代表性观点，认为孙的社会主义思想来源于当时多种社会主义学说，既有科学社会主义的影响，也有早期空想社会主义、资产阶级社会主义和第二国际改良主义的影响。孙中山对马克思主义的态度，既有批判又有崇拜，批判的原因，一方面是他对于社会主义的概念理解在某些方面存在误区和认识不足，另一方面与当时中国的实际情况不无关系。文章在评析多位学者有关孙中山社会主义实质观点的基础上，认为它是资产阶级领导的国家社会主义，这反映出孙中山的社会主义思想本身存在深刻的内在矛盾。这种矛盾客观存在，并在历史上造成了后续影响。[2] 这是 1949 年以来有关孙中山社会主义思想研究的第一篇评述文章，囊括了 1949—1991 年海峡两岸有关孙中山社会主义研究有标志性意义的主要观点，为后续研究提供了线索，多次为研究者所引用，具有很高的参考价值。作者宏观把握住了孙中山社会主义思想中几个最为核心的要素，形成了自己在这些问题上的系统认识，文中主要观点基本为学界所接受和采纳。

（三）民生主义的内容

孙中山在不同的场合中多次谈到民生主义，但他并未给出一个准确的定义，他的一些说法有时前后矛盾、互有不同。因此学者在研究民生主义时，有不同角度的解读，既有对"民生"概念内涵的把握，也有对民生主义的内容进行逐个部分的剖析。

有论者认为，民生就是人类求生存的要求和欲望，孙中山的"民生"

---

[1]　袁立春：《近代岭南文化与孙中山经济思想》，《广东社会科学》1991 年第 1 期。

[2]　张海鹏：《孙中山社会主义思想研究评说》，《历史研究》1991 年第 5 期。

属于意识形态范畴，是一种思想体系;① 有人认为，"人类求生存"和"民生"内涵相同，是指人民为了求得生存和更好地生存而做出的努力。② 有人从经济学角度出发，认为实现民生主义是通过资产阶级民主革命，实行了"平均地权"和"节制资本"后所形成的资本主义社会，涂上了一层儒家大同的色彩。③ 有人将新旧民生主义的变化进行比较，认为旧民主主义时期提出的民生主义是以土地和资本为中心内容，采取"核定地价"、"照价纳税"、"照价收买"和"涨价归公"的步骤，实施"土地国有"，兼补充以"集产社会主义"的方案;新民主主义时期的民生主义中，"耕者有其田"成为"平均地权"的重要内涵，"节制资本"成为纲领的重要组成部分。④

　　"平均地权"是民生主义的内容中讨论最多的概念，有关"平均地权"的定性，研究基本可以达成共识性意见，即认为它是一个资产主义土地国有化纲领。但在一些具体问题上，论者有不同见解。在"平均地权"和土地国有的关系上，有人认为，它的实质就是指资产阶级土地国有。⑤ 有人认为，孙中山既主张"平均地权"，又不主张把土地"从实分配";既主张土地国有，又不主张把土地"尽归国有"，关键在于"涨价归公"的办法，因此"涨价归公"就是"平均地权"学说的实质和关键所在。⑥ 在"被平均"的土地类型和所有权归属等问题上，有人认为，"平均地权"主要讲的是城市（特别是大城市）土地，而非农村土地，这一主张未能与农民获得土地直接联系起来。⑦

　　有关"耕者有其田"的讨论也是一个重点。"耕者有其田"是后期民生主义提出的，同前期相比，该思想更加关注农村和农民，并制定了具体的实行方案，即国家授田或"贷田"给农民，资助他们的农业生产，这些土地主要由国家收买、没收未依法交税的土地和填地所得。有人认为，孙中山早期就有了"耕者有其田"的思想，但在他接受单税论，提出"平均地权"

① 肖万源:《孙中山哲学思想》，中国社会科学出版社，1981，第174、169页。
② 韦杰廷:《孙中山社会历史观研究》，湖南人民出版社，1986，第60、73页。
③ 刘枫、曹均伟:《孙中山的民主主义研究》。
④ 张磊:《试论孙中山的社会经济思想——关于民生主义的研究》，《近代史研究》1980年第2期。
⑤ 张磊:《孙中山思想研究》。
⑥ 郭德宏:《论孙中山的土地主张》（下），《东疆学刊》（哲学社会科学版）1991年第2期。
⑦ 张磊:《孙中山思想研究》，第127页。

的一整套纲领时，该内容消失了，直到在中国共产党的协助下，才恢复了该思想。① 有人认为，孙中山的"耕者有其田"同"平均地权"是一回事，不是平分土地的主张，只是反对地主占有土地进行剥削，并不主张农民无条件分有土地。联俄联共后的土地思想依然是以资产阶级土地国有为前提，并没有发展成为夺取地主土地，分归农民所有。② 有人认为，"耕者有其田"是"平均地权"学说的一部分，是它要达到的目的，实现的方法也是它"核定地价""照价纳税""照价收买"的办法，但侧重有所不同。"平均地权"强调国家把以后涨高的地价收归公有，兼顾减轻农民负担和征用土地时地主报价过低；"耕者有其田"是指在国家把土地收买后，农民不再向地主纳租，只向国家纳税。③

　　资本问题虽然也有论者研究，但同前面两点民生主义的内容相比，研究成果不多，但基本认识能够达成共识，即孙中山计划采取"节制资本"和"国家社会主义"（集产社会主义）的方式，希望扼制或避免大资本家垄断，减轻阶级压迫，扩大工业化规模，提高效率。有的分析了国民党在大陆期间"节制资本"未能实现的原因，认为是晚清封建残余和新生资本主义生产方式的对立，以及民族资产阶级内部的利益对立。④ 有的阐释了"发达国家资本"主张的意义和实现计划，认为孙氏有关主张的意见有三点：一是要有统筹全局的计划；二是注重发展交通、水利、商港、冶铁、市政建设等"关键及根本工业"；三是不仅要自筹资金，自己培养人才，也要善加利用外资和外国人才。⑤

　　民生主义的内容引发了诸多讨论，张海鹏先生分析了造成论者莫衷一是的原因："19世纪末、20世纪初西方社会流行的有关资本、资本家、垄断、社会主义、集产主义、共产主义那样一些概念，在孙中山的民生主义学说里都可以找到。孙中山并画图表明，社会主义、集产主义、共产主义，都包括

---

① 夏良才：《亨利·乔治的单税论在中国》，《近代史研究》1980年第1期。
② 谢刚：《论孙中山的"平均地权"》，《历史研究》1980年第4期。
③ 郭德宏：《论孙中山的土地主张》（下），《东疆学刊》（哲学社会科学版）1991年第2期。
④ 许碧晏：《试析孙中山"节制资本"的成因与其未能在大陆实现的原由》，《云南师范大学学报》（哲学社会科学版）1999年第4期。
⑤ 韦杰廷：《孙中山的"发达国家资本"思想》，《求索》1990年第5期。

在他的民生主义之中。"① 文章阐释了民生主义的实质，认为孙中山想要建立的是没有大资本家的、劳资和平协调发展的、不会引起社会主义革命的社会主义，并非经过社会主义革命的社会主义，孙设计的发展模式同科学社会主义是好朋友。孙有关"平均地权"的政策对封建地主土地所有制造成了严重冲击，但它事实上是一个不完全的土地国家制；"节制资本"是要节制私人资本，发展国家资本，刺激产生中产阶级（实施民生主义、避免社会弊病的阶级基础）。民生主义所要代表的是中国民族资产阶级的利益。该文的亮点主要有：一是将孙中山想要建立的发展模式概括成为一种有中国特色的资本主义发展模式，以国家资本为社会的主要经济构成，中产阶级为支撑社会发展的阶级基础，融入了社会主义的分配办法；二是将"平均地权"政策定位为一个不完全的土地国家制，结合其他学者研究成果来看，这个提法是中肯且符合实际的；三是突出了孙的设计里中产阶级的地位，这是其他学者有关研究中没有注意到的——特别是在"节制资本"的内容上，明确提出民生主义是要刺激产生中产阶级，因为中产阶级是实施民生主义、避免社会弊病的阶级基础；四是指出孙中山认为中国只有大贫小贫，这种认知是不准确的，也模糊了中国社会的阶级差异。

（四）民生主义的内在矛盾性

有关这个问题的探讨，首先要从列宁 1912 年发表的《中国的民主主义和民粹主义》一文说起，列宁高度赞扬了孙中山是一位"战斗的、真诚的"民主主义者，但同时认为他是一个民粹主义者。列宁认为，孙氏的民主主义思想首先是同社会主义空想、同使中国避免走资本主义道路的愿望结合在一起的，其次是同宣传和实行激进的土地改革的计划结合在一起的。

如上文所述，在 1949—1978 年时段中，列宁的主要观点对我国学者在有关孙中山民生主义思想体现出的二元论和主观社会主义观念研究上有很强的指导作用。但在 1979—1999 年的时段里，研究者对列宁的部分论述持有一些不同的观点。有人将列宁概括的民粹派特点同孙中山的思想和实践进行对比，认为孙氏并未具备民粹主义者的特点，他的主观社会主义是一种资产

---

① 张海鹏：《试论孙中山"民生主义"的真谛》，《中国社会科学院研究生院学报》1996 年第 5 期。

阶级的社会主义。① 有人对此持不同意见，提出列宁认为孙中山有民粹主义倾向，但并非把孙中山整个看作民粹派。② 有人认为，列宁对民生学说的分析和孙中山实际的构想存在一定差异，所谓民生主义的"内在矛盾"并不存在，理由有三：一是孙对资本主义、社会主义概念的理解同科学社会主义概念存在很大区别，孙主张的是集产社会主义，因此，承认一切生产机关私有权的"社会主义"不会与发展资本主义发生矛盾；二是孙的奋斗目标是资产阶级共和国，是在确立资本主义制度的前提下主张节制私人资本，发展国家资本，他主观上也是想要发展资本主义，因此民生主义不存在主客观脱离的内在矛盾；三是孙主张并行发展私人资本和国家资本，将前者的位置置于后者之上，国家资本处于辅助私人资本的地位，因此从经济模式上也不存在矛盾特征。③

四　迈入新世纪的研究阶段

2000 年以来，有关民生主义的研究又出现同之前时段不同的新特点：从研究热度来说，照比前一阶段有所下降；对哲理性的关注和讨论渐少，与当代思想研究和时代意义的结合增多；中青年学者成为研究的主力。有研究者在梳理这一阶段孙中山研究、民生主义研究特点时认为，由于中国近代史研究范式的转换，由侧重宏观研究向微观、宏微观结合的模式过渡，并且逐步摆脱政治框架的束缚，所以研究视域越来越宽泛；但这个领域经过几十年的耕耘，学科起点已经很高，想再有重大进展较难，且社会史、文化史的兴起，对孙学研究的热度也造成了很大冲击。④ 尽管如此，仍然不乏很多精彩论著。

---

① 姜义华：《孙中山与民粹主义研究述评》，载孙中山研究学会编《回顾与展望——孙中山研究述评国际学术讨论会论文集》，1985，第 240 页。
② 张达明：《也谈列宁的"孙中山与民粹派相似"说——与姜义华同志商榷》，《东北师大学报》（哲学社会科学版）1987 年第 5 期。
③ 杨天宏：《孙中山民生主义"内在矛盾"辨》，《四川大学学报》（哲学社会科学版）1987年第 3 期。
④ 主要观点来自王杰、张金超《跨世纪的孙中山研究（1997—2006）》，载邹东涛主编《纪念孙中山诞辰 140 周年国际学术研讨会论文集》（上卷），社会科学文献出版社，2009，第 16页；王杰、杨新新《孙中山民生主义的学术回眸》，"辛亥革命与民族振兴"论坛交流材料，2011，第 141 页。

出版的书籍有《广东省志·孙中山志》①、《孙中山研究口述史》②、《孙中山的活动与思想》③、《民生主义与中国特色社会主义》④、《孙中山思想概论》⑤、《对接与冲突——三民主义在孙中山身后的流变》⑥、《孙中山民生思想研究》⑦、《孙中山经济思想——中国建设前瞻者的思考》⑧、《裕民、齐民、新民——孙中山民生主义思想研究》⑨ 等。国内外学术研讨会成果丰硕，有"辛亥革命与 20 世纪的中国——纪念辛亥革命 90 周年"国际学术讨论会、"纪念辛亥革命 100 周年"国际学术研讨会、"孙中山诞辰 140 周年"国际学术研讨会、"孙中山与世界和平"国际学术研讨会、"孙中山与世界"国际学术研讨会等。出版论文集有《孙中山与辛亥革命史研究——庆贺陈锡祺先生九十华诞论文集》⑩《理想·道德·大同——孙中山与世界和平国际学术研讨会论文集》⑪《孙中山与祖国的和平统一——纪念辛亥革命九十周年学术研讨会论文集》⑫《纪念孙中山诞辰 140 周年国际学术研讨会论文集》等。此外，有关民生主义的博硕士学位论文也有多篇，对民生主义的经济和伦理思想、当代价值等问题较为关注。

以下仍然按照具体内容进行分类，归纳成为民生主义哲学思想、民生主义的思想来源及演变、民生主义的内容、民生主义研究的历史回顾、民生主义的内在矛盾性等五类。

（一）民生主义哲学思想

有人认为孙中山"民生"概念指的是维持人民群众生命存在所需要

① 广东省地方史志编纂委员会编《广东省志·孙中山志》，广东人民出版社，2004。
② 胡波主编《孙中山研究口述史》，广东人民出版社，2016。
③ 桑兵：《孙中山的活动与思想》，北京师范大学出版社，2015。
④ 董四代：《民生主义与中国特色社会主义》，中央编译出版社，2011。
⑤ 胡钢主编《孙中山思想概论》，天津人民出版社，2006。
⑥ 张军民：《对接与冲突——三民主义在孙中山身后的流变》，天津古籍出版社，2005。
⑦ 王杰：《孙中山民生思想研究》，首都经济贸易大学出版社，2011。
⑧ 黄明同、卢昌健：《孙中山经济思想——中国建设前瞻者的思考》，社会科学文献出版社，2006。
⑨ 韩剑锋：《裕民、齐民、新民——孙中山民生主义思想研究》，上海三联书店，2013。
⑩ 陈胜粦主编《孙中山与辛亥革命史研究——庆贺陈锡祺先生九十华诞论文集》，中山大学出版社，2001。
⑪ 林家有、高桥强主编《理想·道德·大同——孙中山与世界和平国际学术研讨会论文集》，中山大学出版社，2001。
⑫ 王功安、林家有主编《孙中山与祖国的和平统一——纪念辛亥革命九十周年学术研讨会论文集》，中山大学出版社，2001。

的衣食住行一类的经济生活。它的基本含义有二：一是民生是历史的重心，表明孙中山的历史观突出人以及人维持生存的经济生活的本质特征；二是人类求生存是社会进化的定律，表明孙对历史发展规律及其动力的认识——社会进化的原动力一为"民生"，二为"人类求生存"，三为"民生主义"。① 有人认为孙中山民生主义纲领的哲学基础就是他的民生史观，民生主义是政策性、工具性、功能性的层面；对民生主义的研究更应关注它与"马克思之意"的同一性。② 有人对孙中山与民粹主义之间的关系进行探讨，提出孙中山是将社会主义看作一种人道主义的制度设计，他的主观社会主义与民粹主义有着根本不同，他是站在现代工业文明而不是农民、小生产者的立场来思考问题。③ 有人认为，民生主义主张采取集产社会主义政策，追求多数人富裕，本质上是国家资本主义，虽然避免了欧美各国大资本家垄断的弊端，却导致了官僚资本主义垄断经济的新问题。④

（二）民生主义的思想来源及演变

论者以延续前一阶段基本观点的居多，认为中国传统文化，特别是儒家思想，以及西方思想都是民生主义的思想来源。在探讨西方思想来源上，有新的认识成果发表，有人认为民生主义思想主要是受到西方社会主义思想的影响，尤其是马克思主义。⑤

民生主义思想的演变过程成为新的研究关注点。有人认为，其演变过程经历了四个阶段——辛亥革命时期、民国初期、一战后和国民党改组前后；有人认为，经历了七个阶段。⑥ 有人分析了"平均地权"本义的由来和思想演变的过程，认为最初设定是"土地国有"与"耕者有其田"，后演变为

① 蒋大椿：《孙中山民生史观析论》，《中国社会科学》2000 年第 2 期。

② 刘学照：《重议孙中山的民生史观》，《学术研究》2002 年第 1 期。

③ 黄琨：《再论孙中山与民粹主义》，《学术界》2013 年第 8 期。

④ 左玉河：《国家资本主义：孙中山民生主义的本质》，《史学月刊》2016 年第 11 期。

⑤ 参见董四代、冯超英《国际社会主义运动的影响与孙中山民生主义的发展》，《内蒙古大学学报》（人文社会科学版）2000 年第 4 期；姚锡长《孙中山对民生主义的全面阐述及其启示》，《华中科技大学学报》（社会科学版）2006 年第 4 期。

⑥ 张顺昌、吴振宇在《孙中山民生主义思想的历史演变》（《黔南民族师范学院学报》2008 年第 2 期）中认为有四个阶段；王新在《孙中山民生思想追忆和辨析》[《山东科技大学学报》（社会科学版）2008 年第 2 期] 中认为有七个阶段。

"核定地价""涨价归公",再变为"定价收买"、重申"耕者有其田"的主张。①

（三）民生主义的内容

论者在此部分有进一步的研究。有人认为"平均地权"、"节制资本"、"兴办实业"和"发展教育"是它的核心内容。② 有人提出了私有经济在民生思想中所占比重的问题,认为孙中山资产权属理念是以私有制为主,主张因地制宜、公私并存,特点是经济成分的多维性、政策实施的灵活性和对外资的适度开放性。③ 有人在"平均地权"和"节制资本"的基础上,对民生主义中的对外理念和主张做了进一步探讨,认为"保护门户"和"开放门户"是民生主义的对外理念和基本主张。④ 有人从发达国家资本和节制私人资本并举两方面入手,考察了国家资本思想对南京国民政府国有经济政策的影响。⑤ 有人认为,尽管孙中山对外开放、利用外资思想尚有脱离实际之处,但并非完全空想,当时的客观环境也不允许它得以实现。⑥ 有人认为,孙中山农业经济思想是"农政有官,农务有学,耕耨有器"。⑦ 有人认为,孙中山把建立近代银行作为推进民族解放和民主革命事业的重要手段。⑧ 有人认为1912—1913 年,随着时局转换,孙中山从主要进行民生主义的奋斗转换为主要进行政治斗争的奋斗。⑨

（四）民生主义研究的历史回顾（1949 年以前）

有关民生主义的综述文章很多,但多半是针对 1949 年新中国成立以后

---

① 沈渭滨:《"平均地权"本义的由来与演变——孙中山"民生主义"再研究之二》,《安徽史学》2007 年第 5 期。
② 程美东:《孙中山的民生主义理论》,《人文杂志》2002 年第 3 期。
③ 杨天宏:《孙中山民生思想中的资产权属理念》,《史学月刊》2009 年第 11 期。
④ 李育民:《孙中山民生主义中的对外理念和主张》,《晋阳学刊》2010 年第 3 期。
⑤ 张忠民:《孙中山国家资本思想及其对南京国民政府国有经济政策的影响》,《史林》2007 年第 3 期。
⑥ 胡绳武:《孙中山的对外开放利用外资振兴实业思想》,载徐万民主编《孙中山与辛亥革命》,北京图书馆出版社,2002。
⑦ 秦兴俊:《孙中山农业经济思想探析》,《南京经济学院学报》2003 年第 1 期。
⑧ 吴景平:《孙中山建立近代银行的思想主张与实践》,《民国档案》2001 年第 2 期。
⑨ 张华腾:《孙中山理想追求之一幕:从民元辞职到宋案前孙中山研究新论》,《广东社会科学》2017 年第 3 期,第 85 页。

的研究成果进行述评，对 1949 年以前民生主义研究的历史回顾较少。1949
年以前的民生主义研究情况是在 2000 年以后进一步丰富的研究内容。有人
总结了百余年的民生主义研究成果，将其分为晚清、民国、新中国三个历史
阶段，并总结了各个时期不同的研究特点，特别是晚清阶段，填补了之前民
生主义研究概述中的时段空白。① 有人考察了北伐前的民生主义运动及其影
响，认为其对北伐战争前资本经济的发展起到了明显的促进作用。② 有人梳
理了民国时期国共两党理论界有关民生主义的争论，认为产生"民生史观
是唯心主义一元论"观点的原因有二：一是孙中山误解了马克思，二是学
界和政界误解了孙中山。民生史观重点在于解决人的生计问题，发展国家资
本主义，发展文化教育，加速社会进步。③ 有人通过对民国时期国民党理论
界民生史观核心精神和性质归属的研究，认为他们学说的主要观点之间存在
分歧，都和孙的本义有不同程度的偏离。④ 有人分析了 20 世纪 20 年代一些
国民党人把民生史观体系化，与唯物史观截然分立、走向对抗的情况，认为
他们的政治立场影响了他们的学术思想。⑤

（五）民生主义的内在矛盾性

截至 2019 年，这一时段主要有两篇文章讨论此问题。朱宗震从孙中山
的伦理观和民生主义政策的角度，论证了孙中山民生思想上存在的悖论。他
认为，孙中山的伦理观和国家社会主义政策导致了国民党政府以复制的官僚
政治执行现代化的经济功能，中国传统社会的悖论也就继续存在。⑥

事实上这一问题在李泽厚《论孙中山的"民生主义"思想》、胡绳《论

---

① 沈渭滨：《"民生主义"研究的历史回顾——孙中山"民生主义"再研究之一》，《江海学
　刊》2007 年第 4 期。
② 虞和平：《北伐战争之前的民生主义运动及影响》，载陈震宇、张宏儒、黄方方主编《孙
　中山北伐与梧州》，广西人民出版社，2000，第 244 页。
③ 林家有：《孙中山民生史观研究的回顾与思考——从同盟会对孙中山民生主义分歧谈起》，
　《近代中国》第 16 辑，2006 年，第 7 页。
④ 张军民：《民生史观的精神内核与性质归属——国民党理论界探讨三民主义本体问题之
　二》，《广东社会科学》2002 年第 2 期。
⑤ 王贵仁：《从传播"唯物史观"到建构"民生史观"——解析 1920 年代国民党人对唯物史
　观态度的转变轨迹》，《社科纵横》2009 年第 11 期。
⑥ 朱宗震：《孙中山的伦理观和国家社会主义政策》，载侯杰主编《"孙中山与中华民族崛起"
　国际学术研讨会论文集》，天津人民出版社，2006，第 129 页。

孙中山的社会主义思想》和金冲及《建国以来的孙中山研究工作》等研究文章中都指出过，但没有具体展开论述。张海鹏先生在《孙中山社会主义思想研究评说》中提到，"如果有人就孙中山社会主义思想的内在矛盾专文讨论，定会加深人们对孙中山思想的认识"。27 年后，张先生经过长期思考，落笔写下《孙中山民生主义理论体系的内在矛盾——兼议孙中山阶级观点问题》一文，作为对这一问题的回答。

张先生将民生主义的内在矛盾具体化为民生主义与社会主义、尊崇马克思主义与批判马克思主义、共产主义是最高理想与不能在中国实行共产主义制度、节制资本与大贫小贫、批判资本主义与推行资本主义等方面。他分别从民生主义的性质、内涵、民生主义反映出的孙中山的思想和态度等方面论述了内在矛盾的所指。可以说，这篇文章是张先生数十年来对民生主义思考的全面概括和总结，是对学界已有研究成果的吸纳和创新，与之前发表的相关文章互相呼应。他从民生主义同马克思主义相关理论的比较、孙中山对阶级和阶级斗争的认识两个方面展开论述，认为民生主义存在内在矛盾和若干理论陷阱，主要表现在孙中山承认欧美社会出现的阶级斗争，却在主观上设计避免在中国出现同样的斗争，他的阶级斗争理论和实践是割裂的。他在阶级斗争的认识论上是二元论，民生观上也体现了这一点，唯心主义的色彩很明显。

此文的价值主要在于以下几点。第一，正如张先生说的那样，开展这项研究，对全面把握孙中山思想，尤其是把握他的民生——社会主义思想，了解 19 世纪末、20 世纪初国际国内思想界的动态，把握孙中山去世后学界对三民主义尤其是民生主义的各种解读有很大意义。[1] 第二，这是学界第一次有人将民生主义内在矛盾的问题系统地说清楚，把民生主义研究的深入化、系统化、理论化再推向一个新的台阶。21 世纪以来，鲜有关于民生主义的宏观研究，这是这一阶段少有的重量级文章，可能会引起人们对民生主义的进一步研究和讨论。第三，在研究视野上，张先生对民生主义的研究立足民生主义，又不仅仅局限于此领域——针对民生主义本身进行研究，他是将它与孙中山思想、国民党从建立到发展到崩坏的整体过程联系在一起考察，是

---

[1]　张海鹏：《孙中山民生主义的内在矛盾值得研究》，载中国孙中山研究会、孙中山故居纪念馆等编《孙中山·辛亥革命研究回顾与前瞻高峰论坛纪实》，社会科学文献出版社，2011。

把民生主义放在近代中国发展道路的探索中思考，为我们思考历史问题、研究历史问题提供了非常好的研究思路。他的研究视野开阔，对孙中山进行立体式考察，引用的材料包括孙中山一大讲话稿、对驻广州湘军的演说等，引用的观点包括学者对国民党一大的研究、对孙中山思想的哲学思考等，他要在文章中进行的不仅是关于民生主义内容矛盾的探讨，更重要的是揭示孙中山思想中的内在矛盾性。对孙中山的研究，折射出的是中国近代阶段的革命探索者们对近代中国的认识和探索实践历程。第四，在民生主义具体问题的研究上，有新的观点呈现，如在对民生主义"求生存"认识的基础上，进一步认为求生存是表象，在斗争中求生存才是实质，把求生存解释为社会进化的原因，是用社会表象掩盖了社会实质；从阶级斗争角度来看，认为孙中山阶级斗争的理论和阶级斗争的实践是割裂的，具有二元论的特征。

　　对孙中山民生主义的探讨从它诞生之日起，到今天已经走过了106年。这是一个国际性的学术课题，受到海峡两岸以及各国学者的关注。由于笔者水平所限，仅对1949年以后，特别是改革开放以后大陆地区的民生主义学术动态做了梳理，疏漏之处还请各位方家海涵和指正。纵观近70年的相关研究，不难发现，民生主义的研究经历了政治带头（1949—1978）、会议带头（1979—1999）、自行多元化发展（2000年至今）的过程，每个阶段都呈现了它不同的研究特点和研究成就。其中，20世纪50年代是研究的一个小高潮，80年代到90年代是一个大高潮；2000年以后，在整个孙中山研究有些冷却、民生主义研究已取得很大成绩的背景下，民生主义研究想要大范围取得突破性进展是有些困难的——很多八九十年代活跃的中青年学者转型主攻其他方向，新的研究者在成长中。但正如张海鹏先生在《孙中山诞辰140周年学术讨论会综述》中说的那样，"孙中山研究是可以大有作为的"，"即使是老的题目，深入研究下去，也会有新的生命"。因此，我们有理由相信以后孙中山民生主义研究会出现更好的成绩。

〔作者单位：山东大学历史文化学院〕

20世纪50年代以来中国大陆抗日战争前期中外关系研究综述

张志勇

　　抗日战争是中国民族解放斗争史上的一个转折时期，中国对外关系在全面抗战这八年中发生了巨大的变化。民国以来对中国威胁最大的日本终于被打败，美国和苏联先后成为对中国最具影响力的国家，这对以后的中国内政和外交产生了长远的影响。中国的国际地位也因这场战争而获得大幅度的提高。

　　与这一时期极为活跃的中外关系相适应，有关的研究成果异常丰富。除了若干抗战史著作的有关论述，仅就外交史专著而言，综合性专著有陶文钊、杨奎松、王建朗的《抗日战争时期的远东国际关系》（中共党史出版社，1995），王建朗的《抗战初期的远东国际关系》（台湾东大图书公司，1996）；双边关系专著有汪淇主编的《从中立到结盟——抗战时期美国对华政策》（广西师范大学出版社，1996），任东来的《从中立到同盟——美援与中美抗日同盟》（广西师范大学出版社，1995），王真的《动荡中的同盟——抗日战争时期的中苏关系》《没有硝烟的战线——抗战时期的中共外交》（广西师范大学出版社，1993、1995），李嘉谷的《合作与冲突——1931—1945年的中苏关系》（广西师范大学出版社，1996），曹振威的《侵略与自卫——全面抗战时期的中日关系》（广西师范大学出版社，1994），马振犊、戚如高的《友乎？敌乎？——德国与中国抗战》（广西师范大学出版社，1997），徐蓝的《英国与中日战争（1931—1941）》（北京师范学院出版社，1991），李世安的《太平洋战争时期的中英关系》（中国社会科学出版社，1994）；专题研究专著有黄友岚的《抗日战争时期的"和平工作"》（解放军出版社，1988）、项立岭的《转折的一年——赫尔利使华与美国对华政策》（重庆出版社，1988）、牛军的《从赫尔利到马歇尔——美国调处国共矛盾始末》（福建人民出版社，1988）等。

学界对于抗日战争前期中外关系的研究，主要集中在以下几个方面：九一八事变后的国联调查与国际反应；抗日战争时期的日本侵华政策与国民政府的因应；抗日战争前期的中外关系；抗日战争时期的外交制度；抗日战争时期的中共对外关系。

一 九一八事变后的国联调查与国际反应

（一）国联调查

九一八事变爆发后，国民政府一方面实行不抵抗主义，另一方面就该事变向国联提出申诉。对此，学术界一直存在不同的看法。有的学者对此全面否定，认为这是蒋介石企图借此掩饰其出卖祖国领土的罪恶行为，从而逃避中国人民的谴责的做法，而实际上，这个行动乃是在美英帝国主义控制下的南京国民政府企图改变东北被日本独占的形势而向国际帝国主义做公开的拍卖。[1] 南京国民政府之所以坚持依赖国联制日的外交方针，原因是多方面的。急于"安内"是主要原因，但不是唯一原因，对国联的幻想、对国际条约的所谓"信守"及缺少抗日勇气也是重要因素。争取世界舆论的同情是必要的，但是以对侵略者不抵抗、妥协退让为代价，则是可笑的，也是可悲的。[2]

有的学者则对此做了适度的肯定，认为国联在受理中日争端的 17 个月里，确曾做了大量工作，举行过多次会议，做出过数次决议，并派遣李顿调查团进行实地调查。国联大会通过的最终报告书，彻底否认了日本帝国主义的侵华恶果——伪满洲国。国联由于内外诸多因素，虽没有从根本上制止日本侵略，但在国际舆论和法律及道义上对日本构成了巨大的外交压力，迫使

---

① 苏诚鉴：《国联调查团的来华及其颠倒是非的报告书》，《史学月刊》1960 年第 1 期。

② 宗成康：《九·一八事变后南京政府依赖国联制日外交析评》，《民国档案》1997 年第 3 期。

日本退出国联，日本在这场外交战争中以失败而告终。① 中国在此次外交上的成就孤立和打击了日本侵略者，从而使中国在道义上赢得了国际社会的同情和支持。②

　　九一八事变后，诉诸国联的决策之所以能迅速被确立起来，是国民政府根据国际国内情势，对多种因素综合考量所做出的一种选择。做出这种选择的主要因素有：传统"以夷制夷"外交策略的思维惯性；对国联及舆论维持国际"正义"存在一定的期望；应付国内舆论及反对派的谴责与攻击，维系人心；在"和""战"都难以执行的情况下无奈的选择等。国民政府在内外交困的状况下确立诉诸国联的决策，并逐渐使之成为一项长期而稳定的外交政策。③ 但国民政府并未单纯依靠国联，而是根据事态的发展，不断调整自己的外交策略：在不失国联同情的前提下，同时展开直接交涉与武力抵抗；《塘沽协定》签订后，又将国联外交转换为大国外交和推进国联的对华经济技术援助。国民政府的国联外交一直处于一个动态的转换过程中。④

　　有学者认为，九一八事变后，中国政府诉诸国联，争取国联及其会员国的同情和支持，与日本进行外交方面的斗争，从这种意义上来说，本是无可非议的。但是，南京国民政府，不愿自己起来抗战，完全把制止日本侵略的希望寄托在国联的身上，这完全是自欺欺人的做法。中国在国联外交斗争中的失败，南京国民政府难辞其咎。日本则一方面在东北不断扩大不宣而战的侵略战争，另一方面在国联实行欺骗外交，为其侵略战争进行辩护。其欺骗手段并不高明，只是由于国联和西方列强对日实行绥靖政策，才使日本得以逃避应得的国际制裁，并得以在各种借口下继续其侵略行动。⑤ 但是也有学者认为，南京国民政府也并不完全依赖于国联和列强来解决问题。南京国民政府在外交斗争中逐步认识到国联和列强处理事变的二重性态度。于是中国也以二重性态度对待国联和列强，即一方面依赖，一方面抗争，这种外交斗

①　李淑娟：《"九一八"事变后国联调处活动评析》，《北方论丛》2001 年第 3 期。

②　洪岚：《李顿调查团与南京国民政府国联外交得失》，《北京电子科技学院学报》2004 年第 1 期。

③　左世元、罗福惠：《国民政府确立诉诸国联政策之原因新论》，《兰州学刊》2009 年第 5 期。

④　左世元、罗福惠：《九一八事变与国民政府的国联外交》，《南京社会科学》2008 年第 12 期。

⑤　赵东辉：《"九·一八"事变期间中日两国在国联的外交斗争》，《齐齐哈尔师范学院学报》（哲学社会科学版）1995 年第 5 期。

争的方法应该说是正确的。中国通过国联和列强与日本进行了有理有节的外交较量，在一定程度上牵制、抵抗了日本的侵略。日本在国联的外交，除了它事变前在东三省的既得权益继续得到列强承认，基本上没有新收获。虽然它在军事上取得了胜利，但在外交斗争中却是失败的。① 曾景忠认为，日本在国联的外交斗争并不是一无所获，而是博得了美国对其侵占东北的姑息态度。②

　　学术界对国联调查团以及《国联调查团报告书》（又称《李顿调查团报告书》）同样存在矛盾的看法，有的学者对其全面否定，认为国际联盟通过派遣调查团的决议，不仅是为了敷衍塞责，主要还是反映了美英等帝国主义国家不甘心日本帝国主义独占东北而企图伸进一只魔手达到共同宰割的目的。而《国联调查团报告书》则是一个站在帝国主义侵略者的共同立场上，蛮横干涉中国内政，反共反苏，颠倒是非，混淆黑白，企图共管中国的凶恶文件。这个文件虽然在一定程度上反映了美英帝国主义与日本帝国主义之间的矛盾，但基本上透露了所有帝国主义国家共同宰割中国的阴谋。③ 剖析李顿调查团长达 9 个月的调查过程就可以看到，该调查团不仅没有维护公理、伸张正义，反而处处袒护日本侵略者，想以此来换取日本的让步，以达到英美法日等国共同分享中国东北权益的目的。而《李顿调查团报告书》虽然原则上承认东北是中国的领土，应维持中国领土行政之完整，但实际上却主张东北脱离中国政府的管辖。显然，《李顿调查团报告书》不仅反映了列强瓜分中国的狂妄野心，也使李顿调查团在华调查的真相昭然若揭。④

　　但是也有学者反对简单地将《李顿调查团报告书》全面否定，尽管该报告书中有些提法含糊不清，或带有偏见，甚至指责中国革命运动和中国民众为自卫而进行的抵制日货运动，当然，这是必须加以批判的，但也不应就此一点，否定全面。在关于九一八事变的主要事实和主要责任方面，报告书做出了有利于中国的结论，指出了日本有计划、有预谋地挑起九一八事变，

---

① 俞辛焞：《九一八事变后国联与中日的外交二重性评析》，《抗日战争研究》1993 年第 3 期。
② 曾景忠：《九一八事变过程中日本侵华的军事外交二重唱》，《史学月刊》2008 年第 2 期。
③ 苏诚鉴：《国联调查团的来华及其颠倒是非的报告书》，《史学月刊》1960 年第 1 期。
④ 窦爱芝：《李顿调查团来华调查真相》，《历史教学》1998 年第 12 期。

并将中国领土强行占领，使其与中国分离，这在道义上对日本的打击是不小的。① 该报告书正确地反映了九一八事变及九一八事变以来中国东北的形势，并做出了令人信服的公断，对中国有利，意义很大，有助于中国维护领土完整和行使对东北地区的主权，有利于孤立日本，遏制日本进一步侵华，应该肯定。但是报告书中提出的解决满洲问题的错误建议，则违背了处理国际关系的基本准则。② 该报告在客观上，对中国具有颇为有利的内容，正是这些内容在法律上否定了日本侵略行为的合法性，使日本在世界舆论面前处于受指责的被动地位。③

学者对各国对于李顿调查团的态度进行了研究，认为在国联会议召开前，英国确定了对《李顿调查团报告书》的态度：赞同国联通过报告书；赞成报告书的意见，即"满洲"恢复原状是不可能的；模糊地表示不承认"满洲国"，但不承诺永远不承认。④ 中日对派遣调查团的态度不同，日方先是反对，后又支持，而中方则开始时积极支持倡议，之后则相对消极。中日对调查的对策不同，中国做了积极准备，专门成立了以顾维钧为首的专家委员会，国民党政治会议也为此发出专门指示。而日方则以安全为借口，对调查团和顾维钧的行动横加限制。⑤ 在国联调查团来华期间，满铁要员多次同国联调查委员进行秘密会谈，并多次向国联调查委员提供大量的"书证"材料，以此掩盖日本发动侵华战争的真相。⑥

（二）国际反应

九一八事变发生后，在国际社会引起了强烈反响，但学术界对于各国的反应持不同态度。有的学者认为，九一八事变后英国统治集团对日本侵略的野蛮行动采取了鼓励与怂恿的态度，企图借日本帝国主义的手消灭它所恐惧的中国共产党及中国革命运动；企图以牺牲中国东北领土便利日本进攻苏

①　张敬禄：《评〈李顿调查团报告书〉》，《齐鲁学刊》1990 年第 6 期。
②　周美云：《重评李顿调查团报告书》，《安徽师范大学报》（哲学社会科学版）1992 年第 3 期。
③　王宇博：《英国与 1931—1933 年远东危机的结束——兼评〈李顿调查报告〉》，《苏州大学学报》（哲学社会科学版）1995 年第 1 期；王宇博：《英国、国联与"九·一八"事变——兼评〈李顿调查报告〉》，《历史档案》2002 年第 2 期。
④　张北根：《英国对国联会议审议李顿报告书的态度》，《抗日战争研究》2001 年第 2 期。
⑤　李广民：《中日两国围绕李顿调查团外交对策之比较》，《日本研究论集》1998 年第 2 期。
⑥　武向平：《满铁在国联调查团来华期间"活动"述考》，《东北史地》2012 年第 2 期。

联，更企图在日本侵略中国的过程中，由美日的利益矛盾而引起战争，从而利用日本削弱美国，独得世界霸权。① 在九一八事变期间，英国对日本的侵略采取了袒护、纵容乃至做出重大让步的妥协政策，主要是因为英国出于帝国主义的共同利害关系，出于对中国反帝斗争的恐惧，本能地同情日本，认为日本在"满洲"的"合法权益"应当受到保护；同时还出于保住其在上海和长江流域以及在远东权益的自私目的，担心与日本争吵会迫使日本南下，因此不惜把东北的权益让与日本；而且英国还把日本看作反对布尔什维克主义的屏障和镇压民族解放运动的斗士。② 但是也有学者认为从九一八事变到一·二八事变前，英国由于在华利益未受到日本侵略活动的直接威胁和损害，因而采取了消极的"不干涉主义"的政策和立场，一再姑息日本，压制中国，甚至为了制造"平衡"而牺牲中国的利益，以满足日本的部分欲望，防止事态的扩大。③ 但是在一·二八事变爆发后，日本对上海的侵略直接威胁到英国的在华利益，这使英国开始认识到日本行径的严重性，在无力采取强硬政策的情况下，积极而又温和地推行息事宁人的"和解政策"，急于平息上海的战事，并以外交手段，将日军逐出中国内地。而在 1932 年 5 月至 1933 年 3 月，为了确保在华利益和第一次世界大战后远东和平现状不再受危害，英国奉行"平稳政策"，试图以同意"满洲自治"、实行"国防共管"的方式，牺牲中国的东北，以防止日本独占中国东北，阻挡住日本向长城以南地区的侵略和渗透。总之，英国的政策是根据自身日趋衰落的实力而采取的被动而温和的遏制政策，防日、限日和避免与日发生冲突是其主要内容。④ 英国处理中日争端政策的实质是有限度地对日强硬和妥协。在有限度的强硬下，它虽然一度支持中国先撤兵后直接交涉的立场，但是反对制裁日本。在有限度的妥协下，它虽然在是否介入解决争端、日本五条基本原则上让步，但是反对日本侵占东北，要求其撤兵。⑤ 一·二八事变期间英

---

① 李退愚：《美英帝国主义在"九一八"事变期间对中国的侵略》，《史学月刊》1959 年第 4 期。

② 徐蓝：《英国与"九一八"事变》，《北京师范学院学报》（社会科学版）1989 年第 6 期。

③ 王宇博：《英国与"九·一八事变"》，《江海学刊》1995 年第 5 期。

④ 王宇博：《英国与 1931—1933 年远东危机的结束——兼评〈李顿调查报告〉》，《苏州大学学报》（哲学社会科学版）1995 年第 1 期；王宇博：《英国、美国与"九·一八"事变》，《史林》1999 年第 2 期。

⑤ 张皓：《1931 年英国处理中日争端政策的演变》，《世界历史》2007 年第 5 期。

国远东外交政策的变化，不仅程度有限，而且仅局限于上海问题，英国只关心与它利害关系密切的一·二八事变，反对把东北问题与上海问题联系起来一道解决，甚至一度想通过牺牲中国东北换取它在上海的利益安全。①

学界对美国在九一八事变上的态度也存在分歧。有学者认为，九一八事变爆发后，美国暗中支持和怂恿日本，日本受到的美国援助骤增，并与日本签订了"美国不与闻满洲事变"和日本答应对美国"什么都好商量"的秘密条约，等待与煽动日本进攻苏联。一·二八事变后，美国在华利益受到比之前更甚的威胁，但是美国仍然未放弃反对中苏人民的阴谋，为了掩盖他们的罪恶，就大施两面手段！一方面对日本提出较强硬的抗议；一方面又积极怂恿英法帝国主义与日本妥协，共同出卖中国东北领土。② 日本进攻东北，直接破坏了华盛顿体系，这就不能不加深美日之间的矛盾，但是日本反苏反共和"防止中国赤化"的口号深入了美国统治集团的肺腑。美国为了使日本充当反对苏联和镇压中国革命的急先锋，很快就确定了支持日本进攻东北的方针，给予了日本多种多样的支援。③

但是也有学者不同意九一八事变时期美国是日本的帮凶这一观点，认为美国政府对待九一八事变的态度，有一个变化过程，在前后两个阶段里，其态度是不尽相同的。从事变爆发到同年 11 月中下旬为第一阶段，美国基本上是采取消极观望、无所作为的态度；虽然在锦州事件后其对日政策渐趋强硬，但并没有采取什么积极行动。11 月中下旬以后，随着日本发动的侵华战争的不断扩大，美国的在华利益也受到越来越严重的侵害，从而促使美国逐渐改变其对待九一八事变的消极观望态度，而采取一种比较积极的、同日本侵略者相对抗的政策。④ 九一八事变后，美国也曾希图通过外交途径，使日军撤退，和平解决所谓的中日冲突，结果完全失败，主要原因是：《华盛顿条约》使美国从远东、西太平洋撤退；《伦敦条约》中美国对日让步过

---

① 赵岚：《"九·一八"事变后英国、国联对日政策演变》，《武汉大学学报》（人文科学版）2014 年第 5 期。

② 李退愚：《美英帝国主义在"九一八"事变期间对中国的侵略》，《史学月刊》1959 年第 4 期。

③ 陈芳芝：《九一八事变时期美日帝国主义的勾结》，《北京大学学报》（人文科学版）1962 年第 3 期；陈芳芝：《九一八事变时期美日帝国主义的勾结（续完）》，《北京大学学报》（人文科学版）1962 年第 4 期。

④ 易显石：《略论美国对"九·一八"事变的态度》，《近代史研究》1980 年第 3 期。

大，又不建造条约许可的新舰，这让日本取得了军事优势。缺乏军事实力的外交谈判等于向侵略者鸣放不装子弹的空枪，空枪不仅不能吓阻反而能鼓励侵略者。① 但是日本侵占锦州后美国所发表的"不承认声明"是九一八事变后美对日措辞最激烈的一次公开声明，它公开否认了日本的行动，起到了一些积极作用。②

学界有关九一八事变后苏联的反应的成果也非常丰硕，观点也各不相同。有的学者认为九一八事变后，苏联完全站在中国这一边，批评指责日本的侵略行为。在九一八事变中，国际上最忠诚可靠的真正同情中国人民的友人，最主要的也是一贯在道义上、精神上、感情上完全同情中国，并愿做一切必要的帮助的就是苏联。苏联向中国人民伸出了友谊的手，揭露和斥责了日本帝国主义侵略中国的罪行与阴谋，对中国人民表现了极大的同情和关怀，并再三建议恢复中苏邦交。③ 苏联在道义上对中国表示深切同情，这主要表现在苏联政府的声明和报刊言论上。苏联并从保卫自身安全出发，对中国进行了援助和战略意义上的配合。④

但是有的学者持有不同的看法。苏联政府对待九一八事变的态度，有一个变化的过程，在前后两个阶段里，其态度是不尽相同的。从事变爆发到同年10月底为第一阶段，在这个时期里，苏联基本上采取消极的"沉默"观望态度，只是对事变表示深度关注与不安，并未就事变本身发表正式的外交声明，虽对中国表示道义同情，但缺乏实际行动。10月底以后为第二阶段，为了缓和日苏的紧张关系，消除日本疑虑，避免苏日战争，不为帝国主义者火中取栗，苏联改变了前一阶段对事变的"沉默"观望态度，而明确宣布了对事变的"不干涉"政策，并极力推行"和平与柔软"的对日外交，尽可能避免苏日关系恶化，对日本挑衅和侵犯苏联利益的行

---

① 金安泰：《"九一八"事变与美国外交》，《史学集刊》1983年第3期；吴景平、赵哲：《评美国对九一八事变和一二八事变的态度——兼析"史汀生主义"的提出及局限性》，《抗日战争研究》1993年第3期。

② 阮君华：《评"九一八事变"后英美两国的远东政策》，《江海学刊》2001年第5期。

③ 李退愚：《美英帝国主义在"九一八"事变期间对中国的侵略》，《史学月刊》1959年第4期。

④ 周慧杰：《九一八事变至中苏复交苏联对中国的援助》，《黑龙江社会科学》2004年第1期；周慧杰：《评九一八事变至中苏复交期间苏联对中国的同情和支持》，《史学月刊》2005年第5期。

为持容让、克制态度。①

对于德国在九一八事变上的态度，学者认为德国不仅未能主持公道，积极谴责日本的侵略行径，反而打着"中立"的旗号，在国联内外附和甚至支持日本的一系列无理要求，实行以牺牲中国利益为代价，换取日本在欧洲问题上同情、支持自己的亲日、袒日政策。②

二　抗日战争时期的日本侵华政策与国民政府的因应

（一）九一八事变后的日本侵华政策

学界对九一八事变后的日本侵华政策进行了研究，学者认为九一八事变后不久，日本军部在集中解决"满洲"问题的同时，开始酝酿制定新的对华政策，日本对华政策的主要目的在于迅速树立满蒙政权，对于中国本土的根本方策是，摧毁张学良及国民党现政权，以此使中国陷于一时混乱，使世界视听远离满蒙。如有可能，在中国建立多个政权，从华南到华北，均使日本色彩浓厚起来。与此同时，为配合九一八事变的发动与扩大，日本又酝酿并探索实施了"对中国本部政策"："以毗邻东北的华北地区为中心，以反对张学良以至蒋介石为幌子的谋略活动为主要内容，并以对广东—西南派的华南工作相配合，阴谋北南夹击、搞乱国民党中央政府，达到仿效伪满洲国、分裂全中国的企图。"这些对华新政策，从内容、方式与目标等方面，奠定了九一八事变后日本对华政策的基础。③

日本军部与外务省在侵华政策上历来存在分歧。学者认为，1933 年 5 月《塘沽协定》订立后，为策划确立东亚国际新秩序的战略目标，日本外务省与军部就实现该战略目标的方式发生了策略性分歧。军部鉴于以往经验，着重于从局部着手，强调先制华北，一边逐一推进。日本外务省则主张

---

① 胡充寒：《试析苏联对"九一八事变"的态度》，《湘潭大学学报》（社会科学版）1989 年第 1 期；王真：《九一八事变与苏联的不干涉政策》，《中共党史研究》2003 年第 3 期；李嘉谷：《九一八事变后中苏关系的调整》，《抗日战争研究》1992 年第 2 期。

② 何兰：《试析德国对待"九一八事变"的态度》，《北方论丛》1999 年第 5 期。

③ 臧运祜：《九一八事变时期日本的对华新政策》，《中国社会科学院研究生院学报》2002 年第 2 期。

华北自治应缓慢进行，强调对华政策主要须从全盘着手，全面推进，认为只有首先使南京国民政府服从日本，才能确立由日本"指导"的东亚国际新秩序，因此着重于以国民政府为对象交涉对华"全盘问题"，并提出以"经济提携"为突破口，逐步推进，以利于最终实现"日本指导下"的"日满华全面提携"，即实现中国为其附属国的目标。从而形成了日本的"协和外交"和"武力外交"，前者旨在拉拢、压迫国民政府由亲英美转向亲日，以逐步实现变中国为日本附属国的战略目标；后者则旨在首先针对华北实施局部扩张，实现这一目标后再伺机实施对华的全盘目标。[1] 但是也有学者认为这并非军部与外交部的分歧，而是配合，是一场侵华的军事外交二重唱。先是，日本关东军发动侵夺满洲的九一八事变时，日本外务省曾加以劝阻。继而，在军方的压力下，日本内阁屈从军部，为日本对中国的武力侵略辩护、掩饰。中国对事变的处置，采取"诉诸国联"的方针，而日本运用外交策略，破坏中国"诉诸国联"的活动，以配合日军在东北的占领，逼迫中国军队撤出东北，并骗取美国的姑息态度，从而促使美国采取不干涉政策。[2]

（二）卢沟桥事变前后的日本侵华政策

中日两国学者在关于卢沟桥事变的研究中，最大的分歧或争论的焦点是有无计划及预谋的问题。为此，国内学者研究了卢沟桥事变前的日本对华政策，以此证明卢沟桥事变发生的历史必然性。学者认为，1934 年到 1937 年上半年，日本对华政策的发展演变呈现四个显著特征：第一，"广田外交"开展中央谈判与陆军悍然逼签"现地协定"并举，两者默契配合，交替推进侵华；第二，以"分离华北"为重点，企求朝着"分治"和全面控制中国的方向推进；第三，从反对"以夷制夷"，阻止国民政府靠近英美，转为以"共同防共"为口号，拉拢中国"反对苏联，依附日本"；第四，日本陆军中"对华一击论"抬头。[3] 卢沟桥事变前夕的日本对华政策经过了"确立—调整、失败—再调整、再失败—再确立"的演变过程，在卢沟桥事变的前夜，

---

[1]　熊沛彪：《九一八事变后日本的对华外交及战略意图——兼论南京国民政府的对策》，《历史研究》1998 年第 4 期；熊沛彪：《九一八事变与日本侵略扩张战略的升级》，《民国档案》2008 年第 4 期。

[2]　曾景忠：《九一八事变过程中日本侵华的军事外交二重唱》，《史学月刊》2008 年第 2 期。

[3]　沈予：《卢沟桥事变前日本对华政策的特征》，《抗日战争研究》1994 年第 2 期。

近卫内阁初期的外交政策终于走到与军部主张相同的"正确政策"上，亦即以"首先对华一击"来打开僵局的政策，剩下的问题，只是选择一个发生于什么时间和地点的"事件"为借口来加以实施了。①

学者还研究了日本的"内蒙工作"，认为"内蒙工作"应是华北事变的主要内容之一。日本对内蒙古的侵略，本应是一个独立的问题。但是如同内蒙古在行政上归属察、绥而成为华北的组成部分一样，"内蒙工作"也相应地包括在华北事变之中了。而德王"自治运动"的内容、实质前后有所不同。当他保证与日本合作之后，这个"自治运动"的实质就改变了，它被纳入"内蒙工作"的轨道，成为日本的侵略工具。可以说"内蒙工作"是日本帝国主义狡猾的侵略手段的产物。②

从卢沟桥事件到华北事变，从华北事变到中国事变，在抗战全面爆发这一个多月的短暂时间里，日本从七七事变开始，以处理华北事变为核心的对华北政策，迅速扩大为以中国事变为主的全面侵华政策，并由此奠定了日中战争期间侵华政策的基础。③ 有学者认为，卢沟桥事变从局部走向扩大，演变成全面战争，责任在于日本，罪魁祸首是日本军国主义分子。所谓"不扩大"，不是实际行动的准则，而是政治策略上的缓兵之计。日本的"不扩大派"与"扩大派"在侵华目标上是完全一致的。不同之处在于，"不扩大派"基本上将作战范围界定于华北地区，用武力占领华北，避免全面战争，采取威胁利诱手段彻底征服中国。④

学界还研究了日本海军与日本侵华政策的关系，认为在战时日本对华决策过程中，海军构成重要一极。其向中国腹地南侵的主张，既是出于加强决策权威地位的政争考虑，也是为了适应对美太平洋争霸战略调整的需要，以及一举实现既定的侵华目标。为加快确立对华全面开战的方针，海军双管齐下：一方面在中国南部不断制造事端，渲染对华一战不可避免的紧张空气；另一方面，在中央层展开积极的国策统合工作，获取了全面侵华决策上的主

---

① 臧运祜：《卢沟桥事变前夕日本对华政策的演变》，《抗日战争研究》1998 年第 1 期。

② 刘国新：《七七事变前日本的"内蒙工作"及其失败》，《近代史研究》1986 年第 2 期。

③ 胡德坤：《从"七七事变"到淞沪抗战时期的日本对华政策研究》，《武汉大学学报》（人文科学版）2005 年第 4 期；宋志勇：《"七七"事变与日本外交》，《南开学报》（哲学社会科学版）1995 年第 5 期。

④ 王树荫：《试论七七事变后日本的不扩大方针》，《史学月刊》1994 年第 1 期；丁则勤：《中日战争初期日本政略方针之探析》，《抗日战争研究》1996 年第 1 期。

导地位。从此日本侵略的兴奋点由华北向中国南部腹地转移，对华战争亦由北向南地全面蔓延开来。[1]

从 1937 年 7 月至 1945 年 8 月，日本的对华政策经过了"胁蒋转向"、"倒蒋立新"、"汪蒋合流"、"世界规模压蒋"、"对华新政策"和"拉蒋谋和"六个阶段。但是日本的对蒋政策既未能实现其各个阶段的阶段目标，又未能实现其全局性的整体目标，因而是一种完全失败的政策。[2]

（三）国民政府对日本侵华政策的因应

面对日本的侵略，在卢沟桥事变前，南京国民政府的主要应对方式是妥协。学者认为，《塘沽协定》是 1933 年 5 月南京国民政府在长城抗战失利后，与日本签订的一个丧权辱国的不平等条约。《塘沽协定》的签订，是九一八事变后国民党对日政策由妥协到有限的抵抗再到妥协过程的一个重要转折点。[3]《塘沽协定》、《何梅协定》与《秦土协定》，不管是文字协定，还是口头约定，都是在蒋介石国民政府"攘外必先安内"总政策下，对日妥协、屈辱求和的产物，造成的危机与后果都是严重的，日军恣意妄为，直至导致七七事变的发生。[4]

但是也有学者认为，面对日本的侵华政策，蒋介石并不仅仅是妥协，而是从外交上寻求"联苏制日"。学者认为 1933—1935 年中、日、苏之间的关系非常微妙，蒋介石并未单纯偏向于"联苏制日"，而是以"中立"促成日苏两国的相互牵制，实现既"攘日"又"制俄"的双重目标。[5]蒋介石曾从正反两个方面运用苏联因素，并尝试以"共同防苏"换取日本对华政策的改善。但日本对之提出了令中方难以接受的前提，最终迫使蒋介石及国民政府在大政方针上转向对苏不惜联合与对日不惧应战。导致这一转折的决

---

① 陆伟：《卢沟桥事变前的日本海军与对华开战决策的形成》，《党史研究与教学》2002 年第 3 期。

② 鹿锡俊：《中日战争时期日本对蒋政策的演变》，《近代史研究》1991 年第 4 期。

③ 肖前：《塘沽协定签订前的中日谈判》，《近代史研究》1990 年第 1 期。

④ 黄鸣、李士成：《华北危机与国民政府对日交涉方针——1933—1935 年中日停战协定比较研究》，《民国档案》1995 年第 4 期。

⑤ 鹿锡俊：《蒋介石的中日苏关系观与"制俄攘日"构想——兼论蒋汪分歧的一个重要侧面》，《近代史研究》2003 年第 4 期。

定性的外因，是日苏两国在中国的主权问题与政权问题上的不同姿态。① 同时蒋介石试图在"共同防共"的原则下改善中日关系，遂有了后来的"华北自治"、"广田三原则"以及张群—川越会谈。② 最终由于日本谋求通过会议，外交、军事双管齐下，迫使蒋全面接受"广田三原则"，退出国联、断绝与英美的关系并与其缔结反苏的军事协定，变中国为其控制亚洲的工具，蒋介石在会谈中态度日趋强硬。③

抗战初期蒋介石的抗日态度一直受到学界的关注。从陶德曼调停，到高宗武的秘密使命，再到孔祥熙与日本人之间的秘密往来，直至所谓的"宋子良工作"，许多人都相信幕后的操纵者一定是蒋介石。但有学者认为，此中其实有相当复杂的情节与背景，蒋未必都是主动者。蒋确实并不完全拒绝停战议和，但其一，所有议和之举显为日方主动；其二，蒋接受议和，与内外压力有关；其三，这其中通常又含有消息传递不确或对日方妥协意图估计过高的判断错误。而就恢复卢沟桥事变前的状态这一抗日目标而言，无论蒋是否同意过对日议和，其态度应当说从未有所动摇。蒋在抗日问题上最值得讨论者，是抗战前期实际上缺乏持久战的观点，较多地寄希望于外力的帮助与干预，因此太过迁就于就便恢复卢沟桥事变前的状态，而没有及早提出明确的收复东北的抗战目标。如果说抗战前期国民党高层中之所以弥漫和平空气，且各显神通活跃于对日秘密接触之中，企盼能早日结束战争，在某种程度上与此种思想影响有关，当不为过。④ 而抗战时期蒋介石对孔祥熙的谋和活动进行了阻遏。⑤

有学者认为，蒋介石对苏德必战的早期预测，既使中国避免了在结盟问题上做出错误选择，又引导国民政府克服了在《日苏中立条约》后一度出

---

① 鹿锡俊：《蒋介石与 1935 年中日苏关系的转折》，《近代史研究》2009 年第 3 期。

② 彭敦文：《中日华北"共同防共"问题交涉与国民政府的抉择》，《抗日战争研究》1997 年第 2 期；彭敦文：《国民政府针对中日华北"共同防共"问题的政策措施略论》，《江汉论坛》2001 年第 1 期；臧运祜：《蒋介石与中日三原则谈判》，《民国档案》2010 年第 4 期；蒋永敬：《张群与调整中日关系》，《抗日战争研究》1993 年第 2 期。

③ 陈鸣钟：《试论 1935、1936 年中日会谈》，《民国档案》1989 年第 2 期。

④ 杨奎松：《蒋介石抗日态度之研究——以抗战前期中日秘密交涉为例》，《抗日战争研究》2000 年第 4 期；陆伟：《萱野长知与两次中日和平调停》，《抗日战争研究》2002 年第 2 期。

⑤ 杨天石：《蒋介石对孔祥熙谋和活动的阻遏——抗战时期中日关系再研究之二》，《历史研究》2006 年第 5 期；沈予：《抗战期间孔祥熙、宇垣一成中日秘密议和》，《百年潮》2007 年第 12 期。

现的动摇，还通过中国共产党为苏联提供了宝贵的情报。① 而日本的南进政策，更逼使美国以禁运石油的方式予以反制，最终导致珍珠港事变的爆发，使得亚洲战场与欧洲战场连为一体。蒋介石梦寐以求的中国抗战与世界反侵略战争连为一体，成为现实；中国得以与盟军分头进击及分享资源，中国抗战胜利的基础，实已成功奠下。②

三　抗日战争前期的中外关系

抗战前期，中国的对日作战处于孤军奋战之中，这一时期中国外交的中心是争取外援。一些研究者指出，这一时期国民政府的外交是基本成功的。中国推动美国修改中立法，限制对日贸易，并给予中国财政援助，使美国外交走上了中国所期望的道路。中国还撇开意识形态的分歧，争取到了苏联的大规模援助，并尽可能地延缓德国与日本的靠拢过程，从德国那里也获得了相当数量的军事物资。这一尽力争取友邦、孤立敌国的外交政策是明智的。③ 学界对于抗战前期的中美、中苏、中英、中法、中德关系进行了深入研究。

（一）抗日战争前期的中美关系

抗战初期美国援华是学界研究的焦点，学者们对美国援华的内容与过程进行了详尽研究。有学者认为，美国对中国抗战进行了积极的援助，抗战期间驻华美军最多时达 10 万人以上，其航空作战部队，弥补了中国空军的严重不足，增强了对日作战的空中打击力量和空中掩护力量；其空运部队的"驼峰运输"，创造了世界航运史上的奇迹，对极端困难的中国抗战起到了输血的作用，具有重要的战略意义。④ 抗战时期美国对华的经济援助是美国

① 鹿锡俊：《蒋介石对苏德战争的预测及因应——蒋介石抗日外交个案研究之四》，《抗日战争研究》2014 年第 1 期。
② 黄自进：《拥抱国际主流社会：蒋介石的对日外交战略》，《抗日战争研究》2014 年第 2 期。
③ 章百家：《抗日战争前期国民政府对美政策初探》，《中美关系史论文集》第 2 辑，重庆出版社，1988；章百家：《抗日战争时期国共两党的对美政策》，《历史研究》1987 年第 3 期；王建朗：《二战爆发前国民政府外交综论》，《历史研究》1995 年第 4 期。
④ 阮家新：《抗战时期驻华美军部署及作战概况——兼谈中国战区在美国战略棋盘上的地位》，《抗日战争研究》2007 年第 3 期；彭光谦、彭训厚编著《援华抗日的美国飞虎队》，中共党史出版社，2005；汤汉清、邵贵龙主编《驼峰：1942—2002》，云南人民出版社，2005；刘小童：《驼峰航线》，作家出版社，2005。

援华体系的重要环节，它在援助力度与援助性质上随着远东战局的发展和美日矛盾的激化经历了一个变化的过程。这一过程正与美国对华政策日趋积极和国民政府的外交重点转向美国有着密切的互动关系，表明战时中美"特殊关系"已在事实上建立起来。① 中美特殊关系的形成最早是从经济层面开始的。中国在解决白银危机的过程中，经历了国际合作解决路线、与美国单独协商等阶段。在这个过程当中，中国最终进行了币制改革并在实质上将法币盯紧美元，形成了中美特殊经济关系。而随着远东和国际形势的发展，中美特殊关系逐渐由经济走向政治、军事层面。②

对于美国援华，学界存在不同的看法，有学者认为，美国援华可以分为两个阶段：一是有限援华（1937 年 7 月至 1940 年 9 月）；二是全面援华（1940 年 10 月至 1941 年 12 月）。到 1941 年底珍珠港事变爆发时，中美之间已经形成了一种全面的援助体系，建立起一种事实上的抗日同盟关系。③ 美国战时对华借款给了中国抗战极大的帮助，其积极作用和在中国外债史上的进步意义应该予以肯定。④ 但是也有学者认为，美国援华贷款有帮助中国抗战的一面，也有想使中国成为其附属国的一面；而国民党政府寻求美援既有依赖美国抗日的一面，又有抵制美国损害其统治集团利益的一面。⑤ 实质上中国只是美国维护其自身利益和推行全球战略的一枚棋子。⑥

学界还研究了抗日战争时期中国与美国的租借关系，认为它是中美两国为达成抵御日本军国主义侵略扩张这一共同目标，而建立起来的以军事互助为主要内容的一种特殊的经济关系。抗日战争时期中美两国间租借援助关系的建立，是中国方面寻求美国军事援助的不懈努力和美国政府调整相关政策的结果。中美租借往来不仅在战时中美关系演变过程中居重要地位，而且极大地影响了战时国统区的财政经济状况。⑦

---

① 陈永祥：《战时美国经济援华与中美"特殊关系"的形成》，《广州大学学报》（社会科学版）2009 年第 11 期。
② 张士伟：《经济合作与 20 世纪 40 年代中美特殊关系的形成》，《武汉大学学报》（人文科学版）2008 年第 4 期。
③ 任东来：《争吵不休的伙伴——美援与中美抗日同盟》，广西师范大学出版社，1995，第 35、39 页。
④ 杨雨青、程宝元：《对抗战时期美国对华借款的比较研究》，《史学月刊》2007 年第 6 期。
⑤ 林宇梅：《美国援华贷款与中国抗战》，《民国档案》2003 年第 4 期。
⑥ 周韬：《论抗战时期美国的援华政策及其实质》，《史学月刊》2007 年第 8 期。
⑦ 吴景平：《抗战时期中美租借关系述评》，《历史研究》1995 年第 4 期。

除了经济援助，抗日战争时期，美国国务院还对华开展文化外交，设立中美文化关系项目，通过多种路径与中国进行文化交流，向中国民众展示美国文化的多样性，促进中国人了解美国。有学者认为，通过中美文化关系项目，美国在抗战时期加强了美国文化在中国的影响，也增进了中美两国在知识、学术、教育和文化等方面的合作。美国对华开展文化外交，是其对外文化战略的组成部分，服从于美国的整体战略和对外战略，目的在于通过各种文化交流，在中国塑造有利的"美国形象"，输入"美国理念"，甚至在一定程度上改变对方。[①]

（二）抗日战争前期的中苏关系

抗日战争前期的中苏关系既有合作与交流，也有矛盾与冲突。学界对于苏联对华援助进行了详尽的研究，有学者认为从 1937 年中国抗战全面爆发到 1941 年苏德战争爆发前夕这一阶段，中苏关系十分密切，苏联积极地支援了中国的对日抗战。中苏签订了互不侵犯条约，苏联政府为中国抗战提供了巨大的物质援助，此外苏联政府和人民直接参加反对日本帝国主义的斗争，与中国开展了军事情报合作。[②] 有的学者甚至认为，事实上，从 1937 年到 1941 年，中国得到的国际援助主要来自苏联。[③]

对于抗战初期的中苏矛盾与冲突，学界存在不同的看法，有学者认为评判抗战期间中苏关系中是与非的标准只能是国家利益和主权。抗战期间中苏关系曲折发展，以至于恶化而发生军事冲突的根本原因是中苏两国的利益冲突，其中更为主要的是苏联对华政策中严重的民族利己主义和大国沙文主义。[④] 但也有学者认为，抗战期间中苏关系恶化的根本原因，在于这种关系缺乏稳定的基础，而这又主要是由于以蒋介石为首的国民党政府是亲英美集

---

① 杨雨青：《抗战时期美国对华"文化外交"——美国国务院中美关系项目初探》，《抗日战争研究》2011 年第 4 期。

② 徐平中：《抗日战争时期的中苏关系述评》，《湘潭大学学报》（社会科学版）1987 年第 2 期；陈小琼：《抗日战争时期的中苏关系》，《江西社会科学》1989 年第 3 期；徐万民：《八年抗战时期的中苏贸易》，《近代史研究》1988 年第 6 期；孙艳玲：《抗战前期中国争取同苏联订立互助条约始末——兼析〈中苏互不侵犯条约〉的签订》，《抗日战争研究》2006 年第 1 期；马振犊：《抗战初期中苏情报合作内幕初探》，《抗日战争研究》2003 年第 3 期。

③ 刘志兵、邵志勇：《抗日战争中的西北国际大通道》，未来出版社，2015，第 1—2 页。

④ 孙才顺：《以什么标准来评判抗战期间的中苏关系——论抗战期间中苏关系恶化的原因》，《山东师大学报》（人文社会科学版）2001 年第 4 期。

团，改善中苏关系出于被迫。国家主权问题并没有对中苏关系产生决定性影响，这不是因为主权本身不重要，而是蒋介石并没有把它放在最重要的位置上。在蒋介石看来，中苏关系中更重要的无疑是苏联援助、苏联出兵，并且苏联不要支持中共。当这些无法得到满足时，且由于太平洋战争爆发后英、美介入成为中国的盟国，中苏关系对蒋介石就失去了应有的价值，关系恶化也就是早晚的事情。① 也有学者认为意识形态问题是中苏交恶的主要原因。②

学界对于抗战初期蒋介石要求苏联出兵的问题也非常关注，有学者认为抗日战争初期，蒋介石及国民政府曾屡次要求苏联出兵，参加对日作战，却一再遭到苏联方面的拒绝。中苏两国在参战问题上产生难以调和的分歧，根本原因在于双方考虑问题的出发点截然不同。蒋介石及国民政府的出发点是极力拉苏联参战，企图把抗战重担转嫁到苏联身上。而苏联则更重视参战时机和条件，苏联考虑的不仅有苏日矛盾的因素，还有同美、英的关系及国际条件等。③ 时任驻苏联大使蒋廷黻在对苏联国内外形势和外交政策有更进一步了解和研究后，认为中国与苏联结盟及争取苏联参加中日战争已不可能。事实上，直到 1938 年 10 月武汉陷落，苏联仍未出兵助战，这恰恰证明了蒋廷黻的远见卓识。④

（三）抗日战争前期的中英关系

抗日战争前期的中英关系同样存在合作与矛盾。有学者认为日本发动全面侵华战争，企图称霸亚太地区，这与英国维护在华利益、维护华盛顿体系的政策产生了尖锐矛盾。为了应对日本的挑战，英国对日采取了绥靖与斗争相结合，以绥靖为主的对策，对华采取了援助与背弃交互使用的两面政策。⑤ 但是总的来说，七七事变以后，英国在中国问题上，对日政策已经由传统的纵容政策转向日益强硬的敌对政策。⑥

---

① 王真：《实事求是，尊重历史——怎样以科学的态度研究抗战时期中苏关系的是与非》，《抗日战争研究》2001 年第 4 期。
② 王真：《抗战时期中苏国家关系中的意识形态问题》，《抗日战争研究》2003 年第 2 期。
③ 王真：《抗战初期中苏在苏联参战问题上的分歧》，《历史研究》1994 年第 6 期。
④ 任骏：《蒋廷黻与七七事变前后的中苏关系》，《近代史研究》1990 年第 4 期。
⑤ 黄凤志：《太平洋战争爆发前英国远东政策的演变》，《史学集刊》2000 年第 2 期。
⑥ 萨本仁：《太平洋战争前十年间英国对中日战争的态度和政策》，《抗日战争研究》1994 年第 2 期；傅敏：《七七事变与英国的远东对日政策转变》，《民国档案》2002 年第 3 期。

抗日战争初期，英国对中国的援助非常有限，有学者认为抗战初期英国主要是依据它自己的判断和自身的利益制定和推行其对华政策的，虽然开始有条件地贷款给中国，但这也不过是杯水车薪。[①] 而中英矛盾却非常突出，英国在天津存银问题上向日本妥协，[②] 并封闭滇缅公路，[③] 还借机破坏国民政府与西藏地方的关系。[④]

（四）抗日战争前期的中法关系

抗战前期的中法关系比较特殊，因为 1940 年 6 月法国投降德国，有学者认为法国政府从自身利益出发，对华政策呈现极大的矛盾性：一方面，由于当时绥靖主义思潮盛行，法国害怕公开援华会招致日本的过激反应，故对日侵华采取纵容态度；另一方面，迫于各种压力给予中国有限的支持和同情，对中国只表示道义上的支持和给予极其有限的援助，主要包括经济援华、军火供应、派遣军事顾问团、假道越南运输等。[⑤]

（五）抗日战争前期的中德关系

抗战前德国与中国有着密切的关系，它并不愿意看到日本侵华，但是由于德日的同盟关系，德国最终不得不与中国断绝关系。学界对抗战初期中德的这种特殊关系进行了深入研究，有学者认为 1937 年抗日战争全面爆发后，德国政府奉行反苏、亲日、疏华的政策，在远东视日本为其最主要的盟国。国民政府低调处理与德国政府之间接连出现的重大政治分歧，力图维系原先

---

① 邱霖：《抗日战争初期的中英关系（1937、7—1939、9）》，《史学月刊》1994 年第 5 期。

② 吴景平：《抗战时期天津租界中国存银问题——以中英交涉为中心》，《历史研究》2012 年第 3 期。

③ 刘金源：《滇缅公路危机与中英关系》，《江海学刊》1999 年第 3 期；杨东：《再谈滇缅公路的关闭——英国外交部决策过程》，《中央社会主义学院学报》2013 年第 5 期。

④ 张永攀：《英帝国与中国西藏（1937—1947）》，中国社会科学出版社，2007，第 191 页；张永攀、杨珺：《抗战期间中英政府交涉中印公路运输线考释（下）》，《长安大学学报》（社会科学版）2003 年第 3 期；郭永虎、李晔：《抗战期间中英围绕中印交通问题之西藏交涉》，《西藏民族学院学报》（哲学社会科学版）2007 年第 1 期。

⑤ 陈晋文：《法国军事顾问团来华与抗战前期中法关系》，《民国档案》1998 年第 2 期；俞国：《试析抗日战争前期的中法关系》，《广西教育学院学报》2008 年第 5 期；黄庆华：《抗日战争时期及战后初期的中法关系》，《抗日战争研究》2008 年第 3 期；李建高：《抗战时期在假道越南运输问题上法国政策的演变》，《求索》1992 年第 2 期；刘卫东：《论抗战前期法国关于中国借道越南运输的政策》，《近代史研究》2001 年第 2 期。

十分密切的军事经贸关系，虽然未能挽回在华德国军事顾问的召回，却在特殊的条件下进行着对德易货购料往来，一直到 1941 年底太平洋战争爆发才中止，这有助于在外交、军事和经贸等领域，支持艰苦卓绝的抗战事业。[①]德国军事顾问受到蒋介石的极大信赖，参与了国民党军队整编和训练等重要事项，并参与了抗日战争初期的对日作战。[②] 通过中德《易货贸易协定》，南京当局向德国输出了大量的钨、锑、锡等重要金属原料和农产品；德国则向中国提供了重工业设备、技术和大量军火。[③] 德国军火输华对于中国抗日国防具有重大的意义与作用。德国军火之输华，其主要作用是促进中国整军及提供更新装备，并且在抗战爆发初期对我国军队的抗日作战起到了重要的保障作用，有效地提高了中国军队的作战能力。[④]

学界对中德关系的破裂过程进行了详尽研究，有学者认为七七事变后，德国采取了中立态度，主要因为：第一，德国不赞成中日冲突升级，担心日本陷入侵华泥潭，以减弱日本牵制苏联的战略作用；第二，德日在政治上结盟，德国不会得罪日本，但它不愿放弃中国，丧失在华的经济和军事利益；第三，德国认为七七事变只是地方性事件，八一三事变后，德国认识到中日冲突已不再是“地方性事件”，因而对中国的态度又发生了变化。在中日冲突加剧的情况下，德国希望促成中日双方停战，以实现它在远东的战略意图。“陶德曼调停”正是在这种背景下出现的。在调停过程中，德国在中日之间仍坚持传统的中立政策，向双方施加压力，要求停战谈判。同时，德国仍暗地里同中国做军火生意，德国军事顾问也仍活动在中国抗日前线。1938年初，德国承认伪满洲国，停运军火，召回驻华军事顾问，中德关系急剧恶

---

① 吴景平：《太平洋战争爆发前中德军事和经贸合作关系的若干史事述评》，《民国档案》2006 年第 4 期。

② 刘殿君：《三十年代中德军事关系及其对中国抗日战争的影响》，《人文杂志》1998 年第 1 期；陈仁霞：《德国召回在华军事顾问始末——中德日三角关系背景下的历史考察》，《抗日战争研究》2004 年第 2 期；何兰：《德国军事顾问与中德关系》，《华中师范大学学报》（人文社会科学版）1999 年第 2 期。

③ 吴景平：《抗战初期的中德关系》，《民国春秋》1995 年第 2 期；陈谦平：《抗战初期的中德钨砂贸易》，《抗日战争研究》1998 年第 3 期；刘盛、张安：《抗战时期中德易货贸易述评——兼论中德关系的演变》，《哈尔滨学院学报》2009 年第 5 期。

④ 马振犊、戚如高：《友乎？敌乎？——德国与中国抗战》，广西师范大学出版社，1997，第 319 页；吴景平：《太平洋战争爆发前中德军事和经贸合作关系的若干史事述评》，《民国档案》2006 年第 4 期。

化。1941 年 6 月苏德战争爆发后，德国宣布承认汪伪政权，中国随即宣布
同德国断交。太平洋战争爆发后，12 月 9 日中国对德宣战。①

　　学界还研究了中德关系破裂的原因，认为抗战爆发之后，德国的远东政
策从消极地保持中立，到积极地调停，最后放弃了在中日之间的平衡，公开
抛弃中国，与日本结盟，中德断交。中德关系之所以发生这样的变化，是因
为受到以下几个因素的影响：第一，德国的对华政策服务于自身的全球战略
利益；第二，中德两国地位差别巨大；第三，日本的阻挠和破坏；第四，国
民党政府在对纳粹德国本质认识和政策估计的偏差基础上，制定对德政策，
这是中德关系从友好到破裂的重要原因。②

四　抗日战争时期的外交制度

　　抗日战争时期的外交制度是一个非常重要的课题，但是学界的研究成果
并不多，最为重要的是陈雁的《抗日战争时期中国外交制度研究》（复旦大
学出版社，2002）。陈雁认为，战时外交决策中枢从国民党临时全国代表大
会，中经中执会、中常会、中政会、国防最高会议，最后改归国防最高委员
会。根据"成文"的制度，国民党临时全国代表大会、中执会、中常会、
中政会、国防最高会议和国防最高委员会等机构在不同程度上都拥有或拥有
过战时外交的最高决策权，它们的成员和决议案对战时外交的影响是决定性
的。战时外交的"大本营"是军事委员会，蒋介石的很多意见和政策都直
接通过军事委员会向下传达或直接执行，它对外交决策的参与度已经超过了
最高外交决策机关——国防最高会议（国防最高委员会）。战时外交的民意
机构则是国民参政会，它对政府的施政方针、外交实践拥有知情权，参政员
可对外交部的报告案提出修正意见，发表不同看法，与任何前朝的外交制度

---

① 张宪文：《三十年代中德关系初探》，《历史档案》1990 年第 2 期；张北根：《1933—1941
　年的中德关系》，《历史研究》1995 年第 2 期；易豪精：《从"蜜月"到断交——抗日战争
　爆发前后中德关系的演变》，《中共党史研究》1995 年第 5 期；张北根：《抗日战争时期中
　德关系研究》，《北京科技大学学报》（社会科学版）2006 年第 4 期。
② 王扬编著《1894—1938 年德国对华政策研究》，湖北人民出版社，2015，第 186—190 页；
　陈方孟：《论中日战争初期德国的对华政策》，《抗日战争研究》1996 年第 2 期；蔡胜、王
　安平：《二战期间中德关系破裂原因探析》，《西南交通大学学报》（社会科学版）2006 年
　第 3 期。

相比，这都是重大的进步，对于完善战时外交行政和制约具体外交实践不无
裨益。战时外交的职能机构是外交部，它在战时的人员培训考核、法规制定
等方面，都得到了进一步完善，变得更加符合现代外交原则与国际惯例。战
时外交的支柱是驻外机构，它们的多样化与灵活性为战时外交提供了广阔的
拓展空间，随着一批非科班出身又经受过党派斗争和民主革命洗礼的少壮派
外交官的壮大，国民党和国民政府对于外交的控制力大大增强。战时的外交
捷径是特别使团与特别代表，这是国民政府战时灵活多变的外交手段的重要
体现，也是战时外交取得进展的重要途径。战时外交的核心是元首外交，蒋
介石的"人身外交"无疑是中国战时外交"主动性"和"灵活性"最集中
的体现，但在相当程度上反而削弱了"元首外交"理应起到的决定性作用。
战时外交的指导思想是"民族主义"与"争取与国"，蒋介石对中国外交的
最终决策权是绝对无法动摇的，以他的"民族主义""理想主义"为代表的
外交思想和"务实主义"为代表的外交实践肯定是战时外交的主流。[①]

五　抗日战争时期的中共对外关系

（一）抗日战争时期中共与美国的关系

抗日战争时期中共与美国的关系一直是学界关注的焦点。有学者认为美
军观察组到达延安，标志着抗战期间美国政府与中共之间合作关系的正式建
立。观察组派驻延安期间，中共高层领导人与观察组成员频繁接触，就双方
如何发展关系尤其是如何开展军事合作等重大问题进行了深入的交流和探
讨，中共方面还尽最大可能为观察组工作提供了各种便利。可是，由于太平
洋战场形势的变化和对中国形势发展的误判，美国政府对中共领导人表达的
合作愿望并未给予足够重视与积极回应，特别是赫尔利在调处国共矛盾时从
偏袒国民党发展到公开实行"扶蒋反共"政策，这导致双方关系日趋紧张
并最终走向对立。[②] 美国对中共态度的变化，除了中共的武装力量显示出的

---

① 陈雁：《抗日战争时期中国外交制度研究》，复旦大学出版社，2002。

② 于化民：《中美关系史上特殊的一页——中共领导人与延安美军观察组交往始末》，《东岳
论丛》2006 年第 4 期；吴宏亮、任中义：《抗战后期美国试图援助中国共产党的前因后
果》，《中州学刊》2015 年第 1 期。

作用，还是以中国战局和国际形势为转移的，同时是以美国的全球战略为依据的。①

（二）抗日战争时期毛泽东的外交思想

学界深入研究了抗日战争时期毛泽东的外交思想，有学者认为毛泽东站在中国革命和世界反法西斯战争全局的高度，为中国共产党制定了正确的对外政策，成功地开展了同美苏两国的政党外交和民间外交活动，形成了充满辩证法、具有中国特色、富有时代气息的外交战略思想。② 毛泽东提出了中美合作的战略思想，谋求中共与美国的合作。在军事上，放手与美军合作，建立共同抗日的合作关系。在政治上，争取美国以其民主传统来影响中国，从而有利于中国国内的政治改革。在经济上，争取美国援助以实现中国工业化。毛泽东关于中美合作的战略构想具有意识形态的色彩又兼备现实主义的特征，它彰显了毛泽东的民族主义情结与现代化追求之间的内在张力。③

〔作者单位：中国社会科学院近代史研究所〕

---

① 胡大泽：《评述抗战时期美国对中共政策的变化》，《贵州大学学报》（社会科学版）1990年第1期。
② 孙金伟：《抗日战争时期毛泽东外交思想的基本特征》，《河南社会科学》2005年第3期。
③ 王树林：《抗日战争时期毛泽东关于中美合作的构想》，《抗战史料研究》2014年第1期。

不能高估日本殖民统治
对台湾经济发展的作用

——驳 "殖民统治有益论"

程朝云

在中国近代史领域，台湾史是一门相对特殊的新兴学科。20 世纪 80 年代末以来，随着台湾本土化思潮的兴起与政治上的 "解严"，台湾史学科在台湾得到蓬勃发展，逐渐成为 "显学"，其中，日据时期台湾史又取代清代台湾史，成为 "显学中的显学"。为突出台湾 "主体性"，部分台湾学者对日据时期台湾史的定位也发生变化，开始突破此前的抗日史观，关注殖民统治下 "进步" 的一面，并更多关注台湾社会的 "自主性" 发展。① 在岛内台湾史学界范式转换过程中，有一种比较极端的观点，高度肯定日本殖民统治，认为殖民统治为台湾带来了近代化，并将战后台湾的经济 "起飞" 归功于日据时期的殖民遗产。这种极端的 "殖民统治有益论"②，不仅不利于正确认识台湾被殖民的历史，而且不利于对光复后台湾历史的理解，还构成部分 "台独" 学者 "去中国化" 史观的一部分，非常有必要加以辨析与厘清。

---

① 关于 "解严" 以后台湾史研究的兴起与史观转变，参见王晴佳《台湾史学史：从战后到当代》，上海古籍出版社，2017，第 134—158 页。

② 这是大陆学者的表述，台湾学者一般称为 "殖民地统治肯定论"，参见张隆志《殖民现代性分析与台湾近代史研究》，载若林正丈、吴密察主编《跨界的台湾史研究——与东亚史的交错》，台北：播种者文化有限公司，2004，第 136 页；林文凯：《想象与认识日治时代的台湾经济史：晚近台湾工业史研究对于传统历史解释典范的修正》，台湾 "历史学柑仔店网站"，http://kam－a－tiam.typepad.com/blog/2017/05，最新登录时间：2018 年 3 月 15 日。

一　"殖民统治有益论"及其主要表现

1895 年，日本通过《马关条约》强迫清政府割让台湾，直至 1945 年台湾光复，将近 51 年间，台湾处于日本的殖民统治之下。日本殖民者除在台湾建立起以总督专制为核心并辅以严密的警察制度的殖民政治秩序外，在经济领域，也推行了一系列措施，包括殖民地经济基础工程建设、发展机械化制糖业、改良农业生产技术，以及后期工业化建设等。对于这些经济领域的措施，日本殖民者颇为自傲，将其作为宣扬殖民统治"成功"的重要证据。1935 年，台湾总督府举办"始政四十周年记念台湾博览会"，在产业及交通等馆中，就集中展示了殖民统治 40 年来相关方面发展的"成就"，希望借此让台湾人民领会日本殖民统治的"成功"。[1] 至 20 世纪 60 年代，台湾经济发展迅速，成为"亚洲四小龙"之一，原台湾总督府官员及其家属于是高唱"殖民统治有益论"，抛出诸如"日人治台殖民统治是成功的""台湾是借了日本的力量才开发出来的""台湾是由日本才被近代化的"等论调，将战后台湾的经济发展归功于日本的殖民统治。[2] 与殖民者及其家属相唱和，部分流亡日本的"台独"人士也发表媚日言论，宣扬日本殖民统治给台湾带来了资本主义，"促进"了台湾近代化/现代化。[3]

由原殖民者及其家属以及部分"台独"人士宣扬的"殖民统治有益论"，在 20 世纪 80 年代以前的台湾史学界影响还比较小。当时岛内的台湾史研究还属于中国史之下的区域史研究，就研究取向而言，抗日史观是日据时期台湾史研究的主流。对于日据时期经济史，日本学者矢内原忠雄的研究具有典范意义。在其成书于 20 年代末的著作《日本帝国主义下之台湾》中，矢内原忠雄在帝国主义理论框架下探讨台湾的"资本主义化"进程，对殖民统治的掠夺性多有揭露。但自从 70 年代台湾面临"国际地位"变

---

[1] 吕绍理：《展示台湾：权力、空间与殖民统治的形象表述》，麦田出版社，2005，第 257、282 页。

[2] 戴国辉：《晚清期台湾的社会经济——并试论如何科学地认识日人治台史》，载戴国辉著、林彩美主编《台湾史研究：回顾与探索》（《戴国辉文集》第 1 册），远流出版事业股份有限公司，2002，第 28 页。

[3] 戴国辉：《研究台湾史的经验谈》，载《台湾史研究：回顾与探索》，第 7 页。

化，本土化、民主化思潮兴起以后，台湾社会即处于变革中，至1987年国民党当局宣布"解严"，政治社会环境的一系列变迁，逐渐催生了岛内的台湾史研究热潮，并在研究取向上强调台湾的"主体性"，试图使台湾史"独立"于中国史之外。① 与此同时，战后欧美的现代化研究也对岛内的台湾史研究范式转换产生了影响，如美国学者马若孟和旅美台湾学者张汉裕在其研究中，对儿玉源太郎和后藤新平时期推行的殖民经济基础工程建设予以高度肯定，认为自此之后台湾才逐渐现代化。② 现代化研究范式下对日本殖民统治的正面评价，显然与此前主流的抗日史观迥然不同，一定程度上契合了岛内台湾史学界对台湾史"主体性"的诉求。③ 1983年，民间学者杨碧川以"高伊哥"的笔名，在《生根》杂志上发表《后藤新平：台湾现代化的奠基者》④ 一文，对曾任台湾总督府民政长官的后藤新平予以高度评价。杨文遭到旅日台湾学者戴国辉的反驳，并引发一场有关台湾近代化问题的论争。⑤ 但进入90年代后，越来越多的岛内台湾史学者在某种程度上接受了日本殖民统治为台湾带来近代化的观点，有学者将日本占领台湾的1895年作为台湾近代史的开端，⑥ 而1997年台湾出版的教科书《认识台湾》"历史篇"，不仅以大篇幅介绍日据时期台湾史，还在表述中突出日本殖民统治"进步"的一面，赞美日据时期台湾在社会经济文化领域的"进步"。⑦

　　研究范式转换在90年代以来的岛内台湾史学界具有一定的普遍性，但真正认同"殖民统治有益论"者并不多。受发展经济学、新古典经济学、后殖民理论等西方社会科学理论的影响，在日据时期台湾经济史领域，大多

---

① 王晴佳：《台湾史学史：从战后到当代》，第148—149页。
② 刘省三：《后藤新平"现代化"的另一面——评高伊哥〈后藤新平传：台湾现代化的奠基者〉》，载杨碧川《后藤新平传：台湾现代化的奠基者》，一桥出版社，1995，附录二，第200页。马若孟、张汉裕合写的文章题为 "Japanese Colonial Development Policy in Taiwan, 1895 – 1906：A Case of Bureaucratic Entrepreneurship," *The Journal of Asian Studies*，Vol. 22，No. 4（August 1963），pp. 433 – 449。
③ 王晴佳：《台湾史学史：从战后到当代》，第149—150页。
④ 台湾《生根》半月刊第8期，1983年5月10日。杨碧川后来在此文基础上出版了《后藤新平传：台湾现代化的奠基者》一书。
⑤ 关于这场论争，参见张隆志《殖民现代性分析与台湾近代史研究》，载《跨界的台湾史研究——与东亚史的交错》，第135—137页。
⑥ 吴密察：《台湾近代史》，稻乡出版社，1990。参见张隆志《殖民现代性分析与台湾近代史研究》，载《跨界的台湾史研究——与东亚史的交错》，第138页。
⑦ 参见王晴佳《台湾史学史：从战后到当代》，第192—193页。

数学者持较为折中的"殖民近代化论"，一方面认同日本殖民统治存在支配性与剥削性；另一方面主张殖民政策存在结构缝隙与内在矛盾，被殖民者在殖民主义的经济体制下存在自我发展的可能性。[①] "殖民近代化论"强调近代化的多元路径，重视台湾本土资本的自主性发展及其与殖民经济体制的互动，在学术上有其积极意义。不过，"殖民近代化论"受"殖民近代性"理论影响颇深，该理论对殖民统治在政治、经济领域的影响做出截然相反的评价，认为其在政治领域造成了对近代化的压抑，在经济领域则促进了近代化的发展，[②] 这种看似辩证，实则将政治、经济割裂开的评价方式，可能导致对殖民地经济的本质属性缺乏辨析，从而落入"殖民统治有益论"的窠臼。

对台湾"主体性"的追求同样影响到对战后台湾经济史的研究，为弱化甚至否定国民党对台湾经济发展的贡献，台湾社会的流行论述是将战后台湾经济快速发展，归功于日本殖民遗产，[③] 这也导致部分研究者夸大日本殖民统治下的经济成就，为"殖民统治有益论"提供更多的兜售空间。

有鉴于此，针对"殖民统治有益论"的主要观点，下文将分别从"殖民近代化"的本质属性及其"前因""后果"两个层面，分析"殖民统治有益论"的认识误区。

二 殖民统治的衍生品："殖民近代化"的本质属性

毋庸讳言，日据时期台湾经济确实有较大发展，也呈现出一定的近代性，但如果因此为日本殖民统治唱赞歌，则不仅是立场上的媚日，也是对日

---

① 林文凯：《想象与认识日治时代的台湾经济史：晚近台湾工业史研究对于传统历史解释典范的修正》，台湾"历史学柑仔店网站"，http://kam-a-tiam.typepad.com/blog/2017/05，最新登录时间：2018年3月15日。

② 驹达武：《台湾的"殖民地近代性"》，载《跨界的台湾史研究——与东亚史的交错》，第163页。"殖民现代性"（Colonial Modernity）是美国后殖民理论研究者巴罗（Tani Barlow）提出的，对韩国和台湾的殖民地史研究均有重要影响。参见并木真人《朝鲜的"殖民地近代性"、"殖民地公共性"和对日协力》，载《跨界的台湾史研究——与东亚史的交错》，第83页。

③ 瞿宛文：《台湾经济发展的源起：后进发展的为何与如何》，中研院、联经出版事业股份有限公司，2017，第48页。

据时期台湾经济的本质属性缺乏了解。

戴国辉很早就对"殖民统治有益论"进行了批驳，并提出应从殖民支配的动机开始，也就是从目的论出发，对日本殖民统治进行全面评估。[①] 有关日本殖民政府推行相关经济政策的动机，学界已有相当充分的讨论。美国学者何保山指出，日本殖民统治的策略，是将台湾作为日本的农业附庸，从而解决日本国内不断增加的工业人口的食粮需求问题。[②] 由此目的出发，殖民政府首先通过统一关税、货币、度量衡等措施，把台湾完全纳入日本经济圈，在对外关系方面形成"对日依附化"。[③] 此后无论是糖业的资本主义化，还是稻米生产领域的技术改良，均从殖民母国的需求出发，米糖因此成为日据时期台湾的两大支柱产业。20世纪30年代日本加快对外扩张步伐后，曾在台湾推行以军需工业为核心的工业化建设，被"殖民统治有益论"者作为殖民统治推动台湾近代化的重要证据。但这同样是配合战时体制下殖民母国的需求，而非台湾经济自然发展的结果，更非为了台湾人民的福祉。一切以殖民母国利益为依归的发展动机，使日据时期台湾经济呈现出浓厚的对日依附与从属的畸形发展特征，旅日台湾学者涂照彦将这一经济发展过程概括为"殖民地化"。[④]

"殖民地化"使日据时期台湾经济在表面的发展之外，更存在不少结构性问题。

首先是经济发展不独立，这是殖民政府强行将台湾纳入殖民母国经济体系的必然结果，也是殖民政府的统治策略。1905年，日本在台湾进出口总额中所占份额已超过一半以上，以后逐年攀升，到台湾被纳入"大东亚共荣圈"后的1939年，台湾的对外贸易几乎完全依赖日本及其占领区。尤其是最重要的两大物产米、糖，几乎全部销往日本市场，而米、糖生产以及人民生活所需的肥料、铁制品、棉布等工业制品则依赖日本进口。[⑤] 30年代以来推动的工业化建设，虽然开始生产肥料等部分工业制品，但在资金、技

---

① 戴国辉：《研究台湾史的经验谈》，载《台湾史研究：回顾与探索》，第11页。
② 何保山：《台湾的经济发展（1860—1970）》，上海市政协编译工作委员会译，上海译文出版社，1981，第32—33页。
③ 涂照彦：《日本帝国主义下的台湾》，李明峻译，人间出版社，2008，第155页。
④ 涂照彦：《日本帝国主义下的台湾》，第55页。
⑤ 涂照彦：《日本帝国主义下的台湾》，第155—162页。

术、人才方面又严重依赖殖民母国，何保山因此将日据时期台湾的现代工业部门视为"工业飞地"。① 这种高度依附于殖民母国的经济体系，一旦原有的市场、资金、技术等条件消失，就会为后续发展带来一系列问题。

其次是经济结构不合理。如前所述，殖民政府在较长时期内推行的是"工业日本，农业台湾"的经济政策，在 30 年代以前，米、糖是主要经济部门，除了食品工业外，整体工业化水平很低，且发展速度缓慢。② 即使在农业内部，为满足日本对米、糖的需求，日本占领之前台湾非常重要的物产茶、香蕉等的生产都处于停滞状态，以让位于米、糖生产。③ 30 年代以后殖民政府推动的工业化，则主要配合战时需要，以肥料、水泥、铝业、造纸、造船等重化工业为主，经济的结构性不平衡特征依然突出。

再次是本土资本被压制。为确保殖民母国对台湾经济发展收益的攫取，殖民政府优待日本资本家，并阻碍本土资本家的出现，何保山认为，这是台湾社会为日据时期经济发展付出的最严重的隐形代价。④ 这在糖业领域尤其显著，在"六三法"⑤ 体制下，台湾总督府不承认纯粹由台湾人资本组成的企业组织，本土资本不愿或无法对改良糖厂追加投资，最终由日本资本控制了现代制糖业，以旧式糖厂为代表的本土糖业资本被排除在外。⑥ 1923 年日本《商法》适用于台湾后，新建立的现代工业部门又多直接从日本转移资本而来，台湾本土资本很难进入现代制造业部门，只能投资农业、商业和小手工业等传统经济部门。⑦ 在保留了传统社会经济形态的稻米生产领域，尽管包括地主和土砻间在内的本土资本对殖民统治有一定的抗衡作用，但当本土资本威胁到日本糖业资本时，殖民政府不惜动用政治强制手段予以打压，

---

① 参见何保山《台湾的经济发展（1860—1970）》，第 79—115 页。"飞地"（enclave）是发展经济学中的一个概念，用于表示外资在资本、技术与管理人力上很少用到本地资源，外资企业整体而言与本地经济的联系非常薄弱。参见瞿宛文《台湾经济发展的源起：后进发展的为何与如何》，第 2 页。

② 何保山：《台湾的经济发展（1860—1970）》，第 79—83 页。

③ 涂照彦：《日本帝国主义下的台湾》，第 83 页。

④ 何保山：《台湾的经济发展（1860—1970）》，第 115 页。

⑤ 所谓"六三法"，是指日本政府于 1896 年颁布的第 63 号法律《有关应施行于台湾之法令与法律》。该法律将台湾的立法权"委任"给台湾总督，使台湾实行与日本国内不同的法律体系。

⑥ 黄绍恒：《从对糖业之投资看日俄战争前后台湾人资本的动向》，《台湾社会研究季刊》第 23 期，1996 年 7 月。

⑦ 何保山：《台湾的经济发展（1860—1970）》，第 97 页。

并通过扶植小自耕农来分散、瓦解本土势力。① 在殖民统治下，除少数特权买办阶级外，大多数本土资本势力因遭受压制而大为衰落。②

最后是分配不合理。"殖民统治有益论"认为，殖民统治下台湾人民分享到"近代化的恩惠"。③ 日据时期台湾人民在教育、卫生等方面的待遇确实有所改善，但这是殖民政府维持殖民地经济持续运转的必要手段，同时，与整体经济发展水平相比，台湾人民的所得是不相称的。工资资料显示，日据时期台湾人实际工资的增长远低于劳动生产率增长水平。④ 虽然日据时期农业增产显著，但台湾农民的消费却被压得很低，由此运销日本市场的台湾米的成本得以压缩，从而维持其相对较低的价格。⑤ 日据时期实行日台差别教育，台湾人难以进入政府、企业高级管理层，也反映了这样一种从经济到社会的不合理的分配结构。透过殖民政府的政策手段和日本资本的运作，殖民地经济发展的剩余被尽可能转移到日本国内，支持本国的工业化建设。

综上所述，日据时期台湾经济本质上是具有高度依附性与从属性的殖民地经济，殖民地的经济发展与一般经济发展类型有很大区别，"不过是当了附庸而带来的副产品而已"。⑥ 也就是说，"殖民近代化"更多是"殖民地化"的衍生品，是特殊的、扭曲的近代化，相较于所谓享受到的"恩惠"，台湾人民为此付出的代价更大。

三　历史的延续与断裂："殖民近代化"的"前因"与"后果"

由于列强入侵和西学涌入，加上革命等因素的影响，中国的近代转型呈现出延续与断裂交织的现象，台湾由于在甲午战败后被日本殖民统治半个多世纪，这种特征尤为突出。正确认识历史的延续与断裂，是理解中国近代转

① 参见柯志明《米糖相克：日本殖民主义下台湾的发展与从属》，群学出版有限公司，2003，第 232 页。
② 涂照彦：《日本帝国主义下的台湾》，第 535 页。
③ 王育德：《台湾・苦闷的历史》，草根出版事业有限公司，1999，第 114 页。
④ 何保山：《台湾的经济发展（1860—1970）》，第 105 页。
⑤ 涂照彦：《日本帝国主义下的台湾》，第 234 页。
⑥ 戴国辉：《晚清期台湾的社会经济——并试论如何科学地认识日人治台史》，载《台湾史研究：回顾与探索》，第 29 页。

型的基础，在研究台湾殖民史时更是不可或缺。"殖民统治有益论"也看到了这一点，但不知是有意或是无意，在探讨日据时期台湾经济发展的"前因"与"后果"时执行了双重标准：当讨论"前因"时，突出历史的断裂，而忽视历史的延续，将被日本殖民统治之前的台湾经济笼统归入传统经济范畴，日本殖民统治则开启了台湾近代化的进程；当讨论"后果"时，则强调历史的延续，淡化历史的断裂，或只将断裂归因于国民党政权的负面作用，由此将战后台湾经济"起飞"归功于日本殖民遗产。根据这一双重标准，殖民地经济发展的意义自然被夸大，从而得出"殖民统治有益"的极端结论。

　　针对"殖民统治有益论"认为日本殖民统治开启台湾近代化之门的观点，以往的研究其实已提出很多反证。在研究范式转换的 20 世纪 90 年代，台湾学者林满红就指出，台湾的经济发展缘起于日据时期是一种误解，在日本占领台湾以前，台湾社会本身已经积累起厚实的经济发展潜力。① 这一判断是建立在其对晚清台湾经济史的实证研究之上的，通过对 1860 年开港以来台湾最重要的物产——茶、糖、樟脑业的研究，她发现晚清台湾从政府财税到民间资本均得到积累，并构成台湾近代化的动力。② 周翔鹤运用美国学者西蒙·库兹涅茨有关国民经济的定量分析方法，也发现日本占领台湾之初，台湾经济发展水平甚至超过了明治维新后日本工业化起步时的水平，说明日据以前台湾经济已具有一定的基础。③ 在晚清经济发展中，台湾首任巡抚刘铭传推行的以加强海防、富国强兵为主要目标的自强新政，推动了台湾铁路、轮船、电报、邮政、煤矿等近代交通业、工商业等的发展，新政中为加强财税收入而进行的清赋改革，对台湾近代化的意义也非常显著。矢内原忠雄因此认为，刘铭传是台湾资本主义的开拓者。④ 戴国辉则根据对晚清台湾经济发展和刘铭传新政的研究，提出日据时期台湾的经济发展是接续晚清经济发展特别是刘铭传新政的，刘铭传推行的土地、人口调查以及保甲

---

① 林满红：《有关日据时期台湾经济史的四种误解》，《台湾社会研究季刊》第 23 期，1996 年 7 月。
② 林满红：《茶、糖、樟脑业与台湾之社会经济变迁（1860—1895）》，联经出版事业股份有限公司，1997，第 193 页。
③ 周翔鹤：《日据时期台湾经济总体评价》，《台湾研究》1994 年第 2 期。
④ 矢内原忠雄：《日本帝国主义下之台湾》，周宪文译，海峡学术出版社，2003，第 16 页。

编制等新政事业，给日据下"殖民地形态的经济成长"提供了前提条件。[①]柯志明在对日据时期土地制度的研究中，也注意到刘铭传清赋改革的意义，认为日据初期殖民政府废除大小租多重地权制，建立起以小租权为基础的现代地权制度，是完成了刘铭传未竟的土地改革事业。[②]

从上述研究可知，台湾的近代化并非如"殖民统治有益论"者所说，始于后藤新平等殖民地官僚推行的殖民地经济基础工程建设，而是早在晚清洋务派官员推行"新政"改革时即已开始，日据时期台湾的"殖民近代化"是建立在晚清台湾的经济发展基础之上并进一步展开的。

至于"殖民统治有益论"夸大"殖民近代化"的"后果"，将战后台湾工业化与经济"起飞"归功于日本殖民遗产，也同样不符合历史事实。姑且不论光复前夕台湾工农业基础设施在美军机轰炸中受损严重，战后需要花较大财力、人力予以恢复重建，仅如前文所述，日据时期台湾经济存在诸多结构性问题，尤其是市场、资金、技术和人才均高度依赖殖民母国，一旦脱离日本经济圈，很难自然发展。如战时作为军需工业建立起来的碱氯工业与铝业等，均在光复初期遭遇困境。[③] 日据时期最为重要的物产米、糖，也因失去市场且缺乏竞争力，而难以"自然延续"。[④] 1949 年国民党败退台湾后，如何把严重依赖初级产品的殖民地经济残余，转变成一个工业化和更加多样化的经济，成为当局面临的重要问题。[⑤] 在这一过程中，美援、世界资本主义经济发展与国际分工，为战后台湾经济发展提供了良好的外部环境，而稳定开放的经济政策、强调"均富"的分配形式、重视智力投资和发展教育等，则为经济发展提供了良好的内部条件。[⑥] 从历史延续的角度而言，日据时期的"殖民近代化"对战后台湾经济发展有一定的作用，但这个作用不宜夸大。台湾经济学者瞿宛文的研究表明，日本殖民遗产主要为战后台湾经济发展提供了一些有利的辅助条件，如果没有内外经济环境的配合，没

---

① 戴国辉：《晚清期台湾的社会经济——并试论如何科学地认识日人治台史》，载《台湾史研究：回顾与探索》，第 27—88 页。
② 柯志明：《米糖相克：日本殖民主义下台湾的发展与从属》，第 230 页。
③ 陈慈玉：《连续与断裂：近代台湾产业与贸易研究》，上海人民出版社，2014，第 73—80 页。
④ 瞿宛文：《台湾经济发展的源起：后进发展的为何与如何》，第 68 页。
⑤ 何保山：《台湾的经济发展（1860—1970）》，第 134 页。
⑥ 翁成受：《台湾经济发展的原因和条件》，《台湾研究集刊》1988 年第 1 期。

有国民党当局推行的合理的产业政策，以及财经技术官僚基于"救亡图存"的历史使命感着力发展经济的强烈意愿，很难"自然延续"出后来的工业化，完成战后台湾由农业社会向工业社会的转型。[①]

结　语

"殖民统治有益论"是源于日本殖民地官僚及其家属自我辩护心理的一种极端观点，部分"台独"人士为反对国民党统治，也持类似的媚日言论。到台湾本土化思潮及"主体"意识兴起的 90 年代后，在台湾史特别是日据时期台湾史研究范式转换过程中，"殖民统治有益论"对日据时期台湾经济史研究开始产生负面影响，其主要表现是夸大日据时期台湾经济发展的成效，认为殖民统治为台湾带来了近代化，并将战后台湾经济发展归功于日本殖民遗产。"殖民统治有益论"显然对殖民地经济的本质属性缺乏了解或视而不见，并在观察日据时期台湾经济发展的"前因"时，仅关注历史的断裂，而忽视历史的延续，在讨论其"后果"，也就是对战后台湾经济发展的影响时，又强调延续，而淡化断裂，从而夸大了日据时期经济发展对台湾近代化的意义。"殖民统治有益论"影响日据时期台湾经济史研究，或许有一定的学术脉络，但更多受到现实政治环境的影响，有其特定的政治诉求，因而有必要予以厘清并提高警惕。

〔作者单位：中国社会科学院近代史研究所〕

---

① 瞿宛文：《台湾经济发展的源起：后进发展的为何与如何》，第 436—437 页。

清代台湾历史、文学与文化
研究的回顾与前瞻

——基于 2000—2017 年台湾各公私立大学博士论文的分析

许毓良

前　言

　　张海鹏教授，是我最敬爱的历史学者，也是我的老师。我与张老师认识于 2004 年。当时我从台湾师范大学历史学研究所博士班毕业，毛遂自荐写了一封信到中国社会科学院近代史研究所，询问申请博士后研究的事宜。结果近代史所寄了一份申请函给我，我申请通过之后，张老师即成为我的指导教授。在这十余年对台湾史的研究生涯中，张老师的学术涵养与风范让我景仰。特别是我有幸参与近代史所台湾史研究室成立后第一个重要的研究计划——《台湾史稿》撰写工作，我负责第一章至第三章内容，也就是台湾早期开发与大陆的关系，以及明郑与清康熙统一台湾后的历史。[①] 清代台湾史研究本是我专长的领域，不过张老师谆谆教导，让我从中国近代史观点出发，加深对大陆与台湾历史脉络的思考，直到现在我仍获益良多。

　　2000 年以后迄今，台湾的政治发展出现很大变化，而透过选举已经出现三次政党轮替。它对学术与教育的影响，我认为就是教科书的编写。2004年 11 月 "教育部" 在网站公布新的《高中历史课纲草案》，应该算是重要分水岭。隔年 1 月又公布《普通高级中学课程暂行纲要》（通称 "95 暂

---

① 张海鹏、陶文钊主编《台湾史稿》上卷，凤凰出版社，2012，第 3—105 页。

纲"），因此台湾史的课程内容，从以往的中国史教科书中析分出来，单独
成为一册，并且先在高一上学期授课，到了高一下学期，才接着念中国史教
科书，高二全学年接着念世界史教科书，最后高三全学年念的是中国与世界
文化史教科书。当然，教科书如此大幅度的改变，也出现"去中国化"的
争议。① 事实上在"95暂纲"之前，高中历史教科书采行"88课纲"编写，
台湾史内容纳入中国史范围，全书十九章中仅占四章。② 台湾史教科书单独
成册后，无疑使得清代台湾史内容增加，即全书十二章中占有三章，占全书
分量的1/4。③

　　我简要叙述清代台湾史在高中教科书的比重，其实是要说明教学与研究
一体两面下，清代台湾史在现今台湾学界被人看重程度如何？早在20世纪
50—80年代，实为台湾学界研究清代台湾史的全盛时期。不过1987年台湾
解除"戒严"，各公立图书馆与大学图书馆典藏日据时代档案、图书逐渐开
放，使90年代以后台湾史研究热门领域转向日据。2000年以后台湾历经第
一次政党轮替，由于"民主化"的发展，学界对战后台湾史研究开始重视。
直到今天，台湾学界对台湾史研究仍呈日据与战后并重的态势。

　　上述是从历史学的角度，看待清代台湾史研究的发展。可是若把眼光放
宽，囊括中国文学、社会学、建筑学研究的成果，所谓"清代台湾史"的
累积不至于如此简单。至于本文为何把文学与文化研究，也视为清代台湾史
研究的范畴，主因有三。其一，史料记录层面。清代台湾史料除了清宫档
案，诸如题本、奏折、录副、舆图，可谓历史学标准下的第一手记录，其余
史料如文集、方志、碑记、年谱、传记，均存有文学作品。值得注意是，这
些官员、仕绅、功名仕子本身也是文人，所以"历史"与"文学"的文献
在史料搜集上同等重要。其二，研究方法层面。历史学的研究方法除了搜集
史料外，史料辨误与解读更是重中之重。针对于此，中国文学领域的考据
学、版本学、目录学，对于史料鉴别价值而言，也提供了一个极为重要的研

---

①　王仲孚：《台湾中学历史教育的大变动：历史教育论集二编》，海峡学术出版社，2005，第
17—18页。

②　《98高中历史课纲·大家谈/高中历史教科书95暂纲内容》，http：//98history. blogspot. tw/
2010/03/95. html，最后访问日期：2010年3月5日。

③　赖泽涵总校订，李力庸主编《教育部审定·高级中学历史（1）》，全华科技图书，2006，
第34—75页。

究方法。其三，观点借镜层面。社会学是西方社会科学重要的学门，其研究领域中所提出的理论，尝试解释社会发展过程，如移民社会、族群关系、地域文化的问题，对清代台湾史的思考颇有价值。

因此，从附表来看，2000—2017 年台湾各公私立大学的清代台湾历史、文学与文化研究博士学位论文总数达 50 本就显得重要而充实。特别是这些作者现在大多已是台湾学界的主力或生力军，其研究成果又更加值得重视。这当中历史系（所）/台湾史研究所的博士学位论文 32 本，中国文学系（所）/中国语言学系 12 本，社会学系（所）3 本，建筑与城乡研究所（都市计划研究所）2 本，地政学系 1 本。如果以年代而论，2002 年 4 本，2003年 3 本，2004 年 2 本，2005 年 5 本，2006 年 1 本，2007 年 4 本，2008 年 2本，2009 年 2 本，2010 年 3 本，2011 年 7 本，2012 年 3 本，2013 年 3 本，2015 年 4 本，2017 年 7 本。博士学位论文出版成专书的，也有 17 本之多。故有必要对近二十年来台湾学界清代台湾史研究概况，做一回顾与前瞻。

一　清代台湾军事与政治史

1662—1683 年台湾为明郑所踞，康熙二十二年（1683）澎湖海战中施琅一举击败郑氏水师，清廷得以把台湾收入版图。然而，成为福建省台湾府的台岛在走入清治之后仍以多动乱著称。道光十九年（1839），台湾道姚莹曾指出台地三大患——盗贼、械斗、谋逆，作为治台施政优先级。[①] 简言之，它凸显了武力控制对台湾的重要性。

1. 武力控制

许毓良《清代台湾的军事与社会——以武力控制为核心的讨论》一文尝试从人口数量与分布，来讨论清廷对台湾的治理。其观点是兵力部署，有它的考量与合理性。特别是在番界以西的地方，有大量的汉人移民拓垦，清廷如何确保统治秩序？有清一代，台湾驻防的军队以绿营为主，同治七年（1868）以前人数在 1 万—1.4 万人。然而台湾的人口增长，官方记录康熙六十一年（1722）为 30 万人，乾隆四十六年（1781）为 90 万人。区区万余兵力，不可能达成维稳的结果。因此清廷如何选择武力合作的对象成为维

---

① 姚莹:《中复堂全集》，文海出版社，1983，第 572 页。

系统治的重要前提。乾隆五十三年（1788）林爽文事件结束前，清廷采取
以下做法：南部为官、番、民合作，中部是官、番为主，北部是官兵一支独
大。林案结束以后，台湾的人口数从乾隆五十五年（1790）的 106 万人，
激增至道光四年（1824）的 250 万人，到光绪元年（1875）已有 300 万人。
于是番界以西武力配置，一律采取官、番、民合作模式。然值得注意的是，
东部的发展与之不同，原来嘉庆十五年（1810）清廷延伸北部番界至兰阳
平原，于是武力控制出现迥异的方法。有鉴于当地原居民势强顽梗、不宜拉
拢，故改采官、民合作制番。此举运用得当后，遂在日后"开山抚番"，施
用于花东、埔里、恒春一带。所以可以很明确地说，清廷已经认识到台湾蕞
尔小岛，各地民番事务的复杂性；但透过武力因地制宜策略，最后仍能达到
全岛"稳定治台"的目的。①

当然在武力控制的过程中，台湾绿营并非没有受到挑战，这当中以会党
的威胁性最大。考清代台湾最早出现异性结拜的记录，出自首任台湾府诸罗
县知县季麒光《严禁结拜示》一文。② 第一个被地方官破获有名称的会
党——父母会，出现在雍正六年（1728）诸罗县莲池潭（今台湾嘉义市）。
经过讯问，他们是以蔡荫为首的组织，有序齿但无歃血，亦无器械。③ 不过
人数最多、反抗清廷统治最激烈的会党，莫过于天地会。天地会的源流学界
尚未有定论，不过在台湾最早以天地会旗号发动反清战争，则是乾隆五十一
年十一月（1786 年 1 月）至乾隆五十三年二月（1788 年 3 月）的林爽文事
件。该事件被乾隆皇帝列为十全武功之一，也是台湾历史上规模最大的陆上
战争，重要性可想而知。因此有两篇论文讨论林案的前因后果，一是吴正龙
《清代台湾的民变械斗与分类意识的演变——以林爽文事件为中心所作的探
讨》，另一本是潘荣饮《秘密的社会如何可能？论清代秘密结社的社会连
带：以清朝白莲教五省之乱暨台湾林爽文事件为例》。前者注意到林爽文事
件发生时，族群（祖籍别）分类斗争具有相当程度的催化作用，因为它不
仅是官军与林阵营的对垒，战斗中漳、泉、粤籍村庄百姓也互相杀戮，流离

---

① 许毓良：《清代台湾的军事与社会——以武力控制为核心的讨论》，博士学位论文，台湾师
范大学历史学系，2004，第 431—444 页。
② 陈文达：《台湾县志》，台湾银行经济研究室，1961，第 234—236 页。
③ 国学文献馆主编《台湾研究资料汇编》第 1 辑第 7 册，联经出版事业公司，1993，第
2675—2691 页。

失所者不计其数。① 后者是以比较研究的方法，讨论清代"教党"与"会党"特别是天地会的部分，社会连带如何让他们奔向"反叛之路"。所谓的"社会连带"，即血缘、亲属、邻里、长幼、尊卑、职业伦理形成的集体状态。他们必须要从日常生活中来了解，故信仰、情感、社会网络（人际关系）、惩罚和利益，是五个很重要的分析点。②

至于对战争史的讨论，有林君成《十九世纪中国的御侮战争——以中法战争台湾战役（1883—1885）为论述中心》一文。事实上学界对于中法战争在台湾的研究累积成果不少，如果想寻求突破，必须大量使用法文文献才有可观。本文属于"整合性"的讨论，不过在其章节内容中，着墨于历史评价，包括 19 世纪中国御侮战争总评、基隆与沪尾战役评价、台湾近代化评价，这在台湾各大学系所学位论文中较少出现。③

2. 统治之道

另一领域是对行政司法的研究，从此点可以看出台湾作为清朝海疆的特殊性。其一，台湾初被并入清朝版图时，由于岛屿未全面开发，合理怀疑汉人的人口数应该少于少数民族（生、熟番）。更何况清廷还把大多数郑氏军民迁回内地，使得台岛的汉人人数更加减少。清廷面对此情况，理论上应该实施与西南云贵相仿的土司制度，透过台岛大小不等番社的土官，协同地方官兵稳定统治，才能符合台湾番多民少的环境。然而清廷没有选择此法，却比照郑氏旧制（或福建省制），设立只治理汉人的府县制度，遂以一府三县统辖其地。显然，清廷已经设想台湾这个岛屿，未来就是汉人移民的重要地区，也是屏障清朝东南的海疆重镇。其二，清代文职官员除胥吏外，全由吏部铨选；但台湾官员派任不经部选，可由福建省现任官员内拣选调补，成为中央集权之下一个相当特殊

---

① 吴正龙:《清代台湾的民变械斗与分类意识的演变——以林爽文事件为中心所作的探讨》，博士学位论文，中国文化大学史学研究所，2013，第 1—30 页。

② 潘荣饮:《秘密的社会如何可能? 论清代秘密结社的社会连带:以清朝白莲教五省之乱暨台湾林爽文事件为例》，博士学位论文，东海大学社会学研究所，2017，第 1—23 页。

③ 林君成:《十九世纪中国的御侮战争——以中法战争台湾战役（1883—1885）为论述中心》，博士学位论文，中国文化大学史学研究所，2008。据台北"国家图书馆"台湾博硕士论文知识加值系统: https://ndltd.ncl.edu.tw/cgi - bin/gs32/gsweb.cgi/ccd = 93xdxV/record? r1 = 1&h1 = 0。

的案例。①

石弘毅《清代康熙年间治台研究》一文，以康熙时期台湾四位循吏，以及二位寓贤——诸罗县知县的季麒光、台厦道高拱乾、前后担任台湾县知县与台厦道的陈瑸、先后担任诸罗县知县与台湾县知县的周钟瑄，以及漳州府监生陈梦林、而后成为漳州府优贡生的蓝鼎元——的治台措施而论。该文探讨的是官员们的治台态度与成效，焦点在于文教与移风化俗。②

如果从清代制度史爬梳，则有王云洲《清代地方文官制度研究——以台湾为例》。其实 1999 年以前台湾各公私立大学的硕士学位论文，已经有成果对台湾道、台湾知府、府下各同知、通判、知县进行研究。本文综合所述，再补充巡台御史、县丞、巡检的内容，并检讨闽省督抚对台湾各级官员的遥制。③ 再者，台湾各级官员办公处所必定在衙门，故府、厅、县城的选址，就是日后的统治中心甚为重要。清代台湾县邑选址常会紧依傍山处，如旧凤山县城依托龟山与蛇山，彰化县城依托八卦山、恒春县城依托猴洞山、旧云林县城本身就在崇山峻岭间。陈亮州《清代台湾城市的建置与治理——以府县厅治为中心》一文，先从城市的规划与建设开始，接着讨论城市的布防、治理与组织、城市生活与社会活动。④

此外，清代文职官员除了手握行政权，也具有司法审判之权。李朝凯《帝国治理与村庄社会秩序：以清代彰化县的诉讼纠纷为例（1723—1788）》一文，对"地方父母官"如何透过行政、司法来稳定治下百姓有独到的见解。本文先以量化的方式，整理出雍正元年（1723）至乾隆五十三年（1788）彰化县村庄的变化。此历史舞台搭建好以后，旋细部讨论治安政策与社会秩序的维持。结果发现绿营汛塘主要是维护平原地区的治安，丘陵或沿山地区是由"乡壮守寨"制度来负责。最后透过乡约保甲来形成村庄的

---

① 马汝珩、马大正主编《清代的边疆政策》，中国社会科学出版社，1994，第 213 页。

② 石弘毅：《清代康熙年间治台研究》，博士学位论文，台湾成功大学，2007。据台北"国家图书馆"台湾博硕士论文知识加值系统：https：//ndltd. ncl. edu. tw/cgi－bin/gs32/gsweb. cgi/ccd＝YWPkx8/record？r1＝1&h1＝0。

③ 王云洲：《清代地方文官制度研究——以台湾为例》，博士学位论文，台湾大学历史学研究所，2012，第 89—112 页。

④ 陈亮州：《清代台湾城市的建置与治理——以府县厅治为中心》，博士学位论文，台湾中正大学，2008。据台北"国家图书馆"台湾博硕士论文知识加值系统：https：//ndltd. ncl. edu. tw/cgi－bin/gs32/gsweb. cgi/ccd＝4YlG0T/record？r1＝2&h1＝1。

社会秩序，若有命案盗案或一般词讼，再由司法制度解决。①

　　比较可惜的是清代彰化县衙门存留的档案不多，没有办法透过判例一一深究司法诉讼过程，到底官员是主持正义、讨奸除猾居多，还是仅维持一个"表面上"治理的和谐而已？作者会如此认为，原因是清代台湾大规模民变与械斗，多是从彰化县爆发。针对于此，有一批名为《淡新档案》的史料，在研究清代北台湾厅县治理上就显得重要许多。"淡新"为淡水厅与新竹县的简称。1895年台湾被割让给日本，兵马倥偬之际清遗留衙门档案大多被烧毁。只有新竹县衙门档案保存尚称完整，并由新竹地方法院接收，再转呈复审法院。1928年台北帝国大学成立，复审法院再把这些档案赠与台北帝大文政学部，命名为《台湾文书》。1945年台湾光复以后台湾大学法律系教授戴炎辉悉心整理，重新命名为《淡新档案》，并陆续公开其内容供学界研究。②

　　洪世昌《清代台湾的监狱管理——以〈淡新档案〉为中心》一文，旨在补足台湾监狱史的"空窗期"。该文提到人犯在未决之前，囚禁在"合法"或"非法"监狱，对于司法进行来说同等重要。另外，台地狱政比起内地各省管理更加松散，传统衙门空间格局"东祠西狱"的配置，到了台湾也未必遵守。加上台湾多台风与地震，监狱建筑不甚坚固，自然灾害损毁监狱，导致人犯越狱时有所闻。③

二　清代台湾区域与开发史

　　清代台湾的地理空间认知，或许与现今看法有些落差，这一点以光绪十一年（1885）台湾建省来做比较可以明显分辨。当时总共设立三个府——台北府、台湾府、台南府，刚好是对北、中、南地域的明确划分。台北府统辖的区域涵盖今天的宜兰县、基隆市、台北市、新北市、桃园市、新竹市、

---

①　李朝凯：《帝国治理与村庄社会秩序：以清代彰化县的诉讼纠纷为例（1723—1788）》，博士学位论文，台湾暨南国际大学历史学系，2017，第290—299页。
②　淡新档案编辑委员会：《淡新档案》第一编行政总务类第一册，台湾大学，1995，第1页。
③　洪世昌：《清代台湾的监狱管理——以〈淡新档案〉为中心》，博士学位论文，台湾中兴大学，2017。据台北"国家图书馆"台湾博硕士论文知识加值系统：https://ndltd.ncl.edu.tw/cgi - bin/gs32/gsweb.cgi/ccd = 4mok2D/record？r1 = 2&h1 = 0。

新竹县，台湾府统辖的区域涵盖今天的苗栗县、台中市、南投县、彰化县、云林县，台南府统辖的区域涵盖今天的嘉义县、嘉义市、台南市、高雄市、屏东县、澎湖县。值得关注的是区域史与开发史的成果，可谓清代台湾史研究中累积次丰硕。

1. 北部地区

台北市已经是台湾的首善之区，也是一个都会型的城市。虽然汉人对它的开发在 17 世纪已经展开，但作为台湾北部的行政中心却很晚，直到光绪元年（1875）设立台北府，才有以"台北"为名的郡治。社会科学的学者对这个晚近发展的城市，可以在半世纪之内（日据）一跃而成台湾的政经中枢充满兴趣。由于台北府城的出现，甚至转变后的台北市，都与政治关系密切，因此建筑物空间配置代表权力行使，就是一个很重要的议题。苏硕斌《台北近代都市空间之出现：清代至日治时期权力运作模式的变迁》一文，提到从台北府（市）的发展，看到了"近代化"脚步的缩影。而贯穿这一历史的主轴，即是空间——知识——权力的结合。① 另外，透过"文化地景"来讨论台北府城的空间规划也颇为新颖，这当中最重要的概念就是"风水"文化，如何在建城之初就被融入设计之中。②

相较于讨论权力、风水在清代建城时的考量，透过宗教信仰和寺庙分布，来解释聚落的形成与发展，也是一个重要的考察。西方学界对中国区域发展史特别是汉人人际关系如何联结提出的三种看法颇具参考价值。其一，美国人类学者施坚雅（George William Skinner，1925－2008）以四川盆地为讨论对象，提出著名的集市体系理论。③ 其二，英国人类学者弗里德曼（Maurice Freedman，1920－1975）在香港新界进行田野调查，发现华南汉人社会人际关系联结的基础在于血缘（宗族）。④ 其三，美国人类学者武雅士

---

① 苏硕斌：《台北近代都市空间之出现：清代至日治时期权力运作模式的变迁》，博士学位论文，台湾大学社会学研究所，2002，第11—15、247—259 页。

② 廖世璋：《文化地景的形态分析——清代时期至 2002 年的台北府城地区》，博士学位论文，台北大学，2005。据台北"国家图书馆"台湾博硕士论文知识加值系统：https：//ndltd. ncl. edu. tw/cgi－bin/gs32/gsweb. cgi/ccd = LlvQEK/record？r1 = 1&h1 = 0。

③ 施坚雅主编《中华帝国晚期的城市》，叶光庭等译，陈桥驿校，中华书局，2000，第9—11 页。

④ 莫里斯·弗里德曼：《中国东南的宗族组织》，刘晓春译，王铭铭校，人民出版社，2000，第1—5 页。

（Arthur Paul Wolf，1932 – 2015）在台湾北部进行田野调查，发现同样属于华南汉人社会的台湾，理论上应该与闽、粤原乡相同，均以血缘作为汉人人际关系联结的基础。可是清代特殊的移民政策——单身渡台，使抵台的移民彼此少有同血缘的关系，于是就以地缘（祖籍别）取代血缘。这些不同祖籍的移民在台湾就以寺庙作为人际关系联结的平台，于是漳州籍崇拜开漳圣王，泉州三邑籍崇拜观世音菩萨，泉州同安籍崇拜保生大帝，广东潮州或嘉应籍崇拜三山国王。黄学文《清代噶玛兰寺庙兴建与市街形成——以寺庙为核心》一文，讨论今宜兰县在清代开发过程，就是武雅士理论的应用。①

当然，上述提到的《淡新档案》在讨论北台湾开发史过程时就更重要了。林文凯《土地契约秩序与地方治理——十九世纪台湾淡新地区土地开垦与土地诉讼的历史制度分析》，可以说是迄今对《淡新档案》涉及土地开垦与司法诉讼资料整理最为详尽的研究成果。文中的重点聚焦于四大议题——汉垦庄、熟番地、隘垦区、未垦余埔，最后说明清代台湾土地地权所谓"一田二主"的历史演变，关键在于 18 世纪边疆台湾特定的土地行政逻辑发展起来。所谓的"逻辑"即是官府创设的土地赋役制度，造就大、小租体制。这正足以说明为何 17 世纪台湾南部开发当下，以及 19 世纪宜兰开发过程没有出现"一田二主"。②

如此研究对照今新竹县开发史的讨论，更可以显示出新史料出土的重要性。刻板印象总认为，日据时代总督府对台湾社会所做的一系列调查（土地地权、人口、旧惯、林野），连带进行史料文献搜集已经很全面（大租调查书、台湾私法、台湾惯习纪事）。可是在 80 年代还是硕士生的历史学者吴学明，前往新竹丘陵地区从事田野调查，无意中发现震惊学界的《金广福文书》，遂开启台湾历史学界投入新竹浅山地区或者是客家开发史的研究。③

---

① 黄学文：《清代噶玛兰寺庙兴建与市街形成——以寺庙为核心》，博士学位论文，中国文化大学，2017。据台北"国家图书馆"台湾博硕士论文知识加值系统：https：//ndltd. ncl. edu. tw/cgi – bin/gs32/gsweb. cgi/ccd = LlvQEK/record？r1 = 1&h1 = 1。

② 林文凯：《土地契约秩序与地方治理——十九世纪台湾淡新地区土地开垦与土地诉讼的历史制度分析》，博士学位论文，台湾大学社会学研究所，2006，第 107、391–399 页。

③ 吴学明：《金广福垦隘与新竹东南南山区的开发（1834—1895）》，硕士学位论文，台湾师范大学历史研究所，1986，第 1 页。

陈志豪《清帝国的边疆治理及其土地制度：以新竹头前溪中上游为例（1790—1895）》一文，从林爽文事件后讨论新竹浅山地区开发的特殊性。他认为林案结束后，在番界以外收编私垦土地的动作，其实是另一种帝国对外扩张的缩影。重要的是，他认为区域研究的价值在于讨论清廷施政的内容，而忽略地方因应的对策，只能说明治理的表面成效，无法了解历史的真实面貌。于是他选择新竹头前溪流域来探讨隘防与边区扩张的问题，透过"一叶知秋"的方法了解到步入19世纪后台湾丘陵与平原的开发不但手法不同，所形成的地域社会也不同。① 无独有偶，赖玉玲《国家与边区社会的治理：以中北部台湾金广福、广泰成垦号为考察中心（1834—1920）》也有类似的讨论，只不过该文把焦点锁定在樟脑利益，强调砍伐樟树与熬制樟脑实为新竹与苗栗山区开发的重要因素。②

2. 中部地区

谈到苗栗，现在的印象都是客家人的故乡，而且他们的祖先大部分来自广东嘉应。张正田《从族群关系看清代台湾桃竹苗地区义民信仰区域差异——以清代苗栗堡为观察中心》一文，从义民信仰出发讨论客家区域史。③ "义民"是清代台湾特殊的产物，原因是多民变的状况，迫使官方在平定动乱过程中，必须招募勇丁壮大声势。考义民之名，最早出现在康熙六十年（1721）朱一贵事件，起初是自封而非朝廷敕封。之后官府运作颇为得力，在日后平乱过程才屡受朝廷褒封。④ 需要注意的是义民不分闽粤，而且大多是随军出征搜捕余匪，不以保护官长、守卫城池为满足。更甚者，义民在绥靖时，也有祖籍畛域的心态，不乏"假公济私"的报复。⑤ 不过义民若是阵亡，地方人士会建庙供奉嘉其忠勇，形成"义民爷"信仰。

① 陈志豪：《清帝国的边疆治理及其土地制度：以新竹头前溪中上游为例（1790—1895）》，博士学位论文，台湾大学，2012。据台北"国家图书馆"台湾博硕士论文知识加值系统：https://ndltd. ncl. edu. tw/cgi－bin/gs32/gsweb. cgi/ccd＝LlvQEK/record? r1＝45&h1＝2。
② 赖玉玲：《国家与边区社会的治理：以中北部台湾金广福、广泰成垦号为考察中心（1834—1920）》，博士学位论文，台湾大学，2011。据台北"国家图书馆"台湾博硕士论文知识加值系统：https://ndltd. ncl. edu. tw/cgi－bin/gs32/gsweb. cgi/ccd＝VuvtId/record? r1＝4&h1＝0。
③ 张正田：《从族群关系看清代台湾桃竹苗地区义民信仰区域差异——以清代苗栗堡为观察中心》，博士学位论文，台湾政治大学历史研究所，2010，第1—15页。
④ 许毓良：《清代台湾军事与社会》，九州出版社，2008，第101—102页。
⑤ 陈孔立：《清代台湾移民社会研究》，厦门大学出版社，1990，第215—220页。

继续往南走，就来到台中、彰化。这二块区域在清代属于彰化县管辖。杨护源《清代台中地区的聚落拓殖》一文，则是以现今的行政地理概念，讨论台中区域发展。① 不过刘育嘉《清代彰化县的开发（1723—1887）》以清代彰化县为范围——北以大甲溪为界，南以虎尾溪为界，研究这一大片区域的开发。② 在清代台湾开发史上，彰化是最早出现"水田化"的地方。③ 水田化的重要指标，就是大规模（千甲/11300 亩）开凿的埤圳。康熙四十八至五十八年（1709—1719）八堡圳完成，代表台湾准备走上"海东谷仓"的道路。之后水田化的发展往北部进行，雍正时期开凿台中猫雾捒圳，乾隆时期开凿台北瑠公圳、大安圳，嘉庆时期开凿宜兰金结安圳，道光时期南部开凿高雄曹公圳。

上述提到的八堡圳的灌溉就是汲取浊水溪的水源，浊水溪是台湾最长的河流。所谓彰化县的开发，讨论的是以浊水溪下游为主，中游河段大部分处于番界以东，依据清律规定为禁垦区域。然这也是清代台湾开发的特殊之处，越是禁止开发，汉人就越想办法违例开垦。它造就许多沿山地区因环境而异的历史，并且风险越大，所获得的开垦利润越多。张永桢《清代浊水溪中游的开发》一文，即是在此历史背景中探讨今南投县竹山镇、集集镇、埔里镇、鱼池乡、水里乡、鹿谷乡开发过程。④

3. 南部地区

相较于中、北部开发史研究成果累积颇丰，南部的情况就没有这么多。当中的关键在于史料，原因是清代遗留的契约文书，现今可看的多是云林以北的。因此若要讨论嘉义以南的区域开发，多半要利用日据时期的调查成果，或是使用田野调查的方法，"填补"契约文书没有记录的空白。黄阿有《日治前牛稠溪流域发展之研究》研究的是嘉义开发史，结果田调后发现该

① 杨护源：《清代台中地区的聚落拓殖》，博士学位论文，台湾中正大学，2005。据中正大学图书馆馆藏查询系统：http://webpac.lib.ccu.edu.tw/。
② 刘育嘉：《清代彰化县的开发（1723—1887）》，博士学位论文，台湾中兴大学，2018。据台北"国家图书馆"台湾博硕士论文知识加值系统：https://ndltd.ncl.edu.tw/cgi-bin/gs32/gsweb.cgi/ccd=1bW4bH/record? r1=1&h1=0。
③ 赖泽涵主编《台湾400年的变迁》，台湾"中央大学"，2005，第108—110页。
④ 张永桢：《清代浊水溪中游的开发》，博士学位论文，台湾成功大学，2007。据台北"国家图书馆"台湾博硕士论文知识加值系统：https://ndltd.ncl.edu.tw/cgi-bin/gs32/gsweb.cgi/ccd=1bW4bH/record? r1=1&h1=4。

区祖籍别的分布是"泉外、漳内、潮近山"，这与一般印象泉州籍分布沿海、漳州籍分布平原、客家人分布丘陵，还是有些许不同。① 曾国明《清代今高雄平原开发之研究》一文讨论高雄的开发，认为该区最具关键性的发展，则是道光十八至二十四年（1838—1844）曹公圳与新圳陆续完成，让当地稻米收获产量大增，一时有"其米多可粜者，惟凤山、嘉义、彰化三县而已"之记录。②

4. 海洋区域

当我们在讨论开发史时，很自然会想到陆地上的开发。可是不要忘了台湾本身是一个海岛，环绕周围的海洋本身就属一块区域。特别是间隔台、闽的台湾海峡一衣带水，故讨论开发若没有纳入海洋绝对不够完整。康熙二十三年（1684）至同治十三年（1874）清廷对台湾实施对渡政策，即福建三个正口——厦门、泉州蚶江、福州五虎门，对渡台湾五个正口——鹿耳门、鹿港、八里坌海口、五条港、乌石港。如果台闽往来船只，从这八个港口以外的地方开航，就是非法航行。再者，台湾船只要航行到台岛以外的地方，也必须先航行到福建的三处正口"挂验"，才能开航到目的地。因此，清廷很巧妙运用航线，把台湾的发展与福建绑在一起。直到咸丰八年（1858）依据《天津条约》规定，台湾开辟四个港口——安平、打狗（高雄）、淡水、基隆对外通商，才打破对渡的限制。③

平心而论，到了蒸汽轮船时代，对渡政策已经过时且不符合需求。所以同治十三年（1874）牡丹社事件发生时，清廷重新检讨治台政策，很快就将对渡规定废止。马有成《清政府对台闽海洋交通管理之研究 1683—1840》一文，即是讨论风帆时代台闽航运的发展。④ 此外，吴建升《道光三年以前台江内海及周围地区历史变迁之研究》对海岸开发另有发挥。台江是四百

---

① 黄阿有：《日治前牛稠溪流域发展之研究》，博士学位论文，台湾成功大学，2007。据台北"国家图书馆"台湾博硕士论文知识加值系统：https://ndltd. ncl. edu. tw/cgi – bin/gs32/gsweb. cgi/ccd = 1bW4bH/record? r1 = 1&h1 = 5。

② 曾国明：《清代今高雄平原开发之研究》，博士学位论文，台湾成功大学，2015。据台北"国家图书馆"台湾博硕士论文知识加值系统：https://ndltd. ncl. edu. tw/cgi – bin/gs32/gsweb. cgi/ccd = QJ5WhM/record? r1 = 1&h1 = 1。

③ 许毓良：《清代台湾的海防》，社会科学文献出版社，2003，第11—46页。

④ 马有成：《清政府对台闽海洋交通管理之研究 1683—1840》，博士学位论文，台湾中正大学，2007。据台北"国家图书馆"台湾博硕士论文知识加值系统：https://ndltd. ncl. edu. tw/cgi – bin/gs32/gsweb. cgi/ccd = GioQh7/record? r1 = 1&h1 = 0。

年前欧汪溪口以南、二层行溪口以北的一个很大的潟湖。从 17 世纪荷兰人殖民统治开始，台江就是台湾最早开发之地，而依傍台江最重要的城市，则是清代台湾府城。可是由于逐年淤积，台江地理景观日变。直到道光三年（1823）一场大风雨，造成台江严重淤积，彻底改变了今台南市沿海地区的发展——由盛而衰，政治经济中心逐渐他移。①

三　清代台湾本地居民研究

台湾地区所称的"原住民"是台湾最早的住民，但是属于南岛民族的他们并没有发明文字。所以对"原住民"历史的认识，只能通过不同时期统治者的记录。荷据时期并没有出现"原住民"的通称，当时的称呼是以各社为主。明郑时期首次出现"土番"的称呼。清初康雍时期按照"原住民"生活的区域，分为居于平原的"土番"和居于山林的"野番"。乾隆以后再按照汉化的程度、有无去除馘首的习俗，称为"熟番"、"生番"以及表面去除馘首习俗，暗地里还在猎人头的"化番"。日据初期，一开始承袭清制，仍称为"熟蕃"与"生蕃"。20 世纪以后，日人以语言学作为分类指标，把"原住民"分成两大类——平埔人、高砂人。光复以后国民政府把高砂人更名为高山人，可是平埔人已经汉化（语言流失），不必另行称呼。20 世纪 50 年代，因举行选举，特设保障名额又发明"山地同胞"一词，简称"山胞"。直到 90 年代，台湾社会因尊重他们的权益，也承认他们历史上最早来到台湾的地位，故改称为"原住民"。2000 年以后改称"原住民族"。②

1. 文献中的"原住民"

本节提到的两个研究成果，都是透过中国文学或中国语言专业进行研究，且不约而同地讨论汉人文化入侵、融合、转构的过程。王幼华《清代台湾汉语文献原住民记述研究》探讨"文化纳编"的发展。理论基础是清代文献都由汉人编纂，因此对"原住民"的"异文化"要如何记录？其重点在于从"汉字拟音"，从"汉字原住民歌谣"——耕猎、会饮、祭祖、爱

---

① 吴建升：《道光三年以前台江内海及周围地区历史变迁之研究》，博士学位论文，台湾成功大学，2010。据台湾成功大学电子学位论文服务系统：http：//etds. lib. ncku. edu. tw/etdservice/view_ metadata？ etdun = U0026 – 1207201023575400。

② 参阅张海鹏、陶文钊主编《台湾史稿》上卷，第 12—13 页。

情、婚礼、思亲，来讨论清代汉人与"原住民"关系的三阶段：入侵与宰制、冲突与改变、萎缩与同化。① 陈昱升的《清初〈诸罗县志〉中有关西拉雅族群语言纪录之研究》也采类似方法，只不过把焦点锁定在康熙五十六年（1717）完成的《诸罗县志》中。该论文特别之处在于先行整理方志、208 个汉字拟音的词语，然后与《新港文书》（使用西拉雅人新港社语罗马拼音书写的契约文书）、《新港语马太福音》（荷据时期使用西拉雅人新港社语罗马拼音编写的新教书籍）、《台湾平埔族の言语资料の整理と分析》（1985 年日本语言学者土田滋编纂的成果）互相对照。值得一提的是，该论文所谓的"诸罗县"是以"倒风内海"为核心。"倒风内海"与"台江内海"都是四百年前台湾西南两个重要的潟湖，相对位置是"倒风内海"在"台江内海"的北侧，中隔萧垄半岛（台南市麻豆区）。② 倒风内海可谓仅次于台江内海，为台湾开发史或者汉番关系史的重要区域。境内最重要的平埔族聚落，就是荷兰文献中最勇猛善战的麻豆社。

2. 熟番社域与地权

从历史发展来看，理论上"原住民"应该掌握全台的土地。可是"原住民"有把土地作为财产的观念吗？如果有，那么是何时出现？以往的研究认为是荷据时期，荷兰人在统治的范围内，替境内各番社划定"社域"，因此"原住民"开始有以土地作为"公产"的观念。③ 至于"私产"何时出现？有可能是荷据时期，也有可能是明郑时期，但史料仍不足征。而最明确的记载是雍正八年（1730）熟番得以与汉人一例报垦番地，垦成田园自己报升，成为番业户（收取番大租）。④ 杨鸿谦《清代台湾南部西拉雅族番社地权制度变迁之研究——以凤山八社领域为范围》一文，讨论屏东平原凤山八社土地地权从共有到私有的过程。考凤山八社分别为搭楼社（里港

---

① 王幼华：《清代台湾汉语文献原住民记述研究》，博士学位论文，台湾中兴大学，2005。据台北"国家图书馆"台湾博硕士论文知识加值系统：http://ndltd. ncl. edu. tw/cgi－bin/gs32/gsweb. cgi/ccd＝TUmknf/record？r1＝1&h1＝0。

② 陈昱升：《清初〈诸罗县志〉中有关西拉雅族群语言纪录之研究》，博士学位论文，台北市立大学，2005。据台北"国家图书馆"台湾博硕士论文知识加值系统：http://ndltd. ncl. edu. tw/cgi－bin/gs32/gsweb. cgi/ccd＝TUmknf/record？r1＝5&h1＝1。

③ 韩家宝（Pol Heyns）：《荷兰时代台湾的经济、土地与税务》，郑维中译，播种者文化有限公司，2002，第77—82 页。

④ 柯志明：《番头家——清代台湾族群政治与熟番地权》，台北中研院社会学研究所，2001，第125 页。

乡）、武洛社（里港乡）、阿猴社（屏东市）、上淡水社（万丹乡）、下淡水社（万丹乡）、力力社（崁顶乡）、茄藤社（林边乡）、放□社（林边乡）。其论文的重要结论是清廷番地政策仍具有保障番业主地权的效果。纵使过程中有些地方官执行不力，无法完全禁绝汉人私买番地，但仍可透过番大租制度来确保番大租权，让社番收取番大租以济生活。①

李宗信《崩山八社租业的形成与终结》研究 1684—1904 年道卡斯族的历史。考崩山八社又名蓬山八社，虽然号称八社，但实为九社，分别是日南社（台中市大甲区）、日北社（苗栗县苑里镇）、双寮社（台中市大甲区）、大甲西社（台中市大甲区）、大甲东社（台中市外埔区）、通霄社（苗栗县通霄镇）、房里社（苗栗县苑里镇）、苑里社（苗栗县苑里镇）、猫盂社（苗栗县苑里镇）。本论文对清代当地地权研究，区分为番汉混垦区、汉垦区与隘屯区。结果到了日据初期，此地竟还有六成耕地带有熟番租业，这当中超过七成租额掌握在熟番个人或番社手中，② 说明原居民土地地权流失严重程度，也是按地区有所差别。

3. 族群迁徙、认同与历史变迁

清代台湾的平埔人总共有四次大规模的迁徙，第一次在嘉庆九年（1804），当清廷还没有设官治理兰阳平原时，今苗栗、台中、彰化、南投的平埔人，就越过雪山山脉进入今宜兰县成为"流番"。第二次在道光三年（1823），也是当清廷还没有设官治理埔里盆地时，今苗栗、台中、彰化、云林的平埔人，就越过八卦山脉、爱兰台地进入今南投县埔里镇。第三次在道光九年（1829），居住在屏东平原的武洛社、搭楼社、阿猴社，翻越中央山脉南段前往东海岸的巴塱卫（台东县大武乡）定居。第四次在道光二十二年（1842），原本居住在兰阳平原的噶玛兰人，受不了汉人侵垦的压力，谋思往南迁徙至今花莲、台东一带。③ 史台丽《平埔族与花东纵谷开发史——以高寮登氏为中心》一文，研究花莲县玉里镇、富里乡的平埔人迁

---

① 杨鸿谦：《清代台湾南部西拉雅族番社地权制度变迁之研究——以凤山八社领域为范围》，博士学位论文，台湾政治大学地政学系，2003，第 140—148 页。
② 李宗信：《崩山八社租业的形成与终结》，博士学位论文，台湾师范大学，2011。据台北"国家图书馆"台湾博硕士论文知识加值系统：http://ndltd.ncl.edu.tw/cgi–bin/gs32/gsweb.cgi/ccd=E7Vi26/record？r1=4&h1=0。
③ 参阅张海鹏、陶文钊主编《台湾史稿》上卷，第 93—94 页。

移史，而且是以自己母亲的家族为对象，探讨登氏自屏东赤山（万峦乡）移民至屏东枋寮（枋寮乡）、台东富里，并从光绪七年（1881）在今玉里镇观音山高寮落脚的百年家族史。①

　　的确，除了跨县、跨地域的移动外，也有县境的局部移民。陈秀卿《急水溪中上游平埔聚落之比较研究（1875—1945）：以哆啰嘓社、大武垄社移住村落为例》一文，探讨今台南市东侧丘陵平埔人对浅山地区的开发。哆啰嘓社属于洪雅人，原本居住在今台南市东山区一带，但18世纪往北移动，迁往今台南市白河区关子岭、白水溪。大武垄社原居在今台南市玉井区，以往学界认为属于西拉雅人，但也有看法是单一族群。如果是后者，那么大武垄社群下的四小群就很重要，它们在清代称为"四社熟番"，分别是头社（玉井区）、宵里（玉井区）、芒仔芒（玉井区）、茄拔（台南市楠西区）。18世纪他们也往北迁至六重溪（台南市白河区）。根据该论文的研究，哆啰嘓社在今白河区形成白水溪与岩前二聚落，大武垄社在白河区形成六重溪聚落。结果到了清末，白水溪与岩前的熟番多受洗信仰新教，但六重溪的熟番大致维持祖灵信仰或汉人民间宗教。而且在经济与社会上，白水溪多稻作，熟番多与汉人通婚；岩前多蔗作，族群仍以平埔人为主；六重溪多林业，平埔人与汉人村落分野明显。②

　　透过上述即可知，台湾平埔人的分布与历史十分复杂。有趣的是地方官如何了解他们？甚至于上报到福建与北京叙述他们？郑螢忆《王朝体制与熟番身分——清代台湾的番人分类与地方社会》一文，旨在探讨熟番身份转换的问题。盖因18世纪末台湾仿四川屯练组织"番屯"，借以补充绿营兵力戍台之不足。为提升士气与维系经济，清廷规定4000名屯丁可以分到一甲（11.3亩）土地作为奖励。值得注意的是，这些土地全都划定在"番界"附近，因此有了番屯屯丁身份的平埔族男子，在开发山区土地上或出入番界资格上，比起其他人"方便"许多。它造成19世纪熟番族群内部，

---

①　史台丽：《平埔族与花东纵谷开发史——以高寮登氏为中心》，博士学位论文，中国文化大学史学系，2015，第106—107、319—322页。

②　陈秀卿：《急水溪中上游平埔聚落之比较研究（1875—1945）：以哆啰嘓社、大武垄社移住村落为例》，博士学位论文，台湾成功大学，2010。据台北"国家图书馆"台湾博硕士论文知识加值系统：http://ndltd.ncl.edu.tw/cgi-bin/gs32/gsweb.cgi/ccd=0b2Yqn/record?r1=8&h1=0。

为了成为精英群体，彼此在身份认定上的争夺。①

或许作为原住居民，当历史文化与汉人出现差异时，多少会有一些反思。只是如此的反思，有无形成族群的认同就是一个重要的问题。洪丽完《从部落认同到"平埔"我群——台湾中部平埔族群之历史变迁（1700—1900）》，正是研究从清初到清末"熟番"的自我认同。只不过论文作者长期耕耘中部平埔人研究，因此所谓的认同讨论锁定在苗栗西湖溪以南、云林虎尾溪以北的中部地区。其内容重点是原住居民的聚落"社"，既是税饷单位，亦是行政、军事屯属单位。特别是熟番数次大迁徙，参与者都是跨社、跨族群的，但到了一个移民的新天地，不可避免会产生"我群"群感，因此集体认同意识逐渐萌芽。②

在生番的研究上，有两本论文讨论生、熟番与汉人的互动。陈玉美《汉人、生番、熟番交错下的台湾边区社会与法秩序（1683—1900）》一文，探讨"边区"的族群关系史。其实从清朝的观点来看，属于海疆的台湾已经是"边区"。因此，对于成为边区的岛屿，除了武力控制外，如何在生、熟番社会"执法"（言语不通），更是统治的重点。本文认为"番割"角色值得注意，所谓"番割"，就是与生番从事交易（通常以物易物）的汉人。他们游走于各番社，也游走于边区社会。③ 潘继道《国家、区域与族群：台湾后山奇莱地区原住居民族群历史变迁之研究（1874—1945）》一文，研究清末至日据时期的"开山抚番"政策，以及今花莲县生、熟番与汉人的历史。本论文认为清廷以国家力量，进入花莲执行官方主导的垦务，光绪四年（1878）所发动的"加礼宛战役"为主要分水岭。加礼宛在今花莲县新城乡，这场战役参战的原住居民，就是从兰阳平原迁至花莲的噶玛兰人，以及世居当地的撒奇拉雅人。其结果是两大生、熟番战败，

---

① 郑莹忆：《王朝体制与熟番身分——清代台湾的番人分类与地方社会》，博士学位论文，台湾政治大学，2017。据台北"国家图书馆"台湾博硕士论文知识加值系统：http：//ndltd. ncl. edu. tw/cgi－bin/gs32/gsweb. cgi/ccd＝hLaH9U/record？rl＝1&h1＝5。

② 洪丽完：《从部落认同到"平埔"我群——台湾中部平埔族群之历史变迁（1700—1900）》，博士学位论文，台湾大学，2003。据台北"国家图书馆"台湾博硕士论文知识加值系统：http：//ndltd. ncl. edu. tw/cgi－bin/gs32/gsweb. cgi/ccd＝hLaH9U/record？rl＝1&h1＝6。

③ 陈玉美：《汉人、生番、熟番交错下的台湾边区社会与法秩序（1683—1900）》，博士学位论文，台湾成功大学，2017。据台北"国家图书馆"台湾博硕士论文知识加值系统：http：//ndltd. ncl. edu. tw/cgi－bin/gs32/gsweb. cgi/ccd＝hLaH9U/record？rl＝2&h1＝8。

官府与汉人势力顺利进入今花莲市一带，而后从此地往南进入整个花东纵谷。①

四 清代台湾文化史研究

文化史的内容广泛，涵盖生活史的食、衣、住、行、育、乐，更有古典诗文、文化想象、文化叙事的文学作品，也有属于精神层面的宗教，以及强调本土的客家意识。如果把这些成果算入，无疑文化史研究是累积最丰硕的领域。

1. 食、住与育、乐

在食的方面，有两本论文讨论民生之首。曾品沧《从田畦到餐桌——清代台湾汉人的农业生产与食物消费》一文，探讨清代台湾汉人如何利用农业生产活动来滋养整个移民社会，以及形成的食物消费取向。这当中最重要的内容，即是区分三种农业生产体系——台湾南部旱地型、台湾中北部水田型、浅山地区山地型。至于在消费上，这些食材被转化成食物——饭、菜、点心，农家在调理过程中，一定是以最节省资源也是最能反馈生产资源的方式进行。直到咸丰八年（1858）台湾开港，台湾社会出现一群富有"品味"的仕绅，加上食物、食材随着进口量大增，精致又能感动味蕾的消费取向逐渐成形。② 蔡承豪《天工开物：台湾稻作技术变迁之研究》一文，另辟蹊径，从"技术"层面讨论如何透过稻种的培育、农耕器具的改良、牛只兽力的运用，促使生产量增加。最重要的是这些农业技术与知识如何传播到各地，配合区域拓垦获得与投资开发相对应的生产收成。③

---

① 潘继道：《国家、区域与族群：台湾后山奇莱地区原住民族群历史变迁之研究（1874—1945）》，博士学位论文，台湾师范大学，2005。据台北"国家图书馆"台湾博硕士论文知识加值系统：http：//ndltd. ncl. edu. tw/cgi - bin/gs32/gsweb. cgi/ccd = hLaH9U/record？r1 = 1&h1 = 7。

② 曾品沧：《从田畦到餐桌——清代台湾汉人的农业生产与食物消费》，博士学位论文，台湾大学，2005。据台北"国家图书馆"台湾博硕士论文知识加值系统：http：//ndltd. ncl. edu. tw/cgi - bin/gs32/Gsweb. cgi/ccd = Dbi5Vr/record？r1 = 1&h1 = 0。

③ 蔡承豪：《天工开物：台湾稻作技术变迁之研究》，博士学位论文，台湾师范大学，2009。据台北"国家图书馆"台湾博硕士论文知识加值系统：http：//ndltd. ncl. edu. tw/cgi - bin/gs32/gsweb. cgi/ccd = Dbi5Vr/record？r1 = 2&h1 = 1。

在住的方面，亦有两篇论文讨论居家的历史。洪健荣《清代台湾社会的风水习俗》一文讨论"阳宅"与"阴宅"处室的问题。由于清代闽粤移民必须渡过险恶的台湾海峡，才有办法抵达台湾开垦，就算是安全抵台，日后的开垦也不能保证耕耘必有收获，加上天灾、人祸、疾病频发，清代早就流传所谓《渡台悲歌》，而俗谚更有"六死三在一回头"形容来台的危险。于是在宗教上鬼神迷信大兴，而一夕致富必依托于"风水"，更加让人深信不疑。于是数术文化中的堪舆、地理、卜宅、相墓，在清代台湾社会已流传许久。最后竟可以找到流俗纷扰、民教冲突的许多个案。甚至于洋务运动在台湾时期，开采煤矿也与"龙脉"禁忌画上等号，成为清代台湾不得不注意的社会现象。① 另外，叶乃齐《台湾传统营造技术的变迁初探——清代至日本殖民时期》一文，则是从建筑眼光探讨"匠师"技术的传承。由于受到士农工商传统认知影响，工匠在社会中的地位并不高，台湾自不例外。可是现今台湾保留的清代古迹建筑为数颇多，它们是如何建造的就成为一个重要的问题。本论文的贡献在于透过口述资料，慢慢拼凑出师徒、匠帮的历史记录，再利用建筑学专业对传统营造方式进行比较，整理清代台湾盛行的传统营造方式——庙宇谱系、主雇关系与师徒制、建材取得、西洋式建筑传入。②

在育的方面，叶宪峻《清代台湾教育之建置与发展》一文，从中国文化在台湾的形成与保存出发，研究儒学与科举的发展。其内容提到全台各儒学署每一次录取生员总数，由康熙二十六年（1687）的56名，增至光绪十八年（1892）的154名。举人在福建乡试稳定分配名额，从雍正七年（1729）的1名，日后逐渐增加至7名。进士名额道光三年（1823）为1名，至同治七年（1868）增加到2名。书院则是先后设立55所，提供另一管道教育资源的挹注。本论文重要结论，即是对清代台湾教育史做出分期：康熙朝为儒学署、汉庄社学建置阶段，雍正朝为土番社学扩建阶段，乾隆朝为义学或书院发展阶段，嘉庆朝为书院茁壮阶段，道光朝为书院设立巅峰阶段，咸丰朝为台湾生员乡试中举大增阶段，同光朝为治台政策改变造成生

① 洪健荣：《清代台湾社会的风水习俗》，博士学位论文，台湾师范大学，2003，第1—11页。
② 叶乃齐：《台湾传统营造技术的变迁初探——清代至日本殖民时期》，博士学位论文，台湾大学建筑与城乡研究所，2002，第1—13页。

员、举人激增阶段，也是士子仕途最后的"美好"时光。① 李建德《清代台湾儒学之研究》为近年成果，而在先前的基础上，另行讨论府、县、厅儒学署，以及书院、义学、社学的教学内容，最后是弘扬、奖掖官员的评述，以及文昌祠、惜字亭、旌表对儒学价值观建立的肯定。②

在乐的方面，此领域亦是中国文学或中国语文的擅长。张启丰《清代台湾戏曲活动与发展研究》一文，针对清代台湾戏曲史进行考证并提出分期看法：康熙时期戏曲依附于节庆活动，主流是梨园戏；雍正、乾隆时期起源于江苏的昆曲开始传入台湾；嘉庆、道光、咸丰时期台湾的庙会活动出现字姓戏（各姓氏纷纷登场或请人演戏）与拼台竞演，而且夜间演戏越来越成为常态；同治、光绪时期北京的京戏也开始传入台湾。③ "梨园戏"是福建地方剧种，曹珊妃《清代以来闽台梨园戏发展研究》一文认为，1954 年以后"梨园"之名才定型。在此之前民间都以流派班名称呼，如"上路"戏班、"下南"戏班、"七子班"戏班。清中期以前梨园戏可谓福建戏班来台演出首要剧种，而之后在台湾落地生根，日据时期进入戏院内台搬演又是后话。④

2. 文学与书写叙事

由于儒学传播到台湾的时间很晚，若以南明"海东文献初祖"沈光文为代表，则是明郑时期；若以"全台首学"台湾孔庙兴建的年代而论，也是明郑时期。难免会有一种错觉，认为台湾文风不发达，可是在清代台湾文学作品中，却有不少呈现出热带的、岛屿的风情。陈思颖《清代台湾诗之海洋书写研究（1683—1840）》一文，探讨西风东渐以前台湾诗集中的海洋

① 叶宪峻：《清代台湾教育之建置与发展》，博士学位论文，中国文化大学，2002。据台北"国家图书馆"台湾博硕士论文知识加值系统：http://ndltd. ncl. edu. tw/cgi – bin/gs32/gsweb. cgi/ccd = At. dZc/record? r1 = 1&h1 = 0。

② 李建德：《清代台湾儒学之研究》，博士学位论文，台湾彰化师范大学，2017。据台北"国家图书馆"台湾博硕士论文知识加值系统：http://ndltd. ncl. edu. tw/cgi – bin/gs32/gsweb. cgi/ccd = At. dZc/record? r1 = 1&h1 = 1。

③ 张启丰：《清代台湾戏曲活动与发展研究》，博士学位论文，台湾成功大学，2004。据台北"国家图书馆"台湾博硕士论文知识加值系统：http://ndltd. ncl. edu. tw/cgi – bin/gs32/gsweb. cgi/ccd = At. dZc/record? r1 = 1&h1 = 2。

④ 曹珊妃：《清代以来闽台梨园戏发展研究》，博士学位论文，台湾东华大学，2013。据台北"国家图书馆"台湾博硕士论文知识加值系统：http://ndltd. ncl. edu. tw/cgi – bin/gs32/gsweb. cgi/ccd = At. dZc/record? r1 = 1&h1 = 3。

元素。作者认为，海洋诗与海洋书写并无二致，其中重要的主题是海洋风景与人类的海洋活动。而这段时间最优秀的海洋诗家有六人：康熙朝的海防同知孙元衡、乾隆朝的巡台御史钱琦、凤山县举人卓肇昌、凤山县教谕朱仕玠、胡健，以及道光朝的台湾道周凯。① 赖恒毅《清代台湾地理空间书写与文化叙事》一文也是讨论地理空间，不过除了海洋之外，该文也强调台湾诗集中了山岳的元素，当中最重要的是对台湾第一高峰玉山的诗咏。在文化叙事上，该文强调的是"造景"的感受。所谓的"造景"有三，即澄台、斐亭与园林。澄台与斐亭皆位于台厦道（台湾道的前身）衙门后院，面对台江内海一目了然，因此澄台观海与斐亭听涛均被列为清代台湾八景。②

　　在"想象"与"图像"书写上，郭侑欣《清代台湾文献所反映的疾病经验与文化想象》一文，讨论"瘴疠"之地的台湾，当地文人如何透过历史修辞、文学语境、医学术语来形容疾病。甚至于对于科学知识全无的情况下，对疾病产生信巫好鬼的想象。事实上，清代台湾的文献不乏形容台岛旷土原野毒雾莽林，连蛇虺也会导致疾病，对染病恐惧常用"见鬼"心理投射，因此诸多药用植物也出现在文学作品中，如槟榔、忍冬、七里香、佛手柑。其他"民俗疗法"配合神祇崇拜，亦有迎神逐疫与王爷信仰生成。当然到了清末，因西方医学知识传入，清洁卫生的观念开始受到重视，反映在诗词中形成对西方文明最初的体验。③ 刘丽卿《清代诗文笔记书写的台湾怪异图像研究》一文所讨论的"怪异"现象除了陆地也涵盖海上。清代台湾文献提到船只航行台岛周边海域，最害怕遇到"落漈""万水朝东""南澳气""弱水""落溜"。这些海象亦发生于海难，可能与流经台湾东海岸的黑潮或者沿岸流有关。有趣的是台湾也有传说中的"桃花源"——古橘冈，也有原住居民的仙境——绣孤鸾山。加上民变、械斗不时发生，早期社会也有"感应"祸福灾难的民俗征兆，如竹林开白花、浊水溪变清澈、妖鸟群

---

①　陈思颖：《清代台湾诗之海洋书写研究（1683—1840）》，博士学位论文，台湾高雄师范大学，2011。据台北"国家图书馆"台湾博硕士论文知识加值系统：http://ndltd.ncl.edu.tw/cgi-bin/gs32/gsweb.cgi/ccd=aKHSwv/record? r1=1&h1=5。

②　赖恒毅：《清代台湾地理空间书写与文化叙事》，博士学位论文，台湾中正大学中国文学系，2012，第205—211页。

③　郭侑欣：《清代台湾文献所反映的疾病经验与文化想象》，博士学位论文，台湾彰化师范大学国文学系，2011，第1—19页。

聚、地震之兆、草占台风。① 现在看来有些叙事荒诞不经，可是存在在大量文献中，是移民拓垦艰辛的心理反映。

古典文学研究方面，总共有三篇论文值得注意。余育婷《想象的系谱——清代台湾古典诗歌知识论的建构》一文，探讨清代台湾古典诗歌的三大理论：体用论、创作论、审美论。体用论指的是诗歌具有教化功能、抒情言志、酬酢社交。创作论指的是对古代诗人的仿效，包括东晋陶渊明、唐代李白、杜甫、白居易，以及北宋林逋。这当中还特别举出咸同时期新竹望族林占梅师法白居易，彰化县举人陈肇兴师法杜甫。审美论指的是"雅正美学""清真趣"的成型。② 洪素香《清代台湾儒学诗研究》中也有类似的探讨，只不过焦点锁定在"儒学诗"的道路。因此，本文作者列举出 27 位宦台官员的 95 首诗作，以及十一位台湾科举功名儒师的 99 首诗作，以"明道"与修辞表现进行评述。③ 不过在此领域，显现出独到见解的是对清代《红楼梦》的研究。吴盈静《清代台湾红学初探》一文，让学界知晓清代台湾仕宦与本土文人所撰红学相关著作竟所在多有。兹举数例：曾任福建省寿宁县知县王兰沚，林爽文事件时曾来台协助平乱，离台后在嘉庆二年（1797）完成《绮楼重梦》，该书正是嘉庆年间问世的八本红楼续书之一；光绪元年担任福建巡抚的丁日昌，早在十九岁时就完成点评《红楼二百咏》作品，当时被誉为"开今人红学研究之先例"；其他台湾文人还有进士丘逢甲、进士许南英、生员谢道隆。④

3. 其他

最后两篇论文，一是关于基督教研究的，一是关于客家研究的。王政文《天路历程：台湾第一代基督徒研究（1865—1895）》一文，其内容与先前成果最大的差别，在于不从西方传教士为主讨论台湾基督教史，而是以信徒

---

① 刘丽卿：《清代诗文笔记书写的台湾怪异图像研究》，博士学位论文，台湾成功大学，2011。据台北"国家图书馆"台湾博硕士论文知识加值系统：http://ndltd. ncl. edu. tw/cgi – bin/gs32/gsweb. cgi/ccd = ObjN7O/record？rl = 3&h1 = 3。

② 余育婷：《想象的系谱——清代台湾古典诗歌知识论的建构》，博士学位论文，台湾政治大学中国文学研究所，2011，第 1—21 页。

③ 洪素香：《清代台湾儒学诗研究》，博士学位论文，台湾高雄师范大学，2011。据台北"国家图书馆"台湾博硕士论文知识加值系统：http://ndltd. ncl. edu. tw/cgi – bin/gs32/gsweb. cgi/ccd = ObjN7O/record？rl = 1&h1 = 5。

④ 吴盈静：《清代台湾红学初探》，博士学位论文，台湾"中央大学"中国文学研究所，2002，第 1—7、257—261 页。

为主体，观察清末台湾社会信徒的境遇。因此观点不是放在传教士来台的贡献，而是信徒的生命抉择。① 林正慧《台湾客家的形塑历程——清代至战后的追索》一文，探讨 1945 年以后"台湾客家人"如何形成。可是在此之前必须先探讨清代"客语"方言移民如何来到台湾。经过整理，总共有福建汀州客语、广东潮惠嘉客语、闽省双方言混杂区（主要是漳州客语）。于是透过方言（闽南语、潮州语、客语）与省籍（闽粤），在台湾拓垦过程中建立最早的认同。②

结　语

经过整理，回顾 2000—2017 年台湾各公私立大学对清代台湾历史、文学与文化研究博士学位论文的成果，按照领域与论文数量多寡，依序为文化史研究 17 本、区域与开发史 14 本、原住居民研究 10 本、军事与政治史 9 本。从研究态势来看前瞻性，首先，文化史领域在未来应该还是名列前茅。原因是此为中国文学系（所）、中国语言学系（所）的专长，而且当中还有许多议题可以发挥，进行更深入的探讨。例如，生活史，可以单独讨论不同时期的文人，以及他们的古典诗歌创作，借此来研究仕绅、官员的日常生活。社会史若与文化史结合，可以形成社会文化的研究；若与经济史结合，又可以形成社会经济的研究。不过从上述回顾来看，社会史的成果并没有想象中的丰富。可是社会史中的家族研究，本文认为将会是日后探讨的重要议题，盖因台湾乡镇级区域的中、小型家族，其史料文献也陆续出土公开。透过对它们的研究，可以填补很多区域文化、区域历史的空白。只是如此的处理，会形成跨时代——清末、日据到战后——的研究。

其次，区域开发史也有可看性。事实上，"按照区域"一词不一定指

---

① 王政文：《天路历程：台湾第一代基督徒研究（1865—1895）》，博士学位论文，台湾师范大学，2009。据台北"国家图书馆"台湾博硕士论文知识加值系统：http：//ndltd. ncl. edu. tw/cgi－bin/gs32/gsweb. cgi/ccd＝ObjN7O/record？rl＝2&h1＝7。

② 林正慧：《台湾客家的形塑历程——清代至战后的追索》，博士学位论文，台湾大学，2013。据台北"国家图书馆"台湾博硕士论文知识加值系统：http：//ndltd. ncl. edu. tw/cgi－bin/gs32/gsweb. cgi/ccd＝ObjN7O/record？rl＝1&h1＝8。

的是现今对台湾地理空间的划定，应该是要回到清代台湾聚落发展来做界定。"一府、二鹿、三艋舺"是对清代台湾三大港市的排名，可是排名"第四"的聚落却很少有人注意。特别是这些聚落，它们彼此争锋，互抢"第四"的头衔，无形中更凸显重要性。这包括今新北市的新庄（清代台北盆地第一个街肆）、今台中市的大甲（中部出入北部重要海陆交通孔道）、今彰化县的芳苑（番挖/鹿港的外港）、今彰化县的北斗（清代彰化平原重要货物集散地）、今云林县的斗六（浊水溪下游进入南投山区要地）、今云林县的北港（另有俗谚一府城二北港）、今台南市的盐水（清代倒风内海第一大港）、今屏东县东港（屏东平原第一大港）。可见持续发掘乡土史料，让移民开垦路线与历史脉络更加清楚，将会是此领域的一大贡献。

再次是，"原住居民研究"的扩展。从前述回顾来看，可以很清楚地看到大部分博士学位论文，都在处理"熟番"的课题。如果内容上出现生番，也是依附于"熟番"的历史一起讨论。其实这样的模式应已确定，原因无他，清末生番单独性的史料实在太少。因此，现在研究高山本地居住者（生番）的论文，绝大部分的焦点放在日据时期或战后。清末那一段"生番"时代的事迹，就成为历史背景的介绍与铺陈。如果此写作模式也可以算是清末台湾本地居住者研究，那么所谓"生番"研究成果无疑只会增加，不会减少。

最后是军事与政治史的研究，乍看之下累积成果最少，然并不代表没有发挥的余地。关键是大陆仍有许多馆藏，皆为清代台湾史的重要史料，而且多半与军事政治有关。假以时日若能公开，经过全面且深入的研究，将会是此领域最具突破性的发展。

我的老师张海鹏教授，早在2003年就率领中国社会科学院台湾史研究中心代表团访问台湾，访问结束后曾撰《认识加强台湾史研究的必要性和紧迫性》，提出心得感想。[①] 本文是属于研究回顾的专文，从认识与加强台湾史研究的必要来看，或许可以与老师的主张相呼应。今年适逢张老师八十大寿，我很荣幸从台湾来参加此次研讨会，也把本文当作祝寿的贺礼。

---

① 张海鹏：《书生议政——中国近现代史学者看台湾的历史与现实》，海峡学术出版社，2010，第409—414页。

附表　2000—2017 年台湾各公私立大学对于清代台湾历史、文学与文化研究博士学位论文一览

编号	姓名	论文题目	毕业学校系所	毕业年月	繁体专书出版	简体专书出版
1	苏硕斌	台北近代都市空间之出现:清代至日治时期权力运作模式的变迁	台湾大学社会学研究所	2002.6	（台北）左岸文化,2005	—
2	叶乃齐	台湾传统营造技术的变迁初探——清代至日本殖民时期	台湾大学建筑与城乡研究所	2002.6	—	—
3	叶宪峻	清代台湾教育之建置与发展	中国文化大学史学研究所	2002.7	—	—
4	吴盈静	清代台湾红学初探	"中央大学"中国文学研究所	2002.12	（台北）大安出版社,2004	—
5	洪丽完	从部落认同到"平埔"我群——台湾中部平埔族群之历史变迁(1700—1900)	台湾大学历史学研究所	2003.6	（台北）联经出版社,2009	—
6	杨鸿谦	清代台湾南部西拉雅族番社地权制度变迁之研究——以凤山八社领域为范围	政治大学地政学系	2003.8	—	—
7	洪健荣	清代台湾社会的风水习俗	台湾师范大学历史系	2003.12	（台北）花木兰出版社,2015	—
8	许毓良	清代台湾的军事与社会——以武力控制为核心的讨论	台湾师范大学历史学系	2004.4	（台北）花木兰出版社出版,2019	（北京）九州出版社,2008
9	张启丰	清代台湾戏曲活动与发展研究	成功大学中国文学系	2004.12	（台北）台北艺术大学,2011	—
10	潘继道	国家、区域与族群:台湾后山奇莱地区原住民族群历史变迁之研究（1874—1945）	台湾师范大学历史学系	2005.6	（台东）东台湾研究会,2008	—
11	廖世璋	文化地景的形态分析——清代时期至2002年的台北府城地区	台北大学都市计划研究所	2005.6	—	—

续表

编号	姓名	论文题目	毕业学校系所	毕业年月	繁体专书出版	简体专书出版
12	曾品沧	从田畦到餐桌——清代台湾汉人的农业生产与食物消费	台湾大学历史学研究所	2005.6	—	—
13	王幼华	清代台湾汉语文献原住民记述研究	中兴大学中国文学系	2005.6	（台北）花木兰出版社，2013	—
14	杨护源	清代台中地区的聚落拓殖	中正大学历史所	2005.6	—	—
15	林文凯	土地契约秩序与地方治理——十九世纪台湾淡新地区土地开垦与土地诉讼的历史制度分析	台湾大学社会学研究所	2006.1	—	—
16	石弘毅	清代康熙年间治台研究	成功大学历史学系	2007.6	—	—
17	张永桢	清代浊水溪中游的开发	成功大学历史学系	2007.6	（台北）花木兰出版社，2013	—
18	黄阿有	日治前牛稠溪流域发展之研究	成功大学历史学系	2007.6	—	—
19	马有成	清政府对台闽海洋交通管理之研究 1683—1840	中正大学历史所	2007.6	—	—
20	林君成	十九世纪中国的御侮战争——以中法战争台湾战役（1883—1885）为论述中心	中国文化大学史学系	2008.6	（台北）鼎茂图书，2008	—
21	陈亮州	清代台湾城市的建置与治理——以府县厅治为中心	中正大学历史所	2008.6	—	—
22	蔡承豪	天工开物：台湾稻作技术变迁之研究	台湾师范大学历史学系	2009.6	—	—
23	王政文	天路历程：台湾第一代基督徒研究（1865—1895）	台湾师范大学历史学系	2009.6	—	—
24	陈秀卿	急水溪中上游平埔聚落之比较研究（1875—1945）：以哆啰嘓社、大武垄社移住村落为例	成功大学历史学系	2010.7	（台北）稻乡出版社，2012	—
25	张正田	从族群关系看清代台湾桃竹苗地区义民信仰区域差异——以清代苗栗堡为观察中心	政治大学历史研究所	2010.7	（台北）花木兰出版社，2013	—

续表

编号	姓名	论文题目	毕业学校系所	毕业年月	繁体专书出版	简体专书出版
26	吴建升	道光三年以前台江内海及周围地区历史变迁之研究	成功大学历史学系	2010.6	（台北）稻乡出版社,2012	—
27	赖玉玲	国家与边区社会的治理：以中北部台湾金广福、广泰成垦号为考察中心（1834—1920）	台湾大学历史学研究所	2011.6	—	—
28	刘丽卿	清代诗文笔记书写的台湾怪异图像研究	成功大学中国文学系	2011.6	—	—
29	洪素香	清代台湾儒学诗研究	高雄师范大学国文学系	2011.6	（台北）花木兰出版社,2015	—
30	郭侑欣	清代台湾文献所反映的疾病经验与文化想象	彰化师范大学国文学系	2011.6	—	—
31	陈思颖	清代台湾诗之海洋书写研究(1683—1840)	高雄师范大学国文学系	2011.6	—	—
32	李宗信	崩山八社租业的形成与终结	台湾师范大学历史学系	2011.6	—	—
33	余育婷	想象的系谱——清代台湾古典诗歌知识论的建构	政治大学中国文学研究所	2011.7	（台北）稻乡出版社,2012	—
34	王云洲	清代地方文官制度研究——以台湾为例	台湾大学历史学研究所	2012.1	—	—
35	陈志豪	清帝国的边疆治理及其土地制度：以新竹头前溪中上游为例(1790—1895)	台湾大学历史学研究所	2012.6	—	—
36	赖恒毅	清代台湾地理空间书写与文化叙事	中正大学中国文学系	2012.10	（台北）稻乡出版社,2014	—
37	林正慧	台湾客家的形塑历程——清代至战后的追索	台湾大学历史学研究所	2013.6	（台北）台湾大学出版中心,2015	—
38	曹珊妃	清代以来闽台梨园戏发展研究	东华大学中国语文学系	2013.6	—	—
39	吴正龙	清代台湾的民变械斗与分类意识的演变——以林爽文事件为中心所作的探讨	中国文化大学史学系	2013.12	—	—
40	曾国明	清代今高雄平原开发之研究	成功大学历史学系	2015.6	—	—

续表

编号	姓名	论文题目	毕业学校系所	毕业年月	繁体专书出版	简体专书出版
41	刘育嘉	清代彰化县的开发（1723—1887）	中兴大学历史学系	2015.6	—	—
42	陈昱升	清初《诸罗县志》中有关西拉雅族群语言纪录之研究	台北市立大学中国语言学系	2015.6	—	—
43	史台丽	平埔族与花东纵谷开发史——以高寮登氏为中心	中国文化大学史学系	2015.11	—	—
44	李朝凯	帝国治理与村庄社会秩序：以清代彰化县的诉讼纠纷为例（1723—1788）	台湾暨南国际大学历史学系	2017.1	—	—
45	潘荣饮	秘密的社会如何可能？论清代秘密结社的社会连带：以清朝白莲教五省之乱暨台湾林爽文事件为例	东海大学社会学系	2017.1	—	—
46	陈玉美	汉人、生番、熟番交错下的台湾边区社会与法秩序（1683—1900）	成功大学历史学系	2017.6	—	—
47	郑萤忆	王朝体制与熟番身分——清代台湾的番人分类与地方社会	政治大学台湾历史研究所	2017.6	—	—
48	洪世昌	清代台湾的监狱管理——以《淡新档案》为中心	中兴大学历史系	2017.6	—	—
49	李建德	清代台湾儒学之研究	彰化师范大学国文学系	2017.6	—	—
50	黄学文	清代噶玛兰寺庙兴建与市街形成——以寺庙为核心	中国文化大学史学系	2017.12	—	—

〔作者单位：台湾辅仁大学历史系〕

专题研究论文

近代中国的政治逻辑

马　勇

　　近代中国历史的发生，彻底改变了中国传统历史叙事的王朝循环。唐德刚先生提出所谓"历史三峡"[①]，就其本质而言，就是承认所谓近代中国不再是中国历史上屡见不鲜的王朝更迭，不再是一家一姓之简单的兴盛衰亡、周而复始。这是中国历史"数千年未有之巨变"一个重要节点。因而，探究近代中国政治演变的逻辑，对于更好地理解近代中国、理解中国与世界，均具有重要意义。

一　世变之亟

　　自 20 世纪初年新史学发生以来，研究者大都相信，中国文明在近代遇到的挫折，主要是因为中国文明早熟。由于早熟，中国人无视或者说没有意识到西方工业革命的意义，没有在中国经济状况比较好的 18 世纪与西方同

---

　　① "历史三峡"的说法，来自唐德刚先生《晚清七十年》《袁氏当国》等。唐德刚将中国数千年历史简约为封建、帝制和民治三个大阶段。在这三个大阶段，中国必须经历两次大的历史转折。第一次从封建转为帝制，这个过程大约发生在商鞅变革至秦皇汉武之间，差不多历时三百年。第二次转折，即从帝制到民治的转折，唐德刚认为大约发生在 1840 年鸦片战争之后，在西方思想、物质、制度等影响下，中国民智渐开，制度渐变，但真正完成这次转型并不容易，唐德刚预测大约需要两百年时间，也就是说，从 1840 年起算，至 2040 年，中国大致可以完成从帝制到民治的转型，走出"历史三峡"，迎来"潮平两岸阔，风正一帆悬"的新时代。

步共振，而是输在了起点，误读了西方，也误读了近代，使中国错过了进入世界的最佳时刻。

知耻而后勇。中国错过了 18 世纪，坐失鸦片战争之后 20 年，前后差不多一个半世纪，中国就在充满疑惑的观望中度过。直至《北京条约》签订，中国终于警醒，开始了自己的工业化、城市化进程。"后发优势"让中国充分模仿西方，短短 30 年，中国初步构建了自己的工业基础，有了近代意义上的军事力量。然而，洋务新政 30 年毕竟只是一场"跛足的现代化运动"，极端的国家机会主义让中国获得了成功，也必然潜伏着失败的危机，国家没有进行改造，与近代工业相匹配的近代教育根本没有展开，社会生产力完全没有释放，创造性的知识活动更没有得到应有的尊重。即使是近代社会得以发生的私人财产权依然没有法律保障，更不要说政治上的分权与制衡。30 多年发展没有经得起甲午战争的考验，几乎一切归零重新开始。中国如何才能走出"历史三峡"，成为近代中国很长时期志士仁人的重要关切。

历史从来不是突兀而起的，今天的历史就是昨天历史的延续、变异、突变，也是明天发展的因子，历史的连续性是历史研究无法忽视的基础性问题，研究近代中国，自然要从"古代中国"说起。近代中国的进步与发展，有时代因素，更有历史积淀、历史背景。多年来的研究不止一个流派这样认识，近代中国之所以举步维艰，如此困难，一个转身用了几百年，甚至有"历史三峡"之说，都是因为厚重的中国历史传统并不都是积极的一面，也有消极的东西，旧的拖住了新的，老中国拖住了新中国。这是五四新文化运动之后，许多新派学者最爱说的。

一方面，近代中国是从古代中国走来的，因而近代中国不可避免地保留了许多古代中国的因子。另一方面，近代中国毕竟不是古代中国的自然延续，不是秦、汉、唐、宋、元、明、清的朝代更迭，近代中国的新因素主要来自十五六世纪之后的外部刺激，因此所谓近代，就是因为有了许多与古代中国很不一样的新东西。当然，这些新东西并不是"革命史叙事"一直强调的"帝国主义入侵"带给中国的创伤记忆，而是为中国人的生活、思维注入了新的因素。再过十几年，中国将迎来打开国门两百年的纪念。我们平时许多人感到中国在过去一个多世纪进步太慢，总是进二退一，甚至很多时候止步不前，但是如果我们试着回望这两百年的历史，在东西洋的影响下，中国人在衣食住行等形而下的层面其实早已充分西方化或世界化，长袍马褂久已成为历史记忆，年轻一代试图恢复所谓"汉服"，表明他们清醒意识到那个古老的中国在过去两百年早已渐行渐远。食的方面也是如此，中国饮食虽然还是保留有自己的特色，讲究色香味，但中国饮食中的食材，在过去两百年同样变化惊人。住与行，更不必说了，西方化带给中国一个最大的变化，就是城市化，100多年的城市化，改变了中国人的居住方式，也改变了中国人的出行方式。杜甫"为秋风所破"的"茅屋"当然不能说在中国的土地上绝迹了，在老少边穷地区可能还存在，但传统的居住方式，不论茅屋还是四合院，都不再是当代中国人居住的主要方式。至于行，自行车、轮船、火车、汽车、飞机，成为中国人主要的出行工具，100多年前的牛车、马车，以及旧官僚、大户人家主要出行工具——轿子，今天的中国大约只有到极少数博物馆方才可以看到。两百年时间，放在人类历史长河中，极为短暂，但这两百年是人类历史巨变期。从政治上说，是唐德刚说的从帝制到民治；从经济、生活层面上说，则是从农业文明向工业社会、后工业社会过渡。

不唯形而下，即便在形而上方面，中国人在东西洋影响下，过去两百年也发生了不可思议的变化。试想今日中国人对宇宙，对世界，对域外，对东西方，对自身，对传统，对未来等观察，没有哪一个方面还与林则徐时代相似，那时的中国人不知道英吉利、法兰西、美利坚，因而需要《四洲志》，需要《海国图志》，需要《瀛寰志略》。甚至直至1887年，鸦片战争结束近半个世纪之后，黄遵宪编写的《日本国志》出版，洋务运动主要领导人李鸿章、张之洞等人看了依然赞不绝口。可见那时中国人对世界知识、域外文明的认知是多么贫乏。但在今天，即便中小学生，世界常识、各国概况，也是不学自明的常识。因此，我们现在讲近代中国，就是讲与古代中国很不一样的那些新因素的发生发展。学术界多年来一直强调的所谓"转型"，其理论预设，也是近代中国与古代中国存在极大差异，因而需要转型，需要从传统走向现代。

在过去几十年形成的中国史研究领域，不只是中国马克思主义史学家，甲午战争之后成长起来的中国史学家、思想家，无不对古代中国形成了一个很不易矫正的负面看法。谭嗣同认为，中国之所以在西方刺激半个世纪之后依然步履维艰，裹足不前，主要是因为中国形成了一个顽固的体制，抗拒一切可能的变革。"二千年来之政，秦政也，皆大盗也。"① 这个看法深刻影响了此后百余年中国人对自己历史的观察，一个丰富的、多元的古代中国，被简约为"祖龙魂死秦犹在""百代都行秦政法"②，好像秦汉以来的历史就其本质而言，一直没有什么变化。

稍具理性思维的严复，受甲午战败刺激太深。黄海大战死掉的数百人，不是他在福州船政学堂、英国格林威治皇家海军学院的同学，就是他在北洋水师学堂教过的学生，"同学诸友，除方益堂一人外，无不见危授命"，勠力奋战，流血牺牲。鲜活的生命一夜之间天人永隔，逝者的音容笑貌时时刺激着严复，他不能不去想究竟是什么原因，让中国输掉了这场战争，丢掉了朝鲜，几十年的洋务新政竟然如此不堪一击。残酷的结局、惨痛的牺牲，让严复痛心不已，时常"夜起而大哭"，"心惊手颤，书不成字"。③ 沉痛的反省激怒了严复，战争还没有完全结束，严复就在天津《直报》上连续发表《论世变之亟》《原强》《辟韩》《救亡决论》等檄文，强调危机，提醒亡国灭种，呼吁救亡，呼吁学习西方，呼吁走进丛林。稍后致力于翻译《天演论》，以"物竞天择，适者生存"激励了几代中国人与传统挥别，"寻求富强"，认同现代，认同西方。在严复的笔下，中国传统极为负面，是中国之所以积三十年发展而最终败给东邻蕞尔小国日本的根本原因，中国的未来，一方面取决于中国能向西方学习多少，学到什么程度，另一方面取决于中国能否真正做到"尊民叛君，尊今叛古"。④ 严复敏锐意识到，甲午战争是秦汉以来中国历史的大反转，中国如果抓住这个机会，就能步入世界之林，重构现代民族国家，否则就是一个失败的国家，无法在丛林世界中继续存活，更不要说发展："呜呼！观今日之世变，盖自秦以来未有若斯之亟也。夫世之变也，莫知其所由然，强而名之曰运会。运会既成，虽圣人无所为力，盖圣人亦运会中之一物。既为其中之一物，谓能取运会而转移之，无是理也。彼圣人者，特知运会之所由趋，而逆睹其流极。唯知其所由趋，故后天而奉

---

① 谭嗣同：《仁学》，载蔡尚思、方行编《谭嗣同全集》下册，中华书局，1981，第337页。

② 毛泽东：《读〈封建论〉呈郭老》（1973年8月5日），转引自徐四海编著《毛泽东诗词全集》，东方出版社，2016，第348—349页。

③ 严复：《与陈宝琛书之一》，载王栻主编《严复集》第3册，中华书局，1986，第497、499页。

④ 蔡元培：《五十年来中国之哲学》（1923年12月），转引自高平叔编《蔡元培史学论集》，湖南教育出版社，1987，第183页。

天时；唯逆睹其流极，故先天而天不违。于是裁成辅相，而置天下于至安。后之人从而观其成功，遂若圣人真能转移运会也者，而不知圣人之初无有事也。即如今日中倭之构难，究所由来，夫岂一朝一夕之故也哉！"①

二　走向共和

甲午后开启的反传统思潮，深刻影响了此后中国思想，戊戌、新政、宪政、革命，直至袁世凯帝制自为，中国在那十几年变化剧烈，但知识界主流却一直抱怨中国的传统阻碍了中国社会进步，尤其是袁世凯帝制自为，以及辛亥后几度出现的孔教会、尊孔读经运动等，都让那些原本已经很激进的思想家更激进，他们认为中国社会之所以如此不长进，其根源就在于老的拖住了新的，死的拖住了活的。所以，从1915年筹安会建立开始，一个更极端的反传统运动悄然而起，以此冲击、抵消筹安会诸公试图将中国社会向后拉的企图。

筹安会诸公认为，中国之所以面对日本"二十一条"勒索没有力量，被迫屈服，成为"国耻"，关键在于中国人在几年前错误理解了帝制与民治的区别，以为帝制不如民治，因而在1912年不顾中国社会实际情形，匆忙中放弃了实行两千年之久的帝制，选择了中国人并不熟悉的民治，于是民初几年从上到下，从里到外，到处乱哄哄，整个国家像一盘散沙，没有力量，这是日本人欺负中国人的关键。筹安会诸老的结论是："由今之道，不思所以改弦而更张之，欲为强国无望也，欲为富国无望也，欲为立宪国亦无望也，终归于亡国而已矣"，"此共和之弊也。中国国民好名而不务实，辛亥之役，必欲逼成共和，中国自此无救亡之策矣"。② 所谓"筹安"，就是要为中国找到一条通往安全的路。筹安会诸公的结论非常简单，就是放弃刚刚实行几年的民主共和体制，知错就改，坦然重回过去十几年国内外有识之士公认的中国发展路径——"君主立宪"。

实事求是地说，君主立宪在辛亥前十几年，确实是中国各界比较广泛

---

① 严复：《论世变之亟》，载王栻主编《严复集》第1册，第1页。
② 杨度：《君宪救国论》（1915年4月），载刘晴波主编《杨度集》，湖南人民出版社，1986，第566页。

认同的政治选择。我们知道，甲午战后，中国人对之前几十年的发展道路有一沉痛反省，意识到仅有器物的发展不是真发展，器物的现代化是现代化的一个重要方面，是必要条件，但不是全部。中国要想追上东西洋并与之并驾齐驱，关键要使中国与世界一致，要有适度的政治变革。《马关条约》签订不久，朝野很快达成了共识，转身向东，向打败自己的敌人学习，维新变法，中国人终于迈出了政治变革的第一步。所谓"维新"，其标准解释，就是《诗经·大雅·文王篇》中的说法："周虽旧邦，其命维新。"参照日本明治维新，尽管日本发誓脱亚入欧，在远东建设一个西方式的国家，但从结果上看，日本还是日本，日本并没有变成欧洲国家。这是中国人可以接受的变革方案。于是，自上而下的维新运动在全国范围迅速展开。政治上的变革也随着经济、社会、文化各方面改革不断推进，又经过1900年民族主义排外运动的冲击，至1901年，渐渐认同了君主立宪的政治主张。

君主立宪制，也就是有限的君主制，而不是君主专制体制下的无限政府，更不享有无限权力。这个体制当然是一个过渡形态，是由完全的君主专制向君主不专制过渡，但在名分上依然保留君主，保留君主制。君主成为国家的象征，是不掌握实际政治权力的形式上的国家元首，国家的权力通过立宪，一般以议会的形式进行表达，代表人民亦即选民的意愿。国家的行政权力，由议会选举，或议会多数党领袖出面组阁，为责任政府、有限政府。这样的制度设计，经过1901年开启的"新政"实践，尤其是1905年前后五大臣出洋考察宪政与国内外舆论宣传，1906年之后预备立宪期间的政治实践，中国人对君主立宪已经形成充分的认同。就像梁启超1901年《立宪法议》所描述的那样，当时世界正通行的三种政体，一是君主专制，一是君主立宪，一是民主立宪。结合中国历史与文化进行考察，中国正在使用的是君主专制，这种体制过去对于中国发展多有助益，但是人类历史进入20世纪后，中国继续沿用君主专制，显然不合乎时代。剩下的只有君主立宪与民主立宪。就君主立宪与民主立宪进行比较，梁启超认为，这两种政体各有长短，但从效率、质量立论，民主立宪施政方针变动不居，大总统选举时竞争太激烈，于国家不利；君主专制，君主成为一切罪恶的源泉，君民之间的冲突尖锐激烈，无法化解，人民痛苦，君主也不得安宁，成为真正的"孤家寡人"。比较三种最流行的政体，梁启超认为，就20世纪全球政治发展趋势看，只有君主立宪才是缺点最少的一种优良政体。梁启超指出："即如今日英、美、德、日诸国，吾敢保其自今以往，直至天荒地老，而国中必无内乱之忧也。然则谋国者亦何惮而不采此政体乎？吾侪之昌言民权，十年于兹矣，当道者忧之嫉之畏之，如洪水猛兽然，此无怪其然也。盖由不知民权与民主之别，而谓言民权者必与彼所戴之君主为仇，则其忧之嫉之畏之也固宜，不知有君主之立宪，有民主之立宪，两者同为民权，而所以驯致之途，亦有由焉。凡国之变民主也，必有迫之使不得已者也，使英人非虐待美属，则今日之美国，犹澳洲，加拿大也。使法王非压制其民，则今日之法国，犹波旁氏之朝廷也。故欲翊戴君主者，莫如兴民权。不观英国乎，英国者世界中民权最盛之国也，而民之爱其皇若父母焉，使英廷以畴昔之待美属者待其民，则英之为美续久矣。不观日本乎，日本者亚洲民权滥觞之国也，而民之敬其皇若帝天焉。使日皇如法国路易第十四之待其民，则日本之为法续久矣，一得一失，一荣一瘁，为君者宜何择焉，爱其君者宜何择焉？"① 梁启超这段说辞深刻影响了此后十余年，在稍后的政治实践中，在君主专制不得不放弃的时候，在君主立宪与民主立宪二选一的时候，不论在 1905 年 "革命与改良" 论战中，还是在 1911、1912 年之交国体变更大潮中，相信君主立宪为中国最不坏的方案依然是多数。

　　既然在辛亥前十余年相信中国应该走君主立宪的路为多数，那么历史为什么给中国人开了一个这么大的玩笑，竟然在 1911 年底那个时间段突然决定放弃君主立宪，转而实行民主立宪呢？过去几十年的讨论普遍认为是革命势力迅猛扩张，清帝不得不退位。这个论述当然自圆其说，逻辑自洽，但是揆诸历史事实，我们可以看到，与其说是革命势力扩张迅猛，不如说是清廷内部在革命起来后矛盾重重，对南方革命党人以及新军人的政治诉求无法满足，遂使政治危机日趋恶化，满洲人最终不得不退出政治。1911 年 11 月 16 日（九月二十六日），袁世凯内阁成立。湖北、湖南以及各地新军的政治诉求实现了一半，因为袁世凯内阁毕竟不再是立宪党人诟病的皇族内阁，中国距离真正意义上的宪政国家，只有最后一步，即开国会，公布宪法。

　　受袁世凯委托，以 "各省代表" 身份参与南北和谈的严复，在 12 月 12

---

① 梁启超：《立宪法议》（1900 年），载《梁启超全集》第 1 册，北京出版社，1999，第 406 页。

日（十月二十二日）随袁世凯的"全权代表"唐绍仪前往武昌，并"以师弟情分往见"黎元洪，"渠备极欢迎，感动之深，至于流涕"，"谈次极论彼此主旨"。据严复归纳，南方新军人以及与他们合作的革命党人的政治诉求大致有：

> 一、党人亦知至今势穷力屈，非早了结，中华必以不国，故谈论虽有辩争，却无骄嚣之气，而有忧深远虑之机。
>
> 一、党人虽未明认君主立宪，然察其语气，固亦可商，惟用君主立宪而辅以项城为内阁，则极端反对。
>
> 一、党人以共和民主为宗旨，告以国民程度不合，则极口不承；问其总统何人为各省党人所同意者，则以项城对，盖彼宁以共和而立项城为伯理玺得，以民主宪纲钳制之，不愿以君主而用项城为内阁，后将坐大，而至于必不可制。此中之秘，极耐思索也。
>
> 一、无论如何下台，党人有两要点所必争者：一是事平日久，复成专制，此时虽有信条誓庙，彼皆不信，须有实地钳制；二是党人有的确可以保全性命之方法，以谓朝廷累次失大信于民，此次非有实权自保，不能轻易息事。
>
> 一、若用君主，则冲人教育必从新法，海陆兵权必在汉人之手，满人须规定一改籍之制。①

从这些诉求可以看到，在 1911 年末，尽管发生了多省新军连锁起事，其实新军的诉求并不单纯强调废止帝制，实行共和。帝制仍可以保留，但一定是君主立宪；满人与汉人之间人为的不平等必须废除；小皇帝的教育必须与时俱进，实行新法；军队的权力也不能像过去那样完全掌握在满人手里。清朝统治者两百多年专制，屡屡失信，已经陷入"塔西佗陷阱"之中②，一般宣誓在如此危机已发生的前提下很难取信于党人。这是一个很复杂的问题，但从严复的观察记录中可以看出，至此中国并没有完全堵死走向君主立

---

① 严复：《与陈宝琛书之四》，载王栻主编《严复集》第 3 册，第 502—503 页。
② "塔西佗陷阱"，得名于古罗马时代历史学家塔西佗。大意是指当政府部门或某一组织失去公信力时，无论说真话还是说假话，做好事还是做坏事，都会被认为是说假话、做坏事。这个卓越的见解，后来被西方政治学家归纳为"塔西佗陷阱"。

宪的通道。

历史留给清朝统治者足够的时间。尽管南方革命党人利用武昌政治危机乘机扩大宣传，壮大了声势，赢得了群众，但是国内外比较一致的看法是：此时的中国并不适宜迅即走出帝制，构建共和。在 1911 年底，这是对清朝统治者极为有利的舆论环境。民政部大臣赵秉钧 12 月 6 日向《朝日新闻》驻北京记者神田正夫发表谈话，就时局现状及未来走向谈了自己的看法。这个当时并没有公布消息源的谈话，大体反映了清政府内部在共和与帝制之间的判断："共和形式的政府至少在现阶段对中国不适合。我们没有这样一个强有力的人物作为总统来领导全国的事业，而且人民没有任何政治经验，他们的政治思想水平也非常低下。如果中国盲目地被共和制的华丽理论所迷惑，而不加考虑地采用它，其自然的结局是寡头政治的专制政府以及领袖之间的摩擦，并导致中华帝国的崩溃。这就是袁世凯虽然剥夺清朝易如反掌，但仍然主张立宪君主制保留名义上的国家元首的基本原因。"① 这是对清朝最为有利的外部条件，然而统治者没有珍惜这个稍纵即逝的历史机遇，没有乘势将国家从君主专制引导到君主立宪轨道上来。这是历史转型，也是走出"历史三峡"最关键的一步。假如清朝统治者明白这次转型的意义，就不会有后来的"走出帝制"。所以我们回到历史现场，不难理解近代中国许多重要思想家都谨慎告诫国人，中国人还没有组织"无君主政治"的经验，也没有做好"无君主政治"的准备，中国应该努力争取的还是君主立宪，在保留君主名义的同时充分释放人民的自由。

其实，自从袁世凯内阁成立，清朝在事实上已经重回君主立宪的正确轨道，千里之行，已经走完了五百里。君主立宪体制要点，除了君主虚置、责任政府，中央层面一个最大的政治架构，就是召集国会、制定宪法。不论是庆亲王奕劻为内阁总理大臣的那届被污名化的所谓"皇族内阁""权贵内阁"，还是袁世凯这届新组的政府，最急切的任务都是召集国会、制定宪法。放眼世界各国宪政史，走的道路大同小异，不外乎这些。

袁世凯上来之后推动的南北和谈，其实也是要解决这个问题。只是由于

① 《神田正夫来函》（1911 年 12 月 7 日），骆惠敏编《清末民初政情内幕——〈泰晤士报〉驻北京记者袁世凯政治顾问乔·厄·莫理循书信集》上卷，刘桂梁等译，知识出版社，1986，第 808 页。

在讨论过程中的"塔西佗效应"，人们对清廷不顾名誉不守信用的历史记忆犹新，对继续君主立宪的前景充满了忧虑，因而一部分革命党人并不满足于就此妥协，他们力主用共和架构取代满人主导的君主立宪。这是革命党人几年来的一贯看法，清廷的政治实践每每证明他们对清廷的不信任是对的。

另外，清朝统治集团对现在就走上君主立宪也充满了疑虑。毕竟在两百多年的清朝历史上，满人就是统治阶级，满洲贵族就是既得利益集团，那些"铁帽子王"家族就是国家最大的股东，他们认为国家的一切都是他们祖上流血牺牲挣来的，凭什么一纸空文、几句美言，就剥夺了他们对国家政治权力的垄断。满洲贵族的这些疑虑并非全无道理，但是在历史急剧变化的1911年底，机会稍纵即逝，满洲贵族的犹豫终于葬送了千载难逢的机会，原本可以不走出帝制的中国却种瓜得豆，终结帝制，走向了共和。12月18日，南北和谈代表经过五次会商，终于达成一致，将国体问题提交给一个新的民意机构去决定。这个机构被暂时定名为"国民会议"。

三　走出帝制

南北和谈会议的这个决定，迅速赢得了清廷的积极回应。国会召集迅速成为政治热点，计划每县举代表一人，会聚北京开会。12月25日，清廷谕令袁世凯，国会选举及开会地点可酌量变通办理。根据这个谕旨，袁世凯在第二天的御前会议上了一个奏折，变通国会选举及开会地点，选举区定为二十八处，每处六人，地点定为天津、汉口、青岛。假如当时谈判各方也能善意回应清廷的善意，或许将要召集的这个"国民会议"能够解决问题。

然而，那时各方实在按捺不住了。先前几十年都等了，现在几个月都不愿意再等。就在清廷御前会议决定接受召集国会选举第二天，即12月27日，北方和谈代表唐绍仪致电袁世凯，强调南方民军坚持共和，请即明降谕旨，召集临时国会，决定国体。第二天，即12月28日，袁世凯将这个建议报给了朝廷，请求尽快召集王公会议，请旨以决大计："窃自武昌事起，全国震动。祸机爆发，势成燎原。朝廷之德意屡宣，革党之气焰仍炽。汉口既下，海军继变。汉阳虽得，金陵复失。东南财赋之区，归其掌握；西北响应各省，骤难廓清。彼之根据愈坚，我则接应不暇。重以库帑告罄，贷款无从。购械增兵，均为束手。万不得已，勉从英使朱尔典之介绍，奉旨以唐绍怡为总理大臣代表，驰赴沪上，与革军代表伍廷芳会同讨论大局。一面互约停战，冀可和平解决，以纾生灵荼毒之惨，而免国家倾覆之忧。其时，英使倡议，而日本、美、法、俄、德诸国，亦先后赞成此举，谓有合乎人道主义。乃近日以来，连接唐绍怡电称，迭与伍廷芳会议，伍廷芳极言共和不可不成，君位不可不去，并言东南各省，众志金同，断无更易，语甚激决。经臣世凯迭饬唐绍怡与之驳辩，而彼党深闭固拒，毫不通融，必我先允认共和，彼方肯开议条件。唐绍怡又电称，各国政府投书劝和，双方并题，彼党认为已以政府见待，其气愈增。即就劝和书观之，亦只期和平了结，并无不认共和之意。唐绍怡计无所出，苦心焦思，以为只有速开国民大会，征集各省代表，将君主共和问题付之公决之一法。其最近两次来电略谓，彼党坚持共和，不认则罢议，罢议则决裂，决裂则大局必糜烂。试思战祸再起，度支何如，军械何如，岂能必操胜算。万一挫衄，敌临城下，君位贵族岂能保全，外人生命财产岂能保护。不幸分崩离析，全国沦胥，上何以对君父，下何以对国民。如召集国会，采取舆论，果能议决仍用君主国体，岂非至幸之事。就令议决共和，而皇室之待遇必极优隆，中国前途之幸福尚可希望。孰得孰失，情事较然。若再延缓，祸害立至等语。又称，现计停战之期仅余三日，若不得切实允开国会之谕旨，再无展限停战之望，势必决裂。惟有即日辞去代表名目，以自引罪等语。臣等披阅之下，忧心如焚。内察民情，外观大势，实逼处此，无可转圜。言和则词说已穷，言战则饷械两绌。即俯如唐绍怡国会公决之请，而用正当选举之法，选合格代表之人，其手续与时期，均非旦夕所能藏事。革党迫不及待，尚不知能否听从。即能听从，而决定如何政体，亦难预料。事关存亡，解决非阁臣所敢擅专。惟有吁恳召集宗支王公，速行会议，请旨裁夺，以定大计。"[①]

　　从唐绍仪报告以及袁世凯的分析、判断可以看出，南方革命党以及新军将领之所以开始不耐烦，主要是因为清廷之前太多失信于民的事实，而这一次，自武昌起事至今已有两个多月，朝廷除了镇压似乎也没有认真考虑过妥协，因而与其如此僵持，不如废弃君宪，改用共和。因而唐绍仪、袁世凯以及袁内阁阁员呼吁朝廷做最后挽救，尽快召集宗支王公会议，讨论是否能够

① 《与诸国务大臣会奏拟恳召集宗支王公会议请旨以决大计折》（1911 年 12 月 28 日），载骆宝善、刘路生主编《袁世凯全集》第 19 卷，河南大学出版社，2013，第 209—210 页。

接受将君宪还是共和交给一个民意机构去公决。假如清廷对这个建议有回应，重回君宪，至少还有百分之五十的希望。

局势已经危急万分，国内外都不太愿意继续耗时间。清廷对唐绍仪、袁世凯等人的呼吁迅即回应，隆裕皇太后当天（28 日）发布懿旨，同意召集临时国会，公决国体："此次武昌变起，朝廷俯从资政院之请，颁布宪法信条十九条，告庙宣誓。原冀早息干戈，与国民同享和平之福。徒以大信未孚，政争迭起。予惟我国今日于君主立宪、共和立宪二者以何为宜，此为对内对外实际利害问题，固非一部份人民所得而私，亦非朝廷一方面所能专决，自应召集临时国会，付之公决。"隆裕皇太后责成内阁负起责任，尽快拟定选举办法，她还表示："予惟天生民而立之君使司牧之，原以一人养天下，非以天下奉一人。皇帝缵承大统，甫在冲龄。予更何忍涂炭生灵，贻害全国。但期会议所决，以国利民福为归。天视民视，天听民听。愿我爱国军民各秉至公，共谋大计。予实有厚望焉。"① 朝廷同意将国体问题交给这个临时国会去处理，重回君主立宪至此并非完全无望。

然而，第二天（29 日）传来孙中山被推举为中华民国临时大总统的消息。孙中山当天致电袁世凯："文前日抵沪，诸同志皆以组织临时政府之责相属。问其理由，盖以东南诸省久缺统一之机关，行动非常困难，故以组织临时政府为生存之必要条件。文既审艰虞，义不容辞，只得暂时担任。公方以旋转乾坤自任，即知亿兆属望，而目前之地位尚不能不引嫌自避；故文虽暂时承乏，而虚位以待之心，终可大白于将来。望早定大计，以慰四万万人之渴望。"② 孙中山的这个电报，一方面向袁世凯抛出了一个诱惑力极强的诱饵，虚位以待袁世凯反正归来；另一方面以共和体制近乎彻底废弃了满洲人依然推三阻四的君主立宪。那些原本报效清廷的新军将领都在想，满人在过去几十年改革中实在亮点太少，现在既然革命党人顺势建构了一个共和体制，既然革命党人承诺一旦清帝退出现实政治，他们就向袁世凯让权，那么现在为什么还一定要去维护这个满洲人主导的君主立宪呢？

满洲人不足以引导中国走出"历史三峡"，清朝走进历史只是一个时间

---

① 《与诸国务大臣会衔副署上谕》（1911 年 12 月 28 日），载骆宝善、刘路生主编《袁世凯全集》第 19 卷，第 210 页。

② 孙中山：《致袁世凯电》（1911 年 12 月 29 日），载《孙中山全集》第 1 卷，中华书局，1981，第 576 页。

问题了。经过两个多月的谈判、妥协，1912 年 2 月 12 日，清帝宣布退位。统治中国 268 年的清王朝顷刻间成为历史陈迹。第二天（13 日），孙中山信守承诺，向参议院请辞，并推荐袁世凯为中华民国第二任临时大总统。中国成为亚洲第一个共和国家，到目前为止，可以看到付出的代价并不像过去估计的那样多，多年前的"告别革命论"，主要是觉得辛亥革命这样的革命太惨烈，其实重新研究辛亥革命全过程会发现，这就是一个中国版的"光荣革命"。

中国在辛亥年没有付出多大代价就建立了共和，但是进入民国，中国却为匆忙选择共和而付出了沉重的代价。威权的丧失、意义的丢失、民国初年的混乱，让许多中国人深切感到民国不如大清，无君主不如有君主。但是怎样重回中国人多年来认同而不得实现的君主立宪，在民国初年比较稳健的知识人中并不缺少讨论，比如严复、林纾、劳乃宣、辜鸿铭、郑孝胥等，都有不同程度的思考，或私下议论。但毕竟共和体制建立了，重回君主体制也绝非易事。我们读民二、民三的资料，可以隐隐感觉到人们的遗老情怀，但真正敢将这种情怀落实到政治实践，并非人人有力量、有胆量。所以从这个意义上说，杨度及筹安会诸公在民四中日"二十一条"交涉危机中看到，中国之所以没有力量，主要在于几年前不恰当地选择了共和，废弃了君主立宪。更重要的是，他们此时又遇到了大总统袁世凯。袁世凯本来就是旧官僚出身，他确实具有许多新思想，但他的新思想也只是停留在君主立宪、政治改革这样的层面，当武昌起义发生，袁世凯确实明确表态不会做革命党，他在此后很长时间，至少在南京临时政府成立前，并没有对君主立宪失去信心。但是政治家毕竟需要顺势，当那么多革命党人、新军将领拥戴他做共和国总统时，他也就只能"勉为其难"。

几年的共和实在不顺利，但如何寻找突破，袁世凯也不是没有想过。民三、民四那几年一系列体制改革，尽管还可以重新评价，但其用意无不是为了弥补共和体制之不足，却一直收效甚微。现在，宪政专家杨度借着"二十一条"危机上了一个重回君主立宪的条陈。中国政府聘请的宪法顾问古德诺、有贺长雄也做了类似的建言。至此，袁世凯不能不怦然心动，于是帝制自为不仅让中国经历了一场颠覆性大折腾，而且让袁世凯毕生功业归零。

袁世凯死后，洪宪帝制收场，中国重回共和，但依然没有解决威权、意义等问题，一年后，袁世凯曾经的部将张勋重启帝制。这一次，精明的张勋没有像袁世凯那样将天下改为张家王朝，而是拥戴废帝溥仪重回金銮殿。

张勋的复辟结局更惨。袁世凯的另一部将段祺瑞马厂誓师，张勋复辟仅仅玩了十几天就归于失败。

两次帝制失败给中国的教训极为深刻，尽管此后共和的形式一直保留至北洋时代终结，但中国怎样既能维持一个共和体制，又能让国家有效率、有力量，一直是一个大问题。北洋时代的混乱，一方面说明民主共和的架构还在；另一方面说明威权丧失，政府缺少必要的统合力量，更不要说管制。于是，在后北洋时代，中华民国尽管招牌还在，但其实就像章太炎、鲁迅师徒所意识到的那样，民国已死，他们都是民国遗民，中国转向了一个没有皇帝的"党国时代"，最极端的时候，一个领袖，一个主义，推崇法西斯，政治上比帝制还帝制。中国经过近百年折腾，还在"历史三峡"中。

〔作者单位：中国社会科学院近代史研究所〕

近代上海城市对于贫民的意义

——兼论传统关于近代中国工人叙事的缺陷

熊月之

关于近代上海城市社会的叙事，有两类文字最为普遍，一类是穷人遍地，棚户连片，食不果腹，衣衫褴褛；一类是两极分化，富人的天堂，穷人的地狱。这两类文字又往往糅合在一起，直指其间的因果关系，认为穷人遍地正是城市两极分化的结果：

> 贫富之最不平者，莫上海为甚。富人以穷侈极奢、挥金如土为第二之天性，而视路隅之鸠形鹄面、露肘见踵者，若无所睹。呜呼！富人一宴会，中人十家产，此之谓矣。①
>
> 上海，是富人的天堂，同时，也是穷人的地狱。②
>
> 华丽洋房的背面，同时却就是二十世纪出现于文明都市中的地狱。③
>
> 上海是富人们的天国，穷人们的地狱。富人在高大的洋房里，电风扇不停地摇头，吐出风来，麻将八圈，眼目清亮，大姐开汽水，娘姨拿香烟。穷人们在三层阁上，亭子间里，闷热得像在火炕上，臭虫

---

① 田光：《贫富不平》，《民立报》1911 年 7 月 1 日。
② 公怀：《自食其力的孤岛儿童》，《上海生活》1940 年 5 月。
③ 《漫话上海生活》，《上海生活》1937 年 3 月。

蚊子，向你总攻击，大便在这里，烧饭也在这里，洗浴与卧室也在这里。①

在诸如此类的强烈对比、义愤填膺的叙述中，很少有人仔细分析，这些穷人是怎么出现的？他们到底是先贫而后进城，还是进城以后变贫的？城市对于这些穷人的意义到底是什么？

本文试图对此做一分析。

一　上海，集聚贫民的最大城市

所谓贫民，是与富人相对的概念，指物质财富匮乏之人。按照联合国粮农组织提出的标准，恩格尔系数②在 59% 以上为贫困，50%—59% 为温饱，40%—50% 为小康，30%—40% 为富裕，低于 30% 为最富裕。乔启明根据卜凯、李景汉等人对 6 省农村 2854 户人家的抽样调查结果推算出，1922—1934 年，中国农村人口的消费支出中，食品、衣着、房租、燃料灯光、杂项所占比例分别为 59.9%、7.1%、4.6%、10.4%、18.0%，恩格尔系数已达到 0.6，接近绝对贫困状态，可见当时农村居民基本上是贫民。③ 依此标准，则中国农村除了地主、富农以外的广大农民，包括中农、贫农、雇农在内，均属贫穷人口。这种情况，与时人的观察相吻合。研究中国农村问题的学者在 20 世纪 30 年代写道：农村"十家人家有八九家没有饭吃，凄苦的情状惨不忍睹，土匪到处涌起，日复一日的急速增加，人口流离，死亡率增高，灾域扩大，农产品减少，田地集中于地主，大多数农民沦为佃农，即无天灾人祸，也难养活自己"。④

中国各地的地主、富农所占比例多少不一。毛泽东在《湖南农民运动考察报告》中说："据长沙的调查：乡村人口中，贫农占百分之七十，中

① 杜鹃：《上海的夏夜弄堂》，《社会日报》1936 年 7 月 24 日。
② 恩格尔系数（Enge's Coefficient）是指居民家庭中食物支出占消费总支出的比重。一个家庭收入越少，家庭收入或者家庭总支出中用来购买食物的支出所占的比例就越大，随着家庭收入的增加，家庭收入或者家庭支出中用来购买食物的支出将会下降。一个家庭或国家的恩格尔系数越小，则这个家庭或国家越富裕。
③ 乔启明：《中国农民生活程度之研究》，《社会学刊》第 1 卷第 3 期，1930 年。
④ 陈醉云：《复兴农村对策》，《东方杂志》第 30 卷第 13 号，1933 年 7 月。

农占百分之二十，地主和富农占百分之十。百分之七十的贫农中，又分赤贫、次贫二类。全然无业，即既无土地，又无资金，完全失去生活依据，不得不出外当兵，或出去做工，或打流当乞丐的，都是'赤贫'，占百分之二十。半无业，即略有土地或略有资金，但吃的多，收的少，终年在劳碌愁苦中过生活的，如手工工人、佃农（富佃除外）、半自耕农等，都是'次贫'，占百分之五十。"① 文中还指出，贫农数目，他县或没有长沙这多，但相差不大。在《中国革命和中国共产党》中，毛泽东就全国情况分析，说"富农约占农村人口百分之五左右（连地主一起约占农村人口百分之十左右"，中农占20%左右，贫农连同雇农在内，约占70%。② 学术界依据民国时期各种调查数据综合分析，认为民国时期中国各地平均起来，大约地主占3%，富农占7%，中农占20%，贫农和雇农占65%，乞丐、流浪者或其他不从事耕作的贫民约占5%。③ 这与《中国革命和中国共产党》的结论基本一致。不过，这一比例放在江南一带就比较高。20 世纪二三十年代，《东方杂志》对相关农村社会结构做连续性系统调查，结果显示，江浙一带地主比例远远没有 10%，上海附近为 1%，武进为 1.4%，句容为 2%，靖江为 3%，浙江鄞县为 5%，松江竟然是 0，只有太仓最高，为 10%。④

尽管在战乱情况下，地主富农也会离开土地进入城里，在承平时期，地主富农为了事业的发展，或为了过更好的生活，也会移居到城里，但是在灾荒来临或迫于生计的情况下，广大农民更易于被推出农村，流入城市。按照这样的阶级比例与流动可能性，将进入城市的绝大多数人视为贫民，是不会与实际相背离的。

上海在 1843 年开埠时，城市人口 20 多万人，1900 年超过 100 万人，1915 年超过 200 万人，1930 年超过 300 万人，1949 年达到 546 万人。这些急遽增长的人口中，属于自然增长的很少，绝大多数为机械增长，是从全国

① 毛泽东：《湖南农民运动考察报告》，载《毛泽东选集》第 1 卷，人民出版社，1991，第 20—21 页。

② 毛泽东：《中国革命和中国共产党》，载《毛泽东选集》第 2 卷，第 643 页。

③ 路遇、滕泽之编著《中国人口通史》，山东人民出版社，2000，第 1090—1091 页。

④ 调查所列项目有地主、自作农、半佃农、佃农、雇农五项，没有"富农"一项。参见王先明《20 世纪前期乡村社会冲突的演变及其对策》，《华中师范大学学报》（人文社会科学版）2012 年第 4 期。

各地迁移来的。① 到 1949 年，上海 80% 以上的人口是从外地移入的。1947
年，上海人口 430 万人，几乎是天津（171 万人）、北平（167 万人）与南
京（103 万人）三大城市人口的总和。所以，说近代上海是中国吸纳贫穷人
口最多的城市，也不会背离实际。

　　再看上海城市贫富人口的比例。1935 年，上海华界农、工、劳工、家
庭服务人员、学徒、佣工、无业人员，共占总人口的 80.9%；公共租界农
民、工人、交通运输业、家务、杂类人员，共占总人口的 80.0%。② 这个比
例，不包括商业与文教方面的人口，因为商业与文教方面人口中，有富有
穷，没有确切统计。如果加上一定数量的贫穷商人与文教方面的人口，则无
论华界还是公共租界，穷人的比例都超过 80%。

　　一波又一波的贫民涌入上海，或为逃避灾荒，或为躲避战争，或为谋生
发展，这几种因素往往交织在一起。19 世纪 50 年代末，"黄河决口，江苏
北境竟成泽国，人民失业，无家可归者，无虑千万，咸来上海就食"。③ 之
后，江、浙、皖一带，每遇水旱灾害，每遭战乱，农民总习惯于逃往江南，
逃往上海。据记载，江苏省"人口之移动，有二倾向：自长江以北移至长
江以南；江南各地则集中于上海，或经商，或劳动，自帝国主义经济侵入，
农村固有生活打破，人民不得不求食于四方，但一以上海为壑，向外省者极
少，因其为全国第一商埠也"。④ 在一个多世纪中，共有三次因躲避战争而
发生的涌入上海的移民潮。第一次是太平天国期间，长江中下游地区尤其是
江、浙一带，战事频仍，大批难民涌入上海，从 1855 年到 1865 年，上海人
口一下子净增 11 万人。第二次是抗日战争期间，上海两租界人口增加 78 万

---

①　中国人口总数，1840 年为 4.1 亿人，参见姜涛《中国近代人口史》，浙江人民出版社，
　　1993，第 406 页。1949 年为 5.4 亿人，参见路遇、滕泽之编著《中国人口通史》，第 1186
　　页。109 年间，总共增加 1.3 亿人，增长了 31.7%。照此比例，上海人口自然增长的数量，
　　如果以 1843 年城市人口 20 万人为基数，则增加不超过 7 万；如果以全上海县 54 万人为
　　基数，则增加不超过 18 万人。即使以最高增长额 18 万人计算，加上基数 54 万人，共 72
　　万人，那么，在 1949 年的 546 万人中，有 474 万人是从外地来的机械增长人口，占总人口
　　的 86.8%。这一推算比例，与实际统计数据接近。1950 年 1 月，上海本地籍贯人口占全上
　　海人口 15.1%，非上海籍占 84.9%，参见邹依仁《旧上海人口变迁的研究》，上海人民出
　　版社，1980，第 113 页。
②　邹依仁：《旧上海人口变迁的研究》，第 106—107 页。
③　容闳：《西学东渐记》，湖南人民出版社，1981，第 40 页。
④　李长傅：《江苏省地志》，中华书局，1936，第 106 页。

人。第三次是解放战争期间，上海人口增加 208 万人。

城市并非农民逃荒避难、谋求发展的唯一选择，但城市是他们最主要的目的地。1936 年的一项调查报告显示，全国 22 个省举家外迁逃难、作工、谋生、住家四项合计，以城市为目的地的占 59.1%，而以别处乡村为目的地的占 36.9%。其中，青年人以城市为目的地的比例更高，达64.9%。[①]

二　城市为贫民提供了就业机会

穷苦农民进入城市以后，无论是工作还是待业，其身份都发生了改变。近代上海以下各类人员，即工人、农业人口（农业、林业、花果、畜牧、渔业）、交通运输（服务于一切舟、车、邮电行业）、劳工（人力车夫、肩夫、工人）、家庭服务、学徒、佣工、杂役（理发、镶牙、扦脚、擦背）、无业（流浪汉、捡垃圾、乞讨、废疾、无正当职业者），基本上是由农民直接转化或稍加培训以后转化而来的。

就比例而言，工人最多。自 19 世纪 50 年代起，上海已有一些船舶修造厂出现，产生了一些工人。其后，随着外资企业与民族资本企业的增多，包括造船厂、兵工厂、纺织厂、丝厂、自来火厂、汽水厂、烟草公司、印刷厂等，工人越来越多。到 1894 年，上海工人已有 5 万人。甲午战争以后，外资在上海投资速度加快，清末"新政"时期及民国建立以后，民族工业奋起，上海逐渐成为全中国工业中心，工人数量急遽增多。1919 年，上海工人总数已超过 51 万人，其中工业工人超过 18 万人，交通运输业工人超过 11 万人，手工业工人超过 21 万人。1936 年，全市产业工人 46.4 万人，占上海在业人员的 21%。1949 年，全市工人 122.5 万人，占总人口的 1/4。[②]

近代上海工业的一个重要特点是以轻工业为主，以劳动密集型为主，技术含量较低，职业门槛较低。1930 年，曹家渡的 230 户中，男工与男童工

---

① 《农情报告》第 4 卷第 7 期，1936 年 7 月。
② 《上海工运志》编纂委员会编《上海工运志》第 1 篇第 1 章 "上海工人阶级的形成与发展"，上海社会科学院出版社，1997。

的58%是文盲。① 1935 年，上海印刷工人的79%是由农民直接转化而来的。② 上海某纱厂的男工，60%目不识丁，能读自己姓名的占40%，能写自己姓名的占20%。同一纱厂的女工，目不识丁的占85%，能读自己姓名的占15%，能写自己姓名的仅占8%。③ 诚如谢诺所说，"在农业危机压力下离开土地的农民，都是在农村里不能再生活下去的农业劳动力和小土地所有者，长江北岸的江苏地区，那里的生活很苦，蕴藏着大批劳动力经常不断地供应上海、无锡和长江口的其他工业中心。许多棉纺织工人、缫丝工人、人力车夫和码头工人都是从那里来的"。④

仅次于工人群体的是家庭服务人员。从 1930 年至 1936 年，此类人员在32 万—48 万人，占在业人口的20%—22%。此类人员与执业门槛同样不高的佣工人员相加，约占在业人口的26%。⑤

还有一类人员所占比例也很高，即无业人员，包括失业者、无业者以及在家里操持家务而不外出工作的人。此类人员不同时期统计口径不完全一致，但从总体上看，数量相当可观。从 1930 年至 1936 年，上海华界此类人员在 28 万至 35 万人之间，占华界人口的16%—18%。⑥ 1946 年，此类人口97 万人，占总人口的33%。⑦ 1949 年，此类人口近 126 万人，占全市人口的25%。⑧

以上三类人员，即工人、家庭服务业人员与佣工、无业人员，文化与职业门槛要求都不高。此三类人员相加，几乎占上海 15 岁以上人口的3/4。就经济收入与生活程度而言，与商人、军政人员、新闻记者、工程师、律师、会计师、医生、教师等职业相比，这三类人员多属贫穷。这些人又可以

---

① 刘明逵编《中国工人阶级历史状况（1840—1949）》第 1 卷第 1 册，中共中央党校出版社，1985，第 550 页。

② 刘明逵编《中国工人阶级历史状况（1840—1949）》第 1 卷第 1 册，第 167 页。

③ 刘明逵编《中国工人阶级历史状况（1840—1949）》第 1 卷第 1 册，第 551 页。

④ 谢诺：《中国工人运动（1919—1927）》，转引自刘明逵编《中国工人阶级历史状况（1840—1949）》第 1 卷第 1 册，第 169 页。

⑤ 例如，1936 年上海佣工人数为 76502 人，占在业人口的 3.57%；家庭服务业人员 480275 人，占在业人口的 22.39%，两类相加，占 25.96%。邹依仁：《旧上海人口变迁的研究》，第 106 页。

⑥ 邹依仁：《旧上海人口变迁的研究》，第 106 页。

⑦ 邹依仁：《旧上海人口变迁的研究》，第 109 页。

⑧ 邹依仁：《旧上海人口变迁的研究》，第 111 页。

分为三类，即比较贫穷、非常贫穷与极端贫穷。

就工厂工人而言，尽管其中有工种的不同，有技术含量高低的差异，有熟练、非熟练的差异，但从总体上说，其实际经济收入和社会评价，都不是社会最底层。只要有份稳定的工作，其个人与家庭的温饱是基本能够维持的。相关研究成果表明，20 世纪 30 年代前半叶，尽管有经济恐慌等各种波动，但上海工人阶层的生活状况总体上是基本稳定的，其工资收入基本稳定，工资率波动并不很大，生活费指数起伏较为有限。来自上海以外的第一代移民劳工，在 20 世纪 30 年代的上海，只要能够在工厂企业找到稳定的工作，就很有可能在上海落户、成家，并由此成为上海工业发展中十分重要的熟练工人队伍的一员。①

在城市职业群体中，工人的经济收入与社会评价，不及公务员、商人、律师、会计师、医生、教师等脑力劳动者，但比人力车夫、码头工人要高一档次。一个熟练技术工人的工资，大约相当于最低级文官的一半、小学教师的三分之二、大学教授的十几分之一。② 但是，比起人力车夫、码头工人等劳工，他们则好得多。人力车夫多住棚户区，工人则有自己的住房，极少居住在棚户内。20 世纪 30 年代的杨树浦，是上海工厂最为集中的地方，据沪江大学教授的调查，该处工人极少住在棚户内。③ 在社会评价中，工人也是相当正面的形象："大的方面，因工业化为当时中国发展之经济目标，因此工人往往与国家兴旺相联系，小的方面，女性能当上工人则会成为家庭的荣耀。相反，棚户区的那些苦力包括人力车夫，往往被指为懒惰、无知、肮脏，并常与犯罪等现象相联系。一般而言，只有社会的最底层才有可能被这样污名化。"④ 1929 年，上海市社会局对沪南、闸北等 7 个庇寒所之类单位收容的 1471 名游民进行问话，发现被收容人员之前或为无职业者，或为小工小贩，或为退伍兵、店伙人，或为车夫、

---

① 张忠民：《近代上海工人阶层的工资与生活——以 20 世纪 30 年代调查为中心的分析》，《中国经济史研究》2011 年第 2 期。
② "国史馆"中华民国史社会志编纂委员会编《中华民国史社会志（初稿）》上册，"国史馆"，1998，第 399 页。
③ 卢汉超：《霓虹灯外——20 世纪初日常生活中的上海》，段炼、吴敏、子羽译，上海古籍出版社，2004，第 120—123 页。
④ 匡丹丹：《上海工人的收入与生活状况（1927—1937）》，硕士学位论文，华中师范大学，2008，第 109 页。

船工，其中做过机器工人的只有 4 人。① 这也说明，由产业工人沦落为游民的概率极低。

与乡村农民比起来，工人更是令人羡慕的职业。上海工人的收入比起农业劳动者要高得多，雇佣工人的最高工资是农业劳动者的 7—10 倍，最低工资也是农业劳动者的 3—7 倍。1933 年，全国制造业工人年平均工资为 178 元，而农村劳动者的年平均收入只有 26 元，前者为后者的 6.8 倍。② 根据田中忠夫的研究，江苏省农村的农业工资，即使是比长工有较高工资的短工，膳食由雇主提供，每月只有 3.6 元，而在上海，即使是中国人住宅及公司中的仆人，每月就可以得到 5—6 元的工资。乡村长工每年 27 元的工资，远不及上海人力车夫一年 100 多元的实收。江苏省比较富庶的吴江县，农忙期间工资最高的散工每日 2 角，也只相当于上海清洁夫 6—7 元的月收入。③

与上海以外的其他城市相比，上海工人的收入也是较高的。同一时期，南通大生纱厂工人的平均工资要比上海纱厂工人的工资低 10%—20%，④ 上海火柴业工人的工资是重庆同类工人的 2—3 倍。"不管是何种行业、何种工种，无论有技术与否，不管男工女工，上海工人的收入都比外埠工人同类工种的收入高。"⑤

民国时期已有学者总结说，就工资水平而言，无论供食不供食，都市均高于农村，大都市均高于小都市与内地城镇，"就此月工工资而言，农村工资低而小城市工资高，大都市工资更高。此所以农村人口要从农业转移到工业，要由农村到小城市，再由小城市到大城市了"。⑥

由此可见，评价近代上海工人生活水平与社会地位，要注意两个维度。一是低水准，诚如张忠民所说："必须肯定的是 20 世纪 30 年代的上海工人及其家庭，无论是工资水平还是生活程度都是低水准的。这一低

---

① 《一千四百余游民问话的结果》，《社会月刊》第 1 卷第 4 号，1929 年。
② 巫宝山主编《中国国民所得（一九三三年）》上册，中华书局，1947，第 73—74 页。
③ 田中忠夫：《中国农业经济研究》，大东书局，1936，第 257—258 页。
④ 汪敬虞编《中国近代工业史资料》第 2 辑下册，科学出版社，1957，第 1230 页。
⑤ 张伟：《近代不同城市工人家庭收入分析》，《西南交通大学学报》（社会科学版）2000 年第 4 期。
⑥ 汪疑今：《中国近代人口移动之经济的研究——江苏人口移动之一例》，《中国经济》第 4 卷第 5 期，1936 年。

水准至少可以体现在三个方面：一是与国外工人阶层比是低水平的；二是除了城市中处于社会最底层的城市贫民、无业游民阶层之外，与其他社会阶层比，也是低水平的；三是就其生活程度以及消费内容来看，也就仅仅是只能够维持最基本温饱的低水平消费。"① 二是有提升，无论是实际经济收入与生活水平、社会声望还是自我感受，无论是与乡村还是与外地城镇相比，那些由农民转化而来的上海工人，其生活质量都有所提升。工人阶层在上海城市社会中属于比较贫困的一群，但不是非常贫困，更不是极端贫困。

相对于工人阶层来说，人力车夫、码头工人等属于非常贫困的群体。民国社会统计分类中，通常将此两类人归为"劳工"一档。人力车夫是上海数量可观的一个群体，1930 年有 8 万人，1937 年约 11 万人，且不包括数量相当可观的自用人力车车夫。由于人多车少，他们往往两人或三四人合拉一辆车，拉一日闲一日，每月拉车约 15—18 天，处于半失业状态，月平均净收入只有 8—10 元。② 这个工资水平，相当于同时期工人中收入最低的缫丝业的女工收入、男女时件工中收入最低的女时工的收入，只及工厂男工的1/3—1/2。

码头工人的工作更是辛苦万分，笔墨难摹。民国时期，上海码头工人曾多达 10 万人。由于供大于求，他们手拿杠棒，衣衫褴褛，"不管风霜雨雪，数九寒天，码头工人只好每天天不亮就爬起来，饿着肚皮，蜷缩着身子，守候在码头门前，等候封建把头发工作票。有时一连跑了几个码头都没有拿到工作票，这一天就只好勒紧裤带喝西北风。碰到运输淡季或台风大雨，情况就更糟糕，一连几天找不到工作，也是常事"。③

人力车夫与码头工人的工作强度大、时间长、收入低，社会评价也比较低。他们的名字通常与棚户区、"滚地龙"联系在一起。但是，比上不足，比下有余。比起失业者、流浪汉，比起守在家乡的村民，他们还不是

---

① 张忠民：《近代上海工人阶层的工资与生活——以 20 世纪 30 年代调查为中心的分析》，《中国经济史研究》2011 年第 2 期。
② 郭崇阶：《上海市的人力车问题》，《社会半月刊》（创刊号），1934 年 9 月。
③ 刘晋瑞：《"野鸡工"》，载《罪恶的旧社会——旧中国经济杂谈》第 1 辑，上海出版社，1984，第 54 页。

处在社会最底层。据调查，车夫每月拉车净收入为9.23元，[①] 这个水平自不如在工厂的工人，但是比起农民来，还是一笔不小的数目。上海一位人力车夫说，就算是拉车饥一顿，饱一顿，相比之下，也还是"拉黄包车比较好一点，以前乡下种田，生活不了，再说现在哪有地种呢？"[②] 1934年，上海市工部局人力车委员会对49个人力车夫在上海居住年限的调查结果显示：车夫居住上海的年限自3年至44年不等，平均为15.9年；已拉车的年限自1年至31年不等，平均为11.5年，大多数在5—9年。一个人连续多年拉车而没有改行，说明他或者没有改行的欲望，或者没有改行的能力，或者不改行也还能维持下去。另据调查，车夫59人中，有20人自离家后从未返乡，19人回乡之目的仅为探视，只有5人返乡系为帮助农事。[③] 这也说明，生活虽贫困，但人力车夫仍愿长期居留于城市。诚如调查报告所称："人力车夫大都为农村之破产农民，在乡间无法维持生活而来沪谋生者。彼等因未受过教育，无专门谋生之技能，遂不得不仿效牛马以图生存。……今日之下，农村破产，方在制造大批人力车夫后备军，源源而来沪求生。"[④] 无锡码头的一位来自盐城的工人说得很实在："在无锡生活与在苏北生活是完全不同的，我自己的看法是苏北的生活非常困苦。……至少我们在棚户区能赚一些钱，在农村我们赚不到一分钱。"[⑤] 他说的是无锡的情况，放在上海也一样。与业已破产的农村相比，人力车夫与码头工人在上海至少还可以维持生计，而在农村连最低的生计也维持不了。

与人力车夫和码头工人相比，还有更差的群体，那就是无业人员，包括流浪汉、捡垃圾者、乞讨者以及其他无正当职业者。此类人员为极端贫穷者，处于社会最底层。上海历年职业统计中，有时候将社会上流浪的无业人员，与待在家里不上班的从事家务劳动者一并统计，有的时候分开统计。1946年将此两类人员分开统计，社会上流浪的无业人员有139968人，以闸

---

①　郭崇阶：《上海市的人力车问题》，《社会半月刊》（创刊号），1934年9月。

②　孔祥成：《现代化进程中的上海人力车夫群体研究——以20世纪20—30年代为中心》，《学术探索》2004年第10期。

③　郭崇阶：《上海市的人力车问题》，《社会半月刊》（创刊号），1934年9月。

④　郭崇阶：《上海市的人力车问题》，《社会半月刊》（创刊号），1934年9月。

⑤　韩起澜：《论对上海的苏北人的偏见》，载《上海研究论丛》第4辑，上海社会科学院出版社，1989，第25页。

北、洋泾两个地方最多，闸北区有 15742 人，洋泾区有 11799 人。① 这类人员来源比较复杂。1929 年的调查显示，其中有逃避债务者，有退役士兵无业可就者，有不堪师傅虐待而外逃者，有吸毒、赌博、嫖娼堕落者，有因年老体弱无法就业者，但大多数是因穷失业、来沪谋生而未果的。1471 名被调查者中，有 940 人是来上海寻找工作的，占 64%。他们或听说上海工作易找而贸然前来，或随亲友而来：

> 盖内地人士目光中以上海为最富华之区，有似银钱铺地，俯拾即是之想象；并以为工商业发达，谋事甚为易易，遂不惜抵挡资斧梯山航海而来；亦有以亲友在沪做事，而不量亲友之能力，亦是自顾不遑计及一身之辈，而乃贸然而来，失望而去，欲归不得。②

其中有 53 人此前是农民，问他们因何而来，回答："无非艳羡都市文明，欲向都市中讨生活，结果仍无所获。"这些游民之籍贯，以江苏最多（756 人），浙江次之（332 人），山东、安徽、湖北、湖南、江西、广东都在 20 人至 80 人之间。大抵离上海越近，人数越多。以在沪逗留时间而言，一个月到半年以内的有 725 人，半年以上一年以内的有 153 人，一年以上的有 557 人。③ 这一方面说明流民在不断流动，半年以内的比较多；另一方面也说明 1/3 以上的流民在上海已经超过一年，他们似乎就打算扎根在上海，不想流动到其他地方去了。

那么，这些流浪汉、无业者何以为生呢？

其中，一些人靠拆迁废旧房屋为生，被称为"三光厂"的人。他们成群活动，为的是拾捡一些遗弃的木材废品。"此辈百十成群，专伺居民迁移之最后一日，任扫除之役，并不取值。盖所谓扫除者，非对于垢秽而言，其目的所在系搬取迁出时之遗剩废件，如朽板、破器等均为搜括，相沿成例，遂有不待主人辨别弃取彼辈已自由行动者，常至喧争不已，虽鸣捕亦无如何。……但此种人数虽众，平日尚无其他不法行为，捕房恒宽待之。"④ 另

---

① 邹依仁：《旧上海人口变迁的研究》，第 109 页。

② 《一千四百余游民问话的结果》，《社会月刊》第 1 卷第 4 号，1929 年，第 3 页。

③ 《一千四百余游民问话的结果》，《社会月刊》第 1 卷第 4 号，1929 年。

④ 陈伯熙编著《上海轶事大观》，上海书店出版社，2000，第 103 页。

有一些人靠卖艺乞讨，其场所便是所谓的"露天舞台"。闸北宝山路、永兴路口，虹口的红江庙、下海庙，沪西的曹家渡、小沙渡，英租界的新闸路等空地上，都有此类场所。① 法租界的南洋桥、安纳金路，大世界东南的一些街区及八仙桥，则是民国上海最大的露天舞台，爱来格路、东自来火街、西自来火街、宁波路等街区，都挤满了不同类型的娱乐场所。表演节目有独角戏、说书、魔术、卖梨膏糖、唱大鼓、花鼓戏、车技、西洋镜、木偶戏、剑术、走钢丝、斗兽、说因果、气功表演、吞剑表演、驯猴、畸人表演、说唱等。② 以卖唱为例，他们先在地上用粉笔画上一个大圆圈子，写上"平地舞台"的字样，然后操起京胡，开始表演。他们在表演中间或者结束的时候，便行乞讨：

> 露天舞台的演员，真是件件皆能，五花八门，包罗万象，这样多才多艺的艺术家，落得这一个怪可怜的场合里，真使人兴"上海吃饭难"之感！你想一把胡琴，自拉自唱，哼上几声"三姊不必泪双流，丈夫言来听重头，十担干柴米八斗，你在寒窑度春秋……"，同时还要唱几声"一更一点月正东……"的小调，还要奏一曲《何日君再来》《永别了弟弟》等，的是非凡。假使不是一个聪明伶俐的人，怎能胜任？虽然是生得这样的灵敏，却是境遇是很可怜的，只要听到他们向观众讨钱的时候，就可以猜想出他们的境遇了。他说："请大家赏光赏光，还要请多多的包涵。如果认为我唱得好，就请掉下几个钱来！出外靠朋友，在家靠父母。如果认为不好，或者袋里钱不便，请二只腿帮帮忙，多站一息儿，捧捧场，免得我丢脸。如果一旦唱好了，你也走我也跑，叫我吃什么，还要请在场的各位爷叔帮帮忙！"这一席话，说来虽漂亮，赤裸裸地表示出走江湖的生活可怜呀。③

他们讨钱的方式，是"用一只胡琴屁股，向场上各个观众讨钱，一个

---

① 《低级社会乐园，新闸路露天游艺场》，《社会日报》1936年3月29日。
② 卢汉超：《霓虹灯外——20世纪初日常生活中的上海》，第86页。
③ 江湖：《街头的露天舞台——上海夏夜的都市插曲》，《上海生活》第2卷第3期，1938年。

铜子二个铜子是随便你的，假使身边不便的话，他们也不一定是要的，而且叫你不要走开，帮帮场子"。①

更有一些人以种种方式在街上乞讨，包括告地状、赶猪猡、说好话、打鼓、口技、吟诵八股文、鞠躬行礼等，有的比较文雅，有的比较粗野。更有一班名为帮助拉车、实为强行乞讨者，他们专候在外白渡桥、自来水桥、天后宫桥、盆汤弄桥、老闸桥等处，轮流帮人力车夫把车子拉上桥头，然后向车中乘客要钱。②

包括乞丐在内的各式流浪者的收入，没有确切的统计资料。据研究，拾荒、拾煤的儿童，每天可得三角左右，拾垃圾约月入五六元。③ 拾荒者，走街串巷，收拾破烂，卖给旧货摊，每天可得二三角钱；码头丐，即专候在码头上帮人扛包抬货（不属于正式码头工人），生意好时，每天能得七八角钱；拾香烟头丐，将拾到的香烟头汇拢起来，卖给人家，每天所得之钱，也能免除饥饿。④

此外，还有相当一部分流浪者进了收容所，或者流浪街头，居无定所。从晚清开始，上海租界、华界就陆续建立了一批收容所、庇寒所之类的机构，收留流浪者。1868 年，上海公共租界开放了一批房屋，收容乞丐。同治初年，公共租界会审公廨谳员陈福勋出面，在新闸大王庙后建立上海栖流公所，经费由沪上富商捐助。公所占地 13 亩，收留了众多无家可归者，并对他们进行就业培训。1891 年，北四川路上也有名为元济堂的收容机构建立。⑤ 民国时期，上海各式收容、教养机构更多，沪南有四个庇寒所，闸北有一个庇寒所，有淞沪教养院，还有宗教界设立的一些教养机构，各种同乡组织也有一定的收容功能。上海市社会局对1927 年所办各种收容、慈善事业进行统计，计施医 695752 号，施药89686 元，设义务学校 25 所，有学生 4677 人。另设习艺所 4 所，学生215 人；收养贫病 3734 人，收养贫儿 511 人，教养游民 120 人，留养迷

① 《江北大世界，突然兴旺起来了》，《社会日报》1936 年 1 月 4 日。
② 邵雍：《晚清上海乞丐初探》，载邵雍等著《社会史视野下的近代上海》，学林出版社，2013，第 75 页。
③ 《上海儿童界职业现况》，《国际劳工通讯》第 3 期，1935 年，第 97 页。
④ 吴元淑、蒋思壹：《上海七百个乞丐的社会调查》（稿本），转引自邵雍等著《社会史视野下的近代上海》，第 76 页。
⑤ 邵雍：《晚清上海乞丐初探》，载邵雍等著《社会史视野下的近代上海》，第 80 页。

拐妇孺 358 人，留养妇孺 587 人，养老 213 人。[①] 上海残疾院在 1919 年至 1925 年间收容残疾人 225 人。[②] 中国救济妇孺总会在 1912 年至 1937 年，拯救人数达 16000 余名，收容不幸妇女，或帮助安排工作，或帮助介绍对象，或资遣回家。[③]

民国时期，上海市社会局的职员曾分析上海游民何以如此之多的原因，将其归纳为三点："上海固工商业发达之区，而亦游民荟萃之处。盖以工商业发达，四方之慕名而来者众，以上海一隅之地，势无以应各方之所求，于是谋业而不得者，不久而为游民矣。又以上海绾中外交通之枢纽，道出是途，流连繁华，任情挥霍，囊用皆空而流落者，胥皆一变而为游民矣。此外如自甘堕落，以及工商业衰败，失业为游民者，又更仆难数。"[④] 事实上，除此之外，还有一个原因，就是与上海收容流民的能力有关。流民的多少与城市收容能力有相互刺激的关系。流民越多，收容呼声越大，收容努力越多，则收容能力越强。收容能力越强，对外地流民的吸引力就越大。这是包括乞丐、流浪者等在内的上海流民越来越多的原因之一。晚清时期，有传教士提议在公共租界专门设立收容乞丐等流民的机构，被工部局董事会断然否决，其理由是，一旦有了这样的机构，就会吸引越来越多的流浪者来到租界，到头来将不可收拾。[⑤]

三　上海工人运动为何难以成功

上海城市与乡村直接的血脉联系、城市贫民的多层次性，赋予上海产业工人以浓厚的中国特色，直接影响了近代上海工人运动的进程。

上海是中国工人阶级最为集中的地方，也是中国共产党成立以后进行工人运动的重点地方。但是，历次运动特别是大革命失败以后运动的

---

①　《民十六上海慈善事业统计》，《申报》1928 年 11 月 16 日，第 14 版。

②　赵莹莹：《上海慈善教育事业的社会功能》，载邵雍等著《社会史视野下的近代上海》，第 343 页。

③　赵莹莹：《上海慈善教育事业的社会功能》，载邵雍等著《社会史视野下的近代上海》，第 344 页。

④　《一千四百余游民问话的结果》，《社会月刊》第 1 卷第 4 号，1929 年，第 1 页。

⑤　邵雍：《晚清上海乞丐初探》，载邵雍等著《社会史视野下的近代上海》，第 78 页。

效果并不理想。这方面，学界已经有了很多的研究成果。王建初等人正确地指出，从1927年大革命失败到1936年，中共领导的工人运动，一直处在"左"倾错误支配之下，导致白区工人运动惨遭失败。"左"倾教条主义者不懂得把马列主义原理同中国工运具体实践相结合，不愿意去研究中国工运的实际，只想生搬硬套外国模式，把革命的中心规定在城市，特别是中心城市，总是驱使工人群众去孤军奋战，一次又一次地组织城市工人起义，一味蛮干，撒传单、贴标语、搞集会，导致工人运动一次又一次地失败。[①] 裴宜理则从中西比较的角度来分析这一现象，指出南京国民政府时期，中国仍是一个分裂的社会，没有哪一个阶级能够独占上风。中国的资本主义还很不发达，中国工人阶级还极其弱小，与这一时期社会相合拍的，并不是针对资本主义发达国家的《资本论》的理论。[②] 他们的分析都很有道理。值得补充的是，在上海这样急剧膨胀的社会里，无论是产业工人还是苦力工人，都主要是刚刚离开乡村的农民，他们与乡村保持着千丝万缕的血脉联系，其经济收入与社会地位，无时不处于与农村的比较之中。经验告诉他们，他们在上海的生活，比在乡村更好，更能维持，更有盼头。特别是产业工人，并不处在社会的最底层，在他们的周围，就有远不如他们的大批苦力，还有连苦力还不如的大量失业、无业群体。庞大的苦力与无业群体，映衬出产业工人还算不错的社会地位，虽然比较贫穷，但还有令人羡慕的地方，还有一大群待业群体在觊觎他们的位置。普通工人可能不懂得很多理论，但"他们不是党派陶工手里的陶土，可以随意捏弄"。[③] 当工运积极分子照搬"左"倾教条主义理论，来发动这些普通工人去搞那些与工人实际利益完全脱节的飞行集会时，他们怎么可能心甘情愿、全力以赴地去参加呢。据研究，1928—1936年，上海市劳资纠纷和罢工原因中，占据首位的是雇佣和解雇问题，其次为工资问题。9年间，围绕着雇佣和解雇问题发生的劳资纠纷共1590起，占纠纷案件总数的65.35%。"工人无论是罢工停业还是劳资纠纷，保护自己和他人工作的保险系数是放在最重要的位置

---

①　王建初、孙茂生主编《中国工人运动史》，辽宁人民出版社，1987，第177页。
②　裴宜理：《上海罢工：中国工人政治研究》，刘平译，江苏人民出版社，2001，第148页。
③　裴宜理：《上海罢工：中国工人政治研究》，第345页。

的，其次才是考虑工资问题。"工人关心的首先是有没有饭碗，其次才是饭碗里饭的质量。[①]

从全国范围来看，农民离开乡村到城里寻找工作，与离开乡村到军队里当兵吃粮，看上去不一样，但究其实质，却高度一致，都是离开业已破产的乡村，寻求新的发展空间。农民在城里有了工作，哪怕收入不那么高、环境不那么好，但比起乡村农民来，算是已经上了一个台阶了。所以，"左"倾教条主义者照搬共产国际的理论，搞城市暴动，脱离了中国工人阶级的处境，只能处处碰壁。毛泽东发动农民，打土豪分田地，再从农村包围城市，最后获得了成功。

四　城市集聚的多重效应

近代上海作为中国特大城市，是多重集聚的叠合。其中，最基本的是产业集聚、人口集聚与财富集聚。产业集聚带动了人口集聚，制造业、交通运输业的集聚，吸纳了众多的人口，于是将众多的农民变成了产业工人。[②] 人口的持续集聚，刺激了商业、金融业、房地产业的发展，刺激了饮食、旅馆、理发、浴室、环境卫生保护等各种服务业的发展，于是又将众多的农民变成了第三产业的工作者。产业集聚、人口集聚，加上由于租界存在上海城市安全的环境，吸引全国各地富人麇集上海，促进了上海的财富集聚。

人口高度集聚，刺激了分工，促进新行业的发展。在上海，捡垃圾者、缝穷婆、推车丐、拾香烟头者、掏大粪者、算命打卦者，都可以维持最低生计，都能自成一行。这种行当，只有在人口集聚到一定规模的时候，才有可能分化出来自成一业，在人口稀疏的乡村或只有两三万人口的小城镇，是很难形成的。以命理行业为例，1928 年，上海从事星相占卜

[①]　匡丹丹：《上海工人的收入与生活状况（1927—1937）》，硕士学位论文，华中师范大学，2008，第 105 页。

[②]　近代上海城市在农业方面，亦有集聚功能。上海城市产业、人口、财富的集聚，直接带动了周边农业的集聚，包括对蔬菜、牛奶、肉类、鱼虾等食品的需求，园艺的发展对花木业的带动。这种集聚，加强了城市与农村的联系，也加强了上海周边农村与更远乡村的联系。

的人就有 23400 余人。1931 年，上海华界卜筮星相人员 623 人。[1] 1946
年，上海星相同业公会成立，有 400 多人参加，后改名"命理哲学研究
会"，在社会局登记，成为正式社会组织。[2] 这种组织，在乡村或小城镇是
不可能出现的。

任何行业、阶层人员的高度集聚，都会带来三大效应。

一是凸显自身存在的实体效应。乞丐多了，就能形成乞丐团体，理发
师、命理师、淘粪工都能自成组织。三两个乞丐，你可以不在乎他们的存
在。有三五十个乞丐甚至三五百个乞丐，结成一个团体，有组织，有头领，
社会、政府对他们就不能视而不见。人员集聚，行业形成，各种业内分工、
行为规范就会出现，就会将分散变为集中，将无序变为有序，将无机变为有
机，就能提升本行业的生存能力与活动能力。

二是人员个体素质的提升效应。城市人口高度集聚、异质文化共处，导
致人际空间的接近，使商品交换与思想交流更加方便，使城里人较乡下人更
见多识广，更容易具有现代性。兹以女性素质为例，相关研究表明，上海女
性更具有独立性，更具有现代意识，职业女性尤其如此。1932 年至 1934 年
离婚案件统计表明，无论哪一年份，女方主动提出离婚的案件都远远高于男
方主动提出的案件，最高的是 1933 年，女方主动者占 10.1%，男方主动者
占 1.4%。这一现象，与乡村正好相反，反映的是女性自主个性的崛起及权
利意识的觉醒。[3]

三是与其他个人、团体、机构对话、竞争时的拳头效应。在上述两
个效应，即实体效应与素质提升效应的基础上，各种体现本行人员的经
济、社会乃至政治方面的诉求，就能被集中、提炼出来，本行人员的各
种能力就能聚合起来，从而形成集体意志与群体力量。青帮在民国时期
的上海能有那么大的能量，以致任何一个群体、任何一个党派、任何一
届政府对其都不敢小觑，其实就是达到一定规模的游民，经过一定方式

---

①　其中江苏籍 273 人，浙江籍 202 人，上海本地人 90 人，安徽籍 26 人，山东、湖北、湖南、
福建籍均 10 人以下，参见《市社会局取缔卜筮星相办法意见书》，《上海市政府公报》第
106 期，1931 年。

②　公之羊：《星相业成立公会》，《七日谈》第 15 期，1946 年；《星相业公会的内幕》，《精
华》第 2 卷，1946 年；玉燕女士：《燕巢随笔》，（上海）《春海》，1947 年。

③　忻平：《无奈与抗拒：20—30 年代上海转型时期的社会问题》，《学术月刊》1998 年第
12 期。

的整合，利用上海一市三治的缝隙而呈现出来的拳头效应。人力车夫群体也是如此。从晚清到民国，从租界当局到上海地方政府，都在限制、取缔人力车方面进行了多次的努力，但是，由于人力车夫已是一个颇具规模与实力的群体，也有比较强的对话能力，从而在整体上维护了这一群体的利益。尽管到 1955 年这一行业最终从城市里消失，但人力车夫的个人与群体权益，从晚清到民国再到新中国，都是受到重视并基本得到保障的。①

集聚在上海的众多穷人，除了进工厂当了工人、进商店成了店员、进机关成了职员之外，并不属于某一个行业，也没有经过高度的整合。但是，他们生活在上海这个有限的空间里，集聚在闸北、南市、杨树浦与浦东一带，还是在一定程度上体现了上面所说的三个效应。近代上海穷人集中的地区，无论是闸北、南市还是浦东，都有廉价的房子、廉价的饮食、廉价的茶馆、廉价的医生、廉价的教师、廉价的学校、廉价的娱乐场所（诸如"江北大世界"），从而成为虽然贫困但又相对自治的贫民社区。这就是聚合效应的典型表现。

与充满活力的上海社会大系统紧密地联结在一起，贫民集聚会催生贫民向上浮动的期待，因为在他们身边，就有从贫民区走出的成功人士，上焉者如商务印书馆的创始人夏瑞芳、鲍咸昌，卖水果出身的青帮大亨杜月笙，拉人力车出身的顾竹轩，中焉者如从土山湾孤儿院以及其他贫民院、教养院走出来的一批批画工画匠、各种技术人才，下焉者则有不计其数到工厂里当工人、到店里当伙计的人，有些人就是从这些棚户区走出去的，或者现在还生活在这些地方。

贫民集聚的一个后果，就是贫民问题凸显，引起社会各界重视，迫使政府下大力气去解决。同样死亡十个人，十个人横尸街头，与十个人抛尸荒野，其信息呈现、媒体关注、社会关心的程度，会有天壤之别，前者可能成为重要的社会新闻，后者则可能根本无人知晓。媒体高度发达的上海与信息极不发达乃至为信息死角的乡村，其间的差异更大。这是集聚效应的另一种表现。

---

① 孔祥成：《现代化进程中的上海人力车夫群体研究——以 20 世纪 20—30 年代为中心》，《学术探索》2004 年第 10 期。

城乡贫困信息呈现出的不均衡性，使得城市贫民问题往往会引起政府特别的重视。且以棚户区为例，贫民集聚的产物之一，是棚户区大量出现。这在晚清已经相当严重，到1930年，上海棚户已达3万户以上，遍布租界及浦东地区。此后，"一·二八"事变与八一三事变的发生，更加重了这一问题。这些地方的卫生、治安、消防、犯罪问题触目惊心。1928年5月3日、10月5日，浦东、闸北接连发生棚户区失火惨案，浦东焚毁草棚500多家，闸北焚毁190余家。两案促成上海市政府解决棚户区问题。上海专门组织了筹建平民住所委员会，至1931年先后建成全家庵路、斜土路、交通路三处平民住所。1935年，又成立平民福利事业管理委员会，综合解决贫民问题，先后建成中山路、其美路、普善路、大木桥路四处平民村。[①] 这些平民住所在抗战期间，历经兵燹摧毁，损失奇重。抗战胜利后，政府又派员接收、管理、修复。人们可以从各种角度批评那时的政府对贫民问题解决得这也不是、那也不是，但要看到，同时期各地乡村的贫穷问题，不知道比这要严重多少倍！穷人不集聚，问题不凸显，就不会受到当局的特别重视，也就更加难以解决。所以，单从解决贫穷问题的角度来看，贫民集聚也有其正面价值。

贫民生活在上海，尽管很多方面不如人意，但是城市的一些综合型设施与优势，还是可以让他们在一定程度上沾其余溉的。以对传染病的预防与救治能力为例，民国时期，大城市的能力强于小城市，小城市的能力强于乡村。在上海、南京、北平这些大城市，由于自来水厂的设立、饮用水的安全、城市排污系统的建设等，加上卫生防疫措施的制定实施和保健工作的推行，天花、痢疾、伤寒、肺病、霍乱等传染病已经得到有效的控制，但在同时期的乡村，这些设施、措施仍然缺少，这些疾病依然是农村人口死亡的最重要原因。《中华民国统计提要（二十四年辑）》载有1931—1933年上海、北平、天津、青岛、杭州、南京、汉口、广州等8个城市各种原因死亡人口的年龄分组数据，陆汉文利用这些数据，参考其他相关资料，计算出这些城市中分年龄人口死亡率和普通死亡率为14.17‰，同期中国农村人口的普通

---

① 张世光：《上海市政府的平民住宅建设（1928—1949）》，硕士学位论文，上海师范大学，2012，第20页。

死亡率为 27.1‰。[1] 农村人口死亡率几乎是大城市的 2 倍。[2]

再退一万步说，集聚在上海的穷人，即使到了山穷水尽的地步，比起乡村来，上海有钱人多，慈善机构多，好心人多，新闻媒体多，对穷人的发现与救济也比乡村要好得多。哪怕死在上海，也还会有同乡组织或其他慈善机构帮其入殓安葬，而在乡村，则可能连这点死后待遇也没有。这是上海贫民宁愿在上海受苦受穷也不愿意返回家乡的原因之一。

追根溯源，近代中国城市贫民不断增多，在于农村破产，农民被抛出乡村。而农村破产，在于帝国主义军事侵略与经济掠夺；在于军阀混战，社会动荡，灾害频仍，民不聊生；在于中国生产力低下，政治腐败，在全球性竞争中处于劣势。换句话说，考察近代中国城市贫民问题，必须从中国、世界两个更高的系统中去考察，要从城乡联系、中国与世界的联系中去考察，而不能孤立、静止地只看城市。

综上所述，尽管也有人是到上海以后才由富变贫的，但从总体上说，城市贫民的主体部分是从乡村迁移而来的，是先贫而后入城，而非入城以后变贫。乡民进入上海以后，相当部分变成了产业工人、商店职员、家庭服务人员与劳工，也有人成了无业者、流浪汉。在城市社会中，产业工人为比较贫困阶层，人力车夫、码头工人等为非常贫困阶层，无业者、流浪汉为极端贫困阶层。产业工人、商店职员、家庭服务人员的经济收入与社会地位，较之他们此前在乡村，都有所提升。劳工与流浪汉，生活虽然极端困窘，但较之完全破产之农民，处境依然有所改善。产业工人正因为其有较之破产农民尚可维持的处境，在城市中并非社会的最底层，所以他们不可能不顾一切地投身由"左"倾教条主义者发起的工人运动。产业集聚、人口集聚与财富集聚的叠合，刺激了社会分工，促进新行业的发展，

---

[1] 陆汉文：《民国时期城市居民的生活与现代性（1928—1937）——基于社会统计的计量研究》，博士学位论文，华中师范大学，2002，第 60 页。普通死亡率指一个国家或地区一年中死亡人数与年平均人口数之比，分年龄人口死亡率是指某年龄组年内死亡人数与该年龄组年平均人口数之比，两者一般均用千分比表示。

[2] 在医疗资源配置不均衡的情况下，大城市医疗条件优于小城市，小城市又优于乡村。侯杨方利用北平第一卫生示范区 1929—1333 年死亡人口统计，得出结论：由于医疗卫生条件的改变，该区人口死亡率大幅下降，大大低于同期农村人口的死亡率，也低于 10 年前北平人口的死亡率。参见侯杨方《中国人口史》第 6 卷，复旦大学出版社，2005，第 576 页；陆汉文：《民国时期城市居民的生活与现代性（1928—1937）——基于社会统计的计量研究》，第 60 页。

凸显了贫民群体的存在，提升了贫民个人的素质，强化了贫民群体与其他个人、团体对话竞争的力量，也有利于引起政府对贫民问题的重视与解决。

近代贫民在上海的高度集聚，为贫民群体向上流动提供了动力，提升了贫民群体抵抗风险、应对灾难的能力，增强了这一群体在上海生存的耐力。美国学者格莱泽所著《城市的胜利》，讲印度、拉美国家大城市贫民窟问题，认为不是城市让人们变得贫困，只是城市吸引了贫困人口；贫民问题从根本上说是乡村破产的缘故，是整个社会的问题；大城市贫民窟的出现，说明了城市对这些人的吸引力。[1] 这一结论，对我们分析近代上海城市贫民问题很有参考意义。

〔作者单位：上海社会科学院〕

---

[1]　爱德华·格莱泽：《城市的胜利》第三章"贫民窟有何好处？"，上海社会科学院出版社，2012。

清代选官之正途、异途述略

关晓红

清代职官铨选，以正途、异途（亦称杂途）划分出身资格，分别班次、确定升迁方位与具体职缺，自顺治开始，贯穿清代十朝。尽管正途、异途官员的比例，在各朝不同阶段均有程度变化及规则调整，却常常牵一发动全身，不仅群臣奏章、朝野舆论多据此观测乃至评议官场风向与吏治情形，职官的处分亦与此不无关联。

咸同以降，为应数千年未有之变局，破格保举及捐纳盛行，晚清官员队伍"异途统压正途"之说甚嚣尘上。学术界对清代文官制度的关注由来已久，然迄今未见对正途、异途的专题研究，[①] 一些著述甚至误以为正途专指

---

① 笔者陋识，迄今未见近似专题研究，与本选题相关的进展如下：吕思勉指出，"科目、贡监、荫生，谓之正途；荐举、捐纳、吏员，谓之异途"（《中国制度史》，上海教育出版社，1985，第 752 页）；杜家骥认为"异途经保举也同于正途"（《清代官员选任制度述论》，《清史研究》1995 年第 2 期）；曾小华提出正途、异途是清代严格限制官缺编制的结果（《中国古代任官资格制度与官僚政治》，杭州大学出版社，1997，第 167—168 页）；李光辉注意到雍正朝御史考选一度变通旧例、科道"不必拘定科目正途"的史实 [《清代监督官员的选任、升转与考核》，《成都大学学报》（社会科学版）2002 年第 1 期]；王志明则依据中国第一历史档案馆出版的《清代官员履历档案全编》，对近 9 万件次档案进行了量化数据分析，其中有若干涉及官员出身的具体内容（《清代职官人事研究——基于引见官员履历档案的考证分析》，上海书店出版社，2016）。此外，涉及清代文官与铨选制度的著述中，研究者多已关注到正途、异途在清代选官任用中的区别，却多局限于科甲与捐纳出身的对比。本文拟依据相关史实，梳理清代选官中正途、异途出身演变的大致脉络，弄清两者分别的缘由、地位作用及对吏治的影响。感谢林浩彬博士在校对时给予的帮助。

科甲，或者将科举取士与选官混为一谈。受 20 世纪 50 年代历史分期的影响，清史自 1840 年划分为古代部分与近代部分，楚河汉界，使许多研究很难避免就晚清谈晚清的局限。尝试贯通考察清代职官，追溯其渊源脉络，努力廓清晚清铨选变异的复杂面相，纠谬正误，无疑有助于进一步加深对清代铨选渠道与立意格局、吏治状况、近代社会变化与既有规制关系和影响，乃至与之相连的中国传统文化若干内涵的认识。

一　清代职官区分正途、异途

乾隆朝修纂的《钦定大清会典》如此阐述出身分项及其与任官之关系："分出身之途以正仕籍。凡官之出身有八，一曰进士，二曰举人，三曰贡生，四曰荫生，五曰监生，六曰生员，七曰官学生，八曰吏无出身者，满洲、蒙古、汉军曰闲散，汉曰俊秀。各辨其正杂以分职。其以医、祝、僧、道出身者，各授以其官而不相越。"① 所述八种出身，第一至七项，分别来源于科举、学校及高官或因公殉职者的子弟，唯有第八项，即所谓闲散、俊秀，全无学习经历与其他家庭背景资历。可见会典并未明确如何划分正途与异途，却以正杂辨识和安排官员职缺。

赵尔巽等所撰的《清史稿》与乾隆朝修纂的《钦定大清会典》相比，对正途与异途的范围已有清晰规定："凡满汉入仕，有科甲、贡生、监生、荫生、议叙、杂流、捐纳、官学生、俊秀。定制由科甲及恩、拔、副、岁、优、贡生、荫生出身者为正途，余为异途。"值得注意的是，它同时指出了两途转换的方式及对异途为官的限制："异途经保举，亦同则正途，但不得考选科、道。非科举正途，不为翰、詹及吏、礼两部官。惟旗员不拘此例。"②

在清代职官中，科道、翰詹与六部中的吏、礼两部官员，或因职司风宪吏治，或因撰文讲经论礼，需要人品正直、文字能力较强的科甲出身者担任，不难理解。惟旗员可例外，则所谓正途与异途，显然是针对汉人所定之

---

① 允祹等撰《（乾隆朝）钦定大清会典》卷 4，《影印文渊阁四库全书》第 619 册，台湾商务印书馆，1973，第 67—68 页。

② 赵尔巽等撰《清史稿》卷 110，中华书局，1976，第 3205 页。

规则。所谓"旗员不拘此例"，确有对满蒙特权维护之意义。

上述所讲出身，特指某人进入仕途前的具体身份，《钦定大清会典》所列之八项，除第一至七项均被《清史稿》视为"正途"外，后者还将"保举"堂而皇之列入"正途"范畴。进士、举人、生员三项均为科举功名，贡生则分为五类，统指生员中因年资或成绩优异被选拔为"岁贡"、"恩贡"或"优贡"、"拔贡"者（副贡则是指举人落入副榜者）。而正途与科甲，两者虽有联系，后者却无法涵盖前者。因此无论是在清代官方典籍、上谕还是在各级官员的奏折中，两者指代往往分开，鲜少混为一谈者。

清代职官划为内外两系列，内官即京官（包括顺天府官员），外官指京师之外的各省官员，总督、巡抚领衔外官，考核则归类内官。

《钦定大清会典》与《清史稿》，清晰地列出不同出身入仕的升迁路径与分职司守。单就规则条文来看，正途、异途确实泾渭分明：其一，仕籍以身家清白为底线，家世卑贱者不得入仕。其二，不仅正途和异途出身者的升迁路径有别，正途中不同层次出身的入官类型也有明确规定，如科甲出身的进士，可担任内官中的修撰、编检、庶吉士、主事、中书、行人、评事、博士，以及外官中的知州、推官、州县、教授。而"内阁中书，国子监学正、学录、知县、学正，由举人考授及大挑拣选"。同属正途出身的优、拔贡生，对应的官缺是小京官、知县、教职、州判；而贡监生考职，主要用于州判、州同、县丞、主簿、吏目等官职。正途中荫生待遇最优，内官中的员外郎、主事、治中，外官中的知州、通判等优缺，指定由一二品荫生考用，[①]其入官起点明显高于科甲中的进士即用首次除授。

综合《钦定大清会典》与《清史稿》相关条文来看，显然正途并非只限于科甲出身者。监生、官学生虽非全由科举入学，但因其在国学中受课而视为正道。[②] 荫生则因祖父辈已入仕为官，家学有传、耳濡目染，相对谙熟官场规则，故亦被视为"正途"。监生、官学生、优贡、拔贡，均可直接考

---

① 允裪等撰《（乾隆朝）钦定大清会典则例》卷4，第211页。

② "有清学校，向沿明制。京师曰国学，并设八旗、宗室等官学。直省曰府、州、县学。"国子监"肄业生徒，有贡、有监。贡生凡六：曰岁贡、恩贡、拔贡、优贡、副贡、例贡。监生凡四：曰恩监、荫监、优监、例监。荫监有二：曰恩荫、难荫。通谓之国子监生。""官生除恩荫外，七品以上官子弟勤敏好学者，民生除贡生外，廪、增、附生员文义优长者，并许提学考选送监。"赵尔巽等撰《清史稿》卷106，第3099—3100页。

职入仕，也可继续参加科举乡试与会试，获取更高的功名。① 荫生则因家人在朝为官且官居高位更受青睐，不仅入仕起点高、职位好，而且升迁途径甚至较被誉为"天子门生"的新科进士更便捷。②

异途的情况，在咸丰、同治前与正途相差甚远："京通仓书、内阁六部等衙门书吏、供事，五年役满，用从九品未入流。礼部儒士食粮三年，用府检校、典史。吏员考职，一等用正八品经历，二等用正九品主簿，三、四等用从九品未入流。官学生考试，用从九品笔帖式、库使、外郎。俊秀识满、汉字者考系译，优者用八品笔帖式。"他们不仅入仕起点低，若非奇才异能，或有机缘建功立业，又或被官阶较高者赏识并予保举，进入仕途后很难升擢。《清史稿》特别强调："其由异途出身者，汉人非经保举，汉军非经考试，不授京官及正印官。所以别流品、严登进也。"③

清代以正途、异途分辨出身，是由清代职官入仕渠道的多样化决定的。人们耳熟能详的科举取士，只是选官途径之一，且举人需经"大挑"、进士须"朝考"方可授职。选官途径之二，是那些由国学（国子监）与各级官学（府州县学、八旗官学、景山官学等）肄业的学生，他们通常须经考职而入仕为官。选官途径之三，是一个为数不多的特殊群体，他们被称为荫生。恩荫指祖、父辈有较高官阶的子弟，难荫则是指因公殉职、为国捐躯官员的子孙。选官途径之四，是保举。这一途径的

---

① 同治二年，"议定甲子科始廷试优生，仿顺天乡试例，分南北中卷，……考列一二等用知县、教职，三等用训导。恩、拔、副、岁、优，时称'五贡'。科目之外，由此者谓之正途"。赵尔巽等撰《清史稿》卷106，第3107页。"五贡就职，学政会同巡抚验看，咨部依科分名次、年分先后，恩、拔、副贡，以教谕选用，岁贡以训导选用，……雍正初，……恩、拔、副贡年富力强者，得就职直隶州州判。嘉庆以后，凡朝考未录之拔贡及恩、副、岁、优贡生，遇乡试年，得具呈就职、就教。优贡就教，附岁贡末用训导。道光初，许满蒙正途贡生就职，与汉员通校年份先后选用。贡监考职，定例必监期已满，乃许送考。惟特恩考职……初制，考职岁一举，贡监一例以州同、州判、县丞、主簿、吏目录用。乾隆元年，定考职以乡试年，恩科不考。恩、拔、副贡考列一等以州同、二等以州判、三等以县丞选用。岁贡一等以主簿、二等以吏目选用。愿就职者听。……（乾隆）五十六年停考职，嘉庆五年，仅一行之。……盖五贡终清之世，未尝废弃也"。赵尔巽等撰《清史稿》卷106，第3108—3109页。

② 关于荫录用，"康熙十年题准，满洲一品官荫生以员外郎用，二品官荫生以部院司主事、都察院经历、大理寺寺丞、光禄寺署正用。三品官荫生以通政司经历、太常寺典簿、部寺司库、光禄寺典簿用。四品官荫生以鸿胪寺主簿用"。允祹等撰《（乾隆朝）钦定大清会典则例》卷4，第211页。

③ 赵尔巽等撰《清史稿》卷110，第3205页。

被保与被举者均不受出身限制，却与保举人的官阶及其是否被皇帝信用或重用密切相关。① 清代选官途径之五，是捐纳。尽管历代清帝对捐纳均有控制，但每逢灾荒、战事、河工或海防修筑等急需筹款济难时，又会放开，尔后在官绅、御史的口诛笔伐下有所收束。因其始终为铨选渠道之一，群臣奏章与朝野舆论大多认为其危害吏治，弊大于利。

一言以蔽之，清代铨选注重以出身分途，是选官渠道多轨并行的结果。出于建立及管理"仕籍"（即职官队伍）的客观需要，主管文武官员的吏部与兵部，只能依据候选官员的出身资格而"各辨正杂以分职"，并循资按格、分列不同班次对应各级各类衙门的需求，由此维持京外各衙门的职责并保证官缺轮换，驱动从京师至各地的官僚机构运转。

总体来说，以正途、异途作为清代职官铨选划分的类别与途径，是自顺治皇帝登基后开始的。清代文献中关于正途与异途的内涵、外延的确定及变化，则经历了较长的演进过程。

二　选官首重"科目正途"并非清代官场常态

谙熟清代文献资料的研究者不难发现，科甲出身者在清代官场底气较足，内阁学士，翰林院侍读、侍讲，詹事府各种官阶（统称"翰詹"），都察院御史、六科给事中（简称科道），吏部、礼部等重要汉官之缺，② 均指定由科甲出身者担任（满蒙官员则不受此限制）。历代清帝将汉族入仕者的身份划为正途和异途，并将一些重要职位明定由正途中之科甲出身者担任，用意何在？

《清实录》记载，因新朝开基、需才孔急，顺治二年所颁谕旨，已谕令

---

① 历时弥久却常被世人诟病的保举，往往是由在职且有较高阶品的官员，向皇帝具折举荐有能力者。被保举人，可以是在野的布衣、隐士，亦可是官场中任职经年却在论资排辈的铨选程序中未及崭露头角之人。保举不拘出身资历，唯重奇才异能。被保人员一经拔擢，便可破格升迁，被皇帝直接委以重任，施展抱负。保举途径的设置，是以朝廷急需为前提的，摒除了铨选规则中按部就班之弊，避免了用人之际缓不济急之烦难。倘若保举人官声较隆，且向被皇帝赏识或倚重，被保举者直接录用的可能性则大为提高。新帝登基之初，或国有危难之时，保举往往频繁。

② "顺治元年即随曹置额，凡吏礼二部汉缺郎中员外郎主事皆以由科甲出身者注授。"乾隆官修《清朝通志》卷64，志7141，浙江古籍出版社，2000。

搜寻科甲出身的汉人，一面具奏，一面"起送赴京，以俟录用"。为杜绝"徇情滥举、以衰庸充数"的官员毁了祖宗基业，顺治帝要求"吏部详察履历"，为防止作弊，特别强调"断自去年甲申三月以前部册为据"。① 顺治十三年，顺治帝在召见二十名考选科道时，叮嘱他们对种种官场乱象"应如何整饬，可使积弊尽除。尔等怀抱有素，其各抒所学条对"。② 显然是寄希望于科甲出身者成为澄清吏治、稳固王朝统治的得力帮手。

继顺治之后的康熙帝，对官员出身及正途、异途比例的重视，主要表现在以下方面。一是采纳御史房廷祯关于"捐纳岁贡，终非正途，不应考选科道"的建议，③ 将科道官员的铨选限制在科甲出身者。二是调整了知县官员正途与异途的比例，将此前知县每十缺中除推升两人外所余八缺，从进士、举人、贡监三人，捐纳五人中选授的规定，改为进士独占两缺，举人、贡监三缺，捐纳三缺，④ 意在疏通进士入仕之途，并由此提升正途出身官员的比重。三是颁布上谕强调通过科举考试拔擢人才，杜绝官场行贿或裙带关系以澄清吏治，⑤ 希冀借此途径获得更多的忠臣良吏为国之栋梁，也表明了划分正途、异途乃是皇权强化控制监督职官并用以正本清源之重要举措。

康熙帝对正途官员的重视与期待，还表现在他的《御制训饬士子文》中。他认为："从来学者，先立品行、次及文学，学术事功、源委有叙"，强调"夫士子出身之始，尤贵以正"。⑥ 此处所指的"正"恰与"邪"相对，乃正大光明之意。可见在康熙帝心目中，科举与各级官学，正是陶铸士子品性、培养其文学和学术才能，为日后拔擢建功立业者而储才取士的手段，同时也是导向吏治清明不可或缺之方式。

---

① 《清世祖实录》卷17，顺治二年六月己卯，中华书局编《清实录》第 3 册，中华书局，2008，第 154—155 页。

② 《清世祖实录》卷98，顺治十三年正月戊戌，《清实录》第 3 册，第 758 页。

③ 《清圣祖实录》卷96，康熙二十年六月丙午，《清实录》第 4 册，第 1215 页。

④ 《清圣祖实录》卷114，康熙二十三年三月戊辰，《清实录》第 5 册，第 183 页。

⑤ "考取举人进士，特为得人耳。若或行贿夤缘而得之，则出身之本源不清，而欲冀他日之为忠臣良吏，得乎？"《清圣祖实录》卷199，康熙三十九年六月丁亥，《清实录》第 6 册，第 29 页。

⑥ "若兹厥初拜献，便已作奸犯科，则异时败检逾闲，何所不至？又安望其秉公持正，为国家宣猷树绩，庸后先疏附之选哉！"《清圣祖实录》卷208，康熙四十一年六月戊午，《清实录》第 6 册，第 116 页。

然而，理想与现实差距甚大，优良的品行与学养，并不等同于具体行政能力。科举取士后经铨选入官者，倘若被证明不宜承担用人行政之责，就会在内官之"京察"、外官之"大计"（以及其他考核方式）中，由各衙门主官于奏报中呈明，此类人一般去向是到各府州县学担任教谕。康熙曾坦承在被称为"亲民之官"的众多州县官员中，"科目出身之人，亦多有迂疏不能办事者"。至康熙五十二年时，七年钱粮能够如期完成清朝规定的巡抚，亦仅有浙江巡抚张鹏翮与山西巡抚马齐两人而已，"其余各省，报数年钱粮全完者，未之有也"。① 因此，仅恃正途出身的官员来治理地域辽阔的辖区，维持庞大的官僚机器的行政运作，事实上无法完成。

尽管如此，康熙还是相对偏好那些文通字顺、能诗擅赋的官员。康熙五十五年的一道上谕，反映出其按捺不住的欣喜之情："朕观今人皆能勤于读书，昨将各部院司官轮班引见，出题考试完篇者居多。即不能诗文之人，所书出身履历亦甚明顺。若不知文义，如何居官办事？今读书之人甚多，大是好事。"② 在他看来，读书者明理之人，懂得恪守规则，并能引领风气、化民成俗，对维护统治秩序、稳固江山至为关键。

与康熙强调读书明理者有裨吏治相仿，雍正皇帝也告诫大学士、九卿、翰詹、科道等官员："尔等多出自科甲之人，既诵法圣贤、读书明理，当知君臣之大义，须上下一体，情分相联，方克致升平之治。"③ 此处关键在于读圣贤书、明君臣义，有助于巩固统治秩序。但雍正帝并不迷信科甲出身，他毫不讳言"常见科甲出身人员，多有贪缘党庇之恶习"，④ 因此一度尝试更改顺治以来科道及吏部均用科甲出身者的成例。⑤ 在雍正看来，科道是君王的耳目，下情上达之所倚；吏部则职司铨选，秉承上意，挑选维系内外各衙门行政运作的栋梁之才，首要在是否忠心与干练，尤忌夸大其词、粉饰太

---

① 《清圣祖实录》卷254，康熙五十二年三月庚子，《清实录》第6册，第513页。
② 《清圣祖实录》卷267，康熙五十五年正月丙辰，《清实录》第6册，第625页。
③ 《清世宗实录》卷49，雍正四年十月甲戌，《清实录》第7册，第743页。
④ 《清世宗实录》卷60，雍正五年八月己丑，《清实录》第7册，第913—914页。
⑤ "朕观数年以来，科道陈奏者，并无忠谠可信之词，……甚至颠倒是非、紊乱黑白，或借以行私植党者有之。……朕思礼部管理科场，翰詹职司文翰，国学官员有课士之责，自宜专用科目之人。若科道、吏部，皆系办事衙门，并非用其文墨也，何必拘定科目乎？朕意欲将旧例变通，以杜党援之弊，而收用人之效。"《清世宗实录》卷62，雍正五年十月乙酉，《清实录》第7册，第743页。

平，故文字功夫自然在其次，所以不必强调科甲，也在情理之中。

改变祖宗之法谈何容易。即使身为君王，在朝堂议政时，许多真实想法亦难以托盘而出，宣之于众。考虑到颠覆成例可能造成的混乱，斟酌再三，雍正帝决定将其变通，即"嗣后科道缺出，在京则令翰林院掌院于编修检讨内保送，各部院堂官于各属司官内，不论科甲贡监，择其勤敏练达、立心正直者，保送引见补用。在外则各省督抚将州县官保送引见，恭候选定。其留京者以科道补用。至吏部四司郎中等员缺与户兵工刑四部司员，不论科甲贡监，俱归月选"。① 这一改革的实质，是将原来科道与吏部官员此前基本局限于科甲出身的选官，扩展至官学中的贡监生，并增加了保举择人的条件，以求允当。由此，正途的内涵与外延，也因而从科甲延伸至各级官学生。

雍正帝试图改变科道与吏部官员铨选局限于科甲出身的选官的想法与举措，源于其对朝中科甲出身官员喜论同年之谊、乐议座师之恩习俗的反感。一是深恐此辈借此而在朝中结党营私，积至朋党之患，认为此"为世道生民之害"；二是科甲出身为官者，每届科考之时，往往须担任各地乡试或京师会试考官，难以避免其中有"为其子弟亲属、钻营请托者"，由此败坏官场习气。故雍正帝多次在不同场合提及重科甲的原因在于希冀"得读书明理之人列于庶位，俾皆公忠体国、实心任事，于国计民生均有裨益，……朕御极以来，多有人论科甲中人不可信。……然使尔等积习相沿，惟以党护师生同年为事。贪缘朋比，贻害于人心风俗，将使为君上者，虽欲用科甲之人而有所不可"。② 清代皇帝对明代党祸为患记忆犹新，科甲之人注重座师门生及同榜同年之谊，容易直接造成官官相护，在特定情形下甚至有可能直接威胁皇权，影响政令贯彻。加之耳边常听到此类对科甲出身者不信任的议论，雍正帝之忌惮也在情理之中。

有别于乃祖乃父，雍正帝对州县官中科甲出身却缺乏行政能力者，给予两种处理：其一，准督抚题请改教，"盖以该员才具不足以治民，而学品尚

---

① 《清世宗实录》卷62，雍正五年十月乙酉，《清实录》第7册，第743页。
② 《清世宗实录》卷87，雍正七年十月乙丑，《清实录》第8册，第171—172页。又见"谕翰詹科道等。自古朋党之患，必至害于而家，凶于而国，而己身亦并受其毒。尔等多由科目出身，读书明理，当以此为切戒。务为端人，为正士，为国家倚赖之大臣"。《清世宗实录》卷87，雍正七年十月庚戌，《清实录》第8册，第162页。

堪以训士，故畀以师儒之席，俾得展其所长，以为国家兴贤育材之助"。其二，对"不堪课士之员，只合勒令休致"，即强制退休，既不任官衔亦不任教职。① 后一举措，继防范科甲出身者因才力不足而尸位素餐后，又避免其从教无能而误人子弟。

经过清初顺治、康熙、雍正三位皇帝在铨选官员方面的若干谋划，以文治武功自诩的乾隆皇帝，在制度调适方面颇为用心，不断完善以正途、异途分门别类、各司职责的铨选规制。他在位期间，主要落实了以下几项具有原则性的举措。

1. 规定除授知县、道府的满洲官员，无论正途或异途出身，均一律参加吏部组织的定期考试

考试试题形式为时务策，内容由钦点大臣择关于吏治民生之事拟出，阅卷大臣根据卷子所答分别优劣后，将各卷"进呈御览"，再由吏部将考试成绩优良者带领引见，"其奉旨记名以道府用者，臣部注册，仍照定例挨俸升迁。未经记名者，俟下次考取记名，再行照例升用"。② 吏部所奏初衷，仅针对异途出身的官员，希冀通过考试甄别挑选其中的佼佼者，乾隆却特别强调"正途之人，亦着考试，余依议"，意在了解正途出身者应对时事与政务的能力，避免因只注重出身而造成滥竽充数、贻误政事的恶果。

2. 增加了对科甲出身官员铨选面试及其任职各地后的甄别使用条例

从现有的大量资料看，乾隆朝除了坚持翰詹、科道及吏、礼两部官员须用科甲出身者外，知州、知县正印官也多用正途出身，原因有二。一方面，州县有官学、书院，其季课与月课均须州县官出题，且科举童试也要州县官莅临，异途出身者很难应对得当。另一方面，刑名钱谷是承平时期州县行政运作的主要内容，尤其刑名所涉，人命关天，且系地方安定要素，即使正途出身、有较好的文字义理素养者，仍要对律例有所熟悉。因此乾隆八年采纳了江苏按察使李学裕的建议，增加了对正途出身的"月选州县官，掣签得缺后，考试律例数条"进行面试的新规定。具体操作，则是"于九卿验看时，摘问律例数条，令其条对，与履历一

---

① 《清世宗实录》卷92，雍正八年三月丁酉，《清实录》第8册，第239页。

② 《清高宗实录》卷178，乾隆七年十一月己巳，《清实录》第11册，第302页。

并进呈。着为例"。① 此外，对已到各地任职的科甲官员，也要在实际政务中进一步考察甄别并分类处理，以保证职官的素质与能力，适合各地衙门正常运作的需要。乾隆十一年批准了吏部所奏请求，即"通知各督抚，嗣后科甲出身人员，如实系衰迈庸愚、不胜民社者，务遵前旨，或以才力不及，或以溺职，分别题参。其有为人谨慎、学问优通者，送部引见"。② 此举意味着即便是正途中的科甲出身，也须通过甄别裁汰，不再是可保终生富贵荣华。

3. 多次采取相关措施，竭力疏通举人入仕的壅滞

乾隆五年，顺天学政钱陈群因奏请增加顺天乡试中额，被斥责为"不知政体""希图士子称扬感激"而交部察议处分。从乾隆所说内容，此时进士选官入职"已觉濡迟"，"而举人之就选者，则在二十余年之外"。③ 加之为数不少的"中年中式之人，至老方得一官，精力衰颓、志气怠惰"，对官场风气与吏治成效极为不利。乾隆七年，"上以我朝屡开恩科、加添中额，所取进士济济多人，而举人则日积日众，竟有需次多年而不得一官者。又添拔贡以分其缺，数年一次举行，则人愈多而缺愈少，举人铨选更为无期"。为疏通仕途壅堵，清廷将拔贡由六年考选一次改为十二年，着为定例，并将乡试中举人定额由 1:30 改为 1:100 ，④ 以减轻仕途压力。

除了将拔贡考职改为十二年一届以及降低录取举人比例外，乾隆三十年定举人铨选则例。此时"通计各省知县，共一千二百八十五缺。……其（举人）分发知县者，约计不过十之五六"。为避免长期壅滞，乾隆帝允许对举人应选班次中的知县、直隶州州同、盐库等大使三项，在捐班人员不足额时占用其铨额，可"抵捐举人，改为举抵班"。在调剂"举抵班"铨额外，又更改既往成例："向例一补、一捐。应补无人，专用捐班。俟捐纳用完后，再将已经截取举人，带领二人引见录用。今请改为一补、一捐、一举。如应补无人，以举人抵用。"即允许占用异途补缺班的定额，进一步提高举人铨选知县的比重。与此同时，更严令禁止以大衔补小缺的方式占用知

---

① 《清高宗实录》卷 205，乾隆八年十一月戊戌，《清实录》第 11 册，第 637 页。

② 《清高宗实录》卷 280，乾隆十一年十二月戊辰，《清实录》第 12 册，第 655 页。

③ 《清高宗实录》卷 107，乾隆五年五月辛酉，《清实录》第 10 册，第 709 页。

④ 张廷玉等撰《清朝文献通考》卷 67，浙江古籍出版社，2000，第 2869—2870 页。

县铨额，即不准"同知、州判、知州等员，借补知县"，借此疏通举人出路。^① 乾隆三十一年又首创举人大挑制度，即凡乡试获得举人出身已历三科者，"俱准赴挑"。此次大挑"一等八百余人以知县等官分发试用；二等一千一百余人以教职铨选；未入选之年七十以上者即给与中书等项职衔"，^②通过分流，缓解了科举功名者为进入仕途遥遥无期等待的焦虑。乾隆朝在举人应选知县方面，可谓殚精竭虑，多管齐下。

清人笔记谈及科甲中额与职官额缺的关系时有云："至乾隆初年，吏部奏：癸丑、丙辰进士候选者尚四百余人，铨补之途稍滞，乃增月选班缺，而后渐次疏通，按进士之额，每因选官迟速而为之增减。……大抵开国之际，幽隐未尽出而悬缺以待人，则搜集务广，及夫人材渐兴，兼收并蓄，而设官只有此数，且法制既定、冗滥复裁，于是士有沉滞之叹。则为少取以疏通之，夫多取所以备任使，少取所以免积滞，一张一弛，与时俱行。"^③

乾隆在不遗余力疏通正途的同时，在任期间对异途亦采取若干措施予以控制。如乾隆九年捐纳"酌定京官自中行评博以下，外官自同知以下"，^④批准了大学士鄂尔泰等所奏限制捐纳实官的原则。乾隆二十三年，驳斥了御史朱秸条奏"捐纳州县官，应以一年甄别、二年实授"的请求，指出此议"亦于事理未协"，要求督抚对"选授官员莅任之后，随时甄别"，应留应去，不受年限约束。^⑤

乾隆帝对捐纳一事意图控制，奈何朝臣疆吏每遇灾荒或战事，为筹措赈银饷需，多鼓噪开捐。乾隆三十五年，吏部将捐纳范围大肆扩展："京官自未入流、从九品及一应小京官以上至郎中为止，外官自未入流以上至道员为止"。^⑥乾隆三十七年冬，四川总督文绶又具折请开捐充裕军需，乾隆在批

---

① "嗣后应不准借补，举人可以多选。"《清高宗实录》卷747，乾隆三十年十月辛酉，《清实录》第18册，第220—221页。
② 乾隆官修《清朝通志》卷73，志7186。
③ 《纪进士授官中额》，载王庆云《石渠余纪》，北京古籍出版社，1985，第105—108页。
④ 《清高宗实录》卷217，乾隆九年五月乙巳，《清实录》第11册，第799页。
⑤ 吏部在议复此折时重申，"至捐纳人员，定例试俸三年，方准升转"。较朱御史的说法已更严格，故乾隆帝认为其于事理未协。《清高宗实录》卷577，乾隆二十三年十二月庚午，《清实录》第16册，第354页。
⑥ 《清高宗实录》卷870，乾隆三十五年十月癸未，《清实录》第19册，第670页。

饬该折时，表达了其对正途与捐纳的基本态度，大致包含三层意思：其一，捐纳本非选举正道，只是为筹措饷需及尝试广求人才的临时措置而已；其二，捐纳入官虽有"尚堪驱策"之人，但罕见能为国之栋梁者；其三，实行捐纳，必然以正途壅滞为代价，故不能轻易开启。最终文绶因"识见浅狭、罔识大体"被交吏部议处。①

乾隆五十一年，因黄河漫口数处亟须修缮，负责此事的河道总督李世杰等又奏请暂开捐纳，乾隆再次强调"内外职官，额缺止有此数。若捐例一开，正途必至壅滞"，并分析利弊，指出捐纳者入官后"一两年内，其所得廉俸，即可赢于所出之赀。在国家并无实际，适足以遂其垄断之私，于铨政官方，两无裨益"，②果断拒绝开捐。可见其具识坚卓，并无摇摆。乾隆五十八年，乾隆帝在总结自己为政多年的心得时，不仅再次对捐纳入官的成效总体予以否定，而且态度鲜明地表示："至为治之要，首在用人。而人才究以正途为重。……可见捐纳一事，竟当不必举行，此不特慎重名器，并以嘉惠士林。我子孙亦应奉以为法，倘复有奏请开捐，即为言利之臣，更当斥而勿用。……着将此旨敬谨存记。俾我世世子孙遵循弗替，以期永臻郅治。"③

乾隆帝采取诸多措施疏通正途、控制异途，用意在义理与义利两个关键，所谓三纲五常，均以义理与义利之辨为支撑。正途为读书人，读书须学圣贤义理，通义理则明辨是非，能够懂得君臣之义，恪守官常及规则，有道德底线，身正为范，对官场及世风都有积极正面的影响。捐纳则以钱捐官衔或官缺，捐纳仕途本身即是一种以买卖为目的之商业行为。就官府而言，捐纳意在求财解困，而捐纳之人则是以财求名利、求官职荣衔。在世人眼中，商人薄情寡义，多言利而轻义，一旦为官任职，定会变本加厉地搜刮民脂民膏，坏官声、坏风气，邪恶不堪言。

令人遗憾的是，乾隆帝希望子孙"遵循弗替"，不再开捐纳，人才任用"以正途为重"的训戒，仅仅持续了四年就被打破了。嘉庆三年，为镇压川楚白莲教起义善后，再开捐纳。尽管嘉庆帝心中有愧，反复申明此举乃

---

① 《清高宗实录》卷920，乾隆三十七年十一月癸卯，《清实录》第20册，第342页。
② 《清高宗实录》卷1261，乾隆五十一年闰七月庚寅，《清实录》第24册，第964页。
③ 中国第一历史档案馆编《乾隆朝上谕档》第17册，广西师范大学出版社，2008，第629页。

"不得已勉从所请，暂准举行。一俟川楚等省办理善后事竣，即行停止"，①
但异途中最为朝野诟病的捐纳，仍以特殊情形为借口而复活。

日后《清史稿》的纂修者也无奈地承认：康熙朝"选官首重科目正
途"，只是"初制"而已，乃是君王希冀吏治清明的理想原则。"自（康
熙）二十六年，以宣大运输，许贡监指捐京官正印官者，捐免保举。寻复
许道府以下纳资者，三年后免其具题，一律升转。于是正途、异途，始无差
异。乾、嘉以后，纳资之例大开。洎咸同而冗滥始甚，捐纳外复有劳绩一
途，捐纳有遇缺尽先花样，劳绩有无论题选咨留遇缺即补花样，而正途转相
形见绌。甲榜到部，往往十余年不能补官，知县迟滞尤甚。……顺天府尹蒋
琦龄亦言各省即用知县，不但无补缺之望，几无委署之期，至有以得科名为
悔者。"② 本文前述康熙、雍正、乾隆三朝《清实录》及其他政书所反映的
若干事例，以及康、雍、乾三帝为贯彻"首重正途"的原则，不断调整与
平衡正途与异途比例所做的种种努力，恰好说明这一原则在不同时期铨选的
实际运作中障碍重重、落实不易。③

更为重要的是，清代职官设置有满汉复职的规定，前述《钦定大清会
典》明确了满蒙官员不受正途、异途的出身限制，汉官中正途出身者入仕
为官仍困难重重，则整个职官队伍中正途出身的比例并不如后世所想象的那
么高。

三　异途与正途此升彼降与交错缠绕

清代铨选，除科目取士、各级官学输送人才考职及捐纳选官外，身居要

---

① 《清高宗实录》卷1498，嘉庆三年正月壬辰，《清实录》第27册，第1057—1058页。
② 赵尔巽等撰《清史稿》卷110，第3212—3123页。
③ "雍正初，以举人拣选每逾三十年不得官，而远省官多悬缺，乃拣发云贵川，广以知县使
用，兼以州同归举班。五年，令九卿各举所知，而举人亦得自相举。……乾隆元年，……
又以举班壅积需次至二十年，谕吏部筹议疏通。寻部议，捐纳人员将次用竣，以其缺尽归
举人序选。（乾隆）三十年谕，举人选用知县，需次每至三十余年。其壮岁获售者，既不
得及锋而用，而晚遇者年力益衰。中（终）夜思维，筹所以疏通壅滞。查每科中额一千二
百九十名，统十年而计，加以恩科，则多至五千余人。而十年中所铨选者不过五百人。除
会试中式外，其曾经拣选候选者尚余数千。经久愈多，随（遂）成壅积。而知县员缺只有
此数，缺少人多，故必然之势也。"《纪举人授官》，载王庆云《石渠余纪》，第113—
116页。

职的京外大员推荐保举人才供君主选择，多被朝野舆论视为捷径。对于常常深居宫殿的帝王而言，已任职多年、官秩较高、深谙官场情形的大员举荐的人才，对吏治更为有利，可济不时之需、解燃眉之急。

由于保举越过铨选成规约束，直接上达天听，正途、异途的分别便不再重要，获破格拔擢者不计其数，最终成为清代吏治之痼疾，正杂分野的立意与格局几近荡然无存。

保举任官程序一般比较宽松，无论被保举人此前经历如何、学识怎样，只要其经具备保举资格之官员推荐，又经引见后皇帝满意，即可授予官职。虽然吏部曾有异途不得以正印官用的则例，但亦可例外，所谓"有才能称职之员，该督抚特疏保举，吏部方以正印推升，此定例也"。康熙十一年，河南道御史严曾榘以"保举异途人员，反不开列事实，恐庸才得以冒滥。请嗣后督抚保举异途出身等官，亦于疏内开列事实"，① 经吏部议复后获批准，才使保举异途在程序与资格方面漫无限制的情况有所改变。

保举人的官阶与被举者的条件，各时期规定不一。雍正六年十月曾谕令"京官大学士以下、主事以上之满洲、汉军、汉人；外官督抚以下、知县以上之满洲、汉军、汉人，每人各举一人。除现任知县以上官员不必保举外，或系举贡、生监，或系山林隐逸，果有品行才猷可备任使者，即亲戚子弟亦不必引避嫌疑。至外官所辖之现任佐贰杂职等属员，亦准举"。② 雍正七年四月，敕"京官自学士、侍郎以上；外官自藩臬以上，着各密保一人。将其人或可胜督抚之任，或可胜藩臬之任，据实奏明，不必拘定满汉，亦不限定资格。若一时无深知可举之人，准其从容采访，不得草率塞责"。③ 此谕表明，雍正帝不仅求贤若渴，④ 而且其对正途与异途两者关系的认识与顺治、康熙不无区别。雍正帝曾训谕贵州巡抚何世璂："鉴别属员，不可尽以

① 《清圣祖实录》卷39，康熙十一年五月辛丑，《清实录》第4册，第528页。
② 《清世宗实录》卷74，雍正六年十月庚子，《清实录》第7册，第1108—1109页。
③ 乾隆官修《清朝通志》卷73，志7184—7185。
④ 雍正自述："朕在藩邸时，从未与外廷诸臣往还，即认识者甚少。及即位后，有内外员缺，宁能不用人乎？而素无认识之人，不得不博采旁求以用之。及用之而徐察其人，实不可用，则不得不更易之。故大自督抚提镇、至于道府参游州县，每一缺出，苟不得其人，朕将吏兵二部月折，翻阅再四，每至终夜不寝，必得其人，方释然于中。此为君之难，实不可以言语形容者也。"《清世宗实录》卷49，雍正四年十月甲戌，《清实录》第7册，第744页。

科甲为人材，而视他途为市井小人。自古用人无方，贤愚岂宜如此区别。凡事虚衷秉公，切勿预蓄成见，平心以待，彼来此应，何事不得其理也。勉之勉之，莫负朕倚任之重。"①

时人笔记中所述乾隆朝被保举者授官品级较高，与乾隆帝择才更重人品不无关系。② 乾隆倚重保举，显然是想通过那些官阶较高、已得到自己器重与信任、深谙官场运作的现任官员，以自身经验去辨识与甄别被保举者的人品及才干，而不是仅仅通过科举试卷高中所获得的出身来选择人才。多途并进、长短互补，正是统治者平衡用人之道。所谓"人臣之谊，莫大乎以人事君。朝廷纪纲，莫先于进贤受上赏"，"蔽贤蒙显乃为君子所不齿，臣下所不宜"。③

倘若说乾隆帝是清代制度的定制之君，嘉庆帝则以守成为特色。与乾隆帝相比，嘉庆帝对正途、异途官员的看法还是有区别的。在一次对京察事宜的指示中，嘉庆帝明确表示："若捐纳人员，初登仕版，自应令其经历时务，藉资造就。……若年劳相等，则捐纳出身之人，自不若科目正途，于事理较为明悉。嗣后各部院堂官保举捐纳人员，必取资格较深、才具实在优长、为众论翕服者，方可与选，余俱不得滥保充数，以杜幸进。"④ 即相同年资与劳绩的条件下，以科目正途为优，而保举捐纳为官者，必须资深才优且舆论评价高者才能参加升迁之选。

尽管如此，在制定具体政务规则时，嘉庆帝面对各级官员中捐纳出身，且经由保举而获得拔擢者不断增多的事实，也不得不淡化既往刻意强调正途、异途差异的做法。嘉庆十四年，在处理一批捐纳出身的贪腐官员时，御史陈中孚奏请将"滥行保荐此等捐纳佐杂出身人员之该管各上司，照寻常滥保例加倍严议"时，嘉庆帝承认相同年资与劳绩情况下，以科目正途为优，却同时强调"国家登进用人，原不能竟拘资格"，正途中亦有尸位素餐之人，故反对加倍严惩滥保捐纳者之议，只要求其他保举人引以为戒。⑤ 前

① 《清世宗实录》卷43，雍正四年四月庚午，《清实录》第7册，第629页。

② 《纪荐举》，载王庆云《石渠余纪》，第129—130页。

③ 《纪荐举》，载王庆云《石渠余纪》，第125页。

④ 《清仁宗实录》卷171，嘉庆十一年十一月癸酉，《清实录》第30册，第234—235页。

⑤ 中国第一历史档案馆编《嘉庆道光两朝上谕档》第14册，广西师范大学出版社，2000，第456页。

后看似矛盾，却由此说明随着清朝内外交困危机的出现，统治者急需人才，过分注重出身、循资论历的做法，不利于破格用人的现实要求，正途、异途的分别虽依然存在，却更重视实际才干与政绩表现。

特别值得注意的是，由于保举可较大幅度地改变异途出身者的升迁途径，增加其在仕途晋级的机会，而捐纳可免除铨选中不同甄别程序的实在优惠，使正途出身者也纷纷通过保举、捐纳途径以求宦途显达，造成了清中叶后正途与异途彼此交错的复杂情形。道光十三年，大学士富俊上《请禁陋习以端仕进折》，揭露"科甲所认师生，凡遇一切事件，无不暗为关照"，借保举加快晋升，引起道光帝震怒，他特别警戒内外官员的保举，"皆当秉公遴选，务在得人。……倘以保举为市恩酬报地步，是受爵公朝，拜恩私室，此风断不可长。嗣后内外臣工，于考试所取之士及保举所属人员，务当破除情面，力挽颓风。如有仍前馈送别敬者，一经发觉，定予严惩，决不宽贷"。①

与保举泛滥的情形相似，晚清捐纳也花样翻新、层出不穷。据《清史稿》记载："同治三年，另订加成新章。于是有银捐新班、尽先、遇缺等项，输银不过六成有奇，而选用之优，他途莫及。"②此后变本加厉，又有所谓"大八成花样"，即在铨选循资按例的各个环节，都可通过捐纳银两而豁免或优于原有既定程序，破坏规制约束，人为加速仕途升迁。光绪二年，江苏巡抚吴元炳提出，这种捐免铨选程序的方法已造成"序补过速，有见缺指捐之弊。请停捐免试用例，以救其失"，却未被吏部采纳。虽在光绪四年，又有"实官及各项花样一律停捐"的谕令，但其对吏治所造成危害却始终未能消除。

光绪七年，御史叶荫昉发现，吏部铨选时甚至出现"近年大八成各项银捐班次，无论选、补，得缺最易，统压正途、劳绩各班"，以致进士即用知县"非加捐花样，则补缺綦难"的怪象。③清前期铨选，进士即用知县被称为"老虎班"，除了皇帝亲自下令指派的特旨班外，铨选程序中班次之优先程度无可比拟。但光绪初年，进士即用若不自掏银两加捐花样，

---

① 《清宣宗实录》卷241，道光十三年七月乙未，《清实录》第36册，第614页。
② 赵尔巽等撰《清史稿》卷112，3241—3242页。
③ 赵尔巽等撰《清史稿》卷112，第3242页。

补缺竟要望洋兴叹。另一位御史熙麟则奏陈，以荫生的正途身份加捐道府，"本系捐班，部章竟归特旨班铨选"。他感慨荫生中廉吏的儿孙，若无银两，便因此难于仕途登进，只能徒叹奈何。他忧惧"纨绔子弟，逞志夤缘，于世道人心，大有关系。请以此等人员加捐道府者，与捐纳人员同班铨选"。① 此处所说奉特旨班，原本乃铨选程序中最优班次，② 捐纳人员竟然可进入此班，可见正途、异途之彼降此升、交错缠绕，俨然已淆乱无章法。

自嘉庆后期开始，因保举和捐纳交叉渗透，正途与异途不复泾渭分明，出现了你中有我、我中有你的交错缠绕的复杂情形。仕途升迁中难辨正杂的情况，常令吏部束手无策。嘉庆二十五年，有人建议改变正途与捐班的选法，吏部只能含糊其词地以"铨选之法，本有一定班次。捐班就本班铨补，于正途并无搀越"回应，刻意强调初仕时正途与捐班出身已有分别；而对入仕后各级官员的升迁，因情况复杂难以辨识与分别办法，申明"自未便因（捐纳）一时人数较多，遽更旧制"。嘉庆帝深谙此中蹊跷，只能面对现实而尽力约束，谕令"嗣后捐纳人员，着责成各部院堂官、各省督抚认真查察。如有流品猥杂及不识诗书、实难称职者，随时甄别，据实奏闻，勿得稍有姑容，以肃官常而杜幸进"。③

嘉庆后期，某些衙门、某些官缺甚至出现了异途比例超过正途的现象。嘉庆二十五年，河道总督奏陈："近日三河四省河工各缺，只有请旨道员五缺，尚有正途人员。其由该督等题补题升之缺，则自道厅以及佐杂，无一不由捐纳出身。"指出"河工道员及同知通判，有表率之权者，得人尤为紧要"，请求"仿照分发举人之意，将正途出身、才守素著之人，设法分班，除授补用"。由于河道疏通与堤坝修葺皆涉及各种物资与钱财，贪污贿赂较易，不仅腐蚀吏治，还直接影响工程质量，嘉庆帝同意"将在部候选之教习期满知县、教职保举知县，准其拣选，发往河工差委。并准其借补佐贰，按原衔升转。则正途人员，不致复有偏枯，而人材亦可兼收并蓄矣"。④ 此

---

① 赵尔巽等撰《清史稿》卷110，第3201页。
② "凡授官之班有六，一曰除班，二曰补班，三曰转班，四曰改班，五曰升班，六曰调班。凡特旨用者，则别为班焉。"《（光绪朝）钦定大清会典》卷4，文海出版社，1992，第68页。
③ 《嘉庆道光两朝上谕档》第25册，第455页。
④ 《清宣宗实录》卷7，嘉庆二十五年十月己酉，《清实录》第33册，第164—165页。

后河工任用正途便为成例。① 同年十一月，上谕"恩诏在京大小官员，由正途出身在署行走，未经食俸之候补人员，着准其一体给予加级。其捐纳候补各官，仍照向例不准给与"。② 该月的另一道上谕，对尚未补缺、在京内各衙门学习行走的正途出身人员予以破例加恩给予正俸，其所据理由为："以示体恤员等俱系正途出身，在署行走，一体趋事奉公，独未得仰沾禄糈，办理殊不画一。"③ 上述两项举措，显然是针对正途、异途比重失衡纠弊补偏，嘉惠奖励正途出身，并通过待遇及恩典之差别贬抑异途出身者。

然而，因保举可加快官员的拔擢晋级，而捐纳则可帮助免除多种铨选程序中的年绩限制、缩短各种班次的轮候时间、开复一些处分等，所以不少被保举者亦往往借助不同的捐纳机会，争取尽快地再上一层楼，正途与异途交叉缠绕的情况因而日益严重。《大清会典》中所谓"分出身之途以正仕籍，……各辨其正杂以分职"的初衷及原则，清中叶以后，随着保举滥行而在实际操作中越来越难以贯彻落实，多途并进、鱼龙混杂成为晚清官场的常态。

四　道咸同光各朝吏治与正途、异途关系

道光二年，道光帝曾追忆嘉庆帝对京内各部院堂官偏袒捐纳人员，"不顾登进之滥，不辨贤否之别"甚感"寒心"的上谕，④ 决心整顿积习，宣布"嗣后各部院堂官，于所属学习行走年满司员，无论捐纳、正途，务当破除积习，秉公和衷，据实甄别，毋得瞻徇情面，滥行奏留。如有任意姑容，不加察核，将来该员得膺外任，于引见召对时，经朕看出，或别经访闻，查有劣迹，惟该堂官是问"。⑤ 可见嘉庆、道光两朝，均已注意到捐纳人员增多

---

① 《嘉庆道光两朝上谕档》第37册，第520页。又谕："河防关系重大，必得通晓熟练之员，方有裨益。着于内阁翰詹六部都察院各衙门，不分满洲汉人，择其正途出身清慎勤敏者，每衙门保送一员，咨交吏部带领引见，候旨发往东南两河学习。如不得其人，毋庸滥保，并着定为两年拣派一次。"《清宣宗实录》卷221，道光十二年闰九月乙亥，《清实录》第36册，第293页。

② 《嘉庆道光两朝上谕档》第25册，第542—543页。

③ 《嘉庆道光两朝上谕档》第25册，第543页。

④ 《嘉庆道光两朝上谕档》第27册，第438页。

⑤ 《嘉庆道光两朝上谕档》第27册，第438页。

后，对官场风气确有影响，并力图改变。只是此时道光帝不再强调对捐纳人员单独甄别，而是将甄别范围扩大到"无论捐纳、正途"，所引嘉庆帝上谕，字里行间也颇有深意。客观而言，铨选入仕，本已按出身分为正途、异途，而各部院堂官又以正途出身者居多。嘉庆帝所道之"寒心"，乃因"大员俱中此病"，即因怕得罪人而不按规则与职责办事。而聪明的道光帝或许已看到更可怕的问题，即官场中此时正途、异途已经分界模糊，钱权交易极有可能成为潜规则，为避免由于隐匿不见的利益交换贼害职官队伍，道光帝不得不以强调事后追究责任的方式进行整顿与防范。

从《清实录》及上谕档来看，道光朝异途渐压正途的情况似乎有增无减。如道光十年，"礼部奏，正途出身主事补缺无期，恳量为变通"，① 吏部虽极为通融，进行了一系列的额缺及铨补方式调整，但依然积重难返。两年后，六科给事中王玮庆奏陈："外省候补人员，各班拥挤，遇有题调缺出，（督抚）辄藉词人地相需，曲为之说，将佐杂奏请升补，转将候补人员，概从抑置。致要缺州县，渐为佐杂升阶，殊于吏治大有关系。"道光帝认为督抚选用异途出身者担任要职，"易启夤缘钻刺之门，此风断不可长。嗣后各直省督抚，遇有题调要缺，仍照例先尽正途候补人员题补，不准以佐杂应升人员超越"。若有特殊情况，必须具折切实说明，"倘所保佐杂各员，将来有贪酷劣迹，一经发觉，惟该督抚是问"。② 明确强调正途出身优先的铨选原则，并将异途出身者入仕后的吏治情况，列为督抚保举失责连坐的具体内容。

道光十六年，道光帝召见外放山西知府的张集馨时，谈及捐班直言不放心："彼等将本求利，其心可知。科目未必无不肖，究竟礼义廉耻之心犹在，一拨便转。得人则地方蒙其福，失人则地方受其累。"③ 十三年后，张集馨在京召对时，道光再次谈及"登仕籍者只四样，满、汉、科、捐班而已，何途没有人才？我最不放心者是捐班，他们素不读书，将本求利，廉之一字，诚有难言"。④

其实，除了吏治廉洁的考虑之外，道光帝也深知，就具体办事能力而言，正途出身者未必比捐纳出身者有优势。因此，道光十八年，当御史刘梦

---

① 《清宣宗实录》卷171，道光十年七月甲戌，《清实录》第35册，第658—659页。
② 《嘉庆道光两朝上谕档》第37册，第227页。
③ 张集馨：《道咸宦海见闻录》，中华书局，1981，第22页。
④ 张集馨：《道咸宦海见闻录》，第119—120页。

兰为甄选热河办事司员一事，具折请于正途人员内酌量保送时，道光帝颁布上谕："至于热河地方，派往司员办理刑名，责任綦重。该堂官等务当秉公遴选，如果才具优长、办事详审，循例保奏亦不必分别正途、捐班，致有窒碍。热河都统亦应于该司员莅任后，详加察看。倘该司员操守不谨，或才具平庸、不克胜任，即着随时分别撤回参办，不得姑容，以肃官常。"① 强调应以操守与才具为甄别官员的要素，而非仅以出身论成败去留。

然而官场异途出身者持续增多的结果，必然是仕途壅滞，正途出身者升迁不得不受阻碍。道光三十年三月初二日，曾国藩在《应诏陈言疏》中奏称："自顷岁以来，六部人数日多，或二十年不得补缺，或终身不得主稿；内阁、翰林员数，亦三倍于前，往往十年不得一差，不迁一秩，固已英才摧挫矣。"② 曾折所奏，主要针对京官所言。事实上，外官的情形亦有过之而无不及。

咸丰四年，刚到四川总督缺上任职的何绍基奏报："牧令中由科甲出身者，不及一半。一首府、两首县，均系捐班。"③ 首府、首县是各省官场的门面与标杆，竟为捐纳入官者把持，情况严重可想而知。由于"州县中文理明通者甚少，致词讼拖延不结，考试录送文童，多未通顺"，④ 直接影响正常行政运作。咸丰为此所颁上谕耐人寻味："各省官员，科甲固未必尽贤，捐班亦不皆无用。原在该上司随时查察，举劾公明，吏治自有起色。"显然是不愿承认捐纳官员造成吏治萎靡的指控，而将用人失察之责直指所管上司。不过，对于捐纳官员"文理明通者甚少"并因此贻误政务的判断，咸丰帝还是有心纠偏。

咸丰七年，咸丰帝采纳了御史何兆瀛的建议，针对捐纳官员月选程序增强文理测试，"着各部院堂官，于该司员等奏留之先，验其文理，如果能办稿案，即与正途人员，一体派差。其或未能主稿，而心地明白、行走勤慎者，派当杂项差使，以资练习"。⑤ 即考试与考察结合，不以正途、异途出身论长短，而以是否通文理、能否办稿案的行政能力定取录，并根据实际情况任命。几天后，有御史针对兵部考试司员"系用论题，并未询以本部事

① 《嘉庆道光两朝上谕档》第 43 册，第 352 页
② 《曾国藩全集·奏稿一》，岳麓书社，1987，第 8 页。
③ 首县与首府是外官要缺，既往多选正途。
④ 《清文宗实录》卷 154，咸丰四年十二月癸丑，《清实录》第 42 册，第 678 页。
⑤ 《清文宗实录》卷 235，咸丰七年九月壬午，《清实录》第 43 册，第 652 页。

件"的现象予以批评时，咸丰帝再次重申对分部学习司员三年期满的考察，"惟在该堂官平时察其才具，能否办事，俟届期满之时自然去取公允，毋庸以考试虚文，徒饰观听"。① 进一步明确以才具、办事能力作为捐纳官员的考察要项。

如前所述，嘉庆、道光、咸丰三朝，随着捐纳事例不断增加，出现了正途受挤、异途崛起的现象，三朝皇帝虽有一些措施试图补偏，但并不在意正途、异途界限日渐模糊的事实，而是反复重申由主管上司结合岗位需要考察与考核，侧重是否具备办事能力，这与晚清遭遇数千年未有之变局不无关系。一方面，既往州县官员以处理刑名钱谷为主要政务，能写奏章、结讼事即可胜任，随着两次鸦片战争、中法战事的结束，交涉及赔款摊派等各种政务增多，急需能员干吏；另一方面，各种战事的进行或善后、各地大小灾情的处理，都须筹款赈灾，户部库帑匮乏，只能饮鸩止渴，频频开捐。所捐职衔或官缺，都须收款后兑现，职官队伍中异途人数不断增加，是清廷必须吞下的苦果。此时若刻意强调正途与异途出身在使用方面的差异，不啻自毁官声，也不利于不同出身官员之间的相处。因此，皇帝更注重官员的办事能力，自在情理之中。

不过，一些立志匡扶正途、澄清吏治的御史，显然将改变正途、异途比重失衡的希望，寄托于清朝皇帝的换代改元。同治元年，大学士祁寯藻、御史钟佩贤相继奏疏通正途，侍讲学士景其浚奏严定保举章程，蒋琦龄奏捐班军功妨碍正途，严树森奏请清查流品之折，纷纷交吏部议复。几件奏章均指出正途被压抑，捐纳、军功日多，鱼龙混杂妨碍吏治的诸多事例。由于所奏问题的指向集中，奏报时间又十分接近，引起登基不久的同治皇帝重视，督促吏部出台了一些有利于疏通正途壅滞、限制保举的措施。②

---

① 《清文宗实录》卷236，咸丰七年九月丙申，《清实录》第43册，第668页。

② 吏部采取的措施是："一、京外各官，报捐不积班者，一律改为实积正班，五缺选用一人。一、劳绩遇缺前先、尽先等名目统为一班，与各项正班人员轮流间用。一、知县进士本班无人，准以教职、举人教习及举人截取等班抵选。一、知县改教终养缺出，先尽科甲出身人员酌量补用。升调遗病故休之缺，将进士即用与各项候补相间轮用。一、内阁中书，以科甲二人、贡班一人相间选用，国子监学正学录仿此。一、岁优贡生不准报捐直隶州州同，廪增附贡生不准报捐直隶州州判。一、军营寻常劳绩止准就现在官阶保奏补缺后以何项升补，续有劳绩，止准加级加衔加班，不准层递保。如所请行。"《清穆宗实录》卷17，同治元年正月己酉，《清实录》第45册，第478页。

此时登基不久的同治帝，确有励精图治的朝气，勇于铲除官场积弊，他旗帜鲜明地表示："若如蒋琦龄所奏即用人员，不但终身无补缺之望，几于终身无委署之期，至有以得科名为悔者。而捐班军功人员，上司每多喜悦，士气何由得伸？吏治何由整饬？此由封疆大吏，不能仰体朝廷养士作人之意，颠倒谬误，甚可痛恨。着大学士会同该部，将正途及捐班军功人员，再行分别变通，妥议具奏。庶正途人员，得以及时自效，用副振兴人材之至意。"①在他的坚持下，吏部采纳了严树森所拟具体办法，即加强对捐纳源头的清查控制与程序核查，对保举的结果执行严格的事后追责等若干措施。②

同治皇帝深知"致治之要，首在除弊"，各省之首府、首县，是各地吏治的风向标，也是官场弊端丛生之处。御史揭露的事实是："其各省首府首县要缺，督抚大吏往往以捐班军功人员工于应酬，奏请调补，钻营巧滑，而同寅谋差谋缺之弊，无不代为夤缘。"同治帝为肃清源头，明令纠弊补偏："各省首府县缺出，应令督抚于正途人员内选调。如实无合例，始准以各项出身人员调补。"③同治七年，又采纳了御史袁方城奏《仕途流品日杂请饬考核裁汰》折中的建议，颁布上谕，"着各直省督抚于通省州县内，凡由俊秀监生捐纳之员，无论实缺署事候补，随时面加考试，如有文理清顺、议论通达者，方准与正途人员一例升转补用。倘文理荒谬，即以原品休致，考试时仍须严密关防，毋任代倩传递，虚行故事。至居官之勤惰，行已之贪廉，虽正途人员，亦当一体随时察看，秉公举劾，以肃官方而清吏治"，④以强化考试和甄别的方式平衡正途、异途的失衡，方法虽然老套，用意却堪称不俗。

同治帝立意力挽颓势，然此时官场陋习已积重难返。同治七年，有人奏

---

① 《清穆宗实录》卷 22，同治元年三月辛丑，《清实录》第 425 册，第 609—610 页。

② "嗣后外省捐纳人员，由何省上捐，即责成何省之同乡地方官详细确查。如果身家清白，始准咨行本籍出具册结，送部引见验看，再由同乡京官复查出结。其由京局报捐者，即专责同乡京官确查结保。设有出身卑贱者，立时首报。倘失于查察，别经发觉，除本员照例治罪外，并将滥出印结之地方官及同乡京官一并参奏。至军营投效人员，流品更属不一。如果奋勇杀贼，效力行间，自当破格施恩，以昭激劝。但各省督抚及各路统兵大员仍当确切查明，豫防冒滥，倘稍有含混，一经查出，定将滥保之员从严议处。"《清穆宗实录》卷 37，同治元年八月丙寅，《清实录》第 45 册，第 997 页。

③ 《清穆宗实录》卷 97，同治三年三月壬子，《清实录》第 47 册，第 118 页。

④ 中国第一历史档案馆编《咸丰同治两朝上谕档》第 18 册，广西师范大学出版社，1998，第 349 页。

报，"四川州县共一百余缺，而由捐纳得缺者，至六十余员之多。虽系按例叙补，而正途登进无期，于吏治大有关系"，同治帝要求督抚认真察看，授权主管上司"如有于地方不相宜者，即行参撤，不得稍避嫌怨，致负委任"。①

不同于其祖、父的老成谋国，同治帝对正途与异途的判断，显然更多带有明辨是非的色彩。而最难能可贵的是，他认识到官风、士风与世风三者的联系，认为"颠倒谬误，甚可痛恨"，②因此要求吏部从整顿铨选规则做起，进一步整顿变通。接踵采取的一些措施，也成为被后世称颂的"同治中兴"之部分内容。

然而，晚清以降，保举、捐纳滥行，尽管嘉庆、道光、咸丰、同治四朝，均有程度不同的措施试图调整，但正途、异途的失衡仍难以遏制。加之正途、异途彼此渗透及缠绕的复杂情形，导致铨选既往规则失范，唯利是图者可借钱财买通官路，造成吏治混乱，影响世道人心。故每届新朝，御史便不断上章呼吁，期待有所改观。光绪七年，御史李肇锡奏请州县宜多用正途。③光绪十年，御史刘恩溥"各直省首府县，非正途出身人员，概不得署理"的建议，④因首府、首县在一省中具有模范作用，对官场习气有示范意义，故该议终被光绪采纳，恢复了首府首县之缺以正途出身充任，捐纳军功人员不得署理的旧制。⑤光绪二十二年，"御史熙麟奏，将捐纳州县并非正途出身人员定限铨选"，亦着交吏部议奏，⑥表明朝臣力图以不同方式改变异途崛起后客观上妨碍正途的趋势。只是历经三朝铨选积弊已深，一些小修小补很难彻底扭转这一既定局面，后继者只好审时度势，寻找新的方法与契机。

结　语

晚清保举过滥、捐纳无序，表象是正途受抑、异途崛起，实质却是选官用人标准转变导致的传统铨选规制被破坏。而官场无序直接造成了吏治积弊

①　《清穆宗实录》卷243，同治七年九月丙申，《清实录》第50册，第371—372页。
②　《清穆宗实录》卷243，同治七年九月丙申，《清实录》第50册，第371—372页。
③　《清德宗实录》卷134，光绪七年八月庚申，《清实录》第53册，第929页。
④　《清德宗实录》卷177，光绪十年正月乙巳，《清实录》第54册，第474页。
⑤　《清德宗实录》卷181，光绪十年四月庚戌，《清实录》第54册，第525页。
⑥　《清德宗实录》卷390，光绪二十二年五月壬寅，《清实录》第57册，第86页。

与社会风气败坏。保举过滥，即滥用信誉和仕途晋升做人情，使得举荐贤能难以名实相符，滥竽充数之人往往以非常规程式升擢，在降低统治效能的同时，损害清廷名望。捐纳的情况更糟糕，即用金钱买卖替代了仕途中必须具有的学习经历与经验，使铨选商业化，官员职衔与缺分成为一种明码标价的商品，可以进行交易。如此则金钱法力无边，皇权之威、法度之严、名器之圣洁均弃之如敝屣，整个社会道德无底线，统治基盘亦必然随之动摇。

　　甲午战后澄清吏治的呼声渐急，清朝内外官吏条陈时政，要求改变现状的奏折不断上达天听。庚子之后，清廷亦不得不做出改革姿态，各部院、各省纷纷通过建立课吏馆、法政学堂等，开展各种培训，以提高在任与候补官员素质。光绪三十四年，清廷颁布一道重要上谕，宣布对州县铨选进行改革，"嗣后州县两途，着将部选旧例限三个月后即行停止"。谕令将所有各班候选州县，由吏部查明情况、统计人数后，会同军机大臣迅速妥拟章程具奏后请旨颁行。此道谕令颁发前的各应选州县候补者作为改选班，依次分发各省。这些改选人员到各省后，由督抚率同三司，通过面试或笔试，"或根据其才性试以吏事，或派入法政学堂分门学习肄业，并须勤加考察"。此谕明确将州县官吏的铨选权，彻底下放到各省，是清代铨选制度的一大变革，被称为"停部选"。这些表明新铨选改革的措施，与传统选材任官有较大差异，即对旧官员的培训和考察，只是强调以时尚的西学分科知识，替代传统刑名钱谷的内容，注重对趋新行政事务中"做事"能力的训练培养，并无道德教育之成分，对官员品行心性方面鲜有相应规范的考察，所要求也仅限于考察对象是否"糊涂谬劣，或不通文理，或沾染嗜好，或年力就衰"。①

　　清廷此次对州县铨选的改革，明文宣示的原因有二，一是州县官责任最为重要，"一邑数十万生灵，于斯托命"，主政官员得人与否，人地是否相宜至为关键；二是"各项新政待举，备极繁难，非才力优长、素经历练，不足以副是任"。即在不断扩大的社会需求下，原有的以出身分途、以班次轮候、以年资为依据的铨选方法难以应对周全，清廷对此有一番检讨，承认"仅以班次资格为定衡，大失量能授官之本意"，但保举、捐纳授官，同样未能"明达民情，通解法律"。即使是正途出身者，也缺乏实际经验，"专凭年资入选，一旦任事，大率听命幕友、纵容丁胥，百弊丛生。小民深受其

---

　　① 《清德宗实录》卷591，光绪三十四年五月己亥，《清实录》第59册，第821页。

害。闻各省选缺州县，骤膺外任，不谙吏事者十居七八。……地方元气已伤。其为害于国计民生者甚巨"。①

其实在上谕冠冕堂皇的字句背后，是西风东渐下传统正途观念已发生根本变化。晚明以降，西学不断输入，虽曾遇到不少阻碍，甲午战后国耻日深，危机意识渐清晰与急迫，科举改革渐由鸦片战后的纳西学于科举，转变为纳科举于学堂，前往东西洋留学者日众。壬寅－癸卯学制订立后，学堂与科举的对比中，西式学堂之"新"，已渐取代了科举选才之"旧"，各地雨后春笋般出现的各级各类新式学堂，其毕业生及留学毕业回国者逐渐受到各部院和各省衙门的青睐。1905 年清廷宣布立停科举，学堂更因此堂而皇之取得了正统地位。无论原本的正途抑或异途出身，在西学新知面前，都须重新学习与接受。所以甲辰科进士，不再照过去旧例朝考后授官，而必须进入京师大学堂肄习西学门类三年，毕业后才能参加铨选。以洋为新、"以西为正"逐渐成为新的风向标，做事能力及对专门知识、技能的掌握，成为权衡人才的新标准。

随着奖励学堂出身章程的订立与落实，国内外各种新式学堂毕业的学生，在通过毕业试及学部组织的若干类型考试后，即可直接被各部院、各省衙门直接录用。学堂出身，被视为全新而具权威意义的"正途"，科甲出身者若没有在国内外学堂学习的经历，没有"镀金"，便难以被用人机构重视与重用。只是这个新"正途"的内涵、外延都与传统迥异，有的部分甚至是颠覆性的。就此而言，异途出身者，除了文字基础、圣贤经典不如原先的正途出身者，在重新学习与参加培训的新形势要求下，客观上与正途出身者的机会是均等的。

只是新的铨选规制尚未完成，辛亥革命枪声即已响起，随着清帝退位、民国成立，官场上旧的正途、异途出身分别，已被西方分科教育的学堂文凭取代。选任官员时更重视其所掌握的专门知识与专门技能，而非强调人品及其对圣贤义理的掌握，成为影响此后中国百年发展的要因。

〔作者单位：中山大学历史学系〕

---

① 中国第一历史档案馆编《光绪宣统两朝上谕档》第 34 册，广西师范大学出版社，1996，第116 页。

日本拆解"宗藩体系"的整体设计与虚实进路[*]

——对《中日修好条规》的再认识

韩东育

日本近世以来的行动目标，更多遵循的是它自身的逻辑。换言之，该逻辑的走向和展开，主要依赖于如何能确保其目的性价值的实现，而鲜及其他。从这个意义上讲，周遭环境的每次重大变化，都会被日本视为实现自我目标的良机：当地缘政治变动中强弱平衡的国际关系屡屡被外力打破时，当次第发生的外部冲击能被有效地转化为壮大自我的"权威借助"手段时，日本"前赴后继"的历史积累，会少有悬念地帮助它去改变区域世界的权力结构；其拆解"宗藩体系"的整体设计和虚实进路，便集中展现于区域权力转移的渐变过程中。然而，《中日修好条规》（亦称《日清修好条规》）签署后所发生的清朝藩属次第丧失和中日台湾交割等一系列事件每每被学术界处理成彼此无涉的孤立个案等研究现状表明，① 对于条规本身之所谓对等属性问题，似乎还需要做出某种体系性的反思。

---

* 本文为国家社会科学基金重大项目"东亚史上的'落差－稳定'结构与区域走向分析"（批准号：15ZDB063）结项成果之一。

① 参见王芸生《六十年来中国与日本》第 1 卷，生活·读书·新知三联书店，1979；信夫清三郎编『日本外交史：1853—1972』東京：每日新聞社，1974；丁名楠等《帝国主义侵华史》第一卷，人民出版社，1973；王铁崖编《中外旧约章汇编》第一编，生活·读书·新知三联书店，1957；高放《近现代中国不平等条约的来龙去脉》，《南京社会科学》1999 年第 2 期；欧阳跃峰等《李鸿章与近代唯一的平等条约》，《安徽师大学报》1998 年第 2 期；张振鹍《论不平等条约》，《近代史研究》1993 年第 2 期；陈在正《牡丹社事件所引起之中日交涉及其善后》，《中央研究院近代史研究所集刊》第 22 期下，1993 年 6 月；

一　与中国比肩的悲愿与《中日修好条规》

康有为曾历数日本对中华体系的拆解行动："日本蕞尔岛国，其地十八万方里，当中国之一蜀，而敢灭我琉球，剪我朝鲜，破我辽东，跞我威海，虏我兵船，割我台湾。"[①] 康氏的话，其实牵出了一个事件链，这个链条，起自 1871 年的"牡丹社事件"，而终于 1895 年的《马关条约》。除辽东、威海和台湾外，康有为的其他控诉或许让今人颇为费解。但是，只有当人们回到他所处时代的东亚区域关系时，这种费解才会转而为理解。在那个时候，数百年来一直与中国保持密切朝贡册封关系的琉球和朝鲜，并不被认为是中国之外的国家，至少也是中国的属邦（藩属）。换言之，直至晚清时分，通行于东亚区域内部的显在关系原则，依然是中华中心的"宗藩体制"。在这样一个前提下去观察日本和日本行动所引起的激烈反应，才有助于人们了解东亚固有关系体系以及这一体系的灭裂轨迹，也才能最大限度地接近和把握遭遇于东亚地区的内外规则，是在怎样的背景下彼此扭曲和显隐交替的真实过程。事实上，除欧洲列强外，积极充当并且有能力摧毁东亚体系的急先锋，正是当年游移于"宗藩体制"内外的日本。

早在江户开府后的 1636 年，日本在给朝鲜的外交文书中，就主张要径书日本年号："朝鲜者明之幕下，我日本者特不然也。开辟已降，伟然建紫宸，特更改天元，则自今而通用书可记我元。"[②] 明清鼎革后，幕府决定在对马藩递给朝鲜的外交文书上，废止以往的明朝年号，而改用日本年号；同时，要求朝鲜国王在给德川将军的国书上，要换掉以往的"日本国王"，采用"日本国大君"称号（将军在致朝鲜国王国书时的自署，则按惯例仍写

林子侯《日韩江华岛事件的检讨》，台北《食货月刊》第 14 卷第 3、4、5、6 期，1984 年；等等。偶有提及《中日修好条规》与"甲午战争"之关系者，而且其有关"牡丹社事件"和"琉球问题"的涉及亦不乏可圈点处，但由于研究者将战争的原因主要措置于"修约不成"这一简单的因果律上，故而对如此系列重大事件的立体观察维度，尚付阙如。参见廖敏淑《〈中日修好条规〉与甲午战争：以修约交涉为中心》，《抗日战争研究》2014 年第 4 期。

① 康有为：《日本书目志》，载《康有为全集》第 3 集，中国人民大学出版社，2007，第 280 页。

② 東京大学史料編纂所藏『朝鮮信使記録』；荒野泰典『近世日本と東アジア』第 1 部第 1 章、東京：東京大学出版会、1988、11—12 頁。

作"日本国源某")①。"大君"名号的自封，使朝鲜国王和德川将军成了对等关系；因将军以上还有天皇，于是整个日本亦从此与中国之间画上了等号。荒野泰典认为，这一图式，后来被明治维新政府继承下来并在现实当中实现了当初的设计。② 实际上，为了实现这一设计，明治政府在确立宪法、用"大日本帝国"的自我封号使东亚区域关系发生质变以前，曾经以急迫的方式布下一着久经考虑的妙棋，即《中日修好条规》的签署。

《中日修好条规》从 1871 年 4 月 27 日（明治四年 3 月 8 日）日本派遣赴清使节——外务卿泽宣嘉和外务大丞柳原前光时起，经特命全权代表大藏卿伊达宗城的全力斡旋，直到 9 月 13 日（明治四年 7 月 29 日）完成双方签署，历时近五个月。实际上，柳原前光早在一年前（1870）就催促中方与日本签订双边条约，但从双方交涉情况看，清廷不仅不甚积极，起初还委婉地拒绝了日方的请求。③ 日本方面在缔约过程中情急有加，这一点，毋庸讳言。④ 然而，即便清廷后来同意签约，双方在条约措辞和表述上，仍不免龃龉争执，有时甚至相与睥睨，睚眦必报。由此而发生的纠葛细节，每每意味深长。日本天皇在呈给清朝皇帝的信函中写道：

> 大日本国天皇敬白大清国皇帝：方今寰宇之间，交际日盛。我邦既与泰西诸国通信往来，况近邻如贵国，宜修亲善之礼也。而未有通使币结和好，深以为憾。乃特派钦差大臣从二位行大藏卿藤原朝臣宗城，以遣贵国而达诚信，因委以全权便宜行事。冀贵国思交谊，笃邻好，即派全权大臣会同酌议，订立条约。两国蒙庆，永久弗渝，乃具名玺敬白。

---

① 按照明治日本人的说法，"日本之与西国处立各约有大君之称。此系前幕府自己为称，原非出自天皇者也。"「清國トノ修好條規通商章程締結ニ関スル件」（明治 4 年 7 月 4 日）日本外務省編『日本外交文書』明治期 4 年第 4 卷第 1 册、東京：日本国際連合協会、1957、246 頁。

② 荒野泰典『近世日本と東アジア』第 1 部第 1 章、12—13 頁。

③ 「照会」（明治 4 年 5 月 15 日）「清國トノ修好條規通商章程締結ニ関スル件」日本外務省編『日本外交文書』明治期 4 年第 4 卷第 1 册、189 頁。

④ 「清國トノ條約草案提出並ニ同草案ヲ急下渡アリ度旨伺ノ件」（明治 4 年 4 月 30 日）「清國トノ修好條規通商章程締結ニ関スル件」日本外務省編『日本外交文書』明治期 4 年第 4 卷第 1 册、165 頁。中国当时的态度是："夫中国非有所希冀，欲与贵国立约也，特因去岁情词恳切，并送来十六条，均以两国立论，其中虽有数条未能妥洽，余尚可采，是以我中堂奏准，派使前来会议。"《应宝时陈钦给柳原前光等函》，载《筹办夷务始末（同治朝）》第 9 册，中华书局，2008，第 3287 页。

伏祈皇帝，康宁万福。明治四年辛未五月　日①

　　日方纡尊而堂皇的言辞下，固不乏心情之急迫，但并没有因此而放弃刺激中方的一贯做法。除了"大日本国天皇敬白大清国皇帝"一句与小野妹子向隋炀帝的对等表达在格式上几无差别外，②"我邦既与泰西诸国通信往来，况近邻如贵国"一语，亦明显内藏倨傲，大有挟西洋以自重的味道。这些表述，虽引起中方的不快，但回敬之辞，却也未尝相让，且暗含某种蔑视。在讨论日本国首脑是否可用"天皇"称谓时，中方指出："天皇氏为首出神圣。后世皆推崇，莫敢与并。今查贵国与西国所立各约，称谓不一。而中国自同治元年以来定约者十余国，皆称君主，即布国亦然。应请另拟尊称，以避上古神圣名号。否则，唯好仅书两国国号，以免物议。……若天皇之称，考古之圣帝名王，亦未敢与之并称。是以皇帝二字，虽易代犹同此称；而天皇，则往古未闻沿袭。在身为帝王，尚不敢以之自居，而凡在臣民之尊其君者，更可知矣。我朝敬天法祖于郊禘之礼，祝版尚须抬写天字，则不敢以天皇待邻邦之君，更可想见。则天皇二字之不通行于天下者如此。"日方见此，虽竭力为"天皇"之称正名和辩白，但因争执下去恐误大事，只好暂以下面话语作结："今两国立约，仅书两国国号亦可也。至于来往国书及公文，则我国自称曰天皇，贵国回称曰天皇或曰皇帝，两从其便。"

　　然而，当商讨条约标题时，日方又开始揪住中方不放，认为题头与"日本国"并列的"中国"称谓，有失妥当："中国系对己邦边疆荒服而言，约内两国相称，明书国号为正。"对此，中方的解释理直气壮："我中华之称中国，自上古迄今，由来已久。即与各国立约，首书写大清国字样，其条款内皆称中国，从无写改国号之例。来笺谓己邦边疆荒服而言，似属误会，未便照改。"后来，在条约于七月八日拟将付署之际，日方再度重申了不可用"中国"为开首之理由："中国之东有满洲、朝鲜，以西有西藏、后藏、昆仑山，若云其内之中国，岂非有指斥周边为外夷而自尊为中国之嫌乎？"遂决定于汉

---

① 「大日本国天皇敬白大清国皇帝」（明治4年辛未5月×日）「清國卜ノ修好條規通商章程締結二関スル件」日本外務省編『日本外交文書』明治期4年第4卷第1册、177—178頁。

② 明治六年癸酉四月，明治天皇为换约事在"日本国书"之开篇处亦书："大日本国大皇帝，敬白大清国大皇帝。"《筹办夷务始末（同治朝）》第9册，第3629页。

文条约开首处写"大清国"和"大日本国",余则可书"中国"和"日本";而在和文开首处,可书"大日本国"和"大清国",余则可署"大日本"和"大清",以国号表之即可。然而,日方看上去完全是为清廷着想的提议,目的却丝毫也不单纯:如果清廷坚持"中国"称谓,则满、鲜、藏、疆就成了"外夷",而不应纳入"中国"版图;可倘若自称"大清",则"中国"又无异于"华夷"杂糅体或至少与"外夷"相混一。这至少体现出日本对中国的两大"非友善":一是"中国"自"中国","外夷"自"外夷",故清廷无格代表"中国";二是将清朝的龙兴之地"满洲"亦列入"外夷"的说法,意味着"明清鼎革"即为"华夷变态"的畴昔印象,在日本的文化感觉上似并未有所改变。照理,中方应坚持"未便照改"之前语才是。但从条约的最终成文看,在《中日修好条规》和《中日通商章程》的开首处,无论是日文版还是汉文版,显然均遵照了日方意见,只不过日文版排序为"大日本国·大清国",而汉文版为"大清国·大日本国"而已;至于"中国"和"中国人"字样,则多散布于汉文版的具体条款中,而日文版中的相应表达,仍是"大清"和"大清人"。从李鸿章给朝廷所上奏折中可以看出,中方曾就以上问题亮明"严正"的立场:"所有前经签商各条,尚不过遇刁难,惟彼所力争而固执不化者,条规开首,必欲我皇帝与该国天皇并称;章程内载两国国号,必欲大清国与日本并称;又所恳求而狡猾莫测者,则在于仿照西约一体均沾。假如前一条依其说,则是中国约章刊列彼主非常之尊号,将来可以征信于史册,目前更可以陵轹东洋,夸耀西洋,而彼得获其名矣;后一条允其请,则援照西约事例,可以入我内地,处处贸迁,我不能与之争,而彼得或其实矣。"其对手柳原前光,"颇习华书,深悉中西和约利弊曲折,坚欲伸其所说","意颇翘然自负。臣乘其措辞罅漏,偶厉声色以折之,谓若存牢不可破之见,此事只可罢议,该使始俯首允遵"。但是,李鸿章的"厉声"似乎并未真起作用,因为上述所谓"牢不可破之见",最终还是被一一突破。至于何以会如此,明治四年日本外交史料所记李鸿章之态度,即"天皇尊称书写事,本毋庸议论。复函时称天皇抑或皇帝,可由我权衡酌定。虽然,我皇上复函时不至以不敬之名号称贵国之帝也",似乎需要注意;[1] 而李鸿章

---

[1] 「修好條規起首國名ノ下尊号ヲ揭ケサル解」(提出日期不詳)「清國トノ修好條規通商章程締結ニ関スル件」日本外務省編『日本外交文書』明治期4年第4巻第1冊、245—247頁。

在所上奏折中的解释却是："所有条规开首，浑含其词，及章程内分写两国，仍称中国及日本字样，均尚得体。其均沾一层，决不许用。"① 然而，"条规开首"这一最不能"浑含其词"的地方，却被李鸿章在报告朝廷时做了"浑含其词"的处理；而这一至为重要的细节却意味着，当"大日本国"与"大清国"在条约开端处比肩并立时，日本谋求了千百年之久的与中国对等悲愿，终于在新世界国际关系的绝对权威依据——"国际法"规则下，首次化为现实。在民族独立、国家平等的新时代，倘若日方恪守条约第一条所谓"大日本国倍敦和谊，与天壤无穷。即两国所属邦土，亦各以礼相待，不可稍有侵越，俾获永久安全"等约定行事，则"中日史上唯一平等条约"云者，或许应无物议。可日本的许多做法，却难以让人相信，条约果真就可以约束他们的全部言行。无论"大清国"国号建议中埋藏了多少日本的外交玄机，但国号毕竟还是国号。可当其外务卿与意大利公使谈及清朝事宜时，却满口"支那"或"支那政府"，对中国全无尊重，遑论"以礼相待"。② 随着日本的"自封"行程已臻抵"大日本帝国"之极致处，这种情况已变得赤裸裸，"シナ（支那）""チャンコロ（清国奴或清国佬）"等对"中国"和"中国人"的蔑称已势若连天蔓草，难以芟除。③

二　佯攻台湾与琉球窃夺

与荒野泰典的观点相仿佛，张启雄教授认为："明治以来，尤其是中日修好条规缔结后，日本自比天皇为皇帝，幕府为国王，遂视朝鲜为下位之国。J ＝ C，C ＞ K，∴ J ＞ K（C ＝ 中国，J ＝ 日本，K ＝ 朝鲜）的观念日盛；又以满清出身北狄，遂视清为夷，以己为华，取清而代之的观念，日益强盛。于是起兵'进出'中华世界。"如果日本所扮演的仅仅是用"中华世界"规则来"争天下"之角色，那么上述解释应已足够圆满。然而，日本

---

① 《李鸿章奏与日本国定约情形折》，《筹办夷务始末（同治朝）》第 9 册，第 3307—3308 页。

② 「大清國大日本國修好條規」（明治 4 年 7 月 29 日天津ニ於テ調印、明治 6 年 3 月 9 日批准）「清國トノ修好條規通商章程締結ニ関スル件」日本外務省編『日本外交文書』明治期 4 年第 4 卷第 1 册、204、202 頁。

③ 张启雄：《"中华世界帝国"与近代中日纷争：中华世界秩序原理之一》，载蒋永敬等编《近百年中日关系论文集》，中华民国史料研究中心，1992，第 40 页，注 52。不过，对于作者混一清朝与日本之不同性质的表述，引者不敢苟同。

外务卿在意大利等外国公使面前和日本人内部讨论问题时对中国的大不敬表现，证明《中日修好条规》中 "大日本国" 与 "大清国" 的对等并立，只不过是形式和假象。对中国的蔑视式 "对等" 已不啻把中国 "相对化" 的事实意味着，日本真正心仪并亟欲与之比肩者，是欧洲（Europe）而非其他。特别是当日本意识到出自欧洲的 "国际法" 将给日本的亚洲行动带来极大的便利时，一个对外关系的新构图——∵ J = E，∴ J > C，使利用 "欧法" 来 "解决" 东亚问题的想法，迅速成为日本朝野的主调和共识。起初，李鸿章在曾根俊虎等 "兴亚会" 和 "大亚洲主义" 者 "联亚抗欧" 论的煽惑下，曾萌生 "联日抗欧" 的 "新中华世界秩序构想"。可是，亦如张启雄教授所指出的那样，"中日修好条规缔结之际，即是新中华世界秩序构想崩解之时"。[①] 这种理解的意义应在于，日本人所抛出的所谓 "大亚洲秩序"，其组建者应该是日本自己，而不可能是中国。可是，日本建立该秩序的第一步，显然不是 "聚合"，而是 "拆分"，即如何首先解体以往以中国为中心的 "华夷体系"。而这一点又恰恰决定了日本行动的法理依据，不可能还是前近代的 "宗藩体系" 规则，而是欧洲 "国际法" 规定下的 "条约体系" 标准。这样才便于理解，何以日本在发动甲午战争（"日清战争"）之前，要次第制造 "牡丹社事件"（1871 年 11 月—1874 年 8 月）、"江华岛事件"（1875 年 5—9 月）和 "甲申事变"（1884 年 12 月）等一系列事端。

"牡丹社事件" 之经纬，曾被黄遵宪《日本国志》简记如下：

先是，辛未十一月，有琉球船遇飓风飘至台湾，为生蕃劫杀五十四人。癸酉三月，小田县民四名亦漂到遭害。喜事者因谓生蕃豺狼，不可不膺惩，特以生蕃、熟蕃有异，欲先质经界于我。会种臣在北京，乃寄谕种臣，命询台地事。种臣难于启口，因遣副使柳原前光问我总理衙门大臣毛昶熙、董恂，昶熙等答曰："蕃民之杀琉民，既闻其事，害贵国人则我未之闻。夫二岛俱我属土，属土之人相杀，裁决固在于我，我恤琉人，自有措置，何预贵国事而烦为过问。" 前光因大争琉球为日本版

---

① 张启雄：《"中华世界帝国" 与近代中日纷争：中华世界秩序原理之一》，载蒋永敬等编《近百年中日关系论文集》，第 13、18 页。

图，又具证小田县民遇害状，且曰："贵国已知恤琉人，而不惩台蕃者何？"曰："杀人者皆属生蕃，故且置之化外，未便穷治。日本之虾夷，美国之红蕃，皆不服王化，此亦万国之所时有。"前光曰："生蕃害人，贵国舍而不治，然一民莫非赤子？赤子遇害而不问，安在为之父母？是以我邦将问罪岛人，为盟好故使某先告之。"反复论诘者累日，卒不能毕议。及前光归，白状，于是征台之议遂决。甲戌三月，以陆军少将西乡从道为都督，陆军少将谷干城、海军少将赤松则良为参军，率兵赴台湾。……初，师发长崎，复遣柳原前光于北京，领事九成至厦门，亦书告闽浙总督李鹤年。书曰："去年副岛大使以下既报贵国政府，今将起师问罪于贵国化外之地。若贵国声教所暨，则秋毫不敢侵犯。疆场密迩，愿毋致骚扰。"鹤年复书曰："台湾全岛，我所管领，土蕃犯禁，我自有处置，何借日本兵力为。至贵国人民四名之遇祸者，我台湾府吏实救庇之，何可以怨报德？请速收兵退我地，勿启二国衅。"鹤年以闻，时总理衙门、北洋大臣既先驰奏，我朝乃命船政大臣沈葆桢巡视台湾，调兵警备。前光至京谒总理衙门，词旨抵牾，于是二国势将构兵。……（鸿章）既而念日本近在肘腋，无以惬其欲，恐有妨亚细亚洲后来和局。乃终许抚恤筹补银，限期撤兵，两国遂和好如初。《条款》曰："照得各国自行设法保全，如在何国有事，应由何国查办。兹以台湾生蕃，曾将日本国政府属民妄为加害，日本国本意为该蕃是问，遂遣兵往彼，向该生蕃诘责。今与清国议退兵，并善后办法，开列三条于后：一，日本国此次所办，原为保民义举，清国不指以为不是。二，前次所有遇害难民之家，清国许给以抚恤银十万两，日本所有在该处修道建房等件，清国愿留自用，先行议定筹补银四十万两。三，所有此事两国一切往来公文，彼此撤回注销，作为罢论。至该处生蕃，清国自行设法妥为约束……"①

"牡丹社事件"，起因于"八瑶湾事件"。同治十年（1871）十月二十九日，一艘按例遣使向清廷进贡的琉球船到中山府纳贡后遭遇飓风，船漂至台湾东南八瑶湾时触礁倾覆。船上有六十九人，三人淹毙，六十六人泅水登陆，误入牡丹社生番地界。其中，有五十四人被杀，十二人为汉人所救，幸免于难，是所谓"八瑶湾事件"，又称"宫古岛民台湾遇害事件"。琉球难

---

① 黄遵宪：《日本国志》上卷，天津人民出版社，2005，第146—149页。

民回国后,日本得知消息,乃暗自筹划,两年后,假"借地操兵"之名,①于同治十三年(1874)派日本陆军中将西乡从道率 4 艘军舰及陆海军官兵3600 多人侵台"征番"。交战双方互有死伤,"官民所报,生番死者多于倭兵,而倭将所称,则倭兵死者多于生番"。② 最后,在英国的斡旋下,1874年 10 月 31 日,李鸿章与大久保利通在北京谈判媾和,所签《中日北京专条》内容有三:(1)日本出兵,为保民义举,"中国不指以为不是";(2)清朝支付"抚恤银"(日方称"偿金")50 万两,其中,给"遇害难民之家"10 万两,购买日军在台之"修道建房"等设施 40 万两;(3)待所列款项一半交付一半以还款凭单确立后,"遂将日本在台之军师立行撤退回国"。③ 是为"牡丹社事件"。

然而,明眼人不难看出,日本在事件后索要赔款时似乎并没有狮口大开——50 万两白银,对中日双方而言似均无法构成过大的忧喜,所以事件本身的要害并不在此。事件的结局固然暴露了清廷对新近国际关系中占主导地位的"条约体系"颟顸无知,但日本从西方拿来的一整套外交组合方案和设计缜密、步步为营的攻防手段,以及这场外交博弈所要达到的真实目的,却构成了研究人员所需关注的大问题。

实际上,日本人在《中日北京专条》中能够要到"中国不指以为不是"的理据,与李鸿章自陷于"华夷体系"与"条约体系"之混乱的法理泥淖关系密切:"前与驻津美领事毕德格论及各使会议一节,据称或以非使权应办之事,或东使谓与各国无干,未便遵允,则亦无甚裨助。且各使即肯公评曲直,未必尽诎彼而直我。平心而论,琉球难民之案已阅三年,闽省并未认真查办,无论如何辩驳,中国亦小有不是。万不得已,或就彼因为人命起见,酌议如何抚恤琉球被难之人,并念该国兵士远道艰苦,乞恩犒赏饩牵若干,不拘多寡,不作兵费,俾得踊跃回国,且出自我意,不由彼讨价还价,或稍得体而非城下之盟可比。内不失圣朝包荒之度,外以示羁縻勿绝之心,

---

① 《奕䜣等奏日本兵船现泊厦门请派员查看折》,载《筹办夷务始末(同治朝)》第 10 册,第 3736 页。

② 《文煜等奏沈葆桢等到台日期并倭兵情形折》,载《筹办夷务始末(同治朝)》第 10 册,第 3774 页。

③ 「附属书」(明治 7 年 10 月 25 日)「台湾生蕃讨抚一件」日本外务省编『日本外交文书』明治期 7 年第 7 卷、東京:日本国際連合協会、1955,310 頁。

未审是否可行。"① 无疑，能以 50 万两 "抚恤银" 即可了断 "牡丹社事件"，在李鸿章看来未必不是他外交能力的重要体现；可这一体现的道理性前提，却恰好构成了日本人提出 "中国不指以为不是" 之说法的理直气壮的根据。这意味着，日本在这场事件中，要的或许不是 "钱"，而是 "理"，尤其是其求之不得却又被主动相送的 "理"。事实是，在获得这个 "理" 之前，日方所动用的全部心思、手段甚至军事手段胁迫下的强词夺理行为，几乎都是围绕它切入、展开的。那么，这个理的真确指向究竟是什么呢？

德川时代的琉球王国，位处中日之间的 "两属" 状态。② 然而，在 "宫古岛民台湾遇害事件" 仅过去两个月的同治十一年（1872）正月，鹿儿岛即派人来琉球，向琉球王府通报幕府时期的萨摩藩已更名为鹿儿岛县诸事。同时，答应豁免琉球拖欠萨摩藩的一切债务，并称琉球人祖先乃日本人，而清朝皇帝不过夷狄，应早归母邦，速为之图云云。③ 同年九月十四日，当尚泰王所派使臣尚健等谒见明治天皇时，日本方面竟出人意料地宣读了天皇册封尚泰为 "琉球藩王" 并 "叙列华族" 的诏书。④ 关于日本何以会如此迅速地着手琉球 "处分" 问题，有日本学者指出，"宫古岛民台湾遇害事件"，应该被视为 "东亚华夷秩序与万国公法秩序相互冲突的典型案例"。正唯如此，"明治政府才于明治五年合并琉球、设置琉球藩，并进一步否定了琉球迄今在日本和清国之间的两属状态。因为只要立足于万国公法的单纯性原理，那么，琉球是清国领土还是日本领土，抑或 '无主' 之地，便只能允许存在一种关系属性，而华夷秩序眼里的所谓两属观念，在这里并不存在。从这一逻辑出发，琉球漂流民被台湾住民所害，便意味着日本国民被清国国民所害，清国也就要为此承担某种法律责任。可这样一来，清朝把台湾视为自国领土的观念究竟根源于怎样的法理依据，就成了需要回答的问题。明治政府试图以该事件为契机，来一举解决缠绕在东亚国际秩序形态上的全部问题，于是明治六年三月，日本政府便以《日清修好条

---

① 《致总署　论台事归宿》（同治十三年七月十六日），载顾廷龙、戴逸编《李鸿章全集》卷 31《信函三》，安徽教育出版社，2008，第 84 页。
② 喜舍場朝賢『琉球見聞録』東京：東汀遺著刊行会、1952、28—29 頁。
③ 東恩納寛惇『尚泰侯実録』東京：明光社、1924、183—189 頁。
④ 『列聖全集』之『詔勅集』（下巻）東京：列聖全集編纂会、1916、194—195 頁。

规》批准为由，向清朝派遣了外务卿副岛种臣"。① 这意味着，台湾自古以来即属中国版图这一自明问题，将被日方推向争论前台并准备接受各种角度的"拷问"。

"宫古岛民台湾遇害事件"发生后至明治六年（1873），日本单方面急迫地"解决"琉球所属问题及其相关行动，似乎都是在为出兵台湾做理由上的铺垫。但是，如果要移师台湾，就必须先行证明被杀害的琉球人乃"日本国属民"；而琉民所属关系问题一俟得到解决，日本向台湾"问罪"，才有了充足的理由和借口。问题是，如果台湾是清朝领土，那么日本的军事行动，就势必因侵略中国而引发中日冲突。果如此，不但清朝，那些在东亚地区有着各自利益的欧洲列强，也一定会反应激烈，干涉纷至，致使日本前功尽弃，预谋难举。于是，如何解构台湾清属的法理依据，就成为日本当局须绞尽脑汁、高调发声的大问题。这意味着副岛种臣来北京交换《中日修好规条》的行为不过是幌子，其掩藏于换约背后的真实目的，乃在于刺探清廷对台湾主权认识的虚实。于是就有了前引《日本国志》中副岛种臣副使柳原前光与清朝总理衙门大臣毛昶熙、董恂讨论"生番害人"时的那番对话。毛昶熙伊始不承认"蕃民之杀琉民"即等于中国人杀害日本人，因为无论台湾还是琉球，"二岛俱我属土，属土之人相杀，裁决固在于我，我恤琉人，自有措置，何预贵国事而烦为过问"。可由于1872年琉球已被明治政府化为"内藩"，因此柳原前光"因大争琉球为日本版图"的用意，已不言自明。然而，当柳原问及"贵国已知恤琉人，而不惩台蕃者何"时，毛昶熙的蛇足式回话却让日方始料不及并如获至宝，即"杀人者皆属生蕃，故且置之化外，未便穷治"。这便是后来被日本人反复炒作的所谓"化外之民"说。② 在"化外之民"之所居被讹为"化外之地"，而"化外之地"即"无主野蛮之地"等一系列归谬下，③ 柳原前光撂下的"我邦将问罪岛人，为盟好故使某先告之"等狠话，好像并未违背日本的征剿对象与清朝无关

① 坂本多加雄『明治国家の建设』东京：中央公论社、1999，144页。

② "我副岛钦差奉使之际，告以惩办蕃民之事，而何不引以为贵国之责，而诿以化外？此非以蕃民为在中国之外者而何？"又，"利八遭风被劫，实在昨春。其回国也即副岛钦差奉使之后。当时我国既认台湾为贵国化外，则何须渎告请辨也？""附属书二"（明治7年9月27日）"台湾生蕃讨抚一件"日本外务省编『日本外交文书』明治期7年第7卷、244页。

③ 「大久保辨理大臣ヨリ日清交涉经过说明ノ件」（明治7年10月14日）「臺灣生蕃討撫一件」日本外务省编『日本外交文书』明治期7年第7卷、267—268页。

的逻辑预设。然而，如果仅仅一句"化外之民"就可以给日本提供足够的出兵理由，那就过于低估了日本人的折冲能力。"牡丹社事件"中，日本全权办理大臣大久保利通，对中国有关台湾主权的相关记载，似了若指掌，几若学者然。① 然而，中方的反应亦同样理直气壮："夫台湾之事，贵国之兵涉吾土地，中国并未一矢加遗。且生番地方本属中国。无论事前事后，不待本衙门论及，久为中外所共知。""台湾为中国地方，台湾之内山非中国地方乎？"② "查各国所属邦土，不得以臆度之词，任意猜疑。各国政教禁令亦不得以旁观意有不足径相诘难。中国与贵国修好条规第一条内载两国所属邦土，不可稍有侵越，俾获永久安全。第三条内载两国政事禁令，应听己国自主，不得代谋干预，不准诱惑土人违犯各语，所言极为切要。夫台湾地方，本属中国，不待辩论，久为中外所知。其如何绳以法律及兼辖各厅县之处，中国本有因俗制宜之政令。如遇有中外交涉事务，当有中国照约查办。"③

在中国历史上，三国时代与台湾的人员往来和元朝的对台建置已自不待言，1689 年清朝收复台湾后始设台湾府与台湾、凤山、诸罗三县隶属福建省的事实，则尤复不容置喙。④ 在正式收复台湾前，郑氏与清廷有过多次谈判。清廷何以必须收回台湾，不仅因台湾世属中华，而且连当时的台湾支配者，亦是中国之人。当郑经提出"苟能照朝鲜事例，不削发，称臣纳贡，尊事大之意，则可矣"等要求时，⑤ 康熙帝的回答至为明确："若郑经留恋台湾，不思抛弃，亦可任从其便。至于比朝鲜不剃发，愿进贡投诚之说，不便允从。朝鲜系从未所有之外国，郑经乃中国之人。"⑥ 而且，台湾与清廷和琉球与清廷，在关系的性质上毕竟是有差异的，即前者是中国领土，而后者是朝贡藩邦。惟此，当郑经要求"请照琉球、高丽外国之例，称臣奉贡，

---

① 「清國側ノ主張ヲ駁シ取急キ歸朝スヘキ旨通告ノ件」照会（明治 7 年 10 月 25 日）「臺灣生蕃討撫一件」日本外務省編『日本外交文書』明治期 7 年第 7 卷、303—304 頁。

② 「大久保辨理大臣ノ問條ニ對スル答覆書送致ノ件」附属書（明治 7 年 9 月 22 日）「臺灣生蕃討撫一件」日本外務省編『日本外交文書』明治期 7 年第 7 卷、237—238 頁。

③ 「臺灣藩地ニ清國ノ政令及ヒ不及ヲ詰問スルハ日清條約ニ違反スル旨等回答ノ件」（明治 7 年 9 月 30 日）「臺灣生蕃討撫一件」日本外務省編『日本外交文書』明治期 7 年第 7 卷、247—248 頁。

④ 赵尔巽等撰《清史稿》卷 260《施琅传》，中华书局，1977，第 9867 页。

⑤ 江日升：《台湾外记》，福建人民出版社，1983，第 205 页。

⑥ 中国科学院编辑《明清史料·丁编》第 3 本《勅谕明珠等郑经比例朝鲜不便允从》，国家图书馆出版社，2008，第 555 页。

奉朝廷正朔，受朝廷封爵"时，康熙帝坚决不允，认为"台湾贼皆闽人，不得与琉球、高丽比"。① 可在如此历史事实面前，日使为什么还要对"牡丹社事件"中昭然若揭的对华"侵越"行动，持所谓"版图之义未确，则侵越之名未当。本国断断不能承认此鹘突不了之案，而甘受不容之罪"等否定态度呢？又何以将中国隐忍宽容、竭力维和的"不以一矢相加遗"行为反诮为自认理亏的无奈反应呢？② 这除了能证明学界以往的推察尚略显浅表外，还极易让人忽略西方国际法所拥有的解构力量，以及日本人超常发挥这一近代国际关系规则的深层用意。事实是，在台湾主权问题上，清廷的法理与欧洲的法理并不缺乏可以对话的空间，而日本方面最终也并没有坚持几乎已被它认定的"台非清属"结论。

　　大久保利通的老道，要求他与清廷交涉的第一时间就必须摆出一副理直气壮的姿态，并在居高临下的攻势下展开其看似缜密却未免牵强的设计。首先，针对清廷所谓"化外不治"者应"宜其风俗，听其生聚"等说法，大久保指出："无律是无国也，此二语奚足以为属土之征？贵国于土蕃，果有立法治民之权，则其俗不可纵者有一焉。曰戕害漂民是也。此事土蕃习以为常，无所畏惮。贵国以为尝有法治之实欤？"③ 在他看来，台湾是否属于清国，关键要看其有无政教："兹所辨论两相抵牾而不合者，由台蕃属否之实未判也。要判其实，不得不征该地有无政教。"为什么这样讲呢？"夫欧洲诸名公师所论公法皆云：政化不逮之地不得以为所属。是为理之公者"，"今只要请教一言，曰不论化之内外，政之有无，未绳以法律之民，未设立郡县之地，而称该地在版图内，抑亦有说也欤？此是两国议事吃紧公案。此案未了，所谓悉心同商办法者，将从何说起？其将何以善将来乎？是以本大臣所以不得已于再三也。附呈《公法汇抄》一册，以便照阅，幸垂熟思。抑贵国既指台蕃自称以为属在版图，而疑我国有犯其权以致节外生枝。所引

---

① 《清圣祖实录》卷109，《清实录》第5册，中华书局，1985，第118页。

② "版图之义果确无所疑耶？名实之间果莫有相乖者耶？""果使版图之义确而无疑"，"大国何故有派使告于总理衙门者，衙门非不闻知而诿以化外不理，任其自辨？"「清國側ノ改圖ヲ促シ五日ヲ限リテ回答ヲ求メ両便ノ辨法アラハ通知アリ度旨要求ノ件」照会（明治7年10月10日）「臺灣生蕃討撫一件」日本外務省編『日本外交文書』明治期7年第7卷、262頁。

③ 「臺灣藩地ニ清國ノ政令ノ及フヤ否ヤノ件」附記（明治7年9月19日）「臺灣生蕃討撫一件」日本外務省編『日本外交文書』明治期7年第7卷、235頁。

修好条规统系两国交际条款。今台蕃既在中国之外，则绝不与之相涉，况代谋干预一事，本大臣不惟不敢，亦非所愿。本大臣所询及者，只在贵国政教之实果否施及台蕃，非问贵国内地之政，焉得谓害贵国自主之权哉!"① 大久保利通递呈给中方的《公法汇抄》，② 无疑为他的以上言说提供了现行而强势的法理注脚："茂龙西利氏为公师出于最近时而推重于世者。其言曰：'……凡称占有者，寻觅新域已有占据之意向而施以实政之谓也……。'又曰：'各国得有权兼并无人之境及蛮夷之地者，必由开疆辟土教化其民创造其政。凡国之主权，非施于实地则无得焉……。若一国广略蛮土自称执主权而其实不能开拓管理者，已非生聚之谊，而又阻他国使不得开其地也。……故一国虽有掌管邦土之名而无其实者，他国取之不为犯公法。'"③ 大久保甚至干脆直言："贵王大臣专以修好条规为言，不欲省本大臣所进万国公法。夫修好条规之与此案不相涉，本大臣业经言之，今不必论!"④ 这几乎等于说，在西法的衡量下，不但台蕃毫无政教且不在中国版图之内，甚至即便被外国据为己有，也不算违背公法! 问题是，中方大臣除了《中日修好条规》外，似不甚详于"公法"，且敢直截了当地承认："贵大臣欲引公法，不据修好条规云云。即以万国公法言之，贵国举动是否与公法中一一相合，自有公论。本王大臣未能详悉泰西公法全书精义，不敢据以问难。"⑤ 而大久保

---

① 「清國総理衙門ヨリノ答覆書反駁ノ件」照会（明治7年9月27日）「臺灣生蕃討撫一件」日本外務省編『日本外交文書』明治期7年第7卷、242—243頁。
② 《公法汇抄》是法兰西法学家博瓦索纳德（Gustave Émile Boissonade de Fontarabie，1825-1910）为日本政府提供的国际公法摘抄本，里面汇集了西洋国际法学家发得耳（亦译作"滑达尔""瓦特尔"）、麻尔丹、叶菲德耳和茂龙西利等人的"无主地先占论"和"实力管辖领有论"等所谓"国际法条规"。博瓦索纳德滞留日本二十余年，历任日本太政官法制局御用主管、元老院御用主管、外务省事务顾问、国际法顾问等职，并为日本起草了刑法典和民法典。据司马辽太郎讲，明治7年（1874），在台湾东海岸发生冲绳人被杀事件。明治政府想：究竟台湾归哪一个国家所属？时在明治政府任职的波瓦索纳德遂根据他所编的以上抄本，为日本执笔了以下"御用"报告——《台湾岛是无主之国》。李登辉、司马遼太郎「対談：場所の悲哀」『週刊朝日』、1994年5月6—13日号連載。
③ 「清國総理衙門ヨリノ答覆書反駁ノ件」附属書二（明治7年9月27日）「臺灣生蕃討撫一件」日本外務省編『日本外交文書』明治期7年第7卷、245頁。
④ 「清國側ノ改圖ヲ促シ五日ヲ限リテ回答ヲ求メ両便ノ辨法アラハ通知アリ度旨要求ノ件」照会（明治7年10月10日）「臺灣生蕃討撫一件」日本外務省編『日本外交文書』明治期7年第7卷、261頁。
⑤ 「清國側ニテ尽スヘキ所ハ必ス回避セサルヘキニヨリ和好ノ大局ヲ全クスヘク日本側ニテモ其ノ責ニ任セラレ度旨申出ノ件」照会（明治7年10月11日）日本外務省編『日本外交文書』明治期7年第7卷、266頁。

却坚决主张以“公法”断案：“夫两国遇有争端，将何以为决？曰事证，曰公法。不以事证，无以为据；不有公法，无以为断”“夫管属之义，由有实政。无实政者，不得为管属。公法所论，亦经本大臣抄出供阅。贵王大臣乃以未能详悉为词，于晤谈时又云‘公法专录泰西事，中国不在其列’等语。盖有国斯有国法，有万国相交斯有公法，是理之不可沦者”“夫公法既不足省，事证既不足据，则两国争端，究何所决？”不难发现，中方越不谈“公法”，大久保就越发强调之，直至最后将日本对清廷的外交压迫推向极致方肯罢休：“我国自护我民不得已而有惩番之举，非可中沮。自今以往，山内山后，将益开辟榛莽，服者抚之，梗者锄之，以终吾事”“嗣后纵有千万辨论，本大臣断不领教。即有善巧办法，亦不愿闻也！”① 然而，大久保全部表达中的最重要话语，笔者以为当在“我国自护我民不得已而有惩番之举”这一句。

　　不懂公法，显然使清廷在台湾主权问题上频生语塞，攻防失序，这一点已毋庸讳言。② 随着争论的升级和日方的步步紧逼，台湾归属问题已迅速淹没了其他所有矛盾和争执，成为清廷必须全力解决的最大急务。于是，一个戏剧性的变化，“及时”地发生于日方的一个暗示中，即接下来将要讨论的所谓“两便办法”。③ 在台湾主权已受到空前威胁的情况下，闻此暗示，清廷军机大臣文祥竟大喜过望，仿佛终于找到了保全台湾的救命稻草：“本大臣前因来文内言及两便办法之语，意谓贵大臣欲行归结此按（案），与本大臣从前向柳原大臣所谈肺腑之言，及贵大臣初次所言‘专为保全和好而来’之语相合”“若能平心商酌，有直截了当之语，不止顾全一面，将此事便两面皆可下场，庶不至与两便之说相背。亦知贵大臣欲全和好，或不至如本大

① 「清國側ノ主張ヲ駁シ取急キ歸朝スヘキ旨通告ノ件」照会（明治7年10月25日）「臺灣生蕃討撫一件」日本外務省編『日本外交文書』明治期7年第7卷、303—305頁。

② 中方在与日本争论何以对生番未立法律，不设郡县时，竟引《礼记》和不成文法来断狱：“查台湾一隅，僻处海岛，其中生番人等，向未绳以法律，故未设立郡县。即《礼记》所云不易其俗，不易其宜之意，而地土实系中国所属。中国边界地方，似此生番种类者，他省亦有，均在版图之内，中国亦听其从俗从宜而已。”《给日本国外务省照会》，载《筹办夷务始末（同治朝）》第10册，第3736页。

③ 「大久保辨理大臣ヨリ日清交渉経過説明ノ件」（明治7年10月14日）「我カ十月十日附照会ニ一回答シ兼テ両便ノ辨法商議方ニ就キ照会ノ件」（明治7年10月16日）「臺灣生蕃討撫一件」日本外務省編『日本外交文書』明治期7年第7卷、269、271頁。

臣所虑。"而且，日本方面索要偿金的说法一经流露,① 中方曾一度强硬的态度，竟旋即丕变：

> 一、贵国从前兵到台湾番境，既系认台番为无主野蛮，并非明知中国地方加兵。夫不知中国地方加兵，与明知中国地方加兵不同。此一节可不算日本的不是。二、今既说明地属中国，将来中国于贵国退兵之后，中国断不再提从前加兵之事。三、此事由台番伤害漂民而起，贵国兵退之后，中国仍为查办。四、贵国从前被害之人，将来查明，中国大皇帝恩典酌量抚恤。②

从起初的侵越、纠弹到最后的自寻"下场"（台阶），且以不知者不怪为由反谓日方侵台"不算日本的不是"以及"贵国从前被害之人，将来查明，中国大皇帝恩典酌量抚恤"等说法，均表明中方在"牡丹社事件"问题上对日本所谓"我国自护我民不得已而有惩番之举"的说法，已开始持默认甚至肯定的态度。日本在进入谈判程序后口头上似乎并不认为"两便办法"与"属不属之论"有任何关联，但一俟补偿即行退兵的承诺,③ 却在保台问题上给了清廷貌似"失而复得"的巨大获得感甚至成就感。然而，清廷之所以会有如此反应，除了在"公法"辨争上自认不敌外，亦不乏军事实力不及日本的现实忧虑："议者咸谓日本迥非西洋之比，然有明中叶全盛之时，萃俞、戚、谭、刘之将才，竭苏、浙、闽、粤之兵力，狼噬豕突，数十年而后定，不可谓非劲敌。其陆战虽西人亦惮之。台湾与之邻壤，形胜扼要，物产丰饶，彼既利欲熏心，未必甘为理屈；而所以敢于鸥张者，则又窥中国之器械之未精，兼恃美国暗中之资助。其已抵台南各船，均非中国新船之敌，而该国尚有铁甲船二号，虽非完璧，而已摧寻常轮船，则绰绰有

---

① 「文清國軍機大臣ヨリ大久保辨理大臣宛：互譲ヲ懇請シ併セテ病ノ為商議議ニ出席セサル旨通知ノ件」「両便ノ辨法トシテ我方ヨリ賠償ヲ要求ノ件」（明治 7 年 10 月 18 日）「臺灣生蕃討撫一件」日本外務省編『日本外交文書』明治期 7 年第 7 巻、276—277 頁。

② 「両便ノ辨法トシテノ撤兵償金等商議ノ件」附記（明治 7 年 10 月 20 日）「臺灣生蕃討撫一件」日本外務省編『日本外交文書』明治期 7 年第 7 巻、289 頁。

③ 「両便ノ辨法トシテ我方ヨリ賠償ヲ要求ノ件」（明治 7 年 10 月 18 日）「両便ノ辨法トシテノ撤兵償金等商議ノ件」（明治 7 年 10 月 20 日）「臺灣生蕃討撫一件」日本外務省編『日本外交文書』明治期 7 年第 7 巻、280、285 頁。

余。彼有而我无之,水师气为之夺,则两号铁甲船,不容不购也。"① 这意味着中方即使集中全部精力去应对日本,台湾亦未必确保,遑论兼顾其他?而对日本来说,琉球的归属问题,显然已在这番折冲樽俎中水到渠成,再无悬念。这幕由日本导演的"双赢"大戏,意味着日本在这场外交博弈中,其实已获完胜。换言之,中方真正的失守和日本切实的获取,并不是台湾问题,而是琉球王国此后的所属或曰主权问题;而日本在谈判中着力最多、辩词最强的台湾归属案,可能反而是它最不想也暂无能力解决的问题。在这个意义上,并且也直到这个时候,日本人对"属不属之论"不再感兴趣的表白,似乎并非假话。在被日方用来威压清廷的"公法"这个逻辑严密、前提苛刻和令人难以招架的西力装置面前,前近代东亚地区的旧规则竟如此困顿不堪,以致清廷在日本人明修栈道、暗度陈仓的佯攻下,竟急着去"丢卒保车",而且在清廷的秤盘上,似乎如此轻重选择,还蛮划算。清廷显然忘记了其如此行为的无穷后患——中国用以连接区域关系长达两千年之久的"宗藩"纽带,从此已踏上了"寸断之旅"。从这个意义上说,大久保等人为转移中方对琉球的注意力而大行"攻其所必救"策略,施展超级外交手腕,终竟收获到对方的感恩戴德之效和以失为得之幸!不仅如此,"牡丹社事件"解决后,沈葆桢、丁日昌等人还率部全力加强台湾海防,生恐日本再度袭来。② 可实际上,几乎从一开始,日本对琉球主权的暗中设计及其行动力度,就远远超过了其在台湾归属问题上的公开论辩。而中方的"恳请互让"态度和"台海强固"措施,则反讽地构成了对日本的真实目的和解体东亚行动的暗默式"配合"。

这意味着,在利用国际法尝试颠覆台湾法理地位之前,日本就开始了以国际法之刃来切断琉球与清朝间宗藩纽带的进程。而且,与台湾问题上大久保利通折磨清廷的手法相仿佛,松田道之等人为占据国际法理上的优位,不但如法炮制了大久保的做法,还用所谓"公法"标准给琉球开示了主权归日的"十六个条"以及中琉理应分断的"十二个条":

---

① 《文煜等奏遵旨会筹台湾防务情形并敬陈管见折》,载《筹办夷务始末(同治朝)》第 10 册,第 3756 页。

② 陈在正:《牡丹社事件所引起之中日交涉及其善后》,《中央研究院近代史研究所集刊》第 22 期下,1993 年 6 月。

　　一曰地脉绵亘，二曰日本人种，三曰上记、六国史及他书所记，四曰收缴朝贡租税，五曰以日本货币为通货，六曰言语文字同，七曰已半为鹿儿岛县所辖，八曰从来即设官廨，九曰现已驻军，十曰补助其国用之不足，十一曰劝农刑事及布施政教，十二曰神祭佛教同于内地，十三曰其中兴国王乃日本人皇之后胤，十四曰日本之屏藩，十五曰竖日本之国旗，十六曰为藩内蒙难之民报仇，取清国抚恤银而与之。十六个条内，合于万国公法者有四：一曰地脉绵亘，二曰政教布施，三曰官廨设置，四曰驻军。其非清国隶属之明证者，大略有十二个条：一曰地脉上与其国无有断续，二曰未有政教布施，三曰未设官廨，四曰未尝驻军，五曰人种不同，六曰未收租税，七曰言语文字不同，八曰祭典不同，九曰藩下人民遭台湾岛人暴杀而旁观，十曰以征台为义举且出具抚恤银，十一曰对先年岛津家久之征讨置而不问，况其国已半割授与岛津氏，十二曰庆长年间征韩之役时，琉球将兵赋送与肥前名古屋（疑为名护屋——引者注）而未见谴责。……属国云者，皆有名而无实，既非政令之属国，亦非天然之属邦，尤不合万国之公法也。[①]

　　可由于上述说法终不免牵强甚至强权，因此琉球的激烈反应，便在所难免。史载，1874 年冬，清朝同治皇帝驾崩，光绪帝继位。按惯例，中国皇帝和藩属国首领发生人员更替时，"宗藩"之间须互遣使臣，彼此确认。可当琉球将派人向清廷行庆吊之礼时，却遭到大久保利通等人的坚决阻止。理由是：琉球王国乃日本上古神人所开，琉球之所谓"天孙氏"，亦即其后裔。而最为要者，琉球已被日本册封并纳入其属地。由于日本在 1873 年将琉球事务的管辖权由外务省移至内务省，因此，为了从根本上断绝中琉关系，日本乃于光绪元年（1875）六月派遣内务大丞松田道之出使琉球，明确要琉球断绝与中国长达五百年的宗藩联络，停奉中华正朔，废止福州琉球馆，改用日本法律，允许日本驻军，并谕尚泰向天皇谢恩。尚泰万般无奈

① 喜舍場朝賢『琉球見聞録』、44—45 頁；「琉球案件ニツイテ指令ノ件」附属書二（明治12 年 7 月 16 日）日本外務省編『琉球所属ニ関シ日清両國紛議一件』『日本外交文書』明治期 12 年第 12 卷、東京：日本国際連合協会、1949、183 頁。

下，只好托病不出，令臣下与松田道之前往周旋。他在给松田所修的一封长书中写道："本藩往昔之时，政体诸礼式不成立，诸篇不自由，隶属皇国、支那，蒙两国指挥，渐渐得成。藩用之物件，亦需两国调办。其外，犹不断承蒙仁恤，皇国、支那之恩，诚难举而尽言。两国实为父母之国，举藩奉戴，几万世不相替，以为笃志忠诚。自今欲赴支那进贡、庆贺并请封册，如被禁止，不啻绝亲子之道，忘累世厚恩，必至失信义也。每虑及此，心痛不已。"对此，尚泰使臣"三司官"甚至称："皇国于各国讲究交邻之道，本藩于支那则为父子之道、君臣之义。其情义之所系，至大至重，此乃无上之条理，与邻国交际之情义不可同日而语。守信义，乃万国所同好；失信义，乃万国所共恶。全万国同好之信义，岂非（明治）政府之盛典？且各国之交际，应以信义处置。本藩以坚守信义为保国之要具。……本藩笃信，唯有不失信义，方无前途之烦忧。"① 因毫无效果，琉球三司官乃向"大荷兰国""大法兰西国""大合众国"等国公使求救，并陈述了事件的整个经纬。②

然而，琉球人的这一切努力，其实已于事无补。当1875年危机发生时，琉球向宗主国清朝遣使告急，但清廷除了责令驻日公使何如璋去调查此事外，似乎并未将此事放在心上。1878年8月30日，日本政府在何如璋喋喋不休的交涉声中，决定改琉球为郡县。当时还在中国的琉球使臣尚德宏，闻讯后声泪俱下，向李鸿章跪求驰援。李鸿章虽然想到了利用列强力量来摆平此事，但最终未果。于是，1879年，也就是日本本土全部完成"废藩置县"（1871年11月）后的第八个年头，明治政府开始对琉球如法炮制，并最终将琉球藩改成了冲绳县。屈指算来，从1609年德川时代萨摩藩觊觎并使琉球向己朝贡，经1872年明治政府纳琉球为"内藩"，再到1879年废藩置县，易名冲绳，日本为吞下这块垂涎久矣的土地，足足用了270年的时间，当然，也使用了可能使用的全部心机和伎俩。至此，这个飘摇于西太平洋数百年之久的"守礼之邦"，从此宣告灭亡。不可思议的是，为了使这一吞并行为显得冠冕堂皇和根据充足，日方竟将庆长十六年（1611）以高压手段逼迫琉球藩王和臣下撰写的所谓"归属日本誓言"——"尚宁誓文"和"三司官誓文"，也统统搬将出来，称："自此，其后世服萨摩吏治于今，经三

① 喜舍場朝賢『琉球見聞録』、59、28、39頁。
② 東恩納寬惇『尚泰侯実録』、357—359頁。

百年矣！"①

其实，稍加回顾便不难了解，琉球被逼入绝祀境遇，实非突兀：既然中日 1874 年 10 月所签《中日北京专条》之第一条即默认琉球为日本所属，那么，同治十三年（1874）冬琉球对清廷的朝贡和庆吊使派遣，又如何可能成行呢？当李鸿章 1879 年 3 月欲假洋人（美国前总统格兰特［日本文献标记为"克兰德"（グラント）]）之力去保护琉球时，日本人立即端出了《中日北京专条》第一条，即"日本出兵，为保民义举，中国不指以为不是"，弄得格兰特只好顾左右而言他。② 这恐怕也是琉球问题能留给何如璋的唯一权利只能是口头谴责和强烈抗议的根本原因。③ 可是，关于藩属国琉球到底能否成为国际法意义上的中国领土问题，倘若了解 1880 年 3 月日本向清政府提出"分岛改约"案，即琉球群岛北部和中部岛屿属日本管理，琉球群岛南部诸岛宫古岛、八重山归清政府管辖之议案，便不会有人擅自否定这种可能性。④ 而且，清总理衙门大臣沈桂芬于 1880 年 10 月 28 日与日本草签的《琉球条约》及《酌加条款》，还一度将这种可能落实到了条约层面。如果能巧妙地应对日本在中国的最惠国待遇问题，那么上述条约中划归中国的"宫古岛"等领地就意味着，1871 年"宫古岛民台湾遇害事件"发生后日本的全部谋划和行动及其最终凝结物——《中日北京专条》，就有了重新讨论的外交空间。惜乎，清廷为了眼前微利的不肯让渡而有意对上述约款的延宕不理做法，不但让"中方在琉球问题上一无所得，使中国轻易地丧失了琉球群岛的南半部"，甚至也贻害今日——从那一瞬间起，"中国"便"失去了""由东海进入太平洋的重要通道"。⑤

---

① 「琉球案件ニツイテ指令ノ件」附属書二（明治 12 年 7 月 16 日）「琉球所属ニ関シ日清両國紛議一件」日本外務省編『日本外交文書』明治期 12 年第 12 巻、183—184 頁。

② 東恩納寛惇『尚泰侯実録』、412—414 頁。又、「琉球所属ニツイテ「グラント」氏調停其他情報ノ件」（明治 12 年 8 月 12 日）「琉球所属ニ関シ日清両國紛議一件」日本外務省編『日本外交文書』明治期 12 年第 12 巻、185 頁。

③ 「琉球所属ニ関シ日清両國紛議一件」（明治 12 年 2 月 26 日—10 月 22 日）日本外務省編『日本外交文書』明治期 12 年第 12 巻、176—201 頁。東恩納寛惇『尚泰侯実録』、352—357、385—386 頁。

④ 喜舎場朝賢『琉球見聞録』、149 頁。

⑤ 《望琉球而兴叹》，http://news.xinhuanet.com/mil/2013-12/27/c_125924411.htm。

三　国际法恶用下的朝鲜并吞与台湾割取

实际上,《中日修好条规》、"牡丹社事件"及由此牵涉的琉球、台湾问题,说到底不过是同一件事的不同侧面而已,即如何在确立与中国"比肩对等"关系的基础上解决琉球归属问题。毋庸讳言,日本在国际法使用上的伎俩,已通过"条规"和"专条"的签署实现了最初也最有效的发挥。正因为有了这一步的成功,日本在解体前近代东亚体系的途路上,才开始加挡提速,并将锋镝对准了与琉球性质相逼肖的第二个目标——朝鲜。事实上,和琉球"处分"一样,日本对朝鲜的觊觎,亦远非一日;而如何遂成所愿,日方的设计亦显然未尝离开与中国"比肩对等"的基本前提一步。1870年4月,日本外务省向太政官(明治政府最高官厅)递交了"对鲜政策三个文",即所谓"对韩外交三策":(1)日韩绝交旁观案;(2)武力迫韩开国案;(3)日中交涉先行案。张启雄教授注意到,太政官决定优先施行的方案,刚好是第三案:"先派遣皇使至支那(缔结)通信条约等,程序均已齐备,其归途可直迫朝鲜王京。皇国与支那比肩同等之格既告确定,当然将朝鲜下降一等。用(上国)礼典临之,彼当无异议可言。"① 但表面看,中日对等关系一俟确立,日本就可以像对付琉球那样直接以册封关系来处理朝鲜事务,可实际的步骤却并非如此简单。在西力东渐的国际大势面前,日本似乎更需要一个过程,这个过程,就是如何先利用国家平等的"国际法"原则将中韩藩属关系切开,然后再徐图其他。黄遵宪记录了该过程的片段:

> 八年(1875)十月,以外务少辅森有礼为特命全权公使,遣如北京。明年丙子,以朝鲜炮击云扬舰事,命森有礼请总理衙门以书告朝鲜劝修好。有礼又往保定谒北洋大臣李鸿章,鸿章饮之酒,而纵谈曰:"平秀吉想是千古伟人,然朝鲜之役,前后七年,明以朝鲜为我国藩篱,在所必争,致丧师糜饷,两受

---

① 「對鮮政策三箇條伺ノ件」(明治3年4月,日缺)「朝鮮國トノ通交ニ関スル件」日本外務省編『日本外交文書』明治期3年第3卷、東京:日本国際連合協会、1955、144—145頁。"策文"汉译部分参照张启雄《"中华世界帝国"与近代中日纷争:中华世界秩序原理之一》,第36页。

其害。"有礼曰："朝鲜果为中国藩属否？"鸿章曰："此天下万国所共知，且《条规》中既载之。"有礼曰："《条规》中何尝及此？"鸿章曰："两国所屡邦土，非指朝鲜诸国而何？俟他日修约补为注明可也。"有礼因曰："朝鲜屡拒我国书，今又无端击我兵舰，我国是以有征韩之议。"鸿章曰："朝鲜误于不知耳，且亚细亚洲宜合纵连衡，外御其侮，何可以兄弟之国日寻干戈。苟或兴师，中国亦岂能袖手旁视。以大字小，愿贵国熟图之。"鸿章又取笔书"徒伤和气，毫无利益"八字示之。①

类似的激辩，亦记录在《清季外交史料》当中：

总理衙门：查朝鲜为中国属国，隶即属也。既云属国，自不得云不隶中国……朝鲜实中国所属之邦之一，无人不知……合照修好条规所属邦土不相侵越之意，彼此同守。

森有礼：贵王大臣所以引条规所属邦土不相侵越之意者，盖就将来我国与朝鲜交涉，凡有该国政府及其人民向我所为之事，即由贵国自任其责之谓也。若谓不能自任其责，虽云属国，徒空名耳。②

总理衙门：朝鲜为中国属国，中外共知，属国有属国之分际，古今所同。朝鲜实中国之邦之一，即中国之自任也，岂得谓属国为空名？岂得谓于条约无所关系？

森有礼：其所自任者果何事实……其不空名之实似亦不曾见。③

总理衙门：修其贡献，奉我正朔，朝鲜之于中国应尽之分也；收其钱粮，齐其政令，朝鲜之所自为也，此属邦之实也。纾其难，解其纷，期其安全，中国之于朝鲜自任之事也，此待属邦之实也。不肯强以所难，不忍漠视其急，不独今日中国如是，伊古以来所以待属国皆如是也。④

森有礼：高丽与印度同在亚细亚，不算中国属国。

---

① 黄遵宪：《日本国志》上卷，第150页。
② 《总署复日使声明朝鲜为我属国照会》、《日使复总署朝鲜虽中国属邦徒系空名照会》，载王彦威辑《清季外交史料》卷4，乃兹府关东甸七号，1932，第35页。
③ 《附日使致总署声明朝鲜不能承认为中国属邦照会》，载王彦威辑《清季外交史料》卷5，第2—3页。
④ 《附总署复日使声明朝鲜系中国属邦照会》，载王彦威辑《清季外交史料》卷5，第3页。

李鸿章：高丽奉正朔，如何不是属国？

森有礼：各国都说高丽不过朝贡受册，不收其钱粮，不管他政事，所以不算属国。

李鸿章：高丽属国几千年，何人不知？和约上所说所属邦土，土字指中国各直省，此是内地，为内属，征钱粮管政事；邦字指高丽诸国，此是外藩，为外属，钱粮政事向归本国经理，历来如此，不始自本朝，如何说不算属国？①

森有礼取日方惯用的"名""实"标准去回敬中方，显然有依"国际法"来切割"宗藩"关系之用意在。可当总理衙门对照"公法"已有所妥协，即"臣等查朝鲜虽隶中国藩服，其本处一切政教禁令，向由该国自行专主，中国从不与闻。今日本国欲与朝鲜修好，亦当由朝鲜自行主持"的时候，② 森有礼却仿佛并未将"公法"放在眼里。③

清廷对朝鲜藩属属性的"自明"式说辞，与谈及琉球甚至台湾时的讲法，本来就看不出太大的差异，可总理衙门一句"今日本国欲与朝鲜修好，亦当由朝鲜自行主持"的表态，却给日本的对韩行动，留下了口实。由于上一轮日本"完胜"中国后日方已了解清朝的底细，因此，受教于俾斯麦的"实力＝权力"论，遂开始在日本的对华关系中迅速发酵，尽管碍于西方压力，日本乃不得不在形式上履行一个程序。1876 年，日本在炮舰的威逼下，迫使朝鲜与之签订了《日朝修好条规》即《江华岛条约》。这一看似与《中日修好条规》颇为形似的日韩"对等"条规，既躲开了来自西方的国际法谴责，也初步切开了中朝间长达五百年之久的宗藩关系。而朝鲜的自立意味着，从此朝鲜半岛发生任何事情，中日双方均可以对等的身份同时过问，而这种国际法意义上的中日关系，到 1884 年的"甲申政变"后，也终于获得了切实的体现：这一年 12 月，在日本的鼓动下，由金玉均"独立党"发动的"外结日本，内行改革，联日排清，脱离中国，宣布朝鲜独立，实行君主立宪"④ 的反清独立运动正式爆发。运

---

① 《照录李鸿章与森有礼问答节略》，载王彦威辑《清季外交史料》卷 5，第 6 页。
② 《总署奏日本使臣来称欲与朝鲜修好折》，载王彦威辑《清季外交史料》卷 4，第 32 页。
③ 《照录李鸿章与森有礼问答节略》，载王彦威辑《清季外交史料》卷 5，第 5—6 页。
④ 金玉均：《朝鲜改革意见书》，载《金玉均全集》，汉城：亚细亚文化社，1979，第 110 页。

动虽然遭到了袁世凯的镇压，但 1885 年 4 月日本派伊藤博文与李鸿章签订的《天津会议专条》（亦曰《中日天津条约》）却明确规定：从此两国出兵朝鲜须互相通知。这就使日本与中国的对等事实，又进一步在朝鲜问题上再度获得确认。当在国际法招牌下日本的上述行动一次次得手后，《天津会议专条》里中日对朝"权利均等"说所埋下的伏危，终于在十年后引致了中日《马关条约》。中国在"甲午战争"中的"完败"，① 使日本对台湾的所属问题便不再依赖大久保利通的口舌之争，它只需要国际法中的另一个规定——战败者割地，就已经足够了。而日本的行动惯性和力度还在于，1910 年，日本像强占琉球一样，把朝鲜半岛三千里江山亦一口吞下。明治天皇先后施之于琉球和朝鲜的"册封敕诰"，还隐现着对前近代东亚宗主国的恶意报复和巨大反讽——毕竟，中国在"兴灭继绝"理想下未曾也不想实现的"藩属"内附局面，俨然在国际法的旗帜下由日本实现了。

　　然而，正如日本史研究专家霍尔所注意到的，日本终于"随着西方的新影响到达日本"而"把日本和它长期以来依靠的、文化上的良师益友隔离开来"。明治日本为了迅速凌驾于东亚各国之上，希望尽可能快地将自己变身为西方式的"国民国家"。② 效果当然十分明显，随着明治政府文治武功的日趋显赫和成功变身，日本终于在不长的时间内便赢得了欧洲国家的重视：不但成功地修正了不平等条约，还在 1894 年 7 月 16 日与当时世界头号帝国英国缔结了《日英通商航海条约》（简称《日英新约》）。其意义，正如英国外交大臣金伯利（Lord Kimberley）在《日英新约》签署后的贺词里所说："该约之性质对日本而言，比打败清国大军还要优越得不知凡几！"③ 话虽如此，但日本能与西方列强取得对等地位，显然更多得益于《中日修好条规》及其所埋下的伏笔。这意味着，琉球问题、朝鲜问题和台湾问题，说到底，不过是一个问题而已。近代以来

---

① 韩东育：《甲午战前清朝内治环节的阙失与战后中日落差分析》，《社会科学战线》2014 年第 10 期。

② 约翰·惠特尼·霍尔（John Whitney Hall）：《日本——从史前到现代》，邓懿、周一良译，商务印书馆，1997，第 169—170、222 页。

③ 「對英談判終了ニ付衷情披瀝ノ件」（明治 27 年 7 月 19 日）「條約改正ニ関スル件　對英交涉」日本外務省編『日本外交文書』明治期 3 年第 3 卷第 1 册、東京：日本国際連合協会、1953、113 頁。

日本的膨胀及其系列行动，终于使虚实参半的"华夷秩序圈"被彻底解构；而李鸿章所谓"三千年未有之大变局"，亦终于在东亚地区变成了不争的现实。

〔作者单位：东北师范大学〕

"东亚地中海"视野中
钓鱼岛问题的产生

张　生

所谓"地中海",通常是指北非和欧洲、西亚之间的那一片海洋。在古代世界历史中,曾经是埃及、希腊、波斯、马其顿、罗马、迦太基等群雄逐鹿的舞台;近代以来,海权愈形重要,尼德兰、西班牙、英国、法国、奥斯曼土耳其帝国、意大利、德国乃至俄国,围绕地中海的控制权,演出了世界近代史的一幕幕大剧。

虽然法国历史学家布罗代尔(Fernand Braudel)引用前人的话说"新大陆至今没有发现一个内海,堪与紧靠欧、亚、非三洲的地中海相媲美"[1],但考"mediterranean"的原意,是"几乎被陆地包围的(海洋)"。欧亚非之间的地中海,固然符合此意;其他被陆地包围的海洋,虽然早被命为他名,却也符合地中海的基本定义。围绕此种海洋的历史斗争,比之欧亚非之间的地中海,其实突破了西哲的视野,堪称不遑多让。典型的有美洲的加勒比海,以及东亚主要由东海、黄海构成的一片海洋。

本文之意,正是要将东海和黄海及其附属各海峡通道和边缘内海,称为"东亚地中海",以此来观照钓鱼岛问题的产生。

---

[1]　费尔南·布罗代尔:《地中海与菲利普二世时代的地中海世界》第1卷,唐家龙等译,商务印书馆,2013,扉页。

一

古代东亚世界，由于中国文明的早熟和宏大，其霸权的争夺，主要在广袤的大陆及其深处进行。但东吴对东南沿海的征伐和管制，以及远征辽东的设想①，说明华夏文明并非自隔于海洋。只不过，由于周边各文明尚处于发轫状态，来自古中国的船舰畅行无忌，相互之间尚未就海洋的控制产生激烈的冲突。

唐朝崛起以后，屡征高句丽不果，产生了从朝鲜半岛南侧开辟第二战场的实际需要。新罗统一朝鲜半岛的雄心与之产生了交集，乃有唐军从山东出海，与新罗击溃百济之举。百济残余势力向日本求援，日军横渡大海，与百济残余联手，于是演出了唐－新罗联军对日本－百济联军的四国大战。

东亚地中海第一次沸腾。论战争的形态，中日两国均是跨海两栖作战；论战争的规模和惨烈程度，比之同时期欧亚非之间的地中海，有过之无不及。公元 663 年 8 月，白江口海战发生，操控较大战船的唐军水师将数量远超自身的日军围歼。② 会战胜利后，唐军南北对进，倾覆立国 700 余年的高句丽，势力伸展至朝鲜半岛北部、中部。

但就东亚地中海而言，其意义更为深远：大尺度地看，此后数百年间，虽程度有别，但东亚国际关系的主导权被中国各政权掌握，中日韩之间以贸易和文化交流为主要诉求，并与朝贡、藩属制度结合，演进出漫长的东亚地中海和平时代。"遣唐使"和鉴真东渡可以作为这一和平时期的标志。

蒙古崛起后，两次对日用兵。1274 年其进军线路为朝鲜→对马岛→壹歧岛→九州，1281 年其进军路线为朝鲜—九州、宁波—九州。战争以日本胜利告终，日本虽无力反攻至东亚大陆，但已部分修正了西强东弱的守势。元明鼎革以后，朱元璋曾有远征日本的打算而归于悻悻，倭寇却自东而

---

① 《三国志》卷 47《吴书二·吴主传第二》，中华书局，1959。
② 参见韩昇《白江之战前唐朝与新罗、日本关系的演变》，《中国史研究》2005 年第 1 期，第 43—66 页。

西骚扰中国沿海百多年。《筹海图编》正是在此背景下将钓鱼屿、赤屿、黄毛山等首次列为边防镇山。[①]

明朝初年郑和远洋舰队的绝对优势，没有用来进行东亚地中海秩序的"再确立"；明朝末年，两件大事的发生，却改写了东亚地中海由中国主导的格局。一是万历朝的援朝战争。1591 年、1597 年，日本动员十万以上规模的军队两次侵入朝鲜，明朝虽已至其末年，但仍果断介入，战争虽以保住朝鲜结局，但日本立于主动进攻的态势已经显然。二是 1609 年的萨摩藩侵入琉球，逼迫已经在明初向中国朝贡的琉球国同时向其朝贡。日本在北路、南路同时挑战东亚地中海秩序，是白江口会战确立东亚前民族国家时代国际关系框架以来，真正的千年变局。

二

琉球自明初在中国可信典籍中出现，[②] 这样，东亚地中海的东南西北四面均有了政权。中日朝琉四国势力范围犬牙交错，而中国在清初统一台湾（西班牙、荷兰已先后短期试图殖民之）和日本对琉球的隐形控制，使两大国在东亚地中海南路发生冲突的概率大增。

对地中海（此处泛指）控制权的争夺，大体上有两种模式：一是欧亚非之间的地中海模式，强权之间零和博弈，用战争的方式，以彻底战胜对方为目标，古代世界的罗马、近代的英国，均采此种路径；二是加勒比海模式，19 世纪下半叶，英国本与奉行"门罗主义"的美国"利益始终不可调和"，在加勒比海"直接对抗"，但感于加勒比海是美国利益的"关键因

---

① 胡宗宪撰《筹海图编》第 1 卷《沿海山沙图·福七、福八》，载《文渊阁四库全书》第 584 册，台湾商务印书馆，1986 年影印本，第 14 页。

② 成书于明永乐元年（1403）的《顺风相送》载："太武放洋，用甲寅针七更船取乌坵。用甲寅并甲卯针正南东墙开洋。用乙辰取小琉球头。又用乙辰取木山。北风东涌开洋，用甲卯取彭家山。用甲卯及单卯取钓鱼屿。南风东涌放洋，用乙辰针取小琉球头，至彭家花瓶屿在内。正南风梅花开洋，用乙辰取小琉球。用单乙取钓鱼屿南边。用卯针取赤坎屿。用艮针取枯美山。南风用辰四更，看好风单甲十一更取古巴山，即马齿山，是麻山赤屿。用卯针取琉球国为妙。"这是目前所见最早记载钓鱼屿、赤屿（即赤尾屿）等钓鱼岛群岛名称的史籍，也是中琉交往的见证。本处《顺风相送》使用牛津大学波德林图书馆（Bodleian Library）所藏版本，南京大学何志明博士搜集。句读见向达《两种海道针经》，中华书局，1982。

素",乃改而默许美国海军占据优势,① 这是近代意义上的绥靖。

1874 年,日本借口琉球难民被害事件出兵台湾,实际上是采取了上述第一种模式解决东亚地中海问题的肇端。琉球被吞并,乃至废藩置县,改变了东亚地中海南路的相对平衡格局,钓鱼岛群岛已被逼近——但在此前后,钓鱼岛均被日本政府视为日本之外。1873 年 4 月 13 日,日本外务省发给琉球藩国旗,要求"高悬于久米、宫古、石垣、入表、与那国五岛官署",以防"外国卒取之虞"。其中明确了琉球与外国的界线。② 在中日关于琉球的交涉中,日本驻清国公使馆向中方提交了关于冲绳西南边界宫古群岛、八重山群岛的所有岛屿名称,其中并无钓鱼岛群岛中任何一个岛屿。③ 1880 年,美国前总统格兰特(Ulysses Grant)调停中日"球案"争端后,"三分琉球"未成定议,中日在东亚地中海南路处于进入暴风雨前的宁静状态。日本采取低调、隐瞒的办法,对钓鱼岛进行窥伺,寻机吞并。

1885 年 10 月 30 日,冲绳县官员石泽兵吾等登上钓鱼岛进行考察。④ 同年 11 月 24 日,冲绳县令西村舍三致函内务卿山县有朋等,提出在钓鱼岛设立国家标志"未必与清国全无关系"。⑤ 12 月 5 日,山县有朋向太政大臣三条实美提出内部报告,决定"目前勿要设置国家标志"。⑥ 这一官方认识,到 1894 年 4 月 14 日日本内务省县治局回复冲绳知事关于在久场岛、鱼钓岛(即钓鱼岛)设置管辖标桩的请示报告时,仍在坚持。⑦ 1894 年 12 月 27 日,日本内务大臣野村靖鉴于"今昔情况不同",乃向外务卿陆奥宗光提出重新

① 艾尔弗雷德·塞耶·马汉:《海权对历史的影响(1660—1783 年)附亚洲问题》,李少彦等译,海洋出版社,2013,第 529—530 页。
② 村田忠禧:《日中领土争端的起源——从历史档案看钓鱼岛问题》,韦平和等译,社会科学文献出版社,2013,第 162 页。
③ 《宫古、八重山二岛考》(光绪六年九月四日,1880 年 10 月 7 日),外交部门档案·总理各国事务衙门,台北中研院近代史研究所档案馆藏,01/34/009/01/009。
④ 「魚釣嶋他二嶋巡視調査の概略」(明治 18 年 11 月 4 日)、JACAR(アジア歴史資料センター)Ref. B03041152300(第 18 画像目から)、帝国版図関係雑件(外務省外交史料館)。
⑤ 村田忠禧:《日中领土争端的起源——从历史档案看钓鱼岛问题》,第 171 页。
⑥ 「秘第一二八号ノ内」(明治 18 年 12 月 5 日)、JACAR(アジア歴史資料センター)Ref. A03022910000(第 2 画像目から)、公文別録·内務省·明治十五年~明治十八年 第四巻(国立公文書館)。
⑦ 「甲 69 号 内務省秘別第 34 号」(明治 27 年 4 月 14 日)、JACAR(アジア歴史資料センター)Ref. B03041152300(第 47 画像目から)、帝国版図関係雑件(外務省外交史料館)。

审议冲绳县关于在久场岛、鱼钓岛设置管辖标桩的请示。① 随后，钓鱼岛群岛被裹挟在台湾"附属各岛屿"中，被日本逐步"窃取"。

野村靖所谓"今昔情况不同"，指的是甲午战争的发生和中国在东亚地中海北侧朝鲜、东北战场上的溃败之势。通过战争，日本不仅将中国从中日共同强力影响下的朝鲜驱逐出去，且占据台湾、澎湖，势力伸展至清朝"龙兴之地"——辽东。白江口会战形成的东亚地中海秩序余绪已经荡然无存，东亚地中海四面四国相对平衡的局面，简化为中国仅在西侧保留残缺不全的主权——德国强占胶州湾后，列强掀起在中国划分势力范围的狂潮；庚子事变和日俄战争的结果，更使日本沿东亚地中海北侧，部署其陆海军力量至中国首都。"在地中海的范围内，陆路和海路必然相依为命。"② 陆路和海路连续战胜中国，使日本在东亚地中海形成对中国的绝对优势。

1300 年，东亚地中海秩序逆转，钓鱼岛从无主到有主的内涵也发生了逆转。马汉所谓"海权包括凭借海洋或者通过海洋能够使一个民族成为伟大民族的一切东西"③，在这里得到很好的诠释。

三

格兰特在调停中日"球案"时曾指出：姑且先不论中日之是非，中日之争，实不可须臾忘记环伺在侧的欧洲列强。④ 那时的美国，刚刚从南北内战的硝烟中走出，尚未自省亦为列强之一。但富有启发的是，中日争夺东亚地中海主导权前后，列强就已经是东亚地中海的既存因素。东亚地中海秩序因此不单单是中日的双边博弈。而在博弈模型中，多边博弈总是不稳定的。

马戛尔尼（George Macartney）使华只是序曲，英国在 19 世纪初成为东亚海洋的主角之一，并曾就小笠原群岛等东亚众多岛屿的归属，与日、美产

---

① 「秘別 133 号　久場島魚釣島へ所轄標杭建設之義上申」（明治 27 年 12 月 15 日）、JACAR（アジア歴史資料センター）Ref. B03041152300（第 44 画像目から）、帝国版図関係雑件（外務省外交史料館）。

② 费尔南·布罗代尔：《地中海与菲利普二世时代的地中海世界》第 2 卷，第 931 页。

③ 艾尔弗雷德·塞耶·马汉：《海权对历史的影响（1660—1783 年）附亚洲问题》，出版说明。

④ 《七续纪论辨琉球事》，《申报》光绪六年三月十八日（1880 年 4 月 26 日），第 4 版。

生交涉。英国海图对钓鱼岛群岛的定位，后来被日本详加考证。①

　　美国佩里（Matthew Perry）"黑舰队"在19世纪50年代打开日本幕府大门之前，对《中山传信录》等进行了详细研究，钓鱼岛群岛固在其记述中，而且使用了中国福建话发音的命名。顺便应当提及的是，佩里日本签约的同时，也与琉球单独签约（签署日期用公元纪年和咸丰纪年），说明他把琉球当成一个独立的国家。

　　俄国、法国也在19世纪50年代前后不同程度地活跃于东亚地中海。

　　甲午战争，日本"以国运相赌"，其意在与中国争夺东亚主导权，客观结果却是几乎所有欧美强国以前所未有的强度进入东亚地中海世界。日本虽赢得了对中国的优势，却更深地被列强牵制。其中，俄国、英国、美国的影响最大。

　　长远地看，在对马海峡击败沙皇俄国海军，是日本清理东亚地中海北侧威胁的重大胜利，库页岛南部和南千岛群岛落入日本之手。但俄国并未远遁，其在堪察加半岛、库页岛北部、滨海省和中国东北北部的存在，始终让日本主导的东亚地中海秩序如芒刺在背，通过出兵西伯利亚、扶植伪满洲国、在诺门坎和张鼓峰挑起争端，以及一系列双边条约，日本也只能做到局势粗安。而东亚地中海的内涵隐隐有向北扩展至日本海乃至鄂霍次克海的态势，因为"俄国从北扩张的对立面将主要表现在向位于北纬30°和40°之间宽广的分界地带以南的扩张中"。② 事实上，二战结束前后美国预筹战后东亚海洋安排时，就将以上海域和库页岛、千岛群岛等岛屿视为苏联的势力范围，并将其与自己准备占据小笠原群岛、琉球群岛关联起来，显然认为其中的内在逻辑一致。③

　　在日本主张大东群岛、小笠原群岛等东亚海洋中岛屿主权的过程中，英国持许可或默认态度。日本占据台湾，视福建为其势力范围，直接面对香港、上海等英国具有重大利益的据点，也未被视为重大威胁。其与日本

---

① 「久米赤島・久場島・魚釣島の三島取調書」（明治18年9月21日）、JACAR（アジア歴史資料センター）Ref. B03041152300（第8画像目から）、帝国版図関係雑件（外務省外交史料館）。

② 艾尔弗雷德・塞耶・马汉：《海权对历史的影响（1660—1783年）附亚洲问题》，第466页。

③ Liuchiu Islands（Ryukyu）（14 April 1943），沖縄県公文書館藏，美國蒐集文書・Liuchius（Ryukyus）（Japan），059/00673/00011/002。

1902 年结成的英日同盟，是日本战胜俄国波罗的海舰队的重要因素。但是，一战后日本获得德属太平洋诸岛，这与英国在西太平洋的利益产生重叠，成为英日之间矛盾与冲突的根源。1922 年《九国公约》取代英日同盟，使日本失去了维护其东亚地中海秩序的得力盟友。九一八事变后，日本对英国远东利益的排挤更呈现出由北向南渐次推进的规律。攻占香港、马来亚、新加坡，是日本对英国长期积累的西太平洋海权的终结，并使东亚地中海的内涵扩张至南海一线。

虽然由于后来的历史和今天的现实，美国在中国往往被视为列强的一员，实际上在佩里时代，英美的竞争性甚强。格兰特的提醒，毋宁说是一种有别于欧洲老牌殖民帝国的"善意"；他甚至颇具眼光地提出：日本占据琉球，如扼中国贸易之咽喉[①]——这与战后美国对琉球群岛战略位置的看法一致[②]——深具战略意义。

美西战争，使得"重返亚洲"的美国在东亚地中海南侧得到菲律宾这个立足点，被马汉（Alfred Thayer Mahan）誉为"美国在空间范围上跨度最广的一次扩张"，[③] 但美国在东亚地中海的西侧，要求的是延续门罗主义的"门户开放"和"机会均等"。早有论者指出，美国的这一政策，客观上使中国在 19 世纪末免于被列强瓜分。[④] 而对日本来说，美国逐步扩大的存在和影响，使其在战胜中国后仍不能完全掌控东亚地中海。马汉指出："为确保在最大程度上施行门户开放政策，我们需要明显的实力，不仅要保持在中国本土的实力，而且要保持海上交通线的实力，尤其是最短航线的实力。"[⑤] 美国对西太平洋海权的坚持，决定了美日双方矛盾的持久存在。日本起初对美国兼并夏威夷就有意见，而在 20 世纪 30 年代英国不断后撤其东亚防御线之后，美国成为日本争夺东亚地中海制海权的主要威胁，日本对美国因素的排拒，演成太平洋战争，并使钓鱼岛问题的"制造"权最终落入美国手中。

---

① 《七续纪论辨琉球事》，《申报》1880 年 4 月 26 日，第 4 版。
② U. S. Policy toward Japan, Top Secret, National Security Council Report, May 17, 1951, Digital National Security Archive（以下简称 DNSA），PD00141。
③ 艾尔弗雷德·塞耶·马汉：《海权对历史的影响（1660—1783 年）附亚洲问题》，第 460 页。
④ 张玉法：《中华民国史稿》，联经出版事业有限公司，2010，第 33 页。
⑤ 艾尔弗雷德·塞耶·马汉：《海权对历史的影响（1660—1783 年）附亚洲问题》，第 527 页。

四

本来，开罗会议期间，美国总统罗斯福曾询问蒋介石中国是否想要琉球，但蒋介石提议"可由国际机构委托中美共管"，理由是"一安美国之心，二以琉球在甲午以前已属日本，三以此区由美国共管比归我专有为妥也"。①

德黑兰会议期间，美苏就东亚地中海及其周边的处置曾有预案，并涉及琉球：

> ⋯⋯罗斯福总统回忆道，斯大林熟知琉球群岛的历史，完全同意琉球群岛的主权属于中国，因此应当归还给中国⋯⋯②

宋子文、孙科、钱端升③以及王正廷、王宠惠④等人对琉球态度与蒋不一，当时《中央日报》《申报》等媒体亦认为中国应领有琉球，但蒋的意见在当时决定了琉球不为中国所有的事实。蒋介石的考虑不能说没有现实因素的作用，但海权在其知识结构中显然非常欠缺，东亚地中海的战略重要性不为蒋介石所认知，是美国得以制造钓鱼岛问题的重要背景。

在所有的地中海世界中，对立者的可能行动方向是考虑战略安排的主要因素，东亚地中海亦然。战争结束以后，美国在给中国战场美军司令的电文中重申了《波茨坦宣言》第八条："开罗宣言的条款必须执行，日本的主权必须仅限于本州、北海道、九州、四国及由我们决定的一些

---

① 高素兰编注《蒋中正总统档案：事略稿本》（55），"国史馆"，2011，第472页。

② "Minutes of a Meeting of the Pacific War Council," *Foreign Relations of the United States*（以下简称 *FRUS*），*Diplomatic Papers*, *The Conferences at Cairo and Tehran*, *1943*（Washington：United States Government Printing Office，1961），pp. 868 – 870。

③ Chinese opinion（8 December 1943）沖繩県公文書館蔵，美國蒐集文書·Territorial Problem-Japan：Government Saghalien, Kuriles, Bonins, Liuchius, Formosa, Mandates, 059/00673/00011/001。

④ 《王正廷谈话盟国应长期管束日本至消灭侵略意念为止》，《申报》1947年6月5日，第2版；《王宠惠谈对日和约　侵略状态应消除　对外贸易不能纵其倾销》，《申报》1947年8月15日，第1版。

小岛屿。"① 但苏联在东亚地中海的存在和影响成为美国东亚政策的主要针对因素，对日处理，已不是四大国共同决定。美国认为，"中国、苏联、英国和琉球人强烈反对将琉球群岛交还日本"，也认识到"对苏联而言，可以选择的是琉球独立或是将琉球交予共产党领导的中国。苏联更倾向于后者"。但美国自身的战略地位是最重要的考量因素。

> 承认中国的领土要求包含巨大的风险。中国控制琉球群岛可能会拒绝美国继续使用基地，并且共产党最终打败国民党可能会给予苏联进入琉球群岛的机会。这样的发展不仅会给日本带来苏联入侵的威胁，而且会限制美国在太平洋地区的战略军事地位。②

1948 年，美国国家安全委员会向总统、国务卿等提出"对日政策建议"："美国欲长期保留冲绳岛屿上的设施，以及位于北纬 29 度以南的琉球群岛、南鸟岛和孀妇岩以南的南方诸岛上的参谋长联席会议视为必要的其他设施。"③ 麦克阿瑟指出："该群岛对我国西太平洋边界的防御至关重要，其控制权必须掌握在美国手中。……我认为如果美国不能控制此处，日后可能给美军带来毁灭性打击。"④ 1950 年 10 月 4 日，参谋长联席会议未等与国务院协商一致，直接批准了给远东美军的命令，决定由美国政府负责北纬 29 度以南琉球群岛的民政管理。"该地区的美国政府称作'琉球群岛美国民政府'。"命令美军远东司令为琉球群岛总督，"总督保留以下权力：a. 有权否决、禁止或搁置执行上述政府（指琉球群岛的中央、省和市级政府——引者注）制定的任何法律、法令或法规；b. 有权命令上述政府执行任何其本人认为恰当的法律、法令或法规；c. 总督下达的命令未得到执行，或因安全所需时，有权在全岛或部分范围内恢复最高

---

①　"Memorandum by the State-War-Navy Coordinating Subcommittee for the Far East," *FRUS*, *1946*, *The Far East*, Vol. 3（Washington：United States Government Printing Office, 1971）, pp. 174 - 176.

②　The Ryukyu Islands and Their Significance, （24 May 1948）, 沖繩県公文書館蔵，美國蒐集文書 · Central Intelligence Agency, 319/00082A/00023/002。

③　Report, NSC 13/2, to the President Oct. 7, 1948, Declassified Documents Reference System（以下简称 DDRS）, CK3100347865。

④　"General of the Army Douglas MacArthur to the Secretary of State," *FRUS*, *1947*, *The Far East*, Vol. 6（Washington：United States Government Printing Office, 1972）, pp. 512 - 515.

权力"。① 美国虽在战时反复宣称没有领土野心，但出于冷战的战略需要，在东亚地中海中深深地扎下根来。

根据 1951 年 9 月 8 日签订的"旧金山和约"（中华人民共和国中央人民政府公开宣布不予承认），美国"琉球民政府"副总督奥格登（David A. D. Ogden）1953 年 12 月 25 日发布了名为《琉球群岛地理边界》（*Geographic Boundaries of the Ryukyu Islands*）的"民政府第 27 号令"，确定琉球地理边界为下列各点连线：

北纬 28 度，东经 124.4 度；

北纬 24 度，东经 122 度；

北纬 24 度，东经 133 度；

北纬 27 度，东经 131.5 度；

北纬 27 度，东经 128.18 度；

北纬 28 度，东经 128.18 度。②

上述各点的内涵，把钓鱼岛划进了琉球群岛的范围。正如基辛格 1971 年与美国驻日大使商量对钓鱼岛问题口径的电话记录所显示的，美国明知钓鱼岛主权争议是中日两国之事，美国对其没有主权，但"1951 年我们从日本手中接过冲绳主权时，把这些岛屿作为冲绳领土的一部分也纳入其中了"。③ 钓鱼岛被裹挟到"琉球"这个概念中，被美日私相授受，是美国"制造"钓鱼岛问题的真相。

在美国愈发加紧对琉球控制的同时，随着朝鲜战争的爆发和冷战愈演愈烈，美国眼中的日本角色迅速发生转变，其重要性日益凸显。1951 年美国国家安全委员会的《对日政策声明》（1960 年再次讨论）称："从整体战略的角度而言，日本是世界四大工业大国之一，如果日本的工业实力被共产主

---

① "Memorandum Approved by the Joint Chiefs of Staff," *FRUS*, *1950*, *East Asia and The Pacific*, Vol. 6（Washington: United States Government Printing Office, 1976）, pp. 1313 – 1319.

② Civil Administration Proclamation NO. 27,（25 December 1953），沖繩県公文書館蔵，美國蒐集文書·Ryukyus, Command, Proclamations, Nos. 1 – 35, 059/03069/00004/002。

③ Ryukyu Islands, Classification Unknown, Memorandum of Telephone Conversation, June 7, 1971, DNSA, KA05887.

义国家利用，则全球的力量对比将发生重大改变。"① 1961 年，《美国对日政策纲领》进一步宣示了美国对日政策基调：

　　1. 重新将日本建成亚洲的主要大国。
　　2. 使日本与美国结成大致同盟，并使日本势力和影响的发挥大致符合美国和自由世界的利益。②

　　这使以美国总统、国务院为代表的力量顶着美国军方的异议③，对日本"归还"琉球（日方更倾向于使用"冲绳"这一割断历史的名词，而"冲绳县"和被日本强行废藩置县的古琉球国，以及美国战后设定的"琉球群岛美国民政府"的管辖范围并不一致）的呼声给予了积极回应。④ 扶持日本作为抵制共产主义的桥头堡，成为美国远东政策的基石，"归还"琉球，既是美国对日政策的自然发展，也是其对日本长期追随"自由世界"的犒赏。

　　值得注意的是，"旧金山和约"签订之后，在日本渲染的所谓"左派"和共产党利用琉球问题可能对"自由世界"不利的压力下，美国承认日本对琉球有所谓"剩余主权"。⑤ 但美国在琉球的所谓"民政府"有行政、立法、司法权，剥除了行政、立法、司法权的"剩余主权"实际上只是言辞上的温慰。1951 年 6 月，美国国务卿杜勒斯（John Dulles）的顾问在备忘录中坦承，美国事实上获得了琉球群岛的主权。⑥ 美国宣称对中国固有领土拥有"主权"自属无稽，但这也说明日本在 20 多年中对琉球的"主权"并不是"毫无争议"的。等到 1972 年"归还"时，美方又用了"管辖权""行政

---

① U. S. Policy toward Japan, Top Secret, National Security Council Report, May 17, 1951, DNSA, PD00141.

② Guidelines of U. S. Policy toward Japan, Secret, Policy Paper, c. May 3, 1961, DNSA, JU00098.

③ 美国军方异议见 "Memorandum by the Secretary of State to the Ambassador at Large（Jessup），" *FRUS*, *1950*, *East Asia and The Pacific*, Vol. 6, pp. 1278 – 1282。

④ Reversion of the Bonin and Ryukyu Islands Issue, Secret, Memorandum, c. October 1967, DNSA, JU00766.

⑤ Background information and recommendations with respect to Japanese demands that the U. S. return administrative control of the Ryukyu Islands over to them. Dec 30, 1968, DDRS, CK3100681400.

⑥ "Memorandum by The Consultant to the Secretary（Dulles），" *FRUS*, *1951*, *Asia and The Pacific*, Vol. 6, Part1（Washington：United States Government Printing Office, 1977），pp. 1152 – 1153.

权"等不同的名词，而不是"主权"，说明美国注意到了琉球问题的复杂性。

由于海峡两岸坚决反对将钓鱼岛及其附属岛屿裹挟在琉球群岛中"归还"日本，美国在"制造"钓鱼岛问题时，发明了一段似是而非、玩弄文字的说法："我们坚持，将这些岛屿的管辖权归还日本，既不增加亦不减少此岛屿为美国接管前日本所拥有的对该岛的合法权利，亦不减少其他所有权要求国所拥有的业已存在的权利，因为这些权利早于我们与琉球群岛之关系"。① "国务院发言人布瑞（Charles Bray）在一篇声明中指出，美国只是把对琉球的行政权交还日本，因之，有关钓鱼台的主权问题，乃是有待中华民国与日本来谋求解决的事。"② 美国言说的对象和内容是错误的，但钓鱼岛及其附属群岛的主权存在争议，却是其反复明确的事实。

余　论

在早期的中、日、琉、英、美各种文献中，钓鱼岛及其附属岛屿都是"边缘性的存在"。在中日主权争议的今天，它却成为东亚地中海的"中心"，不仅牵动美、中、日这三个国民生产总值占据世界前三的国家，也牵动整个东亚乃至世界局势。妥善处理钓鱼岛问题，具有世界性意义。

马汉曾经设定："可能为了人类的福祉，中国人和中国的领土，在实现种族大团结之前应当经历一段时间的政治分裂，如同法国大革命之前的德国一样。"③ 马汉的设定没有任何学理支撑，但海峡两岸的政治分裂确实给了所有居间利用钓鱼岛问题的势力特别是美国以机会。1971年4月12日美日私相授受琉球甚嚣尘上之际，台湾当局"外交部长"周书楷前往华盛顿拜会美国总统尼克松，提出钓鱼岛问题会在海外华人中产生重大影响，可能造成运动。尼克松顾左右而言他，将话题转移到联合国代表权问题的重要性上，尼克松说："只要我在这里，您便在白宫中有一位朋友，而您不该做任

---

① Briefing Papers for Mr. Kissinger's Trip to Japan, Includes Papers Entitled "Removal of U. S. Aircraft from Naha Air Base" and "Senkakus", Secret, Memorandum, April 6, 1972, DNSA, JU01523.

② 《美国务院声明指出　对钓鱼台主权　有待中日解决》，台北《中央日报》1971年6月19日，第1版。

③ 艾尔弗雷德·塞耶·马汉：《海权对历史的影响（1660—1783年）附亚洲问题》，第482页。

何使他难堪的事。中国人应该看看其中微妙。你们帮助我们，我们也会帮助你们。"① 其时，台湾当局正为联合国席位问题焦虑，尼克松"点中"其软肋，使其话语权急剧削弱。果然，在随后与基辛格的会谈中，周书楷主动提出第二年的联合国大会问题，而且他"希望'另一边'（即中国共产党）能被排除在大会之外"。② 事实上，中华人民共和国中央人民政府对钓鱼岛及其附属岛屿主张主权和行动，一直受到台湾当局掣肘。钓鱼岛问题，因此必然与台湾问题的处理联系在一起，这极大地增加了解决钓鱼岛问题的复杂性和难度。这是其一。

　　其二，被人为故意作为琉球一部分而"归还"的钓鱼岛及其附属岛屿的主权归属问题，在美国有意识、有目的的操弄下，几乎在中日争议的第一天起就进入复杂状态。中国固有领土被私自转让，自然必须反对。1971 年12 月 30 日，中华人民共和国外交部严正声明："绝对不能容忍""美、日两国政府公然把钓鱼岛等岛屿划入'归还区域'"。同时，善意提示日方勿被居间利用："中国政府和中国人民一贯支持日本人民为粉碎'归还'冲绳的骗局，要求无条件地、全面地收复冲绳而进行的英勇斗争，并强烈反对美、日反动派拿中国领土钓鱼岛等岛屿作交易和借此挑拨中、日两国人民的友好关系。"③ 可以说，态度十分具有建设性。

　　日本自居与美国是盟友关系，可以在钓鱼岛问题上得到美方的充分背书。但其实没有得到完全的满足——虽然日本一直希望援引美方的表态主张权利，将其设定为"没有争议"，但 1972 年 8 月美国政府内部指示，对日本应当清楚表示："尽管美国政府的媒体指导已进行了部分修改以符合日本政府的要求，但这丝毫不意味着我们改变了美国在尖阁诸岛（钓鱼岛）争端问题上保持中立的基本立场。"④ 更有甚者，1974 年 1 月，已任

---

①　"Memorandum of Conversation," *FRUS*, *1969 – 1976*, Vol. 17, China, 1969 – 1972, Document 113（Washington: United States Government Printing Office, 2006）, p. 292. 下文所引 20 世纪 70 年代以后的美国外交关系文件（Frus），来源与来自威斯康星大学的上文不同，文件来源是 http: //history. state. gov/。特此说明。

②　"Memorandum of Conversation," *FRUS*, *1969 – 1976*, Vol. 17, China, 1969 – 1972, Document 114, p. 294.

③　《中华人民共和国外交部声明》（1971 年 12 月 30 日），《人民日报》1971 年 12 月 31 日，第 1 版。

④　Issues and Talking Points: Bilateral Issues, Secret, Briefing Paper, August 1972, JU01582, DNSA.

美国国务卿的基辛格在讨论南沙群岛问题时，为"教会日本人敬畏"，讨论了将中华人民共和国"引导"到钓鱼岛问题上的可能性。① 这样看，实际上是扮演"系铃人"角色的美国，并不准备发挥"解铃人"的作用——促使中日两国长期在东亚地中海保持内在紧张，更符合美国作为"渔翁"的利益。

对美国利用钓鱼岛问题牵制中日，中国洞若观火，其长期坚持的"搁置争议，共同开发"这一创新国际法的、充满善意的政策，目的就是使钓鱼岛这一东亚地中海热点冷却下来，走上政治解决的轨道。但其善意，为日本政府所轻忽。日本政府如何为了日本人民的长远福祉而改弦更张、放弃短视思维，不沉溺于被操纵利用的饮鸩止渴，对钓鱼岛问题的政治解决至关重要。

其三，马汉还说，"富强起来的中国对我们和它自己都会带来更严重的危险"。② 这一断言充斥着"文明冲突论"的火药味和深深的种族歧视，他论证说："因为我们届时必须拱手相送的物质财富会使中国富强起来，但是中国对这些物质财富的利用毫无控制，因为它对这种在很大程度上支配了我们的政治和社会行为的思想道德力量缺乏清楚的理解，更不用说完全接受。"马汉以美国价值观作为美国接受中国复兴的前提条件，是今天美国操纵钓鱼岛问题深远的运思基础。

但是，正如布罗代尔总结欧亚非地中海历史所指出的，"历史的普遍的、强大的、敌对的潮流比环境、人、谋算和计划等更为重要、更有影响"。③ 中国的复兴是操盘者无法"谋算"的历史潮流和趋势，然而，这一潮流并不是"敌对的"，2012 年，习近平主席更指出"太平洋够大，足以容下中美两国（The vast Pacific Ocean has ample space for China and the United States）"，④ 这一充满前瞻性和想象张力的说法，相比于那些把钓鱼岛作为

---

① "Minutes of the Secretary of State's Staff Meeting," *FRUS, 1969 - 1976*, Vol. E - 12, Documents on East and Southeast Asia, 1973 - 1976, Document 327 (Washington：United States Government Printing Office, 2010), p. 3.

② 艾尔弗雷德·塞耶·马汉：《海权对历史的影响（1660—1783 年）附亚洲问题》，第 522 页。

③ 费尔南·布罗代尔：《地中海与菲利普二世时代的地中海世界》第 2 卷，第 955 页。

④ 《习近平说"太平洋够大，足以容下中美两国"的深意》，人民网，2012 年 2 月 14 日，http：//www. people. com. cn/GB/32306/33232/17111739. html。

"遏制"中国的东亚地中海前哨阵地的"敌对的"计划，更着眼于"人类的福祉"。中国所主张的"新型大国关系"，摒弃了传统的地中海模式，扬弃了加勒比海模式，内含了一种可能导向和平之海、繁荣之海的新地中海模式，值得东亚地中海所有当事者深思。

〔作者单位：南京大学中华民国史研究中心〕

琉球"救国请愿书"的缘起和主要内容

孙晓光

本文主要以"琉球救国请愿书"即"脱清人"——请愿人向清廷提出的请愿书为考察对象，着重探讨琉球复国运动的发展历史及其基本形态，以及其对东亚国际关系的影响等。在日本政府的强力施压下，琉球上层把希望完全寄托在东亚以封贡支配体系为基础的传统国际秩序（册封体制）的宗主国中国，并展开了以属国保护为诉求的救国请愿运动，他们相信只要中国秉持宗属支配的原理维持东亚册封体制，琉球便有复国的可能，于是不断展开救国请愿运动，并不断上呈请愿书。

一 琉球"救国请愿书"的缘起

琉球国因其特殊的地理位置，以东北亚和东南亚贸易中转站著称，其贸易发达，号称"万国津梁"。自 1372 年（明洪武五年）中国与琉球（琉球中山国王察度）确立册封关系以来，到 19 世纪 70 年代，中国和琉球国之间一直保持着册封与进贡的关系，双方的友好往来历经 500 余年，从未中断。封贡制度下中国和琉球之间的朝贡贸易、文化交流和人员往来十分频繁，琉球被纳入了以中国为中心的东亚国际秩序之中。琉球国与明清两朝之间的从属关系一直持续到近代。

然而，1872 年，日本单方面宣布将琉球国设置为琉球藩。1875 年，日本大军入侵琉球，禁止琉球向清王朝进贡，废除中国年号，改用明治年号。1879 年，日本政府宣布设置"冲绳县"，强行将琉球群岛纳入日本版图。

琉球亡国后，琉球上层高官不断前往中国向清政府请愿，恳求清政府派遣远征军以武力攻打日本，帮助琉球复国。根据冲绳县令西村舍三的统计数据，至 1884 年请愿人数已达 124 人。① 这些请愿人所写下的请愿书在冲绳县立图书馆"东恩纳宽惇文库"之"福州琉球馆"藏北京投禀抄，② 台北"中央研究院"近代史研究所收藏的"清季外交档"，③ 以及台北"故宫博物院"收藏的"军机档"中发现的档案。请愿书主要以进贡之关系人物以及旧王府的要人为中心展开。关于请愿书的提出对象，一部分是对无上奏权的官吏提出，再由有上奏权的官吏请求代奏，其他皆直接对有上奏权的机关或官吏提出。有上奏权的中央机关如总理衙门是与国外交涉的中央机关，琉球归属问题等实质外交交涉皆由其负责，故为滞留北京的请愿者请愿所集中之处。礼部是统辖琉球之册封、进贡事宜的机关，请愿者为琉球复旧在传统的进贡、册封体制的坚持当中，以中国藩属的身份对礼部诉求贡典制度之恢复。对有上奏权之官吏所提出的请愿书中以李鸿章为最多。

因此，请愿书是以"禀文"的形式完成，是下级官吏对上级官吏提出的文书。在以宗藩为根基的册封体制下，将维持君臣关系的琉球国王定位于"藩臣"，并指出日本政府悍然将"藩臣"的社稷灭亡之事。请愿书中联名的请愿人都是士族，在请愿书中署名为"琉球国陈情陪臣某某"。所谓"陪臣"，也就是"藩臣"的臣下，其明确地以君主尚泰臣下的名分，阐述"复国""复君"的大义。其中，君臣论的表现形式受儒家的伦理规范影响甚多，如向德宏将北上的请愿行为自喻为"申包胥之痛哭"。请愿书以此例阐述"主忧臣辱，主辱臣死"之说。另外。毛精长等在对总理衙门及礼部提出的请愿书中有"今遭倭人荼毒，竟致主辱国亡，长等误国之罪万死犹轻"

---

① 「冲绳县关系各省公文书」二『冲绳县史』第一三卷资料编三、1996、274—282 页。

② 冲绳县图书馆"东恩纳宽惇文库"收藏《福州琉球馆藏北京投禀抄》中编录自 1879—1882 年毛精长、蔡大鼎以及林世功对北京提出的请愿书多达 13 件。

③ "中央研究院"近代史研究所收藏的《清季外交档案》之《琉球档》中收录自 1884 年至 1885 年毛凤来、向德宏以及向有德等向北京提出的请愿书共计 7 件。

的叙述，已自我承负误国之罪。

此后，向德宏等要求直接向清廷请愿，但未能如愿。而关于琉球问题的处理，清廷派遣首任驻日公使何如璋赴东京交涉，又命令向德宏等人归国。然而，福建当局唯恐向德宏等人归国后遭日本当局拘留，于是任其滞留在福州琉球馆，但始终不许其上京陈情，而向德宏及毛精长等人竟义无反顾地北上陈情，其违背皇帝上谕的行为，当可想象将接受严重的处分，对此向德宏在请愿书中申述"敢不避斧钺，来京呼泣"。毛精长也有类似的陈述。可见其已抱必死的决心，并彻底表现出股肱之臣的气节。请愿书中所述君臣之义主要是以儒家的伦理道德为规范，而向宗主国"中国"请求介入解决问题。其目的基本上是将灭亡的社稷复原，即所谓"复国"，以及将上京遭幽禁的君主"复位"。

这场旷日持久的救亡图存的请愿运动，时间长达 10 年（1876—1885）之久，并以汉文向清政府上呈"救国请愿书"，多达 30 余份。琉球上层高官先后向福建布政司、中国驻日公使、北洋大臣李鸿章、总理衙门、恭亲王奕䜣、礼部、督办福建军务左宗棠、闽浙总督杨昌浚等部门及清朝重臣上书请愿。

在请愿人向宗主国恳请介入的方法上，请愿运动之初请愿书之内容各异。向德宏在请愿书中写到"生不愿为日国属人，死不愿为日国属鬼，虽糜身碎首亦所不辞"，明确表明其反日情绪，请求中国武力介入，兴师问罪。相比之下，毛精长在给总理衙门的请愿书中"泣请王爷暨大人洞察前由，俯准传召驻京倭使，谕之以大义，妥速筹办，还我君主复我国都"。这里所谓的国都是指琉球"山南""中山""山北"三府。

二　琉球"救国请愿书"的主要内容

琉球"救国请愿书"主要内容包括以下几个方面：日本侵吞琉球时的惨烈状况，请求清廷出面干预；强调琉中历史上的友好关系、琉球的战略地位及琉球存亡对中国的利弊；反对琉球"分岛方案"，请求清政府派遣远征军武力攻打日本，收复琉球全境；等等。为此，特辑录一份请愿书，以飨读者。请愿书具体内容请参阅孙晓光、赵德旺、侯乃峰著《琉球救国请愿书整理与研究（1876—1885）》一书①。

请愿书主题：琉球国王尚泰呈送福建等处承宣布政司咨文。指出日本明确杜绝琉球国"嗣后举行进贡天朝、庆贺登极、请封王爵等典"，琉球无法向中国派遣接贡船，并禀报派出陈情使向德宏到中国请愿。光绪二年十月十五日（1876年11月30日）签署。

请愿书原文：

琉球国中山王尚，为咨复事：

光绪二年六月二十五日，准贵司咨称：接贡船只历系每年九、十月间到闽。上年，因接贡之船未到，据福防厅具禀，节经详请分别咨查，迄今探无消息。所有京回使臣，以及存留各官伴，无从遣发回国。诚恐前项船只在洋遭风，漂收他口；抑或在国阻风，并未开驶来闽。复经由司详请咨查，并令福防厅查议去后。兹据署福防同知洪亮采议详，查上年琉球国接贡船上，例应附搭恭进光绪元年分贺庆皇上登极贡典，并进穆宗毅皇帝香品，该船至今未到，请将京回存留跟伴内拨出三名，附搭漂风难人慎氏谢花、蔡德滋、西铭筑登之等船上先行回国。其余各官伴人等，应俟接贡船只来闽，再行回国。所有应领廪、蔬、盐、菜、口粮米折，应请防厅议详前情，自应如详办理。所有遭风难人慎氏谢花、蔡德滋等两船，均应照例勘估，给资修整完固，方能遣发放洋。其西铭筑登之等一船，据该厅讯据存留通事陈天福供称，此号琉球船，船身坚固，无庸修葺，堪以贺驶回国。所有应给各官伴蔬、薪、盐、菜、口粮米折，照例支给领，以及遭风损坏船只，应行给资修固，以便乘汛放洋，而示怀柔。惟查该国接贡船只，有关恭迎皇上敕书、钦赐物件，并接京回使臣及存留各官伴回国，迄将一载，探无音耗。自应移咨查复办理，以昭妥慎。除详请两院宪，咨明大部查照，并请分咨山东、江苏、浙江、直隶、广东督抚宪，一体确探查复外，合就移咨，为此备咨查复办理，望切施行等因。

准此，诚是宪德周详，而感激无地者也。但查敝国上年六月初八日，

① 孙晓光、赵德旺、侯乃峰：《琉球救国请愿书整理与研究（1876—1885）》，新华出版社，2018，第13—17页。

倭使到国，确杜嗣后，举行进贡天朝、庆贺登极、请封王爵等典。本爵意谓，敝国世列天朝屏藩，历修贡职，代受王爵，叠蒙鸿恩，有加无已，历经百年之久。乃听倭令，今敢自臣身首先绝贡，上而孤恩负义，不协臣子之道，下而悖志坠业、以遗先人之羞，有何面目以立于天地之间哉？随令官吏细加商议，备由请辞，不肯听从。业于客岁八月十二日，遣法司官毛有斐；本年三月十九日，遣紫巾官向邦栋，先后赴倭国，再三请辞，不得听从。本年六月初六日，又日本不晓所留琉使直传文书于敝国，内云：杜绝进贡一款，系日本国体国权，虽是琉球固辞，绝不听从等由。随即又复遣法官毛凤来，协同留倭毛有斐等，频行请辞，仍未听从。由是客岁即不得遣拨接贡船只，恭迎天朝敕书并接京回使臣，复不得庆贺皇上登极，奉进先皇香品。诚恐失忠顺于天朝，本爵虽欲遣使臣告情，并无计之可施，日夕焦思、寝食俱废。

幸缘贵司照料周详，行咨探问，遂将行其咨复之处报之倭国，方得告情之便。为此特遣陪臣紫巾官向德宏、都通事蔡大鼎、通事林世功等，细备情状，投请都抚两院，奏请圣猷。百般照料、理合咨复。为此备咨贵司，请烦查照施行，须至咨者。右咨

福建等处承宣布政司。

光绪二年十月十五日

请愿书分析：1872 年 9 月，琉球王国正使伊江王子尚健、宜野湾亲方、向有恒等人抵达东京，为明治天皇亲政道贺。而日本政府却趁机忽然向尚健等人宣布削琉球王国国号，改设"琉球藩"，将琉球国王尚泰册封为藩王，列入"华族"，并拒绝承认琉球与中国的宗主关系，禁止琉球王国再到中国朝贡。而琉球王国并不愿就此断绝与中国的朝贡关系，此时的清廷消息十分闭塞，对日本觊觎琉球的举动并未察觉。1875 年 1 月同治帝去世，光绪帝即位。作为大清国的藩属国，琉球国需派庆贺使朝贺。但在 5 月，日本内务省内务卿大保久利通强硬下令停止琉球国庆贺使前往大清国，"自明治五年琉球藩接受日本册封以来，琉球的模糊两属始终是日本心头大患，但随着日本收回琉球的外交权，吞并琉球都变得明朗了"。1875 年 7 月 10 日，日本政府派松田道之到琉球传达训令，要求琉球停止对清朝的进贡，停止接受清朝的册封，同时要求使用明治年号，并进行藩政改革等。而 1874 年已派出的进贡

使还在大清，导致琉球迎接进贡使的接贡船无法派遣至大清。按照惯例琉球的接贡船应该在 1875 年到达福州，却不见接贡船到来。对此感到奇怪的福建布政司向琉球发出了探问性的咨文，此封请愿书就是对此事的回答。

此时，虽然琉球方面极力谋求继续维持进贡、册封关系，但伴随着东京方面对琉球处分部署的逐步推进，这些请求活动已经走到了尽头。1876 年（明治 9 年）12 月，在琉球领导琉球救国运动的三司官浦添朝昭委托向德宏（和名幸地亲方朝常）等人将这份咨文秘密发往福州。向德宏等人的船只由于受到恶劣天气影响，于第二年（1877）4 月到达福州，将这份咨文提交给了福州相关部门，告知日本要吞并琉球，琉球境内形势危急，请求大清救援琉球。由此中国国内才开始关注琉球问题。

这份咨文不久被明治政府侦知，负责琉球处分的官员松田道之所编《琉球处分》第二册中记录了"据在琉球内务省出张所质询所知，幸地亲方偷偷偏离航线，向清国福建布政司提交了书信"的词条。另外，这个词条在《琉球所属问题》中也有收录，后者附有相关译文的要点。这两个记录虽有若干语句差异，这里选择了语义更容易说通的部分。

〔作者单位：曲阜师范大学历史文化学院〕

史学研究中"现代性"认知
先入为主的检讨

——从晚清厘金属性认识谈起

刘增合

长期以来，西方社会科学研究中存在一种从中国历史中寻找与西方"现代性"相似特征，以其心目中的"现代性"来评估、界定中国历史现代性的方法。[①] 在国内，也同样盛行以西方"现代性"标准来界定和评判近代中国制度和文明成果的现象。

"光荣革命"（1688—1689）后，英国皇室财政与政府财政分开，大家认为这是现代性的体现，而中国清代皇室财政与户部财政亦分亦合，学界便认定其缺少现代性，据此裁评内务府与户部财政关系的研究比较普遍；西方社会科学中，"公"与"私"的分开，一直被认为是"财政现代性"的标志，清代财政"公"与"私"在很多时候不那么泾渭分明，学人便认为这缺少"现代性"。敏锐的学者发现，中国历朝君主对资源的获取和运用，并不只是通过"财政运作"的方式实现的，而我们很多学者总习惯于从所谓的"财政"角度分析所谓的王朝财政和王朝税收，中国王朝时期是否存在

---

① 冯佳：《清代皇室财政与国家财政分开的制度史考察（1644—1912）》[*The Emperor's Coffer* : *The Qing Imperial Fiscal Separation Between Privy Purse and State Treasury（1644 - 1912）*]，博士学位论文，美国加州大学洛杉矶分校，2017，第 283—284 页。对"现代性"的理解有多种，通常的理解是指启蒙时代以来"新的"世界体系生成的时代，一种持续进步的、合目的性的、不可逆转的发展的时间观念。现代性推进了民族国家的历史实践，并且形成了民族国家的政治观念与法的观念，建立了高效率的社会组织机制，创建了一整套以自由、民主、平等政治为核心的价值理念。

一个近代意义的国家财政体系，其实还是一个可以讨论的问题。[①] 然而，经济史学界很多人却理所当然地认定晚清时期的财政是"近代财政"类型，动辄随意使用晚清"地方财政""国家财政"这类近代财政术语来描述晚清财政，不加分析地"援西入中"、对号入座，随意对"历时性对象"确定属性，曾经受到不少学者的批评。[②]

"现代性"先入为主、社会进化论主宰和社会科学"理论先行"成为研究中国近代历史首先需要破解的一种顽症，这种顽症具有习惯性的特点，在认知和评价历史现象时，研究者若无高度自觉，往往会受到它的影响。王朝历史研究如此，融合"近代性"因素的晚清史研究更是如此。赋税史、财政史研究中，相当关键的一个概念——厘金，对其属性以及属性变化的认知，尤可折射这种"现代性"先入为主的认识惯性。关注这一问题，对于探讨晚清"地方财政因素"从无到有的蕴生、近代税制变革以及督抚权限扩张等问题的学术价值不容忽视。

一　学界关于晚清厘金属性的认知

民元以降，学界普遍形成一种关于厘金的观念和认识：厘金"天然"是近代中国的一种商税形式，属于"新兴商税"。依照学界研究时间先后，以下试举数例，以觇测这种属性层面的雷同性判断。

---

① 刘志伟：《贡赋经济体制研究专栏解说》，《中山大学学报》2018 年第 1 期。

② 经济史领域研究"援西入中"现象比较普遍，李伯重教授对这种现象的评论非常具有针对性。他认为，中国经济史学从一开始就是建立在比较史学的基础之上的，因为中国经济史学是用西方引入的话语系统和概念体系来建构的。这本身实际上就隐含着一种比较的味道，只是大家并未意识到。例如中国有没有封建社会，过去很长时间里我们将其视为不必讨论的问题，因为有封建社会是天经地义的。但是，封建社会这个概念并不是中国自有的，你要仔细追究，就会发现在同样的概念之下，实际上有巨大差异，以至于今天越来越多的学者认为中国没有封建社会，至少是没有我们过去想象中的那种封建社会。因此，要使用西方引入的话语和概念，首先要看到中国和西方的不同。笔者在国外和西方学界接触比较多了，觉得很多问题只是比较还是不够的。世界是一个整体，世界不同地区之间不仅有共性和个性，需要通过比较来辨明，而且各地区之间也存在各种联系，因此应当把各地区放在同等地位，了解它们之间有什么关联，是怎么相互影响的。参见 2017 年 9 月 24 日南京独立书评人许金晶在南京大学仙林校区对李伯重教授的访谈，详细内容可见 https://www.thepaper.cn/newsDetail_ forward_ 2093603。

例证之一："榷税往来商品，名为厘捐。"①

例证之二："厘金亦为额外征商之税"，属于"国家正税之一"。②

例证之三："厘金制度是助长外国资本主义——帝国主义在华经济侵略的发展，阻碍中国商品经济发展的一种独特的商业税。"③

例证之四："厘金制非是绝对的征商，也不是单纯的通过税，乃为适应清末半殖民地的地主经济重建下的一种针对中小生产者的一种征税制度。"④

例证之五："厘金初起被视为一种临时筹款措施，清廷也拟在镇服人民反抗之后将其停办，但是厘金在国家财政中愈益突出的作用，使得统治者改变了初衷。同治三年天京陷落后，湖广总督官文奏请酌留厘金，清廷乘机将其变成常项税课。……杂税、榷关税、厘金诸项商税制度都是从古代的商税制度发展而来的，是纯粹的封建商税。"⑤

例证之六："厘金开始时是一种通过税性质的税收，其后发展为产、运、销三个环节同时征收，因此，又具有出产税和交易税或营业税的性质。"⑥

例证之七："厘金是与对外的海关税对应存在的内地'税关'……厘金是一种'货物税'，或'货物通过税'，又是内地国货贸易的'地区税'。"⑦

例证之八："厘金制是晚清政府在中央财政日益恶化的形势下，为急于筹措镇压太平天国革命运动的军饷而开征的一种新商税。"⑧

例证之九：雷以諴及其后各级政府举办的厘金是一种名副其实的官办厘金，在属性上是政府开征的一种新税种，属于工商业间接税。⑨

例证之十：厘金属于"新的税收"："起初为强制摊派，后成为新税种"。厘金从创始之日起属于强制摊派，后又得到清廷批准，在全国范围内长期推行，在性质上已然属于一种新的税收。这也预示着晚清时期各种新的

---

①　王振先：《中国厘金问题》，商务印书馆，1917，第4页。

②　罗玉东：《中国厘金史》，商务印书馆，1936，第12、14页。

③　陆景琪：《试论清代厘金制度》，《文史哲》1957年第2期。

④　傅衣凌：《明清社会经济史论文集》，人民出版社，1982，第279页。

⑤　何本方：《清代商税制度刍议》，《社会科学研究》1987年第1期。

⑥　北京经济学院财政教研室编《中国近代税制概述》，北京经济学院出版社，1988，第31页。

⑦　长野朗：《中国的财政》，王晓华译，《民国档案》1994年第3期。

⑧　黄文模等：《晚清厘金制产生的年代及其社会危害研究》，《现代财经》2000年第3期。

⑨　徐毅：《晚清厘金制度起源路径新论》，《广西师范大学学报》2007年第2期。

捐税杂派即将登上历史舞台。[①]

在关于厘金属性的讨论上，亦有学者对厘金上述属性的讨论持不同意见。但界定厘金属性则依据现代经济学理论。专门研究厘金的一位学者认为，厘金最初由一种地方劝商捐助"经费"的临时筹款方式，逐渐演变成全国性的具有商税性质的一种制度……实质是一种费而不是一种税……这可借助公共经济理论来分析之。严格地说，"税"与"费"是两个不同的范畴。从内涵上讲，税收是政府为了实现其职能的需要，凭借其政治权力，并按照特定的标准，强制地、无偿地取得公共收入的形式。收费则包括两种：一种是使用费，即对政府所提供的特定的公共设施的使用者按照一定的标准收取使用费；另一种是规费，即政府部门为国民提供某种特定服务或实施行政管理所收取的手续费和工本费。从性质上讲，税收具有"公共"服务付费性质，收费具有"个人"服务付费性质；税收具有固定性、规范性的特点，收费的立项和标准则具有较大灵活性；税收立法权、管理权较为集中，收费的立法权、管理权相对分散。从征收对象上讲，税收向税法规定范围内的所有纳税人普遍征收，收费的对象则是特定受益者才缴费，具有受益与支出的直接对应性。从用途上讲，税收是政府的集中性收入，不具有特定的用途，收费由于事出有因，因而各项收费都具有特定的用途。从征收管理上讲，税收由税务机关代表政府负责征收和管理，收费则由为数众多的行政事业单位执行。从公共经济理论关于税与费两个范畴的论述中，可以判定，厘金虽然具有税的性质，但其实质是一种费。因为厘金是"按照一定的标准收取"的，其"立项和标准则具有较大灵活性"，而且"立法权、管理权相对分散"；其起源可谓"事出有因，具有特定的用途"；其征收并不是由税务机关来执行，而是由"为数众多"的厘金局卡来办理的。因此，厘金与其说是一种税，倒不如说是一种费。[②]

上述看法或涉嫌静态立论，或忽略进行严谨的历史过程性考订，致谬根源与"现代性先入为主"的习惯性认知脱不了干系。依私见，咸丰初期厘金创办之始，似乎还不是一种纯粹意义上的商税。作为筹款的一种来

①　黄鸿山、王卫平：《厘金源于林则徐"一文愿"考》，《历史研究》2014年第1期。
②　郑备军：《中国近代厘金制度研究》，博士学位论文，浙江大学，2003，第2—3、83—84页；郑备军：《费改费抑或税费分流》，《经济学家》1999年第1期。

源，它比较接近于商人报效，实际上是对传统捐输方法的一种变通，作为商税的要件并不具备。衡量是否为商税，当然不能以今人持有的商业税观念来估测，必须以清代甚至清代之前的商税形态、范围、种类、法定税率变更机制、征收机关和特征、征缴奏销规范等几个方面来比对，此点尤为重要。① 更应该引起读者注意的是，上述研究成果中，关于历史事物的性质判断，"现代性"认知和"理论先行"普遍牵制着学者的判断，即便不体现在整体上，也反映在局部问题上，关于厘金属性的判断大多成为一种静态评鉴——未经严格实证，直接依据现代税制知识定性者居多，如此一来，历史演变过程性、动态化的繁富信息被遮蔽，或许导致了一种现代性"标签式"研究的泛滥，所得结论和认知既欠缺坚实文献支撑，又遗漏繁富信息佐证，制度史研究中本可体现的历史学智慧和魅力反而隐约不彰。

二　"现代性认知"导向与罗玉东厘金属性判断

若讨论晚清厘金属性问题，民国二十年代中期罗玉东大著《中国厘金史》绝对不可绕过。周育民教授认为，近世以著述闻名天下，而身世几无人知者，恐即罗玉东先生一人，他向学术界贡献了一部巨著《中国厘金史》，这部著作是"国立中央研究院社会科学研究所丛刊"第六种，于1936年8月由商务印书馆出版，1970年台湾学海出版社、1977年香港大东图书公司、1979年台湾文海出版社等先后影印再版，商务印书馆也将此书列为"民国学术精品丛书"再版，足见此书在中国学术史上的地位。② 台湾学者何烈也是研究厘金制度的重要学人，他肯定"罗氏所著《中国厘金史》，堪称研究中国厘金制度的权威著作"。③ 罗玉东确实是民国时代一位难得的学人，其代表性著述《中国厘金史》对晚清财政史研究确有重要的学术贡献。

---

① 清代的诸项商税在前代商税制度不断发展的基础上，经历了雍正、乾隆及咸丰、同治年间的数度兴革及整饬，形成了一整套极其严密的制度。它主要包括征税机关的设置、税课定额、税课则例、税务的行政管理、税课的奏销、考核及税银的拨解等。由于历史条件与现实状况的不同，每种商税制度又各有其特点。

② 周育民：《罗玉东和他的〈中国厘金史〉》，http://blog.sina.com.cn/s/blog_52043a580100qbtw.html。

③ 何烈：《厘金制度新探》，台湾商务印书馆，1972，第1页。

然而，罗著并未深入讨论厘金属性这一问题，[①] 罗氏在心目中已经认定：自咸丰三年创办之始，厘金即是一种"征商税制""额外征商之税"，他的研究视野中似乎缺少这种在税制层面上的怀疑精神，或者说，他的研究兴趣还没有放在"厘金是如何变成商税的？"这样一个层面来考虑问题。任何一种财政来源，不会必然地变成商税意义上的财源，有的财源恐怕永远不能成为商税，如全国性的捐纳、广东省的"缉捕经费"等[②]；有的则逐步变成一种"征商税制"，厘金即是一个例证。

关于厘金的起源和产生，罗氏在著作开端叙称：厘金"是清廷对太平天国用兵的时期内偶然发现的一种临时筹款方法，事前并未经过何种酝酿……咸丰初年的财政困难，既已到了一种非另辟财源不能解救的情势，则厘金制度的产生，本不足异。惟何以在当时单单会筹出一种征商税制，而并未创立他类税制呢？"，"厘金初行的时候，仅为一临时筹款的办法，清廷亦允事定即裁，乃事后竟迁延不裁，默认为国家正税之一"。"厘金自经此次议裁而未成功之后，即默然取得经常正税的地位，而得以延长其寿命至于数十年之久。"[③] 罗氏对厘金属性的认知散见在该书各个章节，上述几个地方尤为明显，总体而言，罗氏心目中直接认为厘金在创办初期即属于清廷的"征商税制"。这里的问题是，晚清厘金的创办者、推行者甚至咸丰皇帝本人，均认为厘金是借助商人捐输形式（名义上负担不重，值百抽一）开辟的新式财源，称"捐"而非"税"；而罗玉东等民国以来的大多数学人则视之为"征商税制""国家正税"。这就是问题的症结所在。

民国时期罗玉东对厘金属性的认知是清末以来特别是庚子以后西方知识观念引入中国的一个结果。清季各省清理财政局官员、各地留学东洋和西洋的留学人员以及赴洋考察商务税政的人士，带回关于现代西方税制丰富的现代性信息，各类媒体报道、学堂教科书、各类讲坛上，充斥着这类新知识，各省清理

---

① 罗玉东：《中国厘金史》，本文参考较多的是收入沈云龙主编《近代中国史料丛刊续编》（文海出版社，1979）的这一版本。

② 即该省的闱姓收入。同治元年，来自粤省的人称："番摊馆名虽不雅，但所送陋规称为缉捕经费"，参见《吴清鹤致吴煦函》，载太平天国历史博物馆编《吴煦档案选编》第6册，江苏人民出版社，1983，第515—518页；瑞麟督粤时期称"伏莽经费"，刘坤一督粤时称"海防经费"。参见张之洞、倪文蔚《奏为粤海关积欠粤饷太多请将旧欠划拨免解并现款实解事》，录副，中国第一历史档案馆藏，档号：03－6356－044。

③ 罗玉东：《中国厘金史》，第1、10、12、24页。

财政时期形成的《财政说明书》充溢着这类新税制知识在本省税项划分上的实际运用。例如，奉天省清理财政局编订的《划分国家税地方税说明书》，在关于中西税制含义的比较中，随意比附、格义附会的解说即颇具典型性，揆诸其解说原文，可以体会财政官员对西学财经知识"生吞活剥"的借用情态：

> 按：税之字义，《说文》"税"者，租也，广韵敛也；前汉《食货志·税》谓公田什一及工商虞衡之入也。可知税义实能为表示经济收入之广义，即可以为概括一切公经济收入上狭义之名词，例如古时之曰贡、曰助、曰征、曰课、曰赋，得以税义概括之；又如近时之曰捐、曰厘，亦得以税义概括之。英文 TAX 者，中世纪专指直接税而言，今则沿用为一切租税之总称矣，曰 SCOT，按系指习惯上特别订定之税而言；曰 BEDE，按系指封建时代日尔曼之佃户付与贵族之地主之税而言；曰 TALLAGE，按系指通行道路及桥梁之税而言；曰"DUTY"，按系指专课货物之税而言，均得概括于 TAX 义中。与我国"税"字为表示公经济收入之广义，可以为概括一切公经济收入上狭义之名词不谋而合，互相印证，其一例也。惟训诂究有差异之点。近时诂 TAX 者，其最流行之说，为人民之义务及为人民之赋课金两义。今我既欲采用彼都之租税制度，势不能不援六书假借之例，假借义务与赋课金两义以诂"税"字，庶几租税之领域易明，领域明而何者之税，何者为非税，当此租税法未定之时，即可一望而知。至一切非租税领域内之收入，亦得乘此两税划分之机会，酌拟办法，区别性质……夫租税者，从公共组合员（即人民）征收之货物也。必具何种之人格，即何种之公法人始能有此征收公共组合员货物之权，此亦急需论述之一问题也。古者专制立国，君主即国家，故主权者对于人民之身体，财产具有绝对之权力，其征收租税均得任意为之。此征诸希腊、罗马及东洋各国之租税历史，无有异点也。欧洲各国自十九世纪佛兰西革命以后，乃变而为义务的课税时代，于是说租税定义者，皆以课税之权归之国家及其他之政治团体，惟国家有课税权，此国家税之由来也；惟政治团体有课税权，此地方税之由来也。①

---

① 奉天清理财政局编订《划分国家税地方税说明书》，清末铅印本，第1—2页。

　　依靠如此解释，中国古义中的课、赋、捐、厘被西方税政知识强行纳入
了"TAX"体系。不但奉天清理财政局如此，广东省清理财政局在对本省
杂税杂捐定性时，亦出现强行套用日本、普鲁士、德国、法国等西方国家的
税项定性知识以"归口安置"中国本土税种税制的现象，兹列简表呈现
（见表1）。

表 1　广东清理财政局杂捐杂税定性

序号	杂捐名目	属性界定	界定依据	按语说明
1	房捐（含房铺警费）	国家税地方税	日本、普鲁士、奥地利、法国、法属巴爱伦、德意志之瓦登堡等国的税制规则	按：房捐性质，即各国之家屋税，可属之国家税，亦可属之地方税。普国曾于西历一千八百九十三年间，将家屋税自国家税中移入地方税，即其先例也。我国房捐宜以解缴藩库者为国家税，以各州县所收留作地方公用者为地方税 又查各国家屋税课税之法，各有不同。奥国则用赁贷价格法，普国则用等级法，巴爱伦则用方码法，德意志之瓦登堡则用买卖价格法，法国则用门窗法。法虽不同，亦各视其国情形而定。至于警费，则纯为地方税之性质。但同一住屋铺户，既收房捐又抽警费，同一赋税物件而有两项税目，似近于重复。就财政学理上言之，国家赋税物件，当避重复之征。然此项警费既为地方税，证之日本税则，亦有地方税附加于国家税而征收之者，惟所加之额，不得逾于国家税。有此限制，故虽附加征收，而民间不以为苦，且地方税亦以附加于国家税并收，最为便利，不必另立机关，手续既归简易，经费亦可节省。此制法国最为盛行。即日本之家屋税，亦为府县之收入
2	酒甑牌费	地方税	日本酒类征税办法和税则	原以此项税品本有转嫁之性质，虽赋课于酿造者，然可将所纳之税加于酒价之内，移其负担，使沽酒者代其完纳，亦间接税之一种也
3	缉捕经费	非税项性质	依据财政学理和各国成例	要之，国家经费无论如何支绌，此等收入，在财政学理上谓为恶税，实亘古所未有，亦环球之所无，乃粤省之特别秕政也
4	妓捐	地方税	日本税则	考之日本税则，艺妓之税属于地方税之杂种税项内，即所谓妓捐也。又娼妓贷坐敷之赋金，亦属于地方税之内，即有似于花楼捐款也。凡酒馆饮食之税皆为地方之税，亦即酒楼捐之类也

续表

序号	杂捐名目	属性界定	界定依据	按语说明
5	轮拖渡饷捐	国家税	各国船舶税则、日本登录税则	近今各国船舶均有国籍,易于稽查;即日本之登录税税项内,亦有船舶之税。其税法,凡新造船只,或变更船体积量、增减间数、定泊场所,罔不有税。其匿者,照税额,科以五倍之罚。其所产之船,不论大小,惟对于仓库船、耕作船、救灾船、桥梁船诸种,则在免税之列。其有以免税船而为有税之营业时,亦科以相当之罚金。则此项渡饷船捐之收入,亦税则上所应有者也
6	戏捐	地方税	外国关于戏曲认识、日本戏曲税则规定	查优孟之辈并非实业,专恃音技之长以为衣食之资,能分社会之利而不能为社会生利……则戏捐一项实为间接之税,虽多取之而不为虐收。但戏曲感人,捷于影响,故外国谓戏曲为下等社会之学校,视之颇为郑重,非如我国视同贱役,不与齐民齿,以致戏曲无改良之望,社会无进化之期,亦由提倡之无人耳。……考之日本税则,地方税之杂种税内关于戏技之税,凡三种:曰戏院,曰演剧,曰俳优。俱科以相当之地方税
7	各属绅商各捐	地方税	日本税则	多为学堂、巡警、习艺所并勇粮之用。此项捐款单纯为地方税之性质,以资措办地方行政最为适宜。考之日本税则,载有明治十五年十二月间,内务、大藏两省省令云:以地方税施行之事业,对于寄付之金、谷、物件,直编入地方税内,可照寄付者所指定之途以为支用。则此项捐款,所当从捐者之意见,不能任意指拨也明矣
8	东洋马车捐	地方税	日本税则、租税原则	考之日本税则,惟关于耕作之用车,许其免税,其余马车、人力车、荷积车、牛车等项,无不有税。其不报明于区户长者,科以五倍罚金。以上各车如有修缮改造,无不科以相当之税。惟对于官用马车及皇族所有之马车,地方税不得及之。是此项车捐应为地方之税,与租税之原则亦甚适合也

资料来源:广东省清理财政局编《广东财政说明书》卷7《岁入门》,清末铅印本,第3—37页。

类似广东省这类处处援引西方国家税制知识和规范来框范本省杂税杂捐定性的省份仍复不少,贵州清理财政局对厘金属性的认知也体现出"生吞活剥"的形态:"厘金本为通过税性质,通过税之属于地方者惟法兰西巴黎之设关，此外如日本冲绳县之酒税、奥大利之谷物税无不属之国税。黔省恃厘金为入款大宗，土药虽停，百货尚可抽收，故未裁厘以前，厘金应归国税。"①

　　上述解说和分类界定将中国固有税制、财源强行使用西方国家税制知识加以"假借"解读，模糊对应，已经失去固有含义，将晚清特定背景下产生的厘金征缴制度强制性纳入西方现代性"税"（TAX）的范围，这在当时被目为先进和现代，至民国年间则普及甚广。受留学归国的学人傅斯年等人的影响，兰克史学"科学化"理念突然彰显和流行起来，② 民国 20 年代，清华大学、中国社会调查所、国立中央研究院社会科学研究所等史学研究机构流行史学研究"社会科学化"的风气，③ 经济学、社会学、法律学等学科对史学研究内部渗透的影响极大。李伯重教授认为，20 世纪 30 年代，国内中国社会经济史研究表现出明显的社会科学化倾向，④ 说得再具体一些，按照早先梁启超的说法，史学欲突破旧规，须重视对相邻学科的借鉴："现在我们认识到，夫地理学也，地质学也，人种学也，人类学也，言语学也，群学也，政治学也，宗教学也，法律学也，平准学也，皆与史学直接关系。"⑤如果按照后来弗里德曼（Maurice Freedman）的看法，经济史研究所涉及的社会科学至少应包括经济学、政治学、社会学、社会心理学、人口学、社会地理学、经济地理学等，这些学科的研究方法和模式，都可以参考借用。⑥这种"学科交融"的"科学化"风气，在民国初年史学界逐渐蔚为时尚，

---

① 贵州省清理财政局编订《贵州省财政沿革利弊说明书》结部，第三章，清末铅印本，无页码。

② 朱发建：《史学"科学化"与新世纪中国史学的趋向》，《学术月刊》2006 年第 11 期；张书学：《傅斯年与中国现代史学的科学化》，《东岳论丛》1997 年第 6 期；桑兵：《留欧前后傅斯年学术观念的变化及其因缘》，《中山大学学报》2016 年第 1 期；石莹丽：《民国学界对于历史统计学的认同与质疑》，《史学月刊》2015 年第 12 期。

③ 桑兵：《教学需求与学风转变：近代大学史学教育的社会科学化》，《中国社会科学》2001 年第 4 期；仲伟民、张铭雨：《20 世纪上半叶中国历史学的社会科学化——以清华学人为中心的考察》，《北京师范大学学报》2016 年第 2 期；陈峰：《走向跨学科之路——20 世纪30 年代中国社会史论战的方法论意义》，《史学理论研究》2011 年第 1 期。

④ 李伯重：《反思"新经济史"研究：回顾、分析与展望》，《澳门理工学院学报》2017 年第 1 期。

⑤ 梁启超：《新史学》，载李华兴、吴嘉勋编《梁启超选集》，上海人民出版社，1984，第287 页。

⑥ 斯波義信『宋代江南経済史の研究』東京：汲古書院、2001、31 頁，转引自李伯重《反思"新经济史"研究：回顾、分析与展望》。

甚至形成了被后人称作"会通派"的学术宗派，① 罗玉东等学者还成立了清华史学研究会，呼吁史学同仁"尊重现代一般新史家的理论和方法"，② 彼此恐怕均受到社会科学史派影响。③ 该辈相关研究大致体现出史学研究的社会科学化趋势，也就是宗奉现代性、科学化研究理念，晚清本土原生财经术语，如"厘金"一类，对其属性和理解自然会受到西学东渐背景下清季财税新认知和民元以降社会科学化学术风气的影响。

三　捐厘认知与"促厘为税"的抵制

刑部右侍郎雷以诚在扬州帮办军务，为征取练勇经费，实行劝捐。厘金等于变相捐输、商人报效，这与嘉道以前的盐商大额捐输和报效不同，厘金报效额度"微乎其微"，理论上值百抽一，所以称"厘"，不叫抽，也不叫征，而叫捐，劝谕米行，捐厘助饷。雷氏奏报说，最好的办法是劝贾捐厘（捐输厘金）一法。④ 受到前总督林则徐"一文愿"之法的启发，仿照设立捐厘。⑤ "厘金"一词，在接到雷氏奏报后，户部并不清楚，也不熟悉该词含义，户部侍郎王庆云甚至径直称之为"捐""收捐"，而且透露部内对举办厘金决策时堂官之间的争议较大："议复雷侍郎收捐奏稿。此事寿阳意在准，而司友主驳，遂致心口不相应。细看情事，径准固不可，尽驳亦太苛，不得已挥汗为之。理有是非，而情宜平恕。"⑥ 厘金奏准办理一年之后，咸丰帝对"活厘""呆厘"（即行厘、坐厘）的含义也搞不清，雷以诚不得不专门拟具奏片加以解释。⑦ 咸丰四年的上谕对雷以诚的捐厘章程理解为：捐

---

① 王学典：《近五十年的中国史学》，《历史研究》2004 年第 1 期。

② 桑兵：《二十世纪前半期的中国史学会》，《历史研究》2004 年第 5 期。

③ 方志远：《谷霁光先生的学术经历与学术个性》，《江西社会科学》2005 年第 9 期。

④ 《雷以诚奏陈商贾捐厘助饷业有成效请予推广折》（咸丰四年三月十八日），载中国第一历史档案馆编《清政府镇压太平天国档案史料》第 13 册，社会科学文献出版社，1994，第 305 页。

⑤ "一文愿"系典型的官办捐输名目，尚有较"一文愿"推行还早的情形，清代前中期也有民间创办的"厘金"名目，参见徐毅《晚清厘金制度起源路径新论》，《广西师范大学学报》2007 年第 2 期。咸丰初年雷以诚奏请的厘金，名义上仿照林则徐在新疆推行的"一文愿"，经学者考订，实际上苏省民间和官府早已实行"一文愿"捐厘形式。参见黄鸿山、王卫平《厘金源于林则徐"一文愿"考》，《历史研究》2014 年第 1 期。

⑥ 王庆云：《王文勤公日记》第 3 册，江苏广陵古籍刻印社，1998，第 1487 页。

⑦ 《雷以诚片》，军机处录副奏折，中国第一历史档案馆藏，档号：03 - 4402 - 014。

厘系变通过去的劝谕捐输办法，"据雷以諴所奏捐厘章程，系于劝谕捐输之中，设法变通，以冀众擎易举"。[①] 该谕并未饬令全国各省推行，只是令战区督抚、河督等劝谕绅董筹办。[②] 长期以来，厘金并未被时人视为正式的"商税"，名声且不正，但又不可轻易裁撤，即便是内心"理所当然"视厘金为商税的学者在有关研究中也承认其"不东不西"的尴尬属性："就清政府而言，仍拘泥于咸丰二年的讨论，不愿承认其为商业税，更不愿承认其合法地位。以致厘金一直处于一种'名不正言不顺'的尴尬地位，加之一直以来所受到种种攻击，终无法成为正式税种。终清一代，尽管同为商税的关税（常税和洋税）也有种种问题，但都无人议及裁撤，而厘金始终不断受到批评，这和初始时没有为商税获得正式名义当有极大的关系。"[③]

厘金与商税的区别，即令僻处边远的盛京将军、吉林将军亦理解无误，他们在本省的办理做法，充分体现厘金属于"捐输"性质，与传统"商税"有异：

> 咸丰四年奴才接奉部文，令照南省章程办理抽厘，当因吉林地僻商稀，措施非易，权将部颁空白执照劝令铺商摊捐，奏准免其抽厘在案。嗣因备调余丁，需用军装器械，并须养恤其家，加以供应委员查界及添拨兵丁操防之用，一切无款可筹，遂仍按捐厘之法暂行试办统筹。本省惟山海土产可以抽取，除物之琐屑畸零及向有例税者不计外，其各色大宗，核价之低昂，定捐之多寡，先于省城设局试收，并令各属一体照办。[④]

该奏中，"捐"与"例税"的对比，差别显然，不待赘述。咸丰七年（1857）六月，胜保上奏认为：过去的捐输不可恃，强弩之末，故需要普遍

---

① 《清实录·文宗实录三》，咸丰四年三月二十四癸亥，中华书局，1986，第 194 页。

② 《咸丰朝东华录》卷 33，转引自罗玉东《中国厘金史》，第 18 页。

③ 任智勇：《1850 年前后清政府的财政困局与应对》，载《第一届中国经济史青年学者研讨会论文集》，2018 年 4 月。

④ 景淳：《奏报吉省试办捐厘情形折》，朱批奏折，中国第一历史档案馆藏，档号：04-01-35-0559-059。吉林省当时"例税"涵盖药、酒、牲畜、木植、当商等，其余山海出产之货物多无课税。景淳：《奏为筹集经费酌拟试办捐厘折》，军机处录副奏折，档号：03-4395-079。

推广捐厘。厘金属于"商捐商办""无伤于本"。官府置身事外，设卡设局由绅董经营。户部传谕令各军兴省份"各就地方情形，妥为筹度，即须有裨国用，尤宜体察舆情"，酌量办理；而未发生战事省份则"断不可纷更朘削，致失人心，应请毋庸置议"。① 如果是商税，该部何以劝谕办理时建议斟酌地方情形，有些特殊省份可以邀免创办？② 咸丰皇帝与山西巡抚王庆云（卸任，即任川督）的对话，③ 也可体会出厘金这种"权宜""非税"的特性：

> 问：何谓杂税？
>
> 奏：即落地税。
>
> 问：是向铺户征收否？
>
> 奏：是。货物过境，向其抽税，近来各省军务，所得亦不如前。
>
> 问：山东、山西、陕西各省能抽厘否？
>
> 奏：此法原未尝不可行，但不得其人，则利归中饱，以其无定额，难于稽查。

咸丰九年（1859）二月，赝任川督的王庆云与司官、幕员在盐厘征缴奏报上出现分歧，司官力主隐匿自用，而王氏则建议将收数大略报部，这也印证了厘金并未如商税那样严格按照既定规范来奏报的事实：

> 蜀中津贴盐厘，其出入总目，向不报部，典守者以为可以自便，襄事者更袖手旁观矣。余谓：军务未了，则度支年绌一年，求如今日君相之推诚相谅，恐不可得，不如将筹饷以来，递年清理，设有诛求无艺，可以按籍而稽。文润谓：出入本有记载，惟其中尚有未经报部之款。余意：出款患缩不患赢，则浑举其数，而隐存其实，何不可之有？……行司札稿，清理递年筹饷各项，盖此等款项入无定额，出不奏销，尤不可

---

① 《户部遵议各省普律抽厘疏》，载但湘良纂《湖南厘务汇纂》卷 1，光绪乙丑年雕版刻印本，第 11 页。

② 易棠：《奏为复奏甘肃省劝谕商贩捐厘碍难办理情形折》，军机处录副奏折，档号：03 - 4395 - 058。

③ 王庆云：《王文勤公日记》第 5 册，第 2602—2603 页。

不慎益加慎，万一中外有不时之需，克期征取，悔之不已晚乎？①

捐厘是否为税？从咸丰年间的文献看，实际上是从捐输演化而来的一种筹款形式：筹款的权宜之计，战争结束后，准备裁撤；经办者为绅董；朝廷没有制定考成章程，每年收入额度没有限定和规范；尽征尽解（各省自己对厘金局的征缴成绩有考成办法），数十年后依然如此，各省奏报厘金始终按照"尽征尽解"原则应对户部的奏报要求；户部则例并未列入正税；统兵大员和督抚均可设局经征，经办者多数是民间绅董和委员，官府间接督办，纯粹由官府经办者很少。

商税则是不论战时还是平时，均需设立权关开征，而不是权宜之计。商税定例，由官方设权关、钞关征收，例有定额。海关税、常关税、杂赋等，一律按照规定的数额上缴户部或总理衙门等机构，外省在使用时相当不便，也较难染指，因而不可能成为"地方财政"的来源。统兵大臣、外省督抚对传统商税征权的制度之弊，了如指掌，如果能够避免将厘金变成"商税"，自然会百计操作，暗中阻变。胡林翼致各处私函中，处处体现这种抵制和反对"促厘为税"的计划。咸丰十一年（1861）五月初，胡氏致函盐运使李香雪，表达对"易厘为税"设关权征的担忧：

> 使相欲改茶厘为茶税，于上游岛口设关一节，鄙见改厘为关，徒增衙门书差之蠹，又增部吏需索之阶，新关旧关现尚辗辚不可，又设茶关，势必自误，所得之钱不足以供各衙门及部中使费，于军国之饷毫无所益。②

同年下半年，官员亦有在安庆设关征税的主张，胡氏十一月二十四日致函曾国荃，坚决反对这种约束自我而有益于部吏的"厘局改权关"举措：

> 至安庆设关一节，鄙意断不可行。设关则官派重，部费多，弊不可

---

① 王庆云：《王文勤公日记》第 5 册，第 2965—2967、2980—2981 页。

② 《复李都转》，载夏先范编《胡文忠公（林翼）遗集（奏议、书牍）》，沈云龙主编《近代中国史料丛刊》正编，第 881 号，文海出版社，1973，第 737 页。

言，悔之无及，如能奏请笃实明白者专办尚可有为，否则处处糜费，处处落空，一文不可济军饷，而大利尽归于衙蠹、部书、部吏之诛求无艺，亦实不能分涓滴以资水陆之食。尚祈我公以此意速寄涤帅，涤帅深知关督官场之情伪，亦不待林翼之赘说也。①

更能说明问题的是，咸丰十年（1860），朝臣仍发现厘金征收从未列入则例典章，"厘捐一项，与征钱粮漕及盐茶等各税之载入则例者不同。其抽收之法既未立定章程，其报解之数又漫无稽考。"② 陕西道监察御史高士廉比较了厘金与钱粮、漕项的区别，认定它仍是一种捐，而非经制之税，并未纳入则例规定的范围。咸丰九年（1859）上谕要求各省督抚、统兵大员规范办理捐厘行为，厘卡数量、位置、卡员造册、收入上报等，即便是捐商姓名也要造报，实际上各省按规范上报者极少。晚清公文中，税厘并称，其实两者之间尚有区别。捐输之"捐"与"捐"厘之"捐"在缴纳数额上有很大的不同。

更能形象阐述厘金与商税迥异的是郭嵩焘，同治五年（1866），在担任广东省巡抚一职期间，面对朝臣言官裁撤厘金扰攘不绝的形势，他从历代征榷发展过程角度，比较了厘金推行"非制度化"、非规制化、非税制化的特征：

今之厘金惟不限以科则，不拘以程式，一依唐臣刘晏之法，引用士人，因地制宜，犹得任人不任法之意。臣请历言之。所谓不限以科则者何也？上海厘金抽收之法异于江北，安徽异于江西，湖北异于湖南。货行之通滞，商情之顺逆，惟其所便而不以相强，上海厘金抽收最重，以次推及广东，不及十分之一，不能比而同也。甚至一省之货，此轻而彼重，一厂之设，此疏而彼密，惟无科则，而后事事乃稍可以核实，可以便民。所谓不拘以程式者何也？凡商船通过之通津，有卡厂行厘；货物囤积之巨镇，有门市坐厘，其大较也。间有支津汊港绕越偷漏，则又添设分卡，小镇毗连大镇，或至居奇，则又添设分局，皆随时酌量办理。

---

① 《复曾沅圃观察》，载夏先范编《胡文忠公（林翼）遗集》，第3956页。
② 《户部遵议抽厘济饷明定章程疏》，载但湘良纂《湖南厘务汇纂》卷1，第18页。

一省扼要处所不过三四，办法亦因以加密，其余稍宽其法。设局多者不过一二十处，或通数府县无一卡局，或小镇举办而大镇反未及举办。推而至于各省，或办或不办，或办之有效，或竟无效，一听督抚之自为经历，均无一定之程式强之以必行。①

郭嵩焘推崇厘金，阐论厘金征收之有益无害，《中国厘金史》断言："厘金经此次议裁而未成功之后，即默然取得经常正税地位，而得延长其寿命至于数十年之久。"② 这种断言，其实颇值得讨论。郭嵩焘此奏最重要的意图是强化清廷出面维系厘金继续征收的信心，不应惑于主张裁厘的言官朝臣的浮言游谈，郭氏自己对厘金存在的必要性论证较多，他的理论归宿，并非欲使厘金变为商税，而是强调厘金存在的恒久性和正确性，当然，"恒久性"也是相对而言，战后需财困境最终破解之后，厘金或有裁撤之必要。这一命意，也体现在其奏疏的尾部："稍求有益于国，无害于民，仍惟厘捐为尚可以行久，不敢不一据实直陈，发明其义。……俟天下无紧急之军需，直省无积压之军饷，户部无竭蹶挪移之苦况，而后断自宸衷，尽罢各省厘捐。"③ 既无一定科则，又无一定程式，与茶税、盐税、木税等典型的"商税"征缴稽核规范并不一致，官场、民间的当事者无人视之为"商税"，倒是视之为"权宜之计"者占主体，④ 此时厘金若径从学理上谓为"正常正税"，显与实际不符。从户部的内在观念上，也可看出，厘金当初属于权宜之计的"捐"（已经进行变通），这实际上是带有报效的意味。当然，它的推广，最初采用劝办捐输的方式，后来则是采取硬性缴税的方式。

以捐输形式开辟新财源，是厘金运作的精髓。而时人心目中的"税"则与此区别较大，咸同时期朝中和疆省酝酿筹办的"铺税"，虽其命运充满波折，但却从另外一个层面印证了厘金定性的捐输实质。

---

① 郭嵩焘：《各省抽厘济饷未能停撤疏》，载但湘良纂《湖南厘务汇纂》卷1，第40—43页。

② 罗玉东：《中国厘金史》，第24页。

③ 郭嵩焘：《各省抽厘济饷未能停撤疏》，载但湘良纂《湖南厘务汇纂》卷1，第47页。

④ 直到宣统朝，各省清理财政局官员在汇总分析本省厘金材料时，仍认定厘金是"不得已之举"、碍难裁撤的财源："窃维厘金为国家收入大宗，在当日开办伊始，原为不得已之举。及事平之后，充拨京饷、协款及本省各项需要，岁有常额，几以视同正赋。"参见广东省清理财政局编《广东财政说明书》第6卷，清末铅印本，第28—29页。

四　铺税与厘金：新财源开辟的难和易

"常例收入供常例支出，不时之入供不时之出"是清代传统财政制度的一个重要准则。"常例收入"无非地丁、盐课等几种常规财源。道光后期鸦片战争前后，迫于财政窘绌局面的压力，官员筹议在常例财源之外再开辟新的财源，如商税开征就是一个颇具典型的建议。从商业领域开辟税源，是一个很多人筹划的方向，"农民上供遂成偏重。今商贾拥资千万，但使家不置田，即一丝一粟之赋未尝上纳。同此践土食毛，可谓不均"，① 也就是强调农民和商人负担不公平，商人应该承担更多的赋税责任，"农民偏苦百有余年，今日以贸迁之有余，佐地利之不足，情理与运会合，变法之机或在于是"。② 道光二十三年（1843）夏季，时任盛京将军禧恩专折奏请开征商税，建议对铺户、当商、银号、钱局、粮栈、布庄、绸缎百货之商征收商税，确定税率为十分之一。③ 该奏在谕令穆彰阿等军机大臣审核时，却因担忧基层吏员精力不济，书吏执行又易肇纷扰，予以否决。④ 时至咸丰三年（1853）初，又有官员提议征收商税，但拟定的税率过低，引起同僚的非议，此事或未能真正实行下去。⑤

随着大规模战争展开并持久进行，数额庞大的军饷需求急如星火，传统的报效、商人捐输等"不时之入"这类非常规财源越来越不可依恃，京师高官显贵扰攘不绝的报效活动，成效之低，即系明证。⑥ 所筹划的新财源中，最接近厘金形式的大约是诸如"铺税"一类商业性财源。铺税开征的筹划，其实一波三折，远不如厘金那样相对顺利。这一问题是检讨厘金属性值得类比的问题，罗玉东理应依据扎实文献加以检视，但其并未特别留意。

---

① 王庆云：《荆花馆日记》上册，商务印书馆，2015，第311页。
② 王庆云对征收商税的选择再三斟酌，倾向于认同征商决断："征商于关税之外，本非仁政。然稽本朝之故事，察农商之苦乐，权出入之盈虚，似亦在当行之列。"王庆云：《荆花馆日记》上册，第467页。
③ 禧恩：《奏报拟请征收商税以裕国课缘由折》，朱批奏折，档号：04-01-35-0558-036。
④ 穆彰阿等：《奏为议奏盛京将军禧恩奏请征收商税以裕课帑折》，军机处录副奏折，档号：03-3166-036。
⑤ 参见罗玉东《中国厘金史》，第13页。
⑥ 刘增合：《太平天国运动初期清廷的军费筹济》，《历史研究》2014年第2期。

咸丰三年八月十八日，惠亲王绵愉、柏葰为应对库款空虚窘迫现实，遵旨研究对策，提出开征铺税的建议：

> 窃见各铺户情殷报效者颇不乏人，节经奏蒙恩奖在案。是该商民之胥知好义急公，已可概见。……劝令捐助军饷，许以优加奖励。窃谓铺税一项，似较之捐输尤觉易举。盖捐输非大有力者不能，而铺税虽中下之户可勉；捐输则为日无几，而在户部积微至巨，遂以合而见多，不至病商，可期源源有济。臣等愚昧之见，窃谓为今日之计，似属可行。可否请旨饬下户部详查铺户妥议章程具奏。将来输将恐后毫无拖欠，即照捐输一例奏请恩施，即各直省亦应一体遵办，与地丁相辅而行，于国储亦觉有益，统俟军务告竣，即行停止。①

其实，部库空虚异常局面形成之后，部臣京师大员均在密集筹议增开财源的途径，开征铺税、征收房租、推行官票等均系其提出的重要筹策。京师臣民闻知此迅，人心惶惶，纷纷持票取钱，钱铺倒闭者接踵而至，"商贾恐由此受累，以至歇业者，日或数家，或数十家，大小行店，一月之间，已数百家矣……铺户相顾张皇"。② 部臣为此忧心忡忡。③ 在这种情况下，能否实施铺税征收计划？户部其实并无把握。随即部臣上奏咸丰帝，叙述京城征收铺税引起的惊疑和难行之处，主张暂停，但对于给事中吴若准奏请征收官民房租计划则准备实施。④ 谕旨无奈之下，只能准许这样的举措。⑤

将捐输做法移植到商户是铺税和厘金共同的做法，唯有两点不同，那就是征榷机构和商人承担的"税率"等方面有一定差别。铺税一旦决定榷征，执行机构必定是官府，且确定一定的税率，这种税率按照绵愉等人的设计，

① 《绵愉等奏复遵议撙节俸饷放款缘由折》，载《清政府镇压太平天国档案史料》第9册，社会科学文献出版社，1993，第320—321页。
② 《中国近代货币史资料 第一辑 清政府统治时期（1840—1911）上册，中华书局，1964，第347页。
③ 王庆云：《王文勤公日记》第3册，第953页。户部对全国性推行抽厘的奏请，至咸丰七年六月前并未贸然准许，只允许个别省份实行。参见《户部遵议各省普律抽厘疏》，载但湘良纂《湖南厘务汇纂》卷1，第10页。
④ 祁寯藻：《奏为遵旨复议变通俸饷放款并急筹推广用钱以资周转折》，军机处录副奏折，档号：03-9507-017。
⑤ 《咸丰同治两朝上谕档》（三），广西师范大学出版社，1998，第61—62页。

能够让中下商人承担，数额上必定低于户部《筹饷现行新例》《增修筹饷事例条款》所规定的捐输额度，亦无林林总总的报捐名目，① 但肯定不会是"值百抽一"那样"轻之毫厘"，而且制度规章一旦确立，必将列入征税则例，全国实行相对固定的征缴章程；而厘金则商办商捐，官府监督，名义上商民负担极低，各地推广不一定同步，且各地各有其法，并不列入征税则例。

京师铺税作为新兴税源，尽管在清廷暂时未获得推行许可，但在外省却有举办者。咸丰六年（1856）冬季时，奉天沈阳、锦州等地，已开始征收铺税，② 但至光绪初年时，奉天铺税年度征收数额仍远逊于厘金，未逾十万两规模。③ 既然创设铺税，即应按照商税管理制度进行完善。咸丰七年（1857），刑部右侍郎国瑞、宗人府丞宋晋建议针对铺税征收现状，必须按照上、中、下三等，编订鱼鳞细册，加强管理。④ 京师一地的铺税征榷，因惧于民情骚扰、市面不靖，不敢贸然开征此税。直到光绪二十四年（1898），仍有内务府官员奏请征收此税，按照上、中、下三个等级，分别征收九钱、六钱、三钱，用于本府厅州县驻扎官兵加饷之用，张贴公布办法和分配，仿照征信册类型办理。⑤

看来，铺税这类"例外"财源的开拓，由于受制于环境和民情，一波三折，而同类财源厘金却在外省辗转推展开来，虽也受环境和民情左右，但毕竟蕴生成为一个巨大的财源，其发展的路径以及在外省的地位，实在是超出清廷酝酿创办铺税的最初设想，揆诸实际环境和臣僚作为，站在清廷决策者的立场上看，这或许是理解厘金属性变动的一个关键的入口。

咸丰初年战争环境下，"不时之入"向来包括捐纳、报效等形式。罗玉

---

① 佚名：《筹饷现行新例》，荣录堂刻本，年代不详；户部编《增修筹饷事例条款》（8 册），刻印时间不详。

② 国瑞、宋晋：《奏为遵旨体察盛京锦州府城铺税厘捐情形并敬陈管见折》，军机处录副奏折，档号：03 - 4396 - 026。

③ 崇实：《崇实奏片》，《崇实奏稿》（钞本），中国社会科学院近代史研究所藏，甲 481，第 4 卷，第 105 页。

④ 国瑞、宋晋：《奏为遵旨体察盛京锦州府城铺税厘捐情形并敬陈管见折》，军机处录副奏折，档号：03 - 4396 - 026。

⑤ 多济：《为条陈抽收铺税药牙以济兵饷等事折》，军机处录副奏折，档号：03 - 9449 - 001。

东一书仅对捐纳详细论述，而对清代的报效并未论述，清代商人，尤其是盐商报效属于惯例，也是朝廷非常规收入的一种重要财源。统兵大员和幕僚考虑扩张"不时之入"时，是鉴于当时以捐纳方式筹饷陷入困境这一现实，出于对捐输的变通和革新而设计出新的筹款方式。征缴做法、商民负担轻重、报效捐输数额等，都是权衡铺税和厘金殊得孰失的重要尺度。传统的商人报效数额较大，过去惟盐商之类可以承担；历朝之捐输也有缺陷，"捐输出于绅富，罄一家之力，益于上者无多，捐于下者不少"，①而捐输报效假如数额甚微，如厘金缴纳，众商相对认可，可以承担，阻力较小。按照胜保的说法，这属于众商报效。②至少创办初期，这种认知心理不容忽视。同治三年（1864）八月官文认为捐输办理，捐者每次负担沉重，厘金则轻微，"较之捐输等项，为数轻而不苛，取财分而易集"，众人拾柴火焰高，可以积聚财富，反对全部裁撤厘金。罗玉东对官文奏片的动机和意图做了误读，认为这是想让厘金变成"正税"。③其实，官文奏片内，实无此意，其疏内将旧例租税榷征与新开征厘金的区分十分明显："近年以来，尚得厚集兵力，分援吴皖秦浙，各省饷需之繁数倍旧时，所赖本省丁赋课税者不过十之三四，借助厘金、盐、牙者实居十之六七。"④不但官文此奏做如此区分，还令两江总督何桂清、南河总督庚长也将纳课与捐厘做了明确的区分，认定捐厘属于捐输，可以抵充军饷。⑤沿江重要捐局经办者也是士绅与官员合作经营，并非官府独办。⑥罗氏这种凭恃现代性认知方式来判断史实，裁酌官员奏疏的动机，恐怕与历史实相存在隔膜。

五　趋向商税的未完旅程

咸丰十一年（1861）户部议复江苏巡抚薛焕奏报洋税冲击厘金是一个重要的转折点。部奏鉴于薛焕透露的上海洋税冲击厘金，税与厘形成彼此牵

---

①　《户部遵议各省普律抽厘疏》，载但湘良纂《湖南厘务汇纂》卷1，第9页。
②　《户部遵议各省普律抽厘疏》，载但湘良纂《湖南厘务汇纂》卷1，第9页。
③　罗玉东：《中国厘金史》，第24页。
④　官文：《酌留厘金俟军务大定再议裁撤片》，载但湘良纂《湖南厘务汇纂》卷1，第35页。
⑤　《胜保片》，军机处录副奏折，档号：03－4294－039。
⑥　文煜：《奏报查明所属捐厘处所办理捐厘情形折》，军机处录副奏折，档号：03－4395－077。

制的实情，决心整顿纷乱的捐厘事务，折内开始体现将厘金视同商税的意图：按照商税管理的惯例，精心制定八条章程，涉及厘捐机构设立征收奏报，厘定征收科则，坐贾厘税严禁虚报，行商厘税严禁偷漏，惩罚隐匿厘税，严参厘卡官员侵匿款项，厘捐征收勒限奏报稽核等，奏折末尾，部臣声称："臣等悉心参酌，谨拟章程八条，缮具清单，恭呈御览。如蒙俞允，应请旨饬下各直省遵照办理。自此次明定章程之后，各督抚务须实力奉行，多增一分税项，即多济一分饷需。"① 此处明确使用"税项"一词来指陈厘金，表明由"捐"的报效和捐输性质开始向"税"的强制规范缴纳方向发展，官方主导、以地方官为组织征税的主导力量逐渐形成，强迫性、普遍性、稽核性特征也愈发明显，这类规定不再将厘金视为权宜之计，而是偏向经久持续的行为。当然，实际上，上述清廷的法律性规定，各省并未彻底遵行。这个转变过程，非一步之功，其间经历了不少曲折。

同治初期，关于经办厘金人员，清廷开始主张由绅董办理转向地方官经理。同治元年（1862）九月，御史丁绍周建议，办捐厘应尽力摒弃委员，改用地方官员经办，其理由相当充足：

> 惟省事不如省官，革弊必先革吏。今之抽厘劝捐，大率于地方官外，另行派员经理，谓之委员，所委之员，不必实缺候补也，凡有虚衔顶戴者皆可充其任，委员之人不必督抚司道也，凡各营将弁皆可操其权。服官有回避之条，委员则至亲至戚无所引嫌；官额有一定之籍，委员则或减或增，莫可深考。大吏以之为市恩之具，属僚以之为营利之途。即有正己率属之上司，不肯任用匪人，而委员繁多，其中必有良有莠……应令各省督抚大吏，亟将捐厘委员裁革净尽，专责地方官经理其事。所有捐厘各款实数由该地方官按月申报该管督抚，由督抚按照例限报部。勤惰贪廉与催科一同考绩，庶几考察易周，遴选易慎，而局员薪水等费亦多节省。②

谕旨也认可这一主张。其实，归官经理厘局之议，部分省份顶奏，③ 上

---

① 《户部遵议厘金大减饷糈不继酌拟章程八条疏》，载但湘良纂《湖南厘务汇纂》卷1，第23页。

② 丁绍周：《奏请裁撤厘局委员专归地方官经理折》，军机处录副奏折，档号：03－4888－044。

③ 毛鸿宾：《湖南厘金局卡照旧办理疏》，载但湘良纂《湖南厘务汇纂》卷1，第28—34页。

谕要求由地方官经理这一规定实际上未能推行下去。依照清廷既往的商税则例，经办方属于官府而非民间绅董，这是"商税"构成的重要条件。咸丰后期至同治年间，有关省份针对归官办理部议进行顶奏之后，户部不再强行坚持这一主张，同治三年（1864）该部在应对朝臣提议裁局的奏疏中，认为各省只有"任用得人""遴派贤员"才不致酿乱，[①] 同治八年，该部又通融提出："牧令委员果得其人，即设卡抽厘，亦可相安无事。"[②] 官府直接权征厘金的目的并未完全达到。从这一层面看，厘金演变为正式的"商税"，其实还有未完旅程。

同治七年（1868）十月，清廷发布上谕，各省在裁撤小厘卡、保留大厘卡后，造报分半年一次，每年上报两次。自同治八年（1869）开始推行这一规定。光绪六年（1880）十月二十六日，给事中戈靖提议，各省厘金须按照关税报部定章报销办法进行整顿。各省并未全部照行。光绪九年正月，詹事府右庶子汪鸣銮上奏，要求各省裁撤厘金总局，归藩司专任经办，外府道则由官方经理，各省也并未实施。[③]

可以看出，至光绪前期，在造报方式、征缴比率、强制性交纳、经征机构、人员职任、各省普及程度等方面，厘金具有传统商税的大部分特征。厘金由微量"捐输报效"转变成一种接近传统商税的"准商税"类型，在"征商税制"的道路上行走了大半征程。

光绪后期至宣统年间，鉴于厘金征缴制度之弊，改革厘金的呼声较高。"改厘金为统捐统税""改厘为税""改税为厘""裁厘加税"等都是改革筹议的热点。

"改厘为税"是西方在华政治和商务人士的一种呼声。各省厘金征缴机构遍布通衢和乡间，各类不规范的征权行为比比皆是，这与西方税政的运作差别较大。多年来，诟病厘金之弊，推崇关税制度，欲以关税取代厘金或裁撤厘金局卡的言论较为刺耳。[④] 这种西人力主废厘改税的情况，反而印证了厘金并非一种西方学理意义上的正式商税。

---

① 《户部遵议变通厘捐片》，载但湘良纂《湖南厘务汇纂》卷1，第38页。

② 《户部议整顿各省厘金毋得裁减片》，载但湘良纂《湖南厘务汇纂》卷1，第48页。

③ 《户部遵议厘金积弊请饬并核厘疏》，载但湘良纂《湖南厘务汇纂》卷5，第4—7页。

④ 《某洋员上当道论整顿中国财政策》，载国家图书馆分馆编选《清末时事采新汇选》第1册，北京图书馆出版社，2003，第440页；《〈字林西报〉论中国财政》，《北京新闻汇报（二）光绪二十七年五月》，文海出版社；《中国度支论》，载《时务报》第3册，中华书局，1991，第431—433页；《加税免厘及早实行议》，清末铅印单行本等。

国内改革厘金的呼声中，主张将厘金改为营业税的声音有一些，例如江苏咨议局议员即提议，仿照西方国家营业税形式改变厘金征收制度，裁掉更多的厘卡和厘局。[①] 当然也有将厘金改革成货物捐输形式的主张。[②] 从后来实际变革的情况来看，将厘金征缴查验制度变革为统捐、统税的做法较为普遍。1903 年 4 月柯逢时抚赣时，首创百货统捐，规定："凡已经捐纳货物，粘贴印花，经过下卡，只许查验，不许补抽。"商民称便，收效极佳，清廷令各省推广，剔除中饱，以期裕课恤商，办百货统捐实以江西为权舆。[③]

梳理对晚清厘金属性的认知，检讨其趋向商税的演变之路，可以隐约体会到咸同光绪时期部库和行省财政对厘金的依赖之深，处处面临欲罢不能的矛盾之窘境。从各类直接文献中更能够寻觅到时人对厘金的属性认知，这种原汁原味的认知看法，与学界迄今对厘金属性的认知，明显存在巨大差异，今人欲盖棺论定的静态评鉴，遮蔽了历史进程中的官民、事件和环境之嬗变，掩盖了丰富繁杂的历史信息。这种遮蔽和掩盖并非故意为之，掩卷思之，那种脱离具体历史田野而过分宗奉 "现代性" 认知，偏重于以今情揣古意，凭西学西政思维裁决中土旧物故事，倒是一个值得认真检讨的学术现象。若一味颂扬史学研究 "社会科学化" 趋向，青睐于先验理论的诱导，所得历史结论定将利弊兼具，[④] 甚或沙滩筑塔，其致危难局，更值得今人三思。

〔作者单位：暨南大学历史系近代中国研究中心〕

---

① 《江苏咨议局厘金改办认捐案文牍》，清末铅印本，第 4、9—12 页。
② 《呈为敬筹亟理财用勉济时艰彰往察来统筹变计代奏折》，清末铅印单行本。
③ 江西省清理财政局编订《江西全省财政说明书》，清末铅印本，第 1—3 页；《光绪朝东华录》，中华书局，1958，总第 5012 页；《清史编年》第 12 卷，中国人民大学出版社，2000，第 306 页。
④ 桑兵教授批评过于相信以条理性理论作为工具来裁决历史，极有可能导致牺牲大量错综复杂的事实。参见桑兵《晚清民国的学人与学术》，中华书局，2008，第 94 页。

"求富"的契机：李鸿章与轮船招商局创办再研究

朱　浒

李鸿章于同治十一年（1872）底创设轮船招商局之举，向来被视为洋务运动从"求强"转入兼顾"求富"阶段的显著标志，也被认为是中国近代工业化进程中的一个重大事件。但是，为什么是在这个时候开始"求富"的呢？又为什么是由李鸿章来创设该局，并在同治十一年底得以开局呢？无疑，要论及该局创办缘起，这本应是不容绕过的问题。而以往研究大多拘泥于经济史视角，在揭示了创办时期国内外航运业发展状况、洋务运动的兴起等背景因素后，便转入了对开局经营情形的探讨。[①] 实际上，由于对前述问题的忽略，这种叙事并没有完整展现该局的创办过程，特别是严重忽视了其中所牵连的诸多重要社会脉络，以及历史当事人的主观能动性。而要准确解释这类问题，就需要对该局创办缘起秉持一种开放、综合的视角，绝不能就经济论经济，就事论事。毫无疑问，只有全面审视这一事件所依托的社会实践进程，充分发掘其中蕴

[①] 就笔者目力所及，这种叙述口径最早在陈振汉于 1948 年完成的文稿《"官督商办"制度与轮船招商局的经营（1872—1903）》中就已出现（载易惠莉、胡政主编《招商局与近代中国研究》，中国社会科学出版社，2005，第 43—52 页）。新中国成立后，在招商局创办缘起问题上最典型的表述，见于中国经济史领域于 20 世纪 80 年代推出的两部权威著作，即许涤新、吴承明主编的《中国资本主义发展史》第二卷（人民出版社，2005，第 402—404 页）和严中平主编的《中国近代经济史 1840—1894》（下册，人民出版社，2001，第 1359—1364 页），而其论述口径与陈振汉并无二致。

含的社会脉络，才能为深入理解洋务建设事业的具体运作机制提供一个可靠的范例。

一　异路：同治十年前的李鸿章与航运业

对于轮船招商局的最终创办，李鸿章确实发挥了主导作用。然而，这并不等于说，在轮运业在中国的发轫过程中，李鸿章是创办轮船招商局的当然人选。事实上，如果回溯到同治十年（1871）以前（至于为什么要回溯到这个时间之前，容后再加解释），可以说李鸿章不仅不是招商局创始人的当然人选，甚至都很难说是最有力的竞争人选。这种说法的主要理由是，另外两位老资格洋务巨擘曾国藩和左宗棠，在引进轮船和近代航运事务方面的认识和实践，一度都对李鸿章形成了十分明显的优势。

曾国藩与轮船及近代航运事务之间的渊源，在同时期督抚级别的官员中堪称最为深厚。甚至可以说，如果同治十年前能够设立轮船招商局或者类似机构，那么曾国藩成为其创办人的可能性应该是最大的。

首先，曾国藩引进轮船的热心以及支持试造轮船的活动，在洋务大员中都是最早的。最晚到咸丰十年（1860），他就已充分领略了轮船的功效，从而向朝廷明确提出了仿造轮船的建议："将来师夷智以造炮制船，尤可期永远之利。"① 次年七月间，朝廷就购买外洋船炮事宜向他征询意见时，他对购买、仿造轮船的裨益还进行了一番详细的解释："轮船之速，洋炮之远，在英法则夸其所独有，在中华则震于所罕见。若能陆续购买，据为己物，在中华则见惯而不惊，在英法亦渐失其所恃……购成之后，访募覃思之士、智巧之匠，始而演习，继而试造，不过一二年，火轮船必为中外官民通行之物。"② 在同治元年五月初七日（1862 年 6 月 3 日）的日记中，曾国藩也留下了"欲求自强之道，总以修政事、求贤才为急务，以学作炸炮、学造轮舟等具为下手功夫"的文字。③ 同治四年底，曾国藩又在给李鸿章的一封信

---

① 《复陈洋人助剿及采米运津折》，载李瀚章编《曾文正公全集·奏稿》卷 12，沈云龙主编《近代中国史料丛刊续辑》（1），文海出版社，1974，第 2025 页。
② 《复陈购买外洋船炮折》，载李瀚章编《曾文正公全集·奏稿》卷 14，沈云龙主编《近代中国史料丛刊续编》（1），第 2262—2263 页。
③ 曾国藩：《曾国藩日记》中册，九州出版社，2014，第 530 页。

中称："枪炮固属目前急需之物，而轮船亦不可不赶紧试造，造成此物，则显以定中国之人心，即隐以折彼族之异谋。"①

曾国藩的这些话绝非空言。他从设立安庆内军械所——此举向来被视为洋务运动的发端——不久，就奏调以精通西学著称的徐寿、华蘅芳等人开展试造火轮船工作，并在同治二年底造出一只可以航行的小火轮船。曾国藩因此备受鼓舞，一度还有继续将小轮放大、改进的设想。② 同治六年，曾国藩回任两江总督后，又着力推动江南制造局开办造船业务，从江海关解部经费中为之奏拨专项经费，添设造船设施。③

其次，在中国内部开始尝试兴办近代航运的过程中，曾国藩也起到了十分关键的作用。本来，随着外国轮运业渗入中国，到 19 世纪 60 年代，华商寄名外国公司之下从事商业性轮运活动，已经相当普遍。为了改变这种情况，清政府试图对华商投资轮运事务进行管理，却一直议而不决。④ 同治六年初，总理衙门两次就"华商置买洋船"之事咨询曾国藩，后者明确表达了可以放松的意见："此事只可通行各关，明白出示，以后凡有华商造买洋船，或租或雇，无论火轮夹板，装货出运江海各口，悉听自便云云，即此以见官不禁阻之意。"⑤ 正是基于这种放松管制华商跻身轮运业的思路，曾国藩又推动总理衙门核定了《华商买用洋商火轮夹板等项船只章程》，并于是年九月初公开颁行。⑥

基于上述情况，曾国藩一度被社会上认为是最有希望推动新式轮运业建设的高级官员。同治六年至七年，华商群体曾出现一个申办轮船公司的小高潮，容闳、赵立诚、许道身、吴南皋相继牵头发起四次兴办新式轮运的申请，而他们递交申请的对象都是曾国藩。⑦ 而此时的曾国藩出于"用轮船则

① 《复李宫保》，载李瀚章编《曾国藩全集·书札》卷 25，沈云龙主编《近代中国史料丛刊续编》（5），第 15232 页。

② 樊百川：《清季的洋务新政》下册，上海书店出版社，2003，第 1392—1393 页。

③ 樊百川：《清季的洋务新政》下册，第 1396 页。

④ 张后铨主编《招商局史（近代部分）》，人民交通出版社，1988，第 15—16 页；樊百川：《中国轮船航运业的兴起》，中国社会科学出版社，2007，第 136—139 页。

⑤ 《中国近代史资料汇编·海防档》甲《购买船炮》（三），中研院近代史研究所，1957，第 864—867 页。

⑥ 《中国近代史资料汇编·海防档》甲《购买船炮》（三），第 876—881 页。

⑦ 张后铨主编《招商局史（近代部分）》，中国社会科学出版社，2007，第 20—22 页。

沙船尽革，于官亦未为得计"的持重心理①，对于发展轮运的态度变得迟疑起来，最终没有支持过任何一次动议，使得这个小高潮迅速归入沉寂。

在曾国藩之外，另一位洋务领袖左宗棠也较早地对引进轮船及新式轮运表现出浓厚兴趣。据文献所见，他最初提出要仿造轮船的想法，是在同治二年初致总理衙门的一份函件中所称："将来经费有出，当图仿制轮船，庶为海疆长久之计。"② 大约同时，他在致宁绍台道史致谔的一封信中也称："如鄙意将须仿造火轮，乃可语洋防耳。"是年腊月间，他又致函史致谔："轮舟为海战利器，岛人每以此傲我，将来必须仿造，为防洋缉盗之用。……毕竟沿海各郡长久之计，仍非仿制轮舟不可。"③ 此后，左宗棠的这种态度愈发鲜明。同治三年（1864）十月底，他就浙江善后事宜上奏朝廷时明确宣称："杭属及宁、绍、台、温滨海之区，海盗时有出没，水师直同虚设，船炮皆无。欲治洋盗以固海防，必造炮船以资军用。轮船、红单两式，均不可废；仿造、雇驾两议，非钱不行。"④ 同治四年春，他因发现太平军得到外国轮船支援之举，特地向总理衙门强调了仿制轮船的急迫性："至中国自强之策，除修明政事、精练兵勇外，必应仿造轮船，以夺彼族之所恃，此项人断不可不罗致，此项钱断不可不打算，亦当及时竭力筹维。"⑤

在开展造船行动方面，左宗棠甚至比曾国藩表现出更大的魄力。按照左宗棠自己的说法，在克复杭州后不久，他就"觅匠仿造小火轮"，并委托税务司法国人日意格（Prosper Marie Giguel）等，准备进一步展开造船活动，后因转入福建作战而中辍。⑥ 同治五年（1866）二月间，总理衙门因相继收到总税务司赫德（Robert Hart）、英国公使阿礼国（Rutherford Alcock）及参赞威妥玛（Thomas Francis Wade）等人关于中国应实施"借法自强"的说

①《复向大令》，载江世荣编注《曾国藩未刊信稿》，中华书局，1959，第285页。
②《上总理各国事务衙门》，载杨书霖编《左文襄公全集·书牍》卷6，沈云龙主编《近代中国史料丛刊续编》（646），文海出版社，1979，第2861页。
③《史氏家藏左宗棠手札》，载南京大学历史系太平天国史研究室编《江浙豫皖太平天国史料选编》，江苏人民出版社，1983，第237、245页。
④《敬陈浙江应办善后事宜片》，载杨书霖编《左文襄公全集·奏稿》卷11，沈云龙主编《近代中国史料丛刊续编》（641），文海出版社，第451页。
⑤《上总理各国事务衙门》，载杨书霖编《左文襄公全集·书牍》卷7，沈云龙主编《近代中国史料丛刊续编》（641），第2901页。
⑥《拟购机器雇洋匠试造轮船先陈大概情形折》，载杨书霖编《左文襄公全集·奏稿》卷18，沈云龙主编《近代中国史料丛刊续编》（642），第693页。

帖和照会，遂饬令沿江沿海各督抚发表意见。① 左宗棠趁机先向总理衙门提出"购买轮船又不如自造轮船之最为妥善"的建议②，稍后又向朝廷提出了大办轮船的计划，并得到了允准。③ 这就是福州船政局的缘起，此不多赘。而众所周知，该局起步时的规模，就远远大于曾国藩在江南制造局内开办的造船业务。

对于发展轮运事业，左宗棠也持较为积极的态度。前述清政府在讨论如何对华商投资轮运事务进行管理的过程中，左宗棠是率先表示可以允许华商购置轮船的高级官员之一。他曾拟订了一个管理章程递交给总理衙门讨论，明确提出华商向洋商购买轮船后，"即将原船主所领外国船牌吊销"，"另换中国船牌"，并"于船上另换中国旗号"。④ 另外，正如樊百川注意到的那样，左宗棠在奏请朝廷同意创立福州船政局时，虽然其根本目标是制造兵船，但其阐发造船必要性的第一个理由，却是基于发展航运业展开的。⑤ 然而，随着他在船政局正在建设之际便被调任陕甘总督，此后数年间忙于西北军务，再也无暇顾及轮运业问题了。

与曾国藩、左宗棠两人相比，同治十年以前，李鸿章与轮船及轮运业事务的关系可谓十分淡薄。首先，这一时期的李鸿章对造船业务始终态度消极。前述曾国藩于同治四年底曾商劝李鸿章仿造轮船之事，而当时正在建设江南制造局的李鸿章却表示"未敢附和"，⑥ 以致该局直到曾国藩回任两江总督后才开办造船业务。其次，在有关华商从事轮运问题的讨论中，李鸿章也明确表达了收紧的立场。同样在同治四年底，时江海关道应宝时曾拟订了一份章程，其中提出"如船中全系华人，俟新章程试行三年后，并无流弊，方准随意进泊各口贸易"，意在对华商经营轮运业略施通融。⑦ 当时担任上

① 《同治朝筹办夷务始末》卷四十，载沈云龙主编《近代中国史料丛刊》（611），文海出版社，1966，第3764—3767页。

② 《上总理各国事务衙门》，载杨书霖编《左文襄公全集·书牍》卷8，沈云龙主编《近代中国史料丛刊续编》（646），第2950页。

③ 《拟购机器雇洋匠试造轮船先陈大概情形折》，载杨书霖编《左文襄公全集·奏稿》卷18，沈云龙主编《近代中国史料丛刊续编》（642），第693、697页。

④ 《中国近代史资料汇编·海防档》甲《购买船炮》（三），第821—822页。

⑤ 樊百川：《清季的洋务新政》下册，第1401—1402页。

⑥ 《复曾中堂》，载顾廷龙、戴逸主编《李鸿章全集》第30册《信函二》，安徽教育出版社，2008，第413页。

⑦ 《中国近代史资料汇编·海防档》甲《购买船炮》（三），第839—840页。

海通商大臣的李鸿章却批示称："应无论船中仍用洋人，或全系华人，即试行果无流弊，……亦不准随意进泊内地河湖各口，只准在于通商江海口岸往来买卖。"① 可以说，这个时期的李鸿章，还远远算不上发展轮运业的同路人。

二　砥柱：李鸿章与轮船招商政策的定议

李鸿章再次就发展轮运业问题明确表达意见，已是大约六年之后，也就是那场著名的、朝廷内部爆发的关于造船业前途的大辩论之时。以往研究表明，正是通过这场从同治十年底延续到次年初的大辩论，李鸿章才成为发展轮运业的主力人物。可是，鉴于前述同治初期李鸿章对轮运业所持的负面态度，以及曾国藩和左宗棠此时仍然位高权重的情况下，李鸿章何以能够在这场辩论中最终脱颖而出呢？李鸿章这时究竟有着怎样的非凡表现，才能够超越曾国藩和左宗棠而最终成为轮船招商局的创办人呢？这都是以往很少有人注意的问题。

要充分理解曾国藩、左宗棠以及李鸿章在这场辩论中的地位和作用，首先必须弄清这场辩论的重心之所在。众所周知，这场辩论的导线是内阁学士宋晋在同治十年十二月十四日（1871 年 1 月 23 日）的上奏。对此上奏，通常论述大都集中在批驳宋晋关于停办造船的意见上。其实，宋晋提出停办船厂后，还有一项建议："其已经成造船只，似可拨给殷商驾驶，收其船租，以为修理之费。庶免船无可用之处，又糜费库款修茸也。"② 在这里，宋晋虽然错误地认为兵船可以改为商用，但是也包含着将官办船局转化为招商养船的意思，所以客观而言，这次上奏对发展轮运业无疑是具有积极意义的。况且，此前不久，朝廷正因福州船政局面临严重的财政困难，饬令总理衙门与沿海各省督抚筹商养船办法。③ 这样两个情况相叠加，使要不要发展航运业及如何发展成为无法回避的问题。

以往研究早已指出，对于停办造船之议，曾、左、李三人都旗帜鲜明地

---

① 《中国近代史资料汇编·海防档》甲《购买船炮》（三），第 835 页。
② 佚名辑《晚清洋务运动事类汇钞》上册，中华全国图书馆文献缩微复制中心，1999，第 185—186 页。
③ 《中国近代史资料汇编·海防档》乙《福州船厂》（一），第 311—312 页。

表示反对，从而使此议没有形成太大的波澜。但以往论述不够充分的是，在如何发展轮运业的问题上，此三人的看法之间存在明显的认识差异，并由此映射了其后各自不同的行为轨迹。

如果依照建设性意义的高低给此三人排序的话，那么左宗棠的认识水平当排在最后。至于反映其认识水平的首要文献，是他同治十一年三月末的一份上奏。在这里，左宗棠的主旨是解释所谓"糜费太重"以及"局内浮费如何减省"问题。他认为，这类问题只是暂时性的。其理由是："凡轮船各具，均须修造齐全，名目既多，款项其巨也。迨接续造作，则各项工程无须再造，经费专用之船工，而经费亦日见其少。"① 而对于如何养船的问题，这份奏折里全无涉及。遍查这一时期左宗棠留下的文献，只发现他在同治十年底给胡雪岩的一封信中，曾谈及养船办法。他基于"若以官造轮船运销官盐"，则"成本顿减，销价自低，于民尤便"的考虑，提出："各省关应协陕甘军饷积欠多至一千三百余万，若以闽造轮船运淮盐，销淮岸，将来所得赢余，亦可抵偿欠款。"② 客观而言，且不论淮盐销售向来属于老大难问题，即以船政局而论，该局所造皆为兵船，能否在内河航行，货运功能又如何，都是没有经过检验的问题。这就不难理解，左宗棠设想的这个办法，此后连他自己都再未提起。

相比之下，曾国藩的认识水平明显比左宗棠高出不少。曾国藩的看法，主要体现在同治十一年正月底给总理衙门的回函之中。与左宗棠着意解释经费并未"糜费"的态度不同，曾国藩明确承认造船、养船经费造成了难题："旧有之船，经费业经筹定，新造之船，用款时有增添。国家入数有常，岂能以絫养轮舟，耗此巨款？自应变通办理，以期持久。"同时，对于利用现有轮船开展租赁业务的设想，他也非常清楚其中困难："然中国商贾，每不乐与官相交涉。且新厂所造之船，载货不如洋轮之多，行驶不如洋轮之速，欲华商前来租赁，深恐难于寻觅。"接下来，曾国藩还对发展商运给出了建设性意见。一是提出兵船和商船的建造要齐头并举："鄙意兵船除现造二号外，拟再造一二号，专操水战。商船除已成四号外，拟再造四五号，平日则

---

① 《复陈福建轮船局不可停止折》，载杨书霖编《左文襄公全集·奏稿》卷41，沈云龙主编《近代中国史料丛刊续编》（644），第1605页。
② 《答胡雪岩》，载杨书霖编《左文襄公全集·书牍》卷11，沈云龙主编《近代中国史料丛刊续编》（646），第3064页。

租与商人装货，有事则装载陆兵，救援他省。"二是建议选拔熟悉商情的官员与商人合作："果有熟悉商情、公廉明干之员，不必处以官位，绳以官法，但令与华商交接，有言必信，有利必让，使商人晓然知官场之不骗我也，或者愿租官船。"①

不过，有学者称曾国藩"准备趁此机会，重新倡导和亲自主持创办中国新式轮运业"，② 则恐怕是一个误判。首先，连曾国藩自己都承认，已有商船并不具备市场竞争力，而新造商船的计划更不知何时启动。其次，他对于能否找到实现官商合作的人选也毫无信心，如其前函中所言："此等为商贾所深信之员，急当物色之，目前恐难骤得耳"。③ 所以，即便不是因为曾国藩此后不久突然去世，他也很难具有创办轮运业的决心。

更糟糕的是，曾国藩去世之后，南洋官场高层对创办新式轮运业更无进取之心。原来，曾国藩尽管对轮船招商信心不足，但为了给总理衙门一个交代，还是委派综理江南轮船操练事宜的吴大廷和江南制造局总办冯焌光两人，遵照总理衙门"函示事理，详细酌议，妥筹章程"。④ 四月间，该二人在分别向署理两江总督何璟禀报时，却都明显流露出畏难情绪。吴大廷称"有窒碍难行者五端"，即招商难、设埠难、保险难、揽载难、用人难，并且自己现在管理的四艘船"本非商船，舱位受载不多，未必有人承受"。⑤冯焌光虽然认为招商轮运之举有着"中土商运日兴，西人利权日替"的前景，但又称江南制造局目前拥有的船只中，三艘本系兵船，"万难强做货船，发商承租"，仅"威靖"号"原照旗昌洋行满洲轮船式样造为货船"，却在几年前就已被"改作兵船"。⑥ 根据吴大廷、冯焌光的禀报，何璟于六月间向总理衙门汇报意见时，也是一种消极的口吻。他认为，如将现有船只"修改招租，凡物一经修改，必不如原造之坚固浑成，冀此未能必获之租利，而令新成之船先受其损，似属非计"，同时吴大廷"要言不烦，颇中肯

①　《中国近代史资料汇编·海防档》乙《福州船厂》（二），第325—326页。
②　张后铨主编《招商局史（近代部分）》，第25页。
③　《中国近代史资料汇编·海防档》乙《福州船厂》（二），第326页。
④　《中国近代史资料汇编·海防档》乙《福州船厂》（二），第326页。
⑤　《中国近代史资料汇编·海防档》甲《购买船炮》（三），第903—905页。
⑥　《中国近代史资料汇编·海防档》丙《机器局》（一），第106页。

紧"，故"招商之说，似可从缓"。① 还在曾国藩刚刚去世的二月下旬，李鸿章就在给王凯泰的信中预言，轮船招商之事本"应由上海办起"，但"南洋无熟悉情形、肯任大事之人，则筑室道谋，顾虑必多"。② 事实证明，此言果然不虚。

其实，就行动层面而言，李鸿章推进轮船招商的活动更早也更为积极。大约在同治十年、十一年之交，李鸿章便委派其幕僚、津关委员林士志"与广帮众商雇搭洋船者"筹议租赁轮船事宜，并形成了一份章程。十一年正月间，李鸿章还将这份章程抄呈曾国藩参阅，并称"租赁轮船一节，自是经久推广至计"。与此同时，李鸿章为了促成上海道沈秉成能够"就巨商反复筹计，或有定局"，还吩咐津海关道陈钦"随时函商"沈秉成。③ 可以说，这时的李鸿章已经向轮运业创始人的角色迈进了一大步。

在曾国藩去世且南洋方面整体表现乏力的背景下，李鸿章的作用日益彰显。这方面的第一个反映，是他全面批驳了前述吴大廷关于轮船租赁事务"五难"的说法。他在四月底给吴大廷的批文中指出，所谓设埠、揽载、保险、用人之难，其实都"似尚无足深虑"，虽然"招商一节为最难"，但是只要能够"物色为殷商所深信之官，使之领袖，假以事权"，则"商民可无顾虑是也"。而他也把这些意见咨送总理衙门参阅。④ 另外一个表现，是他于五月十五日向朝廷上奏了《筹议制造轮船未可裁撤折》，全面阐述了发展轮船及轮运业的必要性。他从"三千余年一大变局"和"数千年来一大变局"的高度出发，指出闽、沪船局"已成不可弃置之势"；同时，尽管"闽、沪现造之船装载无多，商船皆不合用"，但是在"各口岸轮船生意已被洋商占尽"的情况下，也必须"华商自立公司，自建行栈，自筹保险"，且"有熟悉商情、公廉明干、为众商所深信之员，为之领袖担当"。⑤ 对照此前左宗棠、曾国藩的论述，可以看出，李鸿章这时的认识水平明显高出一筹。

---

① 《中国近代史资料汇编·海防档》丙《机器局》（一），第 95 页；《中国近代史资料汇编·海防档》甲《购买船炮》（三），第 908—909 页。

② 《复王补帆中丞》，顾廷龙、戴逸主编《李鸿章全集》第 30 册《信函二》，第 428 页。

③ 《复曾中堂》，载顾廷龙、戴逸主编《李鸿章全集》第 30 册《信函二》，第 413 页。

④ 《中国近代史资料汇编·海防档》甲《购买船炮》（三），第 906 页。

⑤ 《筹议制造轮船未可裁撤折》，载顾廷龙、戴逸主编《李鸿章全集》第 5 册《奏议五》，第 107、109 页。

基于上述表现，李鸿章终于赢得了决策层的充分信任。在五月十七日颁布的一道上谕中，朝廷饬令将李鸿章与左宗棠、沈葆桢等人奏折，一并交总理衙门议奏。① 事实上，在这份谕旨颁布之前，总理衙门业已成为李鸿章的坚强后盾。其于五月十二日致李鸿章的公函中，在表示完全赞同李鸿章对吴大廷批驳意见的同时，力劝其一方面"将章程悉心拟议"，另一方面请其"遴谕有心时事之员，妥实筹维，独抒己见，勿以纸上空谈，一禀了事"。② 显然，总理衙门此时已将李鸿章视为办理轮船招商事务的首要依靠。

在中枢层面的大力支持下，李鸿章也加快了行动步伐。据其七月十二日向总理衙门汇报，他在夏间查访到"习知洋船蹊径""历办江浙海运漕粮，熟悉南北各口岸情形"的江苏绅商朱其昂、朱其诏兄弟，并委派二人"酌拟轮船招商章程二十条"，且称赞该章程"尤为扼要切实"。按照李鸿章进一步的计划，朱其昂兄弟"经办本届海运事竣，即日回沪"，再与江海关道沈秉成、江南制造局总办冯焌光等"细心复核妥议"，以便尽快成局。③ 其后，沈秉成等人出于"华商轮船畅行，沙船全归轮船，老关税项大减"的担心，使朱其昂的活动一度受阻。但李鸿章决心已定，他一面允准朱其昂"照苏商借领练钱章程拨借二十万串，以示信于众商"，一面告诫沈秉成等人"勿胶成见，致此美举又复中止，百年后永无振兴之机矣"，从而排除了创办轮船招商局的最后路障。④ 而当李鸿章于十一月二十三日上奏《试办招商轮船折》时，该局已经完全做好开业准备。

三　机缘：直隶大水与轮船招商局的创办

通过这场大辩论中表现出来的认识水平和魄力，李鸿章充分展示了自己能够后来居上，成为轮运业建设主导者的资质。回想他于同治初期在轮运业问题上的消极立场，真有判若两人之感。不过，众所周知，李鸿章从同治六年初到九年秋接任直隶总督之前，其间一直忙于军务，未再接触轮运事务。

① 中国第一历史档案馆编《咸丰同治两朝上谕档》第22册，广西师范大学出版社，1998，第104页。
② 《中国近代史资料汇编·海防档》甲《购买船炮》（三），第907—908页。
③ 《中国近代史资料汇编·海防档》甲《购买船炮》（三），第910页。
④ 《复何筱宋制军》，载顾廷龙、戴逸主编《李鸿章全集》第30册《信函二》，第477页。

那么，他在就任直督后，究竟遇到了怎样的机缘，才会发生认识上的根本转变，并能够在不长的时间里便成功创办轮船招商局，揭开了洋务建设"求富"的序幕呢？

很早以前便有学者注意到，在这场轮运业大辩论发生前，直隶遭遇了严重的水灾，李鸿章有过利用福州船政局兵船运输赈米的建议。① 这的确是一个十分重要的发现，但遗憾的是，当时的叙述戛然而止，并未探究如下问题：这场水灾与轮运业大辩论的发生是否有所关联？李鸿章这次运粮建议的起因是什么，其结果又如何？随着这些问题的浮现，对轮船招商局筹议过程的考察，也需要放在一个更为广阔、更为复杂的界面上。

应该说，这场水灾的确是诱发轮运业大辩论的一条重要导线。这表现在，宋晋在同治十年底发出那份奏议，就充分利用了这次水灾的时机。他声称闽、沪船局造成的财政消耗，不啻"以有用之帑金为可缓可无之经费，以视直隶大灾赈需及京城部用款，其缓急实有天渊之别"，从而抛出了暂停造船、轮船租赁的建议。② 不过，宋晋会不会是以赈务为由而夸大其词呢？对此疑问，看来李鸿章肯定不会赞同。在得知宋晋上奏后不久，李鸿章在同治十一年正月二十一日给福建巡抚王凯泰的信中，竟然也出现了闽、沪船局"徒添糜费"的言语。③ 在五天后给曾国藩的信中，李鸿章又称宋晋所奏"亦采中外众论而出之也"。④ 这难免令人费解，反对停止造船的李鸿章，为什么私下里会跟宋晋一个声调呢？

显然，这里有必要审视一下这次直隶大水及其造成的影响。

晚清时期，这次水灾不过是一次较重的灾荒而已。⑤ 但对李鸿章来说，这是他就任封疆大吏以来首次面对的严重灾荒。这次水灾的缘起，是同治十年夏间连续高强度降水造成永定河大范围决口。九月初，据查勘结果统计，天津等6州县"被灾极重"，大城等17州县"被灾次重"，大兴等65州县"被灾较轻"。李鸿章经过比较，向朝廷奏称："本年水灾自嘉庆六年后数十

---

① 严中平主编《中国近代经济史 1840—1894》下册，第 1361 页。
② 佚名辑《晚清洋务运动事类汇钞》上册，第 185 页。
③ 《复王补帆中丞》，载顾廷龙、戴逸主编《李鸿章全集》第 30 册《信函二》，第 408 页。
④ 《复曾中堂》，载顾廷龙、戴逸主编《李鸿章全集》第 30 册《信函二》，第 413 页。
⑤ 李文海、周源：《灾荒与饥馑 1840—1919》，高等教育出版社，1991，第 114 页。

年所未有，实较道光三年、同治六年为甚。"① 换句话说，直隶地区上次发生同等强度的水灾，已将近七十年。而李鸿章在同治十年的救灾条件，却远逊于七十年前。

同治十年的救灾投入，主要由两个部分组成。第一部分是抢修河工之需。据永定河道李朝仪估算，此次抢修工程至少"共需银三十七万两零"。② 另一部分则是赈济灾民的费用。李鸿章根据清代荒政的一般标准，估算此次赈务"计非米五七十万石、银百余万两，不能普遍经久"。③ 但实际上，对于抢修河工需费，朝廷只允准先"由部库借拨银十万两"，④ 此外所需则由李鸿章在直隶省内司库各款中设法筹措⑤。至于赈济费用，更是捉襟见肘。到十月下旬，直隶统共筹集的救灾物资，仅有米 14 万石、银 27 万两。⑥ 而仅是被灾最重的天津等六州县，"约计放赈一月，即需米十四万石、银八万余两"。⑦ 不难揣测，在李鸿章遥念当年嘉庆帝"特颁帑银一百万两兴工堵筑"的力度之际，⑧ 再看到宋晋奏议中关于直隶赈需和造船耗费之间的缓急之论，不可能毫无同感。

当然，以李鸿章这时的见识，并不会赞成停止造船。所以，他对宋晋的更多同感，还是在宋晋关于轮船租赁的建议上，因为这非常符合他迫切发展航运业的需要。而他之所以会产生急欲发展航运业的念头，同样与他在这次水灾期间的特殊体验有密切关联。概而言之，李鸿章在此次大水期间因救灾物资运输问题而碰到的困难，既促使他大大提高了关于轮运业的认识水平，

<hr/>

① 《查明本年直属被水情形筹款赈抚折》，载顾廷龙、戴逸主编《李鸿章全集》第 4 册《奏议四》，第 380—381 页。

② 《永定河漫口河工筹款不敷请旨饬拨折》，载顾廷龙、戴逸主编《李鸿章全集》第 4 册《奏议四》，第 375 页。

③ 《复兼官顺天府尹礼部大堂万顺天府尹堂梁》，载顾廷龙、戴逸主编《李鸿章全集》第 30 册《信函二》，第 325 页。

④ 中国第一历史档案馆编《咸丰同治两朝上谕档》第 21 册，第 241—242 页。

⑤ 《永定河漫口河工筹款不敷请旨饬拨折》，载顾廷龙、戴逸主编《李鸿章全集》第 4 册《奏议四》，第 375 页。

⑥ 《查明秋禾被灾极重州县专案恩赈赈济折》，载顾廷龙、戴逸主编《李鸿章全集》第 4 册《奏议四》，第 439 页。

⑦ 《查明本年直属被水情形筹款赈抚折》，载顾廷龙、戴逸主编《李鸿章全集》第 4 册《奏议四》，第 380 页。

⑧ 《永定河漫口河工筹款不敷请旨饬拨折》，载顾廷龙、戴逸主编《李鸿章全集》第 4 册《奏议四》，第 375 页。

又是引导他积极支持轮船招商事宜的一个重要因素。

那么，这次直隶赈务遇到了怎样的运输困难呢？

起初，由于赈需浩繁，而官府财力又严重不足，李鸿章很快发起了兴劝民间捐赈的活动。不过，鉴于"直境著名瘠苦，商富无多，集资有限"，李鸿章劝捐的主要对象是江浙绅商。① 后来的结果也确实没有让他失望。据统计，此次捐赈所得统共折合银 81 万余两之多，其中绝大部分便来自江浙地区。② 但问题在于，这次捐助活动的很大一部分必须转化为实物形态。一是捐助棉衣。李鸿章鉴于直隶灾区"短褐不完，御寒无具"，因此"商劝江浙绅商捐办棉衣，解津散放，以辅赈务之不逮"。③南省绅商对此表现出了极大热情，捐助总数达到 28 万余件。④ 二是购运赈米。李鸿章因直隶"赈米有限，势难普遍"，故而在"派员分赴产米丰收之区设法购办"外，还嘱托南省绅商捐办米石杂粮，"辅官力所不逮"。⑤ 此外，还需要运送从其他地区调剂而来的赈粮。因此，从南方及其他地区运送大量棉衣和赈粮到天津，是这次赈灾要面对的一项繁重任务。

可是，当时运输上出现的困难，远远超出了李鸿章等人的想象。这方面的第一个表现，是洋商主导下的商轮公司不愿提供运力。十月初，盛宣怀从上海致信李鸿章，称所购赈米因"轮船多不肯装，搭运殊难"。⑥ 究其原因，一是"以节近封河，商货皆须赶运，洋行多不肯装载"⑦，二是"洋行轮船夹板因多装米赴粤，不肯载运北口，未免居奇"。⑧ 无奈之余，李鸿章等人试图利用兵轮运输赈粮，随之又遭遇了第二个困难，即兵轮运粮，费多益少。李鸿章曾于十一月间函商吴大廷借调兵船装运赈粮，但得知兵船"装

---

① 顾廷龙、戴逸主编《李鸿章全集》第 4 册《奏议四》，第 401—402 页。
② 顾廷龙、戴逸主编《李鸿章全集》第 5 册《奏议五》，第 180—182 页。
③ 顾廷龙、戴逸主编《李鸿章全集》第 4 册《奏议四》，第 423 页。
④ 顾廷龙、戴逸主编《李鸿章全集》第 5 册《奏议五》，第 180 页。
⑤ 《请严禁遏籴折》《劝办直属灾赈援案请奖折》，载顾廷龙、戴逸主编《李鸿章全集》第 4 册《奏议四》，第 372、402 页。
⑥ 《复扬州粮台分局徐》，载顾廷龙、戴逸主编《李鸿章全集》第 30 册《信函二》，第 344—345 页。
⑦ 《复江苏抚台张》，载顾廷龙、戴逸主编《李鸿章全集》第 30 册《信函二》，第 346 页。
⑧ 《复王补帆中丞》，载顾廷龙、戴逸主编《李鸿章全集》第 30 册《信函二》，第 428 页。

载无多，英煤需费又巨，诚不合算"后，只好放弃了借用沪局官轮的打算。① 至于利用福州船政局兵船运粮的主意，其实出自王凯泰。王凯泰在福建境内代购 4 万石赈米之后，调拨闽局所属"万年青"等三艘兵船运往天津。结果这些兵船遇到了"吃水过深，不能径达紫竹林"的问题，给李鸿章的接收工作造成了很多周折。②

在了解上述情况后，李鸿章于五月十五日上奏《筹议制造轮船未可裁撤折》的另一层深意也显现出来。如前所述，李鸿章在这里一方面指出闽、沪两局现有轮船并不适合作为商轮，另一方面又亟亟强调必须设立华商轮运公司。对照之后可以发现，他此前在运输赈灾物资过程中所体会到的切肤之痛，恰恰与这两个方面形成了直接对应。

并且，李鸿章这时之所以向朝廷正式提出设立华商轮运公司的设想，继而在不长时间内便得以开办轮船招商局，同样与此次赈灾期间出现的机缘有关。而这一机缘最关键的所在，便是李鸿章对筹建轮船招商局负责人的最终选择。根据林士志和盛宣怀先后受命拟议招商章程的情况，不难看出，直到同治十一年五月之前，李鸿章很可能是计划由自己的幕僚来推动筹办工作的。然而，正如早先研究明确指出的那样，无论是林士志还是盛宣怀，都不具备商业背景和招集资本的能力，直到李鸿章确定朱其昂作为负责人后，轮船招商局的筹建工作才真正步入正轨。然而，李鸿章又是如何相中朱其昂的呢？

在前述同治十一年七月十二日给总理衙门的汇报，以及十一月二十三日给朝廷的上奏中，李鸿章都声称，他夏间在天津视察漕运时，查访到承办浙江海运事宜的朱其昂，才开始商谈招商局筹建问题。而后来的研究者根据这个说法，都把李鸿章与朱其昂的最初接触定于此时。那么，李鸿章选择朱其昂来承担一项如此重大的任务，难道是基于一面之缘的轻率决定吗？实际上，在本年夏间之前，李鸿章对朱其昂肯定已经不再陌生。至于其间沟通和了解的渠道，正是针对同治十年水灾的赈灾活动，因为在那些踊跃助赈的江浙绅商中就有朱其昂。由于此次南省官绅助赈成绩显著，李鸿章特地向朝廷

---

① 《复总理江南轮船操练事宜前福建台湾道吴》《复河南候补道杨、候选府正堂盛》，载顾廷龙、戴逸主编《李鸿章全集》第 30 册《信函二》，第 371—373 页。

② 《复王补帆中丞》，载顾廷龙、戴逸主编《李鸿章全集》第 30 册《信函二》，第 408、428 页。

奏请奖励，其中给朱其昂的评价是："留办截漕，交兑折价，捐资雇船，救护饥民，实力耐劳，拟请交部从优议叙。"① 由于这次赈务到本年春间基本结束，所以朱其昂能够为李鸿章所知，也就不可能晚于这个时候。而这样的交集，无疑对两人夏间的晤谈做了良好的铺垫。

最后值得一提的是，这次赈务与轮船招商局创办之间的机缘，还有助于厘清胡光墉（即胡雪岩）与该局的关系。众所周知，当时的胡光墉是江浙绅商群体的头号人物，加之早先协助左宗棠创办福州船政局的经历，当然有资格和能力成为创建轮船招商局的得力人选。但他长期主要为左宗棠效力，在李鸿章筹建招商局的过程中始终未见发挥多大作用，开局后也没有成为该局的经理人。这样一来未免令人费解，为什么李鸿章在同治十一年十一月二十三日向朝廷声明即将开局的奏折中，会将胡光墉置于该局第二号人物的位置上，而对先期出力甚多的林士志和盛宣怀甚至连名字都不提一下呢？

要解释胡光墉为何能够出现在这里，也必须从其因赈务而与李鸿章发生交集谈起。就目前所见，胡光墉与李鸿章发生直接交往，正是在此次直隶赈务期间。在李鸿章发起劝赈之举后，胡光墉不仅是第一批做出积极回应的绅商，也是整个赈务中捐助力度最大的绅商。李鸿章也两次特地为胡光墉上奏请奖。② 毫无疑问，这次赈务中产生的交集，大大拉近了李鸿章与胡光墉之间的关系。也正是在此之后，李鸿章才起意延揽胡光墉加入筹办招商局。

在朱其昂受命返回上海后不久，时任天津道丁寿昌和津海关道陈钦就根据李鸿章的指示，于十月间饬令朱其昂"与胡雪岩观察合谋商办"。③ 稍后，李鸿章得知胡光墉表态愿意到上海与朱其昂会面，便立刻批示："胡道（即胡光墉）熟悉商情，素顾大局，既与朱守晤商，当可妥商合伙。"④ 很可能是对朱、胡达成合作抱有极大信心，李鸿章才急于向朝廷奏明设局之举，并将胡光墉的名字列入奏折。然而，李鸿章上奏后仅过了三天，就不无懊丧地告知丁寿昌，胡光墉以"所虑甚多"为辞，"似决不愿入局搭股"。⑤ 由此

① 《查明南省官绅劝捐办赈出力酌拟奖叙折》所附清单，载顾廷龙、戴逸主编《李鸿章全集》第5册《奏议五》，第182页。
② 《劝办直属灾赈援案请奖折》《外省捐赈请奖片》《胡光墉等捐赈请奖片》，载顾廷龙、戴逸主编《李鸿章全集》第4册《奏议四》，第401—402、423—424、453页。
③ 佚名辑《晚清洋务运动事类汇钞》上册，第231页。
④ 佚名辑《晚清洋务运动事类汇钞》上册，第232—233页。
⑤ 佚名辑《晚清洋务运动事类汇钞》上册，第245页。

可见，胡光墉的退出颇令李鸿章意外。接下来，招商局虽勉强开局，但朱其昂独木难支，很快陷入窘境。结果不久之后，李鸿章不得不引进唐廷枢、徐润来彻底加以改组，这已是以往所熟知的内容，无须赘述。

结　语

本文研究首先表明，要圆满解释轮船招商局在同治十一年的创办，需要基于政治经济史、社会经济史等复合视角，而不能拘泥于"纯"经济史视角。具体而言，李鸿章从一个与新式航运业关系淡薄的官员，转变为推动朝廷轮船招商决策的中流砥柱式的人物；同治十年之前踟蹰不前的轮船招商事宜，进入同治十一年后突然驶入了快车道：这都不单纯是经济因素驱动的结果。其次，要推进对洋务运动的研究，必须更为完整地把握其中诸多事件的动态实践进程。就轮船招商局的创办来说，以往论述所涉及的史实，更多时候都是为了支持自身定性分析而做出的选择，往往忽视了很多同样重要的史实。研究证明，如果不从招商局创办的具体历史进程出发，不考察洋务建设活动从"求强"转向"求富"的发生契机，也就不可能从社会实践中理解历史必然性和偶然性的统一。

〔作者单位：中国人民大学清史研究所〕

辛亥滦州兵谏新论

朱文亮

"滦州兵谏"是辛亥革命期间发生的重大历史事件。清军第二十镇统制张绍曾、第三镇护理统制卢永祥、第二混成协统领蓝天蔚等东北将领联名发动兵谏，提出速行立宪等主张，抗拒清廷的调遣命令，客观上有利于辛亥革命的迅猛发展。在既往研究当中，学界多从革命视角加以关注，一般认为参与其事的第六镇统制吴禄贞属于革命派，滦州兵谏是一种革命行为。[①] 然而，令人疑惑的是，尽管此前已有武昌首义的革命示范，并有长沙、西安等地的革命响应，但滦州兵谏采取的却是相对温和的进谏方式，未敢与清廷公然决裂。张绍曾、蓝天蔚等人后来即便被清廷削夺兵权，也只是选择妥协退让，而没有迅即率领军队宣言革命。吴禄贞更是因为疏于防备，突然在石家庄遇刺身亡。凡此种种，仅从革命视角似难解释完整。因此，有关滦州兵谏的性质评价、曲折演变，尤其是与清廷权贵的密切关系等内容还有待继续进行探讨。

[①] 参见吴忠亚《吴禄贞是"立宪派"吗?》，《历史研究》1982 年第 3 期；曾广谦《略论辛亥革命中的吴禄贞——兼与董方奎同志商榷》，《学术月刊》1982 年第 11 期；杜春和《张绍曾与"滦州兵谏"》，《近代史研究》1985 年第 3 期；马亮宽《试论辛亥滦州兵谏与立宪派之关系》，《聊城大学学报》(哲学社会科学版) 2002 年第 6 期；赵润生《论辛亥滦州兵谏的性质》，《聊城大学学报》(社会科学版) 2010 年第 6 期。但也有个别学者认为滦州兵谏是立宪派策划的事件，参见董方奎《论"滦州兵谏"和"士官三杰"》，《历史研究》1981 年第 1 期。

一　滦州兵谏得到权贵支持

要对滦州兵谏的性质做出正确评判，先可重点分析第六镇统制吴禄贞的相关举动。一般认为，吴禄贞具有强烈的革命意识，是滦州兵谏的重要策划人物。兵谏发生之后，吴禄贞曾前往滦州与张绍曾会谈，正是吴禄贞的滦州之行促使张绍曾等人趋于激进，进而"密定进攻北京之计划"，① 严重威胁到清政府的统治。但值得注意的是，吴禄贞具有关键意义的滦州之行，并非他自身所能决定，而是出自清廷权贵的筹划决策。

1911 年 10 月 27 日，滦州兵谏正式发动，张绍曾、卢永祥、蓝天蔚等人联名兵谏，抗拒清廷调遣命令，提出"立开国会""内阁总理大臣由国会公举"等十二条政纲。② 当天晚上，他们派人赶至北京，将兵谏奏折及十二条政纲首先交给军谘大臣载涛，载涛急忙电约另一军谘大臣毓朗到军谘府商议，两人再连夜前往内阁协理大臣那桐家，③ 并邀请另一协理大臣徐世昌前来，④ 再加上禁卫军协统良弼，⑤ 五人共商应对之策。

吴禄贞的滦州之行正是 27 日晚上由他们五人商议决定的。据毓朗第二天向日本人川岛浪速透露，决定派遣吴禄贞前往滦州对张绍曾谋求安抚之策，是他与载涛、徐世昌、那桐等人熟议的结果。⑥ 参与者良弼此后也向日本公使馆武官青木少将透露，实际上只有他们五人负责处理此事，其他朝廷大员并未参与。⑦

---

① 罗正纬：《滦州革命纪实初稿》，载罗琛敬编《罗正纬著作汇编》，出版者不明，2012，第159—160 页。

② 《张绍曾等奏请立宪折及拟定政纲十二条》，载杜春和编选《辛亥滦州兵谏函电选》，中国社会科学院近代史研究所近代史资料编辑部《近代史资料》总 91 号，中国社会科学出版社，1997，第 67 页。此后所引"《近代史资料》总 91 号"皆指"杜春和编选《辛亥滦州兵谏函电选》"。

③ 参见毓盈《述德笔记》，载中国社会科学院近代史研究所近代史资料编辑部《近代史资料》总 79 号，中国社会科学出版社，1991，第 129—130 页。

④ 《徐世昌日记》第 22 卷，人民出版社，2013，第 10766 页。

⑤ 参见北京市档案馆编《那桐日记》，新华出版社，2006，第 700 页。

⑥ 参见「在清国伊集院公使ヨリ内田外務大臣宛（電報第 359 号）」（明治 44 年 10 月 28 日）、JACAR（アジア歴史資料センター）：C08040654100（0609）。本文所引日本外务省外交史料馆及日本防卫省防卫研究所档案来自"亚洲历史资料中心"（アジア歴史資料センター）网站，http：//jacar. go. jp，引用日期：2018 年 1 月 31 日。

⑦ 参见「在清国伊集院公使ヨリ内田外務大臣宛（電報第 388 号）」（明治 44 年 10 月 31 日）日本外务省編『日本外交文書・清国事変（辛亥革命）』日本国際連合会、1961、147 頁。

与会五人当中，良弼是在他们"议久不决"时才到那桐家"求见"，加入讨论，① 必定是想表达处理滦州兵谏的意见。考虑到他与吴禄贞的"相好"关系，② 清廷此后派遣吴禄贞前往滦州应该是良弼的建议。

载涛等权贵决定派遣吴禄贞前往滦州看似偶然，实则早有预谋。张绍曾发动的滦州兵谏原本就与载涛、毓朗、良弼、吴禄贞以及康有为、梁启超一派有着密切关联，由他们在武昌起义之前早已谋划的"宫廷政变"计划演变而来。该计划的目标为"逐庆、泽，而涛自为总理"，③ 也就是"剪除皇族内阁总理大臣、庆亲王奕劻、度支大臣载泽为首的顽固集团，拥载涛为内阁总理大臣，立即实行君主立宪"。④

正是因为此，像兵谏这么大的事情才只找协理大臣那桐、徐世昌协商，而没有通知内阁总理大臣奕劻。据说原本有人劝载涛、毓朗"往见庆邸"，但毓朗借口"老人体素弱，经此震骇，明早必不能上朝矣。如此，是欲速而转迟也"，⑤ 加以拒绝。毓朗是载涛的政治密友，他在 1910 年出任军机大臣时，就"有涛贝勒一派之代表的意思"，⑥ 传闻当时有望出任军机大臣的原为载涛，但他顾虑与摄政王的兄弟关系，于是推荐毓朗代替自己。⑦ 现在不让奕劻参与处理兵谏问题，可便于载涛一派掌控局势。

武昌起义之后，清廷焦头烂额，此时又发生滦州兵谏，更应增添危机之感，然而日本人川岛浪速在与军谘大臣毓朗交谈时，却感觉毓朗并不觉得危机会在一两日中越来越严重。⑧ 与之相比，此前陕西起义时，毓朗非常惊慌，甚至请求日方在万一之际保护他及家人的安全。⑨ 此外，良

---

① 毓盈：《述德笔记》，载《近代史资料》总 79 号，第 130 页。

② 钱基博：《吴禄贞传》，载中国史学会主编《辛亥革命》第 6 册，上海人民出版社，1957，第 370 页。

③ 丁文江、赵丰田编《梁启超年谱长编》，上海人民出版社，1983 年，第 554 页。

④ 参见董方奎《论"滦州兵谏"和"士官三杰"》，《历史研究》1981 年第 1 期，第 67 页。

⑤ 参见毓盈《述德笔记》，载《近代史资料》总 79 号，第 130 页。

⑥ 「在清国伊集院公使ヨリ小村外務大臣宛て（機密第 124 号）」（明治 43 年 8 月 24 日）、JACAR：B03050009000（第 276—277 画像目）。

⑦ 「在清国伊集院公使ヨリ小村外務大臣宛て（機密第 124 号）」（明治 43 年 8 月 20 日）、JACAR：B03050009000（第 266 画像目）。

⑧ 「在清国伊集院公使ヨリ内田外務大臣宛て（電報第 359 号）」（明治 44 年 10 月 28 日）、JACAR：C08040654100（0610）。

⑨ 「在清国伊集院公使ヨリ内田外務大臣宛て（電報第 321 号）」（明治 44 年 10 月 24 日）日本外務省編『日本外交文書・清国事変（辛亥革命）』、141 頁。

弼在与青木少将谈及此事时也显得非常自信，表示"像张这样的不必过于担心"。[①] 毓朗、良弼之所以能心态平稳，是因为兵谏本身就由他们暗中操纵。决定派遣吴禄贞前往滦州处理此事，也是因为吴禄贞"为涛所信用之人"，[②] 深得载涛信任，原本就是滦州兵谏亦即宫廷政变计划的策划者之一。

10月28日下午4点半，吴禄贞乘专车从北京出发，于29日早上7点左右到达滦州。[③] 吴禄贞带去载涛写给张绍曾的亲笔信函，要求张绍曾"应谨遵敕谕，严守秩序"，同时表示"接阅统制等条陈各节，爱国热忱溢于言表，当即面奏大元帅，颇蒙嘉悦"，[④] 这虽可视为安抚之词，但亦可解读为大元帅载沣及载涛本人对张绍曾等人立宪主张的支持。

张绍曾接信后，态度甚为恭敬，致电载涛表示顺从，"仰蒙奏明大元帅，曷胜感悚，奏陈请愿各件，既据资政院议决相同，第次具奏，自应静候一并发表，朝廷锐意维新，定卜可达希望，绍曾遵将钧谕转传各军将士，极为欢跃，均能严守秩序，现正料量编队，一二日准备完毕，即应候命出发也"。[⑤] 张绍曾还将载涛信函内容电告蓝天蔚等人，并且要求"乞转呈赵次帅，并电达三镇全体为荷"。[⑥] 东三省总督赵尔巽对兵谏原本持保留意见，"惟次帅不表赞成"。[⑦] 应该是获知此信内容后才转变态度，随后致电清廷支持张绍曾等人的立宪主张，"东督亦电请允如所请"。[⑧]

另外，10月30日，张绍曾还因当天的《大公报》"载有官场消息，滦州兵变等语"，要求直隶总督陈夔龙"派员饬令更正"，说是"敝军兵心现

① 「在清国伊集院公使ヨリ内田外务大臣宛（電報第388号）」（明治44年10月31日）日本外务省编『日本外交文书・清国事变（辛亥革命）』、147页。
② 《盛文颐致盛宣怀函》（宣统二年十月十八日），载陈旭麓等主编《辛亥革命前后》，《盛宣怀档案资料选辑（一）》，上海人民出版社，1979，第77页。
③ 参见《吴禄贞等电》（1911年10月28日）、《陈邦俊电》（1911年10月28日），载《近代史资料》总91号，第54页。
④ 参见《载涛函》，载《近代史资料》总91号，第71页。另见《张绍曾存函电稿》，中国社会科学院近代史研究所中国近代史档案馆藏档案甲194/4。原件盖有大印，所记"宣统三年九月初七日"应为写作日期。
⑤ 罗正纬：《滦州革命纪实初稿》，载罗琛敬编《罗正纬著作汇编》，第159—160页。《辛亥滦州兵谏函电选》仅摘录《滦州革命纪实初稿》中记载的部分函电。
⑥ 罗正纬：《滦州革命纪实初稿》，载罗琛敬编《罗正纬著作汇编》，第160页。
⑦ 《伍祥桢等电》（1911年10月30日），载《近代史资料》总91号，第55页。
⑧ 许恪儒整理《许宝蘅日记》，中华书局，2010，第371页。

极稳固，此等谣言近煽惑"。① 得知山西新军起义之后，又致电载涛表示忠心："近闻山西兵变，殊为焦躁，甚望王爷忠告朝廷早日宣布满足人愿之宪法，以安军民之心，用救危机，再我军无论国内乱至如何，始终存忠爱主义，万勿为诳言所惑，致劳仅念。"② 种种迹象表明，张绍曾在吴禄贞来滦之初，态度并不激烈，基本上遵照载涛的意思行事。双方里应外合，按照计划逐步推进政治改革。

10 月 29 日，山西新军起义，时局更显危急，有助于载涛等人配合兵谏在清廷内部向摄政王载沣进一步施压。这一天，载涛、毓朗以及海军大臣载洵、陆军副大臣寿勋一同面见载沣，让他感到"时事孔亟之至"。③ 与此同时，滦州兵谏的奏报也在这一天正式提交载沣处理。④ 张绍曾等军人原属军谘府、陆军部管辖，他们的电奏应该是由载涛他们代递。因此，正是在载涛等人的推动之下，载沣第二天终于批准了以资政院名义提出的兵谏主张，"资政院条陈三件，均奉旨允行，降宪法，交院审议，不用亲贵为国务大臣，赦免党人。共谕三道，并降罪己，期可挽回时局，以安人心之诏"。⑤ 并就兵谏一事明确谕告："昨日统制张绍曾等电奏具陈管见一折，其间颇有可采择之条已归入本日谕旨一并宣示矣。"⑥

二　计划失算致使兵谏升级

表面看来，清廷 30 日的上谕已经对滦州兵谏做出重大妥协，达成了宫廷政变计划的很多目标。"降宪法、交院审议"有助于清廷加快君主立宪进程。"赦免党人"则可扫除载涛一派的盟友康有为、梁启超归国参与宪政的障碍。"不用亲贵为国务大臣"更可打击内阁总理大臣奕劻以及度

---

① 《张绍曾致陈夔龙电》（1911 年 10 月 30 日），载《近代史资料》总 91 号，第 56 页。

② 罗正纬：《滦州革命纪实初稿》，载罗琛敬编《罗正纬著作汇编》，第 149 页。

③ 爱新觉罗·载沣：《醇亲王载沣日记》，群众出版社，2014，第 415 页。

④ 清廷在 30 日的谕旨提及"昨日统制张绍曾等电奏具陈管见一折"，参见《宣统政纪》第 62 卷，宣统三年九月上，《清实录》第 60 册，第 1154 页。

⑤ 爱新觉罗·载沣：《醇亲王载沣日记》，第 415 页。

⑥ 《宣统政纪》第 62 卷，宣统三年九月上，《清实录》第 60 册，第 1154 页。

支部大臣载泽的势力，而军谘大臣不属国务大臣之列，[①] 载涛、毓朗似可不受影响。

然而，在内阁总理大臣这一事关派系权争的焦点问题上，却与原定目标相去甚远。当天的谕旨另有补充，即"一俟事机稍定，简贤得人，即令组织完全内阁，不再以亲贵充国务大臣"，[②] 其中深藏玄机，暗示将让袁世凯出任内阁总理大臣，打破了兵谏以及政变计划的政治理想。不仅载涛作为亲贵不便再出任内阁总理大臣，即便让康、梁迅速回国也失去了参与竞争的机会。

袁世凯属于庆亲王奕劻的政治盟友，他早在10月27日就被任命为钦差大臣，统率所有参与镇压武昌起义的清军。如果等到"事机稍定"，再"简贤得人，即令组织完全内阁"，这个"贤人"无疑就是统率大军镇压起义的袁世凯。在此之前，载泽一派的郑孝胥就曾预估："袁果有才破革党，定乱事，入为总理，则可立开国会、定皇室、限制内阁责任，立宪之制度成矣。"[③]

10月30日的这份上谕让袁世凯内阁呼之欲出。同一天，远在东北的资政院议员许鼎霖接到北京的电报，要求他进京商讨有关组织新内阁的事宜。许鼎霖据此认为"袁成为内阁总理或成事实"。晚上，日本驻奉天总领事也接到情报，听说将以袁世凯为内阁总理大臣，载泽从中起了一定作用。[④] 另外，日本公使清晨即已得知上谕中应对兵谏的大意，据他了解，最终将让袁世凯为内阁总理大臣组织内阁的说法几天来已在消息灵通者之间流传。[⑤] 当天，清廷还任命袁世凯的心腹赵秉钧署理民政部尚书，亦可视为袁世凯可能出任内阁总理大臣的一个重要信号。

如果让袁世凯最终出任内阁总理大臣，滦州兵谏无疑为他人做了嫁衣。载涛一派一旦失势，吴禄贞、张绍曾等人的努力不仅白费，还将陷

---

① 内阁章程规定国务大臣主要指内阁总理、协理及各部大臣，参见《宣统政纪》第52卷，宣统三年四月上，《清实录》第60册，第932页。

② 《宣统政纪》第62卷，宣统三年九月上，《清实录》第60册，第1153页。

③ 劳祖德整理《郑孝胥日记》第3册，中华书局，1993，第1353页。

④ 参见「在奉天小池総領事ヨリ内田外務大臣宛（電報第357号）」（明治44年10月31日）、JACAR：C08040654500（0784－0785）。

⑤ 「在清国伊集院公使ヨリ内田外務大臣宛（電報第376号）」（明治44年10月30日）、JACAR：C08040654200（0670）。

入进退失据的境地。正是在这种背景之下，滦州兵谏开始转趋激进，有了联合进军北京的必要。而这种武力解决方式在事前的计划当中亦早有预案。

康有为、梁启超是宫廷政变计划的参与者，他们尽管远在日本，但在兵谏之前就对计划详情略有所知。梁启超事前甚至"远亦决行"，决心在没有得到赦免的情况下冒险回国。10月26日，也就是兵谏正式发动的前一天，康有为在信中对相关情况就有过简要描述。该信内容如下：

> 又适有机会，北中兵事有熟人，亦有亲贵，欲胁以改政府，即以资政院改国会，并合十八省谘议局为议员，且罢征讨军令，往抚之。已发要人数四入北运动。皆拼命而行。若不得，则欲募壮士数百为之，否则土头亦必自专，亦无我等回翔地矣。事之成否，书到已见，远亦决行。亡国恒于斯，得国恒于斯。①

从康有为信中所述来看，该计划似有两个方案：首先是"北中兵事有熟人，亦有亲贵，欲胁以改政府"，试图通过军事胁迫亦即兵谏的方式达到改革政府的目的；如果第一方案没有成功，则会采取进一步行动，"欲募壮士数百为之"，在京城发动宫廷政变强行改革。既然滦州兵谏未能达成根本目的，则有采取第二方案之必要。

吴禄贞在10月29日早上7点左右到达滦州，随后与张绍曾等人进行秘密商谈，再经约14小时30分钟的车程返回北京。② 据说回京后"到军谘府与涛计议数时之久"，亦曾与张国淦等人私谈，也与冯耿光"密谈多时"；③ 10月31日则已离开北京赶至石家庄镇抚山西起义军。④ 考虑到从北京前往石家庄也需不少时间，故而吴禄贞回到北京应该是在30日左右，从而了解到新的局势。他"到军谘府与涛计议数时之久"，或许就是同载涛协商如何

---

① 《与徐勤书》（1911年10月26日），载姜义华、张荣华编《康有为全集》第9集，中国人民大学出版社，2007，第200页。

② 吴禄贞从北京乘专列到滦州花了14小时30分。参见《吴禄贞等电》（1911年10月28日）、《陈邦俊电》（1911年10月28日），载《近代史资料》总91号，第54页。

③ 张国淦编著《辛亥革命史料》，大东图书公司，1980，第196、207页。

④ 《吴鸿昌致陆军部呈文》（1911年11月19日），载中国第二历史档案馆编《中华民国史档案资料汇编》第1辑，江苏人民出版社，1979，第198页。

应对新的局势以及推进政变计划之事。

吴禄贞此后致信张绍曾："刻已商定，如政府再不允所请，各军均向北京进发，驻扎京师附近。""我军亦当高举义旗，首先赞助。"① 显然已经决定实施第二方案，通过武力方式解决相关问题。如果各军顺利进京，则可为康有为所述第二方案"欲募壮士数百为之"提供绝佳良机，梁启超所述计划的"一举彼辈廓清之"亦将成为可能。② 联想到戊戌年间，康有为一派游说袁世凯统兵进京的前事，现在吴禄贞等人准备实施同样有康、梁参与的宫廷政变计划第二方案也就并不意外。

张绍曾在吴禄贞的建议之下，于11月1日致电清廷，对30日"一俟事机稍定，简贤得人，方不再用亲贵"的谕旨表示不满，威胁声称"荷戈西望，不胜惶恐待命之至"，强烈要求"内阁大臣必由民选"，③ 实质就是反对清廷对袁世凯的任命，认为通过"民选"的方式能够让康、梁这些属于载涛一派的人士出任内阁总理大臣。④ 同一天，他还要求清廷"即日派列车二百辆，将军队移驻南苑"，⑤ 并且致电蓝天蔚："禁卫军出征，京师空虚，我军拟前往，尤望贵协同行。"⑥ 已经准备联合向北京进发。

三　权贵内争与局势生变

尽管宫廷政变计划筹划颇为周全，在兵谏基础之上还预备了武装政变的方案，但由于部分计划遭到泄露，提前被其他权贵侦知防备，从而另生变数。

作为载涛的政治对手，度支部大臣载泽对载涛一派的计划并非毫不知情。武昌起义之初，载泽的亲信盛宣怀就对吴禄贞的第六镇是否愿意参加内

---

① 罗正纬：《滦州革命纪实初稿》，载罗琛敬编《罗正纬著作汇编》，第160页。罗正纬认为此信是"禄贞到滦，致绍曾函"，但吴到滦与张面谈，似无另行致信之必要。而且信中开头称"昨奉军谘府命来滦开导东省军队，再四察核并无妄举"，故而应该是"察核"之后离开滦州所作。
② 参见丁文江、赵丰田编《梁启超年谱长编》，第554页。
③ 《张绍曾致军谘府代奏电》（1911年11月1日），载《近代史资料》总91号，第59页。
④ 例如，梁启超就对以民选方式取代袁世凯很有信心，"今欲取而代之，诚甚易，资政院皆吾党，一投票足矣"。参见丁文江、赵丰田编《梁启超年谱长编》，第556页。
⑤ 《张绍曾致军谘府电》（1911年11月1日），载《近代史资料》总91号，第57页。
⑥ 《张绍曾致蓝天蔚电》（1911年11月1日），载《近代史资料》总91号，第57页。

战"毫不犹豫地表示怀疑",① 11 月 2 日，载泽等在资政院会议上提及"禁卫军与滦州联合",② 更非无心之言。禁卫军此时由载涛一派掌控，载泽显然是对载涛与张绍曾等人联手一事略有所知。此外，内阁总理大臣奕劻亦在防备载涛，据说此前调姜桂题的武卫军进京牵制禁卫军，就是"庆王奕劻对于载涛久存戒心，惟恐载涛趁武昌起义调拨军队的机会利用禁卫军来对付自己"。③

吴禄贞是推进滦州兵谏向第二方案转变的关键人物，但其性情略显轻率，处事有欠谨慎。宫廷政变计划的终极目标实际是要消除宣统朝以来隆裕皇太后对摄政王载沣的掣肘，载泽之所以能与载沣之弟载涛抗衡，背后是得到隆裕的有力支持。④ 而吴禄贞还在政变计划筹策之初，就曾向日本公使透露奉移隆裕太后到颐和园，⑤ 从而"软禁"隆裕的想法。此次从滦州回到京城之后，吴禄贞又"对人私谈"了联合张绍曾进军北京的计划，"滦州和保定军同样会师北京，打出的旗号是维护清室，革新政治"，甚至还告诉过与政变计划关系不大的张国淦。⑥ 由此看来，计划遭到泄露并不意外。

奕劻、载泽等人如果获知政变计划进一步向第二方案推进，定会采取紧急措施应对。10 月 31 日，就在清廷宣谕暗示将由袁世凯组阁的第二天，也就是吴禄贞回到北京之后，奕劻等不及"一俟事机稍定"，已经着手即刻辞职，⑦ 准备让袁世凯立即接任内阁总理大臣。同一天，当新任民政部尚书赵秉钧向载沣询问政事难题时，载沣已经回复称"可尽与袁世凯磋商"。载沣此时"无精打采，头脑似已完全混乱"，"似已全然无心过问政事"，⑧ 恐怕就是苦于皇族内部载涛、载泽、奕劻三派的激烈纷争。11 月 1 日，未等张

---

① 《朱尔典爵士致格雷爵士函》（1911 年 10 月 16 日），载《英国蓝皮书有关辛亥革命资料选译》上册，胡滨译，中华书局，1984，第 36 页。

② 参见韩策、崔学森整理《汪荣宝日记》，中华书局，2013，第 311 页。

③ 冯耿光：《荫昌督师南下与南北议和》，载《辛亥革命回忆录》第 6 册，中华书局，1963，第 350 页。

④ 载泽与载涛之争另可参见朱文亮《清末皇族内争与袁世凯复出》，《历史研究》2017 年第 5 期。

⑤ 「在清国伊集院公使ヨリ小村外務大臣宛（機密第 65 号）」（明治 44 年 6 月 18 日）、JACAR：B03050009200（第 386 画像目）。

⑥ 参见张国淦编著《辛亥革命史料》，第 196 页。

⑦ 参见许恪儒整理《许宝蘅日记》，第 372 页。

⑧ 《伊集院驻清公使致内田外务大臣电》（1911 年 11 月 1 日），载邹念之编译《日本外交文书选译——关于辛亥革命》，中国社会科学出版社，1980，第 56 页。

绍曾对 30 日的上谕做出回应，包括载泽在内的"皇族内阁"全体辞职，清廷正式任命袁世凯为内阁总理大臣。接着，载涛也不安其位被迫开缺，军谘大臣一职由荫昌接替。①

据毓朗所述，载涛被迫辞去军谘大臣职位，同意任命袁世凯为内阁总理，"实因庆亲王、涛贝勒与泽公之间倾轧素深，近来几至达到顶点，涛贝勒甚至暗自忧恐其为泽公所暗害。当此时刻，如能引袁世凯入主中枢，或可缓和其间矛盾，至少可能暂时维持小康状态"。② 载涛正在进行针对载泽等人的政变计划，处于主动地位，却担心为载泽所害，应该就是计划泄露招致载泽怨恨之故。当政敌载泽、奕劻以退为进主动辞职之时，载涛从清廷全局出发，也只好跟着辞职以避嫌忌，从而产生中止政变计划的想法。

在清廷任命袁世凯为内阁总理大臣以及载涛辞职的当天，载涛另派心腹哈汉章前往滦州再次劝抚张绍曾。张绍曾派往北京的亲信吕钧与载涛见面时也了解到"涛邸之意，欲将我军移驻迁安二镇营房"，看来载涛并不同意张绍曾率军进京。吕均因此建议张绍曾"哈到后来京，仍以稍缓为是"。③ 同样在载涛辞职这一天，毓朗向川岛浪速表示，"形势至此，留京何益，宁愿早日东渡，漫游日本"，并询问"未悉抵日之后，如清廷要求引渡，是否有被送回之可能"，且"言时面露忧色，似甚焦虑"，④ 说明毓朗也因载涛辞职感到大势已去，甚至开始担心政变计划失利将会带来政治清算。

然而，吴禄贞在载涛辞职之前就已离开北京，两人未再当面协商。俗话说，"将在外，君令有所不受"，他仍在继续推进政变计划。当张绍曾得知载涛新的意向致电吴禄贞协商时，吴禄贞回电坚持："停止南北战争非有实力不可，非一纸空文所能【办】到。政见【同】公奏，谅不俟鄙人再赘也。"⑤ 正是因为吴禄贞的支持，张绍曾才在清廷做出种种让步，并正式任命袁世凯为内阁总理大臣之后，仍然表示反对，11 月 3 日继续向清廷要求

---

① 参见《宣统政纪》第 63 卷，宣统三年九月上，《清实录》第 60 册，第 1160—1162 页。
② 《伊集院驻清公使致内田外务大臣电》（1911 年 11 月 1 日），载邹念之编译《日本外交文书选译——关于辛亥革命》，第 58 页。
③ 《吕钧电》（1911 年 11 月 2 日），载《近代史资料》总 91 号，第 60 页。
④ 《伊集院驻清公使致内田外务大臣电》（1911 年 11 月 1 日），载邹念之编译《日本外交文书选译——关于辛亥革命》，第 58 页。
⑤ 《吴禄贞电》（11 月 3 日），载《近代史资料》总 91 号，第 63 页。

"总理大臣必由国会公举"。①

吴禄贞从滦州回北京后，载涛还让他领兵镇压山西起义军，足见对其仍然信任。吴禄贞此时也并未显露出背叛清廷之意。就在回复张绍曾的同一天，到达石家庄的吴禄贞还因"革军顽强，尚不知悔"，请求清廷增派军队，着手"迅速进攻"。② 即便此后招抚山西起义军，也可视为仍在执行宫廷政变计划。

11 月 4 日，吴禄贞前往娘子关与阎锡山会谈，③ 时在娘子关负责防堵清军的主要是姚以价及张树帜。据姚以价所述，吴禄贞招抚山西起义军到石家庄的目的，只是"与该地第六镇部队会合，效仿滦州第二十镇的行动，占领石家庄枢纽站，迫使政府接受他们的条款"，"但并不坚持要废止满族王朝"。④ 张树帜也记述认为，吴禄贞并未优先选择"南下合击清军，为武汉民军后援"的上策，以及"直捣燕京，夺满廷巢穴"的中策，而是选择了下策："六镇兵与山西兵连营占领石家庄，守山西要隘，断满虏粮道。"⑤ 相较一些当事人革命胜利多年后的回忆，姚以价此番言论为当年吴、阎会谈不久后所讲，可信度较高。而且山西起义成功之初，阎锡山及姚以价等人就有与清廷媾和之意。⑥ 双方在"不坚持要废止满族王朝"的前提下达成一致，实有可能。如果他们是在这一前提之下联合进军，仍可属于宫廷政变计划范畴。

四　清廷决策与吴禄贞之死

如前所述，清廷此前之所以对滦州兵谏做出重大让步，没有采取强硬措

---

① 《张绍曾致军谘府电》（1911 年 11 月 3 日），载《近代史资料》总 91 号，第 62 页。

② 参见《吴禄贞致内阁电》（1911 年 11 月 3 日），载中国第二历史档案馆编《中华民国史档案资料汇编》第 1 辑，第 196 页。

③ 参见阎锡山《阎锡山早年回忆录》，载《近代史资料》总 55 号，第 135 页。

④ 《皇家苏色克斯团陆军上尉欧特白的报告》（1911 年 12 月 2 日），载章开沅等主编《辛亥革命史资料新编》第 8 册，湖北人民出版社，2006，第 144 页。

⑤ 参见张树帜《山西辛亥革命起义日记》，载中国人民政治协商会议山西省委员会文史资料研究委员会编《山西文史资料》第 19 辑，山西人民出版社，1981，第 91 页。

⑥ 据说阎锡山原主张选姚鸿发为都督，其中有理由就是"如起义失败，姚的父亲任清廷兵部侍郎，事情亦好缓和"，并得到姚以价等在场人员的一致同意。参见周玳《清末陆军学堂的编制概况和我在辛亥革命前后的经历》，载中国人民政治协商会议山西省委员会文史资料研究会编《山西文史资料》第 4 辑，山西人民出版社，1962，第 126 页。

施，是因为兵谏得到载涛一派的支持，属于他们早已策划的宫廷政变计划。但在载涛本人已经准备放弃的前提之下，如果张绍曾、吴禄贞等人仍想继续执行计划，甚至超出此前预案，进而危及清政府的生死存亡，即便载涛亦会同意对兵谏采取坚决措施。

11月4日，就在招抚山西起义军的这一天，吴禄贞在石家庄率同第六镇两位协统再次联名兵谏。他们致电清廷，"恳明降谕旨，停止战争，以固人心，而维大局"，进而要求将镇压武昌起义的陆军大臣荫昌"严行治罪"，甚至威胁要"阻绝南北交通，而妨害第一军之后路"。① 从形式来看，石家庄兵谏与滦州兵谏有点类似，都以武力为后盾提出政治主张。然而时势迥异却易产生不同解读。据日本人川岛浪速所知，吴禄贞后来遇刺，就有此份电文的因素，"吴禄贞与山西叛军达成一致，回到石家庄占据京汉铁路，想断第一军粮道，其后为第一镇旗兵所杀"。②

吴禄贞为湖北人士，家乡汉口此时刚遭到清军大肆焚毁，电文中提出"禄贞桑梓所关，尤为心痛"，不能不引起清廷的重视。据说此前未派吴禄贞南下镇压武昌起义，就有让他回避到家乡作战的因素。③ 在派吴禄贞处理滦州兵谏时，也曾"有人怀疑吴禄贞自身是否亦有叛意"。④ 当吴禄贞前赴娘子关谈判时，参谋长张世膺未经吴禄贞的允许，私自截留运鄂军火，"迳电军谘府，谓军民将变，藉以警告清廷"，⑤ 更会加深清廷对他断绝后路的警惕。如果吴禄贞确因家乡遭清军烧戮夹击清军精锐第一军，或者举义北进，清廷将很快遭灭顶之灾。加之清楚张、吴已有联合之势，⑥ 清廷必须针对张、吴先后兵谏做出决策。即便是曾经非常信任吴禄贞的载涛等人，也不得不在这关键时刻做出决断。

---

① 《吴禄贞、李纯、吴鸿昌致清内阁、军谘府、陆军部、资政院电》（1911年11月4日），载卞孝萱辑《辛亥革命山西资料片断》，《近代史资料》总16号，第22页。

② 「在北京川岛浪速ヨリ参謀次長宛（電報）」（明治44年11月7日），JACAR：B03050622500（第195画像目）。

③ 参见「在清国伊集院公使ヨリ内田外務大臣宛（電報第340号）」（明治44年10月26日）、JACAR：C08040653900（0510）。

④ 「在清国伊集院公使ヨリ内田外務大臣宛（電報第398号）」（明治44年11月1日）日本外務省編『日本外交文書・清国事変（辛亥革命）』，55頁。

⑤ 罗正纬：《滦州革命纪实初稿》，载罗琛敬编《罗正纬著作汇编》，第161页。

⑥ 军谘府此后同时加急致电吴、张二人，告知上谕有关开党禁、开国会的答复。参见《军谘府电》（1911年11月5日），载《近代史资料》总91号，第64页。

载涛身为摄政王的弟弟，虽辞去军谘大臣，但仍属清廷决策层成员。面对时局激变，赵秉钧甚至觉得摄政王都不足依恃，"唯涛贝勒尚可与谋"，[①]足见载涛对朝政的影响。照理来说，张绍曾等此前抗命兵谏性质已非常严重，清廷却不断让步，一直没能采取果断措施，就是因为载涛的因素。关于此点，袁世凯的亲信赵秉钧亦略有所知，他在谈及政局时就认为"首兹值得担忧的问题照例是张绍曾反抗一事，自己等苦于难以决定涛贝勒等的意向"，[②]亦可显见载涛态度对清廷处理滦州兵谏的重要性。因此，清廷此后的决策应该得到了载涛的认可默许。

11月6日，清廷任命张绍曾为宣抚大臣，令其"驰赴长江一带"，由潘矩楹署理第二十镇统制；同时，命李纯代替吴禄贞充任第六镇统制，削夺了张、吴二人的兵权，[③]并以电寄谕旨的形式通告了各将军、督抚、都统等，[④]意在清楚表明清廷针对兵谏形成最终决策。

就在清廷做出决策不久，身处石家庄车站的吴禄贞就于11月7日凌晨1点多遇刺。从时间先后来看，清廷决策与吴禄贞遇刺有着紧密联系。他们既然决定解除吴禄贞的兵权，就得防备吴禄贞拒不应命引发的非常之举。据时在石家庄的第六镇协统吴鸿昌报告，吴禄贞是"被第一镇第三标旗兵多人哄入办公处戕毙"，并且持有证据："比即战获数人，及血痕枪刀为据。"[⑤]清廷外务部向外国公使通报的亦是"杀害吴禄贞的是属于满人标队的30名士兵"。[⑥]此外，姚以价在吴禄贞遇刺不久即抵达石家庄，他对一位英国上尉也说这是清廷派人所为，"一些由北京乘专车来的满族军官（姚上校确告我是北京政府派来的）走进房里，立即刺杀吴禄贞"。[⑦]另据吴禄贞遇刺当

① 《伊集院驻清公使致内田外务大臣电》（1911年11月1日），载邹念之编译《日本外交文书选译——关于辛亥革命》，第57页。
② 「在清国伊集院公使ヨリ内田外務大臣宛（電報第425号）」（明治44年11月5日）、JACAR：C08040655100（0996）。
③ 《宣统政纪》第63卷，宣统三年九月中，《清实录》第60册，第1174、1177页。
④ 参见《电寄谕旨》（1911年11月6日），载《近代史资料》总91号，第65页。
⑤ 《吴鸿昌致清内阁、军谘府、陆军部、资政院电》（1911年11月7日），载卞孝萱辑《辛亥革命山西资料片断》，《近代史资料》总16号，第24页。
⑥ 「在清国伊集院公使ヨリ内田外務大臣宛（電報第455号）」（明治44年11月7日）、JACAR：B03050640700（第65画像目）。
⑦ 《皇家苏色克斯团陆军上尉欧特白的报告》（1911年12月2日），载章开沅等主编《辛亥革命史资料新编》第8册，第144页。文中姚上校应该指姚以价。

晚在石家庄现场的第十二协张副官向日本人表示："吴的被杀是由北京政府教唆第一镇的部队实施的说法接近于真实。"①

照理来说，"吴有卫兵四十名，足可保护"，与吴禄贞同宿石家庄车站的车站站长谢良翰由此怀疑吴禄贞的卫兵参与其事不无道理。② 吴禄贞的护兵主要挑选自第六镇马标，事发后就有马队队官报告称："现吴禄贞连合山西革党，图抄汉口官军后路，扰害全国，反情显露，昨晚为部下所杀。"③因此，吴禄贞遇刺可能就是这些卫兵及马队人员与旗兵配合所为。吴禄贞此时已被公开解除兵权，如果有清廷方面的刺吴密令，他们忠于清廷或者为利益驱使自然会听命行事。

另外，吴禄贞为袁世凯谋害的说法第二天即有流传，④ 但结合当时的政治格局来看，这种可能性并不大。大家揣测袁世凯杀吴，无非因为吴禄贞扼守石家庄，成为袁世凯进京就任内阁总理大臣的重大阻碍。然则袁世凯能否顺利就任内阁总理大臣的关键并不在于中途是否受阻，而是取决于包括载涛在内的清廷对他的态度如何。吴禄贞为载涛亲信，又是宫廷政变计划的执行者，如有过激行为，自可由包括载涛在内的清廷决断。载涛虽然辞去军谘大臣，但仍统领包括禁卫军以及第一镇在内的近畿第三军，⑤ 这是京城内外的精锐力量。如果没有载涛认可，袁世凯为争内阁总理大臣将吴刺杀，无疑直接与载涛作对，进京后仍将面临巨大威胁。

而且，袁世凯进京就任内阁总理大臣原本出自载涛之兄摄政王载沣的主动请求。就在 11 月 6 日清廷决定解除吴禄贞兵权这一天，载沣亲自召见袁世凯的亲信阮忠枢，⑥ 后者随即于当天下午 2 点乘坐专列南下劝袁。⑦ 阮忠

---

① 「在北京青木少将ヨリ参謀総長宛（電報）」（明治 44 年 11 月 12 日）、JACAR：B03050622700（第 295 画像目）。

② 谢良翰：《吴绶卿被刺事实》（1913 年 1 月 17 日到），载中国人民政治协商会议湖北省暨武汉市委员会等编《武昌起义档案资料选编》下册，湖北人民出版社，1983，第 201 页。

③ 《陈夑龙致清内阁、军谘府电》（1911 年 11 月 7 日），载卞孝萱辑《辛亥革命山西资料片断》，《近代史资料》总 16 号，第 23 页。

④ 「小幡総領事ヨリ内田外務大臣宛（電報第 62 号）」（明治 44 年 11 月 8 日）、JACAR：C08040655600（1275）。

⑤ 载涛直至 11 月 27 日攻占汉阳这一天才将第三军主要指挥权交给袁世凯。参见《宣统政纪》卷 65，宣统三年十月上，《清实录》第 60 册，第 1174、1177 页。

⑥ 参见《电寄谕旨》（1911 年 11 月 6 日），载《近代史资料》总 91 号，第 65 页。

⑦ 参见「在清国伊集院公使ヨリ内田外務大臣宛（電報第 447 号）」（明治 44 年 11 月 6 日）、JACAR：C08040655400（1170）。

枢担任过袁世凯多年幕僚，起先为了劝袁复出，庆亲王派的就是阮中枢。现在摄政王亲自召见阮中枢，不难看出摄政王劝袁进京就任内阁总理大臣的急迫态度。因此，如果为了方便袁世凯就任内阁总理大臣而刺杀吴禄贞，摄政王一方的动机会更为强烈。而且，即便刺吴一事由袁指使，也应与清廷当天的决策有着甚大关系。

总之，吴禄贞遇刺使得滦州兵谏亦即宫廷政变计划最终失败。张绍曾势孤力单，选择暂避时局，已回到奉天的梁启超也只得再度赴日。尽管康、梁一派的潘若海此后"鄙意仍欲倚巨源"，"挟彼以夺土之权"，① 仍想借助载涛的势力夺取袁世凯的内阁总理大臣之权，但情势已异，显然没能再掀起大的波澜。

余　论

广义上的滦州兵谏可分为三个阶段：10 月 27 日滦州兵谏，要求清廷开展宪政改革，抗拒清廷调遣命令；11 月 1 日兵谏升级，不满兵谏成果被袁世凯巧夺，主张"内阁大臣必由民选"，准备进驻北京；11 月 4 日石家庄兵谏，要求"明降谕旨，停止战争"，并将陆军大臣荫昌"严行治罪"，威胁截断第一军后路，联合进军北京。滦州兵谏的前两个阶段与宫廷政变计划的两个预案基本吻合，属于宫廷政变计划范畴，而宫廷政变计划又是倾向立宪的权贵载涛以及康有为、梁启超等立宪派合谋策划，故而前期的滦州兵谏无疑具有立宪性质。如果姚以价所言可信，那么吴禄贞劝抚山西义军仍然是在推进宫廷政变计划，其石家庄兵谏之举亦即滦州兵谏的第三阶段同样可属立宪行为，而治罪荫昌之请亦可视为是对清廷以荫昌取代载涛出任军谘大臣一事不满。

与之对应，清廷处理滦州兵谏问题同样可分三个阶段：最先是积极回应，迅速改革，拟定内阁总理大臣人选；接下来是犹疑不决，继续安抚，明确宣布袁世凯为内阁总理大臣；最后是果断决策，解除张、吴兵权，强烈要求袁世凯进京就任内阁总理大臣一职。清廷从 10 月 27 日接获兵谏奏折到

---

① 潘若海：《致任公先生书》（宣统三年），载清华大学国学研究院、中华书局编辑部编《梁任公先生年谱长编稿本》，中华书局，2015，第 4614 页。

11 月 6 日最终决策，历经十余日之久，之所以前期温和"响应"，后来却又断然决裂，甚至在 11 月 1 日张绍曾要求进驻北京时还犹疑不决，关键之处就在于滦州兵谏与宫廷政变计划有着密切关联，有载涛等权贵的支持。然而，当载涛本人从清廷大局出发甘心辞职，同意由袁出任内阁总理大臣之时，如果吴禄贞的举动超出计划预案，违背载涛意愿，进而可能威胁到清政府的生死存亡的话，策动计划的载涛、毓朗、良弼等权贵也会最终同意对兵谏做出断然决策，并对吴禄贞采取极端措施。

在滦州兵谏相关人员当中，吴禄贞的性质最具争议，有说是革命派，也有说是立宪派，各有所据。评价吴禄贞为革命行为，依据的多为辛亥老人的回忆，看似真实可信，实则仍须斟酌。这些人大多并未参与核心机密，事后的回忆多半亦会受到报刊舆论的引导，考虑到革命胜利后的功利因素，其中甚至还会含有违心之言。当然，吴禄贞的确与部分革命党人交往密切，早年也可能受到过革命思想的影响。但历史人物具有复杂的一面，当受到载涛这样的权贵赏识，得到梁启超这样的名流期许之时，吴禄贞转趋立宪，进而参加宫廷政变计划也就并不意外。吴的这种变化，策动武昌首义的孙武就曾察觉，"戊申年（一九〇八年）春，孙武至间岛与吴会面，孙因吴之行为非以前世〔士〕官学生及富有票时之谈话，故当时辞去"。[①] 事实上，直至 11 月 6 日被清廷解除兵权，吴禄贞似乎还在顺从听命，同意到山西就任巡抚职位，从而向清廷请求"应刊山西巡抚行营木质关防"，"请六镇十二混成协暂留山西之处"。[②] 戏剧性的一幕是，清廷 11 月 7 日早朝批复谕示了吴禄贞的这些请求，但吴禄贞却早在几个小时前就已遇刺。

〔作者单位：暨南大学历史学系〕

---

① 《武昌革命真相》（孙武遗稿），《华中师院学报》1982 年第 5 期，第 134 页。
② 参见《宣统政纪》卷 62，宣统三年九月中，《清实录》第 60 册，第 1178—1179 页。

"五四"前后期陈独秀对"封建"意涵的探索

——中共"反封建"话语的初步形成与发展

翁有为

与数千年的古代中国相比，近代中国最明显的变化就是古代中国的影响和活动范围主要限于东方，而近代则被纳入全球化的新的国际范畴。这种变化，一方面表现为中国由以往"天朝上国"的地位，而变为强权国际关系中被动乃至较弱势的一员，处于西方列强压迫的"九天之下"的"半殖民地"悲惨状态；另一方面表现为中国在新的国际关系的巨大压力下由旧而新的自强与革新状态，是中国在这种国际关系中冲突、抗争、融合、发展和复兴的向上历史过程。正是在这种沉沦和上升的矛盾斗争中，中国内部新生的资产阶级力量逐步积累和聚变，在经历了近代改良、改革而至辛亥革命，一举结束了"家天下"的千年帝制，建立了新式"共和制"的民国，实现了国家制度的千年"破壳"变局，为未来社会的全面、深刻、彻底的现代化转型，奠定了第一阶梯的制度性框架。然而，历史发展往往并不会一帆风顺，民国新制度建立后，并未像革命者所渴望的那样，立即进入国富民强、社会康宁的局面，反而是政治倒退、军人乱政、国家分裂、社会失序的混乱状态，中国的前途益加危险。在此情势下，中国必须在辛亥革命的基础上开拓新的道路。这是一个新的历史转变时刻，近代中国社会历史的发展，已经明确地把对外摆脱列强压迫、对内消除地方割据分裂局面的严峻使命摆到了新开拓者的面前。为完成国家发展和民族生存所赋予的历史任务，一批怀着拯救和复兴民族、改造和建设"新中国"理想的"新青年"知识分子逐渐集聚到一起，开展"新文化"的启蒙探索，其中的一部分进而转变为共产主义者。他们中的核心人物是陈独秀。他站在五千年文明中国与近代西方文明交汇的"五四"潮头，思虑千载中国历史理路，洞察万里国际思潮脉搏，提出了关于近代中国革命和中共革命理论的一系列重大问题，为中国共产党的建立和中国革命的发展做出了重大理论贡献。其中，关于"封建"意涵的探讨和"反封建"的思想理论，主要是由他提出并逐步形成初步的理论支点的。这些理论在中共早期的理论发展中具有重要意义和特殊价值，值得系统梳理和认真总结。而"封建"和"反封建"不是一对固定的概念，随着时局和思想的变动，具体所指意涵是不断扩延的。学界对这一问题研究还十分薄弱，本文拟就"五四"前后"封建"意涵的演变及"反封建"思想理论的形成和发展做一梳理和分析。[①]

一 所用的中国上古的"封建制度"意涵

陈独秀在 1915 年创办的《青年杂志》上发表的创刊词中，就提出了"封建制度"的概念。特别值得注意的是，此处所说的"封建制度"，细考其"封建"一词本意，尚非今天通用的"封建"概念，而是指先秦时期实行的"封建制度"。且看其文："举凡残民害理之妖言，率能征之故训，而不可谓诬，谬种流传，岂自今始！固有之伦理，法律，学术，礼俗，无一非封建制度之遗。"[②] 可见，陈独秀认为现在的这些"妖言""谬种"，不是指现在的"封建制度"，而是以往"封建制度"的遗留。

如果说这里的语意还不够清晰、明确的话，那么 1916 年 12 月陈独秀在

---

① 相关的研究成果主要有：冯天瑜：《对五四时期陈独秀"反封建"说的反思》，《中共党史研究》2009 年第 7 期；李新宇：《五四"反帝反封建"辨析》，《齐鲁学刊》2009 年第 3 期；赵图雅、斯钦：《五四新文化运动中陈独秀"反封建"思想评析》，《内蒙古师范大学学报》2008 年第 3 期。上述研究对探讨这一问题做了有益探索，不过均将"反封建"视为一个固定概念作为分析的基础。本文则从"封建"意涵演变的角度，探讨中国"反封建"概念、理论及其思想体系是如何在中国近现代革命的历史场景和语境中发生演变的。本文所说的"'五四'前后"大致起于 1915 年，止于 1926 年，横跨一般所称的"新文化运动""五四""国民革命"等几个时段。之所以做如此界定，盖因思想很难用事件的起始标志加以截然分隔，有其独特的发展脉络。

② 陈独秀：《敬告青年》（1915 年 9 月 15 日），载《陈独秀文集》第 1 卷，人民出版社，2013，第 91—92 页。

《孔子之道与现代生活》一文中的有关表述，则非常清楚地证明了"封建"所指非为"当时"的观点，正如其文所说："孔子生长在封建时代，所提倡之道德，封建时代之道德也；所垂示之礼教，即生活状态，封建时代之礼教，封建时代之生活状态也……封建时代之道德、礼教、生活、政治，所心营目注，其范围不越少数君主贵族之权利与名誉，于多数国民之幸福无与焉。"可见，"封建"指的是"孔子生长"时代的制度或生活样式，并非民国初年的社会与制度，正如他在文中又说："孔子之经……即在数千年前宗法时代封建时代，亦只行于公卿士大夫之人伦日用，而不行之于庶人，更何能行于数千年后之今日共和时代国家时代乎？"① 此处更明显、具体地表明"封建时代"是"在数千年前"。这就非常明确地告诉人们，此时所说的"封建制度"或者"封建时代"，都不是指现实的社会制度和时代。也就是说，他这里的"封建"概念，还不是如有的学者所说的引自日本或欧洲的概念，而是原原本本的中国固有的"周汉"时代的"封建"概念。其实，在《敬告青年》一文中，他在提到"封建制度之遗"时，就在后面接着说此"遗"之"思想差迟，几及千载"②，即表明是很早以前的"制度"。这一认识与一年多以后在《孔子之道与现代生活》一文中对"封建"意涵的认定是一致的。值得注意的是，他在《孔子之道与现代生活》一文中，认为当时的社会是"共和时代国家时代"，且提到"今日文明社会"③ 这一概念，以与"数千年前"的"封建制度"和"封建时代"相区别。

这种语义到1917年在《再答俞颂华》一文中仍是如此："孔子精华，乃在祖述儒家，组织有系统之伦理学说……其伦理学说，虽不可行之今世，而在宗法社会封建时代，诚属名产。"④ 由此可知，在创办《新青年》的前几年间，陈独秀文中所说的"封建"，不是今天所使用的"封建"意涵。尽管当时"封建"的具体意涵是指几千年的彼"制度"和"时代"，但陈独秀是着眼于"今日"而否定以往的彼"封建"的。在这一时期，陈独秀主

① 陈独秀：《孔子之道与现代生活》（1916年12月1日），载《陈独秀文章选编》上册，生活·读书·新知三联书店，1984，第155页。
② 陈独秀：《敬告青年》（1915年9月15日），载《陈独秀文集》第1卷，第92页。
③ 陈独秀：《孔子之道与现代生活》（1916年12月1日），载《陈独秀文章选编》上册，第154—155页。
④ 陈独秀：《再答俞颂华》（1917年5月1日），载《陈独秀文集》第1卷，第239页。

要关注的是思想和文化问题，故从中国历史上的"封建之遗"即上古的"封建制度"探讨，从这一思想的渊源和影响脉络路径立论，可谓理所当然。但其思想进程在中国整体趋势向革命发展的情况下，必然要向现代革命话语的路径转换。就此而言，尽管这一时期中共还未成立，但整体观之，可视为随后成立的中共"反封建"思想不可或缺的预备期和酝酿期。

二　由法俄大革命中的"封建"到中国近代"反帝反封"中的"封建""半封建"

随着陈独秀等人从思想文化领域的启蒙转向政治领域的革命建党，要在中国进行现代革命救国的伟大事业，从中国古代的历史中寻找不到相应的理论和思想资源，只能到近代西欧资产阶级革命和东方俄国的十月革命中寻找经验和智慧，其中西欧资产阶级革命中的"封建"概念和俄国资产阶级革命及十月社会主义革命中的"资产阶级""封建"等概念，都是绕不开、避不过的基本性、核心性概念。由于中国革命的后发性，先进知识分子必然要将这些基本的理论和概念，根据中国的革命实际，运用到对中国革命形势和革命策略的分析和理论思考中来。因此，陈独秀由论说法国大革命、俄国革命中与资产阶级相对立的"封建"，在认识和分析清末民初辛亥革命尤其是"五四"前后阻碍历史发展的保守与割据势力等现象时，必然与法国大革命、俄国革命时期资产阶级对立面的专制君主的"封建"属性相联系，而实际上二者在历史进程中扮演的角色和具有的属性也是十分相似的。

"五四"以后，陈独秀等人加快了建立中国共产党的步伐，他的思想认识转到如何从世界革命的角度，认识和分析当时中国的社会阶级状况、时代的历史性课题和发展方向等重大现实问题上。1920 年国庆节之际，陈独秀在《国庆纪念底价值》一文中，由对"共和"价值的反思分析了欧洲资产阶级反"封建"的历史局限，并继而用"封建"这一概念分析了民初的社会和政治状况。这是他认识和运用"封建"概念的一大思想转折。他写道："我们十分承认却只承认共和政治在人类进化史上有相当的价值，法兰西大革命以前的欧洲，俄罗斯大革命以前的亚洲，打倒封建主义不能说不是他的功劳。但是封建主义倒了，资本主义代之而兴，封建主义时代只最少数人得着幸福，资本主义时代也不过次少数人得着幸福。""主张实际的多数幸福，只有社会主义。"而在中国，虽然经过辛亥革命，即使"次少数人也没有像欧美中产阶级都得着了幸福，自由权利与幸福还是为最少数人所独占，直到如今还完全是封建主义恢复了固有的势力，支配一切。尊祀孔子及武人割据，这两件事就是封建主义支配一切精神方面及物质方面底明证"。他继续分析指出："这封建主义得势，也不过是一时现象，我以为即在最近的将来，不但封建主义要让共和，就是共和也要让社会主义"。[①] 在此文中，"封建"的概念一方面指欧洲资产阶级革命前的社会状态，另一方面指当时掌握思想文化权力的尊孔派和掌握军政大权的军阀。这就把以往专指西周邦国制度的"封建"转移到现代欧洲话语意义上的"封建"，即指当代权势阶层，并用这一分析框架来分析辛亥革命后的中国权势状况。这种话语意涵的转化是必然的，因为近代革命是中国进入现代国际体系后的必然产物，作为对这一历史进程状况的描述和分析，使用现代西方的某些概念不仅是适宜的，而且是必须的。只有这样，才能更准确地表达最早起于西方的现代革命运动对中国社会产生的共振和影响，才能真实地表达中国社会转型的具体历程。而陈独秀由使用中国固有意义的"封建"一词转为使用引自西方话语的"封建"一词，恰是一种创造性的使用。中国原有意义上的"封建"虽然与西方话语中的"封建"内涵存在相似之处，但无法与"资产阶级"之类概念相连接、相对应，更不宜与现代"民主""革命"等概念相连接、相对应，而将西语中的"封建"置换过来，虽然词名相同，但概念的意涵与"资产阶级""无产阶级"等现代概念相连接、相对应，语义表达无疑更为清楚、准确，不会产生歧义与意涵混淆的情况，更宜于准确表达现代的社会状况和政治状况。转为现代意义用于指称现代社会现象，"封建"一词除具有与欧洲资产阶级相对立的"专制"意涵外，当时还具有民初背景下的"割据""落后"等意涵。因此，陈独秀在此文中由叙述欧洲资产阶级革命对象的"封建"，很自然地过渡到民初仍为资产阶级革命革命对象但因革命不彻底而得以"恢复故有势力，支配一切"的军阀等"封建主义"势力。这种置换当然不是随意的，是陈独秀从革命理论与斗争实践的现实需要出发加以思考和提炼而形成的，也与他接受共产主义理论尤其是共产国际关于

---

① 陈独秀：《国庆纪念底价值》（1920 年 10 月 10 日），载《陈独秀文章选编》中册，生活·读书·新知三联书店，1984，第 31—32、32—33 页。

"封建"问题的相关理论有很大联系。不过，他对这一概念的接受，有其对封建问题长期理论思考的基础和相关的知识积累储备，并出于分析革命形势、制定革命政策等现实迫切需要而有意致之。不过，尽管他已对"封建"概念进行了现代性置换，但相关的理论形态还会呈现一时难以稳定的状况，在一个时期内游离于固有意义上的"封建"与现代意义上的"封建"之间。这也说明，一种思想或概念的形成，并不是一蹴而就的。

陈独秀对"封建"的认识由指称中国孔子生活时代到欧洲资产阶级革命时代再到民初当代的时空转变，但落于"当代"之"脚"站立得并不那么踏实。1920 年底，陈独秀在《民主党与共产党》一文中使用"封建"一词时说："民主主义是什么？乃是资本阶级在从前拿他来打倒封建制度底武器。"① 显然，"封建制度"是与民主主义相对立的"专制"。因此，从词义看，这里更突出了"封建"一词所具有的专制性质，但是在时间上"封建"一词主要还是指的"从前"。不过，这个"从前"已不是中国的"周汉"时代，而是欧洲的资产阶级革命时代，即此词是在现代革命话语体系中使用的。不久，他在一次讲演中提到"封建"一词时，其意涵仍是近代资产阶级革命的话语分析，他所说的"如今封建时代已经过去，进入资本制度的时代了。又发现两种阶级：代诸侯和地主阶级而起，是政府和资本家，从前的农奴，就是今日的劳动者。资本家能压迫劳动者，劳动者就要受资本家压迫"②，仍是从世界范围内来使用"封建"概念的。从其语义看，似乎是属于"资本制度"体系的，但之前多次强调的"封建主义"与这个体系是何种关系，显然陈独秀对这些问题还没有思考清楚，还处于不自觉的状态。

随着中共的建立，作为党的领袖的陈独秀必须思考中国革命的一系列重大问题，如在国内问题上，阻碍中国社会发展的主要障碍——军阀势力是一种什么样、什么性质的政治势力以及对军阀势力应持什么样的政策和态度等，需要中国共产党人给予准确解答，以确定今后的行动方向。由于军阀与南方资产阶级民主派的对立，陈独秀明确了军阀的"封建"属性，并进一步把军阀的封建属性与资产阶级的属性、乡村地主豪绅的社会属性放到中国

① 陈独秀：《民主党与共产党》（1920 年 12 月 1 日），载《陈独秀文章选编》中册，第 67 页。
② 陈独秀：《如何才是正当的人生——在广东省立女子师范学校讲演会演词》（1921 年 1 月 23 日），载《陈独秀文章选编》中册，第 102 页。

统一体的认识框架内，认识到军阀的"封建"性、"半封建"性和乡村地主豪绅的"封建"性、"半封建"性，从而为中国革命的对象、性质等重要理论问题做出了可贵探讨。

1922年6月，在中共二大召开前夕，陈独秀对国际和国内的政治状况做出分析，认为"国际帝国主义的压迫"和"国内军阀的扰乱"为两大主要问题。也就是说，前者是中国的国家独立问题、民族独立问题，后者是中国的国家统一、民族统一问题。这都是关系到中国生死存亡的重大问题。陈独秀明确指出："（一）倾覆军阀及卖国党，尤其首先要惩创勾结卖国党或希图割据的军阀，以实现国内和平与本部统一。（二）……反抗国际帝国主义的一切侵略，使中国成为真正独立的国家。"在国内问题上，陈独秀进一步分析说："中国政治纠纷之根源，是因为封建式的大小军阀各霸一方，把持兵权、财权、政权，法律舆论都归无效，实业、教育一概停顿。"这一状况造成国家和民族的空前危机，必须消除。而这种军阀当政的状态是一种什么性质的社会状况呢？陈独秀分析说："封建的国家建设在军阀权力之上……半封建半民主的国家建设在军阀和人民两种权力之上。"在陈独秀看来，中国的社会状况似乎处于"半封建"的状态。由西周的"封建"而到欧洲的"封建"，又由欧洲的"封建"到中国民初当下的"封建主义"，又由民初当下的"封建主义"而到"半封建"，其思想认识的演变轨迹随着革命斗争的深入以及中共由孕育到诞生再到成长的丰富实践而逐步深化和明确。他更进一步提炼道："对内倾覆封建的军阀，建设民主政治的全国统一政府，对外反抗国际帝国主义，使中国成为真正的独立国家，这才是目前扶危定乱的唯一方法。"① 这就是后来称为中共二大"反帝反封"纲领内核的原创性表述。随后召开的中共二大通过的《关于"国际帝国主义与中国和中国共产党"的决议案》指出了"脱离世界帝国主义的侵略和推倒封建制度的军阀"② 的问题。中共二大通过的《关于"民主的联合战线"的议决案》指出，"中国名为共和，实际上仍在封建式的军阀势力统治之下，对外则为国际资本帝国主义势力所支配的半独立国家"，因此中共必须联合"民

---

① 陈独秀：《对于现在中国政治问题的我见》（1922年6月），载《陈独秀文章选编》中册，第185—187、188页。

② 《关于"国际帝国主义与中国和中国共产党"的决议案》（1922年7月），载《中共中央文件选集》第1册，中共中央党校出版社，1989，第62页。

主派才能够打倒公共的敌人——本国的封建军阀及国际帝国主义——之压迫"。① 这就是"反帝反封"的表述。中共二大通过的大会宣言指出："各种事实证明，加给中国人民（无论是资产阶级工人或农民）最大的痛苦是资本帝国主义和军阀官僚的封建势力，因此反对那两种势力的民主主义的革命运动是极有意义的：即因民主主义革命成功，便可得到独立和比较的自由。"其目标是："（一）消除内乱，打倒军阀，建设国内和平；（二）推翻国际帝国主义的压迫，达到中华民族完全独立；（三）统一中国本部（东三省在内）为真正民主共和国。"② 这就把"反帝反封"明确地与中华民族的独立、国家的统一、制度的民主这一历史任务紧密结合起来。从历史的发展来看，中共二大确实确立了"反帝反封"的革命纲领。把陈独秀在中共二大前的表述通过党的决议和宣言的形式公之于全党，为中共革命的发展确立了前进的方向。这些思想当然不宜说是陈独秀一个人的，但以陈独秀在建党过程中的地位、威望和思想水平以及他对"反封建"问题的思考来看，这些思想成果无疑主要是他贡献的。

值得提出的是，陈独秀在这里把军阀定为"封建式""封建"的性质。这一概念的使用使中国革命的事实和实践上升到革命的理论层面，并进而显现了中国革命性质及其与世界革命的关系。这是因为，从事实和实践层面看，军阀在中央者干政弄权，在地方者各霸一方，使国家陷于纷争混乱状态，严重阻碍了中国社会的发展，为千夫所指，是必须打倒的。但组织人民起来打倒军阀，与陈炯明率兵攻打孙中山有什么不同，这不仅是"胜王败寇"的问题，而是因为孙中山资产阶级民主革命派代表着中国救亡统一的方向，而军阀之所以"祸国殃民"，是因为其代表着"封建"的衰败、没落、将要退出历史舞台的方向。这就把反对军阀的斗争纳入资产阶级和社会主义革命的序列中来。"反封建"是一个纲领，是一面旗帜，而把军阀定为"封建"性质，显然是一个重大的理论突破，为以后的"反封建"向纵深发展选择了战略性基地。而当时提出中国的国家和社会为"半封建"，是因为经过辛亥革命的洗练，"民主"势力有了一定力量，和资产阶级革命前的

---

① 《关于"民主的联合战线"的议决案》（1922 年 7 月），载《中共中央文件选集》第 1 册，第 65 页。

② 《中国共产党第二次全国大会宣言》（1922 年 7 月），载《中共中央文件选集》第 1 册，第 115 页。

"封建时代"不同，和资产阶级革命成功的国家也不同，故称"半民主"的对立面为"半封建"。这一称谓此时还主要是从政治视角来立论的，未及考虑社会经济基础的因素，表明对"封建""半封建"的认识，尚处于探索与发展的过程之中。虽然马克思主义经典作家对"半封建"的概念早就有表述①，但陈独秀绝非照搬经典，而是经过长达数年的认识和思考，又经过创办《新青年》、创建中国共产党、投身反军阀斗争等一系列革命斗争实践的磨炼，是理论与革命实践相结合的产物，到中共二大前提出这一新的概念，正是重要的理论创新成果。至此，可以说标志着中共"反封建"话语的初步形成。

三　"封建""半封建"与从城市军阀"封建"到乡村地主"封建"

"封建"既是一个重要的理论问题，也是一个重要的历史问题，还是一个重大的现实问题。陈独秀试图从社会历史发展阶段探讨和解释社会发展的规律性问题。他在《革命与反革命》一文中，探讨"人类社会之历史，乃经过无数进化阶段及多次革命战争"，"今日之组织"即是这种进化和革命战争的结果。他总结指出，"其组织进化之最大而最显著者，乃是由部落酋长进化到封建诸侯王，由封建诸侯王进化到资产阶级，由资产阶级进化到无产阶级"，而"在每个进化阶段新旧顿变时，都免不了革命战争"。他认为，"革命之所以称为神圣事业"，是因为它"是推进人类社会组织进化之最有力的方法"。② 在这篇文章中，陈独秀主要论证革命在"新旧顿变"之际发生的规律性及其"推进"人类历史进步的重大作用。在这一论证中，陈独秀笔下的"封建"是简易版的历史进化模式中的一个阶段，虽然与中国社会历史发展阶段的实际状况不合，甚至与西欧社会历史发展阶段的实际

---

① 列宁指出，应"反对各种封建主义现象或封建主义残余的农民运动"。参见中共中央党史研究室第一研究部编《共产国际、联共（布）与中国革命文献资料选辑（1917—1925）》，北京图书馆出版社，1997，第142页。其实，恩格斯早在1851年就使用了"半封建"概念，列宁在1912年就提出中国是一个"落后的、农业的、半封建国家"。参见陈金龙《"半殖民地半封建"概念形成过程考析》，《近代史研究》1996年第4期。

② 陈独秀：《革命与反革命》（1923年1月18日），载《陈独秀文章选编》中册，第222页。

状况也不吻合，但毕竟他尝试从"人类历史发展"这样一种宏观的世界性视野探讨革命的规律性及其历史意义，而"封建"作为资产阶级革命前的一个历史时代则是毫无疑问的。这样，根据世界革命运动的历史规律，当下的中国既然需要继续进行资产阶级革命，因此有"封建主义"是合乎这一规律的。而此时，不是资产阶级革命尚未发生，而是资产阶级革命发生了，但经历了严重挫折，因此此时的"封建主义"是"封建势力"的"恢复"，而不是完整的"封建势力"，正如陈独秀此前所指认的那样，是"半封建"。

随后不久，陈独秀在《资产阶级革命与革命的资产阶级》一文中，从"人类社会组织之历史的进化"之角度，就中国历史上和现实中的"封建"问题进行了比较系统的理论性探讨。他主要从经济模式和生产力的发展水平，论证中国长期"停顿在家庭农业、手工业自足的经济制度之下"，"封建军阀时代遂至久延生命，由秦汉以至今日，社会的政治的现象，都是一方面封建势力已濒于覆灭，一方面又回向封建，这种封建势力垂灭不灭的现象，乃是因为封建宗法社会旧有的家庭农业手工业已充分发展而有更进一步的倾向，但新生的经济势力（即资本主义的大工业）过于微弱，还不能取而代之的缘故"。值得注意的是，陈独秀在这里一是把秦以后的社会称为"封建军阀时代"，这与我们后来说的秦以下的古代史是"封建社会"颇有相近之处，所不同的只是他认为"封建"与"军阀"是连在一起的；二是他所提出的"封建""久延生命"、长期"垂灭不灭"之问题，在20世纪80年代曾引起热烈讨论，其实早在五四时期陈独秀就注意到这一历史现象；三是陈独秀试图解释了中国"封建"之所以"久延生命"，是由于"家庭农业手工业已充分发展而有更进一步的发展的倾向"，解释了中国"封建"长期延续的经济基础这一根本性问题。这表明他对"封建"的认识已从政治层面扩充到经济层面，显示了唯物史观对其思想分析方法论产生的影响。不仅如此，陈独秀还用"封建宗法主义"与"资本主义"两个概念描述近代西力东侵问题，并说辛亥革命是"中国历史上封建帝制变化到资本民主之剧烈的开始表现"。在这篇文章中，陈独秀认为，资产阶级在"半殖民地"中国的现实情况下，一部分是具有革命性的，这就是后来所说的"民族资产阶级"；另一部分因与封建军阀和外国势力有密切联系，具有反革命的性质，这就是后来所说的"买办资产阶级"或"官僚资产阶级"。除此两派外，陈独秀认为还有一种是"非革命的资产阶级"，他们工商业的"规模极小"，但在中国社会中居于"最大多数"，是反帝反封建军阀的革命必须争取的重要力量，这应该就是后来所说的"小资产阶级"。归纳其文，在陈独秀看来，中国的封建社会至"鸦片战争"之际"开始大崩溃"，"甲午、庚子两次战争"是"中国封建宗法的道德思想制度最后的崩溃"，"辛亥革命"本应将封建制度社会转变为资产阶级民主制度社会，但由于资产阶级的幼稚与软弱，"未曾发达到与封建官僚阶级截然分化的程度"，遂使政权"完全归诸帝政余孽北洋军阀之手"，"所以始终依赖他们的敌人——封建的北洋派"，即使到今天，由于资产阶级势力微弱，"尚不足克服封建军阀"，因此"革命的资产阶级应该和革命的无产阶级妥协，打倒共同敌对的军阀阶级"。① 这就从经济到政治、从古代到近代、从封建军阀到资产阶级到无产阶级等多重角度，系统地论证、阐释与探讨了半殖民地半封建中国国民革命的力量、无产阶级和资产阶级的合作、革命的对象是"军阀阶级"等重大革命理论问题。

1923 年 7 月，陈独秀撰写了《中国农民问题》一文。他指出，在像中国这样的半殖民地半封建国家中，要进行反对外国帝国主义和本国封建军阀的斗争，"不可漠视农民问题"。从人口数量上看，农民占中国人口的"百分之七十以上"，"即此人数上看起来，我们应感其重要"。他认为，外受"外货输入"影响，一般物价增高而农产品价格低落，中国农民经济大受打击；内受"军阀战争及水旱灾荒"影响，农民深受困苦失业流为兵匪之困。为解除农民的"此等痛苦"，应该向农民开展以"排斥外力""打倒军阀""限田""限租""推翻贪官劣绅"为主要内容的宣传和动员。进而，更有必要建立"农会""乡自治公所""佃农协会""雇农协会"等农民群体组织，把广大农民动员到国民革命的组织系统中来。② 陈独秀的这一思想与此前刚刚闭幕的中共三大对农民问题的有关探索是紧密相连的。1923 年 6 月12 日至 20 日，中共三大在广州召开。陈独秀在大会的报告中指出"我们很

---

① 陈独秀：《资产阶级的革命与革命的资产阶级》（1923 年 4 月 25 日），载《陈独秀文章选编》中册，第 254—258 页。

② 陈独秀：《中国农民问题》（1923 年 7 月 1 日），载《建党以来重要文献选编（1921—1949）》第 1 册，中央文献出版社，2011，第 278—285 页。

少注意农民运动和青年运动"①的工作缺陷,显示了今后要加强农民运动的动向。因而,中共三大制定的《中国共产党党纲草案》明确提到"中国之国民革命及无产阶级和农民在此革命中所占的地位"问题,指出:"国民革命,这种革命自属于资产阶级的性质。但是在这个革命中间,无产阶级却是一种现实的最彻底的有力部分""至于农民当中国人口百分之七十以上,占非常重要地位,国民革命不得农民参与,也很难成功。"②在这里,会议把农民视为紧随无产阶级之后的重要力量,显示了对农民问题的高度重视。中共三大还通过了《农民问题决议案》,提出"结合小农佃户及雇工"以反帝反封建军阀及"贪官污吏,反抗地痞劣绅","以保护农民之利益而促进国民革命运动之必要"。③陈独秀在大会报告中对以往忽视农民问题的反思与大会对农民问题的重视以及关于农民问题决议的制定与通过,说明党的领袖与党内高层就重视农民问题已达成高度共识,因此会议结束不久后的次月1日,陈独秀就发表了关于农民问题的专文,说明中共革命的基础——农村和农民问题这一重大战略性问题,已经进入中共认识的视野。1923年12月,陈独秀在《中国国民革命与社会各阶级》一文中指出:"人类经济政治大改造的革命有二种:一是宗法封建社会崩坏时,资产阶级的民主革命;一是资产阶级崩坏时,无产阶级的社会革命。"此外,还有"殖民地或半殖民地的国民革命","对内"是具有反封建性质的"民主革命"和"对外"的反抗殖民帝国主义的"民族革命"。"半殖民地的中国"面临"反封"的"民主革命"和"反帝"的"民族革命"的双重艰巨任务。为了完成这一艰巨任务,无产阶级除须联合资产阶级外,还要联合广大的农民。陈独秀认为:"农民占中国全人口之大多数,自然是国民革命之伟大的势力,中国之国民革命若不得农民之加入,终不能成功一个大的民众革命。"④值得注意的是,在这篇文章中,陈独秀认识到农民具有"革命之伟大的势力",这一认识是对以前农民具有"非常重要地位"认识的深化,也是对他几个月前在《中

---

① 《在中国共产党第三次全国代表大会上的报告》(1923年6月),载《建党以来重要文献选编(1921—1949)》第1册,第245页。

② 《中国共产党党纲草案》(1923年6月),载《中共中央文件选集》第1册,第139页。

③ 《农民问题决议案》(1923年6月),载《中共中央文件选集》第1册,第151页。

④ 《中国国民革命与社会各阶级》(1923年12月1日),载《陈独秀文章选编》中册,第362、366—367页。

国农民问题》一文中提出的农民为"国民革命之一种伟大的潜势力"①　认识的进一步发展。应该说，陈独秀这时认识农民问题，在党成立不久尚处于"幼年"、力量尚比较薄弱的情况下，站在联合势力较为广泛的资产阶级力量如何打倒强大的"封建"军阀势力的角度，对党的领导力量尚不够自信应该是事实，因此他在此提出的国民革命，大体上尚是资产阶级领导的国民革命的范畴，正是在这种思想的作用下，他看到了农民有分散和"趋向保守"等缺点（也正因为陈独秀的这种不自信，某种意义上影响到他当时及大革命高潮之际对革命领导权的准确判断）；尽管如此，他对农民这一"伟大"的革命"势力"的定性，为以后重视农民运动和开展农民组织工作做出了极有意义的探索。

陈独秀笔下的"封建论"不仅是他分析中国社会进化的重要理论环节，还是他认识中国近代革命运动发生、发展和演变的关键性支撑，更是他用以指导革命运动开展、决定革命发展方向、制定和实施革命斗争政策和策略的思想武器。中共三大通过的文件及其后中共中央第二次对时局的主张，分别以"封建的"和"封建"来确定军阀性质与资产阶级的区别，而把"封建"性质的军阀作为中国革命的对象。②　可见，中共三大的这些认识与陈独秀的思想具有密切联系。1924 年 5 月举行的中共中央扩大会议通过的有关决议指出："中国享有土地及使用土地的制度在经济上有一种半封建半宗法的阶级关系，而政治上便是一种官僚军阀任意凌虐农民的景象。"因此，应该宣传、组织和领导农民进行反对土豪劣绅和军阀及帝国主义的斗争。③　这次扩大会议关于农村土地制度所反映"封建""阶级关系"的观点和对农民开展革命宣传动员的认识成果，与陈独秀关于农民革命潜力的判断，以及国共合作后国共两党相继成立相关组织进行农民运动的具体实践指导和探索，显然存在密切联系，思想认识的发展轨迹非常明显。中共四大文件指出，中国民族革命的特点之一就是"反对封建的经济关系，反对封建的军阀政治

---

① 陈独秀：《中国农民问题》（1923 年 7 月 1 日），载《建党以来重要文献选编（1921—1949）》第 1 册，第 278 页。

② 《关于国民运动及国民党问题的议决案》（1923 年 7 月）、《中国产党对于时局之主张》（1923 年 8 月 1 日），载《中共中央文件选集》第 1 册，第 146、178 页。

③ 《农民兵士间的工作问题议决案》（1924 年 5 月），载《中共中央文件选集》第 1 册，第 247—249 页。

（如督军制，雇佣军队制，政权分裂，农民屈伏于官绅，人民无法律保护）"。① 此处的"封建"由以往注重政治与制度层面扩展到经济层面，而对"封建的军阀政治"的内涵也有了具体的例举与说明。尤其值得注意的是，中共四大提出的军阀政治还包括"农民屈伏于官绅"，把压迫乡村农民的官绅也列入"封建的军阀政治"的范畴。应该说，这些对"封建社会""封建军阀"的分析，虽仍不无粗糙之感，但已具有一定的理论雏形和理论要点。

由于确定了军阀的"封建"属性，在陈独秀看来，"统治中国的当然是封建的军阀官僚阶级"。换言之，统治阶级是属于"封建"性质的。他明确指出，"现在统治中国的封建阶级里面，武的既然拿枪抢大钱，文的只得伸手讨小钱"，对于"他们这种分赃的怪现象"，"本没有什么稀奇"。② 他认为："统治中国的是封建的军阀阶级，他们勾结外国帝国主义者为后援，资产阶级、劳动阶级都在他们的压迫之下，所以中国劳动阶级和社会主义者的目前工作，首先要做打倒军阀打倒帝国主义的国民革命。"③

由于军阀与官僚和买办资产阶级的结合，陈独秀在对"封建军阀"认识的基础上，结合中共民族民主革命的历史范畴，对整个统治阶级的"封建阶级"的认识，重返 1922 年 6 月《对于中国现在政治问题的我见》一文中"半封建"的提法上。他在 1926 年 9 月《我们现在为什么争斗》一文中又使用了"半封建派"提法，认为"半封建派"包括当时的奉直军阀、官僚、洋行买办、地主豪绅、交通系、安福系、研究系、联治派、国家主义派、复辟派及新社会民主党等当权者及其依附势力。陈独秀指出当时正在进行的国民革命的两个目标，"就是打倒外国帝国主义和国内半封建势力"，即"民族革命""民主革命"两个方面。值得注意的是，为了完成打倒半封建势力派的任务，陈独秀认为："应该和农民合作，惩治贪官污吏、劣绅、地主、土豪，而不应放任贪官污吏及驻军勾结劣绅、地主、土豪，蹂躏农民；因为农民是国民革命中主要的广大民众，劣绅、地主、土豪乃是半封建

---

① 《对于民族革命运动之决议案》，载《中共中央文件选集》第 1 册，第 337 页。
② 陈独秀：《可怜的伸手派》（1923 年 5 月 9 日），载《陈独秀文章选编》中册，第 268 页。
③ 陈独秀：《关于社会主义问题——在广东高师的讲演》（1923 年 5 月—6 月 20 日），载《陈独秀文章选编》中册，第 301 页。

势力之真实基础。"① 此处陈独秀提出的"劣绅、地主、土豪乃是半封建势力之真实基础"的认识，是中国共产党人反"封建军阀"思想的逻辑延伸和革命斗争深入发展的重大标志，无疑是重要的认识成果。

在陈独秀上述关于与封建势力斗争中农民革命性问题的探索过程中，党内其他领导人也先后由关注工人问题转而对农民革命问题进行探索，如李大钊、瞿秋白、毛泽东和邓中夏等人，公开发表了关于如何从事农民运动问题的理论指导性文章。瞿秋白和毛泽东在这一时期逐渐关注农民运动，他们因与陈独秀的密切关系而受其影响，不能排除是一个因素。② 瞿秋白在 1926 年 8 月的一次演讲中认为，到现在"中国的社会依然是封建的形式"，"军阀是封建社会的余孽，他实是代表地主买办阶级"，"地主与买办是军阀的命根，是军阀的经济基础"，因此，"我们要打倒军阀必须打倒地主"。③ 毛泽东于同年 9 月在《国民革命与农民运动》一文中明确指出，"农民问题乃国民革命的中心问题"，"经济落后之半殖民地的农村封建阶级，乃其国内统治阶级国外帝国主义之唯一坚实的基础，不动摇这个基础，便万万不能动摇这个基础的上层建筑物。中国的军阀只是这些乡村封建阶级的首领"，"地主政权即军阀政权的真正基础"。④ 值得注意的是，毛泽东在这篇文章中明确把农民问题提到国民革命的"中心问题"之高度加以认识，并把地主

① 陈独秀：《我们现在为什么争斗？》（1926 年 9 月 25 日），载《陈独秀文章选编》下册，生活·读书·新知三联书店，1984，第 261—262、264—265 页。

② 在 1923 年 6 月中共三大上，毛泽东被选为中央委员会委员，并一度担任中央执行委员会和委员长陈独秀的秘书。正是在中共三大上，陈独秀开始重视农民，随后发表了一系列关于农民问题的文章。此后，中共中央也起草和通过了农民问题的有关决议。作为秘书的毛泽东与作为委员长的陈独秀在文件上有共同签字权，到 1924 年 11 月毛泽东仍与陈独秀共同签名，说明二人的合作关系。瞿秋白也受到陈独秀的赏识和重用，留苏回国后便被陈独秀提拔到中央机构工作，在 1925 年 1 月中共四大上当选为中央委员，并担任宣传部委员。这也说明了瞿秋白和陈独秀的密切关系。同时，瞿秋白和毛泽东都于 1924 年 1 月参加了国共合作的国民党第一次全国代表大会，均当选了国民党中央执行委员会候补委员。在大革命失败之际，尽管瞿秋白和毛泽东反对陈独秀在国民党举起屠刀时的后退政策，但在建党早期以及国共合作初期，他们深受陈独秀重用。因而，这一时期陈独秀关于农民问题的认识对他们思想的影响是客观的。当然，后来在大革命面临失败之际，陈独秀的思想趋于停滞、保守而后退，而瞿秋白和毛泽东则随着时代前进展开了新的斗争。

③ 瞿秋白：《国民革命中之农民问题》（1926 年 8 月），载《瞿秋白文集（政治理论编）》第 4 卷，人民出版社，2013，第 380—382 页。

④ 毛泽东：《国民革命与农民运动——〈农民问题丛刊〉序》（1926 年 9 月 1 日），载《毛泽东文集》第 1 卷，人民出版社，1993，第 37、41 页。

这个"农村封建阶级"视为内外反革命统治的"唯一坚实的基础"。在对农村革命极端重要性的问题上,毛泽东的表述最为清晰、完整,是对陈独秀农民问题之思想探索的发展。在这种探索农民革命问题的氛围中,从事农民运动的彭湃于 1926 年 9 月根据广东革命形势发展到农村的实践情形总结道:"革命的斗争,由都市而转入于农村,现在正是农村中革命势力与反革命势力不断的冲突到最利害的时期。"[①] 瞿秋白尤其是毛泽东和彭湃的这些认识,是他们把陈独秀和中共中央关于农民革命问题探索的一般理论和政策结合具体从事的农民运动实践而总结和提炼出来的,是对中国共产党人将"反封建"革命推进到农村这一趋势的新认知和新发展。这一时期,在国共合作"扶助农工"政策的大背景下,国共两党各级党组织成立了指导农民运动的专门机构,在广东、广西、湖南、湖北、河南、四川、陕西、江西等地开展了广泛的"农民运动"。为此,陈独秀在给中共各级党部的信中明确提出了"党到农民中去"的号召。[②] 这样,陈独秀等中国共产党人关于中国革命对象的认识,由"封建军阀"而推进至农村"封建"的劣绅、地主、土豪,成为中国革命由上层推进到社会基层的重大步骤,也是中国革命由城市转向农村的关键逻辑起点。[③]

　　正是在陈独秀等中共领导人探索的基础上,中共在 1926 年 7 月第三次

---

① 彭湃:《花县团匪惨杀农民的经过》(1926 年 9 月),载《彭湃文集》,人民出版社,2013,第 270 页。

② 陈独秀:《陈独秀给各级党部的信——对于扩大党的组织的提议》(1926 年 10 月 17 日),载《建党以来重要文献选编(1921—1949)》第 3 册,中央文献出版社,2011,第 425 页。

③ 李大钊在 1925 年底 1926 年初探讨了农民对中国革命的重要性问题。他认为,"在经济落后沦为半殖民的中国",农业仍为"国民经济之基础"。故当估量革命动力时,不能不注意到农民是其重要的成分。李大钊:《土地与农民》(1925 年 12 月 30 日—1926 年 2 月 3 日),载《李大钊全集》第 5 卷,人民出版社,2013,第 98 页。周恩来也认识到农村的重要性,认为应对农村的"半封建"势力进行斗争。他说:"各地民团,百分之九十九是在土豪劣绅手中。他们利用此武装势力压迫农民,抽收苛捐杂税自肥中饱,简直是乡村军阀""这些买办、大地主、逆党、土豪、民团、土匪、贪官污吏没有一种不是旧社会遗存的半封建势力,没有一种势力不是与革命为敌的。"我们现在"应加紧而内向半封建势力争斗"。周恩来:《现时广东的政治斗争》(1926 年 12 月 17 日),载《建党以来重要文献选编(1921—1949)》第 3 册,第 520—521 页。如前文提到彭湃所考察发现的革命的斗争"由都市而转入农村"现象即为一证。实际上,自国共合作开始逐步发展起来的农民运动,随着北伐战争的推进,在湖南、湖北、江西、河南、福建、陕西等省迅速发展,也是革命开始向农村转移的重要体现,为土地革命战争时期上述诸省农民武装暴动的发生奠定了不可或缺的群众基础。

扩大执行委员会会议通过的中央政治报告中，对军阀的"封建"属性问题做出进一步解释，指出"军阀买办官僚新旧士绅之反赤运动"，"这都是中国的半封建势力，他们都公然站在帝国主义旗帜之下"，而"旧的士绅如城市及乡村之劣绅地主土豪，专替军阀官僚剥削农民，他们乃是中国半封建势力之真正基础"。① 1926 年 11 月，中共在关于农民运动政纲的草案中提出"推翻城市和乡村中封建官僚（军阀土豪）的政权""在平民民主政权上统一全中国"② 的运动目标。此处"军阀"和"土豪"显然是城市和乡村两个需要被推翻的封建目标。政纲草案指出："中国共产党现在已经应该指导这运动（指农民夺取政权的斗争——引者注），提出建立乡村农民政权之任务于农民协会——革命运动先锋队面前""只有依靠在乡村的农民政权之上"，领导国民革命的政权"才能巩固其地位。"③ 到 1926 年 12 月，中央特别会议的政治报告明确提出"推翻都市中封建的军阀政权，推翻乡村中封建的地主土豪劣绅政权"④ 这一国内政治斗争的目标。而中央特别会议通过的《关于湘鄂赣三省农运议决案》则指出："乡村政权问题即是农民政权代替封建式的土豪劣绅政权问题""农协成为统一乡村运动的唯一中心""乡村中的武装必须统一在农民手中"。⑤ 这些探索尽管还不免受分裂危机尚未充分暴露的国共合作框架的约束，尚难以完全从中共独立革命的角度思考问题，理论局限难以避免，理论的深度难以充分展示，但仍为国共合作破裂后中共转入农村开展土地革命战争积累和准备了极为珍贵的理论资源。此时对"半封建势力"的含义及其社会基础问题所做的事实和理论说明，尤其将"乡村之劣绅地主土豪"作为封建军阀社会统治的"真正基础"，是对"封建"性质的新阐释，预示了中共将开始进入乡村的农民革命运动的新阶段。至此，从中共二大到大革命失败前夕，陈独秀乃至整个中国共产党人的

① 《中央政治报告》（1926 年 7 月），载《中共中央文件选集》第 2 册，中共中央党校出版社，1989，第 166—167 页。

② 《中国共产党关于农民政纲的草案》（1926 年 11 月 4 日—5 日），载《中共中央文件选集》第 2 册，第 434 页。

③ 《中国共产党关于农民政纲的草案》（1926 年 11 月 4 日—5 日），载《中共中央文件选集》第 2 册，第 436 页。

④ 《政治报告》（1926 年 12 月 13 日中央特别会议），载《中共中央文件选集》第 2 册，第 565 页。

⑤ 《关于湘鄂赣三省农运议决案》（1926 年 12 月），载《中共中央文件选集》第 2 册，第 578—579 页。

"反封建"革命话语有了新的实质性的、标志着中国革命未来新方向的突破性发展,

显然,以上这种理论发展不是陈独秀一个人完成的,瞿秋白、毛泽东、彭湃等人在之后反对"封建"地主的问题上有了更新的真知和突破,超越了陈独秀的认识水平,且后者的思想突破对革命的发展更带有根本性意义。不过,应该看到,正是陈独秀在"封建"意涵、"反封建"话语建构和国民革命运动的农民问题上进行的长期理论探索,对中共建党前形成革新和革命思想、建党后中共二大确定"军阀"这一封建革命对象、中共三大后制定一系列关于农民运动的方针和政策,引导"新青年群体"反对上古周秦时代"封建制度"的固化("封建制度之遗")和脱离现代社会生活的文化,以及建党后引导全党重视反"封建"军阀到重视与农民对立的"封建"地主问题等一系列思想进展,无疑具有开拓和引领之功,其理论价值和历史性贡献是不容忽视的。

余　论

中共早期革命理论的发展与形成有其特定的历史背景和时代要求。如果脱离了理论产生的历史背景和时代要求,很难理解理论形成的历史真相,也很难理解理论的历史价值及其现实意义。客观、全面地探讨和认识早期革命家群体关于"革新"、"革命"、反"封建文化"、反"封建军阀"、反"封建地主"等层层递进的理论探讨和革命实践,至今仍值得深思、明辨。从"五四"前后十余年间陈独秀对"封建"意涵的探索和中共"反封建"话语的初步形成与发展的历史脉络中,笔者认为可得到以下几个方面的历史认识。

第一,从"封建"到"半封建"的思想认识,是陈独秀等中国共产党人长期探索的思想结晶。

中共关于"反封建"理论的建构,虽然早在《新青年》创刊之初就提出反对"封建制度"的口号,但严格来说,那时所说的"封建"尚不是现代汉语中的"封建"之意,而是指的于今已不合时宜的上古的制度。随着陈独秀对中国道路的探索尤其是对社会主义和共产主义理论的探索,把中国纳入世界近现代资产阶级革命和社会主义革命的历史视野中,自然对西方革

命历史中与资产阶级对立的"封建"问题有了越来越深的了解和把握。而近代中国革命——无论是辛亥革命还是"五四"以后开展的国民革命，都是与近代全球化后国际关系变动与革命运动紧密联系在一起的。中国的辛亥革命是与鸦片战争后中外关系尤其是中日甲午战争紧密相连的，甚至可以说是对这些冲击的"反应"。而五四运动、中共成立及其后的国民革命运动，则与第一次世界大战的冲击、巴黎和会对中国思想界的刺激、十月革命对中国的影响等因素密不可分。这表明自鸦片战争到五四时期前夕，中国的思想与国际思潮的变动已处于波涛共流的状态。在这样的情况下，新文化运动后，中国的话语体系越来越融入世界思想中。这样，我们就很容易理解陈独秀把法国资产阶级革命对立面的"封建"转化为中国当时资产阶级对立面的"封建"话语。而中国资产阶级革命的对立面就是军阀，因此军阀自然被定为"封建"性质，而谓之"封建军阀"也就毫不奇怪。由于资产阶级现代工业大生产的生产和经营模式，与之对立的农业经济和小生产状态成为"封建经济"的标志性符号，因此中国古代小农经济社会状况也被作为"封建社会"的重要依据。事实也是，中国的"封建军阀"不可能是天上掉下来的，更不可能是西周封建制度的产物，而只能是清末政治势力的遗存。追根溯源，以皇帝制度和地主经济制度为代表的中国古代社会，以全球化的话语逻辑理解，也只能是"封建社会"。因此，在陈独秀的理解中，中国古代农业自然经济及与之相适应的宗法社会是属于封建时代的。

那么，民初的社会性质便成为陈独秀等革命领袖和思想先驱要致力解决的紧迫重大课题。应该说，当时中国的"殖民地"或"半殖民地"的社会状况已是当时舆论的共识。而对内，既然"军阀"具有"封建"性，那么中国社会是一种什么性质呢？在最初的表述中，有时表述为"现代文明"社会，有时表述为"封建主义"社会。这种表述上的对立，看似矛盾，实际上又是统一的：前者主要表述民主和共和的一面；后者主要表述"军阀统治"或旧思想统治的一面，并逐渐把落后的农业经济作为后者的一种基本标志。因此，"半封建"的说法因此而起。"半封建"应是"封建"一词在表述民初中国社会出现困惑的情况下而使用的一个新概念，用来反映民初政治上既不同于以往"封建帝制"、经济上也不同于以往的小农业经济，指政治上有新兴资产阶级民主力量的成长，经济上有外国资本冲击、本国资产阶级经济的发展而原有小农经济受到破坏的一种状况。应该说，这种概念的使用比较符合民初政治经济的历史实际。除了用"封建"概念表述军阀、用"半封建"表述当时的社会进程，使用其他的概念，都难以清晰地表述民初社会的历史坐标。尽管这种概念是从西方革命话语体系中移植过来的，但在中国固有的话语里，没有现代资产阶级的概念，也就没有与资产阶级相对立的现代意义上的"封建"概念；没有现代社会主义概念，也就没有与社会主义社会相对立的资本主义社会概念及封建社会概念。任何概念的提出绝不可能是凭空杜撰的，而是对社会现实中逐渐普遍化的一种新的社会现象的本质性、符号化、为公众所能接受的标志性表述，具有很强的客观性。尽管"封建"、"半封建"甚至"半殖民地"诸概念是经典作家如马克思、列宁先后使用过的，但从上文可以看出，陈独秀等早期中国共产党人使用这些概念，有一个逐步发展的过程，绝非生搬硬套，而是根据中国实际，将西方资产阶级革命、俄国社会主义革命发展过程中的思想成果尤其是马克思主义的理论成果，逐步运用到中国的革命实践中的，是革命实践推动和思想家理论探索的结晶。当然，这种探索还是初步的，如尽管认识到中国社会已经处于半殖民地半封建的状态，但在中共党内还未形成完整的"半殖民地半封建社会"的概念表述，[①] 认识尚不稳定，甚至还有反复，但整体演进的方向是随着革命的深入而前进的。

第二，从"封建军阀"到"封建地主"、从"城市革命"到"农村革命"的初步提出，是革命实践发展与思想飞跃互动的产物。

思想认识的飞跃与历史发展的推动是互动的，思想指导和引领时代潮流发展，实践又推动着思想前行。随着国共合作的推进、国民革命的深入和北伐战争的节节胜利，革命力量所触及的深度从社会上层已经达到社会底部，中国革命的"伟大"潜力——农民的重要性，被陈独秀、瞿秋白、毛泽东、澎湃、李大钊等革命家先后认识，中国革命的对象由"封建军阀"逐步过渡为军阀统治的基础——"封建地主"。这是一个历史性的转折。中国历史上的历次革命，只是革上层统治者的命，只是改朝换代，从来没有进行过彻

---

① 尽管蔡和森早在 1926 年就在《中国共产党史的发展（提纲）》中，连用"半殖民地和半封建的中国"和"半封建半殖民地的国家"两种提法，但党内尚未形成稳定、通用的概念。参见《蔡和森文集》下册，人民出版社，2013，第 795 页。

底性、全面的革命。因此，中国没有发生性质的变化。虽然中国的物质文明和思想文化在向前发展，中国几千年的小农经济依然存在，新的生产力（资本主义）没有形成和发展到质变的空间，旧的制度经过修复式的改革仍然有很强的生命力。但是，鸦片战争后的近代中西接触，西方大工业生产模式随着西方列强的入侵而进入中国，使中国传统的小农经济模式失去了长期存在的合理性与可能性。鸦片战争以来中国所遭受的列强的政治压迫和经济掠夺，迫使中国必须通过彻底的民族民主革命、从上层到底层的"翻天覆地"的革命巨变，才能求得民族独立、国家统一。而对于这种变动，乡村中具有政治权威和经济实力的地主害怕社会变动损害自己的优势地位，普遍是社会变革的反对者，是革命的对立面。如何认识地主势力的性质，是不容回避的问题。在中国的传统思想资源里，从来没有这么巨大、深刻、普遍的社会变革，即使王朝末期的农民大起义，也没有对地主势力形成毁灭性打击，地主势力从来都是统治者社会治理的基本力量，因而不可能提供这方面的经验与思想来源。故而，当时的革命者只能从世界革命的历史中寻找理论资源。正如认识军阀的"封建"属性一样，既然地主势力是"封建"军阀的拥护者，是军阀统治的"真实基础"，那么地主势力或地主阶级无疑也是"封建"性质的。因此，从"打倒封建军阀"到"打倒封建地主"，可谓中国革命发展的必然逻辑和必经道路，而从"城市革命"转向"乡村革命"的认识路径也初步地展现出来，为土地革命战争时期转移到农村进行广阔的革命斗争提供了清晰而坚实的坐标性指向。

第三，如何认识"反封建"话语的内涵及其"概念"的使用问题。

近年来，由于反思近代以来的西方话语对中国本土文化的消解，学界对近代历史上有关概念的使用开展了新的研究和重新评估。其中，"封建"或"反封建"是引起学界研究较多的概念之一，也出现了不同的认识。根据笔者的梳理和研究，"封建""半封建"概念是当时陈独秀等革命先驱和思想家从中国社会发展的历史与国际革命演变之历史交汇的角度，从中国革命的现实力量与敌对力量对比的具体实际出发，从革命理论指导革命实践与革命实践催生革命理论的互动中，从《新青年》1915年创刊到大革命失败前夕的1926年底，进行了长达十余年的艰辛理论探索。他们的探索对准确认识中国社会和中国革命的实际、探索中国革命前进和中华民族复兴的道路，做出了重要的理论贡献。正是在这种探索指导下，五四运动的爆发、中共的成立、国共合作领导的国民大革命的开展、北伐战争打倒北洋军阀的胜利等重大历史性转折事件登上近代中国的历史舞台，一改辛亥革命以后的军阀纷争、民主革命势力颓废的状况，中国革命和中华民族复兴呈现历史性转折的前景。这表明，包括"反封建"理论在内的中国革命理论符合中国的实际需要，经受了这一时期的历史考验。如果我们运用现代政治理论框架分析，认为孙中山领导的革命是资产阶级民主革命的性质，那么他所对立的军阀不是"封建"性质的又是什么呢？问题不在于"封建"的称号，而在于"军阀"所作所为的基本特征是不是人们所认为的"封建"。当时，军阀是一种割据性力量，是一种专制势力。根据当时的界定，割据性是属于"封建"概念的一个义项，专制也属于"封建"概念的一个义项。当然，今天有的学者认为西欧"封建"并无"专制"的内容。而揆诸史实，西欧的"封建"也不是一个固定的概念，也随着历史的发展而演变，前期有割据、分散的特点，后期有专制和集权的特点。因此，将军阀定性为"封建"是既符合事实又符合概念逻辑规范。当时，中国共产党人认为军阀是"封建"性的，孙中山也认为军阀是"封建"性质的。孙中山曾指出："中国少部分著名的封建督军、破产的官僚、投机的政客此三种人形成中国之军阀政客。"① 也就是说，军阀的封建性是那个时代的主流意见。事实上，"封建"只是一个语言符号，评判"封建"的主要标尺，是看这个符号所反映的事物是不是符合事物的真实和本质。② 应该说，"封建"作为对"军阀"真实和本质的规定符合历史事实，是准确的。随着对军阀"封建"的定性，对作为军阀统治基础的"地主"之"封建"的定性也就在情理之中了。地主的"封建"性质一方面是根据作为军阀的统治基础而认定的，另一方面是根据其经营的以消费为主的传统农业经济而认定的。当然，从经济上看，中

---

① 孙中山：《关于建立反帝联合战线宣言》（1924 年 1 月 6 日），载《孙中山全集》第 9 卷，中华书局，2006，第 23 页。

② 如马克垚指出："经过长期的研究，在前资本主义时代，大土地所有制和小生产的结合，是各国家、民族的共同经济特征，应该是没有问题的。无论你使用封建主义这一名词与否，但在此共同性下，如何认识各地区、国家、民族的特殊性，并从而对全世界的这一社会有进一步的认识，仍是一个重大的历史研究课题。"马克·布洛赫：《封建社会》上卷，张绪山译，商务印书馆，2004，中文序言，第 11 页。

国的模式与欧洲的模式存在不同之处，欧洲有领主经济①，而中国则是地主
阶级。但是无论是欧洲的领主经济还是中国的地主阶级，如马克垚所言，
"在前资本主义时代"，各国家、各民族的共同经济特征是"大土地所有
制和小生产的结合"。既然主要经济基础是相同的，从社会发展的阶段来
看，或者无以名之，若名之，则以西欧的"封建社会"为参考，名之为
"封建"当是适宜的选项。恩格斯指出了欧洲地主（领主经济）与农民的
关系："在中世纪，封建剥削的根源不是由于人民被剥夺而离开了土地，
相反地，是由于他们占有土地而离不开它。农民保有自己的土地，但是
他们作为农奴或依附农被束缚在土地上，而且必须给地主服劳役或交纳
产品。"② 中国的农民与欧洲的农奴虽有差异，但中国农民因为生活需要
也只能被束缚在土地上，通过缴纳政府的赋税或缴纳地租向国家或地主
"进贡"。

应该说，近代以来，中国的话语系统已发生了很大变化，有些中文固有的
本义在现代消失了，转为引入的现代外来的新义。这是因为社会已经发生了根
本性变化，语言系统也必须随之发生相应变化，以反映新的事物或新的认识。
这类现象并非"封建"一词独然，如中国古义的"经济"，我们知道是"经世济
民"之意，而与今天"物质财富"的内涵全然不同；又如"革命"一词，古义
是"根据天命变更而发生的改朝换代、王朝易姓现象"，与现代社会根本变动、
制度根本变革的内涵也有巨大的性质差异，古代认为的改朝换代的"革命"在
现代并不认为是"革命"，古代农民造反被称为"贼寇"，现代则把农民造反名
为"革命"；再如，"党"在古义中指"乡党"、"亲近"和"偏私"，在政治概
念上原为带有贬义性的词，现代"党"的含义与之相比也已发生了性质上的变
化；复如"共和"一词，中国原有的"共和"是君主世袭制下诸位摄制者代幼
主共治之意，而现代的共和则是指废除君主世袭制后，国家权力机关由选举产
生并实行一定任期的政体，体现了人民的主权精神，与原有古义已有了性质上
的根本区别。这种古今词义的变化是历史演变过程中常有的现象，尤其在近代

---

① 欧洲封建社会也并非都存在领主经济，在某些国家如法国只存在封建社会早期，以后就被
　地主经济所代替了。参见王渊明《法国封建社会农民的生活状况与社会发展的关系》，《历
　史研究》1985 年第 5 期。

② 恩格斯：《美国工人运动——〈英国工人阶级状况〉美国版序言》（1887 年 1 月 26 日），
　载《马克思恩格斯文集》第 4 卷，人民出版社，2009，第 320 页。

以来中国进入全球化的国际关系中，文化交流、语言互鉴更是难以避免，是历史进步、人类文化融合的现象。因此，以现代语义中的"封建"与中国古义中的"封建"不符为由，认为不应使用这一概念，理由是不充分的；以中国的"封建"或"半封建"与欧洲不同或与其他国家不同为据，而认为不应使用这一概念或这一概念出了问题，如前所分析，其理由也是难以成立的。从"封建军阀"到"封建地主"，是中国共产党人在早期革命过程中根据波澜壮阔的丰富革命实际和从欧洲与俄国取得的思想"火种"，"封建""半封建"概念逐渐被广泛采用，点点滴滴的思想力量汇成"反封建"革命的长河。它是在中国的土地上生长的，是富有中国特色的现代革命思想发展的重要成果。当然，由于它是在戎马年代淬炼的，不免带有那个时代的某些痕迹，如学理的论证尚不够充分、细密、周严，陈独秀等人不可能像皓首穷经的学者那样为考一字而成鸿篇巨制，他们主要是把这些思想观念作为革命的火种、斗争的武器进行社会动员，是行之有效的、有生命力的基础性思想元素，经受住了严峻的时代考验和历史验证。

从《新青年》创刊到大革命失败前夕的 1926 年底，以陈独秀为代表的中国共产党人对革命理论的探讨取得了一系列重大成果，本文所探讨的"反封建"思想认识的发展只是其一。这一时期革命领袖和思想先驱对中国革命的认识，为当时中国革命的发展和其后革命的进一步推进做出了不朽的历史贡献，在中国革命思想史上占有源头性、经典性的地位，是中国革命史上极为珍贵的精神宝藏，值得我们认真研究和探索。但是，学界迄今对这一时期的革命理论研究仍嫌薄弱。人们多把研究的视角放到 20 世纪 30 年代新民主主义革命理论的发展期和 40 年代的成熟期，这些研究当然是完全必要的，但是如果不对中共早期理论进行系统研究，就难以厘清这些思想"何以如此"这样一个"源头"问题。"何以如此"正是中共早期革命实践探索和革命理论探索的历史进程，其在相当程度上影响甚至框定了中共 1927 年后所要走的道路及其最终的航向。[①] 当然，后来的路更艰辛，好在从陈独秀到瞿秋白再到毛泽东，尤其是大革命失败前夕中国共产党人初步认识到了由城市"反封建"军阀到农村"反封建"地主革命的客观新趋势。因此，当

---

①　关于"封建"问题的思想和理论探索，对之后民国的学术研究尤其是社会理论，也提供了形成理论轮廓的基本概念及其论说方式，影响到 20 世纪三四十年代学术界的某些基本术语和基本论证，远远超出了革命阵营的范围，甚至成为当时学界和思想界主流的话语言说。

国民党"清共""反共"之时，毛泽东把革命的星星之火带到了广阔的农村，带领共产党人走上农村武装革命的道路。动员农民参加革命，武装农民进行革命战争，教育和改造农民建设新社会、新中国这个更广大的"反封建"的历史舞台，在毛泽东的名篇《湖南农民运动考察报告》于1927年3月发表几十天以后血与火的国共分裂中，徐徐展开。中国革命终于进入"反封建"的底层。此后，中国的新闻媒体、理论界、学术界也越来越关注底层尤其是下层人民的生活问题，发表了越来越多的经济史、社会史的研究成果，随着革命的深入，对中国底层人民尤其是农村和农民问题的研究越来越多，越来越深入。这就是中国共产党人早期"反封建"演变的历史与逻辑以及对这一历史和逻辑的认知。

〔作者单位：河南大学近代中国研究所暨史学月刊编辑部〕

《共进》、共进社与马克思主义
在陕西的传播

黄正林

　　《共进》和共进社是五四新文化运动期间，一批到北京等地求学的陕西青年学生创办的杂志和社团。该杂志和社团不仅团结了一批陕籍青年学生，使他们接受了新文化、新思想的熏陶和马克思主义思想，而且他们学成归来后，不仅给陕西带来了新思想、新文化，还成为陕西最早的马克思主义的传播者，同时也是陕西中国共产党组织的最早建立者。在以往关于五四新文化运动社团和社团期刊的研究中，学术界关注的主要是当时有巨大影响的社团和社团期刊，以及成长为革命领袖的地方知识精英创办的社团和期刊，对大多数社团和期刊尤其是未成长为中共领袖的地方知识精英所创办的社团和期刊关注度并不是很高，甚至被忽略，如本文要研究的《共进》及共进社就是如此。涉及《共进》及共进社的文章有2篇，一篇是对《共进》杂志和共进社做简单介绍，[①] 一篇是以《秦钟》《共进》为中心讨论了陕西旅京学生与陕西社会等问题。[②] 如果把《共进》杂志、共进社和陕籍旅京青年群体放在20世纪20年代中国新文化运动和国民革命的大背景下去思考，该问题尚有进一步讨论的空间。因此，在前人已有研究的基础上，本文讨论的主要问题是新文化运动与《共进》杂志的创办、共进社政治主张的转变、共进社群体与马克思主义在陕西的传播等。

---

① 梁星亮：《共进社和〈共进〉半月刊》，《西北大学学报》1979年第2期。
② 尚季芳：《民国时期的陕西旅京学生与陕西社会——以〈秦钟〉〈共进〉杂志为例》，《社会科学战线》2006年第2期。

一　新文化运动与《共进》杂志的创办

近代陕西西学和新文化传播的起源可以追溯到刘古愚、朱佛光等近代教育家。刘古愚（1843—1903），陕西咸阳人，近代著名教育家和陕西维新变法的代表人物。他在阅读了《西学东渐记》《天演论》《原富》等书籍后，接受了欧美民主科学的思想，赞成维新变法，积极传播西学，先后在"求友斋"、味经书院、崇实书院、泾干书院、三原宏道学堂等任教，传播西学知识和实学，特别是甲午战后，他提倡维新变法，鼓吹政治改良，有"门人弟子数千百人，成就者众，而关中风趋一变"之说。① 著名学者吴宓曾说："咸阳刘古愚老夫子光蕡为关中近世大儒……雄深笃健，能以至诚感人。近数十年中，吾陕知名人士，无不出其门下。"② 受刘古愚的影响，三原宏道学堂成为传播西学和资产阶级改良思想的主要阵地，这里的学生能够读到《民报》《夏声》《丽泽随笔》等宣扬改良思想的刊物，其中《夏声》由宏道学堂学生李子逸、茹卓亭、杨西堂主办，称之为夏声派，主张革命，"多数参加了同盟会"。③ 朱先照（1853—1924）是继刘古愚之后在陕西传播西学与实学的教育家。于右任说："陕西提倡新学最力而又最彻底的，当推三原朱佛光先生（先照）。"④ 甲午战后，朱氏思想发生了巨大变化，他潜心研究经世之学，认为"中国改革，非科学经学并重不为功。乃与耶教徒西方人氏相往还，复与孙君芷沅，发起设励学斋，广购科学书籍报纸，以劝导有志之士，而西北结社之风，自此开，新学知识亦由是日起"。⑤ 戊戌变法失败后，朱氏开始信仰孙中山学说，"自信益坚，而倡导加励。及闻中国同盟会成立，见孙先生之演说，则劝学者加盟，以响应于西北。对于保皇立宪诸说，随时随地指斥其非，由此益定西北革命思潮。辛亥起义，西北主持革

---

① 《刘古愚传》，载杨虎城、邵力子等修，宋伯鲁等纂《续修陕西通志稿》卷75，陕西通志馆，1934。

② 吴宓：《空轩诗话》，载张寅彭主编《民国诗话丛编》第6编，上海古籍出版社，2002，第14页。

③ 杨明轩：《共进社与西北革命》，载《陕西文史资料选辑》第9辑，陕西人民出版社，1981，第70页。

④ 于右任：《右任文存》，海豚出版社，2015，第17页。

⑤ 陕西省教育厅编审室：《陕西乡贤事略》，1935，第182页。

命者多出其门"。① 励志学斋因提倡新学，吸引了大批陕西有志青年来此读书学习，接受新文化、新知识和新思想，也造就了一批革命青年，"自于右任以下革命诸子，多为其及门弟子"。② 受刘古愚、朱佛光等影响，这些学生接受了维新思想和西学，成为陕西资产阶级思想的传播者，有的成为陕西最早的同盟会会员。武昌起义后陕西之所以响应最早，与这批最早接受资产阶级思想的知识分子有直接关系，响应武昌首义的陕西革命党人井勿幕、宋向宸、李元鼎、徐朗西、柏筱余、于右任、茹欲立、邹子良等都是宏道学堂肄业的学生。③ 也有一批学生接受西方科学知识，走上教育救国或科学救国的道路，李仪祉、张季鸾、吴宓、张奚若等是其中的佼佼者。这批人是近代陕西新思想、新文化的第二代传承者和传播者。

民国初年，参加辛亥革命的留日返陕学生、陕西各学堂师生和一些进步人士在陕西倡办新式学堂，继续传播新思想和新文化。如夏声派刘定球、田蕴如、宋向宸、焦子静等发起创办了三秦公学；杨松轩（鹤年）创办咸林中学，有"陕人之言教育事业者，独推鹤年为先进"④ 之说；成德中学校长董雨麓不仅是全国知名学者，而且思想开明，使成德中学"成为许多青年学生向往的学校"。⑤ 这些新式学校培养了一批胸怀大志、追求进步的青年知识分子，如弘道学堂的杜斌丞、李子洲，三秦公学的杨钟健、杨晓初、刘含初、呼延震东，魏野畴、常汉三，成德中学的耿炳光、屈武，咸林中学的潘自力，陕西法政学堂的杨明轩等，他们在本地接受了新思想和新知识后，到外地求学，逐渐形成了以北京、上海、武汉、天津等为中心的陕籍学生群体，尤其以北京最为集中，有100余人。⑥ 辛亥革命后到五四新文化运动期间从陕西走出去的学者可视为陕西新思想、新文化的第三代传承者。他们活跃在新文化运动的舞台上，抱定改造陕西社会的志向，成为陕西思想、文化

① 于右任：《朱佛光先生墓志铭》，载《三原文史》第1辑，1985，第133页。
② 《朱先照》，载陕西革命先烈褒恤委员会编《西北辛亥革命事略》，甘肃人民出版社，2011，第132页。
③ 毛焕明：《三原宏道书院与辛亥革命》，载中共咸阳党史资料征集研究委员会《咸阳党史资料集（五）辛亥革命在咸阳》，1987，第160页。
④ 《杨鹤年》，载陕西革命先烈褒恤委员会编《西北辛亥革命事略》，第139页。
⑤ 屈武：《屈武回忆录》上册，团结出版社，2002，第37页。
⑥ 杨钟健：《关于共进社的回忆》，载中共陕西省委党史资料征集研究委员会《共进社和〈共进〉杂志》，陕西人民出版社，1985，第403页。

界的新鲜血液。

受新文化运动的影响，1919 年 3 月，旅京陕籍学生发起组成了三秦公民救陕会，展开对地方军阀的斗争。即在五四运动前夕，"在北平的陕西学生组织起来，对陕西时局深表关心……我们为使人明了陕西社会情形及其黑暗，将所得事实分段记载下来，抄写油印分发。那时，北平、天津、上海、汉口各报均有转载。事实上，远在'五·四'运动以前，我们陕西学生已经搞起学生运动来了"。① "谈文化运动与政治运动的人，大半从'五四'说起，因为'五四'是中国近代青年运动一大关键。但谈到陕西的运动——文化的政治的——却不能从'五四'说起，因为'五四'前两三月，已有了很有组织的运动了。"② 五四运动爆发后，陕籍学生刘天章、李子洲、杨明轩、杨钟健、张耀斗、呼延震东、刘含初、郝梦九等积极参加了各种游行活动，李子洲等被推举为游行大会主席团成员，表现十分出色。罗章龙回忆说："北京学联有个总务科，清一色，几乎全是陕籍学生，在李子洲等同志的领导下，他们工作得十分出色，受到了人们普遍的赞扬。"③ 杨钟健说："'五·四'运动对我也有不小的教育作用。从此以后，我参加的会社更多；对于新的刊物，不但喜欢看，还喜欢投稿。以后在本科的四年中，我可以说年年在学生运动中尽了一份力量。"④ 当时湘籍学生毛泽东、蔡和森、罗章龙等新民学会成员寓居北京三眼井左巷七号院，左巷六号院就是陕籍学生租住和活动的中心，作为邻居和有共同理想的青年学生有比较多的交往，他们常常集聚一起聊天，"从民族国家大事，到学术思想问题，及至生活趣闻，多所谈及"。⑤ 从上述回忆来看，旅京陕籍学生在五四运动期间表现十分突出，并和在京的湘籍进步青年多有交流，这对他们的思想和未来职业选择旨趣都产生了很大的影响。

通过五四运动的洗礼，旅京陕籍学生觉得《秦劫痛话》"创刊动机是相当幼稚的，尽管起了一些暴露陕西实况的作用，但还有些哀求的味道，更谈

---

① 杨钟健：《杨钟健回忆录》，地质出版社，1983，第 24—25 页。
② 杨钟健：《谈陕西近年青年界出版物》，《共进》第 65 期，1924 年 7 月 10 日。
③ 罗章龙：《亢斋岁月 西北风霜——忆李子洲同志》，载陕西省革命烈士事迹编纂委员会编《李子洲传记·回忆·遗文》，陕西人民出版社，1985，第 89 页。
④ 杨钟健：《杨钟健回忆录》，第 25 页。
⑤ 罗章龙：《亢斋岁月 西北风霜——忆李子洲同志》，载《李子洲传记·回忆·遗文》，第 88 页。

不到有反抗的勇气"。① 1920 年 1 月，刘天章、李子洲、杨钟健、魏野畴等以旅京陕西学生联合会的名义创办了《秦钟》月刊，在发刊词中指出：

> 五四运动，即吾侪觉悟之表示，彻底改革之发轫也。各省之闻风兴起，纷纷响应者，亦日有所闻。独吾陕人，则犹在大梦中。死伤遍野，疮痍满目，十室九空，民无生趣，而反谓命该如此，吾敢大声疾呼于我父老兄弟诸姑姊妹之前曰，吾国民之人，有人格之人也，无论何人，不得利用之，奴隶之，草菅吾人之生命、而牺牲吾人之权利也，故本刊第一任务为唤起陕人之自觉心。
>
> 旧道德不适于现世生存之道德也。旧艺术不适于现世生存之艺术也。旧之当去，固人人知之者，然使去旧而无新，则吾人将彷徨歧路无所归依，欲求国家之进化，固不能默守数千年之陋习，而欲求陕西之启发，尤当输入适于现代生存之文明于陕西。故本刊第二任务当介绍新知识于陕西。
>
> 第陕西僻处西陲，交通闭塞，兼之强权凭陵压力甚大，数年以来，陕西痛苦达于极点。政府视同化外，充耳不闻而金钱收买与指派昧心议员又钳口不言，以故国人亦不过问，鲜有知其内情者。窃思陕西者中国人之陕西也，陕人之痛苦，国人当共救之，故本刊第三任务在传播陕西社会之状况于国中，俾国人闻而伤之或能起而拯之也。②

从上述概括可以看出《秦钟》的办刊宗旨是：唤起陕人的自觉心，介绍新知识于陕西，传播陕西状况于外界。但该刊只出了 6 期便于当年 6 月停刊。究其原因，一是陕督陈树藩对旅京陕籍学生采取分化政策，"旅京陕籍人士和同学中却接连出现为陈疏通、解释、调和的人，因使学生会渐渐分化为反陈和中间观望两派"。③ 二是编辑人员没有共同的认识，杂志围绕上述办刊宗旨做了一些工作，"但实质上是改良主义的"。④ 加之经费不足和一些

---

① 杨钟健：《关于共进社的回忆》，载《共进社和〈共进〉杂志》，第 404 页。
② 《秦钟发刊词》，《秦钟》第 1 期，1920 年 1 月 20 日。
③ 王伯材：《记忆中的共进社和〈共进〉半月刊发行经过》，载《共进社和〈共进〉杂志》，第 456 页。
④ 杨钟健：《关于共进社的回忆》，载《共进社和〈共进〉杂志》，第 405 页。

事务性问题无法解决，《秦钟》月刊不得不停刊。尽管如此，这些受过五四新文化运动洗礼的陕籍学生一直关注着家乡文化界的各种动向，等待新的机遇到来。

此外，其他陕籍学生也创办了一些刊物。1919 年夏，汉中旅京学生创办了《励进》杂志，受《新青年》的影响，该刊"也谈新文化，后也转变到政治方面、思想方面"。① 后因抨击军阀吴新田而被迫停刊。1920 年 10 月，旅沪陕籍学生创办了《秦铎》，以"反对旧的政治、教育、婚姻等制度，宣传民主自由思想"为宗旨，不到半年也停刊了。② 1922 年 3 月，旅津南开中学学生屈武、武止戈等创办了《贡献》，以"提倡新文化，积极宣传马克思主义和教育革命"为宗旨，共进社成立后，该刊物与《共进》合并。同年秋，旅沪陕籍学生还创办了《新时代》，以传播新文化、新思想，揭露和批判帝国主义对中国侵略为主要内容。③ 这些杂志虽然很短暂，但为陕籍学生会合为一个大的政治团体奠定了基础。

在五四新文化运动的影响下，陕西教育界的新旧思想与文化的斗争也十分激烈。以陕西省教育厅长郭希仁为代表的关学复古主义者设立"明伦堂"，极力提倡尊孔读经，宣扬旧礼教、旧思想、旧文化。1920 年 8 月 27 日是孔子诞辰日，郭氏要求各校学生一律到孔庙朝拜，当即遭到西安女子师范教务主任王授金的拒绝。王授金是以蔡元培为董事的中华教育改进社成员，他在该校任教期间积极从事教育改革，反对旧教育制度。在他的带领下，全校师生拒绝参加孔庙朝拜，他在演讲中"号召师生学习新文化，为中华民族的富强康乐而奋斗，事后还把讲演稿在报纸上发表，以扩大影响"。④ 郭氏以"违犯定章，有乖厥职"为名，将王授金解聘。⑤ 郭氏的做法引起了陕西教育界和陕籍学生的不满。旅京陕籍学生李子洲、刘天章、魏

① 王钦哉：《五四运动影响下的汉中学生》，载中共陕西省委党史研究室编《五四运动和马克思主义的早期传播在陕西》，陕西人民出版社，1990，第 292 页。

② 严信民：《陕西旅沪学生创办的进步刊物》，载《五四运动和马克思主义的早期传播在陕西》，第 276 页。

③ 陕西省地方志编纂委员会编《陕西省志》第 70 卷《报刊志》，陕西人民出版社，2000，第 203—204 页。

④ 《王授金》，载吴崇信、梁星亮主编《中共陕西历史人物传》第 1 卷，陕西人民出版社，2001，第 169 页。

⑤ 陕西省教育厅《陕西教育志》编纂办公室编《陕西教育志资料选编》下卷，陕西人民出版社，1988，第 18 页。

野畴、杨钟健、刘含初、韩树模、呼延震东、陈顾远、王之澍、张鹏翘、张志俊等 11 人联名上书郭希仁：

> 顷闻九月三十日，北京《晨报》载，对于陕西女子师范讲演训令一则，不胜骇异。贵厅长自问比林琴南如何？比康长素又如何？胆敢阻挠思想自由，言论自由。……在中华民国法律之下，学术自由、信教自由、言论自由、思想自由……人人皆知，而教育厅何能不知，乃竟非法干涉，妄施阻挠，似此蔑视国法，贻祸教育，殊属荒唐绝伦。若不设法挽救，遗害何堪设想！①

迫于舆论的压力，1921 年 5 月，郭希仁不得不辞去教育厅长职务。该事件被称为"评孔风潮"，在旅京陕籍学生和陕西教育界产生了比较大的影响，使他们对陕西社会和中国社会认识的角度发生了较大的变化，萌生了改造社会的想法。加之受五四新文化运动的影响，"一九二一年已是五四运动以后的两周年，北京乃至各地的刊物此起彼伏，出版得很多，也鼓舞了大家的信心。于是大家决定出一个以陕西为主要对象的《共进》半月刊"。② 1921 年 10 月 10 日，李子洲、刘天章、赵国宾、杨晓初、杨钟健等人发起创办了《共进》杂志。为什么要创办这样的刊物，创办人从"内力"和"外力"给予解释，"内力就是我们自己热腾腾的良心，迫的我们不得不把所谓'提倡桑梓文化，改造陕西社会'的千斤重担担在肩上"；"外力是陕西年来土匪遍地，民贼肆虐，天灾流行，民不聊生……种种悲惨的景象，迫得我们不得不赶快起来，做我们所当做所能做的事情"。③ 因而"提倡桑梓文化，改造陕西社会"成为该刊初创时的宗旨。

与《秦钟》比较，《共进》已经有了很大进步，"旗帜比较鲜明，知道赞成谁，反对谁；而《秦钟》在半年期间所发表的文章却很少正面反对什么人什么事，即或有，也是吞吞吐吐，拐弯抹角地点一下"。④《共进》一改

---

① 《西安评孔风潮之余波》，《晨报》1921 年 1 月 23 日，第 4 版。
② 杨钟健：《关于共进社的回忆》，载《共进社和〈共进〉杂志》，第 407 页。
③ 本刊同人：《刊行的原因》，《共进》第 1 期，1921 年 10 月 10 日。
④ 杨钟健：《关于共进社的回忆》，载《共进社和〈共进〉杂志》，第 407 页。

《秦钟》的风格，把斗争的矛头直接指向了军阀政治。杨钟健在创刊号上发表了《换了以后怎么样》一文，指出："我们换了督军以后，我们的生命财产，可得到安全了吗？我们天赋的权利，可得到保障了吗？我们的生活可能够维持了吗？"① 对军阀在陕西的统治提出了质疑。可以看出，《共进》是一份与《秦钟》风格迥异的杂志，比《秦钟》更具战斗精神。

二 《共进》杂志政治倾向的转变

《共进》杂志从创刊到 1926 年 9 月停刊，历时 5 年，共出版 105 期，是五四新文化运动期间不多见的延续时间比较长的刊物之一。创办《共进》杂志的是一群思想十分活跃的陕籍年轻人，他们在办刊的过程中的指导思想随着中国政局与政治环境的变化也发生了变化，杂志也从"提倡桑梓文化，改造陕西社会"为宗旨逐渐转变为具有明确政治追求和政治倾向性的刊物，其主流观点逐渐或接近或赞同中共的政治主张和马克思主义的观点，进而成为中共的外围刊物。在被北洋政府取缔时，"《共进》半月刊发行三四千份，不但在国内，而且远销日本、南洋和德国"。② 可见其在社会上影响之大。

《共进》杂志文风和政治倾向的变化，以 1922 年 10 月 10 日共进社成立为标志，可以分为前后两个阶段。第一阶段，从《共进》创刊到共进社成立，即《共进》创刊第一年。该刊主要关注问题包括两个方面：一是陕西教育界的新动向，主要针对复古思潮展开斗争。郭希仁辞去教育厅长后，继任者沙明远是安福系政客，总统徐世昌要他在陕西推行颜李（17 世纪在北方形成的学术流派，以颜元、李塨为代表）之学，引起了旅京陕籍学生不满。《共进》发表文章指出："颜李不是我们陕西学生所需要的，我们需要真的知识，不是假的道学。""我们的大总统连教育厅是干什么的也不明白，我们也不要做大总统为我们把世事弄太平的梦了！""徐世昌不配谈教育的，因为他不懂教育是什么。"③《共进》发表文章对沙明远提出

---

① 强健（杨钟健）：《换了以后怎么样？》，《共进》第 1 期，1921 年 10 月 10 日。
② 方仲如：《人民永远怀念他》，载陕西省革命烈士事迹编纂委员会编《魏野畴传略·回忆·遗文》，陕西人民出版社，1981，第 64 页。
③ 强健（杨钟健）：《谨防假冒》，《共进》第 3 期，1921 年 11 月 10 日。

了警告，不要走郭希仁的老路，要与懂得新式教育的教师合作，办好陕西的教育。① 另外，《共进》发表文章对陕西复古主义思潮进行批判，主张进行教育改革，"新思潮的波已涌进潼关了，新学制的实行已开始运动了"。改革内容包括学制、课程设置、教材内容以及辞退旧人、添聘新人等方面。②

二是揭露陕西军阀的黑暗统治。《共进》杂志创办时正是刘镇华督陕之始，杂志发表文章矛头直接指向刘镇华，征集刘镇华在陕各种罪状："刘镇华以半匪武人，趋附陈树藩入据吾陕，三年以来，于吾陕政治上、文化上一无建白；惟知引用私人，搜括民财，种种罪状，擢发难数，而又身拥重兵，咸民治之怪闻……刘氏不去，吾陕政治，永无上正轨之日。特征求刘氏历年祸陕罪状，择优公布，以便共驱此獠，而进吾陕政治于光明之城。"③ 随后发表了一系列"去刘"的文章，提出了去刘的理由、办法和列举刘氏在陕西的各种罪恶；提出"去刘"之后要在陕西实行"废督"和"裁兵"，并指出"打倒军阀"、"提携平民"和"拥护无产者"是《共进》团体的三大责任。④ 在创刊一年时间里，"本社几以全力对付刘镇华。在这一年的刊物中，几乎莫不有一期不提到刘镇华的罪状"。⑤ 在当时的认识水平上，反对刘镇华基于"陕人治陕"的口号，具有狭隘的地方主义色彩。

第二阶段，从 1922 年 10 月到 1926 年 9 月刊物被封闭，刊物的指导思想、认识水平和斗争目标都有了很大的改观，逐渐由宣传新文化的期刊转变为宣传中共的政治主张和马克思主义的主流期刊。通过五四运动的洗礼，参与主办《共进》的陕籍学生思想发生了比较大的变化。1920 年 3 月，李大钊发起组织了马克思学说研究会，陕籍学生李子洲、刘天章成为该会的骨干力量，不但阅读了各种介绍马克思主义学说的著作，而且到长辛店、保定等地发动和组织铁路工人罢工。中国共产党成立后，经李大钊介绍刘天章加入

---

① 赖泥（刘天章）：《沙明远听着!》，《共进》第 3 期，1921 年 11 月 10 日。
② 李登瀛（子洲）：《陕西师范学校应革新的几点》，《共进》第 14 期，1922 年 4 月 25 日。
③ 《本刊编辑室特别启事二》，《共进》第 4 期，1921 年 11 月 25 日。
④ （刘）天章：《去刘之后》，《共进》第 16 期，1922 年 6 月 25 日。
⑤ 王子休：《共进生活四年历史之概观》，《共进》第 90—91 期合刊，1925 年 10 月 10 日。

了中国共产党，成为陕西最早的中共党员。① 受李大钊的影响，一部分旅京陕籍青年学生的政治信仰发生了很大的变化。因此，1922 年 10 月，《共进》杂志创刊 1 周年之际，以该刊为骨干成立了共进社，《共进》杂志成为其机关刊物。该刊的政治主张和内容也为之一变，"它以新工具白话文，给西北社会，尤其是中小学校学生、教员这一阶层，输入了新思想、新学说、新文化、新的民主（介绍苏联）与科学（社会科学）知识"。② 尤其在配合国民革命和中共宣传工作方面，做了不少工作。

第一，刊物开始把目光转向对中国政治的关注，多次提出关于中国政治问题的宣言。1923 年 "二七惨案" 发生后，《共进》发表宣言指出："年来我们中国政局，一天坏似一天，军阀及一切恶势力，一天巩固一天。" 文章对军阀及其靠山进行鞭挞，把帝国主义和军阀政治看作目前中国两大恶势力，"国际资本帝国主义，实借军阀的恶势力予以蓬勃与作恶，所以认为首先努力打倒军阀。因为打倒军阀，是对内谋政治清明的唯一的第一步方法，而解除国际资本帝国主义亦为釜底抽薪的办法"，提出要从 "根本铲除军阀"。③ 该杂志明确提出打倒帝国主义与军阀的政治主张。《"打倒军阀" 的意义》一文用阶级分析方法对中国近代社会存在的问题进行分析，指出中国近代内乱和工业不发达是帝国主义侵略和军阀存在的结果："我们在人类社会进化的历程上来看，推翻帝制的该是工人、商人、农人。但中国社会是经过国际资本帝国主义的经济的侵略以后，社会才起了变化，并不是国内的工人、商人、农人各阶级自己发展到有推翻帝制的势力。所以中国国内的工商农各阶级至今日在政治上得不到权力，而还受军阀的压迫、剥削，使工业不得发达。" 帝国主义操纵了 "中国的内乱，使中国人民不得一日安宁，工商不得发达，现在仍在国际资本帝国主义的严酷的宰割之下"。军阀的存在"一面在利用土匪的军队掠夺、剥削我们，一面在受国际资本帝国主义者的豢养，混乱中国，使中国的商业不振，实业不能大规模地开办，教育不能普及和提高，更以经济控制着我们的咽喉，使中国变为完全的外国殖民地"。解决帝国主义和军阀压迫的方法是什么？就是要以 "阶级斗争" 的方法进

---

① 吴崇信、梁星亮主编《中共陕西历史人物传》第 2 卷，陕西人民出版社，2001，第 65 页。
② 杨明轩：《共进社与西北革命》，载《陕西文史资料选辑》第 9 辑，第 74 页。
③ 《本社宣言》，《共进》第 33 期，1923 年 3 月 10 日。

行革命，主要是由工人、商人、农人组成"阶级化的国民军"作为"打倒军阀"的主力军。通过革命"一面是铲除直接压迫我们、剥削我们的强权阶级，以便建立使我们的利益得以发展的政治的、经济的组织；一面是斩杀国际资本帝国主义侵略中国的引导者和保护者"。① 1925 年五卅惨案后，《共进》出版了"上海惨杀案专号"，一方面揭露英日帝国主义制造的五卅惨案，另一方面提出了自己解决"沪案"的政治主张。这些都表明《共进》杂志已经从只局限于反对陕西军阀到反对中国军阀和帝国主义的大转变，是一个巨大的进步。

第二，赞扬俄国十月革命。1923 年 11 月，《共进》发表了俄国十月革命 6 周年的纪念文章，高度赞扬了十月社会主义革命的胜利，认为"资本主义社会崩坏，社会主义社会要代之而兴，我们用科学的态度认为这是'历史的必然'"；"在这样可惊人的伟大事业中，俄国共产党、赤军、俄国少年共产团的工作，自然是最可钦佩的！""我们中国人在今天应诚恳的庆祝俄国十一月革命！纪念着俄国人的精神！纪念着俄国人为自由而奋斗而革命的至死不挠的精神！纪念着俄国人的伟大的组织力与创造力！"② 认为苏维埃革命的方向是工农解放乃至全人类解放的目标，"苏维埃——劳工会——俄罗斯负着解放全人类的使命，牺牲一切，为的是我们苦同胞"；苏维埃革命是为了"人人都得做工生产，人人都得享物质的精神的幸福；人人都能享真正'自由''平等'"，这就是"解放全人类的目标"。③ 1924 年 1 月列宁逝世后，《共进》发表文章称赞列宁是"空前的伟大天才的领袖"，"是帝国主义的锁链的世界社会革命的指导者"，"是中兴的马克思主义的创建者"。作为中国青年，"应认识真正的列宁，学列宁革命的方法。大家集合到革命的旗帜之下来！"④ 对俄国十月革命和列宁的赞美，既表达了《共进》杂志对十月革命的态度，也说明了对中国革命的态度。《共进》杂志还发表文章指出，"全世界都将随着俄罗斯而起社会革命了。在这革命将起的时候，远在后屋的陕西当是

---

① 康：《"打倒军阀"的意义》，《共进》第 44 期，1923 年 8 月 25 日。
② 《俄罗斯革命第六周年纪念》，《共进》第 49 期，1923 年 11 月 10 日。
③ 山水：《国民应速自动的与苏俄联盟共谋反抗英美帝国主义》，《共进》第 49 期，1923 年 11 月 10 日。
④ 松：《列宁之死与中国青年》，《共进》第 55 期，1924 年 2 月 10 日。

免不了的——不过是时间的问题。陕人现时的幸福，被军阀与土匪式的军队剥夺殆尽，民主主义的革命当亦为期不远"。① 可见，对俄国式革命在陕西的发生充满了信心。

第三，《共进》成为宣传马克思主义主要阵地。受李大钊等共产党人的影响，部分旅京陕籍学生接受了马克思主义，开始在《共进》杂志上刊登宣传马克思主义的文章。1923年"五一"劳动节，《共进》发表了三篇相关文章，对马克思给予了高度评价：

> 马克司是一个大经济学者。他是社会主义经济学派的始祖。他阐明了价值和剩余价值的意义，使资本和劳动得到新的、真正的解释，《资本论》便是他的经济学的名著。马克司又是一个大社会学者而兼大历史哲学者，他发现了"唯物史观"，使我们得到社会进化的原则，更使我们得到了研究社会学和历史学之科学的方法。马克司又是一个最有力的社会主义者。他著有《资本论》三卷，《共产党宣言》，《哥达纲领批评》……他将社会主义从空想的建立在科学的基础之上，更发明阶级斗争和无产阶级专政的理论，使无产阶级得到了自由的道路。但是马克司不只是一个大思想家，他还是一个实际运动的战士。②

《共进》杂志旗帜鲜明地宣传马克思主义，不管是对旅京陕籍青年还是在陕西本地读书的学生都产生了很大的影响，通过阅读《共进》杂志，他们最早接触到了马克思主义思潮。

第四，旗帜鲜明地支持国民革命运动。1923年10月国民党进行改组后，于次年1月召开了国民党第一次全国代表大会，开始了国民革命运动。《共进》发表文章赞扬国民党改组，通过改组"把从前党内的坏分子全数淘汰，重新整刷，作革命之事业。现在内部组织非常完密，精神异常振兴，中国前途的希望全在国民党身上"。③ 认为改组后的国民党是一个"混合阶级

---

① 武止戈：《驱刘，我的主张与陕西的将来》，《共进》第23期，1922年10月10日。
② 武止戈：《"五五"》，《共进》第37期，1923年5月10日。
③ 守之：《国民党与中国》，《共进》第62期，1924年5月25日。

的联合战线",呼吁"吾人当速起努力于国民革命旗帜之下","努力反抗我们共同的仇人——军阀和列强"。① 第一次国共合作期间,孙中山改组后的国民党是一个革命阶级的政党,所以《共进》给予高度评价:改组后的"国民党有他极鲜明而适合于中国现在的政治主张;国民党有他人格伟大不屈不挠的领袖(指孙中山——引者注)。国民党是救国的,不是卖国的;国民党是为全国国民求幸福的,不是为少数人求幸福的;国民党是主张国民自由的,不是剥夺国民自由的。国民党的主张是进步的,不是退步的;国民党对于卖国的剥夺人民自由和利益的北方万恶政府实行革命的,不是盲目无意识捣乱的;国民党有极完善合理之建设的计划,不是一味破坏为能事的"。因此,号召陕西青年"应当毅然决然毫不迟疑地加入国民党来做轰轰烈烈的革命事业,来推翻这万恶军阀的政府,来实现民治政治,来建设国民政府"。②

第五,《共进》杂志明确表达了对中共革命和工农运动的支持。早在1922年7月,《共进》第17期就全文发表了《中国共产党对于时局的主张》,这是该刊创刊后第一次发表中共的文件,说明该杂志赞同中共的政治主张。针对国民革命时期陕西农民运动的发展,《共进》发表文章,主张"实行积极的农民运动"。如何实行积极的农民运动?(1)组织农民。把农民组织进佃农协会或雇农协会,有了组织机关,"散漫的农民才可团结起来";有了农民组织,还要组织"消费协社""借贷协会""谷价公议机关"等,"对于农民的利益方算切实,方能使农会基础坚固"。(2)教育农民。多兴办农民补习学校或讲习所,对农民进行教育,包括"限租问题""限田问题""推翻贪官劣绅""打倒军阀""抵制洋货""收回人民的主权"等,促进农民觉悟。(3)农民斗争。一是经济斗争,要求减租、减税,改良待遇等;二是政治斗争,要求实行普选、组织民团、集会自由等。③ 这些主张对配合和推动国民革命中中共领导的工农运动起到了积极的作用。

---

① 山水:《中国国民党改组与国民革命运动》,《共进》第55期,1924年2月10日。
② 屈武:《国民党与陕西青年》,《共进》第66期,1924年7月25日。
③ 静值:《农民运动的三要点》,《共进》第54期,1924年1月25日。

三 共进社及其政治主张

随着《共进》杂志在社会影响的与日俱增、社员群体的扩大，"为了进一步开展反对军阀的斗争，组织一个政治性的社团的需要和可能性也已成熟"，① 在该刊创刊一周年之际，即 1922 年 10 月 10 日，旅京陕籍学生成立了共进社。

共进社是新文化运动和五四运动的产物。1919 年，随着新文化运动深入和五四运动的爆发，"国内的新思潮正在蓬勃；国际上的外交问题，正在吃紧；又加上万恶的安福党正在执权；三者相乘就演成了'五四''六三'等等惨剧。民气好像是代着弹性的，压力愈大反抗力亦愈大；在青年学生界，这种现象，尤为显著。共进社的胚胎，就是由于这种反抗这种恶势力的民气激起的"。② 王子休在共进社成立 4 周年纪念专刊上发表文章说："五四运动是外国帝国主义逼出来的反抗帝国主义运动。这次运动实开七八年来中国民族自决运动之先河。而五四之役，首都的北京，实为运动的中心，组织本社之发起人多为参加此次运动最激烈的分子……因有五四运动，便鼓起本社同人反抗恶势力的精神，因有军阀火并便促成本社同人反抗恶势力的决心。因五四运动后民众势力之散漫，及陕西连年军阀专横之特甚便产生了共进社这样特别的组织。"③ 该社创始人刘天章指出："远在一九二一年十月十日以前一年中，是共进胎生时代。在这年中，中国政局的纷乱，陕西政局的纷乱不成样子。人民处此外交势力高压，中央政局凌替，地方军匪残扰之下，于是生出一种反动；对外谋世界列强势力浸凌之反抗，对内谋全局之整理和地方之爬梳。是种心理集中结果和初试，便是轰轰烈烈的'文化运动'和'五四外交运动'。由此运动之结果，人人更感觉到种种的不自由，更感觉有联合的必要。因此便产生今日中国到处无千无万的团体。共进便是应此潮流而胎胎的团体之一。"④ 杨明轩后来回忆说，共进社的

---

① 中共中央编译局研究室编《五四时期期刊介绍》第二集下册，生活·读书·新知三联书店，1959，第 506 页。
② 子休：《"共进生活"的面面观》，《共进》第 47 期，1923 年 10 月 10 日。
③ 王子休：《共进生活四年历史之概观》，《共进》第 90—91 期合刊，1925 年 10 月 10 日。
④ 天章：《培养时代的共进生活》，《共进》第 23 期，1922 年 10 月 10 日。

创立，"（1）承继了十余年来西北革命历史的传统、（2）受了国内新文化启蒙运动的影响、（3）痛恨关学余孽郭希仁的尊孔读经复古反动教育、（4）鉴于陈（树藩）刘（镇华）祸陕所组成的地方性的革命团体"。① 正是受到新文化运动的熏陶和五四运动的历练，一批旅京陕籍"看清现时社会上的矛盾危险与不安各点，他们找出被压制者痛苦的原因，他们于是决定去改造这现社会，但是从那里做起呢？于是才组织这'共进社'，实行革命，去达他们的目的"。② 正是在这样的背景下，一批深受五四新文化运动影响的陕籍青年组成了共进社，"本社既由同志组合而成，当然含有修养意味在内，而况一个团体的组合，各分子仅仅宗旨相同，而气味与品格不在一最低限度之上，绝难望其永久团结，更说不到伟大的成功"。正是出于此种目的，制定了《共进社简章》，主要规定了共进社的宗旨、社员资格及要求。规定："本社由志愿革新之青年组织而成，以'提倡文化，改进社会'为宗旨。"③ 说明该社成立初期是一个传播新文化、新知识和积极上进的青年团体，有明确的活动范围：

　　（一）工具的。提倡语体文，提倡有组织的群众……（二）思潮的。提倡科学，排斥宗教。对于现代的社会、文艺、经济、政治等思潮，均为慎重的介绍。（三）社会的。对于旧的制度、礼教，严加批评；对于新的制度、道德，力谋建设。（四）政治的。驱逐刘镇华，废督，裁兵，促进地方自治。（五）教育的。介绍新教育学说，提倡教育经费独立与扩充，谋义务教育之普及，中等教育之提高，立发教育之建设。（六）实业的。一方面提倡实业的发达，一方面遏止资本主义的扩张。④

　　从上述内容来看，共进社旨在对社会进行全面改造，尤其是在社会思潮方面，提出了"提倡科学，排斥宗教"的主张，在当时各种西方思潮泥沙俱下，共进社的态度是"慎重介绍"。共进社的成立是《共进》半月刊创刊

①　杨明轩：《共进社与西北革命》，载《陕西文史资料选辑》第9辑，第73页。
②　王子休：《共进生活四年历史之概观》，《共进》第90—91期合刊，1925年10月10日。
③　《共进社简章》，《共进》第23期，1922年10月10日。
④　《本社活动范围问题》，《共进》第23期，1922年10月10日。

以来一次脱胎换骨的大变革，抛弃了过去狭隘的地域观念，关注社会的整体改造和建设，宗旨改为"提倡文化，改造社会"。

《共进》创刊初期，并没有章程和具体的组织系统，主要依赖几个积极分子联络，办刊也是"几个人凑在一起，商量一下就行了"。①但随着当时国民革命运动的发展和受李大钊等共产党人的影响，李子洲、魏野畴、赵国宾、刘含初、杨明轩等学生加入了少年中国学会、马克思主义学说研究会等团体，逐步接受了马克思主义，成为陕西省最早一批接受和信仰马克思主义的青年知识分子。在他们的影响下，共进社成员思想发生了很大变化。正如杨明轩回忆说："共进社一部分进步的社员，受了社会主义思潮的影响和苏联十月革命成功的启示，先后参加了 CP、CG。从此，共进社奋斗的方向，有了大的转变，一切文字宣传和活动，都完全执行了青年团的路线。"共进社还翻印了《共产主义 ABC》《社会科学概论》《社会进化史》及其他小册子多种，"广为传播"，②使共进社在社会上反响越来越大，尤其在陕西和旅居外地的陕籍学生中间反响强烈。随着更多的共进社成员信仰马克思主义和加入中国共产党，共进社的政治目标越来越清晰，共进社也转变为中共的外围组织，开始有了严密的组织和具体的政治主张。1924 年 11 月，共进社在发表的对时局的宣言中表明了自己的"努力方向"和"最低限度"的目标：

（一）取消曹锟之总统，消灭军阀专政痕迹；（二）组织平民政府，采委员制；（三）另立直接参政，及能保证充分发展平民经济能力之约法；（四）厉行地方自治，克日推设城市乡村各种自治机关，省长及县知事概由人民直接选举；（五）遣散现有军队，实行征兵制度，审视内外情势，确定兵额，由中央军事机关筹画，统帅，分驻边塞及要隘；（六）确定身体及言论出版之自由，取消治安警察法及出版法；（七）解散现有国会，严惩违法贿选之议员；（八）组织特别法庭，惩办玩法行贿之总统曹锟，保全法律尊严。③

---

① 《杨钟健关于共进社的一次谈话》，载《共进社和〈共进〉杂志》，第 420 页。
② 杨明轩：《共进社与西北革命》，载《陕西文史资料选辑》第 9 辑，第 74—75 页。
③ 《共进社对于时局宣言》，《共进》第 69 期，1924 年 11 月 1 日。

　　共进社成立时，正是刘镇华督陕与祸陕时期，使陕西处于战乱状态，人民生活在水深火热之中，尽管共进社有长远的目标，即"我们的运动为系统的运动，我们的事业为有计划的事业"，但就陕西政局而言，提出的政略是"驱刘、废督、裁兵、促进自治"。① 从共进社的政治宣言来看，和中共第二次全国代表大会制定的最低纲领——"消除内乱，打倒军阀，建设国内和平"② 是一致的。由此可见，共进社是一个深受中共影响的政治团体，逐渐由一个以"提倡文化，改进社会"为宗旨的社团转变为一个"彻底革命的团体"。既然是彻底的革命团体，就是要"推翻现政局的"。③ 因此，随着共进社政治目标的进一步明确，共进社的成员虽然局限于陕籍，但"他们所做的工作，何尝是限于陕西的？"④ 共进社成员的视野并不局限于陕西，而是放眼中国革命甚至是世界革命了。

　　因受中共的政治影响，共进社的政治目标越来越清晰。因"中国十余年来，军阀专横，外受帝国主义者之利用，内受官僚政客之唆使，国家扰攘，人民涂炭，这是招致外侮的一个大原因。军阀既与帝国主义者相勾结，军阀给中国以'内侮'，帝国主义者自然要加中国以外侮。帝国主义者供军阀以'内侮'的枪械，军阀当然要允帝国主义者以'格杀勿论'的全权"。⑤ 共进社成员逐渐用阶级分析方法认识中国社会，指出中国社会形成了两大对立阶级，"一为帝国主义者及其工具军阀，与军阀之走狗政客官僚，劣绅污吏，同一切恶势力合为统治阶级；一为受此统治阶级压迫之大多数民众，农工小商，被统治阶级。少数统治阶级压迫、宰割、屠杀多数被统治阶级，无所不用其极，使绝大多数民众困苦流离，转乎沟壑，造成了今日中国这种纷扰万状，民不聊生的乱象"。共进社呼吁唤醒民众、组织民众和武装民众，"以民众的武力打倒一切统治阶级"。⑥ 基于这样的认识，共进社把斗争的矛头直接指向了军阀和帝国主义。

---

① 《一九二二年本社会议案概略》，《共进》第 23 期，1922 年 10 月 10 日。
② 《中国共产党第二次全国代表大会宣言》（1922 年 7 月），载中共中央党史研究室、中央档案馆编《中国共产党第二次全国代表大会档案文献选编》，中共党史出版社，2014，第 9 页。
③ 亢民：《共进社与世界革命》，《共进》第 90—91 期合刊，1925 年 10 月 10 日。
④ 王子休：《共进生活四年历史之概观》，《共进》第 90—91 期合刊，1925 年 10 月 10 日。
⑤ 陈俞廷：《军阀与外侮》，《共进》第 85 期，1925 年 7 月 1 日。
⑥ 《共进社第二届代表大会宣言》，《共进》第 88 期，1925 年 8 月 16 日。

消灭军阀是共进社的政治主张，而对铲除陕西军阀势力尤为强烈。1925年1月，发表对陕西政局的宣言，一方面抨击和声讨陕西地方军阀，"（一）驱逐刘镇华吴新田孔繁锦及各客军离开陕境。（二）声讨私通刘镇华及为私利遗祸地方之陕军首领及肇祸人。（三）招集各县真正民意代表，组织会议，办理陕西善后事宜。（四）收没祸陕各要人的家私，以作陕西善后的经费"。另一方面要求"增高民智，扩张民权，厚裕民生"，具体主张包括："（一）消除武人权力，实行废除督军，军理，督办等制，分期解散所有军队，举办民团省警，以维持地方治安。（二）扩充教育经费，并使独立，设（实）施平民教育，限制宗教宣传，绝对使人民有思想，言论，出版，集会之自由。（三）限制私人财产，征收所得税，废除冗税厘金以保劳动工人农人生活。（四）厉行地方自治，克日推设城市乡村各种自治机关，省长县长概由人民直接选举。（五）严禁种烟，括（廓）清土匪，澄清司法以保障民权。（六）设立工厂，开发矿产，兴筑铁道，以增进陕人福利并安置陕西贫民。"① 5月4日，军阀吴新田部闯入陕西省立一中，酿成流血惨案。共进社立即发表讨伐宣言，谴责军阀祸陕行径："吴新田为安福走卒，数年来盘踞陕南，陕南同胞，已备受其苛索奸杀之苦，其罪实不减万恶的刘镇华；故驱刘驱吴，陕人早俱决心。不料北京段政府，今竟不顾民意，又任吴为吾陕督办……刘祸方除，吴祸又继，吾人为国事计，为陕人计，已当重整旗鼓，作驱吴之运动。况此时吴初任督办，在省会法律之地，竟敢公然无故惨杀学生，蹂躏教育，其存心叵测，目无法纪……此种野蛮匪军，若得久踞吾陕，则吾陕前途将更趋于恶化了。"为打倒军阀吴新田，共进社号召"各界合作，团结一致"；"学生与教育界始终团结，作此次运动的中坚，以罢课罢教为最后的手段"；"游行示威，演讲宣传，作争人格、争自由、打倒军阀的政治运动"；"决心驱逐吴新田，但同时须不忘打倒一切军阀的口号，以免被其他军阀所利用"。② 共进社还公开发表《本社所接吴新田军惨杀学生之报告》《本社致陕西各界请援助学生信》《本社致陕西旅京同乡会的信》等，动员民众，声援学生，以达驱吴的目的。在共进社的努力下，驱吴运动取得胜利。

---

① 《本社对陕局宣言》，《共进》第75期，1925年2月1日。
② 《本社对吴新田军惨杀学生宣言》，《共进》第82期，1925年5月16日。

　　反对帝国主义对中国的侵略是共进社又一政治主张。1925 年五卅惨案和五卅运动爆发后，共进社发表宣言敦请对英宣战，强烈谴责帝国主义对中国的侵略："陷中国于半殖民地，使中国失去独立者，帝国主义也。帝国主义之侵掠中国，尤以英国为特甚。关税盐税操之于彼，威海卫期满而不交还，租借军舰遍布中国，经济侵掠更推第一。犹以为未足，此次在沪在汉之以长枪大炮轰击我手无寸铁之同胞，至于百数十人之多，目无中华，至于此极，为保障同胞生命安全计，为恢复中国独立计，为正义人道计，此次对英宣战，均属不可稍缓，义理昭彰，无需多赘。"① 同时，《共进》出版了"上海惨杀案特号"，发表了谴责帝国主义制造五卅惨案的文章十余篇，认为只有发动全国民众的力量才能进行彻底的反帝斗争，"非靠国民自己的力量，不足以图自存，不足以御外侮，因为我们国民的力量是强大的，是威武不能屈的，全中华的国民团结起来实行对英日经济绝交，是我们最大的武器！"② 五卅运动期间，共进社为打倒帝国主义在中国的统治，在政治宣传上做出了不懈的努力。

　　在揭露帝国主义对中国侵略的同时，展开对资本主义制度的批判。"资本主义好吗？"共进社不但发出了这样的疑问，而且给出了否定的答案，认为资本主义制度充满了罪恶和矛盾。《共进》发表文章说："就是那不长进（的）梁任公先生，他到欧洲去了一回，都说西方文化（文化就是社会制度进化的表现）破产了，不过他说欧洲资本主义制度的不好，是就精神文化立论，他是有意复古，有意推倒车。他说不好，诚然不错，但他说地不好的所以然，未免是瞎谈了。我们也是说资本主义制度不好的，但是我们根据的是事实，以我们的观查而论，资本制度坏到极点，万无维持之必要了！因为他发达到今日，矛盾很多，危险迭生，使大多数人类，困苦呻吟于地的权圈壳之内，他再没有维持全人类生活的机能了！我们并不是偏心同情于劳苦的工人，来诅咒资本制度，实在是看见由资本制度生产出来的矛盾与危机太多了！"资本主义制度的危机和矛盾包括哪些方面？一是榨取者剥削生产者。在资本主义制度下，"一方面是享有生产机关者，一方面是生产者，结果生产者虽多，但都为享有生产机关的资本家榨取而去，仅以一小部分给生产

———————

① 《共进社敬请全国同胞即日对英实行宣战》，《共进》第 84 期，1925 年 6 月 15 日。
② 志颖：《上海英日帝国主义惨杀同胞》，《共进》第 84 期，1925 年 6 月 15 日。

者，叫他们衣不能暖，食不能饱，这是怎样不公平呀！"二是存在经济危机，即资本主义制度一方面存在"生产过多的恶果"，另一方面"多数生产者反不能维持生活"。三是经济危机导致经济恐慌。发生经济危机后，资本家为了转嫁危机，"不是把这〔货〕物烧弃，增高价值；就是闭锁工厂停止生产"，导致工人失业。上述三个方面是资本主义制度无法克服的固有矛盾。正因为资本主义有这样的弊端，共进社不仅只完成国民革命，而且"已经明了社会进化之趋势，已经明白了不到资本主义制度不〔被〕打倒的时候，世界人类永无太平日子"。[①] 深刻指出，资本主义发展到今天"已经维持不住这个社会，必须由共产制度代兴，这是由社会进化原理——唯物史观——推衍出来，没有人能够否认的"。[②] 共进社已经提出了无产阶级革命的问题，认为"中国国民革命，是世界革命必经的步骤，她现在虽然不断的作国民运动，然同时又去作无产阶级革命的预备工作了"。[③] 共进社号召民众，"革命事业之刻不容缓，更不能不鼓起精神，加倍奋斗，使统治阶级早日倾覆，多数民众早日获得真正自由平等"。打倒军阀和帝国主义后，要建立什么样的社会？共进社已经有了明确的答案："（一）实施正真的民主政治；（二）发展公有的新式产业。使一般民主各得安宁、自由，享其美满快足之生活，得见正真政治经济平等之天日。"[④] 共进社虽然没有明确提出打倒军阀和帝国主义后要建设社会主义社会，但其思想已经具有了朦胧的社会主义意识。

四　"共进社群体"与马克思主义的传播

共进社的总社在北京，在天津（南开大学）、上海（上海大学）、广州（黄埔军校）、武昌、开封、西安、三原、渭南、华县、绥德、榆林、南郑都设有分社。共进社成立后，陕西外出读书的进步青年，大多数成为共进社成员，使社员日益增加，该社成立时有一百五六十人，到1926年"极盛时

① 亢民：《共进社与世界革命》，《共进》第90—91期合刊，1925年10月10日。
② 山水：《国民应速自动的与苏俄联盟共谋反抗英美帝国主义》，《共进》第49期，1923年11月10日。
③ 亢民：《共进社与世界革命》，《共进》第90—91期合刊，1925年10月10日。
④ 《共进社第二届代表大会宣言》，《共进》第88期，1925年8月16日。

代，在总社注册者，已经有六百多名，再加上陕西三道各中学进步的学生社员，总数约在一千名以上"。这样，逐渐形成了一个"共进社群体"。从《共进》杂志创刊到共进社成立至被查封，其核心成员有李子洲、杨钟健、赵次庭、韩述之、侯又可、段大成、呼延震东、刘天章、韩卓儒、魏野畴、刘含初、屈武、武止戈、耿炳光、方仲如、安子文、刘尚达、潘自力、王子休、白超然、魏惜言、梁鼎、何寓础、赵绍西、冯一航等。① 作为群体，其共同特点有三：（1）这批青年知识分子，在陕西接受了新式教育后，有了新思想、新文化基础，他们怀揣着各种梦想在外求学，多数成为20世纪中国各个领域的精英人物。（2）他们从陕西走出去后，受到了新文化和新思想熏陶，家乡观念比较浓厚，特别关心陕西政治、经济、文化和教育等方面的发展，进而关心中国及世界革命。他们团结在共进社的旗帜下，以《共进》为阵地，提出了一系列社会改造的主张和见解。（3）陕籍青年知识分子经受了五四新文化运动的洗礼，特别是受李大钊等共产党人的影响，刘天章、李子洲、魏野畴、赵国宾、刘含初、杨明轩等加入了少年中国学会、马克思主义学说研究会等团体，成为陕西省最早一批接受和信仰马克思主义的青年知识分子，在他们的带动下，一批共进社成员选择了信仰马克思主义，并成为马克思主义在陕西的传播者。正是以他们为代表的陕籍学生毕业后回到陕西，以陕西省立第一师范、渭北中学、成德中学、华阴中学、三原三中、西安一中、汉中二中、第四、第五师范为据点，"结合北大师大学生及早期参加马克思主义研究会，最早参加中国共产党、中国社会主义青年团的同学同志们，以教书为职，进行宣传马克思主义、共产主义"。②

　　从1921年到1926年，"共进社群体"中接受了马克思主义和信仰共产主义的学生先后毕业回到原籍，先后回陕的共进社核心成员有北京大学的李子洲、刘天章、杨晓初、刘含初、王子休、呼延震东、耿炳光、郝梦九、方仲如、赵绍西、董汝诚、段绍九等，北京高等师范学校的魏野畴、杨明轩、张耀斗、常汉三、何寓础、魏惜言、田伯荫等，武昌中华大学的王尚德等。他们不仅带回了新文化、新思想，更重要的是把马克思主义带回了陕西。大革命时期，这批共进社精英在陕西党、政、军、民、学界有着举足轻重的地

① 杨明轩：《共进社与西北革命》，载《陕西文史资料选辑》第9辑，第73—74页。
② 赵通儒著、魏建国整理《陕北早期党史资料》，中共党史出版社，2018，第40页。

位，如杨明轩任国民党西北政治分会委员，赵宝华、刘含初、杨明轩、王授金任国民党陕西省党部常务委员，刘天章任省党部机关报《西安民国日报》社长；杨晓初、王授金任陕西省财政委员，段绍九任高等法院院长；史可轩任中山军事学院院长，魏野畴任国民军驻陕司令部政治部副部长；亢维恪任陕西省农民协会负责人；杨明轩任教育厅长、刘含初任中山学院院长，李子洲先后任绥德四师校长和中山学院教育长，郝梦九任渭北中学校长，韩仲范任渭阳中学校长，常汉三任绥德四师校长，田伯荫任省立四中校长，韩叔恂任省立二中校长，魏惜言任成德中学校长，缑尧钦任第三职业学校校长，呼延震东任第一女师校长。① 尤其是教育界，从外地学成归来的共进社成员到校或主持校务，或任教。一时间，共进社成员执陕西中等教育之牛耳，使陕西教育界风气为之一新。

以魏野畴、李子洲等人为代表的共进社成员为马克思主义在陕西的传播做出了不懈的努力。1921 年，魏野畴从北京师范大学毕业后回到陕西，被聘到华县咸林中学任教，在此期间，他建议学校聘请王复生、王懋廷等到校任教，他们公开讲授社会主义和共产主义，引导学生阅读进步书刊《向导》《先驱》《新青年》和《共进》杂志，除"积极介绍新文化书刊外，还以各种形式，组织学生学习马列主义的革命理论。同时在课外，给学生讲授《社会进化史》《社会科学概论》及其他马列主义的基本知识。通过咸林中学的进步师生，把马列主义思想传播到关中各地"。② 1923 年，魏野畴受杜斌丞邀请到榆林中学任教，他继续致力于马克思主义的宣传，讲授《共产党宣言》《社会进化史》《社会科学概论》和马克思主义的基本知识，将《向导》《新青年》和《共进》介绍给学生。因魏野畴、李子洲等共进社成员先后在榆林中学任教，对当地师生的政治思想有很大的影响，曾与魏野畴、李子洲同时任教于榆林中学、著名的马克思主义教育家王森然回忆说："早在魏野畴领导下，很多同学曾接受了共产主义思想的启蒙；李子洲又培养出一批进步的、信仰马列主义的学生骨干，杜斌丞教育救国的夙愿实现了。"③ 榆林中学学生谢子长、刘志丹、霍世杰、曹力如、阎揆要、张秀山、

---

① 杨明轩：《共进社与西北革命》，载《陕西文史资料选辑》第 9 辑，第 78—79 页。
② 杨明轩：《魏野畴与西北地区共产主义思潮的启蒙运动》，《群众日报》1951 年 7 月 2 日。
③ 王森然：《榆中校史上不平凡的一年》，载《五四运动和马克思主义的早期传播在陕西》，第 286 页。

高岗、王子宜等学生走上革命道路，是与魏野畴等共进社成员宣传马克思主义分不开的。

　　1923 年夏，李子洲从北京大学毕业，受李大钊派遣回陕西工作。8 月，被聘请到渭北中学任教，在课堂上讲授的内容包括《独秀文存》以及《新青年》上发表的李大钊、鲁迅等人的文章，在课余时间引导学生阅读《社会进化史》《唯物史观》《社会主义浅说》和《共产党宣言》等著作，"对学生进行马列主义思想的启蒙和陶冶"。① 1924 年春，榆林中学校长杜斌丞邀请李子洲担任教务主任，并兼教国文和历史。尽管在榆林中学任教只有短短几个月，但进行了大刀阔斧的改革，把新文化和新思想融于教学之中，使学生在"不知不觉中受到马列主义的启蒙和陶冶"。② 夏季，李子洲被任命为绥德省立第四师范（下文简称"绥德四师"）校长。他解聘了一部分知识体系陈旧的教师，聘请了一些具有新知识、新文化的教师，如王汉屏、杨明轩、常汉三、王懋廷、田伯荫、何寓础、罗端先、赵绍西、呼延震东等都是共进社成员。7 月 25 日，李子洲在开学典礼上郑重宣布自己是马列主义者，"办四师的目的，不仅只是为给陕北培养新的师资，改变陕北文化落后的面貌，更重要的是为了用科学的马克思主义思想武装学生，唤醒工农劳动大众起来改造中国，为实现人类最理想的共产主义而奋斗"。③ 他鼓励和支持创立进步青年和学生组织，引导学生阅读《共产党宣言》《国家与革命》《向导》《中国青年》《共进》《政治生活》等进步书刊，通过这种方式马克思主义被青年学生广泛接受。这期间在绥德师范读书的贾拓夫、刘澜涛、常黎夫、崔玉湖、雷五斋、白如冰、百寿康、白坚、张德生、朱侠夫、张达志、白介夫等不但接受了新文化和新思想，而且接受了马克思主义，走上了革命道路。

　　1925 年，共进社成员郝梦九任渭北中学校长后，先后延聘魏野畴、赵宝华、耿炳光、杨晓初、关中哲等共进社成员到渭阳中学任教，以开风气之先，《向导》《新青年》和《中国青年》等进步刊物在学生中自由传阅，

---

①　梁俊琪：《李子洲在渭北中学》，载陕西省教育厅《陕西教育志》编纂办公室编《陕西教育志资料选编》下，陕西人民出版社，1988，第 65 页。

②　王子宜：《李子洲在榆林中学》，载《陕西教育志资料选编》下，第 63 页。

③　中共榆林地委党史办公室：《马克思主义在榆林中学和绥德第四师范早期传播》，载《五四运动和马克思主义的早期传播在陕西》，第 329—330 页。

"一些教师更在课堂上公开宣传马克思主义"。① 同年暑假，耿炳光、魏野畴在三原渭北中学举办了为期一个月的"夏令讲习会"，主要讲授国民革命和打倒军阀的道理。讲课的主要是魏野畴、耿炳光、王尚德、关中哲等共进社成员，听讲的除了中共党团员，多数是渭北青年社社员和进步学生。② 1925年韩仲范任渭阳中学校长后，"不少思想进步的知名教师，应聘相继前来任课"，③ 大多数是共进社成员，如方仲如、杨晓初、武伯伦等，他们不仅给学生传授新知识，而且开始宣传马克思主义，方仲如公开倡导学生阅读《共产主义ABC》《社会发展简史》《剩余价值论》等马克思主义书刊。渭阳中学不但成为宣传马克思主义的中心，还建立了中共党团组织，一些师生加入了党组织，学生中团员发展到六七十人，占学生总数的1/3。课程教学和课外阅读、活动也发生了巨大的变化，除了常规课程外，开设了"社会科学"课，课外阅读多是《向导》《中国青年》《共进》等刊物和《共产党宣言》《阶级斗争》《剩余价值》《社会主义浅说》《帝国主义浅说》《孙文学说》等。④ 还组织学生在课余或假期下乡，"以演戏、讲演、访问等方式，做革命宣传工作，在韩家集、隆兴、辛市等地逐渐建立了党团组织"。⑤

共进社社员王尚德是渭南传播马克思主义的代表人物。1918年，王尚德从渭南考入武昌中华大学，参加了五四运动。1920年，他参加了恽代英、林育南创办的进步社团——利群书社，结识了萧楚女、施洋、林育英等进步青年，并开始阅读《共产党宣言》《共产主义ABC》《阶级斗争》等书籍，开始接受马克思主义，加入社会主义青年团。1922年7月大学毕业后，受武汉中共党组织负责人董必武、恽代英派遣回陕西建立中共党团组织。王尚德创办赤水职业小学（简称"赤职"），成为渭南传播马克思主义的主要阵地。从武汉、北京、上海等地购入一批马列主义著作和进步书籍。他把马克思主义基础知识作为课堂教学及课外读书活动的重要内容。在国文课的教学

①　王经如：《渭北中学与西安围城》，载《新城文史资料》第5辑，1988，第71页。

②　《耿炳光》，载中共党史人物研究会编《中共党史人物传》第70卷，中央文献出版社，2000，第335页。

③　孟德润：《革命高潮中的渭阳中学》，载《渭南文史资料》第1辑，1986，第54页。

④　《魏野畴　传略·回忆·遗文》，第65页。

⑤　孟德润：《革命高潮中的渭阳中学》，载《渭南文史资料》第1辑，第56页。

中，选用《共产党宣言》《唯物史观》《阶级斗争》等作为教材讲授，把宣传马克思主义的进步报刊《新青年》《向导》《共进》《中国青年》等作为学生的课外阅读刊物，还组织学生开读书会、办墙报、演讲会、辩论会等，"通过这些形式使学生对马克思主义产生了浓厚的兴趣，从而积极、主动地去学习、探讨"。① 在王尚德等指引下，"赤职"有一批学生信仰马克思主义并走上革命道路，武维化、刘映胜、张宗适、姚志哲、张宗逊等还在《中国青年》《西安评论》上发表文章，"讨论中国革命及农民运动"等问题。②

　　组织青年社团和创办刊物是共进社成员在陕西传播马克思主义的主要途径。除了在西安、三原、渭南、华县、绥德、榆林、南郑有分社外，在共进社成员的引导下，各地先后出现了一些青年学生社团和刊物。1925年8月，魏野畴、关中哲创办的《西安评论》是国共合作时期陕西宣传马克思主义的重要刊物。魏野畴在发刊词中指出："本报要以极诚恳与勇敢的精神，根据目前确切的事实，依国民革命的理论与政策，发出不能讨喜欢的评论……惟愿吾陕政治日进于清明，勿走入反动之途程！文化及教育事业赶追时潮，勿开倒车；宗法势力从此失去其潜势力，帝国主义与军阀势力之压迫从速解除，使重苦之民以此得到和平自由独立与幸福。"③ 该刊"一方面宣传马列主义和党的政策策略，一方面无情揭露封建军阀等'恶势力'的罪行"。④刊物的作者主要是共进社成员，有张秉仁、赵宗润等。《西安评论》把传播马克思主义和号召人民大众反帝反封建斗争结合起来。魏野畴撰文指出："（一）尽量的努力扩大学生的反帝运动；（二）促各界的反帝运动继续扩大，成立西安工农学商大联合；（三）使西安反帝运动的热潮，激荡到省以外各县、各乡村镇。"⑤ 他提倡教育革命，要求在教育宗旨里增加"中国政治于经济的背景，要实施民族反抗运动教育，民族教育或民族革命教育"；课程要革命化，裁撤或改造反动而无用的内容，"增设社会科学，救国科

　　① 中共渭南市委党史研究室：《陕西革命的先驱者——王尚德》，载中共陕西省委党史研究室、中共渭南地委党史研究室编《王尚德》，陕西人民出版社，1991，第9—10页。

　　② 中共渭南市委党史办公室：《马克思主义在渭南地区的早期传播》，载《五四运动和马克思主义的早期传播在陕西》，第333页。

　　③ 魏野畴：《本报的使命》，《西安评论》第1期，1925年8月12日。

　　④ 关中哲：《魏野畴与〈西安评论〉》，载《魏野畴　传略·回忆·遗文》，第98页。

　　⑤ 魏野畴：《勘西安反帝运动各团体》，《西安评论》第3期，1925年8月18日。

学，如社会学、政治学、经济学、中山主义等"内容；在培养学生方面，
"提倡学生研究政治，研究时事，自由集会结社，热烈的参加群众运动"。①
刊物还发表了《农民的苦痛》《敬告西安工友》《同情于西安的下层阶级》
等文章，呼吁改善工农生活和受教育的机会。因刊物直接关心工农利益，在
群众中影响很大，印数一度增加至 2000 份，被誉为"革命舆论的唯一指导
者"。②

　　在榆林中学，李子洲、王森然组织了青年学社、青年文学研究会、陕北
教育改进会等社团，创办了《榆林之花》《榆中旬刊》《塞声》等刊物，从
文学与教育改革入手，对学生进行爱国教育，灌输革命思想。③ 1924 年 7
月，魏野畴在西安组织"青年文学社"（10 月改名为"青年生活社"），创
办《青年文学》（10 月改名为《青年生活》），以"揭露西安文化教育的腐
败现象，团结教育广大青年，提高新文化思想水平，积极参加政治斗争"
为宗旨。同年，张秉仁、张金印（慕陶）等创办了《陕西青年》，以"提倡
新文化，讨论青年问题为中心内容"。12 月，武止戈、魏野畴等创办了《西
北晨钟》，发表文艺、政治、哲学、时事等评论文章。④ 1924 年 1 月，共进
社成员在三原成立了渭北青年社、渭北青年联合会等组织，由张仲实、亢维
恪等负责。次年 8 月，亢维恪等创办了《渭北青年》《三原学生》等刊物。⑤
1925 年 4 月，何镜清等创办了《新社会日报》，以"提倡新文化"为宗旨，
在《发刊词》中宣称"要介绍马克思的社会主义"。⑥ 王尚德和咸林中学的
王复生、王懋廷等建立联系，在"赤职"成立了马克思主义研究社（"赤
社"）和青年励志社，咸林中学有 20% 的青年学生参加了该组织。⑦ 潘自
力、吉国桢、杜松涛、张秉仁、陈述善、李维屏、雷光显、关中哲等 10 余

---

① 魏野畴：《国民革命运动中之革命教育》，《西安评论》第 4 期，1925 年 8 月 24 日。
② 关中哲：《魏野畴与〈西安评论〉》，载《魏野畴　传略·回忆·遗文》，第 98 页。
③ 王森然：《榆中校史上不平凡的一年》，载《五四运动和马克思主义的早期传播在陕西》，
　　第 286 页。
④ 王淡如：《五四运动后陕西的进步报刊》，载《五四运动和马克思主义的早期传播在陕西》，
　　第 272 页。
⑤ 张仲实：《张仲实文集》第 3、12 卷，中央编译出版社，2016，第 16、409 页。
⑥ 王淡如：《五四运动后陕西的进步报刊》，载《五四运动和马克思主义的早期传播在陕西》，
　　第 274 页。
⑦ 《王尚德关于青年组织情况给邓中夏、林育南的信》（1924 年 6 月 16 日），载中央档案馆、
　　陕西省档案馆编《陕西革命历史文件汇集》（1924—1926），1991，第 3 页。

位同学成为社员，日后成为陕西青年运动的骨干力量。三原的渭北中学、第三师范的"青年自进团"、西安成德中学的青年"文学社"，华县谷堆小学的"高九青年同志会"等，都是青年励志社的成员建立起来的。①

　　共进社成员还在士兵中宣传马克思主义。1925 年初，刘天章到冯玉祥的国民二军（驻地在开封）训练学生军；秋季，魏野畴等参与办理杨虎城部三民军官学校（驻地在耀县）；同时，共进社成员李象九、谢子长、史唯然、阎红彦、王有才等在安定驻军中做士兵工作。他们除了做正常军事工作外，还"指导士兵阅读《共进》《共产主义 ABC》……他们不但宣传共进主张、共产主义，后来还插起红旗轰轰烈烈地搞起社会革命"。② 在士兵中进行马克思主义宣传，为土地革命时期的兵运工作奠定了基础。

　　通过上面论述来看，1921 年至 1927 年期间，一大批陕籍青年知识分子在外地学成归来，分散在陕西为数不多的中等学校，利用课堂和课外时间组织学生阅读马克思主义著作和进步书刊，各个学校都组织了各种各样的青年团体，创办了适合青年学生阅读的刊物，成为马克思主义传播的主要途径，许多青年学生就是通过参加上述团体活动、阅读共进社成员从外地带回的进步书刊和创办的期刊逐渐接受了马克思主义，信仰共产主义，并走上了革命道路。因此，在大革命高潮时期，陕西各个中等学校均有共进社组织，"社员中有许多人都锻炼成为青年团员和共产党员……共进社成为北京和陕西地区学生运动中最活跃的队伍之一"。③

余　论

　　20 世纪 20 年代，受五四新文化运动和各种社会思潮的影响，各种社团和刊物如雨后春笋般出现，争先恐后地发表见解，讨论解决中国当下的问题和讨论中国未来的前途，《共进》与共进社就是其中的一员。该刊物从创刊到被查封，其政治主张发生了巨大的变化，实现了从传播新文化、新思想到传播马克思主义的转变；共进社也从一个关心陕西政治、经济、文化、教育

---

① 《办学校、兴实业、闹革命——记王尚德在赤水的革命活动》，载《渭南文史资料》第 5
　　辑，1993，第 13 页。
② 杨明轩：《共进社与西北革命》，载《陕西文史资料选辑》第 9 辑，第 77—78 页。
③ 《魏野畴　传略·回忆·遗文》，第 64 页。

的青年社团成长为一个有政治抱负和远大理想的政治团体——中国共产党的外围组织。团结在《共进》和共进社周围的陕籍学生形成了共进社群体，这个群体中的一部分走上了科学救国和教育救国的道路，而另一部分则选择了信仰马克思主义，他们学成回陕后致力于马克思主义传播，为陕西的文化、教育注入了新的活力。在他们的影响下，陕西的一大批青年学子走上了救国救民的革命道路，在中国革命史上大放异彩。

此外，共进社不仅在陕西传播马克思主义，还在社会主义青年团、中国共产党和国民党组织在陕西的初建上发挥了重要作用。

共进社成员组建陕西青年团组织。1924 年 3 月，中国社会主义青年团二届二次会议后，决定在全国各地建立团组织。5 月 30 日，共进社成员武止戈到陕西渭南赤水职业学校找到王尚德，传达团中央指示。在武止戈的帮助下，成立了赤水团支部，王尚德任书记，不久扩大为特别支部，吸收渭南、华县、三原等地的青年师生加入。6 月，武止戈与陕西省立第三中学的魏野畴取得联系，举办暑期讲习班，召开青年座谈会，讲解社会主义青年团的性质、任务等，鼓励青年学生参加国内反帝反封建斗争，并吸收一批进步青年加入了青年团，建立了由青年团中央委员会直接领导的青年团西安支部。[①] 1925 年 2 月 1 日，王尚德主持召开了赤水、西安团组织和华县、三原青年团体联席会议，会议决定成立各县团支部。[②] 暑假期间，王尚德、魏野畴、耿炳光、李子洲、关中哲、赵宝华等在三原县城举办了暑期讲学会，西安、三原等地百余名青年学生参加，[③] 对推动陕西青年学生运动和国民革命起到了重要作用。1927 年 6 月，共青团陕甘区执行委员会成立，辖陕西省的西安、渭南、三原、泾阳、绥德、延安等 6 个地委及 37 个特支、两个支部，有团员 2400 人。[④] 各县青年团的领导骨干大部分是原共进社成员。特别是"共进社自国民党改组，一方面在党领导下通过国民党积极参加各项活动，一方面介绍社员加入青年团，竭力扩大团的组织，所以说在干部上共

---

① 《武止戈》，载吴崇信、梁星亮主编《中共陕西历史人物传》第 2 卷，第 92—93 页。

② 渭华起义旧址文管所编《渭华起义》，陕西人民出版社，1988，第 4 页。

③ 《王尚德》，载吴崇信、梁星亮主编《中共陕西历史人物传》第 2 卷，第 176—178 页。

④ 陕西省地方志编纂委员会编《陕西省志》第 47 卷《中国共产党志》上册，陕西人民出版社，2002，第 249—250 页。

进社给西北党做了准备工作"。①

共进社与陕西省中共党组织的建立。1923年7月，中共北方区委成立后，李大钊批准李子洲、王懋廷暂时以北京区委直属特别通讯党员在陕北发展组织。次年11月，绥德四师有了3名中共党员，便成立党小组，田伯荫任组长。该小组是陕北建立的最早的党组织。1925年时，绥德四师已经有20多名中共党员，包括谢子长、刘志丹、白明善、乔国桢、史唯然、马明方、霍维德、郭洪涛、阎红彦等。②截至1926年6月，陕北建立了中共党组织7个，其中绥德四师3个，有党员31人；宜川驻军中建立特别支部2个，党员21人；榆林中学特别支部1个，党员7人。③中共叛徒杜衡在其"自白书"中说：中共党组织在"西安主要的是经过北平共进社的关系，共进社多系共党分子，该社中间分子魏野畴亦加入共党。魏在陕西教育界很有声望，能得到一般青年的信仰，当时魏即抓取了西安各学校的优秀分子，成立SY的组织，以后渭南与西安关系发生，即成了统一的组织，最后即发展至渭北，以渭北中学校为活动中心。由此，西安、渭南、三原，即成了共党在关中道活动的中心，而西安是策源地，魏野畴成了西安共党的有名首领"。④可见，共进社核心成员魏野畴在中共陕西党组织建立中发挥了重要的作用。1925年，中共豫陕区执行委员会在河南开封成立。10月，安存真、魏野畴等建立中共西安特别支部，隶属中共豫陕区委领导，安存真任书记，关中开始有了党组织。⑤11月，豫陕区委派黄万平到西安发展并建立党组织。次年1月，在中共西安特别支部的基础上建立了中共西安地方执行委员会，黄万平任书记，有党员20余人。⑥随后，三原、渭南、富平、旬邑、乾县、泾阳、岐山、蒲城、固市等地也成立了中共党组织，直属西安地委领导。12月15日，为推动陕西国民革命运动，中共北方区委向中央提出建议

---

① 杨明轩：《共进社与西北革命》，载《陕西文史资料选辑》第9辑，第77页。
② 薛生德：《中共北方区委和李大钊领导陕北建党和革命运动》，载《中共中央北方局·北方区委时期卷》，中共党史出版社，2000，第605页。
③ 《耿炳光给宗礼、柏桂的信》（1926年6月18日），载中共陕西省委党史研究室编《中共陕西组织初建及早期活动》，陕西人民出版社，第402—403页。
④ 杜衡：《陕西共党的沿革》，载《中共陕西组织初建及早期活动》，第569页。
⑤ 《陕西省委第一次扩大会议的党务报告》（1927年9月26日），载中央档案馆、陕西省档案馆《陕西革命历史文件汇集》（1927—1929年），1991年内部印行，第81页。
⑥ 杨范青主编《中国共产党西安历史》第1卷，中共党史出版社，2005，第40页。

统一中共陕西党组织，① 中共中央采纳了北方区委的建议，1927 年 1 月 28 日，中央会议决定成立陕甘区，由耿炳光负责。3 月中旬，中共陕甘区第一次代表大会召开，出席会议的代表有 11 人，代表 9 个党组织和 388 名党员（国民联军中的党员未计算在内）。会议成立了中共陕甘区委，耿炳光为书记，魏野畴负责宣传，李子洲负责组织，亢维恪任农委书记，陈家珍任军委书记，会后增补刘天章、杜衡为区委候补执行委员。② 不仅陕甘区委领导人大部分是原共进社成员，而且各支部领导人，如赤水支部王尚德、三原支部张仲实、绥德支部田伯荫、延安支部呼延震东、宜川第一支部李象九、宜川第二支部谢子长、乾县支部张含辉、礼泉支部秋步月，也是共进社成员。

共进社与国民党陕西省党部的建立。第一次国共合作实现后，一批共进社社员不但加入了共产党，也以个人身份加入了国民党，为国民党工作，为国民党陕西省党部建立做了许多工作。早在 1924 年孙中山宣布北上时，李子洲、王懋廷、杨明轩就在绥德筹设国民党陕北特别党部，绥德与广州、上海、北京成为全国仅有"不顾一切，公开迎孙之四大金刚"。③ 1925 年 8 月 18 日，共进社成员王授金、魏野畴、刘含初、杨明轩、李子洲等共同发起成立了陕西省国民党员俱乐部，由共进社成员魏野畴担任领导工作，大力宣传孙中山的三大政策，团结国民党左派，积极发展组织。④ 同时，共进社成员焦易堂受于右任和国民党中央党部派遣到西安组建国民党陕西省党部。9 月 12 日，焦易堂、魏野畴、刘含初、杨明轩等在西安召开全省国民党党员谈话会，通过了由焦易堂、杨明轩共同为国民党陕西省临时党部筹备委员的议案。⑤ 9 月 26 日，以国民党员俱乐部为基础，成立了国民党陕西省临时党部，选举魏野畴、刘含初、雷晋笙、王授金等人为执行委员。临时党部还派出共青团员到三原、渭南、绥德、延安等筹备成立国民党县党部。⑥ 以蓝田

---

① 《中共陕西省委第一次扩大会议的党务报告》（1927 年 9 月），载《中共陕西组织初建及早期活动》，第 41 页。

② 《中国共产党陕西省组织史资料（1925.10—1987.10）》，陕西人民出版社，1994，第 43 页。

③ 赵通儒著，魏建国整理《陕北早期党史资料》，中共党史出版社，2018，第 44 页。

④ 田克恭：《西安教育史的重要篇章——纪私立成德中学——中山中学——省立二中（上）》，载西安市政协文史资料研究委员会编《西安文史资料》第 4 辑，1983，第 136 页。

⑤ 康民、秦生：《西北高原起春雷：西北五四运动与大革命史》，中共党史出版社，2007，第 164 页。

⑥ 张守宪、董建中：《安体诚》，载《中共党史人物传》第 33 卷，陕西人民出版社，1987，第 190 页。

县为例，1926 年 9 月田伯荫返乡后，与侯德普、胡子祺、赵伯平等在巩村小学成立国民党蓝田西区分部，不久，史可轩、刘含初等在县城高级小学帮助成立国民党蓝田临时党部。① 经过较长时间的筹备，1927 年 1 月 21 日，国民党陕西省第一次代表大会在西安召开，出席会议代表有 70 余人，大部分代表为跨党的共产党员和共青团员，于右任、史可轩、魏野畴、李子洲、刘含初、杨明轩、王授金和苏联顾问赛夫林、乌斯曼诺夫出席会议。选举刘含初、赵宝华、李子洲、魏野畴、张性初、张含辉、王授金等 13 人组成国民党陕西省党部执行委员会。② 可见在国民党陕西省各县党部成立过程中，共进社发挥了重要作用。

可以看出，"共进社群体"诞生于五四新文化运动之后，成长于国民革命运动之中。除了传播马克思主义外，还为社会主义青年团、中国共产党、国民党在陕西的发展和组织机关的建立做出了贡献。

〔作者单位：陕西师范大学历史文化学院〕

---

① 蓝田县地方志编纂委员会编《蓝田县志》，陕西人民出版社，1994，第 467 页。
② 《陕西省志》第 47 卷《中国共产党志》上册，第 287 页。

孔庙"庙产兴学"与文化权力的转移[*]

——1928—1932 年河北省长垣县
"圣庙"祭田纠葛一案透视

李先明

发端于戊戌变法时期的"庙产兴学",一开始所涉及的产业主要包括佛道寺观、各团体祭祀的神庙、民间未列入官方祀典的祠庙等在内的地方庙产。[①] 从当时的政策文本来看,一直被列入官方祀典或为官方祀典所准许的奉祀孔子的文庙、阙里孔子本庙与奉祀孔子的地方家庙等各种形制的孔庙[②]并不在"庙产兴学"的范围之内。因之,清末民国以来,一些地方的孔庙尽管受到"庙产兴学"运动的波及,但由于相关祀典"均仍其旧",未

[*] 本文系国家社科基金重大项目"历代孔府档案文献集成与研究及全文数据库"(13ZD108)暨国家社科基金项目"《孔府档案》所见孔府与清代社会变动研究"(18BZS131)的阶段性成果。本文修订过程中参考了两位匿名审稿专家和《近代史研究》编辑部中肯的建设性意见,并承蒙南京大学张生、李玉,中国人民大学杨念群、祁美琴、毛立平,山西财经大学贾建飞,山东大学孔勇,以及同仁成积春、侯乃峰、徐峰、巩宝平指点,谨致谢忱!

① 徐跃:《清末四川庙产兴学及由此产生的僧俗纠纷》,《近代史研究》2008 年第 5 期,第 73 页。

② 孔庙或曰孔子庙,原是孔子后裔或国家政权主祀孔子及儒家代表人物的礼仪性庙宇建筑,在历代王朝更替中又被称作宣尼庙、夫子庙、至圣庙、圣庙、先师庙、文宣王庙等。孔庙是对奉祀孔子庙宇的通称,其实按其形制可分为五类:一是在国立各级学校建造的奉祀孔子的庙宇;二是在孔子故里建造的阙里孔子本庙;三是在孔子活动纪念地或纯粹为了纪念孔子建造的庙宇;四是在书院建造的奉祀庙宇;五是散居全国各地的孔子后裔建造的奉祀家庙。参见孔祥林《世界孔子庙研究》(上),中央编译出版社,2011,前言,第 3 页。

曾中断①，故其庙产被改作其他用途特别是移作地方办学的事件并不常见。然而，南京国民政府建立不久，即于1928年2月由蔡元培执掌的大学院训令废止春秋祀孔旧典之后，国家祀孔传统戛然而止，顿使孔庙终结了其作为官方祀典的社会角色和历史使命。于是，全国各地以"无用之供祀作兴学之实用"为由侵占孔庙庙产以及由此引发的纠纷便开始大面积发生。②

孔庙"庙产兴学"及其引发的孔庙庙产纠纷，关涉中国社会文化由传统向近代转变的诸多重要面相。在这些纠纷中，寓居全国各地的孔氏族人扮演了什么样的角色？地方政府和各级官员的态度是怎样的？与孔庙命运息息相关的孔府或曰衍圣公府③是如何抵制的？其最终结果如何？对此一系列问题，学界却一直未给予应有的关注。④ 所幸，在近期整理孔府档案过程中，一批反映清末民国时期孔庙之命运遭际的珍贵史料浮出水面，从而为笔者对

----

① 1912年2月底，中华民国临时政府内务部、教育部通令各省，"查民国通例，现在尚未颁布，在未颁以前，文庙应暂时照旧致祭"，参见《丁祭除去拜跪》，《申报》1912年3月5日，第7版。按：《申报》凡第一张无"前幅"或"后幅"者均仅有第几版而未注明第几张；第二张或第三张则一律注明第几张。1913年11月26日，袁世凯以正式大总统名义，指令孔庙"祀典均仍其旧"，参见《大总统令》，《政府公报》第563号，1913年11月27日，第1页。继袁世凯之后，冯国璋、徐世昌等其他北洋政魁大体沿袭了袁世凯政府的国家祭孔政策，李俊领《中国近代国家祭祀的历史考察》，硕士学位论文，山东师范大学历史与社会发展学院，2005，第64—80页。

② 刘之常：《各省县文庙利用方略》，《福建教育周刊》第45期，1929年10月21日，第17页；《主祭孔祥茂为速惩孔繁瑞或设法制止以维祀典事致长垣县长呈及报载河北省政府未准指令》（1929年1月17日），孔府档案，孔府档案馆藏，J002-008312-0004-0001。以下所引孔府档案，均藏于孔府档案馆，藏所不再一一注明。

③ 孔府是孔子嫡长子孙的府第。自1055年（宋至和二年）孔子第四十六代孙孔宗愿被封为"衍圣公"后，孔府也被称为"衍圣公府"。鉴于本文所用档案中的往复案文皆用"衍圣公府"这一称谓，故文中一律采用"衍圣公府"。

④ 学术界有关孔庙的研究，主要集中在考察帝制时代孔庙的历史沿革、建筑装饰、祀典典制、从祀制度、庙学体例等方面，而对于民国年间孔庙命运遭际的研究则处于起步阶段，其中唐仕春《"尊崇圣道"与"修明市政"之争——以1919年广府学宫事件为中心》[《中国社会科学院近代史研究所青年学术论坛（2002年卷）》，社会科学文献出版社，2004]，庞毅《晚清民初长沙官方祭祀初探（1840—1927）》（硕士学位论文，湖南师范大学历史文化学院，2013），柯必德《天堂与现代性之间：建设苏州（1895—1937）》（何方昱译，上海辞书出版社，2014），张国鹏《新学人与旧文化：民初嘉兴拆毁文庙之探析》（《历史教学问题》2017年第3期），张国鹏、李永胜《旧庙新命：民国北京政府时期文庙的时代承载——以上海文庙为中心》（《城市史研究》2017年第39辑）等著述均涉及孔庙在民国年间的处境及其折射出的社会文化变迁等方面的情况，与本文研究最可类比，但上述所有研究成果均未涉及孔庙庙产兴学过程中衍圣公府和散居在全国各地的孔氏族人的面相，同时对地方政府之态度和反应的关注亦明显不够，正是这些研究不足或问题的存在，构成本文研究的逻辑起点。

上述问题的细致研究和深入解读提供了文本和案例。本文即主要依据孔府档案馆所藏的相关史料，并辅以其他相关文献，以长垣县学堂岗、板邱集两处孔庙为例①，对 20 世纪 30 年代前后孔庙"庙产兴学"及其引发的纠纷进行实证考察和分析，以期深化对相关问题的了解和认知。

一　历史纠结与现实冲突：孔庙祭田纠葛的缘起

承前所言，按照官方的话语体系，孔庙庙产在清末民国以后的很长一段时间内并不在"庙产兴学"的范围之内。但许多地方在实际运作过程中，受"庙产兴学"运动流风所及，将孔庙特别是文庙庙产移作地方办学或改作其他用途的事件仍偶有发生。如 1904 年，广东南海县将该县文庙改为学堂，"以大成殿为敬礼堂，以尊经阁下为教室，以尊经阁上为图书仪器室，以名宦祠为饭堂，以忠孝祠为自习室，以乡贤祠为办事堂，以左边余地为操场"；② 1912 年，江苏海州县的李南均"勾谋"当地的中学生张连嵩等创办东海第一高等学校，将该县文庙学田十三余顷，"提拔〔拨〕净尽，不留寸土"，"一转瞬间宫墙变为禾黍，鼓钟没于荆棘"；③ 1921 年，山东商河的任镜涵在担任该县劝学员后，"将城内文庙墙宇私行扒改数门以便往来"，"又将西化门外令买卖人全行杜塞以赁房渔利"，"更将西庑、东庑改为学生（休）息室、饭厅，将诸先贤神牌烧毁者不计其数"。④

需要指出的是，尽管这一时期社会各界特别是教育界侵占或损毁孔庙的

---

① 本文研究的长垣县学堂岗、板邱集两处孔庙，属于当地民众为纪念孔子在此活动而建造的，既具有奉祀家庙的性质，同时又因"政府额设春秋两祭"而肩负着国家祀典的功能。据记载，在帝制时代，"每年春秋，敝邑县长遵奉祀典旧章……办理祀典，晋谒主祭外，有敝邑圣裔充为学录，另备猪羊祭品等物，亦崇圣奉祀。每逢朔望，学录率多，依然备办家祭"。参见《校董孔繁瑞为孔祥茂妄控蒙混并请免传事致教育局长李兰生及县政府批》《学录孔祥茂为孔繁瑞冒提祭田租款扩充学务事致长垣县长禀及县政府批、孔繁瑞、单法林批》，孔府档案，J002 - 008312 - 0005 - 0001；《孔村里里长、文庙首事吉华峰等为承保孔繁瑞接充学录事致衍圣公（孔德成）禀》（1920 年 4 月），孔府档案，J001 - 008036 - 0012 - 0001。
② 《文庙改学》，《萃新报》第 1 期，1904 年，"本国纪事"，第 3 页。
③ 《孔传诗等人为请速移文到江苏程都督、北洋袁大总统处将四项学田永远定案事致衍圣公报告》（无日期），孔府档案，J001 - 008004 - 0002 - 0001。
④ 《商河县族末孔宪梓等为请训令省长会同彻查劝学员长任镜涵毁污圣庙目无先师事致衍圣公禀》（1921 年 10 月 18 日），孔府档案，J001 - 008005 - 0012 - 0001。

现象"触目惊心",不过却依然囿于局部范围;且此间各地被侵占或损毁的主要是文庙庙产,其他形制的孔庙庙产基本上没有受到冲击。[1] 但延至南京国民政府成立,特别是1928年2月大学院训令废止春秋祀孔旧典之后,不仅是文庙庙产,其他形制的孔庙庙产也普遍受到"庙产兴学"运动的冲击,可以说,将孔庙庙产移作地方办学,已俨然成为全国性的社会运动。而"庙产兴学"无疑改变了庙产款项原有的用途和流向,势必触动原有的利益格局并引发诸多冲突。事实也的确如此,在前引文庙"庙产兴学"的几个案例中,当新兴势力提拨庙产款项移作地方办学时,即触发了与原有庙产管理者或利益相关方的矛盾及纠纷。长垣县孔庙祭田兴学与学录改选的纠葛一案正是在这一宏大历史背景下发生的。

　　长垣县有学堂岗、板邱集两处孔庙。其中,学堂岗孔庙位于长垣县城北5公里的满村乡学堂岗村东,因"昔孔子聘列国与四弟子(子路、曾晳、冉有、公西华)弦诵于此",后人为纪念孔子在此讲学而建;[2] 板邱集孔庙位于长垣县城东南,是孔子"栖栖皇皇""自宋反卫之所",后人为纪念孔子在此停留而建。[3] 这两处孔庙落成后,均设有祭田若干,用来征收祀银,"以维祀典"。至民国年间,"两处圣庙祭田四顷余亩,每年课租钱一千七百千文,承办祭品完纳粮银所用"。[4] 在清末民国以来很长一段时间内,长垣县孔庙庙产款项虽未被移作地方办学之用,但由于孔子和儒学地位的急剧跌落,加之长垣县孔庙庙产疏于管理,原本颇受当地民众敬仰崇拜的学堂岗、板邱集两处孔庙屡屡发生"违章灭祭""减祭"之事确是不争的事实。如1914—1915年,孔繁录呈控主祀学录孔凡禄"克灭祭羊,不用乐工,废弛

---

① 仅就孔府档案来看,从1912年民国肇造到1927年南京国民政府成立,至少有隶属于山东、河南、河北等省的25个县市区的孔庙受到侵扰和损毁。而在这25处孔庙中,至少有20处属于庙学合一的文庙。详情参见《各地孔庙被占用作践请求保护》(一)(二),孔府档案,J001-008004、008005。

② 转引自张喜兵、赵海云、唐香利《长垣县志(1986—2003)》,中州古籍出版社,2012,第743页。

③ 《长垣县士绅孔庭瑞等为希分别保护祭田与学录孔祥茂事致衍圣公函》(1921年12月8日),孔府档案,01-008312-0012-0001;《议案:(乙)本厅厅务会议各科处提案:提议据长垣等县人呈长垣县呈准另派正绅及圣裔保管孔庙一案公恳饬县停止进行等情究应如何办理请公决案》,《河北民政刊要》第4期,1932年,第43页。

④ 《孔繁瑞为孔繁松朦胧宗主盗窃世职事致衍圣公呈》(1928年9月19日),孔府档案,J002-008312-0002-0001。

典礼"；① 1919—1920 年，孔繁瑞呈控主祀学录孔祥霁"以大典为儿戏，以祭物为虚文，吞租肥己，不惟减礼，兼且废祭，违章慢神"；② 1923 年，孔宪文等呈控主祀学录孔繁瑞"指圣诈财，妖言惑众，吞使庙款"，"违章减祭，实属不成礼体"。③ 在垣孔氏族人对主祀学录所作所为的呈控，引发了呈控者和被呈控者之间的矛盾或纷争。这些矛盾或纷争不断"发酵"，加剧了在垣孔氏族人的内部分化，为孔庙祭田兴学纠葛一案的发生埋下了伏笔。④

　　1928 年 2 月 18 日，大学院训令废止春秋祀孔旧典。令文中对"废止春秋祀孔旧典"的解释是，"孔子人格学问，自为后世所推崇"，"惟因尊王忠君一点，历代专制帝王，资为师表，祀以太牢，用以牢笼士子，实与现代思想自由原则，及本党主义，大相悖谬"。⑤ 训令之下，祀孔旧典废止，国家祀孔传统中断，孔庙作为国家祀孔的社会角色和历史使命遂告终结。由此，各地以"孔子思想有违现代潮流"为由，破坏孔庙以及将孔庙庙产移作地方办学或改用其他用途的现象大面积发生。⑥ 正是在这种语境下，长垣县孔庙祭田纠葛案与在垣孔氏族人的新旧矛盾叠加在一起，骤然爆发。

　　颇为吊诡的是，曾在 1921—1923 年担任长垣县孔庙主祀学录并对其前任学录"废祭慢神"之事进行呈控，但在 1928 年出任学堂岗、板邱集两所初级小学学董的旧学中人孔繁瑞，在既未上报衍圣公府也未叙明长垣县孔庙由衍圣公府札委主祀学录管理的情况下，就"以县立小学经费困难"为由，"出首"向教育局禀称："此项祭田原系全县公产，非孔氏已有之私产，现

---

① 《衍圣公孔令贻为请查照七品执事孔庆禄违章灭祭等情并见复事致直隶长垣县知事移》（1916 年 5 月 6 日），孔府档案，J001 - 008036 - 0007 - 0001。
② 《恩生孔繁瑞为求备文行县究治巡兵孔祥霁违章废祭事致衍圣公孔德成禀》（1920 年旧历九月二十四日），孔府档案，J001 - 008036 - 0014 - 0001。
③ 《族长孔宪文等为恳查明主祭孔繁瑞诈财惑众吞款事致衍圣公禀》（1923 年 6 月 11 日），孔府档案，J001 - 008005 - 0027 - 0001。
④ 事实上，后来长垣县孔庙祭田兴学纠葛一案的发生和演进都能从这三起呈控案件中找到端倪。
⑤ 《废止春秋祀孔旧典》，《申报》1928 年 2 月 22 日，第 3 张第 10 版。
⑥ 《主祭孔祥茂为速惩孔繁瑞或设法制止以维祀典事致长垣县长呈及报载河北省政府未准指令》（1929 年 1 月 17 日），孔府档案，J001 - 008312 - 0004 - 0001；刘之常：《各省县文庙利用方略》，《福建教育周刊》第 45 期，1929 年 10 月 21 日。

经各处停祀，务将此项祭田课租开办学校方为正策。"① 而后，其"以无用之供祀作兴学之实用"的名号，"捐提孔庙祭田租金"拨充校款。②

1928 年 8 月，在学董孔繁瑞依恃地方政府，捐提长垣县孔庙祭田课租开办学校的过程中，长垣县孔氏族人孔繁松、孔繁枢、孔繁录等到衍圣公府，向衍圣公禀称：

> 长垣县族人充膺学录一员，以奉春秋祭祀。凡有族人愿充此任者，每年缴纳爵府印费百元。时至今下，族等长垣县一代〔带〕兵灾匪患，水旱频生，又加祭费昂贵，时局不定，本地恶劣多起觊觎，族等近观我长垣族人未免因印费浩繁，多生退志，为此族等恐有废祀之忧，不惮来府公陈，伏乞宗主恩准减收印费以维祀典，实为公便。③

这段禀文至少提供了两方面的信息：一是凡有族人愿充任主祭学录者，每年需要缴纳衍圣公府印费百元；二是因长垣县时局动荡，要求衍圣公府减收印费以维祀典。从后来在垣之孔氏阖族致衍圣公府的禀文来看，衍圣公府显然接受了孔繁松等人"减收印费以维祀典"的建议。④ 1928 年 10 月 14日，衍圣公府在回复长垣县政府移交的文件时称："贵境圣庙向由本爵饬委该处族人主祭，所有己巳年（1929 年——笔者注）祭祀事宜札委孔祥茂（系孔繁松之孙——笔者注）主祭，为此合移贵县烦为查照施行。"⑤

依照"旧制"，孔祥茂接到学录一职的任命后，即"前往各处饬令各佃

---

① 《主祭孔祥茂为速惩孔繁瑞或设法制止以维祀典事致长垣县长呈及报载河北省政府未准指令》（1929 年 1 月 17 日），孔府档案，J002 - 008312 - 0004 - 0001；《河北省民政厅为复长垣县两处圣庙地亩处分一案情形事致衍圣公函》（1929 年 2 月 19 日），孔府档案，J002 - 008312 - 0014 - 0001；《长垣县学录孔祥茂为孔祥阁勾结多人投票另委学录主祭事致衍圣公函》（1932 年 6 月），孔府档案，J002 - 008313 - 0009 - 0001。
② 《主祭孔祥茂为速惩孔繁瑞或设法制止以维祀典事致长垣县长呈及报载河北省政府未准指令》（1929 年 1 月 17 日），孔府档案，J002 - 008312 - 0004 - 0001。
③ 《长垣县族人孔繁松等为乞减收印费事致衍圣公函》（1928 年 8 月 19 日），孔府档案，J002 - 008312 - 0001 - 0001。
④ 《学录孔祥茂为孔祥阁勾结多人投票另委学录主祭事致衍圣公函》（1932 年 6 月），孔府档案，J002 - 008313 - 0009 - 0001。
⑤ 《衍圣公府为移札仰孔祥茂敬谨主祭事致直隶长垣县政府移》（1928 年 10 月 14 日），孔府档案，J002 - 008312 - 0003 - 0001。

户分认己巳年课租，接种祭田以备届期奉祀之用"。① 但如前所述，早在孔祥茂奉委己巳年学录之前，学董孔繁瑞已然与戊辰年（1928 年——笔者注）学录孔令旺接洽，以"开办学堂捐提祭田租款等语，禀明县政府传追该佃户到案"，收缴了 1929 年祭田租款，并"将地实行复种"。②

于是，己巳年学录孔祥茂以孔庙祭田系"属孔氏私产，不能任人处分"为由，上禀衍圣公府、长垣县政府、河北省民政厅等。校董孔繁瑞不甘示弱，也进行上诉或反讼。双方纠纷由此拉开帷幕，并随着国内时局的变化，断断续续持续近 5 年之久。

二　争夺祭田课租与学录职位：长垣县孔氏族人之间的诉争

1928 年 11 月，己巳年学录孔祥茂以课户陈永惠霸种祭田为由"呈明县政府批传"。但在孔繁瑞看来，"该户人所欠课租业已遵县政府票催缴纳收讫，挪作修理校舍之用。伊之妄控实系蒙混"。③ 故此，在县政府"未及出票"批传之前，孔繁瑞即向县教育局局长李兰生禀称：

> 窃孔祀停止，化学堂岗、板邱集两处之祭田无用之款项，开复该两处初级小学校之用。前已蒙贵局转请县政府成立委任校董，并劝办学务员及票催种地佃户在案。现校舍正在开工修理，不日即将告竣开学。讵料有孔祥茂突尔来案，捏控佃户陈永惠……为此理合陈明，恳乞局长转请免传，以免无辜受累，实为公便。④

---

① 《孔祥茂为抵制孔繁瑞与现任奉祀孔令旺冒提祭田租款并捏情搪塞事致衍圣公禀》（1928 年 11 月），孔府档案，J002 - 008312 - 0003 - 0002。

② 长垣县圣庙祭田课租系遵衍圣公府规定之章程，"比如三十年之课租，当二十九年秋季出课；二十九年之课租，当二十八年秋季出课。其中间有于承课时交纳一半者，惟察其殷实无错者方准拖欠，余类推"。参见《长垣县民国二十九年四柱清单》（无日期），孔府档案，J004 - 008790 - 0013 - 0001。

③ 《校董孔繁瑞为孔祥茂妄控蒙混并请免传事致教育局长李兰生及县政府批》《学录孔祥茂为孔繁瑞冒提祭田租款扩充学务事致长垣县长禀及县政府批、孔繁瑞、单法林批》（无日期），孔府档案，J002 - 008312 - 0005 - 0001。

④ 《校董孔繁瑞为孔祥茂妄控蒙混并请免传事致教育局长李兰生及县政府批》《学录孔祥茂为孔繁瑞冒提祭田租款扩充学务事致长垣县长禀及县政府批、孔繁瑞、单法林批》（无日期），孔府档案，J002 - 008312 - 0005 - 0001。

面对学董孔繁瑞的"反讼",学录孔祥茂当即向衍圣公府禀呈:

> 生于十月十四日奉到札委己巳年主祭长垣县学堂岗、板邱集两处,并征收祭田租课,完纳银两各等因,生遵即前往各处,饬令各佃户分认己巳年课租,接种祭田,以备届期奉祀之用。讵料有本族孔繁瑞不知与现任奉祀戊辰年孔令旺如何交际,竟以开办学堂捐提祭田租款等语,禀明县政府传追该佃户到案,勒令速交孔繁瑞己巳年租款,业已将地实行复种……为此具禀呈请大宗主核阅原情,以便维持祭田,训示祗遵施行。①

在上禀衍圣公府的同时,孔祥茂亦上诉至县政府:

> 缘职呈课户陈永惠霸种祭田一案,蒙批传追,理宜静候。讵料突有职族孔繁瑞素行奸险,一生贪婪,妄空出首以乞免传。但职奉委主祭,原系己巳年全由山东衍圣公府主席一切,向无经县政府有议废字样。孔繁瑞无论如何捐办学堂本在戊辰年中,究系札委孔令旺主祭绝不干涉。孔繁瑞今一旦捐提祭田租款扩充学务,孔令旺即系遵行承祀本年,何能不担责任。似此虚诬诈伪,妄扰国政显然可见。况此次祭田究系衍圣公府孔姓所有之地。委职原系家祭,外有政府额设春秋二祭,与此祭田绝无交涉,县政府向独不经理。而孔繁瑞竟敢逞习出首冒昧妄为,不惟有违背圣公命令之罪戾,实属有扰乱政治之重愆。职所呈各节应否,以并详明之处,理合具呈。恳乞县长作主鉴核转详以维祭典施行。②

从以上讼文可以看出,纠纷双方争论的核心问题在于"孔庙祭田应否准该校董孔繁瑞处分"。而双方争来争去,最终矛盾的焦点集中于长垣县孔

---

① 《孔祥茂为抵制孔繁瑞与现任奉祀孔令旺冒提祭田租款并捏情搪塞事致衍圣公禀》(1928年11月),孔府档案,J002-008312-0003-0002。
② 《校董孔繁瑞为孔祥茂妄控蒙混并请免传事致教育局长李兰生及县政府批》《学录孔祥茂为孔繁瑞冒提祭田租款扩充学务事致长垣县长禀及县政府批、孔繁瑞、单法林批》(无日期),孔府档案,J002-008312-0005-0001。

庙祭田"是否纯属孔氏私产，抑系公产"。① "据孔祥茂一方面言，则谓系属孔氏私产，不能任人处分。而据孔繁瑞一方面言，则谓系明代耆民武项、祝伦二人捐施三项五十亩余地，亦系逃逸户口之地归于孔庙所有，提充学款并无不合。"②

究竟孔庙祭田"是否纯属孔氏私产，抑系公产"？"孔庙祭田应否准该校董孔繁瑞处分"？新上任的长垣县县长杨昆没有像前任县长那样擅自做主，而是据情将原禀亦即孔繁瑞、孔祥茂的讼状转呈河北省民政厅。河北省民政厅认为长垣县孔庙祭田"盖系孔氏私产也"，祭田课租收入的用途和流向理当由衍圣公府和衍圣公府札委的主祭学录决定。其指令称："该县孔庙主祭既经公府委派有人，是庙中祭田当然属孔氏所有。至捐充校款，既未得孔祥茂同意，是孔氏族众尚有纠葛。所有孔庙祭田自应保存留归孔氏家祭之用，未便准由小学校董孔繁瑞处分提充校款。仰即遵照。"③

孔繁瑞不甘失败，转而上告北平大学区教育行政院。而北平大学区教育行政院并未细究长垣县孔庙祭田的产权性质，就以"孔子春秋诞祀既经改为纪念日，关于祭田课租当无用途"为依据，令准提充学款。④ 这一训令显然与河北省民政厅的指令"两歧"，河北省民政厅"即一面函复，一面饬据查明两处孔庙地亩实系祭田，并非学田"。继之，河北省民政厅"拟双方兼顾办法"，即将祭田课租一部分拨充学款，一部分留作孔庙维修和祭祀之用。⑤

但原、被两造纠纷的实质不在于祭田课租收入的流向与用途，而在于祭

---

① 清末民国以来，"庙产兴学"一般是按照"以公济公""化无益为有益"的政策方针进行的，也就是说，"庙产兴学"针对的产业主要是类似"学田"这样的公产，而非为个人所有的私产。就孔庙祭田而言，如果孔庙祭田"纯属孔氏私产"的事实不能成立的话，那么地方兴学提拨孔庙祭田的课租收入就具有不言自明的正当性了；反之，就不能任由地方政府任命的学董或校董"处分"。由此，我们就不难理解孔庙祭田"是否纯属孔氏私产，抑系公产"的问题何以会成为纠葛双方争论的焦点了。

② 《河北省民政厅为复长垣县两处圣庙地亩处分一案情形事致衍圣公函》（1929 年 2 月 19日），孔府档案，J002 - 008312 - 0014 - 0001。

③ 《主祭孔祥茂为速惩孔繁瑞或设法制止以维祀典事致长垣县县长呈及报载河北省政府未准指令》（1929 年 1 月 17 日），孔府档案，J002 - 008312 - 0004 - 0001。

④ 《北平大学区教育行政院训令：第五六五号》（1929 年 8 月 29 日），《北平大学区教育旬刊》第 5 期，1929 年，第 15 页。

⑤ 《河北省民政厅为复长垣县两处圣庙地亩处分一案情形事致衍圣公函》（1929 年 2 月 19日），孔府档案，J002 - 008312 - 0014 - 0001。

田课租收入支配权背后的利益分享。① 故在孔庙祭田兴学的纠纷"尘埃落定"不久，长垣县孔氏族人又围绕学录改选问题发生了新的争执。

同全国其他许多地方的奉祀家庙一样，长垣县孔庙主祭抑或学录一职也向由衍圣公府饬札委派，迄无间断。但"迨（民国）十七年十一月，孔祥茂蒙委为己巳年（十八年）奉祀生后，而十九年二十年以至本年，衍圣公府迄未委派。卷查已往固亦有连任奉祀生者，而历年加委则有卷可稽"。② 按照长垣县政府的说法，孔氏族人因见孔祥茂自 1929 年后未奉衍圣公府札委，私享祭田余利，已起不忿之心，后终因孔祥茂"伐树修庙"一事而纠纷大起。③

1931 年 9 月间，长垣县孔氏族人孔祥霁等"以孔祥茂剪伐孔庙古树，把持学田，请饬查办等情"呈诉河北省民政厅。④ 其控词呈称："自本县圣裔外派不明来历之孔祥茂充当学录，既弁髦祀典，而学田课租尽入私囊，又勾结土劣假修圣庙毁坏圣林，计伐去古柏五十一株，古杨三十九株，约值数千元，共同分肥，而仅修墙一道，尚报漏款两千余吊，人言啧啧，咸为不平，孔族迭起反对。"⑤ 河北省民政厅"当经饬据查明学录孔祥茂舞弊各节属实"，遂指令"将此项地亩尽数提由县府另选正绅及孔族若干人负责保管，并将两庙学校恢复所有租金，除完粮、奉祀学校经费外，尽数充作修葺之用，不准个人中饱"。⑥ 长垣县政府接到河北省民政厅的指令后，却未知会衍圣公府，而是径自取消孔祥茂的学录职位，并"另由长垣圣裔票选三人，由圣庙附近绅士票选三人，共同负责保管该两处孔庙及祭祀事宜"。⑦

---

① 《河北省民政厅为长垣县撤销原案及请查核祭田基金及学田收益两项拟议办法并见复事致衍圣公函》（1932 年 4 月 11 日），孔府档案，J002－008313－0002－0001。
② 《河北省民政厅为长垣县撤销原案及请查核祭田基金及学田收益两项拟议办法并见复事致衍圣公函》（1932 年 4 月 11 日），孔府档案，J002－008313－0002－0001。
③ 《河北省民政厅为长垣县撤销原案及请查核祭田基金及学田收益两项拟议办法并见复事致衍圣公函》（1932 年 4 月 11 日），孔府档案，J002－008313－0002－0001。
④ 《河北省民政厅为复长垣县两处圣庙地亩处分一案情形事致衍圣公函》（1929 年 2 月 19 日），孔府档案，J002－008312－0014－0001。
⑤ 《长垣县孔氏阖族为请批示两处圣庙处理办法事致衍圣公呈》，孔府档案，J002－008312－0008－0001。
⑥ 《河北省民政厅为复长垣县两处圣庙地亩处分一案情形事致衍圣公函》（1929 年 2 月 19 日），孔府档案，J002－008312－0014－0001。
⑦ 《长垣县孔氏阖族为请批示两处圣庙处理办法事致衍圣公呈》，孔府档案，J002－008312－0008－0001。

己巳年学录孔祥茂在获悉河北省民政厅饬令长垣县县长另择孔氏族人分管祭田的指令后，接连给衍圣公府写了两封信函为自己辩解，声称：

> 刻闻民厅训令该县长转饬教育局长另择我族在垣者二三人分管祭田云云，骤闻之下不胜惶恐，伏念学录之职委自我大宗主者也，惩撤之责惟我大宗主有之，民厅之长似无越俎之必要，即学录更不敢冒尔一掷，辜负我大宗主栽培之至意。[1]

> 窃维学录系肇尼山世居匡蒲，乃于民国十八年谬蒙宗主不察，恩予加委学录之职。自惟任重，时虞覆悚，方兢惧弗克负荷，更不料族三五不逞，直视学录一职为奇货，其对于学录之陷害，不一二足，殊难缕述……窃思树因庙植，庙因树修，事出两全，人无异词，今伊等藉端控诬，信口雌黄。本枯木也而曰古树，本备案也而曰擅伐。[2]

在双方讼争过程中，长垣县孔氏族人孔祥麟、孔繁亮、孔繁道等 20 余人联名给衍圣公府写信，声称：

> 今竟一旦而太阿倒持，任撤之权归由民政长，此颓澜诚恐他处效尤，履霜冰至，即我宗邦之祭田久不无他人垂涎之虞，岂仅族等之大感〔憾〕，抑亦我大宗主之深耻大辱也。至于现任学录孔祥茂之是否称职，及居垣孔族之是否不道，乃系别一问题，我大宗主自有提问于庙之可能，岂可以一牛之蹊田而尽夺其牛耶，事关祖祭，悲愤填胸，用是急不择言，直陈管见。[3]

与此同时，孔庭瑞、穆祥仲、杨澍林等长垣县部分士绅、名流亦致函衍圣公府，认为河北省民政厅与长垣县政府"并未通知孔学录，迳〔径〕拟

---

① 《学录孔祥茂为省民政厅饬令县长另选择族人分管祭田事致衍圣公函》（1931 年旧历十月二十五日），孔府档案，J002－008312－0007－0001。
② 《奉祀孔祥茂为乞分别电咨阻止中断学录一职事致衍圣公呈》（1931 年 12 月），孔府档案，J002－008312－0011－0001。
③ 《长垣县族人孔祥麟等为请咨请民政厅止取消学录另推他人事致衍圣公函》（1931 年旧历十一月初五日），孔府档案，J002－008312－0009－0001。

办法将祭田另委他员接受矣,绅等伏念孔学录之是否称职,贵族居垣者之是否不法,乃系另一问题。我圣公以大宗主资格,自有提问于庙之可能,惟是重修杏坛一事,绅等亦确与闻其事,在孔学录之经理出入,确系一文不苟,而伐枯修庙亦为敝县屠前县长等及我圣公所公认,而后行者也,谓之违法云云,揆之公理,似难为平。绅等不敢泯人之善,又曷忍壅于上闻,为此再陈梗概"。①

以孔祥茂为代表的一方在上禀衍圣公府的同时,亦以大致相同的讼词呈诉至河北省民政厅。②

从纠纷双方争执的内容看,以孔祥茂为代表的一方,力主孔庙祭田概由学录管理,学录一职当由衍圣公府饬委;而以孔祥霁为代表的一方,则主张"长垣县学录职位不便再委",由"政府规定专人负责"。③ 双方最终博弈的结果是,长垣县孔庙庙产仍交由学录管理,但学录一职不再由衍圣公府直接饬委,而是由长垣县教育局出面,交由当地的孔氏族众投票选出,嗣后到衍圣公府"公保,查核委任"。④ 1932 年 7 月 9 日,长垣县教育局制票监选,结果是与学董孔繁瑞关系极为密切的孔祥纲以多票当选为学录。⑤ 而孔祥茂则因落选失去了对孔庙祭田的支配权力。

三 支持祭田兴学和学录改选:地方政府官员的基本态度

长垣县孔庙祭田纠葛一案,"中经双方互控,纠缠多年"。⑥ 长垣县教育

---

① 《长垣县士绅孔庭瑞等为希分别保护祭田与学录孔祥茂事致衍圣公函》(1931 年 12 月 8 日),孔府档案,01 - 008312 - 0012 - 0003。
② 《议案:(乙)本厅厅务会议各科处提案:提议据长垣等县人呈长垣县呈准另派正绅及圣裔保管孔庙一案公恳饬县停止进行等情究应如何办理请公决案》,《河北民政刊要》第 4 期,1932 年,第 43—45 页。
③ 《长垣县孔氏阖族为请批示两处圣庙处理办法事致衍圣公呈》(无日期),孔府档案,J002 - 008312 - 0008 - 0001。
④ 《衍圣公府为请查复祭田处置一案情形事致河北长垣县政府公函》(1931 年旧历十一月廿日),孔府档案,J002 - 008312 - 0010 - 0001。
⑤ 《孔祥阁等长垣县合族代表为孔祥纲勾串孔繁瑞渔利长垣县孔氏合族延迟续谱等件事致衍圣公呈及大宗主批(附指令一张)》(1933 年 1 月 15 日),孔府档案,J002 - 008313 - 0019 - 0001。
⑥ 《河北省民政厅为复长垣县两处圣庙地亩处分一案情形事致衍圣公函》(1929 年 2 月 19 日),孔府档案,J002 - 008312 - 0014 - 0001。

局、长垣县政府、河北省民政厅、北平大学区教育行政院等官方机构都介入其中。除河北省民政厅对祭田兴学和学录改选的态度稍显"暧昧"、前后有所变化之外，余则差别不大，力主改变孔庙祭田"旧制"，支持祭田兴学和学录改选。

首先，长垣县教育局支持孔庙祭田兴学和学录改选的态度一以贯之。县教育局兴办学校教育是其权责所在，但当时的"长垣县一带兵灾匪患，水旱频生"，地方教育经费颇为紧张。而恰逢此时国家祀孔传统中断，"孔子思想有违现代潮流""以无用之供祀作兴学之实用"的声音此起彼伏。由此，孔庙"庙产兴学"被赋予新语境下的合法性与正当性。县教育局局长和县长在没有向上级禀报备案的情形下，即"擅自"将长垣县两处孔庙祭田的课租收入划拨给两处县级小学作为教育经费之用。而当己巳年学录孔祥茂向长垣县长呈控时，县教育局长李兰生则站在学董孔繁瑞一边，公然为其"开办学堂捐提祭田租款"的事项进行辩护。延至 1931 年秋纠纷再起时，新一任县教育局长张钦更是将衍圣公府委任的己巳年学录孔祥茂完全抛在一边，力主"以此祭田租钱安置学校"。① 事实上，后来的学录改选也是在县教育局直接监管下进行的票选。可以说，在整个纠纷发生及处置过程中，长垣县教育局始终站在衍圣公府和己巳年学录孔祥茂的对立面，无怪乎孔祥茂在致衍圣公府的信函中称其为孔繁瑞等人的"护符"，对孔庙"祭田款项，垂涎已久，时常环马以伺，待隙而入"。②

其次，长垣县政府与县教育局支持孔庙祭田兴学和学录改选的态度相近。1928—1932 年长垣县孔庙祭田纠葛期间，共有 6 位县长先后莅任。仅就已有资料可见，这些县长都主张或支持孔庙"改制"。此间，第一任县长郑大信在任时，正值大学院宣布废止春秋祀孔旧典和国家祀孔传统戛然而止之际，因之，"未呈报省政府及教育厅备案"，即自行"议准"，将孔庙祭田课租收入拨充学款。③ 第二任县长杨坤在任时，正值孔子诞日已奉"国府"

---

① 《主祭学录孔祥茂为恳函达民政厅质问收回祭田权宜事致衍圣公呈》（1932 年 3 月 13 日），孔府档案，J002‑008312‑0016‑0001。
② 《学录孔祥茂为省民政厅饬令县长另选择族人分管祭田事致衍圣公函》（1931 年旧历十月二十五日），孔府档案，J002‑008312‑0007‑0001；《学录孔祥茂为恳函达衍圣公府磋商事致河北省民政厅长呈》（抄件）（无日期），孔府档案，01‑008312‑0017‑0001。
③ 《校董孔繁瑞为孔祥茂妄控蒙混并请免传事致教育局长李兰生及县政府批》《学录孔祥茂为孔繁瑞冒提祭田租款扩充学务事致长垣县长禀及县政府批》《孔繁瑞、单法林批》（无日期），孔府档案，J001‑008312‑0005‑0001。

明令举行纪念和原、被两造的诉讼闹得沸沸扬扬之际，"究竟孔庙祭田应否准该校董孔繁瑞处分"？该县长未有擅自主张，而是"据情请示民政厅指令"，几经反复后"奉省令准予提充学款"。① 第三、四、五任县长孙仲涞、张鸣喧、屠义田在任时，基本延续了祭田兴学的孔庙政策。第六任县长李凤翔在任时，正值纠纷双方为争夺学录职位争论不休之际，该县长态度最为明朗，明确站在衍圣公府的对立面，支持祭田拨充学款，力主"取消学录，另推他人保管祭田"。延至1931年岁秋间，其径拟办法，直接取消了孔祥茂的学录职位，并"另由长垣圣裔票选三人，由圣庙附近绅士票选三人共同负责保管该两处圣庙及祭祀事宜"。② 而当衍圣公府对此提出异议，函达长垣县政府彻查时，其"留中不发"。在学录孔祥茂看来，李县长之所以"如此侮慢"，盖系"依附教育局及各机关以固禄位"。③ 在当时原、被两造角逐不相上下的语境下，孔祥茂的言辞难免存在修辞技巧的问题，不过，李县长基于地方局部利益的考虑，其支持孔庙"旧制"变革的态度从中依然清晰可见。

再次，北平大学区教育行政院对孔庙祭田兴学的态度最为积极。1929年6月17日，内政部、教育部、民政部三部共同颁发《孔庙财产保管办法》，其中第二条明确规定："孔庙财产均应拨充各地方办理教育文化事业之经费，不得移作他用。"④ 受此影响，北平大学区教育行政院主张除提拨祭田课租少许款项修补该县孔庙之外，其余均作为教育基金之用。其训令称："孔子春秋诞祀既经改为纪念日，关于祭田课租当无用途，仰该县长会同教育局长除酌量每年提出若干以供该庙修补费外，所余之款即应存储教育款产经理委员会作为教育基金不得挪借，是为至要，切切此令。"⑤ 最后，

① 《校董孔繁瑞为孔祥茂妄控蒙混并请免传事致教育局长李兰生及县政府批》《学录孔祥茂为孔繁瑞冒提祭田租款扩充学务事致长垣县长禀及县政府批、孔繁瑞、单法林批》（无日期），孔府档案，J001 - 008312 - 0005 - 0001。

② 《长垣县孔氏阖族为请批示两处圣庙处理办法事致衍圣公呈》（无日期），孔府档案，J002 - 008312 - 0008 - 0001。

③ 《学录孔祥茂为请补发委令事致衍圣公呈》（1932年6月），孔府档案，J002 - 008313 - 0006 - 0001。

④ 《孔庙财产保管办法》（1919年6月17日），载中国第二历史档案馆编《中华民国史档案资料汇编》第5辑第1编"文化"（1），江苏古籍出版社，1994，第549页。

⑤ 《北平大学区教育行政院训令：第五六五号》（1929年2月19日），《北平大学区教育旬刊》1929年第5期，第15页。

河北省民政厅对孔庙祭田兴学和学录改选的态度较为复杂，前后多有变化，但总体上亦是趋新弃旧，支持孔庙"改制"。具言之，河北省民政厅一开始并不支持祭田兴学，其理由是孔庙祭田属于私产，与公产不同，不应拨充学款。这一态度是否与长垣县政府将孔庙祭田收入移作地方办学的决议没有上报省民政厅备案，抑或与省民政厅长一向"崇儒重道，特具热忱"有关，我们不得而知。[①] 而北平大学区教育行政院"祭田兴学"的训令下达后，河北省民政厅旋即支持祭田课租一部分拨充学款。且后来随着形势的发展，河北省民政厅愈益突破孔庙"旧制"，甚至在孔庙祭田的性质认定上也发生了变化。[②] 就改选学录而言，河北省民政厅的态度亦有前后变化，一开始力主改变"旧制"，指令"前此项地亩数提由县政府，另选正绅及孔族若干人负责保管"。[③] 且认为此项办法"仍系以祭田及岁修地之租金办理奉祀、修葺及教育之用，并仍由孔族人经管。对于孔氏旧有之一切权利并未剥夺"。[④] 但后来河北省民政厅则有所让步，接受了衍圣公府的变通方式，训令长垣县县长："凡有孔庙田地派有学录之处，其地之收益概归学录经管，该县两处圣庙既向由衍圣公府历委学录奉祀，其经管收入及提拨两校基金等办法自应按照函拟办理，以符旧制。"[⑤]

四 "旧制"的坚守与变通：衍圣公府对长垣县孔庙祭田纠葛一案的回应

南京国民政府初期，衍圣公府的主人、最后一代衍圣公孔德成尚属年幼，衍圣公府的内外事务主要由孔德成的嫡母——陶氏夫人掌管。而在陶氏夫人病逝后，即从1930年开始，衍圣公府的事务则由孔印秋接管。无论谁

① 《衍圣公府为请复长垣县祭田处分案情形事致河北省民政厅公函》（1932 年 1 月 13 日），孔府档案，J002 - 008312 - 0015 - 0001。
② 《河北省民政厅为复长垣县两处圣庙地亩处分一案情形事致衍圣公函》（1929 年 2 月 19 日），孔府档案，J002 - 008312 - 0014 - 0001。
③ 《河北省民政厅为复长垣县两处圣庙地亩处分一案情形事致衍圣公函》（1929 年 2 月 19 日），孔府档案，J002 - 008312 - 0014 - 0001。
④ 《议案：（乙）本厅厅务会议各科处提案：提议据长垣等县人呈长垣县呈准另派正绅及圣裔保管孔庙一案公恳饬县停止进行等情究应如何办理请公决案》，《河北民政刊要》第 4 期，1932 年，第 43 页。
⑤ 《河北省民政厅训令（治字第二七六号）》，《河北民政刊要》第 6 期，1932 年，第 11 页。

掌管，他们代表的自当是衍圣公府的利益。而就衍圣公府而言，掌握孔庙祭田课租收入的支配权和主祀学录的控制权，维护孔庙"旧制"所维系的原有的文化、权力秩序，是其根本利益所在。而一旦孔庙"祭田损失无着"和主祀学录控制权易位，那么与孔庙命运息息相关的衍圣公府或曰衍圣公的社会地位和文化权力势必岌岌可危。

实际上，早在民国初建时，教育部就曾提出孔庙祭田"清厘升科"，亦即将孔庙祭田收归国有的动议，并一度得到袁世凯的支持，由内务部通过了《崇圣典例》，其中第七条明确取缔了衍圣公府的祭田征收权。①但后来由于衍圣公府联合孔教会等尊孔崇儒派极力抵制，最终促使袁世凯政府重新修订《崇圣典例》条例，规定衍圣公府各项"祀田租税仍由衍圣公自行征收，并着各该管地方妥为保护"。②继袁世凯之后，整个北洋政府时期基本延续了这一政策条例的基本精神。③应该说，该条例的颁布在一定程度上遏止了侵夺孔庙祭田风潮的蔓延，但并不能完全制止此类事项的发生。尽管如此，如前述长垣县孔庙学田所面对的境遇一样，孔庙祭田的侵占主体也均为来自外姓的各种社会势力，而奋起抵制和诉争者则大都是孔氏族人或孔教会人员，当然亦包括一些地方士绅。④而该次长垣县孔庙祭田纷争却是由曾一度出任主祭学录的恩生孔繁瑞充任学董、捐提孔庙祭田课租引起的。仅就笔者目力所及，由孔氏族人出面充任学董，未经衍圣公府同意，就径自将孔庙祭田租课拨充学款的事项，无论在长垣县还是在全国其他地方孔庙的历史上都是绝无仅有的。

为防止"祭田损失无着"和"他处效尤"，衍圣公府一开始坚决反对祭田课租拨充小学校款，先后致函长垣县政府、河北省民政厅，认为"学堂岗、板邱集圣庙祀事向由敝处遴员主祭，历经办理在案。该处祭田系孔氏私产，未便移作他用，亦不能任族中一二人处分，孔繁瑞欲借兴学名义，觊觎

① 《崇圣典例》第七条规定："孔氏各项祀田，由各该管地方官清厘升科，概归国家征收。"参见《崇圣典例》，《政府公报》第643期，1914年2月21日，第2页。
② 《修正崇圣典例》，《政府公报》第969期，1915年1月19日，第12页。
③ 从1915《修正崇圣典例》颁布，一直到1927年南京国民政府成立，在整个北洋政府时期，祀孔典制基本上依照袁世凯政府时期的规制实施，没有多少实质性变化。尤其关于孔庙祭田的处置问题，未见出台任何新的条例或文件。参见李俊领《中国近代国家祭祀的历史考察》，第78—80页。
④ 参见《各地孔庙被占用作践请求保护》（一）（二），孔府档案，J001-008004、008005。

此项祭田，殊属非是。且先圣诞日已奉国府明令举行纪念，所有祭田自应保存以供祀事"。① 但后来衍圣公府在长垣县政府、河北省民政厅以及北平大学区教育行政院等官方机构的压力下不得不做出让步，同意"提充两校基金……以备捐助地方办理文化及公益事宜之用"。② 衍圣公府之所以做出让步，至少有以下三点原因不容忽视。一是际此"世道衰微，国祭停止"的时代，衍圣公府自身难保，只能"隐忍含容"，不得不接受"化无用为有用"的时代性话语③；二是两所县级小学只是提拨了孔庙祭田课租收入的一部分作为学款，余则留作孔庙维修和祭祀所用，且孔庙款产的提拨并未改变孔庙庙产由孔氏族人所有的产权性质，只是改变了部分收益的流向或用途，于此，衍圣公府在一定程度上尚可接受；三是孔庙祭田兴学，有助于造福孔庙所在区域的教育公益事业，从而获得了孔庙所在区域多数孔氏族众的认同与默许④，对此，衍圣公府只能顺势而为。

但在改选学录问题上，衍圣公府却是一再坚持"旧制"，并从祭田管理的"历史性权力"和祭田所有权的角度极力为之辩护。所谓"此项祭田向由本府委派该处族人主祭，兼司管理之职，历经办理在案"⑤，"纵使孔祥茂有不合之处，亦必知会本府另行撤换，以重职权而符旧制"。⑥ "查不动产既经让与，其所有权依法即归让受人，学堂岗、板邱集祭田前属义士捐施，则让与让受事实昭著。该祭田所有权已属圣庙，是以历久归敝府管理。圣庙祭产与地方公产不同，既属祭田，是在奉祀生权限以内。若将所有祭田及岁修

① 《衍圣公孔德成为祭田处分事致河北长垣政府函》（1929 年 1 月 27 日），孔府档案，J002 - 008312 - 0006 - 0001。

② 《衍圣公府为拟长垣县圣庙祭田及岁修地之收入仍归学录管理办法及另委长垣县学录并请转饬长垣县政府事致河北省民政厅长公函》（1932 年 5 月 1 日），孔府档案，J002 - 008313 - 0003 - 0001。

③ 《学录孔祥茂为恳函达民政厅质问收回祭田权宜事致衍圣公呈》（1932 年 3 月 13 日），孔府档案，J002 - 008312 - 0016 - 0001。

④ 从孔府与长垣县孔氏族人反复往来的多封信函可知，在长垣县孔庙祭田被孔繁瑞捐提兴办学校的过程中，只有孔祥茂等为数很少的几个人进行诉争，这或可从一个侧面说明，在"化无益为有益""以无用之供祀作兴学之实用"的时代语境中，当地孔氏族人对孔庙庙产兴学是认可或默许的。

⑤ 《衍圣公府为请查复祭田处置一案情形事致河北长垣县政府公函》（1932 年旧历十一月廿日），孔府档案，J002 - 008312 - 0010 - 0001。

⑥ 《衍圣公府为请复祭田处分案情形事致河北省民政厅公函》（1932 年 1 月 13 日），孔府档案，J002 - 008312 - 0015 - 0001。

地之收入,由孔族若干人及地方公正士绅保管,揆诸权限与名义及责职均似未符。且各县圣庙凡有敕府委派学录奉祀之处,祭田皆归学录管理,长垣一县未便独异。兹拟嗣后长垣县圣庙祭田及岁修地之收入归学录管理,以符旧制,提充两基金照旧拨交,祭田与岁修地每年得收租金若干,由该学录报明敕府存案。"① 衍圣公府之所以在学录选任问题上一再坚持旧制,究其原委,主要是因为"任撤之权归由民政长",那么"他处"就会"效尤",长垣县乃至全国各地的孔庙祭田就都有可能"损失无着"。② 在衍圣公府据理论争的过程中,长垣县越来越多的孔氏族人也意识到学录改选问题的重要性,故坚定地站在衍圣公府一边。③ 与此同时,长垣县部分士绅亦以"尊孔崇儒"的名义致函衍圣公府,认为"圣公以大宗主资格,自有提问于庙之可能"。④

正是衍圣公府的力争和长垣县大多数孔氏族人以及部分士绅的支持,河北省民政厅的态度才发生了变化,不再坚持"前此项地亩数提由县政府,另选正绅及孔族若干人负责保管"的说法⑤,转而表示"长垣县圣庙祭田岁修地之收入仍应归学录管理"。⑥ 不过,需要指出的是,河北省民政厅及长垣县政府尽管允诺孔庙仍交由学录管理,但学录人选却并非由衍圣公府直接委派产生,而是由县教育局出面,由在垣之孔氏族人投票选出。所谓"此次选举学录系属初次,适当积年纠纷之际,故由敝县饬令教育局制票监选以维秩序"。⑦ 由此而言,衍圣公府在学录札委大权上亦失去了自主权,而只拥有报备性质的"查核委任"权。正因如此,由长垣县孔氏族人投票选出的新任学

---

① 《衍圣公府为拟长垣县圣庙祭田及岁修地之收入仍归学录管理办法及另委长垣县学录并请转饬长垣县政府事致河北省民政厅长公函》(1932 年 5 月 1 日),孔府档案,J002 - 008313 - 0003 - 0001。

② 《长垣县族人孔祥麟等为请咨请民政厅止取消学录另推他人事致衍圣公函》(1931 年旧历十一月初五日),孔府档案,J002 - 008312 - 0009 - 0001。

③ 《长垣县族人孔祥麟等为请咨请民政厅止取消学录另推他人事致衍圣公函》(1931 年旧历十一月初五日),孔府档案,J002 - 008312 - 0009 - 0001。

④ 《长垣县士绅孔庭瑞等为希分别保护祭田与学录孔祥茂事致衍圣公函》(1931 年 12 月 8 日),孔府档案,01 - 008312 - 0012 - 0001。

⑤ 《河北省民政厅为复长垣县两处圣庙地亩处分一案情形事致衍圣公函》(1929 年 2 月 19 日),孔府档案,J002 - 008312 - 0014 - 0001。

⑥ 《衍圣公府为拟长垣县圣庙祭田及岁修地之收入仍归学录管理办法及另委长垣县学录并请转饬长垣县政府事致河北省民政厅长公函》(1932 年 5 月 1 日),孔府档案,J002 - 008313 - 0004 - 0001。

⑦ 《长垣县政府为选举学录情形事致衍圣公公函》(1932 年 7 月 13 日),孔府档案,J002 - 008313 - 0011 - 0001。

录孔祥纲并不太买衍圣公府的账，迟迟不去衍圣公府"验看"，直到后来衍圣公府屡次催其"命驾来府"，方才"遵照前往"，接受衍圣公府的"委充"。①

五　余论：孔庙"庙产兴学"与文化权力的转移

近代中国社会文化史的研究极为复杂，20世纪30年代前后孔庙庙产兴学的情形更是纷繁杂乱。本文以长垣县孔庙祭田纠葛为个案，将孔庙庙产兴学的问题置于近代中国社会转型的历史脉络中加以考察，并着重分析孔氏族人、地方政府、衍圣公府之间复杂的互动关系，最终所得结论如下。

其一，长垣县孔庙祭田纠葛案的发生不是偶然的，它是清末民初以来"庙产兴学"运动流风所及、在垣孔氏族人内部分化以及南京国民政府大学院训令废止春秋祀孔旧典等多种因素相互作用引起的。

其二，该案中，在垣孔氏族人、地方政府、衍圣公府之间的互动，不仅是新旧文化阵营的对垒，而且夹杂着复杂的利益、权力与法律的纠葛。在这场纠葛中，学董孔繁瑞、学录孔祥茂等孔氏族人分别打着"以无用之供祀作兴学之实用"和保存祭田、"以维祀典"的旗号，争夺祭田课租的支配权。但无论谁掌控祭田租金，却大都"多半私饱，以至圣庙失修，古迹凌夷"。河北省民政厅在致衍圣公府的信中将"纠纷之主因"认定为"实缘于争利，非缘于争祀"，实为的论。② 在某种程度上，正是部分在垣孔氏族人在孔庙"改制"问题上的私心自用、相互抵牾，为当地各级政府公权力的介入及其在孔庙问题上实现新旧文化权力秩序的转移③提供了方便。孔庙

---

① 《衍圣公府为请即日来府面告一切并发给委令事致孔祥纲公函》（中华民国二十一年八月二十一日），孔府档案，J002-008313-0013-0001；《衍圣公府为河北长垣县学堂岗、板邱集学录亟应委充事致孔祥纲委任令》（1932年10月1日），孔府档案，J002-008313-0015-0001。

② 《河北省民政厅为长垣县撤销原案及请查核祭田基金及学田收益两项拟议办法并见复事致衍圣公函》（1932年4月11日），孔府档案，J002-008313-0002-0001。

③ 孔庙庙产特别是孔庙祭田的课租收入以往主要用于孔庙祀典的开支，但在1928年2月大学院训令废止春秋祀孔旧典和国家祀孔传统中断后，在"化无用为有用""以无用之供祀作兴学之实用"的时代语境下，地方社会纷纷以兴学名义提拨孔庙庙产，原本纯属"孔氏私产"的祭田亦难逃厄运。由此，孔庙"旧制"所维系的原有的文化乃至权力秩序被打破，并渐次被新的文化、权力秩序取代。而新旧文化、权力秩序的更迭，不仅反映了当时衍圣公府的时代境遇，而且折射出传统文化流逝之殇的命运遭际。本文所言的文化权力之转移，即在这个意义上使用。

"改制"关乎衍圣公府的切身利益，为固守"旧制"，衍圣公府从祭田管理的"历史性权利"和祭田所有权的角度，极力进行辩解和抗争。诚然，以1929—1931年修订的《中华民国民法》中的"取得时效"制度和不动产登记原则视之，长垣县孔庙庙产虽系"前属义士捐施"，但"让受事实昭著"，当属孔氏私产的事实成立。不过，在孔氏族人一味私争和整个官方机构力主变革孔庙"旧制"这样一个对衍圣公府极为不利的背景下，诉诸法律途径解决且不说成本太高，其胜算与否亦难预料。故此，衍圣公府自始至终未有提起司法诉讼，而是反复通过"函致河北民政厅及长垣县政府声明案由"，以据理抗辩的方式来"挽回主权"。① 应该说，衍圣公府的应对之策不无可圈可点之处，但在大势所趋之下，其博弈折冲的空间仍然有限。最终，衍圣公府只能在祭田兴学和学录改选问题上做出让步和变通，接受地方公权力的制度安排。

其三，该案所表征的孔庙新旧权力秩序的更迭是中国近代化过程中传统儒学"祛魅"的历史必然。纵观长垣县孔庙祭田纠葛一案的发生，在纷争中各利益相关方的不同态度和反应，以及最终的博弈结果，都表征了春秋祀孔旧典废止和国家祀孔传统中断后，因为丧失了原本承载的主祀孔子的社会功能和历史使命，孔庙"旧制"乃至孔庙"旧制"所维系的传统文化权势结构逐步为"孔子思想有违现代潮流""以无用之供祀作兴学之实用""选举学录"等现代性的话语所稀释乃至取代。"青山遮不住，毕竟东流去"。这与其归因于孔氏族人内部分化和衍圣公府权势衰落的无奈，倒不如说是中国近代化过程中传统儒学"祛魅"的历史必然。

此外，还有两个问题有必要进行讨论。

一是长垣县孔庙祭田纠葛毕竟是一个个案，它所折射出的孔庙庙产的时代境遇是否具有普遍性呢？这个问题其实不难回答。不可否认，文中作为案例的长垣县孔庙，尽管肩负着国家祀典的功能，但从根本上来说其形制仍然属于奉祀家庙，而家庙或曰私庙"不仅不适用于民国各项庙产法律，也不

---

① 《孔祥阁等长垣县合族代表为孔祥纲勾串孔繁瑞渔利长垣县孔氏合族延迟续谱等件事致衍圣公呈及大宗主批（附指令一张）》（1933年1月15日），孔府档案，J002-008313-0019-0001。

接受政府的监督管理，更不能成为庙产兴学的对象"。① 正因为此，作为奉祀家庙"权力的文化网络"中之重要存在②的衍圣公府才据理力争，但为形势所逼，最终还是不得不接受了地方政府确立的新的文化、权力秩序。与衍圣公府命运息息相关的奉祀家庙尚且如此，其他形制的孔庙庙产之命运结局就可想而知了。与奉祀孔子的家庙不同，其他形制的孔庙，如作为孔庙的主体和数量最多的文庙庙产多被视为地方公产，且和衍圣公府没有权属关系，加之到 20 世纪 30 年代前后，力主维护文庙旧制的孔教会人士和地方传统士绅已出现结构性的式微。因之，面对"庙产兴学"运动的狂飙突进，原有庙产管理者或利益相关方或多或少都进行了抗争，但到最后只能接受和应和地方政府确立的新的文化、权力秩序。③ 由此而言，长垣县孔庙祭田纠葛虽是个案，但在展现孔庙庙产兴学与文化权力转移的情形方面，已超出个案的意义。

二是在当时特定的时空背景下，如果说孔庙庙产兴学和文化权力转移的事项具有普遍性的话，那么，它是否意味着这一事项的发生具有不言自明的历史合理性和正当性呢？从当时的社会舆论和官方的反应来看，答案是肯定的。因为孔庙庙产兴学和地方政府确立的新秩序，顺应了"化无用为有用""以无用之供祀作兴学之实用"的现代化潮流，缓解了地方教育经费的紧张，同时对于解放人们"传统守旧"的落后思想亦不无裨益。但如今再来回顾孔庙庙产兴学的历程，这种普遍发生的"故事"不乏可以检讨之处。且不论以"祛魅""理性化"为基本特征的现代性理论④有无弊端，仅就孔庙庙产兴学本身而言，依靠公权力强行剥夺甚至毁灭另一方来解决教育经费

---

① 邵彦涛：《法律、私庙与官官相争：兰州朝元观庙产纷争案研究》，《宗教学研究》2015 年第 2 期，第 68 页。

② 1928 年 2 月 18 日，蔡元培执掌的大学院训令废止春秋祀孔旧典，国家祀孔传统戛然而止，一时间反孔飙风再起。在此背景下，衍圣公、孔教会等尊孔派及部分国民党政要极力抵制。作为一种变通，南京国民政府遂明令学校进行孔子诞辰纪念，只演事迹，不事仪式。孔子诞辰纪念的重新厘定和南京国民政府"尊孔但不祀孔"的文化表达，折射出衍圣公府在孔庙文化、权力秩序变迁中仍然拥有一定的话语权。

③ 1934 年，南京国民政府对全国孔庙实况展开调查，据 16 个主要省市的回复统计，在总计 874 座孔庙中，有 17 座被毁损，532 座被用作教育机关，132 座被用作地方公所，72 座被用作军事机关，156 座被挪作他用。参见《内政部全国孔庙实况调查报告》（1934 年 10 月），载中国第二历史档案馆编《中华民国史档案资料汇编》第 5 辑第 5 编"文化"（1），第 550 页。

④ 转引自罗荣渠《现代化新论》，北京大学出版社，1993，第 15 页。

和场地问题的做法本就是一把双刃剑，它在推动现代教育事业发展的同时，亦对孔庙实体及其所维系的传统文化教化体系造成了莫大的伤害，遑论这一做法无论如何都是不符合现代法律之内在逻辑的。而杜赞奇的研究结论则从另一个侧面为我们省察 30 年代前后孔庙庙产兴学狂飙突进的得失提供了注脚：中国作为一个落后的后发外生型现代化国家，其现代化建设事业不可能一蹴而就，在现代性的"权力的文化网络"建立之前，不可轻易破坏或抛弃传统的"权力的文化网络"，否则文化失范乃至社会失范现象就势必应运而生，社会发展停滞这一与人心相悖的局面终将出现。[①] 造化弄人，在训令废止春秋祀孔旧典仅仅时隔六七年之后，南京国民政府因应时局之变，明令孔子诞辰为"国定纪念日"，重新接续国家祀孔传统。在一定程度上，这一做法可以视为在实践层面对先前孔庙政策的批判和修正。不过尚需强调的是，此时国家祀孔传统的接续，多是"工具性"的观念和作为，而非孔庙固有场域和儒学的价值世界的重建。1934 年过后，长垣县两处孔庙祭田兴学、学录改选的"故事"并没有改写，其他各地的孔庙也依旧承载着庙产兴学的社会功用。在那个传统儒学"祛魅"和现代性话语甚嚣尘上的时代，长垣县孔庙乃至全国各地的孔庙，其命运遭际抑或只能如此。

〔作者单位：曲阜师范大学历史文化学院〕

---

① 杜赞奇：《文化、权力与国家——1900—1942 年的华北农村》，王福明译，江苏人民出版社，1996。

张海鹏先生史学思想与贡献

学习张海鹏同志在马克思主义指导下论史议政

——从《追求集》《东厂论史录》谈起

周溯源

张海鹏同志自 1964 年从武汉大学历史系毕业分配来到中国科学院近代史研究所工作后，始终没离开过东厂胡同。他在这个胡同里来回走了 50 多年，治学从研究实习员起步，逐步升堂入室，尔后担任过一任副所长、两任所长，中国社会科学院学部文史部副主任、主任，中国史学会会长，2006年被评为首批学部委员。他是近代史研究所继范文澜、刘大年等人之后著名的马克思主义历史学家，也是全国著名的马克思主义历史学家。他描述自己的状况是："治所兼治学，肩挑双担；论史又论政，心忧天下。"笔者因工作关系，在 20 世纪 80 年代就认识了张海鹏同志。在 30 多年的交往中，在零距离的接触中，直接感受到了他的为人和治学。作为一个史学工作者，笔者也常常读到他的论著，觉得他对自己的描述是客观的，如实地反映了他治学论史的特点。他不仅毕生坚持用马克思主义指导治学，而且推动在近代史研究所、在社科院、在全国史学界坚持马克思主义指导，发展马克思主义，繁荣史学。张海鹏同志今年 80 高龄，著作等身，建树颇多。本文难以全面论述他的学术成就，只就他的著作《追求集：近代中国历史进程的探索》《东厂论史录——中国近代史研究的评论与思考》两部书谈几个侧面。

在耳顺之年，张海鹏同志出版了《追求集：近代中国历史进程的探索》（以下简称《追求集》）①，全书 34 万字，收文 24 篇。时任全国政协副主席、

---

① 张海鹏：《追求集：近代中国历史进程的探索》，社会科学文献出版社，1998。

中国社会科学院院长胡绳同志为之题签，著名历史学家刘大年同志为之作序。七年后，张海鹏同志继而推出了《东厂论史录——中国近代史研究的评论与思考》（以下简称《东厂论史录》），① 全书49万字，收文100多篇。著名历史学家龚书铎、张磊两位先生为之作序。这两本论文集有几个特点，给人以深刻印象。

一　坚持用马克思主义基本原理指导治史，探索新知，追求真理

刘大年同志在《追求集·序》中指出："《追求集》的'追求'是一个现代用语。我们一般把它看作探索未知、追求真理的意思。人们从这里自然会提到一个问题：采取什么方法论去探索、追求？我们认定马克思主义的唯物论是科学的思想方法论。"张海鹏同志正是按照马克思主义的唯物论，依据历史唯物主义的基本原理，来研究中国的历史问题，探索新知，追求真理。他的研究视野较多地放在史学理论、方法和近代史的重大理论问题上。

（一）关于坚持唯物史观作为治史指南问题

1998年初，张海鹏同志应台北《历史月刊》编辑部之约，撰写了《关于中国近代历史发展规律的认识和对若干史实的解说》一文，发表在该刊2月号上。他在此文中谈了自己对唯物史观的理解和信仰。他说："说起唯物史观，这是最为台湾学者所诟病的，他们认为唯物史观是教条。世界上任何一个史家，要想研究和说明历史上的某个重大问题，总会秉持某种史观，这是不待证明的。我们所以主张唯物史观，不是因为他是教条，是八股，而是因为他能告诉我们一种方法，一条捷径，使我们能更有效地处理纷繁复杂的历史问题，使我们能更好地洞察历史发展的方向。"②

张海鹏说，唯物史观是人们对历史认识的一种最一般的观念，它并非神秘而不可理喻。唯物史观认为有史以来的人类历史，是客观存在的，不是主观形态的；历史现象虽然千姿百态，纷繁复杂，却不是虚无缥缈的，人们虽

---

① 张海鹏：《东厂论史录——中国近代史研究的评论与思考》，广东人民出版社，2005。
② 张海鹏：《追求集：近代中国历史进程的探索》，第87页。

然不能像自然科学那样在实验室里重复制造历史过程，但在掌握了尽可能多的历史资料以后，是可以对过往的历史过程加以描述、加以认识，并获得对往史较为近真的影像的；历史现象虽乱如丝麻，却是可以理出头绪的，并且显示了一种由低级到高级的发展过程。人们从茹毛饮血到今天享受现代化的信息高速公路，很自然地说明了这个过程的一个重要方面，而马克思、恩格斯提出的五种社会发展形态，则是对这一过程的最一般的描绘；人类的经济生活是社会生存的基本方式，社会依生产力的发展前进而发展前进，生产力和生产关系矛盾运动推动着社会的前进，决定着人们依赖其中的社会政治、经济、阶级关系和文化从属的基本面貌；物质生产和精神生产是社会运行的主要内容，物质生产的状况决定了精神生产的状况，劳动者是物质生产的主体，是决定历史前进方向的积极力量；人们（包括劳动群众和社会精英）创造了一定的历史环境，一定的历史环境反过来又决定了生活其中的人们的面貌。在阶级社会中，生产力和生产关系的矛盾运动集中反映为阶级之间的斗争。这就是唯物史观的基本观点。同时需指出，它所概括出来的人类社会发展的基本规律虽未穷尽真理，却指示了社会发展的一般方向及其未来。但这并不能代替各地区、各国家历史发展的丰富内容和具体走向，各地区、各国家的社会历史发展具体途径，要依各地区、各国家具体的历史环境去决定，还要靠那里的历史学家去研究和总结。①

这是张海鹏同志对唯物史观的理解，这种理解被自觉地运用于自己的治史实践中，体现在这两本文集里。

（二）关于中国近代史的基本线索问题

这个问题是 20 世纪 70 年代末 80 年代初讨论最为热烈的问题之一。起因是有人不同意毛泽东同志提出的"两个过程"论。《追求集》的首篇文章即对此问题的辨析。所谓"两个过程"，是毛泽东在他的《中国革命和中国共产党》这篇重要论文中提出的一个著名论断。毛泽东指出："帝国主义和中国封建主义相结合，把中国变为半殖民地和殖民地的过程，也就是中国人民反抗帝国主义及其走狗的过程。从鸦片战争、太平天国运动、中法战争、

①　参见张海鹏《追求集：近代中国历史进程的探索》，第 87—88 页；张海鹏《东厂论史录——中国近代史研究的评论与思考》，第 249 页。

中日战争、戊戌变法、义和团运动、辛亥革命、五四运动、五卅运动、北伐战争、土地革命战争，直至现在的抗日战争，都表现了中国人民不甘屈服于帝国主义及其走狗的顽强的反抗精神。"① 毛泽东在这里实际上勾画出了近代中国历史过程的客观内容。新中国成立以来，研究中国近代史的专家们把毛泽东的上述论断概括为"两个过程"论，并公认为中国近代史的基本线索。

不同意此说的人认为"两个过程"论没有概括中国近代史的"全部内容"，是对毛泽东本人原意的"误解"，要求"摆脱""两个过程"论的"束缚"，重新学习马克思主义的理论，"提出一些新的道理，把我们的研究建立在科学理论的基础上"。

针对这种观点，张海鹏同志的文章认为，"两个过程"论是对中国近代社会历史过程的基本概括，也是完整的概括。既然是概括，就只能提出那些基本的、主要的、本质的特点和过程，突出主线，不可能对近代史的全部内容巨细靡遗，并收兼蓄。近代史上还有"新学与旧学之争""西学与中学之争"，还有统治阶级内部的矛盾和斗争，等等，这些都是近代史的内容和研究对象，然而它们都包括在"两个过程"的范围之内，都是可以用"两个过程"论的框架来加以解释的。因此，"两个过程"论是对中国近代史基本线索的正确概括，是毛泽东的本意，并非对毛泽东的"误解"。如果"摆脱""两个过程"，另起炉灶，就会脱离历史的主要内容，不能说明历史的本质的特点，就会与近代历史的客观进程大相径庭。② 毛泽东的"这种概括，不仅总结了历史，而且指导了此后的革命斗争，是运用马列主义理论总结中国历史规律的范例"，"是符合近代中国历史发展规律的"。③ 作者进一步表明自己的态度，要求重写近代史的议论，"如果是针对以往的研究著作显得浮浅、片面而发的，则不失为一种好想法。如果是针对以往研究中贯穿的反帝反封建的基本思路立言，把这作为一种框框要求突破，恐怕是一种错误观念"。④

有的论者认为，在中国近代史前期，向西方学习，发展资本主义，是近

---

① 《毛泽东选集》第 2 卷，人民出版社，1991，第 632 页。
② 参见张海鹏《追求集：近代中国历史进程的探索》，第 3—5 页。
③ 张海鹏：《追求集：近代中国历史进程的探索》，第 53 页。
④ 张海鹏：《追求集：近代中国历史进程的探索》，第 59 页。

代中国争取独立和谋求进步的根本道路。由于提出这种观点的学者在说明近代中国的根本道路时，回避了反帝反封建的提法，使人怀疑中国可以不经过反帝反封建的斗争，只需向西方学习、发展资本主义，就能实现民族独立和社会进步。这就出现一个问题："两个过程"论对前期中国近代史的研究，是否具有指导意义？张海鹏同志认为同样具有，因为中国整个近代史过程都存在反帝反封建的斗争。这个客观过程是：19世纪中叶以后，中国经历了一个从独立的封建社会逐步变成半殖民地半封建社会的过程，到19世纪末完成了这个演变；而自外国资本主义侵略中国，中国开始走上半殖民地半封建社会起，中国人民就展开了反帝反封建斗争，太平天国、戊戌变法、义和团、辛亥革命是几个主要的标志。这个革命不胜利，资本主义成为中国人民的生产关系是不可能的。所以，"两个过程"作为近代中国的历史规律，是在19世纪内形成的，不是在后来出现的。因而，"两个过程"论也适用于指导近代史前期的研究。

（三）关于农民阶级的历史地位和作用问题

鉴于有人主张近代史应以洋务运动—戊戌变法—辛亥革命为主线，提高洋务派、地主资产阶级的作用地位，客观上就相应地轻视、贬低了农民作用的论点，张海鹏同志做了客观分析，坚持了应该肯定农民阶级的历史地位和作用的观点。

他认为，第一，近代资产阶级虽然取得了领导反帝反封建的民主革命的资格，但它并没有把这个革命领导到胜利。这与资产阶级不重视领导、发动农民的革命力量有关。维新运动的发动者仇恨或者说恐惧农民革命的力量，辛亥革命的领导者虽然注重从下层群众中寻找支持力量，但未能把农民的力量发动起来。他们领导的改良之所以流产，领导的革命运动之所以未能取得彻底胜利，从反面证明了农民的革命主力军的作用不容忽视。第二，太平天国与义和团是纯粹的农民运动。太平天国运动数以千万计的农民在全国范围内同封建地主阶级进行了长达十几年的浴血斗争，并在后期同西方列强侵略者进行了勇敢的斗争。戊戌变法失败后，又是农民以义和团的形式沉重打击了帝国主义列强，他们勇于以血肉之躯抗击洋枪洋炮，保卫国家的独立和主权，粉碎了西方列强瓜分中国的迷梦，阻止了帝国主义迅速使中国殖民地化的企图。农民虽然不是新生产力的代表，但是他们打击帝国主义及其走狗封建统治势力，代表了资产阶级民主革命的要求。第三，在辛亥革命过程中，参加革命党的新军士兵主要还是农民。孙中山曾经依靠用来反清的一支重要力量会党，也主要是由农民或从农民中游离出来的分子组成。农民的鲜血一直洒在近代反帝反封建斗争的战场上。第四，虽然太平天国、义和团运动失败了，但它们的历史进步作用不仅表现在当时，而且表现在后来，表现在对此后资产阶级领导的民主革命和无产阶级领导的民主革命的直接影响。它们的奋斗为中国共产党人认识国情、总结历史的经验教训提供了重要的思想素材。中国无产阶级还通过共产党依靠并引导农民取得了民主革命的胜利，共产党也因此取得了伟大的成功。① 通过这些分析，张海鹏同志坚持、捍卫了在民主革命时期农民是革命主力军的历史唯物主义观点。

（四）关于近代史的分期问题

关于中国近代史的起点，始于 1840 年，早有普遍共识，几乎没有异议；而下限止于何时，则有不同意见，争议了几十年。1954 年在《历史研究》创刊号上，胡绳发表了《中国近代历史的分期问题》一文，引起了近代史学者的关注和讨论。1957 年，《历史研究》编辑部汇集出版了三年来的讨论文章，多数文章把近代史的时限划在 1840—1919 年，即开始于鸦片战争，终止于五四运动。也有学者主张按照马克思主义的五种社会形态说，把中国的半殖民地半封建社会作为一个过渡性的社会，相当于西方资本主义的历史阶段，应当把中国进入半殖民地半封建社会时期（通常所说的旧民主主义革命加新民主主义革命的整个时期）看作中国的近代史时期，下限应定在 1949 年 9 月，但这种意见长期以来只占少数。至 20 世纪 80 年代初全国性的学术团体中国现代史学会成立时，大多数学者的主张仍然没有改变，认为 1919 年以后的中国历史是中国现代史。

20 世纪 80 年代末期以来，情况发生变化，陆续有学者发表文章，认为这样划分不合适。1997 年 9 月，张海鹏同志在北京师范大学发表关于中国近代史分期问题的演讲，随后在 1998 年第 2 期《近代史研究》杂志上发表《关于中国近代史的分期及其"沉沦"与"上升"诸问题》的论文。他的演讲和论文，回顾、分析了在分期问题上的分歧，并通过充分的论证，呼吁

---

① 参见张海鹏《追求集：近代中国历史进程的探索》，第 6—10 页。

应该把 1840—1949 年的中国历史打通来研究，应该把 1840—1949 年的历史定义为中国近代史，把 1949 年 10 月中华人民共和国成立以后的历史定义为中国现代史，还提出了如何看待 1840—1949 年中国近代史的进程的问题。

张海鹏同志的文章中，综述了荣孟源、林敦奎、李新、刘大年、李侃、陈旭麓、胡绳等人的观点。比较一致的理由是：从鸦片战争起，到中华人民共和国成立以前，中国社会性质是半殖民地半封建社会，中国革命性质是民主主义革命，这 110 年的历史应该作为一个历史时期，叫作中国近代史。假如从新民主主义革命即五四运动起就作为中国现代史，那么所谓近代史只是半殖民地半封建社会历史的一半，而现代史却包括中华人民共和国成立前后两个不同性质社会的历史。这样就其科学性来说是不妥当的。在 1949 年以前，我们把旧民主主义革命时期作为近代史，把新民主主义革命时期作为现代史，是由于革命尚未完结，但在今天中国人民民主革命胜利之后，中国社会性质已经改变，革命性质已经改变，再保守着旧日的划分就不妥当了。张海鹏同志在文章的开头援引了胡绳同志的最新意见。1997 年初，胡绳同志在对《近代史研究》创刊 100 期（1997 年第 4 期）表示祝贺时提出建议："把 1919 年以前的 80 年和这以后的 30 年，视为一个整体，总称之为'中国近代史'，是比较合适的。这样，中国近代史就成为一部完整的半殖民地半封建中国的历史，有头有尾。1949 年中华人民共和国成立以后的历史可以称为'中国现代史'，不需要在说到 1840—1949 年的历史时称之为'中国近现代历史'。"

张海鹏同志的这篇文章发表后，不仅在中国学术界产生了较大反响，也引起了日本学者的关注。野泽丰教授在 1998 年 11 月的《近邻》总第 34 期和 1999 年 6 月的《近邻》总第 35 期上，连续发表《围绕中国共和史》的卷头语，对张文进行了呼应和评论。

张海鹏同志除了对上述几个重大理论问题有自己独到专深的研究以外，其研究视野和学术成果还表现在外国侵略与中国的"开关"问题、义和团运动、洋务运动、戊戌维新运动、孙中山思想等方面。

二　坚持史学研究为社会主义服务，为党和人民群众现阶段的中心工作服务，关注现实，针砭时弊

论史议政，既做学者，又做战士，是这两本文集的第二大特点。《东厂

论史录》分上、下两编：上编标题为《史学与史识：中国近代史研究理论方法的探索与评论》，所收 16 篇论文，大抵为研究中国近代史宏观问题的理论著述，本文在上面已做了评述；下编的标题是《历史与现实：在中国近代史的时空环境中思考》，下分港澳回归、"一国两制"与台海关系、中日关系的思考、中国近代史研究散论、百家争鸣与民族精神、序与跋、缅怀前辈学人、跋等八个部分，近百篇文章。这些文章正如张磊先生在《序》中所说的那样："既有理论性的研究，也有个案专题的探索，充分反映了历史学家对现实的关怀，堪称'心忧天下'。这些论著大都言之成理，持之有故，对振兴中华，统一祖国大业颇有裨益，且具理论深度。历史科学能为当前政治服务并不贬低其自身的学术价值，而是崇高的社会义务。归根结底，历史研究总是立足于和服务于当代。对国家、民族、社会的高度责任感，无疑是史学家应具备的品格。"①

（一）关于香港问题

1997 年初，为迎接香港即将回归祖国的怀抱，张海鹏同志应邀为中共中央机关刊物《求是》杂志撰写了《百年沧桑话香港》，发表在当年第 6 期上。该文首先回顾了英国是怎样使用武力手段侵占香港的，而当时的清政府又是怎样腐败无能，割地求和，屈辱地让出香港的。该文章继而热情地讴歌了香港回归的伟大意义。1984 年 12 月签订的中英《关于香港问题的联合声明》，表明"一百多年前英国用炮舰政策强加给中国人民的不平等条约彻底废除了！这是新中国外交政策的胜利，是中英平等外交成功的典范。这也是社会主义祖国国力强大的象征，旧中国做不到的事情，这一届中国政府做到了。香港的回归洗雪了百多年前中国人民所蒙受的耻辱，我们可以告慰列祖列宗说，在中国共产党的领导下，社会主义中国强大了，中国人民真正站起来了。香港回归，'一国两制'，也将给解决澳门、台湾问题树立良好的范例，祖国真正统一的日子，不会遥远了"。②

这篇文章尤见功力、具有深度的地方，在于对香港发展的根本原因的分析。过去一般认为，是缘于英国实行的"自由港"政策。该文认为"事实

①　张海鹏：《东厂论史录——中国近代史研究的评论与思考》，第 1—2 页。
②　张海鹏：《东厂论史录——中国近代史研究的评论与思考》，第 280 页。

似乎并不尽然"。香港是在 20 世纪 60 年代末经济开始起飞，逐渐发展成为亚洲"四小龙"之首。何以在此前一百年香港经济不能起飞呢？太平洋战争以前，香港主要是转口贸易港，工业基础薄弱；日本占领期间，经济几乎崩溃；战后开始转变经济模式，发展本港加工业生产。1949 年，香港人均生产总值不过 248 美元，比国内某些大中城市还要差些；到 1962 年，人均生产总值才 364 美元。该文用翔实的史料证明香港起飞的原因，除了实行"自由港"政策这个重要因素以外，还在于以下几点。第一，是鸦片贸易的中心。英国占领香港后，鸦片贸易合法化，走私更加猖獗。据美国学者费正清的研究，香港作为世界上最大的鸦片走私巢穴和贮存、转运中心，前后保持了 30 年之久。香港靠鸦片得以具备存在意义，港英政府靠鸦片获取巨额利润。第二，是苦力贸易的中心。"契约华工"（即苦力贸易）是继非洲黑人贸易后西方殖民主义从亚洲掠取劳动力的重要形式。鸦片战争后，苦力贸易在中国沿海港口迅猛推行，因香港便于航运，又是自由港，去美、澳两洲的契约华工大都集中于此，由此出国，香港由此成为华工贸易中心。据统计，1851—1872 年从香港运往美洲、大洋洲和东南亚的华工，超过了 32 万人。可以说，是华工的鲜血与生命支持了香港的航运业和商业。第三，背靠祖国的有利条件，有祖国的大力支持。19 世纪 70 年代以后，祖国出现过一个有限的发展时期，这便带动了香港的发展。20 世纪 50 年代以后，中央政府为香港的发展创造了适宜的国际环境和稳定的政治气氛。从 70 年代起，中国从事大规模现代化建设，为香港的发展提供了经济舞台。据 1993 年的资料，在香港产品的五大出口地中，内地居第一位，超过美、德、英、日；在香港五大转口目的地中，内地占 2244 亿港元，远远超过美、德、日，台湾地区更在其后；在香港五大进口来源地中，内地高达 3300 亿港元，远居于日本、台湾地区、美国、韩国之前。香港作为全球最大的转口贸易港，经其转口的货物，大约 90% 转往内地或来自内地，内地是香港最大的转口贸易伙伴。香港资金到内地投资，是内地招商引资的主要渠道，占外资总额的60%。内地流向香港的资金，累计已超过 250 亿美元，仅次于当地华资和英资，是香港资金来源的基本组成部分。50—60 年代，上海、广州一带资金、管理人才和劳动力大量流入香港，香港的生活资料（包括淡水）和加工业的原材料，全部、大部或主要部分由内地提供，都是香港发展的重要因素。这些分析有理有据，为人们正确认识香港的发展史、香港的回归和展望香港的未来提供了开阔的视野。文章在《求是》发表后，产生了很好的反响。此外，作者还写作发表了《香港回归的历史和现实意义》《香港回归看祖国国防的荣与辱》《香港回归后的展望》《香港对于21世纪中国人的意义》等文章，积极配合了香港回归的宣传大局。

（二）关于"一国两制"与两岸关系问题

实行"一国两制"，实现和平统一的话题是近些年来两岸关系的重要话题。两岸高度重视，两岸学者积极讨论，两岸民众热情关注。这毕竟是中华民族的统一大事，至关重要。作为中国近代史的研究专家和中国社会科学院近代史所的负责人，张海鹏同志对此问题用心颇多，表现出高度的热情和责任感，发表了许多演讲和文章，仅收在《东厂论史录》中的就有《历史和现实："一国一制"和"一国两制"研究》《论台海两岸暂时分离的由来——评台湾当局〈台海两岸关系说明书〉》《与王晓波教授商榷"不完全继承"的理论》《中国的统一要靠中国人自己——书生议政：年终看两岸关系》《从史料解禁看"一国两制"的历史根据》《用谈判来推动祖国和平统一的进程》《"一国两制"是和平统一祖国的根本方针》《台湾的历史与祖国的历史共命运——观看八集电视专题片〈台湾往事〉有感》《捍卫中国领土主权不可分割的原则——在〈开罗宣言〉发表60周年纪念座谈会上的发言》《纪念二·二八义举，认清历史发展的方向》等10篇文章。

在这些文章中，作者有力地批驳了"台独"的种种错误言论，辨析了担心统一后可能"共产"、可能降低台湾民众的生活水平、可能要台湾人民放弃资本主义制度等疑虑，宣传了党中央和中央人民政府"和平统一，一国两制"的方针和诚意，阐述了和平统一后利于两岸合作、发展的条件和光明前景。在《"一国两制"是和平统一祖国的根本方针》一文中，作者批驳了"一国两制"没有历史经验可循之说，指出"这是缺乏历史知识的表现"。当然，作为"一国两制"这样完整、明确的概念，史无前例，这是中国共产党在新的历史时期面对国内外的现实，在总结了历史经验后提出的。回首近代史，可以看到某些类似"一国两制"的现象。例如，1912年中华民国成立以后，就一直没有实现一国一制，尤其是抗战期间，陕甘宁边区、晋察冀边区、晋绥边区、晋冀鲁豫边区都是中华民国治下的地方政府，得到了国民政府的认可，与重庆（陪都）的国民政府并存，可以看作中华民国时期的"一国两制"现象。一国：大家都是中华民国；两制：国民政府是国民党领导，边区政府是共产党领导。一个是国民党体制，一个是共产党体制。但国民党体制下的国民政府是中央政府，共产党体制下的边区政府是地方政府，其局面是"统一而不集权，分治而不分裂"。也有人说，"一国两制"不好，不如实行"一国一制"。但是，事实上台湾不可能用三民主义统一大陆，大陆当下要在台湾推行社会主义，也未必能成功。所以邓小平考虑过，如和平解决不可能，不排除用武力方式解决台湾问题，即使用武力方式解决，台湾的现状也可以不变，也可以实行"一国两制"。但是用武力统一这对双方都不利。"和平统一，一国两制"是解决台湾问题的最佳方案。只有实行"一国两制"，才能保证和平统一的实现。"一国两制"是迈向和平的光明大道，企图用"一国一制"、"台独"挑战"一国两制"的方案，是迈向战争的方案。"试想，要求和平，又不接受'一国两制'；反对战争，又要'一国一制'，怎么可能得到呢！"① 有人研究过，中华民族最近两千多年的历史中，出现过九次国家统一问题，九次都是用战争方式解决的。我们衷心希望第十次国家统一问题，能跳出这个周期律，用和平方式实现统一。

（三）缅怀前辈学人，倡导优良学风

在《东厂论史录》下编第七节里，收集了七篇纪念文章，论及范文澜、罗尔纲、刘大年、吕振羽、胡绳等马克思主义史学家，作者通过总结他们的学术成就、学术道路、学术风格、治学精神，倡导学习他们的优良学风。

首先，学习他们志存高远，脚踏实地，不务虚名，不慕官位，潜心学术。中国科学院刚成立时，领导机关决定郭沫若任院长、范文澜任副院长，这本是"黄金搭档"，但范文澜坚辞副院长之职，只同意任近代史所所长。担任所长以后，又请刘大年副所长实际主持所务，自己专心于学术研究，埋头写书。虽然因五六十年代政治运动太多，又加上"文革"动乱，范文澜所长未能在生前完成中国通史的写作任务，但他那种心无旁骛、专注于学术研究的精神是令人敬佩的。

罗尔纲也是这样。20世纪50年代初，罗先生在南京一手创办了南京太

---

① 张海鹏：《东厂论史录——中国近代史研究的评论与思考》，第405页。

平天国博物馆。当正式任命罗尔纲为馆长时，罗先生坚辞不就，宁愿接受范文澜所长之聘，到近代史所来做一名普通的研究员。

其次，学习他们坐冷板凳、注重基本功、不急功近利的学风。范文澜倡导"坐冷板凳、吃冷猪头肉"精神，不图身前名，要图身后名。他反对不下苦功夫，随意发表意见，或者抱着教条主义态度企图一鸣惊人式的争鸣，把那叫作"潦岁蛙鸣"，不是真正的争鸣。只有真正进行了研究，做了深入思考，才能数年而一鸣，或毕生而一鸣。罗尔纲先生宏博淹通，基础极为厚实。他活到了97岁高龄，不仅主攻太平天国史，而且对晚清史、晚清兵制史、金石之学、书法之学、明清小说均有研究。他一生出版专著50种，编辑太平天国资料3000万字。罗先生强调"做学问'要大处着眼，小处下手'。能大处着眼，为学方不致流于烦琐，而有裨益于世。能小处下手，方不致流于空谈。所以千万不要求速效，要花三四十年读书，积累史料和增进知识的功夫，然后以三四十年做研究的功夫，断断乎会有大成就的"。他以英国人李约瑟为例，李本是一个外交官，抓住中国科技史这个题目，下了几十年的研究功夫，终于成就了《中国科学技术史》这部名著。

通过罗尔纲这个范例，张海鹏进而诚恳指出，时下有些青年学者显得浮躁，"耐不住寂寞，小有成就，便沾沾自喜，夸夸其谈"，"追名逐利，不惜急功近利，不知道这正是障碍了自己的进步，阻挡了自己通向更高成就的通道"。①

再者，学习他们平等争鸣、与人为善、知错就改的学风。罗尔纲先生做学问，从来是言必有据，没有材料，或者根据不足，就不说话，或不说满话。他在一封信中表示："提倡一点我国治学朴质的作风，反对主观臆断、夸夸其谈的风气。"他一生很谦虚谨慎，对自己的著作不断修改，一旦发现错误，立即改正。一次一个青年朋友写文章指出罗先生文章中的某个错误，他经检查后发现的确错了，马上写文章更正。他把文章寄给《安徽史学》编辑部，并附上一封信，建议"为百家争鸣提倡一种好风气——互相切磋、承认错误的好风气"。他在信中说："鄙见以为，提意见的同志应本学术为公、与人为善的态度，以和风煦日的文笔提出商榷的意见，而被提意见的同志则应以闻过则喜和有则改之、无则加勉的态度去接受批评。""承认错误

---

① 张海鹏：《东厂论史录——中国近代史研究的评论与思考》，第716页。

是对人民负责的应有的态度。"

在这组文章里，张海鹏同志强调提倡学习前辈大师们坚持用马克思主义指导史学研究。学习胡绳同志的开拓精神，不断在史学领域开辟新境界；学习刘大年同志，做"学者型的战士，战士型的学者"，用自己的学识和辛勤劳动，宣传科学，追求真理；学习吕振羽同志的高度责任感，吕振羽先生说过："回顾50年来，我从选题到著述，每每是感于历史使命。"他们正是怀抱对时代、祖国和人民的责任感、使命感，忘我地奋斗在史学战线上，为学术进步、祖国富强贡献出毕生精力。

最后，值得一提的是，张海鹏同志的这两本文集体现了一种好的文风，那就是实事求是、以理服人，体现了共产党人靠真理吃饭的本事。无论是正面讲自己的主张，还是与人商榷辩难，都是平和地讲道理，使人感觉不到一点武断和霸气。你可能不同意他的某个观点，但你得承认他持之有据，言之成理。

毕生坚持用马克思主义指导史学研究，这是张海鹏同志在学术上取得杰出成就，成为当代著名史学家的重要原因。如今时代发生了巨大变化，但马克思主义的基本原理仍然闪耀着真理的光芒，马克思主义的立场、观点、方法仍然是我们学习的榜样。中国共产党人将马克思主义与中国实际相结合，做到了马克思主义中国化，并且与时俱进，指引中国人民走中国特色社会主义道路，由站起来到富起来，由富起来再到强起来。今天，在以习近平同志为核心的党中央领导下，我们史学工作者要为构建中国哲学社会科学学科体系、学术体系、话语体系做出贡献，应该向张海鹏同志学习，继续坚持和发展马克思主义，把马克思主义精神融入自己的学术事业中。

〔作者单位：中国社会科学院近代史研究所、
香港中国学术研究院〕

张海鹏先生与中国近代史
学科理论体系的建构

——读《张海鹏集》的感想与收获

张华腾

张海鹏先生是著名的马克思主义理论家、史学家，中国近代史研究专家，德高望重的学者，和蔼可亲的老者，在中国历史研究中贡献多多，尤其是在中国近代史学科理论体系建构方面的贡献为学界所公认。结合《张海鹏集》和自己从事中国近代史学习研究的经历，笔者谈点自己的看法，以纪念张海鹏先生八十华诞。

一　中国近代通史的倡导者和开创者

中国近代史是中国通史的一部分，是中国古代史的继续和发展，是距离我们今天最近的一段历史。从 1840 年鸦片战争爆发到 1949 年中华人民共和国成立前 110 年的中国近代史，社会性质和最显著的特点就是半殖民地半封建社会，因此中国近代史的研究对象是中国半殖民地半封建社会史，研究中国是如何由一个独立自主的封建社会逐步沦入半殖民地半封建社会的，半殖民地半封建社会是如何形成、持续及崩溃的。但很长时间以来，研究中国近代史，却不能明确地如此表达，主要是因为中国近代史的分期问题限制和制约了中国近代史的研究对象。中国近代史下限止于 1919 年五四运动之前，1919 年五四运动至 1949 年中华人民共和国成立之前的 30 年，被称为中国现代史。中国自鸦片战争至 1949 年新中国成立前 110 年的历史是中国通史中一段独特的历史，民族不独立，国权、利权持续丧失，国家贫穷落后，人民生活困苦，生产力极其低下，这一历史时期被称为半殖民地半封建社会是学者和政治家的共识。以社会形态的不同划分历史时期是非常科学的，鸦片战争之前中国是民族独立发展漫长的中国古代史，1949 年中华人民共和国成立以后是中华民族扬眉吐气发展的中国现代史，唯独 1840—1949 年的110 年历史，是民族沦落任由列强欺凌的一段屈辱史，将这段历史作为一个时期进行专门研究，不仅是学术的需要，而且是政治的需要，激励国人不忘国耻、奋发拼搏。1956 年科学规划会议却将这 110 年的半殖民地半封建社会截然分为中国近代史（1840—1919）、中国现代史（1919—1949）两部分，中国近代史为旧民主主义革命时期，中国现代史为新民主主义革命时期。作为中国革命史如此划分也未尝不可，但作为中国通史来说显然是不科学的。将中国近代史的下限局限于 1919 年的五四运动，除了以革命史观划分历史分期，突出中国共产党在中国现代史中的中心地位外，笔者认为还受苏联史学界的影响，苏联将 1917 年前的历史称为近代史，而将 1917 年十月革命后的历史称为现代史。中国 1919 年的五四运动距离十月革命不远，作为中国现代史的起点，与苏联近现代史的分期相呼应，在 50 年代的学术界如此划分中国近现代史也是可以理解的。

　　1956 年的科学规划会议将中国近代 110 年的历史如此划分，有许多学者是持不同意见的，如林敦奎、荣孟源、李新、刘大年等，但这些学者的意见为少数。多数意见可能认为，如果将中国近代史下限确定到 1949 年，那么中华人民共和国刚刚成立几年，中国现代史没有多少内容可讲，则也符合实际，随着时间的后移和国家的发展，到 20 世纪 80 年代，中华人民共和国已经成立 30 余年了，再将中国近代史下限确定于 1919 年，将 110 年中国半殖民地半封建社会腰斩为中国近代史、中国现代史两个时段，显然说不过去了。胡绳、刘大年、陈旭麓等专家学者再次提出中国近代史的下限应该是1949 年中华人民共和国的成立，"近代从鸦片战争至五四运动的 80 年，应延伸至中华人民共和国诞生的 110 年"，[①] "按社会性质来划分中国近代史和中国现代史，看起来是更加适当的"。[②] 胡绳等专家的意见，得到学术界的

---

① 陈旭麓：《关于中国近代史线索的思考》，《历史研究》1988 年第 3 期。
② 胡绳：《从鸦片战争到五四运动》，红旗出版社，1982，序言，第 1 页。

一致赞同，鸦片战争至中华人民共和国成立前的 110 年，就是中国近代史，中国近代史所研究的，就是中国半殖民地半封建社会史。

张海鹏先生是研究中国近代史和中国 110 年半殖民地半封建社会史的强有力的支持者、继承者和践行者。至迟在 1998 年，张海鹏先生发表《关于中国近代史的分期及其"沉沦"与"上升"诸问题》，对 1997 年胡绳先生在祝贺《近代史研究》创刊 100 期时重提其将 1840—1949 年的 110 年的历史称为中国近代史，而将中华人民共和国成立以后的历史称为中国现代史，不需要将 1840—1949 年的历史称为"中国近现代史"的说法给予呼应和总结。他说："笔者也曾附会其中，继续阐述胡绳有关中国近代史分期的意见并且讨论与中国近代史分期有关的问题。"[1] 关于中国近代史分期问题的讨论，张海鹏先生总结说："经过这一次讨论，大体上统一了中国近代史学界的认识。这样经过一个世纪的发展，中国近代史的学科对象终于得以确立：以半殖民地半封建社会的中国历史作为研究对象。这个研究对象的时间范围是从 1840 年鸦片战争到中华人民共和国成立，大约 110 年的历史。这种认识，是建立在马克思主义基本原理指导下得出的，是以对近代中国的社会经济形态即近代中国的社会性质的考察为出发点的。应该说，这个认识是符合近代中国真实的历史进程的，也就是说，中国近代史学科对象的确立，是在几代学者长期探索、争鸣的基础上形成的，是科学的学科体系。"[2]

中国近代史研究对象是 1840—1949 年中国半殖民地半封建社会史，几乎是学界的共识，但限于习惯和传统，高校开设的课程、学科分类的名称仍然称之为中国近现代史，[3] 一些教材和专著与之相应。通史性的中国近代史专著，可能是由于中国近代史的分期问题或者其他原因，一直空缺。中国社会科学院近代史所的前贤，如范文澜先生、刘大年先生等在近代通史编著探索方面做出了不懈努力，但都没有成为现实。张海鹏先生继承和发展了前人的成果和努力，于 1999 年主编《中国近代史（1840—1949）》，[4] 是少有的以 110 年为中国近代史的著作，传递了张海鹏先生的一个信号，即编著中国

---

① 张海鹏：《关于中国近代史的分期及其"沉沦"与"上升"诸问题》，《近代史研究》1998年第 2 期。
② 中国社会科学院科研局组织编选《张海鹏集》，中国社会科学出版社，2008，第 72 页。
③ 1949 年至今的历史称为中华人民共和国史，开设中华人民共和国史课程，简称国史。
④ 张海鹏主编《中国近代史（1840—1949）》，群众出版社，1999。

近代通史。1999—2005 年，张海鹏先生组织中国近代史研究骨干力量，编著《中国近代通史》（10 卷本）巨著（江苏人民出版社，2006—2007），泱泱 550 万字，填补了中国近代通史的空白，实现了近代史所几代人的愿望，这是张海鹏先生的极大贡献。《中国近代通史》凝聚了张海鹏先生关于中国近代史研究的心血，体现了其关于中国近代史学科理论体系建构的方方面面。《中国近代通史》的著者除了张海鹏先生外，姜涛、虞和平、马勇、李细珠、汪朝光、杨奎松、王奇生、王建朗、曾景忠，均为中国近代史某一研究领域的权威专家，《中国近代通史》不仅是通史创举，而且代表了中国近代史研究的最新成果，是中国近代史研究的最为权威的学术专著，是学习和研究中国近代史者最为重要的参考书。《中国近代通史》在张海鹏先生多年的谋划和指导下出版，是 21 世纪中国史研究的一项盛举。

二　构建中国近代史学科理论体系

张海鹏先生主编《中国近代通史》的同时，也将其多年思考和努力探索的中国近代史学科理论体系融入其中，作为编著《中国近代通史》的指导思想。张海鹏先生构建的中国近代史理论体系庞大、严密，全部解读和领会非笔者所能，除了上述中国近代史分期问题有所说明外，笔者主要概括说明一下张海鹏先生构建中国近代史理论体系中的部分内容，即始终如一坚持"两个过程"说，提出七次革命高潮说、沉沦与上升中的"谷底"说等。

（一）"两个过程"说的典型代表

在 20 世纪 50 年代尤其是改革开放之后 80 年代关于中国近代史的基本线索的学术争鸣中，大体形成了"两个过程"说、三次革命高潮说、"四个阶梯"说、民族运动说、国家独立与现代化说等几种代表意见。本文无意对其他几种说法进行评论，仅对张海鹏先生坚持的"两个过程"说进行粗略的分析。

"两个过程"说非某个学者所创立，而是对毛泽东对近代中国认识直接的概括。如张海鹏先生所说，"所谓两个过程"，指的是毛泽东在《中国革命和中国共产党》这篇著名论文中的一个论断。毛泽东指出："帝国主义和中国封建主义相结合，把中国变为半殖民地和殖民地的过程，也就是中国人民反抗帝国主义及其走狗的过程。从鸦片战争、太平天国运动、中法战争、中日战争、戊戌变法、义和团运动、辛亥革命、五四运动、五卅运动、北伐战争、土地革命战争，直至现在的抗日战争，都表现了中国人民不甘屈服于帝国主义及其走狗的顽强的反抗精神。"长期以来，人们按照毛泽东对近代中国的论述撰写中国近代史专著，于是一些学者就将毛泽东的论断概括为"两个过程"说。将"两个过程"说作为中国近代史的基本线索，长期以来是没有疑问的。但在改革开放之后80年代关于中国近代史的基本线索的学术争鸣中，"两个过程"说遭到非议，有学者指出"两个过程"论没有概述中国近代史的"全部内容"，要求摆脱"两个过程"论的束缚，重新学习马克思主义的理论。是张海鹏先生勇敢站出来，维护"两个过程"论，因此成为"两个过程"论的典型代表人物。

1984年，张海鹏先生在《历史研究》撰文《中国近代史的"两个过程"及有关问题》，旗帜鲜明地维护"两个过程"论。他说，毛泽东的"两个过程"论是对中国近代史基本线索的正确概括，"中国人民取得民主革命胜利的新民主主义革命理论，就是以这一科学概括作为依据的，那么用这个理论指导中国近代史研究，当然正是把我们的工作建立在科学理论的基础之上。很显然，如果'摆脱'中国近代史上的'两个过程'，按另外的意见来撰写近代历史，就会脱离历史的主要内容，不能说明历史的、基本的、本质的特点，就会与近代历史的客观进程大相径庭"。① 当然，毛泽东关于中国近代史基本线索的概括，"就只能指出近代中国社会那些基本的、主要的、本质的特点和过程，不可能对中国近代史的'全部内容'巨细靡遗、兼容并蓄。那样的任务，应由一部长篇巨制的中国近代通史来完成，不是理论概括所能承担的"。②

同年，张海鹏先生还撰写了《中国近代史的"两个过程"论及其指导意义》一文，③ 以其丰富的马克思主义理论和对中国近代史的全局把握，论证"两个过程"论的科学性和对中国近代史研究的指导意义，肯定"两个过程"是近代中国历史过程的理论概括，"两个过程"论反映了近代历史发展的基本规律，在近代史研究中，掌握了"两个过程"论就等于掌握了打

---

① 张海鹏：《中国近代史的"两个过程"及有关问题》，载《张海鹏自选集》，学习出版社，2012，第38—39页。
② 张海鹏：《中国近代史的"两个过程"及有关问题》，载《张海鹏自选集》，第36—37页。
③ 张海鹏：《中国近代史的"两个过程"论及其指导意义》，《高校社会科学》1990年第5期。

开中国近代史宝库的入门钥匙。所以"两个过程"论是必须坚持的，否则就"可能陷入歧途"。①

张海鹏先生主编的《中国近代通史》，就是"两个过程"论指导下的鸿篇巨制通史著作。张海鹏先生在《编纂〈中国近代通史〉的基本思路》中指出："'两个过程'是客观存在的历史实际，是中国近代史全过程的主干，因而也就理所当然地被人们理解为贯穿始终的基本线索。"② 张海鹏先生不仅是"两个过程"论的坚定维护者，成为中国近代史基本线索学术争鸣"两个过程"论的典型代表人物，而且身体力行，集中近代史研究的精英，撰写《中国近代通史》，理论与实践结合，奠定了中国近代史研究的理论基础。

（二）七次革命高潮说

中国近代史基本线索的学术争鸣中的三次革命高潮说，胡绳先生是首创。三次革命高潮说最早源于胡绳先生的文章《中国近代的历史分期问题》，③ 胡绳先生用马克思主义唯物史观，以阶级斗争为标准划分历史时期，他认为中国近代史上有三次革命高潮，第一次即太平天国时期，第二次是戊戌维新、义和团运动时期，第三次是辛亥革命时期，三次高潮构成了中国近代历史演进的基本线索。胡绳先生的三次革命高潮说为学界所接受，此后的中国近代史著作基本以此为模本。20 世纪 80 年代以来中国近代史基本线索的学术争鸣再次兴起，三次革命高潮说遭到质疑和挑战。张海鹏先生是胡绳先生三次革命高潮说的支持者，因为三次革命高潮说也好，"两个过程"说也好，都是以马克思主义的阶级斗争史观来确定中国近代史的基本线索的，所以说这两种意见是一致的。张海鹏先生指出，"三次革命高潮是中国近代政治史中一个统率全局的重要概念，它表明作者是采用马克思主义的阶级观点和阶级分析的方法来处理史料，来看待近代中国的历史进程的"，如果"把三个革命高潮概念完全撇开不用，恐怕是难以反映历史真实的"。④ 当然历史的概念或者说学术观点，还要看其历史背景、时间、地点等，不能不分

---

① 张海鹏：《中国近代史的"两个过程"论及其指导意义》，《高校社会科学》1990 年第 5 期。
② 张海鹏主编《中国近代通史》第 1 卷，江苏人民出版社，2006，第 57 页。
③ 胡绳：《中国近代的历史分期问题》，《历史研究》1954 年第 1 期。
④ 张海鹏：《中国近代史的分期及"沉沦"与"上升"诸问题》，载《张海鹏集》，第 55 页。

青红皂白无情地批判。张海鹏先生一方面支持三次革命高潮说，另一方面指出，20世纪50—70年代，当中国近代史局限于1840—1919年时，三次革命高潮说是没有问题的，是符合实际的；当80年代以后中国近代史下限延至1949年时，"则胡绳所提中国近代史的三次高潮的概念之不符合实际，是很明显的。从这个角度对三个革命高潮论所做的批评，是完全有道理的"。①张海鹏先生的意见是中肯的、实事求是的。

在20世纪80年代中国近代史基本线索的学术争鸣有关革命高潮的讨论中，陈旭麓先生提出新的三次革命高潮说。陈旭麓先生征之革命的本意和近代中国社会的实况，提出中国近代史上真正意义的三次革命高潮：

第一次是资产阶级领导的1911年（辛亥）革命，推翻了清朝政府；

第二次是国共合作的1927年大革命即国民革命，打倒了北洋军阀政府；

第三次是中国共产党领导的解放战争，1949年推翻了国民党的统治，夺取全国胜利。

陈旭麓先生不仅提出新的三次革命高潮说，而且遗憾地指出："三次革命高潮是新陈代谢的集中体现，都要求全局性的变革，它们的依次发生，在中国近代史上都是划时代的，反映了政治上、思想上新陈代谢的快速步骤。但是近代中国多次出现了这样的政治革命高潮，却没有出现过产业革命高潮，社会经济的新陈代谢没有跟上政治、思想上的快速步骤，科学技术落后，商品经济不发达，社会面貌得不到较大程度的改观，这就给民主革命胜利后的中国留下了沉重的负荷。"②

陈旭麓先生的新的三次革命高潮说，无论从革命的含义还是中国近代史的实际都是精确的、无可挑剔的。张海鹏先生的七次革命高潮说，就是在这样的学术环境中提出来的。张海鹏先生的智慧之处，既吸收了陈旭麓先生的新的三次革命高潮说，又继承了胡绳先生的三次革命高潮说。

张海鹏先生认为，胡绳先生的三次革命高潮说，在中国近代史下限在1919年的时期是恰当的，是科学的，当中国近代史下限延至1949年时，显然不符合实际了。陈旭麓先生的新的三次革命高潮说，无论从哪些方面看，都是最合适的了，但问题是全发生在20世纪，19世纪发生的几次革命运动

① 张海鹏：《中国近代史的分期及"沉沦"与"上升"诸问题》，载《张海鹏集》，第56页。
② 陈旭麓：《关于中国近代史线索的思考》，《历史研究》1988年第3期。

的高潮，如太平天国运动、戊戌维新运动、义和团运动，"为此后真正革命
运动的到来作了认真的准备，提供了思想资料，是从旧民主主义革命过渡到
新民主主义革命不可缺少的准备阶段。缺少了这些，我们认识中国近代史的
基本线索，总结中国近代史的发展规律，就缺了必要的环节"。有鉴于此，
张海鹏先生继承吸收了胡绳先生的三次革命高潮说、陈旭麓先生的新的三次
革命高潮说，从而提出了七次革命高潮说：

第一次，太平天国革命运动；

第二次，戊戌维新和义和团运动；

第三次，辛亥革命；

第四次，新文化运动和五四运动；

第五次，1927 年大革命；

第六次，1937—1945 年的抗日战争；

第七次，解放战争的胜利和中华人民共和国的成立。[①]

张海鹏先生的七次革命高潮说，从政治史方面来说，"包括了民族民主
革命的基本内容"，适应了中国近代史（1840—1949）研究的需要，作为中
国近代史的基本线索是全面的、完整的和科学的。张海鹏先生在主编《中
国近代通史》时，将其这一思想贯穿于其中，但没有出现七次革命高潮的
词语和概念，是为了"避免无谓的概念之争"。[②]　其实，这正是张海鹏先生
的智慧之处。

（三）沉沦与上升中的"谷底"说

在长期的学习中国近代史的过程中，固然有许多仁人志士为了挽救民族
危机，为了国家的独立与富强而前仆后继、英勇奋斗的爱国主义精神激励我
们，是我们今天继续努力奋斗的精神财富，但总有一种压抑感、痛苦感，这
种压抑感、痛苦感就是备受列强欺凌，丧失国土、国权与权益，陷入半殖民
地半封建社会的深渊，看不到光明和前途。最初学习中国近代史时的情感、
感受一直在困扰着笔者的心弦——学习中国古代史扬眉吐气，学习中国近代
史非常晦气。笔者的如此心情，学习中国史的许多人恐怕都有这种朴素的情

---

① 张海鹏：《中国近代史的分期及"沉沦"与"上升"诸问题》，载《张海鹏集》，第58页。

② 张海鹏主编《中国近代通史》第 1 卷，第 64 页。

感。如何在理论上解决这一困惑，是历史学家的责任和重任。

20 世纪 80 年代的中国近代史基本线索的学术争鸣中，出现了解决这一困惑的契机。李时岳先生对半殖民地半封建社会给予新的解读。他认为近代社会有"沉沦"，有"上升"。所谓半殖民地，是相对于国家地位而说的，中国由一个独立的国家变成一个不独立的国家，国家地位下降了，这就是"沉沦"。半封建是相对社会的进步而言的，中国社会产生了资本主义，中国由完全的封建社会变为半封建社会，这就是历史的进步，即"上升"。半殖民地半封建社会有"沉沦"，有"上升"，"沉沦"和"上升"是并存的。①

李时岳先生对中国半殖民地半封建社会的新的解读虽然并没有为学界所认知，但为人们进一步科学认识中国近代史提供了有益的启示。张海鹏先生在此基础上进一步思考，认为自 1840 年英国发动侵略中国的鸦片战争始，中国社会开始沉沦，开始由一个独立自主的封建国家一步一步沉沦为一个半殖民地国家，但沉沦不是中国社会的唯一标志，换句话说，近代中国社会也不是永远沉沦下去，即使陷入了"半殖民地半封建社会"的深渊，这个深渊应该有一个底。张海鹏先生首先提出了中国近代社会沉沦应该有一定的极限即"谷底"的说法，而到"谷底"以后逐渐上升，直到最后摆脱半殖民地半封建，取得中华民族的完全独立。张先生所说的"谷底"，就在 20 世纪的前 20 年，就是《辛丑条约》签订以后到北洋军阀统治时期。"谷底"的表征是："《辛丑条约》给中国带来了最大的打击，帝国主义侵略中国更加重了，西有英国对西藏的大规模武装侵略，东有日俄为瓜分中国东北进行的武装厮杀，北有俄国支持下外蒙古的独立运动，南有日本、英国、法国在台湾、九龙租借地和广州湾租借地的统治，到 1915 年以后，又有日本提出的企图灭亡中国的'二十一条'、袁世凯称帝、张勋复辟、日本出兵青岛和山东以及军阀混战，民不聊生达于极点。看起来中国社会变得极为黑暗、极为混乱，毫无秩序、毫无前途。""但是，正像黑暗过了是光明一样，中国历史发展在谷底时期出现了向上的转机，中国资产阶级革命派力量壮大起来，并导演了辛亥革命推翻帝制的悲喜剧，这个革命失败，中国人重新考虑出路。于是，新文化运动发生了，五四爱国运动发生了，马克思主义大规模

---

① 李时岳：《关于"半殖民地半封建的几点思考"》，《历史研究》1988 年第 1 期。

传入并被人们接受也在这时候发生了。孙中山领导的中国国民党从这时改弦更张，重新奋斗。中国共产党在这时成立并提出反帝反封建的明确主张。我们看出，从这时中国社会内部发展明显呈现上升趋势，中国人民民族觉醒的步伐明显加快了。"张海鹏先生还认为："近代中国社会的发展轨迹像一个元宝形，开始是下降，降到谷底，然后上升，升出一派光明。"①

张海鹏先生关于中国半殖民地半封建社会的"谷底"说和中国近代社会"沉沦"、"上升"的理论，使我们对 110 年的半殖民地半封建社会的认识更加清晰了，更加形象化了，更加接近历史的实际了。历史的发展是曲折的，是不断进步的，中国近代社会也是这样，这就给人们以信心，给人们以力量。尤其是我们从近代社会的发展中看到，尽管近代各个阶级、各个阶层为避免社会的"沉沦"做出了他们的努力，但只有无产阶级才使中国避免了继续"沉沦"为殖民地的厄运，才使中华民族获得独立和解放。这是张先生对中国近代史理论体系的重大贡献，也是张先生多年辛勤研究的结果。张先生将这一最新研究成果、指导思想第一次运用到编纂这一部《中国近代史》上，为中国近代史体例和理论的创新起了很好的示范作用。②

三　几点体会和感受

张海鹏先生构建的中国近代史理论体系庞大、缜密严谨，为学习和研究中国近代史奠定了理论基础。为构建这套理论体系，张先生做出了不懈的努力，从时间上来说，与改革开放同步，整整奋斗了 40 年。在构建中国近代史理论体系过程中，张先生体现出来的深厚的理论功底、坚持不懈的奋斗精神与学术道德、学术研究方法值得弘扬光大，永远值得学术后进学习。

第一，深厚的马克思主义理论功底。

在 40 年中国近代史理论体系建构的过程中，无论是张海鹏先生对"两个过程"说的坚持、对胡绳先生三个革命高潮说的维护等，还是他自己的

---

① 张海鹏：《中国近代史的分期及"沉沦"与"上升"诸问题》，载《张海鹏集》，第 54 页。
② 张华腾：《一部全新的中国近代史著作——评张海鹏先生主编的〈中国近代史〉》，《殷都学刊》2001 年第 3 期。

新观点，无不是以马克思主义唯物史观、毛泽东思想为指导的，他的深厚的马克思主义理论功底不是一般的学者所具有的。他善于学习，首先就是对马克思主义、毛泽东思想的学习，研究中国近代史，必须以马克思主义、毛泽东思想为指导。张海鹏先生说："党的民主革命理论是在马克思列宁主义、无产阶级世界观指导下取得的，是首先争取民主革命的胜利然后不间断地使革命转变为社会主义的理论。它是马克思列宁主义与中国革命实际相结合的产物。"既然"党的民主革命理论是马克思主义理论的组成部分之一"，那么，中国近代史研究必须"坚持毛泽东思想在近代史研究中的指导地位，在中国近代史研究中坚持毛泽东思想的指导，当然首先是要坚持毛泽东思想的核心即马克思列宁主义的世界观和方法论的指导，坚持唯物论的指导"。①张海鹏先生是这样说的，也是这样做的。比如他坚持不懈的"两个过程"说，就是对毛泽东《中国革命和中国共产党》《新民主主义论》《论人民民主专政》《唯心历史观的破产》等精髓的研读和精彩的分析所得。

第二，尊重前人成果，继承发扬光大的精神。

以马克思主义唯物史观指导中国历史的研究，尤其是中国近代史的研究，是1949年以来几代学者始终坚持的，并取得丰硕成果。问题是改革开放40年以来，随着社会客观环境的变化和人们思想的一步步解放，对前人研究提出质疑和进行批评是很正常的，否则就失去了学术争鸣的意义。问题的关键是，如果不分时间地点、客观环境的制约而对前人研究进行无情抨击则既不是唯物史观的态度，也不是历史学家的胸怀和气度，尤其是经过实践的检验是正确的和科学的研究，就应该继承发扬光大。张海鹏先生介于老一代学者与改革开放后崛起的中青年学者之间，起到了很好的桥梁作用和示范作用。他始终坚持老一辈学者的研究成果的科学性，如前所说坚持的"两个过程"说和坚持的阶级斗争史观就是典型的事例，不能以今天国家的现代化建设从而产生了"现代化研究范式"，以"现代化研究范式"的方法而否认以阶级斗争为指导的"革命史观"研究下的中国近代史研究成果。正如张海鹏先生所说："以革命的视角观察那个时代，用'革命范式'撰写中国近代的历史，比较符合近代中国的时代特征。所有这一切，并不因为今天社会的发展主题是社会经济而变化。

---

① 张海鹏：《中国近代史的"两个过程"及有关问题》，载《张海鹏自选集》，第62—64页。

时代变化了，今天社会发展的主要任务变化了，如果以今天变化了的社会发展的眼光观察昨天的中国，以为昨天的中国也完全适应于现代化的研究方法，则是一种误会。"①

基于弘扬学术前辈的优良作风和优秀成果，《张海鹏集》专门辟有"中国近代史研究：前驱先路"，将张海鹏先生纪念和传承前辈史学大家的文章集中起来，凸显张海鹏先生对前人研究的传承和弘扬。这一组文章除了《试论毛泽东的历史观》外，弘扬前辈学者的文章计有《发扬吕振羽用唯物史观探索中国历史进程的精神》《追思胡绳同志在建树中国近代史学科中的功绩》《战士型的学者　学者型的战士——刘大年的学术生涯》《发扬马克思主义在史学领域的开拓精神——纪念范文澜诞辰110周年》《试论胡绳的中国近代史研究》《论牟安世先生的中国近代史研究》，仅从文章题目，我们就可以清楚地了解张海鹏先生对学术前辈的尊敬和对他们学术的传承。张海鹏先生在学术传承与弘扬方面绝对是我们学术后辈的楷模。

第三，善于吸收最新研究成果。

学术发展和进步是在相互学习、相互交流乃至相互辩驳中进行的，怎么在相互学习、相互交流乃至相互辩驳中吸收别人的优点和长处，逐渐丰富和完善自己的观点，进而提升为学术精华，而被学界认可与尊重，则是善治学者的经验和方法。张海鹏先生就是这样一位经验丰富的学者，他在中国近代史学科理论体系的建构中就不断学习和吸收最新研究成果，其沉沦与上升中的"谷底"说是典型事例。在20世纪80年代关于中国近代史基本线索的学术争鸣中，李时岳先生提出的"四个阶梯"说和对半殖民地半封建社会的新解读，实际上就是对以阶级斗争为指导的"两个过程"说和三次革命高潮说进行挑战。张海鹏先生一方面积极应战，另一方面承认"这种解说有一定新意"，"有它合理的地方"，② 在"沉沦"与"上升"的感悟中，张海鹏先生提出"沉沦"和"深渊"中的"谷底"说，使我们对110年的半殖民地半封建社会的认识更加清晰了，更加形象化了，更加接近历史的实际了，从而推动了学术研究的持续发展和进步。

第四，宽厚和包容的学者气度。

---

① 张海鹏：《20世纪中国近代史学科体系问题的探索》，载《张海鹏集》，第89页。
② 张海鹏：《中国近代史的分期及"沉沦"与"上升"诸问题》，载《张海鹏集》，第52页。

　　张海鹏先生知识渊博，具有崇高的学术地位，然而学界尤其是后进学者没有人说张先生居高临下、高高在上。张海鹏先生谦虚和蔼，没有学术霸气，平易近人，是一个宽厚的长者，在学术研究中包容大度的学者气度，令学者尤其是后进学者肃然起敬。在学术研究的争鸣中，张海鹏先生一方面坚持真理不稍懈，另一方面包容万家，平等地看待一切学者的观点。众所周知，张海鹏先生是"革命史范式"的坚定支持者、维护者和实行者，但对新兴的"现代化范式"并不排斥，而是客观地进行评价。他说："从现代化视角解读中国近代史，也不失为一个新的思路"，"以现代化为视角研究中国近代史……这类著作我们已经看到了几种，诸如《比较中的审视：中国早期现代化研究》（章开沅、罗福惠主编，浙江人民出版，1993）、《中国现代化史》第一卷（许纪霖、陈达凯主编，上海三联书店，1995）、《中国现代化历程》三卷（虞和平主编，江苏人民出版社，2001）等等。这些著作，大体上是经过中国学者改造过的现代化理论和方法，观察近代中国的历史，分析现代化事业在中国的迟滞、发展和曲折。这样的观察是有意义的"。[①]张海鹏先生所期望的是革命视角与现代化的视角两个视角的结合，"革命史范式"与"现代化范式"的相互补充，"当然用'革命史范式'撰写中国近代史，局限于革命史视角，可能对社会经济的发展，社会的变迁注意不够。如果在'革命史范式'主导下，兼采'现代化范式'的视角，注意从现代化理论的角度，更多关注社会经济的发展，更多关注社会变迁及其对于革命进程的反作用，就可以完善'革命史范式'的某些不足。反过来，如果不注意'革命史范式'的主导，纯粹以'现代化范式'分析撰写中国近代史，就可能改铸、改写中国近代史，而使得中国近代史的基本面貌变得面目全非，令人不可捉摸了"。[②]张海鹏先生绝不是故步自封，而是与时俱进的宽厚学者。

　　以上所述，仅仅是自己学习《张海鹏集》的几点浅见，不妥和错误的地方，请同人批评指正。

〔作者单位：陕西师范大学〕

---

①　张海鹏：《20世纪中国近代史学科体系问题的探索》，载《张海鹏集》，第85—87页。

②　张海鹏：《20世纪中国近代史学科体系问题的探索》，载《张海鹏集》，第89页。

唯物史观指引下对近代中国
发展规律的不懈探索

——试论张海鹏先生马克思主义史学思想与体系建构

廖大伟　金峥杰

在中国近代史研究中，中国社会科学院学部委员张海鹏先生始终坚持以唯物史观为指导，是坚持和发展中国近代史研究建立马克思主义学科体系的重要代表之一。张海鹏先生于20世纪60年代从武汉大学历史系毕业后进入中国社会科学院近代史研究所工作，历任研究员、副所长、所长和中国社会科学院文史哲学部副主任等职，现为中国社会科学院学部委员，兼任过国务院学位委员会委员、中国史学会会长等。先生主要著作有，主编10卷本《中国近代通史》（1840—1949），合著《中国近代史研究》，编著《中国近代史稿地图集》《追求集——近代中国历史进程的探索》《东厂论史录——中国近代史研究的评论与思考》等，发表有关中国近代史研究理论方法、中国近代史专题研究和涉及香港、澳门、台湾及中日关系问题的论文百余篇，其他学术文章200多篇，成果十分丰硕。

一　对唯物史观的正确理解和对马克思主义方向的坚持

运用科学的理论和方法研究历史，才能得出真实结论。这个理论和方法对于张海鹏先生而言，就是马克思主义唯物史观。"辩证唯物主义和历史唯物主义的世界观和方法论，是我们认识世界、观察社会、解读历史的解剖刀。"[1] 他从

---

[1] 李卫民：《深入钻研马列主义，提高宏观史学研究水平——张海鹏研究员访谈录》，《晋阳学刊》2011年第3期。

马列著作中学习马克思主义、唯物史观如何与中国的社会历史实际相结合的基本方法和理论，学习如何用马克思主义和历史唯物主义的立场、观点及方法观察和研究中国的历史，特别是中国近代史。

（一）继承以毛泽东有关中国近代史理论论述为基础的中国近代史研究指导思想

20 世纪 50—60 年代形成的中国近代史研究规范是在毛泽东有关中国近代史理论论述的基础上，由学者们加以补充、阐释和论证建立起来的，成为中国近代史研究的指导思想。[①] 张海鹏先生是在学习中国历史尤其是中国近现代史专业知识的过程中来学习和体会马克思主义、唯物史观的基本理论的，并且是服膺这个理论的。他认为，实践证明，毛泽东关于中国近代史的基本论述，包括近代中国之基本线索、近代中国之主要矛盾、近代中国之社会性质、近代中国之社会特点和近代中国之革命等许多理论问题，"是中国近代史学科体系运用马克思主义指导中国近代史研究的直接理论基础，既符合近代中国历史发展的客观进程，又符合马克思主义的基本原理，用它指导中国近代史的研究工作，理应受到人们的重视"。[②] 张海鹏先生在他具体的学术研究中，在他的人生经历中，都努力实践马克思主义理论；或者按照他所理解到的深度，努力去宣传马克思主义理论；或者在他领导近代史研究所的学术工作的时候，努力去提倡马克思主义理论。

（二）运用阶级分析方法探究历史前进的规律

十一届三中全会前后有关真理标准大讨论，推动了史学界对于教条化地运用马克思主义阶级斗争理论、唯物史观的反思。在这场大讨论中，特别是反思并检讨历史学领域的"左"的影响，张海鹏先生认为，检验真理的实践标准，对于历史研究来说，就是必须尊重基本的历史事实，对于唯物史观和人类历史发展基本规律的认识，"重要的是正确掌握和领会马克思主义的基本理论，结合中国历史实际，开展长期的研究和探讨，才能推进若干重大

---

① 于文善：《张海鹏与中国近代史理论若干问题研究》，《岱宗学刊》2008 年第 2 期。
② 张海鹏：《中国近代史研究》，福建人民出版社，2005，第 393—394 页。

历史和理论问题的认识与进步"。① 关于历史研究中的阶级分析法，张海鹏先生坚持阶级观点是马克思主义史学区别于其他史学流派的基本特征，"阶级斗争在近代中国程度如此激烈，形式如此复杂，离开阶级分析方法，就只能止于对历史现象的描述，而不能说清楚任何问题"。② 并且他强调，只有正确运用阶级分析的方法，我们才能更深刻地理解历史发展的本质，认清历史前进的规律，"如果把阶级斗争作为标签到处乱贴，把任何历史现象都与阶级斗争相联系，就犯了教条化、简单化、扩大化、标签化的错误，这就从根本上违反了历史的真实，违反了阶级斗争与历史主义相统一的认识方法和分析方法，因而也违反了马克思主义的基本原理，就不可能得出正确的认识和科学的结论"。③

（三）坚持中国近代史研究的马克思主义方向

张海鹏先生始终沿着范文澜、胡绳、刘大年等前辈学者开辟的马克思主义中国近代史的研究方向，并且有所开拓和发展。他从 1984 年在《历史研究》发表《中国近代史的"两个过程"及有关问题》一文以来，依据唯物史观的基本理论，结合毛泽东同志有关中国近代史的论述，发表了一系列有关中国近代史的基本线索、中国近代史的分期、中国近代史的理论范式和学科体系的宏观探索及理论思考的论文。思想领域、学术领域出现多元多变现象，对马克思主义史学的挑战随之发生。张海鹏先生在治学中，不论是具体历史问题的研究，还是宏观历史问题的思索，始终坚持中国近代史研究的马克思主义方向，都努力本着唯物史观的基本精神，努力体现科学方法和革命精神的结合。④ 他指出："所有的历史理论都不能取代历史唯物主义的人类社会历史的认识。在中国历史学界，坚持马克思主义，坚持唯物史观的指导，坚持学术上百家争鸣的方针，中国历史学的发展才能更为平稳、扎实和繁荣，中国的历史学研究才能为建设中国特色社会主义服务。"⑤ 他认为，

---

① 张海鹏：《中国近代史基本问题研究》，中国社会科学出版社，2013，第 67 页。
② 张海鹏、赵庆云：《试论胡绳的中国近代史研究》，《历史研究》2008 年第 2 期，第 27 页。
③ 张海鹏：《新时期历史研究中的几个问题》，《求是》2009 年第 7 期，第 44 页。
④ 龚云：《探索近代中国的历史规律　再现近代中国的历史面目——张海鹏的学术追求》，《高校理论战线》2006 年第 11 期，第 26 页。
⑤ 张海鹏：《中国近代史基本问题研究》，第 78—79 页。

有远见的历史学者在注意吸收各种有价值的西方史学理论的时候，不能放弃马克思主义的方法论和世界观。"用马克思主义理论，用唯物史观指导历史学研究，要掌握马克思主义的立场观点和方法，用实事求是的态度，客观地看待历史，研究历史，还原历史真相，认识历史发展规律。"①

二　运用马克思主义对近代中国宏观历史规律的探索

张海鹏先生在中国近代史研究中用力最多、成就最著的是从宏观上探索近代中国的历史规律，以及有关中国近代史理论和方法问题。他把从事近代史领域里的宏观研究作为对现实中各种挑战性问题的回应，自觉维护马克思主义、历史唯物主义指导下中国近代史研究的正确方向，比较系统地总结百年来中国近代史研究的学术历程，提出对中国近代史研究的一系列看法。

（一）　中国近代史的基本线索涉及对中国近代史基本问题的看法

怎样看待中国近代史的基本线索，是讨论中国近代史学科体系时不可避免的话题。关于这个话题，20 世纪 80 年代以后，学术界有许多讨论。李时岳、胡滨提出按照"洋务运动—戊戌维新—辛亥革命"的线索作为这个时期的历史进步潮流。胡绳、刘大年、张海鹏等对此持不同观点，认为这三者之间在政治上并无必然的继承关系，其性质是大不相同的。考虑中国近代史的发展线索，应制约于中国是半殖民地半封建社会性质及中国人民反帝反封建这一中心任务，并提出正确概括中国近代史的基本线索即"太平天国—戊戌变法和义和团—辛亥革命"的公式。② 张海鹏先生也积极参与、探索和反思，也曾在《50 年来中国近代史研究的理论与方法评析》等文中加以检讨。③ "如果说中国近代史的分期（或断限）涉及的是中国近代史这门学科的范围，则中国近代史的基本线索涉及的是对中国近代史基本问题的看法。"④

对于中国近代史的发展轨迹，张海鹏先生通过对中国近代史的观察和研

---

① 张海鹏：《六十年来中国近代史学科的确立与发展》，《历史研究》2009 年第 5 期，第 15 页。
② 张海鹏：《六十年来中国近代史学科的确立与发展》，《历史研究》2009 年第 5 期，第 13 页。
③ 张海鹏：《20 世纪中国近代史学科体系问题的探索》，《近代史研究》2005 年第 1 期，第 4 页。
④ 张海鹏：《六十年来中国近代史学科的确立与发展》，《历史研究》2009 年第 5 期，第 12 页。

究，在李时岳先生 20 世纪 80 年代提出"沉沦与上升"模式的结论的基础上，又发展了他的理论，提出近代中国的"沉沦—谷底—上升"U 字形历史进程。他认为，鸦片战争以后，中国陷入半殖民地半封建社会深渊，直到 20 世纪初包括《辛丑条约》签订后到北洋军阀统治的大部分时期，中国社会的"沉沦"到了"谷底"。北伐完成，标志着半殖民地半封建社会中国开始走出"谷底"，随着人民群众、社会精英民族意识和阶级意识的日渐觉醒，社会开始向好的方面发展，呈现"上升"趋势。"近代中国社会的发展轨迹像一个元宝形，开始是下降，降到谷底，然后上升，升出一片光明。"① 这个理论架构更多地吸取了以往中国近代史研究中的"两个过程"说的合理内核。② 中国近代史不仅是屈辱的历史，也是中国人民为了民族独立、国家富强而不屈不挠奋斗的历史。他强调，这不是说历史的"沉沦"时期没有奋斗，那时候中国人民的奋斗还不足以制止中国社会的"沉沦"，在历史的"上升"时期不是没有屈辱，但是中国人民空前的民族觉醒和空前的艰苦奋斗，使中国社会不仅避免了继续"沉沦"，而且赢来了反侵略战争的彻底胜利。③ 从中也反映出张海鹏先生中国近代史的发展轨迹研究中的辩证思维。

中国近代史基本线索的讨论，还涉及所谓"革命高潮"问题。张海鹏先生从全局衡量 110 年的历史认识中国近代史的基本线索，在综合胡绳按 1840—1919 年分期范围内的三次革命高潮、陈旭麓关于 20 世纪具有完全意义的革命及其三次高潮等观点基础上，提出决定近代中国政治走向和中国近代史发展的基本线索的应该有七次革命高潮，分别是太平天国革命运动、戊戌维新和义和团运动、辛亥革命、新文化运动和五四运动、1927 年大革命、1937—1945 年抗日战争、解放战争的胜利和中华人民共和国的成立。"以上七次革命高潮，基本上决定了近代中国的政治走向，包括了从旧民主主义革命到新民主主义革命的所有主要阶段，包括了民族民主革命的基本内容。这就是中国近代史发展的基本线索。"④

---

① 张海鹏：《关于中国近代史的分期及其"沉沦"与"上升"诸问题》，《近代史研究》1998 年第 2 期，第 9 页。

② 陈铁军：《关于中国近代史的一种新后的理论架构——略评张海鹏主编〈中国近代史〉》，《史学理论研究》1999 年第 4 期，第 149 页。

③ 张海鹏：《中国近代史基本问题研究》，第 36—37 页。

④ 张海鹏：《关于中国近代史的分期及其"沉沦"与"上升"诸问题》，《近代史研究》1998 年第 2 期，第 13 页。

对于近代中国历史发展的转折，张海鹏先生认为，这对于我们认识中国近代历史发展的曲折性和艰巨性、历史发展道路的可选择性以及历史发展的规律性，是有帮助的。"在一定历史条件下，历史可能循着某种路径发展，历史条件改变了，发展的路径也可能改变，这就是历史发展的转折。"① 他强调，研究中国近代史的基本线索，是要探索观察中国近代历史的一种方法，以便运用这种方法，去发现中国近代史发展的基本规律。中国近代史的基本线索，并不等同于中国近代史。"我们对中国近代史的基本线索有了明确的认识，我们对全部中国近代历史的认识就会有条理多了，对中国近代历史的发展方向和发展规律就较易把握了。"②

（二）马克思主义唯物史观是对中国近代史研究模式的正确指导

近代通史著作大体可归结为两种中国近代史体系：一种是以蒋廷黻的《中国近代史》为代表的，将中国近代史视为在西方冲击下走向近代化的历史，可称之为"近代化（现代化）体系"或者"现代化范式"；一种是以范文澜的《中国近代史》上编第 1 分册为代表的，把中国近代史视为帝国主义入侵及中国变为半殖民地半封建社会的过程和中国人民反抗外来侵略的过程，可称之为"革命史体系"或"革命史范式"。③ 对于有的学者提出用所谓"现代化范式"代替"革命史范式"，主张用"现代化史观"取代中国近代史研究中长期形成的"革命史观"，用"现代化史观"统率近代史研究，④ 张海鹏先生明确指出，"代替说"并不合适，其结果，"在现代化史观下，我们所了解的近代中国中外史家基本上认同的以革命为基调的中国面目全非了，因此不能认为是正确的替代"。⑤ 但他认为："如果在革命范式主导下，兼采现代化范式的视角，注意从现代化理论的角度，更多关注社会经济的发展，更多关注社会变迁及其对于革命进程的反作用，就可以完善革命史

---

① 张海鹏：《中国近代史基本问题研究》，第 37 页。
② 张海鹏：《60 年来中国近代史研究领域有关理论与方法问题的讨论》，《近代史研究》2009 年第 6 期，第 72—73 页。
③ 张海鹏：《20 世纪中国近代史学科体系问题的探索》，《近代史研究》2005 年第 1 期，第 17 页。
④ 张海鹏：《近年来中国近代史若干问题的讨论》，《思想理论教育导刊》2008 年第 6 期，第 64 页。
⑤ 张海鹏：《中国近代史基本问题研究》，第 24 页。

范式的不足。"①

基于对所谓"现代化史观把现代化进程作为历史发展的主流"问题的深入分析，张海鹏先生进而指出，所谓"革命史观"或"现代化史观"，都不是指导历史研究的正确史观，指导历史研究的正确史观，是马克思主义的唯物史观。"现代化进程在近代中国虽然缓慢地进行，但从来没有居于主导地位。按照唯物史观，现代化进程在中国社会发展中成为主流是在 1949 年 10 月中华人民共和国成立后，特别是在国家政权巩固、社会经济全面恢复并有所发展之后，现代化进程实际进入中国社会生活领域。因此，现代化史观把现代化进程作为历史发展的主流，是不妥当的。"②

三　对中国近代史马克思主义学科体系的构建

张海鹏先生的主要学术旨趣在于探索近代中国的历史进程，通过及时总结中国近代史的研究成果，探讨建设中国近代史学科体系方面的演化和趋势，来洞察不同历史时期、不同政治倾向的学者是如何建设中国近代史的学科体系的，从而完善老一辈马克思主义史学家开创的中国近代史的马克思主义学科体系。

（一）科学的历史分期是建立在历史唯物主义基础上的

中国近代史分期问题的争论，起源于胡绳先生 1954 年在《历史研究》创刊号上发表《中国近代历史的分期问题》一文，讨论把中国近代史的时间范围限制在 1840—1919 年。换句话说，把旧民主主义革命时期的历史称作中国近代史，而把新民主主义革命时期的历史称作中国现代史。但是也有学者明确表达不同意见，提出要按照社会性质来划分历史时期。20 世纪 80 年代以后，随着对中国近代史基本线索的进一步讨论，学术界仍然注重中国近代史的分期问题讨论。中国社会科学院近代史研究所赓续 20 世纪 50 年代的主张，再次明确宣布把 1840—1949 年的中国历史作为近代史研究所的研

---

① 王素琴：《一个史学家的不懈追求——记中国社会科学院学部委员、近代史研究所原所长张海鹏》，《紫光阁》2006 年第 10 期，第 48 页。
② 张海鹏：《中国近代史基本问题研究》，第 24—25 页。

究对象。在中国近代史的分期问题上，张海鹏先生认为，那些坚持主张中国
近代史结束于 1919 年的观点，忽视了将社会性质作为区别历史分期问题的
标志的意见，忽视了无论是旧民主主义革命，还是新民主主义革命，都是反
帝反封建民主革命的性质，区别只是领导力量不同、革命的前途不同；那些
认为中国现代史开始于 1919 年的主张，不仅忽略了社会性质，也掩盖了
1949 年这个年代的极其重要性；那些认为中国现代史开始于 1911 年的主
张，貌似重视辛亥革命，却忽视了 1949 年中华人民共和国成立较辛亥革命
历史意义更为重大。①

（二）学科对象的确立反映了近代中国真实的历史进程

关于中国近代史的学科对象，长期以来，中国近代史学界多以 1919 年
五四运动为界，把 1840—1919 年的中国历史作为中国近代史的学科对象。
随着时代的推移，这种做法受到质疑和挑战。张海鹏先生通过系统梳理 20
世纪中国近代史研究的学术史，进一步明确了将 1840—1949 年的中国历史
统称为"中国近代史"的观点。"经过近一个世纪的发展，中国近代史的学
科对象终于得以确立：以半殖民地半封建社会的中国历史作为研究对象。这
个研究对象的时间范围是从 1840 年鸦片战争到中华人民共和国成立，大约
110 年的历史。"张海鹏先生指出：这种认识是在马克思主义基本原理指导
下得出的，是以对近代中国的社会经济形态即近代中国的社会性质的考察为
出发点的，是符合近代中国真实的历史进程的，中国近代史学科对象的确
立，是在几代学者长期探索、争鸣的基础上形成的，是科学的学科体系。②

（三）编纂通史标志着 20 世纪中国近代史马克思主义学科体系建构的完善

通史著作常常是史学领域总体水平最典型、最充分的反映，也是史学体
系建立的标志。③ 张海鹏先生关于中国近代史学科体系的建构，除了理论探

---

① 张海鹏：《六十年来中国近代史学科的确立与发展》，《历史研究》2009 年第 5 期，第 11—12 页。

② 张海鹏：《20 世纪中国近代史学科体系问题的探索》，《近代史研究》2005 年第 1 期，第 12 页。

③ 张海鹏：《20 世纪中国近代史学科体系问题的探索》，《近代史研究》2005 年第 1 期，第 17 页。

讨，还有具体实践，其结果便是 10 卷本《中国近代通史》的编纂。[①] 他在组织课题组成员研究编写方针和框架时明确提出，要在坚持马克思主义学科体系的前提下，积极吸收学术界的新成果和新观点。[②] 这部通史第一次以政治史为框架，按照 1840—1949 年中国人民从旧民主主义革命走向新民主主义革命并最终赢得民族解放的历史主线，将中国社会的政治、经济、文化、外交、军事等各方面的历史串起来的完整的中国近代史。[③] 张海鹏先生组织推动并主持编撰的 10 卷本《中国近代通史》不仅成为国内近代史领域最全面、最系统的研究著作，而且完成了近代史研究所建所之初范文澜所长、刘大年所长一再倡导的出版一部完整的中国近代史专著的夙愿。

四　在若干原则性问题上马克思主义观点的运用

在研究和解读历史，特别是涉及原则性问题上，张海鹏先生的态度是历史不能由人做任意解释，必须运用马克思主义的立场、观点、方法来指导研究工作和考据工作。他一贯态度鲜明、立场坚定、方法科学，在近代史研究的若干重大原则性问题上，坚持和捍卫了马克思主义，贯彻了历史唯物主义的要求。

（一）正确认识近代中国社会的性质是研究中国近代史的出发点

中国共产党人在马克思主义指导下，对中国社会性质和革命性质问题进行了严肃思考和理论创造。张海鹏先生认为，正确认识近代中国社会的性质是研究中国近代史的出发点，认清中国的社会性质问题，才能解决近代中国历史发展的基本规律问题，也是我们以马克思主义为指导研究中国近代史的根本观点。[④] 针对有人就"两半论"提出直接的质疑和驳难，提出"重新检讨半殖民地半封建"，要为设计新的近代史构架寻找理论基点的论调，张海

---

① 李细珠：《历史研究与现实关怀——张海鹏先生的学问人生》，《徐州师范大学学报》（哲学社会科学版）2007 年第 1 期，第 14 页。

② 王素琴：《一个史学家的不懈追求——记中国社会科学院学部委员、近代史研究所原所长张海鹏》，《紫光阁》2006 年第 10 期，第 48 页。

③ 张海鹏：《20 世纪中国近代史学科体系问题的探索》，《近代史研究》2005 年第 1 期，第 15 页。

④ 张海鹏：《中国近代史基本问题研究》，第 19—21 页。

鹏先生认为，如何看待近代中国的半殖民地半封建问题，可以从学理上去分析，也可以从历史实践上去分析。但是他指出，任何学理的分析，都只能基于历史实践。近代中国的新民主主义革命的历史实践，正是基于对中国社会性质的正确认识和分析，才制定出新民主主义革命的战略、策略，才能明确革命对象，明确革命力量，明确革命前途。"实际上，中华人民共和国的立国基础，就是建立在对近代中国社会性质的基本分析之上的，因此否定这些基本分析，实际上就否定了中华人民共和国建国的根基。"①

（二）近代中国革命与改良都是推动历史前进的动力

对于新的历史时期出现的由大规模阶级斗争转向现代化追求，要求社会稳定成为经济发展的前提，有学者将现实的认识反观于近代中国，从而出现一味地歌颂改良、否定革命的思潮。② 张海鹏先生运用阶级观点，对上述思潮予以了驳斥："革命作为历史发展过程中一种客观的历史运动，不是随心所欲可以制造出来的，也不是随心所欲可以制止的，更不是由什么人可以任意宣布否定就否定得了的。历史上发生过的多次革命，都是社会矛盾不可调和的产物。"③ 他强调："当阶级矛盾不到激化的程度，解决社会阶级利益的冲突，往往要靠阶级妥协与调和；解决社会政治利益的冲突，往往要靠社会改良的种种办法。阶级调和的办法，社会改良的办法，也能促进社会的发展，但它只能在同一个社会制度内运行，如果要推翻旧制度，建立新制度，阶级调和、社会改良，是无能为力的，它只能让位于革命手段。革命发生，才能使社会发展产生质的变化。因此，革命虽不是社会发展的唯一推动力，却是社会历史发展的根本动力。否定这一点，无原则地歌颂社会改良，显然是一种反历史主义的态度。"④

（三）近代中国选择社会主义道路是近代中国历史发展的必然结果

回顾近代中国人寻求马克思主义的科学社会主义所经历的一个相当长的

---

① 张海鹏：《正确认识近代中国社会的性质是研究中国近代史的出发点》，《高校理论战线》1995 年第 8 期，第 11 页。
② 张海鹏、赵庆云：《试论胡绳的中国近代史研究》，《历史研究》2008 年第 2 期，第 27 页。
③ 张海鹏：《"告别革命"说错在哪里？》，《当代中国史研究》1996 年第 6 期，第 42 页。
④ 张海鹏《中国近代通史》第 1 卷，江苏人民出版社，2005，第 127—128 页。

艰难的探索历程，张海鹏先生认为，中国共产党成立后，马克思主义开始中国化，形成了毛泽东新民主主义革命理论，以及在这一理论指导下反帝反封建的战略和策略，指明了中国必须"先经过新民主主义、然后进入社会主义"的发展道路，为新中国的建立奠定了深厚的政治和思想基础。[①] "中国革命必须分两步走的思想，是马克思主义的普遍真理与中国革命具体实践相结合的产物，表明中国共产党人已经初步认识到，中国革命需要经历民主主义革命和社会主义革命两个阶段，这样重要的一个问题。"[②] 张海鹏先生指出，近代中国社会必将发展到社会主义社会，而不是资本主义社会，这是中国共产党人的理想和奋斗目标。近代中国历史的发展为中国选择了社会主义，是近代中国历史发展的必然结果，这是历史的选择，是人民大众的选择，这个选择经过了严酷的历史实践的检验。[③] 历史已经证明，这一选择为当代中国的一切发展进步奠定了根本政治前提和制度基础。[④] "在社会实践中，决定性的东西，还是这种社会和政治主张背后的物质力量，而这种物质力量正是在中国共产党人和人民的革命奋斗中创造出来。"[⑤]

五　坚定唯物史观的立场对若干历史虚无主义现象的批判

张海鹏先生在中国近代史研究中，立足现实，既从现实社会中发现历史研究的问题，又力图从历史研究中寻求解决现实社会政治问题的思想资源。他在主持编写《中国近代史》教材时，强调掌握历史发展大势，警惕历史虚无主义的泛滥。[⑥] 对于有些人士关于改革开放政策和社会发展方向的不正确看法，对于学术研究中违背唯物史观的错误倾向，张海鹏先生毫不含糊地用唯物史观进行批评。

---

① 张海鹏：《中国近代史基本问题研究》，第 151 页。
② 张海鹏：《中国近代史基本问题研究》，第 56 页。
③ 张海鹏：《中国近代史基本问题研究》，第 152 页。
④ 张海鹏：《近代中国历史发展选择了社会主义道路》，《当代中国史研究》2009 年第 5 期，第 34 页。
⑤ 张海鹏：《中国近代史基本问题研究》，第 58 页。
⑥ 张海鹏：《〈中国近代史〉教材（"马工程"系列）编写的有关问题与思考》，《史学月刊》2014 年第 6 期，第 53 页。

　　针对有人在改革开放之初把近代史上的"开关"与当时的开放政策相比附，认为"鸦片战争中英国以资本主义文明打开了中国的大门，如果中国不抵抗，中国早已现代化"等类似带有"大恨其晚"之意的论调，张海鹏先生在《也谈外国侵略与近代中国的"开关"》一文中给予了基本否定的回答。① 他指出，这个问题涉及怎样看待资本－帝国主义侵略对中国社会历史发展的作用，以及中国人民要不要抵抗外国侵略的问题。他认为，鸦片战争时，英国并不是为了传播资本主义文明而侵略中国的。资本－帝国主义强行进入中国的那种"开关"，对中国资本主义的发展虽然起到了某些促进作用，但更主要的是阻碍作用。他强调，在探讨近代史上的"开关"问题时，必须注意区分不同历史时期两种"开关"的不同出发点（或历史前提）和后果，不能有意无意地将它们混淆。②

　　针对李泽厚等人在《告别革命——回望二十世纪中国》一书中提出的"告别革命"说，张海鹏先生在《当代中国史研究》上发表了《"告别革命"说错在哪里?》的评论文章，批驳了这本书中歪曲、诬蔑中国近代革命史、世界革命史的错误言论。他指出，首先，这是一种带有个人价值判断的具有某种意识形态倾向的假设，但假设者提不出任何有益于假设的有价值的证明；其次，任何社会的革命都不是人为制造出来的，都是客观环境逼迫出来的，从晚清政府到民国政府都面临着不能照旧统治下去，人民群众也不能照旧生活下去的局面，革命几乎成为社会生活的常态；再次，近代中国的政治制度经历了社会改良的过程，只因改良道路走不通，才不得不走革命的道路，也就是说，近代中国社会政治经历了一个试验、探索、失败到形成中国特色社会主义政治制度的历史过程。③ 总之，"告别革命"的思想，是一种历史虚无主义的表现，在思想文化领域有着广泛的影响，很值得学术界、理论界注意。④

---

①　张海鹏：《近年来中国近代史研究中的若干原则性争论》，《马克思主义研究》1997 年第 3 期，第 17 页。

②　张海鹏：《中国近代史基本问题研究》，第 1—4 页。

③　张海鹏：《近代中国历史发展选择了社会主义道路》，《当代中国史研究》2009 年第 5 期，第 38 页。

④　张海鹏：《60 年来中国近代史研究领域有关理论与方法问题的讨论》，《近代史研究》2009 年第 6 期，第 78 页。

针对 2003 年 5 月起中央电视台热播电视连续剧《走向共和》肆意编造和剪裁历史，张海鹏先生在《是一部历史政论剧，而不是历史正剧——关于历史剧〈走向共和〉的零星感想》一文中，分析这部电视连续剧违背历史事实、违背唯物史观的错误，给观众以正确的引导。他指出，近代中国不同的阶级和集团是在寻找不同的出路，而不是一个共同的出路，"如果不论在野的在朝的都在为中国找出路，把'找出路'认为是所有的人都在寻找一个共同的出路，那是大错"。① 他认为，编剧定下的基调完全抛弃了起码的阶级分析，是对历史发展完全错误的理解，反映了他们想象中的近代历史。他强调，我们可以做到的是根据经过鉴别的史料复原历史过程的本质特点，坚持历史唯物主义精神，"如果不尊重历史事实，对历史事实、历史过程作任意的裁剪与解释，那就是历史唯心主义"。②

针对 2006 年 1 月有人在《中国青年报》冰点栏目发表的《现代化与历史教科书》一文，以第二次鸦片战争与义和团事件为例，企图全面否定我国中学历史教科书，否定近代中国人民的反帝斗争的观点，张海鹏先生通过撰文《反帝反封建是近代中国历史的主题——评袁伟时教授〈现代化与历史教科书〉》，从基本史实、方法论和历史观几方面进行了全面反驳，指出其矛头所向是要否定新中国成立以来我国学术界以马克思主义为指导研究中国近代史所取得的基本结论，还结合唯物史观的基本原理，结合具体史实，强调了用唯物史观指导历史研究的意义。他旗帜鲜明地指出，研究和解读历史是非常严肃的事情，不能按照自己的好恶，随意拈出几条史料，随心所欲地做出历史评论。把研究和解读所得用通俗的文字介绍给广大读者，更应该对社会和读者抱着非常负责的态度。"历史过程、历史事实是怎么样就怎么样，并不能由人作任意的解释，这才是历史唯物主义的态度。"③

---

① 张海鹏：《是一部历史政论剧，而不是历史正剧——关于历史剧〈走向共和〉的零星感想》，《高校理论战线》2003 年第 6 期，第 48 页。

② 张海鹏：《中国近代史基本问题研究》，第 19—26 页。

③ 张海鹏：《反帝反封建是近代中国历史的主题——评袁伟时教授〈现代化与历史教科书〉》，《中国青年报》2006 年 3 月 1 日。

六　作为马克思主义历史学家对真理毕生的执着追求

张海鹏先生作为中国社会科学院近代史研究所的历史学家，曾在著名的马克思主义历史学家范文澜、胡绳、刘大年等同志领导下工作，不仅饱读史学研究中开创马克思主义理论指导的先驱们的著作，而且亲炙他们的教诲。张海鹏先生在回顾自己大半生的治学治所经历时给出的自我总结是："治所兼治学，肩挑双担；论史又论政，心忧天下。"①

张海鹏先生深入领悟唯物史观的方法论意义。他把精读马列原著作为提高宏观历史研究水平的一大前提。他在研究实践中，在百家争鸣中，将这种方法论作为"解剖刀"，去辨识历史事实，开拓学术视野，建立自己的学术观点。他开展学术研究，撰写学术论文，都是努力学习和实践唯物史观的方法论，并且以这种方法论为指导。

张海鹏先生秉持历史唯物主义。他坚持中国近代史研究的马克思主义方向和治史理念，重视和倡导宏观研究，探索符合近代中国历史进程的学科体系，不断丰富自己的学术思想，持续完善自己的理论体系，主动迎接时代的挑战，努力增强中国学术界的话语权。

张海鹏先生坚守马克思主义基本原则和方法。他在中国近代史研究的若干重大原则性问题上，拒绝诡随流俗，对某些学者的一味趋新好异提出批评，也勇于在与海外学者的争论中坚持己见。他坚持他所探索到的中国近代史的发展规律毫不松懈，也继承老一辈马克思主义史学家关注现实的传统。他怀着强烈的历史使命感，把历史研究当作马克思主义事业的重要组成部分，体现着"书生议政"的使命担当。

张海鹏先生注重马克思主义历史人才培养。他致力于推动营造活跃的学术气氛和对外学术交流。在研究生教学中主张教学相长，与学生讨论中国近代史中的重大问题，培养学生的独立思考能力，尤重视马克思主义基本理论的培养，也提倡年轻的学者应该关注宏观问题和战略问题，培养对于宏观理论思考的兴趣。

① 张海鹏：《东厂论史录——中国近代史研究的评论与思考》，广东人民出版社，2005，第764页。

　　综观张海鹏先生 50 多年来在中国近代史研究领域所进行的不懈追求，深深体现了他作为马克思主义历史学家对真理毕生的执着追求。他运用唯物史观基本理论研究中国近代史，为新时期中国近代史研究找到蓬勃健康发展之路做出了积极的贡献。他研究历史、观照现实的学术品格，视野宏大、专务于精的治学风范，依旧值得年青一辈的历史学者继承和弘扬，并将继续影响中国近代史学界的学术研究。

〔作者单位：上海大学　上海工程技术大学〕

追求之境：张海鹏先生与中国近代史研究

李细珠

　　张海鹏先生是当代著名的中国近代史研究专家。改革开放以来，中国近代史学科获得长足进展，海鹏先生是重要的参与者和推动者。他长期致力于中国近代史研究理论与方法的探索，持续思考中国近代史学科体系的理论建构，并在主持编纂《中国近代通史》中付诸实践，取得了引人注目的成就。20 年前（1998），海鹏先生出版第一本个人论文集，取名《追求集：近代中国历史进程的探索》，其中"追求"一词，有"对历史真理的追求"之意，他的追求主要是对中国近代历史进程的探索与思考。自 1964 年进入中国科学院近代史研究所工作以来，将近 55 年，海鹏先生念兹在兹，孜孜以求，笔耕不辍，出版与发表了大量中国近代史研究论著。除了《追求集：近代中国历史进程的探索》以外，尚有《东厂论史录——中国近代史研究的评论与思考》、《书生议政——中国近现代史学者看台湾的历史与现实》、《张海鹏集》、《张海鹏自选集》、《中国近代史基本问题研究》、《中国近代史研究》（合著）等研究著作多部，编著和主编《中国近代史稿地图集》、《武昌起义档案资料选编》、《中葡关系史资料集》、《台湾光复史料汇编》、《中国近代史论著目录（1979—2000）》及 10 卷本《中国近代通史》（1840—1949）、两卷本《台湾史稿》等工具书、资料集与通史著作多种，发表中国近代史专题研究论文及各种学术文章 400 余篇。从这些丰厚的学术论著，可以深刻体味海鹏先生的苦心孤诣与追求的境界。

一　中国近代史诸多领域的专题研究

由于特殊时代的特殊背景，海鹏先生1964年进入近代史研究所后，便遇到"四清"与"文革"，有长达13年时间不能进行真正的学术研究。13年在人类历史的长河中只是一瞬间，但在个体生命中无论如何都不能忽视，尤其是在一个学者进入学术单位的最初阶段，本来应该是"黄金时期"，却被莫名其妙地耽误了。在回顾那段不堪回首的岁月时，海鹏先生很是淡然，他说："那十三年也给我留下了许多终身难以忘怀的经历，是我人生轨迹中重要的组成部分。"① 失去的太多，海鹏先生没有在懊恼中徒叹奈何，而是急起直追，并因此倍加珍惜宝贵的时光。1978年，学界迎来了科学的春天，海鹏先生才真正开始自己的学术研究，到1988年，这是他研究工作的"黄金十年"。② 这个迟到的"黄金十年"，是海鹏先生的学术成长与奠基时期。此后，海鹏先生长期担任近代史研究所行政领导，从事中国史学会组织工作，为研究所建设与中国近代史学科乃至整个历史学的发展耗费了大量心血，而自己的学术研究，只能利用假期和其他业余时间。由于这些特殊的背景，海鹏先生的学术研究有着非常鲜明的个性特色：涉及面广，视野宏阔。

海鹏先生的学术研究领域是中国近代史，其论著既有精辟的史实考辨，更多的是有关中国近代史研究理论与方法的宏观思考与评论。他的主要学术旨趣是在马克思主义唯物史观指导下，探索近代中国的历史进程，建构中国近代史的学科体系。在具体研究方面，则涉及中国近代史诸多领域，以下从四个方面略做介绍。

（一）从太平天国与义和团研究入手

"文革"后期，海鹏先生始有机会接触学术研究，但起初是被动的，只

---

① 张海鹏：《东厂论史录——中国近代史研究的评论与思考》，广东人民出版社，2005，跋，第765页。

② 他曾在访谈中说："1978年开始，我进入真正的学者生涯，努力抢救失去的时间，一心一意展开自己的学术研究。在这样的条件下，度过了我学术研究的十年黄金时间。"参见李细珠、张志勇、赵庆云访谈整理《张海鹏先生访谈录》，载中国社会科学院近代史研究所编《回望一甲子——近代研究所老专家访谈及回忆》，社会科学文献出版社，2010，第252页。

是接受组织分派的政治任务。1975 年 9 月，组织上分派他结合评《水浒》的精神，写一篇评论太平天国后期主要将领李秀成的文章。他撰写了自己第一篇学术论文《李秀成——修正主义和投降派的一面镜子》，这是一篇带有鲜明"文革"烙印的学术性文章，稍后发表在黎澍先生重新主持的《历史研究》1976 年第 1 期。这时，他被刘大年先生吸纳到《中国近代史稿》编写组，从此逐步走上正常的学术研究道路。1981 年，他又与同事朱东安先生等在《近代史研究》合作发表《应当如何看待义和团的排外主义》，也明显带有"文革"之后拨乱反正的印记。

当时，太平天国、义和团与辛亥革命所谓"三次革命高潮"是中国近代史研究的重点。海鹏先生对此也颇为用力。关于太平天国与义和团研究，除了上述两文以外，海鹏先生还有两篇重要的代表作。其一是《湘军在安庆战役中取胜原因探析》。安庆战役是太平军与湘军战场形势的转折契机和分水岭，历来受学界重视，但既往研究多从太平军的角度分析其失败的原因，海鹏先生则转换视角，从太平军的对立面——湘军方面展开研究，具体分析湘军取胜的原因，如曾国藩、胡林翼坚定的战略思想，正确而又灵活多变的战术原则，统一调度与协同作战的方针，以及成功的指挥艺术，这些均有助于观察太平军失败的另一面，从而丰富了对这场影响太平天国战争具有重大战略意义的安庆战役的研究。[①] 其二是《试论辛丑议和中有关国际法的几个问题》。关于义和团运动与八国联军侵华战争的研究，辛丑议和是绕不过的课题。海鹏先生独辟蹊径，从国际法角度研究辛丑议和，深刻指出列强处处打着国际法的旗号，但是通观辛丑议和全过程，以及《议和大纲》《辛丑条约》的主要条款，可见列强违背了国际公法的基本原则。这个看法一针见血，直击近代殖民主义强暴而虚伪之本质的要害，很是发人深省。他进而认为："如有学者能从国际法角度审视近代中国的国际关系，将能使中国近代史研究开一新生面，加深并丰富人们对近代史的认识。"[②] 这两篇论文是转换研究视角，提出新见，推进相关研究的成功范例。

---

① 张海鹏：《湘军在安庆战役中取胜原因探析》，《近代史研究》1988 年第 5 期。

② 张海鹏：《试论辛丑议和中有关国际法的几个问题》，《近代史研究》1990 年第 6 期，第 101 页注释①。

（二）重点研究辛亥革命与孙中山思想

在诸多近代史研究领域，海鹏先生用力最深的是辛亥革命，尤其是武昌起义与孙中山的民生主义。对于辛亥革命研究，他首先从整理资料开始，与人合作从湖北省博物馆所藏湖北革命实录馆原藏档案，选编了三巨册120万字的《武昌起义档案资料选编》（湖北人民出版社，1981—1983）。利用这些资料，他发表了两篇重要的考证论文。其一是《宝善里炸药爆发时间考实》。武昌起义前汉口宝善里爆炸事件的时间，历来有10月8日（农历八月十七日）和10月9日（农历八月十八日）两说，海鹏先生从直接当事人赵楚屏、黄玉山、邓玉麟、孙武、刘公、谢石钦、李春萱（作栋）、王伯雨、叶桂芬、刘炳、汪锡玖、钟堃、潘善伯、丁笏堂、梅宝玑、陈宏诰等事后的回忆，与事件无关的人——革命党人谭人凤、胡鄂公、彭寿松、胡石庵与立宪党人张謇当时的记载，以及与事件直接相关的湖北地方当局如湖广总督瑞澂的电奏与外国驻汉人员如俄国驻华公使廓索维慈根据俄国驻汉口总领事敖康夫提供材料的报告、汉口江汉关英籍税务司苏古敦致总税务司安格联函、日本驻汉口总领事松村贞雄致林董外务大臣电等多方面材料，考实汉口宝善里爆炸事件发生在10月9日。确定这个时间，对于理解武昌起义发生在10月10日至关重要。[①] 其二是《湖北军政府"谋略处"考异》。长期以来，学术界普遍认为，武昌起义之后，革命党人在湖北军政府成立了一个以新军排长蔡济民为首的15人"谋略处"，作为决策机关，实际主持军政府工作。据海鹏先生考证，所谓的"谋略处"其实根本不存在。10月11—14日，军政府下成立的主要组织机关如下。（1）参谋部：部长杨开甲，副部长张景良，兵谋科长吴兆麟，参谋官20余人，秘书、书记、收发各若干人。参谋部是军政府初期成立最早且最重要的一个机关。（2）交通部：李作栋为部长，李钦为副部长。（3）军需部：向讱谟为部长，胡捷三为副部长。（4）书记部：冯昌言为部长。（5）民政部：张和伯为部长。（6）测量部：由朱次璋建立。（7）稽查部：蔡汉卿为部长，王子英为副部长。（8）外交部：胡瑛为部长。另外，还特设执法处、侦探处、间谍处、招纳处。在军政府初期各部处机构中，未见"谋略处"的存在，所谓"谋略处"是长期以

---

① 张海鹏：《宝善里炸药爆发时间考实》，《近代史研究》1987年第1期。

来对参谋部的误记。① 这两篇考证论文，一篇"考实"，一篇"考异"，充分展示了海鹏先生精湛的考据功夫。在《宝善里炸药爆发时间考实》一文中，他总结自己的心得是："历史研究者如同办案人员一样，必须具有十分冷静的头脑，收集尽可能完备的资料，参照印证，才能去伪存真，应付裕如，下笔有致。"② 治史如老吏断狱，这是乾嘉考据学的基本方法。海鹏先生在谈及《湖北军政府"谋略处"考异》一文时，曾特别说明："这篇考证谋略处的文章，我是运用乾嘉考据的方法来研讨的。"③ 实际上，这两篇考证论文，也是海鹏先生运用考据学方法研治近代史的典型范例。

稍后，海鹏先生又撰写了《论黄兴对武昌首义的态度》（《黄兴与近代中国学术讨论会论文集》，台北，1993）一文。这篇论文对黄兴等重要革命党领袖人物对武昌首义的态度提出批评，认为他们对革命能在武昌首先爆发并取得成功的形势认识不足，因而延缓了奔赴武昌前线的时间，错失了掌握首义胜利之初革命领导权的机会，致使革命政权最初落到旧官僚黎元洪之手，从而影响革命的进程。论文从武昌起义前夕湖北革命党人派人到香港请黄兴回湖北领导起义入手，细致地考证了黄兴在黄花岗起义之后意志消沉，不相信武昌能成功发动起义，因而一度不见武昌来人，了解情况之后也不马上动身，而是迁延时日，当他从上海转到武汉时，武昌起义已经发生，黎元洪也做了都督。论文还从宏观上比较分析了黄兴、孙中山及中国同盟会的起义战略，从而说明黄兴等革命领袖对武昌首义的消极态度直接影响了起义的前景与结局，因为革命党高层领导人黄兴、宋教仁等不能及时赶到武汉，武昌起义临时总司令蒋翊武、参谋长孙武也不在现场，起义军不得不找到下级军官吴兆麟为临时指挥，又不得不找出清军协统黎元洪为都督。"如果黄兴、宋教仁在起义现场，或者蒋翊武、孙武能挺身出而指挥，武昌起义的前景要辉煌得多，其结局将是另一个模样。"④ 这篇论文从黄兴对武昌首义的态度这个微观问题入手，观照了武昌起义与辛亥革命整个宏大的历史背景，

---

①　张海鹏：《湖北军政府"谋略处"考异》，《历史研究》1987 年第 4 期。

②　张海鹏：《宝善里炸药爆发时间考实》，载《追求集——近代中国历史进程的探索》，社会科学文献出版社，1998，第 228 页。这段话在《近代史研究》发表时有改动。

③　李卫民：《深入钻研马列主义，提高宏观史学研究水平——张海鹏研究员访谈录》，《晋阳学刊》2011 年第 3 期，第 12 页。

④　张海鹏：《黄兴与武昌首义》，《历史研究》1993 年第 1 期，第 124 页。

是微观研究与宏观研究相结合的示范之作。

　　海鹏先生不仅关注辛亥革命的微观问题，他对辛亥革命也有整体思考和评论。关于辛亥革命的性质，他旗帜鲜明地认为："用马克思主义的观点，实事求是地从史料出发，说明辛亥革命是资产阶级或资产阶级性质的革命，不是对辛亥革命的贬低，而是正确地指出了辛亥革命的历史地位，从反对封建专制这个层面，认为辛亥革命是资产阶级革命，孙中山是资产阶级革命家，是中国历史的进步，这是对辛亥革命和孙中山的很高评价。讲清楚辛亥革命的性质，确定这是一场资产阶级性质的旧民主主义革命，以及旧民主主义革命和新民主主义革命之间的前后进程关系，对于认识近代中国历史是有好处的。"[①] 关于辛亥革命的历史意义，他给予了高度评价，认为孙中山先生所领导的辛亥革命"是中国历史进入 20 世纪后发生的一次伟大革命，是20 世纪中国第一个最具重大历史意义的事件，甚至可以说是自秦统一中国以来中国历史最伟大的一次历史性转折"，并从"辛亥革命冲破了君主专制制度的堤防""辛亥革命带来了 20 世纪中国的思想大解放""辛亥革命的失败开辟了新民主主义革命的道路""中国共产党是辛亥革命的忠实继承者"四个方面，精辟地阐述了辛亥革命的历史意义。[②]

　　海鹏先生对孙中山民生主义思想研究颇有心得，在这方面发表了系列论文。民生主义是孙中山三民主义思想体系的重要组成部分。孙中山经常把民生主义与社会主义并用，其民生主义就是社会主义。如何理解孙中山的民生主义－社会主义，学界颇有分歧。海鹏先生所撰《孙中山社会主义思想研究评说》一文，从孙中山社会主义思想的来源、孙中山与科学社会主义的关系、孙中山的社会主义究竟是什么等几个方面，详细评述了学界既有相关研究的各种观点，认为孙中山的民生主义－社会主义是"资产阶级的社会主义"，孙中山所理解并准备实行的社会主义是国家社会主义，"他要在中国建立的不是无产阶级领导的社会主义国家，而是资产阶级领导的国家社会主义即资本主义"。同时，他还指出，孙中山的社会主义思想本身存在着深刻的内在矛盾，"如果有人就孙中山社会主义思想的内在矛盾专文讨论，定

---

① 胡波主编《孙中山研究口述史·京津卷》下册，"张海鹏"，广东人民出版社，2016，第31—32 页。
② 张海鹏：《辛亥革命为中国的进步打开了闸门》，《人民日报》（理论版）2011 年 9 月 26日，第 7 版。

会加深人们对孙中山思想的认识"。① 学界有人把孙中山的"社会革命"直接等同于"社会主义革命"，海鹏先生撰文予以辨析，认为研究孙中山的思想、学说、理念，要将他习惯使用的术语、名词认真鉴别，不能随意望文生义地附会，以免歪曲孙中山思想的本意。事实上，孙中山的"社会革命"说，本身有模糊不清的地方，孙中山没有明确的"社会主义革命"的概念，其民生主义－社会主义理论并不赞成社会主义革命，不能把他的"社会革命"等同于"社会主义革命"概念。② 他还特别撰文剖析孙中山"民生主义"的真谛，认为民生主义代表近代中国正在发展的、渴望同官僚垄断势力和外国资产阶级争取平等地位的民族资产阶级的利益，实际上是孙中山设计的一种有中国特色的资本主义发展模式，应该称之为民生社会主义。民生主义是孙中山心目中的社会主义，而不是科学社会主义，更不是今天我们所理解的社会主义。③ 他进而认为，孙中山所要建立的，不是没有资本家的社会，而是不要大资本家的资本主义社会，这就是他的民生主义的真谛。孙中山的民生社会主义，在社会发展目标上，公开声称与马克思主义的社会主义、共产主义不相冲突，并且是好朋友。民生主义中有一些与社会主义的原则相近的东西，对建设中国特色社会主义有一定的借鉴意义。④ 在这里，历史与现实相联结，充分凸显了孙中山民生主义的历史价值与现实意义。

如何推进孙中山思想研究？海鹏先生一再强调要关注孙中山思想的内在矛盾，尤其是其民生主义思想的内在矛盾。这些矛盾主要表现在如下几个方面：民生主义与社会主义，尊崇马克思主义与批判马克思主义，共产主义是最高的理想与不能在中国实行共产主义制度，节制资本与大贫、小贫，批判资本主义与推行资本主义，提倡国家资本主义与反对大资本垄断，真心同情劳工阶级与反对无产阶级成为未来社会主义国家的领导阶级。孙中山民生主

---

① 张海鹏：《孙中山社会主义思想研究评说》，《历史研究》1991 年第 5 期。

② 张海鹏：《孙中山"社会革命"说正义》，《近代史研究》1993 年第 3 期。

③ 张海鹏：《试论孙中山"民生主义"的真谛》（《孙文研究》第 21 期，日本，1997 年 1 月），载《追求集：近代中国历史进程的探索》，第 316—329 页。

④ 张海鹏：《孙中山民生主义的现实意义》，载《中国近代史基本问题研究》，中国社会科学出版社，2013，第 60—65 页。

义思想的内在矛盾，使各种政治势力对民生主义有各种不同的解释。① 他进而指出，这些矛盾实际上反映了近代中国自身的矛盾，"如果我们能就这些矛盾展开研究，很有可能找到一个推进孙中山研究的突破口"。② 他还试图从思想史视角研究孙中山的民生主义，认为孙中山的民生主义作为一种理论学说，本身存在着深刻的内在矛盾和若干不能自圆其说的理论陷阱：一是承认欧美社会在资本主义发展过程中已经出现且还将继续出现工人阶级与资产阶级的阶级斗争，却在主观上设计避免在中国出现同样性质的阶级斗争；二是他的阶级斗争理论和阶级斗争的实践是割裂的。从认识论来说，承认欧洲的阶级斗争是唯物主义的，那么，主观上要去防止中国资本主义过程中产生阶级斗争，则是唯心主义的。从孙中山主观上防止中国资本主义发展过程中出现阶级斗争看，他在阶级斗争认识论上是二元论。他在民生观上也体现了这种二元论，唯心主义色彩很明显。③

（三）兼涉其他多个领域

海鹏先生的近代史研究涉及面很广，几乎关注到各个重要领域。如晚清的洋务运动，他曾在国家图书馆文津街分馆做过系统演讲《洋务活动及其现代的解释》，④ 也撰写了两篇相关研究论文：一是《析黎庶昌〈敬陈管见折〉》，发掘了驻外使臣黎庶昌在中法战争期间关于内政改革建策的奏折，此折之前并不被人注意；⑤ 二是《19 世纪中日两国早期现代化比较研究》，提出中国的洋务新政不能与日本的明治维新相比，而可以与德川幕府末期的改革相比，因为洋务新政和明治维新发生的时代背景不完全相同，中日两国社会经济发展的阶段不完全相同，这样便为认识中日两国早期现代化的成败得失提供了新的视角。⑥ 又如晚清的维新运动，他发表《对"戊戌维新的再

---

① 张海鹏：《孙中山民生主义思想的内在矛盾值得研究》，载《张海鹏自选集》，学习出版社，2012，第 426—431 页。
② 胡波主编《孙中山研究口述史·京津卷》下册，"张海鹏"，第 26—27 页。
③ 张海鹏：《孙中山民生主义理论体系的内在矛盾——兼议孙中山阶级观点问题》，《历史研究》2018 年第 1 期。
④ 张海鹏：《洋务活动及其现代的解释》，载《东厂论史录——中国近代史研究的评论与思考》，第 79—104 页。
⑤ 张海鹏：《析黎庶昌〈敬陈管见折〉》，《贵州社会科学》1993 年第 1 期。
⑥ 张海鹏：《19 世纪中日两国早期现代化比较研究》，《徐州师范大学学报》（哲学社会科学版）2012 年第 4 期。

思考"的再思考》，对改良与革命的关系提出了新的看法。①

　　关于民国史研究，他发表《民国史研究的现状与几个问题的讨论》，充分关注作为中国近代史研究中的一个新兴分支学科的中华民国史研究，指出中华民国史是中国历史发展过程中像唐、宋、元、明、清各个历史发展阶段一样的一部断代史，并从自己对中国近代史从"沉沦"到"上升"的总体认识，提出研究民国历史应该把握五个历史转折：1911 年辛亥革命到 1919 年五四运动，是民国历史的第一个转折；1921 年中国共产党成立到 1924 年第一次国共合作，是民国历史的第二个转折；1927 年国共合作破裂和南京国民政府的成立，是民国历史的第三个转折；1936 年西安事变与 1937 年卢沟桥事变，是民国历史的第四次转折；1946 年 6 月国共内战开始，是民国历史的第五次转折。② 关于国共关系研究，他发表《论皖南事变之善后》，从国共抗战路线不同这个皖南事变之远因入手，具体分析国共关系因皖南事变而尖锐对立、难以转圜的状况，认为国民党虽然在军事上消灭了新四军主力，但政治上在全国很被动，而共产党虽然在军事上失去了新四军主力，但在政治上斗争很主动，从而使皖南事变成为抗战期间国共关系逆转的一道分水岭。③ 关于留学生问题，他发表《中国留日学生与祖国的历史命运》，详细考察了 19 世纪 90 年代至 20 世纪 30 年代中国留日学生的情况，认为在这个时期中国人赴日本留学的有 10 万余人，远超过同期赴欧美留学的人数，但其中 90% 的人没有毕业就提前归国了，且往往是为了抗议日本帝国主义的侵华政策采取集体回国的方式。他强调指出，自明治时期以来，日本帝国主义者有计划地推行灭亡中国的国策，因此不能培养留日学生亲善日本的感情，反而迫使他们大多数人投入祖国人民抗日的洪流。④ 还有关于中日关系史与港澳台研究等问题，笔者曾撰文简要介绍。⑤ 特别是台湾史研究，是海鹏先生在近代史研究所开辟的新领域，冯琳撰有专文，⑥ 此不赘言。

---

① 张海鹏：《对"戊戌维新的再思考"的再思考》，《理论与现代化》1998 年增 1 期。
② 张海鹏：《民国史研究的现状与几个问题的讨论》，《近代史研究》2002 年第 4 期。
③ 张海鹏：《论皖南事变之善后》，《近代史研究》1995 年第 5 期。
④ 张海鹏：《中国留日学生与祖国的历史命运》，《中国社会科学》1996 年第 6 期。
⑤ 李细珠：《历史研究与现实关怀——张海鹏先生的学问人生》，《徐州师范大学学报》（哲学社会科学版）2007 年第 1 期，第 16—17 页。
⑥ 冯琳：《张海鹏对台湾历史与现实研究的贡献》，《史学月刊》2018 年第 5 期。

（四）近期关注抗日战争史研究

抗日战争是中国近代史上的重大事件，向来是中国近代史研究的重要内容，也是海鹏先生关注的重要领域。近年来，由于日本右翼势力变本加厉地蓄意制造事端，中日之间的政治与外交关系不时地发生波折。面对现实中复杂微妙的中日关系，为了做出学理上的回应，学界加紧推进抗日战争史研究，使抗战史研究有渐成"显学"之势。这期间，海鹏先生做了多方面的睿智思考，充分显示了一个历史学家的担当与卓识。他从近代中国历史进程与中国对世界的贡献两个角度，充分肯定了抗战胜利的伟大历史意义：一方面，抗战胜利是中华民族复兴的重要标志，因为抗日战争从全面意义上完成了近代中国从"沉沦"到"上升"的转变，这个转变过程也进一步推动了民族复兴；另一方面，抗战胜利是近代以来中国所取得的第一次对外战争的伟大胜利，因为这个胜利，中国对第二次世界大战暨反法西斯战争做出了独特的、其他国家难以替代的贡献，从此中国登上了大国活动的国际舞台。[①]在反思国内外学界关于抗日战争史研究的现状之后，他强烈呼吁大力推进抗战史研究，并提出四点建议：一是加强领导，协调国内各方面包括海峡两岸的科研力量，制定抗日战争研究科研规划；二是全面搜集抗日战争史料，建立抗战史料文献中心和互联网数据库；三是深入研究抗日战争史的一些关键问题；四是积极建立抗日战争史研究的国际网络，广泛开展国际学术交流。[②]

对于抗日战争史的一些关键性问题，海鹏先生都有理性而冷静的思考。比如，关于中国抗日战争领导权问题，是一个长期存在争议的问题。他认为，抗日战争时期存在两个战场和两个领导中心：正面战场和敌后战场是整个抗日战争时期的两大战场，在对日作战上始终实施着全面的战略配合，在取得抗战胜利的历史进程中起到了战略支撑的作用；领导和推动全民族抗战的是中国国民党和中国共产党两个领导中心，正是这两个领导中心构成了两大战场的政治保障。抗日战争中的两个战场和两个领导中心，形成了抗日战

---

① 张海鹏：《走向民族复兴的重要标志——论抗日战争胜利的历史意义》，《抗日战争研究》2005年第3期。

② 张海鹏：《下大力气推进抗日战争史研究》，《人民日报》2015年9月17日，第7版。

争历史的主线和基本线索。① 又如，关于中国抗日战争在世界反法西斯战争中的作用与地位问题，通过对第二次世界大战历史的宏观反思，阐述了中国抗日战争是第二次世界大战的东方主战场。他认为二战有两个战争策源地，东方是日本，西方是德国；有两个战争起点，1937 年 7 月 7 日日本侵略中国的卢沟桥事变是东方战场的起点，1939 年 9 月 1 日德国入侵波兰是西方战场的起点；还有两个主要战场，亚洲战场最大的特点是日本对中国的侵略，主要是中国抗战，美国与英国在珍珠港事变之后加入对日作战，欧洲战场主要是欧洲国家加上苏联和美国对付德国侵略势力。他强调指出，中国人民的抗战是战胜日本军国主义的决定性力量；苏、美、英等国际力量给中国抗战以巨大的支持；中国战场的持久作战也给了国际反法西斯力量巨大的支持；中国抗战对世界反法西斯战争起了不容忽视的巨大作用。② 再如，关于"八年抗战"与"十四年抗战"问题。2017 年初，有关部门发函要求全国中小学教材全面落实"十四年抗战"概念，把"八年抗战"全部改为"十四年抗战"，有学者在报刊撰文认为"十四年抗战"概念已经在史学界形成共识。海鹏先生指出，中国史学界向来认为 1931 年九一八事变开始了日本军国主义侵略中国的历史，同时也开启了中国局部抗战的历史；1937 年七七事变开始了日本全面侵华的历史，也开启了中国全面抗战的历史。用局部抗战和全面抗战来概括 1931 年以后至 1945 年的中国历史，是准确的、严谨的、符合历史事实的，可以完整地、全面地解释这一段的中国历史。用"十四年抗战"概念，就不可能准确概括 1931—1945 年的历史。他进而认为，无论是"八年抗战"还是"十四年抗战"，在学术上都是可以讨论的，但不宜由有关部门用行政命令把"八年抗战"全部改为"十四年抗战"。"八年抗战"已经是一个成熟的政治概念和学术概念。如果用"十四年抗战"作为一个概念取代"八年抗战"，将会遇到一系列难以克服的困难，在历史上将难以做出交代。这是一个有责任担当的历史学家的理性谏言。

以上简要介绍了海鹏先生关于中国近代史诸多领域的专题研究情况，

---

① 张海鹏：《中国抗日战争领导权问题的思考》，《中国社会科学报》2010 年 9 月 2 日，第 7 版。

② 张海鹏：《第二次世界大战历史的宏观反思》，《中共党史研究》2015 年第 8 期。

可见虽然海鹏先生最初进入学术研究是被动的，但他很快就进入角色，掌握学术研究的一般规律，积极探索与追求，并能与时俱进，自觉地把握时代变迁的脉搏，占据学术前沿，进而引领与推动中国近代史学科建设。

二　中国近代史研究理论与方法的探索

学术研究中的专与博、微观研究与宏观研究，是学界历久弥新的话题，也是海鹏先生经常思考的问题。他曾经在访谈中提到：中国社科院需要培养两种人，一种人是"书呆子"，另一种人是战略思想家；多数研究人员要成为"书呆子"，少数人成为战略思想家。"多数人成为某一个问题研究上的专门家，少数人不局限于具体问题的研究，而具有广阔的视野、宏观的思维，上下古今，国内国外，无不涉猎。许多专门家及其学术成果形成了引领某个、某些学术领域前进的标志，始终处在学术研究的前沿。某个学科领域的战略思想家则在某个或者某些学科的学科体系上做出创新性的思维，引领那个学科向着更高的水准或者集成的高度发展。这样的战略思想家，小则可以引领某一学科领域向着新的高度发展，大则可以为国家和社会的发展提出具有前瞻性的战略思维。"① 显然，海鹏先生不是纯粹"书呆子"式的专门家，而是中国近代史学科领域的"战略思想家"。因无暇顾及更多的专题研究，海鹏先生用力最多、成就最著的还是有关中国近代史研究的理论与方法问题，涉及中国近代史研究的历史观与方法论，包括指导思想、话语体系、学科体系、研究范式及立场方法等诸多宏观问题。

（一）坚持马克思主义唯物史观指导中国近代史研究

马克思主义唯物史观是观察与研究历史的一整套基本理论与方法。在中国近代史研究中，海鹏先生始终坚持以马克思主义唯物史观为指导，努力探索近代中国的历史规律，再现近代中国的历史进程。海鹏先生有幸在著名的

---

① 李细珠、张志勇、赵庆云访谈整理《张海鹏先生访谈录》，载《回望一甲子——近代史研究所老专家访谈及回忆》，第288—289 页。

马克思主义历史学家范文澜、胡绳、刘大年等领导下工作，不仅读他们的著作，而且亲炙他们的教诲。他曾撰文阐述他们在中国近代史领域的开拓之功，特别是他们在史学研究中开创马克思主义理论指导的先驱作用，这也是一种自我的学习，督促、鼓励自己努力沿着这些前辈史学家开创的道路，继续前行，不能动摇。前辈的指引是一方面，当然，更重要的是自己的领悟和体会。他曾自述说："我是在学习中国历史尤其是中国近现代史专业知识的过程中来学习和体会马克思主义唯物史观的基本理论的。我在学习和理解这个理论后，是服膺这个理论的。即使遇到质疑或者反对马克思主义的种种理论，都不曾动摇过。""在学术事业中，在历史研究的实践中，我坚持只有遵循唯物史观的指导，我们的学术研究事业才能更为客观，更加科学，更符合历史事实。要认清人类历史发展的方向，要揭示人类历史前进的规律，只有马克思主义唯物史观最具有'指南针'和'解剖刀'的意义。"[1] 海鹏先生并不主张在学术研究实践中到处引用马克思主义的只言片语，而是主张学习唯物史观的基本理论，努力领悟唯物史观的方法论意义，在历史研究实践中，运用这种方法论做"指南针"和"解剖刀"，去辨识历史事实，开拓学术视野，建立自己的学术观点。

海鹏先生所理解的唯物史观，是一种实事求是的精神。他认为，在历史研究中，检验真理的实践标准就是必须尊重基本史实，不能把马克思主义的基本原理教条化。"只有正确掌握和领会马克思主义基本理论，依据唯物史观的基本观点，结合中国历史实际进行深入研究和探讨，才能推进若干重大历史和理论问题的认识与进步。"[2] 他反对贴标签、机械式、教条化地利用马克思主义基本原理。比如阶级分析法的运用，就要注意时代的不同，观察今天的现实社会，基本上可以不必用阶级分析法，但观察近代中国历史，基本的方法还是阶级分析法。"用马克思主义作指导研究中国近代史，就要从近代中国的国情出发，而不能从现实中国的国情出发。"[3] 他所理解的唯物史观这种实事求是的精神，"体现在历史研究过程中，是在全面搜集、研究

---

① 张海鹏：《学术人生——我的理想与追求》，《江苏师范大学学报》（哲学社会科学版）2017年第6期，第19、24页。

② 张海鹏：《新时期历史研究的几个问题》，《求是》2009年第7期，第44页。

③ 张海鹏：《近年来中国近代史研究中的若干原则性争论》，《马克思主义研究》1997年第3期，第21—22页。

历史资料的时候，不仅看到历史的表面现象，而且努力追索历史过程的本质，把科学的方法和革命的精神结合起来"。他在中国近代史研究中，无论做什么课题研究，都始终遵循这种精神。他说："我在从事中国近代史研究的过程中，不论是具体历史问题的研究，还是宏观历史的思索，都努力本着唯物史观的基本精神，努力体现科学方法和革命精神的结合。……我认为只有本着这种精神，才能使自己的研究结论符合历史的本质，符合历史的真实。"①

坚持在中国近代史研究中以马克思主义唯物史观为指导，是海鹏先生始终秉持的治史原则。在与访谈者谈及这个治史原则时，他坚定地表示："这的确是我始终坚持的治史原则。我从不隐瞒自己的观点，在大陆的刊物上我是这样讲，在台湾的刊物上我也是这样讲的。"② 他曾在台湾《历史月刊》撰文，系统地阐释了唯物史观的基本原理，并结合这个原理对近代中国的若干历史事实，包括帝国主义侵华问题、洋务运动问题、辛亥革命问题、孙中山学说（特别是三民主义）问题、资产阶级历史作用问题、三大政策即"联俄、联共、扶助农工"问题、抗日战争的领导权问题等，分别进行了解说。有鉴于台湾学者对唯物史观多有诟病，他旗帜鲜明地宣称："我们所以主张唯物史观，不是因为它是教条，是八股，而是因为它能告诉我们一种方法，一条路径，使我们能更有效地处理纷繁复杂的历史问题，使我们能更好地洞察历史发展的方向。"他还从具体事例引证，在中国近代史研究中坚持马克思主义唯物史观的指导，"是出于一种信仰，即出于尊重唯物史观、尊重历史发展规律这样一种真实的信仰"。③

（二）借鉴西方学术理论与方法，建设中国历史学话语体系

中国近代史研究日益成为一门国际性的学问，国内的中国近代史研究不断地受到国际学术的影响：一方面，大量国外的中国近代史研究论著被译介

---

① 张海鹏：《学术人生——我的理想与追求》，《江苏师范大学学报》（哲学社会科学版）2017年第6期，第20页。

② 张海鹏、邹兆辰：《追求历史的真谛：我的史学之路——访张海鹏研究员》，《历史教学问题》2013年第4期，第48页。

③ 张海鹏：《关于中国近代历史发展规律的认识和对若干史实的解说》，载《张海鹏集》，中国社会科学出版社，2008，第131、142页。

进来；另一方面，国际上一些新的人文社会科学理论与方法被引入中国近代史研究领域。这些都对国内的中国近代史研究产生了不小的影响。新时代里如何坚持和发展马克思主义理论对中国近代史研究的指导作用？对此，海鹏先生做出了理性的思考和回答。他提倡在对外开放的大背景下吸收、研究、借鉴国外史学理论。他说："在历史学领域各学科建设中，大量翻译、引进了西方国家历史学领域的理论研究成果，在中国历史学研究中，以马克思主义为指导，借鉴国外的史学理论，并开展了对西方史学理论的学术研究和评论，如所谓新康德主义、新黑格尔主义、西方马克思主义、自由主义、生命派的历史理论、分析的历史哲学等和所谓文化形态史观、现代化史观、全球化史观、实证主义史学、年鉴学派史学、计量史学、心理史学、社会史学，以及以系统论为代表的自然科学研究方法在史学研究上的应用，乃至后现代史学等。这种引进和借鉴，是改革开放方针在历史学领域的体现。这些西方史学流派和研究方法的引进，对于中国史学家开阔眼界，进一步认识历史的复杂性，开展多方面的史学研究是有帮助的。"[1] 他对现在的年轻学者对马克思主义理论兴趣下降，而言必称西方学者的"食洋不化的教条主义"深表忧虑。他强烈呼吁："在学术领域多元多变的情况下，有远见的历史学者在注意吸收各种有价值的西方史学理论的时候，不能放弃马克思主义的方法论和世界观。"[2]

同时，他提倡努力建设中国历史学话语体系，提升中国历史学的话语权。在他看来，建设中国历史学话语体系、提升话语权，基础是开展扎实深入的史学研究。"要着重研究中国历史发展的规律性，中华文明起源的历史根据，中华文明何以不同于其他世界文明，中华文明的优点和不足在哪里，中华文明在历史上是如何吸收其他文明的精华；要探讨中国几千年的政治经济结构是如何形成的，中国多民族统一国家形成的历史特点，中国传统儒学和思想文化的发展演变；要回答为什么中华文明在近代逐渐落后于西方文明，研究马克思主义是如何与中国革命实际相结合的，马克思主义中国化是如何指引中国探索出新的发展道路；还要关注世界不同地区的文明发展历程

---

① 张海鹏：《改革开放以来的中国历史学》，《光明日报》2008年11月9日，第7版。
② 张海鹏：《六十年来中国近代史学科的确立与发展》，《历史研究》2009年第5期，第15页。

和世界历史上文明中心的转移，探索社会主义、共产主义运动的发展规律，等等。这些课题，需要学者深入进行研究，要有十分扎实的史料依据，要有严谨的论证逻辑，要有令人信服的阐释力。只有这样的研究，才能有说服力，才能建立中国历史学的话语体系和学术气派。"① 具体到中国近代史研究领域，他主张要坚持在马克思主义中国化指导下不断地开拓创新，要坚持自己提出的一些重要概念与理论，并用扎实的史学研究进一步论证和完善。他说："建设中国历史学话语体系、提升话语权，最根本的要求就是自觉坚持以中国化马克思主义为指导来研究中国历史和世界历史。在马克思主义中国化指导下建设并提升中国历史学话语体系，关键是总结、概括出体现这一话语体系的科学概念和学科范式。就中国近现代史而言，要坚持以前提出的半殖民地半封建社会性质、反帝反封建斗争、旧民主主义革命和新民主主义革命、旧三民主义和新三民主义等科学概念，要在更多史料的支持下进一步论证和丰富这些概念；要对诸如中国特色社会主义、协商民主、民族区域自治等政治术语作出翔实的学术论证，使之成为学术话语。要对我国学者有较多话语权的社会历史发展规律学说，做出更加翔实的学术研究和论证，形成具有中国学术特色的学术体系。只有在这些方面进行努力，我国历史学才能把话语体系提高到一个新的水平，而不是跟在西方学者后面亦步亦趋。"②

（三）以"革命史范式"为主导，兼采"现代化范式"

中国近代史研究中的"革命史范式"与"现代化范式"并不是新东西，其源头可以追溯到 20 世纪 30—40 年代，范文澜与蒋廷黻的同名著作《中国近代史》分别是这两种范式的典型代表作。这两种范式的产生是特定时代社会政治的产物，其在学界的影响与命运也同时代的变迁与社会政治的转型密切相关。海鹏先生认为："从整体上来说，20 世纪中国政治的演变对中国近代史研究的演进影响最大。20 世纪中国近代史的研究取向的变化，折射着 20 世纪中国社会历史本身的变迁，尤其是折射着百年来中国社会政治思潮的起伏涨落。纵观 20 世纪中国近代史研究，每一时期占支配地位的对中

---

① 张海鹏：《努力建设哲学社会科学的基础学科——历史学》，《光明日报》2016 年 7 月 27 日，第 14 版。

② 张海鹏：《推进我国史学话语体系建设》，《人民日报》2016 年 7 月 25 日，第 16 版。

国近代史的总体判断，主要地不是来自学术本身，而是来源于对当时中国现状与未来走向的判断。每一时期的社会政治思潮、政治意识形态和普遍的社会政治心理，往往构成这一时期中国近代史研究的学术话语和基本概念。这种学术话语所形成的学术氛围，规定和控制着中国近代史研究的方向，左右着中国近代史研究'范式'的命运。"① 可见学术与现实政治密不可分，往往会自觉或不自觉地受政治的影响。正是由于时代与政治因素，长期以来，国内的中国近代史研究主要还是遵从革命史范式。直到 70 年代末 80 年代初，在改革开放、以经济建设为中心的形势下，现代化问题一时成为国人关注的焦点，自然也影响到中国近代史研究的学术取向。90 年代初，随着社会主义市场经济的推行，现代化理论更是学界的时髦话语，中国近代史研究领域开始有学者试图用现代化模式研究与解释近代中国的历史进程。

如何看待现代化理论在中国近代史研究中的方法论意义，以及如何看待"革命史范式"与"现代化范式"的关系问题，是每一个近代史研究者必须面对的问题。一般而言，海鹏先生是主张"革命史范式"的代表性人物，但他并不回避现代化理论在近代史研究中的作用。实际上，他做出了非常理性而辩证的思考。一方面，他充分肯定现代化视角介入中国近代史研究的积极意义。他说："现代化视角介入中国近代史研究，推动了新时期中国近代史学科的发展，有着重要的现实意义和学术创新价值，是 20 世纪中国近代史研究走向繁荣的重要标志。"② 另一方面，他不赞成用"现代化范式"取代"革命史范式"，而是坚持革命史视角的主导地位，认为现代化视角只有与革命史视角相结合，才能更好地解释中国近代史。他说："从现代化的视角解读中国近代史，也不失为一个新的思路。但是现代化的视角如果不与革命史的视角相结合，仅仅用现代化理论揭示近代历史，也难以科学地复原历史的真实面目。……因为近代中国的时代基调是革命，从革命的视角审视，中国近代史上的政治、经济、军事、文化思想、社会变迁，以及中外关系的处理，区域发展，少数民族问题，阶级斗争的状况，无不或多或少与革命的

---

① 　张海鹏：《20 世纪中国近代史学科体系问题的探索》，《近代史研究》2005 年第 1 期，第 19 页。

② 　张海鹏、龚云：《中国近代史研究》，福建人民出版社，2005，第 421—422 页。

进程、革命事业的成败相联系。一部中国近代史，如果抓住了这个基本线索，就能够顺藤摸瓜，理清近代中国社会历史的各个方面。当然用'革命史范式'撰写中国近代史，局限于革命史的视角，可能对社会经济的发展、社会的变迁注意不够。如果在'革命史范式'主导下，兼采'现代化范式'的视角，注意从现代化理论的角度，更多关注社会经济的发展、更多关注社会变迁及其对于革命进程的反作用，就可以完善'革命史范式'的某些不足。反过来，如果不注意'革命史范式'的主导，纯粹以'现代化范式'分析、撰写中国近代史，就可能改铸、改写中国近代史，而使得中国近代史的基本面貌变得面目全非，令人不可捉摸了。这样的研究，新意是有的，但是脱离了历史真实的新意，将为智者所不取。"①

（四）抵制非历史主义，对历史虚无主义"亮剑"

改革开放以来，中国学术界出现了空前繁荣的百家争鸣的新局面。应该说，这是学术发展的有利时机。但与此同时，在近代史研究领域，也不时地出现一些非历史主义论调，甚至出现一些非常严重的历史虚无主义倾向。这些论调与倾向源于学术，但影响远在学术之外，确实不可等闲视之。海鹏先生曾发表《近年来中国近代史研究中若干原则性争论》（《马克思主义研究》1997 年第 3 期）、《中国近代史研究的基本评价和方法论问题》（《中国社会科学院院报》2006 年 12 月 14 日）、《关于中国近代史若干重大热点问题的讨论》（载《理论热点：百家争鸣 12 题》，社会科学文献出版社，2007）等几篇论文，系统地剖析了中国近代史研究中的若干重大原则性争论问题，比如近代中国的社会性质问题、近代中国的反帝反封建斗争问题、近代历史人物评价问题、中国近代史研究中的方法论问题等，并对一些错误观点从学理上进行了理性的辩驳。

具体而言，可举几个显例如下。

（1）关于近代史上的"开关"问题。改革开放之初，有人把近代史上的"开关"与当时的开放政策相比附，变相地为先进的资本主义列强侵略落后的封建中国喝彩，不无美化殖民侵略之意。这个问题涉及怎样看待资

---

① 张海鹏：《20 世纪中国近代史学科体系问题的探索》，《近代史研究》2005 年第 1 期，第27—29 页。

本－帝国主义侵略对中国社会历史发展的作用，以及中国人民要不要抵抗外国侵略的问题。海鹏先生做了辩证的分析，认为资本－帝国主义并不是为了传播资本主义文明而侵略中国的，中国人民抵抗侵略是为了保持中国的民族独立，只有民族独立，才有真正吸取西方文明为我所用的可能。他指出："在研究近代中国'开关'的历史过程时，我们不能对近代中国的'开关'不加分析地、简单地取歌颂态度，而应实事求是地分析造成这种'开关'的历史原因和后果。"①

（2）关于"告别革命"问题。1995 年，香港出版《告别革命》一书，随之有一种"告别革命"论在海内外流传，宣扬要告别一切革命，不仅要告别法国大革命、俄国十月革命，也要告别辛亥革命、1949 年的革命。海鹏先生撰文批驳了这本书中歪曲、诬蔑中国近代革命史、世界革命史的错误言论，指出"所谓告别革命，实际上是要告别马克思主义，告别社会主义，告别近代中国人民的全部革命传统"，通过逐层辩驳其史实之错谬和理论之虚伪，最后揭露了"告别革命"论者的实际政治目的。他说："为什么要提出'告别革命'说？反对法国大革命，是为了反对十月革命；反对辛亥革命，是为了反对中国共产党的新民主主义革命。他们要'反省整个中国近代史'，就是这个目的。"②

（3）关于"走向共和"问题。2003 年，大型历史电视连续剧《走向共和》在中央电视台第一频道黄金时间播出，在社会上与学界均引起较大反响，甚至有"前度《河殇》今又来"之势。各界人士莫衷一是。海鹏先生认为这部电视剧的基本倾向是错误的，不但建构了错误的历史事实，而且宣扬了错误的历史观。他撰文详细分析了这部电视剧违背历史事实、违背唯物史观的错误，严正指出："《走向共和》是为了表达某种历史观点的政论剧。因此，《走向共和》是编导者们心目中的近代史，而不是真实存在的近代史。说它是唯心史观影响下的产物，是不会委屈它的。"③

（4）关于现代化与历史教科书问题。2006 年 1 月 11 日，有人在《中国青年报》冰点栏目发表《现代化与历史教科书》一文，以第二次鸦片战争

---

① 张海鹏：《略谈外国侵略与近代中国的"开关"》，载《追求集——近代中国历史进程的探索》，第 51 页。

② 张海鹏：《"告别革命"说错在哪里？》，《当代中国史研究》1996 年第 6 期，第 46 页。

③ 张海鹏：《历史电视剧〈走向共和〉宣扬什么历史观》，《马克思主义研究》2003 年第 5 期，第 62 页。

与义和团事件为例，全面否定我国中学历史教科书，否定新中国成立以来以马克思主义为指导研究中国近代史所取得的基本结论。海鹏先生从基本史实、方法论和历史观几方面进行了全面的反驳。他说："《现》文所叙述的历史，不是建立在研究大量、扎实历史资料的基础上，而是按照自己的好恶，随意拈出几条史料，随心所欲地作出历史评论，这样的历史评论，脱离了史料基础，只是个人感想，它是无源之水、无本之木，乍看吓人，却是没有根基的，没有说服力的，经不起史料鉴证的。它轻率地指责中学历史教科书错得一塌糊涂，自己的史料基础和史评更是错得一塌糊涂。它开给我们的药方，是'向西方列强学习，实现社会生活的全面现代化'，这样一副不对症的药方，要把青年引导哪里去，不是很清楚吗。"同时，他还旗帜鲜明地指出中国近代史的主题是完成反帝反封建的历史任务。①

与各种非历史主义的论调相关，历史虚无主义是在社会上与学术理论界影响更大、性质更为恶劣的思潮。海鹏先生认为，历史虚无主义思潮是自20世纪90年代中期所谓"告别革命"论提出以来，在中国社会尤其是学术理论界具有很大影响的政治思潮。在当下中国，历史虚无主义思潮有着特定的内涵。其观点集中表现为：一是否定革命，认为革命是一种破坏性力量，只起到破坏作用，而五四运动以后救亡和革命压倒了启蒙，只有资产阶级性启蒙才具有建设性作用；二是在中共党史、中华人民共和国史领域，否定中国自五四以来爱国、革命的传统，将中国人民在五四时期选择马克思主义、选择社会主义，看作脱离以欧美为师、发展资本主义的"近代文明的主流"而误入歧途；三是认为经济文化落后国家没有资格搞社会主义，新中国建设的社会主义是"农业社会主义"、"封建社会主义"和空想社会主义；四是认为中国共产党的历史是一系列错误的延续和堆积。历史虚无主义的共同特点就是否定中国历史上特别是近现代史上的一切进步事物和正面人物，否认中国近现代历史发展规律，把历史通通颠倒过来。"总体来看，历史虚无主义的目的不在于总结历史教训，而在于通过否认中国共产党执政的历史合法性，离间民众对中国共产党的认同，消解对马克思主义、社会主义的信心。一句话，历史虚无主义思潮对中国近现代史进行'两个否定'和'一个肯

---

① 张海鹏：《反帝反封建是近代中国历史的主题——评袁伟时教授〈现代化与历史教科书〉》，《中国青年报》2006年3月1日。

定'：否定中国人民反抗外国侵略和封建压迫的革命斗争历史；否定中国共产党领导中国人民进行的革命斗争史和社会主义建设史；肯定近代中国剥削阶级的统治。历史虚无主义之所以着重在中国近代史、中华人民共和国史、中共党史上大做文章，并非'发思古之幽情'，而是打着'重新评价'和'还原历史'为旗号，攻击、否定中国共产党的历史，试图以历史为切入口，来质疑、削弱中国共产党执政的历史合法性，从历史依据和逻辑前提上否定马克思主义在当代中国的指导地位，否定中国共产党在现实政治中的执政地位，否定中国的社会主义制度。其名在历史，其剑锋却指向当今社会现实。"他明确地指出："主张历史虚无主义的人有一个死穴，就是不尊重历史事实。……我们的社会舆论、媒体新媒体、各种影视作品以及各种历史出版物，只要本着尊重历史真实来说明历史真相，就是点到了历史虚无主义的死穴，就是拒绝了历史虚无主义。"对历史虚无主义，"我们要敢于'亮剑'，不能做'开明绅士'"。①

以上所举四个方面，仅其荦荦大者。关于中国近代史学科体系的理论建构，拟在下文论述。海鹏先生始终坚持用马克思主义基本原理指导自己的学术研究，他对中国近代史理论与方法问题的思考也是始终坚持唯物史观的。正如他自我评述所说："在这些研究中，我努力体会马克思主义的基本原理，力求用马克思主义指导自己的研究。也许读者会对我的研究提出批评，我想他们不会怀疑我在这方面所做的认真努力和执着追求。"②

三　中国近代史学科体系的建构与实践

无论是中国近代史的专题研究，还是中国近代史研究理论与方法的探索，归根结底还得落实到中国近代史学科体系的建构。在中国近代史学科体系建构的过程中，海鹏先生既有理论探索，又有具体实践，充当了非常重要的角色。什么是中国近代史学科体系？他认为："中国近代史研究的学科体

---

① 张海鹏：《点中历史虚无主义的死穴》，《环球时报》2014 年 12 月 22 日，第 14 版；《对历史虚无主义，我们要敢于"亮剑"》，光明网·理论频道，2015 年 4 月 24 日，http://theory.gmw.cn/2015 - 04/24/content_ 15472153. htm。

② 张海鹏：《治所与治学肩挑双担　论史与论政心忧天下》，《中国社会科学院院报》2005 年 7 月 28 日，第 2 版。

系，主要是指中国近代史研究的对象、研究对象所涵括的时间范围，怎样看待中国近代史的基本线索，建立这样的学科体系所必须使用的基本研究方法，以及研究工作中所秉持的基本的指导思想，等等。"① 海鹏先生关于中国近代史研究的指导思想及基本理论与方法的探讨，已在上文论述，下面主要略叙其有关中国近代史的基本线索、历史分期与研究对象的看法，以及关于《中国近代通史》编纂的具体实践。

（一）关于中国近代史的基本线索

中国近代史的基本线索问题曾经是学界讨论的热门话题，海鹏先生是积极参与者。什么是中国近代史的基本线索？他认为："中国近代史的基本线索涉及的是对中国近代史基本问题的看法，是它包含什么内容，它的历史发展趋势，哪些新的阶级产生了，哪些旧的阶级力量衰弱了，哪些阶级力量代表了时代前进的步伐，等等。"至于如何认识中国近代史的基本线索问题，这便涉及一系列理论问题，包括"如何运用马克思主义和毛泽东思想指导近代史研究，如何对待近代史研究中的旧史学观点，如何确立中国近代史的总体系，如何评价近代各阶级的历史地位和作用，如何认识近代中国发展的主要脉络等"。② 对于这些宏观理论问题，他都做了认真而深入的思考。

20 世纪 80 年代初学界关于中国近代史基本线索的论争，基本上延续了50 年代关于近代史分期问题的讨论。在这个论争过程中，海鹏先生是坚持"两个过程"论的代表人物。所谓"两个过程"论，是对毛泽东在《中国革命和中国共产党》一文中所说"帝国主义和中国封建主义相结合，把中国变为半殖民地和殖民地的过程，也就是中国人民反抗帝国主义及其走狗的过程"这个著名论断的概括。针对有的学者认为"两个过程"论没有概述中国近代史的"全部内容"，是对毛泽东本意的"误解"，要求"摆脱""两个过程"论的"束缚"这样的观点，海鹏先生正面提出了商榷意见。他认为"两个过程"论只是概括了中国近代史的主要线索，并不能用它来代替或者包括中国近代史丰富多彩的内容。这是显而易见的。中国近代史上还有

---

① 张海鹏：《20 世纪中国近代史学科体系问题的探索》，《近代史研究》2005 年第 1 期，第 4 页。
② 张海鹏：《六十年来中国近代史学科的确立与发展》，《历史研究》2009 年第 5 期，第 12、13 页。

"新学与旧学之争""西学与中学之争"，甚至还有统治阶级内部的矛盾和斗争，等等，都是近代史的重要内容。但是应当承认，它们在历史发展过程中都包括在"两个过程"的范围之内，都是可以用"两个过程"论的思想来加以解释的，因此用它们来冲淡或者代替"两个过程"论是不妥当的。由此可见，"两个过程"论是对中国近代史基本线索的正确概括，它正是毛泽东的原意，而不是对毛泽东本意的"误解"。① 稍后，他进一步撰文肯定，毛泽东的"两个过程"论"是对中国近代史基本线索的最确当的概括"。他指出："毛泽东关于'两个过程'的概括，正是基于对近代中国社会性质的分析而形成的对历史发展的规律性认识。这是他把马克思列宁主义与中国的历史实际、革命实际相结合的产物。"②

　　针对有的学者认为近代中国半殖民地半封建社会不仅有"沉沦"（半殖民地化），而且有"上升"（半资本主义化），这种"沉沦"与"上升"是同时存在的观点，海鹏先生认为这种解说有一定新意，但又难以自圆其说。虽然他并不否认"沉沦"时伴随着"上升"的因素，"上升"时也有"沉沦"的因素，但他不以"沉沦"与"上升"并存为然，而是提出了先"沉沦"到"谷底"，然后"上升"的新解说。他说："近代中国社会的发展轨迹像一个元宝形，开始是下降，降到谷底，然后上升，升出一片光明。这就是说，鸦片战争以后，中国陷入半殖民地半封建社会深渊，直到20世纪初期，北洋军阀统治时期，深渊到了谷底，对于中国社会的发展来说，这时候面临的主要是'沉沦'，虽然，这时中国在经济、政治、思想、文化诸方面，实际上存在着积极的、向上的因素，但这种因素的发展是渐进的、缓慢的，相对于社会'沉沦'主流来说，它是弱小的；北洋军阀统治时期往后，直到40年代，半殖民地半封建社会中国渐渐走出谷底，随着新的经济因素不断成长、壮大，随着新的社会阶级的出现，随着人民群众、社会精英民族意识和阶级意识的日渐觉醒，社会向上的、积极的因素逐渐发展成为社会的主流因素，影响着社会向好的方面发展，虽然，消极的、'沉沦'的因素仍然严重地存在，其对中国社会的压迫，甚至不比北洋军阀统治时期以前弱。

---

① 张海鹏：《中国近代史的"两个过程"及有关问题》，《历史研究》1984 年第 4 期，第 7—8 页。

② 张海鹏：《如何看待中国近代史发展的基本线索？》，《求是》1990 年第 3 期，第 30 页。

但是由于有新的阶级、新的政党、新的经济力量、人民群众的普遍觉醒这样的上升因素在起作用，终于制止了帝国主义使中国滑向殖民地的企图。这样解说近代中国的'沉沦'与'上升'，是否更合理些呢！"①

当时，胡绳先生的"三次革命高潮"论受到诸如"四个阶梯"论等新观点的挑战。海鹏先生不以为然，他说："三个革命高潮的概念是中国近代史中很重要的概念。有人批评三个革命高潮的概念，希图用'阶梯'论或者别的什么论来代替。照我看来，从政治史或者革命史的角度来观察，这个概念的提出，是反映历史实际的。固然，从经济史、思想史、文化史或者从近代化史的角度观察中国近代史，可以从各相关专业的需要出发提出不同的、反映各相关专业历史实际的某些概念，但是，从中国近代史的全局衡量，恐怕都要考虑三个革命高潮概念的统率、制衡作用，把三个革命高潮概念完全撇开不用，恐怕是难以反映历史真实的。"② 在关于中国近代史的基本线索问题上，海鹏先生坚持和发展了胡绳先生的"三次革命高潮"论，提出了"七次革命高潮"的观点。他认为："19 世纪内几次革命运动的高涨（如太平天国运动、戊戌维新、义和团等），为此后真正革命运动的到来作了认真的准备，提供了思想资料，是从旧民主主义革命过渡到新民主主义革命不可缺少的准备阶段。缺少了这些，我们认识中国近代史的基本线索，总结中国近代史的发展规律，就缺少了必要的环节。"从这个认识出发，他突破 1919 年的分界线，把 1840—1949 年的中国近代史的革命高潮分为七次：第一次，太平天国革命运动；第二次，戊戌维新和义和团运动；第三次，辛亥革命；第四次，新文化运动和五四运动；第五次，1927 年大革命；第六次，1937—1945 年抗日战争；第七次，解放战争的胜利和中华人民共和国的成立。他说："以上七次革命运动或革命高潮，基本上决定了近代中国的政治走向，包括了从旧民主主义革命到新民主主义革命的所有主要阶段，包括了民族民主革命的基本内容。这就是中国近代史发展的基本线索。"③

---

① 张海鹏：《关于中国近代史的分期及其"沉沦"与"上升"诸问题》，《近代史研究》1998年第 2 期，第 9—10 页。

② 张海鹏：《关于中国近代史的分期及其"沉沦"与"上升"诸问题》，《近代史研究》1998年第 2 期，第 11 页。

③ 张海鹏：《关于中国近代史的分期及其"沉沦"与"上升"诸问题》，《近代史研究》1998年第 2 期，第 13 页。

（二）关于中国近代史的分期与研究对象

中国近代史的基本线索与历史分期密切相关，在参与讨论中国近代史的基本线索时，海鹏先生已经在思考中国近代史的分期问题。以往学界多以1919年五四运动为界，把1840—1949年的中国历史划分为中国近代史和中国现代史，或者笼统地称为中国近现代史。随着时间的推移，这种观点不时地受到质疑和挑战。海鹏先生的意见颇有一定的代表性。在关于中国近代史基本线索讨论的基础上，他依据对近代中国半殖民地半封建社会性质的理解，依据对近代中国革命高潮的形成和"沉沦"与"上升"不同发展的认识，试图打通以1919年为界的"中国近、现代史"，提出了有关中国近代史分期的新见解，力图从宏观上建构1840—1949年中国近代史的理论体系。他把这110年的中国近代史分为六个时期：（1）1840—1864年，是中国初步沦为半殖民地半封建社会的时期，也是中国社会的积极力量对中国社会面临的急剧变化做出初步反应的时期；（2）1864—1901年，是中国半殖民地半封建社会的成型期，也是中国社会的积极力量对所处环境做出强烈反应的时期；（3）1901—1915年，中国半殖民地半封建社会向下"沉沦"到"谷底"的时期；（4）1916—1937年，中国社会内部发展开始呈现上升趋势，资产阶级及其政治代表的力量、无产阶级及其政治代表的力量迅速成长，并终于取代旧势力开始成为主导社会发展的力量；（5）1937—1945年，日本全面侵华、中华民族全面抗战时期，中国近代史发生根本转折；（6）1945—1949年，是中国两大政治势力为决定中国发展方向而决战的时期。[①]

近年来，海鹏先生又撰文对中国近代史分期问题进行专门阐述。在他看来，关于中国近代史的分期，实际上是关于中国近代史和中国现代史的分期，是确定中国近代史学科对象的重要问题。关键的问题是，究竟是以1919年还是以1949年为中国近代史和中国现代史的分界线？在这个问题上，他的观点非常明确。一方面，他认为以1919年为分界线割裂了一个完整的半殖民地半封建形态，割裂了近代中国的历史。"坚持1919年五四运动是中国近代史和中国现代史分界线的学者，主要以旧民主主义革命与

---

① 张海鹏：《关于中国近代史的分期及其"沉沦"与"上升"诸问题》，《近代史研究》1998年第2期，第14—15页。

新民主主义革命的区别为根据。他们为了突出无产阶级领导的新民主主义革命的重要性，坚持主张中国近代史结束于1919年。但是，这种主张忽视了以社会性质作为区别历史分期标志的意见，忽视了在半殖民地半封建社会里，无论是旧民主主义革命还是新民主主义革命都是民主革命的性质，都是反帝反封建，区别只是领导力量的不同、革命前途的不同。"另一方面，他进一步阐述了1949年中华人民共和国成立的划时代意义，论证了新中国成立是中国现代史的起点。"中华人民共和国的成立标志着近代以来中国人受侵略、受欺侮的时代一去不复返了，标志着近代中国半殖民地半封建社会的结束，中国开始进入社会主义现代化建设时期。这就是说，这一事件标志着中国近代史的结束、中国现代史的开端，标志着旧时代的结束、新时代的开始，标志着资本主义发展道路的终结、社会主义发展道路的开端。因此，应该将1949年作为中国近代史和中国现代史的分界线。"① 他赞成按照社会性质来划分历史时期，1949年之所以成为中国近代史和中国现代史的分界线，是因为1949年前后中国社会性质发生了根本性变化。"1840年至1949年的近代中国历史，是半殖民地半封建社会的历史；1949年以后的中国历史，是中国建设社会主义时期的历史。这样的历史分期，是建立在历史唯物主义基础上的，是符合历史实际的，因而是科学的。"②

通过对中国近代史分期问题的思考，海鹏先生逐渐明确了要将半殖民地半封建社会的历史作为中国近代史的研究对象，从而进一步明确了将1840—1949年的中国历史统称为"中国近代史"的观点。他说："经过近一个世纪的发展，中国近代史的学科对象终于得以确立：以半殖民地半封建社会的中国历史作为研究对象。这个研究对象的时间范围是从1840年鸦片战争到中华人民共和国成立，大约110年的历史。这种认识，是在马克思主义基本原理指导下得出的，是以对近代中国的社会经济形态即近代中国的社会性质的考察为出发点的。应该说，这个认识是符合近代中国真实的历史进程的，也就是说，中国近代史学科对象的确立，是在几代学者长期探索、争鸣

---

① 张海鹏：《中国近代史和中国现代史的分期问题》，《人民日报》2009年11月20日，第7版。

② 张海鹏：《关于中国近现代史的分期问题》，《北京日报》2015年7月27日，第23版。

的基础上形成的，是科学的学科体系。"① 他进一步论证以半殖民地半封建社会的历史为研究对象的中国近代史学科，可以不因"近代"的内涵随时间改变而具有独立的学科地位。他说："近代中国历史是中国历史上极其重要的一段时期。它是自 1840 年起逐渐走向半殖民地半封建社会的历史，也是中国人民从旧民主主义革命走向新民主主义革命，并最终赢得民族解放的历史。从另一个意义上说，是世界走向中国，中国被迫走向世界的历史，也是中国艰难走向现代化的历史。近代中国历史，是中国社会发生大变动的历史，无论从经济基础到上层建筑，从国内生活到国际关系，变化的广度和深度，都是过去所有王朝无法比拟的。这段历史在中国历史长河中虽然短暂，却是中国从传统农业社会走向现代社会的转型时期，具有自身的独特性。以这段历史为对象的学科，是一个自成体系的学科。因此，虽然'近代'的内涵会随着时间的推移而有所变动，半殖民地半封建社会的历史仍然可以作为独立的学科对象研究，是其他断代史无法取代的。因此，中国近代史学科不会因时间的改变而丧失其独立的学科地位。"②

（三）关于《中国近代通史》的编纂

海鹏先生关于中国近代史学科体系的基本认识，是要打通 1840—1949 年的中国近、现代史，建构一个以半殖民地半封建社会的中国历史为研究对象的中国近代史学科。对此，他不仅进行了多方面的理论探讨，而且有不断的具体实践。早在从事学术研究之初，他就曾协助刘大年先生编著《中国近代史稿》。该书只出版了第 1—3 册，计划中的第 4、5 册因故未能完成。海鹏先生在回忆此事时曾深表遗憾。③ 编纂一部完整的中国近代通史著作，是他埋藏心底的一个学术情结，为此进行了不懈的努力。1999 年，他主编出版了一本《中国近代史（1840—1949）》（群众出版社），是一次初步尝试；2006—2007 年，又主编出版了 10 卷本的《中国近代通史》（江苏人民出版社），终于了却一桩心愿。

---

① 张海鹏：《20 世纪中国近代史学科体系问题的探索》，《近代史研究》2005 年第 1 期，第 12 页。

② 张海鹏：《20 世纪中国近代史学科体系问题的探索》，《近代史研究》2005 年第 1 期，第 15—16 页。

③ 张海鹏：《东厂论史录——中国近代史研究的评论与思考》，跋，第 768 页。

　　《中国近代通史》以近代中国面临的两大历史任务——争取国家独立和争取社会进步即现代化——为基本主线，全面系统地叙述了1840—1949年这110年的中国近代历史。全书以政治史、革命史为主干，但不局限于政治史、革命史的范畴，而是有机地结合了经济发展、社会生活、思想文化等专题史内容，以及边疆民族地区的历史发展情况，多角度、多层次地呈现了近代中国有血有肉、丰富多彩的历史画面。

　　《中国近代通史》的体系结构，主要根据海鹏先生关于中国近代史分期原则的一些基本看法，并做了适当调整。全书分10卷：第1卷《近代中国历史进程概说》，是全书的总论，简要概述了编纂《中国近代通史》的历史传统，以及该书编纂的指导思想和基本的方法论问题，对中国近代史做了宏观的解说；第2卷《近代中国的开端（1840—1864）》，叙述西力东侵与中国初步沦为半殖民地半封建社会，以及中国社会的积极力量做出初步反应的历史；第3卷《早期现代化的尝试（1865—1895）》，叙述以洋务运动为中心的中国朝野为应对变局而寻求变革自强，并被甲午战争证明失败的历史；第4卷《从戊戌维新到义和团（1895—1900）》，叙述戊戌变法、义和团运动与八国联军侵华的历史，这是中国半殖民地半封建社会的确立期，也是中国社会的积极力量做出强烈反应的时期；第5卷《新政、立宪与辛亥革命（1901—1912）》，叙述清末新政、立宪与革命互动关系的历史，揭示近代中国从帝制向共和转型的实相；第6卷《民国的初建（1912—1923）》，叙述南京临时政府时期、北洋军阀统治和军阀割据战争大部分时期的历史，是中国社会"沉沦"到"谷底"并转趋上升的时期；第7卷《国共合作与国民革命（1924—1927）》，叙述国共合作发动大革命、工人运动与农民运动高涨、北伐战争胜利进展，以及北洋军阀政府垮台的历史，明显地反映了中国社会的上升趋势；第8卷《内战与危机（1927—1937）》，叙述国共两个政权长达10年的对立与政争的历史，由于外敌日本的侵略，国共政争局面发生重大变化，西安事变是一个关键因素；第9卷《抗日战争（1937—1945）》，叙述全民族抗战及其伟大胜利的历史，揭示了抗战对于近代中国历史转折具有根本性的意义；第10卷《中国命运的决战（1945—1949）》，叙述了国共两大政治势力为决定中国发展方向而决战的历史，展示了近代中国历史发展的新方向。

　　该书总结了新中国近60年来，特别是改革开放近30年来中国近代史研究领域的成果，第一次完成了一部以1840—1949年为时间范围的大型的中国近代通史。从通史的角度说，既打通了断代史意义上的晚清史与民国史的分野，又打通了学界习以为常的中国近代史与现代史的分野，第一次搭起了一个中国近代史的总体框架。这个框架不同于一般的中国近代史，不同于一般的近代专门史，也不同于中国革命史、中共党史和国民党史。可以说，《中国近代通史》在总结既有学术研究成果的基础上，搭建了一个全新的中国近代史框架，为进一步开拓中国近代史研究奠定了一个良好的学术基础。

《中国近代通史》的编纂，对于海鹏先生及其精神家园——近代史研究所，均有非常特殊的意义。2001年底，海鹏先生在"纪念胡绳逝世一周年"座谈会上发言，讲述了一个典故："据说胡绳曾对刘大年说，他的书不是中国近代史的正史，正史要由近代史研究所去写，所以他不用'中国近代史'一类的书名。可惜，直到今天，近代史研究所也没有写出一本完整的中国近代史的'正史'来。这是需要近代史所的学者们反躬自省的。"① 其实，写一部完整的中国近代史，一直是近代史所几代领导人的心愿。第一任所长范文澜先生写了《中国近代史》上册，只是半部中国近代史；范老还曾在近代史所确立写一部《中国近代通史》的任务，并且几次组织力量，布置任务，几上几下，终究由于时代等因素，未能毕其功。刘大年所长主编了《中国近代史稿》第1—3册，但只写到《辛丑条约》的签订，也只能算完成了半部中国近代史。海鹏先生主持10卷本《中国近代通史》编纂项目，就是希望了结近代史所的"半部近代史"情结。项目完成后，海鹏先生在回顾撰写、出版历程时总结说："作为在近代史研究所工作逾40年，担任所里的领导工作超过16年的一名研究人员，我感谢长期以来研究所对我的教导，同时因为在我手里完成了几代人梦想完成的任务，感到可以告慰创所的所长范文澜先生、长期担任近代史所领导工作的刘大年先生。"②

该书出版后，在社会上和学术界均引起了较大反响，不仅新闻媒体多有报道，而且《人民日报》、《求是》杂志等报刊发表了多篇书评予以推介。专业学术期刊《近代史研究》编发了茅家琦、龚书铎/张昭军、李文

---

① 张海鹏：《胡绳与近代史研究所——胡绳同志逝世一周年的怀念》，《近代史研究》2002年第1期，第305页。

② 张海鹏：《一次愉快的合作经历——记〈中国近代通史〉十卷本撰写、出版的历程》（2007年8月13日），未刊稿，用电子邮件群发《中国近代通史》课题组成员。

海、曾业英、熊月之、罗志田、马敏、桑兵、郭世佑 9 篇笔谈文章，对《中国近代通史》的学术价值给予了高度评价。例如，李文海认为该书是一部"全面、详尽地反映 1840—1949 年中国半殖民地半封建社会政治、经济、文化教育、社会生活、民族、边疆等各个方面历史状况的学术专著"，并总结出三个值得称道的优点和特点："一是尊重历史真实；二是着力学术创新；三是关注历史和现实的统一。"该书的出版，"无疑是对中国近代史学科建设的一个推进，为历史学的繁荣发展作出了自己的贡献"。① 又如，熊月之认为："《中国近代通史》规模宏大，内容丰富，既综合了学术界的研究成果，又有编著者的独到心得，结构完整，资料翔实，征引规范，文笔畅达，堪称集科学性、综合性、系统性于一体的集大成性通史著作。"② 再如，马敏认为，《中国近代通史》"从一个比较完整、比较彻底的马克思主义史观的视角，给出了一种对中国近代历史的通盘性解释"，"可以说是目前唯一一部以马克思主义史观为指导，真正写通了的大型中国近代'通史'"。③

此后，海鹏先生又作为首席专家，主编了马克思主义理论研究和建设工程重点教材《中国近代史》（高等教育出版社、人民出版社，2012），作为大学历史系中国近代史专业教材，正在向全国高校推广。他还接受中国社会科学院的特别委托课题，与学生翟金懿合作撰写《简明中国近代史读本》（中国社会科学出版社，2018），作为学术普及读物，向全社会广大读者普及中国近代史知识。通过这两项工作，海鹏先生可以向高校师生和社会大众传播自己有关中国近代史研究的学术理念，包括正确的历史观和可靠的近代史知识，所以他乐此不疲。

结　语

海鹏先生在接受采访时，曾不无遗憾地坦承道："说实话，我个人原来

---

① 李文海：《〈中国近代通史〉笔谈——尊重历史真实　着力学术创新》，《近代史研究》2007年第 5 期，第 7—8 页。

② 熊月之：《〈中国近代通史〉笔谈——贯通近代百年历史的鸿篇巨制》，《近代史研究》2007年第 5 期，第 17 页。

③ 马敏：《〈中国近代通史〉笔谈——通史贵在"通"》，《近代史研究》2007 年第 5 期，第19、20 页。

是有意在专题研究上多下些功夫，但是，我实在没有时间。"① 因为长期担任行政领导与组织工作，海鹏先生没有自己的时间做更多精深的专题研究，尽管他曾经小试牛刀写了一些精彩的专题论文，也充分显示了从事专题研究的深厚功力，但他的主要学术贡献与特色还是对中国近代史研究理论与方法的探索与评论，尤其是对中国近代史学科体系的理论建构与实践。我们或许会遗憾学界少了一个近代史某些领域方面的研究专家，但应该庆幸多了一个出色地引导和推动整个近代史研究的学术大家，这是对海鹏先生学术贡献的中肯评价，也是对他多年来作为学术组织者与领导者在当代中国学术史上的恰当定位。

一个时代有一个时代的学术。海鹏先生主编《中国近代通史》所构建的中国近代史学科体系，是新中国成立以来近60年尤其是改革开放以来近30年中国学界探索近代史的结晶。正如曾业英先生所说，《中国近代通史》的编纂出版，"实现了近代史研究所几代人的夙愿"，"也可说是完成了国内几代中国近代史学者的夙愿"。② 这就是说，《中国近代通史》是新中国近代史研究集大成的标志性成果。

2016年，《中国近代通史》出版将届10年，江苏人民出版社有意修订再版。在讨论修订的过程中，海鹏先生提出修订时要维持初版的基本风格、基本观点、基本结构"三个不变"的原则，得到各卷作者与出版社方面的认可。③ 双方之所以采纳这个要修订但又不能大改的原则，是因为：一方面，近10年来，中国近代史研究有了较大发展，相关的档案文献也有持续公布和新的发现，如清史编纂工程大量刊布清史档案文献史料、美国斯坦福大学胡佛研究所公布了蒋介石日记手稿，以及中外档案馆新发现和公布的大量新史料，等等，都为近代史的进一步深入研究提供了史料基础和学术路向，根据新材料，吸收新成果对《中国近代通史》予以修订，确实很有必要；但另一方面，就目前近代史学界的研究状况与研究水平来说，甚至在可

---

① 李卫民：《深入钻研马列主义，提高宏观史学研究水平——张海鹏研究员访谈录》，《晋阳学刊》2011年第3期，第12页。

② 曾业英：《〈中国近代通史〉笔谈——实现了本所几代人的夙愿》，《近代史研究》2007年第5期，第10、11页。

③ 江苏人民出版社：《〈中国近代通史〉修订启动会纪要》（2016年8月27日），未刊稿，用电子邮件群发《中国近代通史》课题组成员。

以预见的将来，《中国近代通史》所构建的中国近代史学科体系一时还难以超越，只能有待来日，这也是毋庸讳言的。

　　令人期待的是，当今"80后"甚至"90后"新生代学人已经开始崭露头角，新时代召唤他们有新的突破。他们敏锐的思维、宏阔的视野、不同流俗的开拓创新精神，尤其是全新的生活方式，可望为近代史研究带来新的气象。如果在中国近代史学科体系方面有任何新的突破，只要不违背科学创新的理性精神，想必这也是海鹏先生所乐于看到的。

〔作者单位：中国社会科学院近代史研究所〕

筚路蓝缕　书生本色

——张海鹏先生与新世纪中国大陆的台湾史研究

臧运祜

　　台湾史作为中国历史学的一个分支学科和专门领域,在 20 世纪的中国学界,其学术研究取得了一定的进步和成果。21 世纪以来,由于台海两岸关系的巨变和发展,台湾史研究再次成为颇具现实政治意义的学术领域。张海鹏先生自 2002 年创立中国社会科学院台湾史研究中心以来的 15 年间,以长年从事中国近代史研究的经验和古稀之年的努力,治史、议政、育人,推动了台湾史研究的长足发展。关于张海鹏先生与中国近代史研究,国内学者已有一些评述之作,① 但迄今尚缺少对于先生与台湾史研究方面的专门成果。笔者不才,因多年参与该中心的工作,拟在此前评述《台湾史稿》的基础上,② 略论张海鹏先生在台湾史领域的学问人生、学术贡献及其对于中国近现代史学科的影响。

---

① 参考但不限于以下文献:龚云《探索近代中国的历史规律　再现近代中国的历史面目——张海鹏的学术追求》,《高校理论战线》2006 年第 6 期;周溯源《探索新知　论史议政——读〈追求集〉、〈东厂论史录〉》,《马克思主义研究》2007 年第 1 期;李细珠《历史研究与现实关怀——张海鹏先生的学问人生》,《徐州师范大学学报》(哲学社会科学版) 2007 年第 1 期;于文善《张海鹏与中国近代史理论若干问题研究》,《岱宗学刊》2008 年第 2 期;李勇朋《论张海鹏对中国近代史宏大叙事的探索》,硕士学位论文,曲阜师范大学,2017。

② 臧运祜:《十年共铸一剑　青史赓续台湾——〈台湾史稿〉读后》,载《台湾历史研究》第 1 辑,社会科学文献出版社,2013,第 366—380 页。

一　20 世纪中国学界的台湾史研究之回顾

台湾自古以来就是中国领土不可分割的一部分。台湾历史，自然也是我们伟大祖国历史不可分割的一个组成部分。1683 年康熙帝统一台湾，1684 年清政府设置隶属于福建省的台湾府之后，自首任台湾知府蒋毓英主修《台湾府志》（康熙三十年以后刊行）开始，到乾隆二十九年（1764）台湾知府余文仪主修《续修台湾府志》之刊行，清代前期之六修《台湾府志》，不但以台湾史志丰富了中国史学的内容，也成为官修台湾史的滥觞。①

晚清以降，清政府因海防而力推台湾近代化建设，并于 1885 年设立了台湾省。但不久因甲午战败，以《马关条约》而被迫割让台湾与日本。发愤于"国可灭，而史不可灭"的连横先生，幼承先祖所授《续修台湾府志》，在日据台湾之后，立志要为台湾著史。自 1908 年开始，"十稔以来，孜孜矻矻"，终于在 1918 年秋写就《台湾通史》，并于 1920 年在台湾出版其上册、中册，1921 年出版其下册。②《台湾通史》追溯于秦汉之际，始于隋大业元年（605），终于清光绪二十一年（1895）割让台湾，凡 1290 年之事；按照传统史书的纪、志、传体例，而将表入于诸志之中，凡 88 篇。这是中国人撰写的第一部台湾史著作。

1945 年 8 月中国抗日战争胜利，台湾 10 月 25 日光复，国人亟须了解、研究台湾。连横的《台湾通史》得以第一次在祖国大陆并由商务印书馆出版发行。③ 国民党元老张继在 8 月 15 日日本正式无条件投降日，为该书大陆版撰写了"序言"，内曰："雅堂……其呕心之作，又得随乡邦重光而重刊之，永垂不朽。雅堂有知，亦可含笑于九泉矣。今后台湾历史，应如何发扬光大之，深有赖于读是书者。"

1949 年之后，由于海峡两岸的长期隔离状态和"台湾问题"的客观

---

① 蒋毓英等撰《台湾府志三种》（全三册），中华书局，1984。
② 连横《台湾通史》"自序"；连震东《连雅堂先生家传》、《连雅堂先生年表》。连横：《台湾通史》（全一册），华东师范大学出版社，2006；邓孔昭：《连横先生学术年表》，连横：《台湾通史》下册，商务印书馆，2010。
③ 连横：《台湾通史》上册、下册，商务印书馆，重庆 1946 年 1 月初版、上海 1947 年 3 月初版。

存在，中国大陆学界的台湾史研究著作，总体上呈现阶段性的学术特征。①

20 世纪 50 年代初，为了配合中央政府在台湾问题上的政策，大陆学者纷纷撰述有关台湾的若干历史问题，主要有卿汝楫著《美国侵略台湾史》（中国青年出版社，1955），张雁深著《美国侵略台湾史——一八四七年至一八九五年》（人民出版社，1956），钱君晔、杨思慎著《台湾人民斗争简史》（天津人民出版社，1956），杨克煌著《台湾人民民族解放斗争小史》（湖北人民出版社，1956）等。关于台湾历史的专门著作，继王芸生著《台湾史话》（中国青年出版社，1955）之后，中国社会科学院近代史研究所刘大年、丁名楠、余绳武著《台湾历史概述》（生活·读书·新知三联书店，1956），是新中国成立以后第一部专门的台湾历史读物。该书初版六年后，又吸取了史学界的研究成果，特别是郑成功收复台湾 330 周年前后学界发表的论文，做了必要的修订，于 1962 年再版。②

刘大年等著《台湾历史概述》堪为 20 世纪 50—60 年代大陆史学界的代表作，其将"台湾史"作为中国地方史的范畴进行论述，以及对于"半封建半殖民地和殖民地时期"的台湾近代史之论述，尤具史观特色和时代特征。③ 该书初版即被评价是"一部态度严谨、撰写认真、观点正确、叙述明白而有系统的著作"；"在体例和某些关键性的问题上，还为未来的大型台湾史的撰述提供了可贵的经验"。④

与大陆几乎同时的是，台湾学界也开展了台湾史的研究。郭廷以先生自 1950 年起撰述台湾史，并发表于台湾报刊；在此基础上，又于 1954 年出版了《台湾历史概说》（台北：正中书局）。该书在引言中开宗明义地指出："台湾之为中国不可分的一部分，一如山东河南或福建广东，是

---

① 关于台湾史学术论文的研究状况，请参看杜继东《1949 年以来中国大陆的台湾近代史研究综述》，《近代史研究》2003 年第 3 期。本文主要就台湾通史性著作而言，并参考张海鹏、李细珠主编《当代中国台湾史研究》之第一章第一节，中国社会科学出版社，2015，第 1—13 页。

② 关于该书的撰述过程，参见赵庆云《〈台湾历史概述〉成书述评》，载《台湾历史研究》第 1 辑，第 356—360 页。

③ 刘大年、丁名楠、余绳武：《台湾历史概述》，生活·读书·新知三联书店，1962，再版序。

④ 张国光：《评〈台湾历史概述〉（刘大年等著）》，《光明日报》1956 年 9 月 20 日。

绝不容疑，而为人所公认的，所不同的不过是地理上的分别，一为海岛，一为大陆而已。"郭廷以自 1955 年创办中研院近代史研究所之后，仍然持续研究台湾史；其《台湾历史概说》也多次在台湾再版，至 1996 年已至八版。[①]

1979 年之后，随着中央政府"和平统一"方针的提出和两岸关系的逐步改善，台湾史研究再次得到重视，并在新时期不断得到了发展。

1980 年厦门大学设立"台湾研究所"，即将"台湾史"作为重要的研究任务。1982 年 8 月，该研究所的陈碧笙先生所著《台湾地方史》出版（中国社会科学出版社），是新时期大陆出版的首部台湾历史专著。作者在前言中总结了当时大陆台湾史研究的状况："建国三十多年来出版的有关台湾历史的著作寥寥不过三数种，而且篇幅无多，许多重要史实往往没有提及，即提及亦语焉不详。"并继承了刘大年等人的前述见解，将此书仍然称作"台湾地方史"，"可以较好地表明台湾历史在中国历史中的地位"。该书出版后，台湾学者也认为是"中共政权成立以后，对台湾历史脉络，解释最清楚的一部著作"。[②] 1988 年，南京大学茅家琦先生主编的《台湾三十年（1949—1979）》出版（河南人民出版社），作为大陆第一部全面反映 1949 年以后台湾历史的著作，它在很大程度上弥补了此前所有台湾史著作均止于 1945 年台湾光复而在历史论述上的不足。

1993 年 11 月，中国史学会和全国台湾研究会联合举办了"台湾史学术研讨会"，回顾了近十多年来台湾史研究的成绩与不足，认为有必要编写一部简明扼要的台湾史。会后于 1994 年 3 月组织了以戴逸先生为主任的《台湾历史纲要》编委会，开始了编撰工作。经过两年的努力，1996 年出版了陈孔立先生主编的《台湾历史纲要》（九洲图书出版社）。该书全面而扼要地叙述了台湾古代、近代、现代（止于 1988 年）的历史，作为一部学术性较强的著作，代表了大陆新时期台湾史研究的总体水平，并同样受到了台湾

[①]　参考《"史学·时代·世变：郭廷以与中国近代史研究"学术研讨会论文集》，中研院近代史研究所，2004；郭廷以《近代中国的变局》，九洲出版社，2012。

[②]　许雪姬：《近年来大陆对台湾史的研究——介绍与评估》（上）、（下），台北《台湾风物》第 36 卷第 1、2 期，1986 年 3、6 月。

学界的重视。① 为了配合高等学校的台湾历史教育，1987 年福建人民出版社将台湾历史教材作为"大学历史丛书"之一，并在 1988 年列入国家教委教材规划重点项目；经过 10 年的努力，编写组完成了撰写工作，并于 2000 年出版了田珏先生主编的《台湾史纲要》。这是大陆高校第一本关于台湾历史的专门教材。

张海鹏先生自 1964 年 8 月起工作于中国科学院近代史研究所。他在 2010 年自言："我个人在 1992 年 5 月初涉台湾后，开始对台湾的历史与现状关注起来。"② 经过对 20 世纪大陆学界关于台湾史研究的情况之考察，他指出，在 21 世纪初，"由于学界对台湾史研究的重视不够，因而形成了研究力量相对薄弱、研究基础不是很好、研究水平不是很高的现状"。③ 对于一位"心忧天下"的学者而言，大力加强台湾史研究，遂成为张海鹏先生在 21 世纪的学术使命之一。

二 中国社会科学院台湾史研究中心的创建与发展

21 世纪以来，特别是 2000 年台湾政党轮替、民进党上台执政以来，台湾当局为推动文化"台独"，打着"本土意识""台湾主体"的幌子，不断在台湾历史问题上制造麻烦，终在历史教育与学科分类上，将"台湾史"与"中国史"割裂开来、对立起来，使"台湾史"由昔日的"险学"，迅速演化为当今台湾学界的"显学"。

2001 年以来，中国社会科学院的领导就提出要加强台湾史研究的任务。为改变大陆台湾史研究的弱势局面，2002 年 5 月，中国社会科学院近代史研究所成立"台湾史研究室"，并开始从事编著《台湾近现代史纲》的课题研究工作。张海鹏以所长兼任该研究室主任。以此为依托，经过筹备，9 月

---

① 有史家认为："研究台湾历史的论著为数不少，但从远古一直写到本世纪 80 年代末这样系统全面的通史，这是第一部。"龚书铎：《〈台湾历史纲要〉读后》，《求是》1996 年第 14 期。台北的人间出版社 1997 年出版该书，中国史学会会长戴逸先生为之作序称："大家所关心的台湾历史，迄今还缺少一部正确、全面而又简明、扼要的书籍。我们希望这本书能够填补这一空白，对读者了解台湾的历史有所助益。"

② 张海鹏：《书生议政——中国近现代史学者看台湾的历史与现实》，"代序——我的台湾经历与我的研究"，九州出版社，2011，第 20 页。

③ 张海鹏：《大力加强台湾史研究》，《光明日报》2003 年 5 月 6 日，B3 版。

28 日，中国社会科学院台湾史研究中心在北京成立，张海鹏担任中心主任。作为大陆台湾史学术研究的权威机构，该中心成立以后的任务就是争取尽快编撰完成一部多卷本的《台湾通史》，目前则以撰写《台湾近现代史纲》为基础。[①]

　　该中心成立以来的 15 年间，[②] 张海鹏先生除了领导本研究室，主要完成《台湾史稿》的撰著工作之外，为推动学界的台湾史研究，还主持进行了以下四个方面的工作。

（一）举办会议，出版文集

　　中心成立后，与各地的涉台机构、高等院校和科研单位一起，联合举办关于台湾史研究的专题学术研讨会，并出版部分论文集。以此构建了台湾史研究的学术交流平台，并加强了海内外台湾史学界的联系。

　　（1）2004 年 12 月 18—20 日，在北京举办"海峡两岸台湾历史研究现状与未来趋势学术研讨会"，主要是调研大陆台湾史研究的情况及未来趋势，以为本中心的未来发展创造条件。

　　（2）2005 年 8 月 23—24 日，在湖南长沙举办"纪念台湾光复 60 周年暨两岸关系学术研讨会"；会后编辑出版《割让与回归——台湾光复六十周年暨海峡两岸学术研讨会论文集》（台海出版社，2008）。

　　（3）2008 年 8 月 31 日—9 月 4 日，在河南开封举办"林献堂、蒋渭水——台湾历史人物及其时代学术研讨会"；会后编辑出版《林献堂、蒋渭水——台湾历史人物及其时代学术研讨会论文集》（台海出版社，2009）。

　　（4）2009 年 8 月 20—25 日，在辽宁大连举办"台湾殖民地史学术研讨会"；会后编辑出版《日据时期台湾殖民地史学术研讨会论文集》（九州出版社，2010）。

　　（5）2010 年 11 月 5—10 日，在重庆举办"台湾史研究论坛——台湾光复六十五周年暨抗战史实学术研讨会"；会后编辑出版《台湾光复六十五周年暨抗战史实学术研讨会论文集》（九州出版社，2012）。

---

① 新华网北京 2002 年 9 月 28 日电；张海鹏：《大力加强台湾史研究》，《光明日报》2003 年 5 月 6 日，B3 版。

② 2016 年 12 月 28 日，中国社会科学院台湾史研究中心召开理事会换届会议，张海鹏先生继续担任该中心主任。

（6）2013 年 8 月 11—13 日，在甘肃兰州举办"纪念康熙统一台湾 330 周年学术研讨会"；会后编辑出版《清代台湾史研究的新进展——纪念康熙统一台湾 330 周年学术研讨会论文集》（九州出版社，2015）。

（7）2015 年 10 月 24—27 日，在广州举办"纪念抗战胜利与台湾光复 70 周年学术研讨会"；会后编辑出版《近代台湾史研究的新进展——纪念抗战胜利与台湾光复 70 周年国际学术研讨会论文集》（社会科学文献出版社，2019）。

（8）2017 年 10 月 14—15 日，在贵州遵义举办"台湾历史与两岸关系国际学术研讨会"；论文集尚在编辑之中。

以上八次会议，除了第一次、第八次的议题较为宽泛外，其余六次，均围绕着台湾史的某个重要问题，以某个时代、某些人物或某个事件为主题，邀集海内外同行专家进行专门研讨。平均两年一次的会议，已成为该中心的一个运作模式和学术品牌。

（二）编辑出版丛刊、集刊

台湾史研究中心成立后，原计划创办专业的学术刊物，作为发表相关成果的园地。但鉴于条件不够成熟，遂在 2010 年决定建设《中国社会科学院台湾史研究中心丛刊》，以展示大陆学界台湾史研究的专题成果。中心为此组织了由专家构成的编辑委员会，张海鹏担任主编，对列入丛刊的成果进行学术把关，通过后交由凤凰出版社出版。目前，该丛刊已经出版台湾史研究室人员的专著 7 部：张海鹏、陶文钊主编《台湾简史》（2010）和《台湾史稿》（两卷本，2012），王键著《日据时期台湾米糖经济史研究》（2010），杜继东著《美国对台湾地区援助研究（1950—1965）》（2011），李理著《日据台湾时期警察制度研究》（2013），冯琳著《中国国民党在台改造研究（1950—1952）》（2013），程朝云著《战后台湾农会研究（1945—1975）》（2014）。这些著作是该中心研究力量逐步壮大的标志，也是台湾史学科建设日渐成长的见证。

2013 年 5 月，该中心决定创办《台湾历史研究》集刊，作为大陆第一家台湾历史研究的专业性刊物，暂定每年一辑，发表有关台湾历史研究领域的优秀原创成果。张海鹏担任该刊编委会及编辑部主任、主编，由社会科学文献出版社出版，迄今已经编辑出版了 4 辑。它为学者发表台湾史研究成果开辟与提供了新的园地，出版以来已在学界引起了较大的关注，正在努力发展为正式学术期刊。

（三）完成学术史的基础工程

为了便利掌握大陆台湾史研究的状况，并继续推进相关研究，2015 年 12 月，该中心的研究人员借助中国社会科学院的创新工程之资助，编纂出版了了解大陆学界台湾史研究成果的学术史基础工程《当代中国台湾史研究》及《中国大陆台湾史书目提要》（中国社会科学出版社）。

前者（张海鹏、李细珠主编）首次系统梳理和总结了 1949—2013 年中国大陆学界对台湾史的研究状况，为新的学术研究指明了方向；后者（李细珠主编）介绍了 1949 年以来 60 余年中国大陆学界有关台湾史研究的著作与资料，是一本学习和研究台湾史的入门书。

（四）开辟台湾史研究的新领域

2015 年，适值中国人民抗日战争暨世界反法西斯战争胜利 70 周年。中国政府高规格举行纪念活动和阅兵仪式，习近平总书记此前发表了关于加强中国抗日战争研究的重要讲话。台湾史研究中心除了 10 月在广州举办纪念抗战胜利及台湾光复 70 周年的学术研讨会之外，由张海鹏作为首席专家领衔申报，并获得了 2015 年马克思主义理论研究和建设工程的重大委托课题"台湾人民抗战史"（立项批准号：2015MZDW03）。台湾人民历时 50 余年的抗日斗争史，是中华民族暨中国人民抗日战争史的重要组成部分，战后 70 年来，两岸学界虽有一些个人专著问世，但是总体与整体研究水准尚待提升；《台湾史稿》对此亦叙述薄弱。张海鹏先生为此组织了课题组，将在 5 年左右完成一部相当分量的专著，弥补中国抗战史与台湾史研究上的不足。

2002 年中国社会科学院台湾史研究中心成立以来，恰逢两岸关系恶化与紧张之际。无论台湾岛内，还是两岸学界，以"台湾史"为核心的意识形态之争不断激化。"生于忧患"的该中心，在张海鹏先生的带领下，筚路蓝缕，孜孜以求，为大陆台湾史研究的进展做出了极大的学术贡献。而在当今学界纷纷为充当出谋划策的"智库"雀跃奋进之时，连 80 年代以来作为台湾史研究重镇的厦门大学台湾研究所也都转向于现实的两岸关系研究。[①]
该中心的开拓与努力及张海鹏先生的史学坚守，尤需值得特书。

三 《台湾史稿》与台湾史研究的建树

2012 年 12 月，凤凰出版社出版的张海鹏、陶文钊主编《台湾史稿》，
是中国社会科学院台湾史研究中心历时 10 年、集体撰写的台湾通史著作。
张海鹏先生为此付出了极大的努力，也展现了他对于台湾史研究的主要学术
贡献。

（一）21 世纪大陆台湾史研究的新坐标

该书在以下几个方面，展示了其作为大陆台湾史研究的新坐标。

1. 通史之"通"

作为一部简明的台湾史，"通史"仍然是其最突出的学术特色，具体表
现在以下方面。

一是在时限上的古今贯通。连横先生的《台湾通史》，起自隋大业
元年，终于清光绪二十一年，因在内容上并没有贯通，故仍难免"断代
史"之嫌。刘大年等著《台湾历史概述》（1962 年修订版）及陈碧笙著
《台湾地方史》，内容上均止于 1945 年 10 月 25 日台湾光复，而未涉及
战后的台湾历史。陈孔立主编《台湾历史纲要》，虽略为增补了"当代
台湾"（第七章）的内容，但其时间下限止于 1988 年 1 月蒋经国去世。
《台湾史稿》原计划从远古时代一直写到 2000 年，但实际上根据台湾局
势和两岸关系的变化，最后一直写到了 2010 年《海峡两岸经济合作框架
协议》，可以说是大陆迄今为止时间跨度最长、论述内容最近的台湾通史
类著作。这就从真正意义上实现了贯通古今，使台湾史有了一个较为满
意的结局。

二是在内容上的通盘考量。《台湾史稿》的重点内容是台湾近现代史，

---

① 厦门大学台湾研究所成立于 1980 年 7 月，主要以台湾文史研究为主；2004 年 2 月改制为厦
门大学台湾研究院；2012 年 10 月，又成立以该院为中心的"两岸关系和平发展协同创新
中心"。见 http://gifts.xmu.edu.cn/14289/list.htm。

故相较于大陆以往的"概述""纲要""简史"著作的过于笼统、简略，以及各种专题著作的单薄、局限，该书对近百年的台湾历史，依次分为日据时期、光复以后、蒋介石主政时代、蒋经国当政时代、李登辉主政时代及政党轮替时代；对每个时期（时代）的历史，举凡其政治、经济、社会、文化教育、对外关系与两岸关系等各方面的内容，均在个人专门研究的基础上进行了很好的专题论述，且仍以政治史为重点，从而全景式地展现了台湾近现代史的本来面相。

从以上两方面而言，《台湾史稿》构建了大陆学界"台湾史"学科从古至今、内容全方位的基本框架与学术体系，为进一步研究台湾史指明了新的方向。

2. 略古详今的近现代史研究

中国的史学研究有着所谓"当代人不写当代史"的厚古薄今之传统。这一传统也深深浸淫于大陆以往的台湾史研究之中，主要体现在偏重于古代，特别是清代台湾史，而讳言或慎写台湾近现代史部分。从研究现状上看，关于近代以前的台湾历史，特别是清代时期的台湾史，以厦门大学台湾研究院为主，学界已经拥有相当全面而深入的研究成果了。但是，关于台湾近现代史部分，除日据时期仅有少数研究成果之外，战后台湾历史特别是1949 年以后的台湾史，仅有茅家琦主编《台湾三十年（1949—1979）》及近年来关于国民党在台湾历史的一些介绍性著作，[①] 但其总体学术水准仍然较低。有鉴于此，《台湾史稿》扬长而避短，略古而详今，重点对台湾近现代史部分进行了较为翔实的论述。

在全书的内容安排上，自第四章到第二十章，依次论述的是1840 年以后的台湾近代史和1949 年以后的台湾现代史；这部分内容从篇幅上到字数上，占到了全书的80% 以上。因此，该书稿可以简称为"台湾近现代史"，从而实现了张海鹏先生10 年之前领导开始台湾史研究的夙愿。

对于台湾近代史，该书对晚清时期50 多年的历史，论述甚为简略（第四章），而对日据时期50 多年的历史，研究则较为充分，分别设为"台湾

---

① 宋春、于文藻主编《中国国民党台湾四十年史（1949—1989）》，吉林文史出版社，1990；刘红、郑庆勇：《国民党在台五十年》，九州出版社，2001；茅家琦等：《中国国民党史》下册，鹭江出版社，2005。

的割让及人民的反割让斗争"（第五章）、"台湾总督府统治体制与台湾政治"（第六章）、"日据时期台湾的经济社会状况"（第七章）、"日据时期台湾的教育与文化"（第八章），且每章里面"节"的内容亦较多。对于台湾光复以后影响重大的"二二八事件"，则设立专门的小节（第九章第三节）进行了论述。

至于台湾现代史（下卷），虽然时间上只有60多年，但其内容和篇幅则占到了全书的一半以上。该书基本采纳了台湾史学界近年的分期方法，将台湾现代史依次划分为蒋介石时代（20世纪50—60年代）、蒋经国时代（20世纪70—80年代）、李登辉时代（20世纪90年代）、政党轮替时代（21世纪头10年），并力图就每个时期的政治、经济、社会、文化教育、对外关系与两岸关系等内容，进行了较为全面的论述。相较于大陆此前有关著作的论述不足，加之海峡两岸近60年的学术隔绝状态和台湾学界的研究现状，这应该是《台湾史稿》最为宝贵和引人入胜的部分。

孔子修《春秋》之止于鲁哀公十四年（前481），太史公著《史记》之立"孝武本纪"，连横著《台湾通史》之重于台湾近300年史及其"建国纪""独立纪"，在在体现的都是中国史学的"厚今薄古"之传统。① 这与当代西方史学家所谓"一切历史都是当代史"的见解异曲同工。《台湾史稿》在结构安排方面的"薄古厚今"，不但极大地弥补了迄今大陆台湾史研究中的若干薄弱环节，而且大致符合90年代以来台湾史研究的发展趋势，② 故可以视为一种非常合理且具有远见的学术考量。

3. 立场鲜明的台湾史观

无论在体例设计与内容安排上，还是在论述的字里行间，该书都体现了大陆学者立场鲜明的台湾史观。

首先，《台湾史稿》的研究背景与写作机缘，需要它表明其"中国历史"的立场。20世纪80年代以前，大陆学界有限的台湾史著述中，已经

① 范文澜：《历史研究必须厚今薄古》，《人民日报》1958年4月28日，第7版。
② 有学者根据《台湾研究集刊》创刊后发表的历史类论文的统计结果指出：进入20世纪90年代以后，晚清、日据以及战后台湾历史的研究论文数量比重明显增加；《台湾研究集刊》历史类论文的重心逐渐转移到晚清、日据以及战后台湾历史的研究领域。参见陈忠纯《大陆台湾史研究的历史与现状分析——以〈台湾研究集刊〉历史类论文（1983—2007）为中心》，《台湾研究集刊》2009年第3期。

表明了台湾史作为"中国地方史"的立场和看法;而在同时期的台湾学界,在"两蒋"时代,台湾史还处于"险学"的阶段,有限的一些著述也是在中国史的框架之下进行的。但是90年代以后,由于台湾岛内政治生态的演化,台湾史俨然成了"显学",各种各样的"台湾史观"纷呈纷纭。①

台湾学界的上述状况,引起了大陆学界的高度关注和担忧。早在90年代中期,大陆学者即指出:以"台独"理念为导向的、脱离中国历史的、强调"台湾主体性"的台湾历史研究,在台湾各高等院校和科研院所已很普遍;强调"台湾主体性"的台湾历史研究,正是"两国论""一边一国论"在历史观和文化观上的反映,是"文化台独"走向深入的明显表现。②张海鹏先生在对台湾史研究中的"国家认同"和台湾史主体性问题进行思考之后,③ 进而指出:"台湾地区关于台湾历史研究的这一走向,迫切需要大陆历史学界作出学理上的回应,也迫切要求大陆方面要有一部材料扎实、观点鲜明、行文流畅的台湾通史著作,以便于广大读者正确、全面地了解台湾的历史。"④ 而"台湾历史研究"就是基于近20年来台湾学界的这一背景,在中国社会科学院作为"重大课题"被立项的,这就是《台湾史稿》的写作机缘。⑤

其次,《台湾史稿》体现了其作为中国历史一部分的台湾史观,主要有以下几个方面。(1)对于台湾历史的分期,基本上延续了中国历史的标准,即除了"古代"部分延续到清代中期(第三章)之外,"近代"则始于1840年鸦片战争之后西方列强的入侵和中国的边疆危机(第四章),终于1949年国民党退守台湾(第九章);"现代"部分则始于1950年国民党在台湾的改造(第十章)。这一方面反映了大陆学界在中国历史特别是近现代史

---

① 陈孔立:《台湾学者对台湾历史的研究》,《台湾研究》1994年第1期;编辑组:《台湾史研究的回顾与展望》,中研院台湾史研究所筹备处《台湾史研究》第1卷第1期,1994年6月;陈木杉编著《海峡两岸编写"台湾史"的反思与整合》,学生书局,1997。

② 钟安西、赵一顺:《台湾史研究的历史脉络》,《北京日报》1996年6月4日。

③ 张海鹏:《关于台湾史研究中的"国家认同"与台湾史主体性问题的思考》,《中国社会科学院院报》2005年3月15日,第3版;亦载《新华文摘》2005年第10期。

④ 张海鹏:《从大中国历史的角度研究台湾史》,中国社会科学网,2013年2月8日。

⑤ 张海鹏、陶文钊主编《台湾史稿》,序言,第1—2页。

分期问题上的共识，① 也大大不同于当今台湾地区的台湾史分期。（2）对于台湾的古代历史，虽简略提及考古时期，但实际上是自三国时代写起，说明沈莹著《临海水土异物志》是台湾历史第一本可靠的文字记录（第5页），意在指出某些有"台独"意识的台湾人经常鼓吹的"台湾四百年史"② 是错误的；对于荷兰、西班牙人入侵台湾（第一章第三节），郑成功收复台湾和明郑时期经营台湾（第二章），以及康熙帝统一台湾（第三章第一节）的历史之论述，也不同于台湾方面的"荷领""明郑领""清领"之谓及其表述。（3）对于台湾的近代历史，既论述了台湾开港后的社会变化和台湾建省及早期现代化事业（第四章第二、三节），又主要论述了日本在台湾的殖民统治和台湾人民的反抗及日据时期经济社会与教育文化状况（第五至八章），还论述了台湾光复和战后中国政府对台湾主权的重建与运作（第九章），这些也不同于台湾及日本学界的有关论述。（4）对于台湾的现代历史，不但客观地叙述了国民党在台湾的统治过程以及台湾经济起飞的事实，阐述了海峡两岸关系的发展历程和新进展，而且非常客观地叙述了"台独"意识的形成和势力发展以及李登辉、陈水扁在台湾执政的历史过程。

通过以上几个方面可以看出：《台湾史稿》是从中国历史或大中国历史的视角来观察、论述台湾历史，而不是从台湾本身的历史或所谓"台湾主体性"来观察、论述台湾历史的。从这样鲜明的立场出发，该书在写作中确立了台湾历史是中国历史一部分的"台湾史观"。

张海鹏先生表示，撰写《台湾史稿》的初衷，主要是想拿出有力的历史证据，用台湾历史来证明台湾是中国不可分割的一部分，说明祖国统一是中国历史发展的必然。正是在这样的正确的台湾史观的指导下，该书不但从理论和史实上驳斥了"台独"的历史谬论，而且为进一步研究台湾历史指明了新的方向。如同西方史家"一切历史都是思想史"之谓，《台湾史稿》

---

① 大陆学界关于"中国近代史"的开端，一般认为是鸦片战争；关于其下限，多数则认为是1949年，而非1912年或1919年。

② 史明著《台湾人四百年史》（1962年日文版；草根文化出版社1998年增补本）在台湾颇有影响。其本人亲自改编的浓缩本，则公开宣传其"台独"的"台湾史观"。台湾学者对于该书的批判文章，参见许南村主编《史明台湾史论的虚构——揭破一种伪托历史唯物论的台独史观》，人间出版社，1994。

传承了中国史学经世致用的宏大叙事之传统，刻意回避与努力克服了当今台湾史研究上的单纯"学术化"与"碎片化"倾向，故不但具有重要的学术理论价值，对于深刻认识当今的"台湾问题"亦颇具借鉴意义。而鉴于"海峡两岸争夺台湾历史诠释权的斗争，还会继续下去"，①《台湾史稿》在这方面应该具有更加长远的现实意义。

（二）台湾近现代史的学术创新与话语权

鉴于台湾史已然成为台湾学界的"显学"，以及日本学界对于台湾近代史研究的一贯重视，②《台湾史稿》在继承和借鉴海内外既有成果的基础上，着力进行了学术性创新，从而树立了大陆学界关于台湾近现代史的话语权。

1. 关于日据时期台湾史

日本自《马关条约》割据台湾、实施 50 多年殖民统治的历史，是台湾近代时期的重要内容。由于历史关系和现实原因，日本学界对于台湾有着天然的关注。早在战前即有学者开展了对殖民统治及其政策的研究。③ 战后日本学界关于日据时期台湾历史的研究十分活跃；自 90 年代以来，关于日据时期台湾史的研究发展迅速。④ 台湾学界虽然较早开展了台湾人民的抗日斗争史之研究，但真正意义上的日据时期台湾史研究，则是在 90 年代之后，目前逐渐成为台湾史研究的重点所在。⑤ 相对而言，大陆学界的有关研究则开展得更晚，且受制于史料，相关成果也乏善可陈。⑥

在这样的情况下，如何开展对日据时期台湾史的创新研究，树立大陆学

---

① 李祖基：《大陆台湾史研究三十年的回顾与感想》，《台湾研究》2009 年第 1 期。
② 日本学者关于台湾地区台湾史研究之评价，参见若林正丈监修『台湾にぉける台湾史研究——制度・环境・成果：1986—1995』东京、1996 年；关于日本学界的台湾史研究，参考桧山幸夫「日本にぉける台湾史研究の现状と课题」台湾史研究部会编『台湾の近代と日本』中京大学社会科学研究所、2003、頁 15—66。
③ 曹望红、赵连泰：《日本学者战前对日本殖民统治及其殖民政策的研究》，《中日关系史研究》2001 年第 2 期。
④ 陈小冲：《日本国内殖民地台湾史研究述评》，《台湾研究集刊》2004 年第 1 期。
⑤ 陈小冲：《日本殖民统治台湾五十年史》，社会科学文献出版社，2005，前言；林玉茹、李毓中：《台湾史研究入门》，森田明监译，汲古书院，2004，第四章。
⑥ 陈小冲著《日本殖民统治台湾五十年史》被认为是"大陆第一部较为全面深入研究日本殖民统治台湾历史的专著"。李祖基：《大陆台湾史研究三十年的回顾与感想》，《台湾研究》2009 年第 1 期。

界的话语权，就是一个很大的学术挑战。《台湾史稿》的有关作者具备进行相关研究的基础和条件。在内容上，该书将日据时期作为近代部分的重点（"近代"共计6章，日据时期占4章还多），尽量运用了日本和台湾的第一手文献资料并参考了其有关研究成果，分别对乙未割台与反抗（第五章）、日本的殖民统治与台湾民众的抗争（第六章）、日据时期台湾的经济社会状况（第七章）、日据时期台湾的教育与文化（第八章）进行了在大陆学界迄今最为全面、系统而深入的论述。

第五章关于日本阴谋窃取台湾的过程和清政府始而反对但最终被迫割让台湾之过程的深入论述，以及对于台湾人民反对割让的斗争和"台湾民主国"的成立之专门论述，正本而清源，不但不同于日本学者的有关研究，也有利于驳斥"台独"分子借据的所谓历史"悲情"。对于日本总督府初期以"六三法"和长期以特有的警察政治进行殖民统治，一战之后转变殖民政策而实行"内地延长主义"的同化政策及其理番政策，侵华战争期间的"皇民化运动"，作者均提出了己见，并分别结合台湾民众对于日本殖民统治的抗争运动，对其反动本质进行了论述。对于日据时期台湾经济发展轨迹与社会演变形态嬗变，作者主要结合日本在台湾经济政策的阶段性演变特征，进而指出其最大的特点就是"殖民地化"。关于日据时期的教育，作者分别论述了初期的"差别教育"与"隔离教育"，中期的"同化教育"，后期的"皇民化教育"等政策演变及其对台湾的影响；关于日据时期的文化，则论述了台湾民族意识的加强、新文学运动和台湾文化协会，以及台湾文学作品、活跃在台湾文坛的知识分子和台湾人民文化生活的变迁。在以上诸多专题，《台湾史稿》一方面填补、加强了大陆学界的有关研究，另一方面针对日本和我国台湾学界而发表了大陆学者的见解。

2. 关于战后台湾史

战后特别是1949年以后的台湾史研究，大陆学界受制于资料和两岸隔绝状态，相关研究一直较为滞后，自80年代中期两岸关系逐步改善以来，才真正开始有所研究；但有关成果的数量与水准，不能不指出较台湾学界尚有相当的差距。在这种情况之下，《台湾史稿》将其作为"重头戏"，对于以下相关问题，进行了大陆学界迄今最好的论述。

"二二八事件"是台湾学界乃至政界、社会长期有很大争议的问题，大陆对此也有不同的看法和一定的研究基础。① 作者在个人专著的基础上，依据台湾方面最新的一手资料，对该事件发生的原因与发展的过程、事件的性质与结局、善后处理与大陆方面的反应，进行了全面的论述，反映了最新的研究成果和见解。

关于 20 世纪 50 年代初期国民党在台湾进行的改造，台湾学界近年已有较多的成果。作者根据国民党方面的最新资料，对此进行了较好的论述，并发表了己见。关于 60—70 年代台湾经济起飞，跻身于"亚洲四小龙"之一而创造的"台湾奇迹"或所谓"台湾经验"，在台湾曾有较多的研究和刻意的政治宣传。作者在结合台湾当局的经济政策，对"台湾奇迹"进行了正面的史实论述的同时，也指出了其特有的属性，即晚清时期的近代化基础、日据时期的经济发展、战后美援的特殊作用等因素。

关于国民党退居台湾之后台湾当局与美国、日本的关系问题，长期以来台湾学界对此讳莫如深，大陆史学界的相关研究也并不充分。《台湾史稿》根据最新的研究成果，分别对中美、中日建交之前后时期台湾当局与美国、日本的关系，进行了一般性的论述，并重点分析了美、日对台政策及其演变与走向。这些出自历史学者而非国际政治学者的研究成果，深刻指出了产生和解决中国"台湾问题"的最重要的国际因素所在。

3. 关于当今台湾史

90 年代以来 20 多年的台湾史，严格而言尚未进入历史学研究的范畴与视野。但是，随着台湾政治生态的演化而产生的"台独"问题，以及曾经对此推波助澜的李登辉—陈水扁时代的终结，也需要《台湾史稿》适时发表来自史家的"盖棺定论"之见。

"台独"问题十分复杂，它与台湾的"本土意识"与"本土化运动"不可同日而语。该书非常客观地叙述了"台独"意识的形成过程与理论构架，以及民进党的成立与"台独"势力的发展（第 712—722 页），对于李登辉、陈水扁在台湾执政的历史过程以及其间"台独"势力的发展和"台独"危机，亦在第十六章、第十七章中进行了客观的叙述。这些论述，包括第十八章、第二十章的有关论述，虽然终将被修正，但是《台湾史稿》

---

① 杜继东：《台湾"二·二八事件"研究综述》，《近代史研究》2004 年第 2 期。

对于当代台湾史的努力，则是大陆学界迄今最早、值得称赞的创新性贡献；对于台湾学界而言，这也不啻为一种隔海发音。

如同刘大年先生主编的《中国近代史稿》最终演变为张海鹏先生主编的《中国近代通史》一样①，笔者有理由期待：在若干年之后，张海鹏先生主编的这部《台湾史稿》，终将为《台湾通史》所取代，以实现该中心成立之初的夙愿。

四　议政与育人

2014 年 6 月，年逾古稀的张海鹏先生接受新华社记者采访，畅谈自己的学术人生之道，曾有"治学治所，肩挑双担；论史论政，心忧天下"的座右铭。② 他的这个自我总结，③ 同样体现于晚年一直在主持进行的台湾史研究领域。

（一）议政

自 20 世纪 90 年代以来，两岸关系发生巨变。虽有 1992 年"九二共识"的出台，但"台独"势力一直干扰其正常发展。特别是 2000 年民进党上台以来，两岸关系更加动荡，台湾史研究的领域，"显学"之中现"险学"。21 世纪以来两岸关系的这种现状，是任何一位中国学者不可能不关注的，何况是"心忧天下"的张海鹏先生。

张海鹏先生从 1992 年赴台交流开始，就关注两岸关系的发展以及台湾史领域的一些重大问题，并结合自己的学术本行，对此发表了诸多评论。2011 年，他把自己的这些见解结集出版，并命名为《书生议政——中国近现代史学者看台湾的历史与现实》，表达了作为中国近现代史学者（"书生"）的他，对台湾问题与两岸关系以及台湾史研究与中国近现代史关键问

---

① 中国社会科学院近代史研究所编《中国近代史稿》第 1 册，人民出版社，1978；第 2、3 册，人民出版社，1984。张海鹏主编《中国近代通史》（10 卷本），江苏人民出版社，2006、2013。

② 新华社北京 2014 年 6 月 26 日电，人民网，http://cpc.people.com.cn/n/2014/0627/c87228 - 25206468.html。

③ 2005 年出版的《东厂论史录——中国近代史研究的评论与思考》，跋曰："治所兼治学，肩挑双担；论史又论政，心忧天下。"（广东人民出版社，第 764 页）。

题的若干灼见。

1. 关于台湾问题与两岸关系

早在 80 年代，中央政府就提出了"和平统一，一国两制"的解决台湾问题的方针。但台湾当局始终拒绝并阻挠之。

1992 年，李登辉在台湾中研院院士大会上发表讲话，明确提出所谓"一国一制"来对抗"一国两制"方针。张海鹏首先从历史出发进行研究，指出在中华民国的历史上并没有真正形成所谓"一国一制"，而始终存在真正的"一国两制"；随后从现实出发，认为"和平统一，一国两制"才是打开中国历史上没有和平统一先例的死结的唯一钥匙。[①] 1994 年，台湾当局发表《台海两岸关系说明书》，意在宣示其政治立场，说明对于两岸统一的看法与态度，以为其加入联合国的图谋造势。张海鹏撰文，着重就该说明书将两岸分治的根源与责任推给中共，结合中国现代历史进行了论证，指出其歪曲历史、混淆视听，以图继续分裂中国的实质，并指出了两岸和平统一的最终结局。[②]

2000 年以后，民进党上台执政，继续其"台独"主张。张海鹏先生又多次从历史与现实两方面，驳斥吕秀莲的"台独"论调，并继续论述"和平统一，一国两制"这个解决台湾问题的重要方针。[③]

2008 年国民党重新上台执政，张海鹏先生在 2010 年结合自己多年从事两岸交流的经历，从一个历史学者的观察与思考出发，两次就未来两岸关系的发展发表了自己的建议。[④]

21 世纪以来，张海鹏先生在各种会议场所发表己见，对台湾研究书籍及涉台影视作品进行评论，并继续关注思考两岸大事，不断与台湾人士交流，借此阐发其对于两岸关系与台湾问题的主张。

2. 关于台湾史研究中的主要问题

2002 年 9 月中国社会科学院台湾史研究中心成立后，2003 年 2 月，张海鹏先生率领 7 人代表团访问了台湾，主要就台湾史研究的情况进行了调

---

① 张海鹏：《书生议政——中国近现代史学者看台湾的历史与现实》，九州出版社，2011，第 3—10 页。

② 张海鹏：《书生议政——中国近现代史学者看台湾的历史与现实》，第 27—32 页。

③ 张海鹏：《书生议政——中国近现代史学者看台湾的历史与现实》，第 54—66 页。

④ 张海鹏：《书生议政——中国近现代史学者看台湾的历史与现实》，第 108—131 页。

研，并就大陆加强台湾史研究的重要性与迫切性、艰巨性等问题，向有关方面做了报告，并提出了建议。①

　　根据此次调研报告，2004 年 12 月，张海鹏先生专门就台湾史研究中的"国家认同"与主体性问题发表了见解。他指出：近十年来，在李登辉、陈水扁的主导下，台湾史成为一个具有高度政治敏感的话题；如果说台湾史是中国历史的一部分，就会发生所谓"国家认同"问题。它反映的是陈水扁的"一边一国"的基本主张，这也就是"台独"的主张。通过分析台湾历史与现实，他认为：站在中国史和台湾史的立场，所谓"国家认同"自然是认同中国，不存在其他的所谓"国家认同"问题。从中国史的角度看台湾史，我们可以看出台湾史在中国历史中的独特性；从台湾史的角度看中国史，我们可以看出台湾史与中国史的同质性。由此，他又就台湾史研究的主体性问题，特别是"荷领""清领""日治"等"台独"用语进行了批判。②

　　2007 年 11 月，张海鹏先生在演讲中就台湾历史的若干特性问题，发表了如下见解：如何理解台湾自古以来就是中国历史的一部分，关于《开罗宣言》《旧金山和约》所谓台湾归属问题，关于台湾族群问题，关于台湾意识与"台独"意识，关于"中华民国"名号问题，并针对这些特性，论述了大陆对台工作的复杂性，设想了今后解决台湾问题的几种模式。③

　　张海鹏先生关于台湾史研究中的上述见解，还体现在他对台湾学者成果的大力推介。2007 年，台湾学者宋光宇著《台湾史》由人民出版社出版，作为审查人的张海鹏先生指出：该书站在一个中国的立场上，用具体的历史事实，批驳了"台独"意识形态对台湾历史的歪曲，批驳了史明所谓"台湾四百年史"的错误说法，批驳了杜正胜的所谓"同心圆"理论，批驳了日本的强权史观，批驳了李登辉的弥〔媚〕日史观，强调了自古以来中国人民开发了台湾的土地，强调了台湾文化的根是中华文化。2008 年，台湾学者戚嘉林著《台湾史》由海南出版社出版，张海鹏先生应邀作序，指出

---

① 张海鹏：《书生议政——中国近现代史学者看台湾的历史与现实》，第 288—292 页。

② 张海鹏：《书生议政——中国近现代史学者看台湾的历史与现实》，第 67—72 页；《新华文摘》2005 年第 10 期转载。

③ 张海鹏：《书生议政——中国近现代史学者看台湾的历史与现实》，第 83—101 页；《当代中国史研究》2008 年第 2 期摘要。

他在台湾史的撰述中，通篇贯注了对台湾分离主义和"台独"史观的批评，对台湾历史、台湾人的祖国意识的赞扬，对台湾人民抵抗外来侵略精神的宣扬，对祖国统一的期待。以上两书，各有撰述特点，各有论证侧重，都是在一个中国的视域下，叙述台湾的历史，值得两岸读者阅读。①

3. 中国近现代史的几个关键问题

60 多年来，两岸学界对于中国近现代史的一些关键问题，并非没有异议，甚至不乏截然对立、大相径庭者。对于这些问题的研究，自然也会波及台湾近现代史的诸多问题。张海鹏先生一直浸润于中国近现代史的研究领域，对此了然于心。他在晚年对于台湾历史与现实问题的上述思考，也是建立在他对中国近现代史的宏大叙事和整体思考的基础之上的。有鉴于此，他在选编该书时，特意把自己在台湾发表的 6 篇论文以及关于抗日战争胜利意义的一篇论文，收录于文集，并强调"这些问题，实际上对于理解台湾的历史与现状是密切相关的"。②

关于辛亥革命期间的孙、黄之争，他分析与论证了黄兴对于武昌起义的态度问题，在肯定其首创精神的同时，也指出了他作为同盟会领导人之一态度上的若干问题。针对国内外学界对毛泽东的评价，他结合近代中国的历史发展与本人的命运感受，进行了客观的论述和实事求是的评价。围绕中国历史上国共关系的复杂性，他选取了 1941 年的皖南事变，重点论述其善后过程，指出其深远影响，并在另外一篇论文中就一则刚刚解密的档案史料，论证"一国两制"在抗战时期的客观历史存在及其现实可能。针对两岸学界关于中国近现代史的若干分歧，他在台湾《历史月刊》发表了自己对唯物史观、中国近代历史发展规律的认识，以及对洋务运动、辛亥革命、抗日战争等若干史实的见解。随后，他又专门发文论述了大陆 50 年来对孙中山的纪念活动与评价演变；在 2005 年纪念抗战胜利 60 周年之际，专文论述抗战胜利的历史意义，认为它是走向民族复兴的重要标志。

如今，在台湾成为"显学"并在大陆方兴未艾的台湾史研究，已是一个充满历史与政治双重意义的学科。正如一位英国历史学家所说："没有政

---

① 张海鹏：《书生议政——中国近现代史学者看台湾的历史与现实》，第 334—335 页。
② 张海鹏：《书生议政——中国近现代史学者看台湾的历史与现实》，第 135—231 页；代序，第 21 页。

治科学的历史无果，没有历史的政治科学无根。"① 张海鹏先生作为一名中国近现代史学者，其对于两岸关系和台湾问题的关注及上述主张，是其"论史论证"的学问人生的又一个真实写照。

（二）育人

张海鹏先生在 1995 年被评定为中国社会科学院研究生院近代史系的博士生导师，指导过不少中国近代政治史方向的学生。2002 年台湾史研究室成立后，自 2003 年起，他把自己的研究方向调整为台湾史，殚精竭虑、孜孜以求地为该学科培养了可贵的年轻、后备研究人才。

据笔者的不完全统计，② 15 年间，张海鹏先生为台湾史研究中心培养了 5 名博士研究生：（1）李理，《日据台湾时期警察制度研究》，2006；（2）杜继东，《美国对台援助研究（1950—1965）》，2007；（3）冯琳，《1950 年代初中国国民党改造运动研究》，2010；（4）吕颖慧，《台湾城镇体系变迁研究》，2013；（5）翟金懿，《台湾地区"修宪"述论（1990—2005）》，2016。

与此同时，他还作为合作教师，指导了 5 位博士生，从事有关台湾史的博士后课题研究：（1）王键，《日据时期（1895—1945）台湾总督府经济政策研究》，2005；（2）许毓良，《台湾总督府平复汉人武装抗日之研究——从台湾民主国到噍吧哖事件（1895—1915）》，2006；（3）〔日〕羽根次郎，《欧洲"台湾想象"的历史脉络——19 世纪"台湾"如何被"发现"》，2013；（4）郝幸艳，《台湾统派的国家认同研究——以〈海峡评论〉为中心的考察》，2014；（5）徐鑫，《17 世纪初中国、葡萄牙、荷兰的对台认识》，2018。

以上 10 位青年才俊，他（她）们在台湾史——主要是台湾近现代史方面所从事的博士论文与课题研究，各有专攻，各有成就；有些重要研究成果，已经被作为中心的丛刊专著而出版，在学界产生了良好的影响。

"得天下英才而育之"的张海鹏先生，其指导与培育之功，不但对大陆台湾史学科的贡献最大，也为中国社科院近代史研究所及近代史学科的发

---

① 莱斯利·里普森：《政治学中的重大问题》，刘晓译，华夏出版社，2001，第 16 页。
② 感谢翟金懿、郝幸艳博士为笔者提供的帮助！

展，部分解决了人才短缺与"断层"的问题。[1]

《诗经》曰："知我者，谓我心忧；不知我者，谓我何求。"1998 年，张海鹏先生六十初度，曾以自己的论著结为《追求集：近代中国历史进程的探索》，借以概括 20 年来对于中国近代史历程的艰辛探索，并自述"莫道春风不解意，难为落花愿作尘"。[2] 2008 年古稀之年出版文选时，谦称其作品为"粗茶淡饭"；[3] 2012 年出版自选集时，又再言"敝帚自珍"。[4] 在2018 年出版的八秩初度纪念文集中，他还表达了要为建立我国历史学在国际上的话语权而奋斗不息的理想。[5]

本文以上粗浅之述，意在展现笔者对张海鹏先生以一介书生"心忧天下"而"论史论政"之本色，对 21 世纪台湾史研究的学术追求与贡献，并在连横先生著就《台湾通史》百年之际，表达对一代中国学人的学术敬意。

〔作者单位：北京大学历史学系〕

---

① 金东吉主编《张海鹏先生七秩初度纪念文集》，社会科学文献出版社，2008，金冲及序。
② 张海鹏：《追求集：近代中国历史进程的探索》，社会科学文献出版社，1998。
③ 中国社会科学院科研局组织编选《中国社会科学院学者文选·张海鹏集》，中国社会科学出版社，2008，前言。
④ 张海鹏：《张海鹏自选集》，学习出版社，2012，自序。
⑤ 张海鹏：《我的学术，我的理想，我的人生》，载李细珠、赵庆云主编《张海鹏先生八秩初度纪念文集》，社会科学文献出版社，2018，第1—32 页。

张海鹏先生对台湾历史与现实研究的贡献

冯　琳

一　对大陆学界台湾史研究的推动

张海鹏先生自 1964 年进入中国科学院近代史研究所工作，自 1988 年至 2004 年历任副所长、所长。由于这样的工作背景，张先生与台湾学界的联系在大陆学界来说堪称久远。在特殊的时代背景下，新中国成立后，海峡两岸隔绝多年，学术界也大有老死不相往来之态。两岸学界走向正常交流的"破冰"过程先生参与其中。1989 年 5 月，台湾淡江大学历史系教授王明荪等人来访，时任副所长的张先生出面接待。1990 年，中国社科院近代史研究所为纪念建所 40 周年，举办了主题为"近代中国与世界"的国际学术讨论会，台湾方面来了三位学者，中研院近代史所的吕实强研究员、张朋园研究员、林满红副研究员，这是台湾学者第一次出席大陆的学术会议。此后台湾学者不断有人前来交流，其中许多是先生所接待。

较接受台湾学者来访，大陆学者第一次到台湾访问的过程更显曲折。先生是亲历者，也是首批赴台的大陆代表团团长。1992 年 5 月，台北的政治大学历史研究所主办"黄兴与近代中国学术讨论会"。他们提出 30 多位大陆学者的名单送审，一部分通过审查，又经与大陆有关部门和学者本人联系，最终成行的只有三人：张先生、尚明轩先生和韦杰廷先生。先生向大会提交的论文被台湾方面的评论人给予高度评价。这是大陆学界与台湾学术交流"从单向转到双向的标志"。① "破冰"之旅虽然不易，但也使先生收获颇多，在参加学术会议之余，结识了中国近代史学者张玉法、蒋永敬以及台湾史学者王晓波等人。亲历台湾、与台湾学者的广泛联系和交流，使先生对台湾历史、现实多了几分较新闻报纸所获消息更为直观和真实的感受，对台湾政治环境有了更深的体验，多了份对台湾历史和两岸关系现状的关注。

2001 年，中国社科院提出开展台湾历史研究，经过酝酿商讨，决定在近代史研究所设立台湾史研究室。时任所长的张先生考虑到台湾历史的特点，并有感于台湾之行的种种心得，感到推动台湾史研究责无旁贷。2002 年 4 月，台湾史研究室在近代史所成立，先生兼任主任。当时，大陆的台湾史研究甚为薄弱，除厦门大学台湾研究所有一些基础外，关注台湾历史的人很少，无论研究人员的科研能力还是发表论著，相较台湾和日本，大陆都是落后的。在先生的推动下，2002 年 9 月，中国社科院台湾史研究中心成立，先生任副理事长兼主任。在研究室之外成立研究中心这个虚体机构的目的，是把台湾史研究的力量整合起来，提高大陆学界的研究水准。除邀请各地台湾史专家兼任中心理事外，一个重要的途径是举办学术讨论会。研究中心自成立以来，举办了多次海峡两岸或国际学术会议，例如 2004 年在北京举办的海峡两岸台湾史研究的趋势与未来学术讨论会，2005 年在长沙举办的纪念台湾光复六十周年暨海峡两岸关系学术讨论会，2006 年在厦门举办的海峡两岸二二八事件学术讨论会，2008 年在开封举办的林献堂、蒋渭水——台湾历史人物及其时代学术讨论会，2009 年在大连举办的"台湾殖民地史学术研讨会"，2010 年在重庆举办的台湾光复六十五周年暨抗战史实学术研讨会，2013 年在兰州举办的纪念康熙统一台湾 330 周年国际学术讨论会，2015 年在广州举办的纪念抗战胜利与台湾光复 70 周年国际学术研讨会，以及 2017 年在遵义举办的台湾历史与两岸关系国际学术研讨会。研究中心举办的学术会议或者每年一次或者隔年一次，推动着台湾史研究的发展和两岸学术的交流、互动。在先生的主持下，研究中心推出丛刊，出版系列学术专著；完成了中国社科院重大课题，出版台湾通史与中英文两个版本的简明

---

① 张海鹏：《书生议政——中国近现代史学者看台湾的历史与现实》，九州出版社，2011，代序，第 5 页。

史；以书代刊，每年编辑出版《台湾历史研究》。在良好的学术平台之上，中心的研究团队日渐强大，有的已成长为大陆台湾史研究领域的领军人物。这些都与先生的努力经营密不可分。

2010 年，先生在《书生议政——中国近现代史学者看台湾的历史与现实》的代序中写道："1992 年以来，我在推动中国近代史研究的同时，也分了一部分时间和精力，关注台湾史研究。我给自己规定的任务，是组织和推动，是协调和提倡。这些方面，已经做了一些工作，铺下了一个摊子，形成了一支力量。"[①] 先生对台湾史研究平台的搭建、研究力量的整合、研究团队的带动方面的贡献有目共睹，这对于大陆台湾史学科的建设和发展至关重要。近年来，随着民进党在台湾政坛日渐强大，台湾问题更为凸显，为推动"台独"而歪曲历史的倾向有增无减。两岸分离已 60 多年，台湾的新生代并不知晓多少真实的历史，他们在"去中国化"的教育之下很容易被"台独"力量煽惑。在此形势下，对台湾真实历史的研究和书写、传播的意义已经超越了学术本身。先生以花甲、古稀之年，组织、推动与提倡台湾史研究，其意义也超越了对研究工作评价的本身。

二 台湾史学科体系的建构及对研究理论与方法的探索

中国大陆第一本带有通史性质的台湾史，是 1956 年生活·读书·新知三联书店出版的刘大年等编著的《台湾历史概述》，它确切地说是一部只有 5 万字的通史大纲。1982 年中国社会科学出版社出版的陈碧笙所著《台湾地方史》，全书近 26 万字，已具台湾通史的规模。90 年代初，史明著《台湾人四百年史》在台湾被炒了起来，大陆学界认为对台湾历史研究中的"台独"倾向要做出学术上的反应，于是开始组织编写《台湾历史纲要》，并于 1996 年由九洲图书出版社出版，陈孔立为主编。这部书反映了当时大陆学者有关台湾历史的研究和认识已达到较高水平，缺憾是对日据时期和当代台湾的叙述显得简略。为弥补以往成果的遗憾，修一部能够反映当前学术水平的较为完整的台湾通史，2005 年，先生提出"台湾历史研究"的课题，并于同年通过了中国社会科学院重大课题的评审。

---

① 张海鹏：《书生议政——中国近现代史学者看台湾的历史与现实》，代序，第 20 页。

为更好地为通史做准备，并为大众提供一个可读的台湾历史简明读本，2010 年，《台湾简史》作为"台湾历史研究"的阶段性成果由江苏凤凰出版社出版。由于该书由专业研究人员以通俗语言客观讲述台湾历史，是大陆不多见的台湾历史读物中具有代表性水准的一部，出版后立即引起外文出版社的关注。外文社组织了翻译团队，以外文版 *A Brief History of Taiwan* 将其推至海外。在此基础上，2012 年，先生所主编的《台湾史稿》作为课题最终成果问世。《台湾史稿》采取详今略古的写法，前九章为台湾的古代与近代，后十一章为台湾的现代部分。有学者评论这种写法"不但极大地弥补了大陆迄今台湾史研究中的若干薄弱环节，而且大致符合大陆 1990 年代以来台湾史研究的发展趋势。故可以视为是一种非常合理且具有远见的学术考量"，称该著为"大陆台湾史研究的新坐标"。[①]　有学者认为《台湾史稿》"运用了很多第一手的台湾史资料，而且吸收了台湾史最新的研究成果，这是一部重要的、具有指导性意义的台湾史研究著作，代表了大陆目前台湾史研究的最高水平"。[②]　作为近代史研究所台湾史学科建设的开拓之作和奠基之作，在正确的台湾历史观的指导下，建立了一个完整叙述台湾历史的科学框架。该部通史对台湾史学科体系的建构起到了关键作用。

为站在一定高度反思过去昭示未来，先生对 60 年来有关台湾通史的撰写及理论方法问题进行了探讨。先生提出，讨论台湾史研究须明确是站在中国史的立场上，还是站在台湾是一个"独立国家"的立场上。台湾在历史上曾经有 50 年被日本占据的时间，光复后不几年又长期与大陆隔离、对峙，至今没有完成与大陆的统一。这是台湾与祖国大陆各省份不同的地方，是台湾史研究的特殊性所在。"台湾史研究中所持基本立场问题，是决定台湾史研究的基本方向的问题。"先生指出就指导思想而言，不同的研究者从不同的角度展开台湾史研究，可以有各自的指导思想。但就思想体系而言，"唯物主义的历史观是最正确的指导思想"。"唯物主义历史观最核心的是尊重历史事实，在历史研究中尽可能搜集有关历史过程、历史事件、历史人物的全部史料，进行考证、辨识、逻辑梳理，弄清楚历史的来龙去脉、因果关

①　臧运祜：《十年共铸一剑　青史赓续台湾——〈台湾史稿〉读后》，载《台湾历史研究》第1 辑，社会科学文献出版社，2013，第 372、370 页。

②　《当代台湾史研究的新坐标——专家学者评〈台湾史稿〉》，搜狐网，http：//roll. sohu. com/20130409/n372088929. shtml。

系，追求历史的发展规律。"①

　　史观，即用什么观点看待历史问题，或者如何看待历史问题。随着台湾问题的突出，随着台湾史研究逐渐成为显学，有关看待台湾历史的史观问题引起学界讨论。对于台湾史研究中几种常见的史观，先生进行了逐一分析。所谓后殖民史学，是指对二战后蓬勃兴起的民族解放运动中殖民地国家纷纷独立的历史反思，虽有其合理性，但不能用来指导台湾史的研究，因为台湾从来不是一个国家，不存在民族独立问题。意在分裂国家的"台独"史观是显而易见的，曾任台湾文化建设委员会副主委的陈其南即持此种史观。大陆学者的台湾史观，是从一个中国的历史观来观察台湾的历史，这种史观在台湾作家陈映真等人身上也有体现。还有一种所谓"兼顾史观"，即既要照顾到"台独"史观包括所谓后殖民史观，又要照顾到与之相对立的史观。据陈孔立文章，这是美籍华人教授许倬云的看法，但其实并不能避免"认同不能兼顾"的难题。② 先生指出，不同的史观对台湾历史总体发展的认识差异极大，对具体历史事实的解释相差玄远。"台独"史观往往对许多影响重大的历史事实视而不见，既没有确凿的历史事实做支撑，也没有坚实的理论基础做支撑，是必须警惕与反对的史观。③

　　从尊重历史事实的唯物史观出发，张先生对台湾史中的一些关键性问题和重要事件进行了研究和论证，对一些争议性问题给出公允的说法和评价，而一些重要问题的研究正在推进当中。

　　对于台湾自古是中国的一部分的问题，他的看法是"台湾考古发掘证明，台湾史前文明与大陆文明具有同源性。所谓台湾只有400年历史的说法是站不住脚的，说台湾建省与中国只有10年的关系更是无知的说法"。但是，对于这一政治性命题"还需要做更加深入、细致的学术研究和论证"。④

　　先生认为"甲午战争是日本蓄谋已久，经过周密准备后发动的，绝不

---

① 张海鹏：《60年来有关台湾通史的撰写及理论方法问题》，载《台湾历史研究》第2辑，社会科学文献出版社，2014，第1—22页。
② 参见陈孔立《台湾史研究的"兼顾史观"——评许倬云著〈台湾四百年〉》，载《台湾历史研究》第1辑，第381—388页。
③ 张海鹏：《60年来有关台湾通史的撰写及理论方法问题》，载《台湾历史研究》第2辑，第1—22页。
④ 张海鹏：《认识台湾历史的特点与对台工作的复杂性》，载当代中国研究所编《旌勇里国史讲座》第3辑，当代中国出版社，2012，第181页。

是偶然冲动"。中国的宝岛台湾及澎湖列岛在《马关条约》中割让给日本。清政府在洋务运动中苦心经营的台湾模范省一举被日本攫走。这场战争的失败"成为中国历史发展的转捩点，也成为远东历史发展的转捩点，进一步说甚至成为国际局势发展的转捩点"。① 《马关条约》被批准换约后，日本实现了对台军事占领，开启了台湾 50 年的日据时期。台湾人民不屈于日本的殖民统治，割台 50 年，同样也是抗日的 50 年。日本对台湾的殖民统治，"不仅是台湾人民的痛苦，更是祖国人民的痛苦"。部分台湾人产生"弃儿"的悲怨，但应知所谓"弃"，绝不是祖国母亲所愿，台湾的苦难同样也是祖国的苦难。② 回顾百年历史，唯有牢记马关之耻，发愤振兴中华，排除外国势力干涉两岸事务，促使祖国早日统一，才会有光辉未来。③

先生认为日据时期台湾出现的"独立"主张，"反映了那个特殊的历史时期台湾人民的抗日诉求和对祖国统一的期待"，与今天的"台独"主张不可同日而语。④ 2015 年，在抗日战争胜利暨台湾光复 70 周年之际，李登辉却大放厥词，说"战时台湾和日本是一个国家，台湾没有抗日"。先生始终关心着台湾人民的抗日斗争历史，早在 2005 年就撰文以史实说明"台湾人民的抗日精神未曾泯灭"。⑤ 2015 年，针对李登辉的媚日言论，先生又在《解放军报》撰文批驳。⑥ 同年，马克思主义理论研究和建设工程重大委托课题"台湾人民抗战史"经中宣部批准，由张先生主持立项。此项研究的推进将对日据台湾史研究大有助益，亦将有力回应台湾某些有负面影响的不当言论。

1947 年 2 月 27 日，专卖局警员取缔香烟走私，引发流血事件。28 日，民众请愿示威，发展成大规模官民冲突。陈水扁、李登辉等"台独"势力不顾事件主流，无限放大事件中的个别现象，将其解释为族群冲突和文化冲突，是台湾人民"反对外来政权""要求独立"的表现。张先生不认同"台

---

① 张海鹏：《甲午战争百廿年祭》，《光明日报》2014 年 6 月 25 日，第 14 版。
② 张海鹏：《台湾与祖国共患难——回顾〈马关条约〉割台百周年》，载《书生议政——中国近现代史学者看台湾的历史与现实》，第 40—43 页。
③ 张海鹏：《牢记马关遗恨　努力振兴中华》，《台湾研究》1995 年第 3 期，第 3—4 页。
④ 张海鹏：《台湾与祖国共患难——回顾〈马关条约〉割台百周年》，载《书生议政——中国近现代史学者看台湾的历史与现实》，第 45 页。
⑤ 张海鹏、杜继东：《台湾人民的抗日斗争彪炳史册》，载《书生议政——中国近现代史学者看台湾的历史与现实》，第 73—82 页。
⑥ 《台湾光复是对日本殖民统治的否定》，《解放军报》2015 年 8 月 23 日，第 8 版。

独"势力对"二二八事件"的说法，也没有接受当时官方认为是"暴民暴乱"事件的说法，指出该事件的发生有深刻的历史原因，"一是日本 50 年殖民统治使台湾积累了政治、经济、文化等种种社会矛盾；二是中国历史发展到了剧烈的震荡时期。国民党官员的贪腐行为令台湾居民大为反感和失望，'缉私血案'激化了这些矛盾，而国民党当局应对失策"，从而导致事件发生。① 他认为是日本殖民统治扭曲了台湾社会面貌，极大增加了台湾行政长官公署处理事变的困难。他提到光复初期台湾经济的困境完全是日本帝国主义发动侵略战争造成的。② 这一点在台湾学者许介麟的文章中得到了印证。许介麟指出，日本当局利用日本投降后到中国接收台湾的这段空档期（1945 年 8 月 15 日至 10 月 25 日），尽情搜刮台湾的粮食等民生物资，将米荒全数转嫁给国民政府与台湾人民，因而不能认为"二二八事件"全由国民政府"恶政"造成，而与日本无关。③ 先生指出，由于局面混乱，事件中曾出现殴打外省人的现象，这种现象"是自发的、暂时的现象，决不是事件的主流"，许多正直的人士提出停止殴打外省人的要求，事件处理委员会发表的《告台湾同胞书》也表示"不是排斥外省同胞"。李登辉、陈水扁之流将其解释为"台独"开端，是歪曲历史真相。④

先生看"二二八事件"不只看到它是一个新接收地区的暴乱事件，还看到它在整个中国解放战争中的地位和作用，指出它是"与大陆爱国民主运动相呼应的争民主、求自治、反暴政的民主运动"。⑤ 就在 1947 年 2 月 28 日这天，国民党政府令中共驻京、沪、渝人员全部撤离，延续十年的国共两党关系完全破裂。国民党中央的注意力在内战部署之上，无暇顾及台湾的事情。陈仪比较清廉，也愿意把台湾治理好，但他率领到台湾组织政府的团队，把贪腐的作风带进了台湾。在台湾接收敌产的过程中，同样上演了

---

① 《张海鹏研究员谈认识台湾历史的特点与对台工作的复杂性》，《当代中国史研究》2008 年第 2 期，第 113 页。

② 张海鹏：《深入研究"二二八事件"，正确判断"二二八事件"的性质》，载《书生议政——中国近现代史学者看台湾的历史与现实》，第 254 页。

③ 许介麟：《"台独"教父的思想与行动》，台湾历史与两岸关系国际学术研讨会，2017 年 10 月 14—15 日，贵州遵义。

④ 张海鹏：《纪念二·二八义举 认清历史发展方向》，《中国社会科学院院报》2004 年 3 月 2 日，第 1 版。

⑤ 《张海鹏研究员谈认识台湾历史的特点与对台工作的复杂性》，《当代中国史研究》2008 年第 2 期，第 113 页。

"劫收"的丑剧。由于战争的创伤及社会的急剧转型，台湾战后重建面临着巨大困难，政治腐败，贪污成风，通货膨胀剧烈，失业问题严重，米荒成灾，民不聊生。"二二八事件"正好融入蒋管区民主运动旋涡，与祖国大陆人民在各地开展的反饥饿、反迫害、反内战的民主运动相呼应。①

先生从"大历史观"出发，关注中国的抗日战争和民族复兴，关注中国近代历史发展规律，这些问题看似与台湾史研究关系不大，实则却是需要了解和思考的历史背景与规律，对理解台湾历史、处理两岸关系具有指导意义。先生认为抗日战争的胜利完成了中国从"沉沦"到"上升"的转变，是中华民族复兴的重要标志，"是在中国共产党倡导的抗日民族统一战线旗帜下，以国共两党合作为基础，各阶级、各民族人民团结起来进行的中华民族解放战争"。②"如果没有抗日战争创造了近代中国第一次对外战争的胜利结局，台湾的回归祖国是很难设想的。"③ 然而，《开罗宣言》《波茨坦公告》对日本领土的处分决定并未最后落实，至今包括许多政界要人在内的部分日本人并未正确认识历史，反而成为解决台湾问题背后不利的国际因素。可以说，甲午战争与抗日战争都是理解今日之台湾问题不可忽视的历史事件，需要认真研究。④ 关于海峡两岸历史学家对于理解孙中山学说等中国近代史若干问题出现不同认识的情况，先生分析其原因，逐一阐述自己的看法，指出"资本主义是世界历史发展中一个十分重要的阶段，但它不可能永远处于黄金时代"。⑤

对于台湾历史和现实研究中不准确的理论，先生往往会及时给予反击或驳正，并不回避学界好友。王晓波教授是台湾地区持中国统一论的著名学

① 张海鹏：《深入研究"二二八事件"，正确判断"二二八事件"的性质》，载《书生议政——中国近现代史学者看台湾的历史与现实》，第254—255页。

② 张海鹏：《走向民族复兴的重要标志——论抗日战争胜利的历史意义》，《抗日战争研究》2005年第3期，第1—15页。

③ 张海鹏：《台湾与祖国共患难——回顾〈马关条约〉割台百周年》，载《书生议政——中国近现代史学者看台湾的历史与现实》，第44—45页。

④ 张海鹏、李理：《应深入研究甲午战争、抗日战争对后世的影响》，《东北史地》2015年第5期，第3—6页；吴文川：《台湾史专家谈台湾史研究》，《学术界》2005年第5期，第292页。

⑤ 张海鹏：《关于中国近代历史发展规律的认识和对若干史实的解说》，台北《历史月刊》第121期，1998年，转见梁景和主编《中国近代史基本理论问题文献汇编》（上），社会科学文献出版社，2013，第93—109页。

者，而他所提言论并非无懈可击。先生与晓波教授的交谊颇为久远、深厚，然而，对其言论中出现的错误，先生也会毫不隐讳地指出来。1993 年，台大教授王晓波在纽约乡情座谈会演讲台湾前途和两岸关系，曾提到"不完全继承"的理论，认为中华人民共和国和中华民国是一种"不完全继承"的关系：对外，中华人民共和国继承了中华民国在联合国的席位和对外 150多个国家的邦交，但还有若干国家的邦交没有继承；对内，"还有台湾的统治权没有继承"。张先生意识到这一说法可能会被别有用心者利用，据此诉求"台独"乃至"一中一台"、"两个中国"，而这应该是超出王晓波教授的主观愿望的。先生致函王晓波，从国内法和国际法角度提出中华人民共和国继承中华民国主权，就像中华民国继承清政府主权一样，是"完全继承"，只是治权未及台湾的理论，指出"不完全继承"在法理上是站不住的，也是不符合事实的。① 有国际法学者认为这篇文章完全符合国际法理论。

三 若干重要台湾现实问题的历史探索及政治建言

日本政府和一些日本学者、媒体认为《马关条约》中有关割让范围未提及钓鱼岛，日本是通过"和平的方式取得钓鱼岛"，与《马关条约》完全无关。1972 年日本外务省发表《关于尖阁列岛主权的基本见解》，便持此种观点，这成为日本所谓拥有钓鱼岛主权的依据之一。2012 年，香港媒体曝光日本在钓鱼岛已经备下"两套夺岛军事方案"；安倍晋三放言"日军不存在强征慰安妇问题"；时任日本首相野田佳彦加速所谓的钓鱼岛"国有化"。《世界报》称"日本把钓鱼岛推向战争边缘"。② 在这种局势下，有针对性地进行相关历史的研究，让民众和世界了解真实的历史，是一个有担当的历史学者应为之事。

对此，2013 年张先生与中国社会科学院中国边疆史地研究中心研究员李国强先生合写《论〈马关条约〉与钓鱼岛问题》，驳斥日本政府有关钓鱼

---

① 张海鹏：《与王晓波教授商榷"不完全继承"理论》，载《东厂论史录——中国近代史研究的评论与思考》，广东人民出版社，2005，第 362—371 页。

② 《日本把钓鱼岛推向战争边缘》，《世界报》2012 年 9 月 5 日，第 1 版。

岛与《马关条约》无关的说辞，指出日本"窃占"钓鱼岛绝非什么"和平方式"，而是近代殖民侵略的产物，是甲午战争中日本战略的一环。正是基于侵华战争胜券在握，日本内阁才抢先窃据钓鱼岛，接着才有了不平等的《马关条约》；正是通过《马关条约》，日本力图以所谓条约形式，实现其对钓鱼岛"窃占"行为的"合法化"。① 针对 1972 年日本外务省为阐释"尖阁列岛"（即钓鱼岛）主权时所声称"该列岛向来构成我国领土西南诸岛的一部分"的说法，两位先生以史实论证钓鱼岛是中国台湾附属岛屿，指出，尽管日方力图割裂钓鱼岛与中国台湾的历史联系，并一再否认《马关条约》中的"台湾附属岛屿"包括钓鱼岛，但大量历史文献表明，"中国政府将钓鱼岛纳入台湾辖下，从海防和行政两个方面都对钓鱼岛实施了长期的有效管辖，钓鱼岛不是无主地，而是中国台湾的附属岛屿"。② 对于历史上钓鱼岛隶属于台湾行政管辖一点，后来学界又有翔实证明来印证先生的观点。③"南西诸岛"本是日本蓄意最大限度取得太平洋岛屿的一个偷换概念的策略。1951 年 1 月，美日启动关于战后媾和的领土议题的讨论。日本首相吉田希望美国重新考虑将琉球、小笠原群岛置于联合国托管之下的提案，并盼日本与美国共同托管，允许岛上居民保留日本国籍，托管期满后将其"交还"日本，但被美国拒绝。随后，日本以"抓小放大"的策略，改为要求将北纬 29 度以南地区划归日本，并掩盖其暴力侵占的历史，称这些岛屿上的居民都是日本人。④ 美国接受了其后来的提议。接着，日本又偷换概念，将"北纬 29 度以南的琉球群岛"改为"北纬 29 度以南的南西诸岛"。将"其以暴力或贪欲所攫取"的琉球群岛塞进日本的南西诸岛，掩盖其殖民扩张吞并琉球王国的侵略历史，将琉球群岛变成日本"固有领土"，为日后要求美国将琉球群岛"交还"日本埋下伏笔。⑤ 张先生对钓鱼岛是中国

① 张海鹏、李国强：《论〈马关条约〉与钓鱼岛问题》，《人民日报》2013 年 5 月 8 日，第 9 版。
② 张海鹏、李国强：《论〈马关条约〉与钓鱼岛兼及琉球问题》，载《台湾历史研究》第 1 辑，第 35—36 页。
③ 如吴巍巍、方宝川《清代钓鱼岛隶属于台湾行政管辖史实考——兼驳日本外务省的"基本见解"》，《福州大学学报》（哲学社会科学版）2016 年第 1 期。
④ 日本外务省：《日本外交文书：旧金山和约——对美交涉》，白峰社，2007，第 183—184、225 页。
⑤ 参见胡德坤、沈亚楠《对盟国的抵制与索取：战后初期日本的领土政策（1945—1951）》，《世界历史》2015 年第 1 期，第 50 页。

台湾附属岛屿的史料梳理，有力反驳了日方为占有非法取得的领土而采取的说辞。

对于琉球问题，先生指出，虽然日本在 1879 年吞并琉球，但史料证明清政府立即提出抗议，形成所谓琉球交涉。根据 1880 年中日琉球交涉，日政府同意宫古岛、八重山诸岛划归中国。直到 1887 年，总理衙门大臣曾纪泽还在声明，琉球问题并未了结。① 大约与此同时，有研究者的文章也提到清政府从未承认日本占有琉球一点，与张先生的论证形成呼应。文章指出，琉球归属问题的肇因，乃过去琉球王国是明清两朝的藩属国，但日本借1874 年《中日北京专约》片面解释其为琉球人出兵的合理性，并在 1879 年强行将琉球改为日本政府直辖的冲绳县。当此，"清政府因力不如人，徒负呼号，但从不承认琉球王国归属日本"。②

基于日本取得琉球与取得钓鱼岛一样都是战争行为，在讨论《马关条约》与钓鱼岛问题时，张先生与李国强先生提出，"历史上悬而未决的琉球问题也到了可以再议的时候"。③ 他们的观点是，琉球历史上既不是中国的，也不是日本的，而是一个独立王国。日本现在不仅抹杀对琉球问题的认识，还变本加厉，在钓鱼岛问题上咄咄逼人。因此琉球有必要"再议"。不料，最后提出的"琉球再议"一语立即引起各国媒体的关注和日本官方的紧张，解说者纷纭，如日本时事通讯社报道称该文将令日中关系掀起新的波澜，还有外国媒体解读出"日本要钓鱼岛，中国要琉球"之意。可见舆论与一般民众对于若干历史问题并非十分明晰，对于此类研究论述的解读亦很难准确。为进一步说明问题，厘清某些误读的阐释与模糊不清的观念，先生立即做出反应，又写《琉球再议，议什么》一文，指出"琉球再议，至少要接续 19 世纪 80 年代中日两国之间就琉球问题进行的谈判"；冷战时期，美国改变了战时对琉球问题的看法，但没有就此与中国以及任何其他二战中的盟国讨论过，今天可以在包括主要关涉国中国在内的二

---

① 张海鹏、李国强：《论〈马关条约〉与钓鱼岛兼及琉球问题》，载《台湾历史研究》第 1 辑，第 29 页。

② 尤淑君：《战后台湾当局对琉球归属的外交策略》，《江海学刊》2013 年第 4 期，第 155 页。

③ 张海鹏、李国强：《论〈马关条约〉与钓鱼岛问题》，《人民日报》2013 年 5 月 8 日，第 9 版。

战盟国间再议。①

　　为解决中国统一问题，中共中央曾提出"一国两制"的方案，但未得到台湾方面有影响人士的善意回应。1992 年在北京召开的两岸学者讨论中国统一的学术会议上，台湾政治大学邵玉铭称中国实行"一国两制"无历史经验可循。虽为学界人士所提出，但此种观点反映了台湾部分人对"一国两制"的抵触，也会成为"台独"人士反对统一的根据。对此，先生立即做出回应。他从历史考察，认为陕甘宁边区、晋察冀边区等地方政府与国民政府并存，是中华民国时期真正的"一国两制"现象，现在提出的"一国两制"正是民国时期一直存在的问题的自然延伸。"所不同者，主客异势而已。"② 1995 年 7 月，《联合报》报道了一项高度机密的重要史料获得解密。1945 年 12 月，蒋经国作为蒋介石私人代表，与斯大林会谈，涉及中国统一问题。蒋经国希望斯大林向中共施压，促使中共与国民政府寻求妥协，使抗战后的中国得以统一。"容共"的具体办法是：同意让中共代表参与政府工作；准许中共拥有 16—20 个师的军队，但中共军队须接受国民政府指挥；若干地方政府可由中共负责，但这些地方政府须服从国民政府的命令。先生从这项史料也找到了"一国两制"的历史根据，遂又撰文发表在《海峡评论》1995 年 11 月号，后来被纽约《侨报》转载。③

　　怀着大局关怀，先生对台湾政治生态进行观察，对两岸关系发展建言献策。1997 年，张先生参加中国社科院代表团访台，时值台湾处于"修宪"与反"修宪"浪潮之中。归来后，先生记录了对当时台湾情况的观察和各界主要人士所主张各点，④ 为研究当代台湾政情提供了宝贵资料。2003 年，根据对台湾的观察，先生指出，李登辉将"民主化"和"本土化"高度结合，大力排挤外省人才，使台湾的"民主化"畸形发展，变成"一切为选票"的怪异政治社会。针对台湾政治生态的严重恶化，赞成统一者皆受压

---

①　张海鹏：《琉球再议，议什么》，《环球时报》2013 年 5 月 17 日。
②　张海鹏：《历史和现实："一国一制"和"一国两制"研究》，载《张海鹏自选集》，学习出版社，2012，第 486 页。
③　张海鹏：《从史料解禁看"一国两制"的历史根据》，载《书生议政——中国近现代史学者看台湾的历史与现实》，第 162—167 页。
④　张海鹏：《访台归来谈李登辉主持的"修宪"》，载《书生议政——中国近现代史学者看台湾的历史与现实》，第 267—273 页。

制的状态，先生提出对台工作建议：建议组织学界对"民主化"和"本土化"进行"深入研究和慎重有力的公开批评"；建议以完全负面的"分裂"一词代替有可能引起误解的"独立"一词，采取"反分裂促统一"的提法；建议在改善两岸关系方面将坚持"以我为主，对我有利"的原则放在首位。① 先生看到两蒋时代坚持"一个中国"，在未完成统一前有积极意义，但后来台湾政治特征发生变化，一步步走向"台独"。② 对于大陆方面，先生提出要充分估计到逼和成功的可能性，③ "改变'先经后政'的固定模式，谈经济也谈政治"等建议来解决台湾问题；对于台湾方面，先生主张国民党应恢复《国家统一纲领》，将"不独"作为严肃的政治主张而不是竞选口号，修正作为策略的"不统"主张，体现"终极统一"。④ 由于对台湾问题和两岸关系问题的全面了解和准确把握，先生的主要政治主张通过各种渠道上达后，往往也会产生一定效应，⑤ 使"治史"之业与"资政"功能得以结合。

先生关注着中央提出的对台政策和台湾方面的反应，也关注着台湾当局的重要文件和言论，关注着可能引起海峡两岸关系波动与起伏的言论与现象，从学者的角度尽一己之力拨乱反正、正本清源，以入世之心审视着台湾的历史和现实。

"台独"人士提出，台湾史就是"本国史"，且通过台湾教育行政当局强行贯彻到高中历史教科书中，其依据就是否认《开罗宣言》的法律效力。时任台湾地区"教育部长"的杜正胜提出《开罗宣言》是新闻公报，不是会议公报，不具备法律效力。关于开罗会议和《开罗宣言》的背景、意义，张先生在 2003 年就有论述，指出《开罗宣言》是战时三大国首脑对大战结局所做的最重要的政治决定，其历史地位不可动摇。⑥ 2005 年，先生再次撰

① 张海鹏、卢晓衡：《台湾选举与政治生态的观察》，载《书生议政——中国近现代史学者看台湾的历史与现实》，第296—298 页。

② 张海鹏：《对未来两岸政治关系的可能定位及发展刍议》，载《书生议政——中国近现代史学者看台湾的历史与现实》，第108—120 页。

③ 张海鹏：《关于台湾政治地位的思考与建议》，载《书生议政——中国近现代史学者看台湾的历史与现实》，第274—285 页。

④ 张海鹏：《海峡两岸关系发展趋势蠡测》，载《书生议政——中国近现代史学者看台湾的历史与现实》，第121—131 页。

⑤ 如作为第十届全国人大代表时曾向国家有关部门提出若干关于涉台问题的正式建议。

⑥ 张海鹏：《捍卫中国领土主权不可分割的原则》，《台湾研究》2003 年第4 期，第8—10 页。

文予以批驳，指出纵观整个中国史和世界史，台湾从来不是一个国家，只是中国的一部分；即使根据不平等条约《马关条约》，台湾曾经割让给日本，也不曾成为一个国家；1945 年回归祖国，台湾依然是中国的一个省。1943年的开罗会议和德黑兰会议，是国际反法西斯战线四大盟国首脑在战争紧张时刻召开的最高军事政治会议，所做出的最重要的军事政治决议，经四大国首脑一致同意，正式公布，是战时最重要的政治文件，也是当时最重要的国际法文件。且在 1945 年 7 月 26 日，美、英、中三国首脑在《波茨坦公告》中正式引用《开罗宣言》，随后苏联首脑斯大林也在这个文件上签字。由《开罗宣言》所决定、《波茨坦公告》所肯定的这些条件，又在 1945 年 9 月2 日的《日本投降条款》中再次得到确认。因此，说《开罗宣言》不具法律效力是对历史的无知。[①]

　　由于先生的"书生"背景，由于先生对中国近代史的通盘把握，他能够准确驳斥曲解台湾历史和两岸关系者的错误言论。暴露错误的同时这些错误言论自然失去了煽动的力度。譬如，对于 1994 年台湾当局发布的《台海两岸关系说明书》，先生指出了其在回顾历史时所犯的常识性错误。譬如，"说明书"提到 1949 年"中国遂以台湾海峡为界暂时形成分裂分治之势"，先生指出，1949 年国民党残余力量退踞台、澎、金、马等地，台、澎在海峡之东，金、马在海峡之西，"为界"之说，是用地理常识的错误掩盖了"两个中国"的曲笔。又如，孙中山先生"创著三民主义"，开始于 1905 年同盟会成立之时，完成于 1924 年国民党"一大"，"说明书"把它安排在"中华民国建国初期"之下来叙述，是常识错误。"说明书"认为民生主义"欲防止资本主义与共产主义的弊端"，实是曲解，先生指出，民生主义就是社会主义，"是对资本家打不平的"。孙中山先生在 1924 年指出，"共产主义是民生的理想，民生主义是共产的实行"，民生主义就是共产主义，共产主义是民生主义的好朋友。可惜孙中山去世后，国民党抛弃其民生 - 社会主义学说，把"三民主义"变成了专制主义。[②]

---

① 张海鹏：《关于台湾史研究中"国家认同"与台湾史主体性问题的思考》，《中国社会科学院院报》2005 年 3 月 15 日，第 3 版。

② 张海鹏：《论台海两岸暂时分离的由来——评台湾当局〈台海两岸关系说明书〉》，载《张海鹏自选集》，第 502—503 页。

结　语

先生首次赴台已逾知天命之年，创建中国社会科学院近代史研究所台湾史研究室和中国社会科学院台湾史研究中心已逾花甲。以首次赴台为转折，先生开始关注台湾历史研究，思考台湾现实问题，并日益将推动台湾史研究以有助于祖国统一作为自己的一项学术使命。以创建台湾史研究的实体和虚体机构为起点，先生将推动大陆台湾史研究的使命落于实处。大处而言，搭建平台，整合力量，探讨现有问题，思考未来方向；细处来说，修史著说，创办辑刊，培养人才，推进海峡两岸交流。台湾史研究不但有资料获取的困境，更有立场和史观是否能采择正确的困境。先生主编《台湾史稿》为争夺学界话语权、建构大陆台湾史学科体系之里程碑，亦是唯物史观指导下台湾通史撰写的典范。先生认为"没有台湾历史研究作为支撑的台湾现状研究，未必能走得很远"。① "书生"不但可以"议政"，而且"议政"之事不能没有"书生"。先生推动台湾史研究，建立自己的话语体系，探寻并书写真实历史，除了学术本身需要之外，最终的目的是促进祖国的统一。

先生的台湾史研究最难能可贵的是其"大历史观"指导下的思辨与论证。他对台湾历史与现实是站在一定高度的、具有大局关怀的关注，其中虽不乏对关键性问题和细节的考证，但绝不会陷入琐细论述的迷境。相对于微观历史的描述，他更擅长的是对宏观的把控。但他的眼光又是敏锐的，往往能看到一般人所忽略的关键节点；他对问题的把握是细腻而准确的，这也得益于多年来所沉淀的历史感和对中国近代史的通盘了解。台湾史研究有其特殊性，更有与其他历史学科的共同性，都离不开唯物史观的指导。先生对台湾史研究中出现的种种史观进行反驳，并将唯物史观身体力行地运用于自己对台湾史的书写和解读当中。先生的思考方法是从历史中找答案，从近代历史进程的宏阔背景中解读台湾问题，他的论断具有学者特有的严谨性和客观性。不了解历史而为政治需要肆意歪曲历史的说辞在先生这里往往漏洞百出，无所遁形。

有人评价先生的学术品格，认为"他不是一位纯粹书斋式的学者，既

---

① 张海鹏：《书生议政——中国近现代史学者看台湾的历史与现实》，代序，第18—19页。

有传统士人的入世精神，又有现代知识分子的参与意识。作为历史学家，他研究历史，不是为学术而学术，而是立足现实，既从现实社会中发现历史研究的问题意识，又力图从历史研究中寻求解决现实社会政治问题的思想资源。研究历史，观照现实，是其基本的学术品格"。① 以"入世精神"与"参与意识"，从台湾问题现状与两岸关系的起伏出发，研究历史以期观照现实，是先生台湾史研究的突出特点。

陈孔立先生曾说："台湾曾被日本统治了 50 年，国民党又统治了 50 年（按：2005 年时所言，当时亦并非确数），如果我们脱离了这些历史实际去研究问题，就无法说服别人。历史发展到今天，台湾史已显然成为了一门显学，台湾史的研究已不单是学术问题，而且也是政治问题。我们台湾史学工作者有责任通过扎扎实实的研究工作，为统一祖国，反对分裂，做出我们积极的贡献。"② 张海鹏先生就是这样一位切实推动台湾史研究工作，以入世之心、大局关怀，不断关注台湾现实与两岸关系的起伏，并从历史中探寻真相、书写真相、传播真相的史学家。"书生议政"彰显的不仅是学术，还有家国情怀。

〔作者单位：中国社会科学院近代史研究所〕

---

① 李细珠：《历史研究与现实关怀——张海鹏先生的学问人生》，《徐州师范大学学报》（哲学社会科学版）2007 年第 1 期，第 11 页。
② 杲文川：《台湾史专家谈台湾史研究》，《学术界》2005 年第 5 期，第 290 页。

张海鹏先生与义和团运动史研究

崔华杰

张海鹏先生与义和团运动史研究有着近 40 年的学术渊源。他运用历史唯物主义的观点指导学术研究，在义和团运动的性质、地位、意义等论域立论鲜明，很具特色。张海鹏先生担任中国义和团研究会理事会第一届的理事、第七届和第八届的理事长以及第九届的顾问。张海鹏先生注重跨国研究的积极影响，力推义和团运动史研究纳入第二十二届国际历史科学大会的讨论议题。本文不揣浅陋，拟将张海鹏先生在义和团运动史研究上的贡献及特色做一简要概述。

一 "近代中国历史发展的主线"

发生在 19 世纪和 20 世纪之交的义和团运动，是震惊世界的重大事件。它牵涉的国际关系复杂，引发的国内矛盾突出，加上其本身反抗帝国主义的正当性与盲目排外的愚昧性交织在一起，使得对其成因、源流、性质、口号、作用、历史意义的评价，始终是不同历史时期、不同阶级所争论的焦点。自改革开放以来，张海鹏先生在多篇论文中论及义和团运动的历史，尤其对于运动的性质、地位、历史作用和意义有着长期的研究。[①] 其贡献具体

---

① 参见张海鹏先生的如下文章：《应当如何看待义和团的排外主义》，《近代史研究》1981 年第 2 期；

来说主要有以下几个方面。

第一，强调义和团运动在近代史主要线索中的地位。毛泽东在《中国革命和中国共产党》一文中，将义和团运动和其他革命运动一起视为"中国人民反抗帝国主义及其走狗的过程"。新中国成立以来，史学界将这番论断当作中国近代史的基本线索，铺陈中国近代史的历史叙事，其中比较具有代表性的是胡绳。1954 年，胡绳采用马克思主义的阶级观点和阶级分析来指导写作，率先指出中国近代史上存在太平天国、戊戌变法和义和团、辛亥革命三次革命高潮。[①]

针对胡绳的上述观点，学术界有不同的声音。有的认为义和团运动"所表现出的爱国主义精神和历史功绩必须充分肯定，但它却不能成为体现中国近代史基本线索的标志"；[②] 有的指出义和团运动"不把它列为主要线索，丝毫不是意味着对农民运动的地位和作用的贬低和否定"；[③] 有的认为义和团运动因为"在时间上它与甲午战争的距离近"，"所以不把它当做独特的年份列出来"；[④] 也有学者强调应把 110 年作为中国近代史的全体，而且"不以资本主义为主线是难以说明历史规律的"。[⑤]

不管是阶级斗争论，还是现代化说，抑或是大近代史观，都是将义和团运动排除在近代史宏大叙事的主线索之外。对此，张海鹏有不同的观点，认为考虑到中国近代史的发展线索，应制约于中国是半殖民地半封建社会及中国人民反帝反封建这一中心任务，因此，从太平天国、戊戌变法到义和团、

《中国近代史的"两个过程"及有关问题》，《历史研究》1984 年第 4 期；《中国近代史研究的回顾》，《近代史研究》1989 年第 6 期；《如何看待中国近代史发展的基本线索？》，《求是》1990 年第 3 期；《近年来中国近代史研究中若干原则性争论》，《马克思主义研究》1997 年第 3 期；《中国近代史的分期问题》，《光明日报》1998 年 2 月 3 日；《关于中国近代史的分期及其"沉沦"与"上升"诸问题》，《近代史研究》1998 年第 2 期；《反帝反封建是近代中国历史的主题》，《中国青年报》2006 年 3 月 1 日。

① 胡绳：《中国近代历史的分期问题》，《历史研究》1954 年第 1 期，第 10—13 页。

② 戚其章：《关于中国近代史基本线索的几点意见》，《历史研究》1985 年第 6 期，第 77 页。

③ 李时岳：《中国近代史主要线索和主要标志之我见》，《历史研究》1984 年第 2 期，第 113 页。

④ 陈旭麓：《关于中国近代史线索的思考》，《历史研究》1988 年第 3 期，第 70 页。

⑤ 夏东元：《110 年中国近代史应以戊戌变法为分段线》，《历史研究》1989 年第 4 期，第 188 页。

辛亥革命，才能正确反映人民大众反帝反封建的民主革命。① 从这个认识出发，张海鹏指出中国近代史的革命高潮应包括太平天国革命运动、戊戌维新和义和团运动、辛亥革命、新文化运动和五四运动、1927 年大革命、1937—1945 年抗日战争、解放战争和中华人民共和国成立这七次革命高潮。② 特别是义和团运动，张海鹏指出"农民始终是近代史革命的主力军"，"在十九世纪内，只有农民战争，是推动中国社会进步的主要动力"，因此，义和团运动"直接地表现了近代中国历史发展的主线"。③

第二，强调义和团运动在近代中国民族革命中的重要作用。众所周知，在抗日战争时期，毛泽东在其《矛盾论》中明确指出：1840 年的鸦片战争，1894 年的中日战争，1900 年的义和团战争，都是反对帝国主义军事压迫的民族战争。1955 年，周恩来在北京各界欢迎德意志民主共和国政府代表团大会上的讲话中，也说"1900 年的义和团运动正是中国人民顽强地反抗帝国主义侵略的表现。他们的英勇斗争是 50 年后中国人民伟大胜利的奠基石之一"。④

不可忽略的另外一个事实是，义和团的"灭洋"就是一概排斥洋人、洋教、洋货。如义和团在揭帖中说"屠戮西人，焚毁其居"，"降下八百万神兵，扫除外国洋人"，"烧尽洋楼、使馆，灭尽洋人教民"等，⑤ 明显表现出其排外活动中野蛮落后的一面。但据之能否定义和团在反帝运动中的作用，还有义和团运动的正义性与革命性的一面？有的认为应该将义和团"当做沉痛教训来加以接受"，⑥ 有的认为这场运动"带有浓重的封建愚昧主义色彩"，⑦ 其实就是对上述疑问的肯定答复。

张海鹏认为应理性、全面地看待义和团运动的排外主义。一是阶级本质

---

① 张海鹏：《六十年来中国近代史学科的确立与发展》，《历史研究》2009 年第 5 期，第 13 页。

② 张海鹏：《关于中国近代史的分期及其"沉沦"与"上升"诸问题》，《近代史研究》1988 年第 2 期，第 13 页。

③ 张海鹏：《中国近代史的"两个过程"及有关问题》，《历史研究》1984 年第 4 期。

④ 周恩来：《在北京各界欢迎德意志民主共和国政府代表团大会上的讲话》，《人民日报》1956 年 12 月 12 日，第 1 版。

⑤ 陈振江、程歗：《义和团文献辑注与研究》，天津人民出版社，1985，第 5、22、24 页。

⑥ 张玉田：《应当全面看待义和团运动：谈义和团的笼统排外主义》，《辽宁大学学报》1979 年第 1 期，第 42 页。

⑦ 王致中：《封建蒙昧主义与义和团运动》，《历史研究》1980 年第 1 期。

决定了义和团在排外运动中不可避免地出现愚昧的一面。张海鹏指出，以农民为主体组成的松散组织义和团之所以出现愚昧、落后的一面，是因为没有先进阶级的指导，带有时代和阶级的局限性，这一点不容回避。① 二是应该客观看到义和团排外主义的前后因果关系。义和团"对洋人、洋教、铁路、电线以及一切洋货的憎恨，都是由帝国主义对中国的经济侵略和政治压迫引起的"，是"一个被压迫民族在生死存亡的危急关头所自然产生的一种要求生存权利的本能反映"。② 三是更应看到义和团运动所彰显的时代精神。张海鹏说，义和团时期的农民对资本主义－帝国主义的认识虽然是很初步的，但面对外国侵略者，他们敢于以血肉之躯去同洋枪洋炮拼搏，以保全国家的独立和主权，令侵略者瞠目。义和团以"扶清灭洋"为基本口号，表现了反对帝国主义侵略的精神和反帝斗争的原始形式，表现了中国人民朴素的爱国主义。③

第三，重视地图在义和团运动史研究上的重要性。中国历史学者在古代就推崇"左图右史"的治史理念，说明了地图与历史在学术研究中不可分割，两者可以参补印证。1975 年刘大年主持编写《中国近代史稿》，其中第八章主要涉及义和团运动史。据张海鹏回忆，他协助刘大年整理并核对史料出处，还负责为书稿选择历史图片，绘制历史地图。④ 此时，张海鹏意识到地图对于义和团运动史研究的重要性，便搜集出《八国联军在北京城内屠杀义和团民》等历史图片，附录在《中国近代史稿》一书中。1984 年，张海鹏在中国地图出版社和长城出版社分别出版《中国近代史稿地图集》和《简明中国近代史图集》，受到复旦大学中国历史地理研究所所长谭其骧、中国社科院民国史研究室主任孙思白的高度赞扬，这奠定了张海鹏"在学术界的地位"。⑤ 特别是《中国近代史稿地图集》，直观生动地展现了 19 世

---

① 张海鹏：《中国近代史的"两个过程"及有关问题》，《历史研究》1984 年第 4 期，第 9—10 页。

② 朱东安、张海鹏、刘建一：《应当如何看待义和团的排外主义》，《近代史研究》1981 年第 2 期。

③ 张海鹏：《中国近代史上的"两个过程"及有关问题》，《历史研究》1984 年第 1 期，第 10—11 页。

④ 张海鹏：《学术人生——我的理想与追求》，《江苏师范大学学报》（哲学社会科学版）2017 年第 6 期，第 14 页。

⑤ 张海鹏：《学术人生——我的理想与追求》，《江苏师范大学学报》（哲学社会科学版）2017 年第 6 期，第 15 页。

纪 60 年代到 90 年代的基督教在华传教图和反洋教斗争的地理分布、义和团运动时期的京津及华北等地的反帝斗争以及俄国侵占东北地区形势等。①

　　第四，拓展了义和团运动研究的一些新方向。1996 年，张海鹏在《近代史研究》发表《试论辛丑议和中有关国际法的几个问题》一文，探讨庚子议和过程中的若干国际法问题。② 正如他在文中所说，当时中国近代史学界对义和团的研究颇见成绩，但对于八国联军侵华和辛丑议和的研究鲜有人涉足，至于从国际法视角下的学术观察更是尚付阙如。他的这篇长文，首先钩沉了国际法在近代中国的传播历程，分析清廷官员的国际法观念和认知，接着考证了列强所谓"戕杀公使""攻击使馆"罪名背后的事实因果与法理源流，并以公使保护、惩办祸首、议和过程等重大历史事件为个案，指出列强实则知法犯法，亵渎了国际法规则，从而也说明清政府在外交上的懦弱无能。另外，正是考虑到张海鹏在辛丑议和方向的研究特色，廖一中主编《义和团大辞典》时，委托他编写了"议和大纲""辛丑条约""辛丑条约谈判""庚子赔款"这四个长词条。③

　　第五，推动义和团史的学术研究在公共史学的普及。张海鹏多番强调，做好义和团运动的研究，正确认识和阐释义和团运动时期的中国历史，是近代史研究尤其是义和团研究者的任务。④ 他也始终将这一任务付诸实践。早在 2000 年，法国一家电视台为过去的千年拍摄一部系列纪录片，并为每一集选一张代表性照片作为开场白，1900 年的照片，就是有关八国联军在中国北京屠杀义和团拳民的图像。张海鹏受邀担任解说时强调，发生在半殖民地半封建社会的中国的义和团运动，其性质本身就具有反帝反封建斗争的品格。⑤ 还是在 2000 年，张海鹏与王忍之合作的"百年中国史话"系列丛书，请卞修跃撰写了《义和团史话》，并纳入"近代政治史系列"。⑥ 2006 年 6 月，

---

①　张海鹏：《中国近代史稿地图集》，中国地图出版社，1987，第 67—75 页。

②　张海鹏：《试论辛丑议和中有关国际法的几个问题》，《近代史研究》1996 年第 6 期。

③　廖一中主编《义和团大辞典》，中国社会科学出版社，1995；金东吉主编《张海鹏先生七秩初度纪念文集》，社会科学文献出版社，2008，第 537 页。

④　陶飞亚、赵美庆：《义和团运动与义和团战争学术论证会综述》，《上海大学学报》2009 年第 4 期，第 136 页。

⑤　张海鹏：《学术人生——我的理想与追求》，《江苏师范大学学报》（哲学社会科学版）2017 年第 6 期，第 2 页。

⑥　卞修跃：《义和团史话》，社会科学文献出版社，2000。

中国义和团研究会理事长暨驻鲁理事座谈会在山东大学召开，时为副理事长的张海鹏认为面向公众应该做一些义和团通俗的、普及的、科学的宣传。①

对公共舆论界一些影响甚广的论点，张海鹏有着学术上的质疑和争鸣。如 2006 年《中国青年报》冰点栏目发表的一篇文章，说"义和团毁电线、毁学校、拆铁路、烧洋货、杀洋人和与外国人及外国文化有点关系的中国人凡沾点洋气的物和人，必彻底消灭而后快"，还认为"义和团烧杀抢掠、敌视和肆意摧毁现代文明在前，八国联军进军在后，这个次序是历史事实，无法也不应修改"。② 对此，同年 3 月，张海鹏也在《中国青年报》冰点栏目发表整版文章做出回应，强调在研究近代中国历史时应当采取正确的历史主义态度。在文中，张海鹏强调没有先进阶级的指导，以农民为主体组成的松散组织义和团带有时代和阶级的局限性，但是还要看到义和团的笼统排外主义实质上是农民阶级有历史局限性的民族革命思想，也是中国人民反抗帝国主义侵略的原始形式。他还针锋相对地指出，不是义和团"摧毁现代文明在前"，而是帝国主义侵略中国在前；正是列强以战争威胁清政府镇压义和团，才有义和团拆毁铁路、电线杆；正是八国联军在 1900 年 5 月 31 日开进北京，才有义和团更激烈的反抗行为。③

二　1980—2016 年：张海鹏与中国义和团研究会

作为在国家民政部注册的一级学会，中国义和团研究会在海内外史学界有着良好的口碑，素有义和团史研究的机关中心之美誉。研究会成立后，张海鹏就担任理事会理事，并在 2007—2016 年担任第七届和第八届的理事长。可以说，张海鹏见证了中国义和团研究会从无到有、从小到大，是学会近 40 年发展史上的亲证人之一。

1980 年 11 月，山东大学、山东社科院、山东师范学院、吉林社会科学院、天津社会科学院等五家单位联合发起一次较大规模的义和团运动史讨论会，中国社科院近代史所黎澍、荣孟源、丁名楠、张海鹏等学者，以及来自

① 《义和团研究会通讯》2006 年第 12 期，第 1—7 页。
② 袁伟时：《现代化与历史教科书》，《中国青年报》（冰点特稿）2006 年 1 月 11 日。
③ 张海鹏：《反帝反封建是近代中国历史的主题》，《中国青年报》2006 年 3 月 1 日。

全国 28 个省份的代表和日本、美国、加拿大、澳大利亚等国家的学者出席会议，提交论文逾百篇。① 这次会议是继 1960 年义和团运动 60 周年学术研讨会之后，召开的又一次全国性学术讨论会。这次会议之后，也开创了义和团史研究每十年举办一次大规模国际会议的学术传统。大会举行期间，不少参会同志呼吁，应借机成立全国性的义和团史研究机构，沟通中外学者，统筹学术研究。这样，中国义和团研究会的前身义和团运动史研究会宣告成立。当月 20 日，与会学者从全国义和团史的研究者中推出 58 人的理事会，又由理事会推选正副理事长，丁名楠先生被推举为理事长，徐绪典为副理事长，张海鹏为理事。② 理事会还遴选理事组成秘书处，聘张海鹏与李德征、戚其章等六位学者为秘书。③ 同年 12 月 26 日至 29 日，义和团运动史研究会正副理事长和秘书处的同志在北京召开会议，研讨工作计划，准备在 1982 年召开会员代表大会，协同推进义和团运动的研究。④ 自此，当时为中国社科院近代史所助理研究员的张海鹏，开始了与中国义和团研究会近 40 年的学术渊源。

根据工作安排，1982 年 9 月，中国义和团研究会会员代表大会在威海举行，到会代表 63 人，提交论文 36 篇。这次会议修改了章程，并推举理事会成员。丁名楠当选为理事长，徐绪典为副理事长，张海鹏与金冲及、李侃、李文海、顾长声、路遥、胡滨等 27 人被推选为理事。理事会组建了新的秘书处，聘张海鹏与山东大学、山东师范大学、山东社科院历史研究所等三家会员单位的代表组成秘书处成员，协调推进学会事务。⑤ 1986 年 5 月，研究会在天津召开代表大会，改选理事会，张海鹏鉴于自己未能专门研究义和团运动，可能无法做出太多贡献，主动提出辞去理事和秘书，为大会所采纳。⑥ 1988 年 8 月，研究会在黑龙江黑河召开理事工作会议，张海鹏作为特

---

① 参见齐鲁书社编辑部编《义和团运动史讨论文集》，齐鲁书社，1982。
② 义和团研究会编《义和团研究会会刊》（义和团运动史学术讨论会专辑），1981，第 58—60 页。
③ 《义和团研究会会刊》（义和团运动史学术讨论会专辑），第 60 页。
④ 徐绪典：《义和团运动史研究会理事会工作报告》，《义和团研究会会刊》1983 年第 1 期，第 3 页。
⑤ 《理事长、副理事长、常务理事和理事名单》，《义和团研究会会刊》1983 年第 1 期，第 6 页。
⑥ 《中国义和团史研究会第三届理事会名单》，《义和团研究会通讯》1986 年第 1 期，第 11—12 页。

邀代表出席会议。①

1996 年 10 月，在中国义和团研究会的组织下，在河北保定召开了"义和团运动与华北社会暨直隶总督学术研讨会"，来自全国各地的 60 名学者齐聚河北大学，就义和团运动与华北社会、义和团运动与地方督抚等议题展开深入讨论。研究会借机召开理事会，委托常务副会长路遥做第四届理事会工作，还推举了新的理事会成员。南开大学历史系陈振江当选为理事长，张海鹏、程獻（即程虎獻）、黎仁凯、苏卫智当选为第五届理事会副理事长。②

2000 年 10 月，中国义和团研究会在山东济南组织召开了"义和团运动100 周年国际学术讨论会"，这是继 1990 年会议之后组织的第二次国际性会议。考虑到会议规模空前庞大，组织工作繁重，为保障会议如期顺利召开，中国史学会、中国义和团研究会、山东大学、山东师范大学、山东省社会科学联合会、山东省社科院、山东省历史学会、《近代史研究》编辑部和河北省威县人民政府决定联合操办会务。大会成立组织委员会，中国史学会会长金冲及、中国人民大学校长李文海、山东大学义和团研究中心主任路遥担任顾问，山东大学校长展涛亲任主任委员，时任中国社科院近代史研究所所长的张海鹏与学会理事长陈振江等七人一道担任副主任委员。遗憾的是，张海鹏因故未能出席会议。这次大会 10 月 9 日开幕，12 日闭幕，与会人数空前，会议讨论热烈，出席会议的中外学者近 150 人，其中美国、英国、法国、澳大利亚、德国、日本、韩国、以色列等国家的学者 22 人，香港、台湾地区学者 6 人，会议收到著作 11 种、论文百余篇，被称为"本世纪中国史学界最后一次规模最大、水平最高的国际学术盛会"。③

一年后，中国义和团研究会又组织"景廷宾起义 100 周年学术讨论会"，在起义的策源地河北省广宗县召开。经理事会提名，并征得理事同意，理事会召开会员代表大会通过了中国义和团研究会第六届理事会名单，张海鹏继续担任副理事长。④

依据学会章程，研究会每三年或四年进行理事会换届。2007 年，张海

① 《义和团研究会通讯》1988 年第 8 期，第 1 页。
② 《义和团研究会通讯》1997 年第 24 期，第 7 页。
③ 翁惠明：《义和团运动 100 周年国际学术研讨会》，《东岳论丛》2000 年第 6 期，第 46 页。
④ 《义和团研究会通讯》2002 年第 27 期，第 20 页。

鹏先生接任理事长，开始主持中国义和团研究会的工作。① 此时的义和团运动史研究及中国义和团研究会均面临不少的困难。一是义和团研究范围有待拓宽。作为传统学术话题的义和团史，常在研究上给人穷尽之感，特别是历史研究的碎片化趋势进一步挤压了传统政治史的生存空间。二是学术梯队有待完善。学术增长点的乏力，进一步弱化了义和团研究的学术兴趣点，结果是青年研究人员的学术投入不足，后备力量几近出现断层的现象。三是一些负面的社会舆论干扰了正常的义和团学术研究。当时，社会上有言论标新立异，博人眼球，说义和团"反文化""反现代化""反人类"，还说义和团"罪大恶极""罪责滔天""穷凶极恶"，产生了不小的社会影响，也挑战了学术研究的正当性。当时，摆在中国义和团研究会面前最大的任务，就是遵循 1980 年以来每隔十年举行一场国际性会议的学术传统，筹办义和团运动 110 周年国际学术研讨会。何时筹办，如何筹办，这是研究会所面临的最大难题。

为解决上述问题，特别是为保障义和团运动 110 周年国际学术研讨会的顺利召开，张海鹏与中国义和团研究会采取了如下措施。首先，加强会议筹备。2008 年 11 月，中国义和团研究会在上海大学组织"义和团运动与义和团战争学术论证会"，来自中国社会科学院近代史所等十几个单位的 20 余名专家就"义和团与中西文化""义和团战争还是八国联军侵华战争""义和团运动与社会转型""义和团运动与民主主义"等问题展开讨论，基本奠定了两年后举办的义和团运动 110 周年国际会议的主题和议题框架。② 2009年 9 月，义和团运动 110 周年国际学术研讨会筹备委员会在山东大学举行第一次工作会议，理事长张海鹏、常务副理事长苏卫智、副理事长陶飞亚、秘书长胡卫清等出席会议，为 2010 年举办的 110 周年大会打下了坚实的基础。③ 其次，拓宽研究门径。张海鹏指出，近年来义和团研究的显著趋势，就是进一步走向国际化，国际视野越来越受到研究者的青睐，所以，应该将

① 刘贤、徐萍：《中国义和团研究会七届一次理事长会议纪要》，《义和团研究会通讯》2007
　年第 32 期，第 1 页；《中国义和团研究会第七届理事会名单》，《义和团研究会通讯》2007
　年第 32 期，第 9 页。

② 会议详情参见陶飞亚、赵美庆《义和团运动与义和团战争学术论证会综述》，《上海大学学
　报》2009 年第 4 期。

③ 《义和团运动 110 周年国际学术研讨会筹备委员会成立暨第一次工作会议纪要》，《义和团
　研究会通讯》2009 年第 45 期，第 1—2 页。

110 周年的主题定为"义和团运动：中国和世界";① 经往复研讨，最终将研讨议题拟定为义和团源流多元化研究、义和团战争研究、义和团思想文化研究、义和团运动与近代社会研究、义和团与基督教、东南互保、义和团海内外社会舆论等，进一步拓宽了义和团运动的入门口径和研究领域。② 最后，改变会议形式。会议的地点定为济南和上海两地共同举办，山东是义和团的发源地，上海则是东南互保的中心，两地举办极富历史观照意义，而且上海是中国最大的商业和经济中心，媒体关注度高，有利于公共宣传。

2010 年 10 月，义和团运动 110 周年国际学术研讨会顺利在济南开幕。大会设立组织委员会，顾问为中国人民大学李文海先生、山东大学终身教授路遥先生、南开大学陈振江先生、中国人民大学程歗先生，张海鹏与时任山东大学校长徐显明共同担任主任委员。大会于 18—19 日在山东大学、20—21 日在上海大学接连召开，来自德国、英国、美国、俄罗斯、日本、澳大利亚和中国的 90 多位学者，提交论文 60 篇。中国社会科学网、新浪网、腾讯网、搜狐网等各大学术与商业网站报道会议的进展，《中国社会科学报》给予了高度关注，连续刊发《二十世纪第一年国际上的第一重大事件》《义和团研究面临重要变化》《俄国社会舆论正面宣传义和团》《义和团运动凸显反帝主题》《瓜分危机引燃民众反帝热情》《国际共产主义运动视野中的义和团》等会议文章，在学术界和公共舆论界引起了强烈的反响。③

2013 年 7 月，研究会根据《中国义和团研究会章程》举行换届会议。据理事长会议、会员通选投票，推举出中国义和团研究会第八届理事会的构成人员，张海鹏继续当选为理事长。大会还设顾问三名，分别是山东大学路遥、南开大学陈振江、中国人民大学程歗，副理事长为山东大学胡卫清（常务）、南开大学王先明、上海大学陶飞亚、山东师范大学田海林、河北师范大学董丛林，秘书长为山东大学苏卫智。④ 2016 年，根据民政部关于民间社团的相关要求，依据《中国义和团研究会章程》，研究会进行负责人届

① 中国义和团研究会编《义和团运动 110 周年国际学术研讨会文集》，山东大学出版社，2012，第 2 页。
② 《义和团研究会通讯》2009 年第 54 期，第 2 页。
③ 参见《中国社会科学报》2010 年 12 月 7 日。
④ 《中国义和团研究会第八届理事会名单》（2013 年 7 月 15 日通过），《义和团研究会通讯》2013 年第 50 期，第 9 页。

中变更工作，张海鹏因年龄原因辞去理事长职务，由南开大学王先明接任；苏卫智辞去秘书长职务，由山东大学刘家峰接任；增补中国社科院杜继东为副理事长。①

三　助推义和团研究走进国际历史科学大会

在中国学术界，义和团运动被纳入近代史上的"三大革命高潮"或"八大事件"；类似的是，在西方学界，义和团运动也被称为"世界历史上的重大事件"。② 可以说，义和团运动自酝酿、发展及至爆发吸引着世界的眼光。相应的，对义和团的学术研究来说，跨国研究、国际交流、全球视野是其学术理路的自然发展。在 2010 年 10 月于山东大学举办的义和团运动110 周年国际学术研讨会上，张海鹏就明确指出，中国进入近代以来，特别是 20 世纪以后，国内发生的许多大事吸引着世界的眼光，每一件事情都与世界相联系，不是主动地与世界相联系，就是被动地与世界相联系。因此，张海鹏倡议中国史学界应审视旧课题，拓展新的领域，以义和团运动为切入点，围绕中国与世界的关系，互相切磋，共同探讨。③ 摆在中国义和团史学研究者面前的"切磋"机会，就是中国成功取得举办权的第二十二届国际历史科学大会。

国际历史科学大会是当今学术界影响最大的国际盛会之一，每五年举行一届，向有"史学奥林匹克"的美誉。2010 年 8 月 22 日至 28 日，时任中国史学会会长的张海鹏带团参加在荷兰首都阿姆斯特丹举行的第二十一届国际历史科学大会，并向大会提交申办下届大会的申请。经与会 49 个国家的历史学家代表投票，最终以 36 票支持、8 票反对、5 票弃权的结果，通过了第二十二届国际历史科学大会于 2015 年 8 月 23 日至 29 日在中国济南举办的议案。这是大会百余年来第一次走出欧美发达地区，在亚非拉地区举办。

---

① 《义和团研究会通讯》2016 年第 53 期，第 1 页。
② 狄德满：《西文义和团文献资料汇编》，崔华杰等译，山东大学出版社，2016，前言，第 1 页。
③ 张海鹏：《二十世纪第一年国际上的第一重大事件》，《中国社会科学报》2010 年 12 月 7 日，第 1 版。

中国成功获得第二十二届国际历史科学大会承办权后，中国义和团研究会、山东大学义和团研究中心共同策划，计划将义和团研究再次推向世界学术舞台。2011 年 6 月，英国敦伦大学亚非学院狄德满（Rolf Gerhard Tiedmann）受邀造访山东大学义和团研究中心，经路遥先生"动员"，欣然接受了加盟山东大学共同推进义和团学术研究国际发展的建议，后来经过山东大学校学术委员会评定，被聘为人文社科一级教授，全职来山东大学从事教学与科研工作。① 狄德满精通多国语言，其研究以文献史料和缜密分析见长，特别是在江苏人民出版社海外中国研究丛书出版的《华北的暴力和恐慌：义和团运动前夕基督教传播与社会冲突》被誉为"足以称为义和团运动起源研究的又一重要代表作"。② 当年 10 月，受山东大学义和团研究中心的邀请，哈佛大学费正清研究中心柯文（Paul Cohen）来到济南，与中心主任路遥先生进行会谈；③ 受时任中国义和团研究会常务副会长苏卫智的邀请，还带来题为《历史书写的无声之处：一位历史学家的自白》的讲座，畅谈了自己在义和团史上的研究心得。④ 2011 年夏，世界史学会、首都师范大学联合主办的"世界史学会第 20 届年会"在北京召开，大会议题为"世界历史上的中国和中心—边缘视角中的世界史"，其中义和团的跨国影响备受关注。中国义和团研究会理事、北京外国语大学姚斌参与会议，就美国人如何看待义和团做了发言。⑤

作为中国义和团研究会会长的张海鹏，尤其倡导在这次百年难逢的全球史学大会上发出中国在义和团研究上的声音。2012 年，国际历史科学大会执行委员会在匈牙利布达佩斯集会，征集第二十二届国际历史科学大会的各类议题。根据中国史学会秘书处下发的《关于 2015 年国际历史大会主持人的通知》，中国史学界共上报八个议题，其中排在第一序位的就是"义和团研究"，建议主持人是狄德满教授。依据国际历史科学大会往届会议的惯

---

① 《义和团研究会通讯》2011 年第 47 期，第 35 页。
② 狄德满：《华北的暴力和恐慌：义和团运动前夕基督教传播与社会冲突》，崔华杰译，江苏人民出版社，2011；路遥：《华北的暴力与恐慌》（序），《义和团研究会通讯》2011 年第 47 期，第 1 页。
③ 《义和团研究会通讯》2011 年第 47 期，第 35 页。
④ 全文见柯文《历史书写的无声之处：一位历史学家的自白》，崔华杰译，《文史哲》2012 年第 3 期。
⑤ 《义和团研究会通讯》2011 年第 47 期，第 35 页。

例，一旦议题被国际历史科学大会执行委员会批准，那么主持人就有权限进行分会场的总体设计，并负责邀请本领域的全球学者做学术评议。2014 年，"中国的义和团战争"议题通过国际历史科学大会执行委员会筛选，成功入选第二十二届国际历史科学大会。①

2015 年 8 月 27 日，第二十二届国际历史科学大会圆桌会议第十一场"中国的义和团运动"如期召开。本场会议的召集人狄德满，利用欧美官方藏档与日记、报告、信函、回忆录及备忘录等稀有文献，写成《中国义和团战争与貌合神离的联合作战》一文，认为联军军纪涣散、滥杀无辜、肆意掠夺，削弱了联军集体行动的有效性，使得这场表面上统一的联合作战变得貌合神离。他还特别指出，由于历史现象的复杂性及多样性，只有在充分参考各种文献材料的基础上方能实事求是地反映历史的本来面貌。② 美国威斯康星大学密尔沃基分校荣休教授鲍德威（David Buck）、上海大学陶飞亚、美国西华盛顿大学汤若杰（Roger Thompson）、英国拉夫堡大学孔正滔（Thoralf Klein）、山东大学燕雁担任论文评议人。在评议中，鲍德威从俄国的视角评述了义和团运动及其战争给国际局势带来的后果。他探讨了清廷特别是慈禧太后对义和团运动的态度，特别是与俄国、德国、法国相关的铁路权益在运动前后的变化，以此展现了俄国政策转变的原因。陶飞亚主要依托《申报》、《启蒙画报》及《京话日报》的相关报道，审视了处于非官方地位的普通中国民众对义和团运动的舆论反应。孔正滔通过对德国《前进报》及法国《黎明报》两份同为左翼报纸对八国联军武装干涉事件相关报道的研究，展示了德、法两国对义和团运动的舆论反响。燕雁利用法文军事和教会档案分析指出，法国军队在联军司令下达出兵命令之前，就已经向保定进军，其原因一方面是为了保护其掌控的芦汉铁路，另一方面是为了保护直隶东南代牧区的教徒。③

第二十二届国际历史科学大会，不仅又一次为全球历史学家打开了中国

① 《"中国的义和团战争"议题入选 2015 年第 22 届国际历史科学大会》，《义和团研究会通讯》2014 年第 50 期，第 32 页。

② 全文见狄德满《中国义和团战争与貌合神离的联合作战》，赵建玲译，《义和团研究会通讯》2015 年第 52 期，第 8—26 页。

③ 参见张江波、姬朦朦《圆桌会议"中国的义和团运动"综述》，《义和团研究会通讯》2015 年第 52 期，第 5—7 页。

义和团运动学术研究的窗口，而且通过与会代表的讨论，反映出义和团运动研究的学术新趋向，此后跨国研究、战争研究、媒体研究、记忆研究渐成学术的创新点和热点。就此点而言，第二十二届国际历史科学大会对义和团运动研究的更新与发展具有明显的推动意义。①

小　结

在义和团运动史近 40 年的学术研究中，张海鹏始终坚持以马克思主义唯物史观为指导，在义和团运动的性质、地位、历史意义和在近代史学科体系的作用等论域得出一系列富有创见的学术观点。他始终认为义和团运动符合反帝反封建斗争的大方向，符合近代中国人民谋求民族独立和国家富强、人民自由幸福的大方向，理应成为近代中国历史发展的主线。在 2007 年担任中国义和团研究会理事长之后，面对义和团运动史研究在学术界出现的边缘化迹象，以及来自公共舆论界的一些质疑、批评乃至否定，张海鹏积极策划，劳心费力，与中国义和团研究会、山东大学中国义和团研究中心及学界同人传承了每隔十年举办一次大规模国际学术会议的传统，顺利举办了义和团运动 110 周年国际学术研讨会。

张海鹏利用国际历史科学大会 115 年历史上第一次走进中国的机会，经过多方谋划，终将义和团运动研究纳入会议的议题。这些都表明了张海鹏在义和团运动史研究上开阔的胸怀与学术视野。为推进中国义和团运动史的研究，他主张加大与海外学界的沟通和联系，一方面可以借鉴和吸收国外新的史学理论和方法，从而拓宽中国学者研究的视野和领域，另一方面可以向海外发出中国学者关于这起国际事件的声音。这种自信与开阔的学术路向，夯实了中国义和团运动研究的后来者继续耕耘这个领域的信心。

〔作者单位：山东大学历史文化学院〕

---

① 西方学界关于义和团的新近研究，见狄德满《西文义和团文献资料汇编》。

张海鹏先生与抗日战争史研究

柴 翔 徐 畅

张海鹏先生长期深耕于中国近代史研究领域，治学严谨，著述宏富，涉猎广博，蜚声海内外史学界。自 1964 年进入中国科学院近代史研究所①工作至今，著作等身，发表了大量在海内外学界有重大影响力的著作和论文。从 90 年代初开始，借抗日战争史学会筹办之机，先生研究领域从晚清延伸至抗日战争，不但在抗日战争研究的各个领域颇多建树，而且极大地推动了抗日战争史研究在中国近代史领域的发展壮大。值此张先生八十华诞之际，笔者不揣浅陋，贸然综述张先生抗战研究成就。需要说明的是，本文综述的范围仅限于张先生公开发表于报刊上的文章，难免挂一漏万，敬请张先生和各位学者不吝批评指正。

一 协助创建抗日战争史学会

推动抗日战争研究，是张先生对中国近代史研究的重要贡献之一。自 1972 年中日两国发表《中日联合声明》、恢复邦交以来，两国在经济贸易、文化交流、民间往来等多个方面展开了广泛而深入的交流合作。但是，横亘在中日两国之间的历史认识问题并未得到根本解决，日本对侵略战争也没有

---

① 1977 年之后该所转为中国社会科学院下属单位。

做出深刻的反省和真诚的道歉。自 20 世纪 70 年代后期以来，否认历史乃至美化侵略战争的沉渣在日本逐渐泛起：东条英机等甲级战犯被移入靖国神社供奉，多名首相率领内阁成员以公务身份先后参拜靖国神社；保守派日本学者重谈所谓"大东亚史观"，并以此指导中小学历史教科书修订；否定侵略战争和慰安妇的右翼活动在民间愈演愈烈；等等。这一系列活动引起了包括中国在内的历史上饱受日本侵略的广大亚洲国家和人民的极大抗议和不满。①

在这种形势下，中国政府和历史学界深感有必要加强抗日战争史和近代日本军国主义侵略活动的研究，因为只有对历史有全面翔实的研究，才谈得上正确展望和指导未来。1989 年，著名史学家刘大年在第七届全国人大常委会第六次会议上严肃地批评了日本首相竹下登等日本政客为裕仁天皇开脱战争责任的言论，表达了中国政府和中国人民的强烈不满。同年，时任中顾委常委的胡乔木接受美籍学者吴天威的建议，两次致函刘大年，建议尽快成立一个民间性质的抗日战争史研究学会，借以推动抗日战争研究。② 刘先生迅速着手筹备工作。由于相关事务千头万绪、纷繁复杂，因此他将一部分工作委托给了其他学者。张先生时任近代史所副所长，在筹备期间承担了大量工作，克服了种种不利因素，筹办学会，并创办《抗日战争研究》期刊，③为后来抗日战争史学会的发展壮大做出了重要贡献。

近年来，张海鹏先生依然非常关心抗日战争史研究。他曾专门撰文，总结近年来国内外学界对中国抗日战争史研究的情况，并着眼于抗日战争的伟大历史地位和历史意义，呼吁国家与社会提高对抗战研究和宣传的重视程度，特别是在档案开放、史料搜集整理和国际交流等对历史研究有重要影响的方面。只有全社会的共同参与和帮助，才能让抗日战争史研究有更好的发展前景，成为中国近代史研究中的"重镇"和"显学"。④

---

① 张海鹏：《〈抗日战争研究〉创刊推动了中国抗日战争史的学术研究——〈抗日战争研究〉创刊记》，《抗日战争研究》2016 年第 1 期。
② 张海鹏：《战士型的学者　学者型的战士——追念刘大年先生的抗日战争史研究》，《抗日战争研究》2000 年第 1 期。
③ 张海鹏：《〈抗日战争研究〉创刊推动了中国抗日战争史的学术研究——〈抗日战争研究〉创刊记》，《抗日战争研究》2016 年第 1 期。
④ 张海鹏：《下大力气推进抗日战争史研究》，《人民日报》2015 年 9 月 17 日，第 7 版。

二 张海鹏抗日战争研究的主要路向

张先生的抗日战争研究工作，内容上多着眼于中共在抗战中的作用与地位问题，视角上强调长时段贯通地审视日本侵华史，进而呼吁人民深刻认识抗日战争胜利的伟大意义及中国抗战在世界反法西斯战争中的重要地位和作用。

（一）中共在抗战中的地位与作用

首先，张先生关注抗日战争的领导权问题。

抗日战争是一场决定中华民族命运的战争，而中国共产党毫无疑问是领导中华民族抗击日寇的两大中心力量之一。但出于政治军事上的目的，国民党中长期存在否定共产党抗日贡献的观点，认定中共"游而不击"，"三分抗战，七分发展"。直到今天，依然有许多人在网络上浏览了一些所谓"历史真相"之后，走向历史虚无主义，相信国民党才是抗日战争的领导者，而共产党领导的抗日力量是一个无足轻重，甚至以扩充自身实力为首要目标的"不光彩"角色。

张先生旗帜鲜明地反对这股愈演愈烈的歪风邪气。他运用多年来的研究成果指出，在中共领导下的抗日民族统一战线，是赢得抗日战争胜利极为重要的因素，这一点是不容回避和否认的，特别是在敌后抗战、民众动员、社会宣传等方面，共产党的功绩远大于国民党。

抗日战争时期，国家政权掌握在以蒋介石为核心的国民政府手中。这个政府对内掌握着绝大部分经济社会资源，指挥着200多万人的军队，对外代表中国，受到绝大多数国家的承认。1943年，蒋介石还以国家元首的身份参加开罗会议，参与制定战后国际秩序。这种权威性不但被绝大部分中国人承认，就连中国共产党也认可国民政府在国际社会中的作用。但是，国民政府的抗战路线消极且片面，将希望寄托在几次大战役的胜利和所谓"国际调停"上。虽然在全面抗战爆发之初，正面战场的形势相对有利，蒋介石对抗战也比较乐观，但到1938年10月武汉失守之后，投降退让的思想开始在国民党上层蔓延，再加上日本的主动诱降政策，国民党主要领导人之一汪精卫在年底转道越南河内，向日本帝国主义公开投降，在南京成立伪政府，成为侵略者的重要帮凶。①

就在正面战场不断失败和退却的同时，中共领导的八路军、新四军、东北抗联等几支正规部队，以及各地民兵武装力量，在敌后战场上展开形式多样的运动战和游击战，不断出击，在各个地区各条战线上给侵略者以沉重打击。在极为严酷艰难的内外环境下，打破日伪的封锁绞杀，建立了在通信和运输上都连续且成片的广大敌后根据地，不但为抗日战争的最终胜利做出了不可磨灭的贡献，也为日后解放战争奠定了深厚的基础。②

张先生认为，总的来看，不管是国民党领导的正面战场，还是共产党领导的敌后战场，都是组成中华民族抗日统一战线极为重要的部分，二者犹如车之两轮、鸟之双翼，不可在评价其历史地位时单凭主观好恶偏向其中一方，或者排斥其中一方。虽然抗战中双方的地位关系伴随局势的变化而不断变化，抗战主要领导力量由国民党逐渐转移到共产党一方，但双方对抗战的积极作用始终存在，不可一概抹杀。以正确的态度认识抗日战争领导权问题，不但是历史唯物主义的应有之义，更是史学研究的必然要求。

其次，张先生探讨了国共在抗战中的地位和作用问题。

要深入研究抗日战争领导权问题，前提是认识抗战中国共双方的地位与作用。张先生为研究者深入这一领域，提供了一条可行的路径：抗日战争始终与第二次世界大战的各个战场息息相关，中国与世界上所有同盟国家一道，暂时搁置分歧，抗击共同的敌人法西斯国家。同时由于近代中国半殖民地半封建的独特国情，抗日战争增添了争取民族独立的含义，让中国战场的胜利不管在国外还是国内，具有了双重层面上的伟大意义。抗日战争的最终胜利使中国成为联合国安理会常任理事国，废除了众多不平等条约带给中华民族的枷锁。③

中国共产党领导的敌后抗日武装力量，一方面与日伪侵略势力在极为艰苦的条件下作战，另一方面与国民党中反动投降势力坚决斗争，既说明了中国共产党在抗战中无可替代的中心地位，也体现了抗日战争的多重性和复杂性。国民政府领导的正规军在正面战场抵挡并消耗了日军的整建制大规模部

---

① 张海鹏：《为什么说共产党是抗战中流砥柱》，《北京日报》2015 年 6 月 8 日，第 19 版。
② 张海鹏：《中国抗日战争领导权问题的思考》，《中国社会科学报》2010 年 9 月 2 日，第 7 版。
③ 张海鹏：《〈四川抗战史〉序》，《中华文化论坛》2015 年第 6 期。

队，使其难以从正面战场脱身，客观上为共产党领导广大军民在广阔的敌后战场打击敌人提供了条件。而从共产党一方看，由于敌后战场长期存在，经常破坏敌人的通信和物资运输线路，使得日军力量被极大分散，以防御和维护这些线路，间接降低了正面战场日军的战斗力，减轻了国民党的军事压力。①

张先生认为，更为重要的是共产党在抗战中始终扮演着社会和文化事业进步一方领导者的角色。每当国民党内部妥协退让，乃至投降卖国等思想开始弥散之际，共产党便会发挥舆论监督作用，及时发现错误，指明正确道路，防止国民党内固有的消极因素影响整个抗战大局。国民党政府虽然在正面战场有所妥协退让，但在国际舞台上为全民族抗战事业折冲樽俎，争取国家利益，尽可能多地参与战后国际新秩序的建立，发挥了国民政府在战时外交中应有的作用。从客观全面来看，国共两党在抗战时期应该说是各有特点、各起作用、共同支撑起抗战的局面的。②

最后，除了对宏观方向态度的把控与指导以外，张先生还身体力行，对抗战中的一些具体问题提出独到见解。通过对这些史实的厘清和梳理，抗日战争史的面貌更加全面多样，其他学者增加了多种介入抗战研究的路径。

1895 年，由于《马关条约》的签订，台湾被割让给日本。之后 50 年间，台湾一直充当着日本帝国主义"南进基地"这一并不光彩的角色，直到 1945 年才重归祖国怀抱。而从 20 世纪 80 年代以来，"台独"势力开始在台湾社会出现并不断壮大，各种乱象屡见不鲜。直至有明显"台独"色彩的李登辉上台之后，更是直言不讳，公开宣称"殖民有益论"，美化日本在台湾的殖民行径，认定台湾人从来没有反抗过日本侵略者。这种歪曲历史的行为既是出于其媚日需要，更是为实现"台独"野心进行的舆论准备。③

对这种关系到祖国统一大业和整个中华民族命运的严峻问题，张先生主动出击，两次在报纸上撰文，以历史为证据，严词批驳这种歪理邪说。台湾

---

① 张海鹏：《为什么说共产党是抗战中流砥柱》，《北京日报》2015 年 6 月 8 日，第 19 版。
② 张海鹏：《纪念抗战不能忘记历史的基本线索》，《人民日报》2015 年 8 月 31 日，第 7 版。
③ 张海鹏：《台湾光复是对日本殖民统治的否定》，《解放军报》2015 年 8 月 23 日，第 8 版。

人民在甲午战败、清政府割让台湾之后，不但没有向侵略者妥协退让，反而拿起武器，喊出"誓不臣倭"的口号，勇敢反抗，使日本侵略者付出了沉重代价才得以占领台湾全境。而面对殖民者长期实行的"六三法"和"皇民化"政策，台湾人民不畏残酷镇压，依然以各种力所能及的方式，坚持反抗。尤其值得称道的是，许多台湾知识分子为了启蒙台湾人民，抱定以文保国、以史保种的决心，在高压下发愤作文著书，向世人表明台湾是中国的领土，台湾文化是中国文化的一部分，台湾人是中国大家庭中的一分子。无数台湾共产党员更是因为反抗日本侵略者而付出了自由乃至生命的代价。[①]这些事实充分证明台湾人民对日本殖民统治的反抗是长期、坚决而彻底的，李登辉等"台独"分子的说法完全是毫无道理的臆想。

2015 年，张先生在《人民日报》上刊文，指出九一八事变在整个抗日战争史上具有特殊而重要的地位：这场突如其来的军事行动，是第一次世界大战后首次以武力重新瓜分世界的行为，它开始打破凡尔赛 – 华盛顿体系所确立的世界秩序，标志着东方战争策源地的正式形成。事变发生后不久，日本便不顾国联和中国政府的反对，军事占领东北全境，扶持傀儡政权伪满洲国，并将军事侵略的触角深入华北和长江下游地区。这一系列行动充分说明，虽然日本政府和陆军参谋本部一开始对石原莞尔等关东军激进派军官的擅自行动并不知情，但客观上，九一八事变毫无疑问地迎合了长期以来日本帝国主义的"大陆政策"，为之后日本不断升级侵华行为，直至全面战争爆发而扫除了障碍。[②]

除此之外，张先生还将目光投向了一些长期未得到学界充分重视，但又有着很高学术价值的问题。譬如，皖南事变作为抗战中国民党反共高潮的代表性事件，除了军事上的恶劣影响之外，还应当看到国民党处心积虑削弱共产党在抗日民族统一战线中话语权和影响力的政治目的。作为回应，毛泽东、周恩来、刘少奇等共产党领导人，以抗战大局为重，多管齐下，反击国民党对共产党和新四军的污蔑，从政治上、军事上和舆论上争取主动权，借助外在有利条件，使皖南事变得到了妥善解决，进而树立了共产党的正面形

---

① 张海鹏、杜继东：《抗日保台　心向祖国》，《光明日报》2005 年 10 月 24 日，第 3 版。
② 张海鹏：《九一八事变是日本蓄意制造的侵华战争开端》，《人民日报》2015 年 8 月 24 日，第 9 版。

象，赢得了国统区民主人士和知识分子的好感。① 再比如，宜昌作为抗战陪都重庆通向长江中下游地区的门户，在抗战相持阶段，日军曾向这一地区发动多次进攻。为了保卫重庆，薛岳等国民党将领指挥新组建的第六战区军队，给来犯之敌以沉重打击，战役的胜利不但极大振奋了国内军民的士气，更向整个国际社会展现了中华民族不屈的战斗精神。②

（二）强调贯通研究近代日本侵略中国历史

历史学作为一门研究人类活动和各种人类活动之间关系的学科，特别重视观察视角的高度与深度。许多重要的历史事件，只有放在一个更加长的时间"段"，而不是局限于孤立的时间"点"上，研究者才能真正看懂其前因后果。张先生在对抗日战争历史的研究中，自然没有忽视这一点，结合抗日战争的史实与研究现状，提出了一系列深入且富有前瞻性的指导性意见。

看待和研究抗日战争史，一定要从长时段贯通地重新"发现"抗战史。众所周知的是，发生在 20 世纪 30—40 年代的抗日战争并非中国遭到日本侵略的开始，甲午战争作为中日两国在近代的第一次大规模战争，改变了中日两国的历史。③ 从日本一方来说，甲午战争胜利为日本夺取了可观的经济军事利益，极大地刺激了日本国内特别是军部的扩张野心，使得之后的数十年间，日军多次肆无忌惮地入侵中国，并最终发展成两国间的全面战争。纵观这条历史线索，甲午战争完全应当纳入抗日战争研究者的视野中。同时应当理解，日本对中国领土和财富的野心，并非一朝一夕而成，而是蓄谋已久，有着深厚的经济和地缘基础，存在必然性。④

而在甲午战败后，中国社会各阶层猛然惊醒，方知之前数十载所做"洋务"，耗费巨资组建的舰队和新军，在日本这个"蕞尔岛夷"面前，居然如此不堪一击。于是许多关心国家民族命运的有志青年，毅然决定东渡日本求学，向先前的对手学习，希望从日本幕末到明治这一段狂飙突进的近代化历史中，汲取可为己用的经验教训，转为中国实现全面近代化的精神营养。这些留日学生广泛分布在日本众多学校的几乎所有专业，是中国近代史

---

① 张海鹏：《论皖南事变之善后》，《近代史研究》1995 年第 5 期。
② 张海鹏：《试论宜昌抗战》，《人民政协报》2015 年 6 月 4 日，第 11 版。
③ 张海鹏：《甲午战争百廿年祭》，《光明日报》2014 年 6 月 25 日，第 14 版。
④ 张海鹏：《甲午战争的历史影响》，《光明日报》2014 年 9 月 29 日，第 15 版。

上相当重要的学生群体之一。但由于日本对华侵略日益升级，以及革命思想在留日学生中的广泛传播，绝大部分中国留学生并没有完成自己的学业，而是以集体退学并提前归国的方式，表达对日本政府的不满。这充分说明，要想让留学生成为增进两国关系的积极力量，前提必然是两国之间平等开展邦交和广泛的经济文化交流。①

此外，张先生对台湾人民抗日运动的研究，不仅以充实的证据驳斥了"台独"分子的荒诞言论，还通过比较台湾人民与大陆人民在同一时期抗日运动的相似性，说明台湾人民即使在远离大陆支援的艰苦条件下，依然没有向侵略者投降。他们以武装起义、示威游行、发行抗日报刊等不同方式打击日本殖民当局和日本占领军，而在抗日战争爆发之后，许多人冲破重重阻力来到大陆，奔赴抗日最前线，献出了自己的力量和鲜血。② 这些可歌可泣的事迹充分证明，台湾人民的情感和内心，不管在何时，都是与大陆人民紧密相连且不可分割的，任何想把台湾从祖国分裂出去的企图都将徒劳无益，不可能成功。

（三）抗日战争胜利的伟大意义

抗日战争的胜利配得上"伟大"二字，是因为其意义并不局限在可见的战场上。这场战争波及了参战国家和地区的各个方面，中国也不例外，甚至可以说改变了中国和世界的命运。从国际和国内两个层面来看，抗日战争的胜利意义不可谓不深远，直至今日亦历历在目。③

抗日战争以中国人民的胜利和日本帝国主义的失败而结束，标志着几十年来日本对中国的侵略彻底画上句号。从 1931 年开始，整整十年间，中国基本上是以一个贫穷落后的农业国独自抵抗日本的近代化军队。西方国家则作壁上观，甚至趁火打劫，以"调停"名义大发横财，对日本的领土侵略野心视而不见。直至珍珠港事变之后，日本大举侵略东南亚和南太平洋地区，直接侵犯了西方国家在此的利益，这才为反法西斯

---

① 张海鹏：《中国留日学生与祖国的历史命运》，《中国社会科学》1996 年第 6 期。
② 张海鹏：《中华民族走向民族复兴的起点》，《光明日报》2015 年 10 月 28 日，第 7 版。
③ 张海鹏：《下大力气推进抗日战争史研究》，《人民日报》2015 年 9 月 17 日，第 7 版。

阵营"从大西洋扩展到太平洋"提供了现实基础。① 中国长期抗击日本侵略者，牵制了数十万日军，消耗了对方大量战争物资，策应了英美等国对日战争。中国在国际社会上的地位和影响力迅速上升，一改"东亚病夫"的偏见，增强了中国人的民族自信心和自豪感，为成为联合国创始成员国和常任理事国打下了坚实的基础，为日后广泛开展外交活动提供了条件。②

从国内角度来看，抗日战争的爆发使民族矛盾上升为中国主要矛盾，为维护国家和民族的独立自由，国共两党暂时言和，组建抗日民族统一战线。但是，国民党右派势力长期敌视共产党，它并没有将全部精力投入抗战事业中去，而是抓住一切可能的机会，伺机向共产党反扑，在抗战过程中多次掀起反共高潮，造成了极为恶劣的影响。与此同时，共产党一方则长期坚持抗战事业毫不动摇，建立了广大稳固的敌后根据地，持续打击侵略势力。在面对国民党的污蔑和进攻时，有理有节地在政治战线和军事战线上同时反击，并发动舆论力量，向全国人民阐明事实真相，证明自身在抗日事业中不可取代的中心作用。③ 这些努力在维持抗战大局的同时，也向全国和世界人民证明了中共在抗日战争中不可辩驳的领导地位。除军事行动之外，中共在根据地还广泛地开展经济建设、普及文化、革除积弊陋习等活动，这些建设赢得了广泛的支持与民心，使全中国人民认识到共产党是什么样的党，共产党带领的人民武装力量是什么样的军队，这种身体力行的宣传，为共产党在解放战争中的胜利奠定了坚实基础。④

从国际角度来看，中国抗战在世界反法西斯战争中占据着重要的地位和作用。艰苦卓绝的反法西斯战争以热爱和平的正义力量的胜利而告终，这场人类有史以来规模最大的战争几乎波及了地球的每一个角落。但由于西方发达国家长期以来在舆论和学术上都占有绝对的霸权地位，以及东欧剧变后社

---

① 张海鹏、王富聪：《抗战胜利是对人类历史的挽救》，《团结报》2015 年 8 月 13 日，第 7 版。

② 张海鹏：《三个标志性年代》，《人民日报》2000 年 10 月 19 日，第 11 版。

③ 张海鹏：《从民族复兴的角度认识抗日战争胜利的历史意义》，《中国社会科学报》2005 年 8 月 11 日，第 3 版。

④ 张海鹏：《走向民族复兴的重要标志——论抗日战争胜利的历史意义》，《抗日战争研究》2005 年第 3 期。

会主义国家的集体失声，抗日战争成为一场被选择性遗忘的战争。① 张先生在报纸和期刊上多次发文，从不同的角度论证中国抗战在整个反法西斯战争中不可替代的重要作用，由于张先生在海内外史学界的崇高地位，很大程度上提高了中国抗战在国际史学界和国际舆论中的地位。

第二次世界大战能够扩张到全世界范围，最为重要的原因在于战争并不是由某一个国家推动，而是存在分处欧、亚的德、日两大战争策源地。由于不满凡尔赛－华盛顿条约体系的限制，这两国很快走向军国主义道路，逐渐靠拢并成为军事同盟。英美为遏止新生的社会主义国家苏联，实行绥靖政策，出卖波兰和捷克斯洛伐克，炮制《李顿报告书》，以牺牲他国利益来暂时满足法西斯国家的侵略要求，这种短视行为最终酿成大祸，演变成全面战争。发生在欧、亚两地的近似历史脉络充分证明，发生在中国土地上的侵略行为与德国法西斯在欧洲的扩张本质上是相同的。② 与欧洲诸国一样发起最广泛全民族反侵略战争的中国，自然也应当与这些国家一样占有同样的历史地位并被今人纪念。

正如罗斯福总统在美国国会公开发表的著名演说中提到的那样，将中国列入《援助法案》受援助国名单，不管对美国还是整个同盟国阵营都是非常有益的。如果日本在短时间内以军事手段迫使国民政府投降，即使有共产党领导抗日军民在敌后根据地坚持抗战，日本也可以腾出手来，将中国的丰富资源投入战争机器中，极大扩充实力，为下一步掠夺东南亚地区的石油、橡胶资源做准备，若是这一切付诸现实，那毫无疑问是人类文明的巨大灾难。当然，中国人民的抗战事业在美国援助之前早已开始，姗姗来迟的国际援助也绝非打败侵略者的关键因素，更何况中国海岸线遭到日本海军的封锁，援助物资只能依靠"驼峰航线"和滇缅公路运输，少量军事物资和先进武器并不能在广阔的中国战场上起到决定性作用。③ 通过这样的对比，更能看出中国抗战事业的艰辛和对人类文明的极大贡献。

---

① 张海鹏：《第二次世界大战历史的宏观反思》，《中共党史研究》2015 年第 8 期。
② 张海鹏：《为中华民族走向复兴点赞》，《人民日报》2014 年 9 月 29 日，第 7 版。
③ 张海鹏、王富聪：《抗战胜利是对人类历史的挽救》，《团结报》2015 年 8 月 13 日，第 7 版。

三　张海鹏抗日战争研究的现实关怀

古人云："以史为鉴，可以知兴替。"重视历史对今人今世的参考借鉴作用，自古以来就是历史学重要的社会作用，注重将历史经验转化为指导现实的鲜活教材，更是历史学者不可推卸的社会责任。张先生就抗日战争对今天的历史经验教训展开了全面而深刻的论述。

第二次世界大战的硝烟早已散去，和平与发展是当今世界的主题，但值得警惕的是，与德国深刻反省自身战争责任不同，日本仍百般推脱自己在二战中的累累罪行，拒不承认在战争中给亚洲人民造成的灾难。更有许多右翼人士坚持日本在战时提出的反动理论，胡说日本在二战中并没有侵略亚洲诸国，而是把这些国家从西方列强的手中"解放"出来，是一场所谓的"圣战"。出现这种谬论的原因在于，20世纪50年代初，随着朝鲜战争的爆发，冷战正式从欧洲扩展到亚洲。为了封锁中国和苏联，美国以部分东亚和东南亚国家为据点，形成了两道横亘西太平洋的"岛链"。作为这两条封锁链上最为重要的一环，日本扮演了美国亚太政策中所谓"基石"的角色，意义重大。出于这种政治军事上紧迫而现实的需求，美国并没有深入清算日本旧皇室、官僚、财阀，日本文化中的糟粕也大都保留。不彻底的政治经济改革使日本没有得到脱胎换骨的改变，扩张侵略企图很快死灰复燃，[1] 今天日本社会的种种乱象，上到日本政府鼓噪修宪，下至错误教科书误导年轻人，其实都是这种改革不彻底的具体表现。

日本近代以来的疯狂扩张，固然有国土狭小、缺少发展腹地等客观因素，但张先生以日本近代侵略历史生动证明，日本走上军部法西斯独裁之路完全是自身选择的结果，不管是明治维新之初、第二次桂太郎内阁时期、"大正民主"年代，直到"二二六"兵变前夕，日本都完全有可能实现自我纠正，走上更加接近西方国家的自由资本主义道路，而不是一味扩张、以战养战。但事与愿违，20世纪上半叶，整个日本社会充斥着极为狂热的气氛，不但上层精英，就连平民也在军部和财阀的联合鼓动下，"奉公"入伍，不断积极参与侵略战争，最终给整个亚洲带来了深重的灾难。而在今日的日

---

[1]　张海鹏：《警惕日本军国主义复活》，《中国社会科学报》2013年9月2日，第5版。

本，军国主义的沉渣遗毒不断泛起，隐然已有走上历史老路的征兆。①

　　面对这种危险的信号，张先生早已警觉，他细致地梳理近代日本走向全面总体战争不归路的种种关键历史节点，对比当今日本的新闻，指出二者之间存在高度相似性。换言之，当今的日本已经与几十年前一样，走到了关键历史节点。是重复前人错误，还是痛改前非，走上一条正视历史、不同以往的康庄大道？这是日本政界当前最为重要的抉择，也是日本爱好和平的民间人士极为关注的核心话题。作为历史上曾遭受日本帝国主义侵略的中国，历史学界有义务、有责任向整个世界说明历史真相，为亚洲的未来指出正确方向。②

〔作者单位：山东大学历史文化学院〕

---

① 张海鹏：《代表了人类正义的回声》，《北京日报》2015 年 9 月 14 日，第 17 版。
② 张海鹏：《忘记历史教训难以改善中日关系》，《光明日报》2014 年 9 月 3 日，第 14 版。

"元宝形"轨迹下的近代中外关系嬗变

——读《简明中国近代史读本》

黄仁国

中外关系贯穿中国近代史的始终，并深刻影响着近代中国的发展演进。如何看待中国近代史上的中外关系，历来是中国近代史著作者无法绕开的一个关键性问题。张海鹏、翟金懿著《简明中国近代史读本》（以下简称《读本》）以"元宝形"轨迹论述近代中国社会的发展演进，注意融通 20 世纪以来几代马克思主义史家在中国近现代史研究方面的重要成果并吸纳西方史学优秀成果，提出了不少有新意的看法，为我们唯物、辩证地分析和理解鸦片战争以来的近代中外关系提供了诸多启示。

一　解读近代中外关系的方法论问题

近代中外关系是一种互动的关系，这为中外学者所一致认同。但如何解读这种互动，却因方法论的不同而存有较大差异。

近来有学者梳理过去 40 年英文世界中的近代中外关系史学讨论情况，总结出四种研究范式或分析框架，即费正清的西方影响/冲击－中国反应论、柯文的中国中心论及其后来的"离开中国"论或人类中心论、柯伟林的国际化论或人类中心论，以及强调中外关系的双边及多国、跨国因素之间的相互关联的分析框架。① 前三种范式，或者称之为西方中心论、中国中心论、人类中心论，反映了美国的中国近代史研究对现实中的国际体系、中美关系和中国自身发展状况的关注，对于推进中国近代史的研究无疑起过重要作用。以柯文的转向为例，他由关注"中国中心"转向更加关注"人类中心"，以探索具有普适性的历史书写模式，② 尽管其"人类中心"偏重于文化层面，③ 但他不断探索新的研究范式的努力值得肯定。不过，美国中国近代史研究范式也有其明显的缺陷，正如刘大年在 1990 年所说："冲击－回应"公式"完全没有能够估计到中国人民的力量"，无法解释近代中国"在西方世界一致坚决反对的条件下回应为社会主义"的历史现象；中国中心观强调"中国近代历史的演变和方向，最后是由中国内部力量所决定"，"无疑地这符合于历史运动的本质"，但"显得过于看轻了外部世界的作用，对于外部势力深入到中国社会内部结构里面发生的毒害影响估计不足"，而且从柯文的研究评述中"完全看不到""中国民族自身的特点如何"。④ 显然，确立某一中心的范式往往会偏执一端或一隅，虽然可以在某些方面做出接近历史运动实际的探究，但难以动态地考察近代中国中外关系不同发展阶段的两个不同方面的实际历史地位和作用。

近年来，罗威廉归纳近半个世纪以来美国清史研究中的三个重要修正性转向，即社会史转向、"内陆亚洲转向"（或文化史转向），以及基于文化史转向并受世界史与生态史影响的"欧亚转向"。⑤ 这三种转向与前述美国学界的四种范式或分析框架中的后三种密切相关，即继西方中心论后，政治史研究不再是中国史研究的唯一重镇。这样就比较容易理解罗威廉的清史研究新著中仍然保留有"西方的冲击""中国对帝国主义的回应（1895—1900）"之类的标题了。⑥ 因此，尽管美国学术界对近代中外关系史的研究在研究领域方面不断拓展，但其在思想内核上或许仍未摆脱西方优

① 王栋：《新时期英文世界中的近代中外关系史研究》，《中国社会科学评价》2017 年第 2 期，第 67 页。
② Paul A. Cohen, *China Unbound: Evolving Perspectives on the Chinese Past* (New York: Routledge Curzon, 2003), Introduction, p. 8.
③ Paul A. Cohen, *China Unbound: Evolving Perspectives on the Chinese Past*, Introduction, p. 16.
④ 刘大年：《刘大年集》，中国社会科学出版社，2000，第 40、41、42 页。
⑤ 罗威廉：《最后的中华帝国：大清》，李仁渊、张远译，中信出版社，2016，第 4—8 页。
⑥ 罗威廉：《最后的中华帝国：大清》，第 147—155、213—219 页。

越论的束缚。

讲清近代中外关系的互动必须厘清中国所承受的外部压力与中国内生动力之间的动态复杂关系。中国史学界对中国近代史的解说曾经长期坚持"沉沦"说，强调帝国主义侵略、政府腐败给近代中国社会带来的严重后果，突出反帝反封建的革命主题。20世纪80年代后又出现了"沉沦"与"上升"并存的说法，强调"半资本主义"的存在是一种积极向上的力量，与此相联系，"现代化范式"越来越受到重视，社会史、文化史、生态史、全球史等领域的研究也渐次成为热点。近几年来，近代中外关系史研究无论在深度还是广度上都有了很大的发展，客观上要求研究者超越范式之争，从宏观上对其整体运动进行创新性的研究。

张海鹏密切关注国内外流行的各种范式，但明确主张以唯物史观为指导研究中国近代史。他说："近代中国社会的发展轨迹像一个元宝形，开始是下降，降到谷底，然后上升，升出一片光明。"他不同意"沉沦"与"上升"并存的说法，提出"沉沦"的"谷底"在20世纪头20年，这时"帝国主义侵略中国更加重了"，"民不聊生至极点"。[①] 从中外关系的角度看，近代中国社会的"元宝形"轨迹实际上就是近代中国由独立到独立受损再到独立的运动轨迹。其中存在两种不对称、不同步的力量，一种是外来的"帝国主义侵略"，另一种是中国"人民的觉醒"和"革命力量的奋斗"。前者使独立的中国社会变为半殖民地半封建社会，中国独立主权、领土完整受到严重损害，使中国社会发生"沉沦"；后者使中国社会向上发展，进而走出半殖民地半封建社会的魔影，走向社会主义现代化的新中国。两种力量的消长发生在"谷底"之后。[②]

唯物史观强调具体问题具体分析，既要关注宏大的历史背景，也要解析具体的历史运动路径，揭示整体运动中各要素的活动方向与力量对比。《读本》以政治史为核心研究对象，既注意外部势力对中国发展施加的影响与

---

① 张海鹏：《关于中国近代史的分期及其"沉沦"与"上升"诸问题》，《近代史研究》1998年第2期，第7—9页；张海鹏主编《中国近代史（1840—1949）》，群众出版社，1999，前言，第4—5页；张海鹏主编《中国近代通史》第1卷《近代中国历史进程概说》，江苏人民出版社，2009，第74—76页；张海鹏、翟金懿：《简明中国近代史读本》，中国社会科学出版社，2018，前言，第2—4页。

② 张海鹏、翟金懿：《简明中国近代史读本》，前言，第3—5页。以下径在正文中夹注页码与

中国自身力量发展之间的一般联系,又指出二者之间不对称、不同步、不同向的复杂演进特点,突出中国自主发展的曲折历程。

二 近代条约体系的形成与东亚封贡体系的瓦解

鸦片战争以前,古代中国有着独具特色的对外关系体系,其主体是由先秦分封和朝贡制度发展起来的东亚封贡体系。除了实力之外,东亚封贡体系与欧洲威斯特伐利亚体系、维也纳体系等有着很大的不同:东亚体系主要基于传统和道德,欧洲体系更倾向于强权和制度安排;前者强调内敛性的静态和平共处,后者强调扩张性的动态权力平衡;前者具有明显的圈层治理特点,后者则极力冲破区域樊篱。近代中外关系的开始就是东西方不同国际体系的碰撞。这种碰撞当然不是简单的冲击与回应,而是复杂的以侵略与反侵略为主线的不对称的冲突与合作。这种冲突与合作与有论者归纳的近代中外关系研究的两种视角有着一定的联系,即"国家主权和民族地位的角度"和"社会发展的角度"。[①] 这两种视角都蕴含着"沉沦"与"上升",其核心问题是传统的圈层模式被打破后中国应该如何自立于世界民族之林,或者说中国的外交模式如何摆脱列强的束缚并同时实现由传统向现代的转型,因此,由"沉沦"到"上升"的过程是否定之否定的过程,是传统模式的创造性转化和创新性发展。费正清所说中国"通过调适传统以应对19世纪中叶的种种问题而进入近代世界",[②] 过于强调"调适"中的合作的一面,有意淡化了"调适"中的冲突的一面。事实上,正是冲突与合作的互动,特别是其中冲突的一面,使中国近代史的结局出现了费正清说的"'西方的征服'事实上是失败的。中国的世界秩序并没有被新的入侵者所承袭,而是最终瓦解了"[③] 的现象。换言之,近代中国的民族革命在一定程度上扮演了突破强加于中国的欧洲近代国际关系体系和告别东亚封贡体系的双重角色,中国最终确立了一种既不同于西方也不同于传统的全新的外交模式。从这个

---

① 曾业英主编《当代中国近代史研究(1949—2009)》,中国社会科学出版社,2014,第321页。
② 费正清编《中国的世界秩序——传统中国的对外关系》,杜继东译,中国社会科学出版社,2010,第277页。
③ 费正清编《中国的世界秩序——传统中国的对外关系》,第293页。

角度看，一部近代中外关系史，本质上就是一部反帝反封建的历史。费正清看到了近代中外关系的结局，却不愿直面其中的反帝反封建主线。

在论述近代中外关系的开端时，《读本》既汲取了包括费正清在内的部分学术成果，又重点分析了近代中国反帝反封建主线的形成背景。

与张海鹏以前主编的《中国近代史（1840—1949）》和10卷本《中国近代通史》相比，《读本》在论述中国近代史开端时新增了有关"条约体系的形成"的内容，① 指出：通过《南京条约》等一系列不平等条约，"中国被纳入欧美殖民主义的'条约体系'"（第12页）；经过第二次鸦片战争和《天津条约》《北京条约》的签订，"西方资本主义列强强加于中国的所谓'条约体系'业已形成"（第39页）。同时，突出了近代条约体系的三个特征：强迫性，它是西方资本主义列强通过战争强加于中国的；不平等性，它由一系列不平等条约构成；危害性，它使中国的独立主权遭受严重破坏。《读本》谴责"近代资本 – 帝国主义迫使弱小国家签订不平等条约，是资本主义体系中最恶劣的国际关系准则"（第467页），并指出其结果不是开启了近代中国"上升"的通道，而是加速了近代中国"沉沦"的进程。这就是说，该体系形成的同时就已经给中国埋下了反帝的种子，废除该条约体系成为近代中国民族革命的首要任务。

关于中国封建统治阶级对条约体系的回应，《读本》也做了深刻的分析。《读本》评论第一次鸦片战争对中国的影响说："鸦片战争对中国的打击还不是足够大，《南京条约》签订后，道光皇帝还在一份奏折上批示，英吉利到底在哪里，道里远近？中国朝野还是笙歌如旧。"（第15页）显然，中国被纳入欧美殖民主义的条约体系后，中外高层合作的局面并没有相应形成。《读本》分析1853年开始的英美等国对中国的修约活动时反复强调了清政府的坚决拒绝态度（第34、35页）。清廷亲近外国势力的统治集团的形成是在第二次鸦片战争之后（第56页），且这种"亲近"以维护清政权为共识，并不是以推动中国近代化为目标。《读本》分析洋务运动时指出"洋务新政并不是举国一致的举措"（第64页），并将有关洋务运动的章目称为"失去发展机遇的三十年"。这些分析表明，近代条约体系的形成同时

---

① 费正清主编《剑桥中国晚清史1800—1911年》（上卷）列有专章论述"条约制度的形成"，见该书中国社会科学出版社1985年、1993年、2007年各版之第五章。

埋下了反封建的种子，因为不思进取的封建统治阶级已经无法承担废除让中国"沉沦"的条约体系的重任了。

近代中外条约体系形成后，只想从中国勒索更多权益的外国列强和总想着照旧统治下去的清政权的初步结合，使得中外关系的整体发展态势只能朝着外国列强和清政权都不愿意看到的方向步步推进。首先，在从事洋务的部分知识分子中出现了要在坚持民族独立的基础上发展资本主义社会的基本思想和观念。《读本》列出"中国社会变化的思想总结——早期改良主义的主张"一节，指出早期改良派提出了维护国家统一和主权与发展资本主义两位一体的主张。其次，列强侵华越来越肆无忌惮，而清政权的斗争意识却愈来愈弱，中国主权受损更加严重。《读本》列出"边疆危机和中法战争：不败而败的结局"一节，指出列强侵华步伐的加快和清政权的步步妥协，加速了中国的"沉沦"。最后，民间反帝情绪如星星之火逐渐蔓延，并酝酿着更大的反帝浪潮。《读本》列出"教案迭出——大规模群众反洋教斗争"一节，说明近代中国的"沉沦"必然激起反"沉沦"力量的崛起。

近代条约体系的形成和强化，冲破了阻碍中外交流的制度樊篱，拓展了中外交流的深度与广度，最终瓦解了东亚封贡体系，但由于其先天的破坏性特质，并没有使中国成为国际社会中平等的一员，而是使中国由一个东亚大国变成任列强宰割的弱国。《读本》在述及《马关条约》时指出甲午战败对中国造成的影响和灾难是空前的："继琉球、越南之后，朝鲜与中国之间的藩属关系也被割断，中国的东亚大国地位为日本所取代，从此沦为一个单纯被侵略国的悲惨境地。……所谓'中国问题'即帝国主义围绕争夺中国而相互矛盾斗争，成为远东国际关系的核心。"（第96、97页）

随着东亚封贡体系的瓦解，东亚地区成为列强争夺的热点地区，列强之间的矛盾开始激化并植入中国社会内部各种政治、军事、经济、文化力量之中，中国面临着亡国灭种的危险。中国社会发生了深刻变化：经济上，清政府不得不改变经济政策，鼓励发展民间私营工商业，中国的民族资本主义获得了初步发展；政治上，资产阶级革命派开始登上历史舞台并进行早期革命活动，而维新派也一度取得光绪帝的支持并开展了"百日维新"；武装斗争方面，爆发了以农民为主体的轰轰烈烈的反帝爱国运动。但是，戊戌维新和义和团运动先后失败，中国半殖民地半封建的社会形态最终在《辛丑条约》签订后确立。《读本》指出《辛丑条约》对中国的影响：政治上，"清廷，成了洋人的朝廷"；经济上，"中国已经成了被列强套着缰索的经济奴隶"；精神上，"以慈禧为代表的中国统治阶级，由传统意识维系的心理防线终于被彻底摧垮"。《辛丑条约》签订后，中国社会"沉沦"到"谷底"（第154、155页）。此后，中外关系的互动更加受列强实力演变的驱动，中国政治多元化趋势加速，经济发展不平衡加剧，社会结构碎片化加固。因此，废除不平等条约体系，构建新型国际关系，使"沉沦"的中国重新站起来，成为东亚封贡体系终结后维护东亚和平稳定和实现中华民族复兴的首要任务。

三　近代中外关系的转折

随着东亚封贡体系的瓦解，中国的民族意识逐渐增强。辛亥革命后，中国开始由王朝国家向近代民族国家转型。这个转型的过程始终与外部世界的变化密切相联。辛亥革命前中国资产阶级改良派、革命派、维新派、立宪派等的出现都有其国际背景，辛亥革命后中国共产党的成立也不例外，这是外部世界对中国发生影响的一面。其中也蕴含着中国先进分子的自主选择，这种选择也影响着相应的对外关系，这是中国对外部世界产生影响的一面。《读本》在分析中共成立的国际背景时就特别强调了这种学习与自主选择的互动（第275页）。总体上看，在"沉沦"阶段外部世界对中国的影响大些，在"上升"阶段中国对外部世界的影响逐渐加强。将两个阶段结合起来，可以看出近代中国由被动接受不平等条约向主动追求相互尊重、公平正义、合作共赢的新型国际关系迈进的艰难历程。

近代中外关系的转折酝酿于"谷底"时期，发轫于中共二大明确提出反帝反封建任务之后。《读本》对20世纪头10年中的抵制美货和收回利权运动进行分析，指出其"不同程度地取得了胜利"，肯定其"重要的社会动员意义"（第186、187页）；对第一次世界大战后中国社会各界的反应进行分析，指出作为战胜国中国的觉醒，以及对美国总统威尔逊"十四点"意见付诸实施的憧憬（第260页）；对五四运动后中国外交代表在巴黎和会上的表现进行分析，赞赏其"开创了一个敢于对帝国主义国家的现有秩序抗争的先例"（第264页）。

第一次世界大战后国际格局的演变为近代中外关系的发展提供了契机。

首先，西欧中心地位动摇，英国霸权式微，苏俄、美国、日本等力量崛起，世界地缘格局出现多中心并起的态势。其次，十月革命为人类社会发展开辟了一条非资本主义的崭新道路。最后，随着参与国际事务的增多，中国依托国际规制主动发声和维权的愿望增强。但是，国际格局的新变化并没有使中国的国际处境发生根本性转变，中国在国际事务上的努力并没有得到应有的回报，这又刺激中国人民反帝热情的高涨。《读本》分析中国在华盛顿会议上的得失，指出中共二大发表的宣言批评了华盛顿会议，提出了反帝反封建的民主革命任务，会后又在各地进行反帝爱国宣传运动。此后，孙中山也提出"扶助农工"等思想，并推动国共合作。由于民众的觉醒和积极参与，近代中国开始"上升"。在上升阶段，反对帝国主义和加强国际合作同时发展，中国在处理对外关系上主动性提升。

近代中外关系的转折完成于全面抗战时期。全面抗战是中华民族复兴的枢纽。全面抗战爆发后，国民党作为中国政府的代表，始终没有放弃争取国际社会的同情与支持；共产党也开展多种形式的对外工作，为构建世界反法西斯统一战线而努力奋斗。《读本》指出，卢沟桥事变后，蒋介石在各种场合呼吁各国政府和国联对日本进行干涉，尽管起初收效甚微，但毕竟发出了中国的声音，为以后加强国际合作准备了条件。

珍珠港事件后，中国人民奋勇抗战和主动争取国际合作最终赢得了世界大国的地位。《读本》认为中国政府抓住了有利时机，制定了合理的外交目标；肯定蒋介石提出的"由美国领导执行"的联盟作战计划建议对1941年底中、美、英重庆军事会议和1942年元旦中、美、英、苏签署《联合国家宣言》的积极作用。《联合国家宣言》的签署，标志着世界反法西斯同盟的正式形成，改变了此前中国孤立抗击日本帝国主义侵略的处境，对盟国协同抗击轴心国作战并取得最后的胜利具有重大意义。"中国在签字国中与美、英、苏并列，因此成为'四强'之一，标志着中国的坚持抗战赢得了世界大国的地位。自鸦片战争以来，这是第一次获得这样的地位。"（第380、381页）

中国国际地位的提升和中国朝野的外交努力，迫使美、英等国政府将应否同意立即取消与中国的不平等条约提上议事日程。《读本》分析中国与美、英分别签署新约的历史，认为虽然中美新约尚未完全解决美国在经济、文化领域享有的一些特权，中英新约没有提到香港问题，九龙租借地问题也悬而未决，而且不平等条约的废除并不意味着中国在实际上已经取得了与英美完全平等的地位，但是，中美、中英新约的签署，标志着中美、中英之间建立了国际法意义上的平等互惠关系。《读本》强调，中国与美国、英国签订废除不平等条约的协定，中国首脑出席三大国首脑的开罗会议并发表《开罗宣言》，表明中国坚持抗战，形成了战时中国外交新格局，这是近代中国"上升"趋势的重要表征（第382—385页）。

中国是战后国际新秩序的主要缔造者之一，但中国仍是一个弱国，在战后问题的处理上，只能扮演配角。《读本》指出：1945年2月，美、苏、英三国在雅尔塔讨论涉及中国权益的战后安排，完全把中国排除在外，不惜损害中国的权益。1945年8月签订的《中苏友好同盟条约》基本上落实了雅尔塔秘密协定的内容。以蒋介石为首的国民政府为了争取苏联压制中共力量，不惜在涉及中国重大权益上让步（第424、425页）。这表明，战后中国人民仍将继续为争取构建新型国际关系而奋斗。

四 "另起炉灶"

近代中外关系以中国"另起炉灶"终结，多少有些令人意外。国内外均有不少学者认为这是毛泽东的个人选择。如近年来，国外有论者虽然承认"民心"在中国选择发展道路上的重要意义，仍认为是"毛泽东的性格、信仰和抱负以及他领导的运动""在引导着中国的历史"，如果换"一个不那么重视意识形态的人物"，中国"会与地球上最富有、最强大的国家争取早日和解"。① 事实上，毛泽东的个人选择仅仅是一个表象，起决定作用的是近代中外关系发展的滚滚潮流，即从"沉沦"中"上升"，恢复独立自主的大国地位。只有从外部力量与内生动力的互动中寻找新中国"另起炉灶"的缘由，才能合理解释自鸦片战争到近几年中国提出构建新型国际关系的所有历史进程。过分强调"布尔什维克革命"和"斯大林主义"对中国对外关系的影响，对华盛顿的决定无法主导中国历史进程的无奈，对中国未能选择法国、印度、南非式的平衡外交的惋惜，仍然是冲击－回应模式的变种，

---

① 理查德·伯恩斯坦：《中国1945：中国革命与美国的抉择》，季大方译，社会科学文献出版社，2017，第428、429页。

无法解释中华人民共和国成立后为什么要"另起炉灶",也无法解释此后新中国对苏和对美关系的风云变幻。

近代中外关系以中国"另起炉灶"终结,其内生动力来自觉醒并成长起来了的人民大众。《读本》在分析近代中国"上升"趋势形成的标志时指出,抗日战争的胜利有三个决定性因素:一是抗日战争唤起了全民族的危机意识、救亡意识、民主意识,推动了民族的觉醒和大团结;二是中共提出并且推动了抗日民族统一战线的建立,赢得了民心,最大限度地动员了全国军民共同抗战,中共成为凝聚全民族力量的杰出组织者;三是正面战场和敌后战场坚持长期对日作战(第411页)。《读本》还分析抗战胜利对提升中华民族复兴的信心的意义(第412页),说明反对帝国主义的必要性、可行性,以及争取有利国际环境、最大限度凝聚力量共同对敌的重要性。这实际上强调了一个全民觉醒并充满自信的民族必然要追求新型国际关系。

近代中外关系以中国"另起炉灶"终结,从外部环境来说,与战后国际格局的演变有关。《读本》指出:战后形成了美苏两强对峙的格局;美苏扶蒋限共政策因为美蒋更加紧密的联合反共、反苏而发生了变化,即苏联转而接近中共。关于这段历史,《读本》引用海峡两岸不同学者的观点,说明国民党先于中共实行"一边倒"政策,国民党对美国的依赖较中共对苏联的依赖为大,指出1943年中美新约签订后,美国对中国的影响增大,并逐步踏入干涉中国内政的泥潭,在美国政府扶蒋反共政策指导下,赫尔利介入国共谈判,虽希望调解国共关系,但并不公正公允,不仅没有遏止中国潜在的内战危险,反而增强了蒋介石坚持独裁的意志。"在国共重庆谈判、政治协商会议以及国共冲突调处过程中,无论是赫尔利,还是马歇尔,他们的政治立场都站到了亲蒋反共一边,导致调停失败。"(第402、426页)1946年2月,中美双方在重庆开始的商约谈判表明国民党政府已经决定对美国采取"一边倒"政策。美国为适应战后向全球经济扩张的需要,要求中国完全开放市场;国民党因为执政地位极不稳固,经济形势日渐恶化,不得不依赖美国政治经济全方位的支持,在中美商约谈判中始终处于弱势与不利的地位,只能被迫做出重大让步。除中美商约外,中美两国还签订并交换了一系列条约、协定和换文,由此界定美国与国民政府之间的特殊关系,保证美国在中国享有政治、经济、军事、文化等各方面的绝对优势和特殊地位。中共看到美蒋完全站到一起,就把反蒋与反美联系起来(第427、428页)。战后美国干涉中国内政并企图将中国纳入其霸权体系的做法，极大地伤害了中国人民的感情。中国人民被迫选择"另起炉灶""打扫干净屋子再请客"，与当时美国不愿平等对待中国有着密切的关系。

《读本》指出，"另起炉灶"的实施，"中国人、中国这个国家就在世界面前站起来了！中国作为一个独立的主权国家的国际地位就确定了"（第472页）。至此，近代中国社会的"元宝形"轨迹结束，新的起点来临。

综上所述，《读本》将近代中外关系视为一个整体，以"元宝形"轨迹揭示其运动的阶段性和关联性，展示其嬗变的总体方向。在具体论述时，又注意了宏观研究与微观研究、逻辑分析与实证研究的有机结合，并尽量使用新的材料，避免陈陈相因。在处理历史与现实问题上，体现了既关注现实又尊重客观历史的学术态度，不因现实议题的转换而影响对历史基本事实的判断，坚持求实、求真与求善的统一。全书从现象和本质、内容和形式、原因和结果、可能性和现实性、偶然性和必然性诸方面对近代中外关系做了鞭辟入里的分析，贯穿着对立统一、质量互变、否定与否定规律的精神实质。在研究方法上，《读本》不是简单地使用社会矛盾分析方法，而是采用联系的、发展的、全面的分析方法，将经济分析、阶级分析、利益分析和价值分析相结合，揭示近代中外双方各种力量间的长时间动态博弈过程，阐述当下中国高举和平发展、合作共赢旗帜的历史依据和时代意义。

〔作者单位：曲阜师范大学历史文化学院、
山东省中国外交遗产研究基地〕

论张海鹏先生对中国近代史
宏大叙事的探索

李勇朋

宏大叙事的概念被引入史学领域，与后现代主义理论密切相关。后现代主义衍生于相对主义，而相对主义则衍生于历史主义。历史主义是一个至今仍无确切含义的概念，不同的著述里其含义也不尽相同。如卡尔·波普尔所反对的"历史主义"，其实是反对历史决定论，也就是反对通过揭示隐藏在历史进程本身的所谓规律，去预测未来的历史发展轨迹。黑格尔所谓"历史主义"，则视历史为一个不断发展的过程，真理存在于历史进程的本身，它只有随着历史的发展才能为人所知。荷兰历史学者弗兰克·安柯斯密特则认为历史主义是"一个事物的本质存在于其历史中"。①

本文并不考辨、讨论"历史主义"的各种内涵，只是为了避免产生不必要的疑惑，简单区分黑格尔所提出的历史主义与国内史学界所指称的历史主义的区别。如果说黑格尔的历史主义属于思辨的历史哲学层面，那么国内被改造了的历史主义更倾向于方法论。虽然早在20世纪初便已有中国学者引用历史主义，但它作为一种方法论，为人所熟知并产生较大影响，应是得益于五六十年代的几场学术思潮运动。从内容上讲，历史主义比当时狭隘的阶级观点更理性。如对于帝王将相和地主阶级的评价，坚持历史主义的学者

---

① 弗兰克·安柯斯密特：《历史表现中的意义、真理和指称》，周建漳译，译林出版社，2015，第1页。

认为："如果无分析的一律抹杀或一律颂扬，都是主观主义的、非历史主义观点的表现。"① 从方法论上讲，历史主义与阶级观点并不排斥，反而是相互补充、必须结合的，是正确地、客观地看待历史事件和历史人物的"两只眼睛"。②

一　近代史研究呼唤宏大叙事的重返

改革开放后，包括后现代主义在内的一些西方史学理论被引进大陆，"宏大叙事"的概念也被学人接受。正如后现代主义一样，对"宏大叙事"做一个严格、全面的定义非笔者力所能及，但也能从各类著述和表达中提炼出一些明显的和重要的特征，并依此对宏大叙事的词义做个大概的限定：它以一以贯之的主题将历史进程中的若干事件串联起来，作为建构宏大叙事的支撑；它将纷繁复杂的历史过程看作偶然中的必然，而非散落的碎片，强调其中的连续性、整体性，矢志追求历史发展的规律；它与宏观、整体具有极其类似的含义，但同时并不拒斥而是吸纳、包容微观研究，是一种完整的叙事。

包含客观性、连续性、整体性等特征的宏大叙事，首先受到后现代主义者的质疑。后现代主义理论兴起之前的史学流派，虽然其所探寻的规律或者预设目标不同，但都在承认历史真实的前提下，以连续性、整体性为特征叙述民族、国家、政治等宏大层面的历史。后现代主义论者则直斥宏大叙事蕴含着极权主义，是官方意识形态的宣传工具。出于对"客观"的质疑，出于对充斥着历史学家所"想象"的"连续性"和"整体性"的质疑，后现代主义论者将视野转移到边缘性的、微观的层面，表达着其对"宏大叙事"的不信任。"宏大叙事已经失去了它的可靠性，无论它采取什么样的统一方式，无论它是思辨的叙述还是解放的叙述。"③ 后现代主义对于宏大叙事的质疑，直接促使部分历史研究者疏离宏大叙事，更多地将注意力转移到精细

①　范文澜：《中国通史简编》，河北教育出版社，2000，第848页。
②　翦伯赞：《对处理若干历史问题的初步意见》，《北京大学学报》（哲学社会科学版）1978年第3期。
③　Jean-Francois Lyotard, *The Postmodern Condition* (Manchester: Manchester University Press, 1984), p. 21.

的微观史研究上。

　　精细的微观史研究是宏大叙事的必要准备，也是历史研究的客观性的基础，但前提是必须与宏观背景相结合。宏大叙事的建构正是以一条一以贯之的主线，将各专题史、微观史进行有规律的排列组合。但受后现代主义的影响，出于对宏大叙事的不信任，学者们渐渐疏离之，其研究领域也越发的狭窄，仿佛是越细越好，宏观理论问题却少有涉及。脱离了宏大历史背景的精细化研究，造成了历史细节纤毫毕现，近代史的整体认知却疑虑重重，"忽略了对历史的整体性把握，作茧自缚，将认识局限在一个狭窄的研究领域，不能从普遍联系中去认识具体的历史事件与人物，以致史学研究中系统性严重缺失"。① 诸多著名学者认为，史学研究的"碎片化"趋势已成为学术界危机，并予以抵制。《近代史研究》也曾约集名家刊出"碎片化"专题笔谈。

　　宏大叙事还遭受着历史虚无主义者的挑战。历史虚无主义在中国近代史研究中的主要表现包括对英雄的诋毁、丑化，为以往被否定的人物"翻案"；质疑近代中国人民的反侵略、反封建斗争，同时美化侵略者、统治阶级代表人物；质疑中国共产党的领导地位和社会主义模式的选择，同时对资本主义道路抱有美好幻想；质疑马克思主义的科学性，任意对历史事实和历史人物进行不负责任、罔顾事实的片面评价；等等。历史虚无主义对中国近代史宏大叙事的解构更直接、更明显。如果将宏大叙事比喻为一张网，如三次革命高潮、八大事件等具有里程碑意义的重要历史事件则是这张网上的重要节点；如喻之为大厦，则这些历史事件实为该大厦之支柱。宏大叙事的建构正是通过这些节点、支柱完成的，其"连续性""整体性"的特征也依存于这些节点和支柱。历史虚无主义者虚无这些重要事件的重大历史意义，从而割裂宏大叙事的连续性和整体性，以达到解构的目的。如五四运动向来被视为一场伟大的反帝爱国主义运动、思想解放运动，更是中国旧、新民主主义革命的分水岭，很长时间内中国近代史与中国现代史也以此为界，但历史虚无主义者认为五四运动不过是一场巧合，工人罢工只是信了"日人投毒"的谣言，商人罢市只是出于参加义和团式的自保，民意更是被强奸……

　　宏大叙事之被疏离还有很多原因。宏观理论问题的思考要求研究者必须

---

　　①　杨天宏：《系统性的缺失：中国近代史研究现状之忧》，《近代史研究》2010年第2期。

具有高深的理论素养、战略目光，必须广泛地搜集资料，因此耗时长，研究难度较大。在当前浮躁的学术环境里，较易出成果的专题史、微观史等研究领域，成了不少年轻学者的选择。另外，既往学术体系与政治联系过于密切，引起学者反感。新中国成立前受制于政治上的白色恐怖，学者发声渠道有限，影射史学的存在无可厚非；新中国成立后虽然因政治环境的宽松而有所好转，但一些研究者并没有维持学术环境与历史研究客观性之间的平衡。改革开放后，受西方史学理论的冲击，中国历史学理论建设步履艰难。

无论后现代主义、历史虚无主义如何冲击，无论既往的宏大叙事存在什么样的问题，宏大叙事作为最重要的历史叙事形式都是不可被替代的。即使后现代主义者声称反对宏大叙事，但无法否认后现代主义本身也属于元叙事的一种，离不开宏大叙事，"从列维－斯特劳斯到利奥塔，从克利福德到福山，我们仍然受到历史的困扰，即使我们迫切要彻底摆脱总体叙述的弊端，但我们还是一而再、再而三地回到宏大叙事中"。① 当然，此间呼吁宏大叙事的重返，并非对既往宏大叙事的完全肯定的继承。如前所述，既往宏大叙事与政治联系过于密切，存在诸种弊端，新时期的宏大叙事应该在批判地吸收既往宏大叙事的基础上，兼具科学性、系统性、综合性和准确性。

唯物史观认为，虽然每个人的思维活动有差异，但社会存在决定社会意识。人是社会关系的总和，而社会关系的发展变化总是遵循着特定的规律，呈现"五种社会形态"依次递进的趋势。即使部分学者对此抱有疑义，但它仍然是目前最为接近科学的理论，广有信服力的、可以替代之的理论尚未被提出。后现代主义热衷于文本和语言上的分析，并以此质疑历史发展的客观性，但语言和文本是当时社会意识的具体体现，受社会存在的制约，因此是有规律可循的。

唯物史观是科学的，而非如后现代主义所指责的那般虚妄。它力主追求历史发展的必然性和规律。具体在本文所指称的"中国近代史宏大叙事"，则主要是关于中国近代史的基本线索、学科对象、研究范式、近代社会性质、近代社会历程等问题。

---

① 克尔温·李·克莱因：《叙述权力考察：后现代主义和没有历史的人》，肖华锋、肖卫民译，载陈新主编《当代西方历史哲学读本（1967—2002）》，复旦大学出版社，2004，第315页。

二　张海鹏先生对构建中国近代史宏大叙事的探索

中国近代史宏大叙事的建构需要坚实的理论支撑。新中国成立前后形成的马克思主义近代史学科体系，对于正确认识近代中国有着不可替代的理论意义，奠定了今天相关学术流派的基础。但是随着社会的进步以及历史研究水平的提高，学者在对比和反思中发现，既往学科体系中的某些观点并不准确。新时期，张海鹏先生秉承着老一辈近代史学者实事求是的研究精神，对马克思主义近代史学科体系的诸多观点进行了完善和补充，并将之付诸实践，编著了《中国近代史（1840—1949）》《中国近代通史》。

（一）　第一阶段（1984—1999）的理论思考与实践

1. 关于构建中国近代史宏大叙事的理论思考

（1）关于中国近代史的学科对象

"近代"一词有两种含义。第一，顾名思义，所谓"近代"也就是离著者最近之时代。中国传统就有近世说，梁启超曾将中国社会分为上世史、中世史和近世史。第二，一般意义上的近代，指的是资本主义生产方式的时代。如世界近代史的上限目前虽然观点不一，但原则未变，都是指资本主义生产方式的时代。有学者主张世界现代史开端于俄国十月革命，也是因其指示着社会主义时期的到来。但是当研究具体的国别史时，这种观点就不再合适了。因为马克思主义的五种社会形态的社会发展规律具有普遍性，而各自国家的历史发展却具有特殊性。中国在封建社会以后，并没有进入完整的资本主义社会，而是在资本－帝国主义的侵略下形成了半殖民地半封建社会。中国的近代史当是指的与这种社会性质同步的历史时期，也就是1840—1949年的历史。

20世纪50年代大讨论的情况集中体现在"历史研究"编辑部整理的《中国近代史分期问题讨论集》一书上。关于中国近代史的上限和下限的问题，不少学者发表了不同看法。如关于近代史上限，虽然尚钺主张应该在明末清初，但是主流观点较为一致，仍是以鸦片战争为中国近代史的开端。而关于中国近代史下限问题，则有很大一部分学者提出了异见。针对当时史学界以1919年为中国近代史的下限这一情况，数位学者提出了不同意见。在该书收录的十位学者中，范文澜、荣孟源、李新、来新夏四位学者均主张，中国近代史应该是包括新民主主义革命时期在内的110年的半殖民地半封建社会时期的历史。①

50年代的分期问题讨论，随着这部带有总结性的小册子的出版而渐进尾声，但是学者对于分期问题的看法并未取得一致意见。此后到60年代中期，刘大年数次表达了贯通110年中国近代史的意见。鉴于"近代""现代"等学术术语没有严格的科学定义而显得含混不清，刘大年进而主张将这110年的历史称为"半殖民地半封建时代或民主革命时代"，新中国成立以后则称"社会主义时代"。②

虽然诸多著名学者主张完整的近代史时限应该是1840—1949年，但在编写近代史著作的时候还是将下限定为1919年，这似乎难以理解。张海鹏先生在此后接受的采访中曾提到：理论上，他们都认为近代史下限应该在1949年，但在实际编写中暂编到1919年。因为其一，1919—1949年的时间跨度太小，这段历史的实际经历者大都健在，编写到1949年会有诸多顾忌；其二，彼时关于这一时期的档案资料公布甚少，这也是一大困难。③ 总而言之，时机不够成熟。

"文革"结束后，分期问题的思考也得以再续。1981年，胡绳在其《从鸦片战争到五四运动》前言部分说："在中华人民共和国成立已超过三十年的时候，按照社会性质来划分中国近代史和中国现代史，看来是更加适当的。"李侃④、李时岳⑤继胡绳之后也发文称，中国近代史的下限应该在1949年9月，即中华人民共和国成立前夕。1997年，《历史研究》创刊100期，该刊请胡绳题词的时候，胡绳再次强调该观点。⑥

中国近代史独立于党史，独立于现代史，最明显的就在于中国近代史下限的断定。若以1919年为近代史下限，则容易造成近代史与党史、现代史混淆不清，时至今日，部分读者对于三者之间关系的认识仍是模糊不清的。

---

① "历史研究"编辑部编《中国近代史分期问题讨论集》，生活·读书·新知三联书店，1957。
② 刘大年：《中国近代史问题》，人民出版社，1978，第216—217页。
③ 张海鹏、邹兆辰：《追求历史的真谛：我的史学之路——访张海鹏研究员》，《历史教学问题》2013年第4期。
④ 李侃：《中国近代史"终"于何时》，《光明日报》1982年11月17日。
⑤ 李时岳：《关于"半殖民地半封建"的几点思考》，《历史研究》1988年第1期。
⑥ 张海鹏：《张海鹏集》，中国社会科学出版社，2008，第312页。

张海鹏先生认为，旧有分期标准"对历史认识和学科建设，都没有好处"。在新中国成立 50 多年后，"将 1840 年—1949 年的中国历史打通来研究，这不论对于中国近代史还是中国现代史（1949 年以后），不论对于中国革命史还是中共党史的研究，都会有好处，在大学课堂里也应打通来讲授。不要再人为地以 1919 年作为中国近现代史的分界"。①

（2）"革命高潮"问题

1954 年，胡绳将太平天国革命、戊戌变法和义和团运动、辛亥革命作为中国近代史的基本线索，并以此将中国近代史划分为三个时期，被称为"三次革命高潮"。② 虽然孙守任、金冲及等学者或以社会主要矛盾为标准，或要求阶级斗争与社会经济形态相结合，提出了不同意见，但总的来说，"三次革命高潮"为多数学者所接受，指导着近代史研究和教学。

改革开放之后，尤其是在 80 年代的大讨论中，对"三次革命高潮"的质疑再次显现。首先是来自"四个阶梯"论的挑战。"四个阶梯"论强调资本主义的发生、发展，认为农民运动、洋务运动、维新运动、辛亥革命是中国近代史的基本线索。③ 其后，章开沅以"民族运动"说代替"革命高潮"说，做了概念的替换。因为"三次革命高潮"一词"不仅容易引起概念现解上的歧异，而且容易使人联想到新民主主义革命史三次国内革命战争的提法"，因此"不用为好"。④ 戚其章将洋务运动和义和团排除在外，并回避"革命高潮"的概念，以太平天国、维新运动、辛亥革命为基本线索。⑤ 陈旭麓从严格的"革命"定义出发，考察完整的 110 年的中国近代史，提出了"新三次革命高潮"：辛亥革命、北伐战争、解放战争。⑥ 张海声则认为，"三次革命高潮"性质截然不同，唯有辛亥革命才称得上真正意义的"革命"，且前两者与后者并没有必然联系。如将近代史下限定在 1949 年，则"三次革命高潮"更难成立，依"革命"本意，则只有辛亥革命和解放战争两次"革命高潮"。⑦

---

① 张海鹏：《张海鹏集》，第 125 页。
② 胡绳：《中国近代历史的分期问题》，《历史研究》1954 年第 1 期。
③ 李时岳：《中国近代史主要线索及其标志之我见》，《历史研究》1984 年第 2 期。
④ 章开沅：《民族运动与中国近代史的基本线索》，《历史研究》1984 年第 3 期。
⑤ 戚其章：《关于中国近代史基本线索的几点意见》，《历史研究》1985 年第 6 期。
⑥ 陈旭麓：《关于中国近代史线索的思考》，《历史研究》1988 年第 3 期。
⑦ 张海声：《"三次革命高潮"说能不能成立》，《社会科学》1990 年第 4 期。

虽然异议颇多，但"三次革命高潮"说并没有被实质性地放弃。李时岳"四个阶梯"论实际上是对"三次革命高潮"的修正和补充，章开沅、戚其章、陈旭麓等学者也只是对"三次革命高潮"做概念的解释和替换。总而言之，大多数学者实质上是接受"革命高潮"的提法的，只是对该概念有所分歧，因此或回避之，或替换之。

张海鹏先生认为，胡绳所言旨在强调线索并没有对革命的本来含义做过多计较。张海鹏先生肯定"三次革命高潮"的重要意义，但鉴于胡绳提出该概念时中国近代史的下限还在 1919 年，因此从 110 年中国近代史的全局衡量，提出中国近代史上共有七次革命高潮，即太平天国革命运动、戊戌维新和义和团运动、辛亥革命、新文化运动和五四运动、1927 年大革命、1937—1945 年抗日战争、解放战争的胜利和中华人民共和国的成立。[①]

（3）中国近代社会"元宝形"的发展轨迹及"谷底"说

所谓"元宝形"结构（或"U"形结构）指的就是近代社会先是向下"沉沦"，直至"谷底"，在"谷底"时期，"上升"的因素与"沉沦"的因素交替表演并最终跃出"谷底"，走向"上升"的过程。

张海鹏先生提出，近代中国"发展趋势主要表现为'沉沦'，这个时期，也有'上升'的现象，但那是次要的因素；从 1901 年到 1920 年期间，中国历史表现为'沉沦'到'谷底'的时期，所谓'谷底'时期，实际上是'沉沦'到'上升'的交错期，是黑暗到黎明的交错期……度过了'谷底'时期以后，中国的历史发展趋势就主要表现为'上升'了"。[②]

另外，张海鹏先生借鉴"两个过程"论，从近代中国人民"屈辱"和"奋斗"的角度，对"沉沦"与"上升"做了一番诠释：在外国侵略势力的压迫下，中国滑向半殖民地，这是中国人民的"屈辱"史，当然"屈辱"的过程也有努力的"奋斗"，但由于各方面的不足，并不能阻止社会的"沉沦"；中国人民为了争取民族独立和国家富强的"奋斗"史，则主要体现在"上升"时期，这一时期虽然也有"屈辱"，甚至日本侵华对中国的侵害更甚，但由于民族觉醒和国人的艰苦奋斗，反而阻止了"沉沦"，赢得了反侵

---

① 张海鹏：《关于中国近代史的分期及其"沉沦"与"上升"诸问题》，《近代史研究》1998 年第 2 期。

② 张海鹏：《60 年来中国近代史研究领域有关理论与方法问题的讨论》，《近代史研究》2009 年第 6 期。

略战争的胜利。①

"元宝形"或"U"形结构，有一个从"沉沦"到"上升"的转折，是两种因素的交错期，这就是张海鹏先生提出的"谷底"说。张海鹏先生将"谷底"时期定位在20世纪的前20年，②"谷底"时期，经过积极因素与消极因素一系列复杂的交替演进，"上升"因素愈来愈发挥主要作用，直到40年代走出"谷底"。对于"元宝形"近代社会轨迹说和"谷底"说，有不少学者表示赞赏。如陈铁军认为，此说"尝试性地提出了中国近代史的一种新的理论架构"。③ 袁成毅也认为，"谷底"说"是一个很值得继续探讨的重要学术问题"。④ 张华腾认为，该理论"是对近代社会发展最形象最具体的说明，最科学的解释"。⑤

虽然不少学者对"谷底"说表示赞赏，但是对"谷底"的具体时间界定有不少分歧。袁成毅主张"只有半殖民地有深渊和谷底，半封建没有深渊和谷底，半殖民地半封建社会也没有谷底"，而从国家主权沦丧的角度看，"只有在1931年到1945年，中国的主权受破坏的程度最深，因此中国半殖民地深渊的谷底应当是在1931年至1945年"。⑥ 张华腾鉴于帝国主义在19世纪末20世纪初的严重侵略，鉴于新政和北洋军阀统治的进步意义，将"谷底"时期限定在19世纪末20世纪初。⑦ 还有学者认为，"谷底"说低估了辛亥革命的历史意义，因此"不完全正确"。⑧ 对于上述学者的质疑，张海鹏先生表示有进一步商榷的必要。

2. 构建中国近代史宏大叙事的首次实践——《中国近代史（1840—1949）》

张海鹏先生对中国近代史宏大叙事的探索结晶，首先体现在《中国近

---

① 张海鹏：《中国近代史（1840—1949）》，群众出版社，2000，第6—7页。
② 张海鹏：《中国近代史（1840—1949）》，第5页。
③ 陈铁军：《关于中国近代史的一种新后的理论架构——略评张海鹏主编〈中国近代史〉》，《史学理论研究》1999年第4期。
④ 袁成毅：《再探中国近代半殖民地深渊的"谷底"》，《杭州师范学院学报》2001年第2期。
⑤ 张华腾：《关于对中国近代社会发展及其发展轨迹的认识——兼与张海鹏先生商榷》，《殷都学刊》2003年第2期。
⑥ 袁成毅：《再探中国近代半殖民地深渊的"谷底"》，《杭州师范学院学报》2001年第2期。
⑦ 张华腾：《关于对中国近代社会发展及其发展轨迹的认识——兼与张海鹏先生商榷》，《殷都学刊》2003年第2期。
⑧ 陈铁健：《"谷底"说辨析——关于辛亥革命前后二十年历史的地位问题》，《北京日报》2009年2月23日。

代史（1840—1949）》的编写上。《中国近代史（1840—1949）》是建构近代史宏大叙事的初次尝试，其不仅在张海鹏先生的个人学术历程中占据着重要地位，对近代史学界而言，其学术价值也应得到更充分的肯定。

（1）《中国近代史（1840—1949）》的承继

从中国近代史学科体系的发展着眼，《中国近代史（1840—1949）》的编写具有明显的承上启下的作用。启下自然指的是《中国近代通史》的编纂，所谓承上指的则是对中国近代史上一脉相承的马克思主义学科体系的承继。张海鹏先生的《中国近代史（1840—1949）》正是对范文澜、刘大年以来的中国近代史学科体系的继承和发展，清晰地体现着该体系的演进脉络。张海鹏先生曾明确表示："我将倾力传承郭沫若、范文澜等史学大师的治学精神和工作风格，继续坚持唯物史观对史学的指导，承担新的时代条件赋予的历史使命，推动唯物史观和中国史学发展的进一步结合。"[①] 中国近代史学科体系的创建和确立，恰恰离不开范文澜、刘大年等老一辈马克思主义史学家。

范文澜的《中国近代史》上册，首次以符合学术规范的方法，将中国近代史按照革命性质，划分为旧民主主义革命时期和新民主主义革命时期。"两个过程"论和"两半论"的概念也被范文澜首次从学术上予以论证。此外，如阶级分析法的运用、对太平天国运动和义和团运动等重大事件的看法，无不影响着现今的中国近代史研究。

胡绳也是新中国成立后中国近代史学科体系的奠基者之一。1948年出版的《帝国主义与中国政治》与范著《中国近代史》上册一起，"初步奠定了中国近代史研究马克思主义学科体系的基本框架，开创了中国近代史研究新的学科范式"。[②] 新中国成立后，胡绳的工作方向有了较大变化，但中国近代史仍是他难以割舍的研究领域。《中国近代史提纲》《中国近代历史的分期问题》《从鸦片战争到五四运动》等是其研究成果的集中体现。他在《中国近代历史的分期问题》中提出"以阶级斗争的表现"为标准划分近代史时期，并指出中国近代史上存在的"三次革命高潮"。[③] 这一观点得到当

①　魏淑民：《铁肩担道义　妙手绘蓝图——访中国史学会第八届理事会会长张海鹏研究员》，《中国社会科学院报》2009年5月21日。

②　张海鹏：《张海鹏集》，第291页。

③　"历史研究"编辑部编《中国近代史分期问题讨论集》，第7页。

时学术界的肯定，影响至今。

稍晚其后，刘大年进一步完善了刚刚建立的中国近代史学科体系。不难发现，范著著作形式显示出明显的传统史书的纪事本末特点，而且内容多注重政治史、革命史，对经济、文化等方面颇多疏漏。胡绳的《帝国主义与中国政治》也几乎是一部政治史，忽略了近代史其他方面的研究。刘大年对彼时近代史著作只讲政治史的不足有清醒的认识。相较于范著《中国近代史》上册和胡绳的《帝国主义与中国政治》，《中国史稿》第 4 册的编写，在坚持了以政治史为主干的原则的同时，难能可贵的是还另辟专节叙述了当时的经济、思想文化以及少数民族同当时国内革命战争的关系、边疆地区的开发等，无疑更全面、更丰富、更科学。但篇幅所限，该书也难以较完整地叙述中国近代史。

（2）《中国近代史（1840—1949）》的创新

在坚持近代社会性质、基本线索等马克思主义中国近代史学科体系的一些基本观点的同时，结合中国近代史研究中取得的最新研究成果，张海鹏先生又对既往的学术观点做了完善和创新，并将之运用到《中国近代史（1840—1949）》的编写上。具体到该书，则是对重大历史事件更趋客观的评价。

改革开放后，在所谓"新启蒙运动"的影响下，同时也由于新方法、新理论的使用，部分学者对诸如洋务运动、义和团运动等重大历史事件予以重新评估，一言以蔽之，就是对农民起义、早期资本主义在中国近代历史中的地位重新评价。由于时代的变化、新史料的发现和研究的深入，重新检讨学术界对过去一些问题的看法是有必要的，这既有助于多维立体地认识历史，也有助于学科体系的完善。但过犹不及，反思的同时也要警惕陷入非黑即白、忽左忽右的认识误区。张海鹏先生对此保持着清醒认识："要坚持自己的观点，同时也要和过去的极'左'思潮，和过去一些简单的说法有一个区别。"[①]

鉴于近代史学界的数次争论主要集中在对资产阶级和农民运动的评价上，此处谨以洋务运动和义和团运动两例做简要分析。

---

① 中国社会科学院青年人文社会科学研究中心编《学问有道——学部委员访谈录》，方志出版社，2007，第 203 页。

①关于洋务运动

关于洋务运动的目的，范文澜认为，"洋务派制造船炮，目的在镇压革命，并不是抵抗外国；办同文馆等目的在培养买办和翻译员并不是为了真正了解外国"。① 关于洋务运动的"自强"，范文澜认为其旨在"壮大本集团的力量，镇压人民革命"。②

刘大年编的《中国史稿》第 4 册，将洋务派的活动定性为地主阶级内忧外患下的"自救"运动，其目的自然是"来稳定封建主义的统治地位"。③ 对于此一时期的改良主义思想，刘大年是持较肯定的态度的。他认为改良派"要求维护国家独立"，"在当时它仍是一种有进步倾向的思想"。④

相较于范著，刘著更注意区分洋务运动催生的中国早期资本主义的洋务当权派和早期改良派。对民族资本家和以薛福成、王韬、郑观应为代表的改良派知识分子的忧国忧民抱以同情，对洋务派的大官僚、大买办则较多排斥。

改革开放以后，有学者对洋务运动提出了新的看法："洋务派的活动至少在客观上使封建坚冰出现了裂口，从而为开通资本主义的航道准备了某些必要的条件。"⑤ 近代化问题提出以后，不少学者更视之为近代化的开端。这些学者通过新颖的研究视角，以直观的数据为基础，取得了有益的研究结果。

张海鹏先生对洋务运动的评价，便吸收了近年来近代史研究取得的有益成果。《中国近代史（1840—1949）》仍然坚持以往对洋务运动的定性："统治阶级的自救运动"。对于早期改良主义思想，与刘大年的总结类似，并都予以肯定。与前两书有别的是，该书从现代化的角度部分地予以隐约的肯定，如"中国第一代科技人才""中国近代钢铁工业的开端"。对争议较多的曾国藩、左宗棠、李鸿章，也表示同情："虽然这些人的思想和实践没有向政治改革继续前进，但他们确实充当了历史不自觉的工具，为社会进步的部分质变和质

① 范文澜：《中国近代史》上册，人民出版社，1962，第 191 页。
② 范文澜：《中国近代史》上册，第 195 页。
③ 郭沫若主编《中国史稿》第 4 册，人民出版社，1962，第 70 页。
④ 郭沫若主编《中国史稿》第 4 册，第 107—109 页。
⑤ 李时岳：《从洋务、维新到资产阶级革命》，《历史研究》1980 年第 1 期。

变创造了条件。从这个意义上，说他们是中国近代化的先驱，给他们以历史的评价是应该的。"① 张海鹏先生在坚持传统学科体系的基本观点的同时，"对某些把握不准的地方，对某些过火的地方"做出了必要的纠正。②

　　②关于义和团运动

　　范文澜对义和团运动进行定义性的概括，"以落后的宗教迷信为形式，以反对帝国主义为内容的群众运动"，并将义和团的爆发归因于"甲午战后的外国侵略和满清暴政"。③ 范著认为，义和团参加者有许多因新生产方式而失业或破产的农民和手工业者，这就造成了义和团盲目排外的落后一面，但要积极地看待其反对帝国主义的诉求。

　　刘大年编的《中国史稿》第4册对义和团运动性质、爆发原因的分析与范著相比，都是在肯定义和团反帝爱国精神的前提下，承认其有落后愚昧的一面。不同的是，前者认为义和团盲目排外在于农民、手工业者自身的局限性，后者更强调守旧士绅、地主官吏对农民的错误引导。④ 大概是由于篇幅限制，《中国史稿》第4册关于洋务运动、义和团运动的描述都比较简略，比如对义和团运动落后的宗教组织形式，只是简单地提到"一部分有浓厚的神秘主义色彩"，⑤ 但以《中国史稿》第4册为框架展开的《中国近代史稿》则描述分析得比较详细。

　　义和团运动的余波尚未平息之时，对义和团的评价便有分歧，有斥之为"拳匪"的，有誉之为"民气之代表"的，这种分歧也是后来指责义和团"盲目排外"或赞誉其"反帝"精神的两分法的滥觞。新中国成立后，对义和团的评价以肯定其"反帝"精神为主，但也承认其落后的组织形式和盲目排外。

　　《中国近代史（1840—1949）》对义和团的论述，除原则性的坚持外，又有新的时代特点。首先肯定其反抗帝国主义侵略的伟大历史意义，然后对义和团的盲目排外进行深入分析并提出新的认识，如提出中国人民反帝爱国

---

① 张海鹏：《中国近代史（1840—1949）》，第72页。
② 张海鹏：《近年来中国近代史研究中的若干原则性争论》，《马克思主义研究》1997年第3期。
③ 范文澜：《中国近代史》上册，第329页。
④ 郭沫若主编《中国史稿》第4册，第137页。
⑤ 郭沫若主编《中国史稿》第4册，第135页。

认识的历程，再如从国际法角度审视义和团的排外主义。

对义和团的盲目排外，该书指出"是近代中国人民反对帝国主义斗争尚处在感性认识阶段的反映，是反帝斗争的原始形式，是那个时代里爱国主义的具体表现"。① 这段话对义和团笼统排外原因的分析是十分中肯的、客观的。这里提到了中国人民反帝爱国的"感性认识阶段"，也就是说中国人民的爱国主义经历了一个由感性认识上升到理性认识的过程。而义和团运动时期，正是人民群众反帝爱国主义认识处于自发时期、感性认识时期，因而是"朴素"的。事实也是如此，张海鹏先生后来写专文《中国近代爱国主义理性提升的历程》提出：中国人民的爱国主义在经历了反洋教斗争、维新运动、义和团运动、辛亥革命、五四运动等一系列爱国主义高潮洗礼后，随着"打倒帝国主义"口号的提出并最终在中国共产党的领导下，走向自觉。② 这样的论断是符合历史实际的，也是对范文澜、刘大年等老一辈学者的补充和完善。

义和团攻击东交民巷的外国使馆一事，也为许多人所诟病。《中国近代史（1840—1949）》也承认"这是违反国际法的"，但是更强调"各国把大量现役军人派到北京使馆区，是干涉中国内政，本身就违反了国际法"。③ 从国际法的角度去看待近代中国与西方国家的交涉是很有意义的，它既能体现近代西方在侵略过程中所秉持的"强权"与富含公正意味的"国际法"之间的暧昧关系，又能使人进一步认识到近代中国社会落后的原因，在全球化的今天坚定改革开放的正确性。与此相关，在 90 年代初，张海鹏先生已从国际法角度出发去探讨辛丑议和过程中的中西交涉，开辟了历史研究的一块新领域。

（二）第二阶段（2000—2006）的理论思考与实践

1. 关于构建中国近代史宏大叙事的理论思考

（1）关于中国近代史研究范式问题的思考

两种范式的由来，可以追溯到 1988 年张亦工发表的《中国近代史研究

---

① 郭沫若主编《中国史稿》第 4 册，第 141 页。
② 张海鹏：《中国近代爱国主义理性提升的历程》，《北京日报》2009 年 8 月 31 日。
③ 张海鹏：《中国近代史（1840—1949）》，第 144—145 页。

的规范问题》。张亦工在引进美国学者托马斯·库恩的"范式"概念时，始以"规范"译之。在谈到"关于近代历史本质和如何研究近代历史的基本认识"时，他对"传统范式"做了一句话的概括——"从革命史的角度把握近代史"，这就是后来的"革命史范式"。对于"新范式"，即后来的"现代化范式"，该文并没有明确概括。张文以"规范"的角度看待"四个阶梯"论对"三次革命高潮"的修正，认为"四个阶梯"论强调资本主义的发生、发展，"多半就会导致放弃传统规范"。① 有学者分析认为，张文之后黄宗智、德里克的两篇论文，尤其是部分学者对德里克文章两处关键论点的误解，使中国近代史学界的"范式之争"明朗化。② 由此，中国近代史学界开始了"革命史范式"和"现代化范式"之争。

　　双方的分歧在于历史研究中应以哪种方法论为主导。有学者将现代化流派分为主流和支流，支流者如李泽厚"告别革命"论，主流者如罗荣渠、章开沅、虞和平等，代表观点是"一元多线"论。③ 部分支流学者则怀揣着"告别革命"等观点，贬低革命，希图以现代化范式替代革命史范式。支流学者自不必说，已为诸多有识之士所批判，然而不可否认的是，现代化流派的主流学者借此范式所做出的种种努力取得了很大成就，提出了一系列重要理论，如"一元多线"论、"生产力理论"、"横向发展理论"。张海鹏先生对其采取创新性的视角研究中国近代化历程予以肯定，同时他也指出，"这样的观察和研究，也终究不能把一部完整的中国近代史呈现在读者面前"。④ 现代化流派的一些主流学者很多是研究世界史的，而一些理论放在研究宏观的世界文明进程里来说，可能是合适的，但放在具体的110年的半殖民地半封建社会的近代中国，是否行得通恐怕有待商榷。

　　在不谋求"范式"替代的现代化主流学者中，出现了一种"包含论"。他们主张，"必须重新建立一个包括革命在内而不是排斥革命的新的综合分析框架"；⑤ "如果就完整意义上的现代化而言，反帝反封建的改革和革命应

　　① 张亦工：《中国近代史研究的规范问题》，《历史研究》1988年第3期。
　　② 徐秀丽：《中国近代史研究中的"范式"问题》，《清华大学学报》2015年第1期。
　　③ 左玉河：《中国近代史研究的范式之争与超越之路》，《史学月刊》2004年第6期。
　　④ 张海鹏：《张海鹏集》，第85—86页。
　　⑤ 罗荣渠：《现代化新论——世界与中国的现代化进程》，商务印书馆，2006，第488页。

该包含在现代化进程之中"。① 对于此种意见，张海鹏先生肯定诸学者为使
现代化理论符合近代中国的发展状况而进行理论改造所做出的努力，赞赏其
成果有益于解释近代中国的现代化历程，但直言，这"还不足以揭示整个
中国近代史的全部历程"。至于以现代化视角去重新解读中国近代史，张海
鹏先生强调现代化视角必须与革命史视角相结合，否则"也难以科学地复
原历史的真实面目"。②

　　自然科学领域的"范式"概念引进社科领域时，由于理论和现实诸因
素的局限，不得不剔除其原本定义上的"替代"意味的因子。主张"范式
替代"的现代化论者毕竟是少数，随着"范式之争"的继续，越来越多的
学者主张两种范式并存："史学家所选择的众多路径、取向或'范式'，是
可以兼容、互济的"。③ 张海鹏先生也指出，叙述争取民族独立时，应充分
关注现代化问题，"从现代化的角度来说明、分析这种努力。两大历史任务
是相辅相存的，不是替代关系"。④

　　然而并存或调和并不能回避谁是主导这一尖锐问题，毕竟一以贯之的思
想理论是宏大叙事基本的、内在的要求。论及革命和现代化（近代化）的
关系，不管现代化范式论者还是革命史范式论者，总是绕不开胡绳、刘大年
的相关论述，但很多学者总是对之有意无意地片面引用或过分夸大。如胡绳
肯定以现代化为主题的近代史研究，但不少论者忽略了他对阶级观点和阶级
分析法的强调。刘大年则认为"没有民族独立，不能实现现代化；没有现
代化，政治、经济、文化永远落后，不能实现真正的民族独立"。⑤ 胡绳和
刘大年都主张，只有先取得民族独立才能实现现代化。当然对于革命史范
式的不足，张海鹏先生也有清醒的认识，他主张以原有的革命史范式"兼
采"现代化的视角，去弥补革命史范式对社会经济、文化等方面的关注不
足。⑥

　　无论"革命史范式"还是"现代化范式"，都对对方所冠以的己方概念

①　虞和平：《中国现代化历程》，江苏人民出版社，2001，第 22 页。
②　张海鹏：《张海鹏集》，第 87 页。
③　董正华：《多种"范式"并存有益于史学的繁荣》，《史学理论研究》2003 年第 3 期。
④　张海鹏：《中国近代史的新写法、新史识、新论断》，《北京日报》2007 年 5 月 28 日。
⑤　张海鹏：《张海鹏集》，第 233 页。
⑥　张海鹏：《张海鹏集》，第 89 页。

持保留态度。但因为该概念触及己方学术本质而差强人意，在找到更合适的概念替代之前，都能勉强接受。如张海鹏先生认为，蕴含贬损意味的"革命史范式"的提法，虽然"不是很准确"，但因"反映了中国近代史学科体系的核心内容，且为许多学者所采用"，[①]暂时接受之。时隔一年，经过认真思考，张海鹏先生即提出："所谓革命史观，所谓现代化史观，都不是指导历史研究的正确史观。指导历史研究的正确史观，是马克思主义的唯物史观。"[②]

（2）对中国近代历程的若干转折的分析

《中国近代通史》的分卷几乎与《中国近代史（1840—1949）》相同，都应和着张海鹏先生对近代历史进程若干转折的分析。曲折复杂的中国近代历史进程充满了必然中的偶然，令人如坠云雾。为了廓清近代史的重重认识迷雾，为了更好地理解中国新民主主义革命胜利的必然性，张海鹏先生凭借其精深的宏观把握能力，以"沉沦"与"上升"说理论为基础分析整个中国近代历程，提出了晚清和民国历史上的几次重要转折。

鸦片战争是中国近代史的开端，鸦片战争之后签订的一系列不平等条约，使中国开始由独立的封建国家向半殖民地半封建国家转化，并被迫卷入世界资本主义进程。此为其一。

太平天国起义严重打击了中国封建专制统治和资本主义侵略，它刷新了侵略者对中国社会的认识，使之改变了对华政策。同时，出于对"心腹之患"和"肢体之患"的认识，清统治者调整了内外政策，这种政策调整的直接后果就是以湘、淮二军为代表的汉族实权官僚的崛起。而这些后果对当时局势、中外关系和此后国内经济形式都有重要影响。此为其二。

尽管对洋务运动的评价褒贬不一，但是洋务运动对中国资本主义发展的巨大推动作用则是人所共知的。洋务运动期间兴起的早期维新主义思潮以及由此带动的中国资本主义的发展，是后来维新改良运动、辛亥革命的物质基础和思想基础。以李鸿章、左宗棠为代表的官督商办性质企业与地方军事权力相结合，也助推了地方割据势力的发展。此为其三。

义和团运动打破了列强瓜分中国的迷梦，不得不在形式上尊重中国领土

---

① 张海鹏：《张海鹏集》，第77页。

② 张海鹏：《张海鹏集》，第96页。

和主权的"完整"，同时要求清政府实行新政以缓和国内矛盾。新政造就了一批新思想的知识分子，壮大了资本主义势力。同时新政、庚子赔款、新军的编练需要大量资金，加重了人民负担，加剧了对立阶级和各阶级内部矛盾，《钦定宪法大纲》、皇族内阁的出台更是推波助澜，这就为辛亥革命的爆发奠定了基础。此为其四。

以上是晚清历史的四次大转折。接着，张海鹏先生又以"沉沦"与"上升"的理论分析了民国时期的几次大转折。

在这纷繁复杂的二十年"谷底"时期，辛亥革命、袁世凯窃取革命果实、二次革命、护国战争、张勋复辟、护法运动、五四运动等"沉沦"与"上升"的诸势力，进行了五个回合的交替表演。这便出现了第一次转折。

1921 年中国共产党成立，1924 年国民党改组并形成了第一次国共合作。此后，工农运动此起彼伏，民主意识也有了提高，经过三年多的北伐战争，推翻了北洋军阀的统治。此为其二。

1927 年，"四一二"、"七一五"事件相继爆发，国共合作破裂，宁汉合流，建立了南京国民政府。国共合作的破裂直接导致中国社会十年内战，影响了抗战，影响了社会生活的各个方面。此为其三。

面对空前尖锐的民族矛盾，张学良、杨虎城发动西安事变，在共产党和全国各阶层的努力下，国共两党实现了第二次合作。即使合作过程中两党不时出现摩擦，但日本侵华战争已经全面爆发，民族矛盾高于一切，共同合作得以继续保持，直到取得抗战的胜利。因此，西安事变和七七事变可谓其四。

1946 年 6 月，国共和谈协定破裂，内战全面爆发。内战爆发后，仅三年多，经济和军事都占绝对优势的国民党就败退台湾，中国人民完成了社会模式的选择。此为民国历史上的最后一次转折。[①]

2. 构建中国近代史宏大叙事的一次成功尝试——《中国近代通史》

《中国近代通史》是张海鹏先生对中国近代史宏大叙事探索结晶的集中体现，同时也了却了近代史所的夙愿。编纂一部《中国近代通史》是近代史所成立之初就定下的目标。据张海鹏先生回忆，自范文澜、刘大年等近代

① 张海鹏主编《中国近代通史》第 1 卷，江苏人民出版社，2006，第 78—86 页。

史所领导人开始，编写《中国近代通史》就成了近代史所的一个心愿。然而，由于彼时研究力量不足以及政治运动过多等因素，此心愿一直未得实现。张海鹏先生自副所长任期伊始，便鼓励近代史所研究者开展专题研究。随着专题史研究领域的扩大，研究者逐渐将研究方向从以"八大事件"为代表的政治史，扩展到社会史、经济史、思想文化史等领域。所内的研究力量经过十余年的成长已十分可观，同时，相关史料得以较充分发掘，历次重大问题的讨论也取得了丰厚成果。可以说，了结老一辈史家的夙愿，编纂一部"反映新的时代精神，反映新的研究成果，提出中国近代史的新框架"①的《中国近代通史》恰逢其时。

3. 对唯物史观的坚持

《中国近代通史》的编纂有着一以贯之的指导思想——唯物史观。以现代化的视角考察近代中国历程，无疑很有新意，开拓了一片新领域，但无论是不是能够将反帝反封建容纳其中，都淡化了近代中国人民的苦难和抗争历程。而如单纯地以传统的革命史范式去描绘中国近代历程，则忽略了经济、文化、思想等重要领域，也不尽完美。张海鹏先生认识到，无论是现代化范式还是革命史范式，都不是指导近代史研究的正确指导思想，正确的指导思想应该是唯物史观。

《中国近代通史》正是以唯物史观为指导，试图以政治史为主干，兼采现代化视角，融入经济、思想文化、边疆、民族关系等专题史，为读者呈现更全面、更鲜活的历史画面。政治史研究的广度和深度，制约着经济、思想文化等层面的研究水平。中国近代史的主题是反帝反封建，因此，以政治史为主要视角就相当于正确把握了近代史发展的脉搏。但经济史、思想史、文化史等方面的内容也是不可或缺的，是填充骨架的血肉。学界所说现代化范式包含两种含义：一种是以之为内容的研究中国近代现代化历程的现代化；另一种是以之为方法论的试图取代革命史范式的现代化。《中国近代通史》的政治史论述很充分，而其所兼采的现代化视角，是以之为研究内容的现代化视角，因此不存在性质差异或对立，有着融合的可能性。

该书对现代化视角的包纳，充分体现在第 3 卷上。该卷主编虞和平是研

---

① 张海鹏主编《中国近代通史》第 1 卷，第 55 页。

究中国现代化历程的名家，曾编有 3 卷本的《中国现代化历程》。洋务运动被视为现代化的开端，在 1865 年到 1895 年这"相对平静的三十年"并无较大的革命运动发生，从现代化视角考察这一段历史时期的中国现代化历程，通体来看对坚持政治史为主干并无大碍。该卷以《早期现代化的尝试》为题，"意在通过考察这一段历史，特别是洋务运动的起止、成败，透视这一阶段中国致力于早期现代化的基本状况和可悲结局"。[①] 该卷从现代化的视角考察作为事件中心的洋务运动，对洋务运动期间出现的军事、外交、经济、科技、民族独立和政治改革等方面的现代性因素做了评析，并以大量翔实可靠的数据、图表分析说明此一历史阶段的中外贸易状况以及外资企业和买办队伍、中国私人资本等各方经济势力的变化。当然，卷中对频发的教案、反教案斗争，对中法、中日战争，对当时的社会思潮都有精彩真实的描述。

改革开放后，史学界不乏一些打着"解密""还原历史真相"等旗号的浮夸表演，又有一味追求新潮历史理论而不求甚解的学者的聒噪。《中国近代通史》对唯物史观的坚持，对新的研究范式的包纳，都是严肃的学术探索，自然优于那些媚俗之作。

4.《中国近代通史》的综合性、客观性

《中国近代通史》吸收了近三十年的相关研究成果，更具综合性、客观性。改革开放后，新理论的指导、新方法的应用、新领域的开拓、新材料的发现促成了中国近代史研究的井喷式发展。适时、全面地整理吸收这堆积了二十余年的研究成果，准确把握对历史人物和事件的看法，对于促进中国近代史学科体系的发展是很有帮助的。《中国近代通史》则力争在尽量全面地吸收当前学术成果的基础上做出超越和创新，将中国近代史的研究水平推向一个新的高地。

如该书第 5 卷，其亮点不仅在于精微细致地描绘了以往研究很充分的辛亥革命运动，更在于其一改以往研究中对同时期清政府的新政活动、立宪派及其运动的忽视，在强调了辛亥革命重要性的前提下，专立章节分别以二者为主体进行历史记述，同时辅以思想文化、社会生活方面的内容，力争多维度、完整地呈现这一时期的历史面貌。如第四章记述了载沣等五大臣在欧、

---

① 张海鹏主编《中国近代通史》第 1 卷，第 1 页。

美、日等地的游历历程，并对新政的官制改革、咨议局、资政院、地方自治等内容做了详尽描述。第五章则以立宪派为中心，厘清立宪运动的脉络。对袁世凯的分析也摒弃了以往全盘否定的简单看法，指出袁世凯不仅具有高强的军事实力和政治手腕，而且深受民族资产阶级、立宪派、旧官僚和外国势力的支持，又由于革命党人的妥协，才形成了清末民初的"非袁莫属"的局面。

再如该书第8卷，精辟地分析了九一八事变后中国社会左派、右派、中间派的和战舆论。书中称，蒋介石对日本的妥协退让深受"力不如人"的影响，委曲求全以图加强自身实力，"正是基于这样一种观念，南京国民政府在对日妥协退让的同时，也在不声不响的进行着强国尝试"。① 国民政府在"内战与危机"十年中的现代化建设在以往的近代史书中要么难觅其踪迹，要么一笔而过，该卷则有所纠正。作者着重墨于蒋政府在此期间的工业、国防、经济、法制、科学教育建设，丰富了读者对这十年历史的印象。此外，对蒋介石的妥协退让，该分卷作者也提出了自己的看法："其妥协退让之举固每令人扼腕慨叹，但其最终努力达成了关内统一局面，进而为实行全面抗争打下了一定的基础，并凝聚了相当的力量，亦不可谓毫无成绩。"②

该书第9卷，更是亮点迭出。该卷最大特色正如作者所言，是为展示"全民抗战"，在肯定中国共产党在抗战中中流砥柱作用的同时，以基本的历史事实辅以翔实的数据，详细地记述了国民党军队的正面战场，不仅坚持了以往近现代史对中共敌后战场的客观评价，而且真实描写了国民党在敌后战场包括游击战在内的一系列抵抗运动。以往史书对国民党的正面抗战大都着眼在陆军的地面战争，本卷则有所突破，记述了国民党空军与苏联志愿航空大队、美籍志愿航空大队联手抗战，也记述了海军在长江流域、洞庭湖地区、闽浙、粤桂地区与日军的英勇斗争。

以上所言只是冰山之一角，另如档案和史料的运用、对学界最新成果的采纳、对洪秀全登极时间等若干史实的考辨、对历史与现实的统一的追求、高超的写作技术等，无不体现着编者对科学性、综合性、系统性和准确性的追求，匮中秘珍等待着读者亲自去发掘。

---

① 张海鹏主编《中国近代通史》第8卷，江苏人民出版社，2007，第335页。
② 张海鹏主编《中国近代通史》第8卷，第1页。

（三）第三阶段（2006 年以来）

《中国近代通史》出版后，张海鹏先生对中国近代史宏大理论问题的思考仍在深入，并对之前的理论问题有所完善，如将现代化概念区分为资本主义现代化和社会主义现代化。老当益壮，相信张海鹏先生日后会提出更精彩、更深邃的看法。

三　评价与启示

张海鹏先生的文章很有风格，甚至有些文章火药味略浓，有些人表示不理解。但结合论争的双方，才能更全面地看问题，综观其文章，在论证中都做到了有理有据地提出商榷意见。个人认为，这些直爽而不失凭据的意见，要好过吞吞吐吐、阴阳怪气的表达。不可否认，张海鹏先生的个别学术观点甚至学术方法有可商榷之处，但张海鹏先生关于中国近代史宏大叙事的探索，对中国近代史的发展仍有着重要推动作用。

首先，张海鹏先生的宏观探索对于近代史学界国际话语权的提高是一股巨大的推动力。国际史学话语权总体上反映了一个国家的实力，尤其是文化软实力。从史学理论的角度看，近年来中国史学界出现的一个显著特点就是，中国历史学者在西方史学理论面前毫无抵抗力，"总是亦步亦趋地随着潮流不断摇摆，或被美国中国学内部不断转换的话题所左右"。① 中国史学著作的输出量和外文史学著作的传入量，虽然无从做具体的量的统计，但想来还是不容乐观，这种情况自鸦片战争以来并没有减弱的趋势。费正清、徐中约、托马斯·库恩、彭慕兰、黄宗智、海登·怀特等，无论国内学者是否深入了解过上述西方学者的思想，但至少都耳熟能详。冲击－反应模式、现代化理论、后现代主义等，这些都曾经或正在深刻影响着中国历史学者研究的理论，正是西方发达国家话语权的具体体现。总而言之，中国话语权太弱。

造成这种现象原因是多方面的，可以从国家实力、意识形态、史学理论

---

① 杨念群：《"在地化"研究的得失与中国社会史发展的前景》，《天津社会科学》2007 年第 1 期。

本身的缺陷等方面入手，但最重要的还在于国内历史研究者逐渐脱离宏大叙事，埋头钻研具体的历史研究，不去思考宏观问题。"当史学家们沉溺于对各种各样的微观史的自足时，蓦然发现，历史书写面临的问题，已经不是如何克服宏大叙事的陈腐与过时，而是如何纠正微观史的琐碎和局促。"① 既往宏大叙事固然存在很多问题，但错不在"宏大叙事"本身，而在于作为历史研究主体的历史研究者及其研究成果。换句话说，学者可以质疑以往宏大叙事的内容，但不应该抛弃宏大叙事这一极其重要的历史叙事形式。疏离宏大叙事、漠视宏观问题的研究所造成的上述严重后果值得反思。

张海鹏先生向来重视中国近代史宏观理论问题研究，他结合数十年的研究经验，给青年研究者提出了一些中肯的建议。他鼓励青年学者积累人生阅历，精读马列和西方社科典型著作，在阅读中进行比较思考。领导中国近代史研究所时期，张海鹏先生一大贡献便是积极促进中外学术交流，召开大型国际史学会议，鼓励中青年学者在会议上大胆发表自己的观点，为史学界培养了充足的优质后备力量。作为近代史研究国家队的近代史研究所老所长，作为代表中国近代通史领域最高水平的《中国近代通史》的主编，张海鹏先生努力回应国内外相关的质疑和挑战，代表中国学者努力争取国际话语权的强音。经张海鹏先生和中国史学会诸位学者的努力，2015 年 8 月，被誉为"史学奥林匹克"的第二十二届国际历史科学大会在济南召开。国际历史科学大会第一次在非西方国家召开，反映了中国国家实力的增强和史学话语权的提高。

其次，张海鹏先生的相关探索也推进了中国近代史学科体系的发展。如从《中国近代史》上编第一分册成书之日算起，马克思主义近代史学科体系至今已有七十年。经过范文澜、刘大年、胡绳等老一辈史学家的努力，该体系得以日趋完善并在 60 年代基本定型。"文革"期间，近代史领域内虽然编写了部分资料丛刊，甚至个别历史问题有所突破，但整体而言，整个史学体系的发展并无明显进步，甚至可以说是停滞。新时期，中国近代史的学科对象、研究范式、基本线索、对重要历史事件和历史人物的评价等一系列重要问题，经过二十多年的讨论已取得重要成果。张海鹏先生将之消化吸收再创新，并具体实践在《中国近代史（1840—1949）》和《中国近代通史》

---

① 王学典、郭震旦：《重建史学的宏大叙事》，《近代史研究》2012 年第 5 期。

中。《中国近代通史》代表了今天近代史领域通史类著作的最高水平，代表了马克思主义史学体系的最高成就并在前人基础上推进了一大步。

最后，张海鹏先生有理有据地反对历史虚无主义，践行了学术性与实践性的统一。新时代下，历史虚无主义思潮与"和平演变"相应，渐渐公开发声。历史虚无主义与后现代主义既有区别又有联系，共同点在于其唯心主义的本质和对宏大叙事的反对，不同点则很多。后现代主义者更倾向于通过边缘化、精细化研究，限制或解构宏大叙事；而历史虚无主义者对宏大叙事的解构更多的是以罔顾历史事实、随意剪辑史料所建构的颠覆性结论为手段。后现代主义与历史虚无主义都热衷于解构宏大叙事，然而前者却并没有在解构之后提供新的替代性的理论建构，后者则替之以随意剪辑的虚假历史建构。中国史学界内，后现代主义史学著作寥寥可数，其影响未外于学术界，其意义更多的是敦促历史研究者更理性、更具批判性地选择史料。历史虚无主义则不然，其恶劣影响不仅限于学术界，更通过受众广泛的渠道扩大其"新潮""时髦"的错误观点的传播，一味迎合社会猎奇心理，甚至带有鲜明的政治意识形态色彩。必须指出的是，对于"历史虚无主义"著作的定性要审慎，尤忌将之扩大化。张海鹏先生是唯物史观坚定的支持者，始终秉持着唯物史观做研究。张海鹏先生对美化殖民侵略、"告别革命"、污蔑马克思主义以及一些带有非历史主义的论调的影视剧，撰文——予以驳斥，使许多读者走出历史认识误区，体现了学术性与实践性的统一。

张海鹏先生对中国近代史宏大叙事的探索历程，对青年学者有着极为有益的启示。其一，坚持马克思主义指导思想。青年学者应当研读马克思主义精髓，在当前纷繁复杂的各种理论流派当中，不为新潮所动，坚持理论自信、理论创新。其二，开阔眼界，吸收一切有益成果。在坚持马克思主义基本原则的基础上，吸收国内外史学研究的最新成果，力争使著述更全面、更科学。其三，对历史事件和历史人物的评价，要坚持历史主义，警惕非黑即白、忽左忽右的极端化。其四，张海鹏先生勤奋的治学态度和一丝不苟的治学精神，值得青年学者学习。

〔作者单位：曲阜师范大学历史文化学院〕

其惟笃行：张海鹏先生与中国史学会

赵庆云

在现代学术体制中，组织学会对于学术研究的引导与促进作用不言而喻。成立至今已 69 年的中国史学会，一直致力于凝聚史学研究者，广泛组织开展国内、国际学术交流，具有厚重的底蕴和广泛的影响力。张海鹏先生曾担任中国史学会第六届理事会副会长、第七届理事会常务副会长兼秘书长、第八届理事会会长，直至 2015 年卸任，他任中国史学会负责人长达 17 年。对于史学会在 21 世纪的发展，海鹏先生倾注心力，不惮辛劳，切实笃行，发挥了相当关键的作用。

一

近代以来中国史学之发展，同"史学会"的兴起也有一定关联。据考证，中国近代最早的史学会为 1908 年成立的湖北史学会。[1] 此后中国史学界曾多次尝试建立全国性的史学会，但因民国政局持续动荡，这些史学会实际影响与作为比较有限。[2] 1949 年政权易代，中共相当重视史学，且强调自上而下的整体规划，成立全国性的史学会很快被提上日程。1949 年 7 月 1

---

[1] 俞旦初：《中国近代最早的史学会——湖北史学会初考》，《近代史研究》1986 年第 6 期。

[2] 详参桑兵《20 世纪前半期的中国史学会》，载《晚清民国的学人与学术》，中华书局，2008，第 129—176 页。

日，由郭沫若、范文澜等 50 人发起，中国新史学研究会筹备会宣告成立。筹备会选举郭沫若、吴玉章、范文澜等 11 人为常务委员，并推选郭沫若为主席，吴玉章、范文澜为副主席，侯外庐、杨绍萱任秘书。[①] 新史学筹备会发展相当迅速，至 1951 年 7 月，总会会员已达 289 人；全国各地分会和分会筹备会有 15 个，各地分会会员达 606 人；全国共有会员 900 余人。[②]

新史学筹备会本有整合史学界各方力量以建设新史学之用意，通过座谈与讲演活动，使解放区与国统区的马克思主义史家，以及旧史学工作者彼此增进了解。这些活动多由范文澜主持。季羡林回忆："当时刚一解放，我们这些从旧社会来的知识分子，脑袋里面问题很多，当时给我们做工作的就是范老。我记得好像是中华人民共和国没成立之前，范老就广泛地和北京的知识分子接触，……每礼拜聚会学习一次，范老亲自参加。"[③]

1951 年 7 月 28 日，中国史学会正式成立，其宗旨为"团结史学界，改造旧史学，创造发展新史学"。[④] 选举产生第一届理事会，理事 43 人，候补理事 9 人，常务理事 7 人。选举郭沫若为主席，吴玉章、范文澜为副主席，向达任秘书长。由于郭沫若、吴玉章其他社会活动颇多，此后直至"文革"，中国史学会均由范文澜实际主持工作。1952 年"社联"取消，中国史学会秘书刘寿林、干事王世昌都被调到近代史研究所图书资料室，史学会的秘书工作由刘寿林兼管。在范文澜主持下，中国史学会整合史学界力量，组织编纂出版《中国近代史资料丛刊》，举行学术会议，多有建树。[⑤]

1966 年"文革"爆发后，一切均脱离常轨，中国史学会自难幸免。"文革"结束后，重建中国史学会被提上议事日程。1980 年 4 月 8—12 日，中国史学会在北京京西宾馆举行重建大会，时任近代史所所长的刘大年当选为中国史学会理事会主席团成员。[⑥] 虽采取主席团制，刘大年只是五位主席之一，但因中国史学会上级主管单位为中国社科院，刘氏实际上发挥了主导作用。在其领导推动下，史学会开展了诸如组团出席第十届国际历史科学大

① 《中国新史学研究会筹备会成立》，天津《进步日报》1949 年 7 月 2 日，第 1 版。
② 郭沫若：《中国历史学上的新纪元》，上海《大公报》1951 年 9 月 28 日。
③ 中国史学会秘书处编《中国史学会五十年》，海燕出版社，2004，第 601 页。
④ 张传玺：《翦伯赞传》，北京大学出版社，1998，第 273 页。
⑤ 参见蔡美彪《范文澜与中国史学会》，载《中国史学会五十年》，第 611 页。
⑥ 参见《中国史学会五十年》，第 18—49 页；《刘大年来往书信选》（下），中央文献出版社，2006，第 723 页。

会、举办学术会议、编纂《中国历史大辞典》、编辑《中国历史学年鉴》等一系列学术活动。后来考虑到"轮流执掌"的主席团制影响效率，刘大年推动改革中国史学会的运作机制，将之明确挂靠在近代史所，由历史所、近代史所、世界史所各出一人组成日常办事机构；改主席团制为会长制。① 后来实际上由近代史所独力承担中国史学会的日常工作。

中国史学会无疑是中国历史学界规模最大、最具权威性的学术团体，大陆地区除西藏自治区、海南省尚未建立历史学会外，其他 29 个省、自治区、直辖市的历史学会和中国社会科学院的考古研究所、历史研究所、近代史研究所、世界历史研究所、中国边疆研究所（原中国边疆史地研究中心）均是其单位会员。

二

张海鹏先生与中国史学会渊源颇深。在 1998 年 9 月召开的第六届中国史学界代表大会上，他当选为第六届理事会副会长；2004 年 4 月，当选为中国史学会第七届理事会常务副会长、秘书长；2009 年 4 月，当选为中国史学会第八届理事会会长。长期担任中国史学会领导职务，且因史学会的日常办事机构设立于近代史研究所，海鹏先生作为近代史所的领导，不辞辛劳，乐于奉献，对中国史学会的工作付出了大量时间和精力，发挥了颇为重要的作用。

他着力推动中国史学会工作，主要有以下几个方面。

（一）举办学术讨论会，促进学术发展

作为学术团体，自以推进学术发展为中心工作。举办学术讨论会是促进学术的重要途径，中国史学会历来重视组织讨论会。1957 年 11 月 2 日，中国史学会在北京组织召开庆祝十月社会主义革命 40 周年学术报告会。1958年 9 月 28 日，中国史学会召开纪念戊戌变法 60 周年学术讨论会，会议由范文澜主持，与会者有北京史学工作者和吴玉章、李济深、黄炎培等 60 余人。范文澜做题为《戊戌变法的历史意义》的发言。会上印发了刘大年等所写

---

① 《中国史学会五十年》，第 101—106、117 页。

有关戊戌变法运动的研究论文 10 篇，并结集为《戊戌变法六十周年纪念论文集》，由中华书局出版。① 1961 年 4 月 7 日，中国史学会与北京历史学会联合举行纪念巴黎公社 90 周年学术讨论会。范文澜主持会议，他特别针对学界自 1958 年"史学革命"以来一度泛滥的空疏学风，强调要"反对放空炮"，树立踏实研究的良好风气，不作言之无物的空洞文章。② 范文澜的讲话以《反对放空炮》为题，发表于《历史研究》1961 年第 3 期，在当时史学界产生相当大的反响。③ 1961 年 5 月 30 日，中国史学会与北京历史学会联合召开纪念太平天国 110 周年学术讨论会。④ 范文澜在会上发言，针对当时史学界流行的"打破王朝体系论"和"打破帝王将相论"，他指出：这种论调好像是很革命的，实际上是主观主义的。封建王朝与帝王将相是历史上的客观存在，问题在于以正确的观点去分析研究，而不是简单地抹掉。打破王朝体系，只讲人民群众的活动，结果一部中国历史就只剩了农民战争，整个历史被取消了。⑤ 1961 年 10 月 16—21 日，中国史学会与湖北省社联在武汉联合举办辛亥革命 50 周年学术讨论会，与会学人共 105 人，提交论文 44 篇；⑥ 吴玉章主持会议并发表针砭时弊、匡正学风的讲话，范文澜、李达、翦伯赞、吕振羽、吴晗等著名学者与会，可见会议规格之高。对于此次会议，近代史学界以相当大的热情，紧锣密鼓地进行学术准备。会后由中华书局出版《辛亥革命五十周年纪念论文集》，收录论文 32 篇，约 50 万字，体现了当时条件下较高的学术水准。对于辛亥革命史研究来说，此次会议实有"筚路蓝缕，以启山林"之功。

中国史学会在"文革"前的 17 年间，通过组织召开学术讨论会，切实发挥了促进学术发展、引领学术风气的作用，对史学界一度盛行的将阶级观点推向极致的不良倾向有所抵制。但总体说来，因当时条件所限，

① 《史学界集会纪念戊戌政变六十周年》，《人民日报》1958 年 9 月 29 日，第 6 版；蔡美彪：《范文澜与中国史学会》，载《中国史学会五十年》，第 616 页。
② 《史学界纪念巴黎公社九十周年》，《光明日报》1961 年 4 月 8 日，第 1 版。
③ 黎澍：《记〈历史研究〉杂志》，《历史研究》1994 年第 1 期。
④ 《史学界举行纪念太平天国革命一百一十周年学术讨论会》，《光明日报》1961 年 5 月 31 日，第 1 版。
⑤ 《首都史学界纪念太平天国一百一十周年》，《光明日报》1961 年 5 月 31 日。
⑥ 李时岳等：《辛亥革命五十周年学术讨论会讨论的一些问题》，《历史研究》1961 年第 6 期。另有《辛亥革命五十周年学术讨论会在武汉举行》（《光明日报》1961 年 10 月 23 日，第 1 版）所记共提交论文 46 篇。

史学会举办的学术讨论会数量不多。改革开放以后，中国史学会恢复活动，着力于组织召开学术会议，其学术影响亦主要通过学术讨论会辐射开来。

海鹏先生 2004 年担任史学会常务副会长，2009 年至 2015 年担任会长，在此期间，他倾注心力组织了一系列学术讨论会。其要者如，2004年 9 月，中国史学会与山东省历史学会主办甲午战争 110 周年国际学术讨论会；2005 年 3 月，中国史学会与近代史研究所联合主办"纪念黄遵宪逝世一百周年国际学术讨论会"；2005 年 8 月 30 日—9 月 1 日，中国史学会与中国国际文化交流中心等联合主办"林则徐与近代中国——纪念林则徐诞辰 220 周年学术讨论会"；2005 年 9 月，中国史学会与宁夏大学合办"中国历史上的西部开发国际学术讨论会"；2005 年 10 月，中国史学会世界历史工作委员会和华东师范大学联合主办中国世界史研究学术论坛；2006 年 9 月 23 日至 26 日，中国史学会和曲阜师范大学共同主办"儒学与现代化问题"国际学术研讨会；2006 年 10 月，中国史学会、华中师范大学中国近代史研究所联合主办第四届全国青年史学工作者学术讨论会；2006 年 11 月，中国史学会与中国社会科学院、广东省社会科学院联合主办孙中山诞辰 140 周年学术讨论会；2007 年 9 月，中国社会科学院和中国史学会共同组织"国际历史科学委员会成员组织大会"；2009 年 8 月，中国史学会与中华人民共和国国史学会合办纪念中华人民共和国成立 60周年学术研讨会；2010 年 10 月，中国史学会和山东大学、上海大学、中国义和团研究会联合主办纪念义和团运动 110 周年国际学术讨论会；2011年 10 月，中国史学会与中国社会科学院近代史研究所、湖北省社会科学界联合会、武昌辛亥革命研究中心联合举办"纪念辛亥革命 100 周年"国际学术研讨会；2012 年 10 月，中国史学会组织召开以"历史进程中的中国与世界"为主题的首届中国历史学博士后论坛；2012 年 12 月，中国史学会主办、中山大学历史学系承办第五届全国青年史学工作者会议；2014年 9 月，中国史学会与山东省社科联合作召开"甲午战争与东亚历史进程——纪念甲午战争 120 周年国际学术讨论会"；2015 年 10 月，中国史学会与福建省社科联、福建省社科院等联合主办纪念林则徐诞辰 230 周年学术研讨会。这些会议主题丰富、范围广泛，切实发挥了中国史学会的学术组织引导作用。

（二）加强国际联系与合作

海鹏先生在 2014 年的工作报告中强调："中国史学会加强与各国史学会的联系，应该成为今后中国史学会开展国际合作的一个方向。"2013 年，中国史学会了解到俄罗斯历史学会希望与中国史学会联系，他明确提出，应该抓住这个机会，建立必要的联系，促进相互合作。① 2013 年 6 月，中国史学会秘书长王建朗一行访问俄罗斯，同俄罗斯历史学会商谈加强两国史学会交流事宜。俄罗斯历史学会近年在总统普京支持下改组，大大提高了俄罗斯历史学会在俄罗斯的地位。俄罗斯历史学会主席由俄罗斯国家杜马主席兼任，执行主席是叶利钦时代的副总理。俄罗斯历史学会主席会见了王建朗，双方就纪念开罗会议、德黑兰会议召开 70 周年，共同举办学术研讨会达成了共识。2013 年 11 月，中俄两国史学会在北京共同举办了"1943：战后新格局的奠基"国际学术研讨会，海鹏先生致开幕词，指出此次会议"要用学者的研究成果，用学者的良心，研究开罗会议、德黑兰会议、波茨坦会议的历史，论证战后国际新秩序的基本历史事实和国际法地位"。② 会议取得圆满成功。在会议开幕式上，中俄两国历史学会就两国历史学会合作备忘录举行了签字仪式。

2015 年 5 月，为纪念俄罗斯卫国战争胜利 70 周年，中国史学会组成五人代表团赴俄出席了两场国际学术讨论会。2015 年是中国人民抗日战争胜利 70 周年，中俄两国史学会在重庆举办了"中俄纪念抗日战争暨世界反法西斯战争胜利 70 周年"国际学术研讨会，这是中俄两国史学会合作举办的第三次国际学术讨论会。中国史学会与俄罗斯历史学会的密切联系与合作，促进了两国史学界的了解与学术交流，亦充分发挥了历史学经世资政之作用。

俄罗斯而外，中国史学会还同日本史学界进行合作交流。2011 年 11 月 5—6 日，中国史学会与清华大学、日本神奈川大学联合举办的"辛亥革命与亚洲"国际学术研讨会在日本横滨召开。

---

① 张海鹏：《中国史学会的工作汇报——在中国史学会单位会员大会上的工作报告》，2014 年 11 月 8 日，未刊。

② 张海鹏：《"1943：战后新格局的奠基"国际学术研讨会开幕词》，未刊。

中国史学会扩大影响，走向世界，更为重大的举措为成功主办 2015 年第 22 届国际历史科学大会，后文详论，兹不赘述。这无疑体现出海鹏先生宏阔的视野与超卓的眼光。

（三）对非历史主义思潮积极发声

作为具有高度权威性与广泛影响力的史学学术团体，中国史学会历来坚持唯物史观的指导，坚持马克思主义基本观点、方法，倡导严谨求实的优良学风；同时强调研究历史应深切关注现实，不能脱离现实关怀。面对非历史主义思潮，尤其在事关民族国家利益等大是大非的问题上，中国史学会从不含糊，海鹏先生与史学会其他主要负责人如金冲及、李文海均感责无旁贷。2003 年 5 月，央视 1 频道在新闻联播后播出大型电视连续剧《走向共和》。海鹏先生和金冲及、李文海诸先生均敏锐地感觉到此剧并非像其宣传的那样是一部"历史正剧"，而是一部政治倾向和思想倾向都有错误的电视剧。张海鹏、李文海、龚书铎分别撰写文章，对电视剧《走向共和》提出公开批评。

2005 年 1 月 6 日，在海鹏先生与李文海先生的组织推动下，中国史学会与教育部高等学校社会科学发展研究中心（简称"教育部社科中心"）联合召开了"中国近现代史研究与历史虚无主义思潮学术研讨会"。与会学者回顾了改革开放以来中国近现代史研究取得的显著成绩，对近现代历史研究中出现的歪曲中国革命的历史、党的历史和中华人民共和国历史等历史虚无主义思潮进行了讨论。3 月 19 日再次召开研讨会，着重研讨了历史虚无主义思潮对史学研究的干扰及其在社会上造成的恶劣影响，深入分析了历史虚无主义的表现、谬误、危害和根源。中国史学会与教育部社科中心联合召开了唯物史观与历史研究、历史教育学术研讨会，研讨历史研究与历史教育领域中的一些倾向性问题，海鹏先生与李文海先生、齐世荣先生等人出席。10月，由中国史学会和教育部社科中心组织撰写的《警惕历史虚无主义思潮》一书由人民教育出版社出版。中国史学会旗帜鲜明的发声，无疑有助于史学思想和史学研究中分清是非、正本清源，在学界和社会均产生了相当大的影响。

进入 21 世纪以来，日本右翼势力泛起，力图否认、掩盖日本侵华史实，在政府的推波助澜下，其历史教科书对侵华历史严重歪曲。2005 年 4 月 5

日，中国史学会与中国抗日战争史学会、中国社会科学院近代史研究所在北京联合主办首都史学界抗议日本文部科学省审定歪曲历史教科书座谈会。海鹏先生在座谈会上发表谈话，从学理上对之进行针锋相对的批驳，并予以严厉谴责。2005 年 10 月 22 日，中国史学会与中国社会科学院近代史研究所在北京联合举办"纪念亚洲抗日战争胜利 60 周年"学术座谈会，与会学者50 余人，分别来自中国、韩国、泰国、越南、新加坡、菲律宾、马来西亚和印度尼西亚等国。海鹏先生在开幕式上致辞，强调指出：以战争为手段来处理日本与其他亚洲国家关系的历史性错误，是日本军国主义政策造成的。构成目前中日关系危机的主要因素，是历史认识问题。在历史认识问题上，日本政界和社会在过去认识的基础上是大大后退了。日本应该从国际大战略出发，从远东地缘政治关系出发，反省明治维新以来的发展史，反省 1945年战败的历史，学会与亚洲各国和平共处。①

三

2015 年 8 月，第 22 届国际历史科学大会在中国山东济南举行。这是素有"史学奥林匹克"美誉的历史科学大会创办 115 年来首次走进亚洲，实践了国际历史学会近年来提出的国际化战略。这次大会的成功申办与召开，圆了中国史学的百年梦想，在中国历史学走向世界的进程中具有里程碑式的意义；也充分展现了中国文化软实力，是提高中国在世界社会科学领域话语权和国际形象的一次重大实践。在此次盛会申办、筹备的过程中，担任中国史学会负责人的张海鹏先生运筹全局，殚精竭虑，付出了极大的心血。

国际历史科学大会（International Congress of Historical Sciences，简称国际史学大会）创始于 1900 年。中国早在 1905 年便对国际史学大会有所关注。国际历史学会也期待中国史学家的参与。1938 年在瑞士苏黎世举行了第八届国际史学大会，时中国正处于抗日战争之中，中国政府仍排除艰难，坚持派胡适参加了此次史学大会。1979 年 3 月，第 14 届国际历史学会主席埃德曼致信中国社会科学院，邀请中国史学家参加将于次年在布加勒斯特举行的第 15 届国际史学大会。1980 年 8 月，以夏鼐为团长的中国历史学家代

---

① 《中国史学会第七届理事会工作大事记》，未刊。

表团第一次以观察员身份出席了第 15 届国际历史科学大会。1982 年，中国史学会正式加入国际历史学会。1985 年，中国史学会主席团执行主席刘大年率领中国史学会代表团出席了在德国斯图加特举办的第 16 届国际史学大会。

为进一步促进中国史学界与国际史学界的交流，1993 年中国史学会提出申办国际史学大会的计划，此申办计划获得国务院批准。1995 年，以中国史学会会长戴逸为团长、中国社科院党委书记王忍之为顾问的中国史学会代表团，赴加拿大蒙特利尔出席第 18 届国际史学大会。中国史学会在这次会议上做了申办陈述，正式提出 2000 年在北京举办第 19 届国际史学大会的申请。因为种种原因，中国此次申办惜败于另一申办国挪威。但中国史学界并未因此次受挫而气馁。

2004 年 4 月，张海鹏先生当选中国史学会常务副会长。他积极与国际历史学会负责人联系。是年 4 月，国际历史科学委员会主席科卡教授来到北京，表达了希望中国承办 2007 年国际历史科学委员会成员会议的意愿。张海鹏积极回应，并得到中国社会科学院国际合作局的支持。同年 11 月 22 日，他与国际历史科学委员会秘书长 Jean-Claude Robert 教授在北京国际饭店见面，就国际史学大会选择会址及成员会议如何组织等问题进行了详细讨论交流。[①] 2005 年 7 月 3 日，第 20 届国际历史科学大会在澳大利亚悉尼新南威尔士大学召开。中国历史学家代表团 24 人出席此次盛会。张海鹏任代表团团长，中国社科院常务副院长冷溶为名誉团长。中国史学会组织的"近现代时期的中国与世界"专题讨论会是此次大会唯一以国家为主题命名的讨论会，来自不同国家的 70 余名代表参加了此场会议。此外，中国代表团全体参加了"现代性历史的再审视：东亚道路和模式"讨论会，代表团成员还分别出席了其他分场。中国学者在会上阐述自己的学术见解，获取国际学术动态信息。中国史学家在国际历史舞台上发出了自己的声音。在悉尼期间，张海鹏出席了国际历史学会代表大会，向国际历史学会提出 2007 年 9 月在北京举行"国际历史科学委员会成员组织大会"的申请（国际历史科学委员会成员组织大会"五年中举行两次，一次于国际史学大会期间举行，

---

① 《中国史学会第七届理事会工作大事记》，未刊。

一次在两届史学大会的间隔期间择机举行），获得通过。①

2006 年 12 月 18 日，张海鹏与来访的国际历史学会主席何塞·路易·佩斯特和秘书长让－克劳德·罗伯特会谈，就 2007 年 9 月的会议做了具体安排。2006 年 12 月 20 日，张海鹏主持中国史学会在京负责人与佩斯特、罗伯特的座谈。中方表达了希望 2015 年国际史学大会能在中国召开的愿望。双方还就 2015 年国际史学大会的申办程序事宜等问题交换了意见。②

2007 年 9 月 14—19 日，"国际历史科学委员会成员组织大会"在北京举行，来自亚洲、欧洲、美洲、非洲、大洋洲等 5 大洲 27 个国家的代表与会。会议由三个部分组成：国际历史科学委员会执行局成员会议、国际历史科学委员会成员组织大会和"中国历史学的现状及未来"国际学术讨论会。其中 9 月 16 日"中国历史学的现状及未来"国际学术讨论会是由中国史学会主办，目的在于促进各国学者了解中国历史学的发展现状。此次会议增进了各国史学家对中国史学界发展状况之了解，为中国申办国际史学大会做了铺垫。

张海鹏认为，再次申办国际史学大会的条件已经成熟，并着手选择会议举办地及承办单位。2009 年 2 月，张海鹏与山东大学校长徐显明等人就申办之事进行座谈。山东大学明确表示承办此次大会的意愿，且已获得山东省人民政府的大力支持。山东省具有深厚的历史文化积淀，山东大学亦以文史见长，为我国史学研究重镇之一。中国史学会综合考虑，最终决定选择山东大学为承办单位。③ 中国史学会申办第 22 届国际历史科学大会的意见，也得到国务院的同意。2010 年 3 月，中国史学会致函国际历史学会，正式提交申办 2015 年第 22 届国际历史科学大会的书面申请。

2010 年 8 月，第 21 届国际历史科学大会在荷兰阿姆斯特丹举行。以中国史学会会长张海鹏为团长的中国历史学家代表团出席会议。中国学者基本上全体出席了"中国、印度和日本的现代化比较研究"专题讨论会和"战争和占领"专题讨论会。此外，中国学者还分别参加了其他各场讨论。"中国、印度和日本的现代化比较研究"讨论会由清华大学李伯重教授、日本

---

① 张海鹏：《悉尼会议总结报告》，未刊。
② 《张海鹏自编年谱》，未刊；《中国史学会第七届理事会工作大事记》，未刊。
③ 《张海鹏、徐显明座谈记录》，未刊。

和印度学者三人共同主持，张海鹏研究员做了《1860—1890 年代中日早期现代化比较研究》的报告，李伯重教授做了《中国经济现代化的基石：19 世纪中国全国性市场》的报告，王建朗研究员对张海鹏的报告做了评论。在"战争和占领"专题讨论会上，近代史所所长步平提交了题为《二战期间日本使用化学武器的研究报告》的论文（汪朝光研究员代为宣读）。

中国代表团在本次大会的工作重点放在了申办 2015 年国际历史科学大会上。2010 年 8 月 22 日，中国史学会秘书长王建朗在国际历史学会代表大会上做申办 2015 年第 22 届国际历史科学大会的陈述。8 月 24 日，中国史学会举行招待会，招待会播放了中国史学会精心制作的申办宣传短片，张海鹏会长在招待会上做了 10 分钟演讲，散发宣传图册，会议反响热烈。8 月 26 日，国际历史学会代表大会对中国史学会的申办要求进行投票表决，最终以 36 票支持、8 票反对、5 票弃权的结果，通过了第 22 届国际历史科学大会在中国山东大学举行的议案。此次会上，经过中国史学会的努力和国际历史学会的同意，中国史学会理事、中国社会科学院美国所陶文钊研究员成功当选国际历史学会执行局成员。这是中国学者第一次当选执行局成员，具有重大的意义，不但为中国史学界争取了更多的话语权，也为 2015 年成功举办国际历史科学大会建立了最好的沟通渠道。[①]

中国史学会成功申办第 22 届国际历史科学大会，其背景无疑是中国经济发展所取得的举世瞩目的伟大成就，中国的国际地位和国际话语权空前提高。申办成功后，中国史学会与山东大学就全力投入了紧锣密鼓的筹备工作。

2011 年 9 月 12 日，国际历史学会秘书长罗伯特·弗兰克（Robert Frank）教授来访，张海鹏与之就 2015 年在山东济南召开第 22 届国际历史科学大会筹备工作的相关事宜进行了讨论。弗兰克充分肯定了中国史学会的前期组织工作。[②] 是年 11 月 14 日，国际历史学会会长玛丽亚·希特拉（Marjatta Hietala）教授来华，就 2015 年国际历史科学大会相关事宜与中国史学会会长张海鹏和秘书长王建朗交换意见。弗兰克、希特拉分别在张海

---

① 《中国史学会代表团出席第 21 届国际历史科学大会总结报告》，未刊。
② 张海鹏：《中国史学会的工作汇报——在中国史学会单位会员大会上的工作报告》，未刊。

鹏、徐蓝和王建朗等人陪同下到山东济南进行实地考察，与山东大学有关人士举行座谈。通过考察，他们打消了原先的一些顾虑，对济南的环境和山东方面举办会议的决心给予高度评价，对 2015 年成功举办国际历史科学大会充满信心。①

为了充分发挥"主场优势"，在中国承办的国际历史科学大会上更多地发出中国声音，2011 年初，中国史学会布置北京、上海、湖北史学会在听取本地区历史学者意见的基础上分别提出议题建议，并将建议提交中国史学会秘书处。2011 年 12 月 26 日下午，张海鹏主持召开中国史学会"研究 2015 年国际历史科学大会议题会议"，讨论决定向国际历史学会提出的大会议题建议。② 2012 年 2 月 25 日下午，张海鹏主持召开中国史学会第八届理事会第四次会长会议，讨论 2015 年国际历史科学大会筹备事宜，最后确定开幕式主题为"文明：传承与对话"，并确定向国际历史学会提出 3 个主题建议和 21 个专题建议。③ 国际历史学会执行局对来自各国的数百个建议加以整合，在 2012 年夏提出了 70 多项建议选题。

2012 年 9 月 6—8 日，国际历史学会在匈牙利布达佩斯召开代表大会，主要讨论第 22 届国际史学大会的有关事宜。中国代表团由张海鹏率领，成员包括中国史学会秘书长、中国社会科学院近代史研究所所长王建朗，国际史学会执委会委员、中国社会科学院美国所研究员陶文钊，山东大学历史文化学院副院长杨加深，中国社会科学院国际合作局国际处处长吴波龙等人。中国代表团向大会报告了 2015 年济南大会的准备情况。此次会议还对 2015 年济南大会的议题进行了讨论，最终确定设置四场主题大会：（1）全球视野下的中国（中国史学会主持）；（2）历史化的情感（美国史学会和澳大利亚史学会主持）；（3）世界史中的革命（法国史学会、日本史学会等主持）；（4）历史学的数码转向（美国史学会主持）。此外还确定了 27 场专题会议、18 场联合会议、19 场圆桌会议、1 场特别会议、2 场晚间会议、49 场各附属专业组织主办的讨论会。在为期两天的会议里，围绕着筹备 2015 年济南

① 张海鹏：《中国史学会的工作汇报——在中国史学会单位会员大会上的工作报告》，未刊。
② 《中国史学会开会研究 2015 年国际历史科学大会议题》，未刊。
③ 《中国史学会第四次会长会议纪要》，未刊。

大会这一主要议题，代表们畅所欲言，踊跃提问；中国代表团和国际历史学会济南大会筹备委员会就各国代表的疑问进行了答复，不但消除了他们的顾虑，而且使与会代表对 2015 年在中国济南召开的国际历史科学大会充满了期待。①

在以往的史学大会中，中国史学会提出并被采纳的议题通常仅一到两个，由中国学者主持的会议一般也仅一到两场。第 22 届国际史学大会采纳中国史学会提出的议题有 9 项之多，最终确定担任主持的中国学者达 12 人。

为进一步检查中国方面筹备国际史学大会的情况，2013 年 10 月 22 日，国际历史学会执行局多数成员来到济南，参加由国际历史学会主办、中国史学会和山东大学承办的"区域文化与齐鲁文明"学术研讨会，并召开国际历史学会执行局会议。该执行局会议每两年召开一次，本届系首次在中国召开，其重要议题就是为 2015 年第 22 届国际历史科学大会在济南召开做相关筹备，中国史学会代表、山东大学代表与国际历史学会执行局成员一起，商讨 2015 年大会各项具体事宜。国际历史学会主席和秘书长发表了谈话，充分肯定了中国方面的筹备工作。该秘书长说，2010 年 8 月在阿姆斯特丹接受中国史学会申请，决定在济南办会的时候，国际历史学会执行局其实是比较悲观的，现在看来选择济南是正确的，并表示对在济南办好大会充满了信心。②

2015 年 8 月 23 日至 29 日，第 22 届国际历史科学大会在山东济南成功召开。大会引起全球范围历史学家的广泛关注。参会人数达到 2600 余人，其中外宾 900 多人，来自 90 个国家和地区。参会学者来源国别之多是历届大会少见的。国家主席习近平专门为大会发来贺信。习近平在贺信中指出：历史学是一切社会科学的基础，承担着"究天人之际，通古今之变"的使命。中共中央政治局委员、国务院副总理刘延东出席开幕式，宣读习近平贺信并致辞。国际历史学会主席希特拉、中国史学会会长张海鹏、山东省省长郭树清、中国社会科学院院长王伟光出席开幕式并致辞。大会设置四大主题："全球视野下的中国""书写情感的历史""世界史中的革命：比较和联系""历史学的数字化转向"。以"全球视野下的中国"为首场主题报告，

---

① 《中国史学会代表团出席国际史学会布达佩斯代表大会会议纪要》，未刊。
② 张海鹏：《中国史学会的工作汇报——在中国史学会单位会员大会上的工作报告》，未刊。

体现了国际历史学会、全球历史学家对中国的重视；同时围绕这一主题为中国史学家和其他不同国家、不同党派的史学家提供平等讨论的平台，也充分显示了中国马克思主义史学的理论自信与学术自信，学者们从全球的角度分析中国历史，以及中国在全球化和多元世界中所发挥的直接和间接影响。

大会还安排了27场专题会议、18场联合会议、19场圆桌会议、国际历史学会17个附属组织和2个直属组织及其他会议，各类会议共计185场。讨论议题十分丰富，范围广泛，涉及政治、经济贸易、历史旅游、公共史学与博物馆、文化遗产、妇女、婴儿、婚姻、家政、宗教、音乐、足球、海洋及研究理论方法等。在国际历史学会各成员组织负责举行的四场主题大会及64场讨论会中，由中国学者担任会议主持或者联合主持并由中国史学会协办的会议有主题会议1场、分场会议9场。此外还有两名中国学者受国际经济史协会和国际妇女史联合研究会之邀担任了会议主持。中国学者担任评论文评议人数超过70人，论文涉及中国的超过90篇。如此多的议题入选，如此多的中国学者担任会议主持和评议，使中国声音在国际史学大会上得到前所未有的展现。

此次大会是突破欧洲中心主义的范例，对中国史学乃至整个中国人文社会科学学术的影响颇为深远。以此次大会为契机，中国学者将更重视与国际史学界的平等交流对话，并进而促进国际学术界话语体系更为合理地重构；中国价值的国际表达将得到更为广泛的理解，东西方文化、价值体系的差异将得到更为积极的尊重。

中国史学界对国际历史科学大会从初步了解到加入，直至最终申办成功，反映出中国学术由被动追慕到主动争夺话语权的转变，更折射出近百年来中国由屈辱沉沦到国力日盛民族复兴的实际历史进程。张海鹏先生及其领导的中国史学会，果断抓住历史机遇，全力投入此次盛会的申办与筹备工作，并寻求各方力量襄助支持，终于成此盛举。此中工作之烦琐复杂，海鹏先生夙兴夜寐，为之倾注无数心力，实难备述。

以往的史学史往往多关注"学"，而较忽视"行"，实则"学"与"行"有紧密联系，史家在学术组织、领导方面的实际作为，也是学术史的重要组成部分。对于学术发展而言，精深的专题研究与宏观的组织规划均不可或缺。张海鹏先生早年在太平天国、义和团、辛亥革命等专题领域深耕细作，后来任职研究所的领导职务，长期担任中国史学会的负责人，其工作重心转向学术领导、组织。他不仅具有宏阔的学术视野、超卓的学术眼光，同时亦体现出非凡的组织领导才能，且甘于奉献、不辞辛劳，对中国史学会充分发挥其学术领导功能居功甚伟，对中国史学的繁荣发展亦产生了深远的影响。

〔作者单位：中国社会科学院历史理论研究所〕

中国近代史学科体系的理论建构
与学术反思研讨会综述

郝幸艳

改革开放 40 年来，以马克思主义唯物史观为指导的中国近代史学科建设与学术研究取得长足进展。学科体系日渐完善，人才梯队不断壮大，学术成果日益丰富。无论是理论与方法的探讨，还是实证研究的推进，抑或是新史料的发掘与整理，均蔚然可观。在成就之外，尚存在研究范式差异，同质化与碎片化、学科壁垒等需要面对和反思的问题。在改革开放 40 周年之际，从学术史的角度，回顾中国近代史学科的发展历程，重新审视相关研究理论与方法，检讨各具体分支学科的研究进展，以期在更高的学术基点上推进近代史学科话语体系的拓展与创新，成为学界思考的重要话题。

正是在这样的学术背景下，由中国社会科学院近代史研究所台湾史研究室、山东大学历史文化学院、曲阜师范大学历史文化学院联合主办，曲阜师范大学历史文化学院具体承办的"中国近代史学科体系的理论建构与学术反思研讨会"于 2018 年 5 月 4—7 日在山东曲阜隆重召开。会议受到国内外史学研究者的极大关注，共收到论文 70 余篇。来自中国社会科学院、北京大学、中国人民大学、北京师范大学、复旦大学、南京大学、中山大学、南开大学、山东大学等 20 多所高校和科研院所的 120 多位专家学者，以"回顾、反思、展望"为主线，围绕改革开放 40 年来中国近代史研究的理论与方法问题，各分支学科的研究进展、研究热点问题，以及进一步深入研究的可能路径等多方面议题展开了集中而又深入的讨论。

一　中国近代史学科体系的建构

中国近代史研究经历了 40 年否定之否定的发展历程，已经发展成为一门相对独立成熟的学科。如何将其进一步深入拓展，成为此次大会一个备受关注的热点问题。与会学者们纷纷从不同角度全面回顾、总结中国近代史发展成就，概括不同时期的不同发展进路和表现形态，反思研究中的问题和偏向及未来发展方向。

（一）中国近代史基本问题的探讨

20 世纪 50 年代以来，关于中国近代史的上下限，曾引发中国历史学界的长期热议。进入 80 年代后，以 1840—1949 年为中国近代史的上下限为多数人所接受。姜涛对此提出不同看法。他指出近代史最根本的属性是"近"，其下限离当下至少应保持 30 年的距离，至于近代史的上限，不必统得过死，1840 年的鸦片战争，只是近代政治史的上限，其他专史，如科学技术史、人口史等，可以各有其不同的上限。

中国近代史学科概念建立在以毛泽东的相关论述为基本内容的理论架构上。其最核心的东西，就是关于中国近代社会的性质是半殖民地半封建社会的论述。关于"封建"意涵的探讨和"反封建"的思想理论，在中共早期的理论发展中具有重要意义和特殊价值，值得系统梳理和认真总结，但目前学界对该问题研究还十分薄弱。翁有为就五四前后"封建"意涵的演变及"反封建"思想理论的形成和发展，进行梳理和分析，指出"封建"和"反封建"概念不是固定的概念，随着时局和思想的变动，具体所指意涵是不断扩延的。邱士杰针对 1927—1930 年"半殖民地半封建社会"理论的形成过程提供一个片断的考察，为我们呈现了许多革命理论工作者在此过程中展开的"近代中国"的自我批判和自我认识。王也扬考察了毛泽东的相关理论论述对新中国近代史理论体系建构产生的决定性影响。关于中国近代社会的性质，学界亦存在"革命范式"与"现代化范式"之争。邱文元对近代中国社会性质，提出一个庞大的新解释框架。他回顾了革命范式、现代化范式对近代中国社会性质的不同理解，指出现代化范式对近代中国社会性质认识上的错误，以中国历史发展的连续性路径和近代中国国家资本曲折发展的复兴范式对中国近代社会性质进行新解。

中国近代的基本问题，是近代史学科各领域的研究都须面对的大问题。近代史的下限延伸之后更是如此。姜涛指出中国近代的基本问题是中国走向世界，主旋律是人的解放。陈谦平考察了中国近代历史发展的延续性和整体性，指出中国近代历史发展进程的每个阶段都同国际化的影响密不可分。谋求中国国家独立、民族复兴的主题贯穿始终。

（二）中国近代史研究的回顾与反思

学术事业需要传承创新，学者们除了对中国基本问题的探讨外，还从学术史和史学史的角度回顾了各学科发展历程，指出其发展趋向，反思存在的问题，并指出未来的发展方向。

就近代政治史而言，迟云飞、江中孝结合亲身经历和感受，回顾了中国改革开放 40 年来的中国近代史研究发展历程，对研究热点进行了总结和评述。针对新史学反对单纯的"政治史"和"精英人物史"，迟云飞指出历史学家的目光在深入社会、深入基层的同时，不应忽略政治史的研究，政府、上层、精英研究仍有不可替代的价值，中国的史学研究如何既融入人类文明、人类思想的发展潮流，又能有中国的特点和贡献，是值得反思的重要课题。马勇不同于以往较多的从中国看世界，强调两个过程的视角，而是以历史三峡论为线索，用全球化的视野观察了中国近代以来政治的发展和变革。崔志海回顾了 1912 年以来三个阶段的晚清史研究，指出当前清史学科和近代史学科并没有做到有机结合，呼吁未来能够撰写出一部与清史和近代史学科既有联系又有区别的通论性的晚清史著作，把晚清史建立成为一个独立的学科。马忠文检讨了 70 年来戊戌变法史研究，提出六条值得反思的建议。（1）清政府自救的概念和线索，以康有为、梁启超为主线的模式来构建戊戌变法时期的框架，不能准确全面地概括甲午战争后中国改革史的全貌。（2）新政改革没有得到一定程度的重视。（3）改变现在学界普遍认为中国学习西方，是从器物到政治再到文化的进化论的线性思维。（4）重新认识中体西用和戊戌变法之间的关系，中体西用是戊戌年清廷推行变法的宗旨和基本路径。（5）戊戌年光绪皇帝和慈禧太后之间的矛盾不能被过于绝对化。（6）康、梁历史地位需要再认识。要把戊戌变法放在 1860 年至 1912 年整个清廷改革史中重新加以考量和定位，以得到客观的认识和评价。王宏斌对清代海防史进行了回顾和前瞻，指出海防史研究在不断深入，而且需要向清前期追溯，并加强国际交流；对制度问题关注不够，要推动这个学科的发展，首先需要对清代海防档案资料整理出版。许毓良对 2000—2017 年台湾有关清代台湾历史、文学和文化研究的 50 篇博士学位论文进行了分析，指出既有研究以领域而言，聚焦在文化史，对海洋史关注不够；以时间而言，集中在日据时期和战后；最具有研究潜力的是家族史研究，族谱和契约文书值得关注；对大家族的定义、移民迁徙的交通路线、图像资料的挖掘和运用，是今后努力的方向。

就社会史而言，李长莉就中国近代社会史学科复兴 30 余年来的学科演化和趋势、研究方法及研究范式等，进行了细致的梳理和剖析，指出社会史目前存在的问题是同质化、碎片化，缺乏理论创新，研究视野狭窄，缺乏从国家社会整体特别是从全球化视野的宏观观照等，未来寻求发展与突破的方向需在学科理论、研究范式和研究方法上有更多创新与突破，加大创新力度，立足于全球化，多元开放，凸显中国特色。江沛梳理了交通的基本形态，各种交通方式、交通体系和产业转型、交通和社会变革之间的关系，指出开展中国近代交通史研究，有助于理解中国从传统到转型的过程，要客观看待清末和民初时期交通发展的作用。

就文化史而言，左玉河回顾了近十年来中国近代文化史研究历程，剖析文化史的理论与方法，区分传统文化史、社会文化史、新文化史概念之间的差异。同时指出，目前的文化史研究缺乏必要的本土研究理论和方法，缺乏真正的中国话语与中国学派，缺乏"深解"的理论自觉，面临如何防止"碎片化"及提升文化内涵解释等瓶颈问题，必须将"寻求意义"作为研究的根本目标，在理论方法上进行创新，不能仅靠传统文化史和新文化史方法，必须创建本土化解释体系，社会文化史才能真正向前推进。

就外交史而言，条约研究是中国近代史的缩影。李育民对中外条约研究进程的发展演变做了一个梳理，指出中外条约研究领域的体系和基本格局已经成型，并形成了由正论趋向学术，由主题趋向完整，由直观趋向理性，由零散趋向系统，由单一趋向多元，由分离趋向统合的新趋向。张志勇梳理了九一八事变后的国联调查与国际反应、抗战时期的日军侵华政策和国民政府的因应，以及抗战初期的中外关系、抗战时期的外交制度、中共与抗战时期的中外关系。

就历史地理学而言，吴松弟指出近代边疆地理研究是近代中国地理研究的最重要部分，从历史地理学的视角强调加强近代边疆地理研究的复杂性和迫切性，指出学界对近代边疆朝统一的多民族国家发展趋势、对边疆地区经济开发关注不够。张伟然指出，90 年代中期以后，历史地理研究领域相当明显的一个趋势是关于近代研究的兴起，目前历史地理学的研究重心已经由古代转向近代。

就经济史而言，周祖文总结了近代经济史学界有关国内市场问题的研究。通过梳理给我们提供了一个路径，对未来研究发展方向的把握多有助益。

李帆对中国近代学术史研究提出了独到思考，强调研究中国近代学术研究的三个关键时间节点是嘉道时期、甲午战争前后、五四前后。

不同于上述学者从既有研究中去回顾、总结和反思中国近代史学科体系构建，黄兴涛为我们展现了其理想中的中国近代思想史体系的面貌：关注和揭示近代中国反映重要价值观念变化和变化趋向的重大现象；思维方式的新变化；近代中国宇宙观、世界观、人生观的主题；语言基础；被忽视的思想资源以及制度机制。

二　理论、方法与视角

理论与方法的探讨也是此次会议的热点之一。马克思主义唯物史观是观察与研究历史的一整套基本理论与方法，在马克思诞辰 200 周年之际，如何通过坚持唯物史观发挥其对中国近代史研究和现实的引导作用，成为学者们关心的议题。

历史合力论在 1987 年左右讨论得很热烈，现在关注很少。那么历史发展的动力是什么？对此，李红岩立足于 80 年代历史合力论的论战，重读马列原著，探讨了恩格斯的历史合力的概念和内涵、动力和合力的关系，指出恩格斯的历史动力论由三部分组成，三个层次缺一不可。

唯物史观，其实就是一种实事求是的精神。坚持唯物史观，必须在史学研究中驳斥错误史观和理论，将"求真"作为史学的根本诉求。茅海建指出，历史学家的最终目标是让读者触摸到历史的真实，并就如何统一历史真实和历史的事实关系，如何处理历史真实和历史写作的个性问题给出了有益的建议。左双文指出要坚持"实事求是"，扎实推进中国近代史研究。程朝云针对台湾学界"殖民统治有益论"错误史观进行辨析，从学术发展脉络和现实政治两个层面剖析了其错误的原因及实质。30多年来，随着新史学大幅扩展，新理论、新方法不断涌现和植入，但其中存在的问题不容忽视。王先明指出，新史学在刻意求新的趋向下，需回归史学的根本诉求，即求真，要超越新史学发展中"系统性的缺失"，需将其导向整体性观照与系统理论建构。章清从社会和国家两大脉络去分析新史学基本建构，指出现在中国的新史学主要是立足于展示"有"的面向，忽视了"无"，平衡好"有"和"无"的关系，才可能重建一个客观真实的近代中国的历史叙述。

史料是史学研究的基础，学者们针对史料学理论与方法也展开了探讨与反思。刘萍对新中国成立以来的史料学理论进行探讨，肯定成绩的同时指出其理论探讨缺乏深度和系统性，在数字化技术的冲击下，传统史料学面临新的挑战和变革，有待于学界开展更广泛、更多样的理论探讨。史料与史观之争由来已久，治史如何把握求真与讲理，表达如何协调叙事与论述的关系，已经成为一大难题。为探寻两全其美的解决之道，桑兵指出应当努力从倾听历史的原声中把握前人本意和史事本相，寓说理于叙事之中，视引文行文为一体，呈现历史原汁原味的无穷精彩。大量新史料的开放和刊行，为深化拓展史学研究提供了新机遇。如何处理史料的新与"旧"？吴景平指出某一史料的字面意思和历史的真实、涉及事情的表象和内在本质，并非一目了然那么简单，需要对有内在关联的不同种类的史料，包括新史料和所谓"旧"史料进行比较，不可简单拔高新史料或否定甚至贬低"旧"史料。

李卫民从口述史视角反思当代史学史，揭示了口述史的概念、近几年停滞的现状及其作用，指出从受访者的生命历程到人际网络，都可得到较充分的展示。对口述历史的钻研，能够更好地走向一种整体史。

以往台湾学者和国外学者关于台湾的历史叙述中，国家典章制度是其薄弱环节。陈春声探讨了制度史研究对台湾历史叙述的意义。

李金铮强调计量方法在中国近代社会经济史研究中的重要性，并对计量方法在近代经济史中的运用及存在的问题做了梳理分析，提醒学界计量方法必须以准确数据为核心，对计量方法既要有信心，也要有足够的审慎。

当前历史学教育，存在忽视对中国近代史理论体系与宏观思维能力培养的倾向。有鉴于此，赵立彬从本科生基础课程教学的角度，对中国近代史基本理论问题和宏观思维能力的训练，给出诸多建议。

三 张海鹏先生与中国近代史研究

张海鹏先生从事史学研究 55 周年，是坚持马克思主义唯物史观指导中国近代史研究具有重要影响的代表性学者之一。改革开放以来，中国近代史学科获得长足进展，张先生是重要的参与者和推动者。他著述宏富，长期致力于中国近代史研究理论与方法的探索，持续思考历史学科特别是中国近代史学科体系的理论建构。其学术追求与贡献为学界所公认，展现了一代中国学人的足迹。因此，张海鹏先生与中国近代史研究是本次会议的一个重要议题，与会学者围绕张先生的学问人生、学术贡献及其对中国近现代史学科的影响展开热烈讨论。

李细珠全面呈现了张先生的中国近代史研究，认为他既有精深的专题研究，涉及太平天国、义和团、辛亥革命与孙中山思想、留日学生、近代农民战争、国共关系、抗日战争、中日关系史与港澳台研究等诸多领域；更多的是有关中国近代史研究理论与方法的宏观思考与评论，涉及中国近代史研究的历史观与方法论，包括指导思想、话语体系、学科体系、研究范式及立场方法等诸多问题。他的主要学术旨趣是在马克思主义唯物史观指导下，探索近代中国的历史进程，建构中国近代史的学科体系，并在主持编纂《中国近代通史》中付诸实践，从而引导和推动了中国近代史学科建设。

也有多位学者以专题的形式进一步呈现了张先生在各个领域的深耕细作。"八年抗战"与"十四年抗战"在学界至今仍存在不同看法。高士华与张先生就抗日战争多少年的问题展开对话，希望"八年抗战"与"十四年抗战"的提法能够在不同场合不同角度并用。该问题引起了学者们的热议，认为抗战究竟多少年，值得进一步探讨。柴翔和徐畅考察了张先生对抗日战争领导权问题、国共抗战作用和地位等问题的思考。刘家峰总结了张先生在义和团运动的性质、地位、历史意义等论域提出的一系列富有创见的学术观点，肯定了其贡献及特色。廖大伟和金峥杰考察了张先生在马克思主义唯物史观指引下对近代中国发展规律的不懈探索，概括了其特色鲜明、内容丰富的史学思想。李勇朋指出张先生对中国近代史学科对象、社会性质、基本线索、研究范式等理论问题做了深入思考，为新时期中国近代史宏大叙事的建构做了卓越贡献。韩诗琳对中华民国时期孙中山民生主义的学术研究进行梳理，充分肯定了张先生在孙中山研究领域的贡献。

台湾史是中国近代史领域一门相对特殊的新兴学科。张先生的台湾史研究也成为会议关注的重要议题。臧运祜、冯琳和石月分别从不同角度考察了张先生台湾史研究的学术和现实意义，概而言之主要表现在：张先生创建中国社会科学院台湾史研究中心，编纂出版《台湾史稿》《台湾简史》，创办《中国社会科学院台湾史研究中心丛刊》和《台湾历史研究》集刊，多次举办会议，搭建两岸学术交流平台；以唯物史观为指导，从一个中国立场出发，批驳错误史观与不当言论，积极建构台湾史学科体系，探索研究理论与方法，树立了大陆学界关于台湾近现代史的话语权。张先生在推动台湾史研究长足发展的同时，也积极探索钓鱼岛、琉球、中国统一等若干重要现实问题。张先生"心忧天下"，议政育人，彰显了家国情怀。

周溯源、张华腾、黄仁国则围绕张先生的著作展开研究，指出《追求集》《东厂论史录》体现了张先生坚持用马克思主义基本原理指导治史，探索新知，追求真理，论史议政，既做学者又做战士的两大特点。张先生作为中国近代通史的倡导者和开创者，《张海鹏集》在中国近代史时间断限、社会性质和历史分期方面，集中体现了张先生对中国近代史学科理论体系建构的思考，以及张先生善于吸收最新研究成果、宽厚和包容的学者气度。《简明中国近代史读本》揭示了近代中外关系主线，体现了传承与创新的统一。

张先生"治所治学，肩挑双担"。相较于上述学者对张先生"学"的关注，赵庆云则着重从"行"的角度指出张先生不仅治所，还长期承担中国史学会的组织与领导工作，成功举办第22届国际历史科学大会，为中国史学走向世界做出了重要贡献。

四　中国近代史诸多领域的专题研究

本次会议除了提交多篇宏观思考与评论的文章外，与会学者就中国近代史诸领域的一些具体问题进行了讨论。其显著特色是，虽多为某一专题、某一领域的具体探讨，但都呼应了中国近代史学科体系的理论建构与学术反思的会议主题，既有对以往研究的总结和反思，又有对新的研究取向的展望，既有从新的视角重做传统的研究题目，也有对新领域的开拓，可谓小问题，大观照，老题目，新做法。

（一）近代政治史

关晓红考察了清代官员铨选制度，指出异途和正途并非泾渭分明，而是交错缠绕。她注意到制度与实际运作间的差异，不同制度间的相辅相成与相互制约，并从研究方法上进行学术反思，主张打通古代史和近代史。张松智将咸丰十年（1860）的天象变化和朝政变化相勾连，认为历史学书写中不能忽视一些偶然性的因素，强调历史学叙事要多元化，要生动有趣。朱文亮对辛亥宫廷政变的内容进行了考证，针对学界以往对梁启超等立宪派拟定"宫廷政变"计划，策划"滦州兵谏"的认知，提出宫廷政变计划的决策人物是载涛等清廷权贵，康梁一派只是宫廷政变计划的参与者，梁启超并不知道滦州兵谏的发动详情，更没有"直接策划"滦州兵谏。20世纪上半叶的中国历史，蒋介石是个不可或缺的重要人物。汪朝光对蒋介石在抗战时期的功过得失给予全面评价，指出蒋介石研究需要不断深化和发展，探讨他为人处事的因应之道及其决策的前因后果和发展变化，知其然并知其所以然，方才可以得出接近历史事实的结论。

（二）近代经济史

朱浒同样对学界习以为常的一个认知提出了新的探讨。他针对李鸿章于同治十一年（1872）兴办轮船招商局这个标志性事件，认为李鸿章就任直隶总督后遭遇的严重水灾及其面临的运输困难，可能对轮船招商局的创办有重要的影响，并提醒在研究相关问题时，不能拘泥于经济史视角，而应结合政治史、社会史多视角观察历史发展的实际进程，如此才能更接近历史的真相。将厘金认定为新兴商税是目前学界普遍的认知。刘增合对此提出不同意见，认为以往学界持此观点是受西方财政观念的影响，先入为主地将传统捐输的厘金定义为商税，并提醒我们在运用西方社会科学理论时不要受思维定式的影响，做简单的静态的论定，以免遮蔽了历史丰富繁杂的面相。北洋时期经济与民生状况向来是学界关注的题目。杨天宏运用数据等资料，否定了以往认为经济民生困难是造成20世纪20年代国共两党主导国民革命的基础这样一个认知，并结合世界各国的革命指出中外历史上不少的革命都不是在民不聊生的背景下发生的，而往往是在改革初见成效，并唤起对未来希望的时候爆发。他提出的新认知，改变了哪里有压迫哪里就有反抗的思维定式，引起了学者们的热议，与会学者认为该问题值得进一步讨论。

（三）近代社会与文化史

关于近代上海城市社会的叙事，以往以贫民的大量存在与贫富两极分化最为普遍。熊月之考察了近代上海城市对于贫民的意义，指出城市是他们的希望，而非地狱，考察近代中国城市贫民问题，必须从城乡联系、中国与世界的联系中去考察，而不能孤立地、静止地看城市，方能克服传统关于近代中国工人叙事的缺陷。赵晓阳探讨了基督教和新生活运动之间的关系，以及基督教对社会的影响，认为新生活运动的主要内容是蒋介石和宋美龄夫妇如何运用基督教抵制共产主义，对当时中国的基督教会如何评价中国的共产主义运动，也做了比较全面深入的解析。李先明运用孔府档案，针对民国初期美以美会在曲阜城内买房建房的问题，分析了当时比较复杂的社会形势。这两篇文章都是通过宗教探讨当时的政治、社会问题。郭双林利用社会分层和各阶层之间复杂的权力关系解读中国历史的发展，从官权、民权、绅权之间内在的演变逻辑，层层递进，反映了中国近代权力思想演进的过程，指出在中国梯级结构的等级社会中，总是以下层走进上层为代价，近代中国的历史在否定中超越，在悲剧中前行。黄正林将马克思主义在陕西的传播与教育文化的变化结合起来探讨，对陕西籍学人在陕西本地，特别是北京以及其他各地接受马克思主义思想理论的过程做了分析。该题目可以说是新文化运动研究领域的深入，也可以说是中共创建史研究领域的深入。

（四）近代外交与军事史

《中日修好条规》历来被视为近代中日两国的唯一对等条约，韩东育通过对日本拆解"宗藩体系"的整体设计与虚实进路考察后认为，中国学界对于条规本身的对等属性问题，尚缺少体系性的反思。清朝藩属国的系列丧失事件和台湾日据事件并非彼此无涉的孤立个案。近代以降东亚世界的整体变局和日本对邻国的侵略与压迫，亦始自条规，成于条规。张生主要基于美国外交档案，从美国、苏联、日本、中国等多个角度对美国战后琉球、钓鱼岛等问题进行探讨。孙晓光发现了30余份琉球救国请愿书，并对该史料进行解读。谢必震梳理了沈葆桢台湾海防战略的构想、海洋发展观，总结了其对近代中国海洋发展事业的贡献。孙占元就抗战时期国共两党的方针政策进行比较研究，在比较方法上做了一些尝试。王凤青主要探讨了抗战时期国民参政会的边疆提案，揭示了国民参政会提案对抗战建国的作用、贡献及其局限。金东吉重新探讨了 1950 年中国出兵朝鲜的原因，认为美国越过"三八线"，并不是中国出兵朝鲜的充分条件；中国最后决定出兵的关键原因在于，如果中国出兵朝鲜，美伪军可能就地停止前进，中国将在不与美国打仗的情况下确保朝鲜北部，进而将国防线由鸭绿江推进到朝鲜北部。

　　经过为期两天的密集高效的讨论，与会学者们回顾、总结了中国近代史学科 40 年来的发展历程，对近代史学科建设和发展的成绩给予了肯定，对其中存在的问题进行了反思，积极探寻建构中国近代史学科体系的可行路径，成果斐然。本次会议对于推进近代史学科话语体系的不断拓展，促进历史学科的完善和发展，指明近代史学今后的发展方向，激励研究者继续砥砺前行，具有特别重要的意义，是新时代开始反思中国近代史学科体系的起点，也是进一步深入推动中国近代史研究的起点。

〔作者单位：中国社会科学院近代史研究所〕

后　记

　　2018 年是改革开放 40 周年。40 年来，在改革开放、思想解放的助力之下，中国近代史学科发展迅速、成果丰硕，无论研究的广度还是深度，均有显著进展，学科体系日趋成熟。从学术史的角度，回顾中国近代史学科的发展历程，重新审视相关研究理论与方法，检讨各具体分支学科的研究进展，以期在更高的学术基点上推进近代史学科话语体系的拓展与创新，成为学界思考的重要话题。

　　长期以来，张海鹏先生对中国近代史研究理论与方法有丰富的论述，并且持续思考近代史学科体系的理论建构，老而弥笃。是年 5 月，适逢海鹏先生八十华诞。如果从 1964 年武汉大学历史系毕业，进入中国科学院近代史研究所正式工作算起，正好是海鹏先生从事史学研究工作 55 周年。这是其生命历程与学术生涯中的重要节点。

　　5 月 5—6 日，中国社会科学院近代史研究所台湾史研究室、山东大学历史文化学院、曲阜师范大学历史文化学院在山东曲阜联合主办，曲阜师范大学历史文化学院具体承办了"中国近代史学科体系的理论建构与学术反思研讨会"。来自中国社会科学院、北京大学、中国人民大学、北京师范大学、复旦大学、南京大学、中山大学、南开大学、山东大学等 20 多所高校和科研院所的 120 多位专家学者，围绕改革开放 40 年来中国近代史研究的理论与方法问题，各分支学科的研究进展、研究热点问题，以及进一步深入研究的可能路径等多方面议题展开了集中而又深入的研讨，并为庆贺海鹏先生八十华诞暨史学研究 55 周年聊以致意。学术的回顾与反思、传承与创新，开启了新时代中国近代史学科体系、学术体系、话语体系建设的新征程。

　　会议收到论文 70 余篇。因篇幅所限及其他原因，不能全部收录与会论文，敬请相关学者谅解。这里选编了会议开幕式、闭幕式嘉宾致辞 4 篇，会议综述 1 篇，与会学者论文 57 篇。论文部分按内容及时序大致分为四组：第一组 14 篇论文，关于史学理论与方法问题的思考；第二组 20 篇论文，关于中国近代史从整体到各分支学科研究的回顾与反思；第三组 12 篇论文，关于近代史若干问题的专题研究；第四组 11 篇论文，关于张海鹏先生史学思想与学术贡献的阐述。这样编排不一定合理，亦请作者及读者诸君见谅。这些论文从不同的侧面深化了相关问题的研究，对于推进中国近代史学科建设不无裨益。

　　中国社会科学院近代史研究所科研处处长杜继东编审、曲阜师范大学历史文化学院院长成积春教授、山东大学历史文化学院副院长刘家峰教授，为会议的顺利召开做了大量工作。谨此表示诚挚的谢忱。

　　会议论文集的选编由中国社会科学院近代史研究所台湾史研究室负责，李细珠、程朝云、冯琳、汪小平、郝幸艳、卢树鑫做了具体编校工作，同时还特邀赵庆云、张志勇、翟金懿、徐鑫分担了部分编校任务。

　　社会科学文献出版社总编辑杨群先生和历史学分社总编辑宋荣欣女士对本论文集的出版给予了大力支持，责任编辑和文稿编辑也付出了大量心血。我们对此深表感谢。

中国社会科学院近代史研究所台湾史研究室

2019 年 8 月 4 日

图书在版编目（CIP）数据

中国近代史学科体系的理论建构与学术反思：上、
下册：庆贺张海鹏先生八十华诞暨史学研究 55 周年／中
国社会科学院台湾史研究中心主编. –– 北京：社会科学
文献出版社，2020.8
ISBN 978 – 7 – 5201 – 6180 – 0

Ⅰ.①中⋯　Ⅱ.①中⋯　Ⅲ.①中国历史 – 近代史 – 学
术会议 – 文集　Ⅳ.①K250.7 – 53

中国版本图书馆 CIP 数据核字（2020）第 026228 号

中国近代史学科体系的理论建构与学术反思（上、下册）
——庆贺张海鹏先生八十华诞暨史学研究 55 周年

主　　编／中国社会科学院台湾史研究中心

　　　　　中国社会科学院近代史研究所台湾史研究室
编　　辑／山东大学历史文化学院
　　　　　曲阜师范大学历史文化学院

出 版 人／谢寿光
责任编辑／邵璐璐　陈肖寒
文稿编辑／李蓉蓉 等

出　　版／社会科学文献出版社·历史学分社（010）59367256
　　　　　地址：北京市北三环中路甲 29 号院华龙大厦　邮编：100029
　　　　　网址：www. ssap. com. cn
发　　行／市场营销中心（010）59367081　59367083
印　　装／三河市龙林印务有限公司

规　　格／开本：787mm × 1092mm　1/16
　　　　　印 张：65.25　插 页：0.5　字 数：1008 千字
版　　次／2020 年 8 月第 1 版　2020 年 8 月第 1 次印刷
书　　号／ISBN 978 – 7 – 5201 – 6180 – 0
定　　价／368.00 元（上、下册）

本书如有印装质量问题，请与读者服务中心（010 – 59367028）联系